上海交

百年报刊

第一辑（1896—1949）
学 术 学 科

综合卷（第六册）

上海交通大学
档案文博管理中心 编

目　录

交大季刊

第十三期　科學號

要目

中華民國二十三年五月　上海國立交通大學編行

內政部登記證警字第一七五三號

中華郵政特准掛號認為新聞紙類

交通大學管理學院新出叢書

(1) 鐵道經濟論叢　　編者　鍾偉成　定價　大洋二角

▲內容　本書內有關於鐵道之專論十篇，其中以編者所著之創辦鐵路押滙芻議，整頓鐵路運輸負責之我見等篇爲最有價值。

(2) 東北鐵路問題之研究（上下册）　作者　王同文　定價　一元二角

▲內容　本書上册共有十章，先述中東路之史的發展，經濟價值，組織概要，營業與運輸概況。後敍日本侵略下之鐵路問題，如滿鐵會社之組織，財務，營業等概況，日本對東北之鐵路侵略政策，又分析研究南滿路之營業狀況與營業統計，及運輸狀況與運輸統計，最後論述吉會鐵路問題。共一百四十餘頁。下册計有八章，另加續編四章。內容爲：滿鐵租用地問題，南滿鐵路之倉庫管理，東北鐵路聯運及競運問題，葫蘆島築港與東北鐵路網，東北鐵路與國際關係，東北現有鐵路與總理計劃，今後東北鐵路之整理計劃。續編中有：中日鐵道交涉問題，九一八後之東北鐵路，李頓報告書中之東北鐵道問題述評，中東路出售問題。敍述甚詳，立論尤新，共二百頁，誠爲研究東北鐵路問題之唯一有價值書籍。

(3) 吾國鐵路枕木問題之研究　作者　楊城　王以瑗　陳善繼　定價　大洋四角

▲內容　本書共分八章，其對於枕木之購買，枕木之管理，枕木折舊法之討論，枕木之製煉，發揮學理甚詳，作者並注重於中國急應造林，以提倡國貨枕木等問題，凡欲研究鐵路材料者，宜各執一書。

(4) 鐵路估値　作者　涂宓　定價　大洋二角

▲內容　本書共有七章，其對於估値原理，估値方法，有形與無形的財產估値，多多討論。

發行者　上海交通大學管理學院
代售處　上海　作者書社　新中國書局　神州國光社　黎明書局
民智書局　大公報社代辦部
漢口　光華書局　杭州　現代書局
南京　正中書局　天津　大公報社代辦部
武昌　新光書局　北平　北平交通大學圖書館
安慶　世界書局

總理遺像

同志仍須努力

革命尚未成功

總理遺囑

余致力國民革命凡四十年其目的在求中國之自由平等積四十年之經驗深知欲達到此目的必須喚起民衆及聯合世界上以平等待我之民族共同奮鬥

現在革命尚未成功凡我同志務須依照余所著建國方略建國大綱三民主義及第一次全國代表大會宣言繼續努力以求貫徹最近主張開國民會議及廢除不平等條約尤須於最短期間促其實現是所至囑

卷頭語

本期季刊應于去年出版第以科學文字撰著者少集稿需時遷延期甚久深爲抱歉

博山玻璃工業一文係謝惠博士實地調查結果足供留心實業者之參考其他各篇多係各教授研究心得饒有價值足光篇幅編者忝任校閱受賜良多

科學學院成立四年籌備告竣編者隨仝裘維裕胡敦復兩先生躬與其事今乘專刊之便將數理化各系現狀撮述梗概貢諸讀者藉求指正

研究所化學組就油漆試驗室二年來工作狀况編成報告適于此時脫稿關于油漆常識叙述頗多爰商得當局仝意附刊卷末

季刊向例就工程經濟科學三門輪出專號同類文字歲僅兩見殊難饜閱者期望下期起將改用混合編制集稿將竣不日付梓併此預告

徐名材

國立交通大學研究所

本所成立以來設置（一）工業研究部分設設計材料機械電氣物理化學等組（二）經濟研究部分設社會經濟實業經濟交通管理會計統計等組除按照所訂計畫進行研究外歷承各路局各機關（如中國工程師學會上海市公用局義興公司等）託辦各項研究及試驗工作薄有貢獻關於上列諸組事項如蒙各界垂詢請惠臨上海徐家匯本所面洽或函商可也此布

博山玻璃公司全景

博山玻璃公司開幕紀念

碾壓焦寶石

大　爐

製　硝　罐

磙　壓　窰　泥

玻 璃 爐（溶 料）

玻 璃 爐（料 將 成 熟）

小　　爐

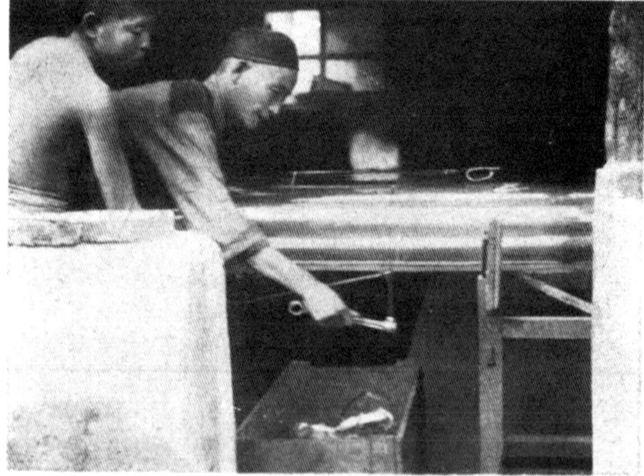

截斷玻筒之情形

製响貨

已成之玻筒

製片玻璃之一

製片玻璃之二

製片玻璃之三

料 條

刻 花

出 品 之 一（內 畫）

出 品 之 二（雕 刻）

出品之三

出品之四

山東博山玻璃工業概況

謝　惠

引　言

玻璃爲日用必需品,我國往昔均仰給於他國,近年始有一二華洋合辦之公司創立,出品雖佳,然大權仍操諸外人之手。所出貨品,多係片玻璃類,科學用品及化裝雜用品等,則絕無僅有。以致每年喪失利權,仍不可勝計。山東博山之玻璃事業,雖爲家庭式工業,然已有數百年之歷史。當遜淸乾隆時,因政府之鼓勵與提倡,所出貨品,頗多美術化,銷路亦廣。近二三十年來,因國家多事,內戰頻仍,而工人又墨守舊法,故營業漸形衰落,品質亦隨之而拙劣。馴致博山之玻璃工業,有日薄崦嵫之概。惟爲提倡實業計,對於已有悠久歷史之博山玻璃工業,實有扶植發展之必要。作者素喜研究玻璃陶磁等化學工業,而對於博山此種家庭式工業,尤饒興趣。去秋任教濟南時,曾偕學生六人對該邑玻業之類別,原料,製法,及工人生活等,作數度之調查。茲分述於後,以供有心實業者之參考。

一、博山地勢及交通

博山在濟南之東南,距膠濟鐵路約一四八·八公里,爲膠濟路張博支路之終點。該邑地形,南北窄狹,東西延長,山高谷深,形勢險要,古有巖邑之稱。東接臨朐沂水,北連益都淄川,南接萊蕪,東南毗連蒙陰,西通章邱,居七邑之中,爲南北衝衢。有城一圩二,居民稠密,商賈輻輳。惟街道狹窄,寬僅數呎。近來縣政當局,頗注意交通事業之改進,如村道計劃能一一完成,則交通便利,運輸迅速,博山工商業之繁榮,可計日而待也。

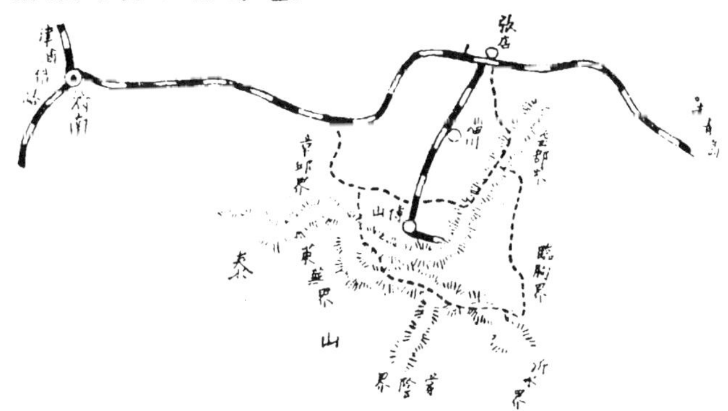

第一圖　博山之地勢及交通

二、博山之玻璃事業及其類別

博山四週,平原稀少,崇山峻嶺,蜿蜒不絕,故礦產之富,甲於他邑。煤炭而外,尤多玻璃及陶瓷之原料。二百餘年前,該處玻璃事業已極發達。顏色如藍,綠,映青,牙白,正黑,秋黃,鵝黃,梅萼,紅等,無不具備。清乾隆以後,相傳一南人到博,發明一種紅色,名為金紅,更為美麗。惜祕不傳人,故至今能製成者,全城僅義泰永一爐而已。又如洋青(即鈷藍色),係三十年前博山之劉緒順氏無意中由青島友人處攜回洋青一包,試用於料器而傳出。至鷄肝色,由當時誤用鐵末而得之。磯瑚色料器則完全由日本輸入之料條製成,博山尚不能做製。及前清末年,有玻璃公司設於該邑,雖不久即告停辦,然該處工人已得益非淺。至今片玻璃一項,已有極大之進步。近更做傚新法,製造捲煙嘴,美孚燈,提燈罩日用品等,形式均不亞於舶來品。惜多為家庭式之工業,無大規模之組織,故雖有數百年之歷史,仍未能充分發展也。玆將其出品設備及用具類別於下:

甲　料爐　料爐者,將原料熟煉使成為玻璃之爐也。此種料爐,乃專事製成條狀之料以供小爐之需。每爐置硝罐一,約可容原料一百八十至一百九十斤。全城有斯爐之設備者,共約二十餘家。爐之建造與普通所用之爐不同。普通之爐,多以青磚與石灰造成。料爐則多以火磚與石灰砌成,高約八呎,寬約十呎,形如窖狀,中空,備置硝罐之用,上覆以蓋,蓋有數孔,以通火燄,前有小門,大數方吋,用以觀察料液之成熟否,煤於原料未燒熟前,由兩面之洞加入。

乙　大爐(卽雜貨爐)　雜貨爐者,因其出品之種類較多故名。其建築與料爐形狀相同。分平面玻璃爐,水貨爐,與響貨爐等。惟容量則較料爐爲小,每罐約可容原料一百二十至一百五十斤之數。火眼之多寡,則視其資本而定。其所出物品,除平面玻璃外,多屬瓶,杯,罐,燈罩,及發響聲之物。全城共約數百餘戶。(平面玻璃爐當歐戰時有二十餘家,現祇有三家。)

丙　小爐　小爐者,以其規模較小之謂也。所用之原料,多購自料爐。火度旣較大爐爲弱,故毋須以火磚建造,僅普通用之青磚與石灰卽可。爐爲圓形,中有口,內燃以煤,其週可坐十餘人,盡以購來之料條,熔之使軟,製成器物。其爐均合夥建造,所用之煤,亦按人數攤派,出品有玩具,文具,化裝品等。操是業者,約二千餘人,由七八人至十二三人合夥成一爐。

丁　藍貨爐　藍貨爐者,專製景泰藍之爐也。該爐之容積甚小,約可容五十斤至六十斤。惟成本較高,故爲者較少,全城祇有二戶。

戊　內畫　內畫者,卽將已成之玻璃瓶器等,內面繪以種種花樣也。畫有花卉,鳥獸,人物,山水之別。色有墨色彩色之分。惟斯類繪畫,頗不易工,故全城祇有數家。

己　割花　割花者,卽將已成之粗料,割成種種不同之形狀也。法以極小之輪盤,連以皮帶,踏之使動,置欲割之物於其下,以極細之砂磨擦之,運用匠心,而割成花鳥等類之形狀。業此者共有二家。

庚　玻璃絲　玻璃絲者,卽將已熟之玻璃原料,拔之成爲絲也。此種玻璃絲,可製匾額屏風之用。業此者計三戶。

辛　硝罐　硝罐卽熔原料之罐也,爲玻璃事業之必須設備者。其狀爲圓柱之筒,以青泥及焦寶石之混合物製成(詳硝罐製法)。種類不一,大者可容原料一百八十餘斤,中者可容一百二十餘斤,小者可容八九十斤,其價自隨大小而異。

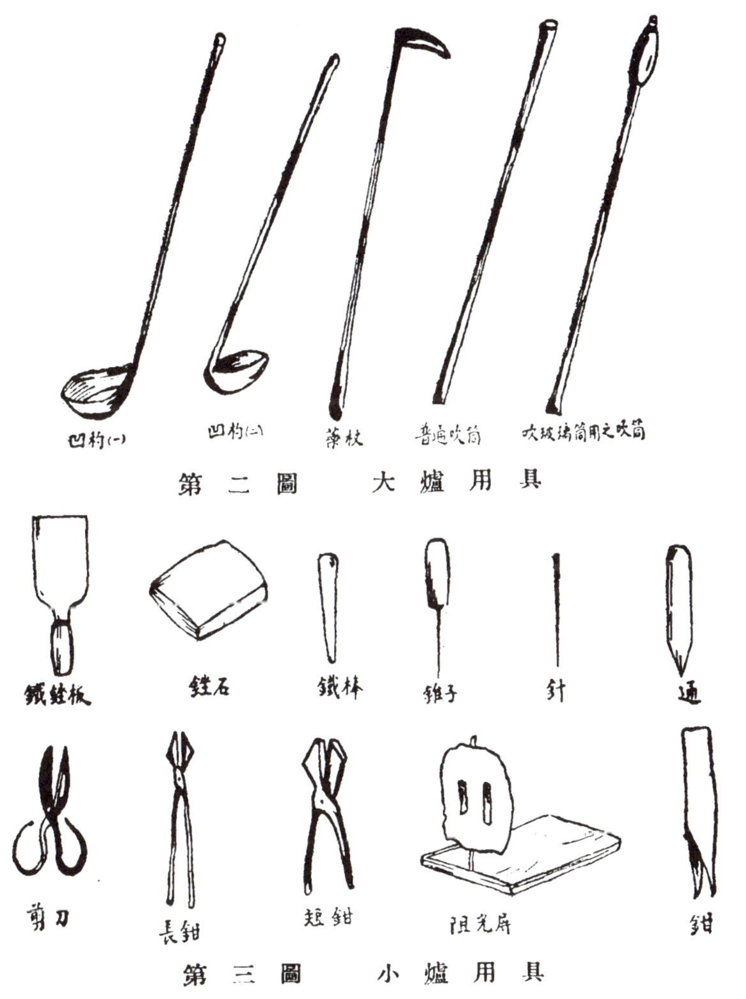

第二圖　大爐用具

第三圖　小爐用具

壬　用具　用具視手續之繁簡而異,如製平面玻璃,則須備有大吹筒及鐵鉗等物,此外均與普通者同。如火鈎,鐵杓,火鉗,鐵鉗,吹管等,均為理該項事業之必須設備也。

此外尚有吹瓶之模型多種,因其形式不同,故不克一一詳列,要之此項模型,均以鐵製,分為二瓣,吹時合之,即成各種之形。博山所用之模型,均由濟南官驛街三和鐵工廠製成,其價頗高。

博山料業統計表(民國二十二年春調查)

種類	出品	爐之容量	工作戶口
料爐	料條	180—190斤	二〇家
玻璃爐	平面玻璃	120—150斤	三家
雜貨爐	瓶燈罩等	120—150斤	二〇家
玻璃絲	玻璃絲	100—120斤	三家
水貨爐	缸罐瓶等	50—60斤	
響貨爐	有響聲者	40—50斤	共二〇〇〇口
小貨爐	兒童玩具	40—50斤	
藍貨爐	景泰藍原料	50—60斤	二家
割花業	割花		二家
內畫業	內畫		五家
硝罐業	硝罐		三家
磨工	磨料		三〇〇口

三、原料

甲 玻璃之原料 博山製玻璃之原料,大部產自本邑,亦有少數由外購來者。茲將博山玻璃事業所需之原料種類及來源,列表於下:

博山料業統計表(民國二十二年春調查)

種類	來源	價目	附註
碱(正牌)	卜內門公司	每袋十五元(計一五〇斤)	卜內門之碱係舶來品數年前博山每年至多用二十萬磅近來天津永利公司所出之國貨碱每年可銷至二萬餘斤而卜內門之洋碱銷額已降至四萬磅矣
碱(副牌)	卜內門公司	每袋十三元(車一五〇斤)	
碱	永利公司	每袋九元四角(計一〇〇斤)	

紫石（色黑而軟者爲佳）	岱莊，石馬莊	每百斤三元	爲紫色而含有晶形之石可作玻璃其乳色玻璃尤賴之
白藥渣	大崑崙，兩屏莊	每百斤七角	白藥用臼舂碎研之使成細粉再以篩篩之其細者用於陶瓷之釉其粗者卽製玻璃之主要原料
皮硝	黃河沿岸（官硝局）	每百斤三十元	
砂	萊蕪縣之虎牛關伏羊嶺	每百斤二元	
硫化錦	日本	每百斤五十元	
石灰石	岱莊，石馬莊	每百斤一元	
菱石	甘白峪、蠶星樓（城西五東三里）	每百斤一元	高稜隆起生有多角色灰而微白爲玻璃原料之主要物品
鐵石	四山	極廉	色微紅而含有鐵銹之石如欲使玻璃生微綠色卽用之

乙　硝罐之原料　硝罐爲熔玻璃之罐,所用原料,極爲簡單,且盡爲博山所產,價值低廉,惟因手續繁複,運費高貴,致所出之罐,亦隨而價昂。玆錄之於下:

種類	產地	價目	附註
焦寶石	四山，八陡，馮八峪，淄川及博山四週所產甚多	每百斤一元五角	爲赤而含有黃色之石
青泥	城內五里馮八峪	每百斤一元三角八分	爲一種深灰色之石性極鬆浸以水卽粉碎爲製硝罐及陶瓷之主要原料

四、製　法

甲　片玻璃(卽平面玻璃)　片玻璃,或曰平面玻璃,卽尋常之窗用玻璃也。當歐戰時,此種玻璃之來源驟減,而國內需用浩繁,故博山製片玻璃之爐,增至二十餘家,尚供不應求。自歐戰告終,片玻璃之輸入,又復增加,而秦皇島耀華等廠之出品,貨既精良,價亦低廉,致博山之貨,相形見絀,而營業遂日趨衰落。延至今日,該處僅有德義,恆順,同心三爐,所出物品,亦祇能銷售張博路沿綫一帶而已。其製法係襲用昔日玻璃公司者,有製液吹筒攤片等手續。玆分述於下:

1. 製液　製各種玻器之第一事,卽將下列材料配齊,熔於一爐,使成液狀,以便取用。

(1) 白藥渣 100.0 (2) 鹼 20.0 (3) 紫石 8.0 (4) 菱石 40.0 (5) 硝 7.0 (6) 紅砒 1.8

將上列各種材料,研至極細,調勻傾於硝罐內,置入熔爐中,將罐蓋妥,加足量煤炭,圍封之,燃火强熱,至煤煙放盡,罐內材料全熔時,啓蓋以鐵扦攪拌之,繼續燃至二十至二十四小時,則玻液成熟,可供取用,但取用時,火仍不能止熄。

2.吹筒 吹筒,卽將玻液吹成筒狀玻璃也。法以鐵製吹管之一端,探入玻罐內,醮取玻液少許,取出後卽速將吹管旋轉不息,俾玻液稍冷,得成球形。繼置鐵製半球形槽內,槽內須預置冷水少許,復轉動之,使玻液質量均勻,並其溫度降低,不易變形,又時以冷水澆潑筒端之近玻液處,使鐵管溫度減低,便於把持。次仍將吹管之一端,醮取玻液,依前法操作,如是凡四五次,直至玻球之徑約七八吋後,速置之於鐵製瓢形槽內,以冷水澆其下端,自上端吹氣,使玻球漸形漲大,並時時轉動,使全體之質量及厚薄完全一致。再速置溫爐內,溫爐內之火須燒至紅熾,使再熔軟,易於吹漲。待全體已軟,卽取出,下端垂於爐前之深長方形槽中,上端吹氣,此時玻液因地心吸力,或重力作用,全體下懸,同時因吹入之氣,使漲大而甚薄,是以遇冷氣而凝爲固體,儼然成玻筒之一部。斯時全體仍未一致,下端尙多極厚之玻液,亦已凝結,不便再吹,則再將吹管搭於槽邊爐前之活動鐵架,(目的在省手力,便於轉動)。投入溫爐內,繼續旋轉,待軟化後取出,於深槽內來回擺動旋轉,同時以口吹氣。如是操作凡數次,至全體成一極長之筒,厚薄一致時,仍搭於活動鐵架上,另一人自爐之旁端,以鐵桿醮取玻液少許,塗於玻筒底端上,握管人以手覆吹管之吹孔,將玻筒底端再送入爐內,玻筒內之空氣,因受熱澎漲,故於塗液之處,砰然一聲,筒端裂開,再取置於深槽內擺動之,待凝縮後,則自與全部徑長及厚度,一律相等矣。次置玻筒於木架上,以冷銼輕置於玻筒之近吹管處,再輕敲吹管,則吹管自與玻筒分離。

前段所述製成之玻筒,長約七八呎。爲便於操作起見,勢必割之成段,並須縱剖之。法以鐵桿醮取玻液少許,用鐵鉗扯長,成爲細繩,圍於欲截之處一週,以鉗之他端,醮取冷水少許,塗於所圍之處,則玻筒即炸裂爲二段。再依上法將各筒直截之,使遇熱時,便於展開。

3. **攤片** （見第四圖）

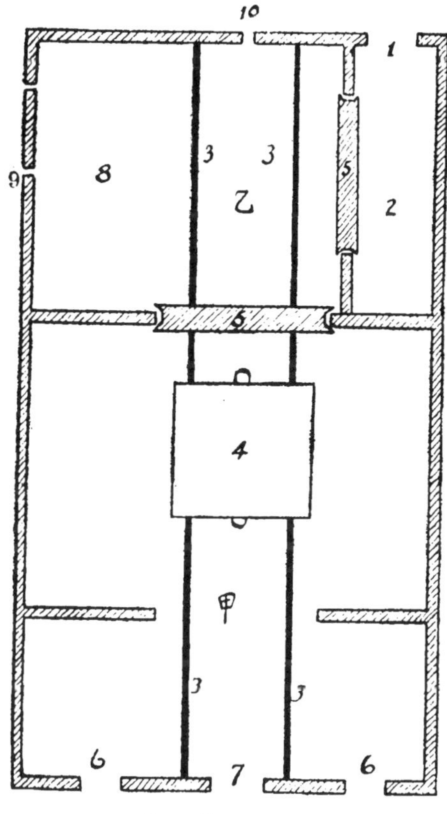

1. 玻筒入口
2. 微温玻筒處
3. 鐵軌
4. 平板車
5. 閘門
6. 煤炭入口處
7. 鐵桿出入口
8. 玻片攤平後待冷處
9. 玻片出口
10. 平板車向後拖回之口

(甲)高温度

(乙)低温度

第四圖 （一） 攤片爐之剖面

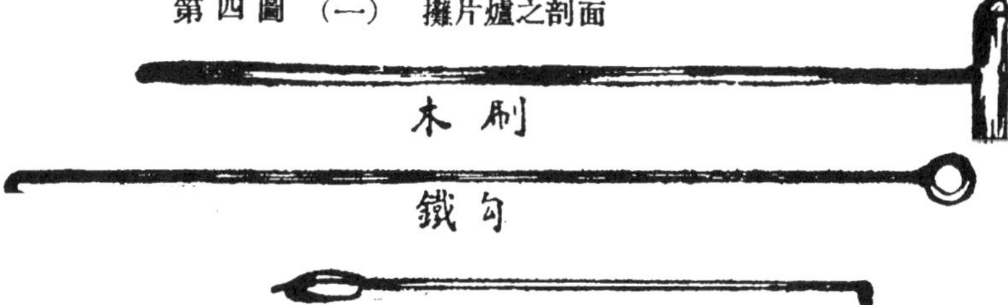

第四圖 （二） 零件圖

乙 玻璃絲 材料如下:

(1)碱10.0(2)白藥渣25.0(3)紫石2.54(4)菱石30.0(5)鐵石5.0

將上列各種材料,研細調勻,如玻片所用之玻液燒煉之。待玻液煉成後,以一鐵棍醮液少許,以手轉動另一鐵棍,使醮出之玻液,環繞其頂端,繼以小尖鐵鉗,箝取玻液,拉長成絲,循環圍繞於地面所釘之二長釘上,惟人拉絲走動時,當時時轉動手中之鐵棍,俾所成之絲,不致成為扁形。

丙 圓燈罩 製圓燈罩所用玻液之材料,略與片玻璃相等,惟所用之白藥渣較優耳。油燈座則與片玻璃所用同,或且次之。

將各種材料備妥,研細拌勻,照熔製玻液方法為之。待全體熔化後,以鐵製吹桿(長約一·五粎,徑約一·五糎)之頂端,醮取玻液少許,旋轉鐵桿不息,(此為製玻器始終之要着)。以免吹成之器厚薄不一,致成畸形。然後平置鐵桿有玻液之端,於石製平板上,往返滾動,自他端以口緩吹之。迨玻液之內,充有空氣,全體漲大,厚度一致時,速垂置於地上之鐵製圓燈罩模型中,(模型之內,預鐫有商標印記)。再吹之,使全體玻液,適切模形為度。繼將吹桿向上提起微許,其已成形之玻液,為模形所限,故不受提拔之影響,而模形以外之玻液,此時尚未凝固,當隨桿懸至極薄,再將桿向下稍按,則形成類似撲滿上部之狀,將模形張開,卽可取出。因凸部極薄,輕敲卽碎,故罩桿自離,與罩無損。距罩之本部甚遠之處,尚有一底,亦當去之。再置罩於另一烤爐中,烘烤久之,自能脫落。罩底旣去之後,取出待冷,以口短頭尖之剪刀,將罩口之不整齊處,旋轉旋剪,至罩口整齊為止,最後以細砂磨擦之。至平滑無刺手之感時,則燈罩之事功畢矣。

丁 料條 料條者,卽將各種原料熔化後所抽成之扁長形條狀物也。長約五六呎,寬約一二吋,厚不及四分之一吋。此種料條,用製各種玩具,文具,飾品,盃,盤,碗,碟,等類,臨用之際,將料條置於爐中,(如燒煉玻液之爐)熔化之後,卽可取用。料條之顏色,各種均有,

要皆以水晶料條加以各種之顏料而成者。茲將水晶料條之材料及顏色料條之顏料,列表如下:

水晶料條之材料

(1) 白藥渣 100.0 (2) 碱 40.0 (3) 紫石 2.4 (4) 硝 0.4 (5) 紅砒 0.01 (6) 菱石 0.8 (7) 石灰石 0.4

將上列材料調勻,依煉玻液之法,入爐燒之。待燒成後,以鐵器取出少許,於地面上抽長之卽可。此種料條,無色透明,宛如水晶,故以水晶料條名之。

顏色料條之顏料表

色別	顏料	備註
乳白	紫石	
金紅	氯化金	
天藍	氧化銅	
黃綠	鉻酸化鉀	
藍色	氧化鈷	
黑色	炭	紫石須少用
米黃	三氧化二鐵	
紫色	二氧化錳	
蛋黃	磷酸化鉛	先將原料燒至四日之久原料必爲鹼性不含鉀鈉者始可此處所用之二顏料易揮發故加熱時溫度宜注意原料加色後仍須燒至二日方可顯色
茶晶	磷酸化鉀	
銅紅	銅屑	
琥珀	木炭	水晶原料用永利碱西山石麵柴碱及木炭

戊　料貨　料貨者,卽料條熔化後所製成之器也。其法與製圍燈罩相同,僅須易以各式之模型,製成以後,再加以磨功,使光滑而美麗。磨貨方法,詳見後章。

除此之外,尙有小爐料貨。其製造方法,茲舉其一二例於下:

1. 衣鈕　以長柄小頭之鐵鉗,箝一預製之鈕鼻,置入小爐中燒紅之。另以一鉗箝料條一段,置入火中,待熔化時,以第一鉗之鈕鼻,醮取玻液微許,因液體有形成最小表面之性質,故自成一小球狀。待稍冷時,以另一鐵器,彈入炭灰或草灰盆中,冷後取出,便成衣鈕。其顏色及大小,可任意配製。

2. 帶色手鐲　以長柄鐵鉗,箝取水晶料條,或乳白色料條一段,置火中熔化之。同時熔一着色料條,卽加此液少許於水晶料條液上。繼以二鉗取出,將之拉長,再三折之,復投火中熔化,並加着色料條液少許,再取出拉長折之,如是重複數次,至二者完全混合,無痕跡可見時,拉長至徑約六七糎爲度,速捲成環形。二鉗所箝之處,此時已合爲一處,再以長柄鉗箝之。二面先後套入一鐵製圓錐形模型上,令其徑約等。次取下長柄鉗,以短鉗箝之,投入火中,將接縫處燒熔,使無縫隙可見,以鐵板緊壓而磨光之,投入灰爐中待冷後取出,卽成帶色手鐲。

3. 香烟嘴　以特製之長柄剪,箝料條一小塊,於爐燒軟,粘於一鐵桿之尖頭上,再燒之,次置於一平方之石板上,以銼板成滾圓錐形,繼以粗鐵針自頂端與鐵桿成直線通成一孔,再以鉗將孔口捲成喇叭形,以便易於拉長。拉長後以剪刀將喇叭口剪齊。煙嘴之爲方稜形,或圓柱形,全賴運用銼板之手術。煙嘴之近口端,自鐵桿截斷後,可用一鐵模作之,將此端燒熱,入模卽成煙嘴。

4. 响貨(鼓鐺)　鼓鐺爲博山本地之稱,亦有稱之爲「滴洞」者,要皆取其音而名也。其所用之爐,頗若大爐,但不盡似。其白色者所用之材料,與片玻璃相仿。惟紅色者須加入銅屑以混和之。玆將其材料列下:

(一)白礬(二)硝(三)紫石(四)菱石(五)鐵屑(六)銅屑

依前法將材料熔化爲液,以長約二呎之玻管。醮取如棗大之玻液,下垂以口吹之。同時用剪夾住液球上部,向下拉長,約十糎時且吹且於石板上滾動之。至全部厚度均勻,再吹氣脹大,桿後將底端向木板上一捺,便成平底,再置火上稍烤其底,同時輕吹之。使底內外均動,待其冷後,以剪剪住新管,與原玻管啣接處,輕折之,則與玻管分離。

己 琺瑯 琺瑯一物,本地多稱之爲景泰藍,即普通用作瓷器繪圖,首飾嵌彩,徽章鑲色之物也。實則亦爲玻璃之一種,不過具有特殊之成分耳。其中材料,爲氧化鉛,硼砂,紫石,砂石,及硝等物。顏色亦分多種,可隨意配製。製法與製玻液同,分銅用琺瑯(硬性)與銀用琺瑯(軟性)二種。應用此種琺瑯時,以普通之木炭火即可。現在博山業此者,祇同泰及景泰成二號而已。

庚 硝罐 硝罐即熔玻液所用之罐。博山業此者,僅東昇窰,協利窰,及李家窰三家。蓋製法繁複,工作費力,每以辛勞過度,至年齡稍高,即不能繼續工作。故習製罐者,逐漸減少。現在全城祇四人。而踏土者亦僅六七人而已。茲將其製法,分段述之於下;

1. 焦寶石粉製法 先用清水洗去焦寶石表面之泥土,然後以錘擊碎之,堆於一處,待其水化而成碎塊後,置於圓形石盤上,藉驢馬之力,拖一石磙壓之使碎,再以石磨磨細之,用竹製米篩篩過,盛於可容七百斤之大缸內。

2. 窰泥(即青石泥)之製法 將青石擊碎,依上法置於石盤上,用石磙壓碎之。次以石磚圍砌其週,加水冲之,以一陶缸接受流下之液。陶缸近口之處,有一圓孔,以棒攪動缸內之液,使青石之大粒沉下。加水其中,使水面超過圓孔之上,則懸浮之細末,由孔中流入一長方形槽內。其較大規模製法,則置青石於地面環形深溝中,以牛力曳石磙壓之。此溝有孔,通一較低之深溝,時間經久,則懸浮之體,均沉澱於底,成爲極濃之泥漿。次移之至另一長方槽內,日久因日光之蒸發,水分減少,待黏結成塊時,絡續取出,傾入一方形木模內。至乾後則成固體方塊,約重十餘斤。此青石泥塊,質甚疏鬆,稍加捶擊研磨即變爲粉狀,加水亦頗易溶解成細末。

3. 罐之製法 **(子)和泥** 將青石泥約二十塊,搗碎後與焦寶石粉三缸混合,加水和之,至可結合成塊爲度,即堆於一處。每次取泥少許於地上,以足踏一周後,堆於場之另一隅,再取少許,如法踏之,直至全體踏畢,謂之一遍,踏三遍爲一工,共須七八十工足矣。

(丑) 製形 以預製之坯缸,其形若筒,圓底中空,大小數種,置於所和之泥一部之上,將泥逐漸緊敷於坯之外表,厚約二吋。迨近坯口時,加水坯缸中,水由坯缸滲透而出,使近坯缸表面之泥潮濕,不致緊黏坯缸上,則可提出坯缸,此時罐之粗形具矣。

(寅) 修製 硝罐之粗形雖備,然內外均甚粗糙,故有修製之必要。法以牙形刀將罐之外面不平處,依次削光之。次用水將內外各刷一遍,再以特製之磨石磨擦之,至平滑爲止。

(卯) 入窰 將上法製就之硝罐一百八十個,疊置窰內,封入足量之煤炭,約燒十晝夜之久,方可完成。

(辰) 罐蓋 將大餅狀之坯蓋,大小約與罐口相等,置青泥土上,如(寅)及(卯)二法作之。

附磨石之製法 將青石泥作成扁圓形或方形,大小隨意,壓之使緊,且磨平之,依(卯)法燒之卽可。

硝罐之種類及價目表（單位糎）

等級		高度	深度	外徑	內徑	底徑	售價
大號	未燒者	57.0	52.0	51.0	44.0	46.5	十元
	已燒者	52.5	47.0	47.5	44.0	43.0	
二號	未燒者	53.0	48.0	48.0	41.0	44.0	五元
	已燒者	47.5	41.5	44.5	37.5	40.0	
三號	未燒者	42.0	37.0	37.5	36.0	35.0	四元
	已燒者	38.0	34.5	35.0	29.0	30.5	
四號	未燒者	27.5	22.5	27.5	25.5	23.5	
	已燒者						

(辛) 火磚 火磚卽砌爐之磚,攤平玻璃之平板,亦爲火磚之一。此種火磚,昔年多購自外洋,近來博山亦能自製矣。火磚之製法甚簡,以砂石和水泥製成方塊或長方塊,置窰中燒之卽成。如係平面玻璃用者,再磨平之可也。

五、料貨磨光與割花法

(甲) 磨光法 將鐵邊輪盤接於磨機之轉軸上,一手持帶水之砂,一手取料貨,令欲磨之處,與盤之鐵邊相切,撒砂其上,同時以二足踏於足蹬上，上下輪流踏動，使辮軸轉動，與料貨磨擦。初時以粗砂磨之，次以較細之砂磨之，最後則磨以極細之砂，且須以木製輪盤代鐵製輪盤。如是者數次，磨至適當爲止。

（乙）割花法 鎮尺水盂等物上面所刻之花紋，均係人工割製者。其法以一徑約二吋之鋼製薄邊輪盤，以代磨光時所用之大輪盤。將輪轉動，欲割之物，預先繪圖其上，將備割之處，緊切輪邊，刻痕之深度長度，均可任意爲之，至適宜爲度。惟割製時仍須以極細之砂和水爲之。割製之後，卽可着以各種顏色，而出售於市。現在博山之能割花者，祇李公平及其徒孫繼寔二人。如較精細之割花品則均運至北平割磨也。

六、內畫史略及方法

料貨分爲數種：有水晶者，有帶色者，其水晶者，大至花瓶，小如鼻烟壺，無不精繪花卉人物，初見時或疑爲印就，實則爲人工所繪成者。因其畫均在內面，故名之曰「內畫」。查內畫之業發紉於遜清光緒時，是時北平周樂元氏，頗負盛名。周氏故後，馮少軒氏繼之。博山有料客王東海者，販貨赴平，因交易而識馮氏，遂得其眞傳。囘博後，授其藝與畢榮九，畢氏又授與張文堂及袁鎰三（永謙）二氏。（畢氏善山水。張氏則精花卉）。今王袁諸人，相繼物故，而博山之能內畫者，有梁文煥，趙心如，張子祥（山水花卉），辛西園（山水），王如亭（人物），孫霄郎，及薛祿萬諸氏，然大都直接或間接得之於畢氏也。至其繪畫方法，甚爲離奇。先將鐵砂及水，灌入瓶中，用力搖盪之，使其內部粗糙，然後洗淨待乾，以竹製勾條（其形如亅）醮墨，自瓶口探入內部繪之，以瓶質透明，可於瓶之外部見之，繪成之後，再以勾尖裹筆毛，依次着色。內畫之瓶，其價昂貴，卽以此故。歷來名手所繪之鼻烟壺，以周樂元氏爲最貴，現在每個可値數百金，馮王二氏，亦須一二百元。畢氏以下，則數十元至三五元不等。內畫之貴，可見一斑矣。

七、玻璃原料分析表

博山玻璃原料成分化學分析表（原料名稱均按當地名稱）

原料名稱＼化學分析	水分	氧化矽	氧化鐵	氧化鋁	氧化鈦	氧化鈣	氧化鎂	氧化鈉	氧化鉀	氟	硫酸鋇	灼熱改量	附註	
													產地	價目
砂	0.07	97.24	0.28	0.43		0.04			1.62			0.37	萊蕪姚家峪	每噸三十三元六角
石灰石	0.42	0.42	0.39	0.12		51.76	1.46	0.37	1.86			42.71	博山岱莊石馬莊	每噸十六元八角
菱石	0.05	2.35	1.02	0.13		41.91	6.89		1.03			46.50	博山甘白峪魁星樓	每噸十六元八角
白[illegible]渣	0.24	87.78	0.32	8.29		0.43	0.09		1.97			1.67	淄川大崑崙	每噸十一元八角
紫石	0.03	2.74	1.54	0.53		48.68	1,21	1.04	2.73	39,79		2.14	博山岱莊石馬莊	每噸五十元四角

八、玻璃出品種類價目表（民國二十二年春調查）

（甲）文具類

名稱	種類	價目	名稱	種類	價目
筆架	花	每個○·○三元	筆架	無花	每個○·○二元
文鎮	六角形	每個○·○五元	文鎮	菊花	每個○·一五元
方條	內畫山水花卉	每對○·五○元	方條	四六方	每對○·三○元
別針缸	各色	每個○·一五元	筆筒	各色六方	每個○·二五元
筆筒	粉紅色六方	每個○·三○元	筆筒	各色圓形	每個○·三○元
筆洗	各色	每個○·一五元	水盂	上等·各色	每個○·一五元
水盂	粗·各色	每個○·○四元	木蘁盒	細·各色	每個○·六○元
木蘁盒	粗·各色	每個○·一○元			

（乙）花瓶類

名稱	種類	價目	名稱	種類	價目
雞肝色美人瓶	一尺四寸	每對四·五○元	雞肝白·綠·紫瓶	一尺二寸	每對三·五○元
雞肝白·綠·紫瓶	一尺	每對二·五○元	雞肝白·綠·紫瓶	九寸	每對二·○○元
雞肝白·綠·紫瓶	八寸	每對一·六○元	雞肝白·綠·紫瓶	六寸	每對一·二○元
雞肝白·綠·紫瓶	五寸	每對一·○○元	雞肝白·綠·紫瓶	四寸	每對○·四○元
雞肝白·綠·紫瓶	三寸	每對○·四○元	雞肝白·綠·紫瓶	二寸	每對○·四○元
粉紅天球瓶	一尺二寸	每對八·○○元	綠色	八寸	每對一·○○元
綠色	一尺四寸	每對三·○○元	黃色	六寸	每對四·五○元

名稱	種類	價目	名稱	種類	價目
黃色	一尺	每對七五・〇〇元	假黃色	一尺六寸	每對五・〇〇元
冲雞肝色	一尺四寸	每對一三・〇〇元	白底綠花套色	六寸	每對四・五〇元
白底紅花鳳尾	一尺	每對四五・〇〇元	美人瓶(內畫)	一尺四寸	每對二〇・〇〇元
美人瓶(內畫)	一尺二寸	每對一一・〇〇元	美人瓶(內畫)	一尺	每對八・〇〇元
美人瓶(內畫)	八寸	每對六・〇〇元	美人瓶(內畫)	六寸	每對五・〇〇元
美人瓶(內畫)	五寸	每對四・〇〇元	古銅色	內畫四寸	每對一・五〇元
鼻煙壺	內畫套色	每個二・〇〇元	小藥瓶	內畫套色	每個一・〇〇元
罈形瓶	內畫三寸	每對六・五〇元	小瓶	刻花	每個二・〇〇——五・〇〇元
彫花	套色	每對五〇—一〇〇・〇〇元			

(丙) 化裝品類

名稱	種類	價目	名稱	種類	價目
扣子	無花(白)	每十八個〇・〇二五元	扣子	有花	每十八個〇・〇四元
珠子	水晶	每百二・〇〇—九・〇〇元	手鐲	黑	每十一・〇〇元
手鐲	紅色	每十一・〇〇元	手鐲	醬色	每十一・〇〇元
手鐲	翡翠	每十三・〇〇—五・〇〇元	朝珠	水晶	每百一・〇〇元
寶塔	水晶	每十一・八〇元	小珠子	各色	每串〇・一〇元
頭針	各色	每萬五・〇〇元	蓮子珠	紅色	每串〇・〇五元
蓮子珠	黃色	每串〇・〇三元	圓珠	綠色	每串〇・〇五元
圓珠	大號・紅色	每百〇・二〇元	圓珠	特大・紅色	每百〇・九五元
帽珠	紅	每百二・〇〇元	帽珠	藍	每百二・〇〇元
大珠	眼鏡盒用	每百二・五〇元	粉罐	內畫五寸	每對四・〇〇元
粉罐	雜色	每對〇・八〇元	粉罐	套色・各色	每只〇・九〇元
鴉片烟盒	大號・白玉	每只〇・六〇元	鴉片烟盒	小號・白玉	每只〇・四〇元
牡丹花	小號	每朵一・〇〇元	牡丹花	大號	每朵一・〇〇元
牡丹花	加細	每朵一・九〇元	月季		每朵〇・五〇元
水仙		每對〇・四〇元	菊花		每對二・〇〇元
玻璃絲屏風	(折)一尺半	每件五扇一・〇〇元	折屏	二尺	每件五扇二・〇〇元
棹屏	一尺半有畫	每件五扇一・〇〇元	棹屏	一尺半無畫	每件五扇〇・八〇元
棹屏	一尺八有畫	每件五扇二・〇〇元	棹屏	一尺八無畫	每件五扇一・七〇元

名稱	種類	價目	名稱	種類	價目
棹屏	二尺有畫	每件五扇二・二〇元	棹屏	二尺無畫	每件五扇一・八五元
掛屏	二尺有畫	壹扇〇・五〇元	掛屏	二尺無畫	壹扇〇・三五元
掛屏	三尺有畫	壹扇〇・七〇元	掛屏	三尺無畫	壹扇〇・五二元
掛屏	四尺有畫	壹扇一・二〇元	掛屏	四尺無畫	壹扇〇・九五元
掛屏	五尺有畫	壹扇二・五〇元	掛屏	五尺無畫	壹扇二・一〇元
地屏	五尺有畫	六扇一二・〇〇元	地屏	五尺無畫	六扇一〇・〇〇元
地屏	六尺有畫	六扇[illegible]・〇〇元	地屏	六尺無畫	六扇一九・〇〇元

（丁）玩具類

名稱	種類	價目	名稱	種類	價目
花球	三兩行花球	每個〇・〇三元	花球	四兩行花球	每個〇・〇四元
花球	內畫四兩	每個〇・一〇元	扭絲球	元行菊花	每個〇・一〇元
花鳥球	四六方細扭細菊花	每個〇・一九元	菊花球	四六古色	每個〇・二〇元
小珠	黑色	每百一・〇〇元	黃瓜	綠色	每百三・〇〇元
蟬	各色	每只〇・二二元	金魚缸	刻花大號	每只三・〇〇元
金魚缸	刻花二號	每只二・〇〇元	金魚缸	刻花三號	每只一・五〇元
繡球缸	水晶頭號	每只一・五〇元	繡球缸	水晶二號	每只〇・六〇元
繡球缸	水晶三號	每只〇・四〇元	小花葉	有花	每百〇・六〇—〇・七〇元
小花葉	紅綠	每百〇・六〇—〇・七〇元	取火珠	水晶	每百〇・三〇元
小豬		每百〇・九〇元	小羊	帶花	每百二・五〇元
小鷄		每百二・〇〇元	小獅子	每百	每百二・〇〇元
小狗		每百二・〇〇元	葡萄		每串〇・〇七元
櫟子石	雜色	每對〇，一二元	鼓鐺子	白色	每千一・一〇元
鼓鐺子	紅色	每千二・二〇元			

（戊）杯類

名稱	種類	價目	名稱	種類	價目
酒杯	棕色	每百一・三〇元	酒杯	乳白色	每百一・一〇元
酒杯	玻璃	每百一・一〇元	酒杯	鷄肝石	每百一・二〇元
汽水杯	綠色	每十二・五〇元	汽水杯	乳白色	每百五・〇〇元

名稱	種類	價目	名稱	種類	價目
啤酒杯	水晶	每十五·〇〇元	西式酒杯	有脚	每十一·〇〇元
茶杯	乳白色	每百四·〇〇元	茶杯	綠色	每百四·〇〇元
茶杯	黃色	每百六·〇〇元	茶杯	鷄肝石	每百五·〇〇元
茶杯	紅色	每百九·〇〇元	茶杯	茶色	每百九·〇〇元
方酒杯	乳白色	每十一·〇〇元	水杯	大號水晶刻花	每只〇·一八元
水杯	二號水晶刻花	每只〇·一六元	水杯	三號水晶刻花	每只〇·一四元
水杯	四號水晶刻花	每只〇·一二元	水杯	鷄肝石細	每只〇·一〇元

(已) 用 具 類

名稱	種類	價目	名稱	種類	價目
燈泡	煤油	每百三·二〇元	燈泡	煤油·次號	每百二·七五元
燈泡	保險燈	每百二·五〇元	燈泡	鴉片煙燈	每百四·〇〇元
燈	火油	每百一·〇〇—二·〇〇元	燈	火油·小號	每百〇·五〇—一·〇〇元
電燈罩	玻璃絲	每只一·〇〇元	桅燈罩	加重·三圈	每打一·八〇元
桅燈罩	加重·各色	每打一·五〇元	桅燈罩	行·各色	每打一·〇〇元
桅燈罩	小風筒	每打〇·八〇元	桅燈罩	小古式	每打〇·九〇元
烟嘴	潮烟管用	每百二·五〇元	捲烟盒	藍色（五十支）	每對一·〇〇元
捲烟盒	藍色（二十五支）	每對〇·八〇元	捲烟盒	雞肝石大號	每只〇·六〇元
捲烟盒	粉紅 大號	每只〇·八〇元	捲烟盒	粉紅 二號	每只〇·七〇元
烟碟	四六方各色	每只〇·二〇元	火柴盒	紅色	每只〇·一〇元
火柴盒	藍色	每只〇·一〇元	小圈	各色	每百〇·〇四元
茶葉瓶	水晶	每只〇·五〇元	捕蠅瓶		每只〇·一五元
手痰盂	白色	每對〇·一〇元	手痰盂	乳白色	每對〇·二〇元
手痰盂	鷄肝色	每對〇·二〇元	筷子	各色	每把十雙〇·二〇元

(庚) 碗 碟 類

名稱	種類	價目	名稱	種類	價目
飯碗	奎色五寸	每只五·〇〇元	飯碗	各色	每只〇·三〇元
飯碗	鷄肝色	每只〇·一〇元	飯碗	大號刻花	每對一〇—一〇〇·〇〇元
素盤	雞肝色十六寸	每只二·〇〇元	素盤	雞肝色十四寸	每只一·七〇元

素盤	雞肝色十二寸	每只一・三〇元	素盤	雞肝色十寸	每只〇・八〇元
素盤	雞肝色九寸	每只〇・四〇元	素盤	雞肝色八寸	每只〇・三〇元
素盤	雞肝色七寸	每只〇・二〇元	素盤	雞肝色六寸	每只〇・一五元
素盤	鷄肝色五寸	每只〇・一二元	素盤	雞肝色四寸	每只〇・〇八元
素盤	雞肝色三寸	每只〇・〇六元	素盤	雞肝色二寸	每只〇・〇四元
素盤	綠・紫・白等色	大小價目與鷄肝色相同	素盤	粉紅・雞肝色	大小加四成
八仙盤	大號綠紫白雞肝色	每套三・五〇元	八仙盤	二號綠紫白鷄肝色	每套二・五〇元
八仙盤	三號綠紫白雞肝色	每套二・〇〇元	八仙盤	粉紅色	每套加四成

附博山玻璃公司之組織及蛻變 博山玻璃公司爲顧思遠氏所創。成立於清光緒三十二三年性質係官商合辦。資本爲四十萬兩,後又向大清銀行借款五十萬兩。廠址寬大,佔地三十餘畝。在城北三里六十畝圈廠屋均照新式建築,內部一切,都用機械。聘德工程師七名,專製平面玻璃。廠內設有料爐烘爐攤片爐等,各爐所用之火力,均由一隧發出,(其隧開於廠之中央,乃穴地而成者)。四面通連各爐,供給火力,其不需火之處,有活閘以閉之。有發動機以給動力,用以壓榨原料使成細粉,俾易入爐。有煅石而成玻璃之爐曰料爐,與該縣今日所用者絕不相同,蓋現用者多以硝罐製煉而成。彼則以更代法煉取玻液,以生料入於一端,所熟之料流至他端,工人卽於此取出,而製玻璃焉。有攤片爐,將玻液所吹成之筒,以火熔之成片,其建造與今博邑所用者同,惟彼之規模較大耳。又有烘爐者,爲料器做成後,不可卽時冷却,宜以微火烘之,使其漸冷之爐也。又有作房,地極寬敞,可容數十人,工作時無擁擠之虞。其他有宿舍以供工徒之住宿,有園圃以植蔬菓而供食料,有堆貨房以儲存貨品,有裝包房裝貨成箱以便運寄,他如自來水電燈等,莫不應有盡有,誠爲極大規模之設備也。惜以營業不佳,虧累甚巨,故開辦僅二三年,卽告停閉。又以後雖有顧思孝及黃華等發行彩票,提倡復業,終以資本缺乏,政局不寧,迄無結果。又以負欠大清銀行款項。廠內一切,均已收歸官有。張宗昌督魯後,廠基又被其部屬王漢民軍

隊所毀,民國二十年,始由山東省政府實業廳向中央收回,改爲博山模範瓷器廠,而當時巨大之玻璃公司,僅存破屋一二間而已。此誠不得不爲我國工業惜也。

九 工人生活

博山營玻璃工業者,據今春調查所得,大小約共數百餘家,工人約四千餘名。聞昔日營業興盛時,尚多倍蓰。年來日趨衰落,致益遞減。茲列表於下:

大爐	二十餘家
料爐	二十家
玻絲	八家
小爐(合七八人至十餘人成一爐)	二百餘爐
磨工	二百五十餘人

博山玻璃事業,多係家庭工業,故所有工人,以家屬及親舊居多,然亦有間用外人者。此業除磨工有女工,玻絲有童工外,餘均男工爲之。其生活情形,則隨工作之種類而異。茲分述於下:

(甲)工作時間 博山玻業工人工作時間,隨其工作之種類而不同。如大爐之燒工,則日夜輪班,司爐工人,則自材料入爐,至玻液成熟爲止。吹筒則自罐中玻液成熟起,至吹完一罐之玻液止。(適與司爐工人,循環工作。)小爐工人,則視一爐煤火燃燒之久暫,爲工作之時間;磨工,及劃花工,均隨意爲之。如遇營業興盛,銷路暢達時,則工人工作亦較忙。至於盛暑酷熱之際,多有停止工作者,然小爐工人,以生計窘迫,大都工作如故,惟至年節,則均隨俗,全體停工。

(乙)工值及待遇 工人工值,多少不等。如大爐工人,其工資之分配,以燒煉玻液之硝罐之數爲標準。其中以吹玻筒者爲最費力,故所得工資亦最多,每日約一元。如能將一罐之玻液吹成玻筒,超過額定數目者,除應得工資外,主人尚須贈以額外之獎金。燒工則日夜輪班,每人約可得大洋伍角,如所燒之硝罐,經三十次而不破壞者,則主人犒賞一次,如繼續不破,則主人亦繼續犒賞。每個硝罐有祇燒一二次即破,有燒至七八次而破者,至多可燒至三十餘次。工人無知,每因細故,與窰主不愜,燒時故意於爐灶中間,挖成一空,放冷空氣入內,使硝罐破裂,俾窰主受極大之損失,窰主有鑒於此,故有此舉,藉資防範,其他燒料,攤片玻璃,抽玻絲,及烤工等工資自五角至二角不等,小爐工人,則集合七八人,至十餘人,圍坐爐旁,各自工作,所製物品,各歸自有,每日約可得二三角至七八角,磨工多女工及童工,其所磨之貨,按件計算,每日約可得大洋兩角。製罐工人每日可得工資一元,踏泥土者可得五角。他如劃花工,亦按件計值,當營業興盛時,每日可得大洋二三元,今則銷路不佳,約可得一元餘,然須技術精熟者,方能得之。學徒年幼者,其工作時間,並無限制,亦無工值,膳宿由窰主供給,間亦有每日可得大洋一角者,四年爲滿,滿期後多留廠工作。

(丙) 飲食及衛生 博山玻業工人之膳食,均係自備,有歸家就食者,有將飯食攜至工場者除家庭十分貧寒,生計極爲艱難外,多喜啖喜飲,縱慾口腹,大有「今朝有酒今朝醉,明日無錢明日愁」之概,以爲不如是必無健全之體力以作此等苦工,故其所得工值,多半消耗於斯,至於衛生方面,漫不注意,蓋處境使然耳,博邑本爲產煤之區,所有道路,均呈黑色,更加各種工業爐灶,不下數千餘戶,微風稍揚,烟灰瀰漫天空,房屋布廛,無不在其籠罩之中。工人又因日間工作於煤烟烈火之下,手面均呈黝黑色,無清潔之時。所用爐灶又多係舊式,煤烟炭灰,無處宣洩,遂致蒸騰一室,空氣惡劣,莫此爲甚。然工人亦毫不覺苦,蓋已成習慣矣

十、結　論

(甲) 工業衰落之原因 本篇關於博山玻業之情形,據短時間內觀察所得,已述梗概。至於該業衰落之原因,茲再略述一二:夫煤爲必需之燃料,亦爲該處最多之產品,欲購用之,非至礦區不可,

因山路崎嶇,故運費亦大,(運至博邑之煤,其價幾超過產地一倍)。此其一。碱爲燒玻璃之主要物品,當時盡爲外貨,價值昂貴,今雖有永利公司之國貨碱,可代外貨,而價並不廉,此其二。他如硝,雖產於黃河沿岸,取用便利,但因該品可製火藥,非特售價奇高,且政府限制甚嚴,而苛捐雜稅,有增無減,遂致成本巨大,營業方面,遭受莫大之打擊,否則博山礦產之富,工人之衆,正可因地制宜,闢爲工業區,於國計民生,定可兩有裨益。至於工人方面,大都缺乏知識,墨守舊法,不知研究改良,致所出貨品,各家靡不雷同,與外貨相較,有似雲泥之判。而工業中人,尚以爲我之衰落,由於外貨充斥之所致,不知外人均從殫精竭慮中得來也。目前玻業中,雖亦有兢兢業業如徐福田其人者,以數年之研究,自製各種料用顏色,惜徐君未曾受高等教育,缺乏科學上之技能,不能更作進一步之探討,故用力雖勤而收效不宏,然在博邑玻業中,已如鳳毛麟角,殊覺不可多得矣。

(乙)玻業應有之興革 博山所出之玻璃,每因燃燒時間之不足,及火力之不勻,致原料未能完全融和,而溶玻液之硝罐,又多數無蓋,即有之,亦不十分嚴密,每有煤屑塵灰等落入罐中,以致所出之玻璃,不甚純潔,且有細小之氣泡。此種情形,非特有損美觀,於銷路亦大有妨礙。他如玻璃爐之改築,工會之組織,市場之擴充,製品之改革,均爲目前急要之圖,茲分述於下:

(1)玻璃爐之改築 博山玻業之出品不良,其最大原因,據作者觀察所得,在於玻璃爐建築之不科學化。按博山所用之玻璃爐,均沿舊式建造,硝罐與煤炭相離甚近,燃燒時火焰外出,熱力散而不勻,需時既多,需煤尤夥,且無煙窗,祇於牆上開數小孔,故煤烟佈滿一室。若將爐稍加改築,使與硝罐成適當之距離,而罐上更製一嚴密無縫之蓋,爐旁裝一煙窗,則熱力不致散失而不勻,煤烟可由烟窗引之外出,時間及煤炭均可減省,而出品亦較純潔矣。

(2)統一工人組織 博山製玻璃之工人,雖有四千餘名,然大都毫無知識,每以感情或意見而發生怠工誤工情事,至資方常蒙其損失。若能集合勞資雙方,組織一有系統之工會,解決此種糾紛,並討論成分之研究,製法之改良,使該項工業,日趨進步,則勞資雙方,均獲益非淺。

(3)**市場之擴充** 今日中國舊式工業之改組與改良,應自小規模之家庭工業着手。博山之玻璃出品,除山東一省外,其他鮮有知之者,故市場之擴充,尤須三注意也。

按博山製玻品者,有數百餘家,其出品之多,在國中首屈一指,似宜急籌設一資本較厚之公司,專收各家製品,分銷各處,以便工商。但此事在三十年前,已有人行之,非特慘遭失敗,且幾危及生命。蓋當遜清光緒二十八九年時,有趙爾翠者,係東三省總督趙爾巽之弟,鑒於博邑料貨之佳,出品之多,因與各料戶訂立合同,設行包收。自此以後,工人卽盡力製貨,愈出愈多,無如趙氏資本有限,一時難以盡收,而料戶貨品,又爲合同所限,不得再售他人,雙方各趨極端,釀成極大風潮。趙氏被毆,幾致斃命,涉訟多時,後始由省府解決。故包收之事,已見弊病於當時,恐難再行於今日。爲今之計,宜注意於宣傳與陳列,爲擴充市場之先聲。每見外商,新出一品,不惜費巨額之金錢作長期之廣告,繪圖照相,說明詳盡,窮鄉僻壤,無遠弗屆,更於繁盛市廛,設樣品間,陳列貨品,任人參觀,務使深入人心而後已。博山玻業,若能取法於此,多登廣告,極力宣傳,使該項出品,遐邇皆知。然後彙集各家貨物,標明價目,設法托各大埠之百貨公司陳列代售,如此則於銷路上,必能收極大之效果也。

(4)**改製出品** 博山所出之玻品,多係飾物,玩具,化裝品等。不切實用,花樣形色,又多雷同,沿用舊法,不知改良,甚或減工省料,使本輕價廉,易於銷售,遂致貨質愈下,營業日衰,殊堪惋惜。今欲使該項工業發達,須改良製品,注意外觀,務使所出貨品,形式新奇,花樣鮮艷,再進而注重實用,倣製科學用品,以抵制外貨,則每年巨額之金錢,必不致外溢矣。

(丙)**輔助發展之計劃** 今日中國之工業,尚在幼稚時代,苟無政府提倡,不能收巨大效果。博山之玻業,已有悠久之歷史,雛形既具,如能予以相當之輔助,則不難使其發展,茲就管見所及,拉雜書其計劃於下:

(1) 玻璃原料,非盡產於博山一邑,在政府機關之下,如能附設一調查機關,專門調查各種玻璃原料之產地,及其化學與物理性質,則博山玻業所需之原料,可不必專仰給於本地,或外貨之輸入。

(2) 化學工業問題,須隨時隨地,斟酌情形,加以研究與改善,否則仍難收效。爲輔助工業計,莫如就博山附近,由政府設立,或由玻業合資,辦一玻業指導所,聘請專家,代任設計分析指導,及其他種種之問題。

(3) 改良出品,或因經濟所限,非一般小玻業工廠所能即時進行,故模範玻璃廠之創辦,亦爲輔助該業發展之最要計劃。因一可以引導玻業工人改良出品,二可以使工人得有訓練之機會,且可示之以實例,三可使研究玻璃者,有實地研究及參觀之機會。

以上所述,雖已略具數端,然甚簡陋,至於經濟及組織等問題,則須俟經濟專家解決之。作者欲喚起實業家之注意,使博山已有之玻璃工業,用科學方法,應時代需要,隨時改善,則該處一帶之民生問題,可從而解決,亦裕國之一道也。

整函數之絕對值與其零點之個數之關係

范 會 國

整函數(Integral function)在函數論中所佔位置之重要,猶之整數之於數論,近二三十年來,各國數學家之在此園地中從事墾耕者,甚不乏人,其所收獲,亦至豐富,美花鮮果,堪讚賞者,實不知其幾何!尤以 Alander, Bieberbach, Blumenthal, Borel, Boutroux, Denjoy, Hadamard, Iversen, Julia, Laguerre, Lindelöf, Littlewood, Nevanlinna, Poinceré, Valiron, Wiman 諸氏,貢獻特多,而可在函數論歷史中永留不朽也。此篇所論及者,僅爲整函數之絕對值與其零點之個數之關係,是不過滄海之一粟,然苟由此而引起國內數學界之注意,急起直追,努力探討,是即余之所引爲大幸者矣。

設$f(z)$爲一個整函數,並命

$$f(z)=Re^{i\Phi}$$

試取以r爲半徑之一圓,吾人知此整函數在此圓中之根之個數n爲

$$n=\frac{1}{2\pi}\int_0^{2\pi}\frac{\partial\Phi}{\partial\varphi}d\varphi.$$

若命

$$z=re^{i\varphi},$$

則有

$$Re^{i\Phi}=f(re^{i\varphi}).$$

若視R及Φ爲二變數r及φ之函數,而取此式對於此二變數之導來函數,則得

$$\left(\frac{\partial R}{\partial r}+i\frac{\partial \Phi}{\partial r}R\right)e^{i\Phi}=e^{i\varphi}f'(re^{i\varphi}),$$

$$\left(\frac{\partial R}{\partial \varphi}+i\frac{\partial \Phi}{\partial \varphi}R\right)e^{i\Phi}=e^{i\varphi}rif'(re^{i\varphi}),$$

由此得

$$\frac{\partial R}{\partial \varphi}+iR\frac{\partial \Phi}{\partial \varphi}=ir\left(\frac{\partial R}{\partial r}+i\frac{\partial \Phi}{\partial r}R\right).$$

若令此關係之一邊之實數部與他邊之實數部相等,及一邊之 i 之係數與他邊之 i 之係數相等,則得兩個偏微分方程式,其中之一個爲

$$\frac{\partial \Phi}{\partial \varphi}R=r\frac{\partial R}{\partial r},$$

因之得

$$\frac{\partial \Phi}{\partial \varphi}=r\frac{\partial}{\partial r}\log R,$$

及

$$n=\frac{r}{2\pi}\int_0^{2\pi}\frac{\partial \log R}{\partial r}d\varphi.$$

設 a_{n-1} 及 a_n 爲所取整函數 $f(z)$ 之第 $n-1$ 及第 n 個零點,並設 $|a_{n-1}|<|a_n|$,則只須 $|a_{n-1}|<r<|a_n|$,則由上式所得之 n 之值俱爲相等,蓋當 r 含在 $|a_{n-1}|$ 及 $|a_n|$ 中時,n 之值爲不變故也。茲將上式書爲

$$\frac{n}{r}=\frac{1}{2\pi}\int_0^{2\pi}\frac{\partial \log R}{\partial r}d\varphi,$$

並取其兩邊對於 r 之積分,則得

$$n\log r+C_n=\frac{1}{2\pi}\int_0^{2\pi}\log R\,d\varphi,$$

其中 C_n 表一常數。

爲求此常數 C_n,以書寫簡單起見,恆假設在以 o 爲中心之每一圓周上,$f(z)$ 至多只有一零點。試設 r 含在 $|a_{n-1}|$ 及 $|a_n|$ 中則有

$$(n-1)\log r+C_{n-1}=\frac{1}{2\pi}\int_0^{2\pi}\log R\,d\varphi,$$

此處之常數 C_{n-1} 之值與上之常數 C_n 之值不同,蓋已經過一斷點(discontinuity) $r=|a_n|$ 也。在上二式之第二邊恆爲連續,在此二

式中可令$r=|a_n|$,蓋 $\log R$ 在積分弧 (contour of integration) 上,雖變爲無窮大,然其積分之值仍爲有限也。由是得

$$n\log r_n+C_n=(n-1)\log r_n+C_{n-1},$$

其中$r_n=|a_n|$,此式可書爲

$$C_n=C_{n-1}-\log r_n$$

若累次應用此式,則可得

$$C_n=C_0-\log(r_1r_2\cdots r_n).$$

若設原點非爲零點,及$|f(o)|=1$,(此二假設俱爲可能),則可見$C_o=o$,而有

$$n\log r-\log(r_1r_2\cdots r_n)=\frac{1}{2\pi}\int_o^{2\pi}\log Rd\varphi.\text{(註1)}$$

若以$M(r)$表函數$f(z)$于$|z|=r$時之最大絕對值,(因之于$|z|\leqq r$時亦然),則上式之第二邊確小於$\log M(r)$,而有

$$(1)\qquad r^n<M(r)r_1r_2\cdots r_n.$$

此式(1)之優處在于無論r及n爲任何數,而仍爲真確。試設r含在r_p及r_{p+1} $(p<n)$中,則由此式,顯有

$$(2)\qquad \frac{r^p}{r_1r_2\cdots r_p}<M(r).$$

試乘第一邊以$n-p$個小于1之因子

$$\frac{r}{r_{p+1}}\,\frac{r}{r_{p+2}}\cdots\frac{r}{r_n},$$

則得

$$\frac{r^n}{r_1r_2\cdots r_n}<M(r),$$

是卽(1)式也.

反之,茲設$p>n$,則有

$$\frac{r}{r_{n+1}}\,\frac{r}{r_{n+2}}\cdots\frac{r}{r_p}>1:$$

若除(2)式之第一邊以此大于1之數,則有

$$\frac{r^n}{r_1r_2\cdots r_n}<M(r),$$

是仍爲(1)式也。

由上更可推出不等式

$$\frac{1}{r_n}<\frac{\sqrt[n]{M(r)}}{r}$$

玆再取不等式(1)

$$\frac{1}{r_1r_2\cdots r_n}<\frac{M(r)}{r^n}.$$

因無論 r 及 n 爲任何數,此式恆得滿足,故最好是用之於令第二邊爲最小之 n 之值.爲此,試命

$$M(r)=e^{V(r)}$$

試書第二邊 $\frac{M(r)}{r^n}$ 之對數導來函數(logarithmic derivative)爲零,則有

$$rV'(r)=n=\psi(r).$$

倒轉之,由此關係可推得 r 爲 n 之函數:

$$r=\varphi(n).$$

由是得

$$V'(r)=\frac{n}{r}=\frac{n}{\varphi(n)},$$

卽

$$dV(r)=\frac{n\varphi'(n)dn}{\varphi(n)},$$

若假設當 $n=o$ 時, $M(r)=1$, 則有

$$V(r)=\int_o^n\frac{n\varphi'(n)dn}{\varphi(n)}.$$

是故最好之不等式卽爲

$$\frac{1}{r_1r_2\cdots r_n}<\frac{1}{[\varphi(n)]^n}e^{\int_o^n\frac{n\varphi'(n)dn}{\varphi(n)}}$$

因之,更有

$$\frac{1}{r_n}<\frac{1}{\varphi(n)}e^{\frac{1}{n}\int_o^n\frac{n\varphi'(n)dn}{\varphi(n)}}$$

玆再對于$V(r)$作某種特別假設,而由此推出幾個重要結果。試設$V(r)$爲循規增大(regular increase),換言之,卽設

$$V(r)=Ar^{\rho}(\log r)^{\rho_1}(\log_2 r)^{\rho_2}\cdots(\log_k r)^{\rho_k},$$

其中A表一常數。

試再演上之計算以求$\varphi(n)$。命

$$\Psi=rV'(r),$$

則有

$$\frac{V'(r)}{V(r)}=\frac{\rho}{r}+\frac{\rho_1}{r\log r}+\frac{\rho_2}{r\log r\log_2 r}+\cdots+\frac{\rho_k}{r\log r\cdots\log_k r}$$

因之

$$n=\psi(r)=\rho V(r)\left(1+\frac{\frac{\rho_1}{\rho}}{\log r}+\cdots+\frac{\frac{\rho_k}{\rho}}{\log r\cdots\log_k r}\right)$$

因在括弧中在1之後之式$\frac{\frac{\rho_1}{\rho}}{\log r}+\cdots+\frac{\frac{\rho_k}{\rho}}{\log r\cdots\log_k r}=\varepsilon$,於$\frac{1}{r}$趨近于$o$時,亦趨近于$o$,故於就$r$以解此方程式時,可用漸次近似法(method of successive approximation)。玆有

$$n=A\rho r^{\rho}(\log r)^{\rho_1}(\log_2 r)^{\rho_2}\cdots(\log_k r)^{\rho_k}(1+\varepsilon),$$

由此得

$$(4)\qquad r^{\rho}=\frac{n}{A\rho}\frac{1}{(\log r)^{\rho_1}}\cdots\frac{1}{(\log_k r)^{\rho_k}}(1+\eta),$$

若取兩邊之對數,則有

$$\rho\log r=\log n-\log A\rho-\rho_1\log_2 r-\cdots+\eta',$$

或

$$\rho\log r=\log n(1+\varepsilon').$$

同理,得

$$\log\log r=\log\log n-\log\rho-\cdots=\log\log n(1+\varepsilon''),$$

$$\log_k r = \log_k n(1+\varepsilon_k),$$

若將以上所得各值代入(4)式中,則得

$$r^{\rho} = \frac{n}{A\rho}\,\frac{\rho^{\rho_1}}{(\log n)^{\rho_1}}\,\frac{1}{(\log_2 n)^{\rho_2}}\cdots\frac{1}{(\log_k n)^{\rho_k}}\,(1+\mu)。$$

由此便可得函數 $\varphi(n)$,

他方面,茲有

$$r_n > \varphi(n)\, e^{-\frac{1}{n}\int_o^n \frac{n\varphi'(n)dn}{\varphi(n)}}$$

此關係之第二邊之一近合值甚易求得,蓋 $\varphi(n)$ 與 n 之一乘冪相差甚微,而又為循規增大也。可是吾人可證明若要得此等函數之一導來函數之近合值,可取此函數之近合值之導來函數,所以可將上之積分與其形狀為

$$\int_o^n \alpha dn = n\alpha$$

之積分比較,其中 α 表某一常數,吾人可假設其鄰近於 $\frac{1}{\rho}$. 由是,故第二因子之形狀乃為

$$e^{-\frac{1}{\rho}(1+\varepsilon)},$$

而有

$$r_n > \left[\frac{\rho^{\rho_1-1}}{Ae}\, n(\log n)^{-\rho_1}\cdots\cdots(\log_k n)^{-\rho_k}\right]^{\frac{1}{\rho}}(1+\varepsilon).$$

由此關係,可得第 n 個零點之絕對值之一下限(lower limit).更有進者,依 Lindelöf 之方法(註2)吾人可證明若 $V(r)$ 含在 $Br^{\rho}(\log r)^{\rho_1}$ 及 $Ar^{\rho}(\log r)^{\rho_1}$ 中, $(B<A)$, 則可得下之不等式

$$\left[A_1 n(\log n)^{-\rho_1}\right]^{\frac{1}{\rho}} < r_n < \left[B_1 n(\log n)^{-\rho_1}\right]^{\frac{1}{\rho}}.$$

此結果甚為重要,蓋由此可很精確的解決一函數之增量與其第

n 個零點之關係也。至此,有兩問題值得研究,其一爲决定此數 B_1 之值,蓋Lindelöf只能證明其存在也,其二將上之結果推廣於較普偏之情形,如其可能者。

Lindelöf對於表整函數之級數之係數之增大與此函數之增大之關係,也曾得許多重要結果,(註3)茲僅述其一定理如次:

若表一整函數之級數 $\Sigma c_n z^n$ 之係數於 n 大于某值後,常滿足其不等式

$$\sqrt[n]{|C_n|} < \frac{1}{[A_n(\log n)^{\alpha_1}\cdots(\log_\nu n)^{\alpha_\nu}]^{\frac{1}{\rho}}},$$

則於 r 大於某值後,無論 ε 爲任何小,恆有不等式

$$M(r) < e^{\frac{1+\varepsilon}{Ae\rho^{\alpha_1+1}} r^{\rho}(\log)^{-\alpha_1}\cdots(\log_\nu n)^{-\alpha_\nu}}$$

由上述整函數之絕對值與其零點之關係,可知零點之求法乃甚重要,茲略論之。

設一整函數

$$G(z)=c_0+c_1z+c_2z^2+\cdots,$$

其中假設 $c_0\neq o$,(此假設顯然恆爲可能)。若取此函數之反商而展開之,則有

$$\frac{1}{G(z)}=a_0+a_1z+a_2z^2+\cdots.$$

後此函數爲一半純函數(meromorphic function),其極點(pole)卽函數 $G(z)$ 之零點.茲應用Hadamord所得結果以求此半純函數之極點(註4)

試先求係數 $a_0,a_1,a_2,\cdots$.顯然有

$$a_0\,c_0=1,$$

$$a_0\,c_1+a_1\,c_0=o,$$

$$a_0\,c_2+a_1\,c_2+a_2\,c_0=o,$$

$$a_0\,c_3+a_1\,c_2+a_2\,c_1+a_3\,c_0=o,$$

$$a_0\,c_4+a_1\,c_3+a_2\,c_2+a_3\,c_1+a_4\,c_0=o,$$

$$a_0 c_5 + a_1 c_4 + a_2 c_3 + a_3 c_2 + a_4 c_1 + a_5 c_0 = o,$$

$$\cdots\cdots\cdots\cdots\cdots\cdots\cdots\cdots = o,$$

$$a_0 c_p + a_1 c_{p-1} + a_2 c_{p-2} + \cdots\cdots + a_p c_0 = o,$$

$$\cdots\cdots\cdots\cdots\cdots\cdots\cdots\cdots.$$

由第　方程式可得a_0,第二方程式可得a_1,…,及永不致發生不可能之情形,蓋$c_0 \neq o$故也。

命

$$\Delta_m^p = \begin{vmatrix} a_m & a_{m+1} & a_{m+2} \cdots\cdots & a_{m+p-1} \\ a_{m+1} & a_{m+2} & a_{m+3} \cdots\cdots & a_{m+p} \\ \cdots\cdots & \cdots\cdots & \cdots\cdots \cdots & \cdots\cdots \\ a_{m+p-1} & a_{m+p} & \cdots\cdots\cdots & a_{m+2p-2} \end{vmatrix}$$

則前之計算變爲此行列式之求法,爲容易說明此求法之步驟起見,先取一特別情形,在以上諸方程式中,試從第三個起,取相連之四個,並在此四方程式中,取關於 a 之行列式,則有

$$D = \begin{vmatrix} c_2 & c_1 & c_0 & o \\ c_3 & c_2 & c_1 & c_0 \\ c_4 & c_3 & c_2 & c_1 \\ c_5 & c_4 & c_3 & c_2 \end{vmatrix}.$$

試乘此行列式之第一行之各元(element)以a_0,第二行之各元以a_1,第三行之各元以a_2,第四行之各元以a_3,而加之於第一行,則得

$$a_0 D = \begin{vmatrix} o & c_1 & c_0 & o \\ o & c_2 & c_1 & c_0 \\ -a_4 c_0 & c_3 & c_2 & c_1 \\ -a_4 c_1 - a_5 c_0 & c_4 & c_3 & c_2 \end{vmatrix}.$$

試再乘此行列式第二行之各元以a_0,第三行之各元以a_1,第四行之各元以a_2,而加之於第二行,則得

$$a_0^2D=\begin{vmatrix} o & o & c_0 & o \\ o & o & c_1 & c_0 \\ -a_4c_0 & -a_3c_0 & c_2 & c_1 \\ -a_4c_1-a_5c_0 & -a_3c_1-a_4c_0 & c_3 & c_2 \end{vmatrix}$$

此四級 (order) 行列式變爲兩個二級行列式之積,其中之一個爲 C_0^2 其別一個爲

$$\begin{vmatrix} a_4c_0 & a_3c_0 \\ a_4c_1+a_5c_0 & a_3c_1+a_4c_0 \end{vmatrix}$$

若乘此行列式第一列以 $\frac{c_1}{c_0}$,而於第二列中減去之,則可見行列式 a_0^2D 乃爲 C_0^4 及行列式

$$\begin{vmatrix} a_4 & a_3 \\ a_5 & a_4 \end{vmatrix}$$

之乘積。然後此行列式乃與行列式

$$\begin{vmatrix} a_3 & a_4 \\ a_4 & a_5 \end{vmatrix}=\Delta_3^2$$

相等而異號;因之得

$$a_0^2D=-C_0^4\Delta_3^2$$

玆將上之結果推廣之。爲此,試取第 $p+1$ 個方程式,(卽第一次含有 c_p 者),及在此方程式之後之 $p+m$ 個方程式,則在諸此方程式中之 a 之行列式爲

$$D_m^p=\begin{vmatrix} c_p & c_{p-1} & c_{p-2} & \cdots\cdots & c_2 & c_1 & c_0 & o & o & \cdots & \cdots & o \\ c_{p+1} & c_p & c_{p-1} & \cdots\cdots & c_3 & c_2 & c_1 & c_0 & o & \cdots & \cdots & o \\ \cdots & \cdots & \cdots & \cdots\cdots & \cdots & \cdots & \cdots & \cdots & \cdots & \cdots & \cdots & \cdots \\ c_{p+m} & c_{p+m-1} & c_{p+m-2} & \cdots\cdots & \cdots & \cdots & \cdots & \cdots & \cdots & \cdots & c_1 & c_0 \\ c_{p+m+1} & c_{p+m} & c_{p+m-1} & \cdots\cdots & \cdots & \cdots & \cdots & \cdots & \cdots & \cdots & \cdots & \cdots \\ \cdots\cdots & \cdots & \cdots & \cdots\cdots & \cdots & \cdots & \cdots & \cdots & \cdots & \cdots & \cdots & \cdots \\ c_{2p+m} & c_{2p+m-1} & c_{2p+m-2} & \cdots\cdots & \cdots & \cdots & \cdots & \cdots & \cdots & \cdots & c_{p+1} & c_p \end{vmatrix}$$

試乘此行列式之各行以$a_0, a_1, \cdots, a_{m+p}$,而加之于第一行,則所得行列式之第一行起自$m+1$個零,而有

$$a_0 D_m^p = \begin{vmatrix} 0 & c_{p-1} & \cdots\cdots \\ 0 & c_p & \cdots\cdots \\ \cdots & \cdots & \cdots\cdots \\ -a_{m+p+1}c_0 & \cdots & \cdots\cdots \\ -a_{m+p+1}c_1 - a_{m+p+2}c_0 & \cdots & \cdots\cdots \\ \cdots\cdots\cdots\cdots & \cdots & \cdots\cdots \\ -a_{m+p+1}c_{p-1} - a_{m+p+2}\, c_{p-2} - \cdots - a_{m+2p}c_0 & c_{2p+m-1} & \cdots\cdots \end{vmatrix}$$

試再乘此行列式之第二行,第三行,⋯及最後行以$a_0, a_1, \cdots, a_{m+p-1}$,而加之于第二行,則上之行列式再乘以$a_0$,及只有第二行與前不同,而變為

$$\begin{matrix} 0 \\ 0 \\ \cdots \\ 0 \\ -a_{m+p}c_0 \\ -a_{m+p}c_1 - a_{m+p+1}c_0 \\ \cdots\cdots\cdots\cdots \\ -a_{m+p}\, c_{p-1} - a_{m+p+1}\, c_{p-2} - \cdots - a_{m+2p-1}\, c_0 \end{matrix}$$

若將上之運算p次為之,則所得之行列式乃等于 $a_0^p D_m^p$

他方面,在上之運算中,吾人令起頭之$m+1$列之每列中,生出p個零,故所得行列式之形狀為

$$\begin{vmatrix} \overbrace{\begin{matrix} o & o & \cdots & o \\ o & o & \cdots & o \\ \cdot & \cdot & \cdots & \cdot \\ o & o & \cdots & \cdot \end{matrix}}^{p.} & \overbrace{\begin{matrix} c_0 & o & o & \cdots & o \\ c_1 & c_0 & o & \cdots & o \\ \cdots & \cdots & \cdots & \cdots & \cdots \\ c_{p-1} & c_{p-2} & \cdots & \cdots & c_0 \end{matrix}}^{m+1.} \\ \cdots\cdots & \cdots\cdots \\ H & \begin{matrix} c_p & c_{p-1} & \cdots & c_1 \\ \cdots & \cdots & \cdots & \cdots \\ c_{m+p} & c_{m+p-1} & \cdots & c_p \end{matrix} \end{vmatrix}$$

由此，故知此行列式除正負號尚爲未定外，乃等於H與其級爲$m+1$之一行列式（卽在右角者）之積。因後此行列式之値爲C_0^{m+1}故得

$$a_o^p \; D_m^p = \pm \; C_o^{m+1} H$$

茲試求H之絕對值。是乃等于下之行列式之絕對値：

$$\begin{vmatrix} a_{p+m+1}c_0 & a_{p+m}c_0 & \cdots a_{m+2}c_0 \\ a_{p+m+1}c_1+a_{p+m+2}c_0 & a_{p+m}c_1+a_{p+m+1}c_0 & \cdots a_{m+2}c_1+a_{m+3}c_0 \\ \cdots\cdots & \cdots\cdots & \cdots \\ a_{p+m+1}c_{p+1}+\cdots+a_{m+2p}c_0 & a_{p+m}c_{p-1}+\cdots+a_{m+2p-1}c_0 & \cdots a_{m+2}c_{p-1}+\cdots+a_{m+p+1}c_0 \end{vmatrix}$$

若乘此行列式之第一列以$\frac{c_1}{c_0}$，而於第二列中減去之，則可見在此列中凡含有C_1之項俱消去。同理，可令凡含有C_i $(i \neq o)$之項亦俱消去，而此行列式乃變爲

$$C^p \begin{vmatrix} a_{p+m+1} & a_{p+m} & \cdots & a_{m+2} \\ a_{p+m+2} & a_{p+m+1} & \cdots & a_{m+3} \\ \cdots & \cdots & \cdots & \cdots \\ a_{m+2p} & a_{m+2p-1} & \cdots & a_{m+p+1} \end{vmatrix}$$

由此故知除正負號尚爲未定外，是乃等于$C_o^p \; \Delta_{m+2}^p$因之得

$$(5)\qquad a_o^{p} D_m^{p} = + C_o^{m+p+1} \Delta_{m+2}^{p}.$$

在上所述俱不留意于正負號。是頗不難決定,惟在此可以忽略,蓋最重要者乃兩邊之絕對値也。因此,故僅將其結果述之如次:

$$a_o^{p} D_m^{p} = (-1)^{mp+\frac{p(p-1)}{2}} C_o^{m+p+1} \Delta_{m+2}^{p}$$

至此,吾人須求(5)式之兩邊之第$m+2$次方根之極限,此極限顯然與第m次者同由Hadamard所得結果,吾人知道若$\varrho_1,\varrho_2,\cdots\varrho_p$爲所求之根數之反商之絕對値,則有

$$\overline{\lim_{m=\infty}} \sqrt[m]{\left|\Delta_{m+2}^{p}\right|} = \varrho_1\varrho_2\cdots\varrho_p$$

由是得

$$\overline{\lim_{m=\infty}} \sqrt[m]{\left|D_m^{p}\right|} = |c_0|\varrho_1\varrho_2\cdots\varrho_p,$$

蓋p爲一固定數故也。是卽吾人所欲得之重要結果也。

最重要者,爲應用此式以硏究當p爲甚大時,乘積$\varrho_1\varrho_2\cdots\varrho_p$變爲如何。在實際上,吾人往往只求此行列式之絕對値之一上限,然此乃最有用者也。

玆於行列式D_m^{p}之項數,略爲檢討。在表面上,此行列式好似具有$\overline{m+p+1}!$項,但實際並無如此之多,蓋其中有爲零之元也:第一列只有$p+1$元異于零,故此行列式之項數等於$p+1$乘以關于此$p+1$元之任一元之子行列式(minor)之項數,可是此子行列式乃由于除去不含有零之一行而得,故此子行列式之第一列仍有$p+1$元異于零。若如此繼續至$m+1$次,則可見行列式D_m^{p}之項數爲

$$(p+1)^{m+1}\times h,$$

其中h表不含有零之某一p級子行列式之項數。由此,故知此行列式D_m^{p}之項數乃爲

$$(p+1)^{m+1}p! = (p+1)^{m}(p+1)!。$$

由是可知此項數之第m次方根之極限乃爲$p+1$,是卽所欲得之

極限也。

玆舉一例以示以上所得結果之應用。試取方程式

$$e^x - P(x) = o,$$

其中 $P(x)$ 表 x 之一多項式。

除出起頭之若干項，整函數

$$G(x) = e^p - P(x)$$

與函數 e^x 有同樣之係數。所以若 h 大於 P 之次數(degree)，則必有

$$c_h = \frac{1}{h!}.$$

當求行列式 D_m^p 之最大絕對值時，卽此 C_h 之值必要引入。玆試證關於 e^x 之此行列式 D_m^p 之最大項卽其主項(principal term)，(卽含有主對角線之各元之項)。爲此，試取別一項，並設 C_h 及 C_k 爲在此項中由主對角線(principal diagonal)之兩邊所取之二元。余謂吾人可代此二元以別二元而得較大之一項。的確，試取以 C_hC_k 爲對角線之矩形之別二頂點，並設 $C_h'C_k'$ 爲此二頂點，如下圖

$$\begin{array}{cc} c_h' & \cdots\cdots c_k \\ \cdots & \cdots\cdots \\ c_h & c_k' \end{array}$$

則可證

$$c_h' \, c_k' > c_h \, c_k.$$

的確，玆有

$$h - h' = k - k' > o,$$

及只須證明

$$h'! \, k'! < h! \, k!,$$

或

$$\frac{h! \, k!}{h'! k'!} > 1,$$

可是此式乃等于

$$\frac{h(h-1)\cdots(h'+1)}{k'(k'-1)\cdots(k+1)},$$

而在最後此式中，分子分母之因子之個數相同，及分子之每一因

子又人于寫在其下之分母之相當因子，$(h>k')$，故此分數乃大于1，而主項乃爲最大之項，其値爲C_p^{m+p+1}

因行列式D_m^p之項數之第m次方根趨近於$p+1$，故有

$$\overline{\lim_{m=\infty}}\sqrt[m]{\left|D_m^p\right|}<\frac{p+1}{p!}.$$

設$r_1, r_2, \cdots, r_p$爲所求之零點之絕對値，則因

$$r_1 r_2 \cdots r_p=\frac{C_0}{\overline{\lim}\sqrt[m]{\left|D_m^p\right|}},$$

故得

$$r_1 r_2 \cdots r_p>\frac{p!}{p+1}.$$

因$r_1<r_2<\cdots<r_p$，故由上式得

$$r_p^p>\frac{p!}{p+1}.$$

因之

$$r_p>\sqrt[r]{\frac{p!}{p+1}}$$

在函數Γ之理論中，已證$\sqrt[p]{p!}$等於$\frac{p}{e}(1+\varepsilon)$，其中$\varepsilon$趨近於零，當$p$無窮增大。由是可見若命$h$爲不關于$p$之某一常數，則有

$$r_p>hp.$$

最後所得此式，可有兩樣用法：第一可用之以得第p個零點之絕對値之一下限(lower limit)，第二可用之以知在以r爲半徑之圓中之零點之個數之一上限(uppper limit)，此數p確小于$\frac{r}{h}$，蓋在以r爲半徑之圓中，$r_p<r$故也。至此，吾人可問此上限是否確可達到，或如何趨近于此上限，是乃吾人之所欲解決而尙未能者也。

註 1. 參閱 Jensen, Acta mathematica t. XII; 及 Petersen. Acta mathematica, t. XXIII.

註 2. 參閱 Comptes rendus des seances de l' Academie des sciences, t. CXXXII, CXXXIII, CXXXIV 及 CXXXV.

註 3. 參閱 Borel.—Lecous sur series a termes positifs, p. 58—47.

註 4. 參閱 Hadamard, Essai sur l'etude des functions donne'es par les developpements de Taylor(Jourdan. de M. Jordan,1889) 及 Runge, Acta mathematica, t. VI, p.305.

球體在大球體內運動之流線

蔡 其 清

今有半徑 b 之一大球,內充流體,更有一半徑 a 之一小球以速率 v 沿直徑運動其中。問其經過大球中心時之水流紋如何?

欲究此題,當先設此運動爲非旋轉者。更取某瞬息時之小球中心之位置爲座標軸之原點,而運動之方向則取 z 軸之正向

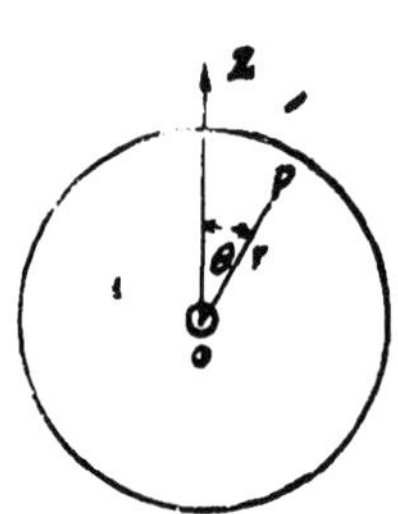

因球體之對稱關係,球之速度位 Φ (velocity potential) 祇有賴於 OP 及角 ZOP,卽僅爲 r 與 θ 之函數是也。故以球座標表示之連續方程式,

$$\frac{\partial\varrho}{\partial t}+\frac{1}{r^2\sin\theta}\left\{\frac{\partial}{\partial r}(\varrho U r^2\sin\theta)+\frac{\partial}{\partial\theta}(\varrho V r\sin\theta)+\frac{\partial}{\partial\varphi}(\varrho w r)\right\}=o$$

中,$\frac{\partial}{\partial t}$ 及 $\frac{\partial}{\partial\Phi}$ 項爲零,更令 $U=-\frac{\partial\Phi}{\partial r}$, $V=-\frac{1}{r}\frac{\partial\Phi}{\partial\theta}$ 則得

$$\frac{\partial}{\partial r}\left(r^2\sin\theta\frac{\partial\Phi}{\partial r}\right)+\frac{\partial}{\partial\theta}\left(\sin\theta\frac{\partial\Phi}{\partial\theta}\right)=o,$$

其中密度 ϱ 在此爲常數,且以其爲公因子而消去。

欲解上式,須先設 $\Phi=f\cos\theta$, f 只爲 r 之函數,此蓋由於域限情形 $r=a$ 時而知其然也。代入上式化之,得

$$r^2\frac{d^2f}{dr^2}+2r\frac{df}{dr}-2f=o$$

欲解此式,更須設 $f=r^m$ 代入解之得知 m 當爲 $m=1$ $m=-2$,故得

$$\Phi=Ar\cos\theta+\frac{B}{r^2}\cos\theta$$

此處 A, B 爲待定之常數。

欲定常數可自流體沿 r 之速率

$$\frac{\partial\Phi}{\partial r}=A\cos\theta-\frac{2B\cos\theta}{r^3}$$

於域限情形時爲如何而得之。令

$$r=a,\quad \frac{d\Phi}{dr}=-v\cos\theta;\quad r=b,\quad \frac{d\Phi}{dr}=0,$$

代入上式卽可得

$$A=\frac{a^3v}{b^3-a^3},\qquad B=\tfrac{1}{2}\frac{a^3b^3v}{b^3-a^3}.$$

而其速度地位亦於是决定爲

$$\Phi=\frac{a^3v}{b^3-a^3}\left(r+\frac{b^3}{2r^2}\right)。$$

今欲求其流線,須先知沿 r 及垂直於 r 之二速率爲

$$\frac{\partial\Phi}{\partial r}=\frac{a^3r}{b^3-a^3}\left(1-\frac{b^3}{r^3}\right)\cos\theta,\quad \frac{1}{r}\,\frac{\partial\Phi}{\partial\theta}=-\frac{a^3v}{b^3-a^3}\left(1+\frac{b^3}{r^3}\right)\sin\theta,$$

蓋依位論(Theory of Potential)流線座標之變動,常比例於該座標之速度也。故得

$$\frac{dr}{rd\theta}=\frac{\dfrac{\partial\Phi}{\partial r}}{\dfrac{1}{r}\,\dfrac{\partial\Phi}{\partial\theta}}=\frac{\left(1-\dfrac{b^3}{r^3}\right)\cos\theta}{\left(1+\dfrac{b^3}{2r^3}\right)\sin\theta}$$

卽

$$\frac{r^3+\dfrac{b^3}{2}}{r(r^3-b^3)}dr=-\cot\theta\,d\theta.$$

此式須以部分積分求之。先分之爲下列各項:

$$\frac{A}{r}+\frac{B}{r-b}+\frac{Cr+D}{r^2+rb+b^2}=\frac{r^3+\dfrac{b^3}{2}}{r(r^3-b^3)}$$

依係數恆等之理,不難得知 $A=-\frac{1}{2}$, $B=\frac{1}{4}$; 欲知 C 及 D 亦可以 r^2+rb+b^2 之任何一根 $r=\dfrac{-1\pm\sqrt{-3}}{2}b$ 代入上式之 r, 然後令實數及虛數各項之和,各等於零,得二方程式,再解之當得 $C=1, D=\dfrac{b}{2}$。

故積分式當爲

$$-\tfrac{1}{2}\int\frac{dr}{r}+\tfrac{1}{2}\int\frac{dr}{r-b}+\int\frac{r+\dfrac{b}{2}}{r^2+rb+b^2}dr=-\int\cot\theta\,d\theta$$

卽

$$\tfrac{1}{2}\log\frac{(r-b)(r^2+rb+b^2)}{r}=\log\frac{k}{\sin\theta}$$

亦卽

$$r^3-b^3=r\frac{k^2}{\sin^2\theta},$$

此式乃流線之以球座標表示者也。常數 k 卽所以決定流線各線，因 r 常小於 b 而又常爲正數，故不得不爲虛數

爲繪曲線便利計，可合用方座標 x，而令

$$\frac{x}{r}=\sin\theta$$

代入得

$$x^2=\frac{k^2r^3}{r^3-b^3}$$

當$k=o$ 時，則$r=b$，x 爲不定；$x=o$，r 爲不定，於是得沿大球邊緣及 z 軸之流線一線。

當 $r=a$ 時，則與 k 以一值，卽得各曲線沿小球邊之二出發點及二終點。惟 $|k^2|$ 不能大於 $(a^3-b^3)/r$ 因過此卽不能有曲線。

此諸曲線必皆正交於 x 軸，蓋當 r 爲 $r^3-k^2r-b^3=o$ 之一實根時，（此式常有一實根二虛根，因 k 爲虛數，b 爲正數，故 $\left(\frac{k}{3}\right)^3\neq\left(\frac{b^3}{2}\right)^2$ 卽原式不能有三實根。）則 $x=r$，而以原點爲圓心，以 r 爲半徑之圓與直線$x=r$相切於x 軸，又x不能大於r欲知曲線亦必切於 $x=r$。又以圓形對稱關係，及直線 $x=r$ 垂直於 x 軸，故知曲線必正交於 x 軸無疑。

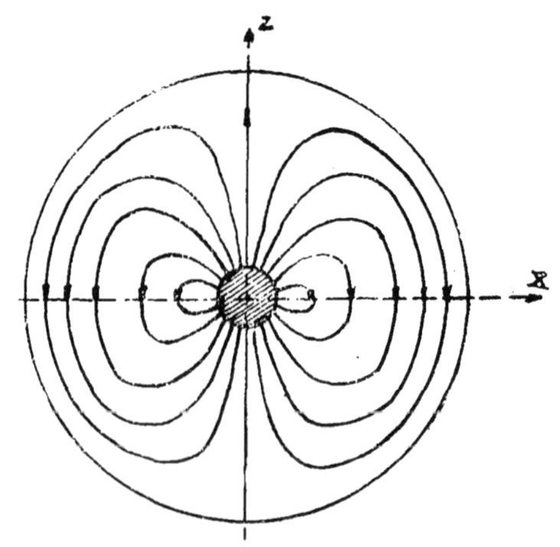

綜上所述，或竟與以數值而縱跡之，可得其流線如右圖：

磁學(Magnetism)綱要

裘 維 裕

第一章 磁性推吸(Magnetic Repulsion and Attraction)

1. 磁石(Loadstone)**或天生磁**(Natural Magnet) 磁石的發現是很早的:大約古時候的人,尋到一種鐵的化合物,像磁鐵礦 (Fe_3O_4) 能夠吸引別的磁鐵礦,並且能夠吸引小鐵片或鐵屑。這種磁鐵,就叫做磁石或者叫做天生磁。把一塊天生磁,用一根細繩縛在中間,懸空的掛起來,這塊磁的兩端,一定指南北的方向。以上說的各種現象,都是天生磁的特性。物理學上講到這類的特性,叫做磁學。

2. 人造磁 (Artificial Magnet) 除了天生磁,還有硬鋼,鎳 (Nickel),及鎳鋼(Nickel Steel) 等,也可以做成磁體 (Magnetic Body)。這種用人功做成的磁體,叫做人造磁。以後本書所用的,都是人造磁。人造磁的造法,第四節裏再講。人造磁的特性,替天生磁是一樣的;能夠吸引別的人造磁,能夠吸引鐵片及鐵屑,能夠指南北。

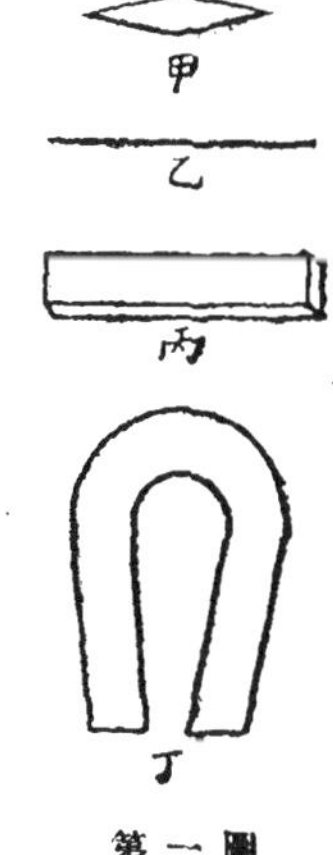

第一圖
甲.乙 磁針
丙 磁條
丁 馬蹄磁

人造磁因爲牠的形式不同,牠的名稱也不同:細長的,像婦人們做絨繩衣衫的針,很小的,像羅盤內的短針,都叫做磁針 (Magnetic Needle);扁長方形,像壓紙的界尺,叫做磁條 (Magnetic Bar);把一根磁條,彎成馬蹄形,就叫做馬蹄磁(Horseshoe Magnet)。第一圖表明這三種人造磁的形式。

3. 恆久磁(Permanent Magnet)**與暫時磁**(Temporal Magnet)　把一條熟鐵(Soft Iron),放在鐵屑裏面,鐵屑一些也不沾在熟鐵上。把這一條熟鐵,拿一根繩掛起來,牠也不能夠指定南北。照這樣看起來,熟鐵是沒有磁性的。倘然把一塊磁石,或者一根磁條,放在熟鐵條一端的附近,熟鐵條立刻就可吸住許多的鐵屑。把磁石或者磁條移到別處去,鐵屑是仍舊吸不住的。這種熟鐵所有的磁性,是暫時的,就叫做暫時磁。

把一根沒有磁性的鋼條的一端,放在一塊磁石或者磁條一端的附近,這塊沒有磁性的鋼條立刻就變成了磁條了。卽使把磁石移去,牠仍舊能夠吸鐵屑,指南北。隔了幾月幾年,牠仍舊能夠保守牠的磁性,這種鋼造成的磁,叫做恆久磁。

4. 人造磁的造法　把一根沒有磁性的鋼針,用一塊磁石從一端劃到另一端,用力劃了四五劃,這根鋼針,就變成磁針了。

或者把一根磁針的一端,握在手裏,針軸向南北,把沒有握在手裏的一端,用力向桌子上敲,敲得久了,也可以變成磁針。

一根沒有磁性的磁針,放在磁石的附近,也可以變成磁針。這種沒有直接接觸發生的磁性,叫做感應磁(Magnetic Induction)。

用銅線數圈,把鋼針放在圈內,銅線內通過電流(Electric Current),鋼針也可變成磁針。

凡一個沒有磁性的物體,變成有磁性的物體,這種手續叫做磁化(Magnetization)。

5. 磁極(Magnetic Poles)　上幾節講過有磁性的物體,能夠吸鐵屑。不過磁體上各處所吸的鐵屑,不是一樣多少的。有兩處地方,吸的鐵屑比別處多。在這兩處地方做了兩個記號,再把這個磁體懸空掛起來,這兩個記號一定是指南北的。我們叫指北的一端指北極(North Seeking Pole),或簡稱北極,用(N)字代表。指南的一端,指南極,或簡稱南極(South-Seeking Pole),用(S)字代表。

磁針磁條馬蹄磁的磁極,都在兩端。圓圈形的磁體,是沒有極的。倘然把圓圈形割去一小塊,近缺口的兩端,就是磁極。

6. 磁極的位置 磁針磁條等的磁極,並非在針條的極端的,大約在離針端一二糎(Centimeter)的地方。求磁極的位置,先將磁條或磁針平放在畫圖紙上,用鉛筆勾牠的外形。把一個小的羅盤針(Compass Needle),放在磁條或磁針一端的附近,用鉛筆在紙上做兩個小點,這兩個小點表明羅盤針的方向。用鉛筆聯起這兩點來,這線一定通過磁極。將羅盤針移到另一位置,照樣劃一條直線。兩線的交點,一定近磁條的一端,這交點就是極的位置。

7. 磁等長 (Equivalent Length of A Magnet) 磁條的兩極,既然不在極端,兩極間的距離,比磁條的長度來得小。兩極點的距離,叫做磁等長。

8. 磁軸線 (Magnetic Axis) 聯兩極的直線叫做磁軸線,磁軸線並不一定和磁條的兩邊平行,也不一定平分磁條。牠的方向同磁化很有關係。

9. 磁性推吸 (Magnetic Attraction and Repulsion) 第五節裏面,已經講過,磁極有兩種;指北的叫北極,指南的叫南極。把一根磁條甲懸空掛起來,使磁軸水平(Horizontal)。再把另一根磁條乙的北極的一端,近甲條的北極的一端,甲條的這一端就推開去了。把乙條的南極,近甲條的北極的一端,甲條這一端就吸攏來了。倘然乙條近甲條的南極的一端,也有推吸。以下是試驗的結果:

甲條 (N) 近 乙條 (N) 推
甲條 (N) 近 乙條 (S) 吸
甲條 (S) 近 乙條 (S) 推
甲條 (S) 近 乙條 (N) 吸

從上面的試驗,我們就有下面的定律:同極相推,異極相吸。

10. 分子磁理論 (Molecular Theory of Magnetism) 一根磁針,放在鐵屑裏,近極的兩端,吸着的鐵屑很多,針的中間,一些鐵屑也沒

甲 N S
乙 N S N S
丙 N S N S N S N S

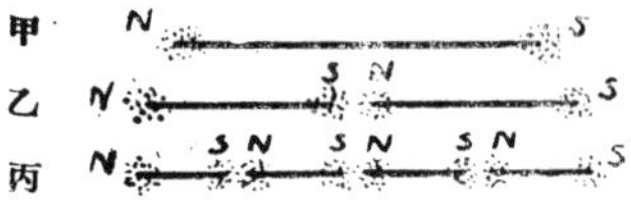

第二圖

有。像第二圖甲。把這根針斷成兩半,再放在鐵屑裏,斷針的兩端,都吸了許多鐵屑。牠的極在第二圖乙內表明。再把這分斷的針,每個再分成兩半,就成功四個完全的磁針,像第二圖丙表示的,照這樣分法,一個磁針分到很小很小,牠仍舊是一個完全的磁針,仍舊有南北極,仍舊能夠吸鐵。這個很小很小的磁針(分到不能再分的時候),就叫做分子磁(Elementary Magnets)。一個針的裏面,有許多許多的分子磁。第三圖甲,表明針內的一小塊。牠的形式,已經放大了。沒有磁化的時候,這些分子磁是很雜亂的。黑的一端,是北極。因爲這些分子磁是雜亂的,南極同北極對針外鐵屑的吸力推力恰正抵銷,所以沒有磁的特性。已經磁化以後,分子磁排成一行一行,北極指同一的方向,像乙圖。分子磁 1 的南極,同分子磁 2 的北極;分子磁 3 的南極,同分子磁 4 的北極;是很接近的。這種接近的極,對針外鐵屑的吸力推力恰正抵銷。不過分子磁 1 的北極,同分子磁 4 的南極,不同別的分子磁接近,牠能夠吸住鐵屑。這種磁極叫做散極(Free Poles)。接近的磁極叫做束極(Bound Poles)。磁體的吸力全靠散極。散極愈多,吸力就愈大了。這個學說,是郁型(Ewing)提倡的,也叫做郁型分子磁學說。

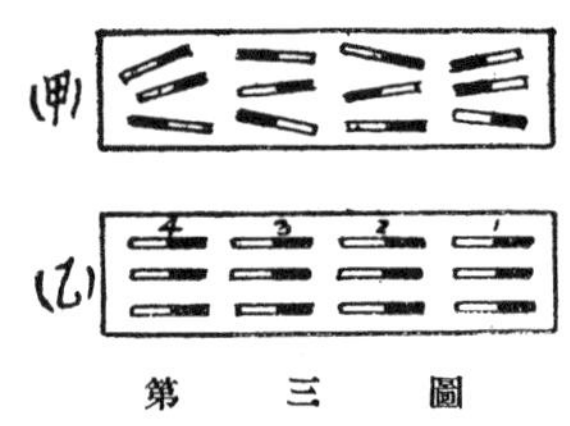

第三圖

磁體裏面都是這種分子磁。鐵屑近磁體的時候,每個鐵屑裏面的分子磁都排列起來。倘然磁體放在鐵屑裏的一端是北極,鐵屑裏的分子磁朝這一端的一定是南極。這種就是磁感應的現像。

分子磁並非化學裏所說的分子(Molecules)。牠是假定的很小的磁體,小到不能夠再分的了。所以一個分子磁,一定要有南北兩個極,照上面的假定,磁體是不能祇有一個散極的。一個磁體上的南北極的強度一定是相等的。因爲牠的南北散磁極是相等的。

第二章 磁場(Magnetic Field)與磁力線 (Magnetic Lines of Force)

11. 磁場 一個小的磁針,像羅盤裏的,在磁體的附近,就受着磁體的磁力。近磁體的地方,磁力很大;稍微遠些,磁力就小些。磁針慢慢的移遠去,磁力也逐漸的減小,就是磁針移到很遠,磁針是仍舊受着磁力的。磁體的四週,牠的磁力能夠及到的地方,就叫做這個磁體的磁場。

12. 磁力線(Magnetic Lines of Force) 在第九節裏,已經講過兩個磁極的推吸。法拉第(Faraday)同馬克斯維耳(Maxwell)兩人,對於這種現象的解釋:說,兩極間一定有一種間質(Medium)。這種間質,就是傳導磁力的媒介。兩個磁極相近的時候,兩極間的間質就受着拉力(Stress)。好像一根繩,兩端用力拉,繩就受着拉力了。繩裏拉力的方向,同繩是平行的。我們可以在繩裏假定許多的直線,表示這種拉力。兩磁極間間質,受着的拉力,也可以拿假定的線來表示。不過這種線,大都是曲線。羅盤磁針在磁場裏每點所指的方向,就是這點的磁力線的方向。

磁力線是假定的,借牠表明磁力的方向。間質裏是並沒有什麽線的。

13. 糎克秒制單位磁極(C.G.S. Unit Magnetic Pole) 量長短用糎做單位,量物質(Mass)用克(Gram)做單位;量時間用秒(Second)做單位;這種制度叫做糎克秒制。磁極的强弱,叫做磁極强度。或省稱極强(Pole Strength)量磁極的强度,也要用一種單位。倘然這個單位用糎克秒做標準,就叫做糎克秒制磁極單位。

把兩個同性同極强的假定磁極(Hypothetic Pole)(詳本節後段),放在眞空裏面,兩極間的距離是一糎。倘然兩極受着的推力是一代因(Dyne),這兩個極的極强,每個都是一個單位極强(Unit Pole Strength)。牠的單位就叫做單極(Unit Pole)。倘然一個未知的假定磁極,和一個同性的假定單磁極,照上面說的方法和距離,放在真空裏,假使每個極受着的推力,是十代因;這個未知磁極的强度,便是十單極。

假定北磁極是一個北極散磁極。牠雖然同別的磁體有推力及吸力,不過牠本身是假定沒有磁力線的。把牠放在磁場裏,磁場的磁力線是不變動的。

假定單北極(Hypothetic Unit North Seeking Pole)的性質,同假定北磁極是一樣的。不過牠的極强是一單位。

第三章　磁的量法(Magnetic Measurements)

14. 庫隆的磁力定律(Coulomb's Law of Magnetic Force)　法國一個物理兼算學家庫隆氏,在一千七百八十九年,用兩個很長的磁鋼針,研究兩個磁極的推力同距離的關係。他做了許多試驗,尋到兩個極間的推力,同兩極間的距離的平方是反比例;同兩極的强度是正比例。

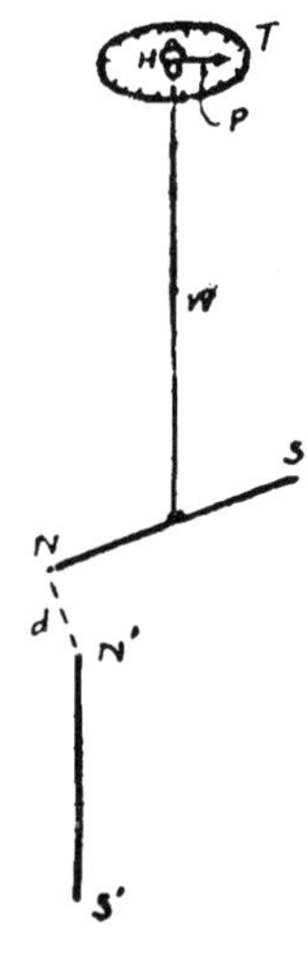

第四圖

他用的儀器,像第四圖。不過第四圖是很簡單的,表明這種儀器的大意罷了。N S 同 N′ S′ 是兩個很長的磁鋼針,因爲牠們很長,S 極同 N′ 極,S′ 極同 N 極的吸力是很小的。N N′ 兩個極可以當做散極。N S 是水平的。N′ S′ 是垂直的。W 是一條細絲線。T 是一塊圓銅,面上刻的是度數。H 是一個螺旋頭,下面連在 W 的上端。P 是一個指示針(Pointer),裝在 H 旁邊的。H 轉,P W 也跟着牠轉。N N′ 間的距離,在 N′ S′ 針沒有放進去的時候,先量好。N′ S′ 放進去以後,N 就被 N′ 推開去了(N′ S′ 祇可以上下動)。要把 N 回到原來的地方,祇要把 H 旋。旋的角度,就是 P 在 T 上指的角度。照力學上講起來,線內的旋力(Force of Torsion),同 N N′ 間的推力是有一定關係的。所以推力也就知道了。

庫隆的定律,可以用方程式來表明牠

$$F \propto mm'$$

$$F \propto \frac{1}{d^2}$$

$$F = \frac{Kmm'}{d^2} = \frac{mm'}{\mu d^2}, \quad \mu = \frac{1}{K}$$

方程式裏的F是代表力,m同m'是代表兩個極的强度,d是兩極間的距離,K同μ都是比例係數,因爲以後用μ便當些,所以用μ不用K。

用糎克秒制來計算F,m,m'同d,μ在眞空同空氣裏的價值是等於一。所以在眞空或空氣裏 $F=\frac{mm'}{d^2}$。

15.磁場强度(Magnetic Field Intensity) 在第十節裏,講到一個磁體,牠的四周,就是牠的磁場。計算磁場某點的强弱,在這點的地位,放一個假定單北極,假定單北極雖然沒有磁力線,不過磁體對牠是仍能推吸的。這個假定單北極,在這點地方受着的吸力,或者推力,用糎克秒制力的單位代因來計算,就是磁場在這點地位的磁場强度。磁場强度是指磁場裏一點講的,各點的地位不同,磁場强度也就不同。有一種磁場,無論什麼地方,牠的强度都相同的,這種磁場叫做均一磁場(Uniform Magnetic Field)。磁場强度的單位是單極代因(Dynes Per Unit Pole),牠的單位並不是力的單位。

16.磁場强度的方向(Direction of Magnetic Field Intensity) 磁場强度,旣然把一個假定單北極受着的力來表示,力是有方向的,所以磁場强度也是有方向的;牠的方向,就是一個假定單北極受着的力的方向,也就是這地方磁力線的方向。所以磁力線,就是一個假定單北極走的路線。磁場强度有大小(Magnitude),有方向,牠是一個矢量(Vector)假使在一地方,同時有兩個不同方向的磁場强度,這兩個强度應當用矢量的加法加起來。

17.磁場强度同磁力的關係 把H來代表磁場强度。H旣然

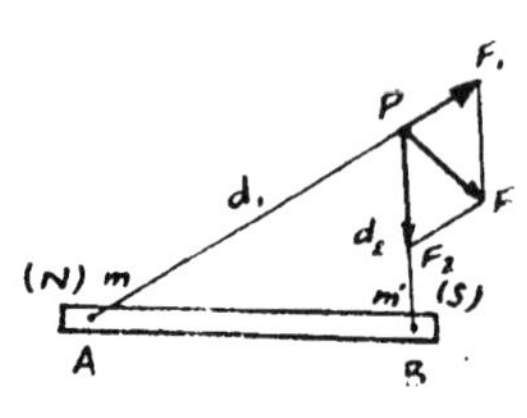

第　五　圖

是一個單北散極受着的力,那末在磁場裏P點的地方,放一個m′極强的散磁極,牠受着的力,是等於P點的磁場强度乘m′的積。或者 F=Hm′ 代因。

18. 磁條的磁力線同磁强度　第五圖A同B是磁條的兩極。P是磁條磁場裏的一點。現在要求這一點地方的磁場强度。我們就在這一點的地方,放一個假定單北極。這個假定單北極,同A點的推力是F_1。F_1的值是 $\frac{m\times 1}{d_1^2}$。 F_1的方向是A P。因爲P是單極,牠受着的力,就是P點的磁場强度,倘然B點沒有磁極。照同樣的理論,F_2的吸力等於 $\frac{m'\times 1}{d_2^2}$,就是P點的磁場强度,倘然A點沒有磁極。現在A B兩點都有磁極,所以P點的磁場强度是 F_1 同 F_2 兩個矢量的和F。F的大小就是這點的磁場强度的大小。F的方向就是這點磁場强度的方向。

照這樣的計算法,磁條的磁力線,應該像第六圖表示的。倘然在P_1 P_2 P_3各點求牠的磁場强度的方向,我們得到$P_1P'_1$ $P_2P'_2$同$P_3P'_3$。A P_1 P_2 P_3 B曲線同$P_1P'_1$,$P_2P'_2$,$P_3P'_3$成正切(Tangent)。

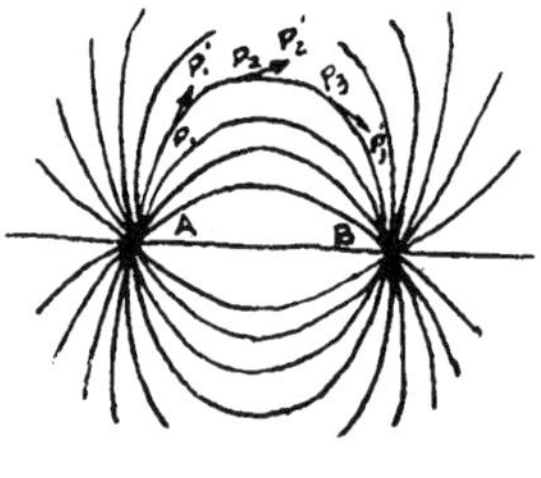

第　六　圖

19. 用磁力線計算磁場强度的方法

磁場强度的單位,十五節已經講明,是一個假定單北極受着的代因數,不過有些時候,我們要把圖來表明牠,就得用別一種方法。假使在一個均一磁場裏P點的地方,牠的磁場强度是每單極一代因。我們就用這一點做中心,畫一個想像的小方。牠的面積是一方糎。垂直這個小方,畫一根線穿過牠,表明P點的磁場强度是每單極一代因。倘然另一點Q,牠的磁場强度是每單極十代因。Q點每方糎穿過的磁力線就是十根。所以磁場强度的單位也可以把每方糎幾根磁力線(Magnetic Lines per Square Centimeter)來表明的。

或者簡便些用每方糎幾線(Lines per Square Centimeter)。

在一個均一磁場裏,倘然牠的磁場强度是H。在這個磁場裏,假想一個平面,牠的面積是A方糎(平面同磁力線垂直),這個平面共總穿過的線Φ是等於HA。

H的單位有時也叫做高斯(Gauss)。Φ的單位有時也叫做馬克斯維耳(Maxwell)。

20.點散磁極發出的磁力線數 磁場强度,照上節的講法,是可以把每方糎的磁力線數來表示。我們現在可根據這種方法,計算一個散磁極總共發出來的磁力線。第七圖裏的A點是一個北散點磁極,牠的極强是m單極。用A點做圓心,畫一個半徑r糎的圓球。這個圓球面上的任何一點,像P,Q,R等點,牠和A的距離是r. P,Q,R等點,都在(N)磁極的磁場裏。(N)磁場在這幾點地方的磁場强度,都是等于$\frac{m}{r^2}$。在P點Q點或R點的地方,我們可以在圓球的面上畫一個小方糎,垂直這個小方糎畫$\frac{m}{r^2}$根磁線,表示磁場强度。圓球的面積是$4\pi r^2$方糎,所以經過這個球面的總共磁力線數是$\frac{m}{r^2}\times 4\pi r^2$,或者$4\pi m$。倘然m是一單極,總共的磁力線就是$4\pi$。倘然m是十單極,總共的磁力線就是$40\pi$。

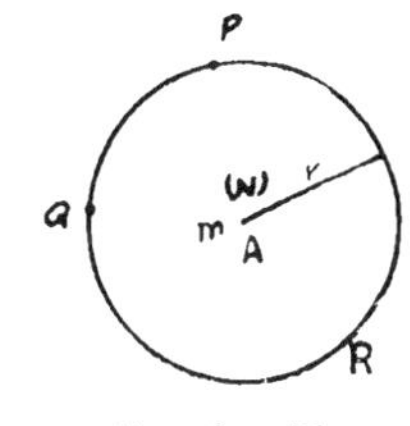

第七圖

磁極的形狀,上面講的是點極,或者是一個平面極,或者是一個立體極,無論磁極是什麼形狀,倘然牠的極强是m單極,牠發出的總磁力線數一定是$4\pi m$。這種理論,也叫做高斯的磁力線數理論(Gauss'Theory of Number of Magnetic Lines of Force)。

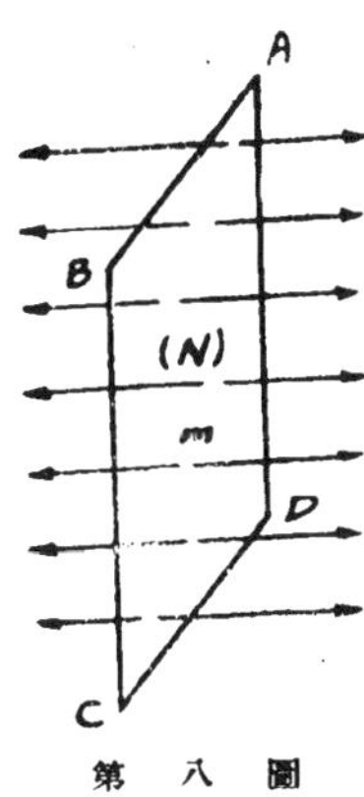

第八圖

21.極大平面散磁極的磁强度 第八圖ABCD是一個很大的平面散北磁極,牠的面積是A平方糎,牠的極强是m。照高司的磁力線理論,這個磁極發出的磁力線總數一定是 $4\pi m$ 不過ABCD平方有兩面,所以磁力線是兩面平分的。倘然這個平面是很大(照理論講起來應該無窮大),磁力線一定是垂直平面的。

求點的磁場强度:我們在P點的地方,畫一個平方糎,同磁力線垂直。經過這個一方糎的磁力線,一定是 $\frac{2\pi m}{A}$。我們知道穿過這一方糎的磁力線,就是P點磁場强度。假使P點離開平面遠些,牠的磁場强度,仍舊是 $\frac{2\pi m}{A}$。所以平面極的磁場强度和遠近是沒有關係的。平面磁極的磁場强度既然是不變,所以平面磁極的磁場是均一的。倘然平面不是很大,那末牠的磁場就不是均一的了。不過倘然P點很近很近平面,這點的磁場仍舊可以當做均一,等於 $\frac{2\pi m}{A}$。

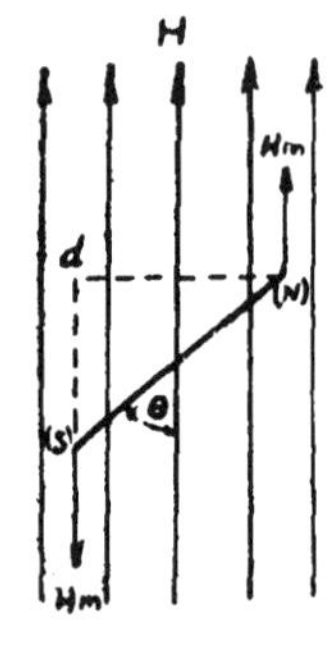

第九圖

22. 轉磁矩或磁矩(Magnetic Moment)　第九圖裏面的平行線,表明一個均一磁場。(S)(N)是一根條磁,牠的極强是m,牠的磁等長是2l。θ是磁軸線和磁力線所成的角度。N極的極强是m。這個磁極受着的力是 mH 代因。這個力的方向,同磁力線的方向是一樣的。S極的極强也是m,這個磁極受着的力也是 mH 代因。不過這個力的方向同磁力線是相反的。所以條磁受到的力是一對偶力(Couple)。這一對偶力,要把(S)(N)條磁的磁軸線轉到同磁力線平行。這種轉力的大小,在力學裏面是用力轉矩(Moment of Force)來計算的。力轉矩是等於偶力乘偶力相隔的垂直距離。mH 同 mH 是一對偶力,Nd 是兩力間的垂直距離。轉動這個磁條的力轉矩,就等於 mH×Nd。不過 Nd 是等於 $2l\sin\theta$,所以這個力轉矩也等於 $mH\cdot 2l\sin\theta$ 用L字來代表力轉矩

$$L=2mlH\sin\theta.$$

倘然這根磁條,放在一個單位磁場强度的均一磁場裏面,磁條的磁軸線同磁力線成直角。照這個情形,要把牠握住的力轉矩,

是等於 2lm×1×sin 90° 或 2lm。2lm 是磁等長同磁極相乘的積,就是這根磁條的轉磁矩。或者簡稱磁矩。牠的單位是單極糎(Unit Pole Centimeters)。所以在單極磁强的均一磁場裏,放一根磁條,牠的磁軸線同磁力線成直角,要把牠握住的力轉矩,就等於牠的轉磁矩。

23. 磁條的特定位置 在一個磁條的磁場裏,各點的磁場强度是不同的。因爲磁條的磁場不是均一的。我們要計算每一點的磁場强度,高斯對於這種磁條的磁場强度,特定兩個位置:一個位置,是在磁軸線上的各點,這個叫高斯 A 位置(Gauss A Position)。一個是在平分磁軸線(同磁軸垂直)上的各點,這個叫做高斯 B 位置。第十圖(甲),P Q R S 各點都在磁軸線 L L' 上,這幾點都是高斯 A 位置,有時也叫做軸端位置(End on Position)。第十圖(乙),P_1 Q_1 R_1 S_1 各點都在平分磁軸線 M M' 上,也叫做高斯 B 位置,有時也叫做軸側位置(Broadside Position)。

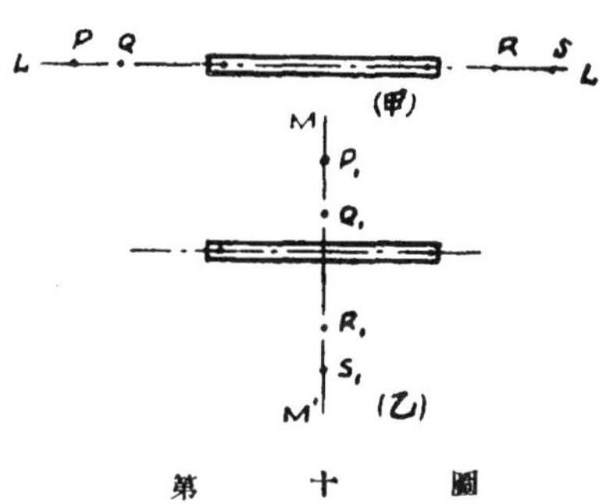

第十圖

24. 高斯 A 位置的磁場强度(Magnetic Field Intensity of Gauss A Position) 在第十一圖裏 P 點是(N)(S)磁條的 A 位置,磁條兩極的極强是 m,牠的磁等長是 2l,P 點離兩極的中點 O 是 d。計算 P 點的磁場强度,在 P 點放一個假定單北極,這個單北極受的力有兩個。一個是 F_1,是假定單北極同(N)極的推力。牠的大小是 $\frac{m}{(d-l)^2}$,牠的方向同磁軸線平行。一個是 F_2,是假定單北極同(S)極的吸力。牠的大小是 $\frac{m}{(d+l)^2}$,牠的方向也同磁軸線平行,不過和 F_1 是相反的。所以在 P 點的假定單北磁極,所受合力(Resultant Force)的大小,是 F_1 減 F_2。[因爲(N)極同(S)極的極强是相等,所以 $\frac{m}{(d-l)^2}$ 的值比 $\frac{m}{(d+l)^2}$ 的值來得大]。這個合力的方向是

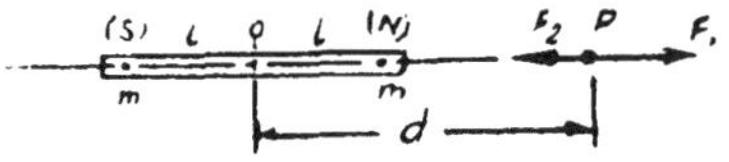

第十一圖

和 F_1 一樣的。倘然我們把 H 代替 P 點的磁場強度，則

$$H=\frac{m}{(d-l)^2}-\frac{m}{(d+l)^2}=\frac{2\times 2\,lmd}{(d^2-l^2)^2}$$

2 lm 是磁條的轉磁矩，現在把 M 字來代替牠，故

$$H=\frac{2Md}{(d^2-l^2)^2}\cdots\cdots\cdots\cdots\cdots(1)。$$

倘然 d 的長度比 l 大得多，或者 l 是很短，$\frac{l}{d}$ 的比一定是很小，$\left(\frac{l}{d}\right)^2$ 是更小了。把上面方程式的右邊的分子分母用 d^4 來除，

$$H=\frac{2M\frac{l}{d^3}}{\left(1-\frac{l^2}{d^2}\right)^2}=\frac{2M}{d^3}\cdots\cdots\cdots\cdots(2)。$$

25. 高斯 B 位置的磁場強度（Magnetic Field Intensity of Gauss B Position） 在第十二圖裏，P 點是 (N)(S) 磁條的 B 位置。O P 等於 d。P 點的假定單北極同 (N) 極的推力是 F_1，牠的方向是 (N) P，牠的大小是 $\frac{m}{(PN)^2}$。假定單北極同 (S) 極的吸力是 F_2，牠的方向是 P (S)，牠的大小是 $\frac{m}{(PS)^2}$。P (N) 同 P (S) 是一樣長的，所以 F_1 是等於 F_2，不過牠們的方向是不同的。P 點的單北極受着的合力，是 F_1 同 F_2 的矢量和 F。F 同磁軸是平行的，牠的方向是從 (N) 到 (S)，牠的大小是 $2F_1\cos\theta$ 或 $2F_2\cos\theta$。把 H 代替 P 點的磁場強度，則

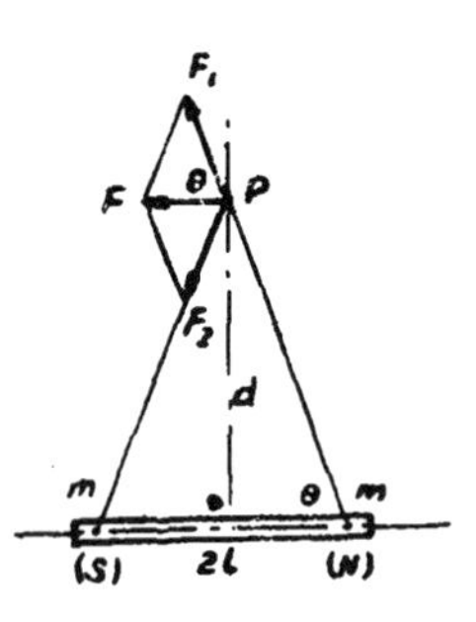

第十二圖

$$H=2F_1\cos\theta=\frac{M}{(d^2+l^2)^{3/2}}。$$

倘然 $\frac{l}{d}$ 的比是很小，則

$$H=\frac{M\frac{l}{d^3}}{\left(1+\frac{l^2}{d^2}\right)^{3/2}}=\frac{M}{d^3}。$$

照上面得到的結果,我們知道在同一距離 d,倘 $\frac{1}{d}$ 的比是很小,A位置的磁場强度,比B位置的磁場强度大二倍。牠們的方向是互相平行的。

26. 地球是一個磁體 近地球的南北兩極的地方,有兩個很大的磁礦。倘然我們帶了一個磁針到北極去,磁針的指北極就要被這個磁礦吸住。倘然我們走到北極磁礦的北邊去,我們帶的磁針的指北極要指南了。照磁性推吸的定律,北極磁礦的極性同磁針指北極的極性是相反的。倘然帶了一個磁針,到地球的南極磁礦去,我們也可以找到南極磁礦的極性,同磁針的指南極是相反的。所以地球面上的磁力線,是從地球南極起,到地球北極去的。像第十三圖。在地球面上很小的一塊地方,像一村一邑裏面。地球的磁力線(倘然沒有大的鐵礦在那裏)是差不多平行的。所以地球的磁場在一村一邑裏是均一的。地球的磁力線,在北半球大都向下。在南半球大都向上。所以北半球的磁場强度是向下的,南半球的是向上的。地球的磁場强度既然向下向上,那末磁場强度可以分做兩個部份;一個部分同水平線平行的,叫做大地水平磁場强度,或者簡稱平地磁場强 (Horizontal Component of Earth's Magnetic Field);一個部分同水平線是垂直的,叫做大地垂直磁場强度,或者簡稱垂地磁場强 (Vertical Component of Earth's Magnetic Field)。平放的羅盤裏的磁針,平掛的磁條,都是給地球的平地磁場强推吸發生轉動。垂地磁場强是垂直這種磁針的磁軸的,同牠們的轉動是沒有關係的。

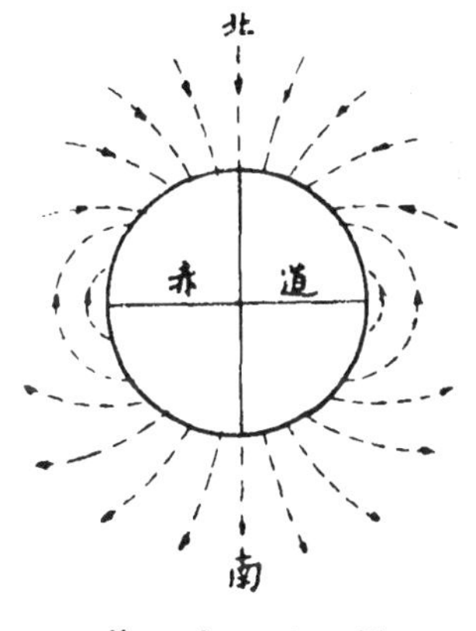

第 十 三 圖

27. 兩個磁場强度的比較法同兩個磁轉矩的比較法 地球兩處的平地磁場强度,一根磁條兩點的磁場强度,或者兩根磁條在一點的磁場强度,都可以不同的。我們可以用幾種法子,把兩處

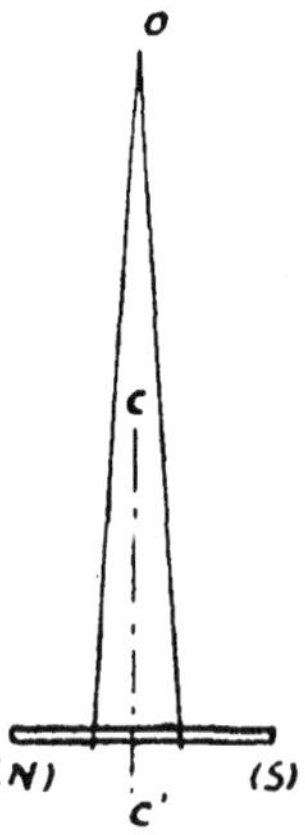

的磁場强度的比尋出來。兩根磁條的轉磁矩也是不同的。我們也可以用幾種方法把牠們的比尋出來。倘然一個磁場强度或者一根磁條的磁轉矩是知道的,另一個磁場强度同另一根磁條的磁轉矩也可以尋出來了。

第十四圖

28. 磁擺比較磁場强度法 (Comparison of Magnetic Field Intensity by the Oscillation of A Magnet) 把一根磁條,用兩根線,照第十四圖的法子,懸空掛起來。牠的(N)極,朝地球的北面,這根磁條就擺動起來(Oscillating)。倘然磁軸線擺動的角,在十度左右,我們可以用力學的道理,來證明這種擺動是一種諧動(Harmonic Motion)。諧動的時間(Period of Harmonic Motion)是一定的。磁條的(N)一端,從A(第十五圖)到B,再從B到A,須費的時間叫做一次擺動時間(Period of One Complete Oscillation)。在力學裏一擺動時間T可以用下面的方法來計算的:

$$T=2\pi\sqrt{-\frac{\theta}{\alpha}} \cdots\cdots(1)。$$

第十五圖

把H代替地球的平地磁場强。磁軸轉過θ角度的時候,牠受着的力轉矩是 $2lmH\sin\theta$ 或 $MH\sin\theta$ (第十六圖)。這時磁條的變角速度(Angular Acceleration),照力學講起來是 $I\alpha=-MH\sin\theta$ 或 $\alpha=-\frac{MH\sin\theta}{I}$ 倘然θ的角度小於四五度,$\sin\theta$ 同θ的值相差不多,所以 $\alpha=-\frac{MH\theta}{I}$。I是磁條繞CC′垂直線(第十四圖)的惰性轉矩(Moment of Inertia)。把α的值代到(1)式裏去,

第十六圖

$$T=2\pi\sqrt{-\frac{\theta}{-\frac{MH\theta}{I}}}=2\pi\sqrt{\frac{I}{MH}} \cdots\cdots(2)。$$

(2)式可以變做 $H=\frac{4\pi^2 I}{M}\frac{1}{T^2}$ ……………………(3)。

$\frac{1}{T}$是每秒鐘磁條擺動的次數,把 n 字來代替,則(3)式變成

$$H=\frac{4\pi^2 In^2}{M}。$$

把一根磁條在 A 處擺動, $H_A=\frac{4\pi^2 I}{M}n_A^2$. 再把這根磁條移到 B 處擺動, $H_B=\frac{4\pi^2 I}{M}n_B^2$。

$$\frac{H_A}{H_B}=\frac{\frac{4\pi^2 In^2_A}{M}}{\frac{4\pi^2 In^2_B}{M}}=\frac{n^2_A}{n^2_B}=\frac{T^2_B}{T^2_A} \text{……………………(4)。}$$

照(4)式看起來,平地磁場强和每秒鐘的擺動次數的平方成正比,和一次擺動時間的平方成反比。

29. 正切定律(The Tangent Law) A 同 B 是兩根互相垂直的磁條(第十七圖),假使在 A 條與 B 條磁軸的交點 P 放一個很小的磁針。因爲這個磁針是很小,牠所占的地位裏的磁場可以算均一的。這個小磁針的(N)極,就要受着兩個力 F_1 和 F'_1。F'_1 是 B 條在 P 點的磁場强度 H_B 乘小磁針(N)極的極强 m; F_1 是 A 條在 P 點的磁場强度 H_A 乘小磁針(N)極的極强 m. 小磁針的(S)極也有兩個力 F_2 同 F_2', 牠們的大小是同 F_1 F'_1 一樣的,牠們的方向是同 F_1 F'_1 相反的。所以 F_1 F'_2 是一對偶力, F'_1F_2' 又是一對偶力。倘然這個小磁針的磁等長是 2l, 牠的磁軸線同 A 條的磁軸線所成的角度是 θ, 這個小磁針在這點不再轉動,那末牠受着的兩個力轉矩 $F_1\,2l\sin\theta$ 同 $F_2\,2l\cos\theta$ 恰正相等。

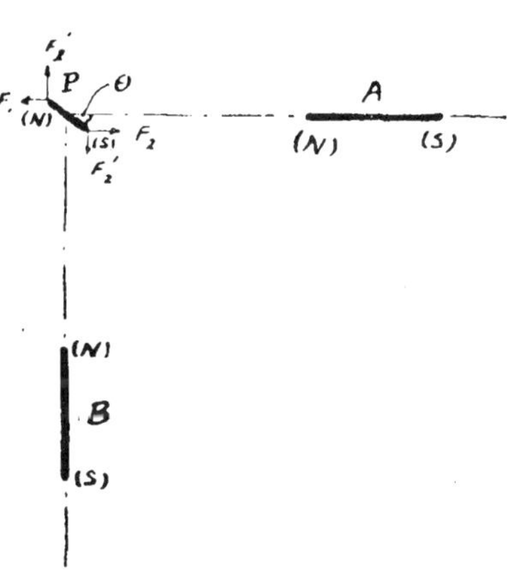

第 十 七 圖

$$F_1 2l \sin\theta = F_2 2l \cos\theta,$$

$$H_A m\, 2l \sin\theta = H_B m\, 2l \cos\theta,$$

$$\frac{H_B}{H_A} = \tan\theta.$$

卽B條在P點的磁場强度,和A條在P點的磁場强度的比,是等於小磁針磁軸線和A條磁軸線所成角的正切。這個就叫做正切定律。

在P點的磁場,並不是一定要從磁條發出來的,大地的磁場是也可以的。把H_e來代替在P點的平地磁場强度,則

$$\frac{H_B}{H_e} = \tan\theta.$$

θ是P點平地磁場强和B條磁軸線所成的角。

30. 磁計(Magnetometer) 磁計是比較磁場强度或者轉磁矩的儀器。牠的形式,像第十八圖。S是一塊木板,上面刻着尺寸。R是一個羅盤,裏面有刻好的角度。Q點有一個小磁針,

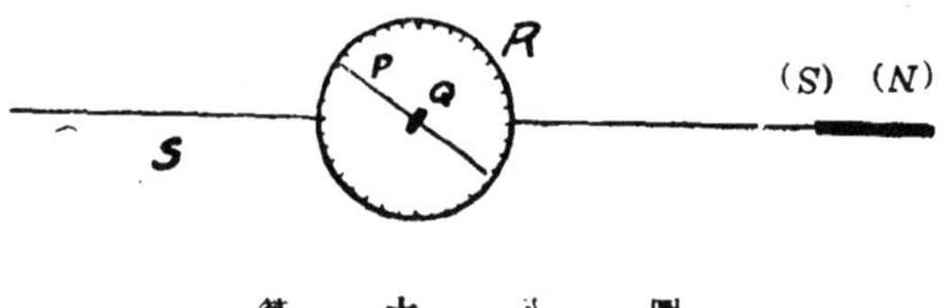

第　十　八　圖

平放在一個針尖上,可以四面轉動。P是一個鋁質的長針,同小磁針的磁軸線成直角。因爲小磁針太短,牠轉動的度數,不能夠準確的看出來,所以用一個長針;長針轉的角度,就是小磁針轉的角度。(N)(S)是一根磁條,平放在S木板上,牠的磁軸線引長起來,恰正經過Q點的小磁針。所以Q點是(N)(S)磁條的高斯A位置。(N)(S)兩極中點,離Q點的距離,在S木板上可以看出來的。羅盤R裏刻的度數,是三百六十度。零度和一百八十度的刻線是相對的;把這兩個刻線聯起來,一定經過Q點,並且和S木版的軸線是垂直的。Q點小磁針的磁軸線指零度和一百八十度的時候,P針的兩端一定指九十度和二百七十度。

31. 用磁計比較平地磁場强度的方法　先把磁計平放在桌

子上，把磁條(N)(S)移到離磁計一丈多遠的地方。再把S木板的軸，移到同平地磁力線垂直。這個是很容易做到的；只要把P針兩端移到九十度同二百七十度的刻線的地方，再把磁計用水平儀校平。把磁條(N)(S)拿回來，照十八圖放在S木版上面。磁條的磁軸線要同木板的軸線平行的。Q點的小磁針，受着兩個磁場强度的推吸，牠就轉到一個角度θ，如第十九圖。由正切定律，知

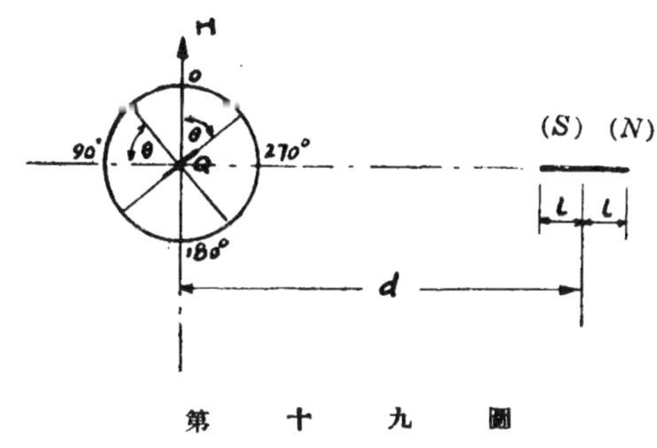

第 十 九 圖

$$\frac{H_B}{H_e}=\tan\theta \cdots\cdots(1)。$$

H_B是(N)(S)磁條在Q點的磁場强度。

把這個磁計搬到別處去，倘然這處的平地磁場强度是H'_e。(N)(S)磁條離Q點距離和上面的一樣，H_B的值是不變的。Q點磁針轉的度數θ'，因爲平地磁場强度變了，也跟着變了。

$$\frac{H_B}{H'_e}=\tan\theta' \cdots\cdots(2)。$$

由方程式(1)和(2)式的商，得

$$\frac{H_e}{H'_e}=\frac{\tan\theta'}{\tan\theta}。$$

所以平地磁場强度同小磁針轉的角度的正切成反比例。

32. 用磁計比較轉磁矩的方法 三十一節裏方程式(1) $\frac{H_B}{H_e}=\tan\theta$，$H_B$是(N)(S)磁條在Q點的磁場强度。$H_B=\frac{2Md}{(d^2-l^2)^2}$，M是(N)(S)磁條的轉磁矩，所以

$$\frac{2Md}{(d^2-l^2)^2}=H_e\tan\theta \cdots\cdots(1)。$$

把(N)(S)磁條移去，再用另一根磁條放在木板S上面，牠的轉磁矩是M_1。牠的兩極中點離Q點是d_1。Q點小磁針轉的角度是θ_1。這根

磁條在Q點的磁場强度是 $\frac{2M_1d_1}{(d_1^2-l_1^2)^2}$。

$$\frac{2M_1d_1}{(d_1^2-l_1^2)^2}=H_e\tan\theta_1 \cdots\cdots(2).$$

方程式(2)同方程式(1)的關係是

$$\frac{\frac{2M_1d_1}{(d_1^2-l_1^2)^2}}{\frac{2Md}{(d^2-l^2)^2}}=\frac{\tan\theta_1}{\tan\theta},$$

$$M_1=M\frac{d}{d_1}\times\frac{(d_1^2-l_1^2)^2}{(d^2-l^2)^2}\times\frac{\tan\theta_1}{\tan\theta}.$$

倘然 d_1 與 d 是相等，l_1 與 l 相等，則

$$M_1=M\frac{\tan\theta_1}{\tan\theta}.$$

33. 求平地磁場同轉磁矩絕對值的方法 (Calculation of the Asbolute Values of H and M) 用磁擺比較法同磁計比較法，我們可以求一處地方的平地磁場，和磁條轉磁矩的絕對值。設磁條的一次擺動時間是T，則

$$T=2\pi\sqrt{\frac{I}{MH}}\cdots\cdots(1)。$$

再把這根磁條放在磁計上，得

$$\frac{2Md}{(d^2-l^2)^2}=H\tan\theta\cdots\cdots(2)。$$

由(1)得 $$MH=\frac{4\pi^2I}{T^2}\cdots\cdots(3)。$$

由(2)得 $$\frac{M}{H}=\frac{(d^2-l^2)^2}{2d}\tan\theta\cdots\cdots(4)。$$

(3)乘(4)得 $$M^2=\frac{2\pi^2I(d^2-l^2)^2}{dT^2}\tan\theta\cdots\cdots(5)。$$

(3)除(4)得 $$H^2=\frac{8\pi^2Id}{(d^2-l^2)^2T^2}\cot\theta\cdots\cdots(6)。$$

(5)(6)兩個方程式裏的 d, l, T 和 θ，都是知道的。I的數值可以照力學的方法尋出來。倘然磁條的長是 2l，闊 b，厚 d，質量 m，則繞

c c′ 線(第十四圖)的惰性轉矩是 $\frac{m}{12}(d^2+l^2)$。m 是用克來計算，d 同 l 用糎計算，I 的單位是克方糎。

第四章 大地磁性 (Terrestrial Magnetism)

34. 地球面上磁場的方向——磁傾 (Inclination or Magnetic Dip) **同磁偏** (Declination) 上面已經講過地球是一個磁體。牠的磁力線自地球的南極發出來到北極去，所以地球磁力線的方向同人造磁的磁力線的方向是相反的。這種地面上的磁力線，同地球面不是平行的。雖在地球上同緯度的地方，牠的傾向也不一定相同的。有這種種的不同，我們便有下面種種的名稱。

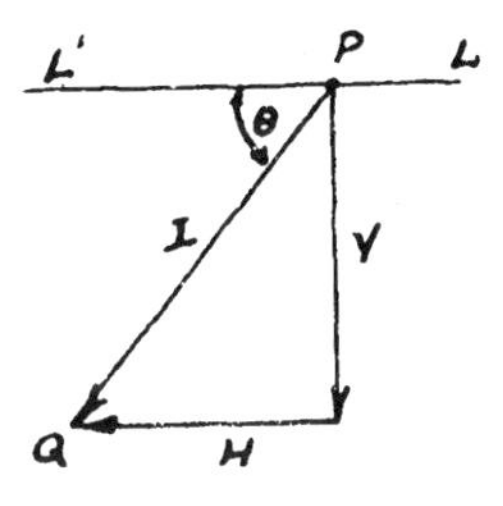

第 二 十 圖

通過地球上面任何一點的大地磁力線，和通過這點的水平線，在垂直平面內所成的一個角度，叫做磁傾。在北半球，磁傾大都是向下的；在南半球，大都是向上的。第二十圖裏的 P 點，是任何一點。P Q 是通過這點的大地磁力線，也就是這一點的大地磁場強度的方向。L L′ 是 P 點的水平線。θ 是這一點的磁傾。倘然 I 是 P 點大地磁場強度的大小，I 可以分做兩個部分；一個和水平線 L L′ 平行的是 H，一個同水平線 L L′ 垂直的是 V。H 就是平地磁場強度，

$$H = I\cos\theta \qquad (1)。$$

V 就是垂地磁場強度，

$$V = I\sin\theta \qquad (2)。$$

由是得

$$H^2+V^2=I^2(\sin^2\theta+\cos^2\theta)=I^2$$

在地球上任何一點，這一點的大地磁力線，大都和這一點的經線(Longitude)是不平行的。第二十一圖甲，L P L′ 是地球 P 點的經線。經過這一點，南北極 L L′，同地球的中心 O，通過一個平面。這

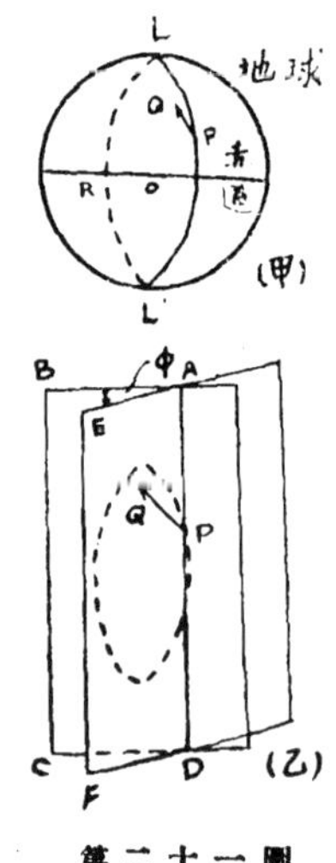

第二十一圖

個平面同地球面上的割線就是P點的經線。第二十一圖乙裏的ABCD就是這個平面。平面上的圈就是經線。PQ是P點大地磁力線的方向。通過PQ同P點的垂直線做一個平面,這個平面就是二十一圖乙裏的ADEF。平面ABCD同平面ADEF相交的角Φ,就是P點的磁偏。

35. 磁傾儀(Dip Circle)　第二十二圖,在一根沒有磁化的鋼針NS的重心點,裝一個小軸,把這個小軸裝在ff小洞裏。這個鋼針的軸線可以在一個垂直平面上自由轉動,牠的軸當平衡的時候,同水平線是平行的。把這個針拿下來磁化,再裝上去。外面加一個刻度數的圓圈。磁針的磁軸線同刻度的圓圈是在一個平面上的。這個儀器就叫做磁傾儀。用這個儀器的時候,先用水平儀把牠較平了,再把刻度的圓圈的平面轉到同大地磁力線平行。在這個時候,磁針指的方向,就是這地方的磁傾。

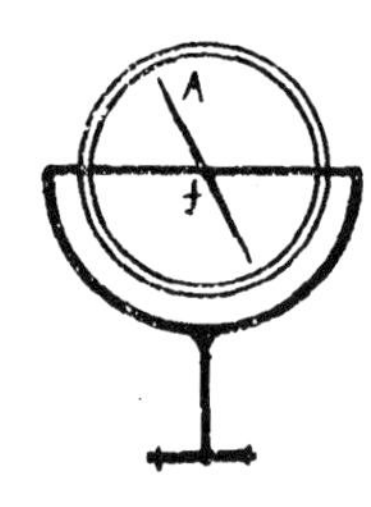

第二十二圖

36. 大地磁力線圖(Magnetic Map of the Earth)

在地球面上,把磁偏相等的地方,用線聯起來,這種線叫做等偏線(Isogonic Lines),也叫做磁經線(Magnetic Meridian)。把大地上沒有磁偏的地方用線聯起來,這根線就叫做無偏線(Agonic Line)。線上經過的地方,磁力線的方向同地球上的經線是平行的。

在地球面上,把磁傾相等的地方用線聯起來,這種線叫做等傾線(Isoclinal Line)。把沒有磁傾的地方,用線聯起來,就叫做無傾線(Aclinal Line);也叫做磁赤道(The Magnetic Equator)。在磁赤道上的地方,大地磁力線同水平線是平行的。(見第二十三圖)

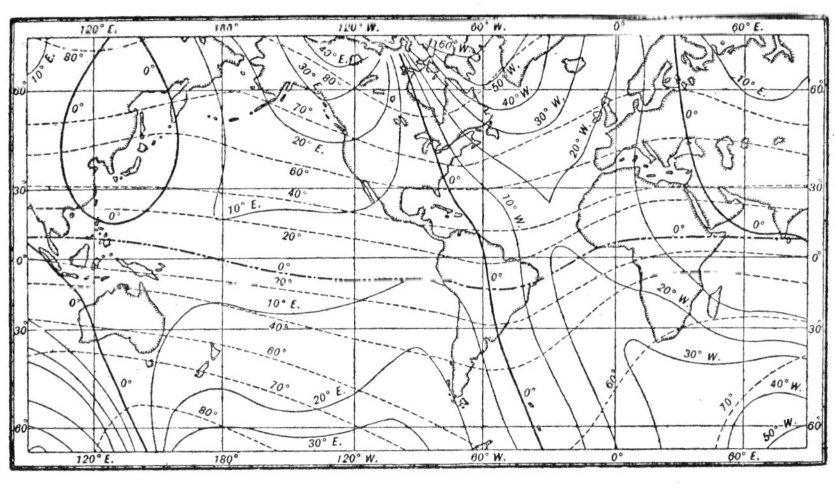

———等偏線 ……………………等傾線

第二十三圖

大地磁力線圖

地球上磁礦所在的地方,近北極的叫做磁北極(Magnetic North Pole)。近南極的叫做磁南極(Magnetic South Pole)。西歷一八三一年,羅斯(Sir James Ross)找到磁北極是在布剔亞菲力克斯(Boothia Felix)。牠的經度是西九十六度四十六分,牠的緯度是北七十度零五分。磁南極是在一九零九年找到的。牠的經度是東一百五十四度,牠的緯度是南七十二度二十五分。

37. 大地磁場的變動(The Variation of Earth's Magnetic Field) 一處地方的磁傾,磁偏,和大地磁場强度並不是不變的。一天裏有一天裏的變動,一年裏有一年裏的變動。這種變動,就叫做大地磁場的變動。

磁偏的變動,可以分做兩種;一種是有規則的,一種是沒有規則的。有規則的;也可以分做世紀變(Secular Variation),歲變(Annual Variation)同日變(Diurnal Variation)數種。在本國對於這種變動,尚無紀載,所以本書只好把英國的紀載,轉載下來,表明這幾種變動。

好多處地方的磁偏,是變動得很慢的;有些時候偏西,隔了幾十年又偏東了,(偏東偏西都是對這一處地方的經線講的)在英國格林維基(Greenwich)的地方,磁偏在一六五七年以前,是偏東的;到了那年,磁偏沒有了;以後就偏西了。在一九一三年,這地方的磁偏是西十五度十五分。現在的變動,每年平均減七分。這種變動就叫做世紀變。

在一年裏,磁偏也有些小變動的。在倫敦的地方,到了春分,向西變動的數值最大;到了秋分,向東變動的數值最大。這種變動叫做歲變。

在一天裏,磁偏也是有變動的;在英國的地方,從早晨七點鐘到下午一點鐘是偏西的,以後慢慢的偏東,一直到下午十點鐘。十點鐘以後,直到太陽升起來時候,是沒有什麼變動。這種變動,就叫做日變。

有些時候,磁偏忽然發生劇烈的變動。這種變動,就叫做大地磁場的暴動(Magnetic Storms)。和火山爆裂,地震,北曉(Aurora Boreailis)太陽裏的黑斑,都有密切關係的。

磁傾也是常常變動的;在一九一四年,倫敦的磁傾是六十七度。一五七六年,磁傾是七十一度五十分,這種變動是很慢的,所以磁傾的變動,也是世紀變。

橡膠乳汁之工業應用

吳 興 生

當十六世紀之時,旅行至南美洲者,卽記載其內地已有用橡膠乳汁(Rubber Latex)以製造各種橡膠及橡膠物品矣,而在文明之邦,斯時則仍用乾橡膠以製造什物也。疇昔之時,乾橡膠球均自南美運來,取以割製各種物件,如環狀者,條狀者,或片狀者,而所需凝固碎片之法,則始於1820年橡膠鼻祖 Thomas Hancock 氏研咀法(mastication)之發明而後應用之。此外只能用松節油等之適合溶劑溶解橡膠,以製成一種溶液,可爲防水之用。因研咀之發明,得知研咀過之橡膠,較原來之橡膠易於溶解,且其所得溶液之黏度亦較低。但研咀法亦能使橡膠原有之物理性質改變之,尤以强度減少(mechanical strength)爲尤甚;遇冷與熱,亦生不良之影響。故此種橡膠之性質,當有人工改進之必要,卽1842年因有硫化(Vulcanization)法之發明是也。但關於橡膠溶液之法,實未能與理論相合。原來乳汁本含有百分三十五之橡膠,今去水烘乾,再經機械操作後分解入溶劑中,則所得溶液,橡膠成分旣低,流動性亦較小,而其機械性質較原物亦遠遜也。

故用乳汁爲直接製造橡膠物品之原料,常爲橡膠製造者所注意。在1824年,Thomas Hancock 卽用橡膠乳汁於廉價織物以成人造皮革,得一專利權。尙在用橡膠溶液法發明之前一年,卽有用橡乳塗浸繩索等方法之專利,惜此時乳汁供給有限,此項發明迄未致諸實用也。

Thomas Hancock已知乳汁之輸運不成問題,但有兩事,又殊不幸。蓋其小規模試驗中所用之少量原料,並非海弗乳汁(Havea latex),實係誤信人言,故其後自Tampico城送到之多量海弗乳汁,其性質殊不安定,到時,屢已凝固,是以不得不委棄其工作。而用氨(Ammonia)爲一種保護藥劑,又在1853年始由彼發見,斯時尙未能應用也。

橡樹種植法之發展,使橡膠自乳汁中之析出經過嚴密處理,其出品乃較從野生橡樹所得者爲純粹,卽在未經硫化與研咀之前,已有良好機械性質;未及幾年,已有人將未經硫化之橡膠製造運動鞋鞋底,可爲明證。足見研咀手續雖爲今日製造法中必經之階段,並無補於橡膠之機械性質,而以乳汁直接應用於橡膠物之製造,其天然富有之機械力,必能完全表現。因之乳汁直接應用之方法,至1920年間,又復受人注意。迄今日止,關於乳汁製造橡膠物品之專利,已達數千種之多矣。

在本節之中,不能就每種發明均加以詳細之記載,祇能概述各種製法之原理。欲作詳細之研究,須閱橡樹種植協會所出版之橡膠乳汁一書,方可窺其全豹也。

近年生橡膠價值狂跌,乳汁製造方法未見勃興,似一異事。其故或因乳汁製成之橡膠售價較昂,生橡膠既自每磅先跌至二辨士,用者更不願以便宜物品另出較高之價也。然生橡膠之成本降低,亦於乳汁有利,因乳汁能另向橡膠所不能發展之用途與非橡膠物質相競爭。自種植塲試用蒸濃方法後,其體積,其重量,均減小,而運費因之省,在去年出口之橡膠,一萬噸中,內含水份已在半數以下。裝運方法,大都爲汽船散裝(艙內塗蠟)(steamer tank),四十至六十五介侖之桶裝(drum),或四介侖之聽裝(tin)三種。

工業上之優點

乳汁之主要優點,約有下述諸端:(1)使橡膠存在於液體狀態,無研咀之消費,及其不良影響塗布浸出等法均可利用;進而至於混合他項物品,亦不如製造普通橡膠所需要之重力機械。(2)在同一之黏度時,乳汁可較橡膠溶液含有較高之橡膠量。其可去之揮發物量亦因之較少。(3)橡膠溶液之溶劑可以省去,且可避免引火之危險與工人健康之不良影響。(4)在需要橡膠時,立刻使之凝結爲固體橡膠,不如橡膠溶液,必須經過蒸發,始可得之,故形成物品較速,模型得取出重用。(5)橡乳不經研磨,可無發生熱力之虞,故可加入最強之硫化促進劑而無焦化或過早硫化之弊。嗣後硫化復用低溫,可以加入最有光彩之有機顏料,而無顏色改變之慮。(6)在橡膠乳汁中原本含有極多之天然反氧化劑(antioxidants)成分,不使乳汁質變質,故未經研咀之橡乳製品除有較大之機械力外,尚有經久不變之優點。

然乳汁亦含有以下之弱點:(1)必須採用少量之保存劑如0.5%之氨或1%之氫氧化鉀。(2)製造過程中,其水分必須除去。(3)在貯藏時,不若橡膠溶液之穩定。然此點於某項操作,亦甚有益。(4)攙加加力劑(reinforcing agent)之功效,尚不能如加入於乾橡膠中之顯著。

在製造橡膠工程上橡膠乳汁之改進

混和(Compounding)——市場所需之橡膠物品,恆爲已經硫化之橡膠,故乳汁之採用必經混合而後可。混合之操作,係先以混合劑加水濕之,或用水以分散(disperse)之,然後與乳汁混合,則其工程至感便利。硫磺促進劑,與普通之粉末,均混合劑也,如法行之,即易混合。故在混合之前,務須濕之以水,此節至爲重要。然尚有加入少量之氨使呈鹼性,亦爲適合之事。如更進而求之,則可加入少量分散劑如乳酪,亞刺伯膠,或牛膠等,以此製成膠質或近似膠質之浮懸狀態。用膠質磨(colloidal mill)磨之,粉末可使全濕,集團亦可分散,然後再加入乳汁中。至於分散粉末與乳汁之混合,則用球磨(ball mill)磨之。如硫酸鋇之沈澱粉如欲在內沈澱而出者,亦可用沈澱劑先加入於乳汁中而後研磨之。油與瀝青亦可製爲膠狀物用,惟須助以少量之氨皂經膠質磨磨成之。含有反氧化性之混合物,則難於分散,故須溶入油中使成乳化而後可。如油酸司替林等脂酸類,則先製成氨皂而後加入,及其乾時,氨化氣逸去,脂酸得復游離。又混合如在加濃之前行之,其混合劑之分散,尤爲均勻與持久。如欲製造輕薄之橡膠什物,則於未經硫化物中,引用可以溶解於橡膠中之混合劑,如硫化促進劑者,尤爲適合,用分散(dispersion)或彌散(diffusion)之法均可。如以橡膠片或橡膠溶液爲原料,亦可以同法應用。故本節以下所述及之乳汁,常指已經與硫化劑及顏料等混合之乳汁而言。

黏度與濃度之校正——天然之乳汁,僅含及百之三十五之橡膠,故在展開(spreading)與浸漬(dipping)諸工程中,其流動性頗大,混合物質可以沈澱而出。欲防止此弊,必須增高黏度,其法有如下述諸例:

(1)採用膠質物,如蛋白,德刺膠(gum tragacauth)或牛乳等,此均在1855年前已爲專利品。牛乳之爲用,或因其有乳酪存在之反應,或因橡乳汁球能吸着牛乳中之脂肪而變厚。加橡膠溶液於乳汁中亦可使其變厚。加入陶土或膠質泥(bentonite)達某成分時,乳汁亦可增厚。他如氧化鋅與鋅鹽等增厚劑之加入,亦可使促進橡膠球之凝結。如加入微量之膠質"濕劑"(Wetting agent),則可以改進乳汁之表面漲力與增加其濕度(Wetting)及對於織物之穿透力,某種有機硫酸化物(organic sulphonates)尤具特別之效力。

(2)加黏之法,其簡而且適者爲加濃法(Concentration)。經過離心分析機之濃度,可得百分六十之橡膠。此器偶亦可爲除去雜質之用。鄧祿普(Dunlop)六十度乳汁(市上亦名Jatex),卽此法所製成也。

倘有乳凝(Creaming)法,係用德刺膠(gumtragacauth)或氨質海茸鹽(Ammonium alginate)等之專門藥劑,其作用大致與用魚鰾膠質澄清飲酒相同。故加入微量乳凝劑,歷數小時後,乳汁卽可凝聚,其濃度能達百之六十左右。乳凝劑之存在與其他之操作,並無妨礙,市售乳汁有名羅多兒(Lotol)者,卽其產品也。過濾方法,在意國之實驗場中,用之已有成效。蒸濃法(evaporation)行之於混合之前或混合之後者,則在製造他種厚乳汁如Revertex時亦已應用。

(3) 更變乳汁之鹼度,此法亦可校正其黏度,惟為用不廣。

硫化(Vulcanization)——橡膠乳化,常在乾燥工程之後。今以混合乳汁代替之,則其硫化可在液體分散情狀中進行之(P.Schidrowitz 1921)。如以含有分散硫磺之乳汁熱至硫化溫度時,其各個橡膠球體卽能硫化。於是用蒸發而去其水份,硫化球體便能凝聚結合。此法便於採用劇烈之硫化劑,若亦使之分散或成溶液情狀,硫化作用在攝氏百度以下便可進行。硫化時間如延之過長,則不獨使此過分硫化之物品不易保存,卽在乾燥之時,其橡膠球之膠合,亦不能完善,于是出品乃有"粉裂"(shortness)之弊。

乳汁硫化,至為簡易,但欲加入加力劑於橡膠球內,非經相當研磨,殊為困難。此事驟視之殊不能解,然考其主要不同之點,則在硫黃可以溶解於橡膠之中而加力劑則不然,故非經研磨使其粒子切實的分散於橡膠中不為功也。

浮懸(flocculation)——橡膠乳汁之用為工業製造者,不僅含有防腐劑如氨之一種,此外亦加微量之適合膠質如乳酪與氨皂之類,前已言之矣。但其凝固作用,有時仍意外迅速,如普通之乳汁與粉末及纖維物密切混合,卽有在接觸處混亂凝結。故欲免除此弊,惟有促進凝固,使其所結成粗粒,分散於液體中或成漿汁狀態,而無復有凝結之虞。是以所得之浮懸乳汁(flocculated latex)實可視為橡膠凝塊之細密分散。此卽浮懸意義之應用也。

浮懸之形成可有數法,最普通者為慎選凝固劑,鋁鹽乃常用之物也。此種浮懸乳汁,或曰"沈澱乳汁"(latex precipitate)可與纖維混合,俱有特別長處,故用濾過法,篩過法,或他法固結之,可製成片狀或各式之橡膠織物。與碎纖維或廢革混和,可成人造皮革,與石棉凝固,可製動機內襯之用。其他用途尙多,茲不枚舉。至於其間含有鹽質及其他之雜質,則可用傾瀉法洗淨之。

成層(Crumbing)——浮懸乳汁如加工重行凝固,則可製成片狀,乾後乃成混合橡膠粉。此粉亦可一步製造之,其法卽以混合劑矽酸鈉與凝固劑硫酸鎂連續加入之。蓋自硫酸鎂加入之後,混合劑卽可與浮懸橡膠球同時凝結,形成連續之片狀物質也。乾燥之後,用簡單之模型,可以製造軟性或硬性橡膠製品。

乳汁應用之方法

乳膠之用於工業製造者,約有下述諸法:展開(spreading),浸吸(soaking),噴散(spraying),浸漬(dipping),電移(electrophoresis),膠凝(gelling),加泡(frothing),浮懸(flocculation),成層(crumbing),及模型(moulding)。此種名詞,用意均廣,如展開與浸漬兩項,不僅爲展開乳汁於面層或以某物浸入乳汁中之手續,他如乳汁應用於黏集靴鞋與製造沙皮亦得應用之。至於以乳汁作爲防溼,作爲黏着沙皮,石棉或各種纖維,以及膠黏地毯與製造毛刷等用,其理至爲明顯,毋容多贅,茲於下文所述者,乃擇其不同之原理而言其殊特之事實也。惟其排列之先後,則與工業上之重要與否並無關係。

陽極法(Anode process)——此法係根據膠質粒子在兩電極電壓(electric stress)下之移動。橡膠球爲陰極性的,能向陽極移動,故名陽極法。(如加入之固定劑(stabilizing agent)而使呈酸性,則可使橡膠變爲陽電荷的,於是電移方向可自陽極而趨於陰極,然此種陰極積集法,於工業上尙未見有採用)。以電流通過混合之乳汁,當任何電導質存在時,必帶有極多之電量通過,不獨能使電極上有氣體發生,而陽極上每單位電流所積集之橡膠亦必減小。

所謂橡膠之積集因數(deposition factor)者,卽每安倍分(ampere-minute)電流所積集乾橡膠之克數也,在良好之情形下,其數常大於三。故在用電移製造法時,乳汁間之導電質須先減少,如偶有微量餘剩於其間,卽在適合之電壓時亦足使陽極發生氣體。故採用安定劑時,氨質勝於苛性鹹,因氨質易於蒸發,或加蟻醛(formaldehyde)亦可(使成hexamethyl-enetetramine)。故自導電質一點而觀之,上述之加濃工程當以採用離心力一法為上。然加濃之工程對於陽極法上並無若何之重大關係,但離心力加濃之乳汁,再稀薄時,則可較原來乳汁所含之電導物質顯為減少耳。如欲天然鹽質成分及鹹液更加析離完全,則可採隔膜分離(dialysis)一法,較為美滿。

用陽極法可以製造永久的橡膠護膜或硬性蓋面橡膠(ebonite coatings)故如金屬之絲罩與船上之裝飾(ship's fitting)以及橡膠器具都能製成之。

在製造簡單之橡膠什物,如馬達管(motor tube)或橡膠片之類時,橡膠便可直接積集於陽極之上。陽極之質,以鋅或塗鋅者為之,最為適當,因鋅有陽極溶液性(anodic dissolution)而貴金屬則拒絕伊洪之接觸而使氣體在陽極上釋放之。陽極電壓須在分解水之電位差以下,亦為一重要條件。

在製造複雜之橡膠什物時,則須防免陽極氣體之生有鬆孔。其法可於陽極四週,圍以多孔之膜,其形與什物同。其內含有鹽質溶液,其陽伊洪(cations)則為凝固橡膠藥劑。在如斯佈置之下,混合橡膠乃得積集,溼而且堅,厚可達半寸。乾之,硫化之,什物卽完成矣。然其中狀況須注意者,橡膠之積集,形為網狀,乾燥後,方能自然凝固。故橡膠在初期積集之時,汁液可以穿過,電流亦可自由通過,而一經凝固,卽不復再通。尙有浴中常須攪動,因實際之電移,不能繫帶橡膠球粒與混合之物質而達於陽極或多孔膜極之四週,電力之功,僅在積集黏着之橡膠層耳。

陽極法可以應用於多種重要什物之製造,如有織物之加入作為加硬時亦可應用,惟尙須用簡單之浸入法,以完成之(後詳)至於製造複雜金屬之絲幕(metallic screen)及橡膠片等,其法尤具優點。如夏納氏(Charnaux)胸搭爲多孔之複雜組織，應用斯法，結果甚佳，因舊法必藉手工鑽孔，而今日則須於鋅製陽極中插以細小之硬橡膠頭，該區卽不能有橡膠積集，小孔成矣。

變換各種不同之情況，如乳汁之鹼度，安定劑(stabilizing agent)之多寡及導電質之存在，則可以調節陽極積集橡膠之密度(consistancy)與其中之水分。至於塗膠之厚薄，亦得以陽極之形式改變之或配以不同式樣之外層網膜，以及糾正電極間之距離，或他種計劃以調節陽極上電流之分佈。其更要者，則爲橡膠分散之濃度可自動調節之一端。因陽極區域有不絕的混合橡膠積集於陽極上，其原有之濃度自必逐漸變淡，但能於分散橡膠之周圍包以有孔之磁器或石棉膜層(diphragm)，而將陰極置於其外，並浸入稀薄之氨液中，則可藉電移(electric endosmosis)之原理，其中鹽質(serum)將由分散橡膠中移向陰極區域，其速率適足以維持分散橡膠液之濃度常數，故於陽極區域中僅須補充乳汁至一定之深度耳。

浸漬法(dipping process)——此法之原理，可以多種不同方法應用之。普通之浸漬法，可用以製造中空之物，如自來水筆套，香煙嘴，橡膠鞋，乳嘴以及醫生手套等等。平常之混合乳汁可適用，惟爲減少其浸漬次數而同時又得堅實之橡質起見，則乳汁之黏度與濃度必須增加。故以乳汁加濃至含有固體百之六十或七十時，浸漬一次或達兩次，其工程便可完成，如普通之橡膠液，則將行近一二十次而後成也。浸漬之模型，恆以鉛製或玻璃製之。積塗之橡膠，如迅速的浸入稀醋酸中或醋酸氣體中，其面層卽能凝固，經如是之處理後，則在以後之操作中，其面層可不致損壞與剝落。然此種浸酸工程，須於浸漬終了時，施行一次，其在兩次或三次之浸漬工程中則不必爲用。蓋此步程，可以使此中空而溼的橡膠物質從速脫離模型，以便模型可以二次應用。至於硫化工程，可於烘乾後行之。

在末次浸漬中，當橡膠未曾疑固時，可使生成各種美觀的裝飾。如其膠膜已有相當之堅定性，則可浸入比重較重之膠液中，於是面層能有部分的裂縫以生成"鰐魚皮"之狀態。如浸入四十分之困(Benzene)與一分之醋酸溶液中,則可生成縐紋,如再加以四十分之酒精於此溶中,則可製有細紋之醫生手套。如在未凝固之橡膠皮上散以水溶性的鹽粉,亦可生成結晶形狀。顏色與顏色之乳汁亦可以噴散或浸漬之法附着於其上。在浸漬法中之顏色,則可置入溶液中,或分散於水中,或僅使其漂浮於水面,因此乃可製得均一之色澤,或班文的,或大理石之式樣矣。

乳汁不論濃淡,欲塗橡膠達堅厚狀態,則伊洪積集法甚爲有用(一名凝固浸漬法ionic deposition or coagulant dipping)。浸漬模型可以先塗凝固質(Coagulant)一層,然後浸入乳汁中,因凝固質之移動入乳汁中,不僅能使其物象立刻可成,且可使其厚度增高而浸入之次數減少。是以多種什物,均以此法製之。如使模型上凝固質之濃度或厚薄不同,則可使出品有厚薄不等之處,如手套之掌上與指尖兩處,便可使之較厚於他處,今日卽應用此法也。用伊洪積集法,則不獨可產純一之橡膠物品,且可以製用織物與橡膠之混成品,如工業用之長靴卽以此法製之,然厚質之鞋底仍以用研咀舊法所產之橡膠製成之爲便利。至於簡單物品用此法製造者,有如紗裏膠面之手套,其法先以棉紗縛於模型之上,其面層溼以稀薄之醋酸酒精溶液,乃浸入乳汁之中,歷數秒鐘,引之出,烘乾硫化便成。如此伊洪積法,卽在陽極法中亦有重大關係。如陽極週圍圍以有孔而成形之網膜,陽極溶解變爲伊洪後,向模形網膜移動,而乳汁則穿入網膜,與之相遇,橡膠得凝固而積集於模型之內。卽不用網膜而直接積集於陽極時,當其第一層橡膠生成後,其繼續橡膠之積集者,亦必待陽極金屬伊洪透出此層溼的橡膠而後能也。

更有一法,可以從乳汁中積集橡膠至模形面上者,謂之熱感法(Heat-sensitization)。其法爲加入微量之藥劑於乳汁中,如硫酸鈣,有機硫化促進劑,氧化鋅與硫酸氨之混合物(或過燐酸氨與一還原劑)或其他在高濃度及高溫度時能使乳汁凝固之物質依此法配成之乳汁,在常溫時亦至安定,如以熱的模型浸入此液,其橡膠便能逐漸附着凝固,至需要之厚度再行提出而仍在模型上燥乾之。此法在商業上已有應用,如製造皮球卽其例也(後詳)

濾過法(Filtration)——此法在美國已有商業上之應用,如馬達管(motor tube)之製造是也。以一穿孔之心軸,套以織物,並黏以溼的陶土,乃浸入乳汁中;軸內壓力使之減少,橡膠漿汁卽能透入軸內,結實之混合橡膠卽生成於外圍矣。

展開法(Spreading)——此法可視爲浸漬法之特別方法也,現有各種不同之應用,且已有大規模之製造者。多量之橡膠,混成不同之成分,用爲製造鞋子之黏着劑或增堅劑(stiffening materials),在1930年,用於鞋底鞋根者達8,000,000磅。罐頭之封縫,亦用大量,罐內之縫,與罐牆罐底之接頭亦須乳汁漿製造成圈以封之;各種防水織物雨衣雨布等類,亦須多量之乳汁。

乳汁復興之最初起意,爲1920年F. Kaye氏擬爲製紙中之上光(sizing)之用。雖此事終未推廣,而已足爲黏纖維之發軔。故至今日,乃有沙皮假革之製造,橡膠廢片之凝固,以蠟乳化,可製爲木塞瓶蓋之護物與名片匣子等用。和以水泥或不和水泥而製成道路材料,其大規模之試驗,亦正在各地進行中。在英國,用安定之乳汁和以水泥之後,再加乳化之瀝青或不加瀝青而製之,已有特別之可能性。此種混和物亦足爲三合土木桶,及金屬桶之內層保護劑。

在浸漬法中最後當所列論者,爲橡膠線一事。製法係以濃的混合乳汁流過小孔(orifice)而入一適合凝固浴中如醋酸,或醋酸氨,然後至轉運器,在此器上可被噴水洗之,乾之,更可硫化之,直至工程終了。如此所得之橡膠線爲圓形切面,具有橡膠乳汁之特具性質,直徑可至僅爲一百二十五分之一吋。其面亦至光潔且有至大之伸長性,至於普通橡膠線之自薄片割成者,其面則至粗也。

模型法(Mouldiug)——模型法實爲乳汁間接之製造。可先以乳汁製成橡膠乾粉,或乾片,橡膠乾粉之製造用橡膠沈澱("latex precipitate")法之改進,然後以此用普通之模型製成什物;如是乾片則可用製造電木之法壓成之。如此製造物品,依需要之情況,則藉硫化時人加硫磺成分之不同,可以製成軟性之橡膠或硬性之橡膠。如以乳汁注入模型而凝固成物,則有兩大弊端,其一爲至大之模型中,此溼的橡膠,難於完全乾燥,且乾燥亦太緩慢;第二軟橡膠凝固而乾,其體積必形縮小,不爲原有之狀況。然此弊亦可除去之,且至少能有兩種特具之優點。蓋硫化時,能有充分之硫磺並置於防水逸出之環境中,則其所得之硬橡膠可保持模型原有之大小,水份則能極細的散於橡膠體中。乾燥之卽成一淺棲色而具有極度細孔之硬橡膠(ebonite),如爲灰色,則由於面層有不連續之處,蓋純粹之硬橡膠粉亦爲棲色也。如以原來乳汁之濃度調節之,則硬橡膠間極度微孔之多少亦可不同,最高者達百分之八十,低者只有百之十五或更少,如更須減少則在硫化之前,可將溼的橡膠加以壓力,使水盡去。普通所需要之微孔,常爲總固體之百之四十五至五十五。如此之硬橡膠,以目視之面層至平,且可磨光。乾時加壓,色變黑,加熱,其組織與色澤仍復原狀。此類橡膠,每方厘(sq.cm.)間約含十萬之微孔,其直經約爲萬糎(mm.)之幾。可作過濾器用,尤合爲電池與蓄力機(accumulator)之隔膜(diaphram)。如其硫化未達硬化之境,則其收縮未能完全以成固體,故得一軟而多孔之橡膠,其爲用則有限矣。

加入微量之泡沫劑如皂等,於混合之乳汁中,攪打之,可成泡沫狀態,如再加入緩凝劑如硃矽酸鈉,則可使其入模型後而凝固之。此緩凝之橡膠卽能組成一均勻組織之橡膠海棉。硫化後則將此極度泡沫化之橡膠連其模型浸入熱水之中。海棉中之鹽質(serum)與浸入之水份,可以擠之使出,或用離心機除去之,繼之則行乾燥。依如是之工程,則簡單海棉狀之椅褥,手靠(arm rest),靠背,墊褥等等,均可製造。至於細小之什物,家用之海棉以及鞋跟等類亦可製之。舊法之製造海棉,則殊麻煩,須以乾橡膠製造成小片而構成其形。故今日以乳汁爲用,此乃一至重要進步也。海棉間之微孔係相連的,故在用時,其各個空氣包中得有空氣之流通。如模型內塡散一層連密之橡膠,然後再行此法則製品面層光滑無孔,內部海棉其狀之飛機輪盤之內襯即可造成。

泡沫乳汁,更可作爲他用,如依浸漬之法,則可製成軟性海棉橡膠之包皮;依展開之法,則可爲地毯之背,以增加其軟度及彈性。其更爲出奇之用,如製造公園間用水泥製成各種裝飾品之模型,蓋因海棉之軟度,可使鑄成物之內部模型易於取去也。

在浸漬法中所提及空心無縫球之製造即係以適當混合之濃乳汁注入於相當模型中,加熱,內部之乳汁即可凝固,凝固物自模型內取下後,即使乾燥,在硫化時插空心之針以使其內部擴大。此針空之黏塞,則可於模型合閉之前即以橡膠塞放入之。此法即是今日商業上所採用者也。

乳汁應用於金屬面層之保護

在上文所論各法,均爲以乳汁先行積集於模型上,然後再自模型上取下者。如遇所需,則乳汁亦可固着物面,作爲保護,以抗大氣與藥劑之侵蝕,是以乳汁之爲用,大勝於橡膠片矣,因橡膠片祗能施用於簡單形體之面層也。如所需之護膜祗須硫化成一硬橡膠即能黏着,若其金屬之面層是銅質的,或銅鍍的,則其附着更可堅牢。欲橡膠附着堅牢,於乳汁中亦有加以特別之混合劑者,如血色素(haemoglobin)則至有助力,然常法中,則不然,而僅預施一薄層之溶液乳汁或乳化乳汁,俾金屬與橡膠間生有至強之黏着力,然後再用陽極法,伊洪法,或浸漬諸法以完成之。所謂熱卜林膏(thermoprene)類者,爲橡膠之用化學方法之改進物也,其法以橡膠與困硫酸(sulphoric acid)熱之而成,伏爾膏(Vulcabond)即爲其產品。在乳汁中分散之橡膠,用水化劑(hydrolytic agents)如酵素(enzyme)或碱類之作用,可使其間之蛋白質及有機非樹脂(non-caoutchouc)成分除去,此種無蛋白質之橡膠,用水洗之,加以蠟質,則可爲電氣絕緣之製作。

以上所述,盡爲用天然乳汁或改進乳汁以製造各種工業用品也。如以橡膠分散之,則可製成人造乳汁,不第新的橡膠可用,而還魂橡膠 (reclaimed rubber) 亦足供用,祇須以此分散,製成一定之鹼度與安定度可耳。故此分散的橡膠,對於上述諸法之應用,可與天然橡膠相同,而於經濟上則簡省運費多矣。惟人造乳汁在硫化或分散之前,必須經過研磨之工程,此種研磨實足減少其拉力 (tensile strength),幸拉力非常須至强之境,故人造乳汁,尙有相當用處。

在一時期中,以乳汁用諸常法而製造橡膠什物者,其趨向實至有希望。然就經驗所得,今日尙有製造上困難者二則:一爲,乾膠仍有經濟上便利,乳汁難與之爭;二爲乳汁製造什物,帶有黏着性,尙未臻於至善。是以依大勢觀之,乳汁之爲用,尙須於其製造方法上有所改進與製造途徑上之另闢疆域,求普通橡膠所不能爲者而爲之,此亦已有許多前例在也。故昔日視爲非橡膠工業品者,今日已以乳汁成之矣。是以輔助產品之乳汁工業,今日已將與舊式橡膠重工業一爭其雄,實非前人所能預料也。

本篇譯自 Journal of the Society of Chemical Industry Vol. 52, No. 19

D. F. Twiss:——Industrial Uses of Rubber Latex.

出席萬國數學學會之經過

許　國　保

奉派來德之翌年夏,得校中命,囑代表出席九屆萬國數學學會,是會在九月間舉行於瑞士之蘇里士城,先後凡歷九日。玆略記當時經過情形如次。至關于分組討論大綱及其他專門文件,另詳寄呈研究所之報告。

一、萬國數學學會之目的與起源

萬國數學學會(International Congress of Mathematicians)爲聯絡各國數學界之感情及發表與討論數學上之新問題而設。每四年開會一次,聚萬國數學家於一堂。舉凡有名之專家,無不降臨。在該會得有機會一識向所聞名而未目見之數學巨子,誠屬盛舉,該會於一八九七年發起,卽於是年開第一次會於瑞士之蘇里士城(Zurich)。嗣後每四年開會一次擇地於歐洲各名城。歐戰時曾停會一期,而於一九二〇年復開,是以本屆一九三二年爲第九次會而適復開於瑞士之蘇里士城,第一期會長年已九十餘,仍來參加本屆之會,因在其故鄉也。

二、本屆中國代表

本屆參加萬國數學會之我國代表,除保受本校派遣參加外,有清華大學教授熊迪之先生代表中國數理學會,德國 Munich 大學學生李達先生,私人參加,德國 Göttingen 大學學生曾炯之先生,以來遲未獲正式參加,除外並有熊先生之十齡公子參加家屬會員。

三、開會之秩序

本屆數學會於九月四日開會(星期日)至九月十二日(星期一)閉會,其秩序如下:

九月四日下午八時在學生別墅(Student's Home)招待到會各會員舉行開會儀式。

九月五日(星期一)至九月十二日上午,每日除星期日或另有他事外,上午均有名人演講,地址在蘇里士高等工專內。下午分組討論,在蘇里士大學內。

九月六日(星期二)下午二時,出遊蘇里士湖,並有富紳在其別墅Au(在蘇里士湖濱)招待負有代表使命之會員,款以茶點。招待時由洛桑大學(Lausanne)教授英人Young致謝詞。

是日下午七時,瑞士音樂會(Concert)在音樂廳(Music Hall)開會歡迎各會員。

九月七日(星期三)下午三時全體會員集於大學前面攝影。

九月八日(星期四)出外旅行共分四組:

1. 遊Klausenpass(山徑,高 千餘公尺)
2. 遊Rigikulm(山名,高二千公尺)
3. 遊Pilatus(山名,高二千公尺)
4. 遊Lake of Four Cantons(湖名,在萬山中)

九月十日(星期六)下午八時,在蘇里士城戲院宴會(Social Meeting at the theatre)

九月十一日(星期日)下午四時在Hotel Doder開茶話會。

九月十二日(星期一)上午十一時至十二時行閉會禮。下午一時出發旅行阿爾卑斯山之少女峯,(Jungfrau Joch)並參觀該處之氣象試驗臺。

四、開會之情形

本屆開會,參加國數凡四十一,到會會員約八百餘人,較歷屆爲多。會之主席爲蘇里士大學教授 Fueter 到會最著名之數學家,有德之 Hilbert, Weyl. 法之 Hadamard, Cartan, 意之 Levi Civita 等。巨擘自當推 Hilbert, 年已七十餘,老態龍鍾,是以九月五日上午第一次演講會,推 Hilbert 氏爲主席。

九月四日下午八時,會員齊集於學生別墅之會食堂,人數過多,主席亦不遑一一介紹,由各會員自通姓名,互相交談。一時人聲嘈雜,各種語言都有。我國代表雖無知名之士,然以遠道而來,亦頗受人注意。尤以熊先生之公子年齡幼稚,會員中童年者甚少,頗受歡迎,女會員更撫愛之,呼之爲小數學家。一時 Le petit mathematicien 之聲,起於四座。熊先生擅法文,李先生擅德文,保略通英德語,足以勉敷招待,移時名家 Hilbert 氏到,羣趨瞻仰,我國代表,由 Hilbert 之學生美人 Hurwitz 介紹,亦與略談。Hurwitz 氏曾爲本校已故教授胡明復先生之師,與之談及胡先生之逝世種切,亦爲惋惜不置。是晚會中略備茶點汽水等,主人既不虛事招待,客人亦不事客氣,羣據案大嚼,惟以桌少人多,分班就食焉。

九月五日上午九時開會。首由 Hilbert 致歡迎詞,次由主席 Fueter 用法德英意四國文字讀開會詞,卽開始演講,演講限用法德英意文字,然欲聽懂演文之全豹,除須通曉數學之各門外,亦須精通語言學。熊公子枯坐無聊,繪畫演講者之像,果有幾分肖像。退席後爲演講者所見,奇之,如 Caratheodory, Hadamard 諸名家,均爲簽字於其下,以爲紀念云。

九月八日之旅行,保參加第四組,上午自蘇里士乘火車出發(瑞士鐵道均用電力駛車),至 Frülen 在該處午膳, Frülen 已在阿爾卑斯山中,在 Lake of four Cantons 邊,爲一鄉村,歷史上著名之 William Tell 之故鄉也。午膳後出發遊湖,環湖皆山,風景絕佳,經三小時而達湖之彼岸羅村城(Luzern英名Lucerne)。羅村亦爲瑞士名城,是以該湖又名羅村湖(Lake of Lucerne)在羅村環城一遊,旁晚乘車返蘇里士。

九月十日晚之宴會,會員到者皆須穿禮服或黑色衣服,首由瑞士聯邦總統致歡迎詞,次由蘇里士市長致歡迎詞,最後由美法德意四國代表答詞,演講完畢後開演獨幕啞劇,演劇後,會員方得離場進膳。計分酒排間,啤酒廳,膳廳,咖啡廳,均不用侍役,由會中發券(Coupon),會員持券自取。會員初以爲宴會中必有一頓豐饌,是以大多枵腹而來,至戲劇終,時已十時,飢腸轆轆,羣趨食堂,奈桌少人多,爭先恐後,一時擁擠不開,而結果僅得麵包兩片,鷄蛋一枚或鹹肉一片,皆呼餓不止。幸膳後即開跳舞會於戲台,於是又羣趨戲台權將飢餓擱置矣。

九月十二日上午十一時行閉會禮,又由主席Fueter四讀法德英意文之閉會詞,並决定下次一九三六年開會地點,有希臘政府請在Athen開會及娜威政府請在Oslo開會。結果决定在娜威之Oslo。末由娜威代表表示歡迎及謝意。

五、分組討論之概况

開會期內每日除有他事外,均於下午三時至六時有分組討論會,在蘇里士大學舉行,此實爲會之主要點。蓋爲各國數學家互相當面交換意見之機會,討論問題共分七組計

純粹數學三組:1. 代數及數論 Algebra and theory of Numbers.

2. 解析 Analysis

3. 幾何 Geometry

應用數學三組:4. 力學 Mechanics

5. 物理 Physics

6. 天文 Astronomy

教育一組 7. 數理教育 Mathematical Education

每組每日均有一組主席,凡會員提出問題討論者,均須於開會三月前將該問題摘要寄會,彙成一册,然後於開會時提出討論,惟以人數過多,每人演講,限十五分鐘。但數學問題例須在黑板上寫許多公式,因時間侷促,有於演講前在黑板上大書特書公式者,有備紙軸一幅將公式書於其上,而於演講時懸掛者,乃無論如何,十五分鐘,總覺不敷,演講者滔滔不絕。主席催之至再至三,猶戀戀不忍離,大感困難云。

六、阿爾卑斯山之旅行及參觀少女峯(Jungfraujoch)之氣象臺

瑞士風景,甲於歐洲,尤以山水爲最勝,是以萬國數學會閉幕後,復有旅行阿爾卑斯山少女峯之舉,以作餘興,參加者有五十餘人,少女峯位於瑞士中部高約四千公尺。爲歐洲第二高峯,有鐵道穿山而上,達其峯腰,高三千六百公尺,爲世界上山鐵道之最高者,誠屬偉大建築。有氣象臺,設於其上,以測驗山巔氣候,方於三年前落成,亦爲歐洲最高之氣象臺。

九月十二日上午十二時萬國數學會閉幕後,參加者於下午一時乘長途汽車,自蘇里士城出發,經Lucerne及Interlaken城而至Interlaken Ost.在該處換乘有齒輪之上山電車,於十二日晚達半山之Scheidegg城(高二千餘公尺)是夕即宿於Scheidegg旅舍。次晨七時起身,天陰,雲霧密佈,遠望不見山巔,遊客方以天不做美,而旅舍侍役咸謂少女峯上,天氣必佳。果也,於七時半復乘電車上登,穿過一隧道,頓天朗氣清。山巔陽光輝映,而積雪不融,車中旅客,如撥雲霧而見靑天,大爲驚異。下望大地,則不復見,浮雲受日光反照,有如大海。方知已穿雲而上,達特殊之高度矣。車因上山,駛行極緩,又穿一長隧道,經一小時餘,乃達少女峯腰Jungfrau Joch高度三千六百餘公尺。少女峯腰有一塊平原名Plateau of Jungfrau Joch,約方兩三

畝,上積雪盈尺,終年不融,積冰盈丈,築成山洞,裝置電燈。以供遊覽,自平原上仰望少女峯巔,尚有四百餘公尺,氣象臺即位於平原一旁,地基不大而高,有六七層,參觀者到後,由臺中科學主任演述建台之歷史及研究之成績,據云山巔氣溫以八月為最高,十二月為最低,然八月平均溫度為零下十分之三度,(攝氏)十二月平均溫度為零下十二度,是以冰雪不能融,三年來最高溫度為攝氏十二度,最低紀錄為零下三十四度,試驗計分五部,一氣象試驗,二日光分析,三礦石化驗,四動物試驗,五植物試驗,曾見有鼠類多種,置於一室,以視其在山巔單薄空氣下,有無變化,植物亦同樣試驗,即對於旅居山巔之辦事人員,在生理上亦時時有醫學家攷查也。

暑期工業考察報告

邵　象　華

民國二十二年八月,象華與本校電機學院助教丁偉年君,機械工程學院助教丁士雄君,呈准　校長,作京滬津浦北寧等鐵路沿途參觀之舉,計自八月八日由滬啓程,三十日返滬,爲時凡三星期,參觀各路機廠,各處電廠,無線電台,及化學工廠,共計九處,列之如下:

地點	參觀日期
南京中央黨部廣播無線電台	八月九日
浦鎮津浦鐵路機廠	十日
南京下關電廠	十日
浦口津浦路電廠	十一日
龍潭中國水泥廠	十二日
嶧縣中興煤礦	十四日
濟南津浦鐵路機廠	十六日
塘沽永利製鹼廠	十九日
南口平綏鐵路機廠	二十五日

就中關於化學工程方面者,爲中國水泥廠,中興煤礦及永利製鹼廠等三處,茲特繕就報告,奉呈　鈞覽,並求　指正,

此行原擬再往唐山參觀北寧鐵路機廠,開灤煤礦,及啓新洋灰廠,惟臨時以時局關係,未能前往,頗爲遺憾,

二十二年九月,邵象華謹誌　科學學院化學助教

永利製鹼廠

永利鹼廠,民國六年開辦,位于河北塘沽,係我國惟一之炭酸鈉(Sodium Carbonate.,或稱蘇打,又稱純鹼)製造廠,塘沽在天津之東

三十餘公里，居大沽口北內岸，爲航海登陸入平津惟一衝道，水陸交通，均甚便利，本地及附近蘆台北塘一帶，產鹽極富，建鹼廠于其地，實頗適宜。

該廠製造方法，爲梭爾負法(Solvay Process)，乃西歷一八六五年比國梭爾負氏所發明，彼時魯蒲蘭法(Le Blanc Process)方盛行于世，以硫酸鈉爲主要原料，需用硫酸甚多，梭氏發表後，因其不需硫酸，且製造成本減低二倍左右，故發達極速，魯氏法竟爲壓倒，其後電解法(Electrolytic Process)成功，以電流分解食鹽溶液而成苛性鈉及輕氣二氣，梭氏法不免略受打擊，然電解法之目的物既與梭氏法不盡相同，故其對于後法之影響亦不甚大。

永利廠製造純鹼，其用梭爾負法，自屬必然者。

現國人自辦之製鹼廠，有上海之天原電化廠，以電解法製造苛性鈉(燒鹼)及鹽酸漂白粉等。每日產苛性鈉四噸左右，據記者最近所聞，廣州亦將有一電化廠出現，現尚在計劃中，性質與天原相似。

永利廠主要出品爲炭酸鈉，或純鹼。自去年始，添出燒鹼一種，現每日出純鹼約一百五十噸，燒鹼五噸。燒鹼廠係新建，其容量(Capacity)爲二十噸。

記者等參觀該廠時，因尊重該廠工業秘密，未便詳詢一切細節，亦未返復巡視(此舉該廠懸規禁止)，所聞所見，難免掛一漏萬，今就記憶所及，述其製造情形。

原料 梭爾負法之直接原料，爲食鹽(Common Salt)石灰石(Lime stone)，焦煤(Coke)及阿摩尼亞水(Ammonia Solution)。尚有水及煙煤等，列入間接原料。該廠所用食鹽，每日夜約二百噸，即自白河海水用晒法製成。久大精鹽亦在該處，與永利毗連，且同屬一主，故晒鹽場亦同在一處。石灰石每日夜所需，約一百八十噸，亦就近採掘。焦煤每日夜約十噸，及全廠鍋爐所用之煙煤約一百二十噸，均購自河北井陘礦務局，每日所用阿摩尼亞水數噸，亦係井陘煤礦鍊

上海交通大学百年报刊集成·第一辑（1836—1949）·学术学科·综合卷

焦(Carbonizing Coal)之副產物。所用之水,取自白河。

製造程序 該廠所用爲梭爾負法,爲一連續方法(Continuous Process),日夜不間。各部之相互關係,略如圖一所示。圖中A爲石灰窰(Lime Kiln),石灰石與焦煤加入其中,所發生之氣體,爲炭酸氣(CO_2)與淡氣(N_2)之混合物,經洗氣器(Scrubber)B後,用壓氣引擎(Compressing Engines) C壓入製鹼塔(Carbonating Tower) D,與食鹽阿摩尼亞之溶液相遇。此時炭酸氣卽爲液體所吸收,所餘之淡氣及少許阿摩尼亞,通至N與鹽液相遇,而將此少量之阿摩尼亞溶解。O亦爲一洗氣器,以吸收萬一未經N器中吸收之阿摩尼亞氣。

製鹼塔中之化學作用,可以下列二方程式表之:

$$NH_3+CO_2+H_2O \rightarrow NH_4HCO_3,$$

$$NH_4HCO_3+NaCl \rightarrow NaHCO_3+NH_4Cl。$$

由此作用所得之炭酸輕鈉($NaHCO_3$)爲比較不易溶化之物,故沉澱而出,與溶液混成漿狀,經k管至過爐器(Filter) P,將固體濾出,而入煅燒爐(Calcining Furnace) T。此時$NaHCO_3$受熱分解,而成炭

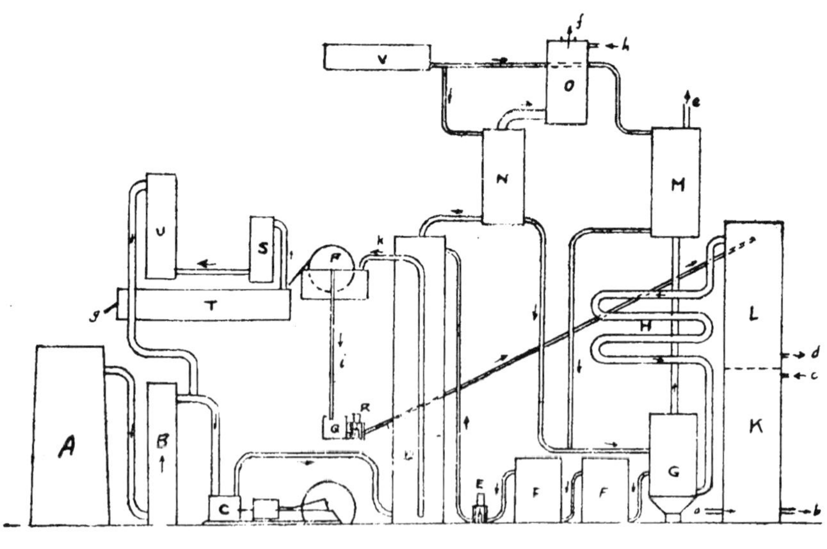

第一圖

酸鈉:

$$2\,NaHCO_3 \rightarrow Na_2CO_3 + CO_2\uparrow + H_2O\uparrow$$

自煅燒爐中所出之氣體,含有水蒸氣,炭酸氣,及少許阿摩尼亞氣,此氣體由壓氣機C吸出,經凝結器(Condenser)s將所含水蒸氣凝成液體分離後,復經洗氣器u。此時體中所含之阿摩尼亞,亦爲水所吸去。由u器出之氣體,幾純爲炭酸氣,卽與石灰窰所產之氣混合,再供應用。

過濾器P,將製鹼塔D中所產之炭酸輕鈉濾出,已如上述,其濾過之液體,則經i管至存儲池(Storage Tank)Q。復自Q經幫浦(Pump)壓入阿摩尼亞蒸餾器(Ammonia Distiller)之上部L,用自a處入之水蒸氣使溶液中之游離阿摩尼亞化氣。加熱後之溶液,尙含有固定阿摩尼亞(Fixed Ammonia),卽氯化錏中之阿摩尼亞,故自d處洩出,和入適量之石灰乳(Milk of Lime)後再由C回入蒸餾器之下半部K,加熱而使固定阿摩尼亞亦分解而出。餾器中剩餘之無用廢液由b排出。

阿摩尼亞蒸器KL中所產阿摩尼亞,溫度太高,不適於吸收,故先經冷却器H後,方入吸收器(Absorber)G,爲其中之鹽液所溶解。其小部份未經吸收者,則通至洗器M再以新鮮鹽液洗之,而被吸收無遺。吸收器G中之鹽液,卽自存儲池v經洗器M及N而來者。

在吸收器G中所製成之食鹽阿摩尼亞溶液,經過澄淸儲器(Settling vats)F,以幫浦E打入製鹼塔之上端。

製造之主要步驟,略如上述,今就永利廠之各步手續,擇要詳述之。

食鹽溶液之製造 該廠製食鹽溶液,用一橫置略斜之旋轉圓筒,長40呎,直徑5呎,熟鐵製。筒之中部有齒輪,用馬達(Motor)推動,徐徐旋轉,每分鐘約二轉。食鹽與水自較高之一端飼入,經筒內之隔板攪動,溶液自他端出,流入鹽液存儲池,自行澄淸。鹽液濃度約爲比種1.2,含鹽百分之二十六左右。

該廠各部機械,多有兩組或兩組以上,其一日常運用,其他均係備用。經相當時間,或運用發生障礙時,相互交換,以便清洗或修理。食鹽溶解器有二,左右並列。

阿摩尼亞吸收器(Ammonia Absorber)　即圖一之G。爲一分格之圓塔,計六格,除底層外每格均高約$2\frac{1}{2}$呎。塔之直徑爲8呎。其構造如圖二所示。食鹽溶液自A入,先至第一格,而後逐層下降(由塔內細管流下)而自底層之B處出。同時阿摩尼亞則自C口壓入,逐層上升,與每層中之鹽液相遇。此爲化學工程上溶解混合物中成份之一部份時之最常用方法,即對流法(Countercurrent Method)。鹽液初入時,與業經吸收多次之氣體相遇,而吸收其所含之最後溶質(阿摩尼亞)。氣體初入時阿摩尼亞之濃度最高,則與業已吸收多次之溶液相遇。如是則溶解之効率較佳。

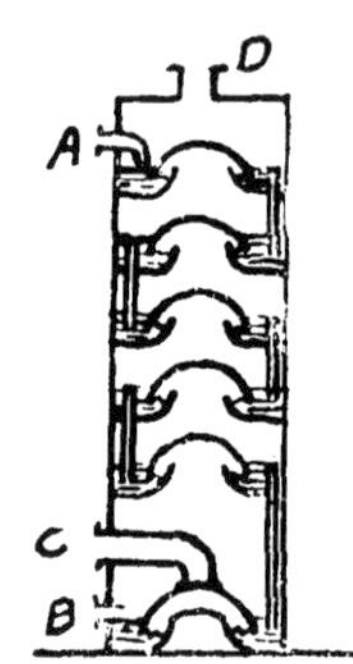

圖二

該廠吸收器亦備二隻,以便交換清洗,吸收器中之鐵管,易爲鎂及鈣(食鹽中之雜質)之炭酸鹽所堆積,故不時須加清洗也。

自吸收器出之溶液,溫度約在60°C左右。乃經澄清器(圖一之F),使其澄清並冷却。冷却時更溶解多量之阿摩尼亞。該項澄清儲器,亦爲圓塔形,直徑9呎,高40呎,該廠共有六隻,四隻備用。澄清所得之底脚,吸入阿摩尼亞蒸餾器,以收復其中之阿摩尼亞。

此時之溶液,約含NaCl 25%, NH_3 7%, CO_2 4%(均重量百分率)。由幫浦壓入製鹼塔頂端。

製鹼塔(Carbonating Tower)　製鹼塔之構造,略如圖二所示,亦爲分格之吸收器,應用對流原理者。液體自上而下,炭酸氣由下而上,一如上述。塔高約80呎,徑5呎。因化合時(化學作用見前)發生多量之熱,故塔之下部有冷水管穿入,以減低溫度。

溶液自上端下降時,吸收CO_2漸多,產生$NaHCO_3$亦漸多,由B處吸出時,已成稀薄之泥漿狀矣。此泥漿狀之混合物,吸至過濾器中過濾。

製鹼塔中有沉澱發生,且時有硬性之炭酸鈉(Na_2CO_3,由 $NaHCO_3$分解而成)堆積其內面各處,而尤以下部爲甚,故必須時加清洗。該廠製鹼塔共四座,輪流運用。

過濾器(Filter) 製鹼塔中製成之炭酸輕鈉($NaHCO_3$),以過濾器與液體分離,而成半乾性之粉末。該廠所用過濾器,爲奧立佛式連續過濾機(Oliver Continuous Rotary Filter),略如圖一之P,濾布張于一旋轉之圓筒上,固體與液體之混合物飼于筒外箱中,筒旋轉時,將液體吸入其內,經承軸空樞(Trunions)吸出。同時固體則附着筒外,由一括板(Doctor)括下(見圖一)。圓筒闊三呎,直徑4呎,機凡三,二爲備用。

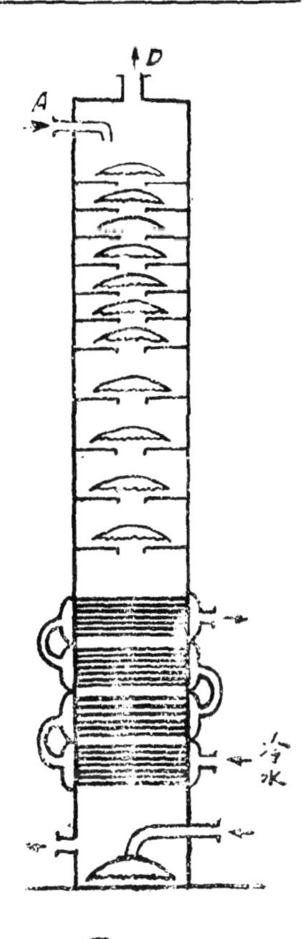

圖三

煅燒爐(Calcining Furnace) (第一圖T) 固體半乾之炭酸輕鈉,加熱時先失去其附着之阿摩尼亞及水份。繼續熱至300°C左右,則分解爲炭酸氣,水,及炭酸鈉:

$$2NaHCO_3 \rightarrow Na_2CO + H_2O\uparrow + CO_2\uparrow。$$

該廠所用煅燒爐,係一5呎徑40呎長之圓筒,據云係用美國鋼板自行鍛造者。筒之全部除兩端外,橫置于一大煤爐中,略斜,自過濾器出之炭酸輕鈉,由較高端飼入,徐徐前進,經全長40呎後,自低端出時,已成乾燥無水炭酸鈉矣。惟出爐時溫度甚高,故又經一旋轉冷却器,而後裝袋。煅燒爐共三座,其一尚在裝置中。冷却器爲一旋轉之橫置圓筒,直徑5呎,長20呎,下側浸于川流不息之冷水中。

阿摩尼亞蒸餾器(Ammonia Distiller)(圖一KL)此爲梭爾負法中

最要部份之一。製造中阿摩尼亞損耗之多寡，關係一廠之成敗至巨。故卽微量之 NH_3 在製造中放出者，亦必設法收復。

蒸餾器種類頗多，永利廠所用者，其構造如圖四所示。略一比較時，卽知與圖二之阿摩尼亞吸收器實大同而小異。

蒸餾器分上下二部。水蒸氣自 E 入，上升至上半部時，將溶液中所含阿摩尼亞帶出。液體下降至上半部之底時，其中所含阿摩尼亞已大部逐出，所餘者爲固定阿摩尼亞，僅加熱不能使之分解而出。故液體由 B 流至一容器(圖中未示)中，和入適量之石灰乳後，復自 C 回入餾器之下半部，以蒸氣驅出其固定阿摩尼亞。

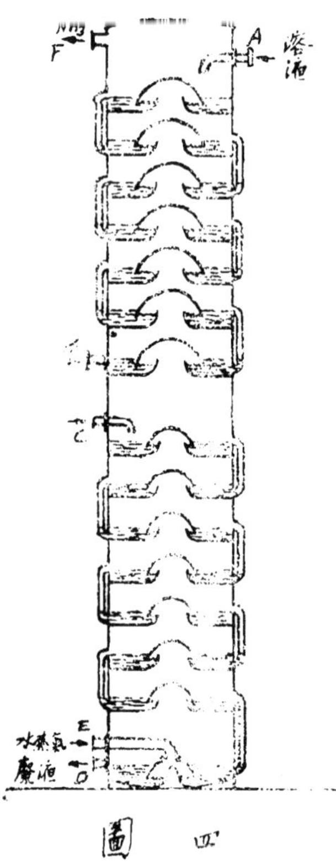

圖 四

蒸餾器中上半部之作用大致可以下式表之：

$$NH_4HCO_3 \rightarrow NH_3\uparrow + CO_2\uparrow + H_2O$$

而下半部中之作用，則爲

$$2NH_4Cl + Ca(OH)_2 \rightarrow 2NH_3\uparrow + CaCl_2 + 2H_2O$$

石灰窰(Lime Kiln) 製鹼塔中所用之炭酸氣，及阿摩尼亞蒸餾器中所用之石灰乳，均由石灰窰供給，該廠有窰二，爲 20 呎徑 120 呎高之圓塔。石灰石與焦煤之適量混合物自上端飼入，在塔內燃燒發熱，石灰石卽行分解：

$$CaCO_3 \rightarrow CaO + CO_2\uparrow$$

所發生之炭酸氣，自塔頂吸出，生石灰則由塔底放出。此時之生石灰溫度甚高，故先經一旋轉冷却器後，方可和水(Slaking)。和水在一攪拌器中行之，爲一 14 呎直徑 8 呎高之鐵桶，內有旋轉之攪和板，不絕將生石灰及水攪和。

製成之石灰乳,大部供給收復阿摩尼亞之用。尚有一小部份,供後述燒鹼廠之用。

燒鹼廠 永利廠開辦十餘年來,原僅製造純鹼一種,二年前開始添建一小規模之燒鹼(即苛性鈉NaOH)製造廠,落成後開工製造,迄今已約一年。其容量(Capacity)爲每日二十噸,但現時僅出五噸左右。其製造程序,頗爲簡單,乃以本廠所出之炭酸鈉之濃溶液,和入石灰乳,而起下列之化學作用:

$$Na_2CO_3+Ca(OH)_2\rightarrow 2NaOH+CaCO_3\downarrow$$

苛性鈉溶解于水中,炭酸鈣則爲沉澱。此作用在一大鐵桶(直徑約8呎,高6呎,底圓錐形)中舉行。桶中有旋轉之攪和板,與前述者相似。

此時所成之苛性鈉溶液,與固體之炭酸鈣混和,故經過澄清池多具,使其自行澄清。澄清池中所得之炭酸鈣底脚,仍可飼入石灰窰中。

澄清後之溶液,抽入一三級蒸發器(Triple-Effect Evaporator)中蒸發。俟其濃度增高至50-60%時,流入燒鹼釜(Caustic Pots)中以直接火蒸發。溫度逐漸升高,最後燒至450-500°C時,所含水份已完全除盡,乃熄火俟其冷却,結成固體(苛性鈉之熔點爲318°C)。

該廠燒鹼。分裝一百斤五百斤二種鐵桶。五百斤桶在天津市價現爲十七元左右。

結論 製鹼工業爲基本化學工業之一,永利廠規模宏大,在國內爲惟一。其製造方法,雖較電解法爲舊,然製造目的物既爲炭酸鈉,而不盡爲苛性鈉,故亦甚適當。惟年來受外貨傾銷之影響,出品銷路不旺。其中尤以英商卜內門公司在華之宏大勢力,對該廠爲不利。此種現狀,實爲關係我國工商業維持及發展之普遍問題,而極爲嚴重。外貨憑各國在我國之特殊權勢,充斥我國市場,而使我工業不發達之國家,更無發展之餘地。卽已有多年歷史之較大工廠,亦多處于困難地位,基本動搖。此絕大之嚴重問題,非政府與國民共同奮起,速謀解决之法不可。

中國水泥廠

中國水泥廠,創辦于民國十年,位于江蘇龍潭。龍潭距南京約三十公里,京滬鐵路經其地,並設有車站。廠在車站之東約一公里,該廠築有支綫與之相通,以利運輸。

龍潭及其附近,產石灰石(Limestone)甚富。居民以燒石灰爲業者,爲數極衆;傍山築窰,比比皆是。中國水泥廠亦自石灰廠脫胎而成。其出品爲泰山牌水泥一種。現時每日夜出水泥2,000桶,每桶375磅,價約五元半。其出品散銷全國,而以上海,南京,蕪湖,無錫等處爲多。據該廠庶務科張君云,廠方最近在廣州方面接洽銷貨,業已就緒,已有4,000桶運往。預計該處今後每月常可銷2,000桶云。張君又云水泥稅率甚高,每桶達六角,且以出廠六個月爲滿期,若六月後方能售出,則非費盡周折請求展限不可,卽展期亦以一月爲限。張君言下不勝憤懣。

該廠組織,分六科四處,六科者營業,會計,文牘,庶務,機工,及化驗是;四處則爲物料,運輸,存儲,及出納。其中以機工化驗二科爲最重要,各有職員十人,其餘各科各處,則均不過二三人而已。數年前聘有德籍技師一人,現已解職。全廠工人共約一千,每日夜分三班工作,每班八小時。故同時在廠工作者,實約三百數十人,工人住廠旁工房,係廠方建造。

該廠所用原料爲煤,石灰石,黏土(Clay)及石膏(Gypsum)。其中以煤一項,消耗最大,每日約需二百餘噸,現所用者以烈山大通等處所出爲多。據云該廠數年前曾就地採煤,但所出煤質不佳,既不合自用,出售亦難獲利,故開採不久卽行停止。石灰石採自廠旁山上,據地質家估計,以現時耗量計算,該山可供二百餘年之用。十餘年來所去,果極微也。黏土亦採自本山。石膏購自湖北應誠廠,每日約須十餘噸。廠中用水,取自廠旁小河,河與揚子江通,除供給用水外，該廠並藉以運輸。

原料入廠及水泥出廠，水陸並用。陸道以直達廠內之京滬路支線爲起點，水道則爲長江，每日煤與水泥進出廠門，二者數量相差不遠。

製造步驟，如圖左所示。

廠中一切機械，均用電力發動。該廠有 1250KVA 之渦輪發電機（Turbogenerator）二，係德西門子廠出品。鍋爐三，均爲火管，絞鍊爐柵式（Fire tube, Chain grate boilers）。

水泥製造方法，通常分爲乾法，半濕法，及濕法（Dry, semi-wet and wet Processes）三種。該廠所用者爲半濕法，即原料混和時，已加入適量之水，而成濃厚之漿狀者，茲述其各步情形如次：

生料（Slurry） 該廠水泥，爲石灰石黏土混合煅燒而成，煅燒以前之混合物，稱爲"生料"。煅燒後結成硬塊，稱"克靈格"（Clinker）。石灰石（該廠稱爲"石料"與黏土（Clay）之"土料"別）自山上用人工開掘，所得者爲一呎以下之石塊。經軋石機軋碎後，減小至三吋以下。軋石機傍山而建，共三座，爲 Roulette 式。軋碎後之石料，經輕便鐵道運至石料磨，復行磨細。所用石料磨，爲 5 呎徑 25 呎長之球磨（Ball Mill）。

黏土（Clay）自山上掘下後，亦經輕便鐵道，而至和泥機，爲一 20 呎直徑 24 呎高之大圓桶，以水泥製成，桶內有旋轉之攪拌板（Rotating Paddle）土料與水，在和泥機中混成不甚稀薄之泥漿。

業已研細之石料 30 %，與和泥機所出之土料 70 %，在一混和器中混合。混和器之構造與和泥機相似，惟較小。石料與土料混和後，即成生料，約含水份 40 % 以上，乃由幫浦吸入積蓄池（Tank）中。池共三，爲 15 呎直徑 50 呎高之圓塔。池之下端亦有旋轉之攪拌板，不絕攪動，以免固體下沉。積蓄池中之生料，經化驗成份適當後，即備煅燒。若化驗成份不合，則在混和器中加高所缺之成份（土料或石料）。化驗方法，即測定所含炭酸鈣之百分率。

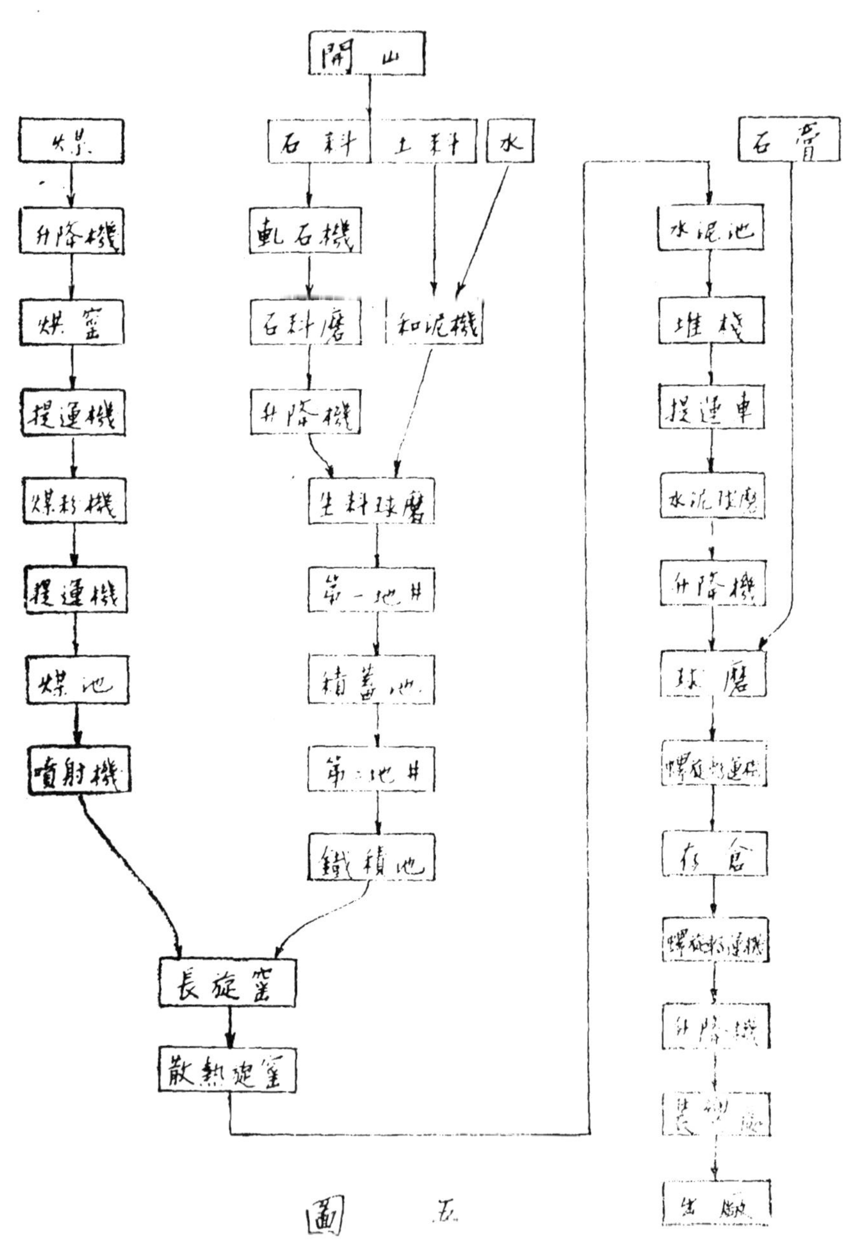
開山
煤
石料
土料
水
石膏
升降機
軋石機
水泥池
煤窑
石料磨
和泥機
堆棧
提運機
升降機
提運車
煤粉機
生料球磨
水泥球磨
提運機
升降機
煤池
精蓄池
球磨
噴射機
鐵積池
存倉
長旋窯
升降機
散熱旋窯
出廠

圖五

煅燒窰(Kiln) 水泥廠之最新式而通用者,爲旋窰(Rotary kiln)該廠所用亦爲此式,其主要部份,爲一直徑6呎長100呎之鋼製圓筒,横置而略斜,徐徐旋轉。筒之內部有火磚砌成之壁。生料自上端壓入,受熱後失去所含水份,而後起分解作用,成克靈格(Clinker),自下端徐徐排出。窰中所用之煤,爲細粉狀之煙煤,自窰之下端噴入。

水泥窰中所用之煤,係普通屑煤,先經烘乾磨細,而後應用。烘乾方法,係將煤屑通過一斜置之鋼圓筒,其構造與前述永利鹼廠之炭酸輕納煅燒爐完全相似,長50呎,直徑5呎。屑煤烘乾後,復經一粉煤機,亦爲一球磨,直徑四呎,長20呎。粉粒必須極細,百分之八十五以上能通過每吋180線之篩方可。

煤粉入窰,係用熱空氣自窰之下端吹入,約經窰長三分之一之處燒成白熱,溫度極高。生料入窰時先失去水份,已如前述。待行至窰之中段時,炭酸氣(Carbon Dioxide)分解而出,及至溫度最高之白熱段時,即結成小球狀,自窰之下端排出,名爲克靈格。

克靈格自煅燒爐出後,直接墮入散熱旋窰中,使之冷却。散熱窰亦斜置,長約40呎,直經約4呎,以吸入之冷空氣爲冷却劑。

煅燒窰與散熱窰之相互關係,如第六圖。

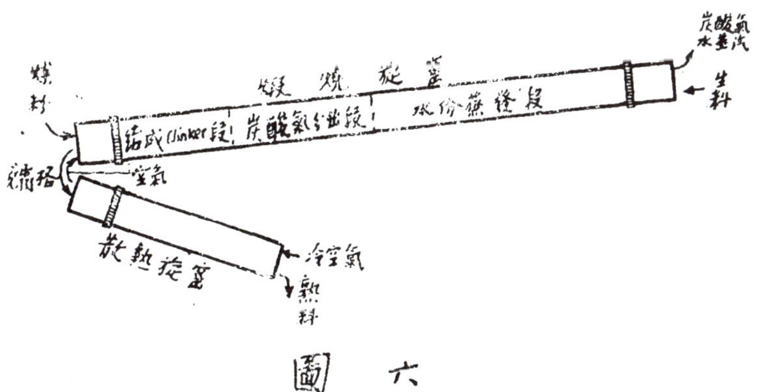

圖 六

該廠之煅燒窰及散熱窰,裝于屋內,離地約60呎,架于空中。

熟料之處置 自散熱窰所出之熟料,相繼經過球磨二次。球磨各長40呎，直徑5呎。在第二球磨中，和入石膏2—4%。經二次磨細後，卽成水泥，備裝袋或裝桶。

中國水泥廠之製造方法，已如上述，其所製水泥，不時在化驗室加以試驗。據云其初凝(Initial Setting)需一小時又半，後凝(Final Setting)則需三小時半。

化驗室每月將出品水泥分析三四次。由其過去之分析報告觀之，各項成份雖略有變動，大致如下：

石灰(Lime)：	61—64%，
養化矽(Silica)	24—27%，
養化鋁(Alumina)：	6—8 %，
養化鎂(Magnesia)：	1—2 %，
養化鐵(Ferric Oxide)：	1.5—5.5%，
水份(Water)：	約1%，
鹼類(Alkalis)：	0.5—1%，
不溶渣滓(Insoluble Residue)：	0.5—1.5%，

生料之分析，每天一次，測定所含炭酸鈣之成份量。

其他化驗室之主要試驗，爲出品水泥之物理試驗(Physical Tests)，計分下列各種試驗：

1. 拉力試驗(Tenslie Strength)。該廠水泥之物理試驗，各做二次，一爲凝結後三天之試驗，一爲七天後之試驗。普通依照英國試驗標準，尙有凝結二十八天後之試驗，該廠則無之。所用試驗機，爲Briquette Testing Machine。試驗結果，約在每平方英吋450磅左右。

2. 壓力試驗(Compression Test) 壓力試驗爲水泥各種試驗中之最重要者。該廠所用，爲B. Martins手搖試驗機，試樣爲2½吋之立方體。經化驗師章君常壎試驗，所得結果爲7030 lbs sq. in.

3. 受熱試驗(Fire Test)， 將欲試之水泥製成直徑3吋之圓球，置火爐上焙烘，若水泥中含有游離石灰(Free Lime)或他種雜質過多時，受熱不久卽將分裂。

4，沸水試驗(Boiling Test)，將水泥製成直徑三吋厚約半吋之圓球，置水中煮沸三小時，視其是否分散。若然則該水泥不合用。

中興煤礦

中興煤礦爲吾國商辦偉大煤礦之一，歷史甚久，正式創立，在清光緒二十五年，當時係中德合股，名爲中德中興煤礦公司，資本共約四十萬元。後數年因德人佔據膠澳，壟斷魯省礦權，乃取銷德股，專集華股。其後逐漸增加股本，現共計七百五十萬元。該礦位于山東嶧縣之棗莊，在津浦綫臨城站之東北約三十公里，卽臨棗支路之終點。東南距台莊四十餘公里，由該公司自築台棗鐵絡與臨棗支路接軌，交通極稱便利。最近該公司擬發行債劵二百萬元，以興築台趙鐵路，與隴海路相銜接；及其他擴充用途，若是則自海州運煤，更便利不少矣。

棗莊歷年駐軍甚多，供應頻繁，餉糈借墊各款，爲數頗巨。十六年受軍事影響停工二年，至十八年八月始復工，損失不貲。十八年開工後該廠蓄意整頓，乃漸有起色。二十一年度盈餘達一百三十餘萬元。

該公司放債以津浦路爲最鉅，定期債款一百二十餘萬元，往來亦一百數十萬元。又津浦路租用該公司二百數十輛煤車之租費，以及購煤之煤價，亦均記帳。截至十九年五月爲止，津浦路共欠該公司三百餘萬元之譜。

棗莊附近，四圍皆山，匪風甚熾，故該廠組有護礦隊六隊，約計九百人左右，軍械完備，得保安寧。

象華等參觀該礦時，因時間關係，未及下井，僅在地面各部加以視察。茲將該公司組織統系及礦廠情形，列述如下：

公司組織 該公司原設於天津，十八年遷移上海。公司組織，如附表所示。董事會董事十三人，監察三人，均由股東大會選出，總經理一人，協理二人，則就董事中由股東會推選。

該礦廠組織,分爲駐礦經理處及總礦師辦公處二大部,前者管理一切事務,後者管理井上下關于採鑽等工程。至每處所屬之單位,均詳附表中。

礦師辦公處下原有化驗一部,現成裁撤。

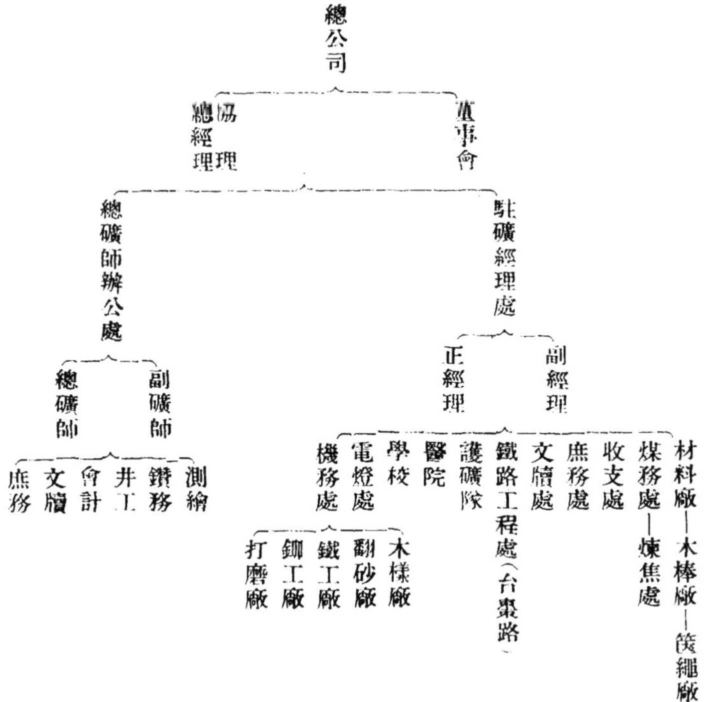

公司組織表

地質及煤層,煤量及煤質 該處煤田,均屬於石炭紀,其中斷層交錯,煤層起伏不定,計自陶莊向東綿延,約二十餘公里,寬約三公里。

煤層共六層,可採者爲第二第四兩層,第二層名爲"大槽",厚約25呎,第四層名"泥窰",厚約五呎。其餘一三五六各層均太薄,無採取價值。

該礦礦區三百十七方里,除已採者外,現存煤量約三千餘萬噸。煤質爲上等煙煤(Semibituminous)。熱量(Heating Value)甚高,合于火車輪船及大工廠之用,灰份及硫黄甚微,所煉之焦(Coke)可供鋼鐵廠之用。

"大槽"及"泥窰"之分析結果,玆錄其一,以見大概:

	水份(Water)	揮發物(V.C.M.)	固定炭(Fixed Carbon)	灰(Ash)
大槽:	0.646%	27.186%	62.225%	9.953%
泥窰:	0.420	28.231	64.299	7.050

	硫黄(Sulfur)	燐(Phosphorous)	熱量(Heating Value)
大槽	0.623%	0.014%	13,860 B.T.U.1Lb.
泥窰	1.456	0.092	13,860

井工設備 該礦井口現共二處,曰南大井,北大井。南大井,建造最久,直徑12呎,深653呎。北大井鑽于民國十年,直徑16呎,深980呎,于700呎及940呎兩處開通運輸總道。二井井身均以青石砌成,每間10呎裝鐵樑一道。工人上下煤井,及煤自井中取出,均賴"罐籠"(Cage)爲之,爲一分格之升降機,以鋼絲繩提絞上下,每次可提出煤約三噸,每分鐘升降一次,合二井所出,每日夜達三千餘噸。南大井絞車房,裝有500 H.P.之汽絞車以蒸汽機(Steam Engine)絞提。北大井則用新式電絞車,用一980H.P.之直流馬達(D.C. Motor)絞提,升降速度及次數均有電力自動記載。

井內出水極多,必須不絕吸出。每日兩井出水共三百萬噸左右。井內空氣,亦預用人工調節,係用風扇自地上壓入流通者。

井下之運輸,係用輕便鐵道及騾,該礦現有騾五六十匹,均飼養于南北兩井下總運道旁之騾房內。

除南北兩井口外,尙有在建築中之東大井。該井現已鑽造完畢,現方在裝置絞車中。絞車亦用電力,係瑞士某廠承包。

每一井口之上,樹立高約90呎之鐵架一座,附建煤樓三層,上中兩層爲運煤之用,下層則裝有篩煤機。

電務處 電機廠供給北大井絞車電泵機器廠以及其他各

部之用,計有德貨A.M.G.廠橫式雙氣缸蒸汽發動機二,各1150 H.P.兩機各與西門子廠所造之800KW發電機相連。十年前添置德M.A.N.廠之蒸汽渦輪發電機(Turbogenerator)二座。各爲1160 KW.(電機部份係西門子造)。平日僅開一部,故平均電力爲3000至4000 KW.

發電廠有水管鍋爐四座,每日應用煤約50噸。

電務處外,有機務處修理各種機件,煤務處管理煤之運輸,及其他關于事務方面之組織。

該廠辦有醫院一所,名鞠仁醫院,規模尙大,設備亦全。每日來院就醫之礦中職工及棗莊居民,爲數約五百人。

成本及運費 該礦現時出煤每日三千餘噸,依此計算每年當在九十萬噸以上,較歷來產額最高民國十三年時之七十二萬餘噸,猶增二十萬噸左右。產量既增,成本乃減低,現估計每噸在六元左右,內出井費不過兩元八角左右,餘均爲事務費。

該礦運煤,胥賴津浦台棗二路。台棗路係公司自築,現有機車四輛及煤車五十餘輛。尙有煤車二百五十輛,租與津浦路。運煤自棗至台,所費約每噸六角。台莊設有該公司分廠,煤焦運至分廠後,再用民船由運河運至淸江界首鎭江等處。該公司有運煤大船八隻,每隻可載煤三十噸,小船五十二隻,每隻可載二十五噸。每噸運費約三元。前因匪患甚熾,且運河乾涸,曾經一度停運。

臨棗路爲津浦支綫,煤焦運往津浦路各站,全賴此綫。津浦路所用之煤,亦多由該礦供給。故煤焦價運費,雙方訂有條約,均以半價計算。自棗莊運煤至浦口,需費約二元半。

銷路 該廠出煤之最大銷路爲津浦鐵路,幾及所產全量之半,隴海鐵路,每年亦需三萬噸左右。其餘均運往各處銷售,其中以上海,浦口,台莊等處爲較多。中興煤現時在上海市價,每噸約十二元餘。

交通大學科學學院概況

交通大學合幷前南洋大學唐山大學北平管理學院而成向設工程管理諸科民國十八年孫公哲生兼長斯校鑒于科學教育之重要決意添設專科翌年今校長黎公繼任賡續前議積極籌備科學學院遂于秋季成立先設數理化三系招收新生入學此後添置設備延聘教員經營四年規模粗具茲就設立理由及目前狀況撮述梗概爲國人告

科學教育效用之大需要之急此其義人能言之十餘年來南北各大學多設有理學院學系林立各有專長第爲名義所囿多致力于高深學理之探討或未遑兼顧切近實用之工作本校向以工科著稱于世其環境獨適于應用科學若令學生得就數理化諸門各執一業或能與工程諸科分道揚鑣蔚成切合實用之人才此設立科學學院之理由一

本校工程諸學院畢業學生服務社會頗著聲譽推原其故課程嚴密要爲主因而數理諸科實有以立其基礎顧設備有限較諸他校猶瞠乎其後科學學院成立之後應需器械不能不酌量添購而工程學生亦可借此爲實地試驗之用其增高工程教育之效率自非淺鮮此設立科學學院之理由二

訓練人才闡揚學術爲大學應負之責任二者不宜偏廢本校有鑑于此因有研究所之設立第限于經費未能盡量擴充而理化儀器爲研究所必需者亦尙多欠缺惟有設立科學學院則專才較

兼指導有人設備添加借用利便可以通力合作收事半功倍之效此設立科學學院之理由三

自國民政府成立提倡建設不遺餘力公私各機關競採科學方法謀事業之進展歲以材料工程各項問題來相商榷者不可勝計本校願竭棉力効勞社會而恆苦設備未充難爲儘量之貢獻科學學院所需要之理化儀器大部分適合于實用問題之研究此項設備之添置自足以增進本校與各界合作之精神此設立科學學院之理由四

本院成立已歷四年原定計劃大致實施此後自當懸此鵠的黽勉以求第草創伊始諸多簡陋教課尚未完善設備猶待補充玆將員生設備課程研究各項分系敍述藉求海內明哲之教正兼作青年學生之指導

數學系

(甲)教員及學生

(子)教員　本系教員七人教授胡敦復(兼本系主任)顧澄范會國武崇林等四人講師湯彥頤陳懷書石法仁等三人

(丑)學生　本系學生十一人(四年級四人三年級二人二年級三人一年級二人)物理系學生修習數學者十五人化學系學生修習數學者十二人各工程學院修習數學者一九三人管理學院修習數學者七人

(乙)設備

(子)教室及辦公室　本系教室辦公室均在中院下層東部計教室四間共佔地三百五十三平方公尺辦公室四間共佔地一百五十五平方公尺物理化學實驗本系學生均至物理化學兩系學習不另設實驗室

(丑)圖書雜誌　本系設立未久圖書雜誌尚未完備現有算學書藉千餘册空間幾何模型二十七種暫備教員學生

參考之用以後尚須逐漸增購茲將現有及購置中之重要雜誌列下

1. American Journal of Mathematics.
2. Quarterly Journal of Mathematics (Oxford Series).
3. American Mathematical Monthly.
4. Acta Mathematica (Stockholm).
5. American Mathematical Society Bulletin.
6. American Mathematical Society Transactions.
7. Annals of Mathematics (Princeton).
8. Edinburgh Mathematical Society Proceedings.
9. International Mathematical Congress Proceedings.
10. Annals Scientifiques de l'Ecole Normale Supéricure.
11. Bulletin des Sciences Mathématiques.
12. London Mathematical Society Journal.
13. Quarterly Journal of Pure and Applied Mathematics (London).

(丙)課程 本系課程理論與應用並重一二年級注重基本原理及應用方法三四年級方逐漸注重較深理論茲將現行課程列表如下

(子)本系課程

科目名稱	每學期學分數								總學分	備註
	第一	第二	第三	第四	第五	第六	第七	第八		
微積分	四	四							八	
初等數學選讀	二	二							四	
科學思想史			二	二					四	
立體解析幾何			三	三					六	
高等微積分			四	四					八	
微分方程式			二	二					四	
實函數論					三	三			六	
複函數論					三	三			六	

近世代數					三	三			六	
近世幾何					三	三			六	
無窮級數及無窮積					二	二			四	
微分幾何							三	三	六	
數論							三		三	
羣論								三	三	
變分法							三		三	
積分方程式								三	三	
函數各論							三	三	六	
論文							三	三	六	
合計	六	六	十一	十一	十四	十四	十五	十五	九十二	

(丑)其他課程

科目名稱	每學期學分數								總學分	備註
	第一	第二	第三	第四	第五	第六	第七	第八		
普通物理講授	三	三	三	三					十二	由物理系担任
普通物理試驗	二	二	二	二					八	同上
理論力學			三	三					六	同上
數學物理					三	三			六	同上
電磁學					三	三			六	同上
近世物理							四	四	八	同上
普通化學講授	三	三							六	由化學系担任
普通化學試驗	二	二							四	同上
國文	二	二							四	由中國文學系担任
英文	三	三							六	由外國文學系担任
德文	二	二	二	二	二	二			十二	同上
圖形幾何及機械圖畫	一	一							二	由機械學院担任
經濟學原理			二	二					四	由管理學院担任
黨義	二								二	由訓育部担任
軍事訓練										由軍事訓練部担任
合計	二十	十八	十二	十二	八	八	四	四	八十六	
兩項總計	二六	二四	二三	二三	二二	二二	一九	一九	一七八	

(寅)物理化學兩系及工程管理各院所需要之數學課程亦由本系担任茲列表如左

科目名稱	學期數	學分數	備註
微積分	二	八	物理化學二系，機械，電機，土木三院一年級
高等微積分	二	八	物理系二年級
微分方程式	二	四	物理系二年級
複函數論	二	六	物理系三年級
微分方程式	二	四	機械，電機兩院二年級
高等工程數學	二	四	土木學院二年級
應用數學	二	八	管理學院一年級

(丁)研究工作　本系四年級學生所作研究論文其題目由教員指導或由學生自擇每星期於規定時間由學生報告本系主管教員再由教員會共同討論之

論文題目

非歐空間之一問題	袁炳南
特種積分素的單積分之變分	鄭健漢
對數位函數之研究	陳煥文

(戊)編輯研究　本系教員擬編譯大學算學教科參考等書如編制之方法出版之次序譯本之採擇註釋之增加欲其最適目前之用頗費研究現正共同討論進行

物理系

(甲)教員及學生

(子)教員　本系教員均係專任於授課之外並兼任研究工作共計教授裘維裕(兼科學學院院長及本系主任)周銘胡剛復班樂夫等四人講師許國保賈存鑑趙富鑫趙貽鏡湯輔仁蔡其清等六人助教黃志誠朱恩隆林致平沈德滋等四人

(丑)學生　本系四年共有學生二十一人(四年級五人三年級二人二年級四人一年級十人)化學及數學系之學生修習物理者有三十二人各工程學院之學生修習物理者有二百人管理學院之學生修習物理者有七人

(乙)設備

(子)實驗室教室及辦公室　本系實驗室教室及辦公室均在上院東部下層及中層佔地約一千五百平方公尺計普通試驗室二高等力學試驗室一高等熱學試驗室一高等電磁學試驗室二高等光學試驗室二教室五辦公室五(包括科學學院院長室)研究室二閱覽室一暗室一儲藏室二儀器修理室一電池室一

(丑)儀器　本系儀器普通物理試驗方面足供本院及其他各院一二年級學生試驗之用合各種表演儀器計之約值國幣三萬元高等試驗儀器專供本系學生試驗及研究之用力學儀器約二萬元熱學儀器約一萬五千元電磁學儀器約四萬元光學儀器約二萬元(高等試驗儀器一部份係研究所物理組購置)茲將本系重要儀器列下

(一)屬於普通物理方面者

各種儀器均備二副或三副大都購自英美儀器之需特別構造者均由自製此類儀器甚多

(二)屬於力學方面者

1 標準量尺砝碼〔Standard Scales, Standard Weights.〕

2 精密天平及重荷天平〔Precision Balances, Heavy Load Balances.〕

3 長分度機(附圓分度件)〔Dividing Machiue (50 cm.) with Circular Dividing Attachment〕

4 比長機〔Comparator(1 meter)〕

5 測高器〔Cathetometer〕

6 時間記錄器〔Chrongraph〕

7 開透氏可倒擺〔Kater's Reversible Pendulum〕

8 萬有引力測定儀〔Boyle's Apparatus for Determination of Universal Attraction Constant〕

9 闢開氏表面漲力計〔Du Noüy Tensinometer〕

10 高眞空抽氣機〔High Vacuum Pumps〕

(三)關於熱學方面者

1 標準水銀溫度計〔Standard Mercury Thermometers〕

2 熱電高溫計〔Thermo-electric Pyrometer〕

3 鉑阻高溫計〔Platinum Resistance Pyrometer〕

4 幅射高溫計〔Radiation Pyrometer〕

5 光度高溫計〔Optical Pyrometer〕

6 高熱電爐〔High Temperature Furnace〕

7 比熱融解熱潛熱測量器〔Apparatus for Determination of Specific heat Heat of Fusion, and Heat of Vaporization〕

8 熱幅射測驗器〔Apparatus for Determination of Heat of Radiation〕

9 低溫機〔Refrigerator〕

(四)關於電磁學方面者

1 磁電計〔Fluxmeter〕

2 導磁橋〔Permeameter〕

3 各種電流計〔Dead-Beat, Ballistic, Astatic, High Sensitivity, Thermo, Vibration, Galvanometers〕

4 靜電電位計及伏特計〔Quadrant Electrometer aed Electrostatic Voltmeters〕

5 精密安培計〔Precision Ammeters〕

6 精密伏特計〔Precision Voltmeters〕

7 各種電橋〔Wheatstone, Conductivity, Faraday, Carey-Foster,

Bridges〕

8 直流電位計〔D. C. Potentiometers〕

9 交流電位計〔A. C. Potentiometers〕

10 眞空管音頻電源器〔Vacuum Tube Audio-frequency Generator〕

11 音頻波長計〔Audio-frequency Wave meter〕

12 絕緣電阻測量儀〔Insulation Resistance Testing Set〕

13 光電管〔Photo-cells〕

14 密里根電子測定器〔Millikan Oil Drop Apparatus〕

15 精密電阻溫度橋〔Precision Resistance Thermometer〕

16 各種高頻振動器〔Crystal Control, Ultra, Dynatron, High-frequency Oscillators.〕

17 頻率放大器〔Frequency Multiplier〕

18 高頻及音頻放大器〔Radio-and Audio-Frequency Amplifier〕

19 各種波長計〔Wavemeters〕

20 各種標準電池電阻電容器及感應係數圈〔Standard Cells, Resistances, Condensers. Inductors.〕

21 精密電阻箱比率箱特種電鑰〔Precision Resistance Boxes, Shielded and Non-Shielded Ratio Boxes, Special Switches〕

22 陰極線高頻示振儀〔Cathode Ray Oscillograph〕

(五)屬於光學方面者

1 分光計〔Spectrometers〕

2 恆偏向分光計〔Constant Deviation Wavelength Spectrometer〕

3 石英選波分光計〔Quartz Wavelength Spectrometer for Ultra Violet and Infra-red〕

4 雙稜鏡雙鏡干涉儀〔Fresnel Biprism and Double Mirrors〕

5 邁克爾孫干涉儀〔Michelson Interferometer〕

6 反射透射凹面階級光柵〔Replica, Concave Echlon Gratings〕

7 偏極光鏡〔Nörrenberg's Polariscope〕

8 偏極計〔Laurent's Polarimeter〕

9 分光光度計〔Brace Lemen Spectrophotometer〕

10 石英攝光譜儀〔Quartz Spectrograph〕

11 各種光源〔Light Sources: Spectrum Tubes; Arc Lamp; Sodium Lamp; Electric Lamps; etc.〕

12 精密光具座〔Precision Optical Bench (3 meters)〕

13 可旋燈座〔Rotating Lamp Holder〕

14 球面光度計〔Spherical Integrator〕

15 標準燭光電燈〔Standard Electric Lamps〕·

(六)圖書及雜誌　關於物理圖書本校庋藏甚多足供教員學生參考及研究之用凡圖書及雜誌之需時常參考者均存於本系閱覽室以便翻閱茲將雜誌之重要者列下

1. Abridged Report from Eastern Kodak Laboratory.
2. American Journal of Science.
3. Astrophysical Journal.
4. Comptes Rendus de L'Academic des Sciences.
5. Journal de Physique et le Radium.
6. Journal of Franklin Institute.
7. Journal of Optical Society of America.
8. Philosophical Magazine & Journal of Science.
9. Physical Review.
10. Physikalische Zeitschrift.
11. Proceedings of Cambridge Philosophical Society.
12. Proceedings of National Academy of Science.

13. Proceeding of Physical Society of London.
14. Proceeding of Royal Society of London—Series A.
15. Review of Modern Physics.
16. Review of Scientific Instruments.
17. Science Abstracts—Series A and B.
18. Scientific Education.
19. Zeitschrift für Angewandte Math. und Mechanik.
20. Zeitschrift für Physik.
21. Zeitschrift für Technische Physik.

(丙)課程

本系課程在使學生有鞏固之基本物理智識並有相當之各種重要實用學識除理論方面外尤注意於實驗所訂課程均係必修除本系所授各課外並兼修數學化學兩系及工程管理學院等課程本系四年共修一百八十九學分茲將現行課程列表如下

(子)本系課程

科目名稱	每學期學分								總學分
	第一	第二	第三	第四	第五	第六	第七	第八	
普通物理講授	三	三	三	三					一二
普通物理試驗	二	二	二	二					八
理論力學			三	三					六
物性學				三					三
精密計算術			一						一
圖形算術				一					一
數學物理					三	三			六
氣體分子運動論					三				三
熱力學						三			三
電磁學					三	三			六
高等物理試驗(一)力學					二				二
高等物理試驗(二)熱學						二			二

物理史						一			一
眞空管								三	三
電振動學							三		三
光　學							三	二	五
聲　學							三		三
近代物理							四	四	八
高等物理試驗(三)電磁							二		二
高等物理試驗(四)高頻								二	二
高等物理試驗(五)光學								二	二
物理問題討論							一	一	二
研究論文							三	四	七
合　計	五	九	九	一二	一一	一二	一九	一八	九一

(丑)其他課程

科目名稱	每學期學分								總學分	備註
	第一	第二	第三	第四	第五	第六	第七	第八		
普通化學講授	三	三							六	由化學系担任
普通化學試驗	二	二							四	同　上
化學分析			三						三	同　上
物理化學(一)					三	三			六	同　上
物理化學試驗					二	二			四	同　上
微積分	四	四							八	由數學系担任
微分方程式			二	二					四	同　上
高等微積分			四	四					八	同　上
複數函數論					三	三			六	同　上
經濟學原理			二	二					四	由管理學院担任
圖形幾何及機械畫	一	一							二	由機械學院担任
木工及金工	一	一							二	同　上
機械工程					三	三			六	同　上
機械工程試驗					二				二	同　上
電機工程							三	三	六	由電機學院担任

電機工程試驗								三	三	同上
國文	二	二							四	由中國文學系担任
英文	三	三							六	由外國語學系担任
德文	二	二	二	二	二	二			一二	同上
黨義	二								二	由訓育部担任
軍訓										由軍訓部担任
合計	二〇	一八	一三	一〇	一五	一三	三	六	九八	
兩項總計	二五	二三	二二	二二	二六	二五	二二	二四	一八九	

(寅)數學化學兩系及工程管理各學院所需要之物理課程亦由本系担任茲列表如下

科目名稱	學期數	學分數	備註
普通物理講授	四	一二	化學數學系及工程各學院一二年級
普通物理試驗	四	八	同上
精密計算術	一	一	化學系二年級
圖形算法	一	一	同上
理論力學	二	六	數學系二年級
電磁學	二	六	數學系三年級
數學物理	二	六	數學系三年級
近代物理	二	八	數學系四年級
普通物理講授	二	二	管理學院實業門一年級
普通物理試驗	二	一	同上

(丁)研究進行狀況

本系學生於第四學年須做研究論文其題目由教員指定或學生自擇每星期於規定時間由學生將研究狀況報告主管教員

本系担任研究之各教員及學生於每星期集會一次由指定之學生將其研究狀況報告該會以便討論茲將本系研究之各種問題列下

	研究題目	担任者
一	水滴在平面板上之滴落	蔡其清(本系講師)
二	地下水流之情形	蔡其清(本系講師)
三	擺在水中之振動	楊先敏
四	小型眞空管之研究及製造	方聲恢(研究所研究生)
五	靜電壓發電機	陳忠綱(研究所研究生)
六	磁性物體改變磁力場之原因	陳忠綱(研究所研究生)
七	光電管直線特性之研究	張鴻吉
八	一千頻率濾波器	熊啓澔
九	歐姆電橋	張文烨
十	國產燈泡之比較	楊　永

化學系

(甲)教員及學生

(子)教員　本系教員現有教授徐名材(兼主任)沈溯明時昭涵劉承霖謝惠沈鎮南等六人講師張懷義楊耀文蔡默周祖訓吳興生徐宗駿湯兆裕張蔭煌等八人助教葉仁溥邵象華龍康侯王祖舜姚宏胄等五人另有特約工業化學專家講師張迭生顏春安蔡鎮瀛陳國琦張輔忠等五人

(丑)學生　本系共有學生四十二人(四年級學生六人三年級十人二年級十四人一年級十二人)數學物理系學生修習化學者十七人各工程學院修習化學者二百人管理學院修習化學者七人

(乙)設備

(子)實驗室教室及辦公室

本系現佔用中院二層及一層西部計有普通化學分析化學工業分析有機化學物理化學實驗室各一教室四

辦公室三研究室三儲藏室三暗室二天平室二藥劑室一閱覽室一共佔地一千三百五十平方公尺中院北首另建工業化學實驗室一間面積三百平方公尺研究所之油漆試驗室附設中院下層亦可供學生試驗之用

(丑)儀器

本系現有儀器八百餘種約值銀十萬元各試驗室通用器具計有分析天平二十餘架白金鍋皿二十餘件玻璃器皿三百種其他器具四百五十種凡普通化學實驗室所需之簡單理論化學儀器分析化學所需之定性定量器械及有機化學室所需之配製藥品及定性分析器具大致粗備關于工業分析物理化學工業化學方面之特別器械擇要列表如下

(一)屬于工業分析方面者

1. 鋼鐵合金分析儀器　炭量檢定器(Carbon Determination Combustion Train)電解分析器(Braun Electrolytic Outfit.)

2. 用水分析儀器　熔砂蒸皿(Fused silica dishes)濁度檢定器(Jackson Turbidometer)硫量檢定器(Parr Sulphur Photometer)勒氏氫游子儀器(La Motte Hydrogen-ion Set).

3. 燃料分析儀器　氧膽量熱器(Parr Oxygen-Bomb calorimeter)氣體分析儀器(Gill Explosion pipettes and Hempel and Hays absorption apparatus)汽油蒸溜器(Gasoline Distillation Apparatus)有蓋式閃點檢定器(Pensky-Martens Flash Tester)何氏電甏爐(Hoskins Electric Muffle Furnace)恆溫電烘箱(Constant Temperature Electric Oven)

4. 油脂分析儀器　眞空蒸溜器(Vacuum Distillation Apparatus)黏度檢定儀器(Saybolt and Scott Viscosimeters)無蓋式閃點檢定器(Cleveland Open Cup Flash Testers)冷結檢驗器(A.S.T.M. cold Test Apparatus)乳化檢驗器(Hershel De-

emulsification Apparatus and Steam Emulsion Testers)賓氏炭量器(Conradson Carbon Residue Apparatus)色調檢定器(Lovibond Tintometer)流度及固度檢定儀器(Gardner Mobilometer and Gardner-Holt Consistancy Tester)

5. 瀝青分析儀器　硬度檢定儀器(Standard and Miniature Penetrometers. Float Testers)融度檢定器(Ring and Ball Testers)瀝青蒸溜器(Distillation Apparatus for Bituminous Materials)揮發量檢定烘爐(New York Testing Laboratory Type Oven)

(二)屬于理論化學方面者

1. 比重儀器　比重計比重秤及各式比重瓶(Baume, Twadall and Specific gravity hydrometers, Westphal Specific gravity balance, and Picnometers of various types.)

2. 各項气壓計　標準及普通气壓計气壓管及真空計(Standard Fortin and Ordinary Barometers, Manometers and Vacuum Gages)

3. 各項温度計　特種温度計及電熱高温計(Anschutz, Beckmann, and Hyper-Thermometers, Thermoelectric Pyrometers and Couples)

4. 恆温器具　恆温器真空瓶電熱器及調節器(Thermostats, Dewar Flasks. Blade Electric Heaters, Stirrers and Regulators)

5. 分子量檢定儀器　沸點冰點气體粘度及气體密度等器(Boiling Point, Freezing Point, Vapor Density and Vapor Viscosity Apparatus)

6. 電導檢定儀器　滑線電導橋高頻發電器液體電導管滴定電導管等(Kohlrausch Bridges, High Frequency Generators, Cells and Titration Pipettes.)

7. 電位檢定儀器　電位計標準電管各式單極電管滴定

及各種金屬電極(Potentiometers, Standard Cells, Half Cells, Titration and other metal Electrodes)

8. 其他電學儀器　電流計安培計伏特計電阻匣及惠斯登電橋 (Galvanometers. Voltmeters, Ammeters and Resistance Boxes and Wheatstone Bridges)

9. 光學儀器　顯微鏡折射計色度計偏極計及雙用映畫器 (Spencer Microscope, Abbe Refractometers, Du Bois Colorimeters, Lippisch 3 Field Polarimeter & Zeiss-Ikon Epidiascope.)

(三) 屬于工業化學方面者

1. 輾磨器具　壓碎機(Chipmunk Crusher)研末機(Braun Pulverizer)石盤磨(Buhrstone Mills)石子磨(Abbe Pebble Mill)及膠液磨(Eppenbach Colloid Mill)

2. 篩濾器具　篩分器(Hunter Sifter)吸濾器(Vacuo Filter)壓濾機(Sperry Ordinary and Steam-heatd Filter Presses)離心分析機(International Electric Centrifuge)高速離心分析機(Sharples Super-Centrifuge)卡氏液壓機(Carver Hydraulic Press)

3. 拌和器具　磺化器(Sulphonater)捏和機(Day Laboratory Kneader)電力攪拌器具(Motor Stirring Sets)

4. 蒸溜器具　夾底蒸鍋(Jacketed Pan)浸煮鍋(Mixing Digestor)低壓蒸溜器(Vacuum Boiling Pan and Still)分溜器(Stokes Fractionating Still)煤膠蒸溜鍋(Tar Still)煮皂鍋(Soap Kettle)電熱浸提器(Steam-heated Extraction Apparatus)

5. 烘乾器具　眞空烘箱(Laboratory Vacuum Dryer)架式眞空烘乾機(Stokes Vacuum Shelf Dryer)

6. 高温器具　高温實驗爐(Oil-Fired Pot and Muffle Furnace)高壓燒鍋(Autoclaves)柴油噴燈(Ray oil Burner)

7. 原動力器具　水汀鍋爐(Leffel 15 H. P. boiler)馬達(5 H.P.

Motors and Others)

8. 輸送器具　鼓風機(Crowell Blower) 輸液機 (Liquid Pump) 抽气機(Dry and Wet Vacuum Pumps)

9. 冷却器具　約克冷却機(York 1 ton Refrigerating Machine) 製冰器及冷藏箱(Ice Making and Cold Storage Cabinets)

10. 電化器具　直流發電機(30 amp. and 100 amp. Motor Generator Sets)銅鎳鉻等電鍍設備(Copper, Nickel, and Chromium Plating Outfits)福氏硷氯電解池(Vorce Alkali-chlorine cell)

11. 油漆試驗器具　煉油爐沉澱槽石子磨(Pebble Mills)三輳磨(Triple-rolls Mill)蓋力檢定器(Pfund Cryptometer)人工曝露機(Atlas Weatherometer)

尙有複效眞空蒸沸器(Multiple Effect Vacuum Evaporator)及煉油設備釀造設備等在籌備購置中

(寅) 藥品

本系現有普通藥品二百種分析用藥品三百種有機藥品三百種約共值銀七千餘元

(卯) 圖書

關于化學及工業書籍圖書館中略有購備現在所有訂購雜誌列表如下

1. Journal of Chemical Education.
2. American Chemical Abstract.
3. Journal of American Chemical Society.
4. Journal of London Society of Chemistry.
5. Industrial and Engineering Chemistry.
6. Chemical and Metallurgical Engineering.
7. Journal of Society of Chemical Industry.
8. Industrial Chemist.
9. Zeitschrift Fur Angwandte Chemie.

10. Chemische Apparate.

研究所訂有油漆雜誌五種亦可供參考之用

(丙)課程

本系課程注重基本原理及實際應用明年起擬分甲乙二組俾有志研究學術及從事工業者得各就個性所近分別修習茲將現行課程列表如下

(子)本系課程

科目名稱	每學期學分數								總學分
	第一	第二	第三	第四	第五	第六	第七	第八	
普通化學	三	三							六
普通化學試驗	二	二							四
無機化學							二		二
分析化學			六	八					十四
高等分析化學					五				五
工業分析						五			五
有機化學(一)			三	三					六
有機化學試驗			二	二					四
有機化學(二)					三	三			六
有機化學試驗					二	二			四
物理化學(一)					三	三			六
物理化學試驗					二	二			四
物理化學(二)							三	三	六
工業化學					三	三	三	三	十二
油漆化學							二		二
煤膠化學								二	二
工業化學試驗							四	四	八
化工機械							三	三	六
化工管理							二	二	四
化學史				一					一
化學計算法			三						三

化學德文					二	二			四
雜誌報告							一	一	二
研究論文							三	五	八
合　計	五	五	一四	一四	一〇	一〇	二三	二三	一二四

（丑）其他課程

科目名稱	每學期學分數								總學分	備　註
	第一	第二	第三	第四	第五	第六	第七	第八		
物　理	三	三	三	三					十二	由物理系担任
物理試驗	二	二	二	二					八	同　上
精密計算術及圖形算術			一	一					二	同　上
微積分	四	四							八	由數學系担任
機械畫	一								一	由機械工程學院担任
圖形幾何		一							一	同　上
熱力工程					三	三			六	同　上
機械工程試驗							二		二	同　上
金工實習		一							一	同　上
電機工程					三	三			六	由電機工程學院担任
電機工程試驗								二	二	同　上
經濟學			二	二					四	由管理學院担任
國　文	二	二							四	由中國文學系担任
英　文	三	三							六	由外國文學系担任
德　文	二	二	二	二					八	同　上
黨　義	二								二	由訓育部担任
軍事訓練										由軍事訓練部担任
合　計	一九	一八	一〇	一〇	六	六	二	二	七三	
兩項總計	二四	二三	二四	二四	二六	二六	二五	二五	一九七	

（寅）物理數學兩系及工程管理各院所需要之化學課程亦由本系担任茲列表如下

科目名稱	學期數	學分數	備註
普通化學	二	六	數學物理系及工程各院一年級
普通化學試驗	二	四	同上
普通化學	二	四	管理學院實業管理科一年級
普通化學試驗	二	三	同上
分析化學	二	四	物理系二年級
分析化學	二	四	機械及電機工程學院二年級
分析化學	二	五	土木工程學院二年級
工程化學	二	三	機械及電機工程學院二年級
物理化學	二	六	物理系三年級
物理化學試驗	二	四	物理系三年級

(丁)研究工作 四年級研究論文由教授担任指導本年度選定題目如下

1. 電木原料之研究　　袁祥
2. 錦礦試製錦白方法　　張光宙
3. 炭酸鈣之沉澱製法　　陳伯漢
4. 磷質化合物之檢定法　　曹友德(研究所研究生)
5. 鎢鑛提鎢之研究　　鄒時琪
6. 豆渣之利用方法　　丁光宇
7. 棉子油氫化之研究　　葛世儒

油漆研究工作現在進行者有各種防銹漆及普通漆之比較試驗桐子提油之研究人造樹脂之試製及蓖麻油製成乾性油之研究等題

研究所化學組油漆試驗室報告

目　　錄

油漆試驗室之設立宗旨及其現在概況

徐　名　材

民國二十年本校設立研究所,分組工作,謀在學術上有所貢獻。其中化學組應有問題甚多,力難普及,乃先致力于油漆問題之研究,因有油漆試驗室之設立。經營兩年,規模悄具,茲就設立宗旨,工作狀況,撮述梗概,如下。

油漆種類繁雜,用途甚廣,舉凡舟車房舍橋梁機械,無不需要髹漆,藉以防止銹蝕,增加美觀。故其製造方法,性質異同,實爲治工程學者必需之智識。本校化學學程中早已加入教材,簡約討論,而畢業學生服務工程界者,復時以此項問題來相商榷,其重要可以概見。本校辦理工程教育,素著成效,學術上之研究,亦應以適合環境爲條件。欲就應用化學中擇一重要問題,而同時足以促進工程學術之進步者,要當以油漆爲首選。設立油漆試驗室之理由,此其一。

本校研究所之成立,實賴各方面之贊助,而國有各鐵路之協濟經費,得力尤多。致研究問題之選擇,自應以間接有補于路政之進行者爲先提。化學在鐵路方面,應用雖多;第如燃料之選擇,用水之鑑定,以及各項物品之試驗,有相當之設備及人才,卽可圓滿解決。獨油漆一物,歲銷巨額,購用舶品,旣苦漏巵之日深,試採國產,又慮效用之未著。且成分複雜,性質互異,用盡分析檢定之方或未能鑑別品質之優劣;欲獲適當之物品,殊非長期研究不爲功。故各路之希望于學術機關之輔助者,亦以油漆爲重大問題。設立油漆試驗室之理由,此其二。

國內油漆工業,進步頗速,抵塞漏巵,厥功甚偉。第製造原料,猶多取材外國,改絃更張,需求于研究者甚多。例如桐油爲吾國特產,外人仿種,已著成效,探求改良,刻不容緩。礦質顏料,蘊藏甚富,採取提煉,猶待講求。此外如乾料,如溶劑,如硝棉,如人造脂,其原料多吾國所固有,各油漆廠或已設法自製,或正從事試驗,欲獲完美出品,尙有待于學術上之探討。其他用料,大率類是。研究苟有一效,直接足助油漆原料問題之解決,間接卽促各項化學工業之進步。故爲提倡國產起見,油漆研究亦居一重要地位。設立油漆試驗室之理由,此其三。

油漆工業,歷史雖久;而其能利用科學,改良技術,猶不過二三十年間事。近十年來因應用物理化學之結果,試驗方法,日趨精密,專門人士,羣起研究,新發明事理,乃日出而不窮;此徵諸各化學雜誌關于油漆著作之增加而灼然可見者。美德二國設有專門研究油漆機關,(Institute of Paint and Varnish Research, Washington, D. C., U. S.A. Institute fur Lackeforschung, Berlin, Germany)歷時已久,近年英國亦創立研究所,(The Paint Research Station, Teddington, England.)設備精良,成效已著。吾國科學事業,久居人後,急起直追,收效非易。油漆製造,在工業化學中程度較爲幼稚,模效截易爲功。故爲提倡學術計,油漆研究亦爲一適當問題。設立油漆試驗室之理由,此其四。

創立之初,諸多簡陋,經驗未充,費用有限,不敢侈談研究,謀作學術貢獻;祇擬探究市售各品之優劣異同,以及利弊所在,冀訂適當規範,作各路購買油漆之準繩。計畫既定,爰聘戴汝楫君担任指導籌畫一切。戴君本油漆工業上多年經驗,以爲非得大規模工具,實地試驗,所擬規範與實際製造情形不能符合,不能適實用,乃先以購置機械爲第一步工作。閱時二載,幸獲就緒。去年夏間,戴君因事離校,所中改聘沈慈輝君繼任。此後自當本原訂計畫,積極進行,而戴君精心規畫,成績具在,自當永爲仝人之模楷也。

關于油漆試驗室之設備,約可分製造試驗二部。製造方面,有溶化缸十,沉澱缸五,可供沉澱法試製顏料之用。有煉油爐二,以供熬油製漆之需。有球磨五,三轆磨一,攪拌機四,石磨一,以爲磨研各項油漆之工具。試驗方面,現有工作室二。普通分析儀器,大致略備。專用器具,有顏色蓋力硬性黏度等項檢定器,并有人工曝露機一具,可在短時期內測定油漆之優劣。其他設備,尚待補充。

現有工作人員,計兼任研究員一人,助理研究員一人,化學系教員兼任研究者三人。本年工作題目,爲各種防銹漆及普通漆之比較試驗,桐子提油之試驗,人造脂之試製,以及萞麻油製成乾性油之研究,詳情另見下篇。

試驗室設立,雖有二年,籌劃裝置,費時甚多,同事諸君僅以餘力從事各項試驗,在戴君指導之下,亦復稍有結果。玆就較重要者彙集公布,同人撰著亦復擇要附入,復于卷首略述油漆試驗室之緣起及概況,以求正于明哲。倘荷惠賜指教,俾作南針,尤仝人所企禱也。

本年度工作計劃

沈慈輝

(一)防銹漆之試驗及比較

本題爲研究防銹漆之耐用與否,採集市上中西漆廠之各種出品,約十餘種,及本室配製之漆十餘種,逐一分析,並製成樣板,曝露于試驗架上,使日侵雨蝕,經年餘之久,自可辨別優劣,更爲加速試驗起見,另製小樣板,置于人工曝露機中,以期在一二星期中,卽能得準確之比較,又擬與各鐵路接洽,指定鐵橋一座,塗以結果最佳之防銹漆數種,實地試驗比較結果,對于採用此項油漆之標準,自可確定矣。

(二)普通油漆之試驗

普通油漆之需用甚繁,房屋舟車無不應用,此項油漆試驗材料,亦向中西廠商搜集數十種,現在先行分析,以定成份,再製樣板曝露于試驗架上,一切試驗手續,悉與試驗防銹漆相同。

(三)蓖蔴子油在高壓時鼓氣後發生之變化

蓖蔴子油有造成乾性油之可能性,(參考研究報告內蓖蔴子油製成乾性油之研究)玆爲避免氧化作用及油質分解起見,另用炭酸氣在高壓時,測其變化,擬定計劃係將油盛高壓加熱器(Auto clave)中,用炭酸氣經過濃硫酸及氯化鈣後,鼓入油中約數小時,使其變化。在各種高壓及熱度不同之時所發生之變化,亦當不同。試驗後所得之油,加以分析,結果如何,尙難預測,在油漆工業上或有相當用途,亦未可逆料也。

(四)人造樹膠之研究

樹膠之爲用甚廣,天然出產,硬者寥寥,價値尤昂,軟者質劣,不適應用。所以人造樹膠之製造，亦爲當代油漆業之急圖。近八年來人造樹膠之製造，漸有進步，適用于油漆製造者日見增多。因製方與原料不同，出品亦異，內有 Glyptal Resin 一種，以甘油與 Phthalic acid 等製成，在原料與製造上設想，此種人造樹膠亦最有希望。本題擬就此節試驗，俟有結果，再行報告。

(五) Metallic Naphthenates 用爲促燥劑之研究

促燥劑係一種液體或固體之金屬皂，（鈷，錳，鉛等）加入油中，能促進乾燥速率，爲製造油漆必需之品。往年所用，均係油或松脂等化合之金屬皂，溶度極低，多加則油色變深，日久又生沉澱，殊感困難。近來市上發現之 Soligen (German) 與 Neodex (America) 皆以 Naphthenic acid 製成，溶度增高，用量亦少，油色自可清淡，實爲油漆製造上一大革命也。本題擬先試造，並研究與其他金屬化合之皂，作一比較試驗。

(六)氧化錦之研究

氧化錦係純白粉質，用以製造油漆，由來已久。具有特性，與其他白粉不同，可稱上品，乃因製造乏術，未能普及。近年美國經多年研究，始得完美之製造方法。吾國在湖南等省錦鑛，產量特多。苟能製造完美，未始非油漆工業上一大供獻。初步工作，擬用國產錦鑛在爐中用高熱氧化，試驗爐灶，須精密設計，使氧化適當。至于冷凝及沉澱部份，亦須籌劃妥切，現正在計劃進行中。

(一)蓖蔴油製成乾性油之研究

王 祖 舜

蓖蔴油製成乾性油之可能，由來已久。1898 年，德人首先試造，以蓖蔴油加熱至300°C後，蒸發該油十分之一，所得之油，易溶于石油，成一種乾性油，其結膜又堅硬異常，自後呈請專利權之秘方，不可勝數，1924 年 Fritz 集述蓖蔴油製成乾性油之各法，並自製成磁漆油等。1933 年 Dr. Scheiber 在 Verein Deutsche Chemiker發表之論文，亦以蓖蔴油製成人造桐油爲可能，又于是年法國又發表蓖蔴油有製成磁漆油之可能，本所以時代之需要，曾將該題加以研究，謹將初步試驗結果，報告如下：

(1) **理論**

蓖蔴油之所以能變爲乾性油，由於兩者化學上分子之構造極接近也。蓖蔴油之酸根爲 $C_6H_{13}CHOHCH_2CH=CH(CH_2)_7COOH$，桐油之酸根 $C_6H_{13}CH=CH=CH(CH_2)_7\ COOH$，亞蔴油之酸根 $C_5H_{11}\ CH=CHCH_2CH=CH(CH_2)_7\ COOH$，相差者，一分子之水耳，今先比較蓖蔴油桐油及蔴油之化學成份及特數如下：

	蓖蔴油	桐油	亞蔴油
比重	0.960	0.936−0.943	0.932−0.941
屈折率	1.480/15°C	1.522/15°C	1.484/15°C
鹼化值	177−185	191−196	190−195
碘值	83−86%	160−180%	170−185%

所含酸根：

飽和有機酸：	蓖蔴油	桐油	亞蔴油
Stearic, $C_{18}H_{36}O_2$	3%	—	—
Palmitic, $C_{16}H_{32}O_2$	—	—	8.7
不飽和有機酸：			
Oleic, $C_{18}H_{34}O_2$	9	7.4	4.8
Linoleic, $C_{18}H_{30}O_2$ 或 Elaeomargaric	3	92.6	62.0
Linolenic, $C_{18}H_{30}O_2$	—	—	24.0
Ricinoleic, $C_{18}H_{34}O_3$	85	—	—

Free ricinoleic acid 加熱則失去一分子之水，而變爲一種 lactone 或 lactide，

$$CH_3(CH_2)_5\ CH\ OH\ CH_2CH=CH(CH_2)_7\ COOH$$

$$\downarrow$$

$$CH_3(CH_2)_5\ CH\ CH_2\ CH=CH(CH_2)_7\ CO$$

$$\underline{\qquad\qquad O\qquad\qquad}$$

但蓖麻油之Ricinoleic acid,並非全爲free acid,其大部分爲Ricinoleic acid之甘油鹽,故除少許free acid變爲lactone或lactide外,其餘加熱之變化應爲:

$$CH_3(CH_2)_5CH\,OH\,CH_2\,CH=CH(CH_2)_7COO-$$
$$\downarrow$$
$$CH_3(CH_2)_5CH=CH\,CH=CH(CH_2)_7COO-$$

此卽桐油之Elaeomargaric acid也

或 $$CH_3(CH_2)_5CH_2\,CH\,OH\,CH_2\,CH=CH(CH_2)_7COO-$$
$$\downarrow$$
$$CH_3(CH_2)_4CH=CH\,CH_2\,CH=CH(CH_2)_7COO-$$

此卽亞蔴油之linoleic acid也,故蓖蔴油可變爲乾性油似無疑議。但有機化學之變化,至爲複雜,兩種化學反應,必同時而起,是以所得之乾性油乃係桐油與亞蔴油之混合物。若有法制止,則混合二者之定數當可節制自如,二者之優性,亦可兼而有之矣。

⑵ **試驗方法之研究**

試驗方法,以空氣鼓入油中,然後經複化或養化作用,而變爲乾性油,所用原料,均經過中和及洗滌手續,使無油酸之存在。

(A)滌淨原料

中國原料,係用熱法榨油,故油內含有雜質,及其他有色物體,如Muciloge, Albumenoid metter, 及resinous bodies,等。若不經滌淨手續,遇熱卽能焦化,油成黑色。本篇試驗之原料,係購自上海實學通藝館,色淺質淨,故不必再經滌淨,至于大宗原料,則購自信大生油行,(上海),屈折率 = 1.478,碘值=84.3,色甚深,有極刺鼻之氣味,故非經中和及漂白之手續不可。今將中和手續略述如下:

用飽和石灰水中和油中之油酸,熱至90°C,六小時後,變成胰皂,兩日後,得沈澱,油色亦稍淺,此因鈣皂易於沈澱,故此法可用。再用獸骨炭末或觀音土 2−3%,熱至110−120°C,拌和 1 小時,冷後靜放至 8 小時,使有充份吸色時間,再過濾,如此重複三次,始得淺色之油,刺鼻惡味,亦減去不少。然獸骨炭末價甚昂貴,在經濟上着想,應用觀音土爲佳,且此土在中國廣東潮州及山東博山等處,多有出產,不必求諸外洋也。

(B) 氧化手續

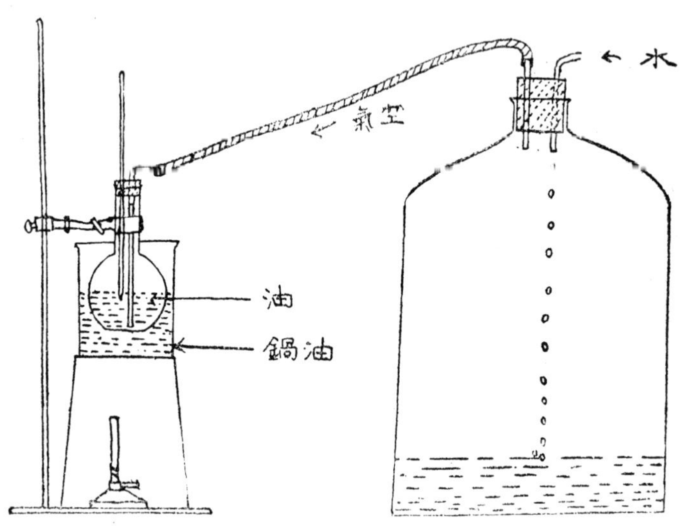

儀器裝置如上圖,小瓶內放蓖麻油 50cc. 在兩小時內鼓入空氣 20 l., 空氣鼓入之多少,視水流入之多少而定。以同樣手續,在各種不同溫度下,視察其變化程度。所得結果分列如下:—

a. 黏度之變遷

油之黏度 (Viscosity) 改變甚少,高溫比低溫稍厚,但所差無幾。

b. 油色之變遷

油色之改變甚大,今以1mg.$K_2Cr_2O_7$溶於100cc. 濃硫酸為標準,比較各種油色,得到色率如下表:—

溫　度	60°C	80	100	120	140	160	180
mg. $K_2Cr_2O_7$ 100cc.硫酸	2.1	10	35	165	150	130	160

溫　度	200°C	220	260	300	無空氣 12°0C	無空氣 220°C	
mg. $K_2Cr_2O_7$ 100 cc. 硫酸	180	220	290	390	25	140	

分析表

油	水 分	碘 值	鹼 值
原料	0.35 %	85.5	184.3
60°C	1.65	49.9	173.9
120°C	1.5	30.5	165.0
300°C	0.58	47.8	133.6

蓖蔴油爲一種不乾性油,碘值甚低,蓖蔴油之吸收氧氣甚緩,爲一種放熱反應,利於低温,但因分子之構造穩定,非有較高温度,不能引起氧化作用,故以何種温度爲適宜,實須首先研究也。

油之温度愈高,則油及空氣之分子活動力愈大,結合之機會愈多,而油之氧化程度愈高,油之分解複化及改組等之作用,亦隨熱度而增加,此種物體愈多,則油之色澤亦愈深,試觀在高温時,有多量白色油煙放出,足以證明有一部份之油分解爲 acrolein, oevanthaldehyde ($CH_3(CH_2)_5CHO$), Undecylenic acid ($CH_2=CH(CH_2)_8COOH$), CO_2, 及水等物,此種極複雜之分解物,有能氧化者,有不能氧化者,其不能氧化而有色者,將影響於油色之深淺也。在高温下,鹼化值及碘化值均減少,因油有複化作用,複化後之分子增大,不飽和之部分亦減少。

根據以上事實,可以斷定油之氧化以在120°C下爲最佳,低則須時較長,時間上頗不經濟,高則有一部份分解而氧化,物質上亦不經濟,要皆不合於工業經濟之原理也。

(C)變爲乾油手續

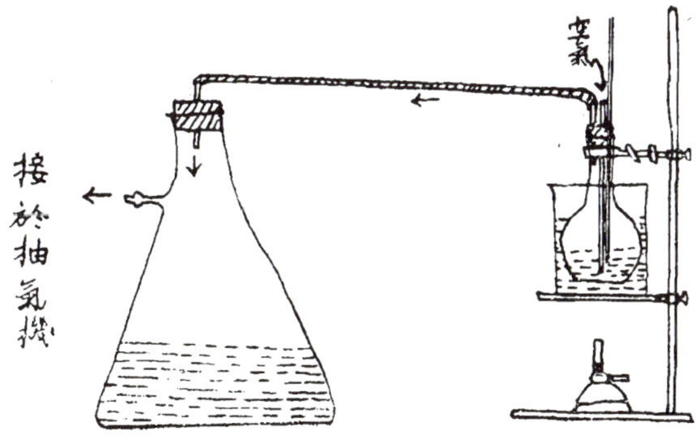

蓖蔴油之所以能變爲乾油者,由於此油之酸根在高温度下即分解爲水及高碘值之酸根,即有兩個 Double bond 之有機酸根也。如 Ricinoleic acid完全變Linoleic acid,則其碘價將由86%增至160°－170%,可得極好之乾油,無疑義矣。

儀器排列如上圖空氣可繼續供用。蓖蔴油經過120°C之氧化手續後,加入鈷錳鉛各種乾料,在適當溫度下鼓入空氣,經過相當時間,則油之黏度,逐漸增高,在氧化,分解及複化作用之下,遂變爲乾性熟油。舉凡溫度之高下,乾料之種類及多寡,時間之長短,均有相互之關係,足以影響乾率之遲速,成品之優劣。本題所用之乾料係含金屬之桐油皂,在300°C時,與油混合後之結果如下:

乾料	成品顏色	乾率
桐油鈷皂	色深	最佳
桐油錳皂	色深	甚佳
桐油鈷皂	較淺	甚佳
桐油銅皂	色深	尙佳(24小時乾)
日產鉛塊乾料	色深	甚佳

上表結果,係以同樣300°C之溫度,同樣三小時之時間,及同2%量之乾料作試驗,今以各種乾料比較之,則鈷錳鉛三種均可爲用,惟鈷皂乾燥最佳,鉛皂則顏色較淺,結膜不堅,現今採用乾料之趨勢,主用混合乾料,以補單獨乾料之不足,鉛皂多氧化作用,鈷皂錳皂多複化作用,各有不同,故人造乾性油之乾料,應以鉛皂爲主,鈷皂爲輔。作者曾以1.5%之鉛皂與0.5%之鈷皂爲乾料,得到色澤較淺及結膜較堅之結果。

溫度之高低與所需時間長短之關係,至爲密切,今以鈷皂鉛皂爲乾料,試得適當之時間與溫度如下。

溫度	乾料	鼓氣時間	乾率
300°C	2%鉛皂	3小時	甚佳
280	2 鉛皂	3小時	甚佳
250	2 鉛皂	3小時	24小時餘
220	2 鉛皂	24小時	24小時內
250	2 鉛皂	6小時	20小時內
320	2%鈷皂	2小時	20小時內

300	2 鈷皂	3小時	16小時
280	2 鈷皂	$3\frac{1}{2}$小時	18小時
270	2 鈷皂	4小時	28小時
240°C	5% 鈷鉛液體	3小時	24小時
200	1鈷鉛乾料	24小時	28(如再加10%液體乾料;16則小時可乾)
320	2% 鈷皂液體	3小時	26(未經滌淨之油)

註:液體乾料之製造公式如下:

樹脂	100 克
$CoSO_4$	10
Pb_3O_4	10
麻仁油	20
溫度	250°C
新松香水	100cc.

由上表可知,溫度高,需時較短;溫度低;需時較長,色亦略淺。故從各方着想,當以250°C爲適當溫度,6小時爲適當時間,乾料以鉛鈷合用爲最佳。又未經滌淨之油,須經較長時間始可,製造時至要手續,在於常常視察油之黏度,以决定手續之完畢與否。

(D)製造後之漂白法

熱油之顏色甚深,須經漂白手續,方得適用,但因油之黏度甚高,漂白甚難。曾取油之黏度較低者,加獸骨炭末5%,熱至200°C五分鐘,因黏度甚大,不能過濾,並不能使炭末卽時沈澱,乃靜放於試管內,約五月後,所有炭末均下沈,方得色較淺之油。

(二) 金屬皂之研究

汪 慰 祖

(一) 引 言

金屬皂之事業,素無聞名,近年以來,始漸著稱。蓋器具之防水,氫化油之觸媒,以及殺菌防銹諸物,均多仰給於是。至用於油漆,以促固化,尤顯有獨步之效能,故其研究,頗屬重要。玆就其歷史,製造,金屬皂與桐油之關係,國產生漆(以下簡稱生漆)桐油混合物,與金屬皂之關係,分四節討論之。

(二) 歷 史

金屬皂之爲用,由來已久,我國古時,卽知置砷於油中,以增其乾率,嗣後煉桐油者,又多用土子(氧化錳)以速其固化(根據戴汝栟先生著作)惟數千年來,墨守舊章,且無系統之計載,其歷史若何,無從稽攷,故舍是而徵諸外史。據美國油漆雜誌所載(American Paint Journal Vol. 15 No.38):歐西古時,所製之鉛膏,經檢察後,知由黃丹,銑朱,明礬,或藍礬與油作用而成,故黃丹等之爲金屬皂,西洋古世,已見其端倪,惟其年代之確鑿可考者,則始自西歷紀元之初葉。如Comlius Celsius用紅丹於醫藥以爲乾料 Galen之著作中,則謂乾性油能與黃丹鉛白赭鐵鏞等凝結。然至十一世紀時,Theophilus尙憂油漆乾率之低緩,可知此種智識,於該時尙未普遍。自十二十三世紀之間,精製荳蔴油者,應用鉛白以爲乾料,於是鉛質之乾性作用,乃著名於世。

1440年Tholeto Jocolus氏以¼兩明礬,¼兩紅丹,及½兩香料,入於一磅之荳蔴油中,以爲乾料,及1653年鉛質皂始正式用於藥品。然金屬皂一語,仍無人述及。十八世紀時,法人Macguer,曾謂脂油與鉛鏞粉之合併,結果成一金屬皂。斯言也,似爲金屬皂用於術語之權輿。

十九世紀以來,各種科學狂飛突進,金屬皂之事業,亦於斯時而顯其長足之進步。如鈣鉛諸皂,可由脂肪製出。防水之金屬皂,亦有專利之頒發。1867年Mulder從事荳蔴油中乾料之研究Faraday氏亦知錳質可用爲乾料。尤可注意者,具有乾燥特性之鈷皂,亦於此時代發明。洎至本世紀,各種發明,尤呈空前之速率,金屬皂用途之宏廣,亦迥非前期所可同日而語矣。

綜上所述,約有以下之三點:

(1)金屬皂發源於西歷紀元之初而效用至十二世紀時始著。

(2)十八世紀時,金屬皂始見於術語。

(3) 近數十年來,金屬皂始獲其長足之進步。

(三) 製　造

金屬皂之製造,係以一種鹽基鹼化動植物等油類,然後加入金屬鹽溶液,使其起分解作用而成。本試驗中所用之油係桐油,取其乾性冠於他油也。按桐油有黑白二種:黑者係由熱法榨取,余用熱法試驗之,無膠凝點(jelly point),雖於310°C保持十餘分鐘之久亦然;白者係由冷法取得,色淺嗅佳,於283°C七分鐘上下可固化,是爲純品之證。

桐油鹼化法:

秤出14克苛性鈉及100克桐油,以250cc.熱水溶解苛性鈉,加入桐油內,煮沸半小時,靜置十二點鐘,加450cc.熱水溶化之,煮沸一小時,再加入200cc.熱水,續煮半小時,以水冲稀至1100 cc。

由此方法所成之產物爲sodium tungate.

將結果之透明鈉皂液,與金屬鹽之溶液相作用,則鈉根被金屬根所替代,多數成不溶解之金屬皂,本試驗所用之金屬鹽,爲鈷,錳,鉛,鐵,鋅,鈣,鋁,銅,鉻,錄,鉍,砷,鎳都十三種。

桐油鈷皂之製法

以熱水溶解硝酸鈷於蒸發皿中,將桐油鈉皂溶液緩緩注入,煮之使沸,紅藍色之鈷皂立即沉澱而出。移之於其他蒸發皿中,以熱水洗之,使其遊離鹼質去盡。蓋鈉化合物,存在其中,不惟將來加入油內時,將一起作用,且其影響於乾率者,爲害尤甚。至簡單之方法,須以紅試紙試之,至毫無藍色反應後,始用厚布將其水分濾去,團之成球,儲之油中或水中。其用量則依其當量計算之。

按之金屬皂,有高低兩種原子價者,其露於空氣時,則外皮氧化可成硬膜,便難以應用,故須置之於空氣隔絕之處,以祛其弊。納之於水,煤油及胡麻油中,其結果以後者爲良,蓋空氣能溶於水,金屬皂之表面,仍不免氧化,而煤油爲炭氫化合物,氧化不易,惟於普通溫度時,能有溶解金屬皂之弊。

其置於水內者,乾燥之較為便利,故此次之試驗仍沿用之。

依照上法,用同量之桐油鈉皂,與其他金屬鹽製成之皂,所得結果,各有特殊,茲列表詳示金屬鹽之用量及其性質如下:

金屬鹽	重量(克)	鈉皂液及鈉之合量	顏色	形狀	用途
$CO(NO_3)_2 \cdot 6H_2O$	5.1 (熱液)	熱液(含1.4克NaOH之當量)	紅	塊狀	乾料,凡立水着色劑,物體防水劑。
$Mn8O_4 \cdot 4H_2O$	3.9 (熱液)	熱液(含量同上)	白	同上	乾料
$Pb(NO_3)_2$	5.8 (熱液)	同上	白	同上 稍軟	乾料
$Fe(NO_3) \cdot 9H_2O$	4 (冷液)	溫液(含量同上)	棕黃	膏狀粘手	乾料,物體防水劑,氧化油接觸劑。
$Zns0_4 \cdot 7H_2O$	5 (溫液)	同上	白	粉狀	弱乾料,物體防水劑
$CaCl_2 \cdot 6H_2O$	3.8 (同上)	同上	白	細粒狀,微黏手,	弱乾料,
$Al_2(s0_4)_3 \cdot 18H_2O$	11.6 熱液	熱液(含量同上)	白(帶黃)	塊狀性脆	物體最佳之防水劑,絕緣物質,油臭質(Oil emulsion)固化油及磨光物質
$Cus0_4 \cdot 5H_2O$	4.4 (熱液)	同上	深藍	塊狀稍軟	殺菌漆,氧化油接觸劑。
$CrCl_3 \cdot 6H_2O$	0.46 (冷液)	冷液 (含0.14克NaOH之當量)	灰紫	塊狀	殺菌漆,物體防水劑。
$HgNO_3 \cdot 2H_2O$	5.2 (冷液)	冷液 (含1.4克NaOH之當量)	白	似麵筋之軟,黏手	殺菌漆
$NiCl_2 \cdot 6H_3O$	4.1 (熱液)	熱液(含量同上)	淺綠	粒狀甚脆	氧化油最佳之接觸劑。

(四) 金屬皂與桐油之關係

具複價之金屬皂,對於不飽和油類,均有顯明之促乾性。蓋金屬皂溶於油後,能由空氣中吸取氧氣,變成高價化合物,並能隨即分解,以氧化溶油,而自身則變成低價化合物。既成低價化合物,乃再吸氧氣,以傳於油,如是作用,循環不息,終使乾性油氧化而成實體。其吸氧作用如下:

$$H_2C-OH+O \longrightarrow \underset{\diagdown O \diagup}{H_2C-CH}$$

又其反應程序,以式示之如下:

金屬皂(具複價之金屬鹽)$+O_2 \longrightarrow$金屬皂氧化物

金屬皂氧化物+油$\longrightarrow$氧化油十金屬皂

金屬皂$+O_2 \longrightarrow$……………

金屬皂與乾性之作用,既如上述。桐油爲乾性油之首选,金屬皂與其關係,當更密切。故特加以試驗如下:

桐油未用之先,須將其經過複化之手續,據美國油漆專家Toch氏云,生桐油之不適用,猶生肉之不可食,熟油之佳,可擬美胙。蓋生桐油乾率較緩,(乾後)結膜不匀,彈力缺乏,且分子團聚未散,光澤亦因之大減。複化之後,乾率較前爲速,分子排列平匀(deflocula-tion)反光一致,油膜之光澤,亦較爲充足。其複化情形如下:

$$2CH_2=CH \longrightarrow \begin{array}{l} H_2C-CH \\ \ \ | \quad\ \ \ | \\ HC-CH_2 \end{array}$$

本試驗中所用之法,係照戴汝棏先生所示: 於攝氏二百度,複化生桐油二小時後,將溫度降至150°C,加入1%金屬皂,持此溫度以至完全溶解。乃用相等之體積,刷於玻璃板上,比其結果有如下表:

刷後置放之地點:油漆實驗室,不甚通風。

室溫:10°C－15°C

熱桐油加:	150°C 時之狀況	乾率	油膜之狀況
鈷皂	保持十20分鐘,未見全化,升溫至200°C保持至10分鐘,始全溶化,(斯時油色轉藍,是爲三價鈷化合物傳氧於油之證)	十五至二十小時之間,可完全乾燥。	堅實,有亮光,色白日久不變。
錳皂	不甚溶化,加溫至900°C,始乃全溶化。	壹日可乾透。	較鈷者稍軟,光澤亦略遜色微黃。
鉛皂	甚易溶化,冷後油液發渾,日久有白色固體澱而下,蓋鉛之溶解度,於低溫時微弱故也。	四日始乾如俟其白固體完全沈澱後,薄塗一層,一日餘可乾透,且光亮。	平光,日久有龜裂現象,色白。

鐵　　皂	於170°C,約歷半小時始溶化。	二日可乾透	較錳鉛者略硬,光澤亦微佳,惟日久現龜裂現象,色白。
鋅　　皂	全溶化,惟日久油色亦變。	二日可乾。	平光,硬度略同錳,色白。
鈣　　皂	保持半小時可全化。	三日可乾透。	平光,硬度同錳,色微黃。
鉛　　皂	同　　上	三日可乾透。	平光,硬度同錳,色黃。
銅　　皂	於180°C保持半小時可全化。	三日可乾透。	平光,硬度甚佳,色白。
鉻　　皂	保持一小時,仍未全化,升溫至 200°C保持15分鐘,仍未全化,油已甚稠,恐其膠化,故止火。	一日可乾透。	微有光,硬度甚佳,色白。
鈷　　皂	甚易溶化,可在150°C以下加入。	三日可乾。	平光,硬度甚佳,色白。
鎳　　皂	保持5分鐘,卽完全溶化。	二日可乾透。	有光,硬度尙佳,色白。
空白試驗		四日乾透。	平光,硬度尙可,色白。

結　　論

金屬皂之製造,有沉澱,熔化,中和諸法,其溶於油內所需之溫度,則以後者爲最低。因爲係酪狀物,故不便權重。又以獨用桐油,不適於高溫,故所作之皂,全係由沉澱法製就。此次試驗之結果,以與油類化合爲證,當推鈷,錳,銅諸種爲較佳。鈷皂油膜色白,冠於其他,蓋鈷皂透光,有漂白油膜之効。至於生漆與金屬皂之混成物,其結果當以鐵皂爲最良,鉻皂光澤亦佳,惟黑度不如鐵皂,鈷皂光澤,較鐵爲優,然乾後十餘日之久,以手撫摩其膜,仍有失其光澤之弊。

參　攷　書

1. 言油　　戴濟著

2. 油漆　　仝上

3. 北平大學工學院油漆講義周維垚編

4. 油漆概論　　劉相榮著

5. American Paint Journal, Vol. 15. No. 38 (1931) p. 68

6. Chemistry & Technology of Paints By Toch
7. Industrial & Engineering Chemistry, Vol. 22 No. 6 (1930) p. 646
8. Hand Book of Chemistry & Physics By Modgman & Lange

(三) 桐油皂

馬玉銘

製造各種桐皂乾料,如鉛錳及鈷等,以油與此等乾料混合,試其乾燥時間,並與各安息皂爲乾料之結果相比較,如用0.5%之25%鉛桐皂與75%鈷桐皂爲混合乾料,則油可於6六小時內乾燥,其他試驗結果,油之乾燥均較緩。

(四) 生漆

汪慰祖

秤出生漆一百克,以玻棒攪之,每分鐘四十五轉,一小時後,温度增高攝氏五度,如每分鐘爲五十轉,則增高八度,漆汁不稠不稀,光澤較前大爲充足,攪拌之後,于半小時內加温,至攝氏四十五度,保持一小時再試。和(1) 3%硫化銅末,(2)3%硫化銅液,(3)3%硫化鋁末,(4)3%硫化鋁液,與(5) 3%硫化鐵末,結果以(1)爲最佳,惟乾性太慢,(3)(4)與(5)調成者一日可乾。又將生漆和以同量之熟桐油及半倍之稀薄劑溶解之,製成熟漆所用稀薄劑有(1)酮,(2)酒精,(3)二硫化炭,(4)四氯化炭,(5)迷濛精,(6)以脫,(7)汽油,(8)石油以脫,(9)松節油,(10)醋酸五炭基等。除酒精溶解力薄弱外,其餘均甚大,尤以二硫化炭爲最佳,漆膜成黃,棕色,光澤充足,漆汁表面,結膜甚硬。

(五) 人造氧化鐵質顏料

吳興生

Mars colors 係 George Field 之創製,均由氧化鐵製成,所得之色,全恃溶液之濃度與熱度之高低而變易，有黃，有棕，有紅，有紫，與Ochre及鐵紅相等。德法之油漆家，對于類似之著作，曾屢見不鮮，本所爲探覓準確製造方法，曾加研究，其結果略述如下：

試驗時所用原料爲硫酸鐵，淨碱，明礬及漂粉。先將硫酸鐵及淨碱溶于水中，合二液使生沉澱，再加漂粉及明礬，以變化其色質，嗣後濾淸焙乾，研爲粉質。

本題試驗凡廿次，約分三色，棕黑，棕紅，黃是也，玆將試驗結果較有價值者，分列如下：

(1) 用M/2溶液各200cc，(硫酸鐵及淨碱)煮沸後合二者而沉澱之。再以3 grams漂粉，溶成100 cc薄液加入，所得產量12 grams。色爲深棕，在300°C焙燒之，得棕紅色，粉細而遮蓋力亦大。

(2) 與上仝，惟所加入漂粉液之量爲200cc，其有效Cl_2爲10.8% Cl_2。產量爲20 grams，色爲棕黑，粉細而遮蓋力亦大。

(3) 用M/8溶液爲400 cc在35° C時合二液使沉澱，再加漂粉液75cc，10%明礬液 20cc，濾乾後在105°C時焙之，所得產量爲5 grams。色棕黃至棕紅，與(1)及(2)仝。

(4) 用M/4溶液爲300 cc在30°C沉澱之，再加漂液60cc，10%明礬100c.c. 濾乾後在60°C焙之，所得產量爲12 grams。色黃，粉細，遮蓋力不大。

(5) 用M/8第二硫酸鐵 $(Fe_2 SO_4)_3$ 六分，與M/8第一硫酸鐵四份混合之。測得其P^H值爲3×10^{-3}。在21°C時加M/8炭酸鈉溶液十份，得淺黃色沉澱；在空氣中乾燥之，其色與校中標本Ochre至相彷彿，遮蓋力則較大。

(6) 先用(5)溶液測定其電動力，爲(E.M.F.)0.4046Volt.於是再將100 c.c. M/8第一硫酸鐵，測定之，初爲0.2711 Volt。漸加漂液(每c.c.含43.7 Mg之Cl_2)至6.42c.c.時，其電動力變爲0.4045 Volt。乃停止之，得有淺黃沉澱，故加M/8 Na_2Co_3溶30 c.c.仍得黃色沉澱。在空氣中乾燥之，產物與(5)仝。於上液中再加碱液10c.c.則生火黃色沉澱，達30c.c.時，呈棕色。蓋此液之 P^H 值已達處 3×10^{-8} 左右矣。

就上述試驗,結果各有不同,蓋因操作情況不同而致,漂液弱色偏黑,沉澱時溫度高,色亦深,溶液濃,粉質粗,明礬之加入,於色亦稍有影響。此種人造顏粉,雖是純粹,而與天然之Ochre與氧化鐵比較,似非經濟上所能敵也。

人工曝露機(Weather Ometer)之用途及構造

沈 慈 煇

油漆之優劣,極難分別,普通油漆塗刷之後,經烈日曝晒,風雨侵蝕,歷二三年之久,始見裂紋;美觀漸失,而保護物體之功效亦歸烏有,優劣由此而別。但于短時間中,則無從區別。雖有化驗分析,不能藉以斷定優劣,此科學界實業界之最感困難者也。數年前美國油漆化學專家Gardner與Parks曾用紫光燈等構成人工曝露機,試驗各種油漆成效卓著。油漆之經歷一年曝露者,與在人工曝露機中試驗二三星期之成績相等,雖不能完全酷似天然結果,但對于比較油漆之優劣,自覺迅速而便利矣。

近五六年來化學家對于人工曝露之研究,興趣倍增;工業界利用此機者,亦不在少數。人工曝露機之構造原則,悉倣氣候之忽陰忽雨,乍寒乍熱,或烈日薰蒸,或大雨傾盆,其中最爲主要者,即日光是也。日光之有力者,厥惟紫光。平常所用之紫光燈,含有紫光綫極富,曝露機中之日光,即藉用此燈。紫光燈分二種,一爲水銀紫光,燈,以水銀注于高矽玻管通電流而發光,一爲炭極紫光燈,以炭爲電極,通電流而發光,二者比較結果,以炭極燈最爲適用,按Pacini之曝露測驗,與Coblentz之日光測驗所得Spectrum之分佈極相脗合,茲特列表如後;

Table No. 1 Spectral Range	% of Total Radiation Weather Ometer Arc with Corex D Globe	Sunlight at Wash. D.C. May 25 1926
279 mu to 290 mu	.6	.0
290 — 320	3.4	2.0
320 — 360	5.9	2.8
360 — 480	15.3	12.6
480 — 600	8.9	21.9
600 — 1400	15.1	38.9
1400 — 4200	21.3	21.4
4200 — 12000	29.5	.4

卽如Gardner等之油漆試驗結果,亦極相仿,由是觀之,炭極燈所發之紫光量,宛與日光無異。其他設備如機中之噴水管,時動時停,使四週之漆樣,驟受冲洗,而變冷,漆色與光漸退,而漆膜受寒冷不勻之變化,亦漸呈裂紋,較之日光雨露之侵蝕,更甚數倍。此機每日應用廿四小時爲一週,爲試驗室之認爲最適宜之程序,列表如下·

日光及微雨	十七小時
大雨	三小時
冰雪	一小時
觀察	三小時
整理	五分鐘

依照上列程序所得結果,與日光曝露後之結果相似,一二年之試驗,遂能于二三星期中結束矣。

本室爲研究油漆工業問題起見,已經設備此機,對于各種問題當不難解决也。

桐油述略

吳 與 生

桐油爲我國之天然特產,自古卽爲木材防腐之品,與麻絲石灰二者攪和,尤爲我國習慣上惟一之艌船膠劑。自1875年Cloez氏發見桐油,可爲油漆中亞麻仁油之代替以來,其於國外之需求,又見日增,近年輸出,年逾二千萬兩。洎乎今日,桐油之於油漆工業已成無物可以代用。是則桐油之於吾國國民經濟前途之關切,實已不容刻有忽視者矣。

桐樹之類別

桐油外人稱曰Chinese wood oil或Tung oil,採自桐樹之實中。桐樹可分爲六種:第一爲Aleurite trisperma種,產於菲列濱羣島;第二爲A. triloba種,產於Ceylon;第三爲A. moluceana種,產於Bakoly;第四爲A. cardata或abura kiri種,產於日本;第五爲A. mantana種,產於印度及我國南部廣西等省;第六爲A.fordii種,產於我國揚子江流域。前四種產油較少,品質亦欠佳。第五種則品質較佳,俗稱木油,亦名千年桐或百年桐。其花爲繖形狀,生於枝頂,雌花花序簡單,雄花簇聚甚多。樹高可二丈,幹徑只六吋至十吋。枝葉繁茂,結實甚多。葉卵圓形,有三縱稜,並多數橫稜。果含三子,一升重不及磅,其數則有三百左右。第六種油質甚佳,產量亦豐,俗稱往桐油桐者是也。

A. fordii屬大戟科植物,生於暖地,性不耐寒,經霜葉落,爲落葉喬木之一種。高約二丈餘,樹皮平滑,呈淡黑褐色。木材輕而柔,多儲變硬,不灣不裂。葉爲卵圓形,長三吋至一呎。先花後葉,花爲聚繖狀的繖房花,直徑約一吋至一吋半,色微紅,花瓣下部帶黃色,甚爲美麗;每繖中頂之花均爲雌性,其他則爲雄性;雌性花常爲一枚,但在多年前美國曾有雌花二枚或三枚者,於是命其果曰多繖果(multiple cluster seed)。果實產量,則較單枚者爲豐。花有雄蕊八至十根,雌蕊五具或較多。四月花開,十月實熟。其實光滑似蘋菓,圓徑約吋餘,乾燥者重約四十公分,外皮頗厚,內包種子五個,或五個以上。種子表面包有黃褐色之硬殼,種子則呈黑褐色,狀如鴿蛋,小而圓,表面有小瘤,種皮則甚硬。去其皮殼,內藏白色肉體,吾人呼爲桐實者,卽此黑褐色之種子也。種子重約二點五公分,白色體之仁爲淡黃色,約重一點六公分。乾燥之仁含油約百之六十,種子則含油約及百之四十。

桐樹之種植

桐樹之產於我國者,其耕種,其培養,均無何種科學之研究,依其地利,恃其天宜,頗多野生。四川萬縣之附近,下及宜昌,上至重慶,其沿江數百里,山岳壘起,雨量至少,不宜於農,反適於桐。是以平原山陵,到處皆桐。至於用人工栽種者,則有播種,移植,與插枝三法。插枝是於春季擇桐樹母體之良健者,截枝成馬耳狀,插入土中,最好擇天氣陰雨之時行之。播種則有春播秋播兩種,春播優於秋播,蓋秋播霜重,種子發芽太早,易遭寒害。故於十月果實成熟之際,待其自然落下而收集之。至三四月間,擇土質肥瘠適宜之地,每距六七尺,掘直徑一尺,深五寸,或先施肥料,然後每穴播種二三粒,覆土二三寸,約五六星期卽發芽,至次年,擇其橫枝多者留之其餘悉除去。或有以桐苗栽種者,其於一月下種,五月出苗,待一年後,掘苗植之,名曰移植亦曰換床。自下種至三四年之後,卽能開花結果。子在淸明後揚花,小滿後結實,霜降後收子。子愈老則油愈多。每樹約得二十斤至四十斤,以六七年至十餘年內結實爲最盛。自此以後,逐漸減少。其收獲之多寡,對於氣候,有極大之影響,與產地亦有關係。如陝西油桐成長較慢,樹身較低,子含三顆,熟在十一月間;川桐之成長,則速於陝桐,而慢於粵桐;湘桐則較川桐又易長,含子五六粒,色白如雪,子百斤產油三十五至四十斤,油量獨豐;粵種高及三丈,九月子熟矣。

據美國B. F. Williamson之報告：Fordii桐樹之於土質，之於肥料，均有甚大之關係。由分析之結果，得知土壤中含有石灰或其他之加里物質者，與桐樹之生長均爲有礙。植桐於一土壤中，在其二尺深處卽含有石灰，則此樹在第一年上生長繁茂，第二年或第三年上則開始停止生長，葉色轉黃而凋殘，葉芽亦枯萎，待久則全樹自死。土壤如呈酸性，桐樹生長則佳；如係中性或稍呈鹹性，則生有不適之影響。故試以桐樹植入加石灰而變爲鹹性之酸土中，其樹卽見有不適之象，在其未曾完全死去之前，復移植於適合之土壤中，越十二月，此樹復盛，且毫無見有曾受石灰障礙之現象。

此外更有其他之影響者，則爲磷酸一物。Williamson曾試得土壤深及五六呎處，其酸度仍甚適合於桐樹之生長，然此樹仍現有受及石灰之影響，葉色之黃，固不若前者之著，而枝節之萎縮如舊，葉之枯萎亦如舊。於是分析其土壤，始知其酸度固屬適合，但其間含有磷酸之量，則依深度而漸增。故樹在第一年與第二年之上半年內，發育甚佳，待根深入磷酸之域，此物成爲三鈣磷酸量達P_2O_5之百之一點五時，卽始枯死矣。又在未曾枯之前，再移植於適土之中，一年內又復元狀，枝繁葉茂。

植小桐於盆中，其土含有百之一點五至二之PO_4，結果與植於田中者同。同法，盆土含有石灰者，結果亦同。兩者移植於適土之盆，不久亦復健狀。

由Williamson之實驗報告，乃知含有石灰與磷酸之土壤，均不適於fordii桐樹之生植甚明。然吾國於此，向無研究，據調查所得，則曰氣候溫和，地勢乾燥，則土質不拘肥瘠，礫土磽地，高山岡坡無不繁茂。所言統雜，難作爲考。湘鄂川蜀，其所以繁生此桐，除氣候適合之外，其土質必含有相宜之物質。又桐樹在六七年至十餘年期間結實最繁，此故或由於植物之生理如此，然或謂由於地力巳盡，亦非無因。故吾人苟能探其源委，設法培養，延期十年二十年，想亦可能。是以施肥一端，亦當考研之矣。

再據Williamson氏報告，植桐於園中，一則每年施以肥料，一則任其自然生長，在第十歲至十二歲之施肥桐樹，其所產果實，能五倍至七倍於不施肥者，而其軀幹之大亦倍長之。彼曾有一可靠之記錄，一則曾施適當之肥料，一則略施肥料，今列表如下：

年分	甲地——樹五十株所結桐實數量	乙地——樹五十株所結桐實數量
1927	2483	2221
1928	745	2975
1929	7225	10281
	10453	15477

觀此數量，施肥之重要可知矣。選種又較施肥爲重要，選種在先，施肥在後，種子不良，施肥難補其收獲至於最高之量。如樹種善良，肥料之性質適當，施肥之時期又宜，則其收量自更可觀。惟我國之農事向無澈底之研究，稻麥之何時施用人糞，何時當用豆粉，尚有經驗可稽，而於樹木副產，則少施肥之可言，一聽其自然之生長耳。今韋氏未曾言及所用之肥料屬於何種，然吾人苟能善選種子，檢辨土壤，試灌肥料，擇時施肥，一一均因地試驗，隨時改良，則全國產量之增加，依上表計之，豈異於無形間廣植三分之一之桐樹哉。

玆據美國桐油合作社之報告謂：桐樹之施肥，每年例須兩季。當樹植下，施肥一次，其量約爲一磅一株。至於夏中，再施一次，其量亦爲一磅而至兩磅。第二年，則用兩磅一株。四年之桐，每次當施兩磅而至三磅。待至生果之時，其量須依產量之多少而定。在八歲至十歲之樹，結果最甚，每年當施十至十二磅之數。施於幼樹肥料之分析，則爲5%氨，7%磷酸，與2%鉀。待樹壯，則鉀與磷酸之量當有增加。幼樹肥料適用大量之有機氨物，堆肥固宜，guano尤佳。壓榨桐果之榨，作爲肥料，亦有價値。據Florida大學分析之結果，肥料間含有5%之氨，8%之磷酸與4%之鉀者最爲適宜。所以硝酸鈉，棉子肉,硫酸氨,過燐酸 (super-phosphate) 與鉀鹽混合,用量三磅於四五歲之樹,四磅於五歲之後,則其桐果之產量與桐樹之生長均至繁茂也。至於地土,當擇稍帶酸性而富於溼氣,但又須水之易於穿透(drained)者。燐酸根物與石灰之量不能過多。理想之地爲沙泥 (sandy soil) 或沙土 (sandy loam) 在下,上層則有三呎至八呎之陶土 (clay) 如此者則水易穿透而溼氣則易保存。是以我國桐樹盛產山地,而面陽者爲尤佳也。

桐油之榨取方法

集桐果於空地,上舖乾草,使其醱酵,大約經二十餘日,外皮破爛,然後用人工剝去外皮,再以挖刀分開其黃褐色硬殼,桐實卽可取出。又有用沸水泡之,使果皮易剝去者,亦有以桐果置日光中晒乾,日久殼裂取實者,方法不同,取實則一。

農戶收到桐實之後,均以賣諸本地油坊。其買賣方式,有如江浙之絲商於夏秋兩季分設繭行於各鄉收買蠶繭。浙江市價,每百斤桐實值洋約十元,產油約四十至五十斤;四川則以斗爲衡.桐實一川斗約值洋一元至二元,每斗約產油十餘斤,農戶以桐實直接與油坊掉換桐油,則另付工資若干者亦有之。

油坊收得桐實後,以之曝於日中,使其乾燥,或以火炕之。俟其充分乾燥,乃置入石碾中磨碎,用篩箕篩去其種皮,繼以粗笨之風箱,盛果肉於其中,下置一篾簍,然後用風力去其渣滓,於是純潔之果仁,下漏於簍內。乃將果仁焙炙於鐵製烘鍋內,常用鐵鏟翻動,以免焦灼,此爲去濕必經之手續,俗稱炕子。炕子榨油,其色稍黑,但水分極輕。烘焙果肉之法,亦有異常精細者,其法先將果仁置於竹製細條上,下置通熱氣之橫管,使熱氣流通於下,以烘乾果肉,去其水分。此外亦有用晒子榨油,卽使其直接受日光之乾燥,則出油優良其色清淡,謂之白油又曰金油,輸出國外,多以此法。

果仁乾後,其次則爲碾粉。最普通者爲置果仁於圓形石碾上,上有一長圓形之石,石上連有木製轉機,用牛馬之力以旋轉之,直至碾成粉末始已。置粉末於鐵底之蒸桶內,上覆以蓋,置於鍋內,蒸三四十分鐘,使稍潤濕,然後用三個寬一寸四分之鐵環重疊之,以便將果粉製成厚四寸,直徑十五寸之圓餅,用龍鬚草包其外,放入榨油機中,榨取其油。

榨油之法,以一條直徑二尺餘長約丈餘之大木,横置於架上。木上中開一口,內挖以孔,孔大約十五寸,適合於油粉餅之大小。而孔之周圍,須留厚四寸模樣,以抵禦嵌楔時之壓力。榨油之初,先去粉餅之鐵環,以餅漸次排入口內左右兩道木孔中,依次直立,及滿則插以五寸厚之石板,其大小與粉餅相同。石板外則插以粗厚之楔,乃以丈餘之木槌擊於楔上,當其下壓時,力量甚大,一楔復一楔,使粉餅受極大之壓力而分泌油質,油由底下小孔流出,盛於地上之木桶中,油粉則以龍鬚草之阻,不能與油質同流。至於含有渣滓,當以夏布濾之。仁中含油,約有百分之五十至五十八,用此熱榨方法,可得油百之四十至四十一。粉餅中故尚含油約及百之十五。Hefeter 氏用去皮之仁,冷榨先得油四十三,熱榨可再得十點七。美國 Gainesville Florida 現用 Anderson Expeller 榨油,機器全具金洋五千元,每噸果實產油費用八元,每小時產油為五十介。成績較好。色清淺,性中和,粉餅中之餘油可減低已達百分之五。浙江之油,有頭油二油三油之分。頭油乃最先榨出之油,為自然之淡黄色,二油即第一次榨取之殘滓,復行蒸熟,再施榨壓而得之油,色較濃厚,幾為棕色。三油為施行第三次壓榨所得之油,色質與二油同。桐實百斤出油四十五至五十斤,而頭油占總數之五之三。所謂洪油秀油者,係產於洪江與秀山兩縣,以桐油熬煉而成,故色濃而艷,內銷各省。

至於出洋之油,尚須經過煉淨手續。用過氧化鋇,硫酸,木炭,骨炭或fullers earth均可。惟漢口則都用水汀。其法是集各路之油,稱曰毛油,優次搭配,倒入油池,油池與水汀管相接以蒸汽將油中水分去盡,然後另過油池,俟雜物下沈,則精練成矣。夏日煉淨,需時約四十時,冬日則需一星期方能澄清,然後將精煉油送入火油櫃儲藏之。至沈澱於底之脚油則另製之。其製搾之法,將布袋裝之,置於桶內,用壓搾法將餘油搾出。初壓出之油,其質佳而色清,稱謂色油。質濃而色渾,稱爲搾油。此項色油搾油均銷售內地各船戶作艌船之用。漢陽則有徐祥順,馮興和,李勝昌等十餘家專售之。

煉淨毛油,在四川萬縣有利洋行設有生二百噸之精煉船,義瑞公司設有一千二百噸,聚興誠貿易部亦建一小池可容七百噸此外則都在漢口約有十八行如下:

行名	噸數	行名	噸數
其來	3500	捷江	800
美孚	1500	美最時	500
福中	1000	寶隆	500
三井	1400	中英	650
三菱	1100	禪臣	200
怡和	1100	慎昌	400
安利英	1000	沙遜	150
立興	2400	義隆	400
日華	800	嘉柏	100

桐油之成分與性質及其檢驗

我國對於桐油之化學,向無研究,惟知其能防水且具有特別之氣味,冷搾者色淡黃,熱搾者色深褐。性毒,不可食。綱目云桐油入黃丹雄黃敷之,可治酒皷赤鼻,又桐油二升灌之吐,得解砒毒。至其何以具有如此之化學的物理的性質,則不知之。茲據西人之研究謂桐油中之主要成分爲 Glyceride of elaeomargaric acid (或曰 α-elaeostearin 油蠟脂)。Schumann 謂桐油之含量約百分之九十至九十五爲 Eaeomargarin (油蠟脂),其餘則爲 Olein 油脂及非碱化的物質而

已。然其成分之多寡,亦依搾取與產地之不同有異,別如下表:

試驗者	Oleic acid	Elaeomargaric acid	Saturated acid
Cloez	24	72	—
Fahrion	10	77—78	2—3
Van Loon	13.6	72.8	—

據 A. Steger 與 J. Van Loon 試驗之結果,則謂有不飽和酸86.4%飽和酸 4.9%內含 3.7之 Palmitic acid 1.2之 Stearic acid 及 0.6 %之不鹼化物與 3.4% 揮發物。

至於油蠟酸之公式, Cloez 則謂是 $C_{16}H_{30}O_3$, 而 Macquenne 則謂是 $C_{18}H_{30}O_2$。但酸類應祇有二個氧原子,有三個氧者將爲氧化物矣。故油蠟酸當取 $C_{18}H_{30}O_2$,卽 $CH_3(CH_2)_3CH=CH(CH_2)_2CHCH(CH_2)_7COOH$。油蠟酸之溶解點爲 48° C。氧化之則生兩酸,與亞痲仁油酸相彷彿:

Elaeomargaric acid

$$CH_3(CH_2)_3CH=CH\,CH_2\,CH_2\,CH=CH(CH_2)_7COOH$$

氧化

$CH_3(CH_2)_3COOH$	$HOOC(CH_2)_7COOH$
valeric acid	azelaic acid

Linoleic acid

$$CH_3(CH_2)_4CH=CH\,CH_2\,CH=CH(CH_2)_7COOH$$

氧化

$CH_3(CH_2)_4COOH$	$HOOC(CH_2)_7COOH$
hexoic acid	azelaic acid

以上所論在 1925 年前,學者均承認之。惟近今自Boeseken氏以物理化學的方面研究之,認爲其分子構造式有未盡然者。波氏之研究,以分子屈折 (molecular refraction) 爲根據,蓋原子屈折數之和等于分子屈折之數,同理一原子之有隣物,亦能影響其原子之屈折,故複線 (double bond) 之增加,亦能使分子之分子屈折數增高。炭

之原子屈折數爲 2.40,氫爲 1.000 戊烷(pentane)之分子屈折數乃爲 25.24,而測驗之值爲 25.23。油蠟酸如依兩個複線計之,其分子屈折數爲 86.04 而波氏所測得者爲 93.05,以其化合物(derivative)測驗之,其數亦常高出于計得數五至七。波氏乃謂油蠟酸必含有三個複線,擬其地位列於 11 與 12 炭之間,公式如下:

$$\overset{14}{CH_3}(CH_2)_3\overset{13}{CH}=\overset{12}{CH}\ \overset{11}{CH}=\overset{10}{CH}\ CH=\overset{9}{CH}(CH_2)_7\ COOH$$

初榨之油,是爲中和性之 Glyceride 置於陽光之中,久後即能膠結, Cloez 謂此係 Solid isomeride 之生成,熔解於 34° C 固結於 32°C。R. S. Morrell 以此結晶體用 acetone 分離出後,則熔解於 61°－62° C。Macquenne 則謂此是 β-elaeosterin,熔解於 72° C。桐油能溶於 ether 與 chloroform 中,於酒精及熱的冰醋酸中則不溶解。

桐油頗多特性,其屈折率,較任何油類爲高,黏度亦大,碘價亦較高。據 A. C. Chapman 云其屈折率無有低於 15.17 者。桐油之dispersive power $\frac{n_F-n_c}{n_D-1}$ 亦特高,在40°C 時,亞麻仁油爲 0.0218,棉子油爲0.0195,而桐油則爲 0.0371。

桐油具有極大之乾燥性,亞麻仁油之乾燥是自下而上,而桐油則上下一致同乾,不易剝裂。以桐油熱至 250°C 時,即能立刻膠結,膠結之物,能不溶解於任何溶劑,再熱之亦不再熔。桐油之何以得能膠結,則理論錯綜,玆將各家不同之學說約述數端如下:

以桐油塗一薄層於玻璃片上,而熱至 100°C 時,即能變爲半透明之膜層,秤之則重增,量當吸收5.5之氧氣,故 Marcusson 謂此膜是因 β-elaeostearin 之生成立刻氧化成爲無定形之白色 Peroxide, 其式有如此者:

$$O_2+\begin{array}{c}-CH-\\ \|\\ -CH-\end{array}(\text{油})\longrightarrow\begin{array}{l}O—C—H\\ |\quad\ \ |\\ O—C—H\end{array}$$

然以桐油在不活動氣體 (inert gas) 中熱之,亦能膠結,又不足以證明膠結之理亦可不僅屬於氧化之故,而謂由於疊合(Polymerization)作用者。Salway 以為桐油之疊合有如下式:

(見 Morrell 一書之 Polymerized oil 一節)

```
 CH2OT             CH2OCO·Y·CH·CH2Y·CH=CH·Y·CH3
 |                 |        |
2 CHOT      ——→CHOT        OT
 |                 |
 CH2OT  +H2O       CH2 \          T= elaeostearic acid 之酸根
                   |     O           (C11H00O0)OHCOY·CH=CYCH=CHYCH3
                   CH2 /          Y=在上酸之酸根中之CH2 Group.
                   |
                   CHOT        OT
                   |           |
                   CH2·OCO·Y·CH·CH2·Y·CH=CH·Y·CH3
```

惟H. Wolff則偏重膠質化學之解說,謂"桐油受熱而成濃厚者,實為膠化作用(gelatinigation)之結果,而絕非桐油之疊合也。" Wolff曾用冰點法 (cryoscopic method) 以測定桐油之分子量,并用安息油或哥羅方為溶媒以求其平均分子量,每次測驗之結果,微有差異,因安息油與哥羅方對於可溶性油類有結合作用 (association),其每次分子量之微差,實由各溶劑對於結合作用之程度有異耳。Wolff欲明辨其分子量之變異起見,曾用樟腦為溶劑,結果極佳,所得之分子量無所增減。又桐油熱後(非極高温度),其黏性,比重,及分子量皆有增加,碘數及吸氧量減少,酸價與鹹價則無變;Wolff欲證明其假說之確當,并謂凝力之增加與碘數之減低,非相互聯關,而為個別的變異,因凝力未曾完全變異之前,而碘數已完全變異云。

最近 F. H. Rhodes 及 C. T. Welz 兩氏用冰點法以測定粗油或此油受熱後之分子量,最為精密,其平均數為 788。桐油受熱後,其分子量增加而碘數減少,此為顯著之事實,故凡起膠化作用之桐油,其分子量增至1700。

膠化桐油內含有兩種成分,一為溶於石油醚,而一為不溶者。可溶性桐油之組成,乃為重疊物,其兩種glyceride分子,為單一之Tetramethylene 所聯結而成一對Ethenoid。至於不溶性桐油之成分,現在當未十分明瞭。

當桐油膠化時，熱至360°C以上，則其生成物亦起分化而成較輕分子量之產物，成分則無從確定。

桐油化學，實甚複雜，故今日尚不能確定何種學說為是，即再以氧化理論言之，其所吸收之氧，亦不能與計算者吻合，在某時期，其量至大，過此則漸減小，因Peroxide生成後，尚能繼續分解為 aldehydes 與 carbon dioxide 及 monoxide 等氣體，作用至為曲折者也。

Fahrion 對於膠固之意，則謂在150°C以上是由疊合作用，而在陽光中結出之結晶是由於分子之轉變(molecular transformation)。桐油在常溫時，不若亞麻仁油之易乾，而熱則較易。又試以此兩種油類敷於玻璃板上，十日後，兩者結果不同，桐油成 Tungoxyn 為白色之固體，是半彈性，而黏性則全無。Linoxyn則為黃色之軟體，性較黏而甚富彈性。至於兩者不同之成分有如下表：

	Tungoxyn	Linoxyn
脂酸%	11.2	25.3
酸之熔點	40°	38°C
酸之碘價	47.6	42.9
Hydroxy acid 溶於 ether 者%	10.6	40.2
Hydroxy acid 溶於酒精者%	—	20.2
碘價	26.2	28.3
Hehner value	81.8	85.7

Moritz Kitt 分析我國(1)"怡興(yutshing)"油及積在 Humburg 之深色油(2)，得以下之定數：

	(1)	(2)
比重	0.9413	0.9439
鹼價	190.7—191.0	190.4—191.4
碘價	157.5—158.4	154.6—169.5
酸價	3.9	6.95
油酸 m.p.	35—39.5°C	35.5—40°C
油酸中和價	197.3—197.8	196.4

不溶解油酸　82%　85%

(1)油析出之油酸為黃棕色之結晶體,溶解於冷醋酸中,加溴液生固體之溴化物,以酒精重結晶之得針狀形,熔於129°—130° C(亦可以甘油離去 Oleie acid 及黃色物質,而使油蠟酸重結晶之色白成片狀)。(2)油熱至282°C則固結,膠物能溶一部於困中,其油酸初為棕黃而帶綠色螢光之黏性體,越數日乃固,熔於41°—46°C且有以下之定數:

鹼價	198.8
酸價	191.0
碘價	107.6—108.4
Acetyl acid value	186.9—187.6
Acetyl sap. value	204.1—206.4
Acetyl value	18.0

A. C. Chapman (1912) 分析我國漢口十七種桐油得一極限之定數如下表,茲更以美國A.S.T.M.分析桐油之標準定數錄之以為對照:

A.C. Chapman 分析之結果

	比重 (15.5°C)	碘價 (Wijs)	酸價	鹼化價	N_D20°C	黏度	不鹼化價
最大數	0.9440	176.2	12	196.6	1.5207	2178	—
最小數	0.9406	166.4	—	192.0	1.5170	1636	—
平均數	0.9425	170.6	7.6	194.3	1.5179	1850	—

A. S. T. M. 分析之標準數

					(25°C)		
最大數	0.9430	—	8.0	195	1.520	—	0.75%
最小數	0.9400	163	—	190	1.515	—	—

Browne 試驗極大數 12 分鐘

漢口工商檢驗局分析之結果(1930)

					(25°C)		
最大數	0.9418	166.9	6.5	192.6	1.5170	—	—
最小數	0.9410	166.2	2.2	191	1.5164	—	—

Browne 試驗	10—10½分
Worstall 試驗	6分26秒—7分20秒

以五公分之桐油,加 2c.c. cs_2.至2c.c. scl_2冷攪之,可得膠結,在100°C時於十五分鐘內面層起始結膜,二小時內,可蓋滿全面,四小時後熱繼增加,其重能增百之 1.44。用 Elaidin 試驗得棕紅厚重之油渣;加 Becchi's 試液,則得深紅棕色物質;加濃硫酸,則得黑色之固體;加比重1.4之硝酸,先成韌性後轉黑硬物質。以 5c.c. 之飽和碘的哥羅方溶液與一公分之桐油溶於 5c.c. 之哥羅方中,兩分鐘卽解膠結,二公分之油則能變硬,且可致碎。在缺乏空氣中熱至180°C時,有少量之氣體蒸發,惟油不厚膩,至250°C以上則變硬而呈彈性,冷後不復熔解,且不溶於任何溶劑。

桐油久貯,則酸度加增,碘價減少,加熱試驗之時間似有延長,惟質可較澄清。與鉛錳鈷乾料相合,結果甚佳,但宜雙用。桐油煎煑不透,膜層結有霜形(是名 isomer of eleaomargarin);煎煑過甚,則生縐文 (wrinkling),蓋因面層易受氧化而下層仍是液體也。

油中含有雜質,膠結則遲緩,酸量增加,亦能退速膠結作用;如加少量之鹼 (base) 則又能促進其作用。Weinschenk 謂加百之 0.01—0.02之鋅粉,足以防止桐油膠固。此等作用Wolff亦均以膠質化學說明之。至於桐油攙有雜質,則可以下法試驗之。

美國Detroit. Acme White Lead & Color Work, C.D. Holley氏曾用桐油光帶之特別分散 (anomalous dispersion) 以測驗其純度。其法為置桐油於某種情況之下,其光帶具有特別之分散。如以一定量數之他種植物油加入,則可使之變為普通之分散。此卽所謂光帶之轉變也 (inversion of the spectrum)。荷氏試得桐油光帶之分散為上端綠色,下端紅色,而他種油類則均為上紅,下綠。如以亞麻仁油徐徐加入桐油,則視桐油之純度如何,亞麻仁油加量自15%至25%便可使其光帶回復至上紅下綠。此項加入之油量,卽為測定桐油純度之數,名曰轉變點 (turning point value)。桐油之主要成分為油蠟酸(elaeomargaric acid)與油酸(oleic acid),夫 olein 光帶之分散本爲普通狀態,然入 elaeomargarin 中,其本能便不能全顯,祇能成爲一種稀薄狀態。是以欲使桐油隱沒特態,轉入正規,則須視油酸存在之多寡矣。Ware 與 Schumann 以鉀皂法與陽光凝結法(light break method)試得桐油中含有 90—94%之 elaeomargarin 與 10 % 之 olein 者,其轉變點爲 15.5, 如油中祇含 elaeomargarin 者,則爲 25.5。Pickard 氏以我國桐油試之爲 24.0, 以 Florida 桐油試之爲 25,兩者均含有 1% 之 olein。由此觀之,此項試驗,雖未廣用,然亦堪稱適當。測驗方法是用 Pulfrich refractometer 一具,其九十度之 Pulfrich 三稜鏡(N_D=1.62) 上繫一小匣,惟三稜鏡之上面,須高出於鏡與匣子之相連處。用 tungsten 强光爲光源,用穿孔之幕以絕餘光,望遠鏡一只,則爲視察光帶之用。然後以亞麻仁油秤好,其量約爲 15 %,油須無淀脚,亦須無水分,乃加入桐油中,加熱不得過 100°C,攪拌復冷,至 25° C 於是測驗。如光帶猶無常態,亞麻仁油仍可徐徐加入,至有上端有極狹一條之明顯紅帶爲止。如油續加,則紅色愈明,綠色亦可呈現於下端,乃全部變爲普通之狀態也。

Bacon's Test——試管四個,其容量爲 $\frac{3}{4}$×4 吋,甲管入 10c.c. 純粹之桐油,乙管入含百之五之植物油者 10c.c.,丙管入含百之十之植物者 10c.c.,丁管則入 10c.c. 之試樣。四管齊入 288°C 之油鍋中,其温度須維持在280—285° C 間,九分鐘後,取出割之,甲管之油呈硬性,割開處,毫無牽帶之碎屑;乙管之油固結較柔軟,割開處呈羽狀;丙管之油,則更輭而難割;丁管之油與以上三管比之卽知其成分如何矣。Hoepfner 與 Burneister 則謂此法須有改良,加熱當及 12 分鐘,温度須達 310° 然後可。

Worstall's Test——百公分之桐油,熱於直徑六吋之金屬之皿中,須於四分鐘內卽達 540°F,保持在此點之温度內繼續攪動,如於 7½ 分鐘內卽能膠固,以刀切之,能如切乾燥之麵包而毫無黏着且帶暗色者則爲純粹之桐油;於 7½ 分後膠固之,或其色光亮,其性輭而黏者,則爲不純粹之桐油。

Browne's Test——桐油5c.c.入一容積15cm.×16mm.之試管中,管口配一木塞,中插玻璃棒一根,直徑爲3mm.。另備一容積約800c.c.之杯,高15cm.直徑爲10cm.,盛棉子油達7.5cm.高度,中懸一特製之溫度計,離皿底1.5cm.。先熱油杯達293° C,乃以試管沈入杯中,深與溫度計相平,同時卽計其時。外火暫時離去45秒,復熱之,使其溫度持於282°C,歷時共九分,每隔¼分以玻璃棒上提一次,以視桐油之膠固。美國純粹桐油膠固之平均時間爲九分半鐘,和有百之十之桐油者須十分鐘。

比重與折射指數爲檢驗雜質之重要方法。麻油(Sesame oil)之攙入,可用Bandowin Test檢查之,松油之加入可用旋光檢查,小量豆油之加入,亦可用碘價別之。

Iodine jelly test——秤2.5公分之桐油入三角玻璃杯中(Erlenmeyer flask),加10c.c.之$CHCl_3$(比重爲1.480−1.481),杯中直立小瓶一,中入10c.c.特製之碘液(溶碘於$CHCl_3$中,使每c.c.之含量達0.035−0.036公分),杯卽封塞。置杯於溫水中(25°−26°C),歷數分鐘,乃傾倒小瓶,而搖轉之,使碘液與桐油相遇。同時始其時計而復入溫水,每隔十五秒,則提杯橫臥,察其膠結與否。純油膠固時間須2½至3½分鐘。

Chapman test——以6吋長⅜吋直徑之試驗兩個,內入欲試之桐油各5c.c.浸試管於蠟液中,斯時溫度爲212°F,於是漸漸加熱,在一刻鐘內升至482°F,持此溫度歷半小時,乃取去試管一,他管則吹之以氣,歷一小時始畢。試管碎之,檢視其中膠物,如係純油,則第一管必已固結,而第二管已無堅硬。惟試驗之時,最好與純油一同行之,以便比較。

Browne Test之改進——Mr. Sutherland採用油鍋兩套,外盛礦油,內置盛以棉子油之標準玻杯一只,油之高度爲內外相平。試管二,一盛純油,一盛試樣,同入棉子油中,桐油高度只與外油相平。試驗前,使鍋熱至540°F,乃以試管插入,並另用一燈維持其溫度在560°

F，於是記其時間其油何時始起凝成線狀，又於何時持其油中玻棒可以舉其試管乃爲終點。

蘇氏以爲Browne法之檢查，實有不甚正確之處。如彼以Browne法用純油試之，其凝固之總時間亦有延長一分半至二分者，如攙以10％豆油試之，結果亦然，故雜有10％以內之豆油，結果决不能精確矣。如以今法試之，則視其膠凝期間(duration of jellying)便可分別。所謂膠凝期間，者，即自桐油可以開始提起得成線狀而至固結終點是也。在有10％之豆油時，其延長時間約爲15至20秒，攙有15％者，則爲35至40秒。除膠凝期間與凝固之總時間二法外，尙有檢察桐油膠固後之顏色一則，攙雜者之膠物常較純油所成之物爲帶紅(rubbery)。蘇氏言，以此三者爲准，則誤可少矣。

蘇氏又謂油中含有游離脂酸，則亦生影響。含有10％者，其凝固總時與膠凝期間均較含有10％之植物油者爲長。其膠質之形狀，亦有不同，性較爲靱(sticky)。試管四週膠狀之凝固亦較速於中部。是以酸價之關係至爲重要，不僅有關凝固，其與煉油時油鑊(varnish kettle)中之作用亦有影響也。

故S.T. Me Grath亦云：當酸價在四以下者，Browne法行之頗適，如酸價一高，則其時間必增加矣。

Philip E. Jameson 對于桐油含有脂酸桐油之疊合時間之延長一項，頗多研究，且試得有酸油與無酸油之各種記錄。彼以五公分之氫氧化鈣製成75％之溶液，加入100 c.c.之桐油中，攙拌十五分鐘，過濾，得一較清之桐油全無脂酸。依法製之，乃得下表：

(60°F) 比重	%游離脂酸	540°F 疊合所需之時間(分) (a) 原油	(b)無酸油
0.940	1.9	13	12
0.940	2.8	13½	12
0.939	4.6	14½	12
0.939	4.5	14½	12
0.940	2.8	13	11¾

0.939	3.7	$13\frac{1}{2}$	12
0.939	3.8	$13\frac{1}{2}$	12
0.940	2.4	13	$11\frac{3}{4}$
0.940	2.7	13	$11\frac{1}{2}$
0.940	3.2	$13\frac{1}{2}$	$11\frac{3}{4}$
0.940	3.3	13	$11\frac{1}{2}$
0.939	3.4	$13\frac{1}{2}$	12

Jameson以爲疊合時間之延長,是因脂酸受熱自已不能凝固之故。凝固時間之延長與脂酸多寡成比例。有人以爲疊合物在脂酸中有溶解性,蓋凝固物加以亞麻仁酸或松香酸可使其黏度減低,其黏度之減低,則因酸類使成疊合溶液,故此疊合溶液存在于不疊合之酸類中,乃能延緩熱試驗之作用矣。

由此以觀,加熱試驗固足爲用,然有酸度之存在,則影響頗大,是以詳實之試驗,猶須恃其他之物理與化學試驗也。

氯化錯之桐油定量試驗——氯化鍣與桐油作用,可以立刻生成固體,故桐油中含有百之五至十五之豆油者,恆以此法試之。五公分之桐油入玻杯中。以20cc toluol稀薄之,于是加入5c.c.之80%四氯化鍣。沈澱立得。以toluol洗淨沉澱,在100°C歷24小時乾燥之。如油純粹,其沈澱之重必爲42.85%內含10%之豆油者則爲38.57%

桐油之產地及其產量

我國桐油之出產,以四川湖南湖北浙江爲最多,安徽江西福建雲貴諸省亦產之。茲將各省產油縣分分列如下:

四川省—(1) 揚子江流域——雲陽,奉節,開縣,萬縣,宣漢,梁山,忠州,長壽,新寧,渠縣,太平,涪州,重慶,江津,合江,瀘州,江安,興文,長寧,洪縣,慶符,高縣,敍州,屏山,榮縣,井研,嘉定,巫山。

(2) 嘉陵江流域——合川,西充,南部,廣安,閬中,彰明。

(3) 烏江流域——南川,彭水,黔江,酉陽,秀山。

浙江省—衢州區——江山,常山,開化;金華區——蘭溪,東陽,武義,義烏;嚴州區——建德,分水,桐廬,壽昌,淳安,遂安,處州區——松陽,龍泉;溫州區——瑞安,平陽,杭州區——於潛,昌化,紹興區——諸暨等。

湖南省—常德,大庸,寶慶,辰谿,沅州,靖縣,永順,洪江。

湖北省—老河口,郧陽,荆州,沙市,武穴。

陝西省—紫陽,興安,洵陽,白河,漢中。

貴州省—銅仁,松桃,黎平。

安徽省—徽州,宣城,廣德。

江西省—玉山。

廣西省—梧州,南寧。

雲南省—蒙自。

福建省—樟州。

我國所產桐油量數,實難得一有系統之記錄,一則以政府原無統計處之設立,二則內地遂產遂銷,亦有無從統計之處。據調查所得之報告,謂四川全省年產約及五十萬擔,內萬縣區約占十六萬擔。涪州區約占十二萬擔,梁山區約占二萬擔,重慶上游約占三萬擔,雲陽區約占六萬擔。湖南運漢者年約三十六萬擔。浙江全省年產約十六萬擔。安徽年產約十二萬擔。廣西年產約十五萬擔。茲據海關貿易册之報告,其輸出之數量較爲可靠,特錄如下:

(一) 出洋量數

年份	担數	海關兩	每担兩	運美担數	百分數
民國 1	582,815	5,823,204	9.99	307,927	53
2	463,647	4,001,503	8.63	311,246	67
3	438,867	3,745,219	8.51	265,983	61
4	310,344	3,012,343	9.70	215,921	69
5	515,173	5,511,418	10.69	404,725	79
6	401,361	4,835,908	12.04	301,306	75

7	488,862	5,975,926	12.22	380,434	77
8	613,455	7,960,968	12.97	309,161	51
9	540,716	6,739,191	12.46	379,952	70
10	419,549	5,466,430	13.02	223,207	53
11	745,565	10,888,130	14.60	616.321	83
12	836,887	17,477,421	19.88	593,624	71
13	896,038	17,714,713	19.60	627,040	70
14	894.073	17,450,104	19.50	706,073	79
15	748,184	14,962,313	20.00	540,013	72
16	901,294	21,970,947	24.38	572,316	64
17	1,094,299	23,302,221	21.31	740.239	68
18	1,069,650	23,519,702	21.99	735,244	69
19	1,167,255	30,546,872	23.63	874,006	72
20	864,864	20,416,102	23 60	549,600	83
21	802,769	14,866,003	15.00	495,792	62
22(一月至九月)		24,246,422			

(二) 原貨各埠出口量數

	民國17	18	19	20	21年
哈爾濱	75	67	34	74	—
安東	33	23	34	13	—
大連	3	20	35	78	—
牛莊	—	28	48	82	—
天津	150	134	163	168	56
烟台	3	2	3	2	283
膠州	23	—	—	—	—
重慶	35,906	111,907	169,816	53,901	39,193
萬縣	—	263,340	312,555	230,355	
蘇州	324,492	—	—	—	
宜昌	49,633	27,264	46,705	27,266	
沙市	29,425	19,332	28,265	20,057	890

長沙	23,155	38,606	29,267	13,527	
岳州	399,371	471,587	450,654	310,115	
漢口	415,152	284,553	228,112	252,564	364,411
九江	2,490	6,561	1,541	84	
蕪湖	465	1,662	1,777	19	
南京	—	24	1	—	
江	6	6	—	—	
上海	29,430	25,305	26,081	28,533	316,076
杭州	462	6,392	11,904	9,311	
寧波	20	18	1	5	
溫州	22,081	35,913	29,812	18,875	219
三都澳	354	71	422	141	
福州	524	1,614	1,542	520	22
廈門	116	5	4	37	96
汕頭	41	215	213	174	232
廣州	370	78	223	281	598
九龍	25	17	119	8	
拱北	3	—	—	3	11
江門	—	12	—	41	15
三水	1,369	2,454	419	4,866	903
梧州	113,775	101,495	57,092	61,698	69,841
南寧	24,456	21.237	—	19,582	9,329
瓊州	—	—	—	—	—
北海	138	909	2,218	2,623	348
蒙自	291	1,304	851	190	245
騰越	1	—	1	—	—
共計	1,473,838	1,421,094	1,417,912	1,055,193	

自此統計觀之,我國出口桐油之數量,約有一百四十萬擔,如連內地銷費之未能計及者,則其出產總量,當可達一百五十萬擔矣。

桐油之用途

桐木質輕,不爲虫蛀,可爲樂器,衣橱,爐蓋,上等箱料屋料諸用。桐殼燃之爲灰攙入低漿,可作製紙原料。霉爛之後,可作肥料,焚煙可以製墨。果皮焚灰,可以製鹼。桐粕亦可供諸肥料之用。(茲據美國桐油合作社報告桐粕可相當 guano 肥料,按其分析如下:guano—4—10% 磷酸, 5—6% 氮, 1.2—1.6% 鉀, 8—12% 水氣;桐粕—1.7—2.7% 磷酸, 4—6% 氮, 1.2% 鉀,與5—6 % 水氣)。燒之成灰,混以油分,可爲器具縫漆,較漆尤堅。樹皮含單寧質頗豐,可用製備染料。

至於漆油之本身,則爲用更廣。市售之廣漆,則非和以桐油不足以顯其作用。美人云在彼邦有八百五十種實業有非賴桐油則不爲功者。蓋桐油乾燥性甚强,又能防水,故髹漆無論何項什具,色澤光潤,不能剝裂,堅牢耐用,且爲電氣絕緣,故可以製造假漆,磁漆,地板漆,牆漆,三和土漆,雨衣,雨傘,油布與革印墨等。與錳,鉛,鈷金屬化學,又可成tungate 乾料(drier)之用。與石灰混合,用補隙縫,堅勝水泥。燈用則不合。

在醫藥上則可用解砒毒,作嘔吐劑,却癰腫,殺虫,治瘡疥,頑癬等類。

生油不可用爲油漆,故須煎煮(boiling)舊法用無蓋之鍋,置於隨意遷移之爐上,徐徐加火,除去水分,過速則水氣湧上有溢出或燃燒之患。水氣盡後,可漸加熱至200°C再熱半小時,隨時拌攪,迨取樣成線狀,卽可止火。使冷,或另加乾料(Lithage 酸,酸鉛,硼酸,錳)使之成漆。溫度不得過230°C否則立變膠結,不能復溶。已膠結之油若用等量之罌粟油或 Nut Oil 在三百度同焙,則成韌膏,易溶於Acetone, Benzene Terpene oil, Amyl, acetate, Camphor oil, 加於 Oil Varnish能增抵抗力及亮度。我國油漆地板,先敷油灰,再漆以已加顏料之熟油。Andes置油洋磁器中,熱二小時以170°C爲度,徐徐冷却靜置數日,沉脚可爲黏料用,油層熱至180°C度約一時,旋冷至130°C,漸加 Lithage

粉約當油量之百之二,用力攪拌,速使冷却,再加相當松香油以達必需之稠度。Knochs熱油至205°C,冷却加Naphtha或松香油,再和以亞麻仁油或棉油。Base oil之製法則以10 gal.之桐油在銅鍋中熱至450°F,加10磅之resinate,溶後加淨淨亞麻仁油5 gal.,少量加入,再熱至400°F歷半小時,再加½ gal松油或困卽成。

桐油之國內貿易概況

國內桐油貿易之市場,約可分爲三大區域。一爲四川區,二爲漢口區,三爲杭州區。上海則爲出口薈粹之所也。

四川區則以萬縣與重慶爲兩大市,下東方面及重慶上游內江合州等處,其油均集中萬縣,而其附近爲涪州忠州等地,每年亦均被吸收。雲陽東節之油年產亦多,其地在萬縣之下,故已直運漢口矣。烏江游域之油如秀山彭水所產者,由烏江用帆船運至涪州,然後再至萬縣。嘉陵江流域所產者,以嘉陵江在重慶流入揚子江,故均運至重慶。重慶上游一帶之油,則均由小河運至瀘州,再由瀘州運至重慶。桐油集中萬縣與重慶後,如外商與桐油客商均托其代理商人在其地就近購買以備運漢。亦有直接出洋者。

四川所產之油,統稱川桐,不過又往往冠以地名而別之,如嘉定敘州產者,曰敍州簍子;嘉陵江上游所產者曰合州簍子;開縣產者曰開縣簍子等等。油簍以竹製,內糊皮紙三四層,更塗一種塗料,致不滲漏。簍形大小不一,皆作圓形,高23吋,寬21吋,口徑13吋,容量220斤。諸簍在市上則僅用白桐油與秀油兩種名詞,白油呈淡黃色或金色,因其質佳,專銷歐美;秀油呈深黑色,有尖秀中秀尾秀之別,牌類極繁,其質粘韌,供國內髹漆家俱之用,銷數不多。川中交易習慣,悉行集於茶肆,每日成交,可分早市中市晚市三種。其運輸,在川河下游者,則以水勢喘急,頗爲不便,故水脚亦異常昂貴,三峽之險,尤多危險。四川時局不靖,稅收橫征,據云每百斤桐油,由原產地點運至漢口,至少須完厘金大洋二元九角有餘,又關稅九七平銀八錢一分有餘,再過駐軍防地,其負擔之雜稅更須倍之。

漢口桐油之來源,則可分爲五路:(1)陝西之油先集中於紫陽,興安,鄖陽,白河諸埠,湖北西北各地沿漢水流域所產之油,則集於鄖陽諸埠,然後循漢水運至襄陽縣之老河口而至漢口,此路之油稱曰襄古桐,年運漢市約廿五萬擔。(2)貴州之油則先集於銅仁,四川之油,集萬縣與重慶,然後運達漢口,簡稱之曰川桐,年運漢市約三十萬擔。(3)湖南之油,則先集於常德,津市而後轉漢,簡稱之爲南桐,年銷漢市約三十六萬擔。(4)湖北沙市所產之油,稱爲荆沙桐。(5)漢口下游至武穴一帶所產之油稱爲邊江油,荆沙邊江二油年運漢市約五萬擔。統計五省產油集中漢口而轉銷歐美者,不下百萬擔。此外尙有秀山之秀油,五萬桶(每桶85斤)洪江之油廿萬桶(每桶60斤)年運漢市,轉售江皖各省。

川桐南桐二種乃炕子所榨,色金黃水份較輕。襄古桐,荆沙桐與邊江桐爲晒子所榨色較淡,而多水份,故以川桐南桐爲佳,而襄古桐次之,老河口等處則貨雜,且攙雜油,是以又次之。

桐油之裝運,用簍用桶亦不一律。襄古桐裝之以簍,每簍約重180—200斤。川桐用桶亦用簍,每件各重二百四五十斤。南桐桶重百斤簍重九十餘斤。其輸運向用民船,近以航業競爭,太古怡和日清招商晋濟及正興輪船公司,均設堆棧用輪船代爲運貨,春夏水漲竟有放船直達萬縣者,是以四川桐販之資本薄弱者,相繼爲之擠倒。

漢市桐油之賣給洋商者,須煉淨後,經化驗處檢驗其油分在1.508度者方爲合格,以前約由S. J. F. Jonson化驗,自十八年十一月六日始我國工商部已設有商品檢驗局執行此事。至於桐油商店其專營洋莊者共有九家。

春源,德茂,愼昌,其昌,亦昌,晋昌,元昌,祥昌,洪昌。至於外商則有以下之十六家。

義瑞公司(代理美國W.G. Smith Co.),聚興誠貿易部(代理美國

Spener Kellogg son.)

美商一生利,其來。

日商一三井,三菱,日華。

英商一安利,怡和,老沙遜。

德商一美記,美最時,嘉利,業施,禮來德。

法商一立興。

杭州區之油市,是先集中於衢州,蘭溪二處,然後由民船裝運杭州。運費自衢至杭每提約三角,自蘭至杭者約二角,自杭至申約七角。裝運則以簍與鐵箱兩種;每簍裝淨油五十六斤,合二簍爲一砠,鐵桶卽火油箱,每箱盛油,共重三十斤,以四箱爲一砠。價不一,每砠約洋三十二元。油銷上海者十之六,銷本地及蘇常一帶者十之四,惟出洋之油不得攙雜青油,名曰足度須用Carl Zeiss機驗明在1.517度者方可。攙有七成桐油,三成青油者,曰特徵;三成桐油七成青油者,曰普徵;五成桐油五成青油者曰本封。市價則不一亦視青油市價爲定。

上海益盛,恆美,恆祥三號已合開振業公司於上海,設分莊於衢蘭,就地收貨。杭州方面之商場,在城內者計有七家。

信昌,天成,萬康,昇號,裕大,昇記,成泰。

新設之桐商,則傾向於城外,設肆於閘口者計有三家。

恆隆,同吉,同義公。

至於上海之桐油商店,國人所經營者其地點大都在南市一帶:

恆美,恆盛,恆來承,元裕,公和,益盛,恆祥,正豐源,亦來仁,協盛永,同盛,北源來,南源來,恆和,湧成,元來,元裕,承記,源聚。

外商則有:

開利(北京路),安利(二馬路),小林洋行(廣東路二十六號),東方(楊樹浦油公司)及正廣和油廠(四馬路四川路口)等數家。

桐油之國際市場

我國之對外貿易,自絲茶失敗以來,惟桐油出口,近年可達二千萬兩,且有與日俱增之勢。蓋以我國桐油生產既富,品質又良,世界各國工業上必需之桐油,莫不賴我國之供給,其間又以美國爲最多,約占總數百之七十。其次則爲英國,在民國十六年購入四萬餘擔,至十七十八年則增至十萬擔,占出口總數百之十矣,惟廿,廿一兩年因受世界經濟不景氣之影響,輸出大減,價亦低落,然丹麥和國尙年有增加。茲將各國於五年內進口我國桐油量數列表如下:

	十七年	十八年	十九年	廿年	廿一年
香港	138,364	124,868	55,427	83,581	82,386
%	12.64	11.67	4.75	9.69	10.26
英國	99,898	84,035	94,229	99,632	86,035
%	9.12	7.85	8.02	11.55	10.72
德國	42,884	23,943	36,071	27,544	19,336
%	3.92	2.12	3.11	3.19	1.36
和國	25,821	33,139	36,808	45,464	59,355
%	2.35	3.10	3.15	5.28	7.38
法國	17,206	25,044	30,796	15,956	17,278
%	1.61	2.24	2.65	1.34	2.15
日本	7,955	19,754	10,777	8,575	6,896
%	0.72	1.85	0.92	0.99	0.86
美國	740,239	735.244	874,006	549,600	495,792
%	67.64	68.75	74.87	63.50	61.75
丹麥	5,591	4,846	7,203	11,911	10,777
%	0.68	0.45	0.57	1.38	1.35

由上表觀之,知我國桐油之銷路,首推美國,其次爲英,是以英美兩市場最堪注目。然英美兩國以其需要之殷與漏巵之大,且垂涎我國之獨占富源,於是乘我國桐油生產尙無系統的組織時期

力圖抵制之野心。

美國自 1905 年,其農部費載博士提議囑漢口領事 L.S. Wilcox 購選吾國桐子播種後,即得相當之成績。旋美國油漆業聯合會集資十萬金,組織美國桐油協會,美政府亦撥五十萬金,一面指導農民植桐方法,一面購地試植。至民國二十一年四月份止,其墾植地面有如下表:

Florida	14,000—15,000	英畝
Mississippi	10,500—11,000	英畝
Georgia	1,750— 2,000	英畝
Louisiana	1,500— 1,750	英畝
Alabama	600— 750	英畝
Texas	400— 500	英畝
共計	28,750—31,000	英畝

Florida 植桐最早,故其已能產實之桐樹亦爲最多。Mississippi 與 Alabama 兩省之樹,亦大半可以產實。茲據最近之研究報告:其有一種腎形桐果,能包含桐實達三十顆之多,我國所產者僅爲五六顆。其相差之遠,竟有若是之巨,可知種桐之改進有效,而彼等期於二十年後,美國桐油可以自己供給者,事非不能;再觀近兩年來其購入數量自百之七四減至六一,此或由於世界不景氣之使然,然其已能自給小量,亦爲一因。長斯以往,恐二十年後,上等桐油之給予者,反欲求諸美國矣。語非過甚,棉麥之殷鑒在也。

英國於 1917 年英帝國原料委員會即提倡試植桐樹於菲洲印度澳洲等處,近聞於 Heleusville 已專設育苗圃,成立桐油公司,擬種桐樹二千英畝,又在 Ruckland 附近亦擬墾八千英畝以植桐樹。英帝國研究會亦已有桐油及桐子研究會之組織,桐油公司亦散給種子於農戶,政府更與之合作,獎勵種植,在菲洲等處已見有相當之成績。年內南洋樹膠價落,則更加彼國植桐之急切矣。

英美植桐,其孤心苦旨,慘淡經營,實堪驚懼。他年桐樹成蔭,肥果累累,而我長此不進,則吾國桐油之國際市場,將無插足之餘地,可不懼哉。

結 論

世界工業之發展須恃銷費與生產同時並進,如任何一方發現阻滯,則此項工業必生不利故桐油事業亦然。今英美之情形既如彼,而國內之生產情形又如此,欲桐油事業之不蹈絲茶覆轍,則非銳意整頓不爲功。故第一須組織國際的桐油貿易公司,俾輸運與市價,不致假手於洋商,而免常被操縱之慮;況經濟集中,大規模之搾油工廠與改良種桐等項,則均易舉辦。再查我國所產之桐,其質品實較任何各國所產者爲佳,茲列一比較表如下:

	漢口	美國	日本
比重(15.5°C)	0.9425	0.941—.938	0.9375
酸價	19	1.3—0.4	—
䃉價	194.3	194—190	195.3
N_D(25°C)	1.5179	1.5185—1.517	1.5056
碘價(wijs)	170.6	167.8—159.2	152.9
黏度(15.5°)	1850 秒	—	1430 秒

漢口與日本兩油爲Samson氏分析之結果,由此相較,可知中國桐油之比重碘價及屈折率均較美油爲上,惟色澤與酸度略有不若,然可於搾油方法改良之。日油稀薄,更較美油爲遜。是以國產品質之良,實爲天富,惜商人喜摻雜油,自墮信用,故第二當設立出口貨之檢驗機關。消極的取締,積極的提倡之。今上海漢口青島已由實業部設立商品檢驗局以司其事,略見成效,然尚宜擴張至其他出口大埠如萬縣,梧州,等是。至於圖謀我國桐油事業之永遠計劃,則不可不謀科學的耕種與取油之研究。故治本之道,當設立桐油試驗場,效近年江浙蠶桑事業之改進辦法,由政府專設研究機關或撥款於農業學校特聘教授專任研究,蓋我國之桐油雖云盡屬Fordii種類及一部之Montana種,然其間出入尚多,如湖南產者,不盡與四川相同,川桐又不盡與陝桐同,故已往之時,各人將其油類

分析之結果,實難以言定何種爲優,何種爲劣,蓋取樣之時,根本上已混亂矣。如研究機關成立,則可實地以行試驗,甲樹之實何以富油,而乙樹則否,又甲桐何以繁滋於甲地,乙桐何以不適於乙地而能否適合於丙地;其地質,其氣候,其地位,其施肥以及其育種培養與採取諸端,一一究其至微,期得最良之結果,用以派員分赴農戶指導,供諸採用,直接以增農戶經濟之收入,間接以提高油廠之榨量。我國荒地至廣,亦可同時翠植之。至於榨取桐油,其規模之大者,固宜採用新式機器,然小商之限於資本者,其木製舊式機器,不妨沿用,惟宜教之如何實行合式的採備果肉方法,而注意油色之清淺與酸雜之減低。油量之多寡,則宜注意其蒸熟果粉之溫度及壓榨之壓力與時間。一一試至最良之情況,用以爲準,則所得之產物,其量之高,與質之純,自亦不難臻於上乘也。

夫中國爲無工業而有富源之國家,故各種實業祇在幹不幹,而不在成不成,桐油事業亦然。惟此數年來,政府發行數十萬萬之公債,而俱不幸耗於不生產之戰爭與政費,以及公園,馬路,紀念堂,先烈塔像等無謂而耗費之建設,竟無暇投資於生產之事業,是以統一數年,而建設迄不能作一步之出發。爲今之計,惟有促全國政治上之負責者,息恩怨,停鬥爭,策羣力,共向惟一生產的建設目標前進。凡政治上有抱負者,寧捨政柄,弃軍權而作一國營工廠或國營農場之管理人,必政界人才俱有此種覺悟與興味,然後中國建設庶幾有成。而新時代之英雄亦必爲有此等覺悟之人無疑也。

參攷書

L. Lewkowitsch—Chemical Technology and Analyses of oils, fats, & waxes. Vol. I. II, & III.

Louis E. Andés—Vegetable Fats and Oils.

Louis E. Andés—Drying oils, boiled oils & solid & liquid driers.

Fryer & Weston—Oils, fats and waxes. Vol. I.

R. S. Morrell & H. R. Wood—The Chemistry of Drying Oils.

Journal of Chemical Education—1930 Vol. VII. No. 1 & No. 10.

J. Newton Friend—The Chemistry of Linseed Oil.

Henry A. Gardner—Physical & Chemical Examination of Paints Varnishes Lacquers & Colors.

Bulletin No. 1—Tung Oil Testing Department. Hankow Bureau of Inspection & Testing of Commercial Commodities, Ministry of Industries.

Glenn H. Pickard—China Wood oil.

American Tung oil Corporation—Questions and Answers on Tung Oil Production in America.

American Paint and Varnish Manufacture's Association—Proceedings of the Scientific Section Educational Bureau. January 1931.

George S. Jamieson—Vegetable Fats and Oils (1932).

實業部上海商品檢驗局——浙江桐油調査報告書

實業部漢口商品檢驗局——桐油概況

江海關貿易册——民國元年至民國廿一年

工商半月刊——第一卷14,25號:第二卷89號。

國際貿易導報——第二卷4號。

國立中山大學自然科學季刊——第一卷3號。

晕卓君——種油桐法(商務)

"*Opaque Drying of Tungoil*" O. Merz, Chem. Umschau 34, 45 (1927).

"*China Wood Oil,*" E, Fourobert & F. Pallauf, Chem. Umschau 34, 1 (1927).

"*Determination of Composition of Tungoil by means of Thiocyanogen Absorption*" H. P. Kaufmann, Ber., 59, 1390 (1926); Analyst, 51, 473.

"*Chinese Wood Oil.*" A Eibner, O. Merz & H. Munzert, Chem. Absts., 18, 3728 (1924).

"*The Oxidation Processes in Drying Chinese Wood Oil,*" O. Merz, Chem. Absts., 20, 2255 (1926).

"*Non Identity of Elaeostearic Acid Tetrabromide from Tungoil with ordinary Linoleic Acid Tetrabromide,*" B. H. Nicolet, J. Am. Chem. Soc., 43 938 (1921).

"*China Wood Oil in Lacquer I*", W. E. Flood and D. C. Booth with W. H. Beisler, Ind. Eng. Chem. 20, 609 (1928).

"*The Signifcance of Negative Catalysis in Formation of Protective Coatings*". J,

Scheiber, Chem. Absts., 1928, 22, 2281 (1928).

"*Determination of the Constitution of Tung Oil Fatty Acids*", W. Manecke and F. Volbert, Brit. Chem. Absts.—B, 1927, 82.

"*Action of -Naphthol as a Negative Catalyst in the Oxidation of Drying Oils*", R. S. Morrell, J. Oil Col. Chem. Assocn., 10, 278, to 290 (1927).

"*Tung Oil IV and V*", A. Eibner & E. Rossman, Brit. Chem. Absts.—B. 1928, 934.

"*Somo Obsorvation on Cooking China Wood Oil*", R. L. Houck, Pt., Oil Rev., 86, No. 21, 10 (1928).

"*Tung Oil: A Review of the Possibilities Within British Empire.*" L. A. Jordan, Res. Assocn. (Brit.) Paint, Col. Vav. Mfrs., Tech. Paper No. 1, 40 pp. Absts. Bull. Imp. Inst. 26, 249 (1928).

"*Tung Oil*" D. Holde W. Blevberg & M. A. Azia, Chem. Absts. 23, 1701, (1929).

"*Tung Oil*", L. A. Jordan, J. Oil Col. Chem. Assocn. 12, 113-153 (1929).

"*Determination of Wood Oil in Paint Vehicles*", von Reibnitz. See Oil Col. J., 75, 1348 (1929).

"*Examination of Tung Oil (use of sncl)*", Oil Col. Tads. J. 75, 269, (1929).

"*Constitution and Drying of Tung Oil*", H. A. Gardner and G. G. Sward, Pt., Oil and Chem. Rew., 88 No. 10, (1929).

"*Determination of Tung Oil*", J. Marcusson, Farben Ztg., 35, 1203 (1930); Brit. Chem. Absts.—B. 1930 467.

油漆輸入額之調查

沈慈煇　　王祖舜

吾國自古宮室舟車之屬,非髹以漆,卽塗以油,所以使華麗也,需用之繁,無待贅述,自與海外通商以來,舶來油漆日見增多,而土漆則漸滯銷,近十年來雖有國人創辦之油漆廠十餘,分設全國各大都市,乃以吾國區域廣大,所有出品,仍不足供給全國需要,或因品質不能較勝舶來,故製造廠年有設立,產量日有增加,而進口油漆亦同時並進,查海關貿易册歷年進口數額,在民元時祇七八十萬兩,二十年來已超出數倍,近年進口數總在二百萬兩以上,鉅大漏巵,殊可驚人也,玆列圖表于後以供參考。

逐年油漆進口總值表

國／年	總值	英	%	日	%	美	%	德	%	其他	%
民國1年	733,848	518,176	70.61	83,998	11.45	13,885	1,89	61,386	4.11	56,403	11.94
2	870,883	605,457	69.52	75,426	8.66	43,417	4.99	57,867	5.28	63,344	11.55
3	845,511	651,310	77.03	79,820	9.44	30,210	3.41	32,893	3.89	51,278	6.23
4	1,290,098	902,091	69.88	231,284	17.92	104,084	8.62	1,459	.11	51,180	3.47
5	1,503,024	944,211	62.82	287,459	19.13	232,112	15,44	493	.03	38,739	2.58
6	1,251,954	718,177	57.37	333,444	26.63	169,926	14.88	—	—	30,407	1.12
7	1,089,627	515,280	47.29	416,662	38.06	148,2[illegible]6	13.63	—	—	11,459	1.02
8	1,820,601	913,963	50.20	468,540	25.74	395,379	21.72	—	—	42,719	2.34
9	1,996,487	1,051,688	52,67	392,054	19.64	462,963	23.19	800	.04	88,982	4.46
10	2,642,557	1,601,000	60.59	481,665	18.23	415,440	15.72	57,277	2.17	87,175	2.29
11	2,153,639	1,194,217	55.45	437,366	20.31	384,287	17.84	49,160	2.28	88,609	4.12
12	2,539,571	1,493,889	58.82	492,652	19.40	406,924	16.02	50.592	1.99	95,514	3.77
13	1.539,763	965,973	62.74	286,736	18.62	191,530	12.44	13,882	.90	81,450	5.30
14	1,332,670	605,359	45.42	333,234	25.01	248,160	18.62	49,927	3.75	95,990	7.20
15	1,518,043	749,775	49.39	336,850	22.19	250,006	16.47	61.485	4.05	119,927	7.90
16	1,415,384	677,355	47.86	375,499	26.53	179,969	12.72	64,885	4.58	117,560	8.31
17	2,053,698	1,178,285	57.37	321,772	15.66	248,775	12,11	98,578	4.80	206,288	10.06
18	2,126,717	992.191	46.65	474.000	22,29	384.727	18.09	113,815	5,35	161,984	7.62
19	2,220.532	993,367	44.74	546,192	24.59	420,421	18.93	97,984	4.41	162,568	7.33
20	2,434,302	1,197,228	49.18	446,886	18.36	485,251	19.93	145,354	5.91	159,583	6.56

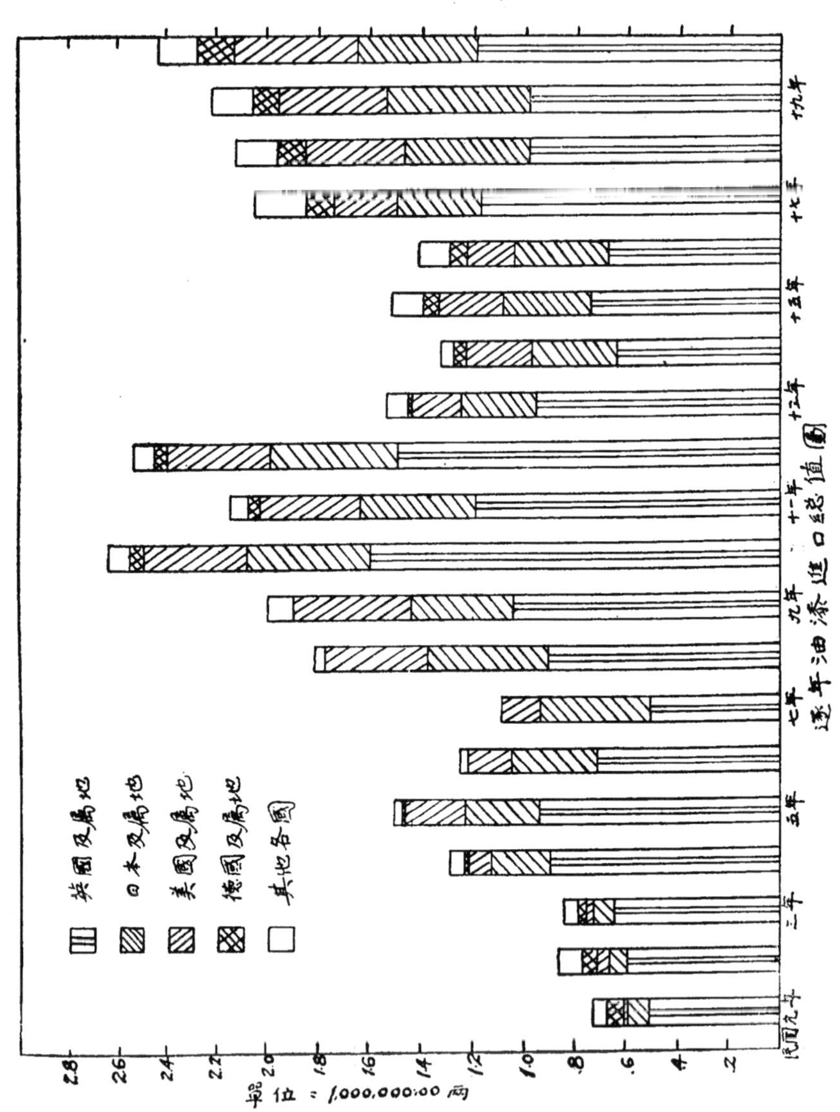

逐年油漆進口總值圖
英國及屬地
日本及屬地
美國及屬地
德國及屬地
其他各國
單位＝1,000,000.00兩
民國元年
三年
五年
七年
九年
十一年
十三年
十五年
十七年
十九年
2.8
2.6
2.4
2.2
2.0
1.8
1.6
1.4
1.2
1.0
.8
.6
.4
.2

贈品誌謝

油漆試驗室設立之初,承中外各公司惠贈物品,或佐設備,或供參考,工作進行,獲益非淺,附登名單藉誌謝忱。

American Radiator Co.	Boiler
Aluminium V. Ltd.	Albronze
Yuan Fung Corp.	Silver Loc.
Eagle Picher Lear Co.	Samples & publications
Wilckes Martin Wilckes Co.	do.
Metasap Chemical Co.	do.
Chemical & Pigment Co.	do.
Imperial Oil & Gas Co.	do.
Imperial Color Works Inc.	do.
United Color & Pigment Co.	do.
Beck, Koller & Co.	do.
Titanuim Pigment Co.	do.
Commercial Solvent Corporation	do.
Binney and Smith Co.	do.
Hershaw Chemical Co.	do.
Reynolds Metals Co.	Samples
Kentucky Color & Chemical Co.	do.
Michigan Quarty Silica Co.	do.
Standard Ultramarine Co.	do.
Chemical & Pigment Co.	do.
I G Gesellschaft	do.
National Oil Product Co.	Publications
Hercules Powder Co.	do.
International Lead Refining Co.	do.
Wilkuison Heywood & Clark.	do.
Carbide and Carbon Chem. Corp.	do.

交　大　季　刊

第九期管理號要目

第十期科學號要目

交大季刊

第十一期管理號要目

第十二期工程號要目

本刊廣告價目表

等級	地位	全頁價目	半頁價目
甲	底封面外頁	伍拾元	
乙	底面裏頁 封面裏頁	三十五元	二十元
丙	封面裏頁之對面 底面裏頁之對面	二十五元	十五元
丁	普通	二十元	十二元

一、乙丙丁四分之一頁按照半頁價目六折計算
二、廣告概用白紙黑字如用彩印色紙價目另議
三、廣告如用銅鋅版由本刊代辦照收製版費
四、連登多期價目從廉請逕函本校出版處經理組接洽

交大季刊投稿簡章

一、投稿不拘文言白話凡中英德法文均所歡迎
二、論說新聞雜俎均以科學經濟管理工程學問爲範圍
三、投寄之稿如係翻譯請附寄原本否則須將原文題目著者姓名出版日期及地點詳細開示
四、投寄之稿務望繕寫清楚並加新式標點凡外國文稿件並請打印之如有插圖附表必須製版者請用墨巴
五、來稿請註明姓名住址以便通訊幷加蓋印章俾於發給稿費時核對之
六、投寄之稿無論登載與否概不退還但預有聲明並備足回寄郵資者不在此限
七、投寄之稿經本刊揭載後每篇酌致酬金若本刊尚未揭載已先在他處發表者恕不致酬
八、投寄之稿經本刊揭載後版權卽爲本校出版委員會所有但有另行約定者不在此限
九、投寄之稿本委員會有酌量增删之權如投稿人不願有何增删則應於投稿時聲明
十、投寄之稿應逕寄上海徐家滙交通大學出版處

中華民國二十三年五月出版

交大季刊 第十三期 科學號

編輯者 徐名材

發行者 國立交通大學出版委員會 上海徐家滙

印刷者 上海中國科學公司

代售處 上海 世界出版社 作者書社 現代書局 黎明書局 蘇新書社
南京 正中書局
漢口 光華書局 新時代書店
安慶 世界書局
武昌 學生書店 新光書店
廣州 廣州圖書消費合作社

版權所有

本刊價目

每册大洋三角 全年四册一元
郵費國內不加 國外每册二角

THE CHIAO-TUNG UNIVERSITY QUARTERLY

Volume 4 *Number 1*

SCIENCE

Shanghai, China
May, 1934

交大季刊

第十四期

要目

中華民國二十三年九月　上海國立交通大學編行

中華郵政特准掛號認為新聞紙類　內政部登記證警字第一七五三號

交通大學管理學院新出叢書

(1) **鐵道經濟論叢** 編者 鍾偉成 定價 大洋二角

▲內容 本書內有關於鐵道之專論十篇，其中以編者所著之創辦鐵路押滙芻議，整頓鐵路運輸負責之我見等篇爲最有價值。

(2) **東北鐵路問題之研究**（上下册） 作者 王同文 定價 一元二角

▲內容 本書上册共有十章，先述中東路之史的發展，經濟價值，組織概要，營業與運輸概況。後敍日本侵略下之鐵路問題，如滿鐵會社之組織，財務，營業等概況，日本對東北之鐵路侵略政策，又分析研究南滿路之營業狀況與營業統計，及運輸狀況與運輸統計，最後論述吉會鐵路問題。共一百四十餘頁。下册計有八章，另加續編四章。內容爲：滿鐵租用地問題，南滿鐵路之倉庫管理，東北鐵路聯運及競運問題，葫蘆島築港與東北鐵路網，東北鐵路與國際關係，東北現有鐵路與總理計劃，今後東北鐵路之整理計劃。續編中有：中日鐵道交涉問題，九一八後之東北鐵路，李頓報告書中之東北鐵道問題述評，中東路出售問題。敍述甚詳，立論尤新，共二百頁，誠爲研究東北鐵路問題之唯一有價值書籍。

(3) **吾國鐵路枕木問題之研究** 作者 楊城 王以瑗 陳善繼 定價 大洋四角

▲內容 本書共分八章，其對於枕木之購買，枕木之管理，枕木折舊法之討論，枕木之製煉，發揮學理甚詳，作者並注重於中國急應造林，以提倡國貨枕木等問題，凡欲研究鐵路材料者，宜各執一書。

(4) **鐵路估值** 作者 涂宓 定價 大洋二角

▲內容 本書共有七章，其對於估值原理，估值方法，有形與無形的財產估值，多多討論。

發行者 上海交通大學管理學院

代售處
上海 作者書社 新中國書局 神州國光社 黎明書局 民智書局 大公報社代辦部
漢口 光華書局 杭州 現代書局
南京 正中書局 天津 大公報社代辦部
武昌 新光書局 北平 北平交通大學圖書館
安慶 世界書局

總理遺像

革命尚未成功

同志仍須努力

總理遺囑

余致力國民革命凡四十年其目的在求中國之自由平等積四十年之經驗深知欲達到此目的必須喚起民衆及聯合世界上以平等待我之民族共同奮鬥

現在革命尚未成功凡我同志務須依照余所著建國方略建國大綱三民主義及第一次全國代表大會宣言繼續努力以求貫澈最近主張開國民會議及廢除不平等條約尤須於最短期間促其實現是所至囑

卷　頭　語

本刊原定工程,經濟,科學,輪出專號;嗣以集稿匪易,自本期始改爲混合編制。多承各院教師各地校友熱心投稿,編者躬任校閱,深爲欣幸!

本期編目與上期大致無異;惟特增文藝一欄,以期文實兼顧。幷使讀者於研求實用科學之餘,參閱文藝作品,減少苦燥之感念。

公路車輛概說一文,係胡教授嵩嵒暑期演講之稿,可供關心公路者之參攷。鄭師許先生之「前漢時代海上交通攷」攷究精詳,堪稱史學中之新箸。又鄭先生另有「前漢時代陸上交通攷」,正在搜集資料,將於下期刊布,先此預告。

本刊商承竺可楨先生之同意,轉載近代科學先驅徐光啓一文,幷以誌謝!

胡　端　行

國立交通大學研究所

本所成立以來設置（一）工業研究部分設設計材料機械電氣物理化學等組（二）經濟研究部分設社會經濟實業經濟交通管理會計統計等組除按照所訂計畫進行研究外歷承各路局各機關（如中國工程師學會上海市公用局義與公司等）託辦各項研究及試驗工作薄有貢獻關於上列諸組事項如蒙各界垂詢請惠臨上海徐家匯本所面洽或函商可也此布

更正

前期工程號康君國涇原著『An Analytical Study of the Three-Power Electric Locomotive in its Design and Operation Point of View』其中Three-Power係指三種電力一、柴油引擎主動之電機力二、電池力三、第三軌Thirdrail外給電力所譯三相交流意氣有訛特此更正幷請閱者注意是幸

宇宙成因考

楊耀文

1. **導言** 夫以天地之人，人羣生處其間，動不外天，息不離地，衣於斯，食於斯，聚國族於斯，舉凡生息動作，消長因陳，由一身而旁推鄉土，由邦國而普及世界，總不能超越天地六合以外，然則天地生存，必有至理，贊化育，致中和，轉洪鈞，齊物候，萬象森羅，奧妙無比，苟吾人習焉不察，以爲玄黃剖判，其輕淸上浮，穹窿其勢，曙色蒼蒼者，是卽爲天；其重濁下凝，廣厚其體，大塊摶摶者，是卽爲地；而對於天地之所以演進，熟視無睹，絕不一爲觀察研究，豈非與日居宮室而不知棟梁爲何物者無以異乎？因作宇宙成因考。

2. **概論** 關於宇宙成因之學說，縱橫捭闔，設想頗多，舉要別之，可分爲三：

（甲）不變說——謂宇宙爲一大无窮，本無根源，亦無終始，自往古迄今，其狀况毫無變易，是說也，昔時哲學家多稱道勿衰。

（乙）急成說——謂宇宙突然生存，其成立之初，有眞宰焉，發揮神明大造之能力，卽賦以完全整個之性質，是說也，宗教家多樂道之。

（丙）演進說——謂宇宙生存，累月經年，自有一定之階級，遞嬗遞遷，經過迭次變化，以構成今日之狀况，其說維何？卽歷代科學家之種種假說是。

甲說並無確證，不可盡信；乙說跡近神話，尤屬子虛；惟丙說觸類旁通，引證確鑿，雖各家學說，互有不同，但推陳出新，均有以補前人之所未及，且創造各種特殊儀器，藉以觀測占驗宇宙之大成，而其理論益爲顯著,由是而宇宙成因,一循物理程序以演進,其說遂昌明於世矣。

3. **宇宙開闢** 宇宙從何生存,各國學者,雖多方探索,以推考其元始,然皆憑藉理論,反求諸因,非若動植物之寄生於世界,生有定時,息有定所,一年四季,可以觀察而熟識者也。謂予不信,則索證正不在遠:鴻雁來賓,吳牛喘月,蟋蟀在戶,松柏後彫,豈非事實彰彰,昭然若揭,至於宇宙開闢,年代悠遠,人羣誕生之初,已早現大羅世界,今欲追溯其原,當時如何情形,人羣未嘗眼見,雖假以極精密之望遠鏡分光儀等,亦僅能觀察其外表,由是而欲洞悉其內部組織,不亦難乎?夫然而各種假說不容忽視矣;其假說之共同認可者,厥惟萬有引力,行星運動,星雲假說等,最爲扼要,其大旨謂最初時期,無非一種稀薄物質,或散佈無定之大隊流星;因物體各含萬有引力,於是相互翕引,而構成大塊之雲霧;雲霧再行結合團聚,乃成天體;天體復行收縮,而熱量隨之發生,熱量甚者,光照世界。

4. **天球與天體** 天球包羅萬象,晴夜觀之,有若地居中心,一碩大無朋之球頂,籠罩在外,環顧四週,廣漠無垠,其距離遠至無可臆測。太空之中,光明燦爛,歷歷星辰,羅列其間,若明若昧,閃爍有光,其多數星辰相聚成羣者,天文家每區分之爲星座(Constellation)。據140年埃及托剌密氏(Ptolemy)所發表,爲四十八座;後陸續觀測,至今日已增至九十座;其遠而尚待推求者,不知其無量數也。以望遠鏡測視之,或光芒四射,或隱約其形,經古今天文家之研究,然後知尚有多數星團(Clusters), 恆星千百成羣,密集一處,是皆天體也。無量數之天體,完全懸於天空而盡量存在天球內部,地球居其中,相形之下,微小如同一點而已。天體除太陽系屬之行星衛星外,彗星流星(Meteor)雖屬太陽,性質互異,而恆星及星雲(Nabula), 範圍甚廣,或疏或密,夜間光輝照曜者多屬之。良宵朗夜,仰觀天空,白光如帶,橫亘天際,世稱銀河(Galaxy or Milky Way),爲無數恆星密集之處,更有多數星團,混雜其間,因距離地球過遠,望之若白氣然。

5. 太陽系 太陽爲恆星之一,總地球等九大行星衞星小行星彗星流星羣,而自成一系統,凡隸屬於太陽諸星,統稱之曰太陽系。前世紀希臘學者,已知有太陽地球月球之分。至十六世紀波蘭哥白尼氏(N. Copernicus)創太陽系學說,而太陽系(Solar System)名稱始成立。原太陽系之組織,太陽居中,又稱謂日,爲中心主體,能自轉,並現甚緩之本能運動(Proper Motion),發巨量光熱,爲太陽系統光熱之本源,其光普照寰宇,無時或息,其溫度非常熾熱,凡自然界之種種變化,莫不藉其光與熱之力。

行星隸屬於太陽,其數共九,而地球位居其三,皆環拱太陽而運行不息,其軌道係橢圓形,日居兩心之一。依相距太陽之次序言之,爲水星(Mercury),金星(Venus),地球(Earth),火星(Mars),木星(Jupiter),土星(Saturn),天王星(Uranus),海王星(Neptune),與冥王星Pluto)。冥王星經美國天文家勞佛爾(P. Lowel)湯姆勃夫(C. W. Tombough)二氏,先後推測二十五年之久,1930年所新發現者也。前四星在內周,其軌道之相距,成一有規則之順序,體積小而密度高,與地球相差不遠,曰屬地行星(Terrestial Planets),或稱內族(Inner Group)後四星在外周,其軌道之相距爲另一順序,體積大而密度低,與地球相差較大,曰遠大行星(Major Planets),或稱外族(Outer Group)。惟冥王星之體積與內族相彷彿,而位置在遠大行星之外,其軌道與他行星不在同一平面內,不能歸納於二族之中,似別爲一族。又依地球位次而區分之,水金二星位居地球之內,爲內行星(Inferior Planets);其餘皆位居地球之外,爲外行星(Superior Planets)。

九大行星中,除水,金,冥王三星外,各有衞星(Satellite),其數不等,已知者共二十六顆,月卽地球之衞星也。火木二星之間,距離特甚,有小行星(Asteroid)千餘,其最初發現者爲穀神星(Ceres),亦往復運行不息。間遇彗星(Comet),偶或一至,若探訪太陽者然,其軌道亦異其趣。此外尚有流星(Motgor),爲空中杳小之體,亦繞日而行,有時爲地球牽引,入空氣圈中,兩相摩擦,而發光輝。

6. **星雲假說** 萬物元始,皆爲胚胎,循序變遷,乃物質文明自然之傾向,執此以究宇宙演進之階級,而學說與焉。其最著者,爲星雲假說,係1721年瑞典斯威登堡氏(E. Swedenborg)及1755年德國康德氏(I. Kant)所倡,後1796年法人拉普拉斯氏(P. S. Laplace)復發揮而光大之,對於宇宙生成,多所伸說,雖當時能常住原則及熱之功當量等,尚未發現,於事實理論二者,皆有抵觸,而其說不無缺點,且有謬誤處,然根據物理程序之演進,以推究太陽系本屬一體,實開後世研究天文學理之先河,茲將其要旨略述如下:

在宇宙未成形以前,本無太陽行星衛星之分,太空中祇有一種氣體,狀如雲霧,密佈其間,受萬有引力之作用,氣體漸凝結而爲流質,變成球形,其各部變遷之速度不同,密度亦不同,因旋轉不息,其軸南北,自西徂東,後爲外界嚴寒所侵,球體漸冷漸縮,旋轉亦愈急,是卽今日太陽之根源;球體旋轉後,發生離心力,遂成赤道膨漲,兩極漸趨扁平,體積愈形縮小,而以赤道之離心力爲最大,逮至其離心力勝過引力之時,卽生星雲環,與中央部脫離,構成圓輪於中心體之外;星雲環初成時,全部旋轉,歷久分裂,復縮而聚成球體,是爲行星,或碎而成無數小球,是爲小行星,皆繞太陽而公轉;再由行星生環,迨後分離成球者,是爲衛星;故衛星繞行星而公轉,而又隨行星以周行於太陽者也。

7. **星雲假說之證據** 天高地遠,觀察爲難,演進需時,證實不易,星雲假說之理,確否雖未可必,然太陽行星衛星之間,關係綦多,其有根據而明顯者,條舉四端如下:

(甲)以望遠鏡測視天空,可以察見各種天體有若雲霧狀況,而不能分析者,是卽星雲,星雲爲數頗多,種類亦不一:有恆星星雲(Nabulauo star),行星星雲(Planetary Nabula),星雲環(Ring Nabula),渦形星雲(Spiral Nabula),對偶星雲(Double Nabula),三裂星雲(Tripid Nabula)等,太陽系統元始之狀態,殆亦類是,且可以測見多數未成星雲。

(乙)行星表面現爲流質者尚多,地球內部亦尚有流質存在,兩地球熱量之蘊藏,若火山噴發,溫泉沸泉,陸續發現,皆可回溯其演進之大概;矧地震之原因,爲地球內部流質湧動之結果,尤爲地質學家所公認,是則地球元始,表面當爲流質,可無疑義。

(丙)地球兩極之距離,比赤道之直徑爲短,他行星亦如是;且土星有光環(Bright Ring)三重,昔日之星雲環,當無稍異,行星大者,衞星必多,是亦可以推知星雲分離之梗概。

(丁)太陽系統中諸行星之軌道,悉爲橢圓形,各軌道殆在同平面內;各行星與太陽之距離,頗有順序,其公轉自轉之方向相同,並與太陽自轉之方向爲一致;行星與其衞星亦呈同樣之關係。可徵最初爲一大團體旋轉之所致也。

8. 流星假說　泰西諸國,對於宇宙演進之探索,自希臘埃及二邦學者倡導於前,哥白尼,斯威登堡,康德,拉普拉斯諸氏,研求於後,於是歐美天文學理,日有更新,至近世紀而進步益速,1854年德國亨姆何次氏(H. Helmholtz)闡發太陽熱能根源之理,以爲太陽發熱與其幅射,皆係太陽收縮之結果。蓋萬物收縮,失其儲能,卽發其熱能也。英國洛基猷氏(N. Lockyer)執此以論天體之生存,皆由散而聚,密度隨增,迨至結合愈甚,收縮維艱,而其熱度之高,已足以呈光明燦爛之現象矣;太空之中,至爲微小而易於攝動者,莫若流星,因甚言流星之重要,凡在天球包羅之中,多數現象,皆可以流星假說釋之,如彗星,黃道光(Zodical Light),土星光環等,無不爲流星相互攝動翕引所構成。而宇宙間各種天體,任何現象,其來源總不出流星範圍以外,星雲極光(Aurora),爲流星之散漫組織,恆星太陽系爲流星之團聚結合,其說頗能概括一切,發前人之所未發,然窒礙之處尚多。其假說公布於1890年,至1913年美國天文家羅塞爾氏(H. N. Russell)又從而引伸之。

9. 微星假說　近代天文家美國張伯林(T. C Chamberlin)莫爾頓(F. R. Moulton)二氏,於1900年,更從流星假說中,復推陳出新而別倡微星假說(Planetesimal Hypothesis),大旨謂太陽系之起源,實爲渦形星雲,而非球形星雲,係根據動力原理而詮釋者也。蓋以星雲完全獨立,別無外星相侵,或不至顯有變化,其所以有變化者,因客星入座,苟其質量巨大,超出主星數十百倍,而又運行急速,則主星外表物質,受萬有引力之作用,橫被攝動,兩面凸出,呈橢圓體狀態。其勢甚者,一部份物質,卽隨其翕引,而逸出本星範圍以外,於是順其趨勢,依弧綫途徑,蜿蜒引長而析出,迨至客星遠離,引力減少,對於本星,卽顯有向心力之現象,乃改變進行途徑,紆迴繚繞,漸構成渦形星雲,並創造新軌道以運行,所有析出之物質,大部爲氣體,流質次之,更有無數微小固體混雜其間,名曰微星(Planetesimal);微星卽各依其新軌道,旋繞中心而運行不息,其方向相同,其軌道之傾斜度偏心率週期等,則各不相同,久之微星之間,相互遇合,漸次攝動團結,體積因之增大,以完成一太陽系整個團體,惟是微星結合,速度甚小,需時極長,故生熱不多,而星體內部蘊蓄之熱能,甚爲富有,準此以推宇宙之演進,歲時悠久,與地質生物二界,其變遷進化所需要之年代,當適相稱,於星雲假說上不可解者,且有以補及之。

10.微星假說與觀象推測　天象巍巍,星辰千萬,其與太陽不期際會,雖事實之所絕無僅有,然在京垓年歲之中,主客乍逢,偶而邂逅,於理論上不得謂之幻想,依此以究微星假說,假定曠代過程中,或早經相遇一遭,與近代觀象紀錄兩相推測,不無可信,特舉其明顯者六端,以考證微星與宇宙生存之關係。

(甲)太陽系屬諸星之總質量,與太陽本身相比,不過千分之一,且太陽尙現噴吐之象,是可推知當時太陽,並非完全固體絕對不能分析者,其析出之物質,僅佔外表一部份而已,然已足以構成所屬諸星,若是巨大之容量,分佈外界,苟非突遭攝動巨力,焉能致此。

(乙)各行星之軌道,頗合幾何形式,而各有傾斜,可徵客星運行,未必與太陽旋轉同一方向,當其相遇之時,太陽表面物質,自然順其趨勢而析出,以造成無數微星,其偏心率勢必甚大,其中心體向前疾行,迨後趨勢稍殺,微星乃分別團聚,衆行星卽隨之生存,偏心率因而減少,於是軌道幾近圓形,並構成不同之傾斜度云。

(丙)衞星生存,或爲太陽面部物質析出之時,含有少數微星,其中心體不大,分別團聚之後,各成較小團體,質量過小,被行星攝動羈留,掠爲所屬,行星大者,引力亦大,羈留之小團體必多,其結果造成多數衞星。

(丁)太陽與行星之間,亘久不變其關係者,以原有轉動量故。凡屬天體,無有不動,元始時代,太陽轉動,或不如是,其面部物質,或較今日爲稀薄,苟其轉動速率碩大,則面部各質點,時有飛散之虞,一旦客星道經其旁,影響所及,一時改易常態,甚至一部份物質隨之析出,而永不復回。然客星遠離之後,其質點之轉動,皆在漸復舊觀之中,以保持其固有之轉動量。故各行星之公轉,與太陽自轉之方向相同,而軌道亦漸趨一致,是則昔日太陽獨有之轉動量,今分而爲太陽系統共有之轉動量矣。

(戊)太陽赤道之平面,與各行星軌道平均平面之傾斜爲八度,如依拉普拉斯氏星雲假說,各行星均自太陽赤道生星雲環分裂而成,則其平面當爲一致,其所以有傾斜者,因太陽所受客星攝動影響,不若其析出物質之爲甚,而物質尾部,不甚遠離太陽者,客星過後,仍復舊位,惟運動特速,是卽爲太陽之赤道,而與客星經行之途徑不必相同,故行星之軌道,完全爲客星趨勢所逼成,太陽自轉之方向,不過略有變動而已。

(巳)行星公轉之外,兼有自轉,而方向相同。天文家間有討論及此,以爲如依星雲假說,星雲環分裂成球之時,其收縮力已與中心體引力成反響,而行星自轉,當爲逆行,然觀象推測之結果,行星自轉,皆現順行,蓋因各個微星,其中心體本隨太陽自轉而運行,惟軌道頗不一致,遇合團結之時,不免各有衝動撞擊,然皆保持其原有方向之轉動量,其結果卽造成自轉,而方向與公轉爲一致,行星大者,自轉必速,因團結之微星多,故發生轉動量爲大。

11.撞擊說與潮流說　與微星假說有關者,爲撞擊說(Encounter Theory)與潮流說(Tidal Theory)二種,惟學者見解不同,各異其趣,其決議遂不能一致,而疑問因以發生,失之毫厘,差以千里,終不若微星假說之爲可徵也。

當1749年,法人蒲風氏(C. G. Buffon)以爲行星生存,係太陽突遭彗星掃擊,分裂小塊而出。此說與星雲假說不同,爲拉普拉斯氏所不取,然1878年,新西蘭弼柯頓氏(A. Bickerton)亦推詳此理,創撞擊說以研究天體,因見天空之中,每有臨時星(Temporary Star)之發現,此星何來,終焉何往,是豈非行星生存之根源?準此見解,遂以爲行星元始,係星體活動之結果。因天體無有不動,偶有較小星辰,一旦客星入座,爲所衝擊,即隨之運行而成所屬之行星矣。但彗星掃擊,其軌道必先相近太陽,而分裂成星之後,又何以造成有規則之軌道,即客星衝擊,亦不至兩星之間,互相接觸,焉有相距千百萬里而可以羈留者。於轉動量常定之理不能相通,故二氏之見解,皆不能成立。

1898年英國達爾文氏(G. Darwin)發表潮流說,以解釋地球與月球之關係,並推廣於太陽行星衛星之間,後英國天文學家琴斯(J. Jeans)傑弗雷(H. Jeffreys)二氏先後於1918年1924年推究其理以爲太古之世,太陽之大,當與其至遠之行星相埒,其面部潮流起伏,一旦遇客星來會,其潮勢即愈形膨脹,而分裂隨之,是即爲造成衆行星之原因。此說頗與轉動量常定之理相合,但其論衛星之生存,係行星初成時爲氣體,受太陽攝動之力,其面部潮流因而分出,一若行星自太陽分出者,然總不能解釋火星有內外衛星之別,水金二星,並無衛星,與土木二星反有逆行衛星之理,故二氏已自行放棄其見解矣。

以上二說,雖不能成立,然皆足爲微星假說之本旨,蓋以兩星相遇,容或有之,影響所及,其趨勢足以攝動表面稀薄物質,亦屬可能之事實,並與轉動量常定之理不相違背。天空之中,常現無數流星,疾行飛軼,豈非星體運行,固有攝動分析之現象者耶?

12.**地圓說** 大地爲人羣棲息之所,其形如球,今人皆深信不疑,吾國古時亦早論及此:卵中裹黃之喻,即渾天儀所由來;周髀算經主蓋天之說,以爲天象蓋笠,地法覆槃,皆地圓之確據;屈子天問圜則九重,太陽系之理亦復相類;有宋程朱諸子亦主地爲渾體;惟偏重理論,少事測驗,而又繼起無人,終不能昌明於世。其在泰西上古時代,希臘學者派達哥拉氏(Pythagoras)始倡地圓之說,後亞里司德氏(Aristotle)證明地體係球形,至第二世紀,埃及學者托剌密氏(Ptolemy)有地圓三證,至十六世紀波蘭哥白尼氏地動說出,於是地圓之理,其說大明,今舉明顯易於佐證者五端如下:

(甲)航海家自某處起程,順其一定方向直行航駛,如不遇大陸阻礙,終必歸其出發之地點。1523年葡萄牙航海家麥折倫氏(F. Magellan)躬行實驗之。

(乙)遠望高山,先見山嶽,就而近之,乃見層巒崇疊,最近方得盡見山麓。可知地球係渾圓體,人行地面,一依弧線前進。

(丙)人立地面,隨位置之高下,判眼界之大小,一登層樓,四周景物,歷歷如繪,是亦地面圓隆之明證。

(丁)海上觀來船,先見桅頂,後見全部船身,去船反是,是知海面係凸圓形,爲托剌密氏證明之一。

(戊)月蝕時所見地球之黑影,映於月面確係圓形,是亦地圓之確據,係亞里司德氏所證明。

地球實非正圓,南北兩極稍扁平,赤道處稍膨脹,若橙子然,則經1686年英國牛頓氏(I. Newton)之推算而證明者也。

13.**地動說** 紀元以前,希臘學者亞里司德與亞里大格(Aristarchus)二氏,皆主天定地動說,希伯格氏(Hipparchus)主天動地定說,第二世紀埃及托剌密氏尙宗之,認地爲球形,而頗非難地球自動之說,以爲大地常靜,居宇宙之中心,而日月星辰拱繞周流,以地爲主。吾國亦稱天道保合太和,行健不息,地道沉濳廣博,慤然無動,天象蓋笠，地法覆槃，天地各中高外下，天旁轉如推磨而左行，日月右行，隨天左轉，故日月實東行，而天牽之以西沒。由是觀之，雖中外政敎各殊，而學理相同有如是者。迨十六世紀哥白尼氏創太陽系學說，以爲地本行星，繞軸自轉，系日而行，一反從前天體旋轉之見解，其學說發表於1543年，當時學者反對甚多，而以宗敎家爲尤甚，就現象言之，地球繞日，日繞地球，二說本無歧異，可以並存。蓋一則以爲天體固定於天球之上，繞地旋轉，一則以爲地球懸空於天球之中，繞軸自轉，其解釋似相背而實相合也。自1609年意大利伽利略氏(G. Galileo)改進望遠鏡之構造，悉心觀察天象，解決天地所有之行動。天文家利用之，以研究日月星辰之動象，然後知三者之中，無一不動，無一不自轉；1627年德國刻卜勒氏(J. Kepler)且有行星運動三定律。是可依實地觀察，以證明地球之轉動矣。

14. **漩渦學說** 1644年，法國台卡德氏(K. Descartes)發表漩渦學說(Vortex Theory)，轟動一時，歐洲學術界思潮爲之一變。其大旨謂宇宙間有一種物質，瀰漫空中，布濩六合，天賦以廣博溥施，無微不入，永久存在之特性；其各分部有任何運動之可能，而方向變更無間。因稱人羣寄生之世界，爲宇宙間一大漩渦，蓋以萬物組織，包含無量數分子，永延歷久不更之圓運動，呈漩渦狀態。漩渦創造，並不複雜，大部爲輕體物質，而重體物質浮懸於內；每一漩渦自轉之外，並羣聚旋繞其重密中心體而成立較大漩渦，宇宙包涵無量數之漩渦，互相環繞約束，以構成各個天體，太陽系統屬其一，各行星均爲巨大漩渦，以太陽爲中心體，行星本體又爲衛星各漩渦之中心體，更推而至於無窮，此卽爲宇宙生存之本源。故太陽系統實爲輕體物質綜合大小漩渦而已。其輕體物質之垂直力有牽引行星墜入太陽之趨勢，而其重體物質之離心力足以與之平衡云。此說當時雖屬理想，然與近代原子學說頗相近。爲時不久，萬有引力說即隨以著稱於世。

15. **萬有引力說** 萬有引力爲十七世紀英人牛頓氏所發現。

當1668年。牛頓氏因夏日納涼於樹下,偶見蘋菓無故自墜,遂起疑問:以爲蘋菓結實於樹上,必須施以他力,乃能墜落,今旣無風雨,又無人力摧折,何以亦能下墜?於是悉心研究,推闡希臘先哲柏拉圖(Plato)亞里司德師弟二人所倡地心翕力之原理,始深信地球固有一種自然之翕力,稱曰引力,呈翕引物體集向地球中心之趨勢,外表諸物體安著於地面,而不飛散空中者,是即引力所起之現象也。時當台卜他氏漩渦學說昌盛之際,各國學者,靡不探賾索隱,多方推究萬物之組織,物體轉動,每發生向心力與離心力之平衡,旣可證諸實驗,牛頓氏更進格其理,且知宇宙萬物皆有相互引力之作用,而萬物各分子間,其因果正復相同。因著萬有引力說,以解釋地球繞日,月繞地球,所以各有一定軌道之關係,而於哥白尼氏所倡太陽系學說,加以確切證明。其說於1687年公布於世,有關物性方面之運動三定律,亦爲其中主要本旨之一。所謂萬有引力者,物體間各現相互翕引之本能,其力之大小,依質量之多寡,距離之長短而確定。凡太陽系屬各天體,其組織所以若是之完備者,無非藉力之平衡耳。地球被太陽翕引而不與相合者,因地球前行不已,所生離心力之趨勢,適與太陽翕力相抵,故常循軌道,旋轉不墜。同時與牛頓氏共同研究討論者,有霍克(R. Hooke)蘭恩(C. Wren),與海雷(E. Halley)諸氏,皆爲英國皇家學會會員,惟當時學術界尙疑信參半,至十八世紀星雲假說出,理論益新穎,其後因推究萬有引力之理,陸續發現天王海王等諸行星。

16.太陽自轉 在地面上可以覺察太陽之動象者,謂之顯示運動(Apparent Motion),其現象有二,一年之間,逐日變遷其位置,夏日北移,冬日南復,經年一度,彷彿巡行天球一週,此四季之所由分也。一日之間,清晨東升,暮夜西沒,宛似繞行地球一週,此晝夜之所由分也。至於太陽自轉,非憑儀器,不能考察,1609年意大利伽利略氏用望遠鏡察得太陽面部,顯有多數黑點,是曰日斑(Sun Spots),天文家卽利用以爲觀察太陽自轉之根據,因在北半球每見常有日斑向西移動,漸變位置,全無歷久不更之現象,以故知太陽常在自轉。又有所謂白紋(Facula)者,散見於太陽表面,光度特強,測其動象,亦可推知太陽自轉之佐證。當十九世紀中葉,天文家英國嘉靈頓氏(R. C. Carrington)德國斯堡勒氏(G. Spoeror),測定日軸與黃道(Ecliptic)面垂直線之傾斜爲7度,其軸之北端,在赤經281度,(18小時44分)赤緯64度。1890年美國海爾氏(G. E. Hale)法國代蘭特氏(A. Deslandres),分別創造分光攝影鏡(Spectroheliograph)以攝取日面現象,海爾氏並與福克斯氏(P. Fox)從日面攝得鈣蒸氣輝線與輕氣輝線,而測定太陽自轉之結果焉。惟歷來測得自轉之週期,頗有參差,平均爲二十七日又四分之一。並從日斑所在地位,測得自轉速度,不相一致,在太陽赤道附近者,旋轉較速,其週期爲二十五日;離赤道漸遠,則旋轉漸遲,當緯度30度地位,週期爲二十六日半;45度地位,爲二十七日半;遠至兩極,則三十四日。

17.地球之運動 地球之運動有二:曰自轉,曰公轉。自轉以成晝夜,公轉以成四時。

(甲)自轉——地球自西向東,常自旋轉,每二十四小時回轉一次,是爲自轉,卽一日夜所由成也。故又謂之日轉,地球自轉造成之結果,爲各地晝夜,依標準時之日期變更線,可以計各地晝夜之時差;其自轉佐證之明顯者,爲地球兩極扁平,赤道膨脹。又自北方南來之風,方向必不正南,而偏向西南;試察物體由高墜下,着地時偏東少許,若地靜止不動,物體必順其重量,當無偏向之狀況。天文家且有佛科氏擺(Foucult Pendulum)盤旋儀(Gyro-Compass)等實驗。

(乙)公轉——地球自轉之外,又周行於太陽之周圍,是爲公轉。公轉有一定之軌道,每轉一次爲三百六十五日五時四十八分有奇,卽一歲之所由成也。故又謂之年轉。其周行之軌道爲橢圓形,日居兩心之一。地球行動按橢圓而爲遠近,有時近太陽,有時遠太陽。其公轉之結果,乃有五帶四季之別,而晝夜之長短亦因是生焉。公轉之可以證實者,有測驗光行差(Aberration of Light)星體離位(Parallax of Stars）與分光景（Spectrum）等三法。

地球運行不息，而生晝夜四時，有晝夜而人生休息得其序，有四時而庶物生長順其理，世界人羣之發達，胥賴此爲本源。

18.**太陽系光熱之來源及其傳遞** 自1842年德國邁亦氏（J. R. Mayer）1843年英國朱爾氏，（J. P. Joule）先後研究能之轉變，並確定能常住原則後，學術界又多一憑藉之標準。1854年德國亨姆何兹氏（H. Helmholtz）即根據此原則，以說明太陽熱能之來源，以爲太陽外表，大部爲氣體，其發散熱量，全由本體收縮所致；而熱量之多寡，當與收縮產生之能適相等。故熱能完全屬於太陽分子振動所造成，其設想頗與物質三態變化相符合，惟溫度之高，以視地球上任何熱源皆遠過之。夫以地球之大，而頻受太陽輻射熱量，源源不絕，更推之於其他行星。其熱能之富足無窮，蓋可知矣。據最近天文家之推算，太陽發散之總熱量，爲907×10^{23}卡（Calories），輻射於地球者，爲總熱量之5×10^{-10}，其他各行星合得5×10^{-9}，其餘則散於空間。太陽表面之溫度，爲攝氏七千度，因放明亮光輝，普照世界。然太陽與地球相距約15×10^{10}米突，其間且爲眞空，爲空氣所不能及之處，而太陽之熱仍能達於地面者，則熱之所以傳達，必有故焉。按分子假說及動力原理，凡屬物體其分子皆依上下四方，振動不絕，振動甚則生熱，惟是高溫時之物體振動，即存在於空間之以太，（Ether）以太瀰漫宇宙，充塞眞空，而爲善遞分子振動之要素。太陽收縮則體積遞減，分子振動因而加速，由以太起非常之速度，波其熱量於各方。及達於物體之後，則又生分子振動，而增高其物體之溫度。若是之波動，名曰輻射。迨至溫度倍高，分子振動亦倍速，乃赤熱發光，而其波動仍由以太傳達四周，遞至人羣眼目之中，遂起視覺。惟光之波動，起往復浪紋現象，與原動體每成直角，波長極短，速度迅疾，每秒鐘約3×10^{8}米突。太陽發光，綜有七色，波長各色不同，平均不過一萬分之六（6×10^{-4}）公分，其傳達至地面，僅需約八分鐘，是則光熱之發生，全由物體分子振動所致，均呈波動現象，其傳遞皆恃以太爲媒介。

19.鐳質供熱說　亨姆何次氏旣首倡太陽生熱之說,科學家均持此以釋能之本源。卽煤料之潛熱,追溯其元始,亦由太陽所賦與,遠推曠古,太陽產生熱量,當較今日爲高,邇時地球面部,植物暢茂,吸收多量熱能,迨經滄桑陵谷,長埋土中,漸以造成煤料,今日採而燃之,乃發散其昔日所收之熱能,而供人羣需要之原動力焉。惟是煤之變遷,需時甚久,於是地質學家生物學家對於太陽收縮生熱之說,有所疑問。1899年美國張伯林氏首先決定其非是,以爲太陽熱能之來源,尙未經人羣研究發現。1905 年德國愛因斯坦氏(A. Einstein) 始倡質量與能有相當等値。一公分物質之分散,可得 215×10^{11}卡熱。信是則巨大太陽,儘可經長時間之分散,而質量不過遞減少許。在此先後數十年間,各國科學家分道揚鑣,日從事於新發現,其結果均足互相佐證,而有以較正先哲之見解。1868年英國洛基歇氏(N. Lockyer)考得日面氣體含有多量之氦。後蘭姆賽氏(W. Ramsay)得之於鈾礦石中。1896年法國斐格雷爾氏(H. Becquerel)發現鈾質放射强度光能,而英國克羅克斯氏(W. Crookes)於 1878 年起,卽從事研究各種放射光之特性,因與放射性原質頗有關係,於是各國學者咸注意及此。迨法國居里氏(Curie)夫婦先後尋得溴化鐳氯化鐳二化合物,其放射光之强,幾高出鈾質百萬倍。後益悉心研究,至 1910 年居里夫人從電解氯化鐳而得單獨之鐳原質。考鐳之爲物,有極强之放射作用,漸次蛻變,放出氦氣等之鐳射氣,而其本身至最後地步,則變爲鉛。依英國盧司福 (E. Rutherford) 蘇佃 (F. Soddy) 二氏之研究,凡放射性原質之蛻變,皆可放射多量光熱,而其本質隨行分散,永不復聚,與尋常物質變化不同,不受外界狀況影響。地球上巳發現之錒鏷釷,皆放射性原質也。今旣知日面氣體含有多量之氦,溯其來源,或由鐳質遞變而成,其儲能之大,據蘭姆賽氏之推算,當高出煤量一百五十萬倍。惟其蛻變,需時亘久,與宇宙生存必要之時期適相稱。是則太陽之光熱,非全賴太陽體質之收縮,其一部份出於放射性原質之分散,而地球本體且亦有放射性原質存在焉。故自 1920 年後,各國天文家對於太陽系光熱之研究,咸趨重於鐳質之放射作用矣。

20.地球之構造 按各家學說,地球未成以前,本與太陽爲一體,後因旋轉之力而分,其始分時爲氣質,漸涼爲流質,及熱度再行減縮,外部遂成定質,是爲地殼,殼外皆水,是爲洋海。地殼再逐漸涼縮,內部流質被擠,外涌殼上,高出水面,是爲陸地。陸地初成時,面積甚小,且爲石質,後因空氣外侵,漸成土質,而面積亦次第增加。地球運動有攝動之力,故重量與之相附,土由北極披離下垂,成三角形,是以北半球之陸地較南半球爲開展。地球自轉,自西徂東,故山脈多自西趨東。

陸地之大者爲大陸,小者爲島,島有二種:一曰陸島,又稱海岸島,本與大陸毗連,因受海水澎湃,衝擊剝蝕,遂與大陸分離。一曰海島,與大陸毫無關係,多係火山質及珊瑚蟲構造而成。地形如肺,自北半球南向下延,全球山脈同一系統,土質附焉,如肺之有筋肉然。

地球面部,陸地約佔四分之一有奇,餘皆爲水,可分三類。一爲陸外之水,卽洋是也,其所佔面積最大。一爲陸邊之水,區分爲三,曰海曰灣曰海峽;海較小於洋,藉洋水以流駛,故又謂之副洋;灣者海水突入陸地之部份;海峽者爲兩海間相通之極窄處。一爲陸內之水,區分爲二,曰川曰湖;川者高山流向平原之水,湖者陸地窪下處所蓄之水,湖水又有鹹淡之別,淡者爲有洩口湖,鹹者爲無洩口湖。

21.地球表面之區分 地理學家爲便於表示地面上各處位置起見,虛擬一軸,以解地體之旋轉,謂之地軸,卽地球轉運不動之處,如車輪之有樞軸然。地軸兩端爲南北極。距南北兩極正中之一大橫圈曰赤道。與赤道平行之橫綫曰緯綫,以赤道爲零度起點,凡經過南北極之大圓曰經綫,經綫零度之起點曰子午線,先時各國不一,皆以本國京都爲標準。1884 年。美京華盛頓開萬國子午綫會議,公決以英國格林維治(Greenwich)天文臺爲起點,於是地球表面,由赤道分爲南北，由子午綫分爲西東，南北兩半球四季相反，東西兩半球晝夜相反。

凡屬球形，不論其體之大小，表面區分均以三百六十度爲定則。經緯綫卽地面上虛擬之縱橫綫也，綫與綫之距離謂之度，再細分之可爲分秒。經綫長短雖同，綫與綫之距離則各地不同，當赤道處最長；至兩極地各綫同起於一點。各緯綫之距離各地雖略相等，然其長短則各不相同，當赤道處最長，至兩極爲一點。經綫所以定西東，緯綫所以定南北。在赤道南北各二十三度二十七分之二橫圈曰二至綫，距兩極二十三度二十七分之二橫圈曰二極綫，於是地面依二至綫與二極綫分爲五帶，自赤道南北展至二至綫曰熱帶，自二至綫至二極綫曰溫帶，二極綫至二極點曰寒帶，溫寒二帶，各分南北。

22.**自然現象** 宇宙間自然現象，幾完全爲天賦，有非人力所能造作者，如氣候風雨天產物是。

氣候寒暖，關於緯度之高下。熱帶酷熱，溫帶溫和，寒帶冱寒，然同一緯度之地，亦有因地勢之高下，洋流之寒暖，水陸之關係，而溫度隨之變易。大陸氣候與島嶼氣候，雖在同一緯度，相差尤甚，大陸內部，冬夏有極端相差之寒暑，島嶼則因有洋流調劑雖在熱帶，全年如春南半球溫度，夏時較北半球稍低，冬時較北半球稍高，因南半球之水多於北半球，故溫度隨之而異。

風爲大氣流動所致，地表空氣，受熱上升，冷者因遞補其闕，故大氣行動，周流不息。但地球溫度，各處不同，風勢因隨之而異，或清風徐來。有定時定向，或狂風暴作，發於俄頃，有貿易風季候風海陸風颶風旋風等分別。

大氣之中，飽含水汽，遇冷凝聚，雨即下降，所以資潤澤也。其雨量之多寡，與氣候地勢風向頗有關係，大抵沿海各地較多於內地，因海洋面部，水汽易於蒸發之故。

天產物分爲動植礦三類，礦物全賴天生，隨山脈之高下而分

上海交通大学百年报刊集成·第一辑（1896—1949）·学术学科·综合卷

布,以煤鐵最爲重要。施以人工,採冶鍜鍊,則寳藏興焉。植物隨溫度水份土質而生長,熱帶最多,形狀亦大,溫帶次之,極地絕少。農產物尤爲人羣衣食所必需。動物亦熱帶最多,形狀巨大,溫帶多家禽家畜,寒帶絕少陸生動物,僅有水產動物數種。動植二類,間可助施人工。以培養其天機。

23.**宇宙之壽命** 地球內部,溫度極高,從表面掘地而下,每深五十公尺,溫度乃高攝氏一度,依此推算,至地下一百公里之深,溫度當高至攝氏二千度,再行深下以至地心,非特體質灼熱發光,任何物質將盡融化而爲氣體。地球生存之初,古今天文家均以爲溫度非常熾熱,日久涼縮發散,乃成今日之世界,是則地球溫度在逐年遞減之中,而地球體質亦在逐年遞減之例,地球冷却之時,卽宇宙告終之日,此一說也。

太陽系中,熱度最高者,莫如太陽本體,然其體質逐年收縮,發大量之光熱,以分佈於所屬各行星,地球光熱之來源,卽基於是。如太陽收縮,而保持其輻射活動,終年散熱四方,源源不絕,則太陽直徑須年縮六十公尺,年代愈久,收縮愈甚,卒至無可再縮,熱量終有告罄之一日,此又一說也。

由儲能而變爲光熱,發散之後,未有不耗其本能者,而其能則分佈於其他各物體,太陽失其儲能以發散光熱,其本體溫度必逐年低降,同時其四周空間與物體之溫度,因之逐年增高,迨宇宙溫度變爲一致,則世界同溫,熱之流動完全停止,熱之功用完全無效,而太陽系各行星之旋轉皆將日緩,歷時既久,甚至合爲一體,或再行產生新宇宙,亦未可知,此又一說也。

凡屬天體,無有不動,恆星億萬,滿佈天空,其行動無時或息,惟甚遲緩而無一定之常軌耳,太陽旣發散光熱,耗其儲能,終必有失其控馭本系統屬之一日,同時外界星座,行動如常,一旦相互錯綜,其萬有引力超過太陽系固有之本力時,則太陽系秩序完全爲之紊亂,而各行星之間,將起絕大之變動矣此又一說也。

總之太陽與地球之關係,既有所自始,必有所有終,惟經過時期,年代悠遠,各家推考,均根據觀察現狀以立論。據美國羅塞爾氏考得地球上放射性原質之存在,與其所化鉛之總量,地球年齡當為八千兆年,依現在地球體積及地質學家考得最古地層之生存,當已經過一千兆年,如依亨姆何次氏太陽收縮放熱之說,太陽年齡當為二十五兆年,已經過十兆年。依愛因斯坦氏太陽質量分散放熱之說,則太陽經過十五萬兆年,其質量不過分散百分之一,是宇宙之壽命,雖有窮期,要尚非目下各問題所能臆斷也。

24.結論 天道變化,不主故常,特自皇古迄今,為變蓋漸,往哲未加深察,遂有天地不變之言。不知悠久成物之理,轉在變動不居之中,天體高邈,僅望而知之,地質深沉,其變遷可探索而得。不過為變甚緩,其遷極漸,即假吾人彭眗之壽,而亦由暫觀久,潛移弗知,是則廣漠瀛寰包羅萬象,皆自不可窮詰之變動而來。在京垓年歲之中,每每員輿,正不知幾度轉移,而構成此最後之奇局。繼今以往,陵谷變遷,又屬可知之事實,據前事,推將來,為日方長,尚不知所極也。地質學家察得多數地層,尚有蠃蚌遺蛻,滄海揚塵,非誕說矣。夫拔地之木,長於一子之微,垂天之鵬,出於一卵之細,其推陳出新,遞層換體,皆由微分子積聚而來,宇宙生存,亦由是耳!萬物始於簡易,終於錯綜,日局始乃一氣,地球首經流質,本之未始有始以前,極之莫終有終以往,自然變化,於理則然,天運循環,周而復始,今茲所見,於古為重規,後此復來,於今為疊矩,但宇宙經千百萬年而生存,經千百萬年而演進,再經千百萬年而更新,雖屬有因無創,有常無奇,但為時亘久,等於匪夷所思,總之宇宙生存,不外翕以聚質,闢以散能,質既範能,能亦定質。能常住,質亦常住,能質交相為用,而宇宙成因,卽肇端於此矣。

公路車輛概說

胡嵩嵒

一 車輛與道路

陸地交通運輸,舍鐵道外,厥爲公路。公路運輸之發展,則惟車輛是賴。是以車輛與道路之關係,至爲密切。公路工程司不可不知車輛之關於道路者何若,而車輛製造者或運輸工程司,亦不可不知道路之關於車輛者何若。譬如道路灣曲太多,車輛行駛速率,必因之大減,且車胎易受損傷;又如路面不平,則道路及車輛之給養費用,必因之激增矣。

二 車輛之種類

公路運輸所需之車輛,必須能任重致遠,便利迅速,故多採用自動車——或稱摩托車,自動車上所用之發動機種類甚多用汽油發動機者爲汽油自動車——可簡稱爲汽車。目下汽油自動車,用者最多故雖用他種發動機之自動車,亦多混稱之曰汽車。

汽車之種類,可從用途及發動機兩方面分析之。

(甲)從用途之各異,可分爲下列汽車五種:

一.脚踏汽車,(Motorcycle) 此即形似脚踏車,而裝有汽油發動機者。在汽車中,此爲最小發動機,其馬力僅二三匹。近日通行之三輪小汽車,亦可歸入此類。

二.載客汽車,(Passenger Cars) 或稱私用汽車,即日常所見之四座至七座之汽車。發動機之汽缸,多寡不一;普通四只或六只,現亦多有用八只或十二只者。車身式樣繁多,計有跑車,轎車,敞車,柏林車,蘭道賽車,布魯姆車等類。

三.載貨汽車,(Commercial Cars) 此種汽車,又可分爲兩大類:

(子)高速載貨汽車,(Delivery Cars, Light Duty) 爲供商肆分送貨物之用,爲一種輕載汽車,其載重量恆在二噸以下。速率較高,故名曰高速載貨汽車。(Speed Wagon)

(丑)長途載貨汽車,(Trucks, Medium and Heavy Duty) 爲運輸貨物用;大概行駛距離甚遠,載重較大。

載貨汽車,載重量在兩噸半以上,三噸半以下者,用途最廣;然其究爲輕載汽車,抑爲重載汽車,則恆視其車胎之種類而定。倘用氣胎,則頗有高速車之性質;倘用硬胎,當爲低速之重載汽車。是以重載與輕載之分別,並不以其載重量之大小而定。高速車具下列之特質:(一)速率每小時能行二十五至三十英里,最高速率每小時能行四十英里。(二)能載其規定重量,駛上百分之五坡度。(三)能載其規定重量,隨時停車。

載貨汽車之車身式樣,亦甚繁多,大都視其用途而異。

四.公共汽車,(Buses) 此爲供載客用之汽車,較私用汽車寬長,而樣式多。又可分爲(一)市內公共汽車與(二)長途公共汽車兩種。市內公共汽車有單層與雙層之別,車身特高,速率不大;長途公共汽車,則車身高度與私用汽車相等,速率亦强。此種汽車之底盤,設計上均有其特點,與載貨汽車迥異,價值較載貨汽車爲昂。

國內公共汽車,多因貪圖節省購車費用關係,每用載貨汽車改裝。對於乘客之安全舒適諸問題,均未顧及。將來公路運輸發展,此點必須糾正,以期達於完善地步。

五.特種汽車,(Special Service Cars) 如軍事用之裝甲汽車,市政用之救火車,醫院用之病車等,皆屬此類。

(乙)因發動機之不同,可分爲下列汽車三種:

一.蒸汽引擎自動車,(Steam-Engine Automobiles) 此種汽車之發動機,係以水蒸汽之膨脹力爲原動力與鐵路機車相仿,機體大而且重。始動費時,故雖發明甚早,而用者絕鮮,卒爲後出之汽油自動車所壓到。現在英國尙有用之爲載貨汽車及拖曳車者。

二.電力自動車,(Electric-motor Automobiles) 此種汽車之發動機,係以電力爲原動力。其優點爲駕駛簡易,堅固可靠,費用低廉,駛行穩靜,無機械震盪之弊,保存容易,拆耗率低,底盤重量分配匀均,絕少火患,無廢氣排泄之弊。其缺點則因須用電池,電力有限,不能作遠地之駛行,速率較汽油自動車爲低,電池笨重,時需過電,並不能於開行或裝卸貨物之時過電,行程距離常受道路狀況,與路面良窳之影響而變易。

三.內燃發動機自動車, (Internal-combustion-engine Automobiles) 又可因其所採用熱力循環與燃料之不同,分爲下列種種:

一.汽油發動機,(Gasoline-engines) 用汽油爲燃料,即日常所見之汽車。

二.柴油發動機, (Diesel-engines) 即提士發動機,以提士油或柴油爲燃料。引擎速率,較汽油發動機稍低,機身較重,故目下祗能用於載貨或公共汽車上。費用較廉,是其優點。

三.煤氣發動機,(Producer-gas Engines) 用木炭或焦炭於煤氣發生爐中,發出煤氣,爲發動機之燃料。法國首先發明,由政府鼓勵駛用;但終以不及汽油汽車便利,尙未十分發達。吾國湘省湯仲明製造木炭汽車即屬此類。

四.其他流體燃料發動機,(Other liquid and gas fuel Engines) 如酒精木酢等之類,均在試驗時期,未能普遍通行。

此外尙有一種有軌汽車, (Rail Car) 其發動機可用蒸汽汽油或柴油爲原動力,路上須舖鐵軌與鐵路相仿。此種車輛與公路毫無關係,故略而不論。

三　汽車構造大要

汽車之構造,大致可分爲兩大部:一.車身。二.底盤。車身部份,則包括頂蓬,門窗,座位等項;底盤部份則包括除屬於車身以外之一切部份,如發動機,傳動系統,駕駛系統,制動系統,鋼架,彈簧,車軸,車輪等等。各部份之聯結配置,雖大致相同,而製造者各出心裁,不免微有出入;茲就日常駛用最多者,略述一二。

汽車之鋼架,(Frame)由彈簧,(Spring)車軸,(axle)車輪,(wheel)車胎(Tire)而承車輛之載重與體重發動機。(Power Plant)多居車之最前端,如圖所示。(附圖一)發動機上附有着火裝置,(Ignition system)

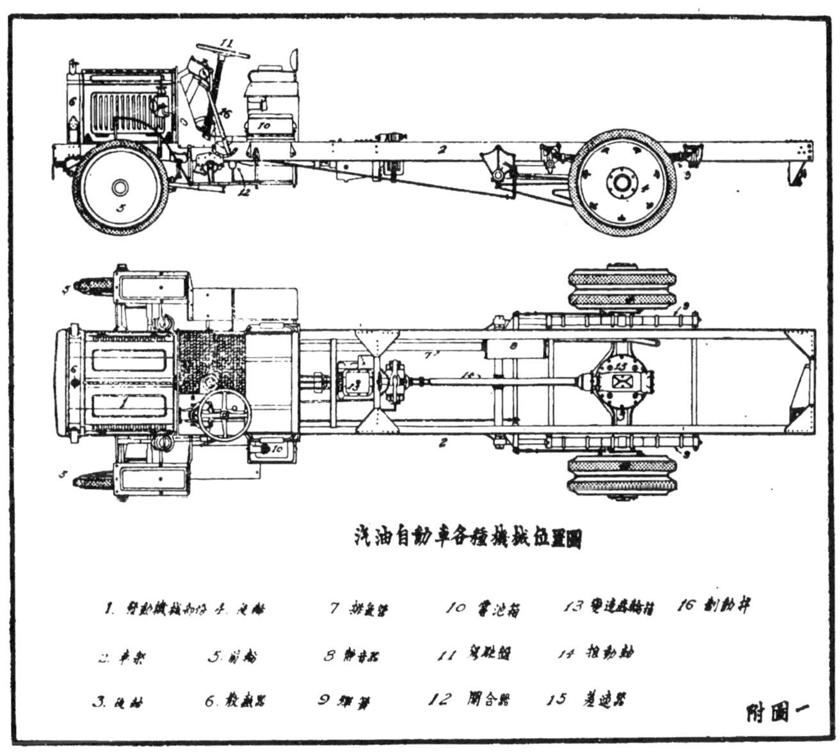

汽油自動車各種機械位置圖

附圖一

潤滑裝置,(Lubrication system)散熱裝置,(Cooling system)化油器,(Carburetor)進氣排氣管(Intake & Exhaust Manifold)汽油供給裝置(Feed system)等等。發動機爲汽車原動力所由發生之處,最要部分厥爲

汽缸。(Cylinder)缸中有汽油蒸氣與空氣之混合劑,經電火之燃着,遂爆脹而發生動力。既爆發之氣體,經後方之靜音器,(Silencer)排出車外,混合劑在汽缸內爆發之時,生出極高之熱度,汽缸易受損害;故於其外包以水套,(Water Jacket)使用冷水,(實係溫水)以吸收缸內之熱。而此吸收有熱之水,經過散熱器,(Radiator)復成爲冷水,仍流入水套之內,循環不絕。或用小抽水機,(Water Pump)以助水之循環。散熱器之後,設有風扇,(Fan)以速水冷。

發動機發生之動力,經開合器,(Clutch)變速齒輪箱,(Gear box)推動軸,(Propeller Shaft)差速器,(Differential)後輪軸,(Rear Axle)而達後輪。(Rear wheels)後輪轉動,汽車遂行。欲轉變駛行之方向,用駕駛盤,(Steering wheel)操縱駕駛。盤下連有鋼柱,更因機構之傳接,而移動前輪軸兩端所裝活動短柱;兩端短柱,由一鐵桿貫聯,故轉變方向之時,兩前輪可同時移動。

欲使汽車停止,全恃車輪上所裝之制動輪帶,(Brake)可由駕駛者於脚踏制動器踏板上操縱之。

開合器之作用有二;欲車開行,則將發動機與傳動部連接,使發動機之動力,可遞達至後輪。在變換變速齒輪時,可將發動機與傳動部之連結解脫,使發動機之動力,不能傳至變速齒輪,俾齒輪易於結合,不損其齒。

變速齒輪之作用,在變更汽車駛行之速率及開倒車;蓋汽油發動機之特性,大都非轉動至某一速率,不能發生最大動力。譬如在始動與上坡時,所需之動力甚大,而車之速率不高,倘車速與發動機轉動速率相等,則動力實有不足。故必須變更車速與發動機轉動速率之比值,使車速雖減,而發動機之轉動速率,仍然甚高,可以發生其最大之動力。

推進軸之作用,在聯絡變速齒輪箱與差速器。兩端有活絡筍頭,(Univeral joint)隨路面高低,自爲伸縮屈折,以免前後兩部互相牽扭。

差速器之作用,在將受自變速齒輪箱之速動,分別傳達於左右兩後端。汽車轉灣時,外輪所行之路,較內輪所行之路長;時間相同,外輪比內輪速率必高,灣愈小,兩輪速率之差愈甚。然在直路,則兩輪須有同一速率,時而速率相同,時而速率各異,左右兩輪必不能固定於同一軸上可知。故汽車後輪軸輒分成兩部,各部之一端皆固定一輪,而他端則皆結合於差速器。轉灣時因差速器之作用,使兩輪速率差異。

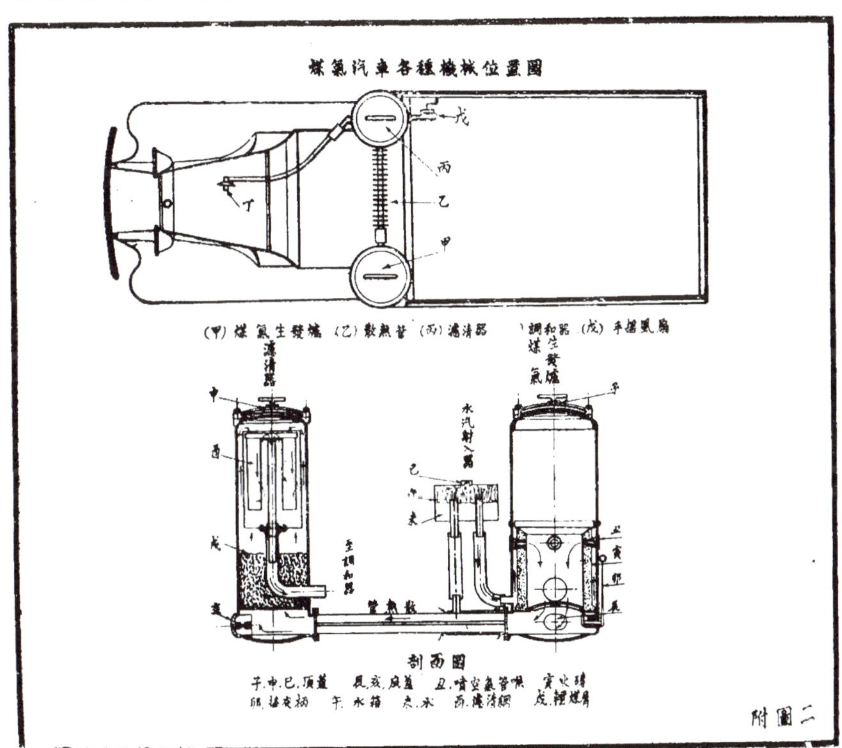

附圖二

制動輪帶,係以減殺車行之速率,或突然迫令車輛停止之用。凡車輛進行之時,必有速率,即踏下開合器,斷絕發動機與傳動部之聯接。因惰力之故,仍未能急切停止。欲於短時之內,迫令停止,不可不用制動裝置。又車行下坡,重力不能平衡,將有急轉直下之勢,欲求安穩,亦須用制動輪帶。

柴油汽車,煤氣汽車之構造,大致與汽油汽車無甚差異。所不同者,一則以汽油發動機改爲柴油發動機,一則以汽油發動機改爲煤氣發動機,而另加煤氣發生爐及其他附件而已。附圖二)

四　車輛之選擇

車輛之選擇,應從其構造與用途及道路情形方面之考慮,而後決定。

從構造方面言,選擇車輛者當注意:(一)車輛構造者之歷史,信譽與其經濟狀况。蓋製造廠家歷史甚淺,經濟狀况不甚穩固,頗難得良好出品。(二)出品質地,當視其構造是否堅固,設計是否穩妥週到,裝配是否便於檢查及修理,另件是否易得。(三)車輛售價之貴賤。售價賤者不必眞廉,最後之經濟,當以車輛原價,運用費用及修理維護費用三者折合而定。往往售價雖昂,而結果最爲經濟。故必須有精密之計算,不可貪圖近利,反蒙損失。

因用途之不同,車輛底盤車身之構造,均有區別。如運貨汽車與公共汽車車身,固屬各異;即底盤各部構造,亦截然不同。即如高速運貨汽車與重載汽車,亦有差異。公共汽車無論其爲長途或市內所用,其最要條件爲行車之平穩與安全。車身內光線與溫度是否合宜?如何使乘客舒適?凡此種種,亦須顧及。欲使行車平穩與安全,則應將車輪間距離放寬,重心點減低,轉灣弧線半徑減短,庶可不必倒退,亦能轉身。尤須應用堅而柔之彈簧靈活輕便之制動器。

選擇車輛,尤須注意道路情形;如路面之載重量,路身之寬度,路面阻力,坡度,弧線,轉角等等。蓋已成之道路居多,所採用之車輛,必須能符合該路之需要。車輛方面之有關於道路者,如其尺寸,體重與載重量,速率,上坡能力,加速能力,停止能力,轉灣弧線,半徑推動力等等。

車身之高度,闊度,長度之選擇,恆爲道路及當地情形所支配。

茲分述如下:

(甲)道路及其他情形之影響車輛高度者:

一.鐵路橋梁(公路由鐵路橋下經過者)。

二.上層道路之橋梁。

三.電車道上之架空電線。

四.高架電車之鋼架等。

五.房屋之門戶。

六.汽車渡輪之構造。

(乙)道路及其他情形之影響車輛闊度者:

一.道路之闊度。

二.道路橋梁之闊度。

三.汽車渡輪之構造。

四.房屋之門戶。

五.房屋內汽車升降機之大小。

(丙)道路及其他情形之響影車輛長度者:

一.道路弧線之曲度。

二.車輛交通之擁擠與否。

三.道路之闊度。

四.所運之貨物(指運貨汽車而言)。

車輛行駛於道路之上,恆受三種阻力。故車輛之發動機,必須具有若干馬力,能勝過此三種阻力之和,然後方能使車輛轉動前進。茲將三種阻力分述如下:

(一)**路面阻力** 即車輛滾動所生之阻力,常以每噸重量需要若干磅力爲單位。此阻力之大小,則以路面之種別而異,須由實地經驗而得。各家所得之結果每有出入。茲將各種試驗結果,取其平均之數,列表於下:

第一表 路面阻力表

路面之種類	路面阻力(每噸磅數)

鬆沙(三吋深)	275——320
普通鄉間沙路	150
散鵝卵石路	147——200
鵝卵石路	50——80
乾燥硬土路	50——100
普通麥克當路	46——75
普通劣磚路	35——60
平滑之磚砌路	25——35
良好木塊路	33
地瀝清混凝土路	30——40
地歷清路	20——38

(二)坡度阻力 凡汽車行駛上坡,不但須有推動力,以勝路面阻力,倘須有多裕之抵抗力,以使車輛本身昇高坡度所具之直立高度。在坡度上時,車輛之重量可分析之爲兩力,n與路面垂直及W Sin α與路面平行,n力與路面所生之抵抗力成平衡,故車輛上時,須有與W Sin α成正比例之推動力,方能上升。α角與α角相等,故可知此種推動力,與坡度之關係。α角甚小,Sinα可以tanα代之,

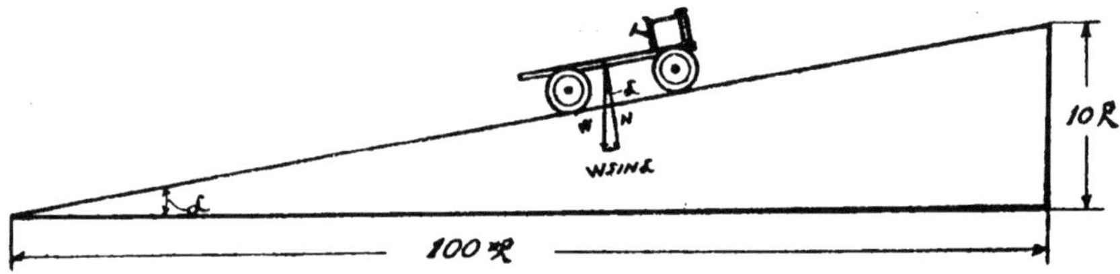

附圖三

即爲坡度之百分數。設一噸重2000磅之車重,(W)坡度在百分之一時,$\tan\alpha = \frac{1}{100}$ 故每噸車重在百分之一坡度上所需之推動力爲 $\frac{1}{100} \times 2000 = 20$ 磅。

(三)空氣阻力 空氣阻力與速率之方程及受風面積成正比例。此處所言之速率,乃指車輛與風行相互之速率。倘車輛之速率

爲每點鐘20英里,風之速率爲每點鐘10英里,順風時其相互之速率爲20−10=10英里,逆風時則其相互之速率爲20+10=30英里,空氣阻力,可用下列公式表示之:

空氣阻力(P)=0.004 m^2A磅。

m = 車輛與風之相互速率,每點鐘若干英里。

A = 受風面積平方英尺。

設有二噸重載貨汽車一輛,其車重與載重總計四噸,駛行於普通麥克當路上;此路大部平坦,其中僅有一處,有一百分之五坡度。倘車輛速率爲每點鐘10英里,受風面積爲16平方英尺,試求其於無風上坡時所需之推動力若干。

由第一表中,可知普通麥克當路之路面阻力爲每噸46至75磅,設以最高數75磅計算,則在百分之五坡度上時所需之推動力爲每噸 75+5×20=175 磅;車重載共計四噸,則其所需推動力當爲4×175=700磅;再加空氣阻力P=0.004×10^2×16=6.4磅,總共需 700+6.4=706.4 磅;車輛速率爲每點鐘10英里,每點鐘每英里等於每分鐘88英尺;故可求知該車所需之馬力等於

$$\frac{706.4\times10\times88}{33,000}=18.84\text{ 匹馬力。}$$

此係就每點鐘10英里之速率而計算,倘欲增高速率,則所需之馬力愈大。設在平地或坡度不及百分之五,則同一速率,而所需之馬力可不必如是之巨。可參觀第四圖自明。

各種道路情形所需之馬力各異,車輛上發動機之馬力須與實際所需者相符合方可。故選擇車輛之時,必先知該車將駛行於何處,何種路面,坡度如何等等,然後查閱擬購車輛之說明,視其發動機之動作曲線圖及減速齒輪比值,是否適合。發動機咸具有特性。如第五圖所示。假定其齒輪比值爲5.76對1,後輪輪胎之直徑爲34英寸,吾人可將第五圖所示之發動機特性曲線圖,繪於第四圖上,速率亦以每點鐘英里爲單位。蓋因減速齒輪之關係,發動機每轉一轉,後輪祇轉5.76分之一轉,後輪每轉得$\frac{34\times\pi}{12}$英尺;故發動機

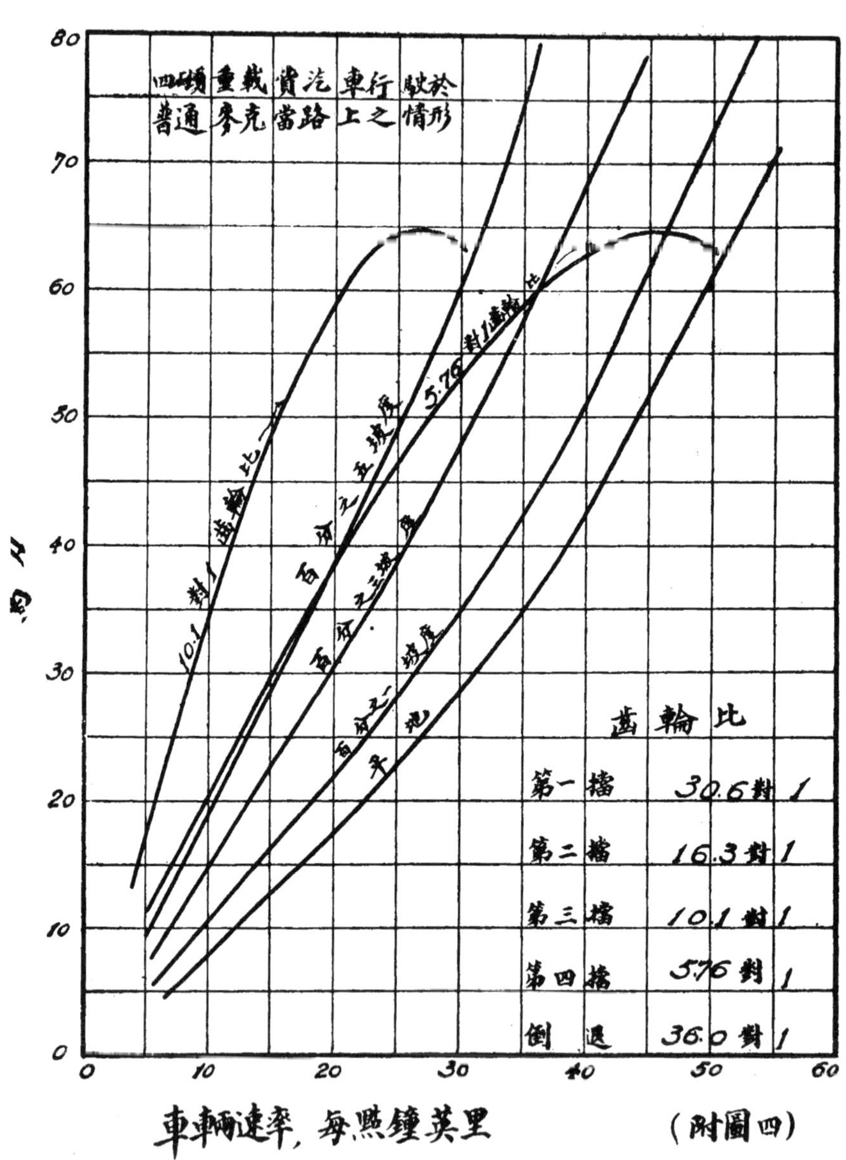
四噸重載貨汽車行駛於
普通麥克當路上之情形
馬力
10.1對1齒輪比
5.76對1齒輪比
百分之五坡度
百分之三坡度
百分之二坡度
平地
齒輪比
第一擋 30.6對1
第二擋 16.3對1
第三擋 10.1對1
第四擋 5.76對1
倒退 36.0對1
0
10
20
30
40
50
60
70
80
車輛速率，每點鐘英里

(附圖四)

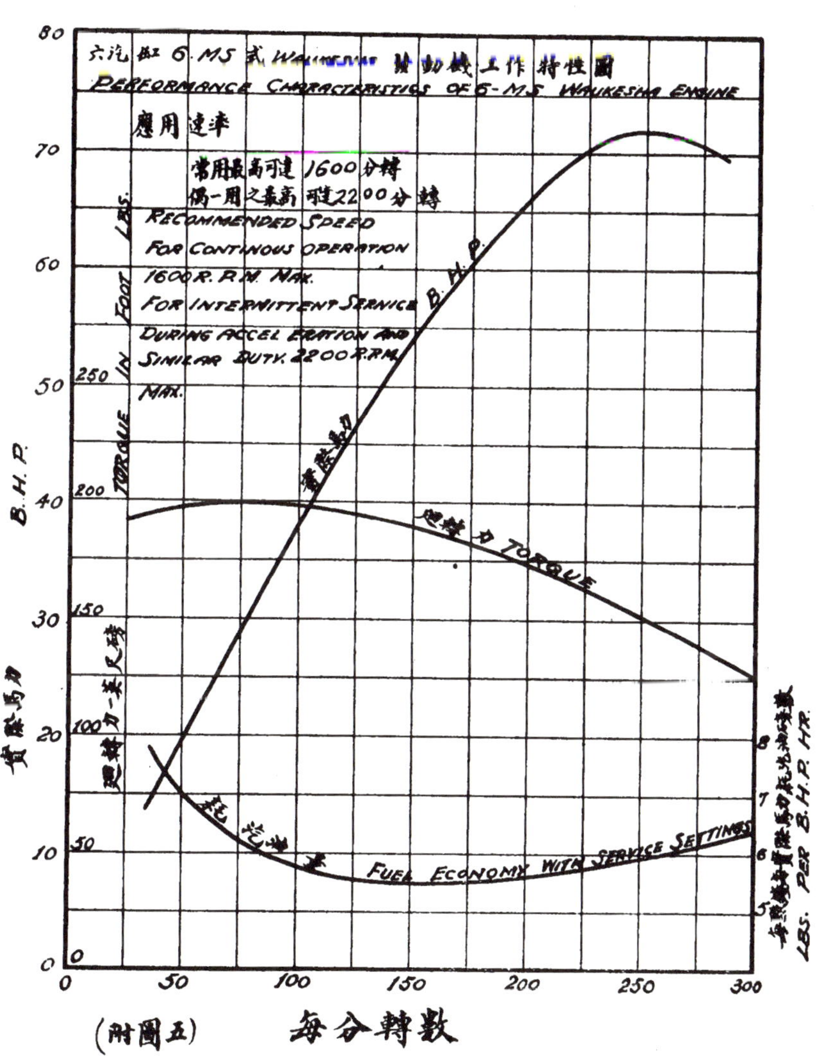
PERFORMANCE CHARACTERISTICS OF 6-M.S WAUKESHA ENGINE
應用速率
常用最高可達 1600 分轉
RECOMMENDED SPEED
FOR CONTINOUS OPERATION
1600 R.P.M. MAX.
FOR INTERMITTENT SERVICE
DURING ACCELERATION AND
SIMILAR DUTY. 2200 R.P.M.
MAX.
B.H.P.
TORQUE IN FOOT LBS.
TORQUE
FUEL ECONOMY WITH SERVICE SETTINGS
LBS. PER B.H.P. HR.
0
50
100
150
200
250
300
10
20
30
40
50
60
70
80
5
6
7
8
(附圖五) 每分轉數

每分鐘一千轉時,後輪每分鐘僅轉 $1000\div5.76=173.5$ 轉,或每分鐘 $173.5\times\frac{34}{12}\times\pi=1540$ 英尺;每分鐘88英尺等於每點鐘一英里,故車輛速率當爲 $1540\div88=$ 每點鐘 17.5 英里。因傳動部份之損耗,在後輪所生之推動力當小於在發動機處之迴轉力,馬力亦因之較低。若以九折計之,則在車輛速率每點鐘 17.5 英里時,馬力爲 $9\times38.8=34.4$。

假使車輛說明書中未示發動機動作曲綫圖,吾人可用英美汽車工程學會之公式,以測知之。譬如第五圖 6MS 六汽缸發動機之汽缸直徑與活塞行程爲 $3\frac{3}{4}''\times4\frac{3}{4}''$ 英寸,應用公式

$$H_P=\frac{D^2n}{2.5}=\frac{3\frac{3}{4}^2\times6}{2.5}=33.7。$$

此公式中 D 爲汽缸直徑,n 爲汽缸隻數。照此公式所得之馬力,乃在活塞速率每分鐘 1000 英尺;實際平均有效壓力,均不止此數,故實際馬力亦較高於此數。此公式乃由下式而得。

$$實際馬力=\frac{PLANn}{2\times33,000}。$$

設以 S 爲活塞速率,$S=2\,LN$ 或 $LN=\frac{S}{2}$ 以之代入上式,得

$$實際馬力=\frac{PASn}{4\times33,000}。$$

假使 S = 每分鐘 1000 英尺, P = 每平方英寸 67.25 磅,

$A=\frac{\pi}{4}D^2$ 故

$$實際馬力=\frac{67.25\times\frac{\pi}{4}D^2\times1000\times n}{4\times33,000}=\frac{D^2n}{2.5}$$

上述一例中,活塞行程爲 $4\frac{3}{4}$ 英寸,假使活塞速率爲每分鐘 1000 英尺,則發動機之轉數,可約計之如下:

$$1000=2LN$$

$$N=\frac{1000}{2\times L}=\frac{1000}{2\times4\frac{3}{4}}=1263 分轉。$$

查第五圖中發動機 1263 分轉時,實際馬力約爲 47.0。照此公

式所得,只33.7,相差甚巨,此蓋因該公式中所假定之實際平均有效壓力稍低之故。倘易P爲93.5磅,則所得之馬力,亦可等於47矣。因此馬力公式,不過可得各發動機馬力大小之相互關係。故欲知該發動機之是否合宜,及應用何種齒輪比值,則非有由實地測驗所得之發動機動作情形曲線圖不可也。

車輛各個部份如彈簧,車輪,輪胎之選擇亦多因用途與道路情形而異。譬如鋼絲車輪,頗富彈性,但祇可用於載客汽車,極輕載之載貨汽車上。木製車輪,堅固耐用,稍有損壞,亦可修理,載客汽車多可用之。公共汽車與載貨汽車則多用鋼鑄或鋼盤車輪。鋼鑄車輪,形似木輪,最爲堅固;但苟有損壞,則非另易新輪不可。鋼盤車輪,於泥路及田內用之最佳。至於車胎,本有實心胎,打氣胎與氣球胎三種。實心胎彈性較弱,胎面易受摩擦而損蝕,故用實心胎之車輛,其速率不宜過高,實心胎往往太狹,承重面積甚小,單位壓力遂大,路面路基不堅者,不可應用。載貨汽車多用汽胎,載客汽車與公共汽車則須用氣球胎,可增加輪胎着地面積,減低單位壓力,並可增加車輛速率,而平穩安全。所用輪胎不同,則制動裝置亦應各異。輪胎與車輪之尺寸,與發動機之動作,亦有密切之關係。如改換輪胎,不可不換車輪,庶使車輪之減速齒輪比值不變,而不礙及發動機之動作也。

全國經濟委員會公路處試驗路築造法

胡　　奎

公路建設,爲發展我國交通之唯一捷徑,人盡皆知,蓋以其造價低廉,而收效之宏且速也。全國經濟委員會公路處爲試行採用國產材料,利用人工方法,研究各種路面之築造;於去歲十二月十日築試驗路於首都中山門外京杭路之京湯段中,自馬羣鎮至麒麟門間。共長二千公尺,分第一第二兩段,第一段長一·二公里,以磚石爲主要建築材料,第二段長八百公尺,所用材料,水泥爲主.各式路基寬度爲九公尺,路面寬五公尺半,路肩各寬一·七五公尺,橫坡度則視路面材料而異,最大爲一比二十,最小爲一比五十.全路共分不同路面三十一種,大別之可得八類。

I. 半整齊石塊路

II. 彈片路

III. 摩東克式(Mossaic)半整齊石塊路

IV. 青磚路

V. 泥結馬克當路

VI. 各種軌路

VII. 混凝土路

VIII. 水泥結馬克當路

玆將其各類路面築造情形略述於下。

I. 半整齊石塊路

研究此類路面之目的,在試驗其功用,能否代替不適於通行汽車之水結或泥結馬克當路。故路面石塊質料之選擇殊為重要。本路所採用者,爲附近之青石及蘇州金山之花崗石兩種。而路基材料則又分。

(A)碎磚基

(B)碎石基

(C)無路基(即土基)

其築造方法,大致相仿,可分爲;

(1)路床.

在鋪築路面以前,先將土路基挖成寬五公尺半,深較規定路面厚度淺約二公分,然後用壓路機往來滾壓,至壓成路面厚度之深而止。不過掘挖路床,須視當地情形而異,不能嚴格規定。如於新塡土處,土質鬆輭,易於壓沉,則塡土時務使路床與路面之差高較少。若於舊有路上修改,則因原路床行經車輛,滾壓頗實,此時挖掘深度,甚至須等於路面厚度。總之在任何情形之下,宜使路床深度經壓路機輾壓後,能合於規定,不使稍淺或稍深,此則築造頗爲不易。深度旣合,同時再修正路拱及高低不平之處,然後再壓平實。滾壓路床時,加灑微量之水,使泥土沉縮穩固。

(2 路基

路床滾壓平實,路拱坡度較量準確之後,即鋪設路基,如碎石碎磚之類,其厚度較規定厚度,厚約二公分。鋪時用鐵針若干,於相當距離處,插於路床上,以標高度。鋪設畢後,用壓路機往來滾壓,並時時灑水,使壓至規定厚度爲止。此步工作,較路床工作爲有標準而易於修補。

(3)沙墊

路基壓實後,上鋪沙墊一層,如規定厚度。然砂之須用數量,與路基材料(碎磚或碎石)之空隙,(Soids) 有莫大關係;蓋一部份砂,在鋪時即落入路基之隙縫中。本路試驗所得,砂墊之消耗於碎石基隙中者約一公分厚,耗於碎磚基隙中者約二公分厚,土基則無消耗。

(4)路面

路面舖砌時,邊石(俗稱路牙)之砌放,最爲重要;蓋一方爲路面高度與坡度之標準,一方爲舖面闊狹之範圍。砌立之後嚴行校正合度,然後舖設路面石塊。石塊之式樣與砌間之空隙,亦與用砂數量,有莫大關係。砌時先將石料分行堆置砂墊上,(參看第 圖)用路拱置於邊石上,以路面寬度等分爲四,每分點插一鐵桿於砂墊中,共爲三根。隔十餘公尺,同樣再插三根,繫繩兩端於其應有高度處拉直。石塊之舖砌,即以此繩之高度爲標準。(參看第二圖)舖時四人排列一行,在一直線上,同時工作,使所舖石塊,橫面成一直線。不過石塊尺寸大小,極難一律,終不免稍有灣曲。(參看第三圖)舖法先用錘尖或手挖一小坎,然後將石塊豎立,以錘錘入砂墊,將四週之砂。錘塞結實,使之牢固。

(5)塡縫.

路面石塊舖砌完竣,用小木夯遍倒一次,發現下陷之處,卽修正補好,夯後舖石屑或黃沙一層,用竹箒掃入隙縫中,再用鐵針插實,而後用石滾往來滾壓,使坡度正確,路拱合度而後止。

第一圖 半整齊石塊路面鋪砌前石料堆置情形

第二圖

半整齊石塊路面鋪砌時之情形

第三圖

半整齊石塊路面鋪砌後之橫向縫與石隙情形

第四圖

半整齊石塊路面鋪砌後未填縫前之情形

II. 彈片路

此種路面之築造情形,與整齊石塊路相似,惟不用石屑塡縫。蓋彈片(俗稱二片)舖砌,因大小式樣不一,故隙縫頗大,石屑價値殊昂,以此塡縫,實不經濟,是以僅用黃沙塡縫,其築成後之情形,請參看左圖(第五圖)。

第五圖 彈片路面完成後之情形

III. 摩東克式(Mosaic)半整齊石塊路

摩東克式路面,在我國尚罕見,歐洲諸國,城市街道舖砌此式樣者頗多,蓋因其保養省事,而易於修補,其路床路基築法與普通石塊路相同,僅路面舖砌較爲費工,其石塊舖砌後皆成弧形,(參看第六圖)

舖砌時起點頗感困難,其法用木板兩塊,依規定之半徑製弧形若干如下圖:

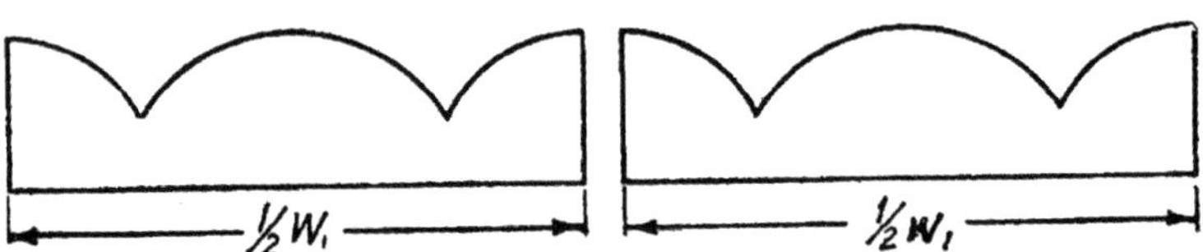

W_1= 路面寬度一兩邊邊石厚度

依此弧形爲起點舖砌石塊.其砌立邊石拉綫等,與砌半整齊石塊路相仿,砌時之情形如下圖:

砌時五人同時工作,使其速率相等.每行石塊砌成弧形後,即用校量弧度樣板校量之,其樣板之形狀如右圖:

此樣板置於弧之交點處(如 a.b.c.d.)以量其弧度之符合與否,工作較爲複雜;故工人鋪砌速率,亦較鋪砌普通石塊路面爲緩。

較量弧度樣板

路面砌成之後,其狀如第七第八兩圖,然後再用石灰或水泥漿塡縫,使路面之水不致滲入路基。

IV.青磚路

此式所用青磚,即係普通之磚,鋪砌成人字形。其目的在試驗其耐久性與造價是否有推廣之可能。其路床路基築法完全與石塊路相同。路基材料係用碎磚,不過路面鋪砌頗爲省工,因磚之大小較石塊爲整齊,路面亦用石灰漿灌漿,結果如何,待諸行車之後方可證明。

V.泥結馬克當路(Clay bound macadam.)

此類路面,雖不適於汽車之行駛,然因其築造簡易,造價低廉且苟保養得宜,亦能經久耐用。況本路附近,土質富有黏性,極適用於此類路面之築造,是以亦建數段,以資試驗。至於路基,則分碎磚

← 第六圖

摩東克式半整齊石塊路鋪砌時之前部情形

第八圖 ↓

摩東克半整齊石塊路鋪砌後尚未填縫前之情形

↑ 第七圖

摩東克半整齊石塊路鋪砌時之拉線及其所用之路拱板與校量弧度樣板

第十圖 ↓

石塊軌路灌石灰漿時之情形

↑ 第九圖

石塊軌路鋪砌時之情形

碎石及大石塊三種,以試其載重力之比較如何。築造法殊為簡易,惟於壓路機滾壓時,每易使路面發生波形。此點應加特別注意耳。路面壓實之後,用黃泥化入水中,成黃泥漿,其配合比例,視情形而異。灌漿之法以漿普遍灌入碎石路面隙中,至溢滿為度。同時加舖石屑一層,再用壓路機往返滾壓至石屑塞入碎石路面隙中而止。

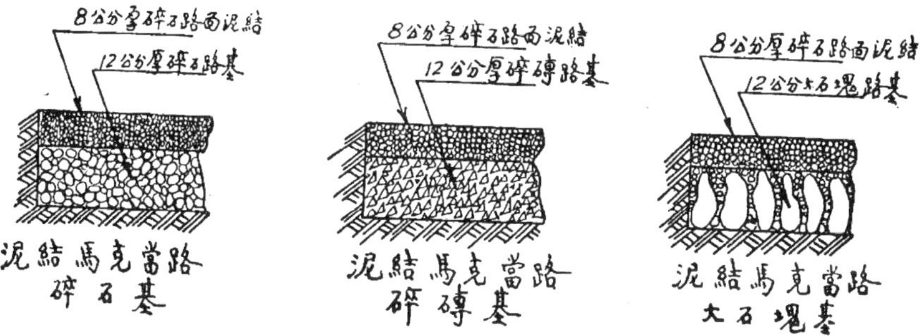

VI. 各種軌路

此乃造路之一種經濟辦法,極有試驗與研究之價值。以較低之造價,築實際上最適用之上等路面,蓋須用上等材料僅限於兩軌;軌之兩旁,則可用次等材料。本路共造磚,石塊,石板及混凝土四種軌路。

此路面之築法,先舖中間底層碎石厚約十二公分用壓路機往返滾壓,至其厚度約十公分寬度約二·五公尺,然後舖上路軌,次舖中間石片,最後舖砌兩旁片石。軌路上用洋灰或石灰漿灌縫,

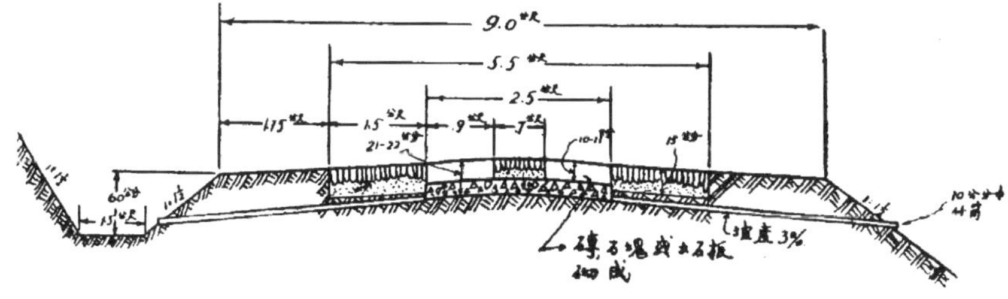

磚石塊或石板之軌路橫剖面圖

以防雨水流入。

軌底通以竹筒,爲暗溝之用,以導路基之水,入於水溝。其橫剖面如上圖。

竹筒之設置,於路面完成後,每隔十公尺或十五公尺兩邊安設竹筒於路肩之下。軌路則用長竹筒,直伸至路軌之下。方向垂直於路之中心線或斜成 30^0—45^0 角,視路面之坡向而定。竹筒口端護以碎石,大小較竹筒徑略大,俾泥沙不至擁塞竹筒。惟混凝土路軌,則路基不用碎石,厚度爲十八公分較上圖略有不同耳。各式路軌工作情形可參看第九,十,十一,十二,十三等圖。

VII. 混凝土路

國產材料可造高級路面者,水泥實佔重要位置。本路之混凝土路面,共分十式,計:

1. 1:2:4 等厚混凝土路
2. 1:2.5:5 等厚混凝土路油毡伸縮縫
3. 1:2:4 等厚混凝土路枕式伸縮縫
4. $\frac{1:2:4}{1:3:6}$ 二層式混凝土路木板伸縮縫
5. $\frac{1:2:4}{1:3:6}$ 二層式混凝土路中隔油紙木板伸縮縫
6. 1:2:4 厚邊混凝土路
7. 1:2:4 厚邊竹條混凝土路路心伸縮縫
8. 1:2:4 等厚竹條混凝土路
9. 1:2:4 等厚竹條混凝土路竹銷伸縮縫
10. 1:2:4 等厚竹條混凝土路路心伸縮縫

混凝土路面之築造步驟可分爲

(1) 路床.

混凝土路路床之築造,應使十分準確,否則材料耗費殊巨。本路採用混凝土厚度一律爲十八公分,惟厚邊式則中心厚十三公分,邊厚十八公分。

(2) 立側模型板

第十一圖 石板軌路鋪砌時之情形

第十二圖 石板軌路鋪砌完成後情形

第十三圖 混凝土軌路築造時之情形

第十四圖 混凝土路面第八式之濕治情形

第十五圖 混凝土路第三式之橫剖面

路床壓實之後卽於二側豎立側模型板（Wooden forms），高十八公分，以木椿兩面撐釘固牢，不使稍有移動。兩板內邊之距離，爲五公尺半。

（3）路床灑水

在鋪沒混凝土以前，路床皆先灑水，使稍濕潤，俾使混凝土內之水份，不致爲土基吸去。

（4）混凝土之配合

混凝土之配合，拌和最佔重要。拌和步驟，分乾拌濕拌兩步，其工作時，先以拌和板置於適當之路邊或路中，其位置如下圖：

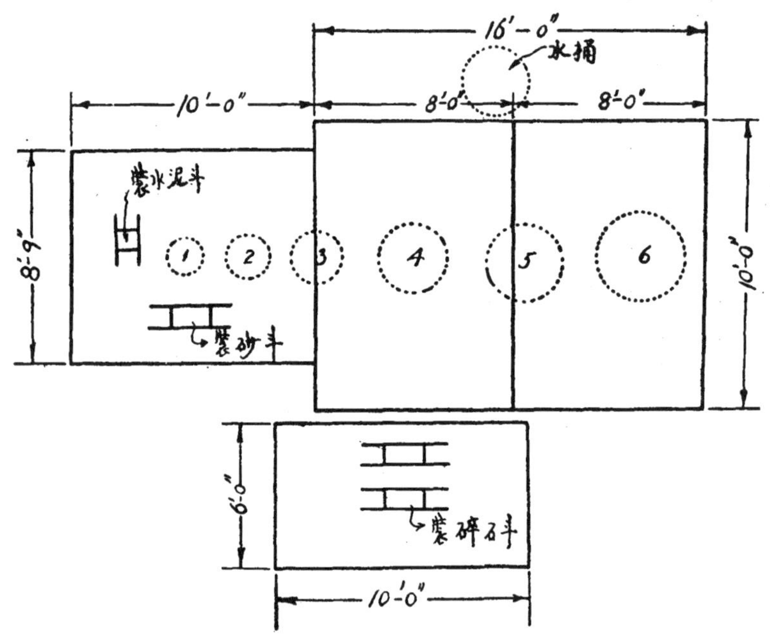

拌和板共爲四塊，各塊尺寸如圖示。拌和之法：

a. 先由倒水泥與倒砂者，將量斗注滿。以砂倒於木板上，位置如（1），略將砂刮開，卽以水泥和入。

b. 乾拌水泥與砂之二人，遂以在（1）位置之砂與水泥，用鏟拌翻之第(2)位置。

c. 如前法再續翻拌至第(3)位置,此時水泥與砂混合後之顏色,已成一列,乾拌步驟即告完畢。

d. 由拌混凝土中之工人,（即濕拌工人普通有六人）以第(3)位置之砂與水泥混合物移翻至第(4)位置,同時刮開,中成一塘。

e. 倒碎石者即以已量好之碎石,傾於塘內。

f. 注水者即以水一桶,悉傾於碎石上。

g. 濕拌工人隨即舉鏟拌和同時向第(5)位置翻移,而倒水者則以水壺徐徐灑水於混凝土上,至適可而止。

h. 混凝土拌成,已在第(5)位置,濕拌者再用鏟翻拌一次,使之勻和。至混凝翻移之第(6)位置,此時鏟混凝土者即鏟去舖設。

（5）舖築路面

混凝土拌和成後即用鏟鏟舖路床上,至規定厚度,以路拱板括打,使路拱(Crown)合度。路面縱向另用括板至平齊,不合則立即修舖。然後用 15—20 公分寬之帆布帶,由二人各執一端,於混凝路面上,橫向磋磨,使路面平滑。待混凝土將初期硬化時,再作二次之磋磨,惟較第一次爲急而速。磋磨時帆布皆先浸濕。

（6）伸縮縫 (Expansion Joint)

每距二十五公尺,設橫伸縮縫一道,寬約一公分,深與混凝土厚度相等,縫內塡桐油毡。作時用木板一塊,長與路寬相等,闊稍厚於路面,置於伸縮縫處,以桐油毡附於其上,用鐵針夾牢。待混凝土舖過五六公尺,即以木板取出,而桐油毡則留於伸縮縫內。

（7）建築縫 (Construction Joint)

每距十二公尺半,作建築縫一道,深約二三公分,寬半公分。其作法與伸縮縫相同,惟不用油毡。待木板取出,隔一二日後,即用水泥漿塡入,面上以繩刻成二三公分深之縫,每日工作必做到一建築縫或伸縮縫處,始得停工。

（8）濕治

第十六圖 ↑

混凝土路第五式(1:2·4—1:3 6:二層式中隔油紙木板伸縮縫)築造時之情形

← 第十七圖 混凝土路第七式築造時竹銷與竹條之排列情形

第十八圖 ↑

混凝土路第九式築造時路心伸縮縫竹銷之排列情形

第十九圖 ↓

混凝土路第十式築造時竹筋(bamboo fabric)之設置情形

路面硬化後,卽舉行濕治。其法有二(一)於路面二側及路面相當距離處築造泥壩,高二十餘公分,然後將水漑入,使路面完全浸於水下。遇坡度大處路面泥壩距離則較近,蓋可以省漑入之水量也。十四日後方可將泥壩除去。(二)於路面上覆以稻草,時時灑水,使路面是浸濕現狀。如是者十四日而止。第一法之濕治情形,參看第十四圖。

(9) 折除側模型板

於路面濕治畢後卽將側立模型板拆去之。

混凝土路建造時之情形,請參看第十五,十六,十七,十八,十九等圖。

VIII. 水泥結馬克當路 (Cement bound macadam.)

此種路面之築法,與普通馬克當路相同;惟面層用水泥漿結實,灌澆水泥漿。本路以三種不同方法,以作試驗。

(一)乾掃法.

(a)舖掃水泥砂,於路面舖好碎石滾壓後,卽以1:3之水泥砂於拌和板上混合,用鏟乾拌至顏色一列,以竹簍裝運至路中,以鐵鏟鏟播於路面上。然後用竹箒掃填石隙中,至路面呈灰砂色,此時水泥砂在路面上厚度約一·二公分。

(b)水泥砂掃舖完竣,用石滾滾壓一次,此時石隙大者,水泥砂皆落入,路面現裂罅,立卽用同樣材料補好塡滿,使不見碎石現於路面。而後舖石屑一層。舖法亦用鏟散播。工人技巧,頗能播散勻和,無堆積一處之狀。此時用噴壺遍路面灑水一次。

(c)第一次灑水旣畢,立卽用滾筒滾壓,同時灑水於滾筒上,使石屑不致黏於其上。迨至水泥漿溢滿石屑爲止。此次所用水量,較第一次所灑水量爲多。

(d)路面完成後,亦舉行濕治,惟皆採用灑水法,如是者十四日而止。

(二)透漿法.

此法之舖碎石,與普通馬克當路略異,分三層舖設。

(a)底層碎石舖好滾壓後,乃舖中層小碎石,再用壓路機滾壓。壓時亦灑水。然後用1:3之水泥漿,舖至平均深約五公分。漿之柔度則臨時試驗決定之。漿舖後再加舖小碎石一層。於其上(如是舖至十公尺左右,)用石滾往返滾壓數次,至水泥漿溢出路面。惟此步工作頗為困難,若舖極短之距離,(如一,二,公尺)即滾壓一次,則漿甚易透出路面,但工人支配,殊太麻煩,而滾筒調頭尤為費事。此則須視當時工人之工作效率與支配情形。及水泥漿之柔度而隨時決定,非可嚴格規定也。

(b)水泥漿透出路面後即加舖石屑一層,厚約一公分,再用滾筒滾壓至水泥溢滿石屑為止。此步工作,須與前步連續滾壓,不能間斷。路面築成後亦須舉濕治十四日。

(三)灌漿法.

此法較為最易。碎石路面舖好壓實後,即以1:2之水泥漿注入石隙中。此法所用水泥漿比例,不能過大,如1:3, 1:4或1:5之類。蓋碎石壓實後隙縫頗小,苟漿濃則不能灌入,漿稀(1:3,1:4,或1:5)則大部份之水泥砂,不能成漿。蓋砂皆沉澱於底,水泥不能黏住,灌時水泥水皆流入石隙中,砂則堆積於路面上。依試驗結果。漿之成分比例,以1:2為最佳,其灌入石隙中之深度,可自五公分至八公分。灌漿後立即加舖石屑一層,每舖十公尺左右,用滾筒往返滾壓,使水泥漿溢滿石屑為止。其濕治情形,則與上述二法相同。

水泥結馬克當路之築造情形,概如上述,而其功效能否代替瀝青面層,非視其將來結果如何,方可斷言也。

此稿僅寫工作時之大概情形,至於各種紀錄如人工,單價,運輸,材料消耗,統計等,以及日後試驗之結果,則本會將有圖說與報告之刊印,未便贅述。

前漢時代海上交通考

鄭師許

一，序論

二，論吾國交通陸路先於海上

三，論秦漢以後海運始開

四，研究前漢海上交通當以漢書爲主說

五，前漢海上交通之動機

六，前漢時代海上交通之情形

七，近世史學家考古家所發見關於此事之新材料

八，交通工具與貿易狀况

九，交通以後所受之影響

十，贅語

一．序論

吾國地理之學，發生最早；曩著中國學術概論時，已專章論之矣。至於域外史地之學，則遜清一代，研究極盛，如魏源，徐松，何秋濤，張穆，李文田，洪鈞，屠寄，丁謙等，均能以專家見稱。顧其所攻究，大抵詳於西北，而略於東南；尤以海上諸國，考證爲略。邇三十年來太平洋上日益多事，世界學者之爲東亞攻究，實爲時尙所趨；而其中翻檢舊籍，證以土人地名爲海上考證之學者，更日有所獲。如法國之伯希和 Paui Pelliot，沙畹 Edouard Chavannes，烈維 Sylvain Levi 費瑯 Gabricl Ferrand，日本之桑原隲藏，藤田豐八，等輩，其著作之宏富，考證之精詳，已迥非前此英人亨利玉爾 Henry Yule，法人拉克伯里 M. Terrien de Lacouperie 之徒能翻譯吾國古籍之時代矣。然猶有不愜於吾心者，諸氏所言，僅至唐宋而止，溯而上之，以至於漢魏，則固

余嘗有暇,因得讀藤田豐八氏前漢時代西南海上交通之記錄,怦然心動,因刪其蕪雜,去其繁複,擴而充之,以成斯篇,或亦誌吾近數年之蘊蓄於中,而欲試為吾國海上交通史之嚆矢也歟!

二. 論吾國交通陸路先於海上

吾國古代地理專書若禹貢,若職方,大抵皆詳於國內而略於域外,不足為古代交通史之研究。若穆天子傳若山海經,則其所言皆謂吾國交通,先起於西北,其時實為陸路往來。山海經有神話,有奇異產物,其眞實性遠過禹貢一書,已為近世學人所公認;然其中除五藏山經外,不免攙雜戰國以後地理上之智識。其他古史所載,若詩經,若左氏傳等,皆云吾國嘗與肅愼玁狁,氐羌,山戎,赤狄相交涉,而不及東,南海上諸國。若離騷以下諸書,雖嘗言崑崙,扶桑等地,然此為長江以南之文學,或戰國晚年,南方已與交,廣相往來,得之間接傳聞,殊不足為此時已有海運之證。意者吾國地勢,西北接連大陸,東南為大海所限,先民生活,尙在自然交通時期,此亦事勢之無可如何者。

三. 論秦漢以後海運始開

及秦代統一以後,吾國文化驟放異彩,一切典章制度,以至神仙方伎之說,大異於前。吾嘗疑其已與西亞南亞先進之國互相往來,或未往來而間接得之四裔淺化民族之所傳述。吾於此試述二事,以為討論之端者,其確否未敢必也。一為秦始皇統一政治建立中央集權政府之創造。七雄人才,以秦為最盛,除韓非李斯俱為荀卿弟子,學有淵源外,一時猛將如雲,謀臣如雨,莫不難究其所自。李斯上諫逐客書,有:『西得由余於戎,』戎雖不指為何地,要必秦國以西之國也。其見於史冊者如此,其不見於史冊者正多也。据西史所載:西元前三三〇至三二四年,歐洲馬其頓,Macedania王亞歷山大大王 Alexander the Great 之大軍自巴比倫城再向北而進,渡過烏滸河Oxus及藥殺河 Jarartex,更南向渡過印度河直進恆河 Ganges流域。其部將泥阿卡斯 Nearchus 得見自印度河上流傳來之中國綢絹。中西之接觸似於此時開始發生,其時蓋當中國孟子出生後五十年,印度阿育王卽位前五十年之頃。惟此事我國古籍絕未紀載,只西史言之鑿鑿耳。亞歷山大為歐洲最初建立大帝國且為有統治天才之君主,其分部而治,與用鉅貲築造境內大道,與秦始皇分天下為三十六郡,修築馳道以為其統治工具,其政策先後若出一轍。至是否秦始皇已得備聞其說,或當時自西入秦之策士攜來其說,則無從考究矣。一為秦漢之際,方伎醫藥之書大盛。吾國向祗有巫醫,以巫術為人醫病,其所用藥物,大抵為厭勝Charms之用,今山海經中尙多佩用服用字樣,曩吾為本草學之起源及神農本草經一文時,稱其時期為魔法治療時期。及至此時,乃已知用丸藥矣。史記扁鵲倉公列傳稱太倉公淳于意,高后八年時,師事元里公乘陽慶,慶悉以禁方予之。孝文四年,意家居,詔召問所為治病死生驗者幾何人?主名為誰?詔問故太倉長臣意方伎所長,及所能治病者?意一一具如所對。其中有:『齊王故為陽虛侯時病甚,衆醫皆以為蹶,臣意診脈以為痺,根在右脅下,大如覆杯,令人喘逆,氣不能食,臣意卽以火齊粥,且飲六日,氣下,卽令更服丸藥,出入六日,病已』之語。觀所云云,已不用厭勝諸法,而入於主觀治療時代。尤可異者,為丸藥之開始應用,為前此時代所無。輓近法人馬斯白羅Georges Maspero (1846—1916)著埃及上古藥物使用之記載云:其法用湯酒等漬於外,用散藥,丸藥,膏藥等敷之;此法古埃及行之,其後傳於希臘云云。今者發見尙少,不能一一為之比較;然其所用方法,則固暗合也。所以關於吾國與西亞南亞交通之歷史,究竟開始於何時,近世學者迄未能定。梁任公先生佛教之初輸入一文云:

> 朱士行經錄稱:『秦始皇時,西域沙門室利防等十八人賚佛經來咸陽,始皇投之於獄。』(歷代三寶記卷一引)此經錄本不甚可信;此種斷片且傳疑的史實,似無徵引之價值。但最當注意者,秦始皇實與阿育王同時。(秦始皇西元前二四三——二一七,阿育王西元前二六六——二三〇)阿育王派遣宣教

師二百五十六人於各地,其派在亞洲者,北至俄屬土耳其斯坦,南至緬甸,俱有確證。且當時中印海路交通似已開,(法人拉克伯里考据此事頗詳)然則育王所遣高僧,或有至中國者,其事非不可能。(佛門掌教,稱育王起四萬八千塔,其二在中國。此雖荒誕,然或是育王與中國有關係之一種暗示。)但藉曰有之,然既與當時被坑之儒同一命運,則可謂與我思想界沒交涉也。

其所言亦祇在疑似之間,不爲定論。至漢以後,則東北通倭,西南通海,史書並有明文;且以今日地勢道里計之,一一符合,甯得謂其時海運尙未通乎?

四. 研究前漢海上交通當以漢書爲主說

前漢言域外地理之書,確實可据者,有山海經之海外經,淮南鴻烈之地形訓,史記之匈奴,南越等傳,漢書之地理志,匈奴傳,西南夷兩粵朝鮮傳等。山海經傳爲伯益所作,据日人地學專家小川琢治所研究,謂:五藏山經五卷爲春秋末期所作,海外經四卷爲戰國晚年作,海內經四卷爲漢武帝時作,大荒經四卷及海內經一卷爲漢以後人所增。其確否雖尙待考證,然海外經爲前漢時學者已見之書,必可決也。其海外南經關於海外諸國之稱述云:

> 海外自西南陬至東南陬者:結匈國,羽民國,讙頭國,厭火國,三苗國(一曰三毛國)𢧵國,貫匈國,交脛國,不死民,岐舌國,三首國,周饒國,(一曰焦僥國)長臂國。

又海外東經云:

> 海外自東南陬至東北陬者:䃌邱,(一曰嗟邱)大人國,君子國,青邱國,黑齒國元股之國,毛民之國,勞民國,(或曰敎民)。

其所稱述之國,與淮南鴻烈同。淮南鴻烈地形訓云:

> 自西南至東南:結胸民,羽民,讙頭國民,裸國民,三苗民,交股民,不死民,穿胸民,反舌民,豕喙民,鑿齒民,三頭民,修臂民。自東南至東北方,有:大人國,君子國,黑齒民,玄股民,毛民,勞民。

其名稱及詳略雖不盡合,然一望而知其實出於同一之記載也。案淮南鴻烈一書實出淮南王安門下諸賓客之手,爲當時一種類書,其所言必有來歷,然則非剿襲山海經而何?雖然,其所稱述諸國名,以義譯不以音譯,又不詳道里所在,故迄今無人能爲相當之考證,故祇在半疑半信之間。史記一書,非不詳贍,然所記僅至武帝而止,其武帝以後之開拓疆土,使節往還,遠不如漢書所載之詳盡。吾嘗遍翻其匈奴南越等傳,竟無一語足爲吾文之助。此外若東方朔之神異經,海內十洲記,劉歆之西京雜記等,其言不雅馴,實難据爲信史。朱希祖中西交通史料匯篇序曰:

> 或又謂張君此書,一方采瑞典人安特生及赫丁之考古報告書,用最精之科學方法,鑑别史材,一方又采兩漢六朝神異怪誕之書,與西人之説相附會,取材恐未盡眞?余謂山海經之神話,莊周書之寓言,東方朔神異經之僞託,王嘉拾遺記之臆造,此等書籍,雖不免致人疑惑,然愼取精擇,確能相互證明,亦不妨備爲一説。

以吾所見,仍主不采用也。故吾意仍以爲當以漢書爲主。

五. 前漢海上交通之動機

吾文至此,可以入本題矣。今於述説當時海上交通狀況之先,先爲研究其所以有此交通之動機。近世社會學者每据馬爾薩斯 Thomas Robert Malthus (1809—1882) 人口論,以爲人類交通,只不過由於戰爭,與和平兩者,而人類之所以必需戰爭者,以人口增長不已故也。今者研究當時交通之動機,亦得以此理解釋之。其大别可分爲四項:

一曰由於開拓疆土也　漢代武功最盛,尤以武帝時爲甚。史記漢書兩武帝記,幾乎全爲武功與巡幸所占。除屢擊匈奴有所斬獲外,既於元鼎六年冬平定越地,以爲南海,蒼梧,鬱林,合浦,交阯,九眞,日南,珠厓,儋耳郡;定西南夷,以爲武都,牂柯,越嶲,沈黎,文山郡;復於元封三年夏朝鮮斬其王右渠降,以其地爲樂浪,臨屯,玄菟,真番郡。二年之間開拓四萬餘方里,爲前此所無。自是漸用事於海上矣。

二曰由於使節往還也　戰爭之後,必繼之以和平。漢書昭帝紀贊曰:『孝昭幼年卽位,承孝武奢侈餘敝,師旅之後海內虛耗,戶口減半。……至始元元鳳之間,匈奴和親,百姓充實;』是也。然所以維此和平者乃在使節之往還。自是以後雖疊有戰爭,而使節仍未稍息。漢書王莽傳載莽奏太后曰:『太后秉統數年,恩澤洋溢,和氣四塞,絕域殊俗,靡不慕義。越裳氏重譯獻白雉,黃支自三萬里貢生犀,東夷王度大海奉國珍,匈奴單于順制作,去二名,今西域良願等,復舉地爲臣妾。』可見終前漢之代,使節不絕。

三曰求神仙也　案求神仙之事爲秦漢時代以前所無,有之,自秦始皇帝始。史記秦始皇本紀二十八年云:『齊人徐市等上書,言海中有三神山,名曰蓬萊,方丈,瀛洲,僊人居之:請得齋戒,與童男女求之於是遣徐市發童男女數千人,入海求僊人。』三十五年云:『始皇乃大怒曰,徐市等費以巨萬計,終不得藥。』三十七年又云:『方士徐市等入海求神藥,數歲不得。』正義引括地志云:『亶洲在東海中,秦始皇使徐福將童男女入海求仙人,止在此洲,共數萬家,至今洲上人有至會稽市易者。』又史記淮南王列傳,伍被述其事曰:『昔秦使徐福入海求神異物,還爲僞辭曰:臣見海中大神言曰:汝西皇之使耶?臣答曰然。汝何求?曰:願請延年益壽藥。神曰:汝秦之禮薄,得觀而不得取。卽從臣東南至蓬萊山,見芝成宮闕,有使者銅色而龍形,光上照天。於是臣再拜問曰:宜何資以獻?海神曰:以令名男子若振女與百工之事,則得之矣。秦始皇帝大悅,遣振男女三千人,資之五穀播種,百工而行。』統觀諸書所記,徐市又名徐福,入海不止一次,且所至確爲今之日本。今日本所立徐福祠,不止一處,一在富士山下;一在紀伊國之熊野;一在尾張國之熱田;

或者皆其始至時,民間所立以紀念者也。及至漢武帝踵行往事。史記孝武本紀云:『齊人之上疏言神怪奇方者以萬數,然無驗者。乃益發船令言海中神山者數千人,求蓬萊神人。』所謂乃益發船,所謂令數千人,則其往來之盛可想矣。

四曰徙民也　徙民爲當時一種有計劃之政策。漢書武帝本紀元朔二年夏募民徙朔方十萬口,又徙郡國豪傑及訾三百萬以上于茂陵。又元鼎六年秋分武威,酒泉地,置張掖敦煌郡,徙民以實之。可見徙民實邊,實與今日殖民無異。又王莽傳言莽在平帝時又增法五十條,犯者徙之西海,(案卽西域)徙者以千萬數。可見此種政策直至前漢末年不絕。至於海上殖民則吾國載籍未嘗明言,惟在近代考古學上可以解釋之。日人濱田耕作氏東亞文明之黎明第十章云:『其次,西部日本,恰與南部朝鮮,幾乎取相同的徑路,受了中國文化底影響;證明漢以前與中國交通的遺物,比南鮮更少,除了在備前底三原町附近出土明刀錢這稍稍不確的事實,及在琉球底貝塚中發見明刀錢的報告之外,怕與漢以前底銅器——尤其是與南部中國底銅器有關係,且祗想像爲在日本變化了而製作的銅鐸這東西,在近畿,東海等底地方發見。到了漢代,漢倭奴國王印與漢式的銅鏡,劍,玉璧等在九州發見;又在九洲與山陰,因爲有王莽底貨泉出土,所以在中國底史籍底記事之外,可以用考古學的遺物證明其交通。固然這是通過朝鮮的交通居多,但想像直接與中國領土的交通也存在着,是妥當的。而且這些貨泉,是與石器時代終末的金石並用時期的遺物,一同發見的。所以西日本,迄於王莽底時代卽公歷一世紀時。大體上是石器時代底終末,可以看作由于這漢文化底影響,才進於金屬時代文化底黎明期。這不能不說實是日本文化史上,最重要的劃期的事件。但這漢文化是鐵器時代的,所以雖輸入銅劍等,在大體上,是鐵器時代的文化,因此日本,與南鮮地方,同自石器時代,一躍而進鐵器時代。』氏又在日本文化之黎明云:『漢武帝時的大擴展,是最顯著的,這實是東亞歷史上最重大的事件。但我相信,這大擴展,决不是在武帝時突然發生的,定是以自前述的周末或這以前的漢民族底人種上文化上的擴展爲基礎才能開始進行而且成功的。漢代的中國,已進於自青銅器到鐵器的時代,所以其結果,自遼東到北鮮,完全沐浴到自青銅器到鐵器時代的文化了。這漢代底文化,再經由朝鮮的沿海,波及到日本底西南部,終於日本也由石器時代進於金石並用期了。』同時日人梅原末治氏著銅劍銅鉾考,集合日本全國已發見之銅劍銅鉾,觀其分布之區域,嚴密統計,以北九州爲中心。南及大隅。是等事實,足以表示中國文化所產之銅劍銅鉾,自西元前二、三世紀已經辨辰,對馬,入於博多灣沿岸地方,逐漸至筑後,豐後方面矣。當時吾國殖民擴展情形,說得至爲明白,邇者日本又有人類學者試爲調查遼東,南鮮西日本在秦漢時代之墳墓,而量其各部遺骨之長短,欲以進究其民族之由來。其事雖尚未完全成功,要亦將來研究古代殖民之最精密最合理之方法也。

上列四項動機,除第三項特別爲當時時代思潮所推進者外,其餘三項,蓋皆因當時人口增長故也。

六. 前漢時代海上交通之情形

當時海上交通之情形,可分爲東南海上與西南海上兩方面言之。大抵東南海上,屬於東部者爲多。東南則較少,其時以朝鮮爲根據地,往來於遼東海峽與日本之間,以日本爲其最遠路程。今漢書記載此事附見於地理志及西南夷兩粵朝鮮傳中。西南夷兩粵朝鮮傳閩粵條云:

於是天子曰:東粵陿多阻,閩粵悍,數反覆,詔軍吏將其民,徙處江淮之間,東粵地遂虛。

漢書補注引洪頤煊謂當日僅虛東粵而不及閩粵,余意不然,東粵即今浙東地,與江淮爲近,故漢書明言其將民徙處之法;閩中郡則較遠,故以不了了之耳。總之:其地遂虛者近是.考台灣古稱琉球,法人艾耳維侯爵 d' Herveg de Saint-Denys, 希勒格 Gustave Schlegel., 日人藤田豐八曡有考證,其地密邇閩粵,天氣晴明,在海岸上隱約可見其山。而我國之最早紀錄,明言其事者,爲元陶宗儀之書史會要,其言曰:

琉球國職貢中華,所上表,用木爲簡,高八寸許,厚三分,闊五分,飾以髹,釦以錫,貫以革,而横行刻字於其上,其字體科斗書。

至明外史琉球傳:萬曆十四年日本有取鷄籠山之謀,其地名台灣,密邇福建;台灣二字,始見著錄,則已爲明時事矣。意者閩粵難治,故自前漢時徙虛以後,自後漢以迄唐宋,均不能切實發展,故於海上大島,從無注意及之也。漢書言東粵地遂虛,就文法言,『閩粵』二字以承上文言隱而未書耳。此前漢時代海上交通未及東南之明證。至其東部,則事業最繁。武帝紀元封三年云:

夏,朝鮮斬其王右渠降,以其地爲樂浪,臨屯,玄菟,眞番郡。

補注引錢大昕曰:

案昭紀始元五年罷眞番郡,王伯厚謂臨屯郡亦始元五年罷然班史無之。

今漢書地理志玄菟郡武帝元封四年開,有:高句驪,上殷台,西蓋馬三縣;樂浪郡元封三年開,有:朝鮮,䛁邯,浿水,含資,黏蟬等二十五縣。日人木宮泰彥中日交通史謂樂浪爲平安南道,黃海道,京畿道之地,眞番爲鴨綠江上流附近之地,玄菟爲咸鏡南道之地,臨屯爲江原道之地,自昭帝併郡之後,玄菟地方之高句麗,逐漸勢起而侵有其地,臨屯地方之濊貊亦强盛,故其時統治甚難,後漢時代漢人之勢力範圍,大體僅及樂浪一郡。邇二十年來朝鮮總督府發掘樂浪遺蹟,得漆器甚夥,其銘文有:始元二年,陽朔二年,永始元年,綏和元年,元始三年,元始四年,居攝三年。始建國元年,建武廿一年,建武廿八年,永平十二年,等年號,有『永壽康寧』玉印,『王雲』銅印,『五官椽王盱印』

及『王盱印信』之兩面木印。其餘未發掘者尚多。可見終兩漢之世,使節往來不絕。玄菟地位偏西,此時尚未發掘,其交通情形不明。是時日本北九州之住民,漸與樂浪郡開始交通。漢書地理志云:

東夷天性柔順,異於三方之外,故孔子悼道不行,設浮於海,欲居九夷,有以也夫。樂浪海中有倭人,分爲百餘國,以歲時來獻見云。

魏志倭人傳云:

倭人在帶方東南大海之中,依小島爲國邑,舊百餘國,漢時有朝見者,今使譯所通三十餘國。

漢書與魏志所謂倭人,即指日本北九州之住民,已爲多數數學者所公認。然則,當時之中日交通路線果何在乎?木宮泰彥解釋曰:

據前章所述,似由海道中渡辨韓,沿馬韓海岸,逐漸北上,到樂浪郡者。樂浪郡之中心地爲朝鮮縣,即古朝鮮之首都王險城,在今之平壤附近。當時朝鮮縣,爲漢之極東互市場,濊貊,韓,倭人等遠近諸民族,似多集於此。……既有連絡中日間之交通路矣,則不可不有移入漢代文化之道路。案博多灣沿岸地,發見許多中國製之銅劍銅鉾;筑前國筑紫郡春日郡大字須玖並系島郡怡土村大字三雲,發見彌生式系統之甕棺,內多中國古鏡,璧玉之類;又由系島郡小富士村之海岸遺跡,發見王莽時代之貨泉等;意皆由此交通路移入者也。

其言最爲可信。當時東部海上交通情形,大略如此。

至於西南海上,一以番禺,合浦,徐聞爲中心,一以日南爲中心,往來瓊州及南洋羣島諸地,以非洲東北岸之已程不國爲其最遠路程,漢書地理志云:

漢興,復立搖爲粵王,是時秦南海尉趙佗,亦自王,傳國至武帝時,盡滅以爲郡云。處近海,多犀,象,毒冒,珠璣,銀銅,果,布,之湊,中國往商賈者多取富焉。自合浦,徐聞,南入海,得大州,東西南北方千里,武帝元封元年,略以爲儋耳,珠厓郡。民皆服布,如單被穿中央爲貫頭,男子耕農,種禾稻紵麻,女子桑蠶織績,亡馬與虎,民有五畜,山多麈麖,兵則矛盾刀木弓弩竹矢,或骨爲鏃。自初爲郡縣,吏卒中國人,多侵陵之,故率數歲壹反,元帝時遂罷棄之,自日南障塞徐聞,合浦,船行可五月,有都元國。又船行可四月,有邑盧沒國。又船行可二十餘日,有諶離國。步行可十餘日,有夫甘都盧國。自夫甘都盧國船行可二月餘,有黃支國,民俗略與珠厓相類,其州廣大,戶口多,多異物,自武帝以來皆獻見。……平帝元始中,王莽輔政,欲燿威德,厚遺黃支王,令遣使獻生犀牛。自黃支船行可八月,到皮宗。船行可八月,到日南象林界云。黃支之南,有已程不國,漢之譯使,自此還矣。

據此文可分爲兩節讀。其一爲內海交通,以番禺爲中心,往來番禺,合浦,徐聞,儋耳,珠厓之間。大州即瓊州,今稱海南島,當時以爲儋耳,珠厓。兵器以竹木爲之,或竟用骨鏃,直是原始社會時代。自最初爲郡縣,至元帝時遂罷棄之,此一段文字是總述當時統治粵地經過,既云罷棄之,自是因統治不易而斷行放棄。不過其地以地理環境天時人種諸關係,究不能與中國分離,故魏晉以後,迄於唐宋,久已成爲中國通海之重鎮。其一爲海外交通,即本文所謂西南海上也。然其中古代國名,頗不易考證爲今何地。十九世紀以來英法學者對此事考證已漸嚴密,最近日人藤田豐八以道里日程計之,並證以後日官私箸作之異譯,核以風俗物產,其說大略可信。所謂都元國者,即隋之都昆或都軍,晉書四夷傳及水經注卷三十六之屈都乾,梁書之屈都昆,在今蘇門答剌島 I. of Sumatra 之東北岸。爲蘇門答剌東岸 Batak 人之 Simbiring 部之一支,即 Tekang 族。今蘇門答剌東岸,有名 Takon 者,其原字也。所謂邑沒盧國者,疑即新唐書南蠻傳之拘蔞密,爲錫蘭年代記 Rajawansa 之 Arrama(niga) 對音,今緬甸南部濱海地方也。所謂諶離國者,即唐書驃國傳之悉利移城,唐書地理志所引賈耽四達記之悉利城,在今日緬甸伊拉瓦底河 Irawady 沿岸;即新 Pugan 稍下之 Sillah (Sa-lé) 其村落在川之東岸,爲當時重要商埠,商船往來不少。所謂夫甘都盧國者,疑爲Pugandhara Pagandhara等之音譯,即宋時之蒲甘,爲緬甸舊Pugan之對音。顏師古夫甘都盧國注所謂:『都盧國人勁捷,善緣高』者是也。所謂黃支國者,即新唐書南蠻傳之千支弗,千字爲干字之譌,即西域記南印度達羅毘荼Dravida國大都城建志補羅Kañcipura之古翻,今Conjevaram是也。皮宗與都元略爲相近之處,即通典南蠻下邊斗條之比嵩國,爲Pisang之音譯,在馬來語爲banana在南洋羣島最著名之新加坡Singapore海峽之西,蘇門答剌之Pasei附近之Pisang島也。漢書謂都元至邑盧沒可四月,自此至諶離國可二十餘日,自此至夫甘都盧,步行可十餘日,自此至黃支可二月餘,如其所記不誤,則自都元至黃支,約須七月有餘,與『自黃支船行可八月,到皮宗』之語相合,蓋即所謂歸航也。黃支之南有所謂已程不國者,蓋漢人西南海上交通極西極南之國也。『不』字爲Pura之對音,『已程』爲Kuta之對音,其原字爲Kutapura, Kutalapura;即唐書之磨臘,賈耽之沒來,西域記之秣羅矩吒Malayakũta,阿剌伯人之Koulam-malé,即島夷誌略及鄭和海圖之沙里八丹,今日之Negapatam也。Kutal在Kulam (Quilon)之內地,其海口爲Kũlam,南天竺之最南境也。或曰在今非洲東北沿海岸之地。

漢之日南郡,考其今地,北至橫山,南至Varella角,所屬五縣,最南者爲象林,即後日林邑之都城也。『障塞』二字,漢書補注引朱一新曰:『障塞猶築亭乘障塞之障塞,非縣名也;』是也。然則西南海上交通,最初爲日南所獨佔,其後漸移於合浦,徐聞,唐宋以後,乃以番禺爲中心。當時西南海上交通情形,大略如此。

從漢書本身研究,吾人可得一觀察:前漢時代海上交通,就發生次第言,東南先於西南,蓋承前代之遺也;就記載程途言,西南詳於東南,蓋交易事業日盛也。

七. 近世史學家考古家所發見關於此事之新材料

此外尚有所謂黎軒者,亦當時通漢極西之國,史記大宛傳安

息條云:

其西則條枝,北則奄蔡,黎軒。

蓋張騫第一次西使大月氏時得之傳聞而還告武帝者,大宛傳云:

騫身所至者:大宛大月氏,大夏,康居,而傳聞其旁大國五六,具爲天子言之。

是也。大宛傳又述其第二次西使,使於烏孫以後,記武帝遣使西域情形云:

初置酒泉郡,以通西北國,因益發使,抵安息,奄蔡,黎軒,條枝,身毒國。

此爲張騫身抵黎軒國之證。據日本史家白鳥庫吉,及箭內亘所考證,此黎軒國即今埃及尼羅河 Nile 河口,古代最有名之亞歷山大城 Alexandria 也。然漢書不列於海程中,明其爲當時西南海上交通尙不能抵此也。張星烺中西交通史料匯篇第一册頁三云:

羅馬史家佛羅魯斯 (Florus, 脫拉眞 Trojan 皇帝時人。)記奧古斯都皇帝在位時,中國有朝賀羅馬之使。海上黃支之國,亦於此時朝獻中國。漢使之跡,於此甚早時期,已至印度斯河口及非洲東部矣。

其所記載是否可信,尙待考證。同時第一册頁四十二云:

晚近西人在山西掘得羅馬古錢十六枚。觀錢面鐫文,蓋悉爲羅馬皇帝梯拜流斯 Tiberius 至安敦皇帝時代所鑄者也。梯拜流斯爲羅馬帝第三代帝,即位於新莽天鳳元年(西歷十四年)崩於東漢光武帝建武十三年 (西歷三十七年), 此爲當時交通頻繁,羅馬金錢流入中國之確鑿證據也。(見Bushell, Ancient Roman Coins from Shansi, Peking Oriental Saciety, 1885,1,2.)

此條既未明言何時,又未明爲海程抑或陸路,姑錄以備考而已。

總之:當時中國使者既已身抵亞歷山大城,則與羅馬交通當必可能。即不能直接往來,而間接由隣近諸國輾轉傳述,亦正情理之常。他日歷史學考古學日益發達,材料日多,則研究自易矣。

八. 交通工具與貿易狀況

關於當時之交通工具與貿易狀況,漢書地理志亦有記載,其言曰:

> 有譯長屬黃門,與應募者,俱入海。市明珠,璧流離,奇石,異物。齎黃金雜繒而往。所至國皆稟食爲耦,蠻夷賈船,轉送致之。亦利交易剽殺人。又苦逢風波溺死。不者數年來還。大珠至圍二寸以下。

此文是專指西南海上而言。所謂『蠻夷賈船,轉送致之;』明言漢時使者所乘爲外國商船也。譯長即今之通事,即舌人是也。當時語言不通,非有此等人不可。所至國皆稟食爲耦,則各國使者可謂盡招待之勞,惟商人待遇情況不明。又因交通工具幼稚,航海術不精,故有『又苦逢風波溺死』之語。又疑各國政府不知保護航旅,故每有『剽殺人』之事發生。此交通方面情形也。

至於貿易狀況,則漢人所齎往者爲黃金,雜繒,雜繒指各種絲織物而言,日人藤田豐八嘗謂西人 Silk 一字從『繒』字變化而來,(見人文月刊第四卷第六期拙稿交通史傳家藤田豐八博士及其所著書目表。) 余意『繒』字古音讀如『絲』,其物與其字音傳於歐洲者極早,此時亦爲出口大宗也。其所購入者爲明珠,璧流離,奇石,異物等。明珠者非指真珠,魏書南天竺條作摩尼珠。摩尼爲 Mani 之對音,譯爲無垢,爲珠之總名。通典黃支條於明珠之下加一『玉』字,蓋謂玉類也。璧流離者,徐松西域傳補註罽賓條補注璧流離云:

> 璧流離,梵書作吠瑠璃,一切經音義舊言鞞稠利夜,亦言鞞頭梨,或云毗瑠璃,亦作鞞瑠璃,皆梵音訛轉,從山爲名,鞞頭梨山出此寶,青色,一切寶皆不可壞,亦非煙焰所能鎔鑄。……說文云:珋,璧珋,石之有光者也。段氏謂璧珋即此傳之璧流離,今本漢書注脫璧字,讀者誤以璧與流離爲二物矣。璧與吠音相近。

據此考證,璧流離者只是寶石而已。然則當時漢人所購者,奇石固爲寶石,而明珠,璧流離亦爲寶石,可見其交通諸國,尚均在石器時代。異物不明,疑亦珊瑚蚌珠之類,所謂『大珠至圍二寸以下』是也。中國齎黃金往,蓋漢時已進至銅器時代矣。至於樂浪倭人所得者爲漆器,銅劍,銅鉾,古鏡,其所輸進我國者不明。據今滿洲及貔子窩發掘所得,石器亦甚多,是否爲東方諸國輸進雖不能斷定,要亦頗近於事實也。總之:當時中國文化,較四鄰爲高,而銅器亦正爲石器文化之淺化民族所需要,因而文化遂起交流,而交通和貿易之事以起。此當時貿易之狀況也。

九. 交通以後所受之影響

交通以後所受之影響,大約有下列數事:

一.爲以中國語言文字爲東亞語言文字之中心,而朝鮮,日本,安南諸國,直至新加坡蘇門答剌莫不使用中國之漢字或準漢字,使成爲一種東亞之國際語。

二.爲佛教文化之傳入中國,輾轉流被於朝鮮,日本,成爲一種東亞之公同宗教及文化思想,而印度人所用之字母成爲東亞各國之標準注音工具。

三.爲各國之動物,植物,及物質文明之美術,建築等之交互傳播,逐漸成爲東方文明整統化之基礎。

漢書西域傳贊曰:

孝武之世,……天下殷富,財力有餘,士馬彊盛,故能睹犀牛,瑇瑁,則建珠厓七郡;感枸醬竹杖,則開牂柯越巂;聞天馬,蒲陶,則通大宛,安息。自是之後,明珠,文甲,通犀,翠羽之珍,盈於後宮;蒲梢,龍文,魚目,汗血之馬,充於黃門;鉅象,師子猛犬,大雀之羣,食於外囿;殊方異物,四面而至。於是廣開上林,穿昆明池,營千門萬戶之宮,立神明通天之臺,興造甲乙之帳,落以隨珠和璧。天子負黼依,襲翠被,憑玉几,而處其中,設酒池肉林,以饗四夷之客,作巴俞都盧,海中碭極,漫衍魚龍角抵之戲,以觀視之。及賂遺贈送,萬里相奉,師旅之費,不可勝計。

此爲說明交通以後物質文明進步最活現之一篇文章,而同時經濟方面受有影響,亦約略說及。吾意在交通各國之載籍中如此篇記述史大文章者亦必不少,祇可惜尚未得讀耳。

十. 贅語

著者對交通史研究至少,臨時搜集中外書報祇及三十餘種,匆匆寫成,殊未足爲定論也。大雅君子,進而教之,幸甚!

民國二十二年八月二十三日寫於滬上四部書齋。

中國運輸之經濟觀

華台爾原著

曹麗順譯

華台爾氏爲美國州際商務運輸專家,曾充我國鐵道部顧問多年,對於我國鐵道建設,擘劃周詳,頗有貢獻。現華氏已同美業顧問工程師,平日關心我國運輸之發展,最近著有「中國運輸之經濟觀」載於中國工程師美國分會工程季刊,文中暢論各項運輸之經濟比較,具有深澈。考運輸競爭,殊不經濟,故有調整之說（Coordination）以避免之,所謂運輸調整者,卽各項運輸工具,在整個運輸系統以內,展其所長,分工合作,以期達到經濟與效能爲目的之謂也。我國運輸,除一部分汽車航業,尙爲私有,將來擬收歸國有外,餘均爲國有,實行調整制度,自較美國運輸私有,自由競爭,易於推進,近來水陸汽車聯運,以及計劃航空聯運,卽達到調整政策之初步,目下我國運輸供給,尙不足數需要,將來倘能繼續調整方針,次第實行運輸建設,則虛靡重複等弊,當可避免,不致自蹈美國運輸斷喉競爭之覆轍,華氏作此文之意,或卽在此,故作簡評以介紹之。　　鍾偉成

中國之運輸方法,可分爲四大類,茲依其重要性,列舉如次:

甲　水道

乙　鐵道

丙　公路

丁　航空

水道之所以較鐵道公路爲尤要者,以其乃天然之交通孔道,而修治費用,大概又極微渺。再就經濟之利益而論,則汽船用同一單位之燃料,能比鐵路運貨爲多。惟北方之川湖港灣,入冬卽冰,舟楫運輸,完全停頓,故在寒冷地帶內,未可全恃水道,而應輔以鐵道

或公路,且最好二者並用。

鐵道與水道,當使相輔而行,不宜視爲立於敵對地位。如二者同在競爭區域之內,則笨重貨物,應由水道運輸,而用鐵道載運大部分之旅客,輕小與易壞貨物,及捷運郵件等。

冬日河冰之處,如有相當設備,仍可使大宗貨物如穀類等,於收穫後及結冰前,趕由水道運出。蓋冰凍初期,在重要地點,可用破冰機,使水道及港灣,延長其通行時期。

美國人民,遇事無不力求敏捷,故於水道運河之運輸,俱未加以相當之注意。但政府現已漸悟水運之經濟價值,擬開濬大河道數條,正在嚴密考慮之中。

反之,水道之在中國,久爲行旅運貨之孔道,對於保護堤岸,開鑿運河,常撥巨款,固其宜也。

前言鐵道水道,不當視作立於敵對地位,然有時在水陸相交,而不經地道之處,亦難免有此種情形發生。美國航業界,對於重要水道上之築橋渡河,常力加反對,或對於橋樑之設計,加以某種要求,使其不易實現。反之,鐵道業對於其應有之權利,復力爭不願放棄。當兩不相下之際,出而公斷者,則爲陸軍部之「美國工程團」。(U. S. Engineer Corp) 河道之疏濬,原爲該團職務之一,或因此故,該團頗有袒護水運業之趨向。而其結果,則徒使鐵路公司,倡築橋樑而收通行稅者,與地方之需要公路橋樑者,往往因築橋所費不貲,超過其負担能力,或竟不得不完全停造。惟解決此種跨渡河港之爭執,原有其中庸之道,要在公斷人之處處採用耳。橋樑固不宜妨礙航運,阻塞河流,或甚至於發生冲刷堤岸,突改河道等不良影響。然而航商方面之無理或武斷的要求,亦當置諸不理,不僅可以表示公允,且因其足爲國家進步之障礙故也。

鐵道公路跨河之問題,中國日後必將發生。故兩方贊成反對之論據,均不妨在此加以討論。航業界或將主張用隧道代橋,因其不致影響航運,然隧道所費,常較橋樑爲多,鐵道界固將反對,而公路方面必尤甚。又隧道非特建築費浩大,即有時修理所需,亦復不少。况在一般渡河之人,苟非萬不得已,固無願由地下穿過者也。

航業界縱不要求開鑿隧道,或將堅主抬高橋面,及放寬橋脚間之距離,此又爲築橋與用橋者所反對。蓋一因造價既大,二因過橋時有攀登之勢,於費用時間,兩有損失也。

鐵道與公路方面之築橋計畫,必取橋面低而橋脚間之距離最短者,此又非航業界所能承認,且亦非毫無理由,如橋樑下之通行道太窄,則船隻難於控制,不免有撞及橋脚,以致橋船兩傷之危險,固屬言之成理,然究不足以使鐵道公路之必需攀登過高之橋面也。折中辦法,惟有採用低橋面建築,使固定橋面之高度,足以通過小船,而活動橋面之高度,足以通過桅檣最高之船隻。橋脚間距離之長度,以能避免阻塞河流,與冲刷河岸爲標準。

當北美初造運貨載客之汽車時,即爲汽車與平行鐵道間利害衝突之起點。鐵道爲自衛計,亦有自辦汽車營業者。然今日之汽車路,已被公認爲鐵道之良好培養綫,惟其定綫,應作橫截式,而非平行式耳。按之中國現狀,應先建若干長距離之鐵道,作爲運輸之大動脈。在相當距離以外,而有重要地點須連貫時,亦可築交叉綫之鐵道。此外鐵道左右,應多築公路培養綫,以載運沿鐵道區域內之進出貨物。蓋在中國建築鐵道,所費較大,而硬面公路所費較少,故鐵道之支綫營業,宜代以公路,此不可不知也。

論及中國鐵路運輸之經濟,其詳細情形,固可得而言,祇以限於篇幅,故僅就主要之問題,加以申說。

(甲)以大宗運輸,代小件包裹,最爲經濟,此爲鐵路當局所應昭示客商者。整車運費,比零担車運費,所減甚多,然而鐵路獲利,並不因之減少。

(乙)竭力招徠回程貨物,以免拖掛回頭空車。因拖掛空車,頗不經濟。

(丙)在可能範圍以內,各貨物列車之組合,須用開往同一到達站之車輛,以免因調車而發生經濟上與時間上之損失。倘有煤炭或其他鑛產品運經鐵路,則應開是項專用列車運載之。

(丁)列車駛行高速度,雖耗煤量增加,易使機車車輛損壞,惟能節省時間,故又屬經濟。不過某一類之列車,自有其最經濟之速度,此爲鐵路當局,所應力予採用者。而欲達最經濟之速度,實與燃料之品質有關,故應將所用各種煤料,細加檢查,而定其經濟與否。

(戊)凡因橋樑輕弱,軌道失修,或其他相類情形,致使列車減低速率者,皆不經濟,因其延長兩終點間之駛行時間也。行車成本,與平均速率,(包括停站時間)性質相反。故如能減少停車次數與其時間,或預防列車之慢行,皆合於經濟之意義。

(己)軌道之有充分維持者,皆合於經濟,非特行車速度,因以增高,且可減少車輛之損壞。

(庚)機車與車輛之按時修理,亦合於經濟,因如半途損壞,則必誤時刻,而延誤時刻,即不免金錢上之損失。

(辛)路員之抱團體精神,與忠心服務,均合於經濟,蓋足以提高其努力與效能,即所以增加生產,而減少費用也。

(壬)職員之空閑無事,或荒廢時間,皆不經濟,如職工缺乏正當工作,乃管理人之過,實不能辭其咎也。

以言中國公路建築運轉與維持之經濟,則依目前現狀觀之,所舖路面,如採用較碎石爲貴者殊不經濟。能用混凝土或瀝青固佳,然爲中國目前財力所不及。舖平路面之工作,所費不至過鉅,因中國人工低廉故也。除非可使坡度適宜外,挖掘泥土工作,以愈少愈妙。路基應以重滾路機,加以滾壓。凡填築之土層,其厚不得過六英寸。碎石路面之厚度,不得少於十英寸,最好爲十二英寸。其建築法,應按照最優級之規範,如作者所著「橋樑工程」書中第一八三七頁上所載者。碎石路面之寬度,若供往來兩行車道者,應爲二十英尺,每加一行車道,則須加寬十英尺。溝渠一點,爲建築鐵路與公路最重要之事,尤須加以考慮與注意。因其性質重要,當另篇論之。

在中國碎石路面上行駛汽車之載重量,連其本身之重量,應限於美國五短噸,或至多不得過六短噸。狹胎車輛,除人力車之載客者外,不得行駛於已經舖面之路上。倘使路面異正堅固,則在一定限度以內,汽車之載重量愈大,固愈經濟,然若車輪上之重量,足以壓碎路面,或竟將其壓入下層土中,則所受損失,反超過車輛多載之利益矣。

上述各節於載客之長途汽車,亦復適用,不過可無須如此嚴格。如車輪之寬度適當,則其載重量過度之問題,可不至於發生。

論公路上各種動力之經濟,余意可列之如左:

甲　機力

乙　獸力

丙　人力

在新式公路以外之區域,其載運方法之經濟價值,可以下列次序表明之:

甲　馬車

乙　駱駝

丙　馱馬

丁　人力車

戊　人拉兩輪小車

己　人推獨輪小車

庚　轎子及布輿

辛　二人或二人以上之挑擔

壬　肩負

水道運輸方法,如按其經濟價值,亦可列之如次:

甲　巨輪

乙　小輪

丙　摩托船

丁　帆船

戊 小船之搖,撑,或拉縴者

前表所列丙項摩托船之地位,稍有問題。蓋如情形不佳,則用帆船或人力所行之船載貨,常比小摩托船較為經濟,然如摩托船身略大,而水深亦足以浮之,則其優越,自無待言。

建築與運轉之經濟方面,尚有一點,不容忽略,即凡承造人或承辦人所視為最經濟者,未必最有利於國家。蓋一般國民,必須有正當職業,以維生活,雖若輩之錄用,於數字上明示不經濟之處,亦莫如何也。此點當於他日另草「中國之勞工經濟」一文以論之。

新築之公路,最初可准許馬拖之車輛,馱負之牲畜,人力車,人拉貨車,轎子,布輿,挑擔者,及步行者,行經其上。但行動遲緩,載重量大,及車輪狹窄之獨輪小車,則萬不可聽其通行,又除載客之人力車外,並不許其他窄輪車輛通過。此後馱負之牲畜及行人,(包括抬轎者,肩布輿者,及挑擔者)須令其用沿公路兩旁所築之人行道。再逐漸利用經濟或法令之力量,使運貨載客之汽車,代替行動遲緩之車輛,最後並及於人力車。惟此種車輛,與其他粗笨貨運之工具,仍得適用於鄉間小路,而作公路幹支線之培養線。

航空運輸,需要最切之時,當在今後十年之間,凡郵件捷運,或旅客之偶有赴國內各遙遠地點者,均適用之。一俟鐵道公路,在某區域之內,普遍興築以後,則航空運輸之需要,當不如今日之甚,然後將大部份飛機,運往較遠之區域,僅留少數於原區域內,作加快運郵,及巡視地方之用可已。

中國現在所急需完成者,為一計畫周密之航空運輸系統,是不僅為達到上述目的而設,且足使政府於全國境內,得有平亂事,保和平,維秩序之助力焉。

蕪乍鐵路處理文書制度之概述

徐宗蔚

(1) 引言

凡發之於口，行之於事者，均可筆之於書。用備遺忘而作根據，蓋書契之爲用，不僅爲相互間構通消息傳達意見已也。是故個人往還有書翰，機關行文有公牘，書翰與公牘實爲吾人處理一切事務必要之工具。

我國數千年來，文人積習，每多鄙棄通俗，好涉艱深，寖假辦理公文者，亦多爲舊習所束縛，文詞藻飾，故亦繁難，以文章爲主，事實爲副。夫高文典册，工則工矣，然其用則拙，譬之珍饈美饌，只供富顯者之口，終不若蔬菜菽粟，可以沾被天下平民。其對於私人酬酢之書翰，或可爲之，惟在機關行文，若如此反復推敲，竭智苦思，時間手續，兩非所值，殊失行政效率之至意；況文字之設，本貴實用，爲文既不切實用，又何庸操筆？

蕪乍路爲民營鐵路，剏辦伊始，一切實施，均須創設，既無蕭規以資曹隨，復以舊有之公文處理辦法，繁瑣遲滯，無稗實際；故文書制度之處理，又焉能狃於積習，不事更張，爵熟籌至再，爰擬訂適合運用之處理辦法，其目的在力求簡捷明瞭，施行以來，頗著成效，兹特摘錄報告，以見一斑，並爲諸同學作參考焉。

(2) 舊有公文與各路現行者之繁複及其弊端

舊有公文程式，既感繁難，於是中央遂有新公文程式之頒佈，形式上雖改舊制,然對實質之文字,猶未能盡改舊觀,去歲教育部爲統一公文格式,制定標準辦法,通令施行,其中變更固多,然對於民營性質之鐵路,尙覺稍嫌繁複,卽各路現所採行者,亦多不能脫舊有之窠臼,爰將其繁複之點及其弊端臚列於後:

甲. 關於實質方面者

1. 文字

繁瑣冗長,文藻詞飾,執筆辦文者費思勞時,但知深奧典雅,不求淺鮮實用;而况吾人國文程度參差不齊,遇此艱澀之公文,句讀每感爲難,披閱恆費揣摩,若令了解遵行,殊非易易,結果,敷衍將事,行同具文。

2. 材料

除本文案情以外,複維以無謂套語,慣用「不無」「未便」等不確定之動字,含糊其詞,莫着邊際;蓋上級官吏對下屬呈請之事項,大多不作明確答復,唯恐率爾斷定,則負仔肩矣。

3. 用紙

凡各項公文所用之紙張,均規定爲摺疊式,嗣後雖有改善,然仍係雙幅,甚至寥寥數語,亦須佔用一張,所剩餘之空白地位,濫費無用。

乙. 關於形式方面者

1. 程式

舊有公文之繁複,與夫格式之謹嚴,要非作幕有年者,不克明瞭詳盡,遇有若干部份有關係之案件,勢必擬辦若干份,分致各部份,虛靡時間,可以想見;况案情複雜者,必須輾轉套文,使無公文常識者對之,雖反復揣摩,尤難得其概要。

2. 繕寫

繕寫均用毛筆,如一事轉知各有關係之部份者,照錄若干份,而每次只能繕寫一張;至對上之呈文,尤須恭楷謄錄,一筆不苟。

綜計以上所述,不外時間空間,人力物質之不經濟,而爲求增進工作效率者之所不敢取。

(3) 蕪乍路採用新公文制度之經過及原由

蕪乍路在先爲測量隊之組織,於民國二十二年六月始告成立,余於七月中旬方始到職,當時因員司不多,僅日常例行公文,已倍見忙碌,而所有手續,幷無正式規定,更無所謂公文程式,除一切對外公文,遵照國府頒佈程式以外,其對內公文函件,亦僅還承辦者之意旨辦理,半以公函,半以公牘,既感繁瑣遲滯,又覺不便查考。夫鐵路事業,經緯萬端,公文一項,爲處理事務之重要工作,應以簡明敏捷爲務,遂以此事商承本路協理襄理暨各處處長之意旨,僉以有議訂改進之必要,適參照國府頒布之程式,及其他各路之公文制度,幾經考慮,損益變更,草訂處理文書規則數十條,關於承轉手送續及公文格式等均重加釐訂,並採取卡片制度,以代替批稿簽行等簿册,而調閱案卷,愈覺快捷,試行以來,不僅經濟便利,抑且系統井然,於是呈准公佈,自二十三年一月一日起實行,惟此項新制之應用,專爲蕪乍對內行文而言,至對外仍遵照國府所頒布之公文程式辦理,以上所述,卽本路採用新公文制度之經過及原由也。

(4) 新公文程式之要素

1. 關於文字方面

尙直說不作冗調,擬辦一稿,期在翔實淺鮮透澈,廢除無謂套語,及不確定之字句,辦理一案,祇求案情敍述明白,辦法切實負責,其他寒暄之詞,契闊之感一概屏除。

2. 關於程式方面

求簡便完備,對有關係之案件,分抄送轉,幷另訂卡片制度,亦減省若干簿册之登記手續,文中多逐段分淸,以醒眉目,幷於每句中加標點符號,以分句讀。不分上行,平行,下行之文,一律摘由,俾閱文者因公忙不及細閱全文,亦可知文中切要部份何在。

3. 關於用紙方面

公文紙張用毛邊紙印製,不分格式,除稿紙外一律使用單頁,以資節省,并規定長為十一英寸,寬為八英寸,以便裝訂。

4. 關於繕寫方面

凡一切對外之文件,均以打字機打成,格式劃一,整齊美觀;對內則鉛筆複寫,夾墊炭紙,無論打字複寫均可視需要若干份,即可於同時間內備就;若使每文需要之份數過多,則用油印印製,較之以毛筆每樣繕寫一份者,其迅速便利,誠不可以道里計。

5. 關於手續方面

舊有文書收發承轉辦法,無論重要或尋常文件,均須一律先行呈送主管人批閱後再行發辦,其重要者,手續固應如此辦理,而屬尋常例行之文件,如亦經此手續,結果,辦法仍依舊轍,時間耗費,殊為可惜,況主管人若竟日批閱此項例行文件,則無暇兼顧其他重要事項,本路有鑒及此,乃將外來及本路各處呈送總經理之文件,由文書股按來文性質分別緩急及尋常重要等類,先後辦理,如其性質不關重要者,則不必先行呈請總務處長再呈總經理協理襄理批閱,即由文書股蓋戳發交承辦各處股簽註,斟酌擬辦後,將覆稿連同原文一併呈送主管處長核閱署名,送由總務處長會簽,再行呈總經理協理襄理判行,繕就發出,如此則閱卷時間,既可省去,辦理手續,又復敏捷。

6. 其他

銜名地位問題:舊有公文程式,無論呈文公函,具銜名均書於文尾,勢非將全篇閱覽終了後,不克見及此文係行諸何人或何處者,設或文有誤投,必閱至文尾,方始知悉,耗時費事,甚爲不便,故本路新制度之實行,曾規定銜名一律書於文首,其意思在使接受此文之處所或個人,一望而知是文與其有關,不得不充分注意,縝密考慮,俾可胸有成竹,處理裕如,且可使文件遇有誤投情事,收文者因見文首銜名不符,立刻予以退還另送,較之舊有公文銜名書於文尾,收文者只顧文內事實,對於文尾之銜,漫不經心,及至一文批閱後,如發現斯文之誤投,再行退轉者,不但手續簡省,抑且時間經濟,公文雖多,亦不易淆亂。

總之,銜名書於文首,目的在求一目了然,辦事便利,問題雖甚微細,然亦不能不加注意也。

(5)本路新公文之種類

本路辦理之公文,大別之,有對外及對內之分:

甲.對外公文

舉凡對外之呈函等類,均遵照國民政府,新近頒佈之統一公文格式辦理之,然以性質之不同,情形之迥異,遂有下列之分別。

A.以公司名義對外者:非屬於一處之事宜,而含有整個公司之意義,對外行文者,以公司名義行使之。

B.以各處名義對外者:動議或發生某種對外事宜,研究其性質不屬於整個公司者,其對外公文,則以負有專責之各處名義行使之,或令辦之。

乙.對內公文:

本公司對內之公文,包括上海總事務所,及各處股段站廠所等而言,上述(4)項新公文程式之要素,即純爲對內行使公文所採用,故辦法一改舊觀,種類亦略有區別,對於向所規定之呈文,批示,訓令,指令等件,一概廢除,均以函件往來;因本公司爲民營商業機關,無論上行下行文件,不宜用呈用令,但求剴切懇摯,透澈明瞭,不必如衙門機關,官氣十足,反覺拘束抑制,虛有其表。茲

將所規定之種類,略述於次:

A.函:此項之函文,不限於普通公函範圍以內,而適用於:

(子)式一(見附式):各處股段站廠所向直接下屬有所囑咐通知,而非含有普遍通告及傳單性質者。

(丑)式二(見附式):本公司各處股段站廠所互相有所商確或通知,及不相隸屬之上級對下級,有所指示囑咐者。

(寅)式三(見附式):各處與上海總事務所,或各處股段站廠所與直接或兼接主管上級,有所接洽請示者。

B.抄件(見附式):凡一切外來函文,應轉知他處,毋需加意見者。

C.簽註(見附式):關於某種案件,表示個人或所在處股段站廠所之意見,送請主管處股,採擇辦理施行者。

D.通告(見附式):對於所屬有所公佈,俾可遵照辦理者。

E.傳單(見附式):對於所屬有所傳知,而不適用通告格式者。

(6)卡片制度之運用

本路爲求人力物力時間空間之經濟,乃有新文書制度之改革,上述各節,僅將文書本身改革諸端,加以說明,至其收發承轉管卷調卷各項手續尙未言及。舊有公文各項手續,不可謂不完善,然繁複費時,亦爲美中缺憾,茲欲求得一簡捷完便方法,厥爲實行卡片制度,此種卡片制度,在國內尙未見諸實行,本路創行以來,數月於茲,結果簡便而易行,爰將其運用方法簡述於左。

A.收文 凡各機關文電到公司,或本路各處呈送總經理文件,先由總務處文書股接收,摘由編號登列收文簿,填寫紅白卡片各一紙,隨文送交批閱。

B.發文 各處股承辦人所辦文稿,應分別編號摘由登列發文簿,該稿經處長簽閱後,送呈總經理協理襄理核閱,再行發交原處,連同應附各附及原稿送交總務處文書股,並收回紅色卡片留備考查,由文書股繕校蓋印,交收發處登列發文簿編號封發,原稿與白卡片送交歸卷。

C.承轉　文書股於分發文卷時,將紅白卡片連同原文送交承辦處,白色卡片由處收發簽收,紅色卡片則由承辦人簽收,該項文件交由承辦人擬辦,紅色卡片還存文書股。

D.管卷　紅白卡片每紙皆有卷號,管卷員卽可視該文之類別,編列文類若干號,以便歸卷,每星期卽可根據卡片澈底清查一次,以免遺忘。

E.調卷　凡各處送發公司名義之文件,由各處將文稿送呈總經理協理襄理判行後,送總務處文書股登紅白卡片各一紙,白卡片存卷,紅卡片送還承辦處股,以備調卷,其調卷方法:卽將關於欲查某案件之紅卡片檢出,交總務處文書股,文書股卽可根據送來之紅色卡片卷號以便檢出該項文件,送交調卷之處股查閱,此項紅色卡片則存文書股管卷處,須俟調卷之處股將所調閱之文送還歸卷後,方可取回,惟被調之卷,不得逾三日限期,否則由管卷員持紅片向調卷人索取,綜上所述,卡片之運用,在使減少送簽送繕等簿冊之往還外,復於管理調閱案卷時便利完善,爰特將此項辦法,簡明敍述,以期推行,未始非革新文書制度之一端也。

(7)改革後辦理文書應行注意之各點

甲.撰擬:公文之如何撰擬,已在前次新公文程式之要素內述及之,惟尚有數事應行注意者:

1.未下筆擬辦以前,應把握其扼要之點,以客觀眼光,審愼周詳,務須將所辦之事完全顯出,使本身地位不致受對方挑剔指摘。

2.稿中內容,當係秉承上級意旨而擬辦,惟有時遇繁複事件須加以補充,務使文稿充分達出原意爲宜,不可敷衍了事,怕負責任。

乙.繕寫:繕寫公文,只以清楚整齊爲標準,不必恭楷,所要者:

1.精細:繕寫公文,如有錯誤遺漏,勢必挖補,若錯落太多,則須易紙重繕,其中損失爲何如,不言可知矣。

2.計算:未繕寫前,應先略計其字數,如預算一紙寫完,另換一紙寫完,另換一紙僅多數字,則可將字縮小擠緊繕寫,使一紙寫完,不必另換一紙俾免浪費。

丙.管理手續:卷號應編於文件之左角,俾將來歸卷時,便於檢查,白色卡片亦應分類順序妥爲擱置,以免錯誤遺失,格外麻煩。

(8) **結論**

文書工作,在各機關中幾佔一重要部份,若不求一完善精確簡捷之處理制度,行見辦事員司,終日埋首執筆,不免有案牘勞形之苦,況鐵路上關於文書之組織,不僅爲專司書面之工作,且須兼辦人事及其他不隸屬各處股之事宜。對於整個機關之得失,辦事之效能,均有莫大之關係,故於制度方面,應按照實際之需要,予以規定,俾可少費幾許時間與空間,節省若干財力與物力,是則本路文書制度之改訂又豈偶然哉。

A.函(式一)

粵漢鐵路〇〇〇函 字第 號第 頁

〇〇〇鑒:

爲……………………………………由

本文……………………………………

…………………………………………

某職署名 年 月 日

鈔致

○○○鑒核
查照

★ ★ ★ ★

B.函(式二)

蕪乍鐵路○○○函 字第 號第 頁

○○○鑒：

爲……………………………………………由

本文……………………………………………

……………………………………………

某職署名 年 月 日

鈔致

○○○鑒核
查照

★ ★ ★ ★

C.函(式三)

蕪乍鐵路○○○函 字第 號第 頁

○○○○鈞鑒：

爲……………………………………………由

本文……………………………………………

……………………………………………

某職署名 年 月 日

★ ★ ★ ★

D.抄件(式四)

鈔 件

★ ★ ★ ★

E.簽註(式五)

縣乍鐵路〇〇〇簽註

〇〇〇〇鈞鑒　關於……………………一案謹簽如左：

本文……………………………………………………………………

……………………………………………………………………

某職署名　年　月　日

★　★　★　★

F.通告(式六)

縣乍鐵路〇〇〇通告　字第　號

爲……………………………………………由

本文……………………………………………………………………

……………………………………………………………………

某職署名　年　月　日

鈔致

〇〇〇〇鑒查　核照

★　★　★　★

G.傳單(式七)

縣乍鐵路〇〇處傳單　字第　號

爲……………………………………………由

本文……………………………………………………………………

……………………………………………………………………

某職署名

鈔致

〇〇〇〇鑒查　核照

★　★　★　★

粤漢鐵路株韶段工程進行概況

張　秋　波

粤漢鐵路為南北幹綫，對於我國政治國防及經濟商業所關至巨。沿途農鑛產品均極豐富，惜全路未通，種種不能儘量發展，卽鐵路本身，亦受虧至鉅。蓋湘鄂段水運競爭頗烈，苦難維持。廣韶段則路綫太短，頗難發展。若全綫告成，則可南北聯運，其業務之發達，可操左劵。自株韶段工程局成立以來，對完成未築路綫，進行不遺餘力。今者路款有着，限期完成，不但國內南北數省賴以溝通，卽於世界交通上亦佔重要地位。而秋波得稍盡棉力於此重要幹綫之興築，實大所欣幸。

株韶段自廣東之韶州至湖南之株州，共長約四百餘公里，分七工程總段。已於去夏完成韶州樂昌間之韶樂第一總段。長約五十公里。第二總段自樂昌至大石門，亦於去夏開工，計長約四十五公里。此兩段沿武水而行，所用坡度不大，最大為0.7%，最急灣度為英尺制7°30′。然地形不易施工，良感困難。山洞土石方及護牆工程均巨。湘粤交界處多山嶺，揚子江流域及珠江流域之分水嶺在焉。大石門以北一段路綫，新近始勘測完畢，規定1.5%為最大坡度。蓋地形崎嶇，經多次之測量，認為欲減底坡度必須展綫(development)，不能取最直捷之徑。而岡巒錯雜，溪澗迂迴，山脈蜿蜒縱橫，選綫至感不易也。現本路兩端同時興築，故第七段總自株州至雷溪，亦於去夏開始作「定綫測量」。第六總段以道經衡陽，為一大城市，故去歲亦即開始詳測該處車站基地。自株州向南至郴州，前經測量多次,路綫大致選定。第七總段以地勢平坦,故包括路綫略長,約計八十八公里。自株州至淥口長約十五公里餘,前已築就路基,敷有軌道,惟以年久失修,且數經洪水,故路堤須加高,去年已招標開工整理矣。

淥雷段包括第七總段之第一三四分段,此次測量為最後之定綫測量。自淥口至雷溪程長約七十三公里,並另測有比較綫二處,約數公里。秋波即在淥雷段測量隊實習,隊中同事共十數人,正工程司兼隊長吳先生,南洋老前輩也,係母校第一屆畢業,曾留學英國。其他工程司三人,亦皆南洋唐山之前輩。尚有工程助理員二人,會計課課員一人,及工程學生等數人,實習生四人。本隊除定測中綫外,並鑽探淥河大橋橋址。本路北段多大橋工程,有淥河洣河耒河三處。洣河適當本總段終點,其橋址鑽探聞將來亦由本段担任。耒河之橋址鑽探則已於去歲開始矣。本隊路綫測量,現已近雷溪,不久可望完畢。即可續測洣河橋址,月內可望竣事。本隊一方面進行野外測量,一方面即趕作工程預算。第二分段圖算,業已完竣,即可由購地處購地,開工期即在目前矣。秋波等來隊後初皆担任地形及橫截面測量,所測路綫雖係按照原有平面圖,但原有平面圖係用英尺制,現用公尺制,且年代相隔有十餘年之久,茲為應急需計,另用公尺制測平面圖一紙,故由橫截而組兼測地形,每組計測伕二三人,小工一二人,手用水平儀由測伕使用,秋波則專任記錄,指揮一切,即在野外繪地形圖。此項工作進行較緩,中綫及水平均僅一組,且兼測橋溝。地形組視地形難易須兩組或三組方能跟上。秋波在此幸工作頗形忙碌,得資稍長見聞,而諸工程司循循善誘,誨人不倦,疑難處必荷詳為解答,殊足銘感。故只有竭誠努力工作,庶不負國家及母校師長栽培之熱忱。一方面亦力求個人見聞之增長,而生活上則尤饒興趣也。

至本隊所測路綫,係按照民七八間西人 Carroll 氏所選定之綫。Carroll 氏以前亦已測量多次。Carroll 氏綫大概依照西人

Cox 氏綫,惟有多處改善,若淥河洣河耒河之三處橋址,及衡州(卽衡陽)之車站基址,二氏所定均不同。但橋址基礎,於大橋工程上所關至鉅。本隊現爲愼密計,於淥河橋址測有 Cox 及 Carroll 二氏之綫各一。現兩橋址均在攢探中,不久卽可完畢,而定此二綫之取捨也。其他地形困難之處,二綫亦稍有不同,自淥口向南第四十九公里之朱亭鎭,左近頗多峻嶺,Cox 綫須開一山洞,Carroll 氏綫則由鎭後折出河邊,而沿湘江行。其中雖有約一百公尺之路綫太近湘岸,而須建築護牆等防禦工程,然免去一山洞,省費已甚可觀矣。本隊卽全按照 Car roll 氏綫測定,其中有一急而且長之灣道,自鎭後穿出,房屋等障礙物至多,故先作一沿綫視距法測量 (Stadia Survey)然後再釘中綫。

就大體言,本總段內路綫至爲平坦,最大坡度用0.6%,所用亦不多,且皆甚短,類皆運動量坡度(Momentum Grade)而已。灣度亦多不急,最急者不過公尺制三度左右(弦長二十公尺)。此係地形困難處所用,普通則咸用一度左右。全段頗多四五公里之長直綫,最長之一直綫約有十公里,此十公里內且無坡度,故本段將來告成後,列車之行駛,大可暢行無阻,堪負全國重要幹綫之重任也。至建築費方面,雖非最昂,亦不爲廉。最重要者爲大橋工程一項,聞湘江最高洪水位記錄頗高,路基塡土因之亦甚高,平均塡土多於掘土,需取土坑 (Borrow pit) 甚多,並須圈購大批民地方能施工,而涵洞一項亦以塡土太高,所費頗鉅。一七公尺之拱式涵洞在塡土十餘公尺之下,需費數萬元。此種皆不得已處也。

以上所述僅就最近見聞,其他各段,以距離太遠,消息不靈,開工以後情形,當就所見隨時寄奉。

對於巴黎撞車之觀感

熊 大 惠

一·巴黎撞車之事實

近來世界鐵路行車史上,發生一最足記述之一大慘劇,卽巴黎撞車是也,當去年聖誕前一日晚時,天氣嚴寒,濃霧四佈,視線既多障礙,行駛當感困難,値朗西快車(Nancy Express)駛抵距巴黎尙有廿五公里之拉宜城(Lagny),因霧阻照章停車,並時燃信號及放響燉,警後來之車,而免相撞,不料防患未周,適遇斯特拉斯堡特快(Strasburg Express以每小時一百零五公里之速度,疾駛而至,司機因一時疏忽,竟未聞信號,一往直前,遽與朗西快車最後一節相撞,計共毁車六輛,死傷達四五百人,屍骸枕籍,爲狀甚慘,以死傷人數計,在近年鐵路「安全第一」運動初期中,從未有如此次慘事之嚴重者,殊値得吾人特別注意,尤其在我鐵路安全設備素稱簡陋,行車事變,紛至沓來之國,觀乎此次巴黎撞車,亟應有所警惕,而資借鑑,本文之作,亦在喚起鐵路當局,對於鐵路行車安全問題,能作深刻之研究,期有整個之規劃,固不待遭遇事變,始知警惕,當早未雨綢繆,防微杜漸,則作者區區貢獻之微意也。

二·巴黎撞車之批評

巴黎撞車事變發生後,論者紛紜,鐵路界尤物議沸騰,莫衷一是,有謂物質設備之簡陋,有謂行車人員之怠忽,予則謂兩者固皆此次事變之主因,無容强分軒輊於其間,惟據上列事實,旁據報章及各方記載,作一簡短之分析,以明眞相而資參考。

茲爲便利分析巴黎撞車原因起見,分設備與人事兩點觀察之:

甲. 設備方面

(一)鋼車設備之缺乏: 據報章所載,被撞之朗西快車,完全爲木質車輛,而斯特拉斯堡特快車,則全爲鋼質車輛,兩者不幸相撞,木質車輛當然被毁,乘客傷害,勢必嚴重,自在意中,考鋼車設置,雖不能避免行車事變,然至少能減輕損傷,假定結果,若此次朗西快車爲鋼質,則死傷人數,必在四五百人以下,可以斷言,蓋木質車輛,在近代鐵路發達國家,尤其在美國,幾已完全絕跡,良以鋼質車輛除可減少事變結果外,尙有下列各種利益: (一)速度增加 (二)車身增長 (三)車輛容積增加 (四)負有宣傳作用.有上列四種利益,此鋼質車輛之所以能占優勝,而有通行世界之勢也。

(二)號誌設備之簡陋: 法國鐵路雖已有分區電氣路簽等新式設備,然自動式之停止器(Automatic Stops)尙付闕如,查美國此種自動器早已盛行,其利益如遇司機疏忽,不能遵守號誌時,可立即將車停止而免肇鉅禍,倘此次斯特拉斯堡特快,裝有此項設置,雖不能消弭此次慘劇於無形,然至少能減少死傷人數,至於機車號誌(Cab Signal)則在濃霧天晦之時,指示司機以號誌之方向,是否前進,或預防危險,此種設備,聞除國立鐵路除已推行外,其他私立鐵路,未聞有設立者,然則此次巴黎撞車,追無此項設備之所致歟。

(三)路軌及機車之失修: 法國鐵路財政,雖自一九二一年大事改進後,因運價之抬高,營業日有起色,收支漸能相抵,然近來世界經濟恐慌,工商凋敝,鐵路事業,頗受打擊,每年虧折,約達四萬二千一百萬法郎左右,以致工事之維持,機車之添購,無暇顧及,雖偶或有之,仍不能與營業需要,互相適應,故人工轉動設備,及木質車輛在法今日仍極流行,聞法國鐵道當局,深感此次巴黎撞車損失之鉅大,有十年整理工事計劃,則於行車安全前途,庶可希望改進歟

(乙) 人事方面

(一)行車人員之疏忽: 法國國民性,素喜冒險取巧,並不喜受紀律之拘束,故結果足以促成成事變之增加,至於德國人民則不然,尤其當鐵路員司,平日必受嚴格訓練,自成習慣,並妥定法律,以警疏怠,凡經行指示停止號誌者,不但應予革除,並應拘留,受刑事處罰,故每年事變,恒較法國及其他各國爲少,此次斯特拉斯堡特快司機,在濃霧中未聞信號,且亦未覩號誌,耳目失察,遂釀慘禍,可勝浩歎,究其疏忽原因,其殆平時司機人腦海中,竟不以安全第一爲念歟,或以該司機平日經驗豐富,勝任愉快,此次所以疏忽,並非出於故意,蓋由於本能與情感,自然變化衝動之所致,所謂心理上之作用是也,此論具有深意,或亦爲此次事變主要肇因之一,亦未可知也。

(二)行車規章之違背: 斯特拉斯堡特快司機之疏忽,固不能辭其咎,然朗西快車則據報章所傳,車後標誌,依然表示路清記號,並無危險字樣,可見當時朗西行車人員,亦顯不遵照行車規則,以致後來車輛之驟然遭禍,亦爲此次巴黎撞車原因之一,原夫行車規則之遵守與否,繫乎能否時以安全爲念以爲斷,不能如此,則雖有規章具在,茫然若無,故安之念,與嚴守規章,實大有連帶關係,絕不能以等閒視之也。

三·巴黎撞車之教訓

鑒於巴黎撞車慘案,則今後我國鐵道當局,對於行車安全問題,應如何注意,應如何處置,殊有研究之價值,茲將巴黎撞車所得之教訓,參酌目前之國情,作一整個行車安全計劃,貢獻於鐵道當局,以資參考,愚者一得,幸垂督焉.

行車安全首重組織,目前各路,除京滬滬杭甬去年秋間,有行車保安委員會之設立,以及津浦之有行車事變審查會,此外未有所聞,可見目前各路,雖不時對於行車安全知所注意,然缺乏一具體且負永久性之行車安全集團,頗引以爲憾,竊按鐵道部業務司運輸科,執管全國各路行車事宜,鑒此次巴黎撞車之所得教訓,對於行車安全,不妨另設一行車安全委員會,專司其事,且各路亦應妨效京滬滬杭甬辦法,從速組織分會,受部中總會節制,其任務之重要者,(一)審查行車事變,調查眞相,分析原因,藉資評斷責任,及謀補救辦法,(二)編查行車事變,每次事變,不論鉅細,按期將其事實原因,責任,及預防方法,分門別類,編製統計報告,隨時印行公佈,以便員司有所戒備,消弭事變,莫善於此,(三)巡視行車設備,各路本訂有章則,規定行車設備,如揚旗分路路簽等查驗次數及時間,如能嚴格遵行,原可減少事變,但日久弊生,所定章則,難免形同虛設,爲避免此種弊竇計,各路行車安全委員會,應按時派員前往各站視察,以補不及,同時部中亦不妨時派專員分赴各路巡視,以資考核而便比較,(四)舉辦行車保安講演,鐵路一切行車人員,上自站長,下至站役,應隨時施以訓練,最好採用巡迴演講制,由委員會派員分赴各站,召集有關係人員,舉行行車安全演講,俾得「安全第一」四字,深印於腦,不至疏忽而釀成事變也.(五)編訂行車安全小册及佈告,各路關於行車保安,雖已印有行車救險須知行車規章等,然究因條文過多,不易見效,爲顯目計,似應摘錄有關保安重要各條,印行宣傳,分爲對內對外兩種,對外應將客商所須注意事項,印成佈告,張貼於車站貨棧等處,以促客商對於安全之注意,對內應將各有關行車人員如車守站長等,所應注意各條,分印小册或佈告,散發各處,以資警惕,而免事變,綜上五項,爲行車安全委員會所應卽行注意之工作也。

除行車保安組織外,此次巴黎撞車所給予我國鐵路此次行車安全之教訓,經詳細分析,共有五項,茲條舉簡述於左:

(一)鋼車之設置: 查世界各國鐵路,近來客車有漸由木料改爲鋼料製造之趨勢,且在鐵道最完善之美國,木質客車,幾已絕跡,此次法國撞車之嚴重,實木質客車有以肇成之,我國客車,除津浦著名之藍鋼車外,大都皆爲木質,此因限於經濟所致,但由行車安全之立場而言,客車應採用鋼質者,作者愚意,如政治安定,鐵路財政略寬裕時,不妨確定一購買客車以鋼爲主之政策,則今後事變,雖不能絕對消弭,但至少能減輕其結果,可以預卜也。

(二)自動電氣號誌之裝設: 刻下各路所行號誌制度,除北甯,京滬已有電氣路簽,但仍假助於人力爲多外,大率皆採用舊式銅牌路簽制,一不經心,即易發生中途撞車之意外,即採用電氣路簽,雖無此弊,然車輛半途脫鈎,改與他車相撞,發生意外,仍不能避免,如必欲避免此等意外變故,則除在人事上極力預防疏忽外,對於號誌設備,當以採用自動號誌爲最佳,所謂自動號誌者,每區起點之號誌,均以電力運用之,使列車一入該區時,凡保護該區之號誌,無須假助人力,即能自動作危險之表示,以免意外事變之發生,但此種號誌費用太大,在我國恐非短期中所能裝置也歟。

(三)軌道及機車之維持: 火車出軌,多由於軌道之損壞,或由於軌面失諸平衡,此則年久失修之故,機力不足,中途發生機件損壞等事,致搆成事變,數見不鮮,此亦欠修失察之故,今後我國欲期行車安全,機工兩處,應於可能範圍內,竭力增進維持之效能,亦即增進行車之効能也。

(四)行車規章之統一: 我國行車規章,雖早有規定,然因時間及各路習慣關係,日久各路不特發生歧異,即同路各站,亦不能一律,若遇事變,即不易的定責任,此種情形,不獨易於造成事變,抑且減少行車工作之效能,爲求統一起見,各路應即擬定一標準,並編訂成册,分發各站,一律遵行,則於行車安全前途,始有增進也。

(五)薪工待遇之提高: 考我國歷來撞車事變,多由於分路夫錯扳分路所致,此等事變之由來,因分路夫,爲行車人員職位之最低者,薪金極薄,每月所得不過二三十元,入不敷出,生活不易維持,因是工作効能不能增高,意中事也,我國對於行車安全,如不欲從人事着手則已,如欲整頓人事,則必自提高待遇始,如分路夫,以能增至五六十元,站長平均能在八十元左右,爲最佳標準,夫果能如此,則行車安全程度之增進,殆指日可待,貴乎當局者之能毅力實行耳。

風雨勘詩圖序

唐蔚芝

余友金山高君吹萬。溫柔敦厚士也。居張堰鎮。蓄書十餘萬卷。尤以詩經爲夥。都凡八百餘種。一廬軒敞。其嘯也歌。春誦夏絃。鍥而不舍。嘗繪風雨勘詩圖。書來屬余序言。余與高君雖爾思室遠。而神交者二十年矣。乃爲序曰。自來民勞板蕩之時。必有揚風扢雅之士。好是懿德。陶淑性情。維文化於將衰。蘇人心於不泯。故鄭詩曰。風雨如晦。雞鳴不已。旣見君子。云胡不喜。序曰。亂世則思君子不改其度焉。余謂風雨者，易剝之象也。雞鳴者。易復之幾也。碩果不食。豈非天地之心所寄乎。冬日烈烈。飄風砭我骨矣。如松柏之茂。胡獨後彫。而丸丸乎春秋之末。干戈侵尋。曾子隱居武城。讀商頌淵淵作金石聲。東漢之季。黃巾俶擾。鄭君箋詩禮堂。羣盜相戒不入其鄉。今之世何世乎。豈猶是春秋與三國之時乎。滄浪濯足。滔滔者皆是也。不弔昊天。亂靡有定。我瞻四方。蹙蹙靡騁。而高君獨閑閑泄泄。雲翔千仞之表。星羅百城之書。樂土樂土。爰得我所。意者優游彌性。默相天地之宜。綢繆牖戶。足支風雨之飄搖乎。抑或將恐將懼。惴惴小心。乘谷風陰雨之會。藏名山而傳諸其人乎，考槃之詩曰。獨寐寤宿。永矢勿告。白駒之詩曰。毋金玉爾音。而有遐心。人間寶笈。天上瑯嬛。於焉逍遙。伊人宛在。余方將攬喬木。求友聲。一葦溯洄。霜凝露白。訪君於蒹葭秋水間。摻執而譚經焉。癸酉孟冬愚弟唐文治拜序。

畢君枕梅傳

唐蔚芝

吾友畢君枕梅。諱光祖。江蘇太倉人。系出尚書秋帆公後。考諱蓉第。附貢生。君幼聰慧。華秀穎竪。下筆千言。光緒戊寅君年十五。余年十四。同補應郡試。識君於州署中。是年君補博士弟子。庚辰余亦游於庠。君時過余譚文藝。發語名雋。傾倒座人。才思橫溢。遇經要難。老師宿儒不能解者。君略省覽。即瞭其義。甲申督學瑞安黄漱蘭師創設南菁書院於江陰。君往試。經學古學皆第一。瑞安師喜甚曰。大江南北。涉獵之學。以此生爲最。太倉畢氏有傳人矣。踰年。余與君偕赴南菁試。余方潛研性理。君務博習多聞。人或相嘲以漢宋門戶。不知余固祧許鄭。君亦服程朱。相師而不相非也。當是時。友人張君拙嘉以詞章負令望。乙酉君舉優貢。拙嘉得拔萃。三人實相往來。飲酒論世。上下古今。旁若無人者。踰年。拙嘉沒於京師。余與君哭諸寢門外。君泣然曰。拙嘉家貧。巨卿之責。非吾兩人其誰。則與余稍稍佽助其喪。戊子。君登賢書。明年偕赴春明試。乘招商輪舟曰鎮東。值大風浪。砰訇簸蕩。舟軋軋作聲。夜過之罘成山。繼以大雪。司機者不能辨經緯綫。猝見白山當前。將觸礁。惶駭鳴鐘。放救生舢板。旋急鼓輪退。始得免。而君與余方酣臥。翌晨舟中人相告。以驚以慶。薄暮抵大沽。春冰乍泮。阻不得進。則涉小舫。兩人蜷伏其中。浪衝冰石下。大者如桌。小者如磬。銳者如矛。薄者如刃。左右撞擊傾欹。體沾濡。凛冽不敢出氣。漏將盡。始至紫竹林。君候覆試期。黎明即乘車赴京。夜過楊村于家圍等旅店。一燈黯淡。僕御交譁。臭穢不可邇。君蹙額曰。此諺所謂地獄變相也。余笑曰。勞筋餓體。大任將降矣。洎揭曉。均下第。維時吳會名流。才標光希鶩。索隱鳴新。或拾一二禪金吉石。干謁當道。夤緣奔競，覬弋科名。君砥礪節操。屹不爲動。嘗發憤累歎儒林品詣。墮落無餘。終亦必亡而已。後果鮮令終者。華誕浮徒。不可信若此。國運人才。兩受其害。後世求賢者所當引爲殷鑒者也。壬辰余中甲榜。分農曹。時君丁祖母憂。遊幕粵中。音問稍疏矣。光緒中葉。南皮張文襄公督兩湖。提倡樸學，罔羅天下通人達士。以禮延君。頗倚重之。君始稍稍展所長。薦保知縣。癸卯。文襄入覲。君隨入都。余造其室。君方草大學堂章程。案卷插架。櫛比鱗次。相與談公牘文字。上自魏鄭陸范。下逮曾胡諸賢。源流畢貫。莫逆於心。不啻數經生家法也。丙午余丁先妣憂。君來弔。余伏苫哭。君曰。子宜節哀。以視吾少年孤露。至今家破人亡者。又當何如。蓋是時君之夫人方病歿於南中也。於是相對哽咽。不能成聲。厥後文襄內用。幕僚或散去。君佐錢唐施君植之辦路政。辛亥國變。絕意仕進。施君奉使美邦。邀君往。堅不就。隱居里閈矣。時余掌南洋校。每歸婁。恆與君聚。君方啜茗賦詩弈棋以自遣。一廬風雨。晏如也。辛未春。諸鄉人會飲。與君譚少年事。余笑謂君曰。逾數年君重遊泮水矣。君默不語。是年冬。凶問卒至。回憶五十年交情。不覺淚之盈睫也。天地磅礴。扶輿之氣。率鍾於舊族名門。吾婁王氏得氣之厚。故其人多剛方。畢氏得氣之清。故其人多俊穎。而君尤得其秀而最靈者。方其弱冠時。踔厲風發。視當世事無足當意。乃以其才之高學之博。不獲稍施於世。汩乎晚年。世變多故。徒隱於詩隱於酒隱於弈。蒿目時艱。鬱鬱以歿。嗚呼可哀也已。平居嘗慨然謂余曰。凡人善惡與禍福。往往相戾。無足憑者。嗚呼。豈獨福禍爲然。近世是非好惡。亦多與善惡背道而馳。蓋爲善者懼矣。君之言尤可悲也。自君卒後。邊疆告警。東海沸騰。患難頻仍。日蹙百里。君獨先朝露而逝。又焉知非福耶。君文高曠雅贍。詩尤雋逸。顧著作零落。不自收拾。幼工篆隸。臨曹全碑。數年不輟。晚好作楷行書。然不屑應人之求。娶張氏賢而無子。以猶子壽成爲嗣。婦翁張孫尊先生。邑老名士也。數奇屢赴闈試不售。爲安道尊道書院山長十餘年。得君婿快甚。歿後。其遺著亦鮮有傳者。嗚呼。是則同可悲夫。歲在癸酉仲冬執友唐文治謹撰。

倉海詩草序

陳柱

近世學詩者。往往有漢魏六朝唐宋之分。吾以謂此特其末焉者爾。詩之本不在是也。詩之本維何曰志曰情曰事與物而已。發於心謂之志。志接於事與物而生者謂之情。情溢於心言之不足。而嗟嘆永歌以出之者謂之詩。人之志有小大。則其接於事與物之範圍有廣狹。而情之所愛亦有遠近。董子曰。遠之而愈賢。近之而愈不肖者愛也。王者愛及四夷。霸者愛及諸侯。安者愛及封內。危者愛及旁側。亡者愛其獨身。此就帝王言之也。今爲易其言曰。神人愛及萬物聖人愛及同類。賢人愛及一國。庸人愛及一家。小人愛其獨身。夫古今之詩人亦若是而已。彼其視天下國家之存亡。人羣種族之興廢漠焉若無與於其身。而日以尋章摘句爲能。曰,吾詩學某代也。或曰學某派也。或又曰學某家也。以此揭櫫而號召於天下者固有人矣此其人愛及何等。格居何等。吾固不得而知。然藉曰其詩果似某代果似某派,果似某人矣。則古既有某代派派某人。人人已厭觀而飫誦之矣。又何必多此疣贅爲。唯仁人君子則不然。大之則天地生物內之則人倫家國。無一物一事不系於其心。當夫人人酣歌醉舞承平之時。已慦焉惟恐其危亡之將至。及其身歷滄桑。哀時悼物。則更爲之咨嗟涕泣。發憤悲歌。所謂存君與國。一篇之中三致意焉者。此其人之意。固不必在乎詩。然及其詩之既成。則天下後世之讀之者又莫不慨然興起。慦然有滅亡之懼。而奮然起匡復之念。於是乎相與低徊驚歎。感激泣下。以謂其詩之工一至於此也夫豈暇問其體之爲漢魏，爲六朝，爲唐爲宋乎哉。嗚呼吾觀近人之詩衆矣，能與於此者蓋寡。往者以先師李頌韓先生之介得讀其鄉先輩張量公之詩而大異之。自去年冬，世變日亟。而張先生亦年七十餘矣，乃編次其古近體詩凡二千七百六十有四首。名曰倉海詩草。郵傳相示。且命爲之序。杜受而讀之。蓋朝代之興亡。身世之遭遇。罔不畢具。其杜陵詩史之遺乎。樂天諷諭之體乎。吾惡暇而辨之。吾唯覺其可歌可泣，不勝哀痛之思。人倫之痛而已。是詩也吾又惡得僅以某代某派某家之詩目之。且又惡得僅以詩目之其已哉。夫惟其不僅爲詩而已。此其所以爲眞詩歟。嗚呼，詩之關係之大如此。孰謂書生窮老盡氣，嘔心飲泣。悲歌於荒涼寂漠之濱者。所爲無關天下國家之興亡哉。　二十一年冬十一月北流陳　杜謹序於上海交通大學

杜按去年夏曆九月，張先生以書抵杜，求爲其詩作序，杜辭弗獲，十月，張先生郵其詩並示以書曰，敝敍一篇，及卷七八九十四卷，計訂二本，此是初本也，已錄出可以常存尊處，毋須寄回，所求弁言，請興到一揮，亦毋庸汲汲也云云，杜承命之後，迄未皇執筆，七八月間，曾一二度欲爲之，輒以俗務敗興而止，久之而亦遂若亡之矣，乃近數日忽然念起，遂發憤執筆，一揮立就，以示友人馮君振心，振心曰，數日前已於唐蔚芝師許見其赴，蓋先生已逝世數日矣，嗚呼，杜以嬾執筆故，此文之成先生竟不及見之，當先生生時豈不以爲杜竟負宿諾耶，然而此文之成，不先不後，竟成於先生逝後之數日，方杜前數日忽然起念之時，或竟卽先生謝世之日，未可知也，然則斯文之成，其先生在天之靈，有以趣成之者邪，嗚呼，老成凋謝，國事日非，杜又豈但專爲先生哀而已哉，爰滴淚和墨，聊跋數語，以寄其孤，斯文也，蓋不僅序先生之詩，並以弔先生之死矣，嗚呼哀哉，十一月五日杜跋。

讀宋芷灣詩集

陳 柱

我生何固陋。不讀芷灣詩。寄詩與石師。謂我實似之。是豈有此理。中心常懷疑。自是求其集。年餘至今茲。一旦達夙志。如珪璧相詒。歸乃大歡喜。同讀有馮子。一讀一激昂。半夜半日止。不知我是宋，翻認宋爲己。宋邪抑我邪。周亦蝴蝶矣。相去百餘年。相離亦千里。何因得相師。何因得相似。我眼高於天。古人如敝屣。豈肯學先生。低頭作弟子。先生生又先。且亦惡摹擬。閉門各造車。奈何竟合軌。其夜夢先生。其言明且清。文章在天地。大化所流行。下者爲河嶽。上者爲日星。或一花一草。或大椿冥靈。於人有喜怒。及剛柔異情。天原不愛道。地亦不愛寶。任人奮才華。各各肆探討。力大縛熊羆。小亦獵鷄狗。下者逐埃塵。高乃摩牛斗，天地無私偏。人才有薄厚。加之方法異。所得有美醜。君我不相師。便是良師友。無法以爲法。其法乃最好。此法與君同。詩同事豈偶。同向碧海中，掣鯨瀰隻手。又如蒐岐陽。或獵上林囿。虎豹犀象獅。悲鳴復驚走。所獲既云多。物同理應有。是豈足爲病。亦豈誰之咎。俗人不知詩。苦求法與師。上者求合古。下者爲法苦。曰我學漢魏。曰我學白甫。曰某我所喜。曰某我所惡。曰此犯八病。曰此無法度。人人師其師。誇朝代門戶。如將己頭顱。斫之用鉅斧。接以古人頭。自謂世無侶。豈知是死人。何止同畫虎。求與古人同。於己一無補。求同不得同。所同乃臭腐。不同乃大同。一氣所流布。柱曰善哉言。淒然遂驚寤。寤後寄爲詩。世人應覺悟。時惟二十年。一月二十五。寫罷復長吟。高高日正午。

近代科學先驅徐光啓

(見申報月刊第三卷第三號)

竺 可 楨

民國二十二年十一月二十四日，爲明末科學家徐光啓逝世三百週年紀念，上海聖教雜誌社既爲出特刊於前，中國天文學會復將爲之印行專刊於後，國內各日報如天津大公報，上海申報等亦各有論著贊揚先哲，而光啓後裔徐宗澤所編印之增訂徐文定公集，及由巴黎國立圖書館影照以歸之徐氏庖言亦均於此時出版。公之道德文章，經濟學術，乃爲世所共曉。儒者關於科學著述，世人每以公爲西學之澤祖相許，即梁任公先生亦謂「他是頭一位翻譯歐文書籍的人，他譯的幾何原本在古今翻譯界中總算第一流作品，他對於數學，天文學，論理都有很深的修養自己著書不少」云云。(1)實則公之解析事實推闡原理，事事以科學方法爲依歸，故於强國富民之道，容內攘夷之方，以及整理歷史上之事實，均能以客觀眼光分析歸納，故能立論精確，而見識超越儕輩也。

當明之末造，士大夫無學術而務欺詐，貪鄙奢淫者相望於社會，(2)上焉者如東林諸子，亦斷斷於朱王門戶之爭，性之善惡之辨。雖顧憲成高攀龍輩明是非，輕生死，明社之覆，黃梨洲謂「勇者燔妻子，弱者埋土室，忠義之盛度越前代，猶是東林之流風餘韻，」(3)要非過譽，但萬歷天啓之際，外寇已深，內亂待發，兵不習戰，國庫空虛，而學者猶高談性理，出入禪道，其無補於時艱也可知。即負世重望而爲公少年時素所拳拳服膺之焦澹園，(4)亦致力於存心養性之學，謂「人之不能治世者，只爲此心未得其理……苟得於心矣，雖無意求治天下,而本立道生,理所必然。」(5)且以佛學即爲聖學,無怪乎公遇利子瑪竇而後知西學之足以進德,利用,厚生,而爲之心折焉。公之泰西水法序云。

> 余嘗謂其教必可補儒易佛,而其餘緒更有一種格物窮理之學,凡世間世外萬事萬物之理,叩之無不河懸響答,絲分理解,退而思之,窮年累月,愈見其說之必然不可易也。

吾國古代科學之所以不昌明,一由於學者祇知在書本上尋智識,或則記誦古典加以注釋考證,或則高談心性,而不知體諸實驗,以校正舛謬。元代言歷者,甚至日月蝕時刻測驗差誤,乃謂天道無常,日度失行,此公所謂已則不合,而歸咎於天。(7)一則由於學者於技術上偶有所得,亦祕而不宣。卒•至絕傳而爲廣陵散。關於此點,公曾引利子之說,言之甚切。

> 先生嘗爲余言西士之精於曆無他謬巧也,千百爲輩,傳習講求者三千年,其青于藍而寒于水者,時時有之。以故言理彌微亦彌著,立法彌詳亦彌簡。(8)

公曆數之學,最爲世所重視。公對於數學及天文學之供獻,中國天文學會孫光遠高曙青二君且亦著有專文,(9)阮元疇人傳稱「利氏東來得其天文數學之傳者光啓爲深。……以視術士之祕機械者,不可同日而語矣。迄今言甄明西學者,必稱光啓,蓋精於幾何,而得之有本」云云(10)公之致知格物得力於幾何者頗多。故刻幾何原本序中,引利子之言曰「是書也,以當百家之用,庶幾有羲和般墨其人乎,猶其小者,有大用於此,將以習人之靈才,令細而確也。」故公不特於日月行度,經緯高下,加以精確之推算。即爲歷史上之事實亦常繩以統計,而立爲不刊之論。如處置宗祿,查核邊餉,議有曰。

> 洪武中親郡王以下男女五十八位耳,至永樂而爲位者百二十七,是三十年餘一倍矣。隆慶初麗屬籍者四萬五千,而見存者二萬八千。萬歷甲午麗屬籍者十萬三千,而見存者六萬二千。即又三十年餘一倍也。頃歲甲辰麗屬籍者十三萬,而見存者不下八萬是十年而增二分之一,即又三十年餘一倍也。夫三十年爲一世,一世之中,人各有兩男子此生人之大率也則自今以後百餘年而食祿者百萬人,此亦自然之勢,必不可減之數也。而國計民力足共乎。

明初洪武創置宗祿,王祿萬石,八降爲奉國中尉猶二百石。洎乎萬歷,明史本紀載連年災荒,邊餉無着,宗祿實難維持,而廷臣以祖宗成法不敢置喙。(11) 獨公冒天下不韙持爲此說,且立論謹嚴,以過去卜未來。十八世紀末葉英國馬爾薩斯 (T. H. Malthus 1766—1834) 作人口論,(12) 謂人口增進率依幾何級數,而食物增進率則依數學級數,其說爲後世所稱道。不圖公先馬爾薩斯二百年,已有人口增進率依照幾何級數之明證也。

此外如公之屯田稿疏中除蝗條下,論及蝗災之時與蝗生之地均以歷史上事實,用統計整理,而生蝗之區域自明,治蝗之方法亦易於着手。是皆合乎科學方法者也。預告日食爲吾國古代台官重要職司之一,而自漢迄明,其精密程度,代有進展,覽公崇禎五年一疏(13)則可以知梗概矣。

> 月食諸史不載,所載日食,自漢至隋凡二百九十三,而食于晦日者七十七,晦前一日者三,初二者三,其疏如此。唐至五代凡一百一十而食于晦日者一,初二日者一,初三者一,稍密矣。宋凡一百四十八則無晦日更密矣。猶有推食而不食者十三。元凡四十五亦無晦食更密矣猶有推食而不食者一,食而失推者一夜食而書晝者一,至加時先後,至三四刻者,當其時已然。……豈惟諸臣,即臣等新法遂成,似可盡無前代之誤乃食限或差半分上下加時或差半刻上下,慮所不免。…

足知宋元以前,台官預告日食,常可差至一日。自元迄明尚可差至三四刻,公用新法,始減至半刻上下。在歐洲明末以前推究日蝕亦不甚精密,與光啓同時德國天文學家開白兒(John Kepler 1571—1630) 始創新法以改良之,(14) 厥後經法國 J. L. Lagrange (1746—1831) 與德國 F. W. Bessel (1784—1846) 之殫精竭慮而始克臻於近世之精密程度也。

世雖以歷數之學重公,但公嵩目時艱,初不以此自足,而汲汲於籌安攘冠之方,謀國富裕民之道。良以萬歷天啓之際,龜鼎將移,當時能挽狂瀾而足爲中流砥柱者,在朝者實爲公一人耳,明史稱「光啓雅負經濟才,有志用世及柄用年已老值周延儒溫體仁專政,

不能有所建白.」云云豈不惜哉。今於富國當以首注重於興農以治水利公之勾股義序云:

> 方今曆象之學,或歲月可緩,紛綸衆務,或非世道所急,至如西北治河,東南治水利皆目前救時之計。

公之主張治水利也亦非泛泛空談,其立說援古證今與徐貞明之潞水客談(15)後先輝映,而要以求準望爲入手辦法,由今視之可謂深入肯綮。公之漕河議有云。

> 今誠得守敬其人,令傳求巧工算史,爲之左史,西自孟門,東盡碣梯,南歷長淮,北逾會通,無分水陸,在在測驗,近用準平,遠立重表……務令東西南北地形水勢,盡識其行直倨勾又盡識其廣狹淺深,高下夷險,燦然井然,………而後仿裴氏之遺規終若思之緒業,繪圖立論,勒成一書。

是則正吾人今日所渴望之長江黃河流域之地形圖,而不謂公已提倡之於三百年以前也。

公之農政全書,所包甚廣,諸凡現時所謂作物土壤園藝蠶桑畜牧森林均概括於內,且兼及於農業有關之氣象水利救荒諸科也。其中雖多半採諸古籍,但公個人經驗之談,以及獨到之見解,在在可見。陳臥子謂「公躬執耒耜之器,親嘗草木之味,隨時採集(17云云,蓋非虛語。惟玄扈先生之論著各部詳略不一。如以樹藝而論,蓏部蔬部精彩處甚多,而菓部則未免相形見絀。如今之農業專家,能重爲整理編輯,則必能更有裨於後世也。書中公之論著,或則糾正歷來古籍之謬誤,如卷二十八,以公個人經驗證明唐本草北方蕪菁移南方變爲菘一說之不經。或則指摘當時農夫習慣之失當,如卷三十五,引齊魯餘姚種棉稀收穫多,因以證實當時上海一帶棉花之歉收由于密種。而公之注意農業,原欲紓民困,是以於農業經濟尤三致意焉。在今日而欲談明代經濟史,公之書大足以資採擷也。

十八世紀末葉,英國之工業革命,由於 Hargrevs (1764) 之發明紡綫機, Carewright (1787) 之發明織布機與夫 Whitney (1730) 之發明軋棉機。(18)·故西歐之工業革命,與棉之關係至為密切。而吾國在明代因廣種棉花漸知彈桿之法,東南數省農村中,乃新產一種手工業,於農業經濟上亦起重大之變化也。

棉花之種植最早當推印度,在於春秋戰國之間,而吾國至宋元乃始普遍。與公同時而梁任公先生並稱為三百年前兩大科學家之宋應星,著有天工開物一書,(19)中有云「凡棉布禦寒,貴賤同之,棉花古書名枲麻,種遍天下。」但農政全書卷三十五引明邱濬大學衍義補白,「按自古中國布縷之征,惟絲枲二者而已,今世則又加木棉焉………宋元之間始傳其種入中國,關陝閩廣首得其利,蓋此物出外夷閩廣海通舶商,關陝壤接西域故也。然其時猶未以為征賦,故宋元史食貨志皆不載,至我國朝其種乃遍布於天下,地無南北皆宜之,人無貧富皆賴之,其利視絲枲蓋百倍焉。故表出之使天下後世知卉服之利,始盛於今代。」又李時珍本草綱目云,「此種出南番,宋末始入江南,今則遍及江北與中州矣。不蠶而綿,不麻而布,利被天下,其益大哉。」玄扈先生乃謂「吉貝之名,獨昉于南史相傳至今不知其義,意是海外方言也。小說家所謂木棉………故是草本。」按吉貝係馬來語Kapes之轉音(20故宋元時閩粵棉種係南洋諸國傳入無疑。

農政全書又引陶九成南村輟耕錄謂「明初有黃婆者從崖州至松江始教人民造桿彈紡織之具,人既受教,競相作為,轉貨他郡,家既就殷,未幾嫗卒,乃為立像祠焉。」天工開物亦稱棉寸土皆有,而織造尚松江、漿染尚蕪湖、玄扈先生曰:

嘗考宋紹興中松郡稅糧十八萬石耳,今平米九十七萬石,會計加編征收耗剩起解鋪墊諸色役費當復稱是,是十倍宋也。……三百年而尚存視息者,全賴此一機一抒而已。非獨松也蘇杭常鎮之幣帛枲紵嘉湖之絲纊皆恃此女紅末業以上供賦稅,下給俯仰。若求之田畝之收,則必不可辦。………今北土之「吉貝」賤而布貴,南方反是,「吉貝」則汎舟而鬻諸南布則汎舟而鬻諸北,此皆事之不可解者。若以北之棉學南之綫豈不反賤為貴,反貴為賤。余居恆謂北方之人必有從事者,若云彼土風高不能抽引,此語誠然,顧豈無善巧之法,而總料其不然,亦未免爲悠悠之論。故常惴度後此數十年淞之布當無所洩,無所洩,則無以上供賦稅下給俯仰。

公沒三百年,而歐美日本棉商競以我爲尾閭,入超之數,年達四萬萬元,而輸入品以棉織物占大宗。(21) 夫豈特松之布無所洩,又豈特松之民無以上供賦稅,下給俯仰耶。以公謀國之忠,憂民之切生當斯世更不知將如何焦思急慮以籌極救之方策也。

當明之季世,倭冦旣熾,邊患日急,公之練兵破敵諸奏疏,莫不切中肯要,爲時之急務,而於製造火器主持尤力。並欲設廠於山西,蓋彼產鐵之處,工料易得,煤價甚賤,」以視今日之兵工廠之全賴舶來品者,其計畫蓋尤精密也。惜崇楨目光如豆,而廷臣之素負時望如劉念台者亦復掣肘之,卒不得竟其志。公崇楨三年聞風憤激,直獻芻蕘疏,可謂慨乎其言之矣。公於當時亞東國際上之形勢,瞭如指掌,廷臣中無出其右,故能料事如神。當時滿人雖猖獗,然公早料其異日之必同化於漢族,故曰「夫虜之終類我也,亦百年之後必至之勢也。」(22) 近百年來日本之侵略吾國疆土,公亦能言之鑿鑿,如合符節。公之海防迂說有云:

> 故爲自前計者,小西卽雄略,方務輯寧捍禦,數年間或未必能爲秀吉。若通市則歲月不可待,度其勢必且躡故父之智,以南圖諸雞籠淡水,而北朝鮮也。……他日或假道于鮮卑辭遣使以求我,或興兵壓境以脅我,則必至之勢也。雞籠淡水被圖之久矣,累年伐木,不以造舟何所用之。……已而漸圖東番,以迫我澎湖我門廷之外,遍海皆倭矣。

此其識略,較之咸同光緒年間之李鴻章眞不啻霄壤矣。又謂:

> 譬有大小兩家,懷地相接,有無貿易,必資于我,而每拔扈,當資藉時,自宜通其往來。慮或強梁,別當圖其備禦。豈有伯叔亞旅恬臥嬉遊,爲之謀者但令高居房闥,堅扃門牡,不圖其桿衛,但禁其往來,如是而可以爲安者耶。

嗚呼公之言眞足以爲今日主張抵制日貨卽足以制日死命者之當頭棒喝也。

原公之所以能高瞻遠矚明燭萬務者,其得力於科學之訓練者不少,蓋卽利子所謂將以習人之靈才令細而確也。公曾有意大

規模的搜集科學人材,研究理工之學。崇楨二年條議曆法條正歲差疏中有云:

> 且度數既明,又可旁通衆務,濟時適用,此則臣之所志,而非臣之所能,故不無望於衆思羣力之助也。謹陳急要事宜四款。

其第四款度數旁通十事,皆公有志未逮,而欲當世士大夫研究之科學。此十事者,乃(一)氣象學,(二)水利工程,(三)音樂,(四)兵事學,(五)統計學,(六)營造學,(七)物理學與機械工程,(八)地理學與製圖學,(九)醫學,(十)鐘表學,公以爲若得同事多人,皆可分曹速就者也。

今之言近代科學者羣推英國語培根(Francis Bacon)爲鼻祖。按公與培根同時,公小培根一歲,後培根去世廿七年。公入閣爲相,培根亦入閣爲相(萬歷四十六年培根爲英國Lord Chancellor封子爵。)公提倡科學,培根亦提倡科學。但培根之提倡科學限於書本上,初未嘗有所發明。(23)而公之提倡科學則「躬執耒耜之器,」「推算緯度,昧爽細書,迄夜半乃罷,」皆基於實驗,則公之勝培根多矣。培根「新法」(Norum Organum)一書,提倡實驗,不遺餘力,故十八世紀法國哲學家Voltair譽之爲實驗哲學之父,德國Leicntz (1647—1716)荷蘭Huygens (1629—1695)皆稱道之故聲譽遂隆。但由今視之,則培根所提倡之方法,欲觀測世界所有事物之現狀,一一紀錄之,行試各種實驗而紀其結果,然後乃下論斷。(24)乃屬難能之事,與朱晦庵「即物窮理」「一事不窮則缺了一事道理,一物不格則闕了一物道理」其弊正同。(25)且培根所提倡之歸納法,步步推進,近世無一科學能遵其法而行,亦未有一科學能遵之而進步者。眞正之科學方法,乃假定一學說,然後證之以實驗。不合則改之,去之要之科學上最有威能之方法乃演繹法(deductive method)。此則非培根之所知也。」(26)幾何學爲演繹法最好之訓練,此爲培根之所短而公之所長。公於修正曆法「每遇一差,必尋其所以差之故,每用一法,必論其所以不差之故,上推遠古,下驗將來,必期一無所爽,」此則公之科學方法也。實際培根給予近世科學最大的影響,厥爲其新大陸

(New Atlantis)一書中所主張之理想研究院。所謂理想研究院者乃一種假想的學術機關,延請三十六位科學家,其半數編輯中外古今經籍中之科學論說,其餘十八人復分爲六組,試行各種實驗,而審察其結果。最後目的乃在於求萬事萬物之理而求獲得新發明。

培根之理想研究院與公之旁通衆務之計劃,可謂不謀而合。雖公傾向於利用厚生,而培根傾向於哲理,但培根之書係一種夢想或寓言,而公則筆之於奏稿,所處地位不同,立說亦自異也。所不同者則培根逝世,後四十三年間新大陸一書不脛而馳,凡經十版英國皇家學會(Royal Society)即依照理想研究院之模型而成立於1660年。民國初年,英國皇家學會所出版之會史,(27)其開宗明義第一句,卽云「皇家學會之成立乃培根哲學所得最早實惠之一」蓋所以誌不忘也。公之度數旁通十事則除崇楨批「有關庶績一併分曹料理該衙門知道」外,三百年來亦更無人顧問矣。

英國實驗科學經皇家學會之提倡,乃風起雲湧,一日千里。奈端(Isaac Newton)鮑葉爾(Robert Boyle)人才輩出,而歐洲大陸法德諸國,亦競着先鞭。近世科學,乃見曙光。在吾國則公逝世後十一年而鼎革,公之遺著,既十九失散,公之學術亦不得其傳。(28)清初黃梨洲作明儒學案,凡朱王學派之有一言足錄者,無不採入,卽公之同教金聲,亦在不遺,而獨未及公。迄近代海禁大開,國人怵於科學爲用之廣且巨,乃稍稍有知公者。公學培根之提倡科學可謂異曲同工,若以公之人格與培根相提並論,則培根抱不世之才,乃爲相數載,毫無建白,論操守則苞苴公行,卒至身下囹圄,爲天下笑。而公則淡於利祿,痛絕餽遺。蓋棺之日,囊無餘貲,御史謂優卹以媿貪墨者且急公好義辨學一疏,侃侃不屈,尤足爲後人師表。何二者賢不肖之相去如此其遠而其學術之發揚光大乃適得其反也。是則公之不幸,抑亦中國之不幸耶!?

引用書籍

一,「明清之交中國思想界及其代表人物」飲冰室文集卷六十四中華書局印行

二,柳翌謀中國文化史第三編第三章明季之腐敗及滿清之勃興二八七——二九〇頁民國廿二年鐘山書局出版

三,黃宗羲明儒學案卷五十八第四十七頁東林學案商務書館出版

四,參觀增訂徐文定公集卷一第十一頁「與焦座師書」又廿九頁「焦氏澹園續集序」

五,梨洲明儒學案卷三十四泰州學案四十八頁

六,增訂徐文定公集卷一第二十頁

七,同上卷第十七頁崇禎二年條議曆法修正歲差數

八,同上卷一第十八頁簡平儀說序

九,宇宙第四卷第八期中國天文學會出版在印刷中

十,阮元疇人傳卷卅二

十一,萬曆初貴溪徐貞明作潞水客談有云宗祿勢將難繼咸切憂之而莫肯任其議將以難遺後人而後之難更有甚于今日此不可不亟爲之圖也見農政全書卷十二又明史卷二百廿三

十二,馬爾薩斯人口論終其身凡印行六版第一版印于 1798 年第六版則印行于 1816 年

十三,增訂徐文定公集卷四第七十頁月食先後不同緣由及測驗二法疏

十四,Mabel L. Tod,「Total Eclipses」Chap. 12,The Recurence and Prediction of Eclipsis PP .192—202 Boston, 1900

十五,農政全書卷十二

十六,增訂徐文定公集卷二第六十九頁又農政全書卷十四有公測量地勢法言測量河工頗詳

十七,農政全書凡例

十八, J. R. Smich「Industrial and Commercial Yeography」PP.483—484 Henry Holt and Co 1913

十九,天工開物卷上乃服第二卷有宋應星崇禎丁丑序

二十,見次行著「中國棉產之狀況」中華農學叢刊五十五期十九頁民國十六年六月出版

廿一,民國廿三年一月廿二日南京民報載民國廿二年入超四萬萬元出口額不及入口半數入口棉花棉織品居第一位計九千五百餘萬元

廿二,服戒箴見增訂徐文定公集卷三第六十六頁

廿三, Harvey Yibson「Two thonsand years of Science」第二版 1931 年第二十頁

廿四，Dampier Whetham「A History of Science」. Cambridge 第二版 1930 第一三七——一三八頁
廿五，梁任公「顏李學派與現代教育思潮」飲冰室文集卷六十四
廿六，Robert Adamson「Francis Bacon」大英百科全書第十三版第 Vols 3，第一五〇頁 London 1926
廿七，「Record of the Royal Society」第三版 Royla Society London 1912
廿八，李潤孫「徐文定公與樸學」大公報圖書副刊第五期

RADIO-ACTIVITY OPENS A NEW WORLD

BY J. W. N. SULLIVAN

(From "Current History" September, 1934.)

The discovery of radium was led up to by Rontgen's discovery of X-rays in 1895. He had discovered that when an electric discharge is passed through a vacuum tube rays come from the tube which are capable of passing through objects opaque to ordinary light, such as thin sheets of metal or the opaque paper in which photographic plates are wrapped. The nature of these rays was not at that time understood, but it was noticed that the tube that emitted them was in a state of fluorescence. This fact suggested to Henri Poincare that it would be worth while to examine ordinary fluorescent and phosphorescent substances to see whether they emitted any rays of the kind.

Becquerel took up his work, as was very natural, for these substances were a sort of family affair, since he, his father and his grandfather had all specialized in them. Among the fluorescent and phosphorescent substances he examined were some of the compounds of uranium. In the course of these experiments it happened that some of this substance in contact with a covered photographic plate was put away in the dark for some weeks. When Becquerel came to take out this plate it occurred to him, for some reason, to develop it just as it was, without exposing it to light at all. When he came to do this he was astonished to find that there were distinct markings on the plate. These markings must have been produced by the uranium ore. This was the first indication that there are substances in nature which are radioactive.

This experiment Becquerel repeated with other ores containing uranium and found that in every case the effect produced was proportional to the amount of uranium present. Substances which did not contain uranium, whether they were fluorescent or not, produced no effect. The effect had evidently nothing to do with fluorescence or phosphorescence. But Becquerel went too far. He stated that the effect was produced by uranium alone. Subsequently, however, he tested pitchblende, a uranium ore from Northern Bohemia, and he found he obtained an effect much more powerful than the amount of uranium in the ore warranted. He concluded that pitchblende contains an element much more radio-active than uranium. This is the point at which the Curies appear on the scene.

Madame Curie, who died on July 4, 1934, was the daughter of a Polish Professor of Mathematics and Physics, and she had gone to Paris in 1891, at the age of 24, to study science at the Sorbonne. In 1894 she met Pierre Curie, a research worker in chemistry, and in 1895 she married him. It was in the following year that they took up the problem presented to them by Becquerel and determined to trace the new radio-active element contained in pitchblende. A ton of this stuff was sent to them by the Austrian Government, and they settled down to the enormously laborious task of filtering out of this mass the unknown element.

The completion of the task took years of work. "We lived in a preoccupation as complete as that of a dream," said Madame Curie years later. As a result of this prolonged effort three new radio-active elements were discovered. The first was named polonium; the second, and by far the most powerful, was named radium; the third, discovered by Debierne while working with the Curies, was called actinium.

Madame Curie's separation of pure radium compounds, although technically a straightforward process, is unique in chemistry for the smallness of the quantity separated. In pitchblende and other minerals there are only three parts of radium for every 10,000,000 of uranium. From a ton of the richest ore only a fraction of a gram can be obtained. It is for this reason that it is by far the most expensive substance in the world. A milligram of radium today costs about £12 ($60). This is nearly 90,000 times as expensive as gold.

The devoted and arduous labors of the Curies brought to light the most interesting substance known to science. Its mere existence came as a great shock to the scientific preconceptions of the time, for it seemed to violate the law of the conservation of energy. Here is a substance which continually gives out light and heat without, so far as can be made out, absorbing energy from anywhere. Accurate measurements showed that a specimen of radium emitted more energy in two days than could be obtained from an equal quantity of substance by the most energetic combustion or explosion changes then known. And it went on pouring out energy at this rate without any apparent diminution whatever. Theoretically, as we now know, it should lose about 4 per cent of its activity in a century.

Unless the very foundations of science were to be upset some explanation must be found for this incessant activity. Various theories were put forward. It was suggested, for instance, that radium is somehow tapping sources of energy concealed in the ether.

It so happened, however, that science was in a peculiarly favorable condition for furnishing the correct explanation. J. J. Thomson had shown the existence of electrons, little electric particles nearly 2,000 times smaller than a hydrogen atom. Streams of them are produced by the electric discharge in a vacuum tube, and Thomson had measured their masses, velocities, etc., by seeing how much they were deviated from their straightline path under the influence of known electric and magnetic forces.

Similar experiments were made on the rays from radio-active substances, and it became evident that these rays consist of electrons moving with very high velocities—velocities approaching the speed of light. Later experiment showed that besides these there are other rays very much more difficult to deviate and, finally, it was found that there are still other rays which cannot be deviated at all. Thus radium emits three kinds of rays. Scientific men distinguish them as alpha-rays, beta-rays, and gamma-rays.

The beta-rays are electrons. They are little particles of electricity, having rather less than 1-1800 part of the mass of the lightest atom—the hydrogen atom. All these particles consist of the same kind of electricity—what is called "negative" electricity. And their velocities, as we have said, are very close to the velocity of light, namely, 186,000 miles a second.

The alpha-rays are also electrified particles, but they differ very greatly from the beta-rays. They are, to begin with, very much more massive. An alpha-particle weighs four times as much as a hydrogen atom. And its electric charge is of the opposite kind to that of the beta-particle; it is the so-called "positive" electricity. Also, the speed of the alpha-rays is very much less than that of light, varying from 9,000 to 14,000 miles per second.

The third set of rays, the gamma-rays, were found not to be electrified particles at all. Like X-rays, they are essentially similar to light-waves, although of very much shorter wave-length than the waves that constitute visible light. The waves that constitute X-rays are thousands of times shorter than those constituting visible light, and the gamma-rays from radium are shorter still. For this reason they are more penetrating even than X-rays. All such waves, whatever their length may be, move at the speed of 186,000 miles a second.

Nothing that we can do to radium, no extremes of pressure or temperature or anything else, can hinder or help in the slightest degree the production of these rays. Madame Curie stated, in spite of much apparent evidence to the contrary, that radio-activity is a fundamental and unalterable property of the atom itself, and all subsequent research has confirmed this conclusion. The atoms of radium, or of any other radio-active substance, are spontaneously disintegrating. The great importance of radium, to the scientific man, is to be found in the light it throws on the constitution of the atom. This is the central problem of modern physics.

There are ninety-two known elementary substances in nature. Everything else that exists is built up out of two or more of them. The atoms of these substances differ from one another. In particular, they have different weights. The lightest atom is the hydrogen atom, and the heaviest is the uranium atom. It had long been the dream of scientific men that all these diverse kinds of matter would prove to be composed of the same substance—perhaps hydrogen—that there was only one elementary kind of matter in the world.

This dream advanced a long way toward realization when J. J. Thomson discovered the electron. All atoms, it was conjectured, are built up out of electrons. But electrons, as we have said, are composed of negative electricity. Now atoms, in the normal state, do not manifest an electric charge. They are electrically neutral. It is evident, therefore, that the electrons in an atom must somehow be combined with positive electric charges sufficient to neutralize them.

Lord Rutherford was the first man to put forward the idea that is now generally accepted. On the basis of various experiments he came to the conclusion that an atom is built up something like a miniature solar system, with a nucleus in the middle and a number of electrons circulating round it. The simplest example is the atom of hydrogen, where the nucleus consists of a positive charge called a proton. Circulating round this is a single electron. These two bodies, the proton and the electron, together make up the hydrogen atom. We have seen that an electron is nearly 2,000 times lighter than a hydrogen atom. Therefore practically the whole weight of the atom must be borne by the proton.

The positive charge of a proton is of the same magnitude as the negative charge of an electron. But the proton is about 2,000 times heavier than an electron. In all atoms except hydrogen the nucleus is complex, being made up of both protons and electrons, with the number of protons preponderating. Helium, for instance, the next element to hydrogen, has four protons and two electrons in its nucleus. And circulating round this nucleus are two electrons. The heaviest atom, uranium, has in its nucleus 238 protons and 146 electrons. Circulating round this structure are 92 electrons. The radium atom, also, is extremely complex. In its nucleus are 226 protons and 138 electrons. Circulating round this are 88 electrons. These very complicated atoms seem to be unstable. They are spontaneously breaking up, and this breaking up is the cause of radio-activity.

In the phenomenon of radio-activity we have an actual transmutation of matter. A radio-active substance, by disintegrating, changes into another substance. The three sorts of rays we have described all come from the nucleus of the disintegrating atom. The properties of an atom depend on its nucleus. When the nucleus changes the properties of the atom change, that is, it becomes the atom of a different substance. It may be that this new atom itself disintegrates and so changes into the atom of yet another substance. If we start with uranium, for instance, we find that it passes through a whole series of changes until it finally settles down as lead. It has turned into one substance after another, all of them unstable, until it reaches stability as lead.

Not all these intermediate substances change at the same rate. The rate of change varies from a fraction of a second to thousands of years, that is, it would take that time for the same percentage of atoms to change in the two cases. Some of these changes are brought about by the substance shooting out alpha-rays only, sometimes by shooting out beta-rays only, and sometimes by shooting out both. Gamma-rays, from this point of view, are merely a sort of by-product.

We have seen that beta-rays are electrons and that alpha-rays are altogether different. It has been found that an alpha-particle is a combination of four protons and two electrons. It is, in fact, identical with the nucleus of a helium atom. This is a remarkably stable structure. This particular grouping, wherever it occurs, preserves its individuality. Even in the violent changes going on in a radium atom this particular combination is not disintegrated, but is shot out as one solid, compact little particle. Its speed, as we have said, can reach 14,000 miles a second. So heavy and swift a particle was previously unknown to science. It occurred to scientific men that here we have a magnificent bullet for bombarding other atoms. Could atoms be disintegrated artificially by bombarding them with alpha-particles?

The first successful experiments of this kind were performed on nitrogen. When nitrogen is bombarded by alpha-particles it sometimes happens that an alpha-particle scores a direct hit on the nucleus of a nitrogen atom. In this case a proton is expelled from the nitrogen nucleus. Thus nitrogen is changed into another element. We have here the first instance of the artificial transmutation of the elements—the old alchemist's dream. Since then it has been found that quite a number of elements can be disintegrated in this way.

The method, however, is not likely to interest the commercial man, for it is hardly economical. Thus for every 1,000,000 alpha-particles fired into nitrogen only twenty nitrogen atoms are disintegrated. For aluminium the number is eight atoms per 1,000,000 alpha-particles, and for chlorine, argon and potassium the number is only one per 1,000,000. The scientific interest of these experiments is, however, very great.

Recently the art of bombarding atoms has greatly advanced. We are no longer wholly dependent for our bullets on the alpha-particles shot out by radium. We have learned to produce exceedingly swift particles quite artificially. We have seen that the hydrogen atom consists of one proton with one electron circulating around it. By passing an electric discharge through hydrogen gas we can strip the atoms of their circulating electrons. By using very high voltages we can then communicate enormous velocities to the remaining protons. Only recently apparatus capable of generating the enormous voltages required has been constructed.

The fast protons produced in this way have already given some very extraordinary results. When lithium, for instance, is bombarded in this way it is found that alpha-particles are shot out. A fast-moving proton enters a lithium nucleus and produces some sort of explosion there. This is evident from the fact that the expelled alpha-particle may have 100, or even 500, times the energy of the bombarding proton. Somehow the proton has been able to release the immense stores of energy contained in the atomic nucleus. This is not a practical way, however, of obtaining energy from the atom. About 1,000,000,000 protons have to be fired off before one hit is scored. Other elements besides lithium can be broken up in this way.

Very recently a particle has been found which is still more effective in some ways. This is the nucleus of what is called "heavy hydrogen." It has recently been found that there are hydrogen atoms having twice the weight of ordinary hydrogen. There is one atom of this heavy hydrogen for every 6,000 atoms of ordinary hydrogen. The nuclei of these heavy atoms can be used, instead of ordinary protons, as projectiles, and sometimes, as we have said, with results that are unobtainable with ordinary protons. But these heavy atoms have an interest apart from their use as projectiles.

Water, as we know, is a combination of hydrogen and oxygen. Heavy hydrogen also combines with oxygen to form water. The water so produced, called "heavy water," is different from ordinary water. It is about 10 per cent denser than ordinary water, and both its boiling points and its freezing points are higher. But perhaps the most interesting thing about it is its effect on life. Certain forms both of plant and animal life which flourish in ordinary water are killed when immersed in heavy water. The precise part it plays in life processes is now being investigated.

The study of atomic disintegration has revealed to us yet two more entities whose existence was previously unsuspected. These are the "neutron" and the "positron." When the element beryllium was bombarded by alphaparticles it was found to give out a new and very penetrating kind of radiation. Further examination showed that this radiation consisted of particles of about the same mass as a proton, but carrying no electric charge. This new kind of particle is called a neutron. It is believed to consist of a proton and an electron in very close combination. Each of these bodies masks the electric charge of the other, and hence the neutron behaves as if it were uncharged. This also accounts for its great penetrating power, for it can pass through atoms without being diverted by thin electrified attractions. It is probable that it plays quite a large part in the structure of atoms.

The other new discovery is of the positron. This has the same mass as an electron, but instead of carrying negative electricity it carries positive electricity. This particle has a very short life. Directly it appears it seems to unite with an electron and vanish in a flash of radiation.

We see that the atom is now realized to be a vastly more complicated thing than it was before the discovery of radio-activity. Instead of being just a little hard sphere it is now seen to be an extremely complicated structure. The more our knowledge of the atom increases the more farreaching the importance of this knowledge is seen to be. It illuminates matters which, at first sight, have nothing to do with it. Thus when the existence of the stars called "white dwarfs" was first discovered astronomers were quite unable to explain them, for the white dwarfs are so dense that the hardest steel, in comparison, would seem like gossamer.

How could matter be so compressed? As long as the atom was thought of as a little solid body it was impossible. But we now know that an atom is chiefly empty space, and a vastly greater degree of compression is possible. If all the electrons and protons in a man's body were squeezed into contact with one another, then, although he would have lost nothing of his weight, the man would be reduced to a barely visible speck.

Such is the vision of matter which springs from those researches, not yet forty years old, on the electric discharge and radio-activity.

交 大 季 刊

第十一期管理號要目

第十二期工程號要目

第十三期科學號要目

本刊廣告價目表

等級	地位	全頁價目	半頁價目
甲	底封面外頁	伍拾元	
乙	底面裏頁及封面裏頁	三十五元	二十元
丙	封面裏頁底面裏頁之對面	二十五元	十五元
丁	普通	二十元	十二元

一、乙丙丁四分之一頁按照半頁價目六折計算
二、廣告概用白紙黑字如用彩印色紙價目另議
三、廣告如用銅鋅版由本刊代辦照收製版費
四、連登多期價目從廉請逕函本校出版處經理組接洽

交大季刊投稿簡章

一、投稿不拘文言白話凡中英德法文均所歡迎
二、論說新聞雜俎均以科學經濟管理工程學問爲範圍
三、投寄之稿如係翻譯請附寄原本否則須將原文題目著者姓名出版日期及地點詳細開示
四、投寄之稿務望繕寫清楚並加新式標點凡外國文稿件並請打印之如有插圖附表必須製版者請用墨色
五、來稿請註明姓名住址以便通訊并加蓋印章俾於發給稿費時核對之
六、投寄之稿無論登載與否概不退還但預有聲明並備足回寄郵資者不在此限
七、投寄之稿經本刊揭載後每篇酌致酬金若本刊尙未揭載已先在他處發表者恕不致酬
八、投寄之稿經本刊揭載後版權即爲本校出版委員會所有但有另行約定者不在此限
九、投寄之稿本委員會有酌量增删之權如投稿人不願有何增删則應於投稿時聲明
十、投寄之稿應逕寄上海徐家滙交通大學出版處

中華民國二十三年九月出版
交大季刊 第十四期
編輯者 胡端行
發行者 國立交通大學出版委員會 上海徐家滙
印刷者 上海中國科學公司
代售處
上海 世界出版社 作者書社 現代書局 黎明書局 蘇新書社
南京 正中書局
漢口 光華書局 新時代書店
安慶 世界書局
武昌 學生書店 新光書店
廣州 廣州圖書消費合作社

本刊價目

每册大洋三角　全年四册一元
郵費國內不加　國外每册二角

THE CHIAO-TUNG UNIVERSITY QUARTERLY

Volume 4 *Number 2*

Shanghai, China

September, 1934

交大季刊

第十五期

要目

中華民國二十三年十二月 上海國立交通大學編行

中華郵政特准掛號認為新聞紙類 內政部登記證警字第一七五三號

交通大學管理學院新出叢書

(1) 鐵道經濟論叢

編者　鍾偉成
定價　大洋二角

▲內容　本書內有關於鐵道之專論十篇，其中以編者所著之創辦鐵路押滙芻議，整頓鐵路運輸負責之我見等篇為最有價值。

(2) 東北鐵路問題之研究（上下册）

作者　王同文
定價　一元二角

▲內容　本書上册共有十章，先述中東路之史的發展，經濟價值，組織概要，營業與運輸概况。後敘日本侵略下之鐵路問題，如滿鐵會社之組織，財務，營業等概況，日本對東北之鐵路侵略政策，又分析研究南滿路之營業狀况與營業統計，及運輸狀况與運輸統計，最後論述吉會鐵路問題。共一百四十餘頁。下册計有八章，另加續編四章。內容為：滿鐵租用地問題，南滿鐵路之倉庫管理，東北鐵路聯運及競運問題，葫蘆島築港與東北鐵路網，東北鐵路與國際關係，東北現有鐵路與總理計劃，今後東北鐵路之整理計劃。續編中有：中日鐵道交涉問題，九一八後之東北鐵路，李頓報告書中之東北鐵道問題述評，中東路出售問題。敘述甚詳，立論尤新，共二百頁，誠為研究東北鐵路問題之唯一有價值書籍。

(3) 吾國鐵路枕木問題之研究

作者　楊城　王以瑗　陳善繼
定價　大洋四角

▲內容　本書共分八章，其對於枕木之購買，枕木之管理，枕木折舊法之討論，枕木之製煉，發揮學理甚詳，作者並注重於中國急應造林，以提倡國貨枕木等問題，凡欲研究鐵路材料者，宜各執一書。

(4) 鐵路估値

作者　涂宓
定價　大洋二角

▲內容　本書共有七章，其對於估値原理，估値方法，有形與無形的財產估値，多多討論。

發行者　上海交通大學管理學院

代售處
上海　作者書社　新中國書局　神州國光社　黎明書局
　　　民智書局　大公報社代辦部
漢口　光華書局　杭州　現代書局
南京　正中書局　天津　大公報社代辦部
武昌　新光書局　北平　北平交通大學圖書館
安慶　世界書局

總理遺像

革命尚未成功

同志仍須努力

總理遺囑

余致力國民革命凡四十年其目的在求中國之自由平等積四十年之經驗深知欲達到此目的必須喚起民衆及聯合世界上以平等待我之民族共同奮鬥

現在革命尚未成功凡我同志務須依照余所著建國方略建國大綱三民主義及第一次全國代表大會宣言繼續努力以求貫徹最近主張開國民會議及廢除不平等條約尤須於最短期間促其實現是所至囑

國立交通大學研究所

本所成立以來設置（一）工業研究部分設設計材料機械電氣物理化學等組（二）經濟研究部分設社會經濟實業經濟交通管理會計統計等組除按照所訂計畫進行研究外歷承各路局各機關（如中國工程師學會上海市公用局義與公司等）託辦各項研究及試驗工作薄有貢獻關於上列諸組事項如蒙各界垂詢請惠臨上海徐家匯本所面洽或函商可也此布

溝渠工程學

是書爲本大學土木工程學教授顧康樂所著。係參考中西工程書籍雜誌，採擇各著之精粹而成。書凡十四章，詳述溝渠設計，建築與養護之原理及方法。舉凡污水量，暴雨水量，溝渠水力學，溝渠系統設計，溝渠附屬品，污水抽升，管圖設計，開掘填覆，列板撐檔以及施工之實際進行，無不條分縷析，詳爲解釋。至於插圖之豐富，文字之簡明，尚其餘事。

▲商務印書館出版，定價一元八角。

交 大 季 刊

第十一期管理號要目

第十二期工程號要目

第十三期科學號要目

第十四期要目

更正

本刊第十二期工程號康君國涇原著『An Analytical Study of the Three-Power Electric Locomotive in its Design and Operation Point of View』其中 Three-Power 係指三種電力（一）柴油引擎主動之電機力（二）電池力（三）第三軌 Third-rail 外給電力所譯三相交流意義有訛特此更正幷請閱者注意是幸

線積分$\int_L F(x,y)\,dx$之極大極小是否爲變分學中之問題

Euler方程式能否解決此題

顧　澄

去春因變分學各書,其粗淺備教科之用者,大抵以應用問題爲引導。在著者未嘗不欲借此引起學生之興趣。無如讀者始則但覺此類問題之新奇,繼則一知Euler方程式之用法卽視爲解決此類問題萬能之工具,但知其機械的應用,忘却其來源所自,習之旣久,甚至於變分學之根本性質反不明瞭,而竟視變分學爲Euler方程式學;一遇討論充分條件卽覺十分困難不能再進。

爰擬編一變分學小册,以曲線積分爲導引,以應用問題爲釋例,使讀者知曲線積分之曲線變時其積分之値亦隨之而變(除無關路線者外),其值旣變卽有極大極小之可言;再使知變分學之開始問題求$\int_{x_2}^{x^1} F(x,y,y')\,dx$之極大極小,亦爲使經過$A(x_0,y_0)$, $B(x,y,)$之曲線變時,求此曲線積分之極大極小;並同時使知「點之函數」與「線之函數」之區別,及「線之函數J1」與尋常所謂「函數之函數$f[\Phi(x)]$」實不相同,此種區別及不同之點旣經明瞭,則變分學之根本性質自易十分了解而於其充分條件之討論及近代變分學之研究,亦自能水到渠成不覺困難。$\left(\int_{x_0}^{x_1}\right.$爲$\int_{(x_0,y_0)}^{(x_1,y_1)}$之簡寫$\left.\right)$。

孰知編此小册,一經入手,卽遇$\int_{x_0}^{x_1} F(x,y)\,dx$ [其$y=f(x)$爲經過$A(x_0,y_0)$, $B(x_1,y_1)$兩點之變函數,此積分爲非無關路線者,…]之極大極小,覺非Euler方程式所能適用。欲捨Euler方程式而另覓他法(或覓一補助Euler方程式之方法)解決此題,於此小册殊覺不稱。且時値北平戰事方啓,爲校事奔走京滬多次,課繁事冗無暇爲此。今年復他有所作,此小册只能俟異日成之矣。　近因本刊需稿,憶及此事,爰舉所見,草此一文。惟不佞於變分學雖曾涉獵,未嘗專究;而以下所言頗有與歐洲某名家之意相逕庭者,蜉蝣撼大樹多見不知量,見解有誤,在所不免,故只能作爲未定之稿,拋磚引玉,願海內大雅有以教之。

再本文所謂Euler方程式專指下之(6)式言，所謂不能適用指不能全恃此(6)求得本題之使極線言，非謂(6)於本題毫無用處。

再本文中往往言使極線不能全恃Euler方程式求得，嚴格言之，使極線之決定本須待充分條件之審核，不能全恃Euler方程式決定之。但使極線之審核，雖係充分條件之職責，而求出之法則責在必要條件，本文中所謂不能全恃Euler方程式求得者但就求出言，不兼審核言，又凡極端線爲經充分條件核准之後方能稱使極線，而本文有未經核准即稱爲使極線者，爲說明簡單而已；又本文中往往有前面所言須待後面補充者，閱者遇不滿意處，幸統閱全文再加批評。又本文中有許多可删處，惟著者欲借此使初學變分學而尚未成熟者知公式不能死用須討論其性質與來源以及變分學及曲線積分之關係。(雖就此言，本文尚纔大略，然限於篇幅，只能借以發凡而已)非不知專就本題而論十九爲蛇足可删也，(例如5款開始之疑問，有5款(a)之解釋已足。以下儘可直接8款)幸閱者諒之。

1. 名詞之用法及各項假定 爲便說明計，先將本文所用之名詞說明其英文中爲何字，并略作解釋，以防誤會；但不作嚴格之定義，因此爲已知變分學者言也. 又爲問題簡易計，先下若干假定，因此僅說明 Euler 方程式與本題之關係，非將與本題同類之題作種種研究而討論其解法也。

(a) 凡以下所言之極大極小皆指相對之極大極小(relative maximum, relative minimum)；二者不加分別時，謂之極端(extreme).但相對極端之兼爲絕對極端(absolute extreme)者，或問題中只有絕對極端者，遇意思顯明不必細分時亦簡稱爲極端，不附說明。

(b) 極端線指 Extremals, 使極大線指 maximizing curve, 使極小線指 minimizing curve; 二者不加分別時謂之使極線。

(c) 以下所言之積分皆假定其存在，以下所言之一切計算皆假定其可能。否則不在討論範圍之內。

(d) 以下所言之曲線積分皆指其非無關路線 (independent of path)者。

(e) 以下所言之變分學問題皆指其只有一重積分者；并皆

指其附有端點條件者,卽指其使極線爲經過$A(x_0,y_0)$, $B(x_1,y_1)$兩定點者。其撤去端點條件者臨時說明之。

(f) 以下所言之變分學中之$\int_{x_0}^{x_1}F(x,y,y')\,dx$皆指其有極端者,其無極端者當然不在討論範圍之內。

2. 尋常變分學中所求$\int_{x_0}^{x_1}F(x,y,y')\,dx$之極端,其中皆有$y'$;其中無$y'$而變爲$\int_{x_0}^{x_1}F(x,y)\,dx$者皆置之不論.其偶因論他問題而所附之說明似乎涉及此$\int_{x_0}^{x_1}F(x,y)\,dx$時,竟有謂此$\int_{x_0}^{x_1}F(x,y)\,dx$無極端而非變分學中問題者。其理由爲以Euler方程式施於此題時只能得$y=f(x)$而此積分只倚(dependent on)已知常數之故。但此究與無關路線之曲線積分不同,何能因從Euler方程式只能得$y=f(x)$而遂謂此積分只倚已知常數,再退一步言,卽使因Euler方程式不能完全適用於此題而謂其非變分學中之問題,亦尙可商。因Euler方程式不過爲解决變分問題之一種工具,並非變分學卽是Euler方程式學。凡Euler方程式所不能完全適用之問題,應謀他法解决之,否則變分學中求不連續解之類皆爲多事矣。

3. 今可說明本題之情形矣。

設$F(xy)$,爲連續函數;L $L_1,L_2,L_3,L_4,\cdots$依次爲經過$A(x_0,y_0)$, $B(x_1,y_1)$兩定點之曲線$y=f(x)$, $y=f_1(x)$, $y=f_2(x)$, $y=f_3(x)$, $y=f_4(x)$,…如一圖,設曲線積分$\int_{x_0}^{x_1}F(x,y)\,dx$非無關於路線且在L旁皆存在。則此曲線積分在L, L_1, L_2,…上皆有確定之値,且L變時其値亦隨之而變。此曲線積分之値旣隨L之位置而變,此曲線積分之値自有極端可言;其無極端者茲不討論,而討論其有極端者。

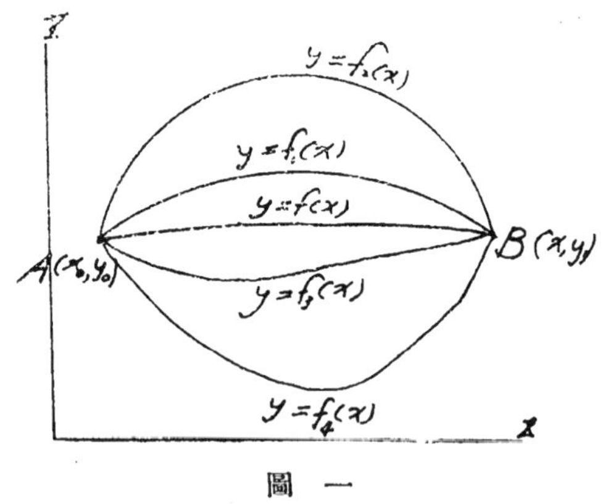

圖 一

但此類曲線積分如皆無極端,則本題不成立。今先假定此類線積分非全無極端,而但就其有極端者論之。至此類問題决非全無極端俟後言之。

問題 照上之假定求$\int_L F(x,y)dx$ 即$\int_{x_0}^{x_1}F(x,y)dx$之使極線。

4. 上題以Euler方程式求之,得

$$F_y=0,$$

設解之,得
$$y=f(x),$$

$F_y=0$亦有其中無y而不成$y=f(x)$形式者,此不在討論範圍之內,今假定本題之$F_y=0$,可從之得$y=f(x)$。

若此$y=f(x)$所表之曲線能經過A,B則此$y=f(x)$即爲本題之使極線,而本題仍可爲Euler方程式所解決。但A,B之位置變時,此$y=f(x)$即不能經過A,B.然本題用Euler方程式時,只能得$F_y=0$即$y=f(x)$。故若本題之A,B不能爲此$y=f(x)$所經過,則Euler方程式即不能解决本題。

今$y=f(x)$只能表一曲線,而A,B之位置可以萬變(詳言之,其變動有無窮多)。是則此$y=f(x)$能經過A,B乃偶然之事,並非常例。故儘可謂Euler方程式不能解决本題。

所宜注意者,倘撤去本題所附之端點條件,改爲本題之L可不必經過A,B而任意變動,則此$y=f(x)$仍可爲改題之使極線。今再以圖明之而將此改題說明於下:

改題 設$\int_L F(x,y)dx$之L可以任意變動如右圖(參觀最後之附註3),其餘關於此曲線積分之假定仍悉照前,求此曲線積分之使極線。

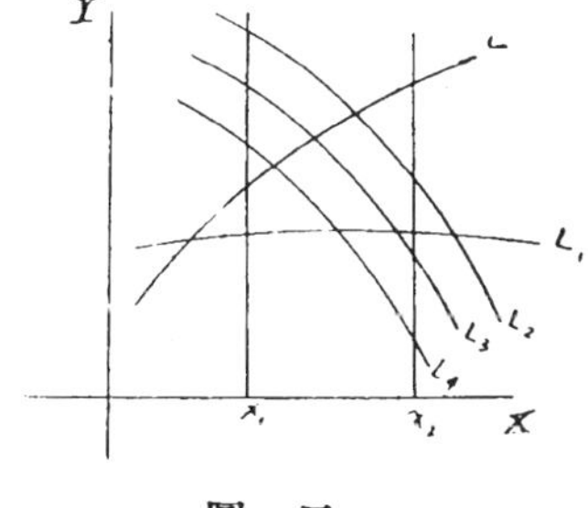

圖 二

此題由Euler方程式仍得$F_y=0$,即$y=f(x)$.此$y=f(x)$即爲所求之使極線。

就此改題而論,可知求此類曲線積分之極端不能謂之非變分學中之問題。又此改題之情形與以

下所論有關,故特作一題說明之。

附註 尋常微積分書中所有曲線積分,皆指L爲確定不變時之$\int_L F(x,y)dx$.即由A至B求沿L之此積分之值。今令L變而求此積分之極端,其求法雖與尋常曲線積分之求法不同,而此種問題謂之「求曲線積分之極端」,實可使變分學中關於一重積分之問題意更明顯。其關於二重積分之問題,可謂「求曲面積分之極端」,餘類推。故本題及改題之$\int_L F(x,y)dx$仍可稱之曲線積分。

5. 此可疑者Euler方程式爲第一必要條件,本題之使極線既非Euler方程式所能求得,則本題應無極端,而假定本題有極端爲錯誤。蓋若本題於$y=f(x)$外,更有$y=\Phi(x)$爲其使極線,則此$y=\Phi(x)$必不能滿足本題之Euler方程式,而此與「Euler方程式爲第一必要條件」正相衝突。此爲不認一切$\int_L F(x,y)dx$有極端之最重要理由,今可推廣使極線之意義,并釋明$y=f(x)$不能一定經過A,B之理由於次。

(a) 屬於本題一類之題,其使極線大抵爲不連續解或邊境解,非盡恃Euler方程式所能求;然不能因此謂此類曲線積分無極端,因邊境解及不連續解之研究亦爲變分學中之重要問題也。此爲解釋此疑之惟一理由,以下乃說明$y=f(x)$所以不能一定通過本題端點A,B之理由耳。

(b) 當$F(x,y,y')$中之y'存在時,$\int_{x_0}^{x_1} F(x,y,y')\,dx$之Euler方程式大抵爲二階微分方程式,設其解爲

$$y=f(x,c_1,c_2), \tag{1}$$

以端點(x_0,y_0),(x_1,y_1),代入,

$$\left.\begin{aligned} f(x_0,\ c_1,\ c_2)&=y_0 \\ f(x_1,\ c_1,\ c_2)&=y_1 \end{aligned}\right\} \tag{2}$$

倘此c_1, c_2無解,則此$\int_{x_0}^{x_1} F(x,y,y')dx$自然無極端。其有極端者(2)中之$c_1$, c_2必能有解,以之代入(1)中即能求得使極線,此雖屬已經證明之事。但(1)所表之諸極端線,因其中有兩任意常數,乃一組曲線而非一條曲線,故可在其中覓出經過兩端點之極端線,其覓出

之法爲以端點代入(1)中得(2),再由(2)求 c_1, c_2 以之代入(1)。既可以端點代入(1)得(2),若(2)中之 c_1, c_2 仍無解,則此種極端線覓不出而自然無極端。今以Euler方程式施於本題所得之 $F_y=0$ 並非二階微分方程式,其解只能爲 $y=f(x)$,其中無任意常數,此乃一條曲線而非一組曲線。倘此 $y=f(x)$ 不過兩端點 $A(x_0,y_0)$, $B(x_0,y_0)$,即無從以此兩端點代入 $F_y=0$ 即 $y=f(x)$ 中,覓出過此兩端點之極端線。故本題縱有極端,其使極線仍無法由Euler方程式求得。此須注意者「(1)中有 c_1, c_2 而(2)中之 c_1, c_2 無解,因此無極端」與「$y=f(x)$ 中根本無 c_1,c_2 無法求得過A,B之使極線」不同,故不能因 $y=f(x)$ 非使極線而謂本題無極端。

(c) 上(b)中就 Euler 方程式之結果 $y=f(x,c_1,c_2)$ 及 $y=f(x)$ 言之。今再就Euler方程式之來源言之,以明 Euler 方程式雖爲第一必要條件,但一施於本題,則由其所得之 $F_y=0$ 中已失去其原含之端點條件,而此 $F_y=0$ 已變爲不含端點條件之必要條件,因此 $F_y=0$ 之結果不能一定通過本題之端點。其詳如下:

設
$$J=\int_{x_0}^{x_1} F(x,y,y')\,dx$$
中之 y' 存在,且 $F(x,y,y')$ 非 y' 之一次函數,其餘照 1 款中之假定,則 J 有極端之必要條件原爲其第一變分 (first variation) 爲 0,即
$$\delta J=\varepsilon\int_{x_0}^{x_1}(F_y\eta+F_{y'}\eta')dx=0; \qquad (3)$$
用微分法則 J 有極端之必要條件爲
$$J'(o)=\int_{x_0}^{x_1}(F_y\eta+F_{y'}\eta')=0. \qquad (3)'$$

欲從(3)或(3)'推出他種必要條件,可分兩種情形言之:

(I) 不管端點條件,而欲使 δJ 或 $J'(o)$ 恆爲 0,只須令
$$F_y\eta+F_{y'}\eta'=0 \qquad (4)$$
設 I 爲 J 之撤去端點條件者,(參閱最後之附註 3)則此(4)即爲 I 有極端之必要條件。若此 $F(x,y,y')$ 中無 y' 則此(4)中因 $F_{y'}=0$,而變爲
$$F_y\eta=0, \qquad (4)'$$

而須 $$F_y=0. \tag{4''}$$

又若$F(xyy')$中無 y 則$F_y=0$而(4)變爲

$$F_{y'}\eta'=0, \tag{4'''}$$

而須 $$F_{y'}=0. \tag{4^{(iv)}}$$

故若y, y'皆有,則求無端點條件之 I 之使極線時,雖因(4)中有η, η'而(4)於應用上頗不便利;但 y 及 y' 缺其一,則從由(4)所得之(4)''或$(4)^{(iv)}$求 I 之使極線時實極便利,而不必更由 Euler 方程式求之。

本題$\int_{x_0}^{x_1}F(x,y)dx$之使極線若不管其端點條件,儘可由(4)''求之,如是則以上所謂由 Euler 方程式所得之$F_y=0$實與此(4)''完全無異。此$F_y=0$既可從(4)知其中不含端點條件,則決不能因其亦能由Euler方程式求得,而遂謂其中必含端點條件。且可因此$F_y=0$可由(4)求得,而言由 Euler 方程式所得之$F_y=0$實已失去Euler方程式中原含之端點條件。故$\int_{x_0}^{x_1}F(x,y)dx$中若不撤去端點條件而求其極端,則由 Euler 方程式所得之$F_y=0$已變爲有極端之不完全必要條件。謂之不完全者,因本題有端點條件而$F_y=0$中不含端點條件耳。非謂其不是必要條件也。

(II) 上(a)中已說明$F_y=0$爲本題之不完全必要條件。本項實已可不言。今再言此殊同蛇足,然必加蛇足者,因欲明何以Euler方程中已含有端點條件,何以Euler方程式與(4)不同,何以(4)爲各書開始之際所不言。使初學變分學者得此,易知二者之分別及必要條件中含不含端點條件之不同耳。

在變分學初起之際,所有問題以有端點條件者居多,故(4)爲不含端點之必要條件,當然爲彼時所略去而不言。又變分學各書其淺近備教科用者,大抵以淺近應用問題之含有端點條件者爲引導,而開始所論者皆爲有端點條件之$\int_{x_0}^{x_1}F(x,y,y')dx$之極端,故亦不必論及(4),故(4)遂爲各書開始之際所不見。Euler氏必早知(4)爲不含端點條件之必要條件,故弃之不用而逕由δJ或$J'(o)$設法求得含有端點條件之必要條件,卽所謂Euler方程式。其求法因欲與端點(x_0,y_0), (x_1,y_1)有關,故將$J'(o)$中之$\int_{x_0}^{x_1}F_{y'}\eta' dx$先經過部分積分化爲

$$\Big[\eta F_{y'}\Big]_{x_0}^{x_1}-\int_{x_0}^{x_1}\frac{d}{dx}F_{y'}\eta dx$$

再因端點條件,而此式之第一項爲o,遂得

$$J'(o)=\int_{x_0}^{x_1}\eta(F_y-\frac{d}{dx}F_{y'})dx=O \qquad (5)$$

於是再推得

$$F_y-\frac{d}{dx}F_{y'}=O \qquad (6)$$

卽所謂Euler方程式。

此(5)爲必要條件,(6)爲由(5)推得之必要條件,正與(3)'爲必要條件(4)爲由(3)'推得之必要條件,情形相同。不過由(3)'推得(4)時於(3)'中之x_0, x_1絲毫不生關係。而由(3)'變爲(5)時,(5)中之$F_y-\frac{d}{dx}F_{y'}$已與x_0, x_1發生關係。因此,(4)中無端點條件而(6)中有端點條件,此實極顯明之事。惟此未說明之前,往往以爲Euler氏之以(3)'變(5),純由於欲化去(3)'中之η'及將η括出,使先成(5)之形式,而後(6)中無η,η'始便於用,殊不知化去η, η'固爲一種重要手續,而因此加入端點條件,其關係更巨。此不惟不加入端點條件,則$\Big[\eta F_{y'}\Big]_{x_0}^{x_1}\neq O$,不能得(6)而已。須知J之端點條件改爲他種條件,而在此他種條件之下$\eta(x_0)$, $\eta(x_1)$皆不能等於O時,此(6)亦爲不完全之必要條件。而必於(6)外再附一他式始能合成完全之必要條件耳。

今本題之J變爲$\int_{x_0}^{x_1}F(x,y)dx$,則因$F_{y'}=O$而$J'(o)$變爲

$$J'(o)=\int_{x_0}^{x_1}F_y\eta\, dx=O,$$

此因$F_{y'}\eta'$根本爲O, $J'(o)$中無$\int_{x_0}^{x_1}F_{y'}\eta' dx$項,部分積分無從實施,端

點條件無法加入,故以(6)施於本題時,其$\frac{d}{dx}F_{y'}$既因$y'=o$而爲o,則(6)中原含之端點條件已隨$\frac{d}{dx}F_{y'}=O$而亦去,故由(6)所得之$F_y=O$其中已無端點條件,而對於本題爲不完全之必要條件已極顯然。

但此尙有可疑者,從(3)'求(6)往往因欲避去假定y''存在,先以$J'(o)$中$\int_{x_0}^{x_1}F_y\eta\,dx$經過部分積分將其化爲兩項,再加入端點條件使其一項爲0,於是將(3)'化爲

$$\int_{x_0}^{x_1}\eta'\left(F_{y'}-\int_{x_0}^{x_1}F_y dx\right)dx=o, \qquad (5)'$$

於是再從(5)'推得(6). 如是則似不能再謂因$y'=o$, $F_{y'}=o$,而由(6)所得之$F_y=o$脫去(6)中原含之端點條件矣。但就由(5)所得之(6)言,此$F_y=o$既明明脫去端點條件。則不能因(6)亦可由(5)'求得而謂此$F_y=o$不脫去端點條件。若此尙不能滿閱者之意,則仍就上之(4),(4)''觀察,卽可明此由(5)'求得之(6)必不能拘束(4),(4)''而此$F_y=o$中必無端點條件可知。不必再將由(5)'得(6),由(6)得$F_y=o$之有無端點條件作詳細之討論矣。因此(II)本爲蛇足前已言明也。

6. 今取一尋常變分第中問題爲例,以明$F(x,y,y')$中之y'存在時上之(4)亦可應用。

(一)求兩點$A(x_0y_0)$, $B(x_1y_1)$間之最短曲線。

此題有端點條件,須以Euler方程式求之。此爲變分學中所常見,且爲一種最簡易之問題,其求法不必詳言,但假定所求得者爲三圖之AB直線可耳。

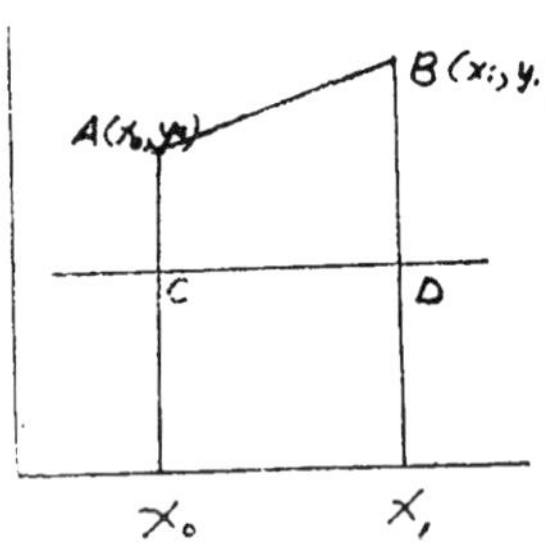

三 圖

今設將此題之端點條件撤去(參觀最後之附註3)改爲:

(二) 求兩直線$x=x_0$, $x=x_1$間之最短曲線(此最短曲線之兩

端點不必固定,可在 $x=x_0$, $x=x_1$ 兩線上之任意地方)。

此題之解爲與 $x=x_0$ 垂直之線,如三圖中之CD. 卽此可知有端點條件之問題,其端點條件撤去後所得之結果,與未撤去時不同。

問題(一)之積分爲

$$J=\int_{(x_0,y_0)}^{(x_1,y_1)}\sqrt{1+\left(\frac{dy}{dx}\right)^2}\,dx, \tag{7}$$

(一)改爲(二),則此 J 中之端點條件可以不管,卽 J 中之 y_0, y_1 可以不管,遂可由(4)解決此(二). 此(二)題中無 y,故 $F_y=o$ 而(4)之原爲

$$F_y\eta+F_{y'}\eta'=o$$

者變爲

$$F_{y'}=o,$$

此卽前之 $(4)^{(IV)}$,從此得

$$F_{y'}=\frac{y'}{\sqrt{1+y'^2}}=o$$

卽

$$y'=o$$

卽

$$y=c, \tag{8}$$

此與三圖符合。又從(7)可知 $y'=o$ 實能使 J 爲極小,而與端點中之 y_0, y_1 無關。

若須管端點條件而問題爲(一),卽不能由(4)求之,而須由 Euler 方程式(6)求之,此雖仍 $F_y=o$, 但(6)中僅脫去 F_y 而未脫去 $\frac{d}{dx}$ 故由(6)所得之

$$\frac{d}{dx}F_{y'}=o \tag{9}$$

仍含端點條件,可由此求得

$$y=c_1x+c_2 \tag{10}$$

再以(x_0, y_0),(x_1, y_1)代入求得 c_1 c_2 後再以 c_1, c_2 之值代入此式卽得所求之 AB 直線如三圖。由此可知有端點條件之題(一)如不管其端點條件而由(4)求之,則所得之(8)卽非其解。但若(一)題中 A,B 二點

適皆爲(8)所經過,則(8)即可爲其解,此與前言之y=f(x)經過A,B兩點時可爲本題之使極線,其情形正相類。

由此可知由(4)所得之結果與由(6)所得之結果不一致。由(4)所得之結果不能包括由(6)所得之結果。y=f(x)不能一定經過本題之A,B,亦能因此而益明。

7. 更宜注意者,令(10)中之$c_1=0$即得(8),似(8)爲(10)之一特例,而由Euler方程式所得之(9)仍爲(二)題之完全必要條件。然試問此必令$c_1=0$從何得知?如云就三圖直覺得知,則此(一)(二)兩題之結果無不可從直覺得知,何必再論此兩題之解法。若欲不用(4)解(二)題而必欲用Euler方程式(6)解(二)題,則(6)嫌不足尚須加一等式而後可。何則Euler方程式(6)之來源乃假定題中有端點條件者,故於其求得之前,令

$$\left[\eta F_{y'}\right]_{x_0}^{x_1}=0, \tag{11}$$

今(二)題中既撤去端點條件,則$\eta(x_0)$及$\eta(x_1)$不一定等於0,而此$\left[\eta F_{y'}\right]_{x_0}^{x_1}$亦不能必等於0;故(二)題之完全必要條件不單是(6)而是(6)及(11)兩式。若再上溯一步,則(二)題之完全必要條件不是

$$\int_{x_0}^{x_1}\eta\left(F_y-\frac{d}{dx}F_{y'}\right)dx=0 \tag{12}$$

而是

$$\left[\eta F_{y'}\right]_{x_0}^{x_1}+\int_{x_0}^{x_1}\eta\left(F_y-\frac{d}{dx}F_{y'}\right)dx=0, \tag{13}$$

從(12)雖得(6)已足,但從(13)則欲其左邊爲0非同時化爲(6)及(11)兩式不可即(二)題之完全必要條件爲

$$\left.\begin{aligned}&F_y-\frac{d}{dx}F_{y'}=0\\ \text{及}\quad&\left[\eta F_{y'}\right]_{x_0}^{x_1}=0\end{aligned}\right\} \tag{14}$$

今按(14)兩式求(二)題之使極綫如下:(14)之第一式施之於(二)題得

$$\frac{d}{dx}F_{y'}=\frac{d}{dx}\frac{y'}{\sqrt{1+y'^2}}=0$$

由此得
$$y=c_1x+c_2 \tag{15}$$
再從(14)之第二式得
$$\left[\eta F_{y'}\right]_{x_0}^{x_1}=\left[\frac{\eta y'}{\sqrt{1+y'^2}}\right]_{x_0}^{x_1}=\frac{\eta(x_1)y'(x_1)}{\sqrt{1+y'^2(x_1)}}-\frac{\eta(x_0)y'(x_0)}{\sqrt{1+y'^2(x_0)}}=0.$$
今$\eta(x_1)$, $\eta(x_0)$皆不一定等於0,故非令
$$\left.\begin{array}{l} y'(x_1)=0 \\ y'(x_0)=0 \end{array}\right\} \tag{16}$$
不可。從此可知所求之使極線非垂直於$x=x_0$及$x=x_1$兩線不可。既須與此兩線垂直,則(15)中之c_1非等於0不可(使極線須與此兩直線垂直即須與x軸平行)。故(14)中之第二式實有限制其第一式之作用,亦即此(16)有限制(15)之作用,由此益可知無端點條件之問題如(二)題之類,其完全必要條件非Euler方程式(6)而爲上之(14)矣。决不能因(8)爲(10)之特例而遂視Euler方程式(6)爲(二)題之完全必要條件也。至不完全而仍謂之必要者,因所求之結果仍須滿足(14)之第一式也。(注意本題之$\left[F_{y'}\eta\right]_{x_0}^{x_1}$爲無條件的等於0。又因此可知$F_y=0$必爲改題之使極線。)

此款所言雖無關於本題之要旨。但亦可借此說明Euler方程式(6)雖爲必要條件,惟其是否完全須視問題之情形而定,不可執一概餘。又可知應用公式,須就問題之情形詳察公式之來源不可視公式之本身爲萬能之工具。而以爲現有公式不能解之問題即視爲不能成立之問題。今再舉例以明本題必有極端於下。

8\. 凡屬於本題一類之問題事實上有極端者甚多。例如
$$Z=F(x,y)$$
可表連續閉曲面(closed surface)時,$J=\int_{x_0}^{x_1}F(x,y)dx$必有極端。至此積分中之$F(x,y)$須限於曲面上之一部使爲一値函數等閱者當能自知,不必再爲詳細假定。

其特例如
$$Z=\sqrt{1-(x-a)^2-(y-b)^2}$$
爲一球,設$A(x_0,y_0)$, $B(x_1,y_1)$在圓$(x-a)^2+(y-b)^2=1$之周上而不在其直

徑 y=b 上之兩定點,則本題爲求

$$J=\int_{x_0}^{x_1}\sqrt{1-(x-a)^2-(y-b)^2}\,dx \qquad \text{根號限於十。}$$

之使極線,應用 Euler 方程式 (6) 得

$$F_y=o, \tag{17}$$

即

$$y=b.$$

此非本題之使極線,因 y=b 不過 A B 也。

但

$$y=b+\sqrt{1-(x-a)^2} \tag{18}$$

實可使J爲極小,且此 (18) 不能滿足由 Euler 方程式 (6) 所得之 (17)。因此爲邊境解,且爲絕對使極線之不兼爲相對使極線者。按Euler 方程式之來源,其不能由Euler方程式求出,亦屬當然之事。蓋Euler方程式只能求相對使極線,而不能求絕對不兼相對之使極線也。今再就本例之使極線分別說明於下:

(a) A,B 如在與 x 軸平行之圓徑上如四圖則 y=b 爲此題之使極大線 (Maximizing curve),此爲應用 Euler 方程式所能求得。

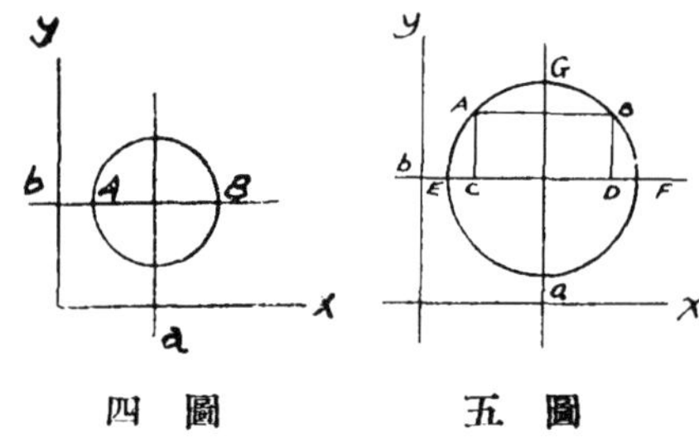

四圖　　五圖

(b) 如 A B 不在與x軸平行之圓徑上如五圖,則此題之使極大線爲 A C D B,此爲不連續解,其 A C,B D 兩段當然不適於Euler方程式。又推而廣之應以 A E F B 爲此題之使極大綫。但仍爲不連續解其 A F,F B 兩弧皆當然不適於Euler方程式。今究以 A C D B 爲使極大線抑以 A E F B 爲使極大線,須視吾人對使極大線之規定爲如何。但此二者皆非狹義之準許曲線 (Admissible curve). Euler 方程式當然不能求得其全體而只能求得其在 y=b 上之一部。如是則 Euler 方程式雖不能完全求得其使極大線,而仍能利用之求得使極大線之一部。

(c) A,B 在圓內時可照 (b) 所言類推。

(d) 如五圖AB弧爲使極小線,但此爲邊境解(boundary solutions)亦當然非Euler方程式所能求得。但Euler方程式之邊境條件仍能滿足。如五圖,設使極線之區域在AGB弧下則其邊境條件爲

$$F_y-\frac{d}{dx}F_{y'}\leqq o,$$

在此題,卽

$$y-b\geqq o$$

從五圖可知此須去等號而爲

$$y>b.$$

(e) 積分下之函數F未嘗不可如下定之:如四圖

x,y在圓上及圓內, $F(x,y)=\sqrt{1-(x-a)^2-(y-d)^2}$

x,y在圓外, $=o$

如是則A,B卽可在圓外,且可限制其使極線爲一値連續函數,但其使極線雖限制爲一値連續函數仍可有種種之不同。要之求此類問題之使極線須預有各種規定耳。

以上但就本例之設題而言,若F(x,y)之性質變,則其情形自必不同。至其使極線之不能全恃Euler方程式求得,從Euler方程式之來源及其原含之一切假定着想,卽可知其爲當然之事,以上云云可總括如下:

(f) Euler方程式(6)雖爲第一必要條件,不能因本題之使極線不能滿足Euler方程式(6)遂謂本題無極端,遂謂本題非變分學之問題。凡變分學問題不能完全應用(6)式者應謀他法解決之。

(g) 本題之使極線不能滿足Euler方程式(6)者,因其爲邊境解或不連續解;其不能全由(6)式求出雖屬當然之事,但仍可利用Euler方程式(6)之幫助求得其一部分,或利用其邊境條件爲審核(test)之用。

(h) 本題由Euler方程式(6)所求得之$y=f(x)$,其不能一定爲通過兩端點A,B之使極線,實由於$F_y=o$中已失去端點條件之故。其通過A,B時仍能爲使極線者,則因其雖非完全之必要條件,而仍不失爲必要條件之故。

(I)　再退一步,卽使凡不合於Euler方程式原含假定之邊境境解及不連續讀解置之不論,則本題撤去端點條件後仍有合於Euler方程式之解卽$y=f(x)$。不能因此$y=f(x)$中無不定常數遂謂撤去端點條件之本題不是變分學中之問題。

(J)　此類問題撤去端點條件後(卽4款之改題),用Euler方程式(6)所得$y=f(x)$,在情形複雜不易知其爲使極小線或使極大線時,不必用Weierstrass充分條件審核,可用二次變分之正負審核之……因$E_{y'}$既等於0,則此項審核法自可與微分中審核極大極小之法相類。

以上關於解決本題及4款改題之法,因不在本文範圍之內故但舉例以示大概。至其詳細解決之法俟另文述之。要之本題雖非Fuler方程式所能完全適用,初觀似難得其解法,實則因$F_{y'}=0$內容頗簡單,解決甚易。寫至此頗覺不值得爲此題作此一文,惟就下列兩事而論,本題本嘗無討論之價值,故存之耳:

(1)　各書無直接言及本題之解法者(除已見前

(2)　本題雖因$F_{y'}=0$而內容較簡於尋常變分學中之問題,但其使極線則反較複雜,此以本題之dx改爲ds,以$J_L=\int_{x_0}^{x_1}F(x,y)dx$及$I_L=\int_{x_0}^{x_1}F(x,y)ds$兩相比較卽可知其大略:

(a)　L變時求I_L之極端,卽尋常變分學中之問題,因$ds=\sqrt{1+y'^2}\,dx$也。以幾何之語明之,J_L爲I_L在xz平面上之射影,L變時J_L之變動與I_L之相應變動不相似。故此二者之相應使極線亦不相同。且從事實上考知I_L之使極線大抵爲准許曲線,J_L之相應使極線大抵非准許曲線。

(b)　在弱變時已有上述之情形,當強變時二者變動之不相似自必更烈。

由此(a)(b)二者,可知本題之解法有無討論之價值矣。

至於$\int_{x_0}^{x_1}F(z,y,y')dx$亦有因F之性質特殊而非Euler方程式所能完全解決,其情形與本題相類者,因非本文範圍之內,故不具論。

附註 1. 研究不連續解可參觀 Todhunter 氏 Researches of the calculus of Variation.

附註 2. 所謂 Enler 方程式(6)含端點條件,因凡求含端點條件之 $\int_{x_0}^{x_1} F(x,y,y')dx$ 之使極綫而應用(6)時實已默認 $\left[\eta F_{y'}\right]_{x_0}^{x_1}=0$ 也。注意 (12),(13),(14) 諸式。

附註 3. 以上所謂端點條件可作 $\eta(x_0)=\eta(x_1)=0$ 解,所謂撤去端點條件卽撤去此條件。因此,所謂 L 可任意移動僅指其可在 $x=x_0$, $x=x_1$ 間任意移動,而其兩端常在此兩綫上。所謂(5)中之 $F_\eta-\frac{d}{dx}F_{y'}$ 已與 x_0, x_1 發生關係亦卽指已用過 $\eta(x_0)=\eta(x_1)=0$ 之條件而得此式言。

此所謂撤去端點條件實僅撤去 y_0, y_1 之定值使其可以變動而已。若再進一步連 x_0, x_1 之定值亦撤去而令 $A(x_0,y_0)$, $B(x_1,y_1)$ 可以變動,則仍須加其如何變動方法之條件而後問題始能確定。此卽所謂 Variabls limits 問題,尋常變分學中皆有之;閱者自能就其着想,故不詳言,而但如此註限 A,B 在 $x=x_0$, $x=x_1$ 綫上活動以示其例而已。

要之本文所謂撤去端點條件等,皆對已略知變分學者言,故不附嚴格之限制說明,以求文省。閱者幸勿以辭害意而謂撤去端點條件則問題不能確定等等。

氣象四變談

楊耀文

宇宙萬有之物,千態萬狀,變化多端,其奧妙至不可窮詰,而於有生物之蕃殖尤爲顯著;然以地球面部,各處景象不同,其是否適宜於有生物之生存,一依氣候狀況爲準則:寒帶氣候嚴寒,動植物稀少,絕無可耕之地,人烟寥落,天然界過劣而不能進化;熱帶氣候酷熱,動植物繁多,人羣生活太易,怠惰性成而不求進化;獨溫帶氣候溫和,有四時寒暑之別,人羣角逐其間,其日常生活事業,有不得不預爲地步,以應付環境之變遷者,故競爭劇烈,舉施活動,而自然進化。天與之機,人因其勢,天行人事,相毀即所以相成,天行盡造化之機能,新陳代謝,人事立願欲之趨向,成物因材;凡茲演進,乃自然界相當必經之途徑,亦卽化機所以不息之精微,人工乘其勢而利導之,善爲因時制宜,以求合乎天人之平衡,於是進化之基,肇端於此。其天行自然之變化,能發能收,無刑無賞,有非人力所可强制者莫若氣象;所謂氣象者,爲天空大氣之變動,因以引起各種現象,於農事醫術航海衛生諸端,頗有關係,其大要可歸納爲四變,舉述如下:

一.氣變 包圍地球之空氣,每受溫度影響,遇熱驟漲,遇冷驟縮,彼此漲縮,則密度不均,氣壓隨變,於是互相流動而成爲風;故風也者,爲對流層中空氣之變遷,紛紜無定,廣被全球,此往彼來,上升下降,其結果造成各地局部氣流之系統;太陽輻射光熱於地球面部,因各處地位性質不同,其所受熱量不能齊一,日地之間,有轉動關係,熱帶一年之內,日光兩次正射其頂,受熱頗多,南北極半年無光,故寒帶受熱甚少,惟有溫帶,日光不能正射其頂,亦不至一日無光,受熱適中,可得寒暖咸宜之氣候;不甯惟是,卽在同一緯度地帶,大陸易傳熱而不善蘊熱,晝間溫度較海洋爲高,海洋善蘊熱而不易傳熱,暮夜溫度較大陸爲高;因此種種,地球面部,溫度所在不同,其受熱較多傳熱較易之處,空氣體積擴大,上騰天空,大然而上層氣壓增高,下層密度稀薄,空氣之氣壓密度欲得其平,乃運行不息,氣流激蕩,以構成各種風向之趨勢焉。

凡天空之風,每從熱處流至冷處,近地之風,每從冷處流至熱處,所以維持各處空氣之平衡也;若遇空氣一時極熱,暴漲上升,四週冷氣來襲是處,而釀劇烈之變動者,是爲颶風;更作猛勢旋轉者,是爲旋風;旋風之氣流圈內,氣壓高下,風力强弱,頗不規則,往往災害隨之;旋風起於海上,捲攝水氣,當其時海面凸起,黑雲下垂,有如蛟龍登天之狀者,俗稱龍捲;因冬夏兩季氣壓高下之更易,風向有一定之時期者,謂之季候風;自海向陸自陸向海者,謂之海陸風;其自北方或南方吹向赤道之風,因地球自西徂東自轉之故,未幾卽變更方向,造成東北風或東南風者,謂之信風,頗便於航行,故又稱貿易風;此風發現在赤道南北之信風帶內,常有一定,終年不變,蓋以地面上赤道溫度最高故;颶風旋風均爲非常之氣變,其他諸風乃相當循環之變象也。

二.水變 地面之水,遇熱氣化,蒸發上升,是卽謂之水汽;水汽全憑溫度之高下,散布於空氣之中,自有一定限度,是曰濕度,卽空氣所能包含水汽之量也;空氣溫度每有高下不同,濕度因亦迭有升降,於是水與汽之間,一視其水汽之量,瀰漫在空氣內飽和與否,而變遷隨之,一朝空氣受外界情形而冷却,溫度降低,濕度因而減小,其在高溫時所含飽和水汽,至此已爲過量,而非低溫空氣所能容,因不能保持其氣體狀態,凝縮爲微細水點,相集浮游於空中,是卽爲雲,雲之近地面者謂之霧;當其構成之初,密度不大,重量尚輕,隨風飄蕩,一時並不下降;雲再遇冷,收縮愈甚,密度隨增,聚成點滴,因重力而下墜,其經行下層空氣時,其中前此包含之汽,亦因遇冷凝縮,復附益之,點滴愈大,乃下降爲雨。

每年五六月之交,東南與西北兩季候風遞嬗之際,相互衝突,而高溫空氣與低溫空氣錯綜無定,濕度完全爲之混亂,氣候陰濕,細雨連綿,兼旬不已,謂之霖雨;夏季氣候鬱熱,空氣中濕度頗高,苟遇溫度驟降,暴雨傾盆,一掃炎暑,不久即雲收雨散,天氣清明,謂之夏雨;冬季氣候嚴寒,空氣溫度下達冰點之時,則其水汽凝結爲雪,下降於地,色白成晶;如果雪下降時,經行冰點以上之氣層,則一部份融解爲雨,雨雪交下,是爲霙;雪更互相黏附,密集成圓珠狀者,是爲霰;其經行溫度高下不均之氣層,時融時結,構成大塊之圓珠者,是爲雹;水汽遇各種易於冷却物體,凝縮爲水珠於其上者,是爲露,凡逢大霧,凝露必甚,因濕度過量也;苟其溫度降在冰點以下,凝結而成冰屑於其上者,是爲霜;是則雨露霜雪之變象,雖因溫度升降不均,而構成各種不同之現狀,要不外水份之三態變遷而已。

三.光變 凡發光體傳遞其光,至人眼簾之中,引起視覺而感明亮之光輝者,其光按波動一依直線進行,名曰光線,是乃光性之常;太陽發光,綜合七色,苟其進行途徑,不爲外界擾亂,則不顯異樣色彩;一旦反常,經過密度不同之透明體,則其光線進行途徑,爲之屈折而轉其方向矣。光學中有一實驗:試以三稜玻璃正對太陽,可察見日光通過三稜玻璃後,其光線因屈折而被分解,顯出美麗之色帶,謂之分光帶,分光帶之主要色彩,爲紫,紺,藍,綠,黃,橙黃,紅七種;原日光所以能分解者,因各色光波長短不同,屈折之後各異其度,其中以紫色爲最甚,以紅色爲最低。但光遇暗體,其所受之光,或被吸收,或遭反射,故人得而辨認之;日光七色,被及物體,悉數吸收,則爲黑色,悉數反射,則爲白色,置色物於日光之下,即起同色之感,因其本色爲物體所反射,餘皆被吸收故也。

日光有屈折分散反射之可能,於是天空之中,每見發生光變;當太陽麗空,其正對之方向降雨,則光線射入雨點,被折而現七色之弧狀,紫在內而紅在外,謂之虹;有時且現第二虹焉,其色彩之相配,適與之相反,謂之蜺;光線透過早晚之空氣,被折而現美麗之紅色,在近地平之天際者,謂之早霞晚霞;光線通過上層空氣中之雨點或冰屑,被折而現五彩之色輪,在日月之周圍者,謂之日暈月暈;其色輪之弧度,適與暈相反者,謂之珥;故色輪之環繞四匝曰暈,在日旁內向曰珥;折光之最奇者,近海之地,能見地平以下之樓閣船舶等,現影於空際,謂之海市蜃樓,是因海面空氣,受海水影響,其溫度較上層空氣爲低,以至密度不均,光線乃輾轉屈折反射,以構成此幻影云。

四.電變 天地之間,萬物之內,有一種清微流通之能力,是名曰電;電本無形無質,附着物體,兩相傳播,乃現色相,並各種奇異狀態,於是有曲折電散佈電球形電之分;實則因電荷之輕重,電壓之高下,電場之廣狹,其放電有取徑不同之情形,而顯出各種現象,吾人感有分類者在焉。電有陰陽二性,同性相斥,異性相引,是其特徵。天空發電,夏日最多,雲爲導電體,故電多集之;大地素含陰電,實爲廣漠電場,當天朗氣清時,日光幅射地面,凡江河洋海之水,受日光熱,氣化上升,蒸發而爲水汽,迨升至高層空氣之中,溫度轉冷,凝縮爲雲,雲因自然界各種關係,其在各個微細水點之中,每感受陰陽不同性之電;準此則夏日天雨之際,電集於雲,陰陽不一,而復分別飄揚空中,浮游無定,其結果爲發生電變。

雲荷電既多,必至包含過量,電壓過高,電因亟欲尋其發散之途徑,而雲與雲之間,隨風飄蕩,不期陰陽邂逅,陡起作用,迫引而發火光,是爲閃電,此天空之電變也;其與大地之陰電相翕引者,理本相同,惟放電之途徑不同耳,於是閃電亦現異象,此天空大地交感之電變也;當陰陽兩電交相接引之初,空氣爲不良導體,電之進行輒爲所阻,電能因轉變而爲熱能光能,是以發生閃電;閃電現象處,無非爲電之進行途徑,其附着之空氣受熾熱,其附着之雲點被蒸發,電阻甚而電力強,因放燦爛光輝,可察毫末;苟閃電之能力過強,進行迅速,其經過程途中,沿途空氣及雲,頓受酷熱,猝然膨脹,容積驟增,至與鄰近空氣相衝擊,然而閃電放射,轉瞬即逝,前此膨脹者遽行收縮,忽漲忽縮,稀稠相間,激成聲浪,是爲雷鳴;若天空電與大地電相迫引,電力甚者,傳電之物,必遭轟擊,是爲雷擊;故遇電變之時,一切傳電之物,宜愼避之。

天地之大德曰生,人羣首出庶物,耳司視目司聽,手以攫,足以行,口鼻呼吸,息息相通,乃皆秉彝物則,本無可逃於天地而獨存,然苟善運其聰明智慧,巧力兼施,離合萬物,因以改造天地之所不備,則人巧足奪天工矣;地球之上,物品至繁,號其數曰萬,皆紛然接觸於吾人之耳目,用之則行,舍之則藏,無窮盡也;禽獸蟲魚,花卉草木,能輸取滋養料,生長蕃茂,廣播己種而後死亡,是曰生物;砂礫土壤,礦岩巖石,全體均一,無榮枯生死之期,是曰無生物;生物之中,禽獸蟲魚,皆有知覺運動,專恃生物以自養,花卉草木,則無知覺運動,其所恃以自養者,爲日光能,水份,炭氧氣,氮氣,與土壤中之鹽類等,故生物更分爲動物植物,皆天賦人羣爲各種應用之原料者也,因總稱之曰天產物;天人之際,其關係在乎知幾之微,天材人巧,交資成物,集世界之大成,而天地間自然變化,人羣運用其靈巧之資稟,舉一切天產物皆爲吾人所享有,並因其蘊藏性質,各有不同,乃研究自然界種種變遷現象,溥施人工而利用之,於以樹百年大計,庶幾天下無棄材而文化進展焉。

電力發光的新途徑

王平洋

自愛迭生氏發明白熱電燈以來,電光照耀世界,化黑夜爲白晝,人皆稱便。惟白熱電燈之效率,去理想的效率尚遠。故研究者每欲從螢光燐光等冷光之中,另求更佳之電燈。其將來之結果,猶難預料。最近有兩種新式路燈,曾在上海試用數日,頗爲關心電照術者所注意。此兩種新式路燈,均是Hot cathode discharge lamp.。一種名曰鈉氣燈,英文名曰"Philora" Sodium Lamp.,曾在法租界貝當路及公共租界戈登路等處試用,爲飛利浦廠之出品。一種名曰"Mercra" Mazda Lamp,曾在外灘馬路試用,爲B. T. H. 廠之出品。另有一種名"Osira"者,尚未在上海試用,其構造與Mercra無異,實一物也。此種新燈之光力與光線分佈等性狀,皆曾由上海電力公司實驗測量,其結果均稱滿意。大概在效率優越以外,光線柔和,亦其優點.可使物像之輪廓顯著,而無閃耀之弊。然鈉氣燈之光色純黃,Mercra之光色微藍,故各種影物,皆呈奇色,殊非吾人所習慣。是爲其主要之缺點。惟以其效率甚高,故目前成本雖貴,將來之希望甚大。本文略述"Mercra"燈之原理,構造與特性,作爲簡略之介紹。至於其詳細之理論,則各製造家必將續有著述,可供隨時參攷也。

發光的原理

現在最盛行之電燈,爲愛迭生氏發明之白熱電燈。其發光之原理,不外將燈絲燒至白熱,卽能放射光線。然白熱燈絲上所放射之能力,不止光力而已,尚有許多波長較長之熱力。故白熱燈之效率甚低。蓋吾人所需要於電燈者,光力而已。而白熱燈則以其一大部份的能力,化爲吾人所不需要之熱力。照理論上計算所得,倘放射能力,恰能配成白光而毫無浪費,則每 Watt 電力之中應得 300 Lumens 的光力。(即該燈之效率爲 300 lumens/watt.)。但白熱燈之效率,祇有 16 lumens/watt。其不經濟也可知。此外較白熱燈之效率稍高者,爲汞弧電燈。(汞即水銀,英文名 Mercury)。吾校電機試驗室中,即有此種汞弧電燈一架。其發光之原理,與弧光電燈無異,無非利用金屬電弧之强力發光而已,其發光之效率,大概有 12 至 24 lumen /watt。此種電燈最大之缺點,在於運用不便,因汞弧之能成立,須先使燈管發熱而將管內之水銀化氣,然燈管發熱,又轉賴汞弧之成立。故燃燈之際,必用特設之 Starting device, 或將燈管傾斜,或置一個 Induction Coil。皆足使該燈之運用不便,發展阻滯。

今之 Mercra lamp 則異是。其發光之方法,固與汞弧燈相似,然其成立電弧之方法,則完全不同,却與無線電眞空管之通電相似。眞空管屏極(plate)與絲極(filament)間之能通電,全恃其絲極之能放射電子。惟眞空管燈絲之能放射電子,必須先用電流將燈絲燒熱。至於此種 Mercra lamp 則不然,其燈泡兩端之電極,係用放射電子效能極高之物質所製成,即在平常室溫之中,亦能放射多少電子。故一旦受到電壓,即能放射電子,衝擊管內游子(ion)而構成電弧。電弧構成後,燈極之熱度激增,放射電子愈多。此時管內水銀,亦漸次化氣,卽便開始放射光線矣。在目前所有 400 Watts 之 Mercra lamp 中,大概有 40 lumens/watt 的效率,較之白熱燈之效率,約高二倍又半。

燈的構造

第一圖示 Mercra 燈構造之大概。該燈有內外玻璃管兩重。內重玻管 A 之兩端,各插電極一個。電極之質料,不外是一種鹼土金屬之氧化物(Alkaline earth oxide)。管之內部,儲有水銀及 Innert gas 少許,(如氬卽 Argon 之類),其氣壓爲四公厘。Inner gas 之優點,不但在易於構成電弧,且不致與水銀或電極發生化學作用,因此氣體

本身無消失之虞,而同時亦無侵蝕電極之患。當燃燈之時,兩端間受到電壓,卽行開始放電。A管漸漸發熱,水銀亦漸化氣,卽構成光芒四射之電弧矣。爲保持A管之熱度勿散起見,A管之外重,又有B管一層。AB兩管之間,抽成眞空,熱力卽不易走散,亦所以增進效率也。

第一圖

第二圖爲Mercra燈及其附件之接線圖。圖中Choke之作用,所以使電弧穩定,亦所以限制電流者也

蓋燃燈之初,管內游子(ion)不多,電阻甚高。欲使管內放電而構成電弧,必須用較大之電壓。一旦電弧構成,而水銀尚未化氣之際,燈內電阻驟然變爲極低。倘無扼制線圈(Choke)加以限制,則電流必將激增,甚且有燒壞燈絲之虞。俟管內水銀完全蒸發時,氣壓漸行增大,電阻亦自增高,電流因得減小。倘電源電壓爲二百三十伏,則在燃燈之初,放電將行開始之時,電流尚未流通。故扼制線圈中,並無電壓降落(Voltage drop)。電燈兩端,可以完全受到二百三十伏之電壓。足以開始放電,構成電弧。電流遂卽暢通。然扼制線圈中一有電流,卽因其電抗阻(Impedance)而發生電壓降落。電源二百三十伏中之大半,均耗損於此。電燈之兩端,只得約二十伏左右,卽不足以助電流之激增,然仍足以維持電弧。迨水銀漸漸化氣,電阻漸漸增高,電流漸漸減小,扼制線圈內之電壓降落亦卽漸漸減少。燈管兩端之電壓,遂復漸行增大。所放射之光力,卽達到16,000 lumens。此時燈端之電壓,約爲一百五十五伏,而所耗電力,則爲400 Watts也。圖中又有20 Microfarads的固定儲電器一枚,所以改善全部電流之電力因數(Power factor)者也。

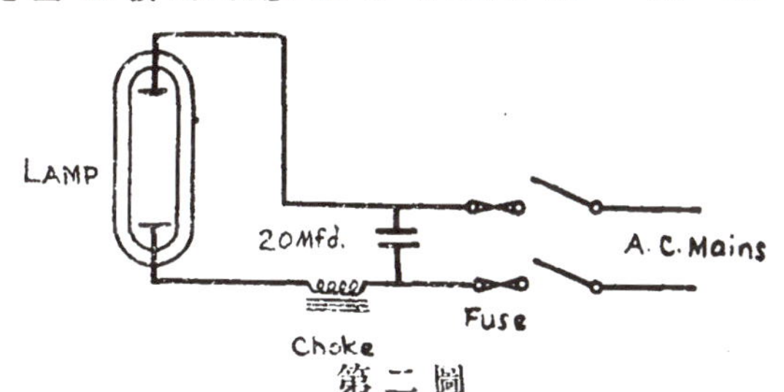

第二圖

燈的特性

Mercra 燈之特性,可分三部敍述之。(1) 爲燃燈時期之特性。(Starting Characteris'ics)。(2) 爲穩定時期之特性 (Steady Characteristics)。(3) 爲瞬間特性 (Instantaneous Characteristics)。

燃燈時期之特性,表示自燃燈至電弧穩定時期以內,電壓與電流等之關係。觀第三圖可見燈端電壓,由低而昇。燈內電流,則由盛而衰。蓋燈內電阻,自電弧構成以後,因水銀之漸漸化氣而漸高也。惟此處猶有一點,吾人須特別申說者,卽當燃燈之初,水銀尚未化氣,其氣壓祇有四公厘,故燈端受到二百三十伏時,卽足以開始放電。然倘於電弧業已穩定之后,電燈忽然熄滅,則此時燈管尚熱,管內氣壓頗高,燈端雖受到二百三十伏電壓,仍不足以恢復電第。必須待燈管稍行冷却,水銀凝結少許之后電弧方能自行復活也。

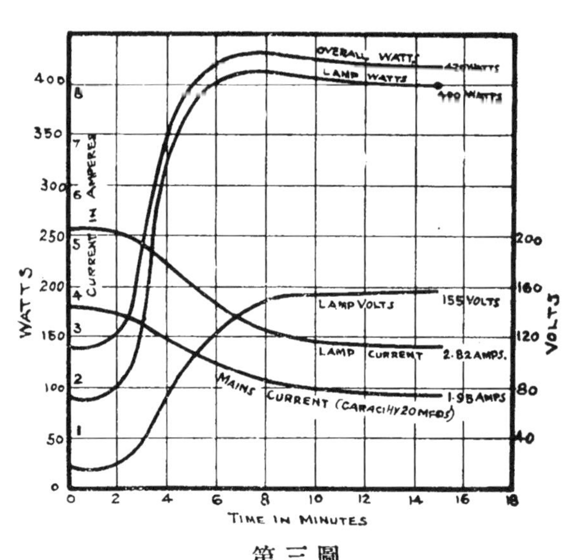

第三圖

穩定時期之特性,表示在各種電源電壓之下,其穩定后電流之大小,與燈端電壓之大小。此間關係,可於第四圖及第五圖見之。圖中實線部份,卽穩定時期之特性,在燈端電壓一百五十五伏以下之各點,卽 AD 部份,管內水銀,皆不能全行化氣,故倘將電源電壓逐漸增高,則管內氣壓,與燈端電壓,均隨之俱增,而同時燈內電流,則無甚變化。一至燈端電壓已達一百五十五伏以后,(DF 部份),

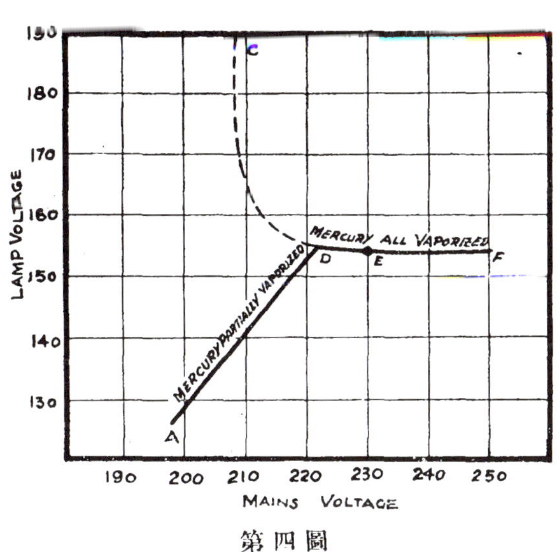

第四圖

卽使將電源電壓更行提高，因管內水銀已全部化氣，故氣壓不復增高。電阻亦不復增高，燈端之電壓，卽不能再行上昇，而燈內電流，則視電源電壓之增加而增大。故由觀察兩圖之結果，可知倘電源電壓本爲二百三十伏，今漸漸減至二百零七伏，如其變化甚爲緩慢，使管內逐步達到穩定之情形，則其電流及燈端電壓之變化，必依實線部份而降落，直至燈端電壓祗有一百四十伏爲止。此時電燈之光力稍減，而電弧則不致熄滅也。然倘使電源電壓之降落急驟，則情形完全不同，吾人當觀察其瞬間特性。

瞬間特性者，一瞬之間因電源電壓之變化而發生之電流與燈端電壓之變化也。在此種急驟的變化之下，水銀氣不及凝結。故氣壓暫無變化。其各種關係，可於第四圖與第五圖之虛線部份見之。此種瞬間特性，因氣壓暫無變化，故實不啻一等壓特性也。在兩圖中之 CF 部份，水銀已全部化氣，氣壓亦無變化，實在亦是等壓特性。故在此DF部份中，瞬間特性與穩定時期之特性，完全一致。因此吾人可以統稱CDF線爲瞬間特性線。觀察此線之結果，可知倘電源電壓由二百三十伏降至二百零七伏時，燈端電壓，須較電源電壓爲高，換言之，卽電源電壓不足以維持電弧，電弧卽便熄滅。故設電源電壓之變化急驟而劇烈，則電弧必將熄滅。此種弊病，却非白熱燈所有，此亦將來所當加以改良者也。

測量的光力問題

此種新式燈，畢竟問世未久，故尙待解决之問題，爲數猶多，測量光力之問題，即其一也。普通測量光力之方法，或用 Equility of Brightness Photometer. 或用 Lummer Brodhum 之 Contrast Photometer, 或用 Flicker Photometer. 然倘其所欲比測之光線有不同的顏色，則卽不易得準確之結果，不幸今之 Mercra 燈光，與標準白熱燈之燈光，顯然有不同的顏色。是以迄今尙未有滿意之比測方法。譬如 Equality of Brightness Photometer 及 Contrast Photometer, 當然不能適用。如用 Flicker Photometer, 則亦因各人眼球對於各種顏色視覺之不同，故結果斷難準確。或有建議用 Y/B Ratio 來校正者，亦不能毫無疵瑕。(Y/B Ratio 爲觀測者之眼球，對於黃色及藍色感應程度之比率)。或有建議用光電池者，(Photo-Electric Cell)，亦有缺憾。因光電池感受光力之程度，視光線射入角之大小而大異。且光電池對於各種顏色光波之靈敏度，亦不盡與人目相同。譬如對於紫外光線 (UltraViolet)，卽較人目爲銳敏。是以用光電池，測量光力，亦非最完善之方法。惟就目前而論，則尙以光電池之方法爲簡便而最較準確。用 Flicker Photometer 而加以 Y/B Ratio 校正的方法，亦較他法爲精確。惟手續麻煩，不合工程實用也。

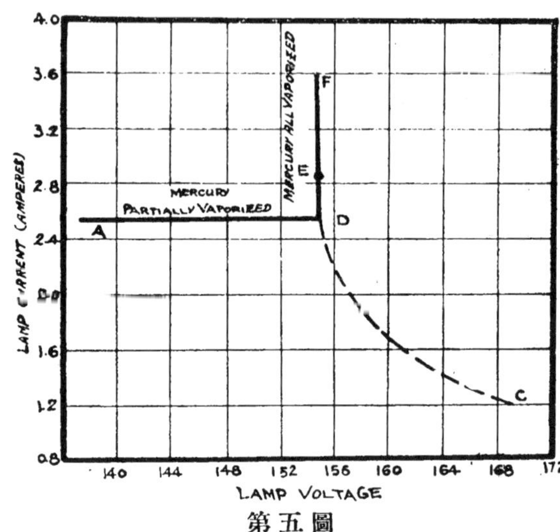

第五圖

結論

上文已曾將Mercra燈之大意說過,顯然此種新燈,尚有種種缺點,不能與白熱燈爭勝。惟現今製造廠所鼓吹最力之用途,則爲路燈與汛照術(Flood Lighting),此兩種用處,却均見Mercra燈之優點。蓋顏色之奇特在此不甚可厭。此外飛行航海信號之須强力者,自然亦以此種Discharge Lamp爲佳。蓋在需用大量電力之處,效率即見重要也。在此新式燈推行之初,當然難料其將來之命運。惟研究者,則每願效哥崙布之航海,在不可知之境界中尋覓新大陸。故致力於此新途徑者,方銳意邁進將來之成績,未可限量也。

前漢時代陸路交通考

鄭師許

一. 楔子

余自去歲撰前漢時代海上交通考後,即擬續撰前漢時代陸路交通考,以考明當時東西文化如何交流;奈以牽於人事,忽忽未就。今者交大季刋又有集稿之議,其主編胡粹士先生再三囑勉,乃復鈎稽諸書,絕人事而為之。自知不免誤略,然以是就正於海內通人,受敎或亦不少也。因不惜覆瓿而存之。

二. 國內交通與秦時無別

秦時路政建設,較前代為盛。柳翼謀先生中國文化史曰:

> 秦時道路之政最重開通道路,無有障塞,著于月令,決通川防,夷去險阻,見于刻石。而其尤有功于統一者,莫如開通四方之大道。燕齊吳楚皆為三十丈之廣道,沿途植松樹,其規模之大為何如乎?方輿紀要謂秦馳道舊迹,闊五丈餘,蓋經千數百年,其道已堙耳。

柳先生之說是也。考史記始皇本紀二十七年(公元二二〇)治馳道,三十五年(公元二一二)除道道九原(今河套地),抵雲陽(今陝西淳化縣北),塹山堙谷直通之。其蒙恬傳又云:『始皇欲游天下,道九原,直抵甘泉,乃使蒙恬通道自九原,抵甘泉,塹山堙谷,千八百里』。據此傳及賈山至言觀之,則二十七年所治者爲東西之道,三十五年所治者爲南北之道.此四方大道一開,前漢坐享其成,可以統一天下矣。史記滑稽列傳褚先生記西門豹事,曰:

到漢之立,而長吏以爲十二渠橋絕,馳道相比近,不可欲合;渠水且至馳道,合三渠爲一橋.

是漢因秦制,亦有馳道也。至於邊鄙,秦時道路所不通者,復隨時興作。史記河渠書云:

人有上書欲通褒斜道,天子以爲然,拜張卬爲漢中守,發數萬人,作褒斜道五百里。

又平準書云:

唐蒙司馬相如,開路西南夷,鑿山通道,千餘里,以廣巴蜀。

後漢書鄭弘傳云:

舊交趾七郡貢獻轉運,皆從東冶汎海而至,風波艱阻,沈溺相係。弘奏開零陵桂陽嶠道,于是夷通,至今遂爲常路。

陝甘川滇今日盡皆列吾版圖,當時實羈縻之耳。其他則境內未聞更開他道,是前漢時國內交通與秦無別也

三. 國外交通則前漢較盛

至於國外交通,則前漢較秦更盛。近人盛稱秦時與西域印度諸國已有交通.日人藤田豐八中國石刻之由來一文云:

中國在始皇以前,尙無石刻之風,何以至始皇此風盛行?此自有相當理由,然若吾人轉目於西方,則此問題,似易解決。埃及巴比侖亞述等古代石刻,姑置不論.波斯 Darius, Xeres 之大小種數石刻,現尙存在。如前者之 Behistun Nakshirustam 刻石,並有相當之長文。此等皆刻於巖石即所謂摩崖之碑。始皇之立石,

其形式與此稍異。而始皇在碣石門所刻者,豈非此種?碣石一名,固已見於禹貢,在今灤河入海之邊。然據說文石部,碣『特立之石也.』波斯此等刻石之文,蓋頌帝功德教訓臣民之意,始皇之刻石亦如此。波斯刻石之風傳入印度,宣傳佛教於四方之阿育王(Asôka)——公元前二七二至二三二——曾刻詔書於巖石,或石柱。僅論石柱,其數已達三十以上,現在已發現其十柱。阿育王歸依佛教,在其即位後十三年(公元前二六一),派遣佛教宣傳僧於四方,係十五年(公元前二五九)事。由此時至其歿年(公元前二三二)屢次舉行刻石。公元前二三二年卽始皇卽位之十五年,其後經十二年,始皇始刻石。固然,阿育王之刻石爲圓柱,秦始皇之刻石爲長方柱,形式雖然不同,而均爲刻石,均刻含教訓之頌德文,其間似係一脈相通。

藤田氏又以史記始皇本記三十三年(公元前二一四)有『禁不得祠』之文,謂從來注史記者對此一句,未加注釋;謂『不得』之古音爲Pu-tuk或Bu-duk,並爲Buddha之對音,卽後世譯爲『浮屠』之對譯,謂始皇三十三年以前,佛教已傳入中國。其結論曰:

> 然謂秦時佛教已一度傳入中國者,亦實難信。但當時刻石頌德之風新起,『禁不得祠』之『不得』,在聲音上以之爲Buddha之對音,最爲適當。印度阿育王之刻石宣教,稍先於中國之刻石禁教。由此觀之,以『不得祠』爲佛祠之解釋,亦不可謂爲空想。而其不留遺跡於漢代者,因其傳入中國未幾,即被禁止。此亦非不可思議之事。

雖然,藤田之說,尚爲推測之辭,未敢下一輕易之決斷。余嘗疑秦時與西域諸國或已有間接交通,與藤田氏所見同,然以無確實證據,未敢謬然判定。藤田氏始終不敢肯定言之,是也。至日人濱田耕作氏則不然,在其所著東亞文明之黎明中,有所謂秦式藝術者,謂:

> 秦原是西戎之國,在人種上,文化上,與西方蠻族有極深之關係者。在秦勃興以後之周末戰國時代,因中國政治組織之沒

> 諸，北方西方諸民族大事侵入中國，此爲可想像者。然戎狄之侵入，其事不能謂爲於中國無利。蓋一面破壞中國文化，同時又對中國民族輸入新鮮血液，使中國振作新元氣。

又曰

> 周末漢初，影響中國文化最著之北方民族，大率爲土耳其民族。此等民族，雖未嘗建築其自身之獨特文化，但對於當時亞細亞北部通行之伊蘭系文化，曾受過最濃厚之洗禮者也。此等文化，世稱爲西徐亞(Scythian)文化或稱爲『西徐亞西伯利亞文化。』

濱田氏爲東亞考古學權威，其所言乃由兩方銅器之式樣花紋推究而來，謂秦器中之變形雷紋，乃受西徐亞文化之影響，其言似若可信。惟最近安徽壽州出土楚器一大宗，其文字、形制紋樣，與近二十年來數次發現之重要銅器若新鄭出土鄭器、洛陽出土韓器、歸化出土趙器，皆有連帶關係。近經北平考古學社劉節考訂，著爲楚器圖釋一書，徧舉東徐以來銅器紋鏤衍變之跡，證明所謂變形雷紋者，在吾國本土自有淵源可尋，秦器之名，不攻自破矣。是秦時未嘗與西亞諸國直接交通也。藉曰有之，亦爲時甚暫，並不頻繁，故於文化方面，未受若何大影響也。

至前漢時代，則開拓四境，史不絕書。即以西域而論，秦之西界，不過臨洮；漢武置酒泉，武威，張掖，燉煌四郡，始通西域，而張騫使大夏，見卭竹杖蜀布，知漢人之通西域久矣。其後在宣帝時(公元前六〇?)設官西域，天山南北，葱嶺東西，諸國悉屬。漢威遠播，凡百餘載。猗歟盛哉！清末燉煌附近發見流沙墜簡，有小學術數方技及屯戍文牘；小學諸書，即其時學校課本，則漢之文教必遠及葱嶺內外，而西亞之美術音樂動植物以次輸入，皆斑斑可考也。謂其國外交通，不較秦代爲盛，其可得乎！

四.陸路交通應分西域東北兩面分述

漢初邊患，原在北方之匈奴，自高祖七年(公元前二〇〇年)受圍於平城,其後則歷世爲患。至武帝時始奮發爲雄,雖其時祇征伐匈奴,而因與匈奴周章爲患之異族,亦不能坐視其合匈奴爲患,遂有斷匈奴左右臂之議.此西域與東北兩面之國外交通所由日盛歟,今爲講述便利起見,擬分爲西域與東北兩面分述。請得先言西域,以次及於東北.

甲.西域方面

西域方面之史蹟,以漢書張騫李廣利傳爲主要材料,而史記西南夷列傳大宛列傳,漢書之武帝紀,西域傳,西南夷傳輔之。間有採及別傳者。近世中外學者所已考證,則分別疏證於其下,壹是皆以明其眞相爲目的.漢書騫本傳云:

> 建元中(公元前一四〇——一三五)……匈奴降者,言匈奴破月氏王,以其頭爲飲器,月氏遁而怨匈奴,無與共擊之。漢方欲事滅胡,聞此言欲通使,道必更匈奴中,迺募能使者.

史記大宛列傳亦云:

> 建元中,……天子問匈奴降者,皆言匈奴破月氏王,以其頭爲飲器,月氏遁逃而常怨仇匈奴,無與共擊之。漢方欲事滅胡,聞此言,因欲通使,道必更匈奴中,乃募能使者。

是漢書據史記之文爲之,且當時官書具在,當可信。是漢武時初使使通西域,其動機固在欲事滅胡也。兩書下文卽接敍騫以郎應募,使月氏,此鑿空之功所由歸於騫歟!

騫本傳又云:

> ……出隴西,經匈奴,匈奴得之,傳詣單于,……留騫十餘歲。騫因與其屬亡鄉月氏,西走數十日,至大宛。大宛聞漢之饒財,……爲發譯道抵康居。康居傳致大月氏。大月氏王已爲胡所殺,立其夫人爲王,既臣大夏而君之,……騫從月氏至大夏,竟不能得月氏要領,留歲餘還。並南山,欲從羌中歸,復爲匈奴所得。留歲餘,單于死,國內亂,騫……亡歸漢。……初騫行時百餘人,去十三歲,唯二人得還。

其文亦全襲史記大宛列傳中語是騫第一次使月氏,往來十三年可信也。惟兩書不明言何年。王先謙漢書補注曰:

據下文騫以軍臣單于死之歲還,爲元朔三年(公元前一二六)。去十二歲,則出使在建元二年(公元前一二八)。

是我國與西域交通,史書信而可據者,當以此建元三年爲始也。此鑿空之一年,在吾國中外交通史上,固應大書而特書之者也。其後元朔六年(公元前一二三)騫受封爲博望侯。元狩元年(公元前一二二)因蜀犍爲求大夏道,始通滇國。其明年騫以擊匈奴後期,當斬,贖爲庶人,失侯。又後二年,騫因天子之問,對言宜以此時厚賂烏孫,斷匈奴右臂。得復拜爲中郎將,再通西域,至烏孫。據王先謙所考證爲元狩四年(公元前一一九)時事。其後烏孫發譯道送騫,與烏孫使數十人,馬數十匹,報謝。騫還,拜爲大行,歲餘,騫卒。王先謙據公卿表元鼎二年(公元前一一五),拜官三年卒,與此略異。自以公卿表所記爲可信。據以上所述,騫之始行,爲建元三年,卒爲元鼎三年,先後僅二十四年之事,而其影響於吾國者至大且鉅,吁!何其盛哉。

考騫足跡所經,第一次使月氏時所至者爲大宛,大月氏,大夏,康居,諸國,以今日新疆爲中心,鑿通西北一道;第二次則因蜀犍爲以通滇國,以今日川滇邊境爲中心,鑿通西南一道;第三次使烏孫時又爲向日所經諸國,惟遠至烏孫而已。騫身所至者雖不多,而其使節四出,與所傳聞者,較騫所履者廣遠,而我國人之世界觀擴大無數倍,非復前此『四海之內』之見解矣。其影響爲何如乎?

騫第一次出使歸時,得同還者僅堂邑氏奴甘父。影響尚不大。惟騫所知,傳聞其旁大國五六。史記大宛傳引騫具告天子之言,曰:

大宛在匈奴西南,在漢正西,去漢可萬里。其俗土著耕田,田稻麥,有蒲陶酒,多善馬,馬汗血,其先天馬子也。有城郭屋室,其屬邑大小七十餘城,衆可數十萬,其兵弓矛騎射。其北則康居,西則大月氏,西南則大夏,東北則烏孫,東則扜罙于窴。于窴之西,則水皆西流,注西海;其東,水東流,注鹽澤。鹽澤潛行地下,其南則河源出焉。多玉石河,注中國。而樓蘭,姑師,邑有城郭,臨鹽澤。鹽澤去長安可五千里。匈奴右方,居鹽澤以東至隴西長城,南接羌鬲漢道焉。烏孫在大宛東北可二千里行國,隨畜,與匈奴同俗,控弦者數萬,敢戰,故服匈奴,及盛,取其羈屬,不肯往朝會焉。康居在大宛西北可二千里,行國,與月氏大同俗,控弦者八九萬人,與大宛鄰國,國小,南羈事匈奴。奄蔡在康居西北可二千里,行國,與康居大同俗,控弦者十餘萬,臨大澤,無崖,蓋乃北海云。大月氏在大宛西可二三千里,居嬀水北,其南則大夏,西則安息,北則康居。行國也,隨畜移徙,與匈奴同俗,控弦者可一二十萬。故彊,輕匈奴。及冒頓立,攻破月氏;至匈奴老上單于,殺月氏王,以其頭爲飲器。始月氏居敦煌祁連間,及爲匈奴所敗,乃遠去,過宛西,擊大夏而臣之。遂都嬀水北爲王庭。其餘小衆不能去者,保南山羌,號小月氏。安息在大月氏西可數千里其俗土著耕田,田稻麥,蒲陶酒,城邑如大宛,其屬小大數百城,地方數千里,最爲大國。臨嬀水。有市民商賈,用車及船行旁國或數千里,以銀爲錢。錢如其王面,王死輒更錢,效王面焉。畫革旁行以爲書記。其西則條支,北有奄蔡,黎軒。條枝在安息西數千里,臨西海。暑濕耕田,田稻。有大鳥,卵如甕。人衆甚多,往往有小君長。而安息役屬之,以爲外國,國善眩。安息長老傳聞條枝有弱水西王母,而未嘗見。大夏在大宛西南二千餘里,嬀水南。其俗土著,有城屋,與大宛同俗,無大王長,往往城邑置小長,其兵弱,畏戰,善賈市。及大月氏西徙,攻敗之,皆臣畜大夏。大夏民多,可百餘萬,其都曰藍市城。有市販賈諸物。其東南有身毒國。

騫又曰:

臣在大夏時,見邛竹杖蜀布,問曰:『安得此?』大夏國人曰:吾賈人往市之身毒。』身毒在大夏東南可數千里,其俗土著,大與大夏同,而卑濕暑熱云。其人民乘象以戰,其國臨大水焉。以騫度之,大夏去漢萬二千里,居漢西南,今身毒國又居大夏東南數千里,有蜀物,此其去蜀不遠矣。今使大夏,從羌中險,羌人惡之。少北則爲匈奴所得,從蜀宜徑,又無寇。

是所謂傳聞其旁大國五六者,卽烏孫,奄蔡,安息,黎軒,條枝,西王母,身毒諸國是也。其下文又云:

天子旣聞大宛及大夏安息之屬皆大國,多奇物,土著頗與中國同業,而兵弱,貴漢財物其北有大月氏康居之屬,兵彊,可以賂遺設利朝也;且誠得而以義屬之,則廣地萬里,重九譯,致殊俗,威德徧於四海,天子欣然,以騫言爲然,乃令騫因蜀犍爲,發間使四道並出,出駹,出冉,出徙,出邛僰,皆各行一二千里,其北方閉氐筰,南方閉嶲,昆明。昆明之屬無君長,善寇盜,輒殺略漢使,終莫得通。然聞其西可千餘里有乘象國。名曰滇越,而蜀賈姦出物者或至焉。於是漢以求大夏道,始通,滇國。初漢欲通西南夷,費多,道不通,罷之。及張騫言可以通大夏,乃復事西南夷。

是則騫第二次奉命通西南夷時,其動機已不徒在欲事滅胡,而實有通商招來之意也。其第三次使烏孫時,則齎從更盛。漢書騫本傳云:

……拜騫爲中郎將,將三百人,馬各二匹,牛羊以萬數,齎金幣帛直數千鉅萬,多持節副使,道可便遣之旁國。

此眞純然以招來爲目的矣。其多遣持節副使,道可便遣之旁國,其大規模有計畫之探險,與今世何異?騫至烏孫後,卽分遣副使使大宛,康居,月氏,大夏,至騫卒後歲餘,其所遣副使通大夏之屬者,皆頗與其人俱來,西北諸國始皆通於漢,是其功績亦較前爲大。傳又稱:

諸後使往者,皆稱博望侯,以爲質於外國,外國由是信之。……因益發使抵安息,奄蔡,黎軒,條支,身毒國,……使者相望於道,一輩大者數百,少者百餘人,所齎操,大放博望侯時。其後益習而衰少焉。漢率一歲中,使者多者十餘,少者五六輩,遠者八九歲,近者數歲而反。是時,漢旣滅越,蜀所通西南夷皆震,請吏,置牂柯,越嶲益州,沈黎文山郡。欲地接以前通大夏,迺遣使歲十餘輩,出此初郡。

其影響之大,可見於字裏行間矣。甚至有欲因以富貴者。而其事亦毀於是。傳稱:

自騫開外國道,以尊貴,其吏士爭上書言外國奇怪利害,求使,天子爲其絕遠,非人所樂,聽其言,予節,募吏民,無問所從來,爲具備人衆遣之,以廣其道。來還不能無侵盜幣物,及使失指,天子爲其習之,輒覆按致重罪,以激怒令贖。復求使,使端無窮,而輕犯法。其吏卒亦輒復盛推外國所有,言大者予節,言小者爲副,故妄言無行之徒,皆爭相效。其使皆私縣官齎物,欲賤市以私其利。外國亦厭漢使,人人有言輕重,度漢兵遠不能至,而禁其食物,以苦漢使。

是其時大利所在,人人皆視爲一種投機事業。班氏直斥爲妄言無行之徒,蓋有由矣!然就交通史之立場觀之,苟不經此輩妄言無行之徒,皆爭相效,則復演者少,不能成爲社會事業,不久,人蓋忘其途徑,而不能成爲交通之坦途矣。『而外國使更來更去』,則後世雖欲閉不與通,不可得矣。此鑿空之效之可覩者也。

厥後李廣利受命伐宛,發屬國六千騎及郡國惡少年數萬人以往。士卒不患戰而患飢,顧且罷兵。天子至使使遮玉門關,曰:『軍有敢入,斬之。』並案言伐宛不便者鄧光等,赦囚徒,扞寇盜,發惡少年及邊騎,歲餘而出敦煌六萬人。負私從者不與,牛十萬,馬三萬匹,驢橐駝以萬數,齎糧兵弩甚設。天下騷動,轉相奉伐宛。其大軍之浩浩蕩蕩,與歐洲中古末期十字軍戰役,後先輝映。奉使與戰爭,循環若無端焉,終前漢之世不絕。然而其有裨益於交通事業固甚大也。

茲爲考明當時西域諸國所在,以近人成說,分述於下:

（下期續完）

機車鍋爐之檢驗

陳 廣 沅

本篇係根據美國州際商務委員會 Interstate Commerce Commission 所頒機車鍋爐檢驗規程,幷參照我國鐵路原有機車檢驗規章而編就,其節目仍依美國規章次序以便參考。

責 任

1. 本路機車鍋爐之設計及構造由機務處長負完全責任,每個鍋爐平安汽壓力由機務處長或工事課長或專管鍋爐之機械工程司規定,規定時須考察該鍋爐之設計,年齡工人手藝,當時情形幷根據極薄鍋鈑之厚度,鍋鈑之極低拉力,縱縫之效率,鍋身之內徑及極低之安全係數而規定。

安全係數

2. 安全係數不得低于4.

3. 螺撐拉條之最大應力——在火箱及燃燒室四周之螺撐每平方吋淨橫剖面之應力不得高於7500磅圓拉條長方拉條或片形拉條每平方吋淨橫剖面之應力不得高於9000磅。

材料拉力

4. 鍋爐所用材料如鋼,假鐵及銅之拉力苟無試驗結果可資應用時,鋼之拉力可作爲每平方吋50,000磅,假鐵之拉力可作爲每平方吋45,000磅,銅之拉力可作爲每平方吋30,000磅。

鉚釘切力

5. 鉚釘橫剖面每平方吋之切力如下。

鐵鉚釘單切力……………38,000 磅。

鐵鉚釘雙切力……………76,000 磅。

鋼鉚釘單切力……………44,000 磅.

鋼鉚釘雙切力……………88,000 磅。

6. 如鋼鐵試驗結果,切力較高且確有把握時,鉚釘切力亦可酌加。

檢查規章

7. 各廠段主管人員對于各該廠段機車鍋爐及附件之檢查與修理應負全責,主管人員既檢得鍋爐劣點,必將該劣點修復後,方許將該機車應用。

8. 檢查規章中所單稱之檢查員,係指各廠段所屬之檢查員。

鍋爐內部之檢查

9. 檢查時期——鍋爐內部必須詳細檢查後,方許出廠應用,又多數焰管拆出可以檢查時必須詳細檢查。

10. 焰管抽出——本路因水質太劣,所有機車鍋爐之全部焰管每經過二年,必須抽出一次,以便詳細檢查內部各種拉條。焰管抽出後,須將內部積垢除清,十分乾淨,然後詳細檢查,機車繼續應用三年,則在24個月時,焰管應全部抽出,24個月中該機車未曾應用之月日,不得扣除.機車未曾應用之時期,必須有正式報告,且必須在履歷簿,下次修理報告,及司機樓牌告中註明.如須將焰管抽出時期延長,必須向機務處長請示辦理.

11. 檢查方法——焰管全部抽出後,須檢查鍋身內部有無以下各劣點 (1) 裂紋 (2) 麻點 (3) 凹溝 (4) 受過量熱度之部分 (5) 積泥處有無損壞 (6) 過量水垢之堆積.鍋鈑邊緣,鍋鈑摺疊地方,鍋縫及接頭處,皆爲易壞地方,應特別詳加檢查.每個拉條必須緊直,每個銷子必須正確,且各須勝任其應支之力。

12. 修理——鍋身如有裂縫,應立卽停止應用,須修理完全,報告妥適後,方准應用。

13. 疊鈑縫——鍋爐直縫如爲疊鈑式而無加固鈑者,應特別注意鈑邊有無凹溝及裂紋。

14. 易溶塞——易溶塞至少每月取出一次,以除清積垢,如螺絲有損壞處,應立卽修換,且須在履歷簿及報告中注明。

鍋爐外部之檢查

15. 檢查時期——鍋身外部必須詳細檢查後,方許出廠應用,遇有鍋爐護衣及鍋皮拆開之機會時,必須詳細檢查。

16. 護衣拆除——護衣及鍋皮至少每三年拆開一次,拆開後試水壓時,詳加檢查鍋身外部。又當鍋身滲漏時,必將護衣及鍋皮拆除,以便詳細檢查。

試驗鍋爐

17. 試驗時期——每個鍋爐在初用之前及初用後,每12個月必須試水壓,其壓力應較常用汽壓,至少高百方之二十五。

18. 汽包蓋拆除——在試行水壓時期,應將汽包蓋及總汽門下直立管拆除,將鍋爐內部及各接頭處,在可能範圍內詳加檢查。如將汽包蓋拆下時幷不須將總汽門直立管拆除而檢查員已可入內檢查者,須將此情形註明報告內。

19. 試驗證明——鍋爐在廠段試行水壓時,機務處派總段技術人員到場參與共同檢查以爲證明。

20. 修理及汽壓——鍋爐完全修理後,應卽升火,及汽壓升高至常用汽壓時,應將鍋爐及附件細心檢查,所有咔噠,汽閥,鍋縫,螺釘,鉚釘在此汽壓下,必須緊密。如見有劣點,卽須修復。

螺撐試驗

21. 試驗固定螺撐時期——所有螺撐每月至少試驗一次,又試行水壓後,所有螺撐均應試驗。

22. 試驗固定螺撐方法——檢驗員必須將每個螺撐錘敲由其敲音或鍋鈑震動,而決定螺撐之斷否。如試驗螺撐時,鍋中存水,則鍋中水壓至少應有50磅。如試驗時鍋中無水,則鍋鈑震動甚易指定不妥之螺撐.後法較佳。

23. (a) 試驗有帽之轉動螺撐方法——除b項所述外所有有帽螺撐,至少每二年須將帽拆除一次,以檢查螺撐本身及袖有無斷裂.試水壓則各螺撐應照第21,22條,行錘敲試驗,試驗時其壓力不得低于常用壓力。

(b) 如轉動螺撐有報險孔(孔徑不得小於$\frac{3''}{16}$或大于$\frac{7''}{32}$),達於全身并深入球形頭(深度達球直徑三分之一)者,且其孔曾經鍍銅或用其他核准方法防其銹蝕者,又當每次試行水壓時該孔均經貫通并用電氣儀器或其他核准方法試驗,各孔確係全體暢通者,其帽可不必拆除,此種試驗完成後,必須行水壓一次,如報險孔有漏水者,其螺撐必須更換,此種報險孔在火箱內之一端,須用一種耐火而多孔之材料塞滿以禁止外物入內,螺撐斷裂時,水仍可以流出,在此種試驗完成時,報險孔須用另一顏色之材料塞滿,以別於巳取出之材料,并須將此顏色記載履歷簿中。

(c) 報告——轉動螺撐帽之拆卸及其他試驗,皆須詳載檢查格式3,報告機務處并黏一份於履歷簿中。

(d) 火箱鈑——火箱鈑至少每月檢查一次,看有無過熱,鼓出及斷裂螺撐。

(e) 螺撐帽——如機務處或鐵道部鍋爐視察員認為必要時,得將螺撐帽拆卸,以便檢查螺撐本身及袖之情形。

24. 試驗無帽之轉動螺撐方法——無帽之轉動螺撐與固定螺撐同,至少每月須試驗一次。

每當試水壓時此等試驗必須實行,且實行時鍋中水壓不得小於常用壓力,又試驗後用格式 9,報告機務處幷黏貼履歷簿中。

25. 破裂螺撐——任何鍋爐之火箱或燃燒室內,有兩個鄰接螺撐斷裂或塞住者不許用,有 3 個或 3 個以上螺撐,在直徑 4 呎之圓內斷裂或塞住者不許用,全火箱及燃燒室內,共有 5 個以上螺撐斷裂或塞住者不許用。

26. 報險孔——除轉動螺撐外,所有螺撐短于 8 吋者,皆須有 $\frac{3''}{16}$ 之小孔,由外端深入至少 $1\frac{1''}{4}$,此等報險孔不許遮沒。

27 除轉動螺撐外,所有短于8"之螺撐及在構架後邊者,入廠時均須查看,如無報險孔者,均須更換。

汽壓表

28. 裝表地位——每一鍋爐至少須裝一個準確汽表以指示正確之汽壓,裝置時必須擇較涼之地位,且可使司機者易於看見。

29. 銅管圈——每一汽表須裝一容量較大之銅管圈,以免蒸汽進入表內,銅管直接插入鍋爐,鍋爐與汽表間必須緊密,不能漏汽,銅管圈及與鍋爐接頭部分,在每次試表時皆須擦抹乾淨。

30. 試驗時期——汽表至少每三個月試驗一次,平時如有疑惑,即須隨時試驗。

31. 試驗方法——汽壓表須與標準表或靜重試表器比較,如查得汽表不準確時,須修理正確後方准再用。

23. 汽壓牌——司機棚內鍋爐面上須有一銅牌或鐵牌,刻明本鍋爐之最高汽壓,如鍋爐上裝有鍋皮及護衣,應將鍋皮及護衣割去一塊,將該牌顯出。

33. 鍋爐號數——如知道製造廠所定之鍋爐號數,應將該號數刻在汽包上,如不知製造廠之號數,亦應指定一個號數刻在汽包上,以便在說明書 Specification Card 上註明。

保安閥

34. 個數與容量 —— 每個鍋爐至少裝兩個保安閥,其容量須在任何情形下,足以防止汽壓升高至常用壓力百分之五以上。

35. 保安閥之較正 —— 保安閥放汽時之汽壓不得過常用汽壓 6 磅,校正保安閥時,必須用兩個汽表,一個汽表必須由校正保安閥者自己看見,如兩表相差至 3 磅時,必須將汽表修復後,再校正保安閥,在校正保安閥之前或改動保安閥之前,均須先將汽表試準.當校正保安閥時,鍋中水位不得高於最高之水位咔咗。

36. 保安閥試驗時期 —— 保安閥至少每 3 個月試驗一次,平時如有疑惑,即須隨時試驗。

水表及水位咔咗

37. 個數與地位 —— 每個鍋爐至少須裝一個水表三個水位咔咗,水表中最低水位及最低水位咔咗之位置,必須離火箱頂鈑最高部分上至少 3"。

38. 水表開關 —— 所有水表皆須有兩個開關,上下各一,以通鍋爐內部幷須有一放水咔咗Drain Cock;以上三項皆須開閉如意。

39. 清除時期 —— 所有水位咔咗及水表開關中之旋塞 Spindle, 至少每月拆卸一次,以便清除積垢。

40. 機車每次出房工作時,所有水位表,皆須開放蒸汽試吹一次,所有水位咔咗,皆須試開一次,又水位咔咗之開關,必須隨意靈活,不能藉助搬手或其他家具。

41. 水表玻璃及油盅玻璃護具 —— 水表玻璃管及油盅玻璃皆須裝置一種安全合適之護具,以防備玻璃破碎時之飛散,此等護具,須保持完好.

42. 水表燈 —— 所有水表皆須在合適位置裝燈使司機者易

見表中水位。

射水器

43. 機車每次應用前,必須將射水器試好,平時應用尤須注意,不得有水垢積蓄在內.止回閥,送水管,束小管,小櫃上水閥及水管均須完好,不可漏水,亦不可有外物人內阻止水流。

焰管堵

44. 焰管堵中心必具一孔,孔徑不得小於 3/4 吋,一個或一個以上之焰管兩端皆有堵時,則兩端之堵,必須用鐵條拉住,鐵條之徑不得小於 5/8 吋.此等機車到車房時,將管堵隨即取出,將焰管修好。

洗爐

45. 洗爐時間——洗爐時間視水質而定,但不得少於每十日一次,機車鍋爐在兩次洗爐之間,皆認爲續續工作,其有未曾工作之日數,應在洗爐報告中註明。

46. 各種堵之拆卸——當洗爐時,所有洗爐堵,管堵,水管爐條堵皆應拆卸。

47. 水管——拱磚管爐條管皆須特別注意,不可有水垢堆積。

48. 登記簿——機務處長室將所有機車鍋爐之洗爐報告,保存於各該機車之履歷簿中,各段在洗爐之當日,應記明以下各點; (1) 機車號數 (2) 洗爐日期 (3) 洗爐工人或檢查員之簽字 (4) 說明所有水位咔嘡及水表開關中之旋塞曾經拆卸,幷說明各咔嘡已經清除乾淨 (5) 拆卸及清除各咔嘡旋塞工人或檢查員之簽字。

滲漏

49. 護衣內滲漏—如在鍋爐護衣下發現滲漏,必須將護衣拆除詳細檢查,如因鍋身破裂或其他劣點而滲漏,致影響安全者,該鍋爐須立卽停用,必俟修理完全後,方准應用。

50. 司機視線前滲漏——所有汽閥咔嘡,接口,螺釘,栽釘 Stud)

鍋縫皆須完好,不可在司機面前漏汽,以障其視線。

報告保存

51. 檢驗報告——各將各該段須段所有機車狀況填寫格式第一號報告總段長,每月至少一次,又每經檢查後十日內必須填報一次,又每次須抄一份寄機務處備查,又一份貼履歷簿中。

52. 每月檢驗報告格式第三號6" × 9")及每年檢驗報告(格式第三號6" × 9")須各填一份,各裝玻璃框釘在司機樓內易見之處,否則機車不准應用。

53. 格式第3號每年至少填報一次,又每次試水壓及修理後十日內填報一次,填報時應填四份,一份存根,黏貼履歷簿內,一份貼司機,樓一份寄總段,一份寄處,寄年報之當月卽可不寄月報。

54. (a) 說明單——格式第4號$(8''\times10\frac{1}{2}'')$爲說明單,詳載計算使用汽壓之條件及結果,每機車須有說明單四份,一份黏貼履歷簿,一份貼司機樓,一份存總段,一份存處,此種說明單內各項,可在準確之藍圖中量出,如無準確藍圖,可於機車大修時一一量準後填入。

(b) 如果修理時,對於說明單上各項,有所更改,必須重填說明單,或另填變更報告$(8''\times10\frac{1}{2}'')$,於一個月內呈報,此種變更報告 Alteration report 須包括以下各項:——

(1) 新鍋身鈑或新汽包之應用。

(2) 鍋身鈑或汽包上新加補釘。

(3) 縱縫加固。

(4) 拉條數目及尺寸之更改須註明最大應力。

(5) 新裝過熱器拱磚管或水管爐條,須註明數目尺寸。

(6) 保安閥數目及容量之變更。

報告補釘時,須繪草圖或藍圖呈報,圖中須表明補釘離開鍋爐中心線之位置,補釘尺寸并將舊釘尖點槍明位置與性質,一經脫去鍋皮及護衣,即須將舊補釘情形報告以便詳查。

出險報告

55. 因鍋爐或鍋爐附件之損壞而出險,至死亡一人或一人以上時,管轄出險地方之段長,須立即電報出險性質,出險地點,及現到何地可以視察該損壞機車,電報發出後,仍須有書面報告,說明出險之大概原因及死傷人名表。

蒸汽機車及煤水車之檢驗

陳 廣 沅

本篇係根據美國州際商務委員會Interstate Commerce Commission所頒蒸汽機車及煤水車檢驗規程,幷參照中國鐵路原有檢驗情形而編就,其節目仍依美國原規章次序,以便參考。

101. 本路機車煤水車之設計,構造及保養,統由本路機務處長負其全責。

102. 在各段使用及在各廠修理之機車煤水車,統由各該段長廠長負檢驗修理之責,由各該段長廠長必確知所有劣點曾經查明,且曾經修理完好,方得准該機車駛用。

103. 此規章中所稱檢查員,除另有明文指定外,係指各該廠段之檢查員而言。

104. 每一機車及煤水車跑完一次車回車房,或工作一日後回車房,必須詳加檢查,如有劣點,須用規定格式報告段長.此種格式必須載明路名,機車號數,檢查地方及時日,查出之劣點及檢查人之簽名.如查出之劣點,未經修復即須駛用者,該段負責監工,應在該報告上註明理由幷簽名,此項報告須寄總段備案。

爐灰箱

105. (a)爐灰箱必須裝置穩固保持完好。

(b)爐灰箱必須裝在鍋爐底圈或構架上,其原來裝置不如是者,入廠大修時應即改造。

(c)爐灰箱搖動機件必須運用靈活而安全。

(d)爐灰箱任何部分離軌面距離至少3"。

閘件及警號

106. 在每次駛用前,必確知機車及煤水車之閘件均能使用靈便而安全;必確知壓風機確能供給充足風量以供給此次所駛之列車;必確知各種統制風壓之機件確能各盡其責任;必確知司機風門把在各種位置時確能操縱自如;又全車風閘設備中必將積水放淨。

107. (a)壓風機——所有壓風機應時時應用漏孔法試驗其容量,但至少每三個月一次。

(b)各式壓風機所應用之漏孔尺寸,風餅上下次數及所應有之壓力如下:——

牌號	壓風機尺寸	每分鐘氣餅單程次數	漏孔直徑	風壓磅/平方吋
惠司訂好	9 1/2"	120	11/64"	60
惠司訂好	11"	100	3/16"	60
惠司訂好	8 1/2"c.c.	100	9/32"	60
紐約	2a	120	5/32"	60
紐約	6b	100	13/64"	60
紐約	5b	100	15/64"	60

上表祇應用於1,000呎以內之高度,在1,000呎以上之高度時,每高1,000呎氣餅單程每分鐘可多5次。

108. (a)試驗總風缸——每個總風缸在初用前及初用後,每12個月應試水壓一次,其壓力應較尋常最高壓力至少高百分之25。

(b)每次機車入廠大修時,總風缸之全周均須行錘敲試驗,但至少每18個月應試行一次.

109. (a)風表——風表之位置須裝在司機工作時易見之地,所有風表至少每隔3個月,試準一次,平時如有疑惑,即須隨時試驗。

(b) 風表須與標準風表比較或在靜重試表器上試驗，如查有不準確時，須修理正確後方准再用。

110. 擦淨時期——分配閥，減壓閥，三通閥，直通閥，收塵器應時時擦淨以保行車安全，但至少每六個月擦淨一次。

111. (a) 標明擦淨及試驗日期——擦淨或試驗日期及承辦廠段之簡號，皆須在明顯地位油標明白，或用一種格式填明後配玻璃鏡框裝在司機樓中，又或用薄鐵片做成標子標明日期，如用鐵片標子，則字體高度不得低於3/8"，幷須懸掛以下各地點：——

(b) 在自動司機風門下之風管上掛一個，註明日期，表明是日曾將分配閥，三通閥，減壓閥，直通閥，收垢器及風閘缺擦淨幷曾在缸中加油。

(c) 在壓風機蒸汽管上掛一個註明日期，表明是日曾將壓風機用漏孔法試驗。

(d) 在總風缸回風管上掛一個註明日期，表明是日曾將總風缸試水壓。

112. (a) 風餅衝程——風餅衝程之最小限度須當鬆閘時，閘瓦與輪邊間有充分空隙。

(b) 最大行程——機車用

歪盤式動輪風閘……$3\frac{1}{2}''$

其他式動輪風閘……6''

導輪風閘……8''

煤水車風閘……9''

113. (a) 閘機關——閘機關必須保持完好閘桿，閘拉條，閘樑，吊閘板，及銷子均須強固，不可有一些不妥處致礙及風閘之使用。所有銷子均須用扁銷，開尾銷或鎖母緊住閘瓦須按規矩裝好。

(b) 閘機關各件離開軌面至少3''

114. (a)漏風——總風缸及附屬風管漏風限度:將最高風壓減低百分四十後其漏風在三分鐘試驗時期內平均每分鐘不得減過3磅。

(b)風管漏風每分鐘不得超過5磅。

(c)風閘缸漏風:風管氣壓達最高度時將司機風門手把放在緊閘地位 Service position,并將通到風閘缸之風管截阻,機車煤水車之閘瓦壓住車輪之時間,不得少於5分鐘。

115. 列車警號裝置——如有列車警號裝置則該裝置當於每次行車前試驗恰當保持完好。

司機棚警號及吹砂器

116. (a)司機棚——司機棚必須裝置穩固俾行車安全,其玻窗必須裝置適宜,使司機服務時得看清軌道及號誌.

(b)在風雪甚多地方行駛之機車,其前方玻窗上須裝一小窗約5吋高,上邊裝有鉸鏈以便開閉,位置高與眼齊以便看道。

(c)蒸汽管不准繫在司機棚上,司機棚內之蒸汽管 用雙料的double strength.其閥門及附件必須用加料的ext avy。

117. 司機棚擋鉤鈑——擋鉤鈑(apron)須長寬合度,以 全,擋鉤鈑一邊須用鉸鏈釘固,保持穩妥,且須使立足者穩

118. (a)爐門——每個機車必須裝一機械開關之爐門,門下方,離地板相當距離處,有一脚踏鈑,使生火者一脚踏鈑,則爐門自開,而便於續煤。

(b)爐門必須保持完好,不礙行車.

119. 汽缸咔唍——汽缸咔唍由司機樓內開關,此等咔 須保持完好。

120. 吹砂器——每個機車必須裝設吹砂器,平時保持完好,且須於每次行車前試驗一次,砂管必須正向鐵軌上。

121. 汽笛——每個機車必須有一汽笛,裝置地位必使司機者易於使用。

輓桿及收震簧 Draft Gear.

122. (a)機車煤水車間輓桿——輓桿及其附件如銷子等均須保持完好,使行車妥當,至少每3個月須將輓桿及銷子拆開細查有無劣點,此等輓桿銷子必須使其穩固,由下而上之輓桿銷子,必須有一托飯(Stirrup)在下邊托住。

(b)兩個或兩個以上保險輓桿或練條須裝在機車煤水車間,保持完好且須與輓桿同時檢查。

(c)保險輓桿或保險練條之長度愈短愈好,但必須與該機車所必經之灣道相合。

(d)機車煤水車間無碰頭(Buffer)者,其間活動量愈小愈好,不得超過$\frac{1}{2}''$。

(e)機車煤水車間如有碰頭者,彈簧裝入時至少須有3/4″之壓縮,平時必須有充分壓力使碰頭時相接觸。

(f)碰頭鐵須固裝機車煤水車上,其球面半徑須足使其便行彎道,并須使機車煤水車上下左右移動自如。

124. 收震簧——機車煤水車上收震簧,應裝置穩固使行車安全。

主動機關 Driving Gear

125. 十字頭——十字頭須保持完好,與導鈑間餘量上下不得過1/4″,左右不得過5/16″。

126. 導鈑——導鈑必須裝置穩固,并須保持完好。

127. (a)汽餅及汽餅桿——汽餅及汽餅桿須保持完好,汽餅桿每次折卸後,必須檢查有無裂紋,有則更換。

(b)每汽餅桿一端,應鑿明始用日期原來直徑及所用原料。

128. (a)搖桿及聯桿——破裂及有劣點之搖桿或聯桿不得

繼續應用。

(b) 破裂搖桿或聯桿不得用電銲或氣銲。

(c) 桿上銅瓦須保持完好,且須將銅瓦緊在桿上不能轉動鋼帶用螺釘裝在桿身須十分穩固。

(d) 桿在曲拐銷上總餘量不得過1/4″。

(e) 油盅及黃油壺 Grease cup 須固裝桿上,黃油壺塞亦須緊在桿上。

(f) 路上服務之機車——搖桿每端銅瓦之圓圈較銷之直徑不得大過3/32″兩端總餘量不得超過5/32″。

(g) 聯桿銅瓦圓圈較銷之直徑,在主動曲拐銷上不得大過5/32″在其他曲拐銷上不得大過3/16″。

(h) 倒車機車——搖桿銅瓦圓圈較銷之直徑在前端不得大過1/8″在後端不得超過5/32″。

(i) 聯桿銅瓦圓圈較銷之直徑不得大過3/16″,

燈

129. (a) 路上服務之機車——每個機車在日沒後至日出前在路上服務者,須裝一頭燈,其燈光充足,可使尋常有司機資格之目力,至少能在 800 呎距離前辨別中等身材之直立人,頭燈必須保持完好。

(b) 每個機車在服務時有必須倒行一段者,其後端亦應裝一頭燈,與前條相同,但偶爾倒行以帶上列車之一節或在站場行走者不裝。

(c) 此等頭燈必須有一機關可使發暗光,以便在站場或過對面列車時使用。

(d) 如有兩個或兩個以上機車,同曳一列車時,祇須第一個機車放光。

130. 機車號燈——每一機車須有一號數燈,此燈必須保持完好。

131. 貨場服務之機車——在貨場服務之每個機車即倒車機車,必前後各裝一燈,其燈光充足,可使尋常有司機資格之目力,至少能在 300 呎前辨別中等身材之直立人,此等燈必須保持完好。

132. 司機棚燈——在夜間服務之機車必在汽表風表水表前裝設燈光,使司機者在尋常服務地點,可以明白看出水表之度數,此等燈光祇許放射在各表上,在路上服務之機車尙須另裝一燈,使司機者得明白看出列車命令單時刻表,此等燈光又須有隨意明暗及關閉之機鈕。

行動機關

133. (a)動軸後從軸及前導軸——此等軸如有下列劣點者不准應用。

(b)彎軸;軸項有劃痕未曾鏇修完好不能使行車不熱者;鋼軸軸項有縫者;鐵軸上有橫縫者;軸項有縫不能使行車不熱者;或因使用太久或因發生險事致軸身或軸項不安全者;動軸前導軸後從軸尺寸較原來尺寸小½"者,如所有動軸之原來尺寸皆與主動軸相同,則此等動軸之尺寸可較原來尺寸小⅜"。

(c)動軸前導軸後從軸之一端皆須鑿明始用日期軸項原來尺寸及所用原料。

134. 煤水車軸——各種負重軸之最小尺寸如下:

軸之負重	軸項最小直徑	輪座最小直徑	中段最小直徑
50,000磅	5 1/2"	7 3/4"	6 7/16"
38,000磅	5"	6 3/4"	5 7/8"
31,000磅	4 1/2"	6 1/4"	5 5/16"
22,000磅	3 3/4"	5"	4 3/8"
15,000磅	3 1/4"	4 5/8"	3 7/8"

135. (a)煤水車軸有以下劣點之一者不許應用;

(b) 彎軸;軸項有劃痕未曾鏇修完好不能使行車不熱者;鋼軸軸項有縫者或鐵軸軸項有橫縫者;或因使用太久或因發生險事致軸身或軸項不安全者;軸項緣破裂或其厚僅有$\frac{1}{4}''$或不足者;軸項後灣角磨損。

136. (a) 曲拐銷——曲拐銷須裝置穩固,不得墊用鐵片,有鑿孔傷之曲拐銷不許用,曲拐銷之一端,須鑿明始用日期原來尺寸及原料.

(b) 曲拐銷蓋頭Callar及蓋頭螺釘皆須保持完好。

137. 軸箱.——軸箱必須保持完好,銅瓦及銅墊鈑有破鬆者皆須更新,軸箱銅鈑鬆時祇准用一片襯墊Shim。

138. 軸箱㧅及斜鐵——㧅及斜鐵必須保持完好。

139. 構架——構架,尾架,(deck)尾衝鈑back humper,架脚,拖鈑等皆須保持完好;每次機車入廠大修時,此等機件必須擦淨詳細檢查。

140. (a) 旁動量——任何軸上輪轂與軸箱間之總餘量或旁動量不得超過以下限度:

前轉向架輪軸(架中心可擺動者)……………………1

前轉向架輪軸(架中心不擺動者)……………………$1\frac{1}{2}''$

後隨架輪軸…………………………………………1''

動輪(二軸或二軸以上者)…………………………$\frac{3}{4}''$

(b) 如軌道彎度逾20°以上時則機車旁動量應略增加。

(c) 計算旁動量時必須斟酌情形使行動各部分如輪,桿,曲拐銷等不致互相碰撞。

141. (a) 緩衝架——緩衝架必須裝置穩固保持完好。

(b) 緩衝架底距離軌面最少3''最多6''

142. (a) 彈簧裝置——彈簧及均重桿之組織必須使各輪負重合量位置略平,又須保持完好。

(b) 彈簧裝置中有下列劣點者即須換新或修理。

(c)片簧第一片破裂或上半組兩片破裂或全體三片破裂者。

(d)片簧各片有串動者。

(e)圓簧破裂者。

(f)彈簧鞍均重桿吊桿,螺釘及銷有斷裂者。

143. (a)前導轉向架及後隨車架——車架須保持完好,中心銷嵌入中心套內之深度,至少3″/4,所有中心彈簧機關Centering device必須保持完好。

(b)四輪前導轉向架之兩前角,應各有適當鐵鍊以保安全。

(c)轉向架各部與機車各部間,應有充分餘量以免互撞。

144. (a)輪——車輪應穩壓軸上,軸座上不許鑿孔亦不許襯墊鐵片,同一軸上之兩輪直徑之差不得過3″/32。

(b)在標準軌距上行走之輪軸,兩個輪邊底線base line之距離小於53吋或大於53 3/8吋者皆爲不合度。

145. (a)鑄鋼或鑄鐵輪——鑄輪有下列劣點者不許延用:

(b)磨平——輪底磨平之面達$2\frac{1}{2}''$或$2\frac{1}{2}''$以上者一處,或有鄰近兩處各磨平達2″或2″以上者。

(c)輪緣缺損——缺損處達$1\frac{1}{2}''$長及$\frac{1}{2}''$寬者。

(d)破套——輪底Tread寬度不足$3\frac{3}{4}''$者(自輪緣上離開輪底$\frac{5}{8}''$之一點量起至無輪緣之一邊)。

(e)輪底剝皮——輪底因剝蝕而留之平面達$2\frac{1}{2}''$或$2\frac{1}{2}''$以上者;又或剝蝕之處太多致影響輪之安全者。

(f)閘傷——輪底因緊閘過熱而剝裂者.

(g)離開輪緣角$\frac{1}{2}''$或不足$\frac{1}{2}''$處有$\frac{1}{2}''$或超過$\frac{1}{2}''$之裂縫者;又在輪緣上離開輪底$\frac{5}{8}''$之一點量起。在距離$4\frac{3}{4}''$以內之輪底上有3″或超過3″之裂縫者。

(h)磨損輪緣——軸項爲5″×9″或以上時,輪緣磨成直立平面達7″/8或7″/8以上之高度，或輪緣厚度達1″（自離開輪底3″/8之一點量起）或不足者。軸項不足5″×9′時，輪緣磨成直立平面達1″或1″以上之高度，或輪緣厚度達15″/16（自離開輪底3″/8之一點量起）或不足者.

(i) 輪底磨空——如輪底磨空太甚致輪套易破者。

(j) 漲裂——輪心自裝軸處向外裂開者。

(k) 裂輪底，裂鐵鈑，裂夾鈑。

(l) 兩輪距離不合規矩者。

(m) 輪在軸上鬆動者。

145. (a) 鍛鋼或鋼套輪——此種輪有以下劣點之一者不許延用：

(b) 鬆輪——鬆的，破的，有劣點的守圈 retaining ring 或輪套；破的，裂的輪轂，輪輻，鋼鈑或螺釘。

(c) 磨平達$2\frac{1}{2}''$或$2\frac{1}{2}''$以上者一處；或達2″或2″以上者兩處。

(d) 輪底因剝皮或自裂而留之平面達$2\frac{1}{2}''$或$2\frac{1}{2}''$以上者；或剝皮自裂之處太多致影響輪之安全者。

(e) 輪緣皮裂。

(f) 輪緣磨損，距輪底3/8″處抵倷厚度15″/16或不足者，或自輪底向上輪緣磨平之面達1″或1″以上者。輪底磨去5″/16者。輪緣高度自輪底至緣尖達$1\frac{1}{2}''$者。輪套浮厚如1—7圖所示者。

(g) 兩輪距離不合規矩者。

147. 㔁輪及後從輪——此等輪心邊緣如係分開者應塡好鋼鐵墊塊後再加輪套，又此種墊塊必須保持完好，如輪心套間須用墊片，則至多可用兩片，且其中一片必須整圍一圈。

148. 㔁輪衡重必須保持完好。

149. (a) 㔁輪及後從輪具有以下劣點之一者不得延用：

(b) 㔁輪及後從輪輪心有3個鄰近輪輻或有25％之輪

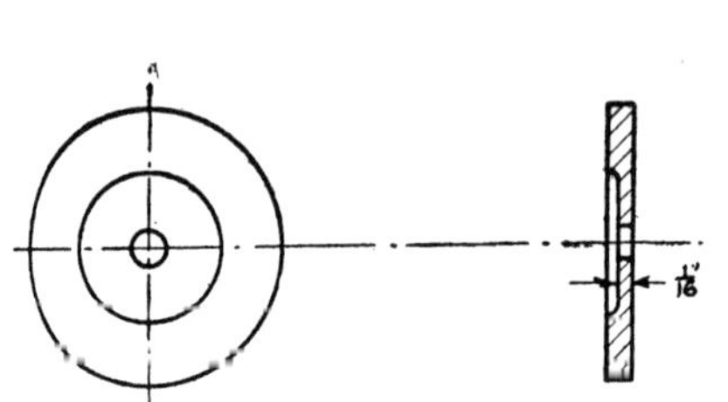

見第107條

棱角須銳削

孔之大小見107條

第一圖

用守圈連繫法之動輪及後從輪鋼套最薄限度(第146條)

路上服務之機車 A = 5/16"

倒車機車 A = 3/8"

X = 鋼套最薄限度(見151條)

第三圖

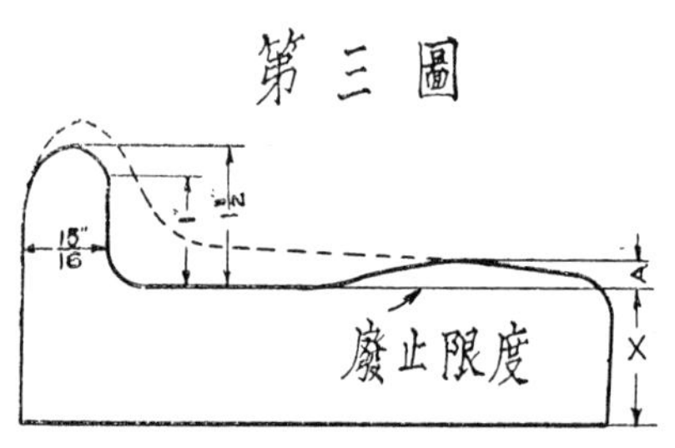

用冷縮連繫法之動輪及後從輪鋼套最薄限度(見第146條)

(其餘見前)

第二圖

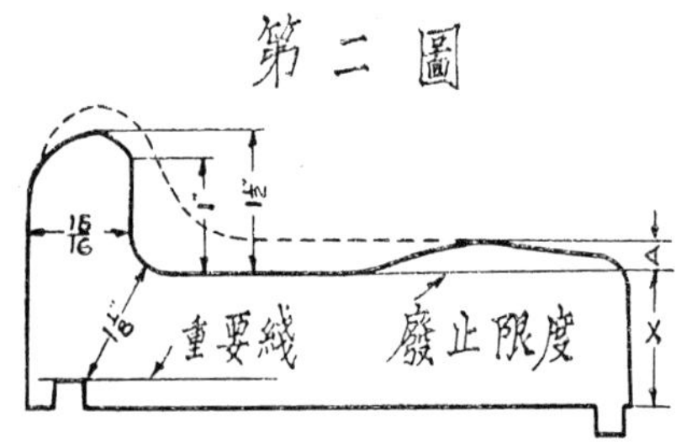

用冷縮連繫法且具輪唇及手圈槽之動輪及後從輪鋼套最薄限度(第146條)

(其餘見前)

第四圖

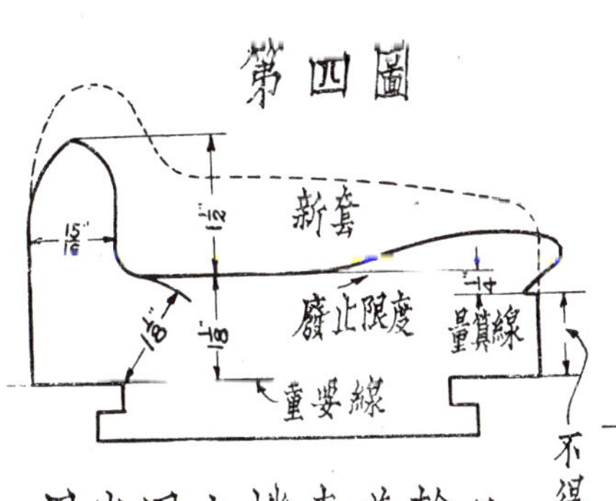

用守圈之機車導輪及煤水車輪鋼套最薄限度（見第146條）

（其餘見前）

第五圖

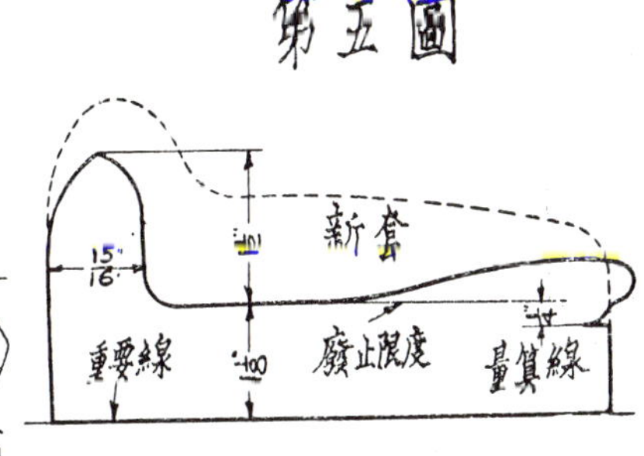

用冷縮連繫法之機車導輪及煤水車輪鋼套最薄限度（見第146條）

（其餘見前）

第六圖

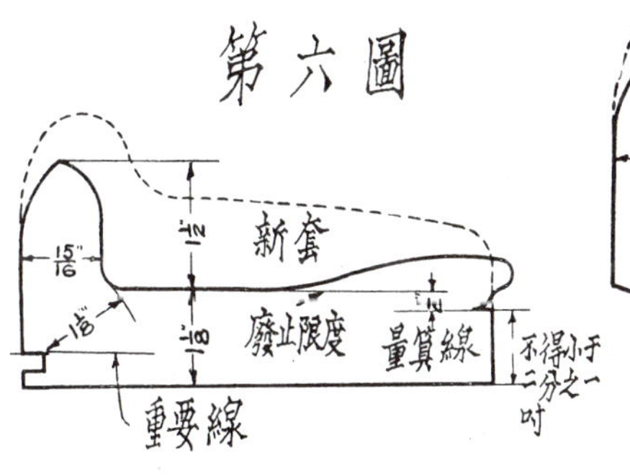

用守圈連繫法之機車導輪及煤水車輪鋼套最薄限度（第146條）

（其餘見前）

第七圖

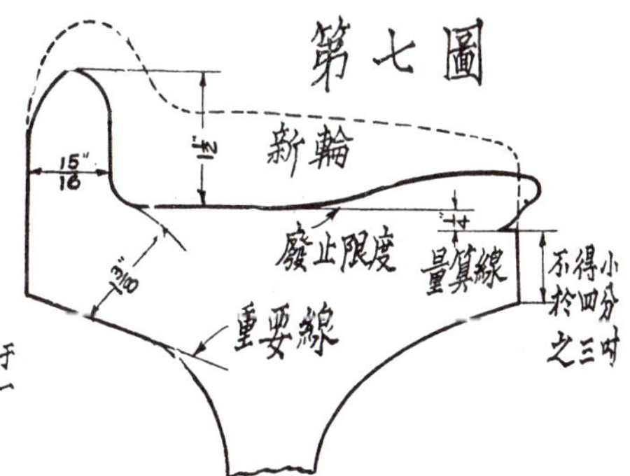

機車鋼輪及煤水車鋼輪之最薄限度（第146條）

輻斷者。

(c) 鬆輪:鬆的,破的或有劣點的輪套或輪套繫物;破裂輪轂;輪距不合規矩。

150. (a) 働輪及後從輪輪套——路上服務之機車,其輪緣高度自輪底量起至少1",但因實際情形不能全部輪緣有如許高度者,其中一對之輪緣可減爲5"/8.

(b) 倒車機車之輪緣高度自輪底量起至少1"/8

(c) 路上服務之機車,輪底斜度自輪緣緣角量起至輪套外邊,應爲1"/4倒車機車之輪底斜度應爲5"/16

(d) 標準軌距機車之働輪及後從輪輪套寬度,有輪緣者爲$5\frac{1}{2}$" 無輪緣者爲6"

(e) 窄軌機車之働輪及後從輪輪套寬度,有輪緣者爲5" 無輪緣者爲$5\frac{1}{2}$"。

(f) 全部輪套修鏇或更新時,在同一軸上或在同一輪組內之輪徑相差,不得過3"/32。如有一個輪套修鏇或更新時,則此輪徑與同軸上之輪徑相差不得過3"/32.如有同軸上一對輪套修鏇或更新時,則此輪徑與其他各輪之平均輪徑相差不得過3"/32。

(g) 働輪與後從輪套有下列劣點之一者不得延用:

(h) 磨平地方有$2\frac{1}{2}$" 或以上長者;輪緣厚度達15"/16 或不足者(自輪底向上3"/8 處量)輪緣有1" 或1' 以上之磨平面者(自輪底向上量);路用機車之輪底磨窓達5"/16 或倒車機車之輪底磨窓達3"/8;輪緣高度自輪底量起達$1\frac{1}{2}$" 以上如圖1—7所示者。

151. (a) 働輪及後從輪輪套厚度之最小限度如下(標準軌與窄軌同)。

每軸負重以動輪對數除動輪負重即得	輪心直徑（吋）	厚度極小限	
		路用機車（吋）	倒車機車（吋）
30,000 磅以下	44以下	1 1/4	1 1/8
	44—50	1 5/16	1 3/16
	50—56	1 3/8	1 1/4
	56—62	1 7/16	1 5/16
	62—68	1 1/2	…………
	68—74	1 9/16	…………
	74以上	1 5/8	…………
30,000 磅以上—35,000 磅	44以下	1 5/16	1 3/16
	44—50	1 3/8	1 1/4
	50—56	1 7/16	1 5/16
	56—62	1 1/2	1 3/8
	62—68	1 9/16	…………
	68—74	1 5/8	…………
	74以上	1 11/16	…………
35,000 磅以上—40,000 磅	44以下	1 3/8	1 1/4
	44—50	1 7/16	1 5/16
	50—56	1 1/2	1 3/8
	56—62	1 9/16	1 7/16
	62—68	1 5/8	…………
	68—74	1 11/16	…………
	74以上	1 3/4	…………
40,000 磅以上—45,000 磅	44以下	1 7/16	1 5/16
	44—50	1 1/2	1 3/8
	50—56	1 9/16	1 7/16
	56—62	1 5/8	1 1/2
	62—68	1 11/16	…………
	68—74	1 3/4	…………
	74以上	1 13/16	…………
45,000 磅以上—50,000 磅	44以下	1 1/2	1 3/8
	44—50	1 9/16	1 7/16
	50—56	1 5/8	1 1/2
	56—62	1 11/16	1 9/16
	62—68	1 3/4	…………
	68—74	1 13/16	…………
	74以上	1 7/8	…………
50,000 磅以上—55,000 磅	44以下	1 9/16	1 7/16
	44—50	1 5/8	1 1/2
	50—56	1 11/16	1 9/16
	56—62	1 3/4	1 5/8
	62—68	1 13/16	…………
	68—74	1 7/8	…………
	74以上	1 15/16	…………
55,000 磅以上	44以下	1 5/8	1 1/2
	44—50	1 11/16	1 9/16
	50—56	1 3/4	1 5/8
	56—62	1 13/16	1 11/16
	62—68	1 7/8	…………
	68—74	1 15/16	…………
	74以上	2	…………

(b)應用守圈之輪套厚限,可以較小,但自守圈槽之一角至輪唇緣角之距離不得小於$1\frac{1}{8}$"。

(c)軌距為2呎機車輪套極小厚度可定為1"。

煤水車

152. (a)煤水車搆架——搆架須保持完好。

(b)煤水車地板較機車地板之高差不得超過$1\frac{1}{4}$"。

(c)煤水車與機車間過道寬度定為10"。

153. (a)水櫃——水櫃須不漏水,且須保持完好.水管上須裝置合宜之濾水網。

(b)水櫃內部至少每月檢查清除一次。

(c)水櫃上面在儲煤處之後須保持乾淨,尚須有流出餘水之設備,進水口須有合宜之蓋。

154. 儲油櫃——燃油機車之儲油櫃須保持完好。

155. (a)煤水車軸架——軸架中心銷及套,須裝置穩固保持完好.中心銷套間如用襯墊,則銷伸入套之部分不得少於$\frac{3}{8}$"。

(b)軸架承樑必持保持水平。

(c)軸架之保險練須保持完好.

(d)軸架邊承須保持完好。

(e)磨擦邊承行走時不可接觸.

(f)後軸架邊承最大餘量不得過3"/8,前軸架不得過3"/4如兩邊邊承相距為50",如兩邊邊承相距不止50",則邊承餘量最大限,可依比例增加。

總汽門及回動機關

156. 總汽門——總汽門必須保持完好,且須有一種設備可使汽門把停止於任何地位.

157. 回動機關——回動機關,回動手把,及弧形導鈑齒必須保持完好.回動手把上活門須運用自如,且須有一彈簧,可使此門永插在導鈑齒上.閥動機關應有相當衡重。

158. 對於此項規章有意見時,可呈請機務處長核示。

報 告

159. 檢查報告——至少每月一次,又每次檢查後十日內,應填具報告(格式1, 6″×9″)三份,一份貼履歷簿,一份總段,一份呈處。

160. 每月檢查報告(格式1)及每年檢查報告(格式3)皆應多填一份,各裝玻璃框釘於司機樓內明顯地方。

161. 至少每年一次又每次試水壓及修理後十日內,應填具報告(格式 3, 6″×9″)三份,一份貼履歷簿,一份寄總段,一份呈處。填具每年報告之當日,其每日報告即可不填。

出險報告

162. 因機車煤水車任何機件之損壞而出險,致傷亡一人或一人以上時,管轄出險地段之段長,應立即電報出險性質出險地點,及現到何地方可以視察該損壞機車,電報發出後,仍須有書面報告,說明出險之大概原因,及死傷人名表。

第一格式

機車一月檢驗報告表

民國……年……月份　　國有鐵路　　綫　　機車號數……

茲已驗明此機車各部連鍋爐及附件在內凡已查出之缺點除在背面註明之件外均已完全修好并皆適合應用。

1	汽表檢驗及校正日期……	14	此鍋爐應用……磅平方吋，可保安全。
2	保安閥開放汽壓……磅……磅……磅 於……月……日校正	15	保安閥開放汽壓……磅……磅……磅 於……月……日校正
3	所有鍋爐滲漏均已修整否？……	16	汽表檢驗及校正日期
4	兩邊射水器試驗完好否？……	17	月　日洗爐時曾將水位咔喨水位表上下開關之淤塞拆卸清除
5	閘機關及警號均完好否？……	18	所有鍋爐滲漏均已修整否？……
6	收霰簧及轆桿均完好否？……	19	螺撑及頂鈑螺撑好否？……
7	主動機關均完好否？……	20	新換螺撑……棵新換頂鈑螺撑……棵
8	閥動機關均完好否？……	21	焰管及火箱鈑好否？……過熱管好否？……
9	行動機關均完好否：……	22	拱管及爐條水管好否？……
10	油盅好否？……	23	易熔塞拆卸清除否？……洗爐堵好否？……
11	頭燈好否？……	24	拆卸轉動螺撑帽日期……
12	吹砂器好否？……	25	鍋內積垢狀況？……放水閥完好否？……
13	煤水車完好否？……	26	上次試水壓日期……
	以上報告完全正確 機車檢驗員……		以上報告完全正確 鍋爐檢驗員……

以上報告經審核完全正確　　機務分段長……

第二格式

（第一格式及第三格式之背面）

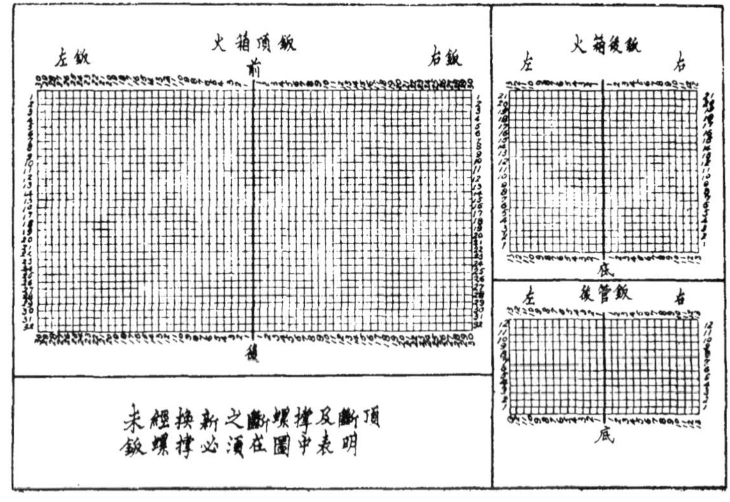

第三格式

機車一年檢驗報告表

民國…………年　　國有鐵路　　綫　　機車號數…………

玆已驗明此機車各部連鍋爐及附件在內凡已查出之缺點除在背面註明之件外均已完全修好幷皆適合應用

1 上次試水壓日期…………	12 洗爐否？…… 水位咔吱水位表上下掤關之淤塞拆卸清除否？…………
2 拆卸轉動螺撐帽日期…………	13 頂鈑螺撐及螺撐好否？…………
3 上次拆卸全部焔管日期…………	14 懸掛螺撐及壓梔好否？…………
4 上次拆卸全部鍋皮及護衣日期…………	15 焔管及火箱鈑好否？…… 過熱管好否？…………
5 此次水壓…………磅…………	16 拱管好否？………… 爐條水管好否？…………
6 全部轉動螺撐帽曾否拆卸？…………	17 喉管拉條好否？…………
7 全部焔管曾否拆卸？………… 數目？…………	18 後鈑拉條好否？…………
8 鍋身內部情形如何？…………	19 前管鈑拉條好否？…………
9 全部鍋皮及護衣曾否拆卸？…………	20 易熔塞拆卸清除否？…… 洗爐堵完好否？……
10 鍋身外部情形如何？…………	21 所有鍋爐滲漏均已修整否？…………
11 曾否進鍋爐內檢驗？…………	22 鍋內積垢狀況？………… 放水閥完好否？……

以上報告完全正確…………鍋爐檢驗員…………

23 汽表檢驗正確否？…………	30 此雪蓄及輓鉤機關完好否？…………
24 保安閥開放汽壓……磅……磅……磅……	31 主動機關完好否？…………
校正日期……年……月……日…………	32 閥動機關完好否？…………
25 兩邊射水器試驗完好否？…………	33 行動機關完好否？…………
26 所有鍋爐滲漏均已修整否？…………	34 彈簧裝置完好否？…………
27 此次水壓…………磅？…………	35 油盅及頭燈完好否？…………
28 閘機關及警號均完好否？…………	36 吹砂器完好否？…………
29 輓桿及輓桿銷均曾拆卸查驗否！…………	37 煤水車完好否？…………

以上報告完全正確…………機車檢驗員…………

上項報告經審核完全正確…………機務分段長…………

第四格式（正面）

國有鐵路　　綫

號機車說明單

製造者

製造廠鍋爐號數

製造年月

製造地方

鍋爐式別

鍋身鈑材料

鉚釘材料

汽包位置

爐底面積

水位表中之最低水位離喇頂鈑高度

水位咔唑之最低位置離喇頂鈑高度

水管爐條之外管徑……厚

拱磚管之外管徑……厚

大焰管，數目，……外徑……長……

小焰管，數目，……外徑……長……

保安閥

號數……尺寸……製造者……型式……

火管螺撑，外徑……距離……

燃燒箱螺撑外徑……距離……

頂鈑螺撑外徑，上……下……距離……

頂鈑馱轆螺撑，外徑，上……下……距離……

底圈四周水厚，兩邊……後……前……

將鍋爐縱縫及橫縫繪略圖於下，并將最弱部分之效率計算結果註明之。

鍋身鈑

前管鈑……厚……裏徑……

第一圈……厚……裏徑……

第二圈……厚……裏徑……

第三圈……厚……裏徑……

（注意）如非直頂鍋爐應將大小圈徑註明

火箱

鍋鈑厚……

管鈑……頂鈑……邊鈑……

爐門……燃燒室……喉鈑……

外火箱

鍋鈑厚……

喉鈑……後鈑……外頂鈑……

外邊鈑

汽包裏徑

鈑厚……底鈑……襯鈑……

各項材料試驗有正式報告否？

本路機務處存有報告說明該爐鍋鈑之最低拉力爲一

第一鍋圈……磅/平方吋

第二鍋圈……磅/平方吋

第三鍋圈……磅/平方吋

鍋身各點皆成正圓否？

如鍋身成扁形註明地點及尺寸

鍋鈑各點皆完全撑好否？

汽包孔及其他各孔皆完滿加固否？

鍋爐有無易熔塞？

第四格式（反面）

在應用蒸汽壓力下各部最大應力之計算結果如下：

螺撑，螺線根……………………磅/平方吋	圓身或方身拉條……………………磅/方平吋
螺撑，縮小部分………………磅/平方吋	掌形拉條………………………………磅/平方吋
頂鈑螺撑，或頂鈑壓軛之螺栓，	鉚釘切力………………………………磅/平方吋
在螺線根，或最小部分，上…………磅/平方吋	縱縫上最低效率處之鍋鈑拉力
頂鈑螺撑或頂鈑壓軛之螺栓，	
在螺線根，或最小部分，下…………磅/平方吋	

以上尺寸係由機上直接量出，由何人所量

以上計算之尺寸係由機車圖得來此圖係…………………………公司所供給其號數爲……………………………
日期爲……………………

機械工程司……………………………………

據該員……………………報稱　以上機車圖及尺寸均極正確，審核所算無訛，又根據該鍋爐最近之……………月……………日報告考查其現狀深信該……………號鍋爐之設計構造及情形應用……………磅/平方吋之汽壓可保安全等語准予備案。

機務處長……………………………………

解決中國運輸問題之途徑

柏理原著　　　　曹麗順譯

欲求提高中國內地之生活程度，必先提倡內地之交通事業，蓋爲識者所公認，作者此文所論，專重解決中國運輸問題之途徑，良以中國之運輸，本已成爲問題，殊少證明之必要，故亦無庸鄙人之再加解釋耳。關於此項問題之著作，原已數見不鮮，而著者又皆爲富有學識經驗之士，且其對於改良交通有利於農商各界與一般社會之意見，亦無二致。然除泛泛然主張多造鐵路道路以外，求其建議之能適合於中國現有之財力而可以實現者，則尙無所聞。蓋欲鐵路道路於提高全國之經濟水平綫，能發生顯明之成效，必先有甚長之哩程與極大之耗費，亦必經長久之時日。本文主旨，即在闡明若何採用一種機械力之道路運輸，可以較輕之成本，在較短之期間，獲得同等之結果。

道路與鐵路運輸之比較

往昔之論中國運輸事業者，皆以爲欲增進廉價運輸，其惟一方法，在建築鐵路，多多而益善。但近十年來，採用機械力之道路運輸勃興，已成路綫固屬不尠，而在計畫中者，尤更僕難數，故一般之意見，亦遂大不相同。然普通心理，仍以爲建築道路，僅爲異日改築鐵路之初步，對於道路本身，尙視爲不足解決任何路綫之運輸問題。故鐵路路綫之已經計畫及測量者，頗不在少，預定于機會成熟，即可開始動工。

中國多數人士對於道路建築及運輸，所抱之態度既若是，足見其尙未能曉然於歐美各國目前鐵路道路之競爭狀況。蓋現在各國道路於短程及中程運輸，已予鐵路以重大之打擊，以致立法方面，對於此種運輸公司營業範圍之限制，不得不有所決定，或正加以考慮焉。

在過去約百年間，除運河與內河外，鐵路確爲陸地最廉之運輸方法，固無可與之競爭者。近四五年來，而情形大變，加以現在道路載運工具之突飛猛進，恐不數年間，世界各國，除幹綫外，將不復作建築鐵路之計畫矣。即以現狀而論，英美及其他各國之鐵路枝綫，時聞停業之事，因其與道路運輸不能作有利之競爭故也。舉一近例，則美國維島州之國內外貿易委員會建議於美國全國運輸委員會，請將新英蘭各州中二千英里之鐵路枝綫，改作道路。故現有之道路車輛，倘得之於百年以前，則以英格蘭島之疆域，或其他無長途運輸之國家，必不致建造如許之鐵路，蓋可斷言耳。

尤有進者，現在之鐵路運輸，除營業十分發達，足以負担電化之費用外，並無重大改革之徵象，而道路車輛之改進，則日有所聞，其速率載量及行車經濟，均尚未達最高之限度，即以目前而論，英國已在造一裝輪60個之車輛，可以載重250噸。

以言中國，則粵漢完成及隴海通至西安時，所有沿海及其鄰近各省，已有充足及良好之幹綫。至於其培養綫路，中國尚不至爲迅將陳舊之運輸制度所累，故可以充分利用道路方面新式之發展，此不可謂非幸事也。

且中國尚係一完全之農業國家，貨物運輸，都有節季，一年之中，營業最旺時期，不過數月，則雖築輕便鐵路，亦須將大部分創辦資本，投於永久呆滯之綫路及一切建築之中，仍非經濟之道，實顯而易見。反之，一般道路所需建築維持之費較少，尤以土路爲然，故淡月之維持費及利息損失亦較小，而大部車輛，或尚可移用於其他營業較盛之路綫，縱某一路綫，必須完全停運，亦不至蒙重大之損失也。

道路運輸之要件，旣如上述，則究以何種道路及何種運輸制度爲適宜,容當於下文一一討論之。

道路種類

第一,吾人所習聞之"改良道路,"果何所指,其爲一種改良之土路,如在平坦之地,路寬 18 英尺者,每英里需費國幣400.00元至5,000.00元之路乎,抑爲每英里15,000.00元至60,000.00元之純碎石路乎,抑爲每英里值100,000.00元之柏油碎石路乎,抑爲外國所需能負重量,造費更大之路乎,其惟一之答案,當爲除山區及大城附近以外,所謂"改良道路,"僅指改良之土路而已。蓋以中國目前之財力,欲供全國一般之交通,惟有建築最低廉之道路。至需費較多者,將來果有需要,亦必俟諸廉價道路之改良交通,已奏提高國民經濟水平綫之效以後。簡言之,惟一可行之法,厥爲造路成本,求其極低,而路綫則愈長愈妙,至運輸方式,則採取可以行駛於鬆軟路面者爲宜。

汽車

中國最初築路之時,原以爲汽車必能完全適用於鬆軟土路,可以供給迅速低廉而可靠之交通。詎知事實有不然者,除載客以外,汽車實未能盡滿人意,至少未能合於低廉二字,蓋許多地方,竟以人力車拖載重貨行於汽車道上,山西省即其一例。其一種原因,爲近年銀價低落,以致汽油及汽車底盤之成本,因而大增。另一原因,則爲一噸半至二噸之汽車載量過小,如行駛二十英里以上,即難收經濟之效。蓋如汽車每延噸英里之運輸成本,達三四角之鉅,而僱用人力車,大車或牲畜馱負,所費僅及其半,則又安望能與之競爭哉。

載重與行程之比例

或謂中國陸地運輸,於載重一噸左右日行二十英里之大車,與載重二三百噸一日夜行三百英里之火車之間,欲求一種中級運輸方式,則舍用輕便汽車外,實無他途。此言誠然,蓋在中國之土路上行駛四輪汽車,若載重超過二噸,而欲保路面不壞,殊不可能。

世界各國,在運輸上固皆有相類之欠缺,不過不若是之甚。此文之本旨,即在說明如何在中國以廉價運輸方式,至少可彌補此種缺陷耳。

大凡載重愈大,行程愈長,則延噸英里之成本愈低,如橫經北美之長途鐵路運輸是也。然若以爲有何確切之規律可循,則又難言耳。據美國調查,就康奈的克州某條路綫全年所經之車輛,而考察其結果,發見載重一噸以內之車輛,其最經濟之行程,實僅自12至17英里,載重一噸至三噸之車輛,爲18至34英里,載重不過七噸之車輛,爲35至64英里。是項結果,對於各種載重汽車之經濟運轉,已可指示其最高限度之哩程。至若10噸,20噸或載量更大之汽車,其經濟運轉之最低限度,應爲若干哩數,則因調查時,未有此種車輛在內,故不能視爲準繩。然無論如何,每次行程愈長,則載重應愈大,已可證明無疑。

車輪壓力

前言欲中國土路不致損壞,則行駛其上之四輪車輛,應以載重二噸者爲度。現擬對於土路所能負之最大輪重,即每平方英寸之重量,再加以說明。有關是項之統計,其已公布者甚少,惟數年前美國農業部,對於鐵輪馬車之損壞土路,曾作詳盡之試驗,不無可以借鏡之處。該部約經四十次同樣之試驗,證明欲使道路受最少之損害,並使運轉磨擦,即道路對於車輪之抵抗力,減少至最低限度,則路面上之負重,按輪闊每英寸,不得過250磅,是猶言車輪有五英寸闊之輪胎者,不能載重過1,250磅。凡高壓氣輪胎之疾駛,較在試驗中所用大鐵輪之慢行者,其損路之程度,固超過遠甚,而上項數字,要可爲高壓氣輪胎不致損傷道路之載重量,作一參考。由此可見普通用於一噸半汽車上之32英寸×6英寸之輪胎,膨脹至90磅壓力以後,規定可載2,200磅者,則五英寸寬之輪底,每英寸將有440磅之載重,實爲太高也。雖輪胎之彈力,可使每英寸之重量略減,然亦究屬太高。故最有名之專家主張,欲保護土路路面,則輪胎壓力,每平方英寸,不能過二十磅,因此種之需要,而製造特別低壓力輪胎之廠家,遂日見增加。

幸中國富於能載高壓力之土壤,至少北方與西北爲然,蓋在此區域內,其主要成分之黏土質,於乾燥時,每平方英寸,可載重約三十磅也。

運轉抵抗力

除過大輪重,實損路面外,尚有一點,有妨運輸之經濟,應加以研究者,卽爲路面車轍與散沙鬆土所生之運轉磨擦力,及須增加相等之動力以抵過之是也。凡於舖沙僅半英寸之路面上,曾經開駛汽車者,類能道之。

運轉磨擦力,常以牽動一噸,需力若干磅計算之。茲依據各國試驗所得,將種種不同路面之運轉磨擦力列下,又爲比較起見,鐵軌磨擦力,亦併錄之。

		每噸(二千磅)之運轉磨擦力
頭等鐵路		3—10磅
輕便鐵路,軌道非最好者		20—40磅
土瀝青路	氣胎	30—70磅
碎石路	氣胎	30—100磅
土路		30—200磅
土路,美國農業部所用鐵輪每英寸重量250磅		65磅
土路,美國農業部所用鐵輪每英寸重量550磅		80磅
土路,美國農業部所用鐵輪每英寸重量850磅		95磅
舖沙路	氣胎	100—200磅
鬆石礫路	氣胎	150—200磅
噴沙路 八英寸深 溼	氣胎	300磅
噴沙路 八英寸深 乾	氣胎	500磅

由上所述,足見欲求運輸經濟,必須維持完好路面。又可見良好土路,對於牽引力之抵抗,固未必比良好碎石路或土瀝青路爲大,惟此專指路面完好,並無車輪下壓之情狀而言,是則非求車輪載重之稍輕不可。

原動車與拖車

現在之問題,爲何種車輛可稱爲土路上之廉價運輸,並符合下列似乎矛盾之兩種條件,即運輸單位之裝載量,愈大愈好,而同時車輪加於路面之重量,每平方英寸,不得過30磅,或六英寸之輪胎不得過半噸。一法可於自動車輛上,多裝車輪,譬如二噸汽車上可裝置八輪是。然運輸單位仍嫌太小,而成本亦鉅,似應另籌良法也。

其解決方法,惟有用原動車與拖車聯合形式之運輸,因其已經被認爲路運之最低廉者,至少於供給大量之運轉單位一點爲然。是項制度之發展,在各國頗受路運制裁之影響,如美國現行法,限制原動車與拖車之全體長度,不得過45英尺,英國不得過34英尺是。惟最近數年之中,德荷諸國,對於改善所謂"道路列車,"即用原動車加挂拖車二三輛以上之運輸,已有相當之進步矣。

附圖一二三,表示外國現用之運轉單位,可在硬面路上載運20噸至25噸之重量。圖中車輛均裝有高壓力及中度壓力之輪胎,常用於硬面路上,或偶用於軟面路上,均甚相宜。然於軟面路上,不宜繼續使用,因路面每平方英寸所受車輪之重量,尤其原動車上動輪之重量,足使路面破碎也。

蠋式連環軌道

現在討論之範圍,已縮成如何可得一種原動車,具有在平坦路面拖運大量之動力,如30噸至50噸之收費貨物,或50噸至80噸之總重量,而其壓於路面之重量,每平方英寸須不過30磅,能較少則更佳。

若每噸之運轉磨擦力爲70磅,則欲拖80噸之重量,須有牽引力或輓桿之拖力5,600磅,是非車輛有相當之黏着力不可,然同時又須限制路面重量每平方英寸不得過30磅,若是則車輪之直接壓於路面爲不可能,而必另謀所以移轉重量之方法。其法可於汽車上採用蠋式連環輪軌,於運轉時,輪前有寬闊軌道著地,及車輪

第一圖　第二圖

第三圖

第四圖

第五圖

第六圖

滾過,則着地部份之軌道,乃隨之捲起。此法一方可以分布原動車重量於較大面積,如耕田用之原動車,其每平方英寸之壓力,可減至六磅或六磅以下,而尚有一不傷路面之優點,蓋載重與路面之接觸,經由已著地而不移動之輪軌,並非直經迅速旋轉之車輪,良以車輪在地行動時,實係一種微小跳躍動作,一如磨刀石之能生磨損作用也。

市上出售之連環輪軌種類頗多,大都爲鋼板所造,連之以釘。然因其關節易受泥沙之過度擦損,故其應用,尚祇限於農業之原動車,及軍事之唐克車。因前者每小時至多行六英里,故損傷甚小,而後者之速度,雖每小時達二三十英里,但不必顧運轉之經濟。至於道路運輸,既須有適當之速度,而又以經濟爲最要,則殊未能合用耳。

循環輪軌

現有一種連環輪軌,銷行不過三年左右,頗能適應中國道路運輸之條件,乃英國 Messrs. Roadless Traction, Ltd. 所製造,其鋼板相連處,不用釘而用硬塊橡皮。

此種輪軌,曾在試驗室及野外經極周密之試驗,證明關節中之橡皮,不易損壞,幾可與鋼板之壽命相同。是以許多製造農業原動車之廠家,正在考慮加以採用,而美國之福村,開士,馬昔哈里等牌號原動車,與英國歐洲之其他出品,均已有此裝置。是項輪軌之行駛速度,可高至每小時 25 至 30 英里,且極不易損壞,故於中國土路,非特不致有害,抑且可以滾壓路面而使之進步焉。惟應加討論者,乃何種原動車,最宜用此輪軌耳。

拖車輪胎

至道路列車之拖車,應用何種輪胎,不妨於此一并及之,惟此點並無困難,因拖車可依其載重及速率,而裝低壓力之氣輪胎,闊邊鋼輪緣,或如第四圖內之連環輪軌。該圖內之拖車裝輪軌四,載重 20 噸,爲伊賴克(Iraq)石油場中所用者。

燃料

運轉經濟之要素,除保全路面,及減少運轉抵抗力外,其次卽爲採用何種燃料,庶可使行車成本減至最低程度。以燃料中如汽油,石油,柴油,木炭,煤等,頗多選擇之餘地也。

倘汽油石油,須長此購自外國,而匯兌率又若是之高,誠未可視爲經濟之燃料,必須另覓價廉之代替物。其可用以代替者,一爲从墨油或柴油,在通商口岸,售價僅及汽油三分之一,卽在其附近之地,如用於高壓燃燒機,亦爲一種廉價之動力。惟距離海口及鐵路愈遠,則油價愈高。或以爲中國亦產粗質石油,當可用以代替輸入之油類燃料,但目前殊難成爲事實,以此種發動機之燃料唧筒,祇能用黏性較低之油,而大半柴油,卽不合用。惟汽油發動機,亦有使用柴油之可能性,蓋現在市上有各種炭化器出售,祇須用以使油先行變熱及化氣耳。

現在湖南省以木炭化氣用於汽油發動機,已告成功,故在木柴充足之區,不失爲一種低價動力之來源。然在缺少森林之區,則代木燒炭,未可視爲良法,且供給漸少,則價格必增。

最宜於道路運輸之燃料,似莫如煤。售價之廉,在礦場僅每噸一元至三元,分佈亦廣,且又可用之無竭。蓋中國蘊煤之富,佑計有2,170萬萬噸,而至今道路運輸,固可謂絕無用煤者也。

蒸汽車輛

道路運輸之所以無用煤者,一由於汽油價廉,故除英國外,鮮有注意路用蒸汽車之改善,二則此項車輛用於土路,亦覺太重,蓋所造容積之最小者,可載貨六噸,其本身空載時,重亦如之,是每輪須負三噸左右之重量。近年來此種車輛之效能日高,現在六噸車之裝有氣壓輪胎者,其高速率幾與汽油車相等,每小時之速度,達五十英里,於試驗時,每英里耗煤三磅半,卽煤一噸(2,240磅)可行640英里。其最大者,可載15噸,裝有八輪,試驗時行280英里,耗煤一噸。以上兩種,均裝有約100匹輪閘馬力之發動機,假定每小時一行

20英里,一行15英里,則每馬力小時,耗煤約一磅。

是則每公噸平均煤價,縱有十一元之高,即每磅半分,而蒸汽仍不失爲中國道路運輸最低廉之動力。至發動車之重量,既托於連環輪軌之上,則路面每平方英寸之總重量,當不過十磅。

道路列車

此種路運方式,雖外國有計劃每列車可運百噸或百噸以上者,如圖七所示,而尚未經實用。然亦可謂具採用此種運輸之動機與便利者,宜莫若中國,可於人民之衆,藏煤之富,與土質在相當載重限度內之成爲良好路面等證之。

下列原動車與拖車之運輸成本概數,係根據兩種之設計,一爲每單位載重25噸,一爲載重50噸,前者速率每小時10英里,後者5英里。惟須申明者,除煤價用每噸11元外,其消耗率寬估爲每馬力小時二磅半,而非如前述之爲一磅,其運轉抵抗力,假定爲每噸70磅,爲數亦頗高。

載25噸每小時速率10英里之道路列車

車輛

原動車1輛,裝有110輪閘馬力之發動機,合75轆桿馬力。約計 30,000.00元

拖車5輛,每輛載量5噸。 約計 15,000.00元

共計 45,000.00元

載運量　每小時速率10英里＝每分鐘880英尺,

轆桿之拖力 $=\frac{75\times33,000}{880}=2,812$ 磅

可運 $\frac{2,812}{70}$ 噸 $=40.2$ 噸 } 假定運轉磨擦力,每噸爲70磅。

$=\begin{cases}25\text{ 噸(收費載重)}\\15\text{ 噸(五噸拖車五輛之淨重)}\end{cases}$

運輸成本

載重　25噸

速率　每小時10英里

哩程　每年40星期每星期400英里＝每年16,000英里。

折舊

車輛營業壽命，假定爲100,000英里，惟所估頗低，因汽車壽命，普通常作150,000英里也。以45,000.00元之總成本計之，合

每列車英里　45分

資本利息

45,000.00元之年息6% = 2,700.00元。

每星期 — 67.50元。

每星期行400英里，則每列車英里爲　16.86分

工資

每月60.00元者1人	60.00元
每月40.00元者1人	40.00元
每月30.00元者2人	60.00元
每月工資共計	160.00元
每星期工資共計	40.00元

每列車英里　10分

燃料

假定煤之消耗率，每馬力小時爲2磅

半，110輪閘馬力發動機，每小時用　275磅

每磅成本半分，每小時爲　137.5分

每小時速率10英里，則每列車英里爲　13.75分

滑油

假定原動車之發動機，每小時用

滑油5角 = 每英里用　5分

原動車與拖車之輪軸等處，

每車每英里須用滑油1分　6分

每列車英里共計　11分

修理

修理發動機，每年撥用4,800元 = 每英里用　30分

原動車及拖車之其他部分，用3,200元 = 每英里用　20分

每列車英里共計　50分

25噸列車每小時10英里之合計

折舊	45 分
利息	16.86 分
工資	10 分
燃料	13.75 分
滑油	11 分
修理	50 分
每列車英里共計	146.61分
每延噸英里	5.86分

載50噸每小時速率5英里之道路列車

車輛

原動車1輛,裝有110輪鬪馬力之發動機,合75輓桿馬力 約計 30,000.00 元

拖車5輛,每輛載重10噸 約計 30,000.00 元

共計 60,000.00 元

載運量 每小時速率5英里＝每分鐘440英尺

輓桿之拖力 $= \frac{75 \times 33,000}{440} = 5,625$ 磅

可運 $\frac{5,625}{70}$ 噸 $= 80.4$ 噸 } 假定運轉磨擦力,每噸爲70磅

{ 50噸(收費載重)
30噸(10噸拖車5輛之淨重)

運輸成本

載重 50噸。

速率 每小時5英里。

哩程 每年40星期每星期250英里＝每年10,000英里。

折舊 按總壽命100,000英里計算。

每列車英里 60 分

利息 60,000.00元之年息6％

每列車英里 36 分

工資 與25噸列車同,每星期40.00元。

每列車英里 16 分

燃料 與25噸列車仝,每小時137.5分

每小時行5英里,則每列車英里爲 27.5分

滑油

假定原動車之發動機,每小時用		
滑油5角 ＝每英里用	10分	
原動車與拖車之速率僅25噸列車之半,		
而載重倍之,故其輪軸等所需之油爲		
每車每英里成本1分,計	6分	
每列車英里共計		16分

修理

修理發動機等,每年用4,800元＝每英里用	48分	
原動車及拖車之其他部分,每年用3,200元＝每英里用	32分	
每列車英里共計		80分
每列車英里之運輸總成本		235.5分
每延噸英里之成本		4.7分

路運速率

讀者當知此項估計之延噸英里用費4.7分與5.86分,僅指列車速度較低,每小時行5英里與10英里之時耳。惟速度及其影響於運輸成本之問題,各人意見不同,頗有再加考慮之必要。

第一,凡運送旅客與易壞及貴重物品,其時間性甚爲重要,而不應計較成本,此事之至明者也。故所用原動車之速率,每小時須達10至15英里,並能運貨10至12噸或旅客100至120人。照中國內地現在之情形,可無須求更高之速率。

至載運重笨貨物,如糧煤之類,則爲另一問題,在相當限度以內,時間性恐無何種關係。所要者,乃行車經濟及保護路面之不致損壞耳。

或謂今有車一輛,載運若干貨物,經行若干距離,其速率爲每小時10英里,然以同樣之載重及距離,如能有每小時20英里之速率,則運輸成本,當減其半。按之工資及其他費用之以年月論者,此言誠是,但未計及不減載重,而倍增速率,至少須倍增車輛之動力,是必使原來成本隨之加高,連帶而及其利息與折舊,至於燃料滑油及修理費,亦將倍之,若路面之磨損,則更不止此焉。

如25噸列車之速率,每小時非10英里而爲20英里,則原動車至少須裝有220輪闢馬力之發動機,其價格亦非三萬元而爲五萬元,試以此爲例,而一考其運輸成本。

其估計之數如下:

每小時20英里之運輸成本

載重 25噸

速率 每小時20英里

哩程 每年40星期每星期800英里＝每年32,000英里

折舊	根據65,000.00元之成本,及100,000英里之壽命	65 分
利息	65,000.00元之年息6％＝每星期97.50	12.2 分
工資	每星期40.00元,計行路800英里	5 分
燃料	每小時275分,計行路20英里	13.75分
滑油	每小時220分,計行路20英里	11 分
修理	每年16,000.00元	50 分
	每列車英里之運輸總成本	156.95分
	每延噸英里之成本	6.3 分

此項延噸英里之成本,自比每小時行10英里之成本5.86分爲大,而其問題,又在於折舊之如何算法。第一,如每小時行10英里之車輛,其壽命爲100,000英里,則其速率加倍時之壽命,當必較短,而其每英里之折舊率,遂不止如上述之爲65分。反之,倘如普通之按原價每年20％計算折舊,則每小時行20英里之列車,其每列車英里之折舊費,將減爲40.6分,且其估計之壽命將爲五年,按每年行32,000英里,五年計共行160,000英里。若用同一之根據,則每小時行10英里之列車,其每列英車里之折舊費,應爲56.25分,而非45分,且其原價於經行80,000英里時,卽已全數銷去。故就大體言之,最適當之辦法,爲將列車之壽命,作一定之哩程,若定爲100,000英里,則不問每小時行10英里或20英里,其每延噸英里之成本,所差甚微。速率較高之優點,在節省時間。然其對於糧,煤及類似貨物之運往市場或鐵路起點,所關甚小,而另一方面,則原來成本,增加甚多,

路面損傷,亦必更大。

如遇時間問題確屬重要時,最好將每小時10英里之列車,日夜開行,僅須略添額外燈火費,卽能辦到。是則節省時間之目的可達,而原來成本,不致增加,路面多受之損壞又較少,故每延噸英里之所費,亦遂較低,玆特估計之如下:

日夜開行之運輸成本

載重	25噸	
速率	每小時10英里	
哩程	每年40星期,每星期800英里=每年32,000英里	
折舊	根據成本45,000.00元及壽命100,000英里	45 分
利息	45,000.00元之年息6%=每星期67.50元	8.43分
工資	每星期80元行800英里	10 分
燃料	每小時137.5分行10英里	13.75分
滑油	每小時110分行10英里	11 分
修理	每年16,000.00元	50 分
	每列車英里之運輸總成本	138.18分
	每延噸英里之成本	5.5 分

以上數字,不能指爲純屬理論的,因去年杪在北平郊外曾將裝有循環輪軌之原動車及拖車3輛,並載貨12噸,加以試驗,見第5及第6圖。原動車裝有柴油炭化器,用蘇拉油,每加侖值洋38分,於每小時6英里之速率下,作數度之試驗,燃料消耗率如次:

掛拖車1輛,裝貨4噸,每英里用油.5加侖,計洋19分。

掛拖車2輛,裝貨8噸,每英里用油.55加侖,計洋21分。

掛拖車3輛,裝貨12噸,每英里用油.62加侖,計洋23.5分,

上項列車之原價爲18,000.00元,假定每年開行40星期,每星期行300英里,則其運輸成本如下:

折舊	以總哩程100,000英里爲根據	18分
利息	18,000.00元之年息6%	9 分
工資	每星期20.00元	6.6 分
燃料	同上	23.5 分
滑油		5 分

修理	10 分
每列車英里之運輸總成本	72.1 分
每延噸英里之成本	6 分

路運運價

上列每延噸英里之成本洋6分,幾與較大之蒸汽車輛所估計之成本相等,此因後一種之成本,至少關於燃料消耗一點,可謂爲實在成本,而汽車之數字,則純屬估計,對於煤之價格及消耗率,折舊,修理及其他費用,不免失之太寬耳。

然縱所估略寬,而每延噸英里之工資,燃料,滑油,修理等成本,平均亦僅超過三分少許,今將全部成本,作爲六分,當可綽有餘裕。此每延噸英里6分之行車成本,較之鐵路幹綫每公噸英里一分之成本,相差並不甚遠。但所定運價,則大可高於此數,假定每延噸英里爲一角,則卽使一年之中,道路列車僅開行五月,而所有收入,於管理及修路諸開支以外,仍可獲利焉。

每延噸英里收運價一角,可謂毫無問題,因其較鐵路運價並不見高,而除水運外,比之華北他種運輸價率,則低廉甚多。他項運價之數字,幷列於下:

鐵路運價　下列爲四等貨如鐵,銅,包捆之棉花,麵粉,糧食,木材等之每公噸運價,(指零担運價,整車者約低25%)係民國十一年聯運運價會議所定者,今因有種種附加捐,故已不止此數矣。

津浦鐵路	每公噸英里	3.5 分
北甯鐵路	每公噸英里	5.9 分
平漢鐵路	每公噸英里	7.6 分
正太鐵路	每公噸英里	8.8 分
平綏鐵路	每公噸英里	9.6 分
水運	每延噸英里	3.5—6分
大車或牲畜馱負等	每延噸英里	15—30分
汽車	每延噸英里	35—45分

故大概言之,此種道路運輸,雖視車輛載量及路綫坡度而不同,但無論全年或節季營業,倘包括常有之一切損失後,每延噸英

里之成本,能不出8分至15分,固仍有利可圖也。

再如車輪每平方英寸之壓力,不過10磅至20磅,則行車非特不致毀壞道路,且可使成平坦之硬面,而載人汽車及較輕貨車之裝有低壓氣胎者,遂亦可行駛。至若富於黏土地帶,則天晴時之路面硬度,幾可與混凝土相等,一如駱駝經行之路面,蓋駱駝加於地上之重量,每平方英寸,亦約爲十五磅左右也。

與狹軌鐵路之比較

或問創設此種運輸制度之成本,較之建築輕軌或狹軌鐵路若何。所謂輕軌鐵路者,乃指以每碼35磅至45磅之鐵軌,築成標準軌距之鐵路,而爲建築大動脈鐵路之初步,有如蕭靄士上校在其「中國輕軌鐵路之經濟」一書中所主張者。然此類鐵路,實無可引爲比較,以其雖較85磅鐵軌之標準路,每英里可省五萬元,但所謂節省者,實不過對於中國幹綫之成本,每英里達10萬至15萬而言耳。

故惟有最簡陋之狹軌鐵路,即用2'—0''軌距及16磅鐵軌者,尙可用爲比較,茲特簡明述之如下。

假定兩種之路,均築於平地之上,其土工橋樑等成本,亦復相等,固明知在此種假定之下,輕軌鐵路皆處於有利之地位。現所欲研究者,爲同在六十英里之距離間,二者之載量及成本爲何如。

狹軌鐵路

路基成本

16磅鐵軌,魚尾板,螺旋釘,螺釘帽及道釘等,	
每英里共重29.5噸,每噸計洋135.00元	4,000.00元
3,000條軌枕,每二條間相隔約2英尺,每條洋25分	750.00元
運輸成本及舖軌費約	250.00元
每英里共計	5,000.00元
60英里之成本	300,000.00元
加10%之岔道	30,000.00元
60英里之總成本(無石碴)	330,000.00元

車輛成本 在16磅鐵軌及軌枕中心相去二英尺之鐵路上,

所載輪重,最大約2,950磅,如採用0—6—0式機車,俾有最大之黏着力,則所用機車,最重不得過17,600磅或9噸左右。此項機車,應有牽引力2,200磅,如運轉磨擦力為每噸20磅,當可在平面拖運110噸,其成本至少為10,000.00元。

為減低最初成本之故,假定用載量5噸貨車,其每輛空重約為3噸,而上述機車在平坦地段之載運量,最大可掛貨車14輛,計載貨70噸,淨重42噸,共重112噸,每輛貨車之成本,約為1,400.00元。

故載貨70噸之列車其成本為:

機車1輛	10,000.00元
貨車14輛,每輛1,400.00元,約計	20,000.00元
每列車之總成本	30,000.00元

火車速率,假定每小時15英里,如能始終維持,則六十英里之距離,四小時可達。若每一終點,再以四小時為裝卸之用,則每12小時,可運貨70噸。

相形之下,則60,000.00元之道路列車,能載50噸,速率每小時5英里,能於12小時畢其行程,如每端裝卸須3小時,則每18小時,能運貨50噸,行60英里。由此觀之,將路綫之成本併入計算後,如每日運貨自50噸至100噸,行程為60英里,則道路列車,當為最經濟之運輸方式。

在每12小時之運輸量須提高至270噸時,則兩種方式之成本約相等。因道路列車,須備八列,方能於18小時,運貨400噸,即12小時,可運266噸,其成本為480,000.00元。同時火車四列,亦可運280噸,其成本為120,000.00元,並須加路綫成本330,000.00元。

尚有應行說明者,即運輸密度增加後,火車將不能維持每小時15英里之平均速率,因不免有在站等候交車之延誤也。且列車次數,亦有一定限制,在12小時內大致每一方向,可行車八列,過此將無法開行。反之,道路列車,隨處可與對方開來者,交錯通過,故無此種限制之處,且必要時,縱須將道路加闊,所費究亦無多,祇須為情理所許,無論某一路綫之列車,皆可儘量開行無阻。

道路與狹軌鐵路之優劣問題,在史屈令裘氏所著"中國鐵路之經濟"一書中討論至詳,其結論如下:

"每英里成本最多1,200鎊(車輛在外)之道路,其運輸能力可無限量,比之2′—0″之狹軌鐵路,每英里成本1,600鎊(包括車輛成本500鎊)而運輸能力,則至有限者,自爲較佳之投資,蓋可無疑。"

以目前之兌換率言之,上述鐵路成本,每英里合17,600.00元,道路每英里合19,000.00元。但此項計算中之道路,其建築至爲堅厚,碎石基礎深12英寸,再舖六英寸之石碴,所估橋梁費用,亦與鐵路相同。由是可知本文所提倡之低價土路與橋梁,必更爲穩健之投資。

狹軌鐵路與道路運輸在陂道之比較

然道路原動車獨優之點,尙在行於陂度之上,以其牽引力較大,故上駛時能拖較大之重量,實爲鐵路機車之體重相等者所不及。

陂度抵抗力,非如運轉抵抗力之可以變化,而爲機車原動車或汽車開上陂道之際,等於經行平面距離時,須背向地心吸力而舉起之一定重量。

大凡足抵陂度阻力之拖力,與所拖重量之比例,正與所經之垂直距離與其平面距離之比例相同。故在3%陂道上,拖10,000磅之重量,需有300磅之牽引力方能抵過陂度阻力,如在7%陂度上,即需700磅之拖力。

狹軌鐵路所能採用之最大陂度,大致爲3%,茲將鐵路與道路列車,在此項陂度上運輸之比較,以數字表明之如下:

鐵路列車

貨車總重	110噸
機車體重	9噸

機車本身與所拖貨車,同受地心吸力之影響,故上山時機車本身所需之牽引力,必自其總牽引力中,先行減去,而後所餘力量

方可爲拖挂貨車之用。現在陂度之阻力旣爲3%，即每噸60磅，故9噸機車所遇之陂度阻力爲540磅，是拖掛貨車駛上陂度之牽引力，當爲1,660磅，因此數卽等於機車全部牽引力2,200磅，減去機車本身之陂度阻力540磅也。貨車之總阻力，每噸爲80磅，其中20磅爲運轉阻力，60磅爲陂度阻力。由此推之，則此輛機車，於駛上3%之陂度時，所能拖動之總重爲:

$$\frac{\text{牽引力可用之總數}}{\text{拖動每噸之總抵抗力}}=\frac{1,660}{80}=20.8\text{ 總噸數}$$

重量比例		
	載重	13.0 噸
	淨重	7.8 噸

道路列車

貨車總重	80 噸
機車體重	6 噸

此項將拖車拖上陂道之牽引力，應爲5,240磅，因總牽引力爲5,600磅，而原動車之陂度阻力爲360磅。然其阻力亦增至每噸130磅，因每噸之運轉阻力已爲70磅，尙須再加60磅之陂度阻力也。

原動車所能拖運上駛3%陂度之總重量爲:

$$\frac{5,240}{130}=40.5\text{ 總噸數}$$

重量比例		
	載重	25 噸
	淨重	.15 噸

觀於此而知道路列車在平坦處，雖僅能拖運火車載重百分之七十，而在3%陂道上，則比同一火車之載重，幾可加倍。且陂度愈陡，其相差必愈大。

土路之建築

土路之成本

中國土路之建築，除爲裁兵或救災而辦工賑外，似以用機器反較人工爲廉，此雖與一般之所見相反，而可以外國之成本證明之，如印度之工資，約與中國相等，其盧比之價值，現與中國銀元亦不相上下，而其土路建築成本在平坦區域內，用平路機則每英里自300至400盧比，用人工則每英里須自1,000至5,000盧比。華洋義賑會在中國所造之路，其平均成本，爲每英里2,000元，頗與印度之數字相近。北美工資，較中國印度所高固多，而汽油則甚廉，今觀其機器所造之路，每英里成本自100.00至150.00美金約合華銀400.00至600.00元，以視印度之成本，亦復大致不差。

故在平坦地段，卽使用汽油爲機器之燃料，用以造路，其每英里之成本，似可不出300.00至400.00元。

同時現有之許多土路，並無不可改爲汽車路之理，其改造之成本，自比新造土路爲遠廉。關於是項相類之建築，已有確實數字可考，因東非洲某國，近購原動車及平路機各四輛，用以建築新路及修理舊路，其詳細用費，已經非正式發表。中有一項，名爲「輕小建築」，其所需工作，與將中國現有土路改成汽車路之工作，大約相彷。因原動車及平路機，每造路一英里，須挖土十四次，並往來行駛十四英里。此項造路成本，包括固定費用，每英里僅73.00元，其詳情當爲世人所樂聞者也。

設備部分，包括原動車四輛，每輛輓桿之拖力，計有30匹馬力，又側輪平路機四輛，有八英尺長之挖土片，其包括運費保險等之原價，計爲：

原動車4輛每輛575鎊＝2,300鎊，如1鎊合16元＝	37,000.00元
平路機4輛每輛310鎊＝1,240鎊，如1鎊合16元＝	20,000.00元
固定費用　如合中國銀價，應爲：	
折舊費57,000.00元之20%	11,400.00元
管理員薪金每月500元	6,000.00元
旅行津貼費每月100元	1,200,00元
車夫四人之工資每人每月50元	2,400.00元
司機四人之工資每人每月30元	1,440.00元
第一年之修理更新費70鎊	1,120.00元
四部機器每年之固定總費用約	24,000.00元

以每部機器一年工作150日爲根據		
每部每日之固定費用爲		40.00元
以每部每日工作6小時爲根據		
每部每小時之固定費用爲		7.00元
兩部機器之工作用費:		
道路完工之哩數		4
兩部機器行駛總哩程		56
完成道路一英里,每部機器行駛之哩程		14
兩部機器之工作總時數		25.6
兩部機器之平均速率每小時英里數 $\frac{56}{25.5}$	=	2.2英里
完成一英里所需之時間 $\frac{25.5}{4}$	=	6.4小時
汽油消耗總數90加侖,每加侖1.00元	=	90.00元
滑油總數6加侖,每加侖3.60元	=	21.60元
每部機器56英里之行駛成本		111.60元
每部機器1英里之行駛成本		2.00元
每部機器1英里之固定費用以每小時7.00元及2.2英里之速率爲根據		3.20元
每部機器1英里之總工作成本		5.20元
完成道路每英里之總成本	5.20 × 14約計	73.00元

如上所述,完成每英里道路,需6.4小時,以每日工作八小時計之,則每部原動車與平路機,每日可改造1¼英里之土路爲汽車路,每英里之成本約73.00元。如用煤爲原動車之燃料,則每英里之代價,可減至50元與55元之間。

道路構造

道路之構造,線路,陂度等,鐵道部已有標準式樣之規定,故不擬多加討論。但有應注意者,即土路之大敵爲潮濕,故所有土路路面,須築成拱起式,使常量雨水,可以迅速流入兩旁溝中,如路勢窪下,無法洩水,亦應使溝渠容量寬大,俾雨水不至淹留路面之上。又爲使路面易乾起見,必須使其高出於附近地段之浸濕平面,至沿路栽植高樹,足以遮蔽日光者,亦宜避免。

在雨季雨水過多之時,土路自難望完全照常行車,惟在此季,民衆正忙於耕耘,既未慣於旅行,抑於現狀之下,亦未必抱旅行之願望。雨季一過之後,即可用原動車及平路機滾壓路面,於極短期間內,使之恢復通行狀況。東非洲之雨季,與中國極相似,已證明其可行,且爲機器所修之路,竟使有節季之道路,漸變而爲晴雨一律可用之道路矣。

道路修理

道路列車之運輸,雖能使路面壓成堅平,而不能謂道路之無庸修理,蓋無論如何預防,恐難免狹輪車輛之侵入,以致毀損路面。

雨季過後,路面固須修築,而尤要者,即在其完成之迅速,庶道路及車輛,即可重作營業之用。是除應用平路機器外,似無他法。

東非洲之辦法,於雨季一過土仍軟濕之際,立即修築道路,並使路身高出於其平均高度之上,俾路冠於隨後乾燥期內,無復加土之需要,則以後工作,僅不過削平路面等等而已。

是項工作,須用原動車三輛,拖平路機三四輛,前後相隨,自路之一端,接續開至他端。假定其成本與前頁所論者相同,則其所需費用與時間,可分兩例,列之如下:

第一例

設備	三部機器,其中一部爲原動車一輛,拖平路機二輛。
道路完工哩數	77
三部機器行駛之總哩程	245
完成每英里每部機器所行之哩程	3.2
三部機器之工作總時數	104
三部機器之平均速度,每小時哩數	$\frac{245}{104}=$ 2.3
一部機器完成每英里所需之時間	$\frac{104}{77}=$ 1小時21分
三部機器完成每英里所需之時間	27分
每單位哩程之行駛成本	1.68元
每單位哩程之固定費用	3.10元
每單位哩程之總工作費用	4.18元

完成每英里之總成本	4.78 × 3.2 = 15.40 元	

第二例

設備　三部機器		
道路完工哩數		129
三部機器行駛之總哩程		387
完成每英里每部機器所行之哩程		3
三部機器之工作總時數		148
三部機器之平均速度，每小時哩數	$\frac{387}{148}$ =	2.6
一部機器完成每英里所需之時間	$\frac{148}{129}$ =	1小時9分
三部機器完成每英里所需之時間		23分
每單位哩程之行駛成本	1.27元	
每單位哩程之固定費用	2.70元	
每單位哩程之總工作費用	4.00元	
完成每英里之總成本	4.00×3 = 12.00 元	

觀於上列數字，則雨季後改造道路，每英里之成本，約自12.00元至16.00元，如三部機器同時工作，每英里需時當不過半小時，以每日八小時計之，即爲十六英里。是則一百英里之道路，可於一星期左右，使合於行車之用，其總成本爲1,200.00元至1,600.00元。隨後道路不平之處，可以一部機器滾壓之，每部每英里之成本，約爲4.00元。

假定改造土路之際，須將路旁之土挖起，填於路面，使闊六英尺之路冠，至少平均加高六英寸，則人工之成本，不難加以估計。此項工程，每一英里須移土並壅土15,840立方英尺，以110立方英尺合一方，即爲145方。據已往經驗，中國路工，每人每日能移壅泥土一方，故如每日工資爲三角，則大致150工人每日可完成道路一英里，成本45.00元。如欲完成100英里須費4,500.00元，若僅用工人150名則須時100日。雖改造之速率，可因多用工人而增加，然欲如平路機之於七日或十日可以完工，則其實效，未易覩也。

在非洲東部，普通修理道路，即僅將路旁泥土挖起，以填補轍跡及洞穴等，每英里估計須40人工，如每日每人工資三角，則每英里須12.00元。此項普通修理之成本,核與用機器改造道路者相等。

路面工作

關於此點,不擬詳論,所可指明者,如營業密度,足敷額外支出時,則應從事於土路路面工作,如以美國通用之沙土混合物,或用石子碎磚,或於油價賤時,用油以改造路面,使之堅硬而不透水,俾可減少維持費用。

在鐵路與尋常公路之建築中,橋工爲用款甚巨之一項,但在本文中所設想之道路運輸,不妨採用較低廉之渡河方法。

河道之常年大半乾涸者,雖雨季有洪水氾濫之患,却有價廉之渡河方法,卽俗所謂「乾渡」或淹隄是。此爲石料或混凝土之高起隄道,下造涵洞,以便平時宣洩水流。如遇大水,洪流勢必衝路面而過,惟其爲期則甚短。然縱在是時,倘水不過深,則行車仍不致中斷,因可植桿於隄道兩旁,使透出水面,而成爲標記。此種渡河方法,較築高出於大水水平綫之橋樑,低廉無數,尤以中國常見之淤闊河床爲然,且已經印度南非及他處之採用成功。

又此種道路運輸,節省時間,爲次要問題,故河面之寬而深者,當以用輪渡爲最廉,而輪渡又有省費者兩種,均可用人力行駛。至於是否僅渡送客貨,或竟須將原動車及裝載車輛一并渡之,則應視各個情形而定。

結論

綜上所述,對於廉價道路之運輸及建築制度,已略具大綱,倘見諸採用,則於復興農村與建設求統一之計畫,裨益當非淺鮮,此固目前國內賢達,所苦心焦慮,以求實現者也。

復興農村與廉價交通,實相輔而行,蓋農夫苟不能出售剩餘以獲利,爲其增進智識技能之報酬,則更有何目的可以鼓勵其增加生產,彼亦因何動機而爲之。若農人之市場,限於周圍十里之內,安有出售剩餘以獲利之機會,且附近農夫,亦或咸有剩餘出售,則當地價格,非特不能高漲,且必低落,故惟一救濟辦法,乃在廉價運輸,照所有剩餘,能運銷其他得天較差之各地耳.

尤有爲吾人所樂聞者,廉價運輸之利益與運價之減低,不僅成相等之比例,且其比率之增高甚速,觀於下設之例,即可知之。譬如某城市或鐵路車站之糧價,爲每噸50.00元,又如自10英里之地運往,每延噸英里運費4角,則農人應共付運費4.00元,所餘46.00元即爲其成本及利潤。是則周圍半徑10英里或約80方英里以內之農人,可以運糧前往而獲利,然在此面積以外之農人,所居愈遠,則除自身需要之外,其生產之動機亦愈少。倘運價減爲每延噸英里二角,則20英里以內,市價仍可照舊,是獲利區域,增至320方英里,而受惠者,亦增四倍之人數。依此類推,如運價減至每延噸英里一角,則獲利區域,可增至1,280方英里左右,而受惠農人,當十六倍於原數焉。

果如是,農人之能交貨於市場或鐵路而獲利者,既因運費低廉而有加,大宗農產之來源,亦必隨之以俱增,則於短時期後,由國外輸入棉麥之需要,必可消滅於無形矣。

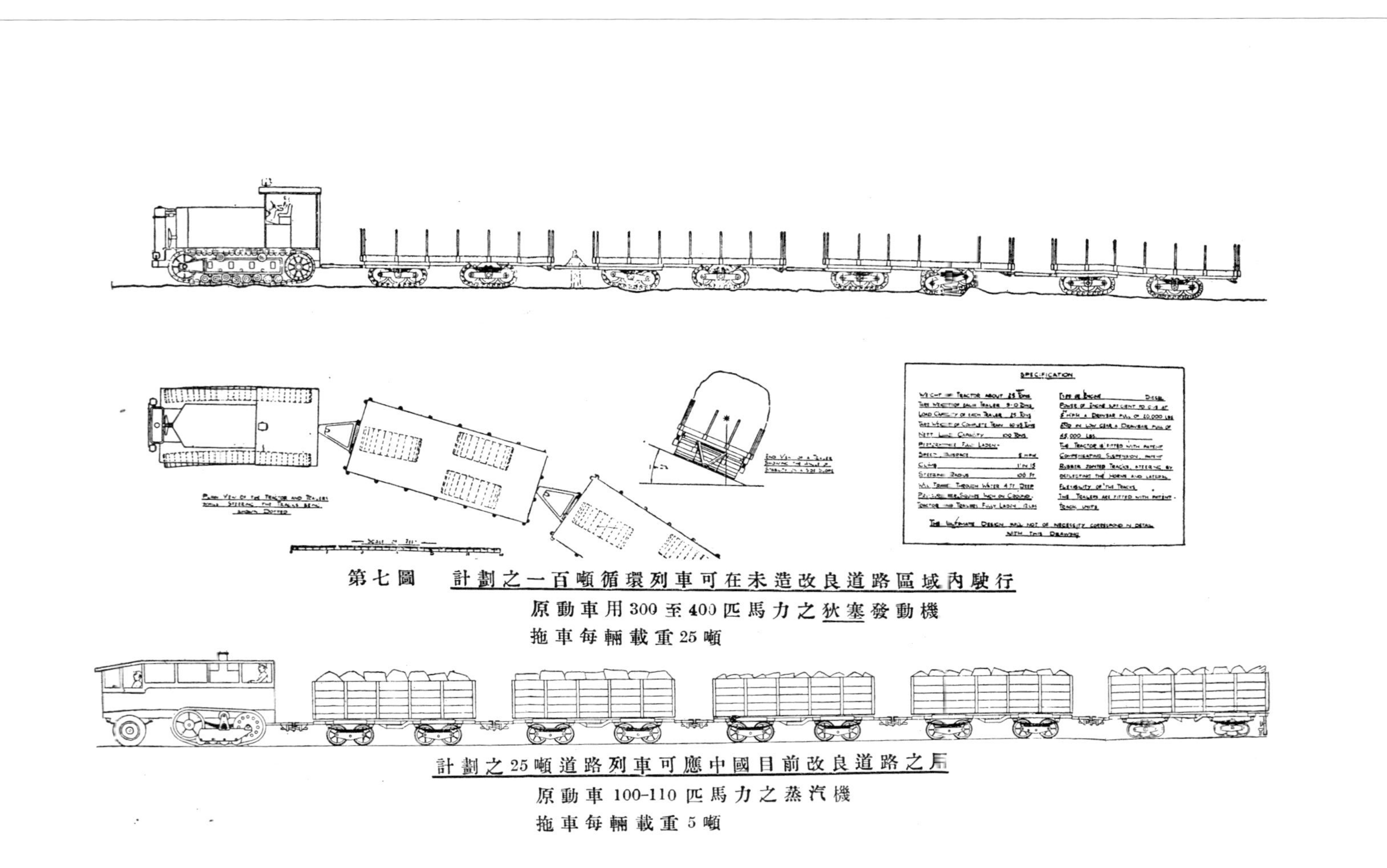

第七圖　計劃之一百噸循環列車可在未造改良道路區域內駛行

原動車用300至400匹馬力之狄塞發動機

拖車每輛載重25噸

計劃之25噸道路列車可應中國目前改良道路之用

原動車 100-110 匹馬力之蒸汽機

拖車每輛載重 5 噸

改進設備及業務與鐵路之前途

美國羅傑士 Clyde L. Rogers 原著

曹麗順　韋　愿合譯

（本文爲鐵路研究論叢之第三篇載於
"The Annalist" Vol. 44. No. 1137, Pp. 614 &638）

吾人前曾對於鐵路問題有所論列：第一，成本增加與鐵路營業之繼續被奪，足使鐵路事業前途，發生嚴重危機；其次，適當之課稅與汽車業之同受政府管理，皆不足以解決困難。是故鐵路苟欲在美國運輸制度上，維持其領袖地位，則唯一方法，乃在供給更敏捷更新式之業務，以便勝過其他與鐵路競爭之運輸事業。嗣後鐵路之前途，大概卽視其能否從速改善業務而知。

改進業務之要件，爲速率，完備，便利，運價表及包貨規則之簡單化，運價之統一及公允，與運輸之可靠。蓋依貨物之種類，在七十五至一千八百英里之行程以內，運貨汽車於以上之任何條件，實皆優於鐵路。

現時鐵路貨運之被奪，有逐漸擴大之勢，究有補救之辦法否？此誠爲一不易確切解答之問題。然吾人敢謂：如能努力勝過汽車之優點，則縱不能使鐵路營業之損失，完全消除，亦必能使其大爲減少也。

美國聯邦運輸調整員之建議

美國聯邦運輸調整員，在其最近發表之商品運輸報告書內，即有改進各種業務之建議。此項建議，原爲零担貨運而設，但多少可適用於整車之貨運。茲將此項建議概述之如後：

第一項建議——須合併鐵路零擔，捷運與轉運之業務，而分攤與兩個競爭的運輸代理機關承辦之，該兩機關之營業區域，須包括美國全國，須有相等之營業與財力，應歸經運之鐵路公司所有,而由獨立之組織管理之,並將由公衆參與,訂定合同,鼓勵貨運經由直捷及經濟之路綫,而仍須保護各參與鐵路之收入。

第二項建議——須在客商門前接送貨品,又裝運貨品之車輛,必須有防止震動之設備,而每小時平均速率,至小應有二十英里。

第三項建議——貨品分等力求簡單,規定包裝方法,不妨稍寬,又照捷運公司之運價制度,以成本加適當贏利之標準,代替現在計費方法。

第四項建議——利用共同訂約,聯合運價,租賃或合併方法,調整鐵路與公路之運輸,並設立若干中心站點,使用汽車集中及分送貨物,而貨物之往來於此種站點間者則由鐵路整車運送。

上述第一項之建議將使貨運方法,經過大規模之改革,然組織兩個競爭之運輸機關,以應全國需要一事,縱可實行,亦必遭若干鐵路公司之反對,勢非一蹴可幾,此種組織雖可使將來零担貨運之效率增加,而鑒於各路間之難於合作,其實現亦遙遙無期。惟他項建議則在目前,較有注意之必要。

第二項建議則關於業務之迅速與便利,同時亦注意於店門貨物接送業務,車輛之種類情形以及平均之運輸速率。近來鐵路界已普遍討論店門接送貨物之問題,今各路多陸續添設是項業務,其研究之結果於此可見。且貨物接送業務在大城市中,業已經過試辦時期,然鐵路雖有完備之接送業務,足使營業增加,而鐵路本身,在兩站間之運輸效能甚低,故其所得遂全爲抵銷。

貨車之近代化

鐵路終點間運貨之最大困難,根本由於車輛本身之不良。例如現有之貨車,異常笨重,不易運用,且其容量亦非依近日售貨單位而定者。又貨品在運輸途中,常受無數之震動,觀於欲移動一噸淨重之貨物,即須移動二噸半之總重,即可知現有貨車效能之低矣。換言之,調動無進款之空車,比較調動有收入之貨物,成本更高。

故鐵路如欲提高效能，則必須徹底改革貨車之設計也。

僅就一事而論，現有棚車之重量，約等於平均儎重百分之九十，此項比率，較諸其他任何儎貨車輛爲高。且在今日，有不少車輛乃用輕質金屬製成，其成本雖略昂貴，而功用相同，重量則較原有棚車減輕一半。更從實際之觀點而論，輕質金屬之採用增加，則成本必可減少，遂愈增輕質貨車之優點。嗣後貨車之重量，應減至平均儎重百分之三十五，而不應有百分之九十之比率。

現有之棚車，匪特過於笨重，且其形式之陳舊，亦殊令人失望！試與七十五年前之舊車相較，則兩者之式樣，實際上毫無變異。雖車內之儎重量，已從三噸半增加至五十噸，且又將車輪數目，從四個增加至八個，但其根本之結構，與一千八百六十餘年間南北戰爭時兩軍所用之車輛相較，僅有小巫大巫之別而已。

當運貨汽車初經採用之際，無形中有一種勢力，竟使容量過大之鐵路貨車單位，處於不利地位。蓋自貨品之式樣，日見重要，而存貨不能不減少。故工商業遂有重視存貨周轉之趨向，且運輸郵電之速度日增，遂使存貨與售貨數量之比率日低。以上種種勢力產生之結果，比照貨車容積量而言，平均儎重爲之下降，許多貨品之出售單位，已自一鐵路貨車減爲一儎重汽車矣。

以一個單位貨車之載重，至五十噸之大，其不適用於已經變遷之需要，誠爲顯著之事。近數年來，雖曾設法解決是項難題，惟實際應用則甚少。所謂解决之方法，卽係保留貨車之底盤，而上部則以兩個以上可以拆卸移動之車身，代替現用之整個單位。此種拆卸車身之大小，至少應有一部份，可以自鐵路上，移置公路車輛之底盤上。至於原有貨車式樣之完全改革，决非一朝一夕間卽可辦妥之事。其實遠在六七年前，卽應有以新式車輛替換舊式車輛之舉；惟當時之鐵路當局並未具遠大之眼光。然曩日之未能革新車輛，固不能影響其將來之革新也。

貨車之公用制

最近運輸調整員伊思曼所計劃之貨車公用辦法,直接由於鐵路之拒絕改革貨車式樣。據吾人估計,現有之舊式車輛,倘實行公用辦法,則鐵路因減少空車里程之關係,每年可節省七千五百萬元。列車多掛複位貨車,上裝可以移卸之車身,必大減行駛空車之成本,而對於其他各方面,且可增加使用之效率。

在本質上,公用辦法,並不能免除今日棚車之缺點。公用辦法固可減省列車拖掛空車之用費,然不能解決車輛容量太大之問題。而於改用新式車輛以後,則從公用辦法所獲之利益,將更減少。因此實行公用,尚非完滿之解決辦法,祇一權宜之計而已。今因補救現狀起見,吾人自應贊成公用辦法;然若視爲一種永久完善之制度,則不能不令人懷疑其價值也。永久解決貨車問題之辦法,端在採用貨箱制度,因其用作運輸近代售貨單位,有極大之效率。至如此種車輛之管理權,應隸屬於各個之鐵路公司,或另設之集中機關,則爲另一之次要問題矣。

貨運損失之減除

除改革貨車式樣外。鐵路亦應設法減除貨品在運輸途中所受之損失及破壞,現有之大部份損失或破壞,乃由於貨車比較上缺乏防止震動之設備,實則鐵路卽可在現有之車輛上,添置是項設備,俾儘量減除貨品受震之危險。如鐵路貨車能與今日運貨之大汽車,有同樣之防止震動設備,則現時限制裝包之必需條件,卽可改爲簡單,同時貨品之損失亦必減少。現時貨品損失所費等於零擔貨運進款百分之一·六三,與運貨汽車公司相較,其損失祇有百分之·八八。

業務之加速

美國聯邦運輸調整員在第二項建議所提出之第三要點,爲平均速率。關於鐵路運輸上連續延誤,現任調整員所屬之運輸業務主任,在數年前曾發表以下之意見:

除比較少數之例外,現行鐵路方法,容易造成延誤,而甚難增進迅捷之運輸。送貨人與鐵路方面既少聯絡，則如送貨人未能於停止辦公時刻以前將貨趕送到站，即不免有二十四小時之延誤。又世人之能理解車輛於過終點時費時幾何者亦甚少。今就貨車之整個生命而論，約有百分之九十之時間，須用於各終點之調車，裝卸貨物，進廠修理等，而僅其餘百分之十之時間，則用於眞正運行方面，其中一大部份之責任，實由於貨物之必需送到鐵路所有地。職是之故鐵路須斥撥鉅資，建築與城市商業中心毗連之終點貨站，遂致造成街市擁塞，妨礙交通。又如貨物除運往大宗中轉站外，運往沿綫小站，則往往需時數日方能送達。又貨物到達目的地後，必先存棧，以俟發信與收貨者，通知貨物已到達目的地。車輛在終點等候送貨人之時間，平均約需三十六小時。在運行中，每小時可有三十五或四十英里之速率；惟因處理方法陳舊，貨物由寄貨者輸運至收貨者；所需之平均速率，約計每小時不能超過十英里。

試將是項業務與汽車運貨比較，則汽車到店門收取貨物，對於終點之擁擠，亦無大影響，蓋俟裝車完畢，即可出發。在即夕運行，次晨送達之貨物，運貨汽車之平均速率達每小時三十英里，若須沿途接送貨物，則連停車及發貨之時間在內，汽車亦平均有每小時二十英里之速率。各貨抵站後，須立刻由汽車發送。故運貨汽車成功之關鍵，實由其在三百五十英里之路程以內，能將貨物於當夜繼續運行，次晨送達。

鐵路貨運業務之效率，頗能增高，且亦必須增高者。美國聯邦運輸調整員之研究報告曾建議：於三百五十英里以內，供給當夜運行第一早晨送達零擔貨運業務，九百英里以內，須於第二早晨送達一千五百英里以內，須於第三早晨送達；即橫亘全美之貨運業務亦須於第六早晨完成此外該計劃又提議凡屬加速之全美貨運，必須於第四早晨完成，而其他短程之加速貨運，亦應增進其速率。然而急速業務，亦不應限於零擔貨物，並應推廣至其他貨運之有時間性者。

運價表之簡單化

美國聯邦運輸調整員所提出之第三項建議,乃主張有簡單之運價表。現時之運價,大都係根據以下兩原理編訂:第一,業務之價值,第二,業務之成本。按照業務之價值而定運費,原可實行(否則某種笨重貨物運輸之負擔必過高),但祇可限於籠統之貨物分等,在每一等之內,業務成本應爲决定運費之最大要素。又成本之差異,可以物質密度(每一立方尺之重量)而估計之,至於責任之輕重,應取保險制度,以定其價值估計,而不必包括於運價制度之內。如用此種籠統之原則,即可將運價之整個結構,加以改革。此種改革,固必能使運價表較爲簡單,且可更進而决定何種貨物,由鐵路承運,應較由汽車運輸,尤爲經濟適宜。

鐵路運輸與公路運輸之調整

美國聯邦運輸調整員最後提出之建議,大部份祇能適用於零擔貨運,其所提辦法,現在已多有實行者。例如一九三〇年,鐵路公司行駛三千一百輛之載客汽車,與六百六十五輛之載貨車及拖車。在一九三三年,載客汽車增爲四千五百輛,而載貨車及拖車增爲四萬二千輛。於此可見鐵路設立附屬汽車綫以調整鐵路與公路運輸之趨勢,確已根深蒂固矣。

概括言之,鐵路當前之急需,爲業務之現代化。詳細分析之,則鐵路須有以下之數種改革辦法:

(一) 發展完備之業務,包括店門接送零擔貨物之業務;

(二) 採用新式貨車,俾減少輸運空車之成本,減輕列車之重量,且又適合於近代之售貨單位;

(三) 現用之車輛,均須裝置防止震動之設備;

(四) 增加平均運行速率;

(五) 編訂更簡單之運價表;

(六) 更努力於調整鐵路與公路運輸。

倘此種改革辦法,能早日完成,則公路運輸比較上之優點,必大為減少,實為鐵路在美國運輸制度中,維持其現有地位之一種良好時機。反之,倘此種改革辦法不見諸實行,則鐵路貨運被公路攘奪之損失,當更重大,因此而美國之鐵路,遲早必淪於破產或由政府收歸國有也。

現有數種事實,顯示美國鐵路界正在設法解決是項問題。如在沛烈氏領導下之美國鐵路協會之組織,即為適當步驟之一。至若討論另立行政專部,以管理各種之運輸事業,亦為可喜之現象。反之,鐵路組織複雜,其惰性亦甚大,故無論政府之制裁如何不善,亦未可遽將其取銷。同時,鐵路如有遲疑,即是使汽車業之地位愈臻鞏固。是故鐵路現代化之力量,能否及時勝過鐵路之惰性,挽救破敗之危機,尚有待於證明;蓋是項競爭之勝負,實以時間為最大之要素;將來結果如何,固非今日所能逆料者也。

農村生活之科學進步與經濟計劃

康時清譯

此篇譯自英國華特森(J.A.S. Watson)教授在京培亭舉行之科學社演辭。對於世界農村問題,用平坦之言語,發揮盡致,頗有啓人猛省之處。其救濟主張,亦有獨到之見,爰不計工拙,亟譯如后,以供同學之研究焉。

溯自文化開始以還,農務之發展,在在足以支配與控制人類之進步。一方面增進其人數,一方面增進其生活之程度。

昔時農務改良之結果,不外戶口之增加。在面積較小之區域,氣候一切宜於殖民而農業進步較遲之地,吾儕僅見此人類經濟命運陰沉的景象。

此種情形在中國已往幾百年中,可以想像及之。泰西各國則異是。麥爾壽(Malthus)氏曾謂將來世界戶口,將按幾何式的級數進程增加。他又假定新闢的荒地,比熟田爲劣。就目前而論,可耕之地置之不理者甚多。按麥氏的目光,田地生產力之增加極遲鈍,而且逐漸減少。每次生產力之增加,無非以農人之努力換來。倘耕種方法漸趨科學化,則可以減少之工作,得到多量之產品。所以比較先進的各國,採用最新式的耕種結果,遣散了許多農民,去從事於其他有用之職業,同時無形中增高了生活程度。

在吾儕分析吾們的工業現狀,或推想其前途之先,可回顧其進化之階段。此事較爲容易。因在人類進化梯上,必能尋獲一種生存的遺跡,在往昔或認爲最新式之經濟生活。

今日之大洋洲,錫蘭,非洲與其他各地,仍留有一種古代的遺族,不願耕種,亦不願畜牧。其男女老幼除尋食充飢外,無他事。其家常使飯雖有草根,蟲蟮,鼠蛇等物,然恆遇飢荒,彼必跋涉遠處探尋糧食,以致無暇習技藝此種土番,並非智慧不如人,機巧不如人,而其根本短處,在乎缺少遠慮,只顧眼前需要,不知將來。只知賺一日之工資,不思收藏於冬令。如菲洲西南部有白許門(Bushmen)族,頗能訓練成為幹練之牧人。但彼等永不能成為正式農夫,因迫於飢餓時,仍要屠殺也。

當人類覺悟物質之需要時,彼必謀所以處理其昔日賴以生存而浪費的動植物,於是亞洲大陸之巨獵人,數百年內變為遊牧。埃及之尼羅(Nile)及美索不達米亞之幼發拉的(Euphrates)兩流域地肥美,有天然之灌溉,補人工之不足,其五穀之充裕,造成上古之文化中樞。但彼等遊牧,有近憂而無遠慮。雖積糧滿谷而仍守篷帳生活,以肉食充飢,以乳血充飲,一逢疫病,幾星期內由充裕而變為飢荒矣。

再有若干酋族,專務植樹,而不從事畜牧,不逾數載其田地因缺乏肥料而生產力漸薄,於是不得不停耘若干年,以待其自然復原。一方面另闢新域,事倍功半,徒費汗血,令人掃興。而況人類僅賴一二菜蔬為食品,非但單調無味,並且缺乏滋補價值。

畜植混合農業(Mixed Farming),係文化進步之重要時代。此種混合制度,於民生大有裨益。(一)農夫不必易地而耕。(二)生產力驟增,食品之種類多而供給充裕。(三)人民從此可以安居樂業,添置傢具。(四)可以省出一部份農力去做別項文化事業。總之利用此混合制者可以世守其業。

但若輩生活非但更充裕,而更形複雜。農人非但要將糧食供給全家人口,並且要顧及畜牲的食料。於是不得不添種特種植物,及設法保存飼料。

實業革命以前,此種農夫係文明世界之紳士,除賴田地來供給他物質上需要外,同時或有餘料出售。即在今日,此種農民仍為大國之模範紳士,普遍而衆多。

十八世紀中,吾儕又見一大變動。農夫偕其婦乘冬季長夜之暇,雇用少數鄉工,經營一種小工業在昔視為無關緊要者,如紡紗織布製造农具等等。凡此工業,不無需用機械動力之處。於是農夫為擴充營業起見,不得不尋覓動力供給方便之地以設廠焉。工場及農地既不在一處,於是不得不利用互市,同時佈置交通方法,並籌措現款或告貸以資周轉。

實業革命後之農業變化,關於管理方面之改良較技術為多。機械動力用於耕耘之處,越百年後始見諸實現。但當時農民之眼界已為之一廣。重行擘劃其事業。其產量之多少不限於個人之需要,而視市場之需求為增減。此種特別發展,引起農田壟斷和控制。

上述農業革命,經過個人之大犧牲始告成功,在其過程中,處處受社會嚴重打擊。姑以英倫及蘇格蘭各處農村環境,略舉一二如下。

由來各種大改革,免不了各方面之反對與障礙。相沿之習慣一旦脫離之,必須具極大之志願胆量與進取心。守舊者不明舊秩序之短處,惟舊習慣是崇。但若輩主張往往錯誤。歷史上之種種經濟大發展,以公正之見解觀察之,無有不合理者。非特提高文明階級,且物質文明確有增進人類幸福之處。吾人應大家努力向前推進完成工作。

在一千八百七十至八十年之間,英國農人生活,可稱為黃金時代。當時農人之工作與努力,獲得相當之酬報,其他工業弗如焉。但農業中有階級之分別。如地主,佃戶,及工人等。此種階級之存在,揆諸近代情况實欠公允,但此不平等非獨限於農業也。

自十八世紀末葉以來,田地出產力漸增,大有供過於求之勢。至歐戰而告一段落。由彼時迄今,農業之效率雖增而未能得到相當之酬報。

世界農產之增加有數原因。(一)可耕之田地面積大為推廣,農夫之原料亦充裕。北美大草原之播禾("prairie farming" in North America),爲擴大產額之創舉。該地鐵路亦接踵而修,初,議者以爲草原出產力不能永久維持,因世界最膏腴之田地,經數年之耕種,必呈耗象。但北美之大草原則不與西歐田地同。其肥質似無限止。(二)各國相繼仿效墾務同時注意交通事業。非但設法運羊毛與穀。其商品如肉類,牛乳,水菓,蔬菜等等,均賴交通之發展以輸運。但造福農民者非僅交通之發展也。(三)灌溉之設計,與夫耕耘旱田技術設備,竟將沙漠變成良田。種植者自採用加速方法後,曾將北方耕作範圍推移至千百兆英畝(合六華畝)之外。(四)人與禽獸各種流行症之控制,能使農民深入從未開墾之熱帶範圍。有經濟思想者,向有人口過剩之慮,於此可以稍慰矣。

田地以外,農夫最要原料爲肥料,但其將來之供給可以不成問題。三十年前,出產淡氣之機械與方法簡單,其供給有限極爲恐慌。現今農夫可購大量淡氣,其價比歐戰前減少一半之多。

農產品逐漸增加原因,當然要歸功於植務與畜牧之科學化。農業科學之進步不勝枚舉,其實用之成效亦不勝詳述。茲姑舉二三例已足明其關係之重要。英倫與威爾斯之最近農業出產報告,指明採用種種科學方法以來,每禽平均產蛋數,於六年內加增百份之二十,產穀成本減輕百份之五十。每英畝草地肉食產品,自利用一種煉鋼附屬品以後,增加百份之一百。數日前,醫學界宣佈一種醫治羊病("rot")的簡易方法,此後每年祗少可以救活百萬只羊。以此可見,田地之開闢,肥料供給之充足,機械之發明,科學之進步,均能使農業出產品價廉,用易,與豐富。

余不信今日之世界農業恐慌,完全由於出產過剩。其最密切之原因,係通貨縮短所引起之普徧跌價。但所可奇者,拿破崙戰後之物價狂跌,曾未使農民破產。余以爲現今恐慌之嚴重性,實受歷代農業虧本之影響。此種長期虧損使農業資本消耗無餘而負重債。是故經濟混亂時代彼等無力支持也。假定各國政府及時覺察農業迅速發展之重要，則今日無需設計何種經濟改革以維持之。譬如，新國之廉價產品，勢必代替舊國之高價出品。是故加拿大草原一經開墾，英倫之內地勢必荒蕪。此層有識之士當早先料及者。但無論何國不願裁減農民或減少其食品土產。再者。世界麵包料之供給已綽乎有餘，一部份農人似可改業較爲有出息之生產，如：水菓，鷄或捲烟等物。昔者，各國政府曾鼓勵食料生產，而限制奢華品之用途。此種意見雖已消滅，然至今業農者仍受大衆之重視。耕田自必勝於坐視其荒蕪。生產小麥（即使無人要吃），當然比種梨或洋梅榮譽得多。從前缺乏五穀，而且鄉居者壽，城居者早死，所以此種重農遺念，深印於大衆之腦海中。但吾人須知此種情形，現已改變，方今出產食品之組織已嫌太多，而近世城市生活，亦漸趨衞生化，恐意無需多留農人於田間，或强迫人民務農。

近年各國政府陸續覺察農民生計之難堪，於是想出種種補救方法。譬如由政府主張或經其特許，將農產品規定一公允市價。此種方法係根據各種原理，不免有受人指謫者。如强迫限制出產也，自動限制者之受政府金錢補助也，甚至設法毀滅出產過剩之貨物也，發給補助金償補市價之不足也，規定內部價格與支配進口與出口也，發給出口補助金也，徵收進口稅以提高土貨價格而平均供求也，諸如此類不勝詳述。有幾種辦法非但爲扶助農業之合理途徑，而實爲經濟戰爭之利器，其戰略目標之一，在乎强迫敵人，承受其所不能食完之食品也。

經濟計劃之原理甚爲簡單。首先有效的計劃，務必準確預估供求之量，及佈置運輸之便利。其次，要固定一貨價，足使出產者獲得合理之利益，同時要調查（一）產方技術與管理是否完美，（二）產方經濟狀况與其所耕田地之天然情形，是否能供給預定之產額。

上述計劃之實行，當然是極困難的工作。要知，供求是不穩固的，其上落之期或長或暫。至於所以使其上落之原因，或係偶然的，或竟莫明其所以。經濟計劃又須準備貨品需求加增之可能性。其實計劃者恆求此點之實現。再者,農村產品往往受大旱水災及傳染病等之支配,故推算農產成本,合乎經濟計劃方針之物價,極感困難。有人覺得此種障礙無法超越。因產家與產家之諒解,出貨國與購貨國之諒解,同時買主與產方之諒解均係預先假定的。設使農村之恐慌不如今日之緊急,則貿易計劃之規定必須先經一度之研究,試驗與訓練也。

但經濟計劃未必能醫治萬病,亦並非能省訓練與研究。蘇俄之農村計劃,余以為其根本主張大旨不錯,但實行其計劃必需科學知識與技術才能,同時要轉移經濟與社會的目光,此層恐不能於已定期限內完成也。余所慮者,吾人將蹈前車覆轍,而受同樣之不利。另有一危點跟隨經濟計劃者,就是各國利用此法奪獲短見的利益,這豈不是又成了一種經濟侵略之工具矣。吾人極易明瞭,假使此種計劃施諸英國,則吾們農田可以推廣,而別國受損失。吾們可以減少別處的土產,而增加我們的土產。吾們可以使別國的人失業,而使吾國人復業。科學與工業的進步,確能使國家減少其經濟的依賴。意大利自發展水利以來,已減輕其煤料之需要。吾國建築便林罕工廠(Billingham Works)而智利硝酸料之進口為之減少。於此可見出產加增乃進步之明證。但文明各國全靠其食料供給之充裕,種類之繁多,與其他天富之物質,並賴國外自由貿易,現在世界各國金融制度不能維持其流通,商業於是乎凋疲。商人彼此不能互易其產品,故失業者日多。所以單獨限制一種企業,不可稱為上策。國際的商業諒解,實為任何計劃之至要關鍵。

設使貿易計劃,既已恢復市價使農困稍蘇。整理農村工作依然難以解決。農業衰頹無力添置已五十年於茲。歐戰以後二三年內,百業停頓固不論焉。吾們現有許多舊屋,其建築工價,僅合現今工資三份之一。其設計時,並未顧到工資的經濟。有許多田地之面積,不適宜於現代設備,廠屋亦太不合用,機械溝道等亦久不修理。而況有許多農夫債台高築。

有幾個國家農民的債務問題,嚴重到極點。因此有人主張由政府干涉。例如:禁止債權人強迫到期贖押也,特許延期付欠也,或發放特別低利之信用借款以救農民之急也,凡此設施乃必不可少之舉,因農民受長期之虧損,焉有餘力去解決其經濟問題。蓋此問題全系於物價之升降也現若將食品價格加以慎重考慮,暫時提高在公允的水平線之上,則農業之復興可計日而待。其所有餘利,當然仍多用諸農務。投資者乃不致觀望。況在長期之虧本以後,暫時收入較豐亦屬情理之常

農業之最難復興者莫若雀麥。此乃英倫自古以來之最要農產。但此類食料恐永無暢銷之望。其故因人類生活程度提高,雀麥之銷路到處減少。而舊日之驢馬運輸,漸漸改成車運,於是該食料之銷路又受一打擊他如飼畜,澱粉之製造等,均可以較省之玉蜀禾代替也。蘇格蘭一帶農夫之厄運與蘭開夏(Lancashire 一帶之業紡織者相似因在此兩地百業凋疲也。若欲永遠解決此問題,惟有望政府出力,使種麥不者逐漸改種他物。否則即使發給補助金以襄助此企業,亦屬徒然耳。

茲讓余總結前言,設想未來之農村改進可以施諸市價穩定企業有望之國家者。余不信英倫之農夫將大加增添,或擴大其耕種幅員。凡此諸端如因實現,則無非顧客蒙受大損失,因其勢必須以高價之土產替代外洋之廉貨也。

在最近之將來吾人所能預料者,係迅速及普遍之各種改組,旨在增加個人之出產力七十年前,地租佔農人出款之大部份,普通田地每英畝之租金爲三磅。工資每週十先令。地主之收入約合工價之倍。所以當時之農業目標,在乎田地之經濟,即每畝之產量愈多愈妙是也。如今,田地過多,而地租僅佔成本之小部份。因此農家惟一目標在省工。

現在已有一種趨向以工作人數來支配田地面積與資本。而不以田地來支配人數與資本,即若畜猪,畜禽,以及牛乳等企業亦

均以人爲單位(Unit)。單位云者,非獨指一個專心而有技能之農夫。有時須雇一助手輔助之,但凡能增進省工之機械均須全備。所以此單位之職務在乎多用心思,而少用筋骨也。

此種改變勢將增廣單位區域之範圍,譬如每一人的單位管二百頭猪,或二千隻家禽。或兩人的單位,管理六十或七十頭乳牛。如此辦法,田地面積勢必加廣,抑或必須成立一種簡單而界限清楚之組織。此種有系統之組織,可以減少管理與工資。况據已往之經驗,管理方面大部工作在買賣。將來計劃完美後,此部份工作或可大減。由此可見一個裸足不學的農夫無管理三四百英畝田地之能力與資格矣。

推行上述復興農村計劃,需要普通學識與技術的訓練。設立訓練農夫之速成科如畜猪,畜牛等乃急不容緩之事。每個農工之學識與技能,應與其責任之重要相稱也。

余深知科學化之耕種,利用機械與單位制管理,必定惹起多數人之反對。個人耕種之所以能耐勞而不計收入者,良以獨營一地,不無一種虛榮心。而工作之門類不一,亦足以助其興趣也。但余極主張若輩農民與其他工人同享短鐘點與高工資之待遇。余信此新法耕種可以養成極有價值之競爭心。

貧乏與過勞乃阻礙良好農村生活之最大原因。吾人而能消除此種障礙,則功莫大矣。

正太鐵路機廠機段實習總報告

葉樹滋

導　　言

樹滋自民國二十一年十月奉部派來正太鐵路實習,荏苒至今,倏已一載計先後在總機廠之木工廠一月,修車廠一月,機器廠一月,鑲配廠及裝配廠一月,鍋爐房蒸汽機房及電機房一月,鍋爐廠及養氣燒焊廠二月,鐵工廠及模型廠一月,翻砂廠一月機務第一段二月,機務第二段一月。回憶一年以來,勤勤懇懇,不敢自逸.復承甄考委員及指導諸公,悉心教誘,使滋對於全路機務情形,各廠段之管理,機車車輛之修養及維持,及機車之駕駛等,皆得循序研討,實地視習,私衷欣幸,無以言宣。當茲期滿,按章應作總報告一篇,以資檢討一年來之心得,關於各廠段之如何管理,機車車輛之如何修養,機車之如何駕駛,除已詳月報日報外,茲僅就正太路機務部分,擇要言之。惟自省在路日淺,紀述難周,學識未深,愧無貢獻,倘能拋磚引玉,則愚者之所深冀也

二. 沿　　革

自清光緒初葉以降,我國漸知築路之利,於是關內外鐵路,興築於前,盧漢鐵路,繼起於後.方盧漢之倡修也,鄂督張之洞曾奏明利用晉鐵,晉撫胡聘之爲謀運輸便利計,曾有修造鐵路之擬議.此正太路興築之動機也復以山西煤鐵之富,甲於全國,而山路崎嶇,交通亦極不便,故蘊藏雖多,終以運輸困難,發達不易,是以鐵路之修造,尤不容緩.遂於光緒二十二年五月,由華俄道勝銀行,派工程司勘查路線,由河北省正定府起,經獲鹿井陘,入山西省境,過平定

壽陽榆次諸縣,而達太原府.二十四年四月,由晉撫派山西商務局,與華俄道勝銀行,簽訂契約,積極進行,適國內義和團事變起,遂暫擱置.光緒二十八年(即西曆一千九百零二年)俄人復以前約來請,當由督辦鐵路總公司大臣盛宣懷,與之另訂詳細合同,十月間簽字於上海,茲擇要錄之如下:

正太鐵路借款合同擇要

借款總額	四千萬佛郎
利息	年利五厘
酬金(擔任此項借款之各銀行)	利息之 25/10000
還款年限 *	自發售債票之第十年起開始還本分二十年勻還
擔保品	中國國家及正太鐵路財產及進款
酬勞費	純利二成
管理權	外籍人員由銀行遴派聘中國人員由中國督辦選派統歸銀行所聘之總工程司調度
訂約年月	光緒二十八年十月

* 在1911年以後中國無論何時可將借款全部還清所有合同亦即作廢

正太鐵路各段興工竣工通車日期

段別	興工日期	竣工日期	通車日期
第一段	光緒三十年四月	光緒三十一年七月	光緒三十一年九月
第二段	光緒三十一年四月	光緒三十二年八月	光緒三十二年九月
第三段	光緒三十一年六月	光緒三十二年八月	光緒三十二年九月
第四段	光緒三十二年二月	光緒三十三年二月	光緒三十三年五月
第五段	光緒三十二年三月	光緒三十三年八月	光緒三十三年八月
第六段	光緒三十二年五月	光緒三十三年九月	光緒三十三年九月
南張村至鳳山枝線	民國十一年四月	民國十二年六月	民國十二年七月
太原兵工廠枝線	民國十五年四月	民國十五年五月	民國十五年七月

光緒三十三年,日俄戰起,華俄道勝銀行,乃將此項合同,全部債權,讓渡與法國巴黎銀公司,此借款訂約之沿革也.

自合同簽訂後,即由該銀行,積極籌款,光緒二十九年秋,實行正式測量。於三十年起,陸續分段興築,至三十三年九月,全路告成。

正太沿線，崗巒重疊，施工既屬困難，工程費用，亦極昂貴。故興築時，一切因陋就簡，採窄軌制。軌間定爲一公尺，並沿地勢而定道形，以節省經費。是以灣道之密，坡道之陡，爲全國鐵路冠。平時維持費用既大，而運輸效率，亦極低微。乃於民國三年五年七年，先後遷移路線以改進之。

民國二十一年三月，本路將全數借款還清，乃由鐵道部委派接收委員會，辦理接收事宜於民國二十二年一月，全部接收告竣。二月起，本路管理全權，盡歸國人掌握矣。

三. 路綫概況

本路起訖兩端，雖爲石家莊與太原府。惟原議築路時，擬由正定府起始，故名正太鐵路，嗣以由正發軔，須經滹沱河，建築大橋，所費不貲，乃於石家莊與平漢啣接。全路方向，係由東而西，沿途除石家莊至獲鹿縣及榆次縣至太原府，地勢尚稱平坦外，大部崗巒起伏，澗谷迂迴，形勢異常險峻，尤以井陘至壽陽爲最。自石家莊至岩峯站後，以至芹泉站，均沿治河而行。自芹泉站附近以至榆次，則改沿汾河支流，而達晉省首郡之太原。全路計跨河北山西兩省，所經縣別，爲河北之獲鹿，井陘及山西之平定壽陽榆次等縣。計有幹線二百四十三公里，枝線十三公里又九百五十三公尺，連同幹線岔道九十五公里二百二十八公尺，及枝線岔道二公里計算，本路幹枝總延長三百五十四公里一百三十一公尺。共分石家莊等三十五站。沿線灣道最小之半徑爲一百公尺。坡道最大之坡度，爲18.3/1000，最長之山洞爲六百四十公尺，茲將本路沿途之地勢列下

正太鐵路沿途地勢表

站　名	兩站間之距離 km.	灣道數目	灣道最小之半徑 m	上坡道數目	上坡道最大之坡度 坡度/長度	下坡道數目	下坡道最大之坡度 坡度/長度	山洞及其長度
石家莊至大郭村	8.008	1	950	5	0.0025/1300	0	—	—

大郭村至獲鹿縣	8.135	1	1000	5	$\frac{0.00675}{1550}$	0		—
獲鹿縣至頭泉	5.374	3	500	4	$\frac{0.012}{1430}$	1	$\frac{0.00525}{800}$	—
頭泉至下安	4.983	6	400	1	$\frac{0.012}{4583}$	0	—	327.m50 及 78m.40
下安至上安	3.893	8	400	1	$\frac{0.01195}{2662.20}$	1	$\frac{0.005}{560}$	—
上安至岩峯	5.383	9	400	0	—	3	$\frac{0.006}{1800}$	—
岩峯至微水	3.932	7	400	2	$\frac{0.0035}{1000}$	1	$\frac{0.003}{660}$	141m.90
微水至南河頭	2.510	4	400	1	$\frac{0.006}{1350}$	0	—	—
南河頭至南張村	6.457	13	400	5	$\frac{0.0114}{1500}$	1	$\frac{0.005}{860}$	149m.20
南張村至井陘縣	5.003	9	400	1	$\frac{0.012}{2655}$	1	$\frac{0.006}{1600}$	640m40
井陘縣至北峪	6.131	31	100	10	$\frac{0.015}{660}$	0	—	162m50
北峪至南峪	3.847	19	100	6	$\frac{0.01657}{577.30}$	0	—	—
南峪至娘子關	7.696	32	100	9	$\frac{0.0155}{395}$	4	$\frac{0.0122}{100}$	—
娘子關至程家隴底	8.079	38	100	13	$\frac{0.0154}{520}$	0	—	8m.00
程家隴底至下盤石	8.563	40	100	11	$\frac{0.014}{207}$	0	—	147m;112m.70 2927m;288m
下盤石至岩會	7.495	35	100	10	$\frac{0.0165}{1196.5}$	2	$\frac{0.0112}{680}$	65. m40 123.m00
岩會至亂流	10.555	50	100	12	$\frac{0.0135}{500}$	0	—	52.m65; 59m55 37m40;192m95
亂流至白羊墅	6.262	19	100	11	$\frac{0.0156}{500}$	1	$\frac{0.002}{15}$	—
白羊墅至陽泉	5.541	17	100	11	$\frac{0.0157}{472}$	0	—	33m50
陽泉至賽魚	6.970	28	140	10	$\frac{0.016}{375}$	0	—	—
賽魚至坡頭	6.794	24	120	13	$\frac{0.016}{438}$	0	—	—
坡頭至測石驛	6.056	22	100	10	$\frac{0.0165}{547}$	0	—	—

測石驛至岸泉	10.317	30	150	21	0.0177/390	0	—	—
岸泉至壽陽縣	9.479	21	150	7	0.0183/300	5	0.007/550	—
壽陽縣至馬首村	6.416	8	200	2	0.011/290	9	0.0155/250	—
馬首村至上湖	9.441	36	100	1	0.0055/300	13	0.012/630	119m.5
上湖至盧家莊	8.964	31	100	0	—	11	0.0125/3525	100.m35 [illegible]
盧家莊至段廷	8.109	27	100	0	—	13	0.012/165.0.3	40 m20 25.m00
段廷至東趙村	9.017	26	100	1	0.0105/130	13	0.012/770	—
東趙村至北合流	7.870	22	150	4	0.006/230	9	0.008/780	—
北合流至榆次縣	7.325	14	150	4	0.0085/575	5	0.012/1100	—
榆次縣至鳴李	8.721	3	400	4	0.0055/400	4	0.010/265	—
鳴李至北營	7.320	3	1000	2	0.012/1534	9	0.003/1000.4	—
北營至太原府	9.990	7	300	7	0.012/300	6	0.012/530	—
石家莊至太原府	240.322	724	100	204	0.0183/300	112	0.0155/250	23

四. 組　　織

本路在接收以前,管理情形,約分二期:自光緒二十九年起,至光緒三十四年底止,爲工程時期。自宣統元年起,至接收前止,爲行車時期。工程時期及行車時期,管理全權,皆操諸洋員總工程司手中,各高級員司,亦皆爲外人。行車時期,雖有監督局之設,但其組織既簡單,又無實權,接收之後,乃按部章,改設總務處,車務處,機務處,工務處,會計處,購料委員會,儲金管理委員會,祕書室,警察署,總稽核室,以資辦理本路一切事務。並以本路法規,每多與部章抵觸,特設單行法規委員會,以資改正。惟各處所屬部分,其編制仍有不合

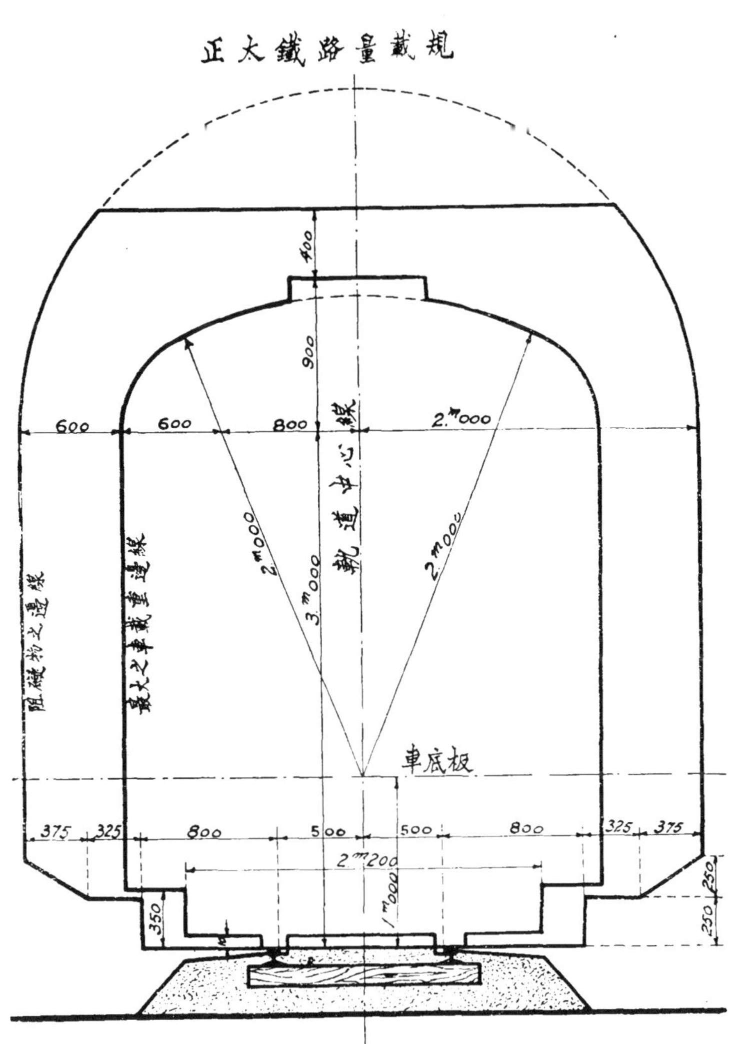

者,如分股不分課,電務股屬工務處,材料所屬會計處等,皆與他路不同,然以其辦事效率甚佳,奉部令暫維現狀,未加改組,茲將現在組織,列表於後:

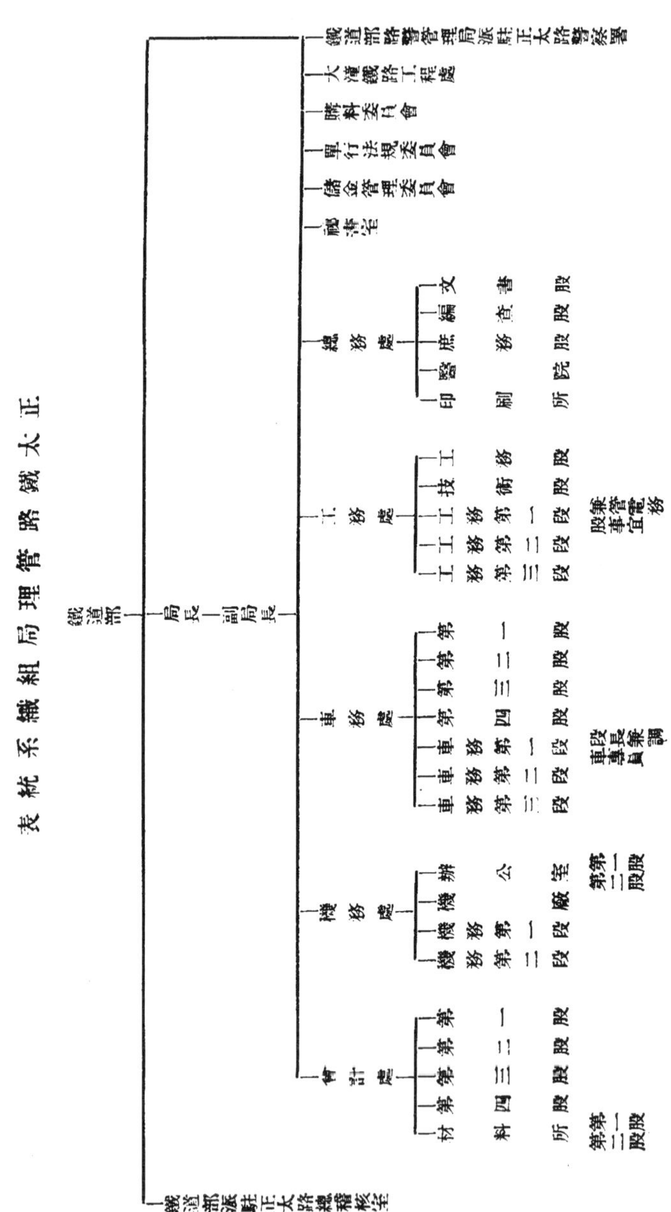
正太鐵路管理局組織系統表
鐵道部
局長
副局長
鐵道部路警管理局派駐正太路警務署
大潼鐵路工程處
購料委員會
單行法規委員會
儲金管理委員會
秘書室
總務處
文書股
編查股
庶務股
醫院
印刷所
工務處
工務股
技術股
工務第一段
工務第二段
工務第三段
車務處
第一股
第二股
第三股
第四股
車務第一段
車務第二段
車務第三段
機務處
辦公室
機廠
機務第一段
機務第二段
第一股
第二股
會計處
第一股
第二股
第三股
第四股
材料所
第一股
第二股
鐵道部派駐正太路稽核室

該表所列之人[illegible]工賑處,係為建築人[illegible]鐵路而設,所有經費,皆由本路盈餘項下撥付,受本路局長之指揮,施行造路工作,故亦附於該表內。

機務處設處長一人,綜理本處一切事宜;副處長一人,輔助處長及監督處內職員之工作;工程司一人,辦事一人,辦理設計工作;總圖算員一人,幫繪圖員一人,負繪圖工作及掌管處內工程文卷之責;辦公室主任一人,辦理本處總務,並掌管辦公室一切文件等事宜;下分二股,第一股設股主任一人,股員五人,辦理本處人事,報告,統計,儲金,定單,預算,印刷品及其他等事宜;第二股設股主任一人,股員五人,辦理繙譯,簿記,煤及潤油之消費,機車里程及時間之統計,延噸公里數,貨單,及其他等。關於本路之機車客貨車輛及機器之修理,維持,製造,皆歸機廠任之,外段機務事宜,則由機務段負責處理一切。至機廠機務段之詳細情形,則於各該章述之.茲將本處組織系統列表於後:

正太鐵路管理局機務處組織系統表

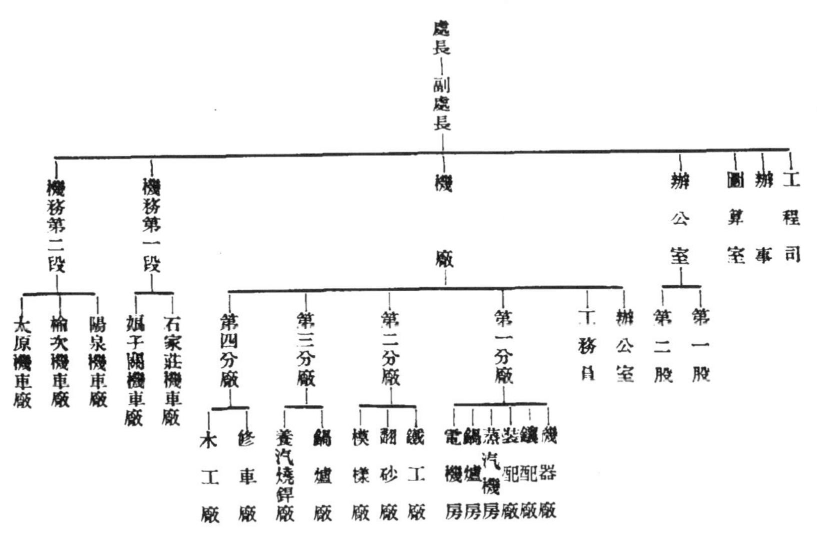

五. 機 廠

機廠之主要任務,爲修理維持製造本路之機車客貨車輛機器及應用器具等。設廠長一人,綜理一切。下分辦公室及四分廠,承廠長之命,辦理行政及技術事宜。茲分述之如下:

(A)辦公室　辦公室設股主任一人。股員司事十三人,幫繪圖員一人,分任下列工作:

股主任一人及股員六人,依照廠長命令,辦理辦公室一切常務,塡製員工薪水單,管理點工單,請領免票單,及領煤單,塡具一切定貨單,記錄每日曠工及處罰單,謄淸金屬融化單,開具儲蓄金貨方賬單,計算每種工作鐘點,辦理繙譯及其他不屬分廠事項等。

股員二人,司事三人,塡算成本及賬單,記錄每種工作所有材料記賬,塡製使用燃料淸單,及辦理其他事項。

股員二人,辦理往來文件案卷,旬報,月報及其他事項。

幫圖算員一人,繪製一切製造用正圖及草圖摹圖。監督一切進出圖畫,保管關於藝術案卷及出品工作圖,試驗各項金屬。

(B)分廠　本廠所屬之各廠,共隸於四分廠之下,各設分廠長或副分廠長一人,承廠長之命,管理所屬各廠,指揮及監督員工工作,如有應行興革改良事項,則須建議於廠長,請其核准。

各分廠之辦公室,設股員或司事二人至三人,皆歸各該分廠長直接指揮,辦理各該分廠之日常事宜,如報告上工人數,各工匠之工作種類,及其時間,塡寫請領材料單,退回材料單,診病單,塡發及接受造單,編造月報及其他等工作。

第一分廠　第一分廠轄機器廠,鑲配廠,裝配廠,鍋爐房,蒸汽機房,及電機房六廠。設副分廠長一人,股員二人,點員一人,管理之。

機器廠　機器廠專用各種機械工具,製造及修理機車客貨車及他廠一切機件。設匠首一人,副匠首一人,工匠四十五人,所有之重要機器如下:

鏇機二十五個,(內有輪箍鏇機三個)鉋機二個,成形機四個,鑽機六個,齒刨機三個,磨機四個,鋸機[illegible]個,車蛇機[illegible]個,旋背鏟機一個,鑽眼機一個,壓輪機二個。

鑲配廠　鑲配廠專以手工器具,維持及修理機車客貨車及他廠一切機件。設匠首一人,副匠首一人,工匠及學徒二十七人。其習用之工具爲銼刀,鏨刀,刮刀,陰陽螺模,畫線儀及小鎚等。

該廠另設鐘表匠及助手二人。專負修理本路一切鐘表之責。

裝配廠　裝配廠負折卸及裝配入廠修理之各機車機件之責。設匠首一人,副匠首一人,工匠三十六人,所有之重要機器如下:

四十噸橋式起重機一座。能移動之八十噸電力螺旋支重機一座,固定之四十噸螺旋支重機一座,附屬鐵工廠內,有打鐵爐二個。

鍋爐房　鍋爐房之工作,係將鍋爐升火,使其發出蒸汽,以維持蒸汽機之行動。設正工匠一人,升火,升火助手及小工等八人,分爲三班,輪流工作,受鑲配廠匠首之指揮,所有鍋爐如下:

九十五平方公尺受熱面之斯體林式鍋爐二個,其工作壓力爲十三公斤每平方公厘;一百平方公尺受熱面之機車式鍋爐二個,五十平方公尺受熱面之機車式鍋爐一個,其工作壓力爲七公斤每平方公厘。

蒸汽機房　蒸汽機房設司機澆油夫及小工七人,專管理該房各蒸汽機之澆油調整及維持等事宜。每日分三班,輪流工作,該房共分二部:

(1)新機器房　計有 125 匹馬力單漲式蒸汽機二個,用以發動二個七十五 kw 之發電機,所有蒸汽,係由斯體林式鍋爐供給之。

(2)舊機器房　計有75匹馬力之複漲式蒸汽機二個,一用以轉動機器廠之主動軸,一用以發動60 kw 之發電機:100 匹馬力之單漲式蒸汽機一個,用以發動 75 KW. 之發電機:30匹馬力之Pilon式蒸汽機一個,用以發動19.2 kw之發電機,所用蒸汽皆由機車式鍋爐供給之。

電機房　電機房與蒸汽機房同在一室,各個電機,皆由蒸汽機拖動而發出直流電力,以供給本廠及其他各處之需要。設匠首一人,副匠首一人,工匠及學徒十六人,分三班輪流工作,所有之發電機如下:

60 kw 130 v. 460 amp. 550 R.P.M. 之六極分捲發電機一個.

75 kw 130 v. 575 amp. 780 R.P.M. 之四極分捲發電機二個。

192 kw 125 v. 150 amp.1050 R.P.M.之四極分捲發電機一個。

以上電機,各由其固定之蒸汽機拖動,已詳前,玆不再述。

第二分廠　第二分廠轄鐵工廠模型廠翻砂廠三廠,設副分廠長一人,股員司事二人,點員一人管理之。

鐵工廠　鐵工廠之工作,爲修理及製造材料所或機車車輛等應用之必須打成各機件,計有匠首一人,正工匠一人,工匠及打鏈夫五十九人,所有之重要機器如下:

750 公斤及 150 公斤之汽鏈各一個,30 平方公尺受熱面 8 公斤每平方公厘壓力之鍋爐一個,用以供給蒸汽於各汽鏈及銲接廠暖氣,溫暖阿西台林發生器等;迴熱爐一個,鉚釘爐一個,鍛冶粗大物件爐一個。(附手起重機一個)打鐵爐附有鐵砧者二十二個。每分鐘能出 95 立方公尺之吹風機一個,砂磨輪二個,圓形剪機一個,剪衝合機一個,複剪機一個,緊縮機一個,金屬用盤形鋸機一個,金屬用往復鋸機一個,試驗錟管壓力機一個,製造螺拴鉚釘等等 Vincent 式機器一個,磨鑽頭機一個,直鑽機一個,橫鑽機一個,螺拴鏇機四個,30 匹馬力之電動機一個。

模型廠　模型廠之工作,爲製造修理及維持翻砂廠工作時所需要之各種模型,設匠首一人,正工匠一人,工匠及學徒三人。

翻砂廠　翻砂廠之工作,爲鎔鑄材料所應用或機車車輛等應行翻鑄之各種銅鐵機件,及其他機器所需要者。計設匠首一人,副匠首一人,工匠及助手十七人所有之重要機件如下:

鎔五噸鐵而具有起重機之鎔鐵爐一個,一噸鐵量之小鎔鐵爐一個,能容300 kg.及150 kg.之Reusseau式鎔銅爐各一個,翻砂機三個,Root式每小時可出95立方公尺空氣之打風機一個,18匹馬力之電動機一個,鎔混合金屬之小爐一個。

本廠另附有撒砂房,其工作係以高壓之空氣,吹動鐵砂,以磨擦已鑄成各件之內外面。

第三分廠　第三分廠轄鍋爐廠及養氣銲接廠,設副分廠長一人,股員司事二人,管理之。

鍋爐廠　鍋爐廠設匠首一人,副匠首一人,工匠九十四人,其工作為修理或製造各機車之鍋爐水櫃煤箱及各種蒸汽鍋爐,並客貨機車車架等。所有之重要機件如下:

100匹馬力之電動機一個,每分鐘出$9m^3$及$6m^3$空氣連同水箱及空氣箱之臥式壓氣機各一個,捲床一個,去餤管積垢之圓筒形機一個,衝孔機三個,可移動之剪機一個,四鑽頭機一個,柱形鑽機二個,平行鏇機一個,帶形薄鐵鈑鋸機一個,剪衝合機一個,鍋爐鈑緣鏇機(牆式)一個,雙砂輪機一個,每分鐘出65立方公尺之打風機一個,圓形金屬鋸機一個,能起40噸鍋爐之鐵架一個,漲熱輪箍爐附起重機一個,單砂輪機一個,鉚釘及襍件爐五個,能移動鉚釘爐二個,平台一個,人力剪機一個,手搖圓形剪機一個,摺緣機一個,手用撓機一個,捲鐵鈑機二個,虎鉗等七個。

養氣銲接廠　養氣銲接廠之工作,為聯結,剪裁,修補。銲接應修理或製造之鍋爐,焰管,及其他等。計設正工匠一人,銲接匠及助手二人,小工二人。該廠現有之重要機件如下:

每小時能出20立方公尺連同潔氣箱及氣表之阿西台林之發生器一個,銲接爐二個,銲接各帶形鋸之機一個。

第四分廠　第四分廠轄修車廠及木工廠二廠,設分廠長一人,股員司事三人管理之。茲分述之如下:

修車廠　修車廠專為修理或製造客貨車輛及其附屬機件。

計設匠首三人,正工匠二人,工匠及助手九十四人,共分八處工作計為:

(i) 車站部　該部專驗客貨車及其車軔機關,有無損壞,並負小修理之責。

(ii) 南花車房　該處專為存儲公事車及頭二三等客車之用。

(iii) 北花車房　該處專為存儲三等客車及油漆客車之用。

(iv) 修貨車部　該處專修理貨車車身及車軔機關脚蹬等。

(v) 修軸箱部　該部專修理轉向架及軸箱等,並改造新貨車車身。

(vi) 絞車處　該處之任務,係運送破車至修舊車部,及更換轉向架而將須修理者送至修軸箱部。

(vii) 鍍鎳部　該部專為局廠及客貨車上器具鍍鎳。

(viii) 汽水部　該部專供給本局員司所需用之熱水,及醫院,廠中需用之蒸溜水。

木工廠　木工廠之工作,為製造及預備材料所修車廠及其他各處,所需用之木料,木板,及木器等。計設匠首一人,正工匠一人,工匠及助手七十一人,所有之重要機件如下:

來回鋸木機一個,大帶形鋸木機一個,修鋸齒機一個,刨機一個,刨花邊機一個,雙用刨木筍機一個,鑿筍眼機一個,圓鋸機二個,平刨機二個,車床一個,磨刨刀機一個,小帶形鋸木機一個,在廠屋之外有大木鋸機二個。

機廠所有設備及員工,已如上述,除對於本路工作,能應付裕如外,並有餘力接收外界委托之工作,如代修平漢鐵路之機車,井陘鑛廠之鍋爐等類是,惟電氣設備,較為陳舊,致有電燈不明之現象,並恐發生其他意外,現已在改進中矣。

六. 機務段

機務段專負管理沿綫機務事宜之責,本路以距離較短,共分二段,由石家莊至陽泉東號誌止為第一段,由此向西至太原府為第二段。各設段長一人,承處長副處長之命,指揮監督其所屬員工,勤慎服務,第二段並設副段長一人,以輔助段長並於其不在時,代理其職務。

段長辦公室設股員一人,承段長之命,辦理日常例行事宜。

機務段之下,各轄二個或三個機車廠,負駕駛及修理機車之責,在沿途需要上水處所,設立水站,負責供給機車上水,計:

機務第一段,在石家莊,娘子關,設機車廠及煤台各一,石家莊,頭泉,微水,南河頭,井陘縣,娘子關,岩會各設水站一。

機務第二段在陽泉榆次縣太原府設機車廠及煤台各一,陽泉,測石驛,芹泉,壽陽縣,盧家莊,東趙村,榆次縣,太原府各設水站一。茲述其概況如下:

(A)機車廠

機車廠之設,完全爲負駕駛及修理機車之責。石家莊,陽泉,及太原府三機車廠範圍較大,各設辦公室一,計有股員二人,承廠首之命,辦理日常例行事宜。娘子關榆次縣二機車廠之日常文件,則由副廠首自行辦理.

石家莊機車廠　石家莊機車廠,專負駕駛往來石家莊及陽泉區間列車之責。計設總廠首一人,幫總廠首一人,副總廠首一人,副廠首一人,鑲配匠首一人,正工匠一人,材料員一人,司機二十八人,升火五十三人,廻煤夫四人,水站司機兼升火及小工十人,擦車夫首一人,洗爐夫四人,擦車夫二十一人,小工五人,工匠三十四人,幫匠五人。學徒三人,油漆匠一人,擔任管理本廠駕駛機車及其修理,水站升火等各項工作。所有之重要機件如下:

鏇機二個,鉋機一個,金屬鋸機一個,鑽機一個,平抬五個,虎鉗十四個,鍛鐵爐二個,鐵砧三個。

娘子關機車廠　娘子關機車廠之設,專負駕駛維持及小修該廠機車之責任。該項機車,係爲頂送下行列車由此至 72 km + 700 m. 處之用,該廠計設副廠首一人,司機一人,升火一人,擦車夫

一人,工匠一人,擔任各項工作,所有之重要機器如下:

平抬一個,虎鉗二個,鍜鐵爐一個,鐵砧一個。

陽泉機車廠　陽泉機車廠,負駕駛往來陽泉至石家莊,及陽泉至榆次縣區間列車之責,並供給該站本路員工住宅需要之電力。計設總廠首一人,副總廠首二人,鑲配匠首一人,正工匠一人,材料員一人,司機十八人,升火三十三人,水站司機兼升火及小工八人,擦車夫首一人,洗爐夫二人,擦車夫十三人,工匠二十八人,幫匠六人,學徒六人,小工一人,電匠一人,幫電匠一人,鍋爐升火二人,驗車匠四人,澆油夫二人,木匠一人,油漆匠一人,擔任本廠各項工作。所有之重要機件如下:

鏇機三個,(內有一爲輪箍鏇機)鉋機一個,金屬鋸機一個,鑽機一個,平抬三個,虎鉗十六個,鍜鐵爐二個,鐵砧一個,起重機一個,另設50平方公尺受熱面機車式鍋爐一個,Pilon 式蒸汽機一個,19.2 kw 發電機一個,爲供給電力之用,附有蒸汽機之機車式鍋爐一個,爲發動本廠各機件之用。

榆次縣機車廠　榆次縣機車廠,專負駕駛往來榆次縣及太原府區間列車之責。計設副廠首一人,司機一人,升火二人,擦車夫一人,澆油夫一人,水站司機兼升火及小工五人,擔任本廠各項工作,並有平抬虎鉗各一個,備修理機車機件之用。

太原府機車廠　太原府機車廠,專負駕駛往來太原府及陽泉區間列車之責,並供給太原府站內員工住宅需要之電力。設總廠首一人,副廠首三人,鑲配匠首一人,正工匠一人,材料員一人,司機十七人,升火三十一人,剷煤夫三人,水站司機兼升火及小工三人,蒸濾器升火一人,擦車夫首一人洗爐夫三人,擦車夫十一人,工匠三十一人,幫匠五人,學徒九人,驗車匠二人,澆油夫二人,木匠一人,鑲配匠一人,油漆匠一人,電匠一人,幫電匠一人,升火三人,看守夫二人,所有之重要機件如下:

鏇機三個,鉋機一個,金屬鋸機一個,鑽機三個,平抬三個,虎鉗十五個,銅鐵爐四個,鐵砧二個,起重機一個,另設37平方公尺受熱面之 Montupet 式鍋爐一個,60匹馬力 Farcot 式蒸汽機一個,60kw發電機一個,為供給電力之用,附有蒸汽機之機車式鍋爐一個,為發動本廠機件之用。

(B)水站

水站專負供給機車及員工住宅用水之責。由司機兼升火及小工一人至二人管理之。受附近機車廠首之指揮,所有之重要機件如下:

直立式或鑛場式鍋爐,為蒸發水汽之用。

華氏打水機,受蒸汽運動,將水打至水塔之用.

水塔為儲蓄水量之用。

Desrumeaux 瀝水器為輭化水中雜質之用。

茲為簡略起見,將本路各水站之概況,列表於後:

正太鐵路水站概況表

隸屬機車廠	水站名稱	升火	小工	鍋爐式樣及數目	打水機	水塔	有無瀝水器	每日出水量(m^3)
石家莊	石家莊	10		20m^2 受熱面鑛場式鍋爐二個 16m^2 受熱面鑛場式鍋爐一個 4m^2 受熱面鍋爐一個	30m^3 一個 23m^3 二個 8m^3 三個	50m^3 二個 50m^3 二個 50m^3 一個 50m^3 一個	有	700—800
	頭泉	1		4m^2 受熱面鍋爐一個	8m^3 一個	50m^3 一個	無	70—100
	微水	2		4m^2 受熱面鍋爐一個	8m^3 一個	50m^3 一個	無	70—100
	南河頭			2m^2 受熱面鍋爐一個	8m^3 一個	40m^3 二個	無	現已不用
娘子關	井陘縣	2		4m^2 受熱面鍋爐一個	23m^3 一個	50m^3 一個	有	70—100
	娘子關	1		4m^2 受熱面鍋爐一個	23m^3 一個	50m^3 一個	有	70—100
	岩會	1	1	4m^2 受熱面鍋爐一個	8m^3 一個	25m^3 一個	無	70—100
陽	陽泉	5		20m^2 受熱面鍋爐二個	12m^3 一個 8m^3 一個	50m^3 一個	有	200

泉	測石驛	1		4m2 受熱面鍋爐一個	8m3 一個	50m3 一個	無	40
	芹　泉			4m2 受熱面鍋爐一個	8m3 一個	25m3 一個	無	冬季應用
	壽陽縣	2		4m2 受熱面鍋爐一個	8m3 一個	50m3 一個	無	60
榆次縣	盧家莊	2		4m2 受熱面鍋爐一個	8m3 一個	50m3 一個	無	40
	東趙村	2		4m2 受熱面鍋爐一個	8m3 一個	50m3 一個	無	100－150
	榆次縣	1		4m2 受熱面鍋爐一個	8m3 一個	50m3 一個	有而不用	20
太原府	太原府	3		4m2 受熱面鍋爐一個 15m2 受熱面鍋爐一個	8m3 一個 23m3 一個	50m3 三個	無	100—120

七. 機　　車

本路之機車,共分三種:(一)工程機車,築路時用以轉運工程材料,現作調車及短程客車之用,共有十一輛:(二)貨車機車,多用於貨車列車,亦作拖運客車之用,共有50輛;(三)客車機車,皆用於拖運快車,共有六輛,另有寬軌機車一輛,係用以拖運局長花車,茲不錄。

本路興築之初,以經費支絀,一切因陋就簡,採窄軌制。軌間爲1公尺。而沿途山路崎嶇,以困於經濟,路綫多隨地形而變更,灣道半徑,有小至一百公尺者,故於機車開行時,爲便於司機瞭望前方,使司機棚在前,烟囱在後,適與他路相反。

機車主要部分爲:

(1) 鍋爐

(2) 車架及輪

(3) 車軔機關

(4) 主動機關

(5) 閥動機關

(6) 射水器

(7) 水櫃及煤箱

(8)主要配件

茲根據上述八部,略述本路各類機車之構造如下:

(A)客車機車(即 200 號)

(1)鍋爐　鍋爐之鍋身,共有三節,其直徑為 1.220 公尺,內火箱飯為紅銅所製成,以其易於傳熱,計有焰管 136 根,多用鐵製,取其價較賤也。

(2)車架及輪　車架係鈑構架,計有主動輪二個,連動輪四個,前導輪四個.動輪之直徑為 1.300 公尺,前導輪為 0.730 公尺,主動輪軸所受之壓力為 11.450 噸,前導輪軸為 5.800 噸。

(2)車軔機關　車軔機關,計有三種:

(a)真空閘,(b)手閘,及(c)倒汽閘。

(4)主動機關　係外汽缸式,其大小為 0.460m×0.460m。

(5)閥動機關　汽閥係均力滑閥式,以求減少滑閥之磨擦力,閥動機關則為華氏(Walschaert's)式。

(6)射水器　射水器係 Friedmann 之不提高式,蓋裝在水櫃之下也。每機車共二個,分列兩旁,平時祇用升火邊之一個,其他一個,備用而已。

(7)水櫃及煤箱　該機車另附水櫃車一輛其容量為 $14m^3500$,煤箱則在鍋爐之兩旁,容量約為五噸。至司機棚內亦可容煤 500kg.。

(8)主要配件

(a)調整閥係雙座式,蓋所以避免驟然加力於各行走機件,及水汽並發之現象也。

(b)保險閥係螺簧式.

(c)油潤器係為 Dédroit 式,用以油潤汽缸。其他行走機件及互相磨擦面,則以油盅油潤。

(d)速度表係 Hasler 式.

(e)機車頭燈,係由 Sumbeam 式渦輪發電機,供給電力。

(B)貨車機車(即100號)

(1)鍋爐 除鍋身少一節外,其他皆與客車機車同。

(2)車架及輪 車架係鈑構架,計有主動輪二個,連動輪四個,前導輪四個,主動輪之直徑為一公尺,前導輪為0.730公尺,每一主動輪軸所受之壓力為 11.266 噸,前導輪軸為5.700噸。因該項機車多作貨運之用,故其動輪之直徑,較客車機車為小。

(3)車軔機關 同客車機車。

(4)主動機關 係外汽缸式,其大小為0.400m×0.460m。

(5)閥動機關 同客車機車。

(6)射水器 同客車機車。

(7)水櫃及煤箱 水櫃分列鍋爐兩旁,其容量為6m³700,煤箱則在司機棚前,約可容煤2.500噸,司機棚則可容煤500—700 kg:

(8).主要配件。

(a)調整閥係雙孔式,其作用與雙座式同。

(b)保險閥同客車機車。

(c)油潤器同客車機車。

(d)速度表同客車機車。

(e)機車頭燈同客車機車。

(C)工程機車(即1號)

(1)鍋爐 鍋身共有二節,其直徑為1.020公尺,內火箱鈑係以青銅製成,焰管則多以生銅,計有 139 根。

(2)車架及輪 車架係鈑構架,計有主動輪二個,連動輪四個,無前導輪。動輪之直徑為 0.965公尺,每軸所受之壓力為8.330噸。

(3)車軔機關 祇用手閘.

(4)主動機關 係外汽缸式,其大小為0.320m×0.450m。

(5)閥動機關 汽閥係外面流入式之D形滑閥,閥動機關係華氏式。

(6)射水器 同客貨機車。

(7) 水櫃及煤箱　水櫃分列鍋爐之兩旁,其容量爲 $2\,m^3 500$,煤箱則可容 750 kg.,司機棚內則可容 150 kg.。

(8) 主要配件。

(a) 調整閥同客貨機車。

(b) 保險閥同客車機車。

(c) 油潤器係以油盅油潤各部。

(d) 機車頭燈則爲煤油燈。

機車之輓力

機車之輓力,多以下列公式算出:

$$T = C\frac{Pd^2L}{D}$$

本路依照法國習慣,令 C=0.65,算出各類機車之輓力如下:

機車之種類	輓　力
工程機車	3725 kg.
貨車機車	5740 kg.
客車機車	5840 kg.

機車之分配

本路計有工程機車十一輛,貨車機車五十輛,客車機車六輛,因各段營業密度之大小,而定機車之需要,其分配如後表:

機車之駕駛

機車係由司機駕駛之,其鍋爐之升火事宜,則由升火任之。本路慣例,係派定各司機升火於一固定之機車,其利益有三:

(1) 使各司機升火對於其所駕駛之機車,常時接觸,得熟習其各種情形。

(2) 使各司機升火對於其所駕駛之機車,較爲負責,而各項機件應用期間,可以延長。

(3) 使各司機升火時常接觸,互相明瞭個性,得收合作之效。

正太鐵路機車分配表

機車廠	機車種類	用途								
		客運	貨運	調車	救援	備用	洗爐	修理	休息	總數
石家莊	1	—	—	1	—	—	—	1		2
	100	2	10	1	1	1	4	4	—	23
	200	1	—	—	—	—	—	1	—	3
娘子關	1	—	—	1(頂車)	—	—	—	1		2
陽泉	1	—	—	1	—	—	—	1		2
	100	—	8	1	1		2或3	3或2		15
榆次縣	1	1	大滌工程車 1	—	—	—	—	1		3
太原府	1	—	1		—	—	—	1		2
	100	1	2	—	1		2或3	1或2	5或3	12
	200	2	—	—	—	—	—	1		3

機車機件檢驗期限表

部分	期限	部分	期限
外火箱及其伸漲飯之油潤	一個月	連桿 20000 Km } 約合	客運四月
內火箱及焰管	一個月	滑環閥動機關 2000) Km } 約合	貨運六月
頂撐及螺撐	十五日	輪(摺緣)	一個月
易鎔塞(即鉛堵)	一個月	軸箱及懸托器	30000 Km
保險閥及汽壓表	三個月	軸箱頰飯及軸箱楔之調整	半個月
調整閥	一個月	真空閘輸出管	一個月
射入器	一個月	真空閘	一個月
各塞門磨準或加潤（每値洗爐之期行之)	所有鍋爐約行1 00公里洗爐一次	手閘	一個月
灰盤	一個月	速率表(油潤)	一個月
烟箱(火星網蒸汽輸入管輸出管)	一個月	透明油潤器(擦滌)	一個月
汽箱及其連合處	二個月	渦輪發電機及電燈設備	一個月
轉轆滑閥及環等 10000 Km } 約合	客運二月	水箱或水櫃車(洗滌)	一個月
搖桿 10000 Km } 約合	貨運三月	機車工具	一個月

附注：以上所定時間係指機車實用而言

客車機車設司機一人,升火一人,幫升火一人,剷煤夫一人,貨車機車及工程機車,則不設剷煤夫。

機車機件使用限度表

主要部分	機車種類	原有大小 m/m	銷磨限度 m/m
機車汽筩直徑	1 100 200	320 400 460	(1) 橢圓度 0.15 m/m
機車鞲鞴槽邊厚度	1 100 200	18 16 16	(2) 10
機車鞲鞴槽邊深度	1 100 200	10 10 12	15 15 17
機車鞲鞴桿	1 100 200	57 60 65	51 54 58
機車鞲鞴均重桿	200	50	45
機車鞲鞴環割斷處	1 100 200	1 1 1	10 10 10
機車滑閥座	1 100 200	20 25 28	13
機車轉向架軸襯	100 200	145	(3) 周圍銷磨 15m/m
機車連軸輪箍厚度	1 100 200	60 65 65	30
機車轉向架輪箍厚度	100 200	65	25
機車連軸軸項	1 100 200	135 160 170	121 144 153
機車轉向架軸項	100 200	120	108
機車主動軸曲拐銷	1 100 200	90 130 150	81 117 135
機車主動軸輪銷	1 100 200	70 80 85	63 72 76
機車回動曲拐銷	1 100 200	50 120 55	45 108 47

(1) 超越限度時須將汽筩重行鏇圓

(2) 鞲鞴槽邊厚度達限度或槽太深時可加紅銅以符原有尺寸

(3) 關於軸襯之一面

機車之察驗

機車行駛過久,易有銷磨式損壞,致失其原來作用,關係客貨安全至巨,故各部須定期檢驗,其限期視附表。

機車之限度

機車經察驗後,如其主要部分,銷磨過一定之限度,則加以更換,或修補之。其限度如附表。

機車之修理

機車之修理,多因其損壞情形而分三類,(一)大修,(二)中修,(三)小修。兹分述之如下:

(一)大修　凡機車須更換鍋爐及汽缸之一概底架重要部分,爲大修。

(二)中修　凡機車須更換鍋爐全部或一部之焰管,燒壞及折斷之螺撑,偶或貼補鍋鈑及修換其他重要部分,爲中修。

(三)小修　凡機車之鍋爐及重要部分,皆不須更換,各部機件祇須稍加修理者,謂之小修。

機車大修中修事宜由機廠任之,小修則由機車廠負責。惟機車廠需用之材料,須翻鑄鍛冶或燒銲者,皆由材料所間接向機廠定做。至太原府及陽泉機車廠亦可擔任大修中修事宜,但鍋爐則須送往機廠,代爲修理。

八. 客貨車輛

本路車輛,計分二類:(一)客車,(二)貨車,兹分述之如下:

客車

本路以路程較短,客車祇有坐車一種。計有七十三輛,分頭等,二等,三等,客車專爲乘客之用;公事車爲本路高級員司,因公出差乘坐;郵政車專載郵件;廚車爲乘客預備膳食;開支車爲發薪人員乘坐;行李車裝載旅客行李;各車車身形狀,及其中設備,略有分別外,其車底架轉向架及車軔機關等則相同。兹述之如下:

正太鐵路客車種類表

車輛種類	車號	輛數	始用年	車身								旋轉部						軔式	鞔鈎高
				重量	外			內			地板高	軸數	軸項尺寸	軸綫項中距	軸距	轉架向距	輪徑		
					長	寬	高	長	寬	高									
				T	m	m	m	m	m	m	m			m	m	m	m		m
頭二等車	A 1至4	4	12/ 1-09	15.800	12.210	2.600	3.450	9.660	2.400	2.250	1.000	4	160×80	1.460	1.500	8.060	0.700	眞空軔及手動軔	0.800
公事車	A S	1	12/ 1-09	17.300	12.210	2.600	3.450	11.660	2.400	2.250	1.000	4	160×80	1.460	1.500	8.060	0.700	眞空軔及手動軔	0.800
頭等一間二等三間	A B 1至5	5	1/ 9-06	15.900	12.210	2.600	3.450	9.660	2.400	2.250	1.000	4	160×80	1.460	1.500	8.060	0.700	眞空軔及手動軔	0.800
二等車	B 1至2	2	1/ 2-20	15.900	12.210	2.600	3.450	9.660	2.400	2.250	1.000	4	160×80	1.460	1.500	8.060	0.700	眞空軔及手動軔	0.800
二叁等車	B C 1至3	2	25/ 1-16	15.150	12.210	2.590	3.450	9.660	2.450	2.250	1.000	4	160×80	1.460	1.500	8.060	0.700	眞空軔及手動軔	0.800
叁等車	C 1至37	37	4/ 8-06	15.150	12.210	2.590	3.450	9.660	2.450	2.250	1.000	4	160×80	1.460	1.500	8.060	0.700	眞空軔及手動軔	0.800
公事車	C S 2至5	4	1/ 9-06	15.150	12.210	2.590	3.450	9.660	2.450	2.250	1.000	4	160×80	1.460	1.500	3.060	0.700	眞空軔及手動軔	0.800
郵政車	D 1至5	5	16/ 6-08	15.800	12.210	2.590	3.741	9.660	2.450	2.590	1.000	4	160×80	1.460	1.500	8.060	0.700	眞空軔及手動軔	0.800
開支車	D S	1	16/ 6-08	17.000	12.210	2.590	3.741	9.660	2.450	2.590	1.000	4	160×80	1.460	1.500	8.060	0.700	眞空軔及手動軔	0.800
花車	Salon 1	1	22/ 2-28	17.150	12.210	2.590	3.450	9.660	2.450	2.250	1.000	4	160×80	1.460	1.500	8.060	0.700	眞空軔及手動軔	0.800
廚郵車	E R 1至3	3	16/ 1-20	17.500	12.210	2.590	3.741	9.660	2.450	2.590	1.000	4	160×80	1.460	1.500	8.060	0.700	眞空軔及手動軔	0.800
行李車	E 4及5	2	30/12-09	14.800	12.210	2.590	3.741	9.660	2.450	2.590	1.000	4	160×80	1.460	1.500	8.060	0.700	眞空軔及手動軔	0.800
廚行李車	E c 1至3	3	30/12-09	16.000	12.210	2.590	3.741	9.660	2.450	2.590	1.000	4	160×80	1.460	1.500	8.060	0.700	眞空軔及手動軔	0.800
行李車	KD GV 1至3	3	8/10-26	1.380	10.250	2.400	3.315	8.365	2.200	2.285	1.000	4	160×80	1.460	1.500	8.060	0.700	眞空軔及手動軔	0.800

正太鐵路客車種類表(續)

車輛種類	客車					貨車						備註
	溫煖器式	燈式	容量			門			容量			
			房間數	每間客數	客位總數	門式	門孔高	門孔寬	地板面積	容積	載重	
頭式等車 A	煖水爐	電燈	4	4et6	18	—	—	—	—	—	—	原爲三輛後由B改造一輛
公事車 AS	煖水爐	電燈	1客廳 1房間 1盥洗室		14	—	—	—	—	—	—	
頭等一間二等三間 AB	煖水爐	電燈	4	4et6	20	—	—	—	—	—	—	
二等車 B	煖水爐	電燈	4	4et6	22	—	—	—	—	—	—	原爲五輛後改二輛爲頭等車 AA一輛爲頭二等車A
二叁等車 BC	煤爐	煤油燈	2	7et39	46	—	—	—	—	—	—	原爲四輛後改造二輛爲三等車
叁等車 C	煤爐	煤油燈	1	46	46	—	—	—	—	—	—	內有三輛係由BC 及DS改 No4.11.14.20.21.36.37 則有女客座
公事車 CS	煖水爐	電燈	1客廳 1房間 1廚房 1廁所			—	—	—	—	—	—	
郵政車 D	煤爐	煤油燈	2	—	—	Roulants 旋轉的	m 2.000	m 1.300	m^2 23.32	m^3 46 640	T 10.000	
開支車 DS	火爐	煤油燈	1客廳 1房間 1廚房 1廁所	—	DS. 2 DS. 5	—	—	—	—	—	—	原有二輛後改一輛爲三等車
花車 Salon	煖水爐	電燈	1客廳 1房間 1盥洗室 1廚房及廁所		10	—	—	—	—	—	—	
廚郵車 ER	煤爐	煤油燈	—	—	—	旋轉的	m 2.000	m 1.300	m^2 23.32	m^3 46.640	T 10.000	
行李車 E	煤爐	煤油燈	2	—	—	旋轉的	m 2.000	m 1.300	m^2 23·32	m^3 46.640	T 10.000	
廚行李車 Ec	煤爐	煤油燈	2	—	—	旋轉的	m 2.000	m 1.300	m^2 23.32	m^3 46.640	T 10.000	
行李車 KD GV	—	—	—	—	—	旋轉的	m 1.900	m 1.600	m^2 78.40	m^3 36.800	T 20.000	現已全改爲 KD

另有寬軌花車一輛車號SN, 專備局長出差他路之用未列入

車身　車身邊旁之外表,以洲木爲之,裏層則用松木或榆木,車頂以榆木爲框架,松木爲板。車底亦用松木,雖不及鋼板之堅固耐久,但其價賤質輕尙稱經濟。

車身之形狀及其中設備,當隨車之種類而異,其詳細情形視附表。

車底架　車底架爲一長方式之架,皆係以鋼鈑鋼條製成,其大小詳附表。

轉向架　每車計有二轉向架,全車重量,盡擱在該二轉向架之上。轉向架係以鋼鈑鋼條製成,各有車軸二,車輪四,轉向架枕之中,夾有疊鈑簧,以減少車身震動之力,邊架之內,則裝螺形彈簧,以減少轉向架與輪軸間之震動力。

軸箱　本路客車軸箱,計分三類,(一)法國式最多,(二)美國式次之,(三)離心力式最少。

車軔機關　計分眞空閘手閘二種,每車各設閘缸二,所能發生之最大能力爲7100 kg. 手閘祇可運動一半閘瓦,效力較小。

貨車

本路貨車計有 786 輛。共分蓬車,炸料車,行李車,貨守車,牲畜車,猪車,石灰車,廠車,低邊車,平車,煤油車,高邊車,救援車十數種。蓬車裝運普通貨物及糧食等;炸料車專用以裝運各種不可近火之物;高邊車廠車皆爲裝煤之用;每煤車列車之後,多殿以貨守車,爲管理列車人員憩息處所,同時並可裝煤;低邊車用以載沙石等;平車載長大木料;至行李車,牲畜車,猪車,石灰車,煤油車所裝之物,皆因名而異。

另有工程車P^f及N^f二種,共有64輛,專爲裝運工程材料之用。由工務處調遣管理之。

車身　貨車車身有爲箱罩式者,有爲敞開式者,有高邊,有低邊,其車皮有完全以鋼鈑爲之,有以木板爲之,而以鋼條爲邊角者,當隨各車之性質而變更,其概況詳附表。

正太鐵路貨車種類表

車輛種類	車號	輛數	啓用年	車身								旋轉部						軔式	鞔鈎高
				重量	外 長	外 寬	外 高	內 長	內 寬	內 高	地板高	軸數	軸尺項寸	軸綫項中距	軸距	轉架向距	輪徑		
蓬車	K 1a54;56a70;72a86;89a94;97a98	92	1/[illegible]-06	T 11.50	m 10.250	m 2.400	m 3.315	m 8.365	m 2.200	m 2.285	m 1.000	4	160×80	m 1.460	m 1.500	m 6.200	m 0.700	眞空軔及手動軔	m 0.800
炸料車	KB 1 a 6	6	2/[illegible]-10	12.83	10.250	2.400	3.315	3.365	2.200	2.285	1.000	4	160×80	1.460	1.500	6.200	0.700	眞空軔及手動軔	0.800
行李車	KD 4至11 1315及16	11	19/[illegible]-07	11.38	10 250	2 400	3.315	8.365	2.200	2.285	1.000	4	160×80	1.460	1.500	6.200	0.700	眞空軔及手動軔	0.800
貨守車	KS 1至16	16	3/[illegible]-19	12.30	10.250	2.400	3.315	8.365	2.200	2.280	1.000	4	160×80	1,460	1.500	6.200	0.700	眞空軔及手動軔	0.800
牲畜車	KV 1至4	4	5/[illegible]-12	11.65	10.250	2.400	3.315	8.365	2.200	2 285	1.000	4	160×80	1.460	1.500	6.266	0.700	眞空軔及手動軔	0.800
豬車	KW 5至10	6	3/1-14	11.77	10.250	2.400	3.315	8.365	2.200	2.285	1.000	4	160×80	1.460	1,500	6.200	0.700	眞空軔及手動軔	0.800
石灰車	Lc 1至5	5	29/[illegible]-25	11.80	9.050	2.310	2.435	8.110	2.240	1.400	1.000	4	160×80	1.460	1.500	6.200	0.700	眞空軔及手動軔	0.800
廠車	Le 6至149	144	1/[illegible]-06	11.80	9.050	2.310	2.435	8.110	2.240	1.400	1.000	4	160×80	1.460	1.500	6.200	0.700	眞空軔及手動軔	0.800
廠車	L 150至50	352	23/11-08	11.80	10.250	2.310	2.435	9.310	2.240	1.400	1.000	4	160×80	1,460	1.500	6.200	0.700	眞空軔及手動軔	0.800
低邊車	M 1至28	28	15/[illegible]-06	9.75	10.250	2.270	1.310	9.130	2.200	0.350	1.000	4	160×80	1.460	1.500	6.200	0.700	眞空軔及手動軔	0.800
平車	NR 1至10	10	15/[illegible]-06	9.30	10.250	2.270	1.000	9.200	2.270	—	1.000	4	160×80	1.160	1.500	6.200	0.700	眞空軔及手動軔	0.800
煤油車	R 1至8	8	6le27/11-07 2le11/4-22	13.50	10.250	2.270	3.040	8.606	1.930	1.930	1.000	4	160×80	1.460	1.500	6.200	0.700	眞空軔及手動軔	0.300
高邊車	S 1至93	93	1/[illegible]-07	10.65 11.60	10.250	2.270	2.195	8.546	2.200	2.200	1;000	4	160×80	1.460	1.500	6.200	0.700	眞空軔及手動軔	0.800
救援車	× 1至3	3	22/12-08	16.00	10.250	2.420	3.315	8.315	2.200	2.200	1.000	4	160×80	1.460	1.500	6.200	0.700	眞空軔及手動軔	0.800
工程車	Pf 1至28	28	1/3-05	8.85	10.280	2.270	1.325	9.150	2.200	2.200	0.975	4	160×80	1.460	1.500	6.200	0.700	手動軔	0.800
工程車	Nf 1至36	36	17/7-05	3.56	7.060	2.300	1.228	5.930	2.250	2.250	0.926	2	160×80	1.4 0	3.000	—	0.700	手動軔	0.800

正太鐵路貨車種類表(續)

車輛種類	客車					貨車						備註
	溫煖器式	燈式	容量			門			容量			
			房間數	每間客數	客位總數	門式	門孔高	門孔寬	地板面積	容積	載重	
蓬車 K	—	—	—	—	—	旋轉的	m 1.900	m 1.600	m^2 18.40	m^3 36.80	T 20	本有97輛因有5輛改爲叁等客車車號爲Kc55.87.88.95.及96
炸料車 KB	—	—	—	—	—	旋轉的	m 1.900	m 1.600	m^2 18.40	m^3 36.80	T 20	用鐵包皮之蓬車
行李車 KD	—	—	—	—	—	旋轉的	m 1.900	m 1.600	m^2 18.40	m^3 36.80	T 20	現KD 6V之三輛已改爲 KD 至No 12及14 則在KB
貨守車 KS	—	—	—	—	—	旋轉的	m 1.900	m 1.600	m^2 18.40	m^3 36.80	T 20	
牲畜車 KV	—	—	—	—	—	旋轉的	m 1.900	m 1.600	m^2 18.40	m^3 36.80	T 20	
猪車 KW	—	—	—	—	—	旋轉的	m 1.900	m 1.600	m^2 18.40	m^3 36.80	T 20	
石灰車 Lc	—	—	—	—	—	鉸鏈門	m 1.293	m 1.296	m^2 18.16	m^3 36.32	T 25	係鐵製
敞車 Le	—	—	—	—	—	鉸鏈門	m 1.293	m 1.296	m^2 18.16	m^3 36.32	T 25	係鐵製
敞車 L	—	—	—	—	—	鉸鏈門	m 1.293	m 1.296	m^2 20.86	m^3 41.32	T 25	內有33輛係半鐵式現車號改爲LB餘210輛係鐵製109 輛係木製
低邊車 M	—	—	—	—	—	—	—	—	m^2 20.86	m^3 40.16	T 20	
平車 NR	—	—	—	—	—	—	—	—	m^2 20.88	m^3 41.76	T 20	
煤油車 R	—	—	—	—	—	圓洞	D=O.	m .375		m^3 25.00	T 20	R5及R6 係半卵形現祇有一輛以運煤油餘作運水之用
高邊車 S	—	—	—	—	—	旋轉的	m 1.220	m 2·000	m^2 18.80	m^3 37.60	20T 25T	20-20T係鐵邊木板底73-25T係鐵製
救援車 X	—	—	—	—	—							
工程車 Pf	—	—	—	—	—	—	—	—	m^2 20.13	m^3 40.26	T 20	有轉向架
工程車 Nf	—	—	—	—	—	—	—	—	m^2 13.34	m^3 26.68	T 10	有轉向架

車底架　車底架之構造,與客車同,特尺寸稍異耳,詳情載附表.

轉向架　轉向架之構造,較客車爲簡單,蓋以堅固耐用爲主,不若客車之須注重平穩妥適也。祗設螺形簧以減少震動之力,無雙疊鈑簧之設備。

軸箱　貨車軸箱祗分兩種,(一)法國式,(二)美國式,構造與客車同,特大小稍異耳。

車軔機關　與客車同,

工程車計有兩種,一爲 P^f,一爲 N^f,前者有轉向架。後者則無轉向架,且皆無眞空閘,祗有手閘,軸箱亦較客貨車爲簡單。

關於各車之詳細情形視附表。

客貨車之損壞及修理

客貨車之損壞,當以木製車身之腐爛或折斷,車軔機關之不靈動,軸箱之燒軸,輪箍之銷磨,彈簧之折斷,等,爲數見不鮮之事。普通小修理,石家莊車站及太原府機車廠皆可爲之.至大修及油漆事宜,則須由機廠任之。

九. 結　論

樹滋來此,實習一年,所有本路機務情形,均已循序研討,尙能知其大概。一年以來,對於本處優點固加注意實習,其有須加改進者,亦皆默誌於心,今乘草總報告之便,特不揣固陋,爲諸公略陳之。

(一)關於材料試驗

查鐵路之營業用款,購置材料,佔其大部,故關於材料之試驗,關係至鉅,稍有疏忽,不獨經濟損失,亦足以影響行車安寧。現在本路購進之材料,皆由用料處會同材料所購委會驗收之。然每以儀器不全,或以時間所限,不能加以精確之試驗,如機車所用之烟煤,購進之時,因無儀器,向不加以精確之分析,致其成分,無從知悉,若質地較差,則燃煤既多,鍋爐之維持費用亦大,無形中已損失若干金錢矣。故材料試驗儀器,應在經濟可能範圍內,加以補充,如能仿煤膠油黃油等品,設一材料試驗室,以專責成,庶機廠車輛標準情形,及行車安寧,兩有俾益。

（二）鍋爐給水

鍋爐損壞原因,多由用水不潔而垢壳滋長,銹蝕叢生,既足以減低其傳熱導性,並易致鍋爐滲漏,前者使燃料銷費增加,後者則使鍋爐修理費用加大。兩重損失,爲數殊不貲也,

本路沿線皆山,取水不易,乃皆鑿井以爲水源,故其雜質甚多。然除數水站因硬度太高,有輭化設備外,其他各水站,皆聽其自然。故本路機車,每行一千公里,即須洗爐一次,而焰管及鍋爐之銹爛亦甚。查本路給水之試驗事宜,向歸機務第一段段長兼任。然以該段所在地之石家莊,爲與平漢鐵路之接軌站,事務既屬紛繁,且無副段長爲輔,自不能專致力於此,乃事實之必然故有滙水器各水站,灰鹼分多量寡,既不能常時試驗,以爲增減之標準未設滙水器各水站,其硬度大小,亦祇有聽其自然,無從改良矣。

給水之改良,實爲增進效率,節省燃料,減少鍋爐修理費而延長其壽命之亟務。似宜先在硬度較大之水站,添置滙水器,並設專員,對於沿路給水,加以分析,以爲改良及增減灰鹼分量之標準,雖設備及維持費用,在在需款,但無形中己節省許多金錢矣。

（3）縮短機車修理的時間

本路機車入廠修理時,先由裝配廠將其拆卸,於各部機件,施以檢查。然後分配各廠修換,俟其修理完畢後,再送回裝配,除鍋爐可代以其他同類者外,各部機件,皆係屬於原來機車,故每機車在廠修理時間,包括各部機件之裝配,拆卸,修理,平均約需時三月。而在修理期間內,該機車完全不能應用,換言之則直接減少本路之運輸能力,而間接影響於本路營業進款。故縮短機車修理時間,即所以增加本路之收入也。

本路機車最多而不敷用者,爲 100 號機車。其各部機件,如汽門,保險閥,射出器等,皆爲同式者,似宜每件預備一件或二件於機

廠內,當機車進廠修理時,將各部機件拆卸修理,而以預備者裝上,庶幾使機車停留於廠內時間縮短,而增加本路之運輸能力也。

(4)增進工作效能

鐵路事業,在我國雖多為國營,但仍為商業性質,故一方面竭力發展營業,冀其收入增加,他方面則使銷費減少,蓋開源節流,為理財機關之不二法門也.查各路營業用款約分為總務費,車務費,運務費,設備品維持費,工務維持費,五項。機車燃料及油潤之耗費屬諸運務費,機車及客貨車輛之修理及維持費則屬諸設備品維持費,本路自民國九年起至二十年止,該二項之平均數目約如下:

運務費約當15.37%之營業用款.

設備品維持費約當31.55%之營業用款。

該二項銷費,約佔營業用款之半數,欲將其減少,舍增進工作效能外,別無他圖,其方法有二:

(1)增進工作效率

工作效率之大小,完全繫乎管理之得宜與否。處現在潮流中,欲以高壓政策,役使工人,勤謹服務,已不可得。若論件付酬,雖合科學管理之定律,效益宏偉,亦勿庸疑難,惟鐵路通例,均按日給資,習沿既久,不可遽廢,處玆情勢之下,提高工作效率之道,其惟實行工件獎勵法乎。各件工作單位,事前由富有經驗之負責人員,參考本廠以前紀錄,釐定標準時間,以為獎勵之根據,本廠已實行者,如製造鉚釘,括漆車輛等是。他如翻鑄閘瓦,爐箆,鍛冶螺拴,鉚釘割輪箍等,其便於計算時間,更了無疑義矣。

若某件工作,須多數工匠時工作者,如機車之裝配是。無個人計件之可能,則惟有用團體獎勵之一法。由負責人員,以現在之情形,參照已往之經驗,估計需要之時間,而定獎勵之標準,則各工匠自然互相督促,努力工作矣。

此種方法,對於工人本身,祗需略加勤謹,即可得薪資以外之收入,經濟得以寬裕,更能安心工作。至鐵路方面,則以較少之代價,摘得較多之工作,效率自然增加矣。

(2)擴充圖算學校

工人薪資,因年增加,惟技術手藝,不能隨時進步。是亦效率低減之一因。故於工人受普通教育之外,應施以技術之訓練敎以工程之常識,則機車因司機之駛駕得宜,升火得法,壽命可以延長,煤及潤油之耗費,亦爲減少。即於損壞時,工匠等亦可知重要點何在,加以修理,效能既爲之增加,更經久耐用,鐵路經濟方面,不無俾益。本路向有圖算學校之設,惟其範圍不大,祗有機廠中少數工人。似宜加以擴充,凡機廠中之學徒,及機車廠中之學徒擦車夫等,皆宜强迫入校。其他工人則盡量鼓吹其入學校受相當之敎育,明瞭普通機械常識。匪特鐵路首蒙其利,亦爲社會培才之一道也。

上述諸端,樹滋之淺見而已。至意義是否得當,經濟有無困難,事實有無窒礙,當有待諸賢明當局,爲最後之判斷矣。

公路參觀報告

鄭德張

吾人求學,貴能實用,終日孜孜所得,盡屬理想空論,揆諸實際情形,未必卽能適合,况世界進化,一日千里,地域環境,各不相同,若泥於書本,墨守舊法,則食而不化,難收成效,是故紙上談兵,爲識者所不取,理論與實驗,須並重也。吾國近數年來,公路發展迅速,舉國皆知,但各省詳實現狀,則知者絕鮮,專研此道者,尤須明瞭,此吾人所以有公路參觀之舉也。惟爲時日所限,僅能及於蘇浙兩省,爰就聞見所得,縷述於後:

此行共計九日,第一日自滬出發,經乍浦,海鹽,海甯,而至杭州。第二日由杭起程,經富陽,新登,桐廬,壽昌,蘭谿,而抵金華。第三日自金華起程,經永康,縉雲,而至麗水。第四日原擬至雲和,龍泉,過渡時因車身太重,竹筏不能承載,乃改往青田,溫州第五日自溫州返麗,因車損,止於青田。第六日始返麗水。第七日由麗起程,經縉雲,永康,東陽,長樂,紹興,蕭山,而返杭州。第八日往杭徽路,因時間關係,僅抵昌化,卽行折回。第九日經武康,長興,宜興,而至無錫,改乘火車返滬。計程一千七百公里有奇。謹將各段里程列爲一表,經過路線畫爲簡圖,而分全線爲六段,記其概要於後:

麗水至雲和之竹筏下沈情形

各段里程表

起站	終站	距離（公里）
上海	閔行	29.13
閔行	乍浦	67.12
乍浦	杭州	116.97
杭州	富陽	41.50
富陽	壽昌	157.50
壽昌	金華	93.80
金華	永康	47.00
永康	縉雲	34.50
縉雲	麗水	41.50
麗水	青田	72.00
青田	溫州	52.00
永康	嵊縣	134.80
嵊縣	紹興	83.10
紹興	杭州	61.58
杭州	餘杭	26.18
餘杭	臨安	28.82
臨安	化龍	15.01
化龍	於潛	19.15
於潛	昌化	19.26
杭州	吳興	90.12
吳興	長興	26.13
長興	宜興	44.30
宜興	無錫	63.40

公路參觀路線圖

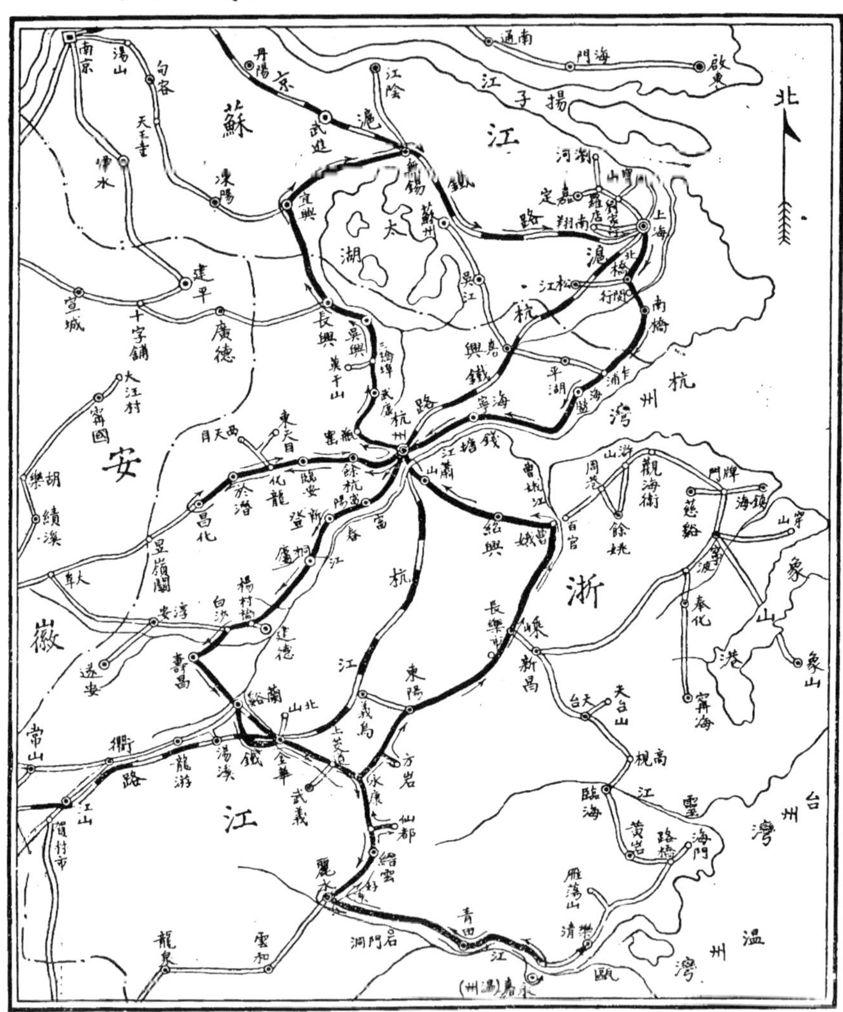

經過之路線　未經公路線　首都　省市　縣治　村鎮　鐵路　進行方向←

一. 上海至杭州

(一) 概況

本路爲滬桂幹線之首段,貫通江浙兩省,與滬杭鐵路相輔而行,沿線所經城市,均爲沿海要地。起自上海,經北橋,閔行,蕭塘,南橋,柘林,金山衞,金絲娘橋,乍浦,海鹽,澉浦,間口,海甯,喬司,而迄杭州,計程約二百十三公里。

(二) 地勢

全線大都沿海及錢塘江而行,無高山峻嶺,地勢平坦。

(三) 路線

自杭州至海鹽一段,經由原有海塘,曲折較多,速率不能過高,幸轉灣之處,路面稍寬,行車尚屬安全。其他各段,選線甚佳,僅有數架橋梁,爲避免斜交之故,橋之兩端,均爲半徑較小之灣路,視距甚短,似宜改良。全路最大坡度爲百分之四。最小曲線半徑爲五十公尺。

(四) 路身

上海至閔行間爲六公尺寬之煤屑路面,閔行至杭州間爲碎石,碎磚,及煤屑等路面,寬度自三公尺至五公尺不等,均甚平整,行車穩快。路基多爲原有海塘,尚屬可靠,惟海水冲激,波濤洶湧,現正從事修理,工程益形堅固。

(五) 橋樑與涵洞

本路無大橋,所經溪流,寬度多在十公尺至二十公尺之間,採用木梁橋單孔者,僅在兩岸各建一石砌或混凝土之橋座,架木梁於其上,再舖木板爲橋面,釘木柱爲橋欄,卽成。跨度太大者,則用雙孔或多孔,將木樁或混凝土樁打入河床上,用混凝土砌石而成橋墩,再架木梁,舖橋面,釘橋欄,卽成。

(六) 渡船

在閔行過黃浦江時,用輪渡以代橋梁,該處備有輪渡二艘,一大一小,每逢星期六星期日則開大船,平時僅開小船,汽車與行人同時渡過,每人收費二分,每車收費一元,每渡需時約十分鐘,尚稱安穩便利。

(七) 路欄與標誌

爲行車安全起見,沿路易生危險之處,均用路欄,本路所見大概可分爲三種:

一.木欄——以長約四呎許直徑約五吋之木樁,埋於路旁,兩樁相距,約爲五呎,另以横木聯接各樁卽成。此法多用於小橋,或低路堤轉灣之處,但能形式上指示危險,實際上不能阻車輛之衝出也。

二.竹繩欄——法與木欄相同,惟用較長較粗之木樁,而以竹條扭編爲繩,以代横木,兩端復牢繫石柱上,此法多用於橋頭及兩端,與曲線半徑較小之灣路,而外弧有障礙物之處。竹木俱爲國產,價格之廉,自非鋼繩鐵欄所能及。

海寧之竹繩欄

三.鐵管欄——以鐵柱爲欄,自較木竹爲佳,多用於極危險高坡之灣路,但費用太鉅,僅在杭州近郊有之。

本路之交通標誌,尚稱完備,且悉能依照全國經濟委員會之

規定,已製者有下列四種:

一.禁令標誌——禁止車輛通行,及載重速率限制等。

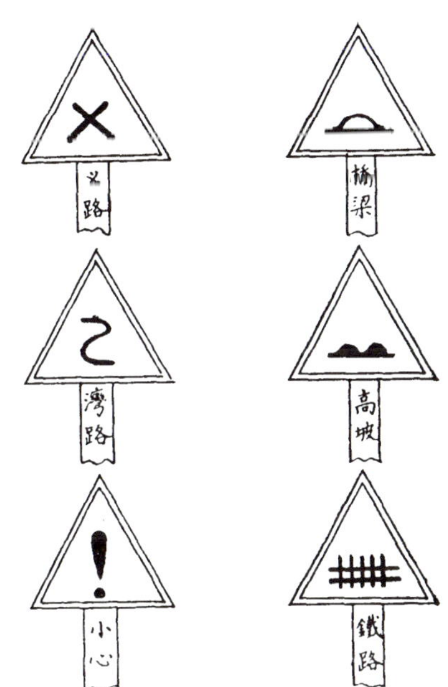

黑邊白底之矩形板,以紅字書明每小時限制之速率。

紅邊白底之圓形板,以黑色符號或文字標明其禁令之事項。

二.警告標誌——表示前方地形及警告司機小心等。

紅邊白底之等邊三角形板,以黑色符號標明其警告之事項下附中文說明。

三.指示標誌

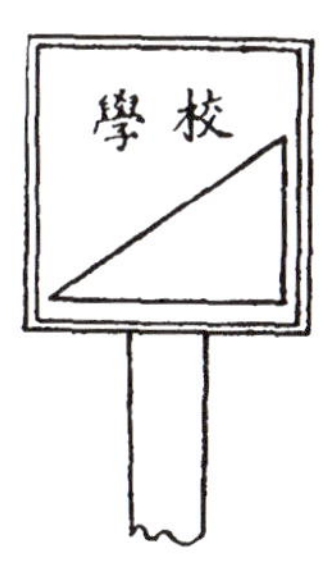

甲.學校牌

黑邊白底之正

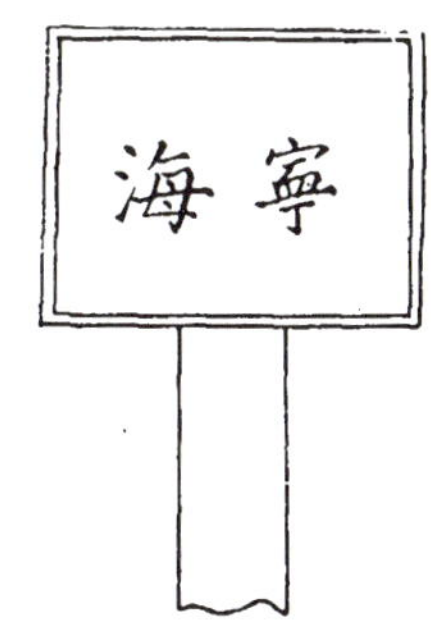

乙.地名牌

紅邊白底之矩

丙.指路牌

紅邊白底之劍形板,

方形板,以黑色符號及文字標明。	形板以黑字標明該處地名。	以黑字標明該站至他站之距離,劍尖指示前進之方向。

四.號誌

甲.里程號誌。

乙.橋梁號誌。

丙.涵洞號誌。

（八）車站

沿途經過城市村鎮,均設有車站,站屋或租用民房,或另建新廈,站長及辦事人悉在其中,裝有電話,各站能互通消息,較大之站,則備有汽油,附設修車廠。

（九）物產

沿海各地,盛產魚鹽,海甯則瓜果著名,均可藉公路運輸,但以運價頗鉅,仍多水運。

（十）風景

濱海風景極佳,海面遼闊,一望無邊,波濤澎湃,如入畫圖,海甯至杭州間,路旁盡是楊柳桑竹之屬,清幽宜人,如身在花園之中。名勝如閔行之元代古柏,乍浦之黃山,海寧之潮景,大尖山之平洋四昭,澉浦之南北湖,皆足以吸引旅客之遊賞。

（十一）營業

滬閔一段,由滬閔南柘長途汽車公司承辦,閔行至杭州,則由浙江省公路管理局辦理,車輛尙佳,營業亦盛,以沿途風景幽美,路面平直,每當春秋佳日,中外私人汽車,馳行於此道者極衆,但須納相當路費耳。

杭州至壽昌

（一）概況

此線爲滬杭幹線之第二段,所經之處,東半與已定而未建之鐵路線相同。起自杭州,經轉塘,富陽,新登,桐廬,洋村橋,北沙,而迄壽昌,計程一百九十九公里。

(二) 地勢

全線沿錢塘江富春江上行,地勢尚屬平坦,僅杭富間略有山邱,曲折較多。

(三) 路線

杭州至富陽一段,因地勢關係,灣路頗多,經一市鎮,穿心而過兩旁拆屋太少,路面僅有一車之寬度,且屋簷突出,既有碰撞之虞,意外亦易發生,而前方如有來車,則不能交通,是爲他路所鮮見,現正從事改良。其他各段,則多平直,曲線坡度,均尚和緩。

桐廬附近之迴旋路

(四) 路身

杭富富新段,路基寬五·五公尺,路面寬五公尺,爲卵石舖成。新登至壽昌,則爲無路面之土路,及泥結碎石路。路基材料,爲江中卵石,或山間石塊。路面不平,車行其上,顛簸殊劇,路寬約三公尺。

(五) 橋樑與涵洞

沿路橋梁,既多且長,均屬面路平橋,寬四公尺至六公尺,載重約爲五噸至七噸半。茲依其種類之不同,分述於下:

一.木梁橋

河面較狹者,多用木梁橋,形式造法,與滬杭路所見者相同,木料多用本松,就地取材,頗為經濟。

二.鋼筋混凝土梁橋

在河面廣闊水流激湍之處,當山洪暴發之時,砂石樹枝,順流而下,木梁橋不能勝任,均用此種橋梁,造價雖較貴,但載重較大,壽命較長,是其所長。橋墩亦用混凝土樁,打入河床,上砌石成斜方形,尖端向上游,以減水力衝擊,或有將鋼筋混凝土製成方格形,以作橋墩者,視河牀之情形而不同。兩墩之距離,約為十公尺至十三公尺。

杭富路方格形之橋墩

杭富路之大橋

三.木架桁梁橋

多孔之木梁橋,如跨度太長,或車載過重,則單條木梁,小者不能支承,大者笨重昂貴,乃結木為架,而成所謂木架桁梁橋,能載較大之重力。

富陽附近之木架桁梁橋

四.工字梁橋

如橋之跨度在十三公尺以上,則雖木架桁梁橋亦恐不能勝任,故改用工字梁橋,將數根工字鋼梁,置於兩橋墩上,以代木梁,上舖木材或混凝土橋面。

五.舊石橋

舊橋之大者,多用石板橋面,石砌橋墩,其載重量雖不得而知,但堅固耐用,則盡人皆信,祇須將橋墩修葺,附加新墩,以備加寬橋面,卽能作公路之用,其堅固持久,未嘗遜於新橋,如杭富路之十三洞橋,卽其著者也。

本段之涵洞亦甚多,係用石砌或混凝土砌成,方圓不一,惟似距路面太近,受車輛衝擊力之影響,易於損壞。

(六) 渡船

沿線跨越富春江數支流,以在上游,水流過急,水位高下不定,河牀不堅,造橋困難,又限於經濟,暫時均以渡船代之,渡船係方形平底之木船,僅有一汽車大小,又無碼頭上下,均利用狹長之跳板兩塊,車行其上,稍一傾斜,卽擱陷泥中,而船頭既無欄杆,河岸之坡度又大,據聞前有一車,因煞機不靈,竟直駛入河心,其危險有如此者,且每處僅有渡船一隻,船夫僅有二人或四人,往返需半小時,如待渡者衆,則半日時間耗於此矣。全程凡經三渡,桐廬一渡尚穩,乾潭，白沙，則甚困難，或車輪脫離跳板，或船身擱淺岸旁，吾人均出全力推車撐船，始得到達壽昌。如此情形，實不能通車營業；最低限度，須在兩岸建築碼頭，改用較大之渡船，否則危險實不堪設想。

桐 廬 之 渡 船

（七）路欄與標誌

杭富路以早經通車，故有路欄及標誌之設，其他各段，則以完成伊始，一切路欄標誌，均付闕如。

（八）車站

杭富路車站尚佳，裝有電話，其他各段，雖經設站，但因陋就簡，暫用民屋，非長久之計。

（九）物產

沿線產物以米，麥，豆，棉爲多，果實亦豐富，而建德之桐油則更有名，每年運出外洋甚多。

（十）風景

杭富路風景最佳，名聞全國之富春江，與路平行，愈至上游，江面愈狹，河牀突露，卵石無數，雖成細流，而水勢湍急，潺潺有聲，極似杭州之九溪十八澗，而壯偉則遠過之。名勝有虎跑，雲棲，及富陽之鶴山，極有名。

（十一）營業

杭富路由浙江省公路管理局辦理，營業尚佳，每日往來開車九浙，其他各段，雖未通車營業，預料以交通之迅速，及風景之幽美，或能招來不少旅客也。

三．壽昌至溫州

（一）概況

本路爲浙江省公路路線之一，與已定而未造之鐵路線大同小異，所經城市，均爲繁盛之區。起自壽昌，經蘭溪，金華，上麥道，永康，前倉，縉雲，麗水，石門洞，青田，而迄溫州，計程約三百四十一公里。

（二）地勢

沿線經過天台，括蒼，楓嶺，諸脈，蜿蜒迤邐，峯巒重疊，巖石崢嶸，山嶺崎嶇，最爲難行。

（三）路線

壽昌至永康，所選路線，多遵循舊道，差強人意，坡度不過大，曲線亦和緩。永縉較差，灣路甚多。縉麗一段，則以萬山阻梗，羣峭摩天，勘測爲難，闢曾選線三次，方始決定。如惟近路是擇，則勢必翻山越嶺，既爲經濟所不許，亦非事實所可能。大概選線之原則，均循山邊山坳而進，既可免極大之坡度，又可取山上開出之石，卽以填於山邊，而築路材料問題，因以解決。雖宛轉迂迴，使路線加長，曲線增多，行車費時較久，亦不得已也。故縉麗路線，三步一曲，五步一灣，竟有曲線半徑，不及十五公尺，視距不及十公尺者。且隨地俱是高坡，路面既狹，山石復嶙峋突出，每於轉灣之時，或則後輪爲山石所阻，不能前進，或則前輪滑出堤外，幾遭傾覆，車頂復有碰撞之虞，其危險實不容毫髮，見者咋舌，聞者色變。試觀專開縉麗路之汽車，車身滿佈創痕，破損不堪，初次開車之機司，因驚悸過度而吐血，卽可知該路駕駛之不易矣。故車行速率，僅在五哩左右，麗青亦皆山地，行於萬山之中，層巒疊障，壁立千仞，其工程堪與縉麗媲美，但路面較寬，不如縉麗之危險耳。青田至溫州，則山道有限，車行較速。

（四）路身

壽昌至永康,約為四公尺寬之泥結碎石路面,或為土路,車跡所至,塵土飛揚,伸手不見五指,且不平整,車後震盪極劇。壽蘭段則尚未完成,正在建築之中,碎石雖已鋪匀,尚未澆泥漿輾壓,車行頗苦,有時陷於污泥中,不能前進,則須下車推送。將至蘭谿,一涵洞尚未造好,汽車遂有望洋興歎之慨,幸自渡船上運來跳板兩塊,始得跨越涵洞。蘭谿以下,則已完成,通行無阻。縉麗段依山傍水,高岡在右,懸崖在左,路寬僅三公尺,勉強可容一車之通過,殊非安全之道。據麗水縣長云:此段因限於經濟,及急於通車之故,乃先築一單車道,以備日後加寬改良,孰知既通之後,籌欵無着,遂不得不保持現狀矣。麗青雖狹,但較縉麗為佳,現正從事開鑿,日後當漸穩妥也。

（五）土方及石方

建築公路最大之費用,即為土方及石方,而石方尤數倍於土方,本路縉麗麗青兩段,完成不久,工程浩大,蒙丘縣長及黃周二工程師之指導,乃知平時路線平坦,無深掘高填之處,每公里僅需四千元,但如縉麗段之獅子頭,牛厄灘,馬頭山,數處,及麗青段之兩塔三天,——塔山,塔山灣,天字橋,天字嶺,天字井,——開山鑿石,高達六十呎,耗工費時,每公里竟達二萬元之巨。即如縉麗一段,長僅四十一公里,而土方有十二萬六千公方,堅隔有十七萬七千八百公方,輭石有六萬七千八百公方,堅石有三十九萬四千七百公方,故建築費達八十九萬。麗青長七十二公里建築費九十萬元。鑿石之法,悉用人工鑽洞,用火藥炸開,麗青路有氣壓鑽石機兩架,一機之能力,可抵八十人之工作,但在險峻之懸崖,則不能用,而費用仍不如人工之節省,因浙省開山工人,均由包工招來山東貧民,每日工作,自晨至暮,毫無休息,野宿糲食,且無工資,迨工程完畢,僅與以數元而已。其苦況非有心人所忍聞。

麗青路一段↓

麗青路之開山情形←

氣壓機之使用←

正在建築中之單孔橋↑

工程最大之塔山灣→

（六）橋樑與涵洞

壽昌至縉雲一段，橋樑小者用木樑橋，大者用木架桁樑橋，橋面尙寬，兩端坡度亦不過大。涵洞甚多，爲水泥砌成。縉麗，麗靑兩段，涵洞不多，橋樑之大者有好溪橋及牛厄灘大橋，好溪乃甌江上游之支流，水位高低相差甚大，旱時僅一細流，洪水時則寬至百餘公尺，且水勢湍急，夾沙帶石，如欲造一高而且長之大橋，則非十萬元不可，如用渡船，則河流深淺不一，又難適用，乃用鋼骨泥凝土築一平面橋，僅較高於尋常水位，橋之兩旁，不加護欄，以備水漲之時，淹沒橋面，沙石船筏，悉由橋上通過，雖暫時停止交通，或不致損壞橋身，水落後仍可通車應用，此固近於理想，恐洪水暴發之時，此橋仍不免於毀壞耳。

（七）渡船

蘭谿附近須渡蘭港，河面雖寬，以碼頭尙佳，未生困難。迨至金華，須渡婺港，河水極淺，渡船旣簡陋，又無碼頭，上船之時，須先駛入河牀，卵石圓滑，方向不易控制，幾經困難，始得駛上渡船，迨至對岸，以仍在河牀之中，圓石鬆動，抵抗力小，前面堤岸坡度又高，車欲上不能，無已，由十餘人在後推送，助其前進，始得到達平地，此渡竟費去一小時，其困難可以想見。

（八）路欄與標誌

除金永，永縉，縉麗外，其餘各段，尙未通車營業，故無標誌。金永，永縉所見標誌，亦僅地名牌及指路牌而已。縉麗，麗靑，靑溫，三段，則山坡危險之處，用大石塊砌疊成厚一呎高三呎之矮牆，以爲路欄，牆脚每隔數呎，則開小孔，爲排水之用，惟有數處，則僅以大石排列路邊但能形式上指示危險，有路欄之名，無路欄之實矣。

（九）車站

金華，永康，縉雲，麗水，數處，因已通車營業，故車站尙佳，並附設修車廠，其餘小站，則破瓦頹屋，或竟草屋一椽，簡陋不堪，電話雖已裝置，但以夜間小站無人居留，輒將電話機早晨攜去，晚間拆囘，此乃暫時情形也。

(十) 物產

金華之南棗,火腿,麗水之牡丹,芍藥,及花菇,青田之石刻圖章,溫州之皮箱,涼蓆,皆爲著名之特產,如能由公路運輸,實可增加大宗之收入。

(十一) 風景

沿途多依山傍水,山道險峻,妙奪天工,江流曲折,帆船麕集,景色秀麗。名勝如金華附近之北山,雄偉壯麗;縉雲附近之仙都,有響崖,五老峯,山峭壁立,如入畫圖;麗水附近之澮溪寺,四面皆水,孤山小島,濃樹成蔭,林鳥和鳴,清幽雅靜,夏日尤爲避暑勝地,足與廬山媲美;又青田之石門洞,則爲劉伯溫之讀書處,瀑布高十餘丈,白練一條,微風吹成雨絲,誠屬壯觀。凡此種種,均足以招引游客,發展公路營業。

(十二) 營業

金永段由金永武長途汽車公司承辦,永縉,縉麗,則由浙省公路管理局辦理,客運不多,每日僅開車二班,預料全線貫通之後,旅客必不少,但貨運價目太貴,爲水運之七倍,故人皆不肯舍水而由陸也。

四. 永康至杭州

(一), 概況

此線自永康至嵊縣一段,爲浙江省公路路線,嵊縣至杭州,則爲京閩幹線之一段,位於浙江之中部。起自永康,經東陽,長樂,嵊縣,杉樹潭,界鎮,上浦,蒿壩,曹娥,紹興,蕭山,而迄杭州,計程約二百八十公里。

(二) 地勢

全線均爲平原,僅東陽至嵊縣一段須越一山而已。

(三) 路線

因無崇山峻嶺,故選線甚佳,往往一直線長達十餘公里,灣路亦極和緩,而蕭紹段之曲線半徑尤長,車行其上,無異直線,故速率達五十哩以上,而永東段亦能達四十五哩,坡度以東嵊段稍大,其餘均無疵蘗。

(四) 路身

永康至嵊縣爲泥結碎石路面,寬約四公尺,路線雖直,可開快車,但疏於養護,路面凹凸不平,車中震蕩甚劇,而在橋堍與路面銜接之處,因泥土緊縮之故,致高低懸殊,如以高速率駛過,則衝擊力太大,既損橋身,且車中座客,能一顚而頭觸車頂,如此情形,安能不加改進,嵊縣至紹興,有五公尺之路面,紹興至蕭山杭州,則有七公尺之水結碎石路,乃經過合理之設計,用六吋厚之路基,六吋厚之路面,故平穩輕快,爲浙省各路之冠。

(五) 橋梁與涵洞

沿路所見橋樑,跨度不長,永嵊多屬木樑平面橋,嵊縣則有一多孔長橋,爲鋼骨混凝土建造,嵊縣至蕭山,多爲混凝土拱橋,因橋下有舟楫往來,故橋拱頗高,上下殊感不適,亟宜改良,蕭紹涵洞甚多,建造尙堅固,他段不多見。

(六) 渡船

錢塘江之渡船,乃由義渡兩艘,聯鎖爲一,以運汽車,復以岸旁水淺,不能泊近,汽車乃不得不涉水而至船側,用跳板兩塊,一端置河牀上,一端架於船舷,但斜坡太陡,汽車開足速率,亦不能駛至船上,但見後輪旋轉,水花四濺,而車身不動,乃由同學十餘人,用繩將汽車强拉上船,如後輪稍偏,則汽車焉得不翻墜江中,其危險何堪設想。木船由小火輪拖至對岸,雖有碼頭,但高低不同,仍須用跳板,不料前輪登陸,後輪忽與跳板脫離關係,於是車身擱在碼頭上,而後輪空懸,機器雖動,亦不能前駛,又不能後退,乃用人力擬將車拉上碼頭,但屢試屢敗,幾將束手無策,仍由二十餘人,將車推送退後一呎許,另擱跳板,機輪踏動,始得駛登岸上,然已費盡九牛二虎之力矣。夫以錢塘江之闊,而渡船簡陋如是,將何以保安全,是以錢塘江橋宜早日完成也。

杭州錢塘江新建之碼頭

（七）路欄與標誌

沿線鮮有路欄及標誌,惟蕭紹段則各種標誌,異常完備,如警告標誌,地名牌,指路牌,及里程,橋樑,涵洞等號誌,悉能合於全國經濟委員會之規定。

（八）車站

自永康起,大站建築尚佳,小站則甚簡陋,至於嵊縣,紹興,蕭山,則設備極臻完美。

紹興車站

（九）物產

產物多爲農作品,其他如紹興之酒,濱海之鹽,均有名。

（十）風景

曹娥江沿線最爲秀麗,足以游目騁懷,其他各段,則行經原野,無景可覽;名勝則方岩最著,該地有瀑,巖石悉作方形,因以得名,五峯環列,最爲雄偉,方岩頂香火鼎盛,四鄉來拜佛者踵趾相接,聞每季有百萬之衆。

（十一）營業

全線已通車營業,方岩支路,以香客衆多,收入頗豐,蕭紹段則尤爲發達,班次增多,乘客擁擠,每年均有餘利不少,此爲年來浙省唯一生財之公路。

五. 杭州至昌化

（一）概況

本路爲杭徽線之首段,七線聯絡公路支線之一,起自杭州,經留下,餘杭,臨安,化龍,藻溪,於潛,而迄昌化,計程約一百零八公里。

（二）地勢

杭徽乃以迴旋路登山而有名,但在昱嶺關以西,本段地勢尙屬平坦。

（三）路線

杭州至化龍,以前爲商辦,路線因陋就簡,但求通車,故選線不佳而坡度曲線,均不合規定,後經浙省公路管理局之督促,已稍改良。其他各線尙直,灣度亦不銳急。據該路盛工程師意見,以爲選線短直,固有速率增高,時間縮短之利,但爲商業,風景,坡度,等關係,不得不選較長之路線,若直線太長,速率既高,機司又疏忽疲倦,往往易生意外,是故覆車傷人之事,多在路面平直之線上,此固另有卓見,未可厚非也。不過灣路不能太急,坡度不能太高,則爲選線上顛拱不破之原則也。

(四) 路身

路面多爲碎石鋪成，尚屬平坦，其寬度杭餘間爲五公尺，其他各段爲三公尺。

(五) 橋梁與涵洞

本段橋樑，建築困難，因地在各河之上游，河面寬狹不定，高低水位相差極大，河牀爲卵石，橋基不易建造，且以灌溉關係，四方匯注，水源非常複雜。如凌家橋寬僅八公尺，前曾築有單孔木樑橋，橋座爲鋼筋混凝土製成，乃二十一年春間，竟爲大水冲毀，其損壞情狀，至爲奇特，兩橋基一則左方下陷，一則右方下陷，據盛工程師云，因水流迅速而湍急，浸入橋座，內部鬆動而下陷，又以水流方向不一，相交而爲旋流，故橋基一損在左，一損在右。現已改地另建新橋，在上游築壩，以減水流速度，二年來尚未受損，但在發水之季，交通暫停數日而已。其他大橋，則有於潛昌化間之步溪橋乃舊橋接造，共長一百六十三公尺，涵洞之建造，則多爲混凝土砌成，甚爲堅固。

步　溪　橋

(六) 車站

各段車站，舊屋新建，均尚可觀，數站駐有養路工程隊，沿途均有電話，互通消息，管理方面，尚爲完備，站旁飲食處所頗多，行旅稱便。

(七) 物產

臨安之茶,繭,竹,炭,天目之茶葉,筍乾,昌化之核桃,香菇,及圖章,均極著名,每年運出數量甚多。

(八) 風景

自杭州起,路旁均植有樹木,風景清幽,名勝則留下之西溪,花塢,餘杭之安樂山,南湖,均足一游,臨安有玲瓏山,而以東西天目山,爲舉國聞名之風景山,名勝凡數十處,游者欣賞不倦,留連忘返。

(九) 營業

現在僅餘臨一段,由餘臨長途汽車公司承辦,其他各段,則均由浙省公路管理局自辦,聯運直達,甚爲便利,往來車輛極多,營業想必不惡。

六. 杭州至無錫

(一) 概況

自杭州至宜興,爲京杭國道之末段,亦即京閩幹線之一段,宜興至無錫,爲江蘇省道,沿線所經,均屬繁盛之區。起自杭州,經瓶窰,武康,三橋埠,吳興,長興,宜興,和橋,而迄無錫,計程約二百二十四公里。

(二) 地勢

沿線平坦,多河流。

(三) 路線

多屬直線,無甚曲折,最大坡度爲百分之七,最小曲線半徑爲三十公尺.

(四) 路面

自杭州至長興,爲五公尺寬之碎石路面,異常平穩,長興以下,則路面不平,灰塵又重,至宜興與無錫間,則爲大卵石之路面,高低不平,顛頓異常,灰砂撲面,行旅殊苦。

(五) 橋梁與涵洞

本路所見橋樑,跨度均甚短,多為混凝土拱橋,因欲使船隻可以通過,橋拱頗高,而又不加高橋端路堤之高度,於是橋上之坡度極大,驟昇驟降,既有危險,乘客亦感不適,亟宜改良。宜興附近有一底路鋼架桁樑橋,乃取自京滬鐵路所不用之舊橋。梅園無錫間之吳橋,甚為偉大。

(六) 車站

各站建築,均能令人滿意,宜興站且設有規模甚大之食堂,備乘客在此用膳。

(七) 物產

武康之竹木,吳興之毛筆,絲綢,長興之煤礦,石灰,及宜興之紫砂陶器,均為有名之產品。

(八) 風景

自武康至宜興間,沿太湖濱而行,風景極佳,名勝有武康縣屬之莫干山,為避暑佳地,宜興之東西兩氿,及善卷庚桑二洞,及無錫之梅園,惠山,黿頭渚等,皆譽播全國之游地。

(九) 營業

杭長段由浙省公路管理局辦理,長興至無錫則由江南公共汽車公司承辦,該公司行政腐敗,管理疏忽,路面不加養護,車輛不事修理,路員慢待顧客,須從速改良。

缾山詩集序

陳　柱

人固有當其生時而聲勢烜赫，衆附羣趨，死而後名字澌滅不登簡册者，亦有生時因緣時勢，馮籍高位，而史册不能不書，而數十年之後，非專門史家，則不能舉其名字者。亦有生時爲人忌，爲人憐，而卒至轗軻以死，而死後聲名炳煥，婦孺皆識者。甚或生時且爲人所不屑憐，不屑忌。視之如無人焉，而死後之名，反常存宇宙，爲學者所共仰者，凡人之心，皆舍遠而貴近，於目前之富貴榮華，則不惜盡死力以赴之，降人格以求之，或行險以徼幸於萬一，而不知功名緣乎機勢，窮力冒險以求之，固未必得，甚者且不免於辠戾，永爲凶人鑒戒，而得之者則酒肉弦歌，前呼後擁，然以今日視昨日，亦不過如飄風之過耳，上壽百歲，中壽五六十歲，奄忽藷落，終與草木同腐，雖不爲仇者所快，亦必不爲志士所惜矣，豈不哀哉唯豪傑之士則不然，讀書明道，以修齊治平爲已任，達則兼善天下，窮則傳諸其徒，聚諸文以爲後世法，當其轗軻行吟，坎壈困頓，不特他人見者憐之賤之，卽己身遭者，亦未嘗不自憐之而自賤之，而孰知憔顇困頓以死者，不十數年而聲名反日以烜赫，風流文釆，反爲後世所欣慕，片楮隻字，反爲後人所珍惜，嗚呼，此非學者之至可悲，而至可樂乎，莊生曰，其生之時，不若其未生之時，豈不以人生百數十歲，固不及死後之無窮與，韓退之曰，孰得孰失，必有能辨之者，悲夫世之能辨之者何其少邪，缾山詩集者，同正曾子儀鴻燊先生之所著也，論先生之科第，不過一舉人，論先生之職，不過一小學教師而已，問先生之名則不出於鄉里,卽一省之中所謂好文之士,亦未嘗有聞其名者,而況其凡乎,而近二十年來,吾桂之人,憑藉時勢,以武力震於時,如陸榮廷輩者何止數十人,出有衞,入有擁,倘與曾先生遇於涂,稍一不愼,吾知曾先生之必被其辱也,然陸氏今殁未十載,吾近爲諸生講現代史,則有不知其人者矣,其他之不及陸氏者更何足道,而曾先生之詩,則由吾師蘇寓庸先生而傳於余,由余而傳於朋好,今則知曾先生詩者日衆,而求曾先生詩者亦日多矣,以視彼之赫然於當世沒則寂然無聲者,豈不遠哉,君子之道,闇然而日章,小人之道,的然而日亡,非此之謂與,曾先生曾肄業於廣雅書院,受知於南皮張之洞義烏朱一新,精小學,當肄業廣雅時,課卷皆寫篆文,然不箸書,唯箸古今體詩若干卷,网羅衆製,時似學昌黎,而性格究不相近,然就吾桂之詩人而論,當不在龍翰臣彭子穆蘇爻山諸先生下也,余特序而傳之,以待世之知者。民國二十二年十一月一日北流陳柱謹序。

春秋左氏傳言語學序

蔣石渠

言語之學尚矣,古者左史記言,言爲尚書,故尚書所記,後世言語學之本也。堯典曰:『詩言志,歌永言。』臯陶謨曰:『予欲聞六律五聲八音七始詠,以出内五言。』五言爲何,尚書無明文,大傳謂爲『仁,義,禮,智,信,五常之言。』雖不可盡信,然言語通於詩歌,在唐虞時已然,於此可見也。且『詩言志歌永言。』舜命夔典樂教胄子之言也,疑以樂語教國子,不僅始於周矣;不然,何共工之靖言庸違,竟以言語而黜,羣后之敷奏以言,竟以言語而進耶?於是而知虞庭之都兪吁咈,賡歌揚言,所以上下雍穆,忻合無間者,蓋有自焉?

夏商之際,言語之學,紀述殊鮮;但尚書所載,征伐有誓,宅都有盤,則其詞可觀也。逮及於周,言語之學盛極千古矣。自周公以鴟鴞之詩感成王,託爲鳥語以抒其忠誠,纏綿悱惻,冠絕古今,而言語之術益工,言語之效益大,言語之用益廣,言語之學,于是亦益重。周禮大司樂以樂語教國子,興道,諷誦,言語,是明以言語列於教科矣;所謂興道諷誦者,求之於詩歌以立其本也。故孔子曰:『詩可以言,』又曰:『不學詩,無以言,』言語必本於詩,此舜之所以出納五言,必欲聞六律五聲八音七始詠也;所謂言語者,求之於實施以濟其用也。故孔子曰:『誦詩三百,授之以政不達,使於四方,不能專對,雖多亦奚以爲。』學詩貴求實用,此舜之所以聞六律五聲八音七始詠,須以出納五言也;周代教言語者,不止於大司樂,禮文王世子云:『凡祭與養老乞言合語之禮,皆小樂正詔之於東序。』又云:『語,說命乞言,皆大樂正授數。』語與授數,皆敎以實用言語之術也。是小樂正大樂正皆掌敎言語者矣,大司樂特總其成者歟?

左僖十五年,『晉侯使郤乞告瑕呂飴甥,且召之,子金敎之言。』又僖二十四年,『齊孝公伐魯,公使展喜犒師,使受命于展禽。』時至春秋,而言語有專家,敎言語者,殆不盡屬於王官矣。故孔子敎弟子以四科,而有言語宰我子貢,子貢一出,存魯亂齊破吳强晉而霸越,則已開戰國縱橫家之風。蓋春秋之世,王政不行,爭奪時起,使臣交往,胥賴折衝,于是朝廷之謨誥熄亡,而列國之辭命熾盛焉。總觀左氏傳所記,其謹飭雋永,別饒旨趣,與尙書之雍穆嚴肅迥異,而各有其妙,此則古代言語學之流遷也。

又嘗考言語學之所以重要,與夫古代之所以爲言語者矣。易曰:『君子出其言善,則千里之外應之,況其邇者乎;出其言不善,則千里之外違之,況其邇者乎;言出乎身,加乎民,行發乎邇,見乎遠,言行君子之樞機,樞機之發,榮辱之主也。』孝經曰:『言滿天下無口過。』申子曰:『一言正而天下定,一言倚而天下靡。』淮南子曰:『得萬人之兵,不若聞一言之當。』嗚呼,欲言出而千里之外應之,無有口過,定天下,當萬人之兵,夫豈易易,其能無學哉。

古之言語學,蓋有四要焉,曰:合宜,適時,立誠,能文,是也。士相見禮曰:『凡言,非對也,妥而後傳言,與君言,言使臣;與大夫言,言事君;與老者言,言使弟子;與幼者言,言孝弟于父兄;與衆言,言忠信,書慈祥;與居官者言,言忠信。』賈子容經亦曰:『言有四術,言敬以和,朝廷之言也;文言有序,祭祀之言也;厲氣折聲,軍旅之言也;言若不足,喪紀之言也;是言之各有其宜,所謂須合宜也。論語曰:『可與言而不與之言,失人;不可與言而與之言,失言;君子不失人,亦不失言。』又曰:『言未及之而言,謂之躁;言及之而不言,謂之隱;未見顏色而言,謂之瞽。』是言之各有其時,所謂須適時也。易曰:『修辭立其誠』禮曰:『君子言有物。』論語曰:『言忠信。』韓詩外傳引孔子曰:『夫談說之術,齊莊以立之,端誠以亘之,堅强以待之,譬稱以喻之,分以明之，歡忻芬芳以送之，寶之珍之貴之神之，如是則說無不行矣。』此亦修辭立誠之意，所謂須立誠也。詩曰：『出言有章。』左襄四年孔子曰：『言以足志，文以足言；不言，誰知其志；言之無文，行之不遠。』論語曰：『出詞氣，斯遠鄙倍矣。』而易有文言，言語之本，在於詩歌，詩歌，文之至也；是言之必貴於文，所謂須能文也，凡此四要，古之所以為言語者也，其古代言語學之遺教歟？

吾讀左氏傳所載之詞命，雖或不能盡合於四要，然其佳者大率不倍於是。是猶有周代樂語之遺意。此其所以妙絕一時而特異於戰國縱橫家者也。愚每讀之而不能釋，因輯其尤，別為若干類，加以己意，為之評騭，庸為研摩之具。嘗謂古無私人著述，所謂文學，皆指記載典章制度而言，魯叔孫穆子言三不朽，以立言與立德立功並稱，當卽指人能以言語取則於世，如子產子貢之流，必非如後世之私人著述者然；蓋古之言語本於詩歌，其流卽為後世之文學也，故屈原嫻於詞令而作離騷，宋玉唐勒景差之徒亦以從容詞令而為楚辭，遂為後世文學之祖焉。晚近以來，於各種學術，探討不厭其精審；獨於言語文學，則唯求淺陋粗率；于是修詞之學亡，而僉壬鄙倍之辭充溢全國，人事之酬酢，俎豆之折衝，求其能合於古之四要以應千里之外，而當十萬之師者，遂不可復得矣；此掌教者之恥，而有識者之所深懼也。則是編也，或足為改進言語文學之嚆矢？因廣考夫古代言語學之流遷，及其旨要，而論列之如此，世倘亦有同好者歟？

暑期實習記

（民國二十三年七月至九月）

錢學榘 顧逢時

引言

今暑工科同學多至各廠實習，以求增進實地經驗，而窺我工業界狀況之一斑。余二人亦因本校之介紹，得赴新中工程公司及中央航空學校附屬工廠先後實習。囘校後胡院長命作一見聞錄，以長者囑望之殷，不敢以不文而辭之。憶兩月中所見所聞，瑣屑非凡，固不足爲同學道，聊書一二，藉補篇幅耳！

新中工程股份有限公司

廠中大概問題

新中公司製造廠設於上海閘北寶昌路嚴家閣，資本在一二八之役以前爲二十萬元，戰後被日軍砲火所燬，僅存搬出之機器等，估計約值十二萬元，殊不可與歐美機器製造廠動輒以數千萬資本者相比也。然在吾國機器製造工業上已佔第三地位（第一大隆），蓋吾國機器工業程度幼稚，人所盡知，今日新中工廠能在我國以極小之資本而佔重要之地位，實可欽佩。其所以能如此之原因，後當詳述。廠中計分四部，卽製造工場，裝配工場，翻砂工場與冷作工場等是。其他鍛鐵木工模型與鋼鐵熱處理電爐間等則散列於各工場之旁。該廠主要出品爲提士引擎壓氣機，抽水機，碾米機及鋼鐵結構建築等，今夏各地旱荒，抽水機與提士引擎銷路特廣，抽水機因零件部分極少，鋼鐵建築亦不需特種工具，故利息較厚。

新中公司設立以來，已有八年，出品在社會上早已膾炙人口，矗立本校附近之富星電台二鋼塔，亦爲該廠出品之一。

交大之光榮與精神

余等於七月一日到廠，廠長魏如先生，經理支秉淵先生，廠務主任錢義奮先生，工程師陸景雲先生皆交大畢業老同學，故新中公司猶如我輩之親戚。舉凡居住實習等情，老同學均極關心，誼同手足，余等精神上之暢快，得未曾有。

廠中最值得吾人注意與欽佩者，厥爲服務之精神，工人二百餘，晨七時前，早鵠立於廠前候工，鐘聲一鳴，卽魚貫而入。遲到者極少。此皆工務主任吳師傅管理得法之效也。工作時間中，工人與藝徒，埋頭工作，其吃苦與耐勞之精神，令人起敬；是以該廠資本雖微，機器雖少，但以精神好，效率高，出品速度較公家設立之工廠不知增若干倍，此其成績之昭著，實足表現我交大之光榮與服務社會之精神，我輩當如何馨祝其將來之成功无量耶？

二一式二程提士引擎

廠中提士引擎出品自十四馬力起至一百五十匹馬力止，均能製造，其價格約每匹馬力洋一百元，所有引擎各部，除針頭（Nozzle）以及大馬力引擎用之油幫（Oil Pump）係德國製造者外，其他如底盤，軸承曲軸，油幫架，水幫，潤油幫，活塞，連桿（新中名之曰宕柱 Connechting Rod），風幫（Scavenging Pump），調速器，汽缸，汽缸蓋，炸發杯，噴油器，舒氣活門等各部悉由自製。廠中以前尙製造三匹馬力火油引擎與三十匹馬力半提士引擎，現則致全力於提士引擎矣。

（一） 挖砂工作

余二人到廠後，卽擬在裝配工場工作，魏廠長先支派余等實習汽缸蓋挖砂工作，汽缸蓋內有冷水夾層，以便冷水在其中循環而免汽缸蓋之過熱，當汽缸蓋翻砂完畢後，夾層中之砂心，必須挖去，挖砂本爲小工之工作，然設欲藉此以明瞭水在汽缸蓋中冷却情形，水路如何通過，汽缸蓋翻砂時砂心如何擺法，汽缸蓋木模型如何製法,則亦非易事,就拉砂工作本身而論,亦頗困難,蓋水路灣曲非凡,夾層中又極黑暗,又無特種工具,僅靠鐵棍扒挖而已,是日工作極爲辛苦,汗流浹背,始知學生與小工之生活有天壤之別焉。

（二） 引火插柄中所得之經驗

引火插柄係裝於汽缸蓋之噴油器上者,在引擎開車以前,須用引火紙裝於插柄一端,引火紙點火以後即速插入汽缸蓋中,於是再搖車(Cranking)而開動引擎.是以當引火插柄插入汽缸蓋上後,爲防止汽缸蓋上漏氣起見,必須使插柄插入極易,且稍一轉動,卽使螺絲咬住噴油器而不漏氣,抑更有進者,轉動插柄以後必須有一保險梢釘,使引火插柄不因汽缸內壓力之增大或振動關係脫離汽缸而飛出。引火插柄在裝配工場之工作爲使之灣曲以增加轉動時之力距,更須用電鑽鑽一小眼,以便打入引火插橫梢.余等初以爲不妨先鑽眼後再扳灣之。後始知須先冷灣,後再鑽眼,其理至簡,蓋如先鑽眼後灣則鑽眼之處剖面積已減小不少,再灣勢必使鑽眼處彎斷.此種經驗,在轉念以後,即不值一錢,然在工廠中偶一不愼,卽易有危險及損失發生,是亦余等工科同學之應互相勉勵者也。

（三） 噴油器之裝配與試驗

七月四日廠長轉命裝配噴油器,此器係裝於汽缸蓋上佔有極重要地位,全器最難裝配之處,卽係鑽眼,此種鑽眼工作(Drilling Exercise) 極有價値,有一眼鑽時須在一三十度斜面上鑽下,幸有特種軋頭,軋住時幫助不少,但眼之另一端限定須鑽於一槽內,度量時亦需非常準確,且全器係鍛鐵所製,眼因小又係斜鑽,故鐵屑(Chips) 不久卽在下面漲住,如此時再將鑽頭硬壓壓入,鑽頭卽斷於器中,鑽頭係高速度鋼 (High speed Steel) 所製,如斷於器中,既不能取出,又不能再鑽於其上,故此噴油器(價洋八十元)將因此一眼而全部犧牲也。且當鑽頭剛鑽出時,稍不小心,鑽頭即易斷於眼中。余等鑽時,用萬分之小心,一點鐘內不過鑽就一眼據聞老工人,鑽此種小眼每日亦不過可鑽七個左右。諺云,欲速則不達,信然。

裝配噴油器時,先配齊引火插,插梢螺絲彈簧,又裝針頭與墊子,螺絲帽則均由圓形銼成六角形,如此整整一天,整個噴油器始得裝好。針頭係德國 Bosch 出品價洋十六元半,據老工人云,此種針頭,非常精緻,既已焠火至極硬,又能强度極高,如欲因有一點損壞而修理,則上鉗工决不可能,甚至雖退火數次,或放於灰中退火,硬度仍决不稍減。

配好噴油器,卽上油幫試驗壓力,數次試驗後,出於意料之外,壓力最大竟至每方吋兩噸,後再校準至每方吋六百廿磅(規定油幫壓力)得到噴油狀態最細時,卽做一種小鐵片使其高度恰等於校準螺絲帽與保險帽中距離,如是則噴油器卽已校正告竣,實習至此,漸感興趣叢生,聞天氣極熱,有高至百另四度,我等不知也。

(四) 開始拆卸舊提士引擎

廠中原有二一二式十四馬力工程提士引擎一具,以作裝配工場中一切車床鉋床等原動機之用,但後因內部零件均多損壞,已不能開動,余等蒙廠長允許得一拆修之機會,拆時步驟如下:

1. 卸下油管水管等管子,旋鬆並卸下螺絲帽與螺絲。
3. 取下及卸鬆回氣減音缸。
3. 取下風幫。
4. 卸下飛輪與皮帶盤,拆歪輪(Cam)與滚輪(Roller)架。
5. 拆水幫。
6. 取下噴油器及汽缸蓋。
7. 取出連捍下半軸承套,曲軸,使活塞在上止點。
8. 用特種螺絲咬住活塞頭垂直提出活塞與連桿。
9. 拆汽缸座再取下汽缸下套之機匣。
10. 擯去曲軸。
11. 卸下主軸承.
12. 底盤中放油擦淨。

13. 拆開風箱檢查翎片活門 (Feather Valve) (注意翎片活門如失去一條鋼皮即不能再壓空氣矣)。

在拆卸時最注意者為

a. 鐵梢釘之用法——裝配時用以固定二機件之相對位置。

b. 保險螺絲之方法——例如在曲軸軸承與借重 (Counterweight) 上者,非用橫梢保險不可,蓋如用螺絲帽倘發生不幸,在高速度情形下借重脫離飛出,必致打壞機匣 (Crankcase) 矣。

(五) 軸承與軸套

每一發動機,其最值得吾人注意者即為滑油系統與冷却系統,前者更為重要。蓋滑油系統猶如人體之血管,偶或停止或塞住之時,則整個發動機可於一瞬間破壞無遺,二一式二程提士引擎之滑油盛於底盤中,由齒輪潤油幫 (Oil gear pump) 打至兩主軸承中,再因離心力而流入曲軸中心,自連捍中流過風幫軸梢再飛入活塞梢四周,所經各處,莫不潤滑,其回油由活塞梢四周散出因地心吸力而落於底盤上經過鐵紗網慮以後,即與原來滑油混合於一處。

軸承與軸套上均有油槽,兩主軸承及曲軸軸套均係硬鉛(White metal) 所製,每逢翻修裝配時,必須用一種三角刮刀刮之,刮完以後,用毛紙擦光,但切忌用砂皮,蓋砂皮之砂屑嵌入軸承,曲軸置於其中而轉動之,則軸承不啻為一張砂皮,不久即行發熱咬住,如再繼續轉動,軸承即可燒融,危險極大。

軸套 (Bushing) 與其外身,必須絕對軋住,不可有絲毫相對運動之可能,軸套當壓入於其外身中時,可利用老虎鉗,如此則壓入時既不需極大之力量,又不致軸套損壞。

(六) 活塞裝入汽缸後所得之教訓

待軸套軸承刮至與軸套完全符合時,活塞即可裝入汽缸,活塞先由三方向均可移動之吊車(Crane)吊住,再慢慢放下,此時因活塞漲圈(Piston Rings)漲大之關係,頗不易放入汽缸中。待一切放好後得到一極大之教訓,蓋風幫上鐵梢不能插入軸套中也。

最初余等曾注意及軸套內圓是否太小,故在未壓入連桿前,先用梢插入試試,覺得非常鬆,直徑約尚差二耗,方以為軸套內圓太大,後思當壓入連桿中時,必會緊縮(Shrinkage),故淡然置之,待軸套壓入以後,迄未試驗,至此時始得教訓,始知軸套之緊縮極大,必須在活塞未裝入汽缸前試驗是否可以插入而轉動如意(Running Smoothly)方可。

此時祇得將活塞重行取出,用絞刀(Reamer)絞軸套內圓數次使內圓甚光而梢剛可以插入,於是再裝活塞於汽缸中,一層麻煩,全因當初之一極小忽略所致,由此觀之,工程上一切事實,最忌忽略,即一極小之點,亦不可以等閒視之也。

(七)　開動引擎之準備

一切零件修理完畢裝上後,余等即行開動此引擎。開動時先將引火插柄插入噴油器,開舒氣活門使搖車容易,再用搖柄在飛輪一端,用力搖車,待搖至有動能與轉動惰性時,急關舒氣活門,繼續用力搖之,此時引擎必能出碰碰之聲,搖手離去之後,引擎即可自動增加速度而發動矣。

該種二行程提士引擎如在冬日或剛裝好以後,不易開車,可稍加火油數點於汽缸蓋中,以便發火較易,但如開動數次以後,汽缸蓋內溫度頗高,輕輕一搖,亦可使之開動。大馬力之提士引擎,開車時須兩人同搖,有時則用壓縮空氣(俗稱冷氣開車。

引擎開動以後急開冷水管閘門並須急急檢查。

1. 是否有滑油在油路中暢流。
2. 回油有否被阻。
3. 有否漏油或漏水,
4. 注意水幫能否生足夠之壓力使冷水不斷的循環於汽

缸蓋內四周。

5. 引擎轉動是否平穩,此點可由油燃燒時所生之爆音是否正常而定。

6. 該機燃料油與滑油消耗率如何(平常每製動馬力小時燃料油消耗約〇·四至〇·五磅)。

7. 校準該機飛輪上之調速器,使速度與規定者相符(規定每分鐘六百五十轉)。

8. 試驗馬力用此引擎帶動發電機,自電壓電流表中得延數,再倒打九拆卽可約測此機之馬力。

(八) 氣門開閉圖

該二程提士引擎修理裝配完竣以後,余等卽行畫出該機之氣門開閉圖 (Valve Setting Digram) 據吾人試驗,結果如下,圖從略:

事實	角度
1. 油開始射入汽缸	十六度早於上止點
2. 風幫下止點	四十度遲於上止點
3. 廢氣門剛開始開	一百十一度遲於上止點
4. 吸氣門剛開始開	一百二十一度遲於上止點
5. 風幫下止點	五十九度遲於下止點
6. 吸氣門剛完全關住	五十九度遲於下止點
7. 廢氣門剛完全關住	六十九度遲於下止點

尙有三匹新中火油引擎一具,其氣門開閉圖余等亦曾試驗,其結果殊不甚可靠,故從略。

壓氣機與抽水機

未裝壓氣機與抽水機前,余等知前修理完竣之十四馬力提士引擎已被浙省政府購去,赴長興帶動抽水機打水,心中殊爲快樂,但亦非常憂慮,蓋恐中有不妥之處,累廠方與買主麻煩也。

壓氣機(Compressor)工人曰冷幫,抽水機(Waterpump)工人曰水幫。余等每人先各裝活塞直徑三吋半之壓氣機一具,計刮軸承裝活塞磨汽缸內面,鑽眼打螺絲等工作約共一星期卽可用電動機帶之以試驗其成績。

抽水機計分低壓中壓高壓三種,低壓者可打水高至五十呎以上,中壓一百呎以上,高壓則在二百呎以上。抽水機大別之有兩類,一曰螺旋槳式(Propeller type)一曰離心式(Centrifugal type)後式中有兩種黃銅葉子(Blades)外葉不動而內葉在中間以高速度轉動之。

壓氣機與抽水機之構造極簡,原理亦不深奧,故不贅述。

拉雜感想

1. 製造機器或引擎,在中國現況下,簡直談不到設計,能仿造卽已甚好,如自己設計而試驗之,損失甚鉅,資本萬不能允許。
2. 第一架機器或引擎造好時,其尺寸最不準,其工人技術(Worhmanship)最壞,費時最多,成本最高,其後待大批出品樣板,鑽眼特種軋頭做好,則又準又成本輕,故如設計祇造一架機器或引擎者耗費最大。

筧橋中央航空學校附屬工廠

目的與經過

際此人類活動境域已由平面擴至立體之廿世紀,航空學術早為舉世所重,加以一二八與華北諸役更予國人以非擴張航空勢力不足救國之感,余等於航空學術旣感興趣,而苦我校宥於經濟,除航空書藉雜誌外,於實驗設備參考樣品均尙付缺如,遂决赴筧橋中央航空學校附屬工廠實習。

六月初,機械學院已將一切介紹手續辦妥,及月八初新中工廠實習完畢,余等遂相率至該廠報到入發動機股實習。先數日在廠中靜觀各機構造內容,討論其構造之方法與理論,工人工作之情形,工具用法等,同時借閱廠中各機說明書對照可以明不易者消之處。然後幫助工人做些瑣事,例如拆氣缸,磨氣門等。後復經股長及美籍顧問允許,兩人合力翻修Wasp九氣缸星型氣冷式航空發動機一架。但機甚粗重,緊要之點均由工人協助,或有經驗者指導進行,且處處必由股長檢查代爲負責校對,以免不測,蓋飛機發動機各部均以高速運行,若小有錯誤,試機時可於頃刻間全機立毁,故一切不得不極愼重也。

工廠大概

此廠目的專在翻修裝配飛機,對於機身機翼(Fuselage & wing)尙可製造,至於發動機儀表等,不過能略加修理與檢驗而已。全廠有廠長一,直隸於校長,廠長以下有課長或專理機械,或專負考試工人責任.機械課內復分發動機股,螺旋槳股,機翼股,外勤股,設計股,木工股,白鐵股,鐵工股及油料庫工具庫噴漆間吹砂間壓氣間試驗發動機機架等部分。每股設正副股長一人機械士(卽工人)學徒若干人,尙有美籍顧問若干人直隸航空委員會在廠輔導一切。廠中一切尙軍隊化,絕對禁止照相,以守祕密,以下所述均爲實習時所得之經驗不涉廠中內容詳情者亦以此也。

氣候與發動機

美國發動機大都爲氣冷式,歐洲發動機則氣冷水冷均有,在我國氣冷式機宜於南方而水冷機宜於北方,蓋南方氣候較暖氣冷機甚易開動,北方冬日天寒氣冷機不易開動,如用水冷機,則可注入熱水,無不易開動之弊。據發動機股副股長彭穎生先生云,今日我國北方所有飛發動機,大都爲水冷式,恐卽因是之故。

發動機之檢視

飛機發動機爲飛機之心臟,一旦稍有損壞全機卽陷於危殆,是以爲使飛行安全發動機壽命延長起見,不得不按時施以規定之檢視,致於檢視之方法,則均須按說明書所載,玆分述如下:——

(甲) 開動前之檢視

1. 檢查所有飛機上及機架上螺絲及螺絲帽是否緊好並銷住。
2. 檢查螺旋槳軸轂螺絲帽是否緊好並鎖住。
3. 汽門各部是否加足牛油,但亦不可太多。
4. 滑油箱中是否加足滑油及所有油管是否均爲通暢。
5. 汽油箱中是否加足適用之汽油。
6. 試用調節汽門(Throttle),並試驗控制混合成分及加熱設備各部。
7. 試用提早發火管理桿
8. 檢視在運用狀況之引油路(Priming Line),幫浦(Pump)及汽門。
9. 開汽油路之開閉門而試用手幫浦,檢視汽油是否爽利的流入化汽器(Carburetor)。
10. 檢視磁電發火機(Magneto)之地線是否接好。
11. 若螺裝槳之轉動異常費力時,宜拆下引火塞而檢視氣缸中是否有過量之汽油。

設有過量之汽油積於氣缸中,易招危險,故在開動前發動機必需轉動四轉。

(乙) 每日檢視

1. 檢視引火塞上之電線是否繫牢。
2. 察看磁電發火機之地線是否完好。
3. 當心考察螺絲帽汽油管滑油管是否鬆動,有否異樣之處。對於螺旋槳轂之固定裝置,廢氣管,進氣管,化油器等上各種螺絲帽尤須嚴加注意。
4. 檢視汽門,化合成分發火後之管理是否穩靠。
5. 汽油滑油是否充足。
6. 將開車後之轉數與規定之轉數(Rated r. p. m.)相比,但須注意轉數,可因風向及氣壓而稍有變動。

7. 檢視各個研電癒火機是否牢靠。

8. 檢視滑油汽壓力及滑油溫度汽缸蓋溫度是否正常。

(丙) 每飛行五十小時後之檢視

1. 檢視壓縮是否正常

2. 檢視汽門連動匣(Valve Gear Box)。

a. 各處間隙(Clearance)是否適合。

b. 以汽油洗滌蓋墊,再浸足滑油,但切不可附有牛油。

c. 搖桿臂(Rocker Arm)上須注足牛油,但不可過多,免致染着蓋墊。

3. 檢視發火設備。

a. 發火塞間隙中是否清潔準備。

b. 磁電發火機接觸處及電刷是否切實穩靠。

c. 磁電發火機各另件內部是否清潔,各部地位是否準確過隙尺寸是否如說明書所規定者。

d. 磁電發火機前後均加數滴滑油。

e. 電線是否完全絕緣。

f. 磁電發火機提早發火控制是否完全正對。

4. 滑油之部。

a. 排去舊油,用新滑油注滿滑油箱。

b. 清潔各過濾器。

c. 清潔滑油散熱器。

d. 檢查所有油路與油管上螺絲。

e. 每十小時轉濾油器手柄一次。

5. 吸氣之部

a. 取出空氣過濾器而以汽油洗滌之。

b. 化汽器內外濾汽油器卸下洗滌之。

c. 檢查汽油管各部是否牢靠。

d. 檢查化汽器是否緊置機上。

e. 檢查熱氣器(Air heater)是否牢靠。

f. 檢查進氣管上螺絲是否緊好。

g. 檢查化汽器及加熱器控制是否可靠準確,復施各要部以適當之潤滑。

6. 排洩廢氣部之分管總管及尾管(Tail pipes)均須檢視是否緊好。

(丁) 凡發動機飛過二百五十小時以上,全機卽須翻修(Overhaul)一次。

平時每星期發動機需開動一刻鐘或半小時,藉使機內各處佈有滑油以免生銹。

翻修之時,有一種特製之架專用以翻修者普通自機後起動機(Starter)拆起先拆下所有附件如起動機磁電發火機助電機(Booster Magneto)等,然後拆小件如引火塞電線進氣管等,機匣普通自前方——卽裝旋螺槳一端——拆起。凡大件如氣缸活塞汽門歪輪軸等,則卸下以後,廠中均有專門負責者檢查翻修。其餘各部待余等檢視後,先用汽油洗去舊滑油,再重洗數次,非使油路中非常潔淨不可,然後塗滑油少許以待裝配,裝配以前每件尙須再用飛行汽油洗滌一次。至於裝配步驟,普通先裝油幫滑油幫及壓送燃料器(Supercharger),次裝機匣後蓋及曲軸,前機匣蓋歪輪鼻部等亦按次序檢查後裝上,活塞汽缸等及其他零件則在最後始行裝上。且凡有相對運動之機件裝時摩擦面必需先塗好滑油,裝上曲軸以後機匣中亦須注以適量之滑油。抑更有進者,每裝一部份零件,必須先詳加檢視,有無不妥及不靈活之處,如有稍不滑順者,必須使之運動數十分鐘至滑順而後止蓋恐在飛機上開動時因發熱而生危險也。

拆汽缸時及裝汽缸時,活塞必須在上止點,且有主連桿(Master-Rod)之一汽缸裝時必須最先裝,拆時必最後拆,否則活塞卽易擅壞。

潤滑

飛機發動機中,潤滑一事最須注意,故各部如有相對運動者均須用强迫潤滑(Force Lubrication)以求。

一,減少摩擦能力之損失。

二,減少機件本身之摩壞。

三,能增軸承上安全之壓力限度。

四,傳走由摩擦損失而來之熱能使各部能保持正常溫度。潤滑油自油箱中被滑油幫打上入機匣中用極大之速度,衝於各齒輪間,復通過主軸承四周而轉入空心之曲軸中,曲軸中貯滿之滑油復因離心力而散入連桿梢之四周,再吹播於活塞四周,使活塞得因此飛散之滑油(Splashed oil)受到潤滑作用,此卽滑油路之大概,致於詳細潤滑情形,因限於篇幅不再贅述。

汽油與壓縮率(Compression Ratio)

飛機發動機須用高壓縮率以求效率與馬力之增加,例如九汽缸星型之 Cyclone 發動機其壓縮率爲六・四比一。如縮率一高卽易起一種『爆擊』(detonation)爆擊者因燃料在汽缸內一部分燃燒,生出極高壓力與溫度,使其他另一小部分燃料亦自行燃燒,因此在引火塞點火以後,由於各部燃料相互碰撞並擊至汽缸壁上之故生出一種爆音。是卽曰爆擊,爆擊可致『先燃』(Preignition),後者對於發動機則爲一極大之危險與困難。飛機發動機中更不可使有此種『先燃』發生,蓋『先燃』小則使發動機驟停,於是飛機必須當時强迫降落,(force landing),倘下方爲一大海或不可降落之森林山谷,則飛機祇可聽其跌壞。『先燃』大則使連桿等立時打斷,於是全機立刻失速下墜,不但飛機粉碎,人員亦有生命之危險。但自馬力與效率方面觀之,則在縮率又不可不加,欲使達到此種目的而不生爆擊,唯一之辦法,卽用較良之汽油。飛機發動機中所用之汽油,有一定之規定,對於抗爆擊(Anti-knock)之性質,尤限定極嚴,(其(Octane Value限定爲八十七)。至於汽油之其他性質如成分,顏色,生銹性,蒸發試驗,硫黃多少,汽油蒸氣壓力,凝結溫度莫不均有詳細規定,不合格者雖價極廉決不敢用也。

螺絲之鎖住或保險

飛機發動機各部既以高速運行,若內部螺絲或小件因震動致鬆,則一物脫落飛機可以因之全毀,故凡有螺絲之處,必須鎖住,或用保險螺絲帽或用彈性墊子(Spring Washer),或用銅絲互相串住,或用銅釘梢住,必萬無一失而後可。此亦可稱爲高速發動機公有之特點,而鎖住方法之精巧仔細與周全,自當首推航空發動機。

工 具

『工欲善其事,必先利其器』,實習兩月,愈覺其爲箴言矣。例如飛機發動機拆卸裝修之時,每一種發動機,有其獨自之特製工具,若不用此種工具,幾無法動手,勉强工作必至僨事,故拆裝之事如用特種工具則輕而易舉,光陰勞力之減少機件損壞與危險之減少,不可勝數。工作之時,如祇想用蠻力拆裝,則稍一不慎,皮破血流,損壞機件自屬意中事耳。(拆裝飛機發動機用之工具情形,請參考機械學院 Wasp 發動機說明書,即可知其大概)。

材 料

此次航校實習歸來,感覺如我國欲振興航空工業,自行製造飛機,亦非難事,其最困難者厥爲材料。飛機全身各部之材料如合金鋼,鋁合金,鎂合金,木材以及其他塗料織物等,其最切要之條件爲輕而合用,且每單位重量之强度須最大,此項材料如我國之快乾漆及麻布以外,現悉自外國購入,每年漏卮,豈可勝計,例如飛機發動機上一三吋長,$\frac{3}{8}$"直徑之標準螺絲,因係鎳鉻鋼所製而購自美國,價約洋三角,吾人如能材料上自製不成問題,則以我國低廉之工資,此一個螺絲最多而不過值洋五分而已,螺絲並不難做,其難者在不易得材料耳。此不過爲一例,其他發動機零件,如能全國一致奮起立志自製,則一切製造機器,如有適當材料均可不成問題耳。

吾國鑛產之富,世界各國罕與比倫,若煤,銅,鐵,錫,銻,鎢,錳,鋅,鎂,鋁,及其他金屬與非金屬等,東起遼黑西達西藏,南及兩粵,北至蒙古,產鑛之區,固指不勝屈。惜政治不綱,外侮日亟,外人乘勝謀我,開鑛殊非易事,是以材料問題,發展尙須時日,航空工業因之亦遲滯於徬徨之途。故將來國貨航空機之是否能早日實現,亦須視我機械採冶工科同學之努力程度如何矣。聞浙江平陽之礬石,內含鋁質極多,政府諸公已有注意及之者,將來是否可大量生產,則須視諸公之決心與勉力而定,他如油漆與麻布,均尙有不少之改良與商榷餘地,鍊鋼,培養森林等事則所須之資本太大恐非利用外資與外國技術人才不可。

名稱

我國工界對於一切工具機械機件,至今尙無一定名稱,即極普通者,亦各廠各地不一,因之余等與工人談話,每每發生誤會。加以我校各科教本,多用英文,對中文名稱,素不熟悉,用到時一一據己意翻譯既費時費力,又不能期望各人所譯者相同,現中國工程師會雖曾有工程名詞印行,但各地工廠並未採用,例如:

英文名	新中工人稱爲	航校工廠稱爲
Cam	桃子	偏心輪
Connecting Rod	宕柱	連桿
Screw-driver	旋鑿	杆錐(亦有稱螺絲錐者)
Piston	辟斯東	活塞
Washer	華斯	墊子
ball bearing	滾珠貝齡	鋼珠軸承
Valve	凡爾	氣門
Piston Ring	活塞圈	漲圈

其他不同之處不勝枚舉,故機械各詞,尤如我國各地方言,既乏統一之標準,又缺各工廠互相研究之討論。工人自一廠去服務於他廠,勢必先須重習名詞,諸多麻煩,無形中增加我國工業界之

隔膜不少。故名詞之普遍與標準化亦係非常重要,如能統一,則不但減少工廠問題之隔膜且亦可示我國工業界獨立之精神也。

攷察日本鐵道歸來

茅以新講　陸增祺記

（十二月二日在浙贛鐵路全體機務人員歡迎席上的演講辭）

（一）今天能同諸位聚談一堂，心中有說不出的歡喜。兄弟此次去日本考察，爲時僅二個月又十五日，而考察的地方是很多。在這短促時間，那是很難詳細調查。說得不周到的地方，還請原諒。

（二）兄弟知道諸位十分深切的要曉得日本鐵道事業之發展，用資借鏡。據說日本之國有鐵道，僅較我國早七年罷了。（日本1857年，中國1864年）最初時間，雙方都有同樣困難。當民國元年的時候，日本有8,000公里長的鐵道，中國亦有7,000公里。到現在，可是相差多了。日本已增長到16,000公里，而我國絕少發展。常言說不進則退，中國近數年來，總結起來，實在是退步！

講到日本鐵道的建築工程，是萬分的艱難，因爲這16,000公里之中，尚有550公里長的山洞，和530公里長的橋樑，所以建築費每公里達26萬元。中國祇需11萬元。這16,000公里中，還有不少的雙軌。運輸最忙的地段，敷設至八軌之多。現在想到，日本還有一件可以注意的大工程，是爲縮短11公里的旅程，費了16年的光陰，和25,000,000元（日金）的金錢，造成一個山洞，在昨天（十二月一日）舉行通車典禮。日本人的思想，是想做世界第一。別人認爲困難的，他們一定要做成功它。他們的精神，能使我們不佩服嗎！

日本全國，共有機車4,000輛，以杭江來比，應該有85輛。客貨車有7,000輛，按照比例，杭江應有1,500輛。（祺註杭江現有機車15輛，客貨車205輛。）

日本鐵道電化事業,亦有相當進步。總之,其交通事業,堪與世界各國相比擬。

(三)日本全國國有鐵道,統歸鐵道省及六個鐵道局管轄,每一個鐵道局大約管理2,700公里長的路線。

鐵道省的組織分爲:大臣官房,運輸局,工作局(即機務),工務局,電氣局,經理局,建設局,監督局等。視其組織,即可知其十二分的重視工程與技術。即在處理總務的大臣官房內,還有一個研究所,時常有報告發表,其中關於機務方面尤多云。

鐵道局內又分:工務課,運輸課,運轉課,電氣課,庶務課,經理課(材料)。

外勤工作,則有運輸事務六處,保綫事務所六處,電力事務所二處,工廠五處。每一運輸事務所,有附屬機關一二百,如車房,車站,檢車所,電車庫,車電所,信號所,操車場,通信區,變電所等。

電話事業,則分由三處負責。即線路由通信區(保線事務所)負責。電機由電力區(電力事務所)負責。營業由車站(運輸事務所)負責。

統計全國共有工廠22所,各直隸於局長,間接受工作局與工作課之指導。工廠內又分技術股,事務股,計算股,倉庫,與二十餘職場。

(四)再來談談新組織的來歷。日本以前亦是機務與車務分立的。十年前,遂因環境之需要,而逐漸發展,有運轉課之設。運轉課是將原來屬於車機二課中之行車管理事務,劃出另成之課。其組織之更迭,以因地而制宜爲原則。是以各鐵道局內部組織,亦略有不同。最近又有一種新運動,即由四級制,改爲三級制。因需要而求變更,非僅模倣者可比。

(五)在座諸位所深切注意之機車修理,日本亦可稱爲世界上首屈一指。兄弟親自察看之下,惟有驚嘆與欽佩而已。查機車修理以鍋爐工作爲最困難,所以大多以鍋爐修理需時爲準。現在日本修理機車鍋爐,換火箱者五天,不換火箱者四天完工。可稱世界獨步。前於1929年時，在日本東京所舉行的萬國工業會，宣讀論文中，有修理機車需時研究一項。先由一意大利工程師宣讀意國鐵路以前修一機車需180天，現下經過研究改進，縮短爲90天，僅及半數。一般意見，以爲此種進步，不可爲不努力。不料日本當時即以6日修竣之報告，宣讀於會場，全體會員聞之，大爲驚異。所謂意大利之90天修竣報告，當退避三舍。自此次大會以後，日本修理機車之迅速，乃得聞名於世。那時俄國一面派人去日考察，一面再請日本工程師來俄指導，經改進結果，俄國亦有11日修竣之新紀錄。現在回看我們中國鐵路怎麼樣？我們恐怕正與意大利差不多。但是所謂11天，所謂6天，照兄弟看來，也沒有多大神秘！彼亦人也，我亦人也，有爲者亦若是。惟彼能利用機力，分工合作，精神一貫，作事努力，事事準備，組織精密。我則未能也！卽以機車修理之準備而論。日本於一年前，卽已規定下年度機車入廠程序，一月以前，又規定下月入廠機車詳細程序。再在預定入廠修理前三個月，機車房還有機車狀況詳情報告機廠。如是機廠卽作準備用品。惟準備又不濫，譬如換火箱的機車，直到機車入廠修理的那天，預備的火箱，方始完工。

大宮工場每年修理機車533輛，客車1,354輛，貨車10,569輛。而存料總值僅五十萬元，備品九萬元，共計五十九萬元。我們現在亦有六七萬元之譜，自問能完成他們的十分之一嗎？不過十年以前，他們存料值一年多的用料，現經改進，遂減至一個半月云。

機車送廠以前，在機廠內機關庫放汽，並用水冲洗各部，然後進廠。在廠工作順序如下。

(1) 折卸 (2) 零件放入蘇打水中洗淨 (3) 初步檢驗卽損傷檢驗同時記上特種符號 (4) 機件分送各關係場所 (5) 各場所進行修理工作 (6) 完成檢驗(工作完工以後工人須將施工劵送請檢查員檢查簽印方可作爲完工)

進而談談鍋爐。計換一火箱，三天半卽完工。同時有26人工作，

22根風管,3個電銲匠,3個風銲匠。當機車入廠時,焰管已割下。鍋爐送達鍋爐工場時,應折換之鈑,已準備下落。待鍋身打掃清淨時,各種應用工具,早已佈置就緒。工作一經開始,各個工人努力動作,無不汗流浹背。

總一句說,他們的工作效率很高,乃由於並行工作及努力工作二大要素。他們如此的精密,還有一次一個機車修竣後,等待水泵情事。問主管人何不預備備品,則答以欲圖節省罷了。再問鍋爐有無備用者,則答價格更貴,尤難準備。蓋除必需零件外,隨折隨修,决不依賴備品也。

(六)客貨車方面,可注意者,爲30天(客)與40天(貨)檢查,及15月(客)與33月(貨)的一般檢修。至於電燈及風閘,另有車電所與檢車所,負此項責任。自然尚有列車出發及到站檢查工作。

客貨車檢查,大約僱用工匠7人,小工16人,共計23人,每天檢查22輛,也就是平均一天一人一輛。工作可稱得緊張。

客貨車的車軸,出廠以後,卽不加油。列車檢查與一個月檢查時,僅以手觸外部,以知發熱與否.同啓開軸箱蓋,察看有無缺少五金耳。而於規定進廠修理時,則不論好壞,一律換新。

檢車所僅負檢修責任,修理工作,則歸工廠.但風閘及電燈,則又不歸工廠。每30天,檢驗風閘有無漏氣。每屆八個月,則不論好壞,一律修理.其三道閥之修理,仍歸工廠負責。

(七)機車修理,係由鐵道省指定歸某廠負責,不分局別。故大宮工場,雖係隸屬東京鐵道局,他局的機車,亦有歸大宮修理者。

凡非指定工廠負責的工作,雖機車送廠,明知而不管。各負各責,以明責權,此有所特異者。

(八)材料之採購,由鐵道省經理局與各鐵道局經理課辦理,其他機關,從不購料。

日本鐵道各處,並無急用材料,亦無所謂就地購料,因爲有準備也。工廠有工廠倉庫,凡機車房及檢車所之材料,亦向工廠倉庫

综合卷（第六册） 交大季刊 第十五期（1934）

領用.倉庫備有十餘輛送料列車一列,該列車上並無人管料,由領料處自己派人去車上檢取。倉庫分二種,卽儲藏品與預備品。各別辦理,不相混雜。

至於材料編號,頗爲精細,依照品質大小及其他特性而分編,各有詳細規範書。請領材料,倘指定編號,則品質卽已確定,決無材料不合用的弊端。

(九)日本鐵道研究所,在世界上,已負相當盛名,若閘瓦壽命,鋼瓦成份與磨擦系數等,都在研究。最有趣味的一件試驗,卽在烟囱中裝一機件,用電線通至司機棚內,如是冒出烟的成份,卽可由司機棚內機器上之曲線知其情況,至於其他研究出版品,多至不可勝數。

(十)現在零雜的談來,已經不少了。我們再轉移眼光,來考察日本工業程度,得知日本近年來,也提高了不少,所有各種原動機件電機等,都能自己做造,或有所改良。他們成功的祕訣,我們可以從他們國民性的優點着想,知其非偶然的。日本國民性的優點是:

(1) 絕對服從(在日本工廠無罷工二字)

(2) 能耐苦(從小學生做起)

(3) 愛清潔

(4) 有禮貌

(5) 能信誠

(6) 好勝心

THE CHIAO-TUNG UNIVERSITY QUARTERLY

Volume 4 *Number 3*

Shanghai, China
December, 1934

交大季刊

第十六期

要目

中華民國二十四年六月 上海國立交通大學編行

中華郵政特准掛號認爲新聞紙類 內政部登記證警字第一七五三號

交通大學管理學院新出叢書

(1) 鐵道經濟論叢　　編者 鍾偉成　定價 大洋二角

▲內容　本書內有關於鐵道之專論十篇，其中以編者所著之創辦鐵路押滙芻議，整頓鐵路運輸負責之我見等篇為最有價值。

(2) 東北鐵路問題之研究（上下册）　作者 王同文　定價 一元二角

▲內容　本書上册共有十章，先述中東路之史的發展，經濟價值，組織概要，營業與運輸概況。後敍日本侵略下之鐵路問題，如滿鐵會社之組織，財務，營業等概況，日本對東北之鐵路侵略政策，又分析研究南滿路之營業狀況與營業統計，及運輸狀況與運輸統計，最後論述吉會鐵路問題。共一百四十餘頁。下册計有八章，另加續編四章。內容為：滿鐵租用地問題，南滿鐵路之倉庫管理，東北鐵路聯運及競運問題，葫蘆島築港與東北鐵路網，東北鐵路與國際關係，東北現有鐵路與總理計劃，今後東北鐵路之整理計劃。續編中有：中日鐵道交涉問題，九一八後之東北鐵路，李頓報告書中之東北鐵道問題述評，中東路出售問題。敍述甚詳，立論尤新，共二百頁，誠為研究東北鐵路問題之唯一有價值書籍。

(3) 吾國鐵路枕木問題之研究　作者 楊城 王以瑗 陳善繼　定價 大洋四角

▲內容　本書共分八章，其對於枕木之購買，枕木之管理，枕木折舊法之討論，枕木之製煉，發揮學理甚詳，作者並注重於中國急應造林，以提倡國貨枕木等問題，凡欲研究鐵路材料者，宜各執一書。

(4) 鐵路估值　作者 涂宓　定價 大洋二角

▲內容　本書共有七章，其對於估值原理，估值方法，有形與無形的財產估值，多多討論。

發行者　上海交通大學管理學院

代售處　上海　作者書社　新中國書局　神州國光社　黎明書局　民智書局　大公報社代辦部

漢口　光華書局　杭州　現代書局

南京　正中書局　天津　大公報社代辦部

武昌　新光書局　北平　北平交通大學圖書館

安慶　世界書局

總理遺像

革命尚未成功

同志仍須努力

總理遺囑

余致力國民革命凡四十年其目的在求中國之自由平等積四十年之經驗深知欲達到此目的必須喚起民衆及聯合世界上以平等待我之民族共同奮鬥

現在革命尚未成功凡我同志務須依照余所著建國方略建國大綱三民主義及第一次全國代表大會宣言繼續努力以求貫澈最近主張開國民會議及廢除不平等條約尤須於最短期間促其實現是所至囑

前漢時代陸路交通考

(續前期)

鄭師許

1. 月氏　月氏又作月支。或作月氐,疑是氏字筆誤也。逸周書王會篇有禺氏,清何秋濤定爲此禺氏即月氏,謂:『禺月一聲之轉』是也。此爲最初之文獻。今以地望及產玉兩點明之,何氏之說,更足濔信。至其種族何屬,則我國古書向不能詳,迄今學者之間,聚訟紛紜,幾不能決。*De Guignes* 氏認爲韃靼種族之一支。而 *Klaproth* 氏則最初斷爲西藏種族,有 *St. Martin* 及 *Fomaschek* 兩氏附和其說,其後 *Klaproth* 氏不久便捨棄前說,而改定爲 *Goth* 種族。*Lassen* 氏又認爲是突厥種族。最近夏德(*Hirth*)沙畹(*Chavannes*)白鳥庫吉藤田豐八等,亦皆傾向突厥族之說,大概突厥族一說,可成定論,以學者之間已無異議故也。

在秦漢之際,月氏之根據地,爲今日甘肅省境黃河以西之河西土地,據藤田豐八月氏故地與其西移年代考一文中所考證,謂:

> 依史漢本文所傳而推察之,月氏曾一時蔓延至東方,幾及今之涼州。惟其西移前之故地,卻以敦煌爲根據,似及天山。

案史記,大宛傳云:『始月氏居敦煌祁連間』,漢書西域傳上亦有『本居敦煌祁連間』之說。考祁連山,在史漢匈奴傳及霍去病傳均可見及,蓋即今甘肅省之南山,或其一部分,亦有謂即今之天山者。史漢所云「間」字,疑是一帶之意,非專詞也。故藤田氏又謂:

> 根據史記匈奴傳及大宛傳正文,得證明月氏原居甘州,肅州,瓜州沙州等處,且得旁證其餘衆之保持南山羌焉。

藤田氏於史漢正文之外，又遍考隋唐前後學者之說，如張守節，顏師古，杜佑，及括地志，舊唐書，隋書，後漢書所載，詳列一表，證明其說。茲爲便利讀者參考計，轉錄如下：

月氏故地

史記正義			酒泉（肅州）	敦煌
漢書註				敦煌以西
通典			酒泉（肅州）	敦煌（瓜州沙州）
括地志	武威（涼州）	張掖（甘州）	酒泉（肅州）	敦煌（瓜州沙州）
舊唐書	武威（涼州）		酒泉（肅州）	敦煌（瓜州）
隋書		張掖（甘州）		
後漢書		張掖（甘州）	酒泉（肅州）	

據此以觀，是月氏故地，據藤田所考證，在今日甘肅省境黃河以西之河西土地無疑也。

後魏酈道元水經注卷四十云：

春秋傳曰：允姓之姦居于瓜州。瓜州，地名也。杜林曰：敦煌古瓜州也。州之貢物。地出好瓜，民因氏之。瓜州之戎，并于月氏者也。漢武帝元鼎六年，分酒泉置，南七里有鳴沙山故亦曰沙州也。

桑原隲藏在張騫西征考中據此文引申之曰：『按杜林爲漢初居於河西之學者，對於此方面之地理，爲最有信用之人。據杜林謂左傳中之允姓之戎所占之瓜州，卽爲漢之敦煌，故居瓜州之允姓之戎，又因其地名，而名之曰瓜州之戎。依照水經注所記載。月氏滅此瓜州之戎而占據敦煌之地，按月氏之滅瓜州之戎，雖不明其時代，但或爲戰國時代。烏孫既與瓜州之戎無同一之確證，則可斷定漢代之敦煌，卽今之甘肅省安西州地方爲月氏根據地，較烏孫爲可信……其間南北朝時代之學者，一般俱信月氏之根據地爲敦煌，此一事實，當可承認。在舊唐書之地理志中，明定敦煌爲月氏之故地；吾輩由上述之事實推測。以月氏之根據地，認在河西之西部爲允當。……月氏原據於河西之西部，但自併吞烏孫後，則東部烏孫之根據地亦歸月氏,至此河西一帶之地,均爲月氏之領土矣」。桑原氏與白鳥庫吉藤田豐八二氏站在相反之立場,關於月氏故地及大宛貴山城問題,激辯亙十年之久。桑原所稱烏孫原在河西東部月氏則在西部一語,實爲攻擊白鳥氏烏孫考一文而發。貴山城及烏孫故地考證,留待次節。現專以月氏故地而論,則藤田之說,大體上與桑原之意見相同,同爲相信史記匈奴傳大宛傳正文及史記正義等書,同以涼,甘,肅,瓜,沙等州爲月氏故地。可見學者之間對此均無異議。

其時月氏勢力强大,時凌匈奴。及至西漢初年,乃爲匈奴冒頓單于所破,國勢漸衰。在孝文帝時,蒙受冒頓單于之再度打擊,復遭老上單于之最後痛擊,於是除其羸弱者保守南山羌外,其大多數俱移轉於故國後面之西北方,卽今伊犂地方,新建大月氏國焉。

惟月氏西移年代,頗不易明瞭,近世學者之間,往往有任意決定之者。據桑原所記,西洋學者主要之說如下:

Lacouperie; Western origin of the Early Chinese Civisation. P.219 公元前百七十六年

Frank; Beitrage aus clinesischen quellen Zur Kenntnis der Turk volker und Skythen Zentralasiens, S.30 公元前百七十年頃

Klaproth; Tableause historiques de l' Asie. P.132 公元前百六十五年

Lassen; Zur Geschichte der griechischen und indoskythischen Konige. S. 249 公元前百六十三年

De Guignes; Allgemeine Geschichte der Hunnen, Bd. 1. S.153 公元前百六十二年

Gutschmid; Geschichte Irans und seiner Nachbarlander S.59 公元前一六七——一六 年

Shi ato,i; Beitrag zur Geschichte und Sprache des centralasiatischen Wusun-Stammers. S.13. 公元前一七四——一五八年

Richthofen; China. Bd. 1.S.449. 公元前百五十七年

Stein; Ancint Khotan. Vol. 1.P.53. 公元前百五十年

而迄無定論焉。最近疊經白鳥,桑原藤田三氏所考定,大略可以相信。白鳥氏烏孫考中謂月氏之遷徙。成於匈奴之老上單于在位年間,而老上單于之時代,據史記匈奴傳適當公元前百七十四年至百五十八年,故斷定月氏之西北方遷徙亦在此時。桑原則相信月氏之遷徙當以依老上單于之時代爲妥當,而不信其斷言之公元紀年。據東晉徐廣之單于紀年,斷定老上單于之在位年代,爲公元前百七十四年乃至百六十一年。因此謂月氏之遷徙,當亦在此時。藤田氏則謂:「關於月氏由河西地方西移至伊犂之年代,據白鳥教授之考說,略得决定之。其見解,卽以此事件起於老上單于之時爲至當.惟教授以老上單于時,爲公元前一七四年至一五八年,而置此事件於其間者,則如桑原教授所言以此說爲有誤。……然則老上死。軍臣立,爲孝文帝後元四年(*B. C. 160*),經歲餘至後元六年而入寇者。予輩對於此點,同意桑原教授所說。關於大月氏由伊犂爲烏孫驅逐之年代,學者所說,互不一致。但大體决定其年代,亦非難事。在張騫使烏孫時說武帝之言中,史記載:「單于死,昆莫乃率其衆,遠徙中立,不肯朝會匈奴」。而漢書則記:「昆莫既健,自請單于報父怨,遂西攻破大月氏大月。氏復西走大夏地,昆莫略其衆,因留居,兵稍彊。會單于死,不肯復朝事匈奴。」可知關烏孫西移之動機與時期兩書所傳,亦不一致.惟約略言之:其西移在「單于死」之前後,若知此單于爲誰,則當知其西移之大體年代。是以烏孫之西移年代,卽大月氏由伊犂更向西移之年代也。夫月氏由河西西移伊犂,根據史漢明文,爲老上單于時固毋待贅言。於是上文所謂「單于死」,卽月氏居於伊犂之時也。然則此單于非老上卽爲其後單于。按老上之次爲軍臣。此單于之死,謂爲元朔三年(*B. C. 126*)時,則上引文所謂「單于死」之單于,其非軍臣明甚。蓋此年爲張騫西使歸朝之年,至少當提前二年,因張騫停留大夏頗久,由伊犂更向西徙之大月氏,騫得以目擊之故也。上引文中之所謂「單于死」者,爲其前事,……又史漢兩書俱謂單于死後,因烏孫不來朝會,匈奴遂以兵相加,此事原爲張騫在匈奴時之傳聞,況張騫係乘軍臣死後混亂而逃歸者?由是而論,上文所謂:「單于死」之單于,决非軍臣也。既非軍臣,則爲老上無疑.據漢書,老上之死,爲後元四年,卽公元前一六〇年,苟以徐廣之言爲正,則其後元三年,卽公元前一六一年也。月氏之移住伊犂,乃老上單于時(*B.C.*174——161,160),而烏孫由伊犂逐出月氏,爲老上單于死之前後(*B.C.* 161,160),之時。藤田之言是也。至桑原在張騫西征考中,另謂月氏由伊犂西移之年代,爲張騫在使大月氏之途中囚於匈奴之時,約當百三十九年以後不久,則不必信矣。

關於大月氏西移後之都城,桑原與藤田爭論甚大,以吾之意觀之,應以漢書西域傳大月氏條本文爲準,爭論之說,不足用也。漢書本文曰:

> 大月氏國治藍氏城,去長安萬一千六百里,不屬都護。戶十萬,口四十萬,勝兵十萬人。東至都護治所四千七百四十里,西至安息四十九日行,南與罽賓接,土地風氣物類,所有民俗錢貨,與安息同。……大夏本無大君長,城邑往往置小長,民弱畏戰,故月氏徙來,皆臣畜之,共稟漢使者,有五翖侯。

蓋「自宣元後,單于稱藩臣,西域服從,其土地山川王侯戶數道里遠近翔實」(本漢書西域傳語。)可信也。據此,大月氏之都城,當卽爲大夏之都城。史記所謂:「旣而臣大夏而居,地肥饒」。及「西擊大夏而臣之,遂都嬀水北爲王庭」。是也。大夏都城據史記稱爲藍市城,故漢書西域傳上曰大月氏國治藍氏城。藍監通,可作監。市氏通,以後史書無作市者。後漢書卷九十八作藍氏城唐書卷二二一下作藍氏城皆是也。惟北史卷九十七曰大月氏國都賸監氏城,在弗敵沙西,數爲蠕蠕所侵,逐西徙都薄羅城,去弗敵沙二千一百里,魏書卷一〇二作盧監氏城;賸盧聲通,爲一音異譯,卽監氏城,漢人譯語,往移往省去首音也。故大月氏都城,爲藍氏城無疑。周書卷五十曰嚈噠國大月氏之種類也,都拔底延城。宋雲行記曰,雲西出鉢和國(Wakhan),謁,嚈噠(Hephthalites) 王。據沙畹(E. Chavannes)博士所考證,當時之嚈噠,應爲今之巴達克山(Badakhahan) 城,在今 Faizabad 之東。弗敵沙,拔底延,均爲巴達克山之古譯。然則大月氏都城應在巴達克山附近求之也。馬伽特(Marquart)曰:藍氏爲大夏之都城,大夏爲吐火羅(Tokhares) 種。考巴達克山爲吐火羅之前部,故吐火羅之都城自應在其地。當元朔元年張騫至大月氏時,大月氏已居嬀水(Oxus)之北,臣服嬀水南之大夏。時大夏都城爲藍市城,在巴達克山之中也。張騫還漢後,大月氏逾嬀水取藍市爲其都城。自是以後,大月氏即爲吐火羅 Tokhares),亦卽梵文之 Tukharas 也。關於後此八百年間之歷史,沙畹博士考證甚詳,以無關作者本文,不具錄耳.

大月氏領地至是亦可明瞭,大約東至鉢和(Wakhan),西至健馱羅(Gandhara)一帶。其屬國有五。據漢書所誌如下:

(一)休密治和墨城。去都護(今之庫車)二八四一里,去陽關七八〇二里。

(二)雙靡,治雙靡城;去都護三七四一里,去陽關七七八二里。

(三)貴霜,治護澡城;去都護五九四〇里,去陽關七九八二里。

(四)肹頓,治薄茅城;去都護五九六二里,去陽關八二〇二里。

(五)高附(後漢書作都密)治高附城;去都護六〇四一里,去陽關九二八三里,

今據馬伽特考定此五國之方位如下:

(一)休密卽唐之護密,今之 Wakhan 也。

(二)雙靡卽宋雲行記之賒彌,玄奘西域記之商彌,今之 Tchitral 也。

(三)貴霜,在健馱羅(Gandhara)北境,但據弗郎克(Franke)云卽健馱羅國。

(四)肹頓應位置於喀布爾河(Kaboul rond)支流, Pandjshivs 河流

之 *Parwan* 地方.

(五都密卽在喀布爾(*Kaboul*)附近,但與喀布爾有別也。

査當時五國君長,皆有突厥 *Jabgous* 官號,卽漢時所謂翎侯唐時所謂葉護也。桑原氏於此點發表意見曰。

當研究張騫遠征時代之中央亞細亞之狀況時,吾輩平日最感不可思議者,爲大月氏之五翕侯問題。……據漢書之本文,亦以五翕侯解釋爲大夏之事,而最正當最有力之根據,當推東漢,荀悅前漢紀中之所載。……對此前漢紀之記載其自身由首至尾,以五翕侯均屬小夏之事實,當不容再有何等疑惑之餘地矣。……大夏在張騫西征時,業已臣服於大月氏固不待論。惟當時大月氏居媯水卽 *Oxus* 河之北,而大夏之五翕侯割據於媯水之南,二者判然有區別。後大月氏南徙,占領大夏之地,致此等五翕侯地域,次第變成大月氏之根據地,然此非張騫西征時之狀況。據白鳥博士之考證謂五翕侯之地。略當 *Oxus* 河之上游至 *Hindu-Kush* 山脈之間,卽以五翕侯之地,包括大夏之四至,殆與大唐西域記之覩貨邏 *Tokhara* 相一致。由此點以觀,*Marquart* 氏擬定大夏爲 *Tokhara* 一說,更覺妥當.在後漢書之西域傳雖似有以五翕侯爲大月氏建立之記錄,但此爲後世之事殊難遽信。

桑原氏所云五翕侯原爲大夏所建立,其後臣服於大月氏,遂變爲大月氏之地域,此點與吾意完全相同.惟云非張騫西征時之狀况一語,則實緣桑原氏以大月氏由伊犂西移至中央亞細亞時爲公元前一百三十九年,較之老上單于死烏孫遠徙爲大月氏西移之動因之眞實年代,推後二十年,因而致誤。此一重要點不解决,則往往易致誤也。騫至時,大月氏已臣屬大夏盡其五翕侯.及張騫歸後,大月氏卽遷都藍氏城,故史漢所言如此。王莽纂漢後,五翕侯中之貴霜翕侯,換言之,卽健馱羅之翕侯丘就卻 (*Kozoulokaephises*),攻滅四翕侯,自立爲王,國號貴霜。而月氏亦爲其所滅。此前漢以後事也。故後漢書西域傳曰：

諸國稱之皆曰貴霜王，漢本其故號，言大月氏云。

此非本文範圍所及，擬不具論。

最後吾所欲討論者，當張騫鑿通西域時，其自大月氏回歸之途徑究爲南道，抑爲北道？桑原氏定爲南道，可信也。氏之言曰：

據漢書西域傳，在漢時大夏大月氏方面與漢之交通，普通乃係往來於所謂之南道。綜合此等之事情，張騫概係取南道返，想必是由中央亞細亞溯 *Oxus* 河越 *Pamir* 高原，而出 *Yarkand*（莎車）*Khotan*（于闐）方面者。觀史記大宛傳有張騫並南山欲羌中歸，之句，則吾輩之想像，愈得確實矣。按此南山，固不待言，與漢書西域傳：「從鄯善傍南山北波河，西行至莎車，爲南道」；之南山相同，卽大體係指今之 *Altyn-Tagh* 也。若取南道，當經玉門或陽關，而歸河西。但當時河西猶爲匈奴領域，如是而有被匈奴捕獲之憂慮，故張騫必在南道中途，越 *Altyn-Tagh* 避走大道，以通過婼羌之地者。史記中「欲從羌中歸」之句，以如是解釋，方覺妥當。按婼羌在大體上，卽今之柴達木 *Tsaidam* 地方，後魏之宋雲與惠生等在渡天之時，亦皆通過此處。

桑原所言，除卽今地名何處何處尚待考證外，其所推測張騫時漢與月氏交通必走南道，則極可信也。

2. 大宛　大宛在史記有傳，惟所詳多張騫使西域時事，騫所傳聞及對武帝所稱道從蜀徑通西南夷以求身毒者，非盡言大宛也。且騫居留大宛之日少，其言或讎或不讎，非若漢書據政府史料都護報告，「自宣元後單于稱藩臣，西域服從，其土地山川王侯戶數道里遠近翔實」者比也。茲請先引漢書，而以史記大宛列傳旁證焉。漢書西域傳上曰：

大宛國，王治貴山城，去長安萬二千五百五十里。戶六萬，口三十萬，勝兵六萬人。副王，輔國王各一人。東至都護治所四千三十一里，北至康居卑闐城千五百一十里，西南至大月氏六百九十里,北與康居南與大月氏接。土地,風氣,物類,民俗,與大月氏安息同。大宛左右以蒲陶爲酒,富人藏酒至萬餘石,久者至數十歲不敗。俗耆酒,馬耆目宿,宛別邑七十餘城,多善馬,馬汗血,言其先天馬子也。張騫始爲武帝言之,上遣使者持千金及金馬以請宛善馬。宛王以漢絕遠大兵不能至,愛其寶馬,不肯與。漢使妄言,宛遂攻殺漢使,取其財物。於是天子遣貳師將軍李廣利將兵前後十餘萬人,伐宛連四年,宛人斬其王毋寡首,獻馬三千匹,漢軍乃還。語在張騫傳。貳師既斬宛王更應貴人素遇漢善者名昧蔡爲宛王。後歲餘,宛貴人以爲昧蔡讇使我國遇屠,相與共殺昧蔡,立毋寡弟蟬封爲王,遣子入侍,質於漢,漢因使使賂賜鎭撫之。又發使十餘輩抵宛西諸國,求奇物,因風諭以伐宛之威。宛王蟬封與漢約,歲獻天馬二匹。漢使采蒲陶,目宿種歸,天子以天馬多,又外國使來衆,益種蒲陶,目宿離宮館旁,極望焉。

同書張騫李廣利傳曰:

漢使往既多,其少從率進孰於天子,言大宛有善馬,在貳師城,匿不肯示漢使,天子既好宛馬,聞之甘心。使壯士車令等,持千金及金馬,以請宛王貳師城善馬。宛國饒漢物相與謀曰:『漢去我遠,而鹽水中數有敗,出其北,有胡寇,出其南,乏水草,及且往往而絕邑,乏食者多。漢使數百人爲輩,來常乏食,死者過半。是安能致大軍乎?且貳師馬,宛寶馬也』。遂不肯予漢使,漢使怒,妄言椎金馬而去。宛中貴人怒曰:「漢使至輕我,遣漢使去」。令其東邊郁城王遮攻殺漢使,取其財物。天子大怒。諸嘗使宛姚定漢等,言:「宛兵弱,誠以漢兵不過三千人,强弩射之,卽破宛矣」. 天子以嘗使浞野侯攻樓蘭,以七百騎先至虜其王以定漢等言爲然.而欲侯寵姬李氏,迺以李廣利爲將軍伐宛。……李廣利女弟李夫人,有寵於上,產昌邑哀王。太初元年,以廣利爲貳師將軍,發屬國六千騎,及郡國惡少年數萬人以往,期至貳師城取善馬，故號貳師將軍。故浩侯王恢使道軍。既西過鹽水，當道小國，各堅城守，不肯給食，攻之不能下，下者得食，不下者數日則去。比至郁成，士財有數千，皆飢罷攻郁成城，郁成距之，所殺傷甚衆。貳師將軍與左右計，至郁成尙不能舉，况至其王都乎？引而還。往來二歲，至敦煌，士不過什一二。使使上書，言道遠多乏食。且士卒不患戰而患飢，人少不足以拔宛，願且罷兵，益發而復往。天子聞之，大怒。使使遮玉門關曰：「軍有敢入，斬之」。貳師恐，因留屯敦煌。其夏漢亡浞野之兵二萬餘於匈奴，公卿議者，皆願罷宛軍，專力攻胡。天子業出兵誅宛，宛小國而不能下，則大夏之屬漸輕漢，而宛善馬絕不來，烏孫輪臺易苦漢使，爲外國笑；迺案言代宛尤不便者鄧光等。赦囚徒，扞寇盜，發惡少年及邊騎，歲餘而出敦煌六萬人，負私從者不與。牛十萬，馬三萬匹，驢，橐駝以萬數，齎糧。兵弩甚設。天下騷動，轉相奉伐宛，五十餘校尉，宛城中無井，汲城外流水。於是遣水工徙其城下水空。以穴其城。益發戍甲卒十八萬，酒泉，張掖北置居延休屠，以衞酒泉，而發天下七科適，及載糒給貳師。轉車人徒相連屬至敦煌，而拜習馬者二人爲執驅馬校尉，備破宛擇取其善馬云。於是貳師後復行，兵多，所至小國莫不迎，出食給軍。至輪臺，輪臺不下，攻數日，屠之。自此而西，平行至宛城兵到者三萬，宛兵迎擊漢兵，漢兵射敗之。宛兵走，入保其城。貳師欲攻郁成城，恐留行，而令宛益生詐，迺先至宛，決其水原移之，則宛固已憂困。圍其城，攻之四十餘日。宛貴人謀曰：「王毋寡匿善馬，殺漢使。今殺王而出善馬，漢兵宜解，即不，迺力戰而死，未晚也」。宛貴人皆以爲然，共殺王，其外城壞，虜宛貴人勇將煎靡，宛大恐，走入中城相與謀曰：「漢所爲攻宛，以王毋寡」，持其頭，遣人使貳師約，曰，「漢無攻我，我盡出善馬，恣所取而給漢軍食，即不聽我，我盡殺善馬，康居之救又且至，至，我居內，康居居外，與漢軍戰。孰計之！何從？」是時康居候視漢兵尙盛，不敢進。貳師聞宛城中新得漢人,知穿井;而其內食尚多,計以爲來誅首惡者毋寡,毋寡頭已至,如此不許,則堅守,而康居候漢兵罷,來救宛,破漢軍必矣。軍吏皆以爲然。許宛之約。宛迺出其馬,令漢自擇之。而多出食食漢軍。漢軍取其善馬數十匹,中馬以下牝牡三千餘匹;而立宛貴人之故時遇漢善者名昧蔡爲宛王,與盟而罷兵。終不得入中城,罷而引歸。

於當時漢人宛及兩國情勢,言之甚詳。漢書親本傳直錄史記大宛傳者爲多。惟「貳師聞宛城中新得漢人知穿井」句,史記原作秦人,王先謙補注曰:「外夷稱中國,秦漢一也」。余意作秦人爲是。秦指雍岐,與西域密邇。其餘則相一致。據此,是貴山城爲大宛國王治,當爲人人所共認明矣。惟大宛國原名爲何?貴山城之原名又爲何?則東西學者所考訂,至爲紛紜。張星烺中西交通史料匯篇第五册頁二六曰:「大宛之原音,余尚未能查出。新唐書卷二百二十一下云「甯遠者,本拔汗那,或曰鏺汗。元魏時謂破洛那」。魏書卷一百二西域傳及北史卷九十七西域傳皆僅作「那洛國,故大宛國也」。魏書武帝紀太延三年及五年,均書破洛那朝貢。此外並無洛那國名。故洛那上脫去破字無疑也。拔汗那及鏺汗或破洛那皆爲 *Ferghana* 之譯音。今人譯作費爾干那。古代原音必爲拔汗那(*Perghana*)唐時回教徒改從今讀,蓋阿剌伯文無P字音也。吾人由是故認大宛爲今俄領費爾干那省也」。案張說是也。桑原騭藏博士大宛國貴山城考曰:「吾人對大宛國……之位置,自 *Remusat* 氏以來,學者之考訂皆一致於 *Ferghana*。魏書西域傳云:「(破)洛那國,故大宛國也」。其破洛那顯然爲 *Ferghana* 之音譯.是以擬定大宛國爲 *Ferghana*,由文獻上言,亦極有根據而爲學界堅不可拔之定說矣」,此爲近數十年西北古地理研究進步之結果。故關於大宛之原音,可謂已無甚異說。惟關於貴山城之原音,則學者之間,尚不能一致。據桑原博士所述,計有五說:

(1)爲 *Kokand* 說　是說爲日本史家那珂通世所倡,見於氏著之木上橋山代西域圖中。

(二)爲 Ura-tube說 是說爲李希霍芬(Richthofen)氏所倡,於其名箸中國"China"第一卷四五一頁中見之。

(三)爲 Akhsi-Kath 說是說爲威利(Wylie)氏所主張,氏嘗英譯漢書西域傳,且加注釋,題爲 Notes on the Western Regions, 載於一八八一年之英國人類學會雜誌(The Journal of the Anthropological Institute of Great Britain and Ireland)中。

(四)爲 Khodjend 說 是說爲谷士蔑(Gulschmid)氏所倡,氏於一八八八年刊印伊蘭地方之歷史(Gescdichte Irans und Seiner Nachbarlander),於其六十三頁中推測貴山城似爲Khodjend (Chodschend),云。其後經十三年,日本考古學家三宅米吉博士於古代歐亞大陸交通考一文,有此主張。原文發表於明治三十三年六月地理與歷史雜誌上,今已收入氏箸考古學研究中,可覆按也。其後白鳥庫吉之烏孫考一文中,亦頗贊成此說未幾放棄,改採 Kasan 說焉。

(五)爲 Kasan 說 是說爲法人拉克伯里(Lacouperie 氏所首倡。最近藤田豐八之慧超傳箋釋及赫爾曼 Herrmann 氏之中國敍利亞古代絹貿易通路考"Die alten Seidenstrassen Zwischen China und Syrien",等書,亦擬定貴山城爲 Karan 而白鳥博士西域史上之新研究(明治四十四年十月東洋學報所載)一文,尤爲熱烈持護是說。

其中(一),(二),(三),三說,在今日巳無人相信,惟(四)(五)兩說,於十餘年前在日本學術界上因桑原博士揚 Khodjend 說之死灰,因而與白鳥,籐田兩氏辨論至激。大宛在漢時爲西域諸國之代表國,地位至爲重要,殊不可以不講明之也。

今者藤田,桑原二氏先後去世,辯論一時中止,然未得謂爲定論也,茲請得先述白鳥氏所以改從 Kasan 說之意見。氏之放棄 Khodjend 說,其所持理由,乃因史記大宛傳及漢書張騫李廣利傳

同有貳師將軍李廣利伐大宛時,兵圍貴山城,決其水源移之,則宛固已憂困之句。史記大宛傳並曰:

(大)宛王(貴山城中無井,皆汲城外流水,於是乃遣水工徙其城下水空,以空其城。

漢書作「以穴其城」。是句之解釋,可姑置勿論。至李廣利軍之所以徙其城下河水,乃出於水攻之計畫無疑。以此事實爲根據,白鳥博士謂 *Khodjend* 臨於大河之 *Sir darya* 故而擬爲貴山城,則與史記漢書之文不合。反之 *Kasan* 乃遠離 *Sir darya* 而其側復有同名之細流,與史記漢書等記事,互爲一致,因改從是說。博士在西域史上之新研究三一四頁曰:

若臨貴山城之河水果爲流於 *Khodjend* 城外之 *Syr* (*Sir*) 河之巨流,則漢之水工得爭決其水源而移之他方,以涸渴城外之河水。吾人前所考貴山城爲 *Khodjend* 說,其難支持之理由,全在此點。

此爲白鳥氏最有力量之唯一理由。桑原氏於此點則絕對反對,在氏著大宛國貴山城考一文中謂:

然余以爲其否定 *Khodjend* 所持之理由,殊覺薄弱。*Khodjend* 固臨於 *Sir darya* 然 *Khodjend* 附近之 *Sir* 河水,渾濁不適飲用。唐玄奘大唐西域記卷一有「浩汗渾濁」之句,元邱處機長春眞人西游記卷上則有「色渾而流急」云云,均指 *Khodjend* 附近之 *Sir darya* 而言者。今日之 *Khodjend* 市民,亦不飲用 *Sir darya* 河水其飲料概取自流注 *Sir darya* 之小河 *Khadja Bakergan*。漢代似亦如此, *Vivien de Saint-Martin* 氏世界地理辭典(*Dietionaire de Geogrophie Universelle*)第三卷第百十三頁云:「*Khodjend* 在 *Syr-dar.a* 左岸,位於 *Syr-darya* 及由左灌注之小溓流 *Khodja Bakargan* 之處。…… *Khodjend* 屢乏水,要之 *Khodja Bakargan*, 夏屆則枯渴」總之。其所言 *Khodjend* 屢乏水,及其城下 *Khodja Bakargan* 之記事等,與史記,漢書所載貴山城之地勢,至爲脗合。此與白鳥博士之主張,適與相反,是以擬定 *Khodjend* 爲大宛國之貴山城,實毫無不妥。

藤田氏於此點,傾向白鳥之說,而反對桑原;在氏著大宛貴山城及月氏王庭考一文中論之曰:

桑原教授之 *Khujandah*(*Khudjend*)說之中堅,謂貴山城附近有飲用細流流於其間,漢書所載大宛大月氏,大夏之里數,從休循行向大月氏必經大宛之貴山城等。今考貴山城附近之飲用細流,據白鳥教授謂不獨 *Khodjend* 爲然,凡 *Turkestan* 地方多數之都市,均有此地勢。誠哉其如此,則貴山卽 *Kasan* 說,亦不得以此爲否定之理由也。

以吾考之,白鳥藤田提出李廣利水攻之說,雖甚有理由,然未免誤信漢書「以穴其城」之說。穴字爲空字缺蝕,當以史記「以空其城」之句爲確。古今地形,雖不無變化,而 *Khodjend* 城外 *Sir darya* 河水之渾濁不可飲用,在漢時然,在唐時亦然,在元時亦然,在今日亦然,此不可謂爲偶然相同也。史史記漢書均有「貳師聞宛城中新得秦人,知穿井」之語,此時城圍已四十餘日,秦人何從而至,自必在戰前招請可知。河水渾濁不可飲,細流又屢乏水,宛城之招徠知穿井之秦人,正所以解决此飲水問題也。貳師於出師時,稔知「宛城中無井」,及圍四十餘日而不能困之,偵而知其新得秦人,此"新"字非指圍城後可知。故桑原氏所解釋,最爲精確可信也。

白鳥氏又創爲大宛在以前以貳師城爲國都,其後則遷移至貴山城之說,於氏著大宛國考四五至四七頁詳言之。謂爾時李廣利所擊之大宛王城實爲貳師城;故史記大宛傳漢書李廣利傳,記此事,均單言大宛王城不明記貴山城,可證也。氏並擬定,貳師城爲 *Nisa* 之音譯,卽今之 *Marghilan* 在 *Shahi mardan* 流域之中。以圖推翻其舊著西域史上之新研究一文中謂李廣利所攻擊之大宛王城卽貴山城之說。氏又謂史記時代較漢書時代爲早,故漢書西域傳所記大宛之都之貴山城,疑爲自貳師城遷往之第二都城。又謂欲求貳師城之所在,當先求唯一可爲鍵鑰之郁成城以推定之。因而斷定郁成城即爲大宛東邊之Osh,此城不特爲李廣利等征行所必經,而郁成與Osh之音聲,亦復類似。藤田對於此點,在大宛貴山城及月氏王庭考發表意見曰:

予輩於李廣利所攻貳師城卽爲大宛都城之說,已無異議。又教授不以新唐書,西域傳中貳師城爲唐代之蘇對沙那爲然不擬爲即今之Uratube亦無異議。惟予輩對教授所謂推定貳師城之鍵鑰之郁成擬爲Osh,首先異議從而對貳師城亦有異議矣。

是藤田已不能全然贊同白鳥之說明矣其結論曰:

要之;予輩考證貳字字音在漢時因爲djit或jit.故貳師當定爲Gidghil之音譯。據阿拉伯人所傳,在Kasan之北方,有地名曰Gidghil;又在Sayhun之支流亦有地名Nahr Gidghil,其地據Le Strange氏所想像,疑爲今之Naryn河。(The lands of eastern Caliphate, P. 476)因之杜環經行記之質河,西域記之葉河,唐書怖悍傳之葉葉河,與此爲同名之異譯而已。在此流之上流Kasan之北,所謂Gidghil地方者,卽葉葉也。貳師卽爲其地。

余意不然,藤田之說,主觀未免過甚。案新唐書西域傳云:

東曹或曰率都沙那,蘇對沙郡,刦布呾那,蘇都識匿,凡四名,居波悉山之陰。漢大宛貳師地也。

新唐書之率都沙那,蘇對沙那,刦布呾那,蘇都識匿等名,隋書西域傳作蘇對沙那,大唐西域記卷一作窣堵利瑟那,釋迦方志卷上作窣覩利瑟那。伊斯蘭教徒重譯則爲Sutrushanah,,今簡稱爲Uratube故貳師城爲隋唐之蘇對沙那,卽今之Uratube在今日已成定論藤田氏何得以白鳥不從此說,而樂予贊同之!是亦不定信也。桑原氏大宛國貴山城重考曰:

考史記大宛傳大夏與大宛王城距離二千餘里,(但白鳥博士不信用里數)。漢書西域傳則記大宛國都爲貴山成。今謂其以前以貳師城爲國都,且使侵及貴山城,此等事實,亦未有何等之記錄。且又 *Marghynan* (*Marghilan*) 小市耳,在公元十世紀之半頃,始見其名於 *Mogaddasy* 之地理書中,而又不爲當時所特別注意之小市。(*Sprenger; Die Post-und Reiserouten des Orients, S.* 18 *Le Strange; The lands of the Eastern Caliphate, P.* 479) 要之: *Ferghana* 地方者,則爲比較起源甚古之市。故對白鳥博士之新主張,難予以多少之贊同也。

桑原之說是也。總之:大宛之爲 *Ferghana*, 在今日已成定論,雖白鳥藤田之說,亦不得而翻之也。今所當考證者惟貴山成之所在而已。

桑原氏於此,曾立下辯論之公約,其言曰:

欲完全解決貴山城問題,必須適合如下五條件;

(*A*) 須爲與史記及漢書所載貴山城之地勢相一致之都市。

(*B*) 須爲位於 *Ferghana*, 而起源最古,至少須在公元紀元前二世紀頃,既已占重要位置之都市.

(*C*) 須爲近似貴山音之都市。

(*D*) 據史記大宛傳所轉,貴山城與大夏都城之藍市城相距二千餘里,故須爲與此條件相一致之都市。

(*E*) 據漢書西域傳所載,貴山城位於休循國至大月氏國之道之線中,故須爲脗合此條件之都市。

如有一部市俱備上述五條件者,則毫無疑義立可斷定爲漢代之貴山城。

案關於貴山城一問題,紛紜聚訟,已不知費去如許筆墨。卽以此次日人白鳥,藤田,桑原三氏而論,白鳥博士最初有烏孫考之主張,已而有西域史上之新研究之新主張,其後更有大宛國考之更新主張.藤田博士依違兩者之間,自樹一幟有:月氏烏孫故地考月氏西移年代考,月氏故地與其西移年代,大宛貴山城及月氏王庭考四文。桑原博士則始終堅持 '*Khodjend*' 說,在張騫西征考,大宛國貴山城考。大宛國貴山城重考,讀藤田君貴山城及監氏城考等文中,反覆申述。若沓諸說而萃之,當可成一巨冊。所謂『彼一是非也,此亦一是非也』是也。吾人今者對於桑原氏所提五項條件,將認爲合理否乎?若以此五條件之公約爲然。吾之意,亦以爲舍 *Khodjend* 莫屬也。且白鳥藤田兩氏之考證法,似欠精密,卽如不信漢書所載里數是也。時又於史記漢書之不合已意者,則往往視爲脫字而增之,此最犯考據家之大病。如藤田氏大宛貴山城及月氏王庭考云:

> 白鳥教授謂漢書大宛國條之西南至大月氏六百九十里,脫『一千』二字;以余考之,甯爲脫『二千』字樣。

今有人焉試問白鳥氏此『一千』字樣,將何所據而疑爲脫文?白鳥氏疑脫『一千』,藤田氏忽而謂疑脫『二千』,則或人謂爲脫去『三千』或『四千』可乎?舉一足以例其餘,則此等考證學爲不足信也明矣。

反之,桑原氏所用方法,則甚精密,如所據俄國實測圖,及漢代里數換算方法,漢代一里,約合今日四百米突等,均較諸家爲精。故今者余意竟置諸家辨論之瑣說不具引,暫定爲依從桑原氏之說,以 *Khadjend* 爲貴山城可也。他日者西北考古探險測量故道之事業更爲進步,有新事實與新材料發現,再爲之考訂焉。

至其種族,則可決爲伊蘭民族。漢書西域傳上曰:

> 自宛以西至安息國,雖頗異言,然大同,自相曉知也。其人皆深目多須顊。善賈市爭分銖。貴女子,女子所言,丈夫乃決正。

是漢書明言大宛以西皆一種矣近人張星烺中西交通史料匯篇第五冊頁三曰:

> 其在葱嶺以西者,則屬本書範圍以內者也。西部土耳其斯坦爲印度阿利安民族及波斯伊蘭族之發祥地。故據西史考之,唐以前,所有葱嶺以西諸國大宛康居大夏之屬,皆伊蘭民族也。……惟大月氏及嚈噠爲東方突厥民族之侵入者。唐以後,西突厥人契丹人漢人蒙古人,遞相侵入,爲黃色人種之殖民地。晚近又有斯拉夫種之俄羅斯人之侵入。故其地人種至爲雜複,而文化亦極複雜也。

唐以後非本文範圍,據張氏所言,在漢時固伊蘭民族無疑也.

漢書西域傳上又云:

> 其地皆絲漆.不知鑄鐵器,及漢使亡卒降,教鑄作它兵器,得漢黃白金,輒以為器,不用為幣。

不特其民情風俗可知,卽其進化之程度,蓋亦明記於其中矣。其他若領域四至,及出產農作,皆已詳上文張騫具告天子之言中。可不再述。至其與漢代交通路線,實為當時北道。漢書西域傳上曰:

> 自玉門陽關出西域有兩道:從鄯善傍南山北波河,西行至莎車,為南道。南道西踰葱嶺,則出大月氏安息。自車師前王廷隋北山波河,西行至疏勒,為北道。北道西踰葱嶺,則出大宛康居奄蔡焉。

大月氏在大宛之西,大夏則在其西南,漢與大月氏往來走南道,與大宛則走北道,此二者為漢與西域交通最重要兩道之重鎮,故先述焉。

3, 大夏　大夏在未為大月氏滅服之先,亦為伊蘭民族所建國也。其所以名為大夏者,據柳翼謀先生大夏考釋之云:

> 按騫之知有大夏之名,實得之大月氏。大月氏在印度西北境。所謂大夏者必是印度人呼立國於巴格德利亞之族之名。高桑駒吉印度五千年史第一編章三章,謂最古之時,自西部及中部亞細亞而來印度之阿利安族,呼住於印度之諸種族曰 *Dasyus* 及 *Dasas*, 其義則 *Dasyus* 者敵也, *Dasas* 者奴隸也。余意漢人所謂大夏,實自亞歷山大東征後始立國,當時希臘人種與印度人種互相仇敵。或者印度人即呼此希臘人為 *Dasyus* 或 *Dasas*。以漢字譯之,則曰大夏。初非其國人自稱為大夏也。又觀騫傳大夏之卭竹杖蜀布得之身毒,知騫之先已有蜀人至身毒市易者大夏之稱,或即賈人得之於印度之名詞,騫特因其舊稱,亦未可知.

柳先生之說是也。考日人北村三郎波斯史,謂波斯教祖瑣羅亞斯德爾(卽瑣羅斯德)大約在公元前一千二百年生於拔克德利亞卽巴格德利亞)。是巴格德利亞原爲其國名,純粹爲伊蘭民族所建之國卽波斯志所稱敗克缺拉帝國是也。自亞歷山大東征後,受希臘文化所影響,國勢驟盛,始見稱於世。日人羽溪了諦西域之佛教第二章第一節論大月氏之征服大夏云:

大夏者,自亞歷山大大王東征以來,浴希臘文化之民族也。大月氏與其接觸,遂爲彼等之風俗同化。此其時期,蓋可以判然分辨者也。吾人於前章曾詳說大夏之地,自古以來,爲文化開發之區,復因亞歷山大大王之東征。此等遂成爲東方希臘文化之一中心點。

然自是以後,已與希臘之種族,文化相混矣。

其國都曰藍市城,已詳見上文大月氏條中。史記大宛傳曰:

大夏在大宛西南二千餘里嬀水南。其俗土著有城屋,與大宛同俗。無大王長,往往城邑置小長。其兵弱,畏戰,善賈市,及大月氏西徙攻敗之,皆臣畜大夏。大夏民多可百餘萬。其都曰藍市城,有市販賈諸物。

漢書西域傳上亦曰:

大夏本無大君長城邑往往置小長,民弱畏戰,故月氏徙來,皆臣畜之。

惟漢書不爲大夏立傳,其監氏城則云爲大月氏國治,是騫至時,大夏雖爲大月氏所攻敗,爲所臣畜,仍未全滅國也。及騫歸後;大月氏卽移治其國都。漢書後出,故所言如此。

其國都藍市城,卽今之巴達克山城(Badakhshan),在現代學者之間,已無異義。日人羽溪了諦云:

大夏之都,若爲巴爾克(Palkh),則以上諸名,(著者案卽指藍氏城,監氏城等等),是否直爲巴爾克之譯音,皆未可必。西耳文烈維謂有 Puskaravati 一字,其義爲『帶青色之市』,因指大夏之都,卽爲藍氏城之意譯。(S. Levi Notes Sur les Indoscythes, J. A. 1897. tome IX. P. 9)斯佩奇特則反對此說,謂就 Puskaravati 之地位而論,決不能證爲即大夏之都,是蓋爲巴爾克則名亞歷山大(*Alexandria*)之轉訛也。(*Ed. Specht Les Indo-Seythes et l'Epoque de regne de Kanichka J.A.* 1897, *tome. X.P.* 158—61)或者斯佩奇特之說較爲正確,亦未可知。

案巴爾克古稱薄羅,距舊都巴達克山城西二千一百里,在公元五世紀時確曾因蠕蠕之侵逼,避移於其間,非謂此時已都之也。羽溪之說,亦不足信矣。總之大夏國都藍市城應於巴達克山地域之中尋之,如吾上文所言是也。

其四至地域,已詳上文大月氏條所言五翎候中。據斯特累波(*Strabo*)所記,此地自古卽已開發,蓋有都市一千之多,當其爲波斯王國之領土時,此地實爲阿里阿諾(*Ariana*)——古代波斯東方之領土——精華所萃之地。波斯諸王之各時代中,此地嘗設最高官吏以管理之,其簡任者,大多爲親王,可見其重視也。自亞歷山大大王東征,打破波斯之勢力,亘此一帶之諸國,皆被占領。其時,大王對於巴格德利亞人頗加優遇,而巴格德利亞人對於希臘文化亦頗容受而同化之,於是此國在東方遂爲希臘文化之中心地。及大王西歸後,卽遣其部將統治此地(*V. Smith Early History of India. P.* 207)史記漢書稱其無大君長,城邑往往置小長』. 可謂最得其實。亞歷山大大王東征,約當我國周赧王之世,其時西域尚未與我國往來,故我國史書不詳其事。意者當秦漢之際,亞歷山大大王所遺留之部將,已無統治能力,因分散而爲諸小國,所謂五翎侯者,當大夏大月氏興替之交,被利用爲統治之工具而已。所謂『兵弱,畏戰』,得其情矣。

惟於此有不得不辨明者,厥維近人丁謙漢書西域傳考證大夏考所說是也。丁氏素迷惑於我國人種西來之說,故其文中歷舉漢書律歷志賈誼新書山海經伊尹獻令,王會篇,謂大夏立國在黃帝以前。因而謂吾國古書所言之大夏,卽此一國。於是其四至地域,遂及吾國雍冀諸州矣。柳翼謀先生謂『可見其讀書之不細心』,宜哉

(下期續完)

中國公路運輸概況

楊得任

（民國二十四年五月十日在機械工程學院汽車門演講）

近年來我國公路運輸事業,與公路建築工程有同樣之進展,試觀下表,即可知其梗概。

一. 中國公路最近三年中之通車公里與汽車輛數增加百分率比較表

年份	通車公里	增加百分率	汽車輛數	增加百分率	備考
民國二十一年	70.899	7%	44.462	10%	一、民國二十年通車公里爲六六·一一一公里
民國二十二年	76.473	8%	50.023	12%	二、民國二十年汽車輛數爲四○·三五三輛
民國二十三年	84 809	11%	57.325	15%	三、民國二十三年通車公里係指可通車營業之公里至於能行駛汽車之公路里程據道路協會二十三年十月發表之數字爲一一一·○八五公里

各種汽車之增加情形,在最近三年中約如下表:

二. 最近三年中中國各種汽車輛數變更狀況表

年份	普通汽車	公共汽車	運貨汽車	機器脚踏車	共計	備考
民國二十一年	27.473	5.190	8.939	2.860	44.462	
民國二十二年	30.107	10.184	7.065	2.667	50 023	本年運貨汽車及機器脚踏車較上年減少
民國二十三年	33.114	12.284	8.630	3.247	57.325	各種汽車輛數均係約數不能如上二年之精確

各種汽車百分比率,普通汽車係指小轎車及篷車而言,約佔

全數百分之五十八,公共汽車卽由人就載客汽車而言,約佔全數百分之二十一强,運貨汽車約佔全數百分之十五,機器脚踏車約佔全數百分之六弱。

各種車輛及通車公路在全國各省市分布之狀況,分述如次:

中國各省中公路通車里程最多之省份,首推廣東,計有一萬一千二百餘公里,次爲山東,計有五千五百餘公里,江西計有四千六百餘公里,安徽有四千二百餘公里,廣西,外蒙古,福建,江蘇,湖北,浙江,遼甯等七省,各有三千餘公里,甯夏,吉林,四川,黑龍江,熱河,察哈爾,河南,湖南,山西等九省,各有二千餘公里,河北,陝西,雲南,貴州,新彊,綏遠,甘肅,西藏等八省,各有一千餘公里,青海有九百餘公里,西康有五百餘公里,共計爲八萬四千八百餘公里。

世界各國之公路里程狀況,截至一九三二年底止,依據美國國內外商務局之報告,共有八百一十三萬二千八百九十六英里。以洲言,美洲爲最多,計有三百七十二萬七千五百九十三英里,佔總數百分之四十六,歐洲爲次多,計有二百四十五萬另四百三十九英里,佔總數百分之三十二,亞洲次之,計有一百另四萬二千另八十七英里,佔總數百分之十五,海洋洲又次之,計有四十萬另六千八百七十四英里,佔總數百分之五,非洲最少,計有二十萬另五千九百另三英里,佔總數百分之二。以國言,美國爲最多,約有三百另二萬英里,法國,俄國及日本爲次多,各約有四十五萬英里,英德次之,約有二十二萬英里。以路面之種類言,則泥路最多,約有四百萬英里,佔總數百分之五十,沙泥混合路及鵝卵石路爲次多,約有二百五十萬英里,佔總數百分之三十强,碎石路,彈街路,木塊路,磚塊路,柏油路,及其他路面次之,約有一百餘萬英里,佔總數百分之二十弱。我國各地公路,泥路佔百分之八十,較之各國公路之里程;及 總理建國方略所定,我國最低限度,須建設碎石路一百萬英里之數,相差甚鉅,亟宜急起直追,以應需要,

中國汽車就實際考察所得之情形,知汽車之屬於各省者少,

屬於各市者多,僅上海一市,幾佔總數百分之五十,其他如香港,北平,天津,南京,杭州,廣州,青島等繁盛之市區,莫不各有二千輛,以至三四千輛之多。至各地載客運貨之長途營業汽車,則僅佔百分之二十左右而已。以省言,則廣東爲最多,約有四千餘輛,山東爲次多,約有二千餘輛。河北,吉林,遼甯,黑龍江,蒙古等省次之,各約有一千六七百輛,浙江,福建,江蘇等省又次之,各約有七八百輛,江西,四川,廣西,熱河,湖南等省,各約有四五百輛,其他各省,則僅一二百輛,或數十輛不等。以公有及私有言,則私人自用者,約佔總數百分之六十五以上,公共載客及運貨營業汽車,尚不及百分之三十。

世界各國之汽車輛數狀況,在一九三二年,共有三千五百四十四萬一千九百零五輛。以洲言,美洲爲最多,計有二千八百一十四萬六千零九十三輛,佔總數百分之九十強,歐洲爲次多,計有五百五十八萬六千三百二十輛。佔總數百分之六。海洋洲次之,計有七十七萬二千二百八十七輛,佔總數百分之一又七,亞洲又次之,計有五十六萬六千三百三十五輛,佔總數百分之一又三,非洲最少,計有三十七萬零八百八十輛,佔總數百分之一。以國言,美國爲最多,約有二千六百三十萬輛,英國爲次多,約有二百萬輛,法,德次之約有一百二十萬輛,意,俄,及日本又次之,各約有十餘萬輛。以客貨車之種類言,客車最多,約有二千九百四十二萬輛,佔總數百分之,八十二,貨車約有六百餘萬輛,佔總數百分之十七,其他雜用車約有三萬五千餘輛,佔總數百分之一云。

中國公路所有之汽車,按民國二十三年之汽車輛數,及通車公里之總數字計算,則平均十五公里,方有汽車一輛(包括各種汽車)。再分析言之,即每二十五公里,方有普通汽車一輛,每六十八公里,方有公共汽車一輛,每九十八公里,方有運貨汽車一輛,每二百六十公里,方有機器脚踏車一輛。若與每一方英里,辦公路二英里,每二十人至三十人,有汽車一輛,每英里有汽車二輛之法,德,意諸國,及每英里有汽車十輛之英國,與夫一方英里,辦公路一英里,每四人有汽車一輛之美國,每二方英里辦公路一英里,每四百人有汽車一輛之日本相較,誠有霄壤之別。

各種汽車之行駛範圍,則繁盛之商埠,普通汽車佔百分之八十,各地長途汽車公司用以行駛長途之營業汽車,不過百分之十而已,運貨汽車及機器脚踏車之行駛狀況,亦復如是。故公路中行駛之公共汽車與其他汽車(包括普通汽車運貨汽車及機器脚踏車),在蘇浙皖京滬五省市交通最便,普通汽車最多區域內之互通公路上,僅爲二與三之比(此數字係根據蘇浙皖京滬五省市互通公路運輸測量結果之分析計算表得來)。其他各地,現正由全國經濟委員會派員前往測量,將來公共汽車行駛之延車公里,必較其他汽車增加數倍,自可斷言。

各種汽車利用公路之情形;及各地公路運輸量之大小,各地主管機關,向無精確之統計,非實地測量,不能知其究竟。全國經濟委員會,自民國二十一年十一月份起,至二十三年六月底止,曾先後委託蘇浙皖京滬五省市公路主管機關,指定各衝要車站,長期實測;幷由會派員巡行各路車站,作短時期之精確紀錄。依據公路運輸測量日報表,製成蘇浙皖京滬五省市互通公路運輸測量示意圖,及其所得結果之分析計算表測得,雖在五省市最繁盛之互通公路內,平均每公里行駛各種汽車之延車公里,僅爲三四·四,延車公噸,僅爲三五·七而已,其運輸量之微弱,於此可見一斑矣。

我國各省公路,如廣東與東北,西北,西南,及江浙各省,均係商辦多而官辦少,在最近期內,完全由官廳經營運輸業務而成績較佳者,首推湖南,江西二省。查湖南公路局,在民國二十二年份通車里程約二千公里,車輛約二百五十輛,營業收入,共二百七十餘萬元,其中客運收入佔百分之八十三,貨運收入僅佔百分之十七。江西公路處在民國二十三年份通車里程有二千五百七十八公里,客貨汽車,有四百二十七輛,車站共計一百四十七個,修車場共設十四個,全年收入爲二百九十一萬六千五百餘元,每月平均收入約二十五萬元,每日平均載客,約五千七百人,收入約七千五百元,運貨約二萬二千公斤,收入約一千元,每日每公里平均收入約三元五角,支出約三元三角。又該省二十二年度客運收入計一百九十三萬四千四百另一元八角,佔總收入百分之九十一,貨運收入計十八萬零零六十九元二角五分,佔總收入百分之八强,雜項收入九千五百三十四元零一分,佔總收入百分之一弱。

觀察湖南,江西兩省公路運輸業務收入百分數,則足以證明公路營業進款,全賴客運,對於貨運業務,尙未達到發展目的,幾與鐵路運輸進款成反比例。推原其故,實由於汽車運輸之成本過鉅,運價過高,貨商負担過重,有以致之。蓋汽車運價,較鐵路運價,相差幾達七倍之多,此尙係按鐵路每公里每公噸運價三分二厘,公路運價,每公里每公噸二角四分之零運貨物計算,若鐵路承運整車貨物之遞遠遞減運費,其四等貨物,每公里每公噸僅收三厘六毫,與公路相較,其差額更有霄壤之別。故吾人於提倡公路運輸之外,對於任重致遠之鐵路運輸事業,亦應特別注意。

各省市公路運輸業務之狀況,向無詳確統計可資參考,全國經濟委員會於去夏編製蘇浙皖贛鄂湘豫七省聯絡公路運輸狀況調查表時,極感材料缺乏,足徵各公路主管人員,對於統計之功用及業務之宣傳,尙未加以深切之硏究。

關於運輸業務之管理機關,目前各省市尙無一定之系統,名稱亦各不同,如蘇省設公路管理處,車務事宜由處內業務股主持之,浙江及山東兩省,各設公路管理局,由局內營運科主持之,皖省設公路局由局內車務處主管之,贛省設公路處,由處內車務科主管之,湘省設公路局,由局內管理科主管之,鄂省設公路局,由局內車務科主管之,豫省則另設長途汽車營業部主持之,陝甘兩省,現由全國經濟委員會設置西北國營公路管理局辦理車務事宜,廣東則由建設廳設置四公路處,直轄各長途汽車公司營運事宜,東北四省,則由僞鐵道總局,設置僞新京,朝陽,哈爾濱,安東,敦化,山城六汽車事務所管轄之,南京市由工務局公用股管理,上海市由公用局管理,全國經濟委員會設公路處,由處內交通科主管之;此外為謀各省市公路聯絡,及辦法統一起見,由經委會聯合蘇浙皖京滬五省市政府,各派代表一人,組設蘇浙皖京滬五省市交通委員會,設辦事處於經委會公路處內,籌劃五省市公路運輸業務之聯絡,及法規之統一等事宜。

至中國公路車務方面之各種法規,亦至不一律,其比較完善者,首推浙,湘,贛三省公路主管機關所刊布之公路規章輯覽,其內容如旅客,行李,包裹,貨物,郵運,行車,調度,保管,修理等辦法,均經分別規定;然仍不免各自為政,互相懸殊.蘇浙皖京滬五省市交通委員會有感及此,認為有統一之必要,對於行車方面,曾議決互通汽車之各種統一法規,如交通標誌號誌統一辦法,汽車駕駛人執照統一辦法,車輛牌照統一辦法,公路路綫編號辦法,公路聯運辦法,汽車駕駛人考驗規則,試車牌照發給辦法,跨越省市長途汽車減成納捐暫行辦法等。關於營業方面,則議決有「公路汽車載客通則」及「汽車運貨通則」,內容包括旅客,行李,包裹,貨物等項之託運手續,運送方法,及收費標準等,均經先後施行,頗著成效。

以上所舉,均係就公路汽車運輸業務而言,惟公路非專行駛汽車,雖以前國內各地公路有禁止馬車土車及其他車輛通行之措施;但全國經濟委員會公路委員會第一次會議討論,「為勦匪軍事行將結束,今後全國公路建設計劃,應如何擬定,使符經濟原則」一案時,其決議案第四項,曾議決「公路應以容納各種車輛通行為原則」。又各省聯絡公路運輸設備及管理通則第十五條,亦規定「公路於行人牲畜,及其他車輛之利用,除有損壞道路情形,或妨害合理營業外,應予以通行之便利。」故現今各地公路,不獨對以往禁止馬車土車等之辦法予以解放,且應一般農民之需要,有倡用改良馬車土車自行車及人力車之運輸業務者:查自行車經濟便捷,頗合短距離行駛之用,於城市及近郊交通之聯絡,功用尤大,歐美各國,甚爲風行,吾國公路,日有進展,此種車輛,駕駛便利,價廉而適合國情,實有提倡之必要,國聯來華專家,如拉西曼及沙爾德等,均有此種建議,蘇浙皖京滬五省市交通委員會有見及此,於第九次會議時,曾議決(一)「爲提倡脚踏車運輸起見,凡在各車主所在省市登記之車輛,准通行其他省市,不另征通行費及互通捐」,(二)「由本會函請全國經濟委員會,分函各省市,將所有脚踏車捐,於五年以內暫行維持原有捐額,不再增加」等語。足徵發展公路運輸業務,除盛行汽車運輸以外,更有利用其他車輛行駛之趨勢。

上述中國公路運輸概狀,係就調查所得,列舉以備參考;惟編者學識譾陋,見聞不廣,掛一漏萬,自所不免,尚望讀者原諒;並予指正爲幸!

综合卷(第六册) 交大季刊 第十六期(1935)

流體動力學上之相似性

蔡 其 清

流體動物學因歷年試驗之結果,其數據之關於飛機翼之升力,滯力,推進機之推進力,各式機身之穩固性,及於設計各部分時之定則等,亦已不少。設欲以實物行此種研究,則不但危險而不便,且以所費過鉅亦爲事實上所不許。故常以難與實物相適合之模型爲研究之資,而設計者得籍模型試驗之結果,以預測物體之特性。然設謂實體上之升力滯力等,即爲模型上者之比例的放大,則稍一思之,要卽知其爲未當也。欲究此題,須先定合法應用模型試驗結果之條件,以求轉變於實物時之因子,而其答案亦不過應用牛頓之運動律而已。

物體在流體內運動之阻力,必有賴於物體之大小,形狀,速度及流體之性質等,此爲顯然易曉者。設其形狀相同,其大小可以其某部分之長度 x 表之,速度爲 u,而流體之密度,黏滯度則爲 ϱ,μ。兹所論之 ϱ,μ 皆爲常數,因所設之速度非鉅,故流體之彈性不顯,蓋現已知當速度每小時爲 200 英哩時,空氣仍爲非壓縮性。設物體運動不受其他外力影響,則其阻力 F 須由此諸量,而亦祇須由此諸量表之,故可書爲

$$F=F\ (u,\ x,\ \varrho,\ \mu)$$

至於此四量所組成之 F 式爲如何,則自當視物體之形狀而定,而此實亦爲本問題中之一因子,不能直以長度表之者。然仍可以簡單之法,決定函數 F 之普通性質。其所取之法卽通常所熟知之因

次式也。

因次式者,凡物理上之諸量皆得以基本物理量之單位表之,如

$$x=L,\ u=L/T,\ \varrho=M/L^3,\ \mu=M/LT$$

L, T, M 卽基本物理單位,長度,時間,質量也。

在此爲易於說明計,先設問題爲不涉時間 t 者,即物體之阻力祇有賴於上述四量而不因時間而變,亦即謂先設此運動爲穩定狀態者。試思 F 式中各項其賦形如 $u^w x^v \varrho^y \mu^z$ 者其因次當爲阻力之因次,故因次式

$$(L/T)^w\ L^v (M/L^3)^y\ (M/LT)^z = M^{y+z}\ L^{w+v-3y-z}/T^{w+z}$$

亦必當爲因次式 ML/T^2 無疑。故得

$$y+z=1,\ w+v-3y-z=1,\ w+z=2。$$

而其各項當如下形

$$u^{2-z}\ x^{2-z} \varrho^{1-z}\ \mu^z = \varrho u^2 x^2\ \ (u.x.\varrho/\mu)^z = \varrho u^2 x^2\ \ (u^x/\nu)^z$$

此處 $\nu\left(=\frac{\mu}{\varrho}\right)$ 爲動黏滯性。因定 z 之條件未足故 z 可爲任何常數值,而代表阻力 F 之普通公式當爲賦形如上式之諸項之和如

$$F=\varrho u^2 x^2 \left[A_1\ (ux/\nu)^{n1}+A_2(ux/\nu)^{n2}+\cdots\cdots\cdots\cdots\right]$$

方括內之諸項皆爲 ux/ν 之函數,故可書爲 $f(ux/\nu)$ 而得

$$F=\varrho u^2 x^2\ f(ux/\nu)。$$

凡物體具相同形狀而異其大小,以不同之速度運動於不同之流體中者,其阻力皆得由此函數表之。此函數雖無定式,然亦足以啓示吾人有餘。設模型之某部之長度爲 x, 以速度 u 運動於流體中。流體之動黏滯度爲 ν, 密度爲 ϱ; 而實體之相當部之長度爲 x_1,速度爲 u_1, 流體之動黏滯性爲 ν_1. 密度爲 ϱ_1, 如是則二者之阻力,可表之如次

$$F=\varrho u^2 x^2 f(ux/\nu)$$

$$F_1=\varrho_1 u_1^2 x_1^2 f(u_1 x_1/\nu_1)$$

今使選擇二者之速度,黏滯度,密度而使有

$$ux/\nu = u_1x_1/\nu_1 = R$$

則

$$E/F_1 = \varrho R^2\nu^2 f(R)/\varrho_1 R^2\nu_1^2 f(R) = \varrho\nu^2/\varrho_1\nu_1^2$$

如是則實物在流體甲中,以速度 v_1 運動的受之阻力,得以模型在流體乙中以速度 $u\left(=\frac{x_1\nu}{x\nu_1}u_1\right)$ 運動所受之阻力計之。此即所謂相似性也。而常數 R 則稱爲萊氏數(Reynolds' Number)。

上述因次理論,亦得變其方式演之如次。凡物體之相對動於黏滯性流體中者,其運動皆得納入黏滯性運動方程式其普通形式爲

$$\varrho\frac{Du}{Dt} = -\frac{\partial}{\partial x}(p+\Omega) + \mu\Delta v = -\frac{\partial P}{\partial x} + \mu\Delta u$$

此中 $\varrho\frac{Dv}{Dt}$ 爲力之由於慣性者, ϱ 爲密度 $\frac{Du}{Dt}$ 爲加速度,通常稱爲實質微分,乃沿流線所取之微分(不若 $\frac{du}{dt}$ 之可爲任何方向)亦可書爲 $\frac{\partial u}{\partial t} + \frac{\partial u}{\partial x}\cdot\frac{\partial x}{\partial t} + \frac{\partial u}{\partial y}\cdot\frac{\partial y}{\partial t} + \frac{\partial u}{\partial z}\cdot\frac{\partial z}{\partial t} = \frac{\partial u}{\partial t} + u\frac{\partial u}{\partial x} + v\frac{\partial u}{\partial y} + w\frac{\partial u}{\partial z}$ 此中 $\frac{\partial u}{\partial t}$ 爲定地點在某時間之加速度 $u\frac{\partial u}{\partial x} + v\frac{\partial u}{\partial y} + w\frac{\partial u}{\partial z}$ 爲定質點在某時間之加速度。$\frac{\partial P}{\partial x}$ 爲力之由於壓力及外力如地球引力者。$\mu\Delta u$ 亦可書爲 $\mu\left[\frac{\partial^2 u}{\partial x^2} + \frac{\partial^2 u}{\partial y^2} + \frac{\partial^2 u}{\partial z^2}\right]$ 爲力之由於黏滯性者。此式較前述者更爲普遍因時間 t 亦已論及。

今設模型與實體間大小之比爲

$$x = l_0x_1,\ y = l_0y_1,\ z = l_0z_1$$

此幾何上之相似也,今設更有

$$u = u_0u_1,\ t = t_0t_1,\ P = P_0P_1,\ \varrho = \varrho_0\varrho_1,\ \mu = \mu_0\mu_1$$

則如何方可得物理上之相似,此須以 x, u, t, P, ϱ, μ 一組值代入原式

$$\varrho\frac{Du}{Dt} = -\frac{\partial P}{\partial x}\mu\Delta u$$

而得一解,今欲以另一組值 $x_1, u_1, t_1, P_1, \varrho_1, \mu_1$, 代入原式而得一相似解

$$\varrho_1\frac{Du_1}{Dt_1}=-\frac{\partial P_1}{\partial x_1}+\mu_1\Delta u_1$$

則必二式各項之比爲同一常數,然後得以爲公因子而消去,依因次理論卽當有

$$\varrho\frac{u}{t}:\varrho_1\frac{u_1}{t}=\varrho\frac{u^2}{x}:\varrho_1\frac{u_1^2}{x_1}=\frac{P}{x}:\frac{P_1}{x_1}=\frac{\mu u}{x^2}:\frac{\mu_1 u_1}{x_1^2}$$

亦卽

$$\frac{x}{tu}=\frac{x_1}{t_1u_1}\cdots\cdots\cdots\cdots(1)$$

$$\frac{\varrho u^2}{P}=\frac{\varrho_1 u_1^2}{P_1}\cdots\cdots\cdots\cdots(2)$$

$$\frac{\varrho ux}{\mu}=\frac{\varrho_1 u_1 x_1}{\mu_1}\cdots\cdots\cdots\cdots(3)$$

此（3）式所表之值卽萊氏數也。

萊氏數之得名,乃導源於萊氏（Osborne Reynolds）。萊氏以前有 Hagen 者,研究水在圓管中之流動,覺水流至一定速度時過此卽有振動及不均勻放射等現象發生。其後氏更發現自片式運動(Laminar motion) 至擾亂運動 (Turbulent motion) 時不特有賴於速度且與黏滯度有關。氏以同一圓管在同一水準之壓力下而以各種不同溫度之水(蓋黏滯度依溫度而變), 以測其等時間之放射量,則如圖一所示。圖中各曲線,相當各一定水準。曲線之屬於細管(直徑 2,8 公厘)者以實線表之,中管(直徑 4 公厘)者以虛線表之,粗管(直徑 6 公厘)者,以點線表之。由圖可見速度初依溫度而增,繼則遞減至一最小值,然後再增。此速度漸減之時,卽片式運動與擾亂運動遞變之時也。氏爲確定此說,曾置木屑於管中,以察其運動,則見速度

不甚高時水層常依直線進行,及至一定速度後,其運動即無規則。

此後氏更察得片式運動與擾亂運動之嬗變,乃有賴於管徑之大小水流之速度及水溫。三者或三者之一過一定限時運動即須變形。

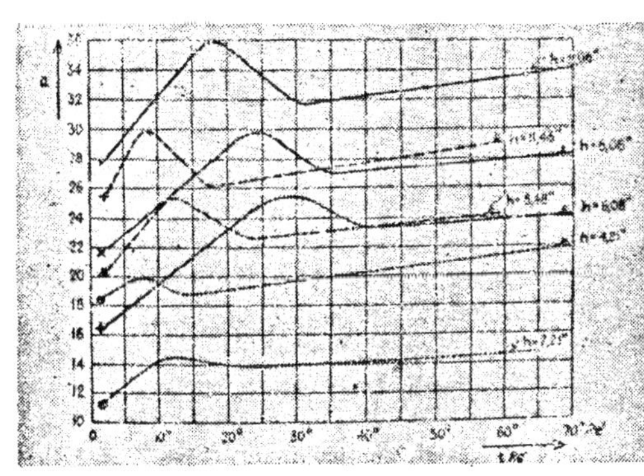

圖 一

Hagen 氏對於此二種運動之概念甚佳,然以繪製曲線失當,至不能得一統括之原理。及至萊氏(1883)始以因次分解術表二種運動之嬗變,祇有賴於一無因次式

$$\frac{\bar{u}\gamma}{\nu}\ (\bar{u}\text{代表平均速度})$$

相似性定律亦隨之得名,此即謂設萊氏數相同,器之幾何上相似者則其運動力學上亦相似。

上述結果設以萊氏數處理之則大爲簡單,圖二即以圖一之曲線改繪而以萊氏數爲橫座標者,其縱座標亦以一無因次量

$$\lambda=\frac{\Delta p}{\frac{\varrho u^2}{2}}\cdot\frac{r}{l}=\frac{hg}{\frac{u^2}{2}}\cdot\frac{r}{l}$$

表之(h爲水準之高,r爲管徑,l爲管長)。在圖二亦

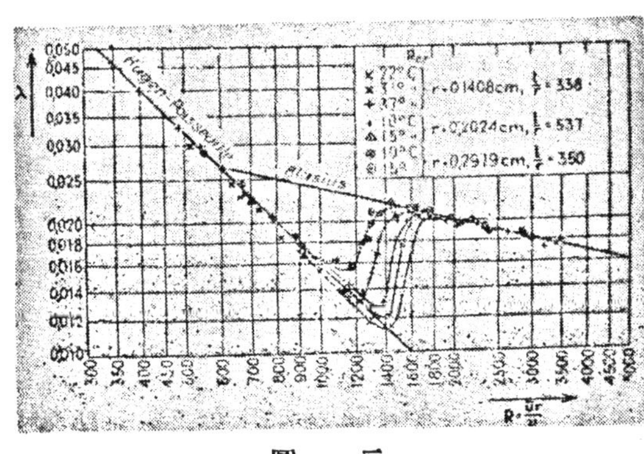

圖 二

可見圖一之特性,卽當萊氏數在1100以下,則其壓力降係數 λ 皆落在片式運動之直線上,過此則 λ 値突然而增,至一最大值,然後再漸減惟斜度較遜於前。當 λ 値劇增之際卽運動變形之時也。由是可以之定『臨界萊氏數』,卽無論在各種不同直徑之管中。當一定萊氏數時擾亂運動卽行開始。此數名爲臨界萊氏數,於圖二約爲 $u\gamma/\nu=1000—1100$ 而相當此數之速度則爲臨界速度。

萊氏數之應用,頗爲重要,玆略爲闡述之。各種流體運動之試驗,皆須計及 ux/ν 之一量,蓋非此無以應用模型試驗於實體也。設模型試驗舉行於與實體應用時爲同一之流體中者則就普通言之,問題似較爲簡單,因此時密度與黏滯度旣相同,卽 $\nu=\nu_1$ 故祇須合

$$ux=u_1x_1$$

之一條件,卽有

$$F/F_1=\varrho v^2/\varrho_1 v_1^2=1。$$

此卽謂設二者之 ux 相同,則所受之阻力亦等。此乃相似性理論之結果,然欲求其直接應用,則實用時有困難在焉。飛機翼之在人工風槽中實驗者,其長度普通爲實體之1/25,設欲得 ux 値與實體相同之風速,須爲飛機速度之25倍,約每小時2000英里,而現在人工風速遠不及此,卽能得此,亦以其爲力過鉅難以精密測量。且此時速度已及於聲之速度,空氣已變爲可壓縮性,欲求相似性理論之得以應用難矣。如是模型試驗豈非失望乎?則實際上亦有一法頗足使人滿意者。其法卽在高速度中測定模型所受之阻力,以 ϱu^2x^2 除之,如是則得當 ux/ν 爲各値時之函數 $f(ux/\nu)$ 之各値。然後再以此二値在座標紙上繪成曲線,則見當 ux/ν 增加時,曲線幾近於定値。此卽謂萊氏數增大時,阻力常愈趨於依速度之平方而增加,如圖三。就正常言之,試驗當進行於 ux 之各値,直至 $F/\varrho u^2x^2$ 之各値幾近於常數然後外延曲線,而取相當於實體上 ux 之 f 一値。實際爲便利計,常以橫座標爲 $\log ux$ 而不爲 ux,以改短曲線外延之長。關於

如何應用飛機翼模型試驗於實體之詳細方法茲不俱論,祗概述及二種係數而略爲說明之:

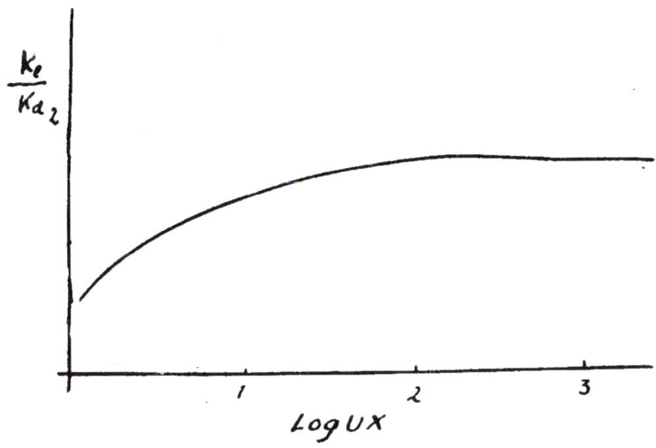

K_d 爲滯力係數即並行於風向之分力 D,更除以 ϱu^2x^2 者亦即

$$K_d=D/\varrho u^2x^2$$

K_l 爲升力係數,即垂直於風向之分力 L,更除以 ϱu^2x^2 者亦即

$$K_l=L/\varrho u^2x^2$$

在此 x^2 即爲飛機翼之面積。係數 K_d 及 K_l 爲無因次值,故絕對與所取之單位無關,因此以之代表物體之流體動力學上之性質,頗爲相宜。

抑萊氏數之應用亦有限制乎?則依 Kàrmàn 氏說,當此數過小或過大時,有不適相似性理論者。蓋萊氏數中含有黏滯性 μ,而依氣體分子運動說

$$\mu=\tfrac{1}{3}NmcL$$

在此 N 爲每單位體積內之分子數 m 爲每一分子之質量,c 爲分子平均速度 L 爲分子之平均自由路程。故由此可得

$$R=\frac{ux\varrho}{\mu}\sim\frac{ux\varrho}{NmcL}\sim\frac{x}{L}\cdot\frac{u}{c}$$

上式因$\varrho=Nm$故適能消去。

今設物體之長度x大減,以至於分子直徑之大小,則此時物體之運動,已入於氣體分子運動說範圍,或則物體運動於其中之流體之分子平均自由路程L大增,則此時當另有所謂低氣壓分子運動說以說明之,而不復能以相似性理論御之矣。凡此皆萊氏數過小之不當也。然此數亦不能過大,如謂流體之分子速度c大減而幾近於固體,則此時另有所謂物性學之彈性理論說明之。或則物體運動之速度大增,此時如空氣則變爲可壓縮性,已如上述,故已入聲學之範圍。換言之卽在運動方程式中

$$\varrho\frac{\partial u}{\partial t}\sim-\frac{\partial p}{\partial x}$$

之二項變爲重要,而不復如普通流體動力學之以

$$\varrho u\frac{\partial u}{\partial x}\sim\mu\Delta u$$

二項爲重要矣。故速度限制之於相似性理論,有人譬之於牛頓力學之不能應用於高速度者,理或然歟?

本文進行時蒙Dr. A. Baranoff指教一切,附此誌謝。

ON A THEOREM OF LEBESGUE'S

武 崇 林

In an article in Annales de Toulouse (3), Vol. I, (1909) p. 37, Lebesgue gives a theorem which, as given by Hobson in his Theory of Functions of a Real Variable, Vol. I, (1927) pp. 622-623, may be put in the following form:

If $f(x)$ is of bounded variation in (a, b) and $V_a^b f(x)$ denotes its total variation in (a, b), and $\varphi(x)$ is summable in (a, b), while M is the upper boundary of $|\int_\alpha^\beta \varphi(x)dx|$ for all intervals (α, β) contained in (a, b), then

$$(1) \qquad \left|\int_a^b f(x)\varphi(x)dx - f(a)\int_a^b \varphi(x)dx\right| < M\, V_a^b f(x).$$

Here it is supposed that the points at which $f(x)$ vanishes are not those at which $\varphi(x)$ has infinite discontinuities, this ensures the existence of the first integral in the above expression.[1] "This result is of considerable use in estimating the value of the integral of the product of a function of bounded varation and a summable function."[2] This Theorem as given by Hobson is deduced from the Second Theorem of Mean Value, the proof of which necessitates rather delicate reasoning. In the present note an attempt has been made to frame a proof which, it is hoped, will be in a more direct manner.

We shall require the following modified form of Abel's Lemma:

If

$$\varepsilon_0 \geq \varepsilon_1 \geq \varepsilon_2 \geq \cdots\cdots \geq \varepsilon_{p-1} \geq \varepsilon_p \qquad \text{and}$$

$$(2) \qquad A \geq \sum_{i=1}^{k} u_i \geq B, \qquad k=1, 2, \cdots\cdots p$$

where the signs of inequality hold for at least one inder k, then

$$(3) \qquad A(\varepsilon_o-\varepsilon_p) > \sum_{i=1}^{p} u_i(\varepsilon_i-\varepsilon_p) > B(\varepsilon_o-{}_p).$$

This is easily proved in the same way as the Lemma in its usual form. For, writing S_k for $\sum_{i=1}^{k} u$, we find

1. Carathéodory, Theorie der reelen Funktionen (1927) §398, Th. 12, S. 432.
2. Hobson, Loc. cit. p. 623.

$$\sum_{i=1}^{p} u_i(\varepsilon_i-\varepsilon_p)=s_1(\varepsilon_1-\varepsilon_p)+(s_2-s_1)(\varepsilon_2-\varepsilon_p)+\cdots+(s_{p-1}-s_{p-2})(\varepsilon_{p-1}-\varepsilon_p)+o$$

$$=s_1(\varepsilon_1-\varepsilon_2)+s_2(\varepsilon_2-\varepsilon_3)+\cdots+s_{p-2}(\varepsilon_{p-2}-\varepsilon_{p-1})+s_{p-1}(\varepsilon_{p-1}-\varepsilon_p).$$

Since $\varepsilon_i-\varepsilon_{i+1}$ are all positive or zero and at least one index k exists for which the inequality signs in (2) hold, the replacing of all the S's by A and then by B gives immediately the inequalities (3), unless all the ε's are equal, in which case (3) becomes an equality.

Suppose for the present $f(x)$ is monotonic, say increasing. Effect a division of norm δ

$$a=x_o<x_1<x_2<\cdots<x_{p-1}<x_p=b$$

of the interval (a, b). Put

$$\varepsilon_o=f(x_p)=f(b),\ \varepsilon_1=f(x_{p-1}),\ \varepsilon_2=f(x_{p-2})\cdots\ \varepsilon_{p-1}=f(x_1),\ \varepsilon_p=f(x_o)=f(a),$$

and

$$u_i=\int_{x_{i-1}}^{x_i}\varphi(x)dx,\qquad \sum_{i=1}^{k}u_i=\int_a^{x_k}\varphi(x)dx.$$

The conditions for the modified Lemma above are readily seen to be fulfilled, for, $\varphi(x)$ is summable in any measurable part $(x_{i-1}\ x_i$ of (a, b) and for any value of x_k, $\int_a^{x_k}\varphi(x)dx$ must lie between two numbers A and B, which may be taken respectively as the lower bound and the upper bound of the integral $\int_\alpha^\beta\varphi(x)dx$ for all subintervals (α, β) contained in (a, b) and the signs of inequality in (2) must hold for at least one index k. Hence we find, for any division of norm δ,

$$A\,[f(b)-f(a)]<\sum_{i=1}^{p}[f(x_{i-1})-f(a)]\int_{x_{i-1}}^{x_i}\varphi(x)dx<B\,[f(b)-f(a)].$$

As $\delta\to o$ we have[3]

$$\lim_{\delta\to o}\sum_{i=1}^{p}[f(x_{i-1})-f(a)]\int_{x_{i-1}}^{x_i}\varphi(x)dx=\int_a^b[f(x)-f(a)]\varphi(x)dx$$

If follows therefore

$$(4)\qquad \left|\int_a^b[f(x)-f(a)]\varphi(x)dx\right|<M\,[f(b)-f(a)].$$

Let now the function $f(x)$ be of bounded Variation and hence expressible in the form

$$f(x)=P(x)-N(x),$$

where $P(x)$ and $N(x)$ are monotonic increasing functions, then by (4),

3. Titchmarsh, E. C., Hankel Transforms, Proc. Camb. Phil. Soc. 21, (1923) pp. 463-73 or his Theory of Functions, (1932) p. 345.

$$(5)\qquad \begin{aligned} \left|\int_a^b [P(x)-P(a)]\,\varphi(x)dx\right| &< M\,[P(b)-P(a)],\\ \left|\int_a^b [N(x)-N(a)]\,\varphi(x)dx\right| &< M\,[N(b)-N(a)], \end{aligned}$$

whence,

$$\left|\int_a^b [f(x)-f(a)]\varphi(x)dx\right| \leq \left|\int_a^b [P(x)-P(a)]\varphi(x)dx\right| + $$

$$+\left|\int_a^b [N(x)-N(a)]\varphi(x)dx\right| < M\,V_a^b f(x)$$

by (5), since $V_a^b\, f(x)=P(b)-P(a)+N(b)-N(a)$. This is another form of (1).

煤粉用爲燃料之檢討

(The Use of Pulverized Coal)

彭宗灝

一. 導言

自近年來重工業極度發展,燃料問題之研究,益爲一般工程師所重視;良以一切原動力,太半來自燃料。故採用何種適宜之燃料,以達到經濟與高效率之燃燒,實爲二十世紀一般研究燃料問題工程師所共具之目標。

西曆一八六八至一八七三年間,英國某工程師以煤塊碾成粉狀,用爲鍋爐燃料,試驗結果良佳。蓋以同體積之煤塊,因碾細後,氧化表面之增加,發生强度熱量;燃燒效率之增加,殆數十倍於前,自此「煤粉」(Pulverized Coal)已成爲一種新燃料,開燃料史上之新紀錄矣。

自「煤粉」問世,世界耳目爲之一新,一般工程師尤極端注意,爭相採用,舊時燃料,汲汲焉幾全被擯斥。據應用者宣稱,「煤粉」不僅具高熱量且損失少而燃燒完全,爲他種燃料所不及;然時至今日,成功者固不在少數,而失敗者比比皆是,爐牆(Linings)屢因採用「煤粉」而毀損,費用每因置備「煤粉」機械而浩繁,凡此種種,迄今猶成疑問,而值得作更深切之研究,本文所述,係根基各國試用後之結果,明其利弊及趨勢,俾資參考也。

二. 適宜製成「煤粉」之煤類

在未討論「煤粉」之利弊及趨勢以前,對於「煤粉」之原料,頗有研究之價值.據各國試用結果,任何種類之煤,皆可製成「煤粉」,

以得高率之燃燒;但其所含之成份,如水份,固定炭,揮發物等,必須有相當規定;茲分述如下·

1. 風化煤或劣等煤(Weathered & Inferior Coals)

此類煤因受大氣間風化作用,每裂爲小塊,不能在任何爐格上燃燒,可用以製「煤粉」,用空氣帶入燃燒間,亦能得極高效率之燃燒,惟水份不得超過20%.

2. 烟煤 (Bituminous Coal)

任何種類烟煤,含灰量自 30 %,至 40 %,皆可用「煤粉」法燃燒,

3. 白煤 (Anthracite)

白煤含有灰量64%,揮發物 6%,固定炭 70 %者,最適宜於「煤粉」;惟碾成粉狀後,94% 之細粒,必須經過一百號篩(100-Mesh);或平均76%,經過二百號篩。

4. 焦碳 Coke)

含有 8% 至 10 %揮發物之焦碳,最適於「煤粉」;如揮發物含量少於 5% 時,可雜以其他揮發物富足之煤類.

以焦碳質硬,每使磨器表面消損,補救方法,惟有改良焦碳本身之鍊製方法,價值頗昂。

5. 焦碳灰 (Coke Ashes)

鍊製焦碳時之遺留物,謂之焦碳灰,因體積小,最適宜製造「煤粉」,其含量須有下列規定,即灰質 4%,揮發物75%。

6. 泥煤 (Peat)

泥煤本無燃料之價值,以含水過多之故,然用以製「煤粉」,用天然或機械方法逐去百分之八十含水量,即可得極高之燃燒效率;據實驗結果,用人工加煤於鍋爐,每磅普通煤僅能蒸發五至六磅之水,然用泥煤製成「煤粉」燃燒,則可增至十磅。

三. 「煤粉」之優點

「煤粉」之優點,據應用者宣稱,不勝枚舉;然綜合言之,可分下列數端:——

1. 適宜於任何煤類。

2. 着火與完全燃燒同時發生,火焰溫度極高。

3. 無烟燃燒。

4. 無熱量損失。

5. 無碳質遺留。

煤粉最大之優點,即任何煤類,雖劣如褐煤或泥煤,皆能得高效率之燃燒,頗合經濟,且較便利。

據精密試驗,以一立方寸之煤塊,碾成五千萬粒「煤粉」,燃燒之面積,能自六英方寸增至二千英方寸,此種「分子狀」小粒,設用空氣送入火爐,因質量之輕微,小粒完全在懸垂狀態;每一小粒四周,均爲空氣所包圍,成一空氣混合物;氧化速率之快捷,殆無倫比,一旦着火,立可完全燃燒;火焰溫度,能在短時間內升至極高;因完全氧化之結果,無烟霧之生存,亦無機會使碳質遺留;僅百分之一粉粒,消失於烟霧與爐底,此固不能避免者也。

夫煤氣與機械加煤法,近世已公認爲效率最高之燃燒法,然種種損失,如燃燒不完全等,總不能免,與「煤粉」較,效率之高下,奚啻霄壤。

其他利益正多,要皆隨其所用之目的而異,如用「煤粉」於鍋爐發力廠,則可得下列之利益:——

(a) 燃燒經濟,可以採用最經濟,或次等之煤。

(b) 增加鍋爐之蒸發率。

(c) 免除人工加煤法之困難點。

(d) 免除機械加煤法之裝置費用。

(e) 無烟燃燒。

(f) 無燃料損失。

(g) 保持固定之蒸汽壓力。

(h) 負荷過重時,能迅速蒸發。

(i) 鍋爐管與燃燒面能保持清潔。

下圖係人工加煤,機械加煤,與「煤粉」燃燒法之比較;「煤粉」之優點,不難窺測。

如用「煤粉」於鋼鐵製煉,則有下列優點:

(1) 燃料可以改省。

(2) 鍋爐之產量增加。

(3) 人工減省。

(4) 高溫度與低溫度能保持固定。

(5) 金屬損失減少。

(6) 不用循環燃燒制 (Regenerative System) 能得極高之鍋爐溫度。

(7) 可用比較劣等煤類。

「煤粉」「人工加煤」與「機械加煤」燃燒法之比較

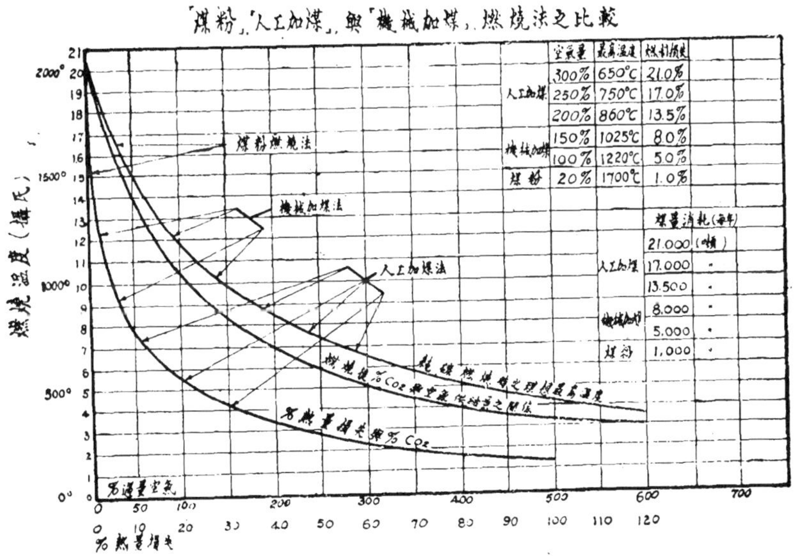

上圖表明火爐最高理想溫度,熱量損失,與燃料損失之比較

「煤粉」用於航海,主要優點爲:

(1) 增加蒸汽量。

(2) 貯藏比較容易,且地位經濟。

(3) 增加貨物推積地位。

(4) 減少運費或川資。

(5) 無令人生厭之烟霧。

(6) 鍋爐周圍常能保持清潔。

(7) 最短時期內得最高需要溫度、

「煤粉」用於機車,近來各國多試驗成功;其利益如下:

(1) 消除烟霧,

(2) 無火星或不燼煤屑,使發生火患,

(3) 加煤時繁複之工具,概能免去,

(4) 鍋爐周圍,可保持清潔,

(5) 機車哩數增加,

(6) 可用次等煤,

(7) 火箱(Firebox)受力減少,

(8) 蒸汽壓力保持平均,

(9) 燃料損失極少,

四. 「煤粉」之缺點及應用之困難

「煤粉」雖具上述種種利益,然時至今日,應用時之困難,尙未能完全避免,其最大缺點爲:

1. 自燃與爆炸之容易,儲藏之困難,

2. 運輸之困難。

3. 水份之再度吸收,

4. 製造費用之巨大,

5. 設備費及資本問題。

自燃與爆炸之容易與儲藏之困難

「煤粉」問題最難解決者,卽如何儲藏,庶避免自燃與爆炸之危險,儲藏之時間,隨煤質之種類,周圍之溫度,與含水份與揮發物之比例而異,白煤最安全,褐煤最危險,普通烟煤,則介乎二者之間。

製造「煤粉」時因磨煤機温度之增高一觸即能使粉子狀之「煤粉」爆炸,危險殊甚,是以磨機之速率宜低。

昔人謂應用「煤粉」時之危險,與開掘煤礦之危險相似;十數年前各國工廠,因應用「煤粉」不慎,致爆炸而傷及生命者,不知凡幾,雖然,「煤粉」之爆炸,全持空氣之充足與否,對於輸送與應用「煤粉」時,如能審慎調節空氣量,則炸裂之危險,不難完全避免,是以發力廠之設計,須應特別考慮,可斷言也。

「煤粉」應儲於緊密之金屬箱,阻止內外空氣或水氣之流通,周圍之散熱速率,須極速,儲藏量愈少愈安全,能預備一日之燃料最佳;應用「煤粉」之發力廠,其內部一切呈露表面,須保持清潔,勿使煤屑依附,發生危險。

「煤粉」製造廠,貯藏所,與運輸處,應絕對禁止一切火種之引入,如煤油燈,火柴,紙烟等等,則爆炸之危險,不至發生。

自燃雖有時發生,然因氧氣供給之有限,與燃燒時二氧化碳之產生,每中途熄滅,不致釀成巨禍。

近年以來,各國應用「煤粉」,殆極普遍;自燃,爆炸與儲藏問題之困難,雖有時發生,然已不成爲嚴重之問題矣。

運輸之困難

如何運輸「煤粉」,不致發生危險,數年前視爲最難解決之問題;近年來應用壓縮空氣,通過直徑三英寸至四英寸鐵管。使「煤粉」運輸,更形簡單與安全。

水份之再度吸收

潮濕季中,因運輸管接頭不密或裂縫,「煤粉」每能再度吸收多量水份,釀成自燃或爆炸之危險;用以輸送之壓縮空氣,其含水量亦應減至極少;儲藏量之減少,亦能免除一切危險。

製造費用之巨大

製造費用中包括運送,燃燒,原料及人工等一切費用,劣等燃料用以製造「煤粉」,是否合於經濟原理,迄今猶成懸案,「煤粉」之費用,雖云較廉於機械加煤法,然迄猶無精確之統計,以資比較.

設備費用及資本問題

「煤粉」之最大缺點,即設備費用及資本之巨大,設一工廠原用人工加煤或機械加煤法燃燒鍋爐,一旦易以「煤粉」,則所有設備,均將失其效用;蓋「煤粉」之儲藏,輸送,與燃燒制,至屬繁複,需要特別之設備;是以費用與資本之增加,固較任何燃燒制爲巨大也。

五. 「煤粉」之過去,現在,及未來。

「煤粉」之過去成績

「煤粉」在過去歷史中,每多失敗,蓋一物創始,考慮未周,設備簡陋,於是困難叢生,弊害屢現,其中最顯著者即:

(a) 爐牆因高溫度而損毀,

(b) 鍋爐或燃燒面灰屑之厚積,

(c) 燃料輸送不繼續與管理困難,

(d) 自燃與爆炸之發生,

過去「煤粉」中,每含多量之水,如用高速空氣輸入火爐,每使爐牆四周,厚附細煤,燃燒時發生極高溫度,使爐牆損壞。

鍋爐或燃燒面,亦因煤粒厚積,使熱氣隔離,結果使多量熱能,消失未用;燃料損失,直接使費用增加。

「煤粉」既用高速率空氣輸送,動作每欠平均,燃料不能連續送入燃燒間,結果使鍋爐之蒸發率變動,影響引擎動作。

「煤粉」中既含有多量水份,設貯儲稍一不愼,立可促成自燃與爆炸之危險,過去用「煤粉」工廠,所以危險屢現者,主要原因,殆在此也。

「煤粉」現在狀況

近年以來,經長時期之研究,「煤粉」燃燒之成績,日臻完善,對於「煤粉」本身之改進,輸送制之優良設計,爐牆之保護,與夫燃燒間之考慮周密,均有更進一步之研究。

1. 「煤粉」本身之改進

今日之「煤粉」中,85％均能通過二百號篩,而95％以上均能通過一百號篩;此極細之「分子」狀煤,不僅能用於鍋爐,卽任何內燃機,亦可用爲燃料;溫度與熱量,均因極度細磨而增加,效率較過去爲佳。

2. 輸送制之優良

過去歷程中,應用高壓力空氣以輸送「煤粉」於燃燒間,發生種種困難,已如前述;今日新輸送制有五大類之多,均效率高超,動作簡單,即:

(a)用螺旋運輸器,將「煤粉」送至火爐近旁,再用微弱之壓縮空氣,經導管而輸入火爐。

(b)直接用空氣壓力輸入火爐,經過適當之導管。

(c)先用適當量空氣與「煤粉」混合,利用壓縮空氣通過主要管而輸入爐間。

(d)用螺旋幫浦輸送,略用壓縮空氣,以助煤粒在管內流通。

(e)如量少而長距離之輸送,可用汽車輸送至爐旁,再用壓縮空氣導入火爐。

空氣之壓力,務求低弱,使與煤粒緊密混合,促成完全燃燒,不惟減少損失,且能保護爐牆,免於損毀。

3. 爐牆之保護

製造爐牆之原料,大半係氧化矽等混合物,溶化點介1600°c與2000°c之間,終不能抗拒「煤粉」2100°c以上之高溫度,故唯一保護爐牆法,但使火焰方向變更,不直接噴射爐牆,則目的已達矣。

4. 燃燒間之改進

燃燒間之改良,約可分下列數端:

(a)連續燃燒之成功,

(b)空氣速率改低,使燃燒完全,

(c)液狀灰質除去之簡易。

5. 應用「煤粉」已成功之途徑:

(a) 水泥煉製爐,(Burning Cement kilns)

(b) 石灰煉製爐,

(c) 冶鐵爐及煆煉爐,(Annealing Furnaces)

(d) 煉鐵爐,(Puddling Furnaces)

(e) 冶銅爐

(f) 煉鋼爐與鍜鐵爐,

(g) 機車,

(h) 水管蒸汽爐,

(i) 混合燃燒,(與油類混合),

6. 應用「煤粉」時,須加以特別考慮者:

(a) 輕鍜鐵爐,

(b) 家庭與辦公處用小鍋爐,

(c) 火管內燃鍋爐,

7. 尙在試驗期中之「煤粉」應用途徑:

(a) 航海鍋爐或引擎.

(b) 內燃機,

(c) 鼓風爐,

(d) 煤氣或其他氣體之蒸溜,

「煤粉」將來之趨勢

今日「煤粉」應用之途徑至狹,僅限於鍋爐及冶鑄金屬爐,後者猶未能普遍採用;將來之趨勢,將重於內燃引擎之應用,以其有種種利益,雖現在所恃之液體燃料,不能過也。

結論

吾人旣已明瞭「煤粉」之利弊,趨勢,及一切大概情形,不妨作下列結論,以爲本文之結束:

1.「煤粉」燃燒法,經實地試用結果,已證明確有種種利益。

2. 應用「煤粉」燃燒時所得熱量,較任何方法爲高。

3. 在某種情形下,「煤粉」廠之費用,較煤氣廠爲廉。

4. 用「煤粉」燃燒,可減省20%至50%燃料消費。

5. 任何種類煤,皆可用爲「煤粉」。

6. 「煤粉」運用謹愼時,絕無危險。

7. 因人工之減省,機車與大發力廠已踴躍採用「煤粉」。

8. 「煤粉」應用時之資本與設備費用問題,尙待解決。

9. 「煤粉」尙有種種缺點,須要進一步之研究。

廿四，四，十九，於執信西齋

References: Leonard C. Harvey: "Pulverized Fuel",
"American Society of Mechanical Engineers" 1931—1935
"Metallurgical Chemistry" 1933, 1934。

道路材料試驗撮要

周明灝

緒言

古者觀國,視其道路,道路之於國計民生,其重要庸何待言。顧以我國之國情而論,勢不宜徒效歐美,妄築多種華美廣闊之高等道路,必也相地取材,以求得一最經濟賴久之路面,是故道路材料之試驗,乃爲一急不容緩之事。

顧試驗方法,世界尙未有劃一之規定,因地而異,各競其巧,卽試驗本身,亦至繁複,有多種實驗,同用一項機器者,一種試驗,引用數項器械者,機件之大者,購置固極不易,卽零件之配製,國內亦感棘手,我國革新十餘年,迄未有道路材料試驗室之設施,良以此也。

本校自開辦以來,先後達四十年。對工程界之努力貢獻,不爲不久,然迄未敢以此自劃,年來鑒於道路工程之重要,歐美道路工程之日新月異,吾國之落後實多,爲急起直追計,乃特設道路班爲全國倡,對於道路材料試驗之設施,尤黽勉不遺餘力,徒以經費之限,時日之迫,尙未克上躋完美之境,夫亦謂不誇嵩華而但爲培㙛,不恥蒼海而但爲潢滄,歲益高之而亦將有邱焉,深之而亦將有潭焉者,毋自小而咸矣。

明灝來理斯室,一載於玆,暇必細究詳研,深思瞑索,每感本項試驗之重要,輒決心將各種試驗方法,介之國人玆特於課餘之暇,就使用所及者,一一採美國農務部規定之標準方法,博述如後。關於木材,鋼鐵,涵洞,水管等試驗與普通材料試驗法大體相同,故不者,其間不完當處自所難免,俟隨後陸續發現而增刪之。

普通路面材料試驗

(一)比重試驗

比重試驗法,因材料之性質而異,種類甚多,普通所用者,大略如下:

(a)排水法——固體之成塊狀者,多用之。

(b)比重瓶法——石粉,沙泥,水泥等細碎材料多用之。

(c)浮秤法——液體材料多用之。

(d)外氏非爾秤法(Westphal Balance)——液體材料多用之。

(附註):液體之比重,多于25°C時比較之。但有時因液體性質不同,雖于25°C下施行者,所得比重,必須改正至25°C下,方爲適宜。

(a)排水法

目的——在求得塊狀固體之比重。

用具——天秤一具,須精確至0.0001克;法碼一付;廣口玻璃杯一隻;絲綫一匡;木架一座;銅墜一個;溫度表一枝。

器械說明——從略。

試驗方法——本法係利用亞基美得氏浮力定理,以求比重,法取材料一小塊(約1立方公分),用絲綫懸之秤端,衡之得重量a;將此料浸入$25°C$之水中,再稱之,得重量b,由是得

$$此試料之比重=\frac{a}{a-b}$$

倘試料吸收水分,在稱得"a"後,應浸入水中廿四小時,再取出揩乾稱之,得重量b,再懸水中稱之,得重量c,於是

$$試料之比重=\frac{a}{b-c}$$

(b)比重瓶法——比重瓶有兩種分述於下:

目的——在求得一切細粒公路材料之似比重。

用具——(甲)勒夏特里亞比重瓶一具;石油或重於保梅氏(Baumé

Scale)六十二度之石油精一瓶;溫度表一具;天秤一架;玻璃棒一枝;水一盆。

(乙)甲克生比重瓶一組;天秤一架;溫度表一具;石油或其他液體一瓶;催乾爐一具。

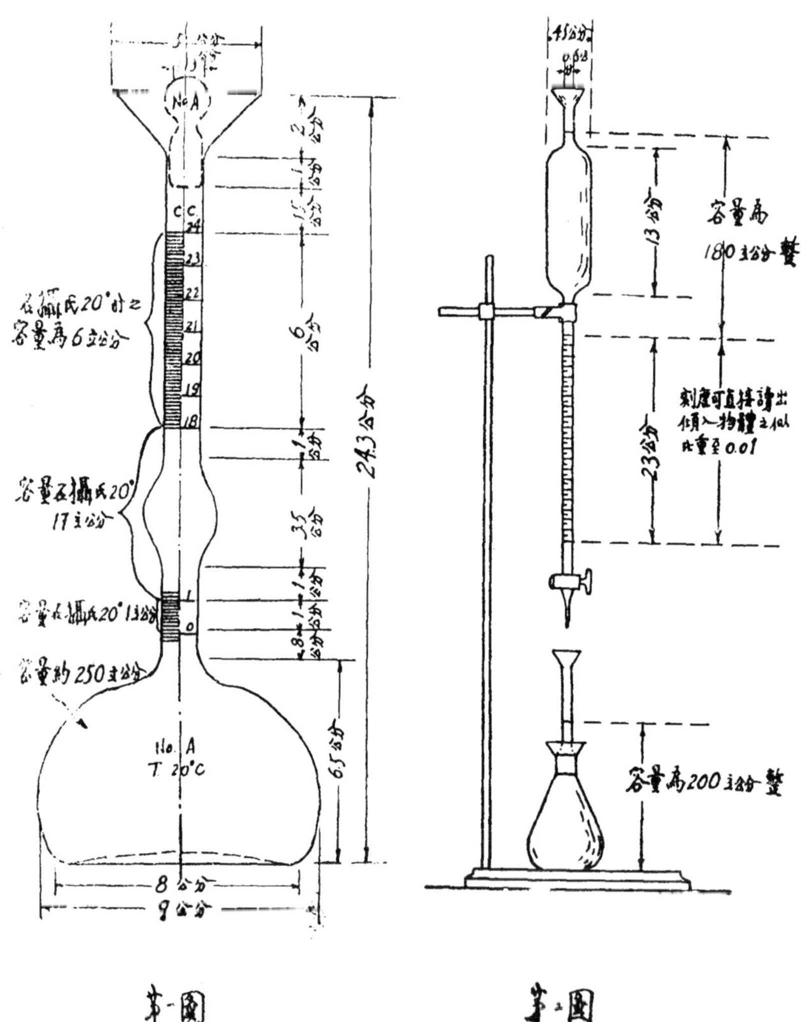

第一圖　第二圖

器械說明——

(甲)勒夏特里亞比重瓶 ——參看第一圖自明。

(乙)甲克生比重瓶——參看第二圖自明。

試驗方法——

(甲)勒夏特里亞比重瓶試驗。(Le Chatlier's Apparatus)

子.試驗之前,須將各項用具及材料,在同溫下靜置十二至廿四小時,使保有同等之溫度。

丑.將石油或石油精傾入該試驗瓶中,至零與一立方公分間爲度,記其精確度數。(不溶于水之試料,可用水代石油)

寅.在實行下列試驗時,該瓶須浸入常溫下(約攝氏表廿一度)之水內,試驗時溫度之變更,不得超過攝氏表半度以上。

就作者經驗,試瓶不浸水中,較少麻煩,且室溫變更非驟,不致引起巨大之誤差,但用手持瓶,實宜竭力避免耳。

卯.精確的秤出六十四克試料,緩緩引入瓶內,佐以漏斗,使不膠於瓶壁,時時傾側旋搖,以去氣泡,當所有試料均經引入後,乃細察液面升高度數,由此六十四克試料所占之體積,即可求出。

$$比重=\frac{物體之重量(克)}{所占之體積(立方公分)}$$

辰.試驗既畢應立將試瓶洗淨(但不必用水),倘有物膠黏瓶壁,可加入細砂努力震盪,然後去之。

(乙)甲克生比重瓶試驗。(Jackson Specific Grävity Apparatus)

子.秤出五十五克試料,用低於攝氏表 110 度之熱烘之,至重量不變,乃於其中精確的秤出五十克以待用。(精確至 0.1 克已足)。

丑.將未蓋之試瓶洗淨烘乾然後傾入該五十克之乾淨試料。

寅.充石油於水管及球內,插入溫度表以計其溫度,待溫度表取出,乃將石油細細加入,使適至頸部之標誌(用水亦可)。

卯.先將球內液體之半放入試瓶中,并注意去其氣泡,繼乃陸續開放,同時冲下膠於瓶頸之試料,待其溢至瓶頸,乃停止開放。

辰.取空心瓶塞蓋上,旋之使緊,乃緩緩將石油滴入,使適至200立方公分之標誌,同時注意逐去氣泡,以免差誤。

己.直接由刻度上讀出試驗之比重,又量得試瓶中石油之溫度,而求其先後溫度之差。

午.由該儀器公司所備之圖表上,檢取比重之溫度校正。苟石油之溫度增加,則將該校正數加入,反是爲減。

(c)浮秤法——

目的:在求得液態路面材料在某溫度下之比重。

用具:浮秤玻桶一,高約35公分,直徑爲5公分(如圖a);錫杯一(如圖b),磁盤一,約5公分深,23公分直徑(如圖c);溫度表一,刻度由攝氏—10度至攝氏110度(如圖d);浮秤一組,刻度如下:

比重可自0.800讀至0.900者一隻;

比重可自0.900讀至1.000者一隻;

比重可自1.000讀至1.200者一隻;

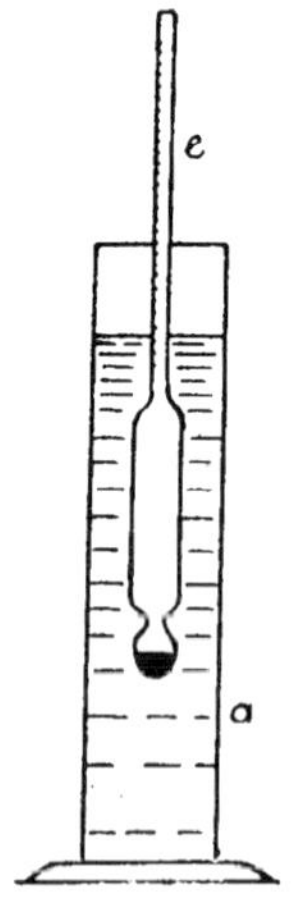

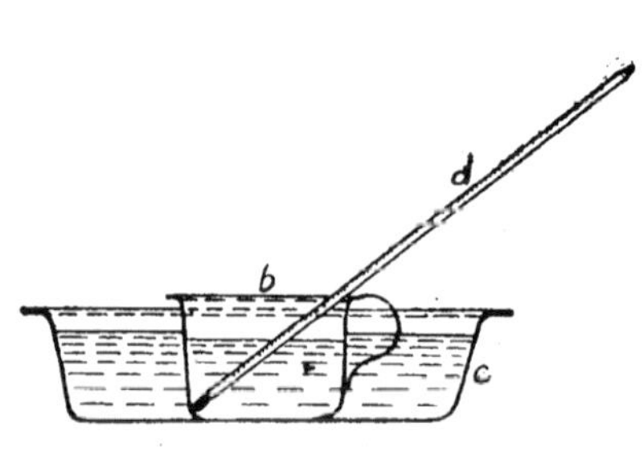

比重可由1.100讀至1.400者一隻。

器械說明:浮秤爲量液體比重之一種器皿,大略如圖e。

玻璃柱上,刻以度數,通常用者,爲保梅度數(Baumέscale)所謂保梅度(B)者,可由下式標明:

$$比重(1.55°C)=\frac{140}{130+B} \qquad 或\ B=\frac{140}{比重}-130$$

玻璃柱下,有一小圓球,中貯水銀或小鋼珠,謂之沈標(Sinker),爲穩定該秤之用。

試驗方法:測驗之先,將適度之試液,傾入上述錫杯中,將此錫杯浸入滿貯溫水之磁盤內,用溫度表翻攪試液,殆達攝氏表25度時,立卽傾入浮秤玻桶中,放入適當之浮秤,而直接量出其度數。倘浮秤下沉頗慢,斯乃由於試液比較膠黏之故,應靜待片刻,使達靜止而讀之,苟欲檢驗此示度之確否,可先提上此浮秤,待其沉定後,再讀;更撳之使下,待其浮定後乃讀之。所讀之數,苟經常時期猶未能相合,是乃由於試液之黏度過大,宜改用別法以求之。

普通浮秤刻度,均根據15.5°C(液)/15.5°C(水)制度。倘試液之溫度爲25°C。則略去浮秤本身之膨漲,實際比較時應根據25.0°C/15.5°C但通常均變此爲25°C/25°C,卽乘所得示度以水之膨漲率1.002。倘試驗時液溫甚高,則水與液以及浮秤本身之膨漲,均應計及。

此法用於多量之稀薄試料,最爲敏確,普通比重輕於水之試料,始用保梅刻度標之。反之,則多直接讀出其比重。由上面所示等式,可知比重較大之試液,其保梅度反小也。

(d)外氏非爾秤法(Westpnal Balance)

目的:在求得少量試液之比重,足濟浮秤法之窮,試液雖少至15立方公分亦可敏捷試出其比重也。

用具:外氏非爾秤一具;特製外氏跨鉈一組;小浮秤一盒;5/8 吋圓徑之盛液玻筒一具;溫度表一枝。

器械說明:觀圖自明。

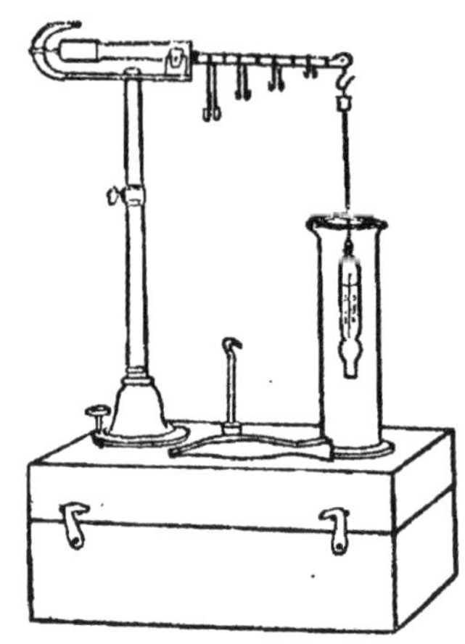

試驗方法:大致與浮秤法相同,惟所用浮秤較小,度數不易讀準,故用該秤之跨鉈示出表上不易讀出之數字,跨鉈之大者十倍於次者,百倍於小者,千倍於最小者。如圖所示,試液之比重爲1.12468,其他以此類推。

(二)金鋼鑽型石器(Diamond core drill)

目的:用此器型成1吋直徑之圓柱形石心,以爲試驗韌度及硬度之用。

用具:型製石心器全付;水一桶;麻布口袋一;中貯細砂,以承石塊;空桶一隻,以承流下之水。

器械說明:此器外形,略如左圖,主要部份,爲安有金鋼鑽之空亦鋼筒,引用電力,將筒轉動,筒脚鑽石,即劃分其下石塊俾留石心。

所用鑽石,各種形狀,皆可適合,惟其直徑須爲$\frac{1}{16}$至$\frac{1}{32}$吋扁平,有孔及片狀者,皆不可用。

筒之內徑爲1吋,厚$\frac{1}{16}$吋,用時裝上,不用時與上柱分離以免損壞遺失。

引用冷水,所以減少磨擦,幷吸取磨擦發生之熱,庶幾損耗較小也。

使用方法:取二三吋厚之扁平石塊,置平台麻布袋上,開放水管,接上電源,鑽筒即開始轉動,乃用手加壓力於伸出之鐵柄上,使鑽筒與石緊接,工作自可繼續進行,以訖完竣。倘能在相互垂直方向各取一試樣,結果當更精確。

(三)金鋼石鋸(Diamond Saw)

目的:在將上器製出之石心,切鋸成相當大小,再用他法磨成垂直平面,以備試驗。

用具:金鋼鑽鋸全付;鐵沙一盒;泥水一盂。

器械說明:

自金鋼鑽型石器中所得之圓柱形石塊,其兩端皆不平坦,如欲得一定大小之圓柱形試樣,當先用本鋸切成相當之長短,然後再置於磨石上磨平,使上下兩端平行,幷皆與圓柱之軸成直交,試驗之時,庶幾可得優良之結果也。

圖中所示,金鑽石鋸與磨石器置於一架上,取其應用時之便利也。石鋸爲一堅薄之鋼片,裝在一橫軸上,用馬達轉動,圓片下備一水槽,槽中置鐵沙泥水,圓片轉動時,水與沙隨之而上,所以助切磋之工作也石心緊握於鋸口之豎環中,俾便分切。圖左磨石器與普通琢玉店中所用相仿,惟不用人力,乃用馬達轉動耳。

使用方法:觀圖自明,申述從略。

(四)韌性試驗——(Toughness test)

目的:用衝擊法試驗石塊之韌性,或抗擊性。

用具:2.5公分高2.5公分直徑之試樣三塊,韌性試驗器一架。

器械說明:

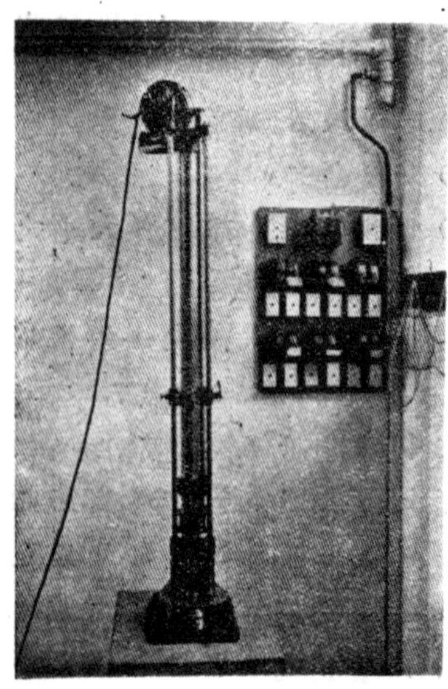

本器外形如圖,其主要部份大體如下:

(1)一重50公斤鐵礎,牢裝於一堅固之基礎上。

(2)二公斤之鐵鎚一,可自由升降於固定之引槽中。

(3)硬鋼所鑄之擊杵重一公斤,能在杵套之垂直軸上自由移動,杵之底端,成圓球形,其半徑爲一公分。

(4)特製連索一,專司鐵鎚之上升及某高度之下落,高度由一公分至七十五公分,每一擊卽自動上升一公分之降落高度,俾使結果精確,由一轉動之螺旋柱管理之。

(5)圓柱形試樣之握制裝置一,俾試樣不致受衝擊而跳激,擊杵球面,須與試樣頂端相切方宜。

試驗方法:將試樣按入架內,開動馬達,該鎚自能於1公分處下落作第一擊,2公分高時下落作第二擊,以次遞加,直至裂開爲止。末一擊之高度,代表該料之韌度。

(五)硬度試驗——(Hardness Test)

目的:在求得石料等之硬度。

用具:硬度試驗器全付;30—40號篩孔大小之石英砂一桶;鋼尺一枝;天秤一架;承砂盤一隻;2.5公分直徑,10公分長之試樣兩塊。

器械說明:

本器外形,大概如圖,其重要部份,都如下列:

(1)旋轉鋼盤一,有粗面一環,約吋許闊,爲磨蝕試樣之用。

(2)竪軸一,連於馬達,爲旋轉鋼盤之用。

(3)試樣夾管二.

(4)夾管套二.

(5)承砂斗二,下部有可大小之孔,以放砂幫助磨蝕。

(6)馬達一座,附設變速齒輪等裝置。

(7)記轉器一,裝於盤架之中部,以記鋼盤轉數。

試驗方法:將試樣裝入夾管後,置天秤上稱之,總重約1250克,記其原長及實重,放入夾管套中,開動馬達,使鋼盤每分鐘旋轉約三十至三十三次,待該盤轉過一千次後,停止馬達,取出試樣,稱及量之,以求出千轉內磨去之量,再將另一端用同法試驗,得其平均磨耗量"W",乃用下式求出試料之硬度。

$$硬度 = 20 - \frac{W}{3}$$

(六)磨耗試驗——(Abrasion test)

目的:在求得試料之抵抗磨耗能力。

用具:戴威爾(Devol)磨耗試驗器一付;天秤一架;鐵鎚鐵砧各一個;

揩布毛刷各一件;試驗礫石時加用一磅重鐵彈六粒;電爐一座。

器械說明:本器全形如圖,一橫軸鐵架上,斜裝空心鐵桶二具,各與軸成30°角。一端有底,他端備有鐵蓋,用螺釘三隻與桶釘牢,取放試料時可隨意開閉,筒之內徑為20公分,深度達34公分。機器一端有馬達將其轉動,他端連一計轉器,以記圓筒轉動之次數,其速率為每分鐘30至33轉。

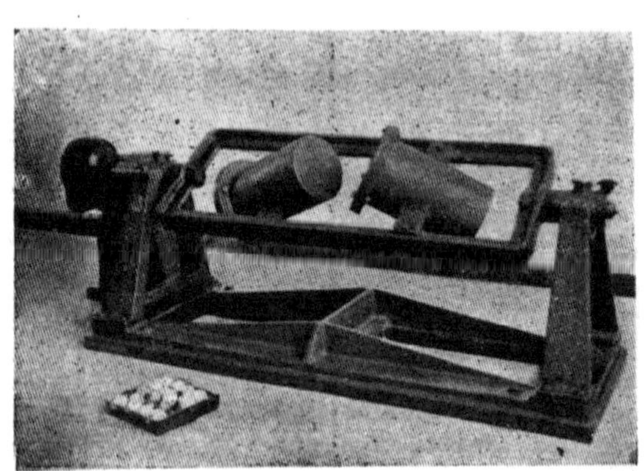

試驗方法:先將大塊試料碎成$3\frac{1}{2}$吋大小,每塊約10〕克,取出大小相若,面角峥嵘者五十塊,合成50瓩左右(相差不過10克),將其洗淨烘乾,烘時溫度不宜太高,俾免增加試料之磨耗量,再稱之得其精確之初重,乃送入圓桶中,以每分鐘三十餘轉之速率轉之一萬轉,始行取出,用"16號"之細篩篩去粉末,更洗淨烘乾稱之,得精確之末重。由此求出本料之磨耗百分率,卽用以標明該料之抵抗磨耗能力。

(七)黏性試驗——(Cementation test)

目的:在求得試料變成粉末後之相互黏結性。

用具:石子或石塊之膠黏性,由下列三種機器組合試驗之:

(甲)鐵球研磨器——將石子或石塊和水,研成石糊者——一架;量杯一隻;水一杯;天秤一架;碎石鎚碰一件;1/2一吋孔篩一付。

(乙)製模器一架,——用石糊製成直徑2.5公分,長2.5公分之圓柱形試樣;天秤一架;漏斗一隻;鋼尺一枝;吸濕盅(Desiccotor)一具。

(丙)敲擊器一架，——圓柱形試樣全乾後，用此器測其膠黏性。

器械說明：(甲)鐵球研磨器(Ball Mill)——

(甲)

本器外形如圖(甲)，係用兩半扁圓形鋼筒合併而成。扁筒之半，緊附于一橫軸上，隨軸旋轉。另用螺旋與其他一半連接。軸之一端，設一馬達為發動力之來源；他端置一計轉器，以記轉數。

使用時器內置二鐵球，重 9 公斤，故名曰鐵球研磨器。

(乙)製模器——

本器外形如圖(乙)，其重要部份如下：

1. 圓柱筒，內徑為 2.5 公分，高度不定，是為鋼模。

2 馬蹄形鐵環——，用以架高鋼模，俾便取出試樣或清理台面者。

3. 平底鋼杵，直徑與模筒內徑相彷而略小，為壓緊試樣之用。其上下之移動，係引用手輪，或齒輪與曲柄故引用時極為便利。

4. 秤杆裝置，為固定及保持加於試樣上之壓力之用。

(乙)

(丙)敲擊器——

本器外形如圖(丙)，上有可上可下之鐵錘一，重一公斤，每次敲擊時，由旋轉之桃盤，將其舉高約一公分許，任其下落，落下力量，由錘套傳達其下之樣品，同時振動其指針，在記錄

(丙)

筒上自動示出振動之數,敲擊速率每分鐘約40至70次,樣品擊壞時,記錄筒旁之指針,自能坦然下降,不再上躍。依作者經驗,敲擊次數,似以直接數記指針跳動次數,比較方便,不必由記錄紙上讀出也。

試驗方法:取試料碎成小塊,俾通過半吋之篩孔,秤出500克,(卽半公斤)連同淸水90克,及共重9公斤之二鋼球,一齊放入研磨器內蓋緊,開動馬達,使旋達5000轉,(或二時半)於是括出石糊,用製模器型之。每次取糊約25至28克,入鋼模中,將鋼杵旋動下壓,達每平方公分132公斤之壓力相當於秤杆一端懸重647公斤,乃放鬆壓杵,取出樣品,量其高度,倘高度超過或不及2.5公分,可減增石糊之量以校正之。如是製出眞確2.5公分高之試樣五,置空氣中陰乾20小時,再置電爐中用華氏表200度之溫度烘之四小時後,取置吸濕盅中冷二十分鐘,由是按入敲擊器上,開動馬達,計其擊壞所需次數五次平均,卽得該試料之膠黏係數矣。

(八)網篩分析試驗 Sieve Analysis)

目的:爲分析路粒之大小俾便分配比較之用

用具:網篩全付;自動搖篩器一架(如圖,用馬達轉動); 天秤一架。

器械說明:網篩篩孔大小,列表明之如下:

篩孔號數或大小	篩孔大小	
	公厘	英寸
$3\frac{1}{2}$ 吋	88.9	3.50
3 吋	76,2	3.00
$2\frac{1}{2}$ 吋	63.5	2.50
2 吋	50.8	2.00
$1\frac{1}{2}$ 吋	31.8	1.50
1 吋	25.4	1.00
3/4 吋	19.0	0.75
1/2 吋	12.7	.50
3/8 吋	9.5	.375
1/4 吋	6.33	.25
4 號	4.76	.187
8 號	2.38	.0937
10 號	2.00	.0787
16 號	1.19	,0469
20 號	0.84	,0331
30 號	.59	.0232
4 號	.42	.0165
50 號	.297	0.117
60 號	.221	.0095
80 號	.177	.0070
100 號	.149	.0059
200 號	.074	.0029

自動搖篩器原理至簡,將轉動之馬達,利用偏心作用,振簸緊附其上之一組網篩,其馬達之行止,由一彈簧式電鑰管理之,而此

電鑰又與一計時器相聯,可用彼節制馬達轉動之時間,(通常爲十分鐘)時間一到,電鑰自動彈出,電路即斷,而動作以停。

試驗方法: 1.取代表樣品至少一百克。

2.用攝氏表 110° 度以下之溫度烘乾之至重量不變。

3.各樣品須通過下列相當之各篩孔:

(甲)試驗混凝土粒當用3吋, 2吋, $1\frac{1}{2}$吋, 1吋, 3/4吋, 3/8吋, 4號, 8號, 16號, 30號, 50號,及100號等網篩;

普通使用者大體相同,至機桶本身,則又分爲四部:其一爲桶之兩端,名曰"頭"(Heads),作一平面之正十四邊形,內接於$28\frac{3}{8}$吋直徑之圓內,多爲轂盤狀,間有作整盤形聯於軸上者,其厚度在3/4吋至7/8吋之間;兩"頭"之外,圍以"頭襯",(Head Liner)厚約1吋闊爲$1\frac{1}{8}$吋,緊附"頭"外;桶壁由[字鋼所組成,(6"[α 15.5井×$27\frac{1}{4}$")每條間留一槽,以備磚屑之下落,總名桶槽(Stave);槽之內面護以較堅之鋼片(3/8"×$5\frac{1}{2}$"×$19\frac{3}{4}$"),以減磨耗,是爲槽胎(Stave Liner)。

機桶全身,裝置於生鐵架上,該架之强度,應足支全機之振動而有餘,主動之馬達上,附有計轉器以示轉數。其用助磨耗之鐵球分兩種,在「用具」項下業已載明,故不贅。

試驗方法:取整磚十塊,秤得其總重"a"至0.1磅,與大小鐵球一同關入桶中,用每分鐘三十轉之速率,將桶轉達1,800轉,取出磚塊,刷淨秤之,得淨重"b",(磨下磚屑,小於一磅者不計),即得所求之百分率如下:

$$磨耗百分率 = \frac{a-b}{a} \times 100$$

所得百分率,再按照下表加以改正,即得正確之結果矣。

試前10磚之總重,磅數,	應減去之改正百分率
大于95者	0
90至94者	1.0
85至89者	1,5
80至84者	2.5
75至79者	3,0
70至74者	3.5
65至69者	4.0
60至64者	5.0
小于59者	6.0

(未完)

國有各路車輛過軌問題

曹 麗 順

鐵路車輛之自一路流往他路,名曰過軌。我國國有各路之過軌車輛,可分二種:一爲計算車租者,一爲不計算車租者,前者以貨物聯運爲最要,後者以軍用爲最要,其所用車輛及過軌辦法,頗爲不同。現在聯運車輛過軌,有章則可據,又有聯運處監督管理,可謂已上軌道。至於軍用車輛過軌,雖爲事實所常有,而幾爲鐵道部所不問,各路之間,更無畫一完善之辦法,僅能採用一種臨時權宜之方策。然追原禍始,則自民國十四五年以後,連年軍事,路政破壞無餘,尤以車輛之拆散毀壞,爲不可恢復之損失,且有大部分流往關外,無從物歸原主。迨南北統一,鐵道部成立以後,雖有整頓之決心,無奈車輛之紛亂過甚,欲求澈底清理,既非咄嗟可辦,而各路但顧自身之利害,意見難求其一致,或且狃於現狀,不願更張,亦非無有。是故聯運車輛之所謂上軌道,仍是一種不澈底辦法,僅求於現狀下,謀聯運之實現而已,對於原來車輛之紛亂,固無絲毫之裨補也。

聯運與軍運車輛過軌之現狀

國有各路之貨物聯運,因軍事關係,停頓已久,迨前年第十六次聯運會議,通過負責貨物聯運暫行辦法,並於是年十一月一日實行,而貨物聯運方始正式恢復。當時鐵道部非不知應先清理車輛,但深感於各路車輛紛亂太甚,兼以環境關係,一時不易辦到;然又急於實行聯運,故不得不將各路車輛,暫時加以劃分。遂製定一種通融辦法,令各路於十月三十一日將全路車輛,點查清楚,凡是日車輛之在某路者,不問其原係何路車輛,一律作爲暫屬該路,遂有『現屬路』之名稱,又規定凡車輛之完好而適合於聯運之用者,不問其原屬何路,均須加刷三角形之符號,及『現屬路』之路名於車身,以爲標識。

觀於上述辦法,鐵道部於實行聯運之先,既未能求車輛之根本清理,而反因實行聯運之故,將原來已經流往別路之車輛,於現狀下,加以一重保障;僅能使此後之聯運過軌車輛,獲得一種標準,免各路不敢放車輛過軌,致聯運無從實行耳。

鐵道部苟不規定上項權宜辦法,則聯運之恢復,必不可能。蓋各路深恐本路車輛,一經流往他路,卽無法收回,或流出之車輛係情形完好,而收回者則破壞不堪。故鐵道部爲從速恢復聯運,以增進路收,便利客商起見,惟有於現狀下暫時不顧車輛清理問題,而承認恢復聯運以前之紛亂狀況爲常態,並保障以後聯運車輛之送還。此言恢復聯運以後,甲路如有某號車一輛,因聯運關係,開往乙路,乙路於車輛抵到達站卸貨後,必將原車交還甲路,在相當期內,乙路須出車租,逾期須出更高之延期費,以爲遲不交還之懲罰,

以普通之眼光觀之,上項辦法,雖未能言車輛之清理,至少可以將紊亂狀況,畫一段落,當不至更有困難情形。然一考實際,則殊不然。

第一,部令各路於同日清查車輛,而未規定清查時刻,故如在甲路點查以後,同日卽有車輛流入乙路,而乙路適於收到是項車輛後,方行查點,則是項車輛,在甲乙兩路,均可以『現屬路』自居,根據此項查點而編製之車輛清單,卽不正確。第二,甲路原有之車輛,於查點之日,已在乙路者,則乙路卽爲『現屬路』。此後如因聯運過軌,而重回甲路,則甲路反不能行使其主權,而必須視爲乙路之車輛,照章送還乙路。第三,如甲路有自乙路過軌之車輛,於到達站卸貨以後,擬裝回頭貨物,但查出該車原係丙路所有,而路單上此次又從丁路起運,並經丙乙兩路以達甲路,站上裝貨員司,往往不易斷

定究應將此車送回丙路抑丁路。此種及類似情形之發生固尚不免為一種紊亂之現象也。

恢復聯運以後，凡聯運車輛之過軌，除聯軌站當事人員，互簽交付通知書，各執一份，並報告各本路車務處外，尚須以一份呈報聯運處，登入記錄，代算車租及延期費，且可監視原車之歸還；此項辦法，實行以來，絕無問題。至於軍運過軌車輛，既不在聯運處職權以內，亦無其他組織或部分，專司此項監督工作，故其紊亂情形，仍舊繼續延長。

各路辦理軍運，均奉部令而行，鐵道部或亦鑒於軍運過軌車輛之不易使其物歸原主，故遇電令辦理一路以上之軍運時，大都分飭各路備車裝運。此言如有軍用品，須由津浦之浦口裝運，轉往隴海，則該列車到達徐州之際，該站卽應將其卸下，轉裝隴海所備之車輛運出。但事實上確有不便如此辦理者，如軍人強迫原車裝運過軌，或該項軍用品，卸於站台時，恐其遇雨受潮，或物體笨重，非有起重機不能裝卸，凡此種種以及類似緣由，皆足以使原車流往他路。而鐵道部對於軍用車輛之不得不過軌者，認為係各路間之通融辦法，不負何項責任。故既無車租之規定，亦並無原車送還之條例，因此各路遂衹求一時之便利，而不復顧及車輛之統屬。

車輛一到外路之後，或為軍隊扣留；卽使經所在路向軍隊索回之後，該路或因一時急需，亦遂自由留用，甚或又轉往他路，而有所謂三路以上之過軌車輛，如津浦車輛經隴海而流入平漢，或平漢車輛經北甯而流入津浦再轉往京滬是也。

軍運車輛流用之事，既不能免，而鐵道部公文上，係令各路備車，卽不負流用之責任，惟有由各路自謀清理。然既無處理交還軍運車輛辦法之規定，各路遂無一定之章則可守，更未免各以本路之需要為前提，而不顧他路之利益，此正所以造成現在車輛紊亂之情形。故過車輛過軌之後，卽無歸還希望，或正列車過軌之後，卸去軍用品，卽拆散駛用，縱有數輛交還，而其餘之若干輛，輾轉散失者,往往有之。

各路見軍運車輛流出後,無法索回,自不得不籌補救之法,遂有兩路之間,互訂辦法之舉。如隴海津浦之間,同意於抵噸辦法,因河南軍隊,近年來剿匪工作甚多須受中央接濟,故軍運頻繁,取抵噸辦法,則不論何種車輛,可以抵換,祇須某一時期內之總噸數相等,實最爲簡捷,北甯津浦之間,則採抵車辦法,如津浦有軍運車,轉往北甯,得預先通知北甯,請其預備同種類同噸位之車輛,屆時雙方同時交換,將來仍須將原車交還。但此舉亦有困難,如津浦北甯對換貨車六輛,各將車號記明,言明將來仍須原車互換交還,及北甯卸去三輛,掛回天津總站之時,津浦未必能有北甯原車三輛在津,可以互相換還,不得已祇能再將同種類之津浦車三輛相抵,如此一再抵換,彼此車號,亦復糾纏不清。至於抵噸辦法,則根本不求車輛之清還,故愈抵而愈混亂耳。

車輛混亂之根本原因

各路車輛之混亂,無非直接間接,由於軍事,固盡人皆知,然其所以無法查究,則尚有根本原因數端。一爲軍事既興,一路車輛流往他路,而他路遇修理該項車輛之時,往往改漆其本路之路名車號,故如甲路車輛在乙路修理,卽變爲乙路車輛。二爲車輛經乙路修理之後,亦有雖將路名更改,仍襲用甲路之號碼,而未按乙路制度重行編號者,以致乙路上發生特別之車號。三爲乙路雖將車身之路名車號改換,而於底盤上之小字號碼,並未抹去改漆,以至大小號碼不同,抄車號時,有時僅看小字車號,未及注意車身號碼,遂不免發生糾紛,此種情形,於夜間抄號時尤易發生。四則如甲路車輛,經乙路漆改之後,已變爲乙路車輛矣,而日後又因軍用或聯運流入甲路,且入甲路機廠修理,於是在車底查明,原係甲路之車,因而又加改漆,仍變爲甲路之車。五譬如甲路沿綫,有煤礦自備容量較小之十五噸車,因被軍隊强拉作軍運,流入乙路後,亦經其修理改爲乙路之車,而其車號則僅有數字二位,與其他國有路車號,位數完全不同，遂亦成爲一種特別車輛。六則前抗日軍事時期，各路車輛集中豐台，北甯路遂一律加刷『北甯軍用車』（M.T.）字樣，使皆變成北甯車輛。於以上各原因以外，北甯路因關外段淪陷以後，其車輛超過需要，遂由鐵道部收回若干列，分配於其他各路，作爲借用或租用，而稱之爲部有車輛，於車身加刷『部』字，而車輛系統遂更雜。

現狀下車輛紊亂之情形

現在車輛紊亂情形，可舉數例。如原係津浦某號車輛，於恢復聯運前流入北甯，則北甯成爲『現屬路』，而該車又流入平綏路，復經平綏填發路程單，因聯運而經北甯復入津浦。此種車輛，津浦反應付車租與他路，已屬於理不合，而應得車租之路，並非『現屬路』之北甯，而爲起運路之平綏，此非細加思考，不易確定者也。又有北甯車一輛，於前年八月，過軌津浦，轉入隴海，然隴海既未送還原路，反誤用而流入平漢。去年八月，該車竟由平漢運煤到北甯，但數日後卽復開回平漢。而此一年中，北甯路電有關各路，查明放回者，不知幾次，據云平漢路亦有同號車一輛，遂使此事益陷於混亂困難。

去夏在浦鎮機廠見破敗不堪之貨車多輛，停廠待修，據云該廠限於能力，先儘修本路車輛，而外路車輛之停留者，受風日暴露，益形朽腐，殊爲可惜。實則此項車輛，本已不能再用，與其費錢修理，何如添購新車。至少亦應規定辦法，對於此種車輛，或送回本路修理，或由所在路代修，而徵收修理費用，較之經年累月之空置毀敗，尙勝一籌也。

恢復聯運時，規定凡車輛之合於聯運條件者，須加刷三角形，故無三角形之車輛，即不能作聯運之用。至於軍用車輛，原以不整齊者充之，但若遇特別情形，不得不以有三角形車輛改充軍用時，則固不受何項法令之束縛。然亦有良好車輛，合於聯運條件，但常在使用，而不能抽調入廠，加刷三角形者。亦有已刷三角形，而運用漸已損壞，無暇修理，儘可改充軍用者。是刷三角形之辦法，亦不得謂為正本清源之道也。

若干年來紛亂之結果，可於各路車輛數目之增減見之。據與隴海路有辦理車輛過軌之接觸者言，該路在民國十七年，僅有客車八輛及貨車數十輛，而現在則共有一千二百輛左右。又聞平漢路從前有車二千餘輛，現存本路車僅約一千餘輛。各路之中，以北甯之車輛為最多，實超過其本路之需要，故前在該路集中之M.T.軍用車五十列，每列約二十輛，除經該路先提出數百輛出租外，餘亦已由鐵道部分配各路應用。至於部路所發表之車輛數字，大多與實際不符。

清理車輛之意見

在如此狀態之下，若謂鐵道部不知車輛之應整理，是又不然，其所以不能毅然決然而行之者，大概為事實問題。吾人既明了某路車輛減少，某路車輛增多，則如一旦實行清理，即對於某某路為有利，某某路為不利，有利者自歡迎之不暇，不利者殊難望其合作。鐵道部之所以遲疑審慎，不肯斷然實行之者，蓋有所顧慮，與其令而不行，反不如暫時聽其自然之為愈耳。

然各鐵路間，尤其車輛損失較大之路，決不能默爾而息。此項車輛之紛亂，雖嚴格言之，與聯運無關，但聯運會議，則係各路集合討論公共問題之一種機會。故前年第十六次聯運會議，有清理車輛議案二件，管理車輛議案一件，其合併之議決文，僅謂『原則通過，請大部俟相當時期儘先辦理』。去年第十七次聯運會議，又舊案重提，其議決案義正辭嚴，可謂有進一步之表示，雖實行有待，而紀錄不能推翻，可為將來清理之張本。鐵道部於今年二月八日業字第四四二號訓令，照案令知各路，略謂『據聯運處案呈第十七次國內聯運會議第一三一議案，「各路原有車輛，不論現在何路，其所有權，應仍屬之原有路，不得由所在路自由改造，以便清理，而利修理案」，業於第七九議決案內，議決「呈請大部令飭各路遵辦」等語，應准照辦』。足見鐵道部雖尚無實行清理之辦法，而對於此項原則,固加以確認矣。

是項原則既定,而實行之辦法如何,蓋爲鐵道當局所應注意研究者。不佞敍述至此,敢略陳管見,以爲留心是項問題者之參考。

(一)先行調查各路現有本路車輛,本路車輛之在外路者,外路車輛之在本路者,及預計清理後各路實有之車輛數目。

(二)調查各路現在營業狀况,需要車輛之數目,清理後應否補充。如因應付營業,車輛實係不足之路,鐵道部應統籌全局,或酌盈濟虛,租借使用,或責成鐵路添購,如鐵路能力確有不及,則由部代爲設法補助。

(三)爲實行清理及管理車輛起見,仿照前北京舊交通部辦法,在部內設立全國車輛調度處或類似機關,以專責成。其應辦之事,可舉其重要者如下:

(甲) 由處指導各路,於同日同時清理各路車輛。

(乙) 監視各路點還車輛。

(丙) 辦理各路車輛之登記,編號;及按時刊行各路車輛號碼數量,及行動狀况。

(丁) 辦理各路非聯運車輛過軌之記錄,訂定交還辦法,並監視其執行。

(戊) 按時調查各路車輛之盈虛狀况,監視其應否補充,並審核購買新車之規範。

(巳) 規定車輛在外路時,代爲修理及收費辦法,或限期送還原路修理,並考查其執行。

上列數點,係此項機關應行辦理之重要工作,非僅爲一時清理之目的,且亦爲長治久安之辦法。其有屬於車輛過軌問題以外者,則以是項機關之設立,其職權固應以整個車輛問題爲目標,而不當專以一部分畸形狀態之改正爲限也。車輛之能否清理,雖不以是項機關之設立爲前提,而另有其他之原因在;然如果決定清理並謀車輛系統之得永久維持,則專設機關,集中事權,要爲不可少之舉耳.

BOOK REVIEW ON TECHNICAL MECHANICS

BY MAURER AND ROARK

潘 世 甯

I. INTRODUCTION

It is the present purpose to give a general review on this text book of mechanics, and to compare its methods of presentation and the approaching of the different problems with those in Mach's "Science of Mechanics".

Comparing their purposes of writing, clearly shown in their first pages, there is no surprise in finding that the treating of the same science can be so much different both in their order and their scopes. "The present volume is not a treatise upon the application of the principles of mechanics. Its aim is to clear up ideas, expose the real significance of the matter, and get rid of metaphysical obscurities." Against this view is the present book, which begins with: "On the theoretical side, practically every subject discussed herein has a direct bearing on some engineering problem. The applications were selected and presented for the purpose of illustrating principles of mechanics and for training students in the use of such principles."

Their aims have been in both cases attained. Both, however, have hardly conceived that they are a little bit overdone. The former would drop out too many principles in this science which are much used in practice, such as: Instant centers, impact stress, indeterminate cases, and gyroscope, etc. The latter would even try to avoid the name of Newton for the clearing up of all confusions in the development of this science. Lack of historic interest tends to obscure the sequences of reasoning in many cases.

As to the differences in definitions, in the derivations of formulae, the divergence is expected, and will be pointed out as we go on.

II. STATICS

(*a*) *Force:* This is defined according to the most commonly used idea as a push or pull exerted on one body by another. While this is thought by some as somewhat metaphysical, it is found to be the most easily conceivable definition. The idea that force is any circumstance of which the consequence is motion, is correct in its sense but less convincing.

(*b*) *Moments:* From the beginning of this science, the product of a force and its distance from the axis of rotation has been known to be the equilibrium disturbing effect of a force. Here it is defined as the tendency of a force to turn a body about a specified line, which amounts the same thing. Its significance is, however, not shown at all.

(*c*) *Composition of forces:* The parallelogram of forces is to be regarded as a truth based upon experiment and observation, and not subject to mathematical demonstration from any more basic fact. It can be proved mathematically from the principles of moments, but the latter is only based on experiment and observation. Without going into any detail of the development of the law, it is taken just as a principle which can be used to treat the resultant effects of two or more forces. Since it is emphasized with regard to its utility in engineering, its application to different system forces are fully given, both in graphical and algebraic forms.

(*d*) *Equilibrium:* This is here treated only with respect to the static moments alone, i.e. when $\Sigma x = o$, $\Sigma y = o$, $\Sigma z = 0$, and $\Sigma M = 0$. Mach also shew that condition of equilibrium can be obtained by the principle of virtual velocities, i.e. when $\Sigma Pp = 0$, or in words: for the configuration of stable equilibrium, the element of the work, or the differential of the work is equal to zero. When the differential is zero, the work done is usually either a maximum or minimum, the former corresponds to stable and the latter unstable equilibrium. But as ordinary problems can be solved without this complication, conditions given here are thought sufficient. The applications to different force systems are also clear and convincing.

Then unlike Mach, the application of the conditions of equilibrium for the solving of stresses in members of trusses and frameworks, which consists the most useful phase of this science at present, is given in full. Graphical methods which are so much easier and less mistakable than the algebraic anaylsis, but disliked by physicists and mathematician, is also clearly explained for the adoptation on all engineering problems.

(*e*) *Friction:* This is a subject which all theoretical investigators do not like to attack. In fact they endeavor every day to find more and more general laws which will fit the facts appeared to us, i.e. the Economy of Thought in Mach's idea. The coefficient of friction, or rather the character of the friction force has been proved to differ not only with different materials, but also the nature of the surface. Two bodies rubbing together may have one-half the friction force when they have smooth than rough surfaces. Naturally, it is considered as perplexing and precarious, and being fortunately but comparatively small in many cases, it is ordinarily neglected in theoretically treated subjects.

In practice, however, friction is inevitable, though undesirable, and sometimes indispensible; and for conditions prevailed in engineering problems, coefficient of friction, or character of the friction force is quite definite. Hence it is necessary and also feasible to estimate approximately its effect.

Then the book gives the effects of journal friction, pivot friction, and rolling ressistance, and also the necessity of friction in belt transmission, the self-locking of Jackscrews, and the use of wedges. Though these can not cover all the cases where friction should be considered and can be estimated, yet they serve very well as examples of the applications.

(*f*) *Center of Gravity:* This has been treated in the usual way, and is best implied by the equation:

$$W\bar{x} = W_1 x_1 + W_2 x_2 + \cdots\cdots$$

The constancy of this point, and the derivation basis—the principle of lever, however, are not interested at all, while actual methods of determining the point, by balancing, by weighing, and by inspection are also given. Also the calculations of centroids of lines, surfaces, and solids, bearing the same nature, are inserted. The general equations read as follows:

$$L\bar{x} = \int dL\, x, \qquad A\bar{x} = \int dA\, x. \qquad V\bar{x} = \int dV\, x.$$

(*g*) *Suspended Cable:* Starting from a parabolic cable of symmetrical suspension, and using the moment condition of equilibrium of a portion of the cable, the equation of the cable is obtained in the form $y = \frac{4f}{a^2}x^2$, where f=sag, a=span. By integration, the length of the cable can be calculated, but approximate formulae and tables for its evaluation are given for practice uses.

Similarly, equation for the unsymtetrical cases is found to be: $y = (4f+b)x/a - 4fx^2/a^2$, where the origin is taken at the higher end, and b is the difference in level of the two ends. Still complicated formula is given for the length, and graphs supplied for its application.

For the catenary, also the condition of equilibrium $\Sigma X = 0$ is used and equation of the catenary results into

$$y = c/2\,(e^{x/c} + e^{-x/c})$$

To find the length of the cable, sometimes trial method has to be used both for this and the unsymmetrical cases.

Hence we see that starting straight forward, the book has given the most useful part of the suspended cables. As to the reason why they assume such forms of equilibrium is thought to be unworthwhile of any notice. As a matter of fact, the deduction of the equations here used from the fundamental fact that they assume the form of lowest center of gravity has not been attempted by any one till now.

III KINEMATICS

(*a*) The treating of this part separately from kinetics has the advantage of giving the students a clearer view to distinguish between motion itself and the causes of motion. Nevertheless, still better illustrations or examples seem to be necessary to form in the mind of the students a clear picture of what those mathematical equations mean. Thus it starts from path, position, and displacement of rectilinear motion, with references to a fixed point in the path. So far as only the relative motion to the earth is our interest, this has nothing to do with regard to absolute space idea.

(*b*) *Velocity:* Velocity is defined as the time rate at which the displacement of a moving point occurs, and mathematical expressions, $v = \Delta s / \Delta t$, for uniform and $v = ds/dt$ for variable velocity are given. Though it is neither implied in the definition nor expressed in the equations, velocity is said to have direction, and "speed" is the name for the scalar quantity. The notion of velocity existed even in the days of Galileo, though the express formulation did not take place long afterwards.

(*c*) *Acceleration:* Similarly the time rate of changing of the velocity of a point is defined as acceleration, and also $a = \Delta v / \Delta t$, and $a = dv/dt$ for uniform and nonuniform accelerations. To this point, it is highly important to have some good pictures in the mind of the students so that can get easily acquainted with these equations. If the study starts from a falling body, the case is different, as that gives a pretty good pictures of accelerated motion. The paragraph on the "features of a motion determined by integration" gives still more vague impression of motion.

(*d*) *Graphical representation:* This part is thought the most justifiable one, as these graphs will be much frequently used in engineering problems,and form the best, and simplest representation of all relations between these charcterictics of motion. Thus it gives space-time, velocity-time, acceleration-time, velocity-space, acceleration-space, reciprocal acceleration velocity, and reciprocal velocity-distance graphs.

(*e*) *Some special motions* are then discussed, such as the uniform accelerated motion, simple harmonic motion, and the motion of a piston as an approximate harmonic motion. This is so highly useful, that they can not be spared as is the case in some books. But a still better point is the introduction of real conception of the harmonic motion. The yoke and crank illustration shows well what a simple harmonic motion is, and helps to explain what the equation $a=-\omega^2 s$ means.

(*f*) The treating separately again of *the curvilinear motion* is also an advisable plan. In all considerations of displacements, velocity, acceleration, they have taken in the provisions for the change in direction. For the case of change in velocity, Hamilton's Hodograph is used. For acceleration, axial components, and radial and tangential components are introduced. Hence $a_x=dv_x/dt$, $a_y=dv_y/dt$, $a_z=dv_z/dt$, for the axial components, and $a_t=dv/dt$, and $a_n=v^2/r$. The authors have the habit of using too much mathematical forms, with insufficient real illustrations. This seems to be especially short for this point. It is not easy at all to conceive what the radial component of acceleration means.

The derivation of the expressions for the tangential and radial components is not as usually given, being based on the Hodograph. Referring to the figures,

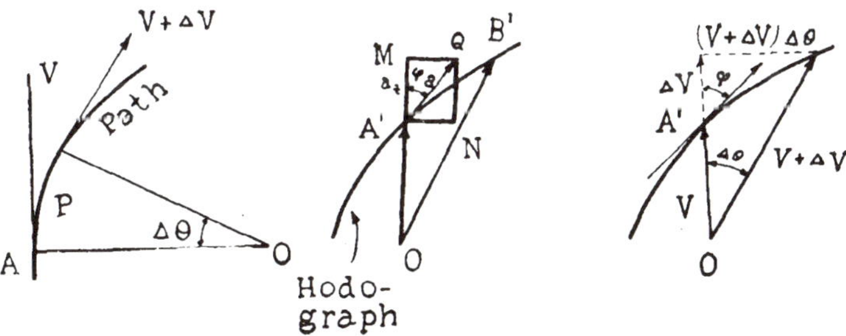

$a_t=a\cos\varphi=(ds'/dt)\cos\varphi$, $a_n=a\sin\varphi=(ds'/dt)\sin\varphi$

$\cos\varphi=\lim(\Delta v/\Delta s')=dv/ds'$, $\sin=\lim\dfrac{(V+\Delta V)\Delta\theta}{\Delta s'}=vd/ds'$ But $d\theta\ ds/r$, therefore

$a_t=(ds'/dt)(dv/ds')=dv/dt$, and

$a_n=(ds'/dt)(vd/ds')=vds/rdt=v^2/r$.

This comes out as a purely geometrical relation, using fully the advantages of better mathematical knowledge. Physically, it does not help any one if he could not see this component.

Mach's narration of Huygens' method seems to be clearer and the reasoning is also stronger physically.

(*g*) *Motion of a rigid body:* In this section are contained five topics: Translation, Rotation, Plane motion, and spheric motion, and Relative motion. In the first one, it is quite easy to see that every point in a body has the same motion, i.e. the same displacement, same velocity, and the same acceleration. Rotation is defined as such a motion that one line of the body remains fixed. Then we have angular displacement, angular velocity $\omega = d\theta/dt$, and angular acceleration $\alpha = d\omega/dt = d^2\theta/dt^2$. Also the relation of this angular velocity with the linear velocity of any point in the body is found as $v = r\omega$.

Plane motion is a motion in which every point of the moving body remains at a constant distance from a fixed plane. It can be regarded as a combination of Translations and Rotation or as a Rotation about a moving axis. This brings in the use of instantaneous centers determined by graphical method, which is so much disliked by all physicists. It is, however, found to be very useful and simple in finding velocities of different parts of a machine.

Spherical motion is defined as motion of a rigid body with only one point of the body fixed. It can be taken as a rotation about a moving axis. The composition and resolution of angular velocities is also illustrated by graphical method. Then a general three-dimensional motion is shown to be able to be represented as a combined translation and rotation.

Relative motion. By this is mean the motion of a point relative to a point or a body other than the earth, with respect to which,all motions are considered to be absolute. With an example of bug and card, it is shown that the absolute displacement of a point equals the displacement of it relative to any point plus the absolute displacement of the second point vectorially. Similarly, the absolute velocity or acceleration of a point equals the velocity or acceleration of that point relative to a second point plus the absolute velocity or acceleration of the second point vectorially. Thus:

$$D_p = D_{pq} + D_q, \quad V_p = V_{pq} + V_q, \quad A_p = A_{pq} + A_q \cdot$$

If we are now considering the motion of a point relative to a moving *body*, it is then different. It is shown that when a point is moving relative to a moving body, the absolute velocity of that point equals to the vector sum of its relative velocity and the absolute velocity of that point of the body with which the first point coincides at the instant in question. For the acceleration, which can be deduced easily from Coriolis' law, it is shown that the absolute acceleration of the point equals the vector sum of three accelerations, namely-the relative acceleration of the point, the absolute acceleration of that point of the body with which the first point coincides at the instant in question and a so-called complementary acceleration. The last acceleration is represented by a $2V_{po}\omega$, V_{po} is the relative velocity of the point to the body, and ω is the angular velocity of the body at the instant in question.

All these foregoing are explained and illustrated clearly. They are not touched at all in Mach's book. As they form a very clear view of the different kinds of motions, it serves to clear up any confusion when we are studying Kinetics.

IV. KINETICS

This is divided into four sections treating: 1. Fundamental facts including a. motion of a particle, b. motion of a rigid body, 2. Work and Energy, 3. Impulse and Momentum, and 4. three dimensional motion of a rigid body. As the different kinds of motions and their characterictics have been treated exhaustively before, it remains in this part to see its relation with forces, and appears to be rather simple and brief.

1. (*a*) Most books follow the historical sequence of developement of dynamics and used to start from the motion of a free falling body and its force relations. While this gives a fairly good conception of the direct meaning of velocity and acceleration, it often causes confusions to the gravitation, and the distinction between mass and wieght. In the examples given in the beginning of the study of kinetics in this book, other common phenomena are given, and gravitation is treated as a force, equal to a push or pull from our arms, and the word weight has been carefully avoided until its relation with gravitation has been known.

(*b*) *Weight and Mass:* Weight of a body has been defined as the earth pull on it, and mass is given for the name of an amount of material. The last one is again the same conventional definition which corresponds to what Newton used as the volume times its density, and has been since used. However, as Mach pointed out, this is far from being a satisfactory one.

(*c*) *Force-acceleration equation:* Instead of starting from Newton's laws of motion, the authors have described a set of possible experiments using spring scale to measure force and speedometer to measure velocity. From the graphical records, one can easily find out the relations between force and the increment of velocity. By reasoning from the fact that only the constant force of gravitation is acting on a free falling body, and taking for granted the acceleration g as known, and the force is equal to the weight, $F=Wa/g$ is obtained. This is not so logical as desired, remembering that the presence and constancy of the gravitational force is only deduced from the falling body relation.

Then a second form involves the masses of bodies, from results of their described experiments.

$$a':a'':\ldots\ldots=F'/M':F''/M'':\ldots\ldots$$

therefore $\quad F'/M'a'=F''/M''a''=\ldots\ldots=K,$

hence $\quad F=MaK$

For units of F M and a as commonly used, $K=1$.

(*d*) *Units:* The fundamental units are so chosen that the constant K in the former equation equals unity, and they are called kinetic units. Then still two systems are in use, the absolute system, and the gravitational system. In the former the units are said to be absolutely constant, and in the latter, the units of force depends upon the gravitational acceleration g. In both cases, the relation $M=W/g$ is maintained. Though no account has been given to the standards of these units, yet they are presented in such clear groupings that they are easily used by all students of engineering.

In appendix, the principle of Dimensions of units is given in full. Besides giving the corresponding dimensions of different units, some applications have been related, thus: it serves as a test of accuracy of equations between mechanical quantities, helps to express a magnitude in different units, and ascertains the unit of the result of a numerical calculation.

(*e*) It seems to be the authors' idea not to mention the name of any investigator whose results of study have been great contribution to this science, even that of Newton on the laws of motion. This overlooking of historic interest is as rendering the treatise less comprehensive as too much emphasize on it. The former suffers from the possible intorduction of ideas reasoning the early discoveries from the results of them, while the latter can hardly comfront with the easiest way of approaching the science. Take for example, the free falling body problem, the former would omit the most ingenius, and elaborate reasoning and determination, while the latter gather too much on this occasion for any brief conception.

The three laws of motion have therefore been barely stated with very few remarks and discussion. The third one has been stated as a definition in statics. It is felt somewhat short at this point.

Inertia is given here as a measure of the force per unit accelerations required to give the particle retilinear acceleration. The erroneous notions of force of inertia are seriously criticised, and several facts explained as having no force to change its motion.

(*f*) *Kinetics of a body:* For the motion of the mass center of a body, three equations are enough: $\Sigma F_x = M\bar{a}_x$, $\Sigma F_y = M\bar{a}_y$, and $\Sigma F_z = M\bar{a}_z$. The reasoning used is again of mathematical nature. First acknowledging the relation $F=Ma$, then for all small forces acting on particles

$$F'+F''+F'''+\cdots\cdots = m'a_x'+m''a_x''+m'''a_x'''\cdot$$

Again from definition of mass center,

$$w'x'+w''x''+\cdots\cdots = W\bar{x}$$

$$m'\bar{x}'+m''x''+\cdots\cdots = M\bar{x}$$

Differentiating twice

$$m'(d^2x'/dt^2)+m''(d^2x''/dt^2)+\cdots\cdots = Md^2\bar{x}/dt^2$$

or

$$m'a_x'+m''a_x''+\cdots\cdots = M\bar{a}_x$$

This is very useful point, and good typical problems have been illustrated, so it is clear to apply.

In kinetics of a rigid, body, motions of translation and rotation are separately treated. Resultant of all force acting on a body having a motion of translation is a single force whose line of action passes through the mass-center of the body. As this counts not very much in the science of mechaincs, it is contained in one paragraphs in the chapter on laws of conservation of center of gravity in Mach's book. But as it is so highly important in application, much emphasize is laid on it in this book, and also illustrative problems are worked out to show its uses.

Rotation of a rigid body is a different problem. Mach did not attack it at all, except a little on moment of inertia of a body in Huygen's principles of the compound pendulum. In this book, taking the rotation of a body about a fixed axis through any point of the body, resolving all small forces on different particles into tangential and radial components, and knowing all radial components will have no moment about the axis of rotation, the external torque

$$T = m'r'a_t' - m''r''a_t'' - \cdots\cdots = m'r'r'\alpha + m''r''r''\alpha + \cdots\cdots$$

$$= \alpha\,\Sigma mr^2 = I_o\alpha.$$

Calling mr^2 the moment of inertia I_o of the body about the axis of rotation, the usual equation is obtained. No limitations are given, and even in the appendix on moment of inertia, no attempt is noticed to show that there is no physical meaning of this quantity.

(*g*) *Pendulum:* As is always the case, discoveries start from the simpler facts. Huygens reasoned from the motion of a point on a circle the relations of $T=2\pi\sqrt{r/\varphi}$, T=period, r, radius, and φ radial acceleration. Putting $f=x$-component of $\varphi=\varphi x/r$. If $x=1$, then $T=\pi\sqrt{1/f}$ for a to and fro excursion. Take a pendulum swinging in small angle α, $f=g\alpha/1\alpha=g/1$, and $T=\pi\sqrt{1/g}$.

It is then followed by the principle of Huygens, that in whatsoever manner the material particles may by mutual interreaction modify each other's motions, in every case the velocities acquired in the descent of the pendulum can be such only that by virtue of them, the center of gravity of the particles, whether still in connection or with their connections dissolved, is able to rise just as high as the point from what it fell. This can be seen from the accompanying figures. Then by logic

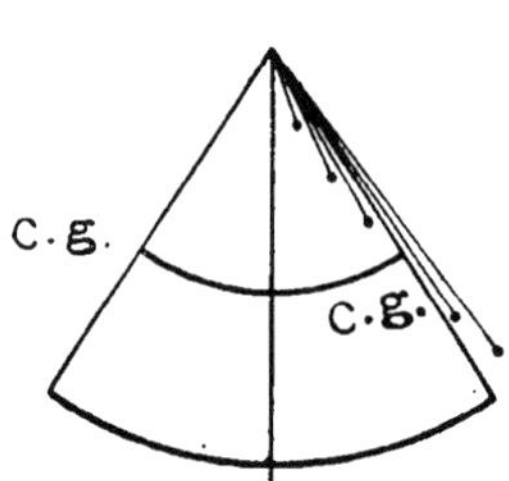

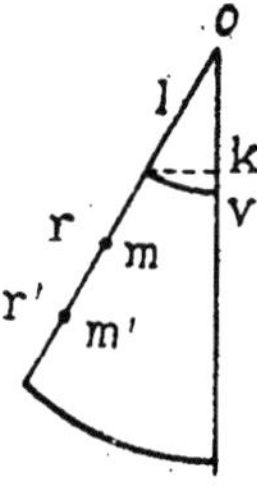

physical reasoning, het got the descent of center of gravity when connected as

$$\frac{mrk+m'r'k+m''r''k+\cdots\cdots}{m+m'+m''+\cdots\cdots}=k\ \Sigma mr/\Sigma m.$$

Let the point at distance 1 from 0 acquire the velocity v, then the descent of the center of gravity of the liberated masses:

$$\frac{m(rv)^2/2g-m'(r'v)^2/2g-m''(r''v)^2/2g-\cdots\cdots}{m-m'-m''-\cdots\cdots}=\frac{v^2\ \Sigma mr^2}{2g\ \Sigma m}$$

This should be equal to that given above, hence

$$k\ \Sigma mr/\Sigma m=(v^2/2g)\ (\Sigma mr^2/\Sigma m),$$

or $$k=v^2/2g\,(\Sigma mr^2/\Sigma mr)$$

As the pendulum of unit length will have a period of $T_1=\pi\sqrt{1/g}$, and velocity acquired at bottom of swing is $v_1=2gk$

then $$T/T_1=v_1/v,$$

or $$T=\pi\sqrt{\Sigma mr^2/g\,\Sigma mr}=\pi\sqrt{Mr^2_g/g\,M\bar{r}}=\pi\sqrt{r^2_g/g\bar{r}}.$$

The reasoning is logic and alsoeasily conceived.

In this book, however, this is started from the complicated end of a compound pendulum. Writing the moment equation, using $T=I\alpha$, and by integrating, the same equation can be obtained. Then the simple pendulum is treated as a special case, as when $\bar{r}=r_g=1$, then $T=\pi\sqrt{1/g}$. This is the too much mathematical, and it is not thought as good as that cited above.

Center of percussion was first investigated by Wallis. Mach, however, did not take it up. The derivation in this book of the relation

$$d=(b^2+k^2)/b=k^2/b,$$

where d=distance of this center of percussion, from the supporting point, and b, the distance of the center of gravity from it, and k, the radius of gyration, is thought justifiable and useful.

(*h*) *D'Alembert's Principle:* As it is interesting and essential in the developement of dynamics, Mach had very much to say on this, though no clear statement can be found. But as the same time, this principle is such a good tool for solving many engineering problems, it is also given in this book. The statement of the principle is as follows: The external system of forces, and the effective system of forces for any body are equivalent; and therefore the external system and the *reversed* effective system are in equilibrium. This principle is based on our own experiences and it needs no proof of any kind, and clearly gives the routine method of solving any problem concerning dynamics with the method of statics.

Then the principle is utilized in treating rotation, and plane motion and illustrate fully its application. The running balance of machines, and finding stresses in moving parts show the advantage of this principle.

2. (*a*) *Work Power and Energy:* In studying mechanics, we can start from either of the following ideas: Force and acceleration, $F=Ma$; Work and Energy, $Fs=W/2g\,(V^2_2-V^2_1)$; and Impulse and Momentum, $Ft=(W/g)v$. Following the first idea, the concept of force appears as

the original notion, and the concept of work as derived one. By the second method, work is also obtained as a function of distance $F(r)$, but force is only $dF(r)/dr$, or the limiting value of the ratio (increment of work)÷(increment of distance). Naturally to engineers whose profession requires so much often uses of forces, the first method appeals to them the most.

Accordingly, this book written for engineering students, follows the first method of investigation, and work energy and impulse, momentum become derived facts, and are mentioned barely enough to cover their common uses. Work is defined as being done upon a body when the point of application of the force moves so that the force has a component along the path of the force. Units is different systems are given. It can be calculated by the formula, $W=\int F\cos\varphi ds$, and represented by area under the curve showing the relation between force and distance. Some sepcial problems are worked out.

(*b*) *Power:* Time rate of doing work is the definition. This is much used in modern engineering, but quite less important in the science of mechanics. $P=Fv=Fs/t$, can be used to represent this relation. Units are horsepower, and kilowatts.

(*c*) *Energy:* When the state of a body is such that it can do work, the body is said to possess energy. By integrating the general equation of:

$$=\int(F_1\cos\varphi_1+F_2\cos\varphi_2+\cdots\cdots)\,ds=-\int_0^s m\,(dv/dt)\,ds$$

$$=-\int_{v_1}^{o} m\,(ds/dt)\,dv=-\int_{v_1}^{o} mvdv=\tfrac{1}{2}\,mv^2{}_1.$$

For rotation the sum of kinetic energies of the particles of the body is

$$\tfrac{1}{2}m'(r'\omega)^2+\tfrac{1}{2}\,m''(r''\omega)^2-\cdots\cdots=\tfrac{1}{2}\,\omega\Sigma mr^2$$

or $E=\frac{1}{2}I\omega^2$

Energy of a body in plane motion$=\frac{1}{2}Mv^2+\frac{1}{2}I\omega^2$.

This is shown clearly and easily applied to any kind of problems

Principle of work and energy: This is the fundamental principle from which all the foregoing laws of dynamics would be developped. It states: In any displacement of a particle the work done by all the forces acting on it equals the increment in the kinetic energy of the particle. This is also the principle of vis viva employed by Huygens. Mach put it in the form

$$\Sigma\int pds=\tfrac{1}{2}\,\Sigma m\,(V^2-V_o^2)$$

being as good as the statement here used.

(d) *Kinetic friction*: In this, the book gives account of the friction force in journals, bearings, vehicle resistance, hoisting appliance, and efficiency of machines. Of course only experimental work is the basis of this consideration, and little theory has been established. It is no surprise, that we shall find nothing of this kind in Mach's book.

3. Momentum and Impulse: (a) *To momentum*, again the definition as used by Newton of the product of mass and velocity is applied. This is abstract and lack of physical meaning. Nevertheless, they must have suited very well the mathematical mind of the authors of this book.

Relation between force and momentum is generally shown by

$$\Sigma F_x = \frac{d}{dt}(M\bar{v}_x),$$

and really this is another form of the second law of motion. Conservation of momentum is given as the law which shows that if the algebraic sum of the components of the external forces acting on a body equals zero, then the rate of change of the component momentum equals zero. This was first established by Newton. But instead of imposing this as a fact from authority, it has been shown to comply with phenomena of the solar system and is therefore acceptable.

(b) *Impulse:* The definition is given as follows: If the magnitude and direction of a force are constant for any insterval of time, then the product of the magnitude of the force and the interval is called the impulse of the force for that interval. This is the same as Ft or $\int Fdt$. Units are either dyne-second, or pound-second. The name was suggested by Belanger in 1847.

Principle of Impulse and Momentum: Starting from this principle, we would also get the same relations so far given for dynamics. It states: The component along any line of the impulse of the external force acting on any body for any interval is equal to the increment for that interval in the component of the momentum of the body along that line, i.e.

$$\int (F'x + F''x + \cdots\cdots)\,dt = \Delta(M\bar{v}_x)$$

This is again another form of the second law of motion, which can be written thus: $Ft = Mv$.

(c) *Collision:* This is the laws of impact. According to Mach, Marci, Galileo, Wallis, Wren, and Huygens were all investigators of this subject. For inelastic bodies, it follows directly from the law of conservation of momentum,

$$M'v' + M''v'' = (M' + M'')\,u$$

$$u=(M'v'+M''v'')/(M'+M'')$$

For elastic bodies, it can be shown from Newton's law of motion or Huygens' conservation of energy, that

$$u_1=\frac{M'V'+M''(2V''-V')}{M''+M'}, \qquad u_2=\frac{M''V''+M'(2V'-V'')}{M'+M''}$$

This is not given in this book.

Now the treating of angular momentum and impulse leads to the study of the three dimensional motions is striking. The same results would have been obtained, had they started from any of the two other methods, i.e., force and acceleration or work and energy. It happens that this is the most simple one. Angular momentum is defined as the moment of its momentum about a line, thus:

$$h_x=\Sigma\,(mv_zy-mv_yz)=I_x\omega_x$$
$$h_y=\Sigma\,(mv_xz-mv_zx)=I_y\omega_y$$
$$h_z=\Sigma\,(mv_yx-mv_xy)=I_z\omega_z.$$

Similarly the torque has the relation with the change of angular momentum as force is to momentum,

$$T_x=dh_x/dt, \qquad T_y=dh_y/dt, \qquad T_z=dh_z/dt.$$

Conservation of angular momentum holds also in this case, and angular impulse= $\int T_x dt$, and also $\int T_x dt=h_x$.

This is not touched by Mach. As they are gradually more frequently used day by day, it is justified to be put in here.

4. Three dimensional motion of a rigid body: Continuing on from the angular momentum, spherical and some three dimensional motions are discussed including that of a gyroscope. This has the advantage of arousing the interest for further study.

(End)

粤漢鐵路株韶段工程局鐵道測量實習總報告

譚議

一 導言

方議受業交大時,卽習聞粤漢路株韶段測量之難,及工程之鉅,輙心焉嚮往。卒業後,幸得奉 派來此實習,又幸而得被分發至石郴段測量隊,參加湘粤交界一帶最難之選綫工作,歷時九閱月,舉凡草測初測及定測諸端均始終參與其事,承 隊長之督促,與先進之指導,對於實地經驗,增加不少,誠生平之大幸也!石郴隊結束後,奉 調至第四總段測量隊繼續實習,對於測量工作,更得有熟練之機會。公餘之隙,爰將一年來實習所得,分述於後。作實習總報告觀之固可,作鐵道測量實施寫眞觀之,亦無不可。

二 草測

(一)草測說略 草測之目的,在以簡便之方法,於短時間內,尋出路綫之途徑。其選綫之法,初無定則,全視選綫工程司之眼力與經驗爲之,有一舉手一投足之間,往往爲鐵路日後之繁榮所繫,由此可知選綫之難。

方勘測之初,必先從軍事政治經濟工程諸方面,決定路綫必經之處以爲控制點,則選綫時卽以諸控制點間之方向爲依歸。參謀部所測陸軍地圖,可供參考。野外踏勘,以在山脈横縱之處爲最難;在不犧牲路綫距離之條件下,儘量利用河流山谷與人行道路以為其導,因二者可供吾人以比較緩和之坡度與順直之路向也。

草測所採之方法,往往視地形之需要而異:在平坦原野之地,通常以用計步儀羅盤儀及氣壓儀為便;若遇山勢崎嶇,溝洫交錯之處,或地勢雖較平坦,而水田連陌相望則施用計步儀法,未必迅捷精確,故視距測量法(*Stadia Method*)尚矣。

視距測量法又分兩種,其應用視草測之目的而異,茲分述於下:

(甲)草測僅以勘測為目的者　於甲地至乙地,決意興築鐵路後,則進行勘測以迅捷為佳。如本局此次勘測衡寶支綫,因沿途多水田之障礙,故採用之視距法,於間站安置經緯儀(*Setting Transit Over Alternate Stations*),僅讀前視後視之視終距離縱角及磁性象限方位角(*Magnetic Bearing*)諸記錄,並草繪(*Sketch*)地形之略圖而已此法進行,結果甚佳,平均速度每日可測十七公里有半,而所得之平剖面圖,對於路綫情形,亦可給吾人以充分之認識。

(乙)草測而兼具初測意義者　於山巒起伏之地,選擇路綫,往往發現有可循之途徑數條,足資考慮,或於前人已定之綫,覺有改進之必要者,於是乎有比較綫之測量。石郴一段之草測,多屬此類。惟其地形複雜之故,路綫移動,往往有毫釐千里之差。欲得路綫詳細之比較,非有測量可靠之結果不為功,故上述之間站置鏡法,不足適用,而以每站置鏡法為宜。除仍讀視絲距離縱角及磁性象限方位角三項記錄並草繪地形略圖外,尚須加讀後視視絲距離及縱角以資核對記錄;加讀全圓方位角(*Azimuth*)以求方向之正確;並加讀兩旁之點(*Side-Shots*),用以鈎繪等高綫,而為初步紙上定綫(*Paper Location*)之參考焉。此法進行之速度雖較上法減小,但精確之程度則遠過之。

(二)野外工作　視距測量之草測法,通常分大旂及經緯儀兩班;前者由隊長擔任,率領掌旂及打樁測夫二人,砍草及擔樁小工二人進行工作,後者由工程司及助手一人擔任,率領搬鏡及掌前後旗之測夫二人(若取兩旁點時可增舉花板之測夫一二人),掌傘及砍草之小工二人,緊隨大旂班之後進行工作茲將兩班工作要點,分述於下:

(甲)大旂班 此班任務爲選擇地點,安置樁橛,以爲導綫(*Traverse Lines*)之置鏡點(*Transit Points*)。務使經緯儀班施測時,前後視均無障礙。插旗選點時,全憑目力,但心中亦有打算。若某段將爲切綫,則導綫應不離直綫之方向;若某段將爲彎道,則導綫最好爲曲綫近似之短弦也。其他選綫時注意之點,略舉於下:

1. 中綫 路綫之選定,以順直爲原則。若須應用曲綫時,則以用單曲綫爲原則。複曲綫及反向曲綫,須力求避免。最小半徑應按照本路統一技術會議之决議,决定株洲至郴州間,規定半徑三百公尺,郴州至大石門間,暫不規定。後石郴隊(大石門至郴州測量隊)定綫,自擬最大弧度不得過五度,結果亦祇用至四度四十五分,約合最小半徑二百四十一公尺云。

2. 坡度 最大坡度連同曲綫上折減率在內,規定株洲至郴州間爲千分之六或千分之七,郴州至大石門間爲千分之一五或再較大。曲綫折減率以每度合百分之0.06,或依半徑(R),以百分之$69/R$計算。

若過地勢之自然坡度,已超過最大坡度之限制,若開闢極長山洞,殊不經濟,故通常因地制宜,有集中大坡於一小段而爲協推坡度,(*Pusher Grade*)者;有採用轉轍迴折法(*Switch-Back*)者。但二者或因運輸能力,不能發揮,或因行車動作,有欠便捷;本路爲溝通南北之幹綫,使命重大,故以上二法,勢難引用。祇有不惜犧牲距離,用路綫展伸法(*Developement*),以減低坡度。雖建築經費暫時增加,但將來運價以途程計算,未始無補償也。

坡度不宜連續爲極長之上坡或下坡,務於上坡若干距離後繼以下坡或平道,下坡亦然;俾機車行駛時,藉資舒息。有如工人操作然,於過分勞力後換以輕鬆工作,以資調劑,而恢復其疲勞,則機件不易損壞,而機械之效力增高,斯發生意外危險之機會亦減少矣。非然者若上坡太長,萬一汽缸失調,則有上不得之虞;若下坡太長,一旦制動機失效,則有停不住之險;意外事件之發生,斯難免矣。

3. 其他

a. 選擇路綫,以減少將來維持費用爲原則。

b. 橋梁如非特別情形,務取直角渡河,縱橫曲綫最好不落橋上,坡度最好爲零。

c. 每隔十至十五公里,視地方需要,應勘定車站站址一所以在平道及切線上爲原則。如事實上二者不可避免,則於車站限度 (*Station limit*) 內,弧度不得大過1°,坡度不得超過0.2%。站址長度不得短於七百二十公尺且以及敷設長一千公尺蜷綫爲原則。

d. 若鑿石高於十八公尺者,則須開鑿山洞;若其高度僅及二十公尺者,則以改用開塹爲宜,至於鬆石與泥土之經濟之開塹高度,亦不難以其土石方之單價與開鑿鬆石及泥土山洞之單價計算得之。

山洞之位置,亦以在平道及切綫上爲原則。

e. 選綫時須注意塡挖土方量大致相等,使將來借土及棄土之問題減少。高堤深塹,力求避免,不得已時,甯願多挖而少塡。蓋挖土之路基堅固,不比塡土時有沉陷,且有時須做防護工程也。

f. 公路交叉設法避免。至無可免除時,以平交 (*Level or Grade Crossing*)爲原則。

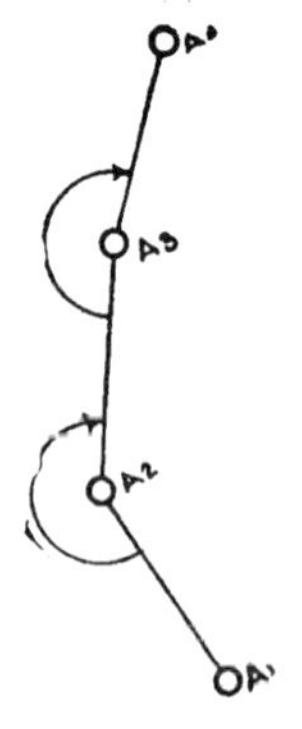

(乙)經緯儀班　大旂班將置鏡點之木樾打好後,則經緯儀班隨即作導綫之測量(*Traverse Survey*)所用視距測法,既有每站置鏡與間站置鏡兩者之不同,玆舉每站置鏡法說明之,則間站法不待述矣。要點如下:

1. 安置儀器於導綫置境點上,量鏡高(*H.I.*),置游標 (*Vernier*) 於零。

2. 如右圖假設儀器在A_3上,安置完畢,則緊上盤,鬆下盤後視A_2讀A_3A_2之視綫距離及縱角,以與儀器在A_2時前視A_3所讀之各數值核對,如稍有相差,則取其平均值。

3. 緊下盤鬆上盤,係時針方向旋轉鏡身而前視A_1讀全圓方位角視綫距離縱角及磁性象限方位角。

4. 取附近兩旁地形改變之處讀邊點(*Side-Shots*),並記以號數。

5. 由全圓方位角算出導綫之化算象限方位角(*Calculated Bearings*),以與所讀之磁性象限方位角核對以防差誤。

左頁　　　　　　右頁

Transitman　　Weather　　Date

Pointing to	Hor. Dist.	Hor. ∠	Vert. ∠	Elev. Diff.	Reduced Elev.
	⊼ at A_2		H.I. = 1.18		
A_1	$40^{35.8}$	0°00′	+16°27′	+10.68′	217.14
1	$59^{54.8}$	33°20′	+16°27′	+15.19	221.65
2	$49^{45.9}$	341°08′	+14°29′	+11.87	218.33
3	$11^{8.4}$	37°31′	−29°25′	−4.70	201.76
⋮					
A_3	$23.5^{22.9}$	N27°55W 194°12′	+9°11′	+3.70	210.16
	⊼ at A_3		H.I. = 1.32		
A_2	$23.5^{22.9}$	0°00′	−9°11′	−3.70	206.46
A_4	28	N26°00W 181°50′	−2°09′	−1.05	209.11
10	35	102°25′	−28°52′	−14.79	195.37
	⊼ at A_4		H.I. = 1.43		
A_3	$28^{26.9}$	0°00′	+2°09′	+1.05	210.16
11	$62^{57.3}$	95°07′	−15°55′	−16.35	192.76
12	$43^{33.3}$	126°17′	−28°27′	−18.01	191.10
13	119	90°54′	+4°54′	+10.13	219.24
⋮					
⋮					

6. 於經緯儀簿之右頁,草繪地形圖,除將河流道路房屋山嶺繪入外,所取邊點之位置,亦須附記,以爲鈎繪等高綫參考之用。茲將草測經緯儀簿記錄方式,舉例於前:

㈢室內工作

(甲)平面圖之繪製 茲將其要點記述於下:

1. 化算視距記錄 導綫記錄之化算,因其距離影響於里程,其高度影響於坡度,故化算時採用計算法(用對數)以求精確,所用公式如下:

$$\text{高度差}\,(Diff.\ Elev.) = \left[\frac{F}{i}S + (F+C)\right]\frac{1}{2}sin 2\alpha \qquad (1)$$

$$\text{橫距離}\,(Hor.\ Dist.) = \left[\frac{F}{i}S + (F+C)\right]cos^2\alpha \qquad (2)$$

就中$\frac{F}{i}$ = 常用係數 = 100, S = 視距絲間所讀桿距 (*Rod Interval*), $(F+c)$ = 應加於斜距(卽$\frac{F}{i}S$)上之更正差數 (*Correction*), x = 縱角。

兩旁地形點記錄之化算,則其關係較小,故不必如導綫記錄化算之精確,祗求省時適用足矣。化算之法,有用查表法者,有用滑尺法 (*Stadia Slide Rule*) 者,有用轉盤 (*Stadia Disc*) 法者,有用查圖法者,不勝枚舉。本隊採用查圖法,所用之圖,爲英國之 *Gillman's Patent* (*Published by Troughton & Simms, 138 Fleet, Street, London, E. C.*), 使用頗便,茲將其縮小五倍,作簡圖於下,以說明之:

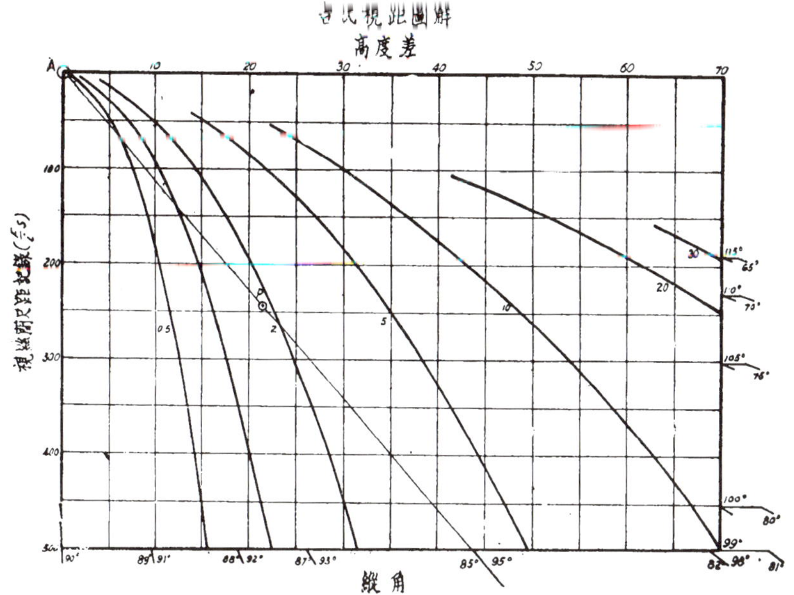

圖中紅綫,表讀圖時所用之絲綫,一端固定於 A 點,他端可自由移動。

圖中曲綫,示橫距應減之更正差數。

用法舉例: 設縱角 $\alpha=+5°00'$,視絲距離 $\frac{F}{i}S=246.7$,求高度及差橫距?

將絲綫移動置他端於95°上,在綫上尋橫軸等於 2467 之處得 P 點。

讀 P 點之橫軸得高度差 $=21.39$.

讀 P 點之更正差數13,故橫距 $=246.7-1.9=244.8$。

此圖對於英尺制及公尺制皆能應用,因圖中祗有數字之關係,而無單位之關係也。

化算記錄所得之結果,將其塡入經緯儀簿內,橫距之更正值,記於第二行中,高度差及化算高度,記於第五與第六行中,參看第四頁所載之草測經緯儀記錄簿即得。

2. 導綫置鏡點之點繪採用切綫枝距法 (*Tangent Offsets Method*),詳細說明,見*Breed and Hosmer: Elementary Surveying, Vol. 1, p. p. 453-454*,故不贅敍縮尺用二千分之一,導綫繪成後,將置鏡點之站數及高度一一記上。

3. 兩旁地形點之點繪 地形點之點繪,僅以量角器爲之,作好後將高度記上,即利用該點作爲高度中之小數點。

4. 鈎繪等高綫 採用補插法,先繪十公尺之等高綫,然後兼用均分法繪二公尺之等高綫鈎繪時須參看草圖(*Sketch*),以免與地形不合。此外須將村鎮河流橋梁道路等一律繪上。

5. 比照下面之縱綫斷面圖,而作紙上定綫,注意下列二事:

a 兩度以上曲綫,須插介曲綫,通常所用之介曲綫長爲60公尺,有時亦摻用50公尺者(規定四度以上之介曲綫長不得短於55公尺)。

b 同向曲綫間之切綫部份,不得短於100公尺;異向者不得短於50公尺.

6. 用分距儀(*Divider*),量度紙上定綫之里程。

7. 上墨

8. 描圖

(乙)縱斷面圖之繪製 根據上面所作紙上定綫之結果,由其里程及等高綫所示之高度,作縱斷面圖,並定坡度綫(*Grade*),注意下列各點:

1. 填挖方須大致相等。

2. 坡度加曲綫折減率,不得超過規定之限制。

3. 連續上坡或下坡之間,須設平道。

4. 車站站址須在平道之上。

(丙)工程概算表 預算準確之程度,往往視測得之結果及計算之方法而異,草測之結果。既不能十分精確,而計算之方法,又不能過於費時,故以採用比較法較爲合宜。法取工程情形相似之工段之定綫預算,或其他已成鐵路之工程費用,分類比較,就其以單價計算之工程。比較其每公里平均之數量,酌加損益,便得所需每公里之工程概算之平均數量矣;其不以單價計算之工程,則比較其每項之總價,酌加損益,便得所需每項工程概算之總價矣。至於製表時所需工程之類別,不難於部頒之鐵道會計則例中求之。

工程概算表製成後,連同前項平面及縱斷面圖(有時另製縮圖),呈局審核草測工作卽告結束。

三 初測

(一)初測說略 草測選綫之結果經局中審查後。認爲可以採用,則第二步驟,卽爲進行初步測量,以便將路綫經過區域之詳情,得一深刻之認識,推敲比較,而設計一適合實地情形最經濟之路綫。草測時未暇注意者,此時得而注意之;草測後尙須改良者,此時得而改良之,往往遇兩條可循之途徑,優劣互見,欲定取捨,則惟有測兩條初測導綫以研究之,則不難解決矣。初測後之紙上定綫,爲以後定綫測量之準繩;而初測置鏡點之木樁,又爲定測交點 *Point of Intersection*) 時,量取枝距 (*Offset*) 之根據焉。

(二)野外工作 初測之野外工作,計分大旂一班,經緯儀一班,水平儀兩班,及地形兩班至四班爲之,茲將每班之組織,開列於下:

大旂班由隊長擔任,率掌旂及打樁之測夫二人,砍草及擔樁之小工二人工作經緯儀班由工程司擔任,率領測夫司搬鏡者一人,司打板樁兼寫樁者一人,司拉鍊 (*Chaining*) 者三人,司後旂及前旂者各一人,及掌傘擔樁砍草及燒水之小工四五人工作。

中綫水平儀班,由工程司或助員擔任,率領搬鏡測夫一人,執水平尺測夫二人及掌傘砍草及雜役之小工二三人工作。

對平班 (*Check Level Party*)由助理員或工程學生擔任,率領夫役之人數,與中綫水平儀班同。

地形班由工程學生擔任,率領測夫司手水平儀者一人,執花桿 (*Topographer's Rod*) 者一人量皮尺 (*Metallic Tape*) 者一人,及砍草小工二人至四人工作。

各班工作之詳情分述於下:

(甲)經緯儀班 初測經緯儀班讀角制度,普通有偏角法(*Deflection Angle Method*)及後視全圓方位角法(*Backsight Azimuth Method*),

前者專記左旋及右旋之角度,若照準綫 (*Line of Collimation*) 稍欠正確則差誤可以左右抵銷,不似後者讀角祗向一方面旋轉,差誤有聚積之危險也。但前者絕大之缺點,在司儀人須注意讀角左旋右旋之方向,往往轉角甚小時,易致疎虞,而鑄成大錯。若用後法,則此種危險,可以完全避免,本隊所採讀角法,係用後者讀正鏡兩遍,再讀反鏡兩遍,而得一平均值,如此則角度既不虞有錯,而照準綫之影響,又可免除矣。茲將工作要點,略述如下:

1. 安平儀器,應將墜錘對準木樁上洋釘之中心。

2. 以向時針之方向讀角度,同時算出化算之象限方位角 (*Calculated bearings*) 以與讀出之磁性象限方位角核對,其正子午線之決定,往往以觀日法(*Solar Observations*)求之,其近似之值,足敷應用。觀北極星法 (*Polaris Observation*), 遇天時及地點適宜時,亦可用之,惟手續較繁耳!

3. 拉鍊者視工程司之手勢或旂語而知路向 (*Alignment*), 遇山坡陡峻處則須借重墜錘及手水平,以期準確。

4. 每二十公尺處由測夫打一板樁,並用藍色蠟筆 (*Crayon*) 註明里程。

5. 于搬鏡前用視距法讀置鏡點間之距離,以核對拉鍊之數,是否無誤。

6. 遇地勢需要時,得作補助導綫,以便地形班取爲繪圖之用。

7. 在記錄簿右頁,作地勢草圖(記錄方式從略)。

(乙)中綫水平儀班　本班之主要工作爲剖面抄平(*Profile Leveling*)。及沿綫設立水準基點茲將其工作要點分述於下:

1. 抄平路綫圈,分主幹綫圈 (*Main Circuit*) 及局部綫圈 *Local Circuit*) 兩種。前者直接影響水準基點之高度,故置鏡 (*Set-Ups*) 次數以愈少爲好通常測過山谷時,於對面山坡上先留一轉點(*Turning Point*)以爲主幹綫圈之用,然後倒鏡再測山谷下之局部綫圈,則後者之差誤,與前者不生影響。

2. 于穿過山谷及河流時,過長之視距 (*Long Shots*), 實所難免。為免除折光之差誤計,通常採走樁校正法(*Peg Adjustment Method*)測之,法見各種測量書藉中,茲不贅敍。

3. 深谷中之局部綫圈,若遇山坡陡峭置鏡困難時,得用手水平代測之。

4. 轉點 (*Turning Point*) 及經緯儀點 (*Transit Point*) 上之讀值,須準至公釐,每二十公尺板樁之讀值祇須準至公分即可。

5. 置鏡次數愈少愈好,借助於手水平,往往可以選得較好之轉點。

6. 於中綫上地形驟變處,恆讀加樁(*Plus Station*),其距整樁之距離,即用水平尺約略量度之。

7. 於中綫過河時及曾有水澇之地,應詳細打聽洪水誌,而測得該處之最高水位,以為設計坡度之參考。

8. 置離時最好 *F. S.* 與 *B. S.* 略等長,否則亦須注意 $\Sigma F.S.$ 與 $\Sigma B.S.$ 之總距大概相等。

9. 水平尺之讀值在半公尺以上者,必須搖尺而取其最小數值;其在半公尺以下,則不可搖尺,祇須將尺豎直讀之即得。因水平尺之支點,常在尺底之中心,前後推動,將使其零點上下改變讀值愈小,影響愈大也。

10. 主幹綫圈之計算,必須野外為之,每頁必作核對,以免錯誤。

11. 每隔一公里許,設水準基點一座,地點擇固定物上,或打鐵釘於樹根下,用鐵鑿刻成記號,塗以紅色油漆,並誌其基點號數。

12. 轉點之前視讀值,記於記錄簿中之 *F. S.* 行內,而整樁及加樁之前視讀值,則記於 *I. S.* (*Intermediate Sight*) 行內,如此分開,則不但眉目清楚,且核算上亦較方便(記錄方式從略)。

(丙)對平班　本班工作之目的,在以高低準測法 (*Differential Leveling*), 核對中綫水平儀班所立水準基點之高度,是否準確也。為避免儀器及個人之影響起見,恆以換一儀器由另一人司之為

宜,其施測要點,除與中綫水平儀班相同者不錄外,茲爲補充於下:

1. 遇水平綫圈不必上山或下山者,儘可抄取捷徑,以減少置鏡次數。

2. 最大不符限度(*Maximum Discrepency*),不得超過下列公式所示之値 $e=0.007\sqrt{k}$

其中 $e=$ 最大不符數値, $k=$ 水準基點間距離之公里數,若 $k=1$,則 $e=0.007$ 公尺也。

3. 如差語在上述限度之內,則取兩次記錄之平均值,以爲水準基點之眞正高度。

4. 水平綫圈進行時,常取經緯儀點上之高度以爲核對,蓋防發生差誤,便知從何處錯起,立卽向回核對,而不致全功盡棄也。

(丁)地形班　地形測量,爲初測中最主要之工作,因紙上定綫(*Paper Location*)之設計,全特地形圖爲根據也。施測之法,通常分視距法(*Stadia Method*)及手水平法(*Hand Level Method*)兩種,前者爲英國工程師所樂用,而後者則爲美國鐵路界標準之方法。茲將二者利弊,比較於下:

1. 視距法較勝於手水平法者:

a. 測繪面積,可任意展寬,非比手水平法,超出一百公尺外,卽不過準確。

b 野外工作進行較快(通常視距經緯儀一班,較手水平一班速度快一倍)。

1. 手水平法較勝於視距法者:

a 地形等高綫,係在野外尋出實在整數數値,逐點聯成,自較視距法用補插法(*Interpolation Method*)插繪等高綫者,簡易多多。

b. 等高綫係在野外參看實在地形所作成,自較視距法在室內繪出者爲精確。

c. 野外繪成之圖,隨卽可以轉印于平面上,無化算記錄之煩,室內工作,省却不少。

d. 茂林叢莽之區,視距測量殊感困難,但施用手水平法,則施測易易。

e. 設備簡單。班數可視需要而增減,故工作頗具伸縮性。

本隊因設備及環境關係,採用手水平法作地形測量。預製木質方架,及地形花桿 (*Topographer's Rod*) 多付以利工作。茲將二者之製造及功用敍述於下:

1. 方架　其構造如右圖,所示用途如下:

a. 定橫綫正確之方向,插以花桿,以資小工砍草,不致歪斜。

b. 定橫綫之方向,以資實測。

c. 作導綫轉角處之分角綫,以補地形,方法如下:

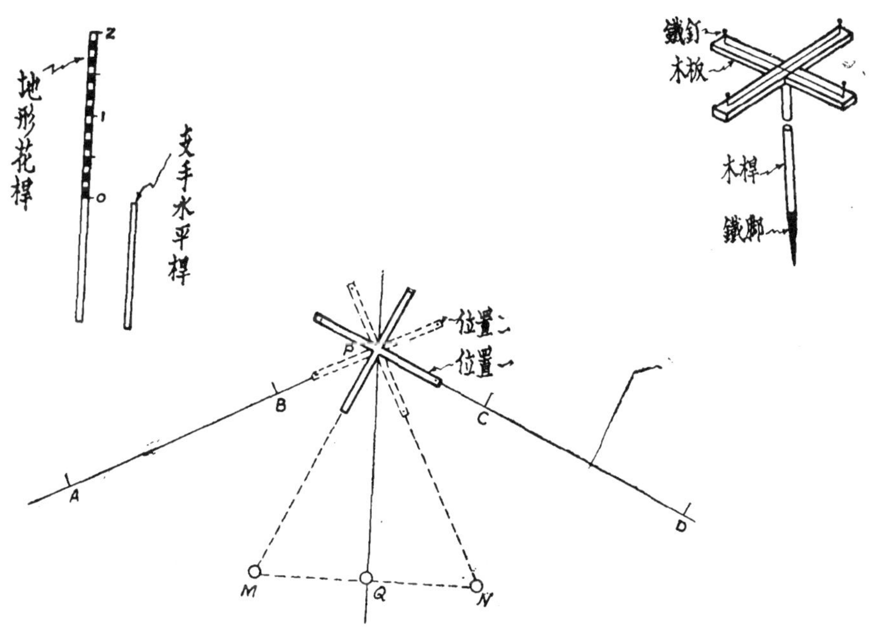

如圖 P 為不點, $A.B.C$ 及 D 諸點為導綫上之整樁,求 P 角之分角綫 PQ?

先取方架置于不點P上依CD之方向作前視。遂在垂直綫PM之方向上量合宜之距離PM，置花桿于M上(位置一)。

再將方架轉動，依AB之方向作後視，亦在其垂綫PN之方向上量與PM相等之距離PN，亦置花桿於N上(位置二)。

量MN之長，而於其中點Q上插以花桿，於是PQ卽爲所求之分角綫。

b. 作其他之補助綫及臨時導綫。

2. 地形花桿　係用竹桿製成，下端一公尺半，係空白部分，上端二公尺，係用紅色白色及黑色之油漆分劃而成。另有支手水平桿一付，其長度與地形花桿下端空白之部分相等，如此則工作時所求高度，可以直接讀出，無減去$H.I.$之煩，且上下山坡時，執手水平者一律居高臨下，故工作效率亦高。

茲將測繪時應注意之點，分述於下：

1. 於山坡陡峻處，兩邊地形，至少須測繪70公尺，通常以每邊100及120公尺爲原則。於必要時(如轉彎或路綫有更動處)，得增長之。

2. 於每樁號開始時，先察該處之高度(此項高度係由水平簿中抄至地形記錄紙上者)，往往爲奇零之數，則施測之時，先找比該樁高若干或低若干之第一偶數等高綫點，然後依地形之高低，繼續找每兩公尺之等高綫點，遇平坦之區，有時得作每公尺之等高綫。

3. 測夫每報一點之高低及距離之讀值，隨卽用心算加減求得該點之高度與距中綫之距離，依次記於地形記錄紙上。

4. 每記一記錄，隨卽在地形繪圖紙上作出該點，並附註其高度，以便鈎繪等高綫之用，此項繪圖紙係用蠟紙(*Tracing Paper*)製成，取座標紙襯於其下，則量度距離，非常便利。

5. 於鈎繪等高綫時，須參看實在地形，以求正確。

6. 若中綫上及橫綫間，地形特變過甚，須加測之。

7. 每十公尺之等高綫,用較粗之筆畫繪成,以資醒目。

8. 河流橋梁村鎮房宇等,應詳細測繪,地名屋主皆須打聽明白(圖紙及記錄方式從略)。

(三)室內工作

(甲)導綫座標之計算　每日於經緯儀班工作完畢後,必將所得記錄轉抄於導綫座標計算表上,隨即將不點間之距離及其化算之象限方位角 (*Calculated Bearing*), 加以計算及核對.然後將此兩項記錄,轉抄於經緯距 (*Latitude & Departure*) 計算紙上,以資演算,計算之法,係根據下列公式用對數解之:

公式一　$Lat. = Dist. \times \cos. Bearing \quad (N+\&S-)$

公式二　$Dep. = Dist. \times \sin. Bearing \quad (E+\&W-)$

關於 2° 或 3° 以內小角 *log.sin. Bearing*, 須作特別之計算。茲舉例以明之:

例一　用 *Davis, Foote, & Rayenr "Surveying Theory & Practice"* 內之附表。凡 2° 以下之 *log.sin. Bear'g*, 均須照此例計算。

$$Bear'g = N1^\circ 07' 41.5' W = \alpha$$

$$\log \sin\alpha = \log\alpha \ (in\ Second) + S$$

$$\alpha = 4061.5$$

$$\log\alpha = \log 4061.5 = 3.608687$$

$$S = \underline{4.685546} \ (+$$

$$\log. \sin.\alpha = \underline{\underline{8.294233}}$$

例二　用 *Chamber's Seven-Figure Mathematical Tables*, 凡 3° 以下之 *log. sin. Bearing* 均須照此例計算。

$$Bear'g = 1^\circ 44' 36''8 = \alpha$$

$$\alpha'' = 6276''8$$

$$\log \alpha = 3.7977383$$

$$Const.\ No = \underline{4.6855749} \ (+$$

8.4833132

$-\frac{1}{3}(log.\ sec.\ \alpha-10)=\frac{1}{3}\times 0002011=\underline{0.0000670}$

$\underline{\underline{8.4832462}}=log.\ sin\ 1°44'36''8$

又法 用正弦函數 (*Natural Sines*), 亦可求出 *log.sin. Bear'g* 之值。

$$sin.1°44=0\cdot0302478$$

$$p.\ p.=2907\times\frac{36.8}{60}=\frac{1783\ (+}{0.0304261}$$

$$\therefore log.\ sin.\ 1°\ 44'\ 36.''8=log.\ 0.0304261=\underline{\underline{2.4832463.}}$$

經緯距計算算草之方式,舉例於下:

	0—1	1—2	2—3
Dist.	220.188 *Bearg* 14−28−30*E*	86.070 *S*5−16−00*E*	41.147 *S*5−54−00*E*
Dep.	+55.04	+7.90	+4.23
	1.7406599	0.8976532	0.6262998
LogsinB'g	9,3978662	8.9628014	9.0119616
Log Dist	2.3427937	1.9348518	1.6143382
LogcosB g	9.9859900	9.9981626	9.9976933
	2.3287837	1.9330144	1.6120315
Lat	−213.20	−85.71	−40.93
	3—4	**4—5**	**5—6**
	52.982 *S*4−04−00*E*	588.936 *S*10−39−00*E*	207.440 *S*16−49−00*E*
	+3.76	+108.84	+60.01
	0,5748795	2.0367913	1.7782563
	8.8507512	9.9667232	9.4613638
	1.7241283	2.7700681	2.3168925
	9.9989052	9.9924539	9.9810187
	1.7230335	2.7625220	2.2979112
	−52.85	−578.79	−198.57

導綫記錄及座標計算表之方式,舉例於下:

Pt.	Chainage	Distance	Azimuth	Cal. Bear'g	Latitude		Departure		Total	
					N	S−	E+	W−	Lat.	Dep.
1	P0+000.000									
		220.188		S14-20-30E		213.20	55.04		−213.20	+55.04
2	0+220.188									
		86.070	189-12-30	S5-16-00E		85.81	7.90		−298.91	+62.94
3	0+306.258									
		41.147	179-22-00	S5-54-00E		40.93	4.23		−339.81	+67.17
4	0+347.405									
		52.982	181-50-00	S4-04-00E		52.85	3.76		−392.69	+70.93
5	0+400.387									
		588.936	173-25-00	S10-39-00E		578.79	108.84		−971.48	+179.77
6	0+989.323									
etc.										

(乙)導綫座標之點繪 茲將要點,分述於下:

1. 根據草測路綫之方向,製成簡單之縮圖,以定導綫起點之位置,及座標傾斜之角度;務使導綫因出於紙外而折斷之次數,愈少愈好。

2. 用二千分之一之縮尺,由已定導綫起點之處,依擬定座標傾斜之方向繪座標格,以500 × 500公尺見方爲一格。

3. 用總經緯距之值,點繪各點,聯成導綫後,須核對其距離及全圓方位角之記錄,以資愼重。

(丙)地形繪圖紙之繪製及繪成之地形紙之功用 地形圖紙係以裁成之30 × 21公分之白色蠟紙製成,先將該紙覆於已繪成導綫之平面圖上,將導綫用墨描上,然後在每個整樁上作與導線垂直之鉛筆橫線,並於導線轉角處作補助之橫綫或分角綫以爲補足地形測繪之用,通常每張圖紙,確敷導綫五百公尺之需。

繪成之地形圖紙,用途甚廣。茲分述於下:

1.取自製之炭紙(用蠟紙一方,取鉛筆在上摩之即得),將繪成之地形圖紙,用硬鉛筆複印於平面圖上,清晰可觀。

2.將紙上定綫所擬之路綫,轉繪於繪成之地形紙上,實為定綫測量良好之參考。且其篇幅小,摺捲易,故攜帶上尤覺方便。

3.將定測綫之樁位,轉繪於繪成之地形紙上,則該圖可為定涵渠大小位置之流域面積(*Drainage Area*)班野外之參考。

4.該圖於室內工作,如預算路幅等,幫助極大,因翻查容易故也。

(丁)平面圖之繪製 茲將繪圖要點略述於下:

1.將地形班繪成之地形圖紙,逐張用自製之炭紙(*Carbon Paper*),向平面圖上複印。

2.開始上墨(*Inking*)工作,等高綫用棕色,池塘河流用藍色。橋梁道路房屋村鎮等一律用黑色。

3.用裁成106×78公分大小之描圖紙,作描圖之工作,一律採用黑色墨水,注意每張接頭之點,務使將來晒成後,可以聯成一卷,遇折斷之處,最好採平行移動,使方向不變,則閱圖之時,對於路向較易明白。

(戊)縱斷面圖之繪製,茲將繪圖要點,略述於下:

1.縮尺橫向用四千分之一,縱向用二百分之一。

2.河流處之洪水位須繪上,以為定坡度綫之參考。

3.擬定初測坡度綫。

(己)紙上定綫 紙上定綫其結果,實為定綫測量之根據,故此種工作,頗為重要。茲將紙上定綫時應注意之點略述於下:

1.定直綫交點(*P.I. Point of Intersection*)時,用黑色絲綫在平面圖上移動,一面參看縱斷面圖,以求改善坡度,減省土方。

2.定弧度時,用鐵道曲綫板(*Railway Curves*)試驗,以能適合地形與不超過最大弧度限制為原則。所用弧度,採整數制,如$1°-00'$,$1°-15'$,$1°-30'$等是。因其野外工作,較整數半徑之制度為便也。

3. 兩同向曲綫間之直綫至少 100 公尺,兩異向曲線間之直綫至少50公尺,介曲綫長除外。

4. 用量角器量出交點之角度,便從公尺制之曲綫表 (*Table of Metric Curves*) 上,找出應於該弦度之切綫長(須從1°曲綫之切綫值化出),然後加應用介曲綫長之半數,便得*Ts*之約數因單曲綫部份,於定綫時向內移動,而其兩端端點,各縮進介曲綫長之半數),以為預留兩曲綫間之直綫部份之參考。

5. 二度以下之曲綫,無須插入介曲綫,通常介曲綫長為60公尺,遇地勢窒礙之處,而弧度在4°以內者,介曲綫長得減至55至50公尺。

6. 力求避免複式曲綫,公路交叉及曲綫在山洞內及橋梁上,以求減省工程經費,施工困難,及增進將來行車之安全等。

7. 車站站址之平道及直綫部份,至少長七百二十公尺,每站間之距離,約十六七公里左右。

8. 將紙上所定之綫,轉繪於地形圖紙上,以為定綫測量野外參考之用,同時從該圖紙上讀出等高綫之值,就初測縱斷面圖上,作紙上定綫之縱斷面圖,並再改正其坡度。

四 定測

(一)測定說略 定綫測量,係將紙上所定之綫,在野外實地定出,加以細測,決定山洞大橋之位置涵渠之形式及大小,估算土方,計劃地畝,製成工程預算,以便準備興工也。其進行之法,有與初測分開兩組而做者,有一組而兼做初測及定綫工作者,亦有依循舊綫,則無須初測而逕行定綫者,胥視當時情形而定。

(二)野外工作 定測野外工作之分配,計經緯儀一班或兩班,水平儀一班,涵渠流域面積一班或兩班,橫斷面兩班,茲將每班之組織,開列於下:

經緯儀班之人數,與初測經緯儀班相同,有時為求工作迅速起見,得增添定測交點 (*P. I. =Point of Intersection*) 之經緯儀一班,以協助定綫工作,其組織之人數,亦與初測經緯儀班相同。

水平儀班,其組織之人數,與初測水平儀班相同。

涵渠測量班,由工程司或助理員主持,率領測夫三四人,小工三四人爲之;有時爲增進工作效率起見,得分爲兩班進行,一班專做流域面積 (*Drainage Area*),以定洩水面積 (*Waterway Opening*),一班專定涵渠中綫之位置及渠底之上平,並鑽探底脚之土質,以爲設計涵渠之根據焉。

橫斷面班其組織之人數與初測地形班相同。

各班工作之實況分述於下:

(甲)經緯儀班　經緯儀班之工作,可分爲兩部份,一爲定直綫交點,一爲定綫拉鍊 (*Chaining*) 及測定曲綫。茲分述其要點如下:

1.關於測定直綫交點部份者:

a. 根據地形圖紙上所繪之紙上定出之綫(*Paper Located Line*),就適宜之初測置鏡點兩三處,量得其枝距 (*Offset*),用方架皮尺在野外量出之,插以花桿,然後將經緯儀置於較高之枝距點上,以減少視綫之障礙,取諸花桿間平均之位置,便得所求直綫之方向,就該直綫兩端近似 *P. I.* 之處,沿直綫之方向打兩木樁,便與該 *P. I.* 另一直綫上所打之木樁,決定 *P. I.* 之位置,該兩對木樁俗稱四面樁。

b. 如直綫部份不長,亦可根據紙上定綫圖,逕將 *P. I.* 定出,然後置鏡其上,用枝距法測定直綫之方向。

c. 置經緯儀於 *P. I.* 上,讀其交角 (*Intersection Angle*),採用反正倍角法,以求準確,並記其偏左或偏右之方向。

d. 讀磁性象限方位角,以與化算之象限方位角核對。

e. 由讀出之交角及採用之弧度與介曲綫長,算 T_s(或T)之長及 E_c(*External Distance*)與 *M.C.* (*Mid-Point of Curve*)至直綫間旋角之值。

f. 根據算出或查出之記錄,測定 *T.S.*(或*P.C.*) *S.T.* (或*P.T.*) *S.C.*, *C.S.*,及 *M.C.* 諸點,什打木樁,以爲測定曲綫之用。

g. 於直綫上障礙視綫之處,打入木樁,名爲直綫樁,以爲置鏡之用。

h. 若不急於興工,則交點樁及直綫樁皆宜改置石樁及洋灰樁,以免日久湮失。

2. 關於定綫拉鍊及測定曲綫部份者:

a. 無論在直綫或曲綫上拉鍊時,皆打出每二十公尺之整樁,記以全綫公里程(*Through Chainage*),對於計算土方,非常方便。

b. 曲綫之起端恆爲零碎之鍊數,若曲綫僅爲單曲綫時,則其短弦(*Subchord*)不難算出,或製成短弦表以備翻查之用,或曲綫而插入介曲綫者,則其短弦不易臨時算出,通常用之介曲綫表,或爲六弦(每弦長10公尺),或爲十弦(每弦長6公尺),僅能利用先將

介曲綫圖解

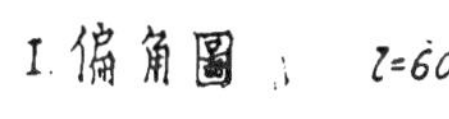

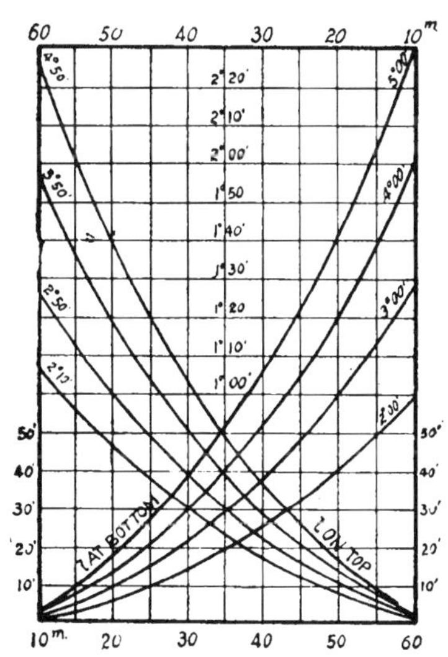

II. 切線枝距圖 l=60

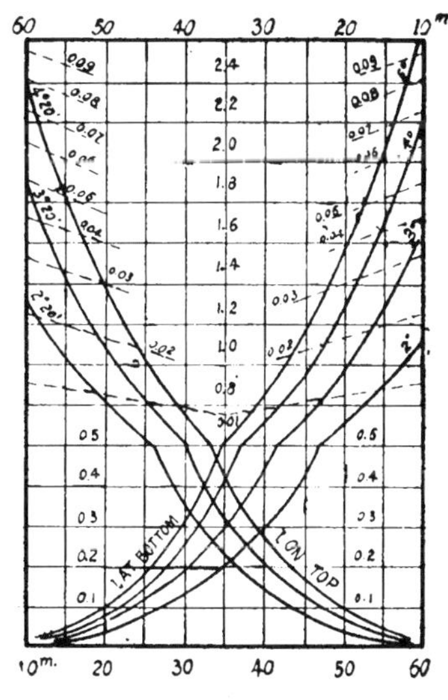

該介曲綫照六弦或十弦法打出,插以臨時鐵釺,然後再將整樁沿釺打出,而不能直接打出整樁也。本隊嫌其方法麻煩,特製介曲綫圖解(*Spiral Diagram*),所有短弦之偏角(*Deflection Angle*),或切綫枝距(*Tangent Offset*),一讀即得,非常簡捷,茲將圖形式,作縮小之簡圖如法介曲綫圖解:

上列兩項圖解,係根據介曲綫表製成,第一圖橫軸表 l,縱曲表不在 *T.S.* 或 *S.T.* 上之偏角,第二圖橫軸表 l,縱軸表 y,而虛綫則表 l-x 之校正差(*Correction*)也。茲將其用法,舉例說明如下:

例 *T. S.*=648+932.362; D=3°00; l_c=60; 求介曲綫整樁之偏角及切綫枝距?

查偏角及切綫枝距之圖解,得記錄如下:

樁位		介曲綫長(l)	偏角	校正差(l-x)	切綫軸(x)	枝距(y)
*T.S.*648+932.362						
	+940	7.638m	0°—12′	0	7.638m	0.05m
	+960	27.638	0°—19′	0	27.638	0.15
	+980	47.638	0°—56′	0.012	47.626	0.79
S.C.	+992.362	60.000	1°—30′	0.037	59.963	1.56

c. 測定曲綫時,以用偏角法爲主,必要時得摻用切綫枝距法.

d. 測定曲綫時,應常常注意核對之機會,如測至 *S.C.* 及 *C.S.*時,則以 y_c 核算;測至 *M.C.* 則以 E_c 核對,如斯則縱有錯誤發見,祇須作局部之改正,而不至全功盡棄。

e. 測定 *P.I.* 對於初測之樁橛之繫綫(*Tie Line*)數條,以爲繪定測綫於平面圖上之參考。

(乙)水平儀班 定綫水平儀班,其所用之方法,與應當注意之點,與初測之中綫水平儀班大致相同,此外尙有補充數點,略述於下:

1. 地形改變處,多測加樁,以爲繪製縱斷面圖之用。

2. 沿綫地質情形,須加以記載,並估定土石成分,以爲調製預算之參考。

3.高度以初測時所置之水平基點爲準,無須對平。

4.遇深塘大河不能按普通法抄平者,須設法量其深度(*Sounding*)。

(丙)涵渠測量班 涵渠測量班之工作,可分爲兩部份,一爲測定流域面積,以定涵渠瀉水面積之大小,一爲測定土質情形,以爲設計之根據,茲分述其要點於下:

1.關於測定流域面積者:

a.取地形圖紙,將定測綫之樁號轉繪於上,又將用粗鉛筆工描繪之定綫縱斷面圖,一齊帶至野外以供參考。

b.測量流域面積之方法,往往視地勢及設備而異;面積特大者以採用視距法,作導綫測之爲便;面積較大而地形開闊者,以採用平板儀法作交點測之爲便;面積較小而山谷窄狹者,則以採用方架及皮尺法直接量之爲便。

c.地形圖紙上所繪之等高綫,有時可以利用將一部份分之分水綫(*Watershed Line*)從紙上量出,以減省野外之工作。

d.注意地質及地勢之情形,以爲選定流域面積公式中常數 C 之用。

2.關於測定涵渠位置及鑽探底脚情形者:

a.根據當地河溝情形,決定擬修涵渠之形式,並定其中綫之樁位及與路綫交成之角度,若原有河溝須加修改(*Diversion of Creeks*)者,亦須將擬改之河道測定。

b.測定河溝上下游之水流坡度,以定渠身之坡度。

c.由附近樁橛已知之高度,抄出擬修涵渠中心之渠底上平(*Elevation of Invert*)。

d.量計附近土橋涵洞之瀉水面積之大小,以資比照。

e.用探鉀(*Boring Auger*)或鏟鍬鑽挖地基,以遇石質爲最佳,硬土(*Hard Pan*)次之。

f. 附近如有建築上可以利用之材料,須留意打聽。

g. 大橋橋基之鑽探,非短時間所能辦,故留待開工時由分段內做之。

(丁)橫斷面班　橫斷面之測量,爲開工前預算土方,及開工後驗收土方之用。所測兩邊之寬度,視標準斷面而異,普通路基之斷面,卽照部定之單軌幹綫者爲準,即路塹寬八公尺(連兩旁邊溝在內),路隄低於六公尺者寬六公尺,高於六公尺者寬六·五公尺是也。車站範圍以內之斷面,因其有叉道三股道閘亭道台站屋等之故,故斷面視樁號而異,本隊根據局頒之三四等車站軌道佈置標準圖,製成車站範圍以內相應樁號之標準橫斷面圖,都二十餘種,則野外工作,不難按圖索驥也。茲將工作要點,略述於下:

1. 工作用具,除將地形花桿換以可摺之橫斷面尺(*Formable Cross-Sectioning Rod*)外,其餘與初測地形班完全相同。該尺亦係自製用長 2 公尺餘之木板兩條,接以交鏈,配以鐵撑,俾可張摺自如,便於攜帶,下端留1.5公尺之空白,與地形花桿同,上端刻度與水平尺同,另帶用座標格繪成之標準斷面圖,以爲估計寬度之用。

2. 由已抄整樁及加樁之中綫塡挖高度,及擬用之普通塡挖坡度(塡土 $1\frac{1}{2}$:1 挖土 1:1),可以估出坡趾對於中綫之距離,以定測量每邊之寬度,遇路綫經過山邊時,則塡土應於下山方向,挖土應於上山方向展寬測之。

3. 施測時沿與中綫垂直之方向,找地形之坡度改變點,求其對於中綫之距,及比較之高度(*Relative Elevation*),皆讀至 0.01 公尺,所謂比較高度者,卽假設中樁之高度爲 0 所測出之高度也。

4. 每於路隄與路塹相接之處,必須將所有之坡度點(*Grade Points*),盡行找出。

(三)室內工作　(甲)平面圖之繪製　此種工作,甚爲簡單,僅將定測之綫,在初測之平面圖上繪上即得。茲將要點分述於下;

1. 根據 *P.I.* 之繫綫記錄,繪出各該點,並逐一聯接之。

2.由 P.I. 沿直綫之方向量 T_s 或 T 之長,便得 T.S. 及 S.T. 或 P.C. 及 P.T. 諸點。

3.由 T.S. 及 S.T. 處,各量 x_c 及 y_c 便得 S.C. 及 C.S.

4.介曲綫部份,用普通之曲綫板繪之,圓弧曲綫部,用鐵道曲綫板繪之。

5.用分距規,量度里程,以20公尺為單位,其有不符之差,勻均分配之。

6.曲綫記錄及直綫之化算象限方位角,加以註明。

7.車站站址,及擬改之道路小河等,均須繪上。

(乙)剖面圖之繪製　此項縱斷面圖,最好直接繪於座標蠟布(*Coordinate Tracing Cloth*)上,布用反面,則擦橡皮時,不致將座標格擦去,玆將要點,分述於下:

1.縮尺橫向採四千分之一,縱向採二百分之一,繪法與初測之縱斷面圖相同,惟加樁較多耳。

2.決定最後之坡度(*Final Grade*),並由坡度綫間之縱曲綫之頂點高度(*Vertex Elevation*),算出各樁位上之路基高度,再按縱曲綫表,改正縱曲綫處之高度,統記於填切高度記錄簿上,縱曲綫之校正差數表,製法說明於下:

Rules. 1. *Vertex Corr.* $= \frac{1}{4}$ *Tangent Length* × *Algebraic Diff. of Gradient.*

2. *Corr. at Any. Pt.* $= \dfrac{\text{Vertex Corr}}{(\text{Tangent Length})^2} \times$ (*Distance from B.C. or E.C.*)^2

3. *Length of Curve* = 20 *m. for every* 0.1 % *in change of grads for summit.*

Length of Curve = 40 *m. for every* 0.1 % *in change of grade for sag.*

4. *Tangent Length* $= \frac{1}{2}$ *Length of Vertical Curve.*

Let change of grade = 0.6 % *at summit.*

Then length of curve = 6 × 20 = 120 *m.*

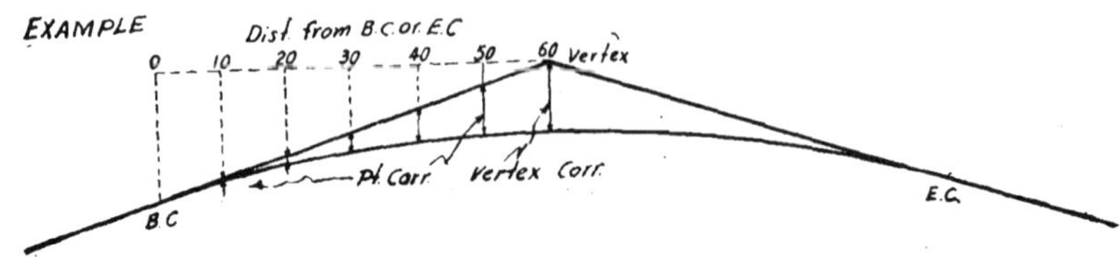

$$length\ of\ tangent = 120/2 = 60\ m.$$

$$Vertex\ corr. = \frac{1}{4} \times \left(60 \times \frac{0.6}{100}\right) = 0.09\ m.$$

$$Corr.\ at\ 50\ m.\ from\ B.C.\ or\ E.C. = \frac{0.09}{60^2} \times 50^2 = 0.06$$

$$Corr.\ at\ 40\ m.\ from\ B.C.\ or\ E.C. = \frac{0.09}{60^2} \times 40^2 = 0.04$$

$$Corr.\ at\ 30\ m.\ from\ B.C.\ or\ E.C. = \frac{0.09}{60^2} \times 30^2 = 0.02$$

$$Corr.\ at\ 20\ m.\ from\ B.C.\ or\ E.C. = \frac{0.09}{60^2} \times 20^2 = 0.01$$

$$Corr.\ at\ 10\ m.\ from\ B.C.\ or\ E.C. = \frac{0.09}{60^2} \times 10^2 = 0.00$$

$$Corr.\ at\ B.C.\ or\ E.C. = 0.00$$

3.將塡切記錄簿上之地面高度,路基高度,塡土高度,及挖土高度,分四行轉抄於縱斷面圖之下:

4.路綫圖繪於縱斷圖記錄之下端,以資對照,其式樣如下:

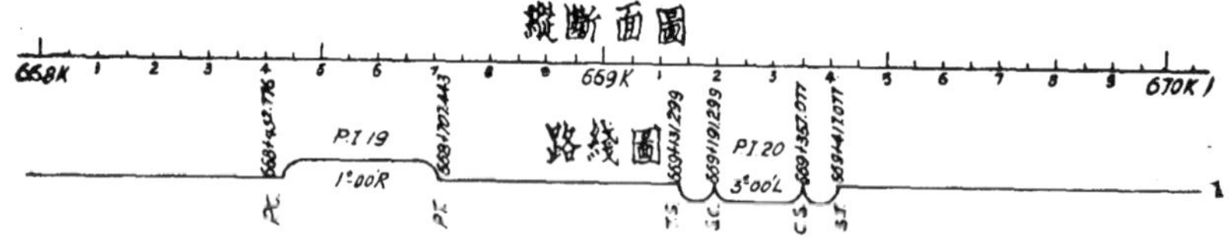

5.其餘如涵渠之形式大小,大橋山洞車站之位置,水準基點之數值及方位,洪水誌之高度,每公里工程數量簡表等,均須繪註

於上.

(丙)橫斷面圖之繪製　用座標紙裁成適宜之大小,按樁位之次序,繪成橫斷面圖,其用途在開工以前,用以計算土方,製成預算,以便招標,在開工以後,用以作測定坡樁之參考,及驗收土方之根據。茲將要點,略述如下:

1.縮尺用一百分之一。

2.取座標格適宜之處爲中點之地面高度(*Ground Elevation*),根據記錄繪成地形之橫斷面圖,然後依塡挖之高度,加繪標準之塡挖斷面卽得,並將樁號及塡切高度,加以註明,挖土之邊溝省去不畫,於量計面積時,加一常數卽得。

3.車站範圍以內之橫斷,應按照本隊所製之「車站範圍內各種標準橫斷面圖」繪製。

4.近公路交叉大橋山洞處之橫斷面圖,應加留意,並附說明。

5.塡土在山邊之處,若坡趾太遠,須按照標準圖,設計禦土牆。

(丁)工程預算之調製　工程預算之調製,爲定測最後而最緊要之工作,每公里之各種工程數量,皆須用最可能之精確法計算,然後擬定各種工程之單價,以與相當之各種工程總量相乘,則最後之工程預算總值,不難得到,至於分門別類(按照部頒鐵道會計則例),製爲預算總表,乃餘事也.茲將各種預算情形,擇要敍述於下:

1.土方之預算

a.面積之量計

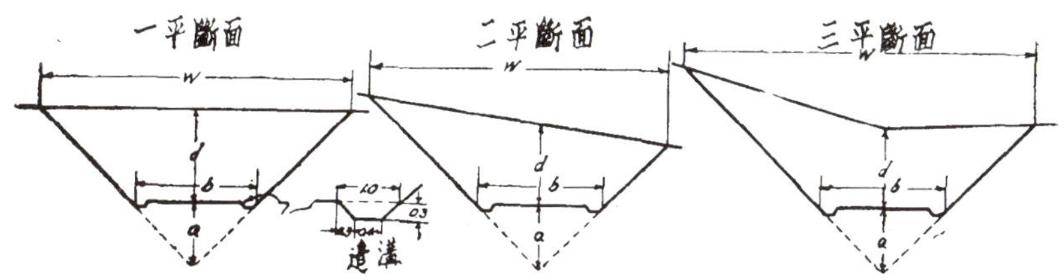

α. 凡有規則之橫斷面,如一平斷面,兩平斷面,三平斷面等(*Level, 2-Level & 3-Level Section*),可用本隊所製之土方圖(*Earth Diagrams*)解得之,該項圖解之形式,與 *Allen's Earthwork Diagrams* 相同,其作圖之公式,求得如下:

I. 一平兩平及三平之挖土橫斷面之普通公式:

上圖內 w = 坡趾間之距離。

d = 中心挖土之高度。

b = 路基寬度,規定幹綫挖土之路基寬度爲 8 公尺,連兩旁之邊溝在內,邊溝之尺寸,見上圖。

a = 兩斜坡引長綫之交點與路基間之距離。

s = 斜坡率從 $1\frac{1}{2}$:1 至 $\frac{1}{4}$:1。

普通挖土斷面面積之公式如下:

$$A=\frac{1}{2}(a+d)\ w-\frac{ab}{2}+2\times \text{邊溝面積。}$$

就中 $b=8$, 邊溝面積 $=\frac{1.0+0.4}{2}\times 0.3=0.7\times 0.3=0.21\ M^2$, 而 a 之數值視 s 而異:

若 $s=1\frac{1}{2}$, 則 $a=\frac{b}{2s}=\frac{2}{8}\Big/\frac{3}{2}=\frac{8}{3}$;

若 $s=1$, 則 $a=$ 4;

若 $s\ \frac{1}{2}$, 則 $a=$ 8;

若 $s=\frac{1}{3}$, 則 $a=$ 12;

若 $s=\frac{1}{4}$, 則 $a=$ 16;

故得五種公式如下:

若 $s=1\frac{1}{2}$, 則 $A=\frac{4}{3}w+\frac{dw}{2}-10.25$ (*I*)

若 $s=1$, 則 $A=2w+\frac{dw}{2}-15.58$ (*II*)

若 $s=\frac{1}{2}$, 則 $A=4w+\frac{dw}{2}-31.58$ (*III*)

若 $s=\frac{1}{8}$, 則 $A=6w+\frac{dw}{2}-47.58$ (IV)

若 $s=\frac{1}{4}$, 則 $A=8w+\frac{dw}{2}-63.58$ (V)

II. 一平兩平及三平之填土橫斷面之普通公式:

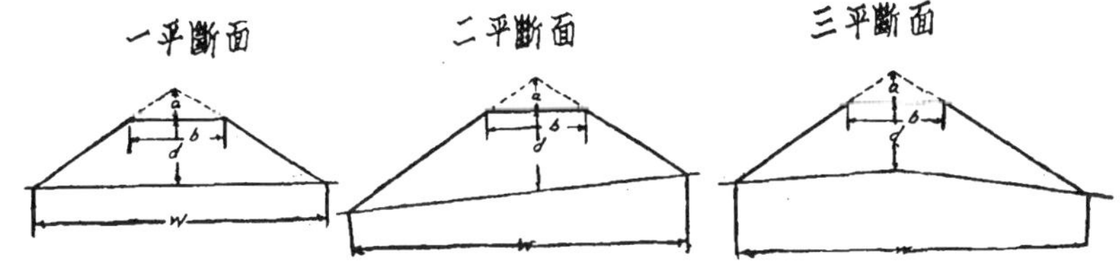

上圖內符號所表之意義,與前圖相同,所應注意者斜坡僅有 $1\frac{1}{2}$ 及 1 之分,而路基則有 6 公尺(填土在 6 公尺以下者)及 6.5 公尺之別茲將填土斷面面積之普通公式 $A=\frac{1}{2}(a+d)w-\frac{ab}{2}$ 化算如下。

若 $b=6$, $s=1\frac{1}{2}$, 則 $a=2$,而 $A=w+\frac{dw}{2}-6$ (VI)

若 $b=6$, $s=1$, 則 $a=3$,而 $A=\frac{3}{2}w+\frac{dw}{2}-9$ (VII)

若 $b=6.5$ $s=1\frac{1}{2}$, 則 $a=\frac{6.5}{3}$ 而 $A=w+\frac{dw}{2}-6.5$ (IIX)

若 $b=6.5$, $s=1$, 則 $a=\frac{6.5}{3}$ 而 $A=\frac{3}{2}w+\frac{dw}{2}-9.75$ (IX)

III. 一平斷面曲綫之公式 一平斷面之面積之求法,除用以上普通公式所作之圖解,可以解答外,更可另作一平斷面之曲綫於上項圖解,則應用上尤覺方便,該項曲綫公式之演算,記述於下:

參看前圖,得普通公式如下:

挖土: $A=d(b+sd)+2\times$邊溝面積$=d(b+sd)+0.42$

填土: $A=d(b+sd)$

茲將詳細公式開列於下:

關於挖土部份者:

若 $b=8,\ s=1\frac{1}{2}$,則 $A=d(8+\frac{3}{2}d)+0.42$ (I')

若 $b=8,\ s=1$, 則 $A=d(8+d)+0.42$ (II')

若 $b=8,\ s=\frac{1}{2}$, 則 $A=d(8+\frac{1}{2}d)+0.42$ (III')

若 $b=8,\ s=\frac{1}{3}$, 則 $A=d(8+\frac{1}{3}d)+0.42$ (IV')

若 $b=8,\ s=\frac{1}{4}$, 則 $A=d(8+\frac{1}{4}d)+0.42$ (V')

關於填土部份者:

若 $b=6,\ s=\frac{1}{2}$, 則 $A=d(6+\frac{3}{2}d)$ (VI')

若 $b=6,\ s=1$, 則 $A=d(6+d)$ (VII')

若 $b=6.5, s=1\frac{1}{2}$,則$A=d(6.5+\frac{3}{2}d)$ (IIX')

若 $b=6.5, s=1\frac{1}{2}$,則$A=d(6.5+d)$ (IX')

關於造圖法,可參考 *C. F. Allen Railroad Curves & Earthwork, Chapter on Earthwork Diagrams* 卽得,故不贅述。

β. 凡不規則之面積,用面積儀(*Planimeter*)量計之,通常量計兩次,差誤在不得過 $0.2\ M^2$, 取其平均值。

γ. 凡過不規則而特大之面積,用面積儀法有欠準確宜改用計算法求之該法詳見 *C.F.Allen: Railroad Curves & Earthwork, Chapter on Methods of Computing Earthwork*, 故不贅敍。

b. 土方表之填算　土方表之塡算,甚爲簡易,玆將要點敍述於下:

α. 除坡度點處之土方,作立錐及尖劈體計算外,其餘一律按底面平均法(*Mean End Area Method*),計算塡挖方數。

β. 計算土方曲綫記錄(*Mass Curves Data*)時,同時得每頁及每公里之塡挖方數,然後再按估計之土石成分,分配挖方中土石方數量,以爲調製預算之用。

c. 單價之擬定　塡方,堅石挖方,鬆石挖方,泥土挖方等之單價,係按照他路建築之記錄,鄰段開標之結果,再參考本段之實況,斟酌擬成,以爲求得土方預算總價之用。

2.路幅(*Right-of-Way*)地畝之預算　路幅地畝之預算,不但爲估計工程經費所必需,且爲購地施工之張本,故土方運填之分配,棄土借土之處置,以適合工程之需要,與減少人民之損害爲原則。茲將理論上之方法敍述如下:

a. 土方分配圖之繪製

α. 取座標格紙,繪縱斷面圖于下端,土方曲綫(*Mass Curve*)于紙中央,縮尺縱向不拘。横向取二千分之一,其形式如下頁之圖例所示。

β, 擬定合理之運填距離,以定挖方運填之限度,及棄土與借土之處置,運填距離之問題,在本局包工制度之下,頗有研究之必要。茲縱論之,本局土石方工程之發包,係採取單價制度(*Flat Unit Cost System*),收方給價,即按照路綫縱斷面圖及各樁位之横斷面圖,根據造成路塹及路隄之截面計算,此種填方挖方一律照數給價之單價制度,較之舊法,祇計挖方及遠填方站(*Overhaul in Fong-Stations*)給價,而不計填方及免費運填(*Freehaul*)者,計算上既覺簡便,且可免去路局與包工間因遠填方站數量多寡而起之爭執,此誠本局所採單價制度之優點,然在此種制度實行之下,包工人在其合算之運填範圍(*Limit of Profitable Haul Favoring Contractor's Side*)以內,固極願以挖出之土方,向路隄上傾填,若超過此項範圍以外,則包工人爲其自身之利益起見,將舍挖方之土于棄土堆(*Spoil Bank*),而求填方之土於借土坑(*Borrow Pit*)矣,斯時路局將蒙額外增購路幅地畝之損失,反之若路局任責包工將挖出之土方,運填于某種不合理之距離(*Unreasonable Haul Distance*)之外,以圖減少路幅所需之路畝,則包工亦將蒙受損失,皆非持平之道,故合理之運填距離,頗關重要。所謂合理之運填距離者,乃保障路局與包工雙方之利益,使其不相侵犯之最公平之運填距離(*Most Justifable Haul Distance*),其計算之法,可以下列公式表明之:

合理之運填距離 = 平均棄土距離 + 平均借土距離 +

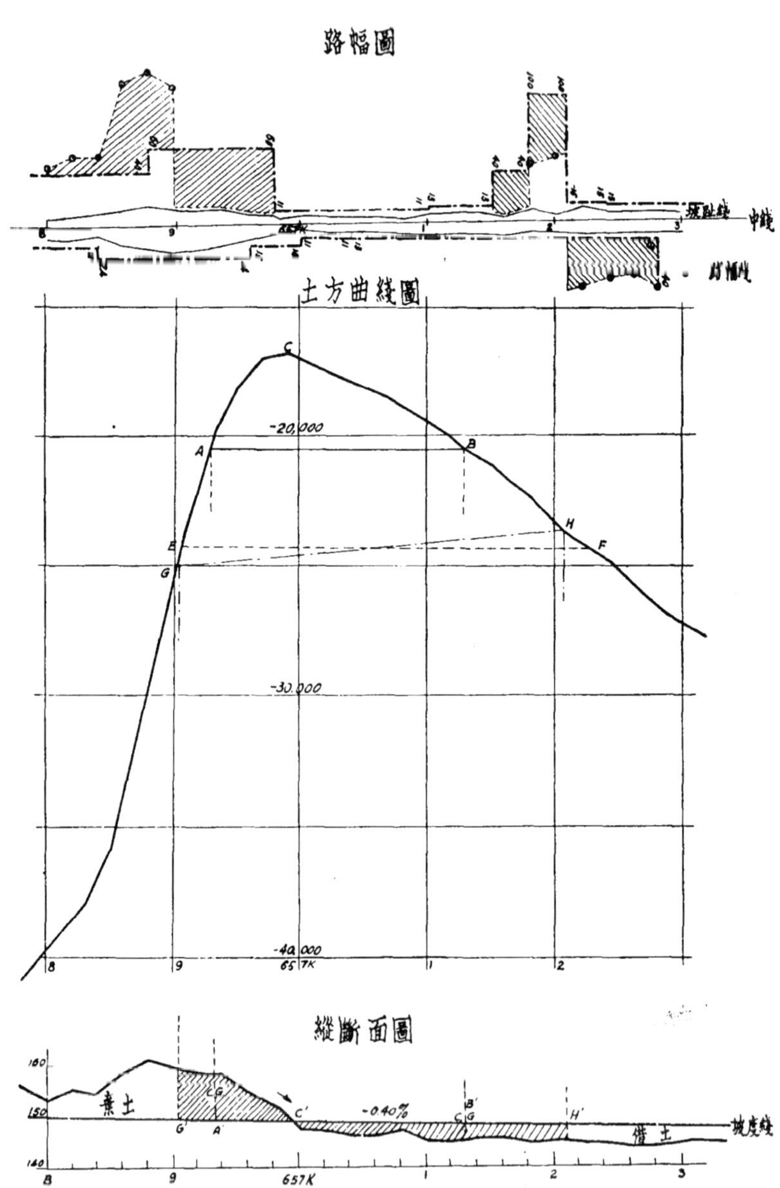
路幅圖
坡趾線
中線
土方曲線圖
-20,000
-30,000
-40,000
A
B
C
E
F
G
H
8
9
657K
1
2
縱斷面圖
棄土
借土
坡度線
-0.40%
160
150
140
C'
G'
A'
B'
H'
3

塡土每方實價(非標價)/每方運每公尺之運費 視中間棄土與塡土之距離,須視實地之情形而定,塡土每公方之實價,可由標價算出,而每公方($=IM^3$)運每公尺之運費,亦不難由工人之工資,及實際所做之工作計算得之也。茲爲調製預算起見,特假定下列各種情形,以算出合理之運塡距離,爲分配土方之用也。

I. 假設平均棄土與借土距離之和爲75公尺。

II. 假設塡土每公方之標價爲0.2元,其中包工有利益10%,則塡土每公方之實價,爲 $0.2\left(1-\frac{10}{100}\right)=0.18$ 元。

III. 單位運價之計算,因無實際之記錄可資根據,姑按杭江鐵路所用遠塡每三十公尺,每方加0.04元之例計算,則每公方運每公尺之運費爲 $0.04/30=1/750$ 元。

故合理之運塡距離 $=75+0.18\div\frac{1}{750}=200$ 公尺。

γ. 定合理之運塡範圍,用前頁之圖,說明步驟于下:

I. 作 AB 與橫軸平行,並等于合理運塡之長,即上例算出之200公尺是也。

II. 取 E 及 F 點令 A 及 B 點各對于該兩點之縱軸差(*Difference in Ordinates*),皆等於最大點 C(與縱斷面圖上之坡度點 C' 相應)與 A 或 B 間之縱軸差相等,則 EF 爲理論上之運塡範圍,因 EC 之挖方正與 CF 之塡方相等,而 A 及 B 之射影點 A' 及 B' 亦各爲挖方與塡方之重心(*Center of Mass*)也。

III. 實際上挖方有澎漲率(*Swell Factor*),而塡方有加縮率 *Shrinkage Factor*)視土質及高度而異,茲爲設計之安全起見,祇計後者而不計前者,關于塡方之加縮率,本局規定凡路隄在三公尺以下者加20%,路隄在三公尺以上六公尺以下者加15%,路隄在六公尺以上者一律加10%,如本例路隄之平均高度在三公尺以下,故加縮率應爲20%,茲于塡土部份減少10%,而于挖土部份增加10%,使二者之重心距,不致改動,如圖 EG 及 FH 兩者之縱軸差各

爲 CE 及 GF 兩者之縱軸差之 10％,故 G 及 H 之射影點 G' 及 H',定合理運塡之範圍,則 $G'C'$ 之挖方與 $C'H'$ 之塡方平衡,而 G' 以後爲棄土,H' 以前爲借土也。

b. 路幅圖之繪製

α. 在土方分配圖之上端,取一橫軸,以作路向之中綫,取橫斷面圖讀每樁位左右之坡趾,對于中綫之距離,逐點聯繪,成爲曲折之綫,如前頁圖例所示。

β. 根據運塡已定之範圍,以設計路幅,玆將要點,略敍如下;

I. 普通挖塡平衡之界限內（卽 G' 及 H' 之間）,以坡趾綫爲準,逐段作與中綫平行之綫段,其與最近坡趾之距離,挖土不得小于四公尺,塡土在三公尺以下者,不得小于三公尺,在三公尺以上六公尺以下者,不得小于四公尺,在六公尺以上者,不得小于五公尺,俾成爲矩形面積之地畝,以便丈量收買。

II. 遇棄土及借土之處,須增購額外路幅（*Extra Right-of-Way*）以爲棄土堆及借土坑之用,其設計路幅之法如下:

㈠參看地形圖紙,以定設棄土堆及借土坑于路綫一旁或兩旁之起迄樁號。

㈡根據各該樁位之塡挖面積,由額外路幅圖解上,讀出一旁或兩旁共增之額外路幅寬,該圖解所用之公式,演算如下;

路綫兩旁借土:

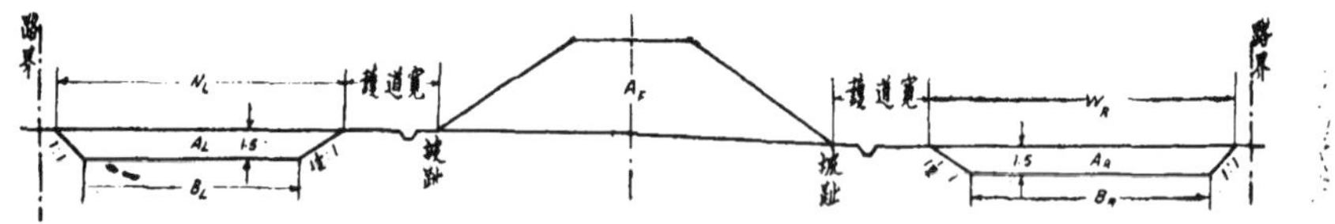

假設借土坑之所在爲平地,則設計之結果安全(*On Safe Side*)

如圖 $B_l = W_l - 1.5 - 1.5 \times 1.5 = W_l - 3.75$

$B_r = W_r - 3.75$

$$A_l=\frac{W_l+W_l-3.75}{2}\times 1.5=1.5W_l-2.8125$$

$$A_r=\qquad 1.5W_r-2.8125$$

$$A_f=A_l+A_r=1.5(W_l+W_r)-5.625$$

$$\therefore\quad W_l+W_r=\frac{A_f}{1.5}+3.75=\Sigma W_{b.p.}\qquad (I)$$

路綫一旁借土:

$$A_{b.p.}=1.5W_{b.p.}-2.8125=A_f$$

$$\therefore\quad W_{b.p.}=\frac{A_f}{1.5}+1.88\qquad (II)$$

路綫兩旁棄土:

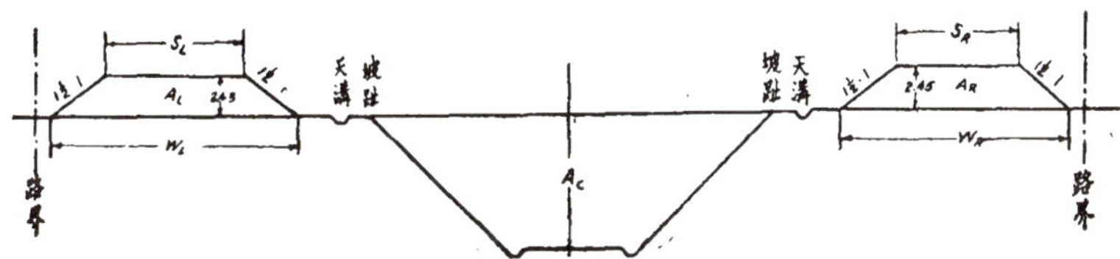

假設棄土堆之所在,亦爲平地,則設計之結果,亦屬安全。

如圖 $S_r=W_r-2\times 2.45\times 1.5=W_r-7.35$

$$S_l=\qquad W_l-7.35$$

$$A_r=\frac{W_r+W_r-7.35}{2}\times 2.45=2.45W_r-9.00$$

$$A_l=\qquad 2.45W_l-9.00$$

$$A_c=A_l+A_r=2.45(W_l+W_r)-18.00$$

$$\therefore\quad W_l+W_r=\frac{A_c}{2.45}+7.35=\Sigma W_{s.b.}\qquad (III)$$

路綫一旁棄土:

$$A_{s.b.}=2.45W_{s.b.}-9.00=A_c$$

$$\therefore\quad W_{s.b.}=\frac{A_c}{2.45}+3.68\qquad (IV)$$

關于造圖之方法極簡單,故從略。

(寅)得出額外之路幅後,關于借土坑者,再加護道寬3,4或5公尺(視隄高而定)及坑邊至路界之距離0.5公尺,關于棄土堆者,再加護道寬4公尺及堆趾至路界之距離0.5公尺,使得路幅之總寬,而點繪之。

(卯)聯接各點作矩形之路幅之面積,卽合于理論上要求。

但實際上之興工之情形,未能盡與理論相合,故不得不加以相當之考慮,而爲下列之修正(*Modifications*).

a. 工人運塡最遠之距離,普通爲60公尺(約合200呎)。

b. 挖土之上部,工人慣于向坡頂傾倒,而不願作運塡故以上之60公尺內之挖方,祇有半數運塡于路隄上。

c. 在普通坡度較綏之山邊挖土,假設$\frac{1}{4}$之挖方棄于上山之坡頂上,而其餘$\frac{3}{4}$之挖方則棄于下山之坡頂上。

d. 在平地之借土坑,工人往往不願挖深至一公尺以上,故設計時應改一公尺計,公式如下:

路綫兩旁取土者: $\Sigma W_{b\cdot p}=A_f+2.50$ (V)

路綫一旁取土者: $W_{b.p.}=A_f+1.25$ (VI)

e. 因挖出之土,體積常常澎漲,故借土坑之額外路幅,無須再增安全係數,而棄土堆之額外路幅,則增30—40%,視地形及土質而異。

f. 借土坑與棄土堆非至地形不可能時,通常設在路綫兩旁,遇房屋池塘,須設法避讓之。

g. 若購地路幅,近于或限于公路或河溝,則逕以後者爲界。

至于註明路幅號數,計算地畝面積,及估計購地總價,均極簡易,故不贅敍。

3. 橋渠之預算　橋渠之分類,按照鐵道會計則例之規定,凡跨度在六呎以下者,列爲涵渠,六呎以上六十呎以下者,列爲小橋;六十呎以上者,一律列爲大橋,其預算亦須分開,調製之,茲將要點,

分述于下:

a. 大橋　大橋之形式,橋墩橋台跨度之決定,須根據河床鑽探之結果設計而成,茲爲暫製預算起見,繪河身之斷面及洪水誌坡度綫,以擬橋式跨度及孔數,然後分下列各項估算之:

I. 開挖地基之土石方數。

II. 1:3:6 及 1:2:4 之洋灰混凝土方數。

III.圬工之方數。

IV.鋼鈑梁及鋼桁梁之公噸數。

以上各項之單價,可由最近之標價,及有價值之圖表中得之。

b. 小橋及涵渠。

α. 先將流域面積繪出,用面積儀量計其面積。

β. 應用 *Talbot's Formula*,以求得應備之瀉水面積,該公式如下:

$$\text{Waterway Area in Sq. Metres} = C\sqrt[4]{\text{Drainage Area in Sq. Hectometres}}$$

N.B. I. For steep and rocky ground with abrupt slopes, use $C=0.183$。

II. For rough hilly country of moderate slopes, use $C=0.122$。

III. For uneven valleys very wide as compared to length, use $C=0.092$

IV. For rolling agricultural country where the length of the valley is 3 or 4 times the width, use $C=0.061$。

V. For level district not affected by accumulated snow or severe flood, use $C=0.037$。

γ. 根據求得之瀉水面積,並參考涵渠小橋之標準圖樣,以選定橋渠之形式及大小。

δ. 繪橋渠之平面及縱斷面圖,以定其長度,然後用材料公式及材料表,作下列各項之估算:

I. 開挖地基之土石方數。

II. 1:3:6 及 1:2:4 洋灰混凝土方數。

III. 圬工之方數。

IV. 鋼筋之磅數。

V. 各式水管之公尺數。

至于以上各項單價之擬定,及總價之估計,乃最後之工作,不待贅述。

4. 其他各項工程之預算 下列各項工程之預算,應視其性質,分別以單價法或總價法(*Lump Sum*)為之:

I. 路基築造(*Formation*),除土石方外,尚有下列三項.

α. 堤垣(*Walling*)包括護土牆(*Retailing Walls*)及護基砌石(*Rubble Pitching*)等。

β. 小河(*Creeks*)指修改河道而言。

γ. 道路(*Roads*)指修改道路及建築道路而言。

II. 山洞(*Tunnels*)。

III. 軌道(*Track*)。

i. 軌枕鋼軌及附件鋪軌等(*Sleepers, Rails & Fastenings, Track Laying Etc.*)

ii. 道碴及舖路基(*Ballast & Ballasting*)。

iii. 螺絲鈎(*Hook Bolts*)及橋枕螺絲(*Tie Bolts & Nuts*)。

iv. 橋梁枕木(*Bridge Ties* 9′×10″×10′—00″)

v. 壓梁(*Guard Rails* 6″×6 *Pine*)。

IV. 車站及房屋(*Stations & Buildings*)。

i. 車站房屋(*Stations Buildings*)。

ii. 員司住房(*Staff Quarters*)。

iii. 車站屬具(*Station Appurtenances*)。

V. 號誌及轉轍器(*Signals & Switches*)。

VI. 路綫保衞(*Line Protection*)。

VII. 電報及電話(*Telegraphs & Telephones*)。

VIII. 機件(*Plant*)。

IX. 維持費(*Maintenance*)。

X. 工程處經費(*Engineering & Supervision Expenses* 5 %)。

XI. 意外費(*Contingency*5%)。

(戊)報告書之編製　測隊事務完全結束後,除將圖件呈繳外,另由隊長製成報告書,呈送局長鑒核,內中分段敍述實測之經過,路綫之情形,以及施工之計劃等,並附下列各項圖表以資參考:

a. 工程預算表。

b. 縮製平剖面圖,縮尺橫向採二萬五千分之一,縱向採一千二百五十分之一,並附繪各種比較綫,以資參證:

c. 定綫記錄一覽表。

d. 曲綫統計表。

e. 坡度及距離一覽表。

f. 坡度統計表。

g. 山洞統計表。

h. 大橋統計表。

i. 小橋涵洞及水溝統計表。

j. 水平基點表。

k. 定點石樁及直綫點洋灰樁一覽表。

s. 其他。

五　餘言

鐵道測量實施之狀況,業已逐步敍述如上,其餘若測隊出發以前,關于文具,儀具,傢俱,食品,應用藥料等之配備,測量進行中,起居生活之情形,以及測量結束後。招標興工之籌劃等,因事涉瑣屑。故未縷述,此外尚有重要之圖表,及有關係之文件,因限于篇幅,不及細錄。故暫行從略云。

民國廿三年七月于湘南,棲鳳渡測次。

上海市中心區道路工程管理處
春假短期實習報告

朱定一

導言

本屆春假,余得李院長之介紹,入上海市工務局第三科實習溝渠道路工程之施工及設計。自三月三十日至四月八日,為期計共十天;經薛科長次莘派往市中心區道路工程管理處實習九天,在科中設計股實習一天。蒙管理處主任周贊邦先生及各工程員之指導,雖時僅十日,為期頗短,而所獲見聞,殊增識驗,爰作實習報告,以誌鴻爪耳。

實習日程

實習日程,承周主任代為排定,其程序分錄如下:——

三月三十日	柏油廠及路上	四月四日	化驗室
三月卅一日	總務	四月五日	化驗室
四月一日	排溝工程	四月六日	柏油廠及路上
四月二日	排溝工程	四月七日	雜工
四月三日	化驗室	四月八日	設計股

施工程序

市工務局第三科,屬有設計工事兩股,及各區管理處。設計股專管計劃,工事股專管施工,管理處則為施工修建之執行機關,其所管事項,則有溝渠道路之設計施工,及居民之請求掘動公路及接溝舖路等事項。至施工之程序,亦定有步驟,可列表說明如下:

局中自動
市民請求
管理處勘查
設計股計劃
主管工程員復查
工事股查對
會計股查明經費
局務會議批准
材料處登記
工事股登記
會計股登記
材料處領料
管理處開工
設計股登記
科長室
局長
會計股
科長室
工事股登記
圖樣送設計股存查
完工
驗收
主任
材料處結賬
工事股結賬
科長
材料處登記
工事股登記
局長
科長簽字
呈府
歸檔存案

至工程管理處之施工程序,則首先開具請示單,經局中批准後,向材料處領得工料,卽可動工,俟工程結束後再做工料統計表上報盈虧,同時辦理驗收,工程卽完全結束。請示單等格式如下:

貼　費……元……月……日收到
經常費……元
共　計……元

在　100元	上海市工務局	編號
費內開支	工程請示單	工作號數
……年……月……日 領到款項		

工程名稱　　　　　　　　區請字第　　號

地　點　　　　路自　　　　至　　　　止

工程範圍

約估價目　工　　元，料　　元，運耗　　元，預算共　　元

約需時日

提議理由

提議人　　月　日，主任　　月　日第　　次局會議決　年　月　日

道路現狀（溝渠，路基，路面，側石，人行道建築情形）

修築方法（路面有無變更，填寬，改狹，底脚，溝渠，溪壓等，交通上佈置方法，有無斷絕交通問題）

工料佈置（派何班常工，新舊料如何用法等）

地址圖　　　　　　剖面圖

共三紙（一呈科長一存科備考一存管理處）

格式3032-11-20

區 路工料統計

工程……

年 月 日開工

年 月 日完工驗收

工作號數		預算數			實用數			備計
		數量	單價	總價	數量	單價	總價	
材料								
人工								
運費消耗								
		預算總計$			實支總計$			盈虧$

工作成績

……路面……平方公尺，每平方公尺合工料$……

……側石……公尺，每公尺合工料$……

……人行道……平方公尺，每平方公尺合工料$……

……溝管……公尺，每公尺合工料$……

科長…… 主任…… 管理員……

排溝工程

排溝工程,爲市鎮道路之先期建築物,以其需先路身排放故也。余此次實習之處,爲大上海市計劃中之市中心海字區,該區房屋既少,且尚未舖築路面,甚宜施工,故得按照大上海市整個計劃,工程頗爲精密。其所用圓溝管均長一公尺,而直徑有三十公分,四十五公分,及六十公分等三種,六十公分者且置有鐵筋,皆係該局設廠自造。

排溝施工之方法,可概述如下:——

置水平標誌　爲便利排溝時水平之計算,特多設水平標誌於附近地帶,故施工前當先奠定區內水平標誌以應需用。

放樣　放樣爲將設計之圖形,放上施工地點之技術名詞,其方法用水平儀一架,就附水平標誌讀出儀高;再於所欲放窨井之地點,柱木柱二根如圖,而同時按計劃圖讀出該窨井處溝管下水口之水平高度,加上所用丁字板(如圖)之長度,得總和而減去儀高,復加以由木柱任何一點讀得之前瞻尺數,即可求得由該點距離橫木(如圖)之高度,而安置橫木,於是放樣之工作乃畢。

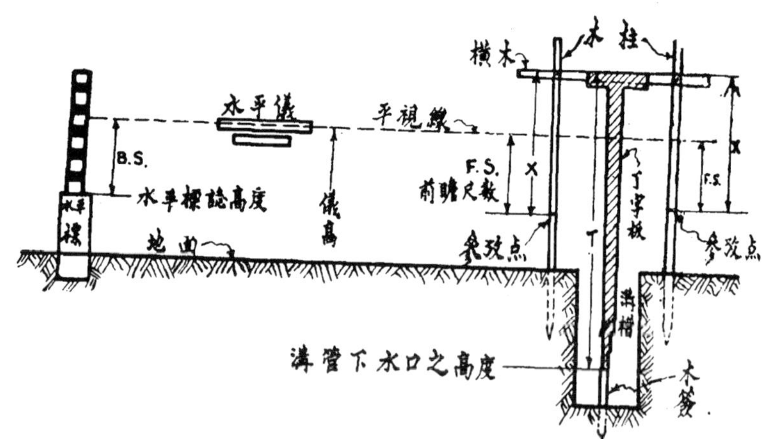

爲便利計算起見,可綜合得公式如下:

設 儀高 = B.S. + B.M.Ele. − H.I.

丁字板之長度 = T

溝管下水口之高度 = E

前瞻尺數 = F.S.

由木柱某點至橫木之距離 = X.

則 橫木之高度當爲 = E + T

故 X =(E + T) − H.I. + F.S.

例: 設 B.M.= 水平標誌高度 = 4.67 公尺

B.S = 1.03 公尺

則儀高 = 1.03 + 4.67 = 5.70 公尺

而 T = 3.00 公尺, E = 2.97 公尺, F.S. = 0.65 公尺

故 X =(3.00+2.97)−5.70+0.65=0.92 公尺。

洒灰印 既已放樣妥當,包工卽可開始工作,洒灰印兩項,以便開掘挖泥,以成溝槽。

挖掘 將灰印線以內之泥土挖出,使成溝槽。

撐板抽水 愈掘愈深,而地水之積置愈多,宜抽去方利工作;且泥土愈深,兩岸卽易坍圮,故須加置撐木或板樁,以免下坍。

丁字板平準釘木簽 當挖掘至相當深度時,可用丁字板直豎簽頂,就以橫木爲準則而平視之,以板頂與之相齊爲度,卽可停掘。

砌窨井 凡應砌窨井之各點,在溝管未放前,須先砌就,其砌也用1:3水泥黃沙嵌縫,磚塊須先用水浸,庶免日後吸去水泥中之水份,而致碎裂。縫道以二三分爲宜,過細不易黏附,過大則亦難牢固。

做底脚 該局規定之底脚,下層爲碎磚,徑三十公分者用十五公分厚,徑四十五及六十公分者用二十公分厚;上層爲1:2½:5水泥三和土,徑三十及四十五公分者用八公分厚,徑六十公分者用

十公分厚。其舖設由溝岸下傾,而排築結實之,惟所有底脚,均須在木簽頂點之下,方能上排溝管。

排溝 待底脚結硬後,約距做底脚五六小時,即可安排溝管,同時溝管兩旁底脚上須放殼子板,以備窩築護牆。

澆護牆 護牆澆於溝管兩面,亦用1:2½:5水泥三和土,高度約及圓溝管之半徑。

打腰箍 溝管接筍之處,需用1:2水泥黃沙,砌打腰箍,以免漏水。

抽板 待諸排溝妥當,腰箍護牆均皆結硬,即可將殼子板,板樁及撑木等盡行抽去。

還土 溝槽中用先前掘出之土充塡,名曰還土;還時要點,當以木人分層排實為要。

茄莉及百脚溝 道路兩側之安設茄莉,及百脚溝,其方法正與主溝類似,惟所用百脚溝之圓管,徑僅十五公分耳。

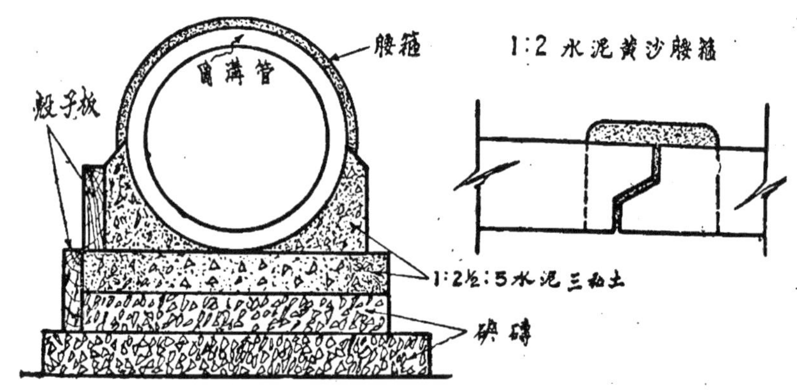

腰箍及圓溝管排砌剖面圖

監工者每日除到場監視督促外,復須日錄工程日報單呈科,其表格式樣,抄錄如下:——

排築溝渠工程日報單

工程名稱　　　　地點　　　　日期

項目	本日到場材料	本日用去數量
石塊		
石子		
黃沙		
水泥		
鋼條		
紅磚		
碎磚		
六十公分瓦筒		
四十五公分瓦筒		
三十公分瓦筒		
十五公分瓦筒		
鐵板樁		
木板樁		
撐木		
水泥筋利		
筋利鐵蓋		
窨井鐵蓋		
雜項		

工作人數	
挖泥工	
打板樁工	
架撐木工	
抽水工	
瓦筒底脚工	
瓦筒排工	
瓦筒封口工	
砌窨井工	
砌筋莉工	
砌石塊工	
還泥工	
夯工	
板樁工	
木工	
雜工	
工人總數	

工作成績								
路名		挖泥	打板樁	瓦筒底脚	瓦筒排設	窨井	筋莉	還泥填實
	本日	公尺	公尺	公尺	公尺	只	只	公尺
	累計							
	本日							
	累計							
	本日							
	累計							
	本日							
	累計							
	本日							
	累計							
	本日							
	累計							
	本日							
	累計							
本日各路總數								

備註

主任…………管理員…………

存管理處

上海市工務局
通知送料單

區

會計股編號……………………（工作號數……………………）

料名	數量	車送地點

上開材料卽着包商于……月……日以前送到指定工作地點爲荷此致

材料管理處

主任……………領用人……………年　月……日

送材料處

上海市工務局
通知送料單

區

會計股編號……………………（工作號數……………………）

料名	數量	車送地點

上開材料卽着包商于……月……日以前送到指定工作地點爲荷此致

材料管理處

主任……………領用人……………年……月　日

送科長室

上海市工務局
通知送料單

區

會計股編號……………………（工作號數……………………）

料名	數量	車送地點

上開材料卽着包商于……月……日以前送到指定工作地點爲荷此致

材料管理處

主任……………領用人……………年……月……日

上海市工務局

材料驗收報告單　　字第　　號

料名	領料單號數	原訂數量	堆放情形				堆放地點	通知單號數	說明
			高	闊	長	數量			

注意

(一)驗收數量比照原訂數量最多不得超過或短少百分之五

(二)材料品質及尺寸如何必須註明于說明欄內

(三)倘遇原訂數量過多應飭包商減少時必須由主管人員書面通知材料處並於驗收時註明減少之理由

(四)商人報請驗收日期材料送齊日期兩項必須按照事實填明

格式(1064-12-20)

商人報請驗收日期　年　月　日

材料送齊日期　年　月　日

驗收日期　年　月　日

交貨逾期日數

……………驗收

化驗室

該處化驗室,係專為冷拌柏油石子之製造而設立,故其工作設備,偏重於油類之分析檢驗,而驗石部份,僅有美國標準之篩子一套耳。

油類檢驗,計分下列各種性能試驗:——

比重　須於物質溫度在華氏77°者為準,試法用衡量法或比重測探管(Hydrometr)均可。

粘密度　用海卿氏方法。

貫入度　用百公分重,於華氏77°時,貫五秒鐘。

熔解點　用環與球法,或海卿氏方塊法。

引火點及燃燒點　用克利佛倫氏無蓋杯法。

溶解度　卽爲試探油類含有瀝青總量之法,用二硫化碳或四氯化碳試驗之,其濾器用一磁質Gooch,故頗準確,有時亦用加熱蒸溜漂洗法,乃將Cs_2蒸溜,使流過固體之油塊,漂洗溶解之。

定炭素

灰分　用火焰包圍燃燒法

揮發性　以五十公分重,歷五小時,於電力加熱揮發器中,用華氏325°之高溫揮發。

水分

分解蒸溜　用普通曲脛蒸溜器,因其所含各物質蒸發點溫度之不同,可分解蒸溜得知所含各物成份之多寡,其工作以每分鐘蒸溜五六十滴,每十度(華氏)讀一容量爲準。

殘餘物之貫入度及溶解點　法同上述。

上開各種性能試驗中,爲柏油,機油,及該處出品冷溶油之所必加試驗者;惟土瀝青之試驗,因其體形爲固體,故比重試驗時,只可用衡量計算法,而其他則除水分,分解蒸溜及粘密度不試外,均須試過。

該處爲適應柏油廠冷拌柏油石子之需要計,其瀝青柏油及石子之取材,均定有標準;良以非經審定,則出品之輭硬輕重,與乎成份含量,及對於溫度氣候之感應,極難得到佳果;玆錄抄該處檢定採用標準如后:——

甲　土瀝青

	A.	B.
貫入度	40/50	20/30
比　重	1.00—1.05	1.00—1.05
溶解點(華氏溫度)	110°—150°	120°—150°
引火點(華氏溫度)	475° 以上	500° 以上
瀝青總量	99.0 % 以上	99.0 % 以上
定炭素	7—20 % 以上	7—20 % 以上
灰分	0,5 % 以下	0,5 % 以下

揮發性	0.5%以下	0.5%以下
殘餘物之貫入度	較原貫入度相差±0	
殘餘物之熔解點	較原熔解點相差±5°F.	

乙 柏油粉

比重	1,15—1.30
貫入度	1—2
熔解點	華氏320°以上
引火點	華氏400°以上
瀝青總量	60%—80%
定碳素	10%—25%
灰分	20%—40%
揮發性	2.5%以下
殘餘物之貫入度	1—2
殘餘物之熔解點	華氏320°以上

丙 輕柏油（Light Tar Oil）

比重	0.95—1.05
引火點	華氏130°以上
燃燒點	——
酸性(每百公分需用KOH之公絲)	7—20
定炭素	2.0%以下
灰分	0.5%以下
水分	0.5%以下
分解蒸溜第一點	
攝氏 0°—200°	5—20%
200°—270°	50—70%
270°—300°	10—20%
殘餘物	5—15%

丁 石子

篩子編號	留存於某號篩上之重量百分比		
	六分子	四分子	石屑
$1\frac{1}{2}''$	0	0	0
$1\frac{1}{4}''$	0		

1″	0—15	0	0
3/4″	25—35	0	0
1/2″	30—40	0—5	0
3/8″	10—20	30—40	0—5
1/4″	│	25—35	10—20
10	│	20—30	30—50
20	│	│	20—30
底盆	4—10	0—5	15—25

柏油廠及路上

上海市之冷拌柏油石子馬路,當初為該局顧問工程師上海煤氣公司英人維勒氏所創,其後復經數度改進,乃有今日之成績,茲就其廠房,拌合,舖築,及利弊各項,分述之如下:——

柏油廠

該廠共計設有堆石坪,晒石場,篩石房,貯石棚,拌合機,溶柏油箱,鍋爐間,及馬達室等。

堆石坪,晒石場,篩石房,貯石棚等,均為整理石子而設,其自外購得之石子石屑,先堆坪做方;驗收後,因欲得乾燥石子故,而無烘石子機,故祗能就空場,更換翻晒之,又石屑因多大于規定之石片,故須經篩過,設有機器篩石房;此種篩過石屑,及晒乾石子,均可貯置棚中,以供應用。

熔柏油箱,為將桶頭固體土瀝青,入箱熔成流質,及加入輕柏油,使成冷溶油以備拌合.其熔解用水汀管,水汀燒自鍋爐間,熔解時溫度須達華氏 350° 之高熱,歷六小時方能熔完,計共兩箱,每箱各可容瀝青十桶。而輕柏油加入時,溫度必降之成低於華氏 200° 而後可,否則極易將輕柏油氣化一部份物質,而致影響拌合,是為冷拌柏油石子中之一大要點。

拌合器係一昇石斗及一拌合箱組合而成,拌箱約一公尺半見方,中有二橫軸,各裝板槳四對,交互可以攪拌,其容量之常用者為十二立方英尺。其原動力用電器馬達,速度約每分鐘四十轉。

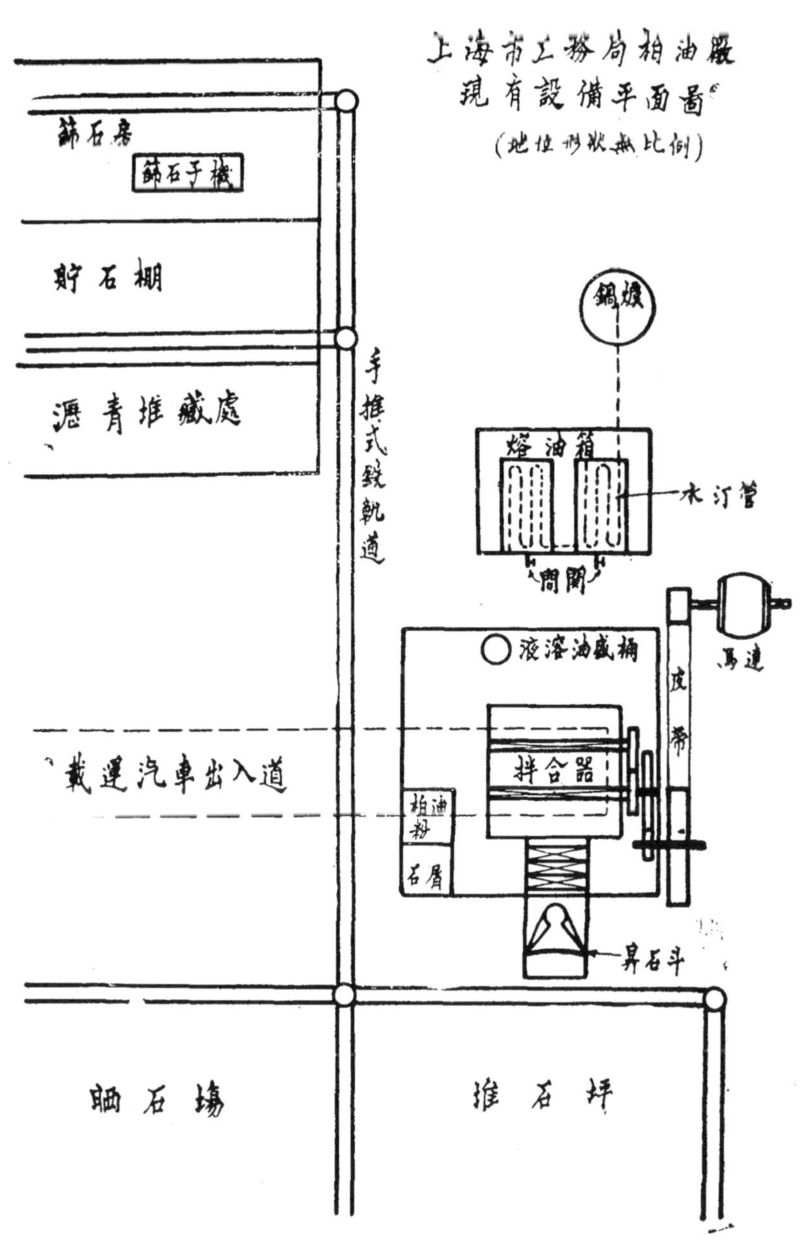
上海市工務局柏油廠
現有設備平面圖
(地位形狀無比例)
篩石房
篩石子機
貯石棚
瀝青堆藏處
手推式鐵軌道
鍋爐
熔油箱
水汀管
開閘
滾溶油盛桶
馬達
皮帶
拌合器
載運汽車出入道
柏油粉
石屑
昇石斗
晒石場
堆石坪

鍋爐水箱式(Drum頗現老態,似極危險,然以目的祇在水汀加熱,故尚可暫維原狀,無大妨礙。

茲以該廠佈置之地位,約略繪圖如上頁。

冷柏油石子之拌合

冷柏油石子之拌合,其既經述明原料標準,與廠房地位之後,所應述者,僅爲拌合之成份矣。

冷柏油石子所需各物,計有石子,冷溶油,柏油粉,石屑,與液溶油之五類:

石子計分六分子,四分子,及石屑,六分子均用於底層路料之拌合,而四分子則用於面層路料之拌合。石屑則兩層全用。

液溶油爲輕柏油與汽油對充混合之油料,僅於氣溫低於華氏八十度以下時應用,所以助石子與瀝青之黏合,而便於拌合及舖設,因有汽油之存在,當拌合舖設時可因之不致結硬,而築後汽油蒸發,卽可得相當之硬度,恢復平常路狀。

冷柏油爲土瀝青與輕柏油之混合品,其比例通常爲90比10,而冬季中因用液溶油故,一部份輕柏油已存在於液溶油中,故僅爲95與5之比。

柏油粉爲粉末狀柏油質,所以求路身堅實而承載重力之主要成分也。本來柏油路之上者如柏油砂路,全部用柏油粉合成,惟以須用高熱,故以冷溶油粘之,而其實路身之良否全恃於柏油粉也。

現在該處正在應用之拌合成份,抄錄如下:——

甲　冷溶油與柏油粉爲65/35之比者

(含有液溶油在內)

(冷溶油之比例爲95/5)

A.底層	六分石子	90.20%
	冷溶油	3.56%
	柏油粉	1.92%

	液溶油	0.36%
	石 屑	3.96%
B. 面層	四分石子	85.00%
	(須 1/2″ 及 3/8″ 者各半)	
	冷溶油	5.525%
	柏油粉	2.975%
	液溶油	0.5 %
	石 屑	6.0 %

乙 冷溶油與柏油粉爲70/30之比者

(含有液溶油在內)

(冷溶油之比例爲95/5)

A. 底層	六分石子	90.5 %
	冷溶油	3.57%
	柏油粉	1.59%
	液溶油	0.36%
	石 屑	3.97%
B. 面層	四分石子	85.0 %
	(須 1/2″ 及 3/8″ 者各半)	
	冷溶油	5.92%
	柏油粉	2.54%
	液溶油	0.54%
	石 屑	6.00%

丙 冷溶油與柏油粉爲65/35之比者

(不含有液溶油在內)

(冷溶油之比例爲90/10)

A. 底層	六分石子	90.53%
	冷溶油	3.58%
	柏油粉	1.92%
	石 屑	3.97%
B. 面層	四分石子	85.47%
	(須 1/2″ 與 3/8″ 成 1:4)	
	冷溶油	5.58%

	柏油粉	3.01%
	石屑	5.94%
丁	冷溶油與柏油粉爲70/30之比者	
	(不含有液溶油在內)	
	(冷溶油之比例爲90/10)	
A.底層	六分石子	90.84%
	冷溶油	3.59%
	柏油粉	1.59%
	石屑	3.98%
B.面層	四分石子	86.02%
	(須 1/2″ 與 3/8″ 成 1:4)	
	冷溶油	5.62%
	柏油粉	2.39%
	石屑	5.97%

其中甲乙兩種宜於春秋冬季,而丙丁兩種宜於春夏秋季,是則以其硬度之不同而有所分別於拌合之季候者也。其次序以乙種爲最輭,甲種次之,丁種又次之,而丙種爲最硬,故乙種宜於寒冬,而丙種宜於炎夏也。

其拌合之手續,先以石子自升石斗傾入拌合器中,如用甲乙種者即洒以適量之液溶油,待石面盡皆潤濕後,可傾入冷溶油,至拌合均匀時,再以柏油粉及石屑加入,一同攪拌,混和後揭去箱底,於是下漏入車,每四箱裝成一車運送工地;平常拌合須時約二三分鐘,夏季二分鐘已夠,冬季三分鐘至少,是則每車須時約十五分鐘,每箱出貨十二立方英尺,每車爲四十八立方英呎。

冷柏油石子之舖築

冷柏油石子既經拌合妥當,乃車運工地,實施舖築。

其舖築冷柏油石子之馬路,必先築就馬克當泥結碎石路若干公分,以作路基。舖築時,先將馬克當路面之浮塵冲洗潔淨,兩面路邊緣若未設有側石者,須訂設木沿條,而舉凡一切側石,窨井天窗,瓶𦆅鐵蓋,及其他水電公司之鐵蓋,其週圍之將舖築者,須先用即柏油少許塗過,可增加黏力。

當冷柏油石子車到工地後,路工乃持炙熱鐵鏟,散舖路上,而用炙熱鐵鈀耘平之,其路冠則早於馬克當路建築時做就,故舖築冷柏油石子,僅厚薄一致之一層卽可。先舖底層後舖面層,各須用滾路機壓過三道;其壓法先用兩輪七噸滾路機壓一道,後用三輪十噸滾路機壓一道,再用兩輪七噸滾路機壓一道;於是路面乃光整平滑,其滾法須自路邊緣漸向路中心內移,用半輪套滾法滾壓。有時面層中或有較大石子如六分子者羼雜,舖築時尤須注意,隨時檢去而用面層補嵌之,以增美觀,而利駛行。

通常用五六分壓實冷柏油石子路面者,需鬆舖底層五公分半,用料每公噸可舖十二平方公尺,又面層二公分半,用料每公噸可舖三十平方公尺;如需四公分壓實路面者,則底層鬆舖四公分半,用料每公噸可舖十五平方公尺,面層鬆舖二公分,用料每公噸可舖三十五平方公尺。時價則路面每平方公尺約爲一元半至二元之譜,如連砂石馬克當路,及路基土方在內,每平方公尺之單價,亦僅三四元之間。若以路面寬六公尺計,每公里約一萬八千餘元,而舉凡一切人工運費,及工具消耗等情均已計算入內者也。若以之與公共租界柏油砂路面相較,其單價之每平方公尺,過於十餘元,而每公里單價約需之數,相差遠甚矣。雖然冷柏油石子固不如柏油砂路之佳妙,然費用則低廉多多,而拌合舖築亦較方便,故爲市工務局所採用。茲以其工作程序,繪表說明之如下:——

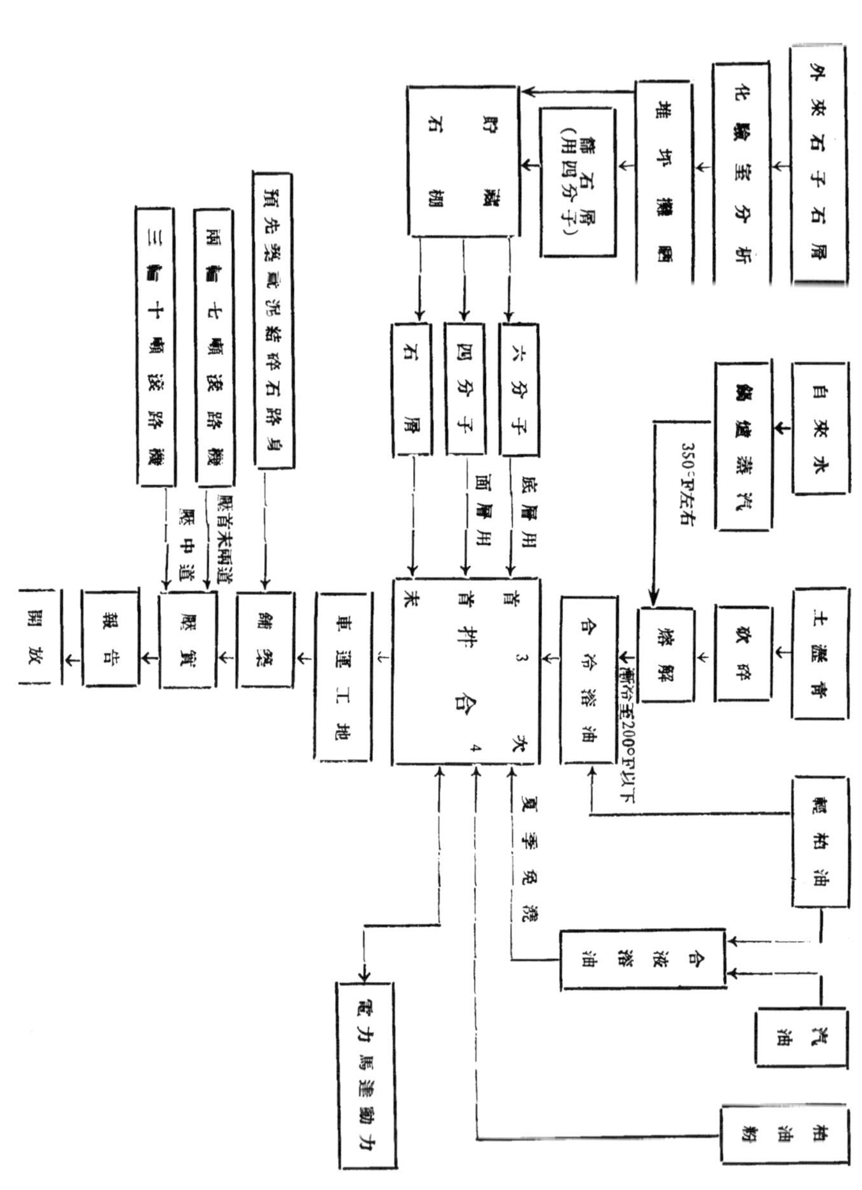
外來石子石屑
化驗室分析
篩石屑(用四分子)
貯藏石棚
六分子
四分子
石屑
底層用
面層用
自來水
鍋爐蒸汽
350°F左右
土瀝青
砍碎
熔解
漸冷至200°F以下
合冷溶油
輕柏油
合液溶油
汽油
柏油粉
夏季免澆
首
首
次
末
3
4
拌合
電力馬達動力
車運工地
舖築
兩輪七噸滾路機
三輪十噸滾路機
壓首末兩道
壓中道
壓實
報告
開放

監工紀要

冷拌柏油石子,監工時嚴加注意之點,可分下列各點:

拌合部份:——須成分準確,拌合週到;諸如冷溶油之秤磅,柏油粉之箱量,均須審慎。

舖築部份:——須厚薄均勻,接縫無痕;故凡鐵耙之拉推,邊緣之排列,全宜注意。

而每日之工作,監工者復須塡工作日報,其格式如下:——

上海市工務局柏油廠工作日報表

年 月 日

<table>
<tr><td rowspan="2">地 點</td><td rowspan="2">工作號數</td><td colspan="2">數 量</td><td colspan="2">本日用料數量</td></tr>
<tr><td>底 層（公噸）</td><td>面 層（公噸）</td><td>底層石子</td><td></td></tr>
<tr><td></td><td></td><td></td><td></td><td>面層石子</td><td></td></tr>
<tr><td></td><td></td><td></td><td></td><td>土瀝青</td><td></td></tr>
<tr><td></td><td></td><td></td><td></td><td>輕柏油</td><td></td></tr>
<tr><td></td><td></td><td></td><td></td><td>煤氣柏油</td><td></td></tr>
<tr><td></td><td></td><td></td><td></td><td>汽 油</td><td></td></tr>
<tr><td></td><td></td><td></td><td></td><td>柏油粉</td><td></td></tr>
<tr><td></td><td></td><td></td><td></td><td>機 夫</td><td></td></tr>
<tr><td></td><td></td><td></td><td></td><td>廠 工</td><td></td></tr>
<tr><td></td><td></td><td></td><td></td><td>篩運石子工</td><td></td></tr>
</table>

主任 管理員

冷拌柏油石子之利弊面面觀

冷拌柏油石子,雖現經市工務局採用,作爲該局本市最佳之甲種路面,然利弊各點,仍然有討論之地,茲就觀察所得,臚陳如下:

冷拌柏油石子之好處:—

1, 如水泥三和土之拌合然,製造方便,設備簡單。

2, 無如澆柏油路面之冬裂夏熔。

3, 修養費用低廉。

4, 修理便當,只須掘去壞路面,嵌補新拌料壓實之。

5, 其較熱拌者價廉易拌。

6, 較熱拌者易於舖築,不必一定在華氏 280° 高温以上,

7, 壓實時可用平常滾機,不必火熨。

8, 需用柏油質量,不及柏油砂及熱拌柏油石子之多,合於經濟原則,而効用則無大異。

9, 路面無若柏油砂或濇柏油之光滑,大雨或冰凍之季候,可保不致滑輪。

10,有水泥三和土之同等功用,而較之色澤美觀。

冷拌柏油石子之缺點:—

1, 石子需不受潮濕,最好預先烘過,或晒乾,尤需保存乾燥,頗爲麻煩。

2, 設廠製造,不便遠距離工程之舖築,多傷運費。

3, 不若柏油砂路面之平整光滑。

4, 易溶於油類,往往爲自動車機油所下滴損害。

5, 不能完全隔離水分之上下滲透。

6, 不能若熱拌之結硬快速。

7, 不能快硬,故當開始放行通車時,時有重車印痕,損及路冠坡度。

8, 吾國柏油(土瀝青)出產量少,多用外國貨。

設計股

設計股所管之事項,計有全市路線之劃設,溝渠之統系等大綱。而各路之剖面及溝管窨井之設計,亦屬於斯。

現該局設計之全市路線,除市中心區,稍能實現一部外,其他除南市舊城址內,因屋宇不齊,七曲八繞,其欲實現理想中之路線,正復不知何日,而閘北區則因一二八倭奴之侵,受炮火清除,現在復興中比較可能切合設計之理想。

其設計之道路,可分路基路面兩種:—

路基有下列四種:—

土路基　系就地取土,僅做土方工程者。

大石塊基　卽西文所謂泰爾福特路基者,其厚度須二十五公分,底盤長或寬至少一邊二十公分。

碎磚基　乃用碎磚舖壓而成。

馬克當基　是係專用於冷拌柏油石子之路面者,其築法卽泥結碎石路之築法,用灌漿法。

路面有下列幾種:—

泥土路　爲就地取土之土路,用滾路機滾三道以上。

煤屑路　舖煤屑一層於土基,壓實而成。

泥結碎石路　卽馬克當砂石路,用灌漿或乾結二法中之任何一法均有。

彈街路　卽用彈石片砌就,該局標準之彈街片,須寬不過八公分,長在八公分至十五公分之間,而深介十公分與十五公分間者,乃可用。

方頭彈街路　亦爲彈街片之一,惟頂用方形,其標準爲深十公分至十二公分,而面爲 8 公分 × 12 至 8 公分之方形石片。

小方石塊路　乃用石塊砌成,其標準爲 8 公分 × 8 公分 × 10 公分

澆柏油路　路就原有馬克當砂石路,澆柏油一薄層。

灌柏油路　就原有各式路面,灌以柏油若干公分。

冷拌柏油石子路　卽爲前文所詳述之路面。

水泥三和土路　係用平常灌水泥黃沙石子三和混合澆成,其比例用 $1:2\frac{1}{2}:5$。

此外尙有柏油砂路等,雖有設計,然尙未見舖築也。

路面寬度,其設計自七公尺起至一百二十公尺不等。

路冠坡度,則有三種:

1:20　凡泥土,煤屑路之瀉水不便者用此。

1:30 凡砂石,彈街等路,均用此。

1:40 凡柏油,水泥等高等路面之平滑者用此。

溝渠方面之設計,可分澆製及施工兩層,列表如下:—

甲 溝管澆製之設計

直徑(公分)	長度(公尺)	厚度(公分)	接口深度(公分)	備註
15	0.5	3.0	2.5	
23	1.0	4.0	2.5	
30	1.0	4.5	3.0	
45	1.0	5.5	3.0	
60	1.0	6.0	4.5	用鐵筋
90	1.0	9.0	4.5	用鐵筋
120	1.0	10.0	7.0	用鐵筋

乙 溝管施工之設計

直徑(公分)	腰緇寬(公分)		底脚厚度(公分)	三和土護牆(公分)		
	(厚均公分)	碎磚	三和土	厚	高	加高
15	7.5	10.0	5.0	4.5	10	2
23	7.5	10.0	5.0	4.5	10	6
30	7.5	15.0	5.0	5.5	15	5
45	10.0	20.0	8.0	6.5	20	9
60	13.0	20.0	10.0	7.5	30	6
90	13.0	20.0	20.0	10.5	30	17

總務與雜工

總務亦即辦公之意,管理處總務所司各事,計有工役管理,工價登記,工程統計,材料管理,及其雜務。

工役管理,包括工役之招雇及解雇,工作勤隋,工人請假,及其他有關工人之事項。

材料管理,包括材料之驗收,貯藏,及支用三項,均有一定手續辦理。

工價登記,其要目計有:(1)號數,(2)月日,(3)區別,(4)工作地點,(5)

工程名稱,(6)實發金額,(7)包工人姓名住址,(8)收條收到之月日,(9)付款月日,(10)會計股原編號數,(11)工作號數,(12)取用何項經費,(13)備註。

工程統計,爲統計所作工程用,計有:(1)年月日,(2)原開請示單號數,(3)會計股原編號數,(4)工程名稱,(5)工程範圍,(6)工作地點,(7)第幾次局務會議議决之月日,(8)工料總價之約估金額,(9)派何項工人,(10)實用工料總額,(11)備註。

該處工役計分有路工,彈街工,接溝工,拌柏油工,滾路機夫,卡車夫,均屬常工,此外由外人承包者曰包工;而常工中之不担任上項職務者曰雜工。

路工司修築各項道路,接溝工施接修溝管,拌柏油工專拌柏油石子,滾路機夫司路面壓實,卡車夫司輸運路料,而雜工則諸如石子之翻晒,篩藏,及各種雜差之事。

蘇次河先生榕樹廬詩集序

陳　杜

杜年十二三,即聞容縣有三蘇之號。詢之則蘇次河先生爲老蘇,蘇寓庸先生爲大蘇,蘇文洛先生爲小蘇。三先生皆翆弟行,與宋三蘇略異,而所以有是號者,蓋以三先生之文行,各有其相似者也。而三先生亦頗以此自負云。未幾寓庸先生講學於吾鄉,杜遂得師事於所謂大蘇者。其後與吾友蘇君鑑懲同游日本,交最厚。鑑懲者次河先生長公子也。故以鑑懲之介,又得識所謂老蘇者。時次河先生方長容縣中學,委杜講席,遂得追隨杖履,將及一年。遠近之士,咸稱先生意氣軒昂,不可一世,目下若無人者。杜時雖未弱冠,而先生獨不以後輩視之,嘗得從容論學,上下其議論。其後鑑懲游學美國,先生臥病邕甯,已不能起坐矣。杜自海上歸,謁先生於旅寓,猶與杜論詩易老莊之學。雖語氣間有不接。而猶娓娓不絕,歷半時之久,而後許杜辭去。不謂杜別才一月,而先生之赴已至矣。每念平生受知於前輩之深,至今音容猶不能忘也。蓋所謂三蘇者,寓庸先生以師生之誼,杜受知最深,次河先生雖未得師事,亦辱知不淺,唯文洛先生多病,年未四十謝世,所謂小蘇者,廑得一二見而已。然杜嘗謂三先生皆豪傑之士,留意當世之務,其所得之淺深與古之所謂三蘇者雖不可得而知。而文洛先生之文,雅淡而味深,似子由,寓庸先生之詩文,縱逸而豪放似子瞻,次河先生之文從橫而雄峻似老泉,則識者所共許也。而三先生之中,寓庸先生最工詩,篇章亦最富,文洛先生詩次之,次河先生詩則杜絕未嘗聞見,則又未嘗不深歎與古之三蘇，子瞻於詩獨努，而老泉獨不能詩者，眞相似也。近年杜與藤縣黃君二明有編輯粤西叢書之舉，搜求吾桂先賢遺著，尤以詩爲多，杜往年且有粤西十五家詩鈔，及粤西詩拾之撰，寓庸先生助杜網羅之力尤不少。而於次河先生之詩，亦不少概見。則謂先生之似老泉不能詩，豈非信然者哉。今年春，杜與鑑慜同教授於交通大學母校，嘗與言粤西叢書之事，鑑慜因杜之請，遂歸錄先生之遺稿一冊曰榕樹廬詩稿以相示。杜受而讀之，詩雖不多，而深峻勁鍊，幽淡含蓄，各體皆備，與寓庸先生之詩境雖不相同，而功力所至，固未易分其高下，又未嘗不歎今之所謂老蘇者，固非昔之老蘇所能限也。叢書之刊，玆事體大，不知其期，鑑慜不能待，先以聚珍版印行，問序於杜。杜深敬鑑慜之能讀父書傳父書，故樂爲之序。且又未嘗不深歎吾桂文化之衰微固繇乎風氣之閉塞，學者成就之寡，而即有好學之士，卓然有成就，而子孫不肖，於先人嘔心肝，鏤肺腑而出者，漠焉不加愛惜，任其摩滅者爲不少，而杜與二明所以每編叢書未嘗不爲之痛惜者也。先生不得志於時，卒於縣令，家無百金之儲，時人哀之，夫以先生之學，而竟止於此，則誠可哀已。然以視今之爲大官，食厚祿，鹿鹿無所建樹，而徒擅作威福貪汚無恥，不惜隳己之人格爲無賴子孫謀酒色之資者，雖或赫耀於一時，歿未逾年，姓字已不爲人所識，以視先生官雖小，家雖貧，而有此卷以行世，悲歎言笑，精神嘗在人間者，其所得爲何如也。

民國二十年十二月二十八日後學北流陳杜謹序於上海交通大學

仁義釋

蔣石渠

周易繫辭傳曰:『立天之道,曰陰與陽;立地之道,曰柔與剛;立人之道,曰仁與義;』是仁義者,人道之所由立,所以合剛柔,配陰陽,而參天地者也;近世邪說橫行,仁義充塞,人道不修,而人之禍亟矣。有志弭世亂者頗欲修仁義之說,爰不揣固陋就先哲所言,與管見所及,詮釋其字義如下。以就正於世之君子,儻亦足爲修明人道之一助乎。先釋仁:

說文人部;『𡰥親也,从人从二,忎古文仁,从千心,𡰥古文仁,或从尸,』余謂繫傳以爲仁从人二聲,非也,𡰥从二人,猶古文忎从千心也。𡰥爲𡰥之變體,亦二人也。二人者,己及天下之人也。千心者,己之心及天下人之心也。推己及人,故曰二人,以人存心,故曰千心。天下之人與己同,天下人之心與己心同,兼相愛之義也。天下之人固非一,一所以槪之,天下人之心,固不止千,千言其衆耳。仁者恆以己心度天下人之心,以己身視天下人之身,愛己而亦愛人,利己而不損於人而已矣。春秋元命苞曰:『仁者情志好生愛人,故其爲人以仁,其立字二人爲仁,』此仁从二人之證也。孟子曰:『仁人心也』。此忎从千心之說也,今夫世人之所以不愛人而爲不仁者,皆由於知有己而不知有人也,居上則無下,居下則無上,居前者無後,居後者無前,居左則無右,居右則無左,上下,前後,左右,皆無人焉,尙安能相愛哉,故必推己及人,以人存心,然後能愛人,能爲仁,以親存心,則愛其親,以兄存心,則愛其兄矣。不以親存心,必不能愛其親,不以兄存心必不能愛其兄也，推而至於愛國，愛民，亦莫不然，心存乎國，則愛國矣！心存乎民，則愛民矣！奸人之賊其國，必已無國，暴吏之虐其民，必已無民，非眞無國無民也。不存乎其心也，而其所以不存乎其心者，一己之私心，有以害之也，欲遂一己之私心，於是而無國無民甚至無親無兄焉，可不懼哉！故孔子曰：『克己復禮爲仁』，克己之私而後有人，而後能愛人，而後可爲仁也，稷思天下有飢者，猶己飢之，禹思天下有溺者，猶己溺之，伊尹視一夫一婦之不被其澤者，若己推而內之溝中，是皆人我一體，急人之困厄，如己之困厄，仁之至也。孟子曰：『老吾老，以及人之老，幼吾幼，以及人之幼，天下可運諸掌』。幼吾幼，老吾老，己也，及人之幼，及人之老，人也，所謂推己及人也，仁者推己及人而天下治焉！由己身以及人之身，己親以及人之親，己國以及人之國，此心同，此理同，推而至於東海而準，西海而準，南海北海而準也。益嘗論之，人不能獨存，人之所以爲人，由於人與人之相親愛，相親而後能文明，能進化，相親愛，則固非一人矣！故倉頡造字，大亦人也，不以爲人，而以爲大小之大，而作卩，象人側立鞠躬之形，人與人相見之禮，示親愛之義也。今人相見，猶尚如是，可見親愛爲人類之本性，歷千萬世而不變者，故孝經曰：『天地之性，人爲貴』，誠以其能相親愛也，若人而爲大，則驕矜自大，有己無人，必不能相親愛矣！然則人之本義，本在親愛，二人則親愛之至也，故中庸曰『仁者人也』。鄭注謂『人讀如相人偶之人，以人意相存問』，卽相親愛之義也，惟人祇具親愛之意，而仁則施及於人耳，其施於人也必由近以及遠，與己最近者，莫如親，故愛人必自親始，孟子曰：『未有仁而遺其親者也』。又曰：『仁之實，事親是也』，誠以事親爲愛及人之始，仁之本也。故有子曰：『孝弟也者其爲仁之本與』！吾於是而知儒與楊墨二氏學說不同之處焉，儒之道，未嘗無己，而在推己，未嘗爲人，而在及人，是以孔子曰：『己欲立而立人，己欲達而達人』。又曰『己所不欲勿施於人』。人己並重，所謂二人，所謂仁也。墨氏兼愛，舍己爲人，摩頂放踵，利天下而爲之，有人無己，未知二人，此墨之道，所以爲非人之情,而不可行也,楊氏爲我,有己無人,未知二人,私心自用,則更不可與墨氏同日而論矣!況於儒乎!故爲仁之方,取譬於己,推及於人而已,此儒之道,所以獨勝於二氏也。次釋義:

說文我部『羛己之威儀也从我羊』,羛墨翟書義从弗,余謂从我羊者是也,从弗者非也,我金文作栽與弗形近而誤耳!羊者善也,故善美之字皆从羊,我羊者,我善而善我也,人不爲而我爲,惟善所在,義不後人,故當仁不讓,見義勇爲,殺身成仁,舍生取義,惟知我善者,乃能爲之。彼天下之爲不義者,皆不知我善者也,見事而善也,則必曰人皆不爲,我與人同耳!奚必爲之哉!見事而不善也,則必曰人皆爲之,我與人同耳!奚必避之哉!蓋已不知己爲何如人,與己所負之責矣!是故不知我善而後爲不義,知我善則有所恥而不爲也,公明儀曰:『舜何人也,予何人也,有爲者亦若是』。是知我善而不敢不勉爲善也,孟子曰:『爾何曾比予於是』,又曰:『予豈若是小丈夫然哉!』是知我善而不敢比於不善也,劉子曰:『民受天地之中以生,所謂命也,是以有動作禮義威儀之則以定命也』。天地之中,所謂善也,是善與我生俱來,故曰命,卽我善也,動作禮義威儀之則,亦善也,我生之後,盡其在我之善,而無忝於我焉,故曰定命。卽善我也。是以無善不足以爲我,無我不足以見善,善定命者,見我善而善我而已!記曰:『義者天下之制也』惟善我者始能不隨波逐流,行所當行,以制天下之宜,故中庸曰:『義者宜也』孟子曰:『義人之正路也』行所當行,以制其宜,乃爲正大之路耳,禮運曰:『父慈子孝,兄良弟弟,夫義婦聽,長惠幼順,君仁臣忠,謂之十義』,此十義者,各有分際,所謂宜也,夫慈孝良弟,義聽惠順仁忠,善也,父子兄弟夫婦長幼君臣,我也,我爲父則慈,我爲子則孝,爲我之所宜爲,斯謂之善,斯謂之義耳!易曰:『義以方外』善我之人,其外能無方乎!易又曰:『利者義之和也,利物足以和義』。蓋君子以淑己淑人爲心,苟利於物,我心安焉。故曰『和』,善我之至也,大學曰:『君子以義爲利』君子以善我爲大利,他非所計也,故孟子曰:『生我所欲,義亦我所欲,所欲有甚於生,舍生而取義者也』,苟能善我則生亦有所不欲矣!孟子又曰:『非其義也,非其道也,一介不以與諸人,一介不以取諸人』, 人惟有所不爲也,而後可以有爲,不爲不善,乃爲大善耳!故爲義之方,見我之善,勇於爲善,不負於我而已!

綜上言之:仁所以處人,義所以處己,故董仲舒曰:『以仁安人,以義正己,愛在人謂之仁,愛在我謂之義』, 仲舒之言是也。蓋爲人之道,在盡人我之間而已!人之恆情,利必歸己,善必諉人,仁則利不忘人,義則善不忘我,仁義立而人我之道盡矣!故曰:『立人之道曰仁與義』, 或曰:子之言仁義是矣!然仁義並言,始於孟子,論語言仁爲多,未有以仁義並言者,則又何也?曰,時爲之也,夫古人造字,所以明理,聖賢立說,在捄時弊,當春秋之世,先王之制,禮樂之教,猶未盡泯,人心之壞,未至於極,雖不知有人,尚知有己也;故孔子獨詔之以仁道,使取譬於己,推及於人,斯可矣!逮及戰國,先王之制,禮樂之教,已澌滅無餘,天下之人,皆犇競於聲色貨利之中,而不復知人之所以爲人,故於民則糜爛而戰,於吾則惛不能進,彼固不知有人,并不知有己矣!是以孟子大聲疾呼,以仁義之道詔天下,使天下之人,皆知人我之所當處,及人而善我,而於善我之義,尤不憚反復言之,曰『人性善』,曰:『人皆可以爲堯舜』,曰:『有爲者亦若是』,曰:『吾何畏彼哉』,曰:『萬物皆備於我矣』,皆所以明我之善,使知我之可貴,而激發其爲善之心者也!蓋其深痛當時之自謂不能,與甘自暴棄者,雖諄諄告之以善,而無可如何!於是而知不知我之本善者,必不能善我而爲義,不能善我而爲義者,必不能及人而爲仁,此則春秋與戰國時代之不同,所以論語言仁,而孟子必以仁義並言也!且繫辭有言『曰,仁與義』,孔子五十學易,是孔子晚年,亦以仁義對舉矣!嘗考孔子一貫之道,在乎忠恕,忠盡其在我者,近乎義,恕推己以及人,近乎仁,是孔子言忠恕,而仁義即蘊乎其中也。又曰:『仁者己欲立而立人己欲達而達人』, 己立己達,善我也,又曰『志士仁人,有殺身以成仁,無求生以害仁』, 殺身成仁,非喻義善我者不能,是孔子言仁而義卽包乎其中也,惟當天下大亂邪說橫行之時,非明告以人之可貴,使儼然有以自立,介然有以自守,必不可與爲善,此孟子所以推孔子言仁之義,而以仁義並言,實具捄世之苦心,亦時爲之也,若夫仁義之起,則自有天地,有人類,卽有是理,特至孟子而始發揮以盡言之耳,嗟夫!今之世亦戰國之世也,道德淪亡,率獸食人,仁義之道,又胡可以不講乎哉!

法蘭梯電器製造廠記略

Ferranti L'd.)

郁約瑟

法蘭梯電器製造廠,爲法蘭梯氏所創辦,法氏爲電界先進,有發明變壓器之功績,對於電氣業之發展,實占重要之地位,該廠創辦之始,約在十九世紀末葉,專以製造變壓器問世,其變壓器之原理雖至今未變,然當時所製之構造與式樣,則與今大不相同,現陳列於倫敦科學博物院中,僅有歷史的價值矣,此後其變壓器事業經營二十餘年,始進行製造電度表等,逐漸發展,最近復舉辦無線電部,並兼造電爐電鐘電熱器等用具,共有職工約七千人,規模亦已不小,但其基本出品,仍以變壓器與電度表爲主,殆以精造一二種類爲方針,此其特點也,作者來英實習,蒙其駐滬經理開能達洋行之介紹,得乘假期內往遊孟却斯脫城之便,前往參觀,計以兩日光陰,考察其變壓器電度表及特種電表之製造法,得到不少知識,茲略述參觀所見,以供國人參考焉。

一.翻砂廠 翻砂廠本非法廠必須自備之部份,但自發明非磁性之鑄鐵 (Nomag Cast Iron) 後,卽置是廠,自營翻砂,廠址在總廠之外,其中工作情形,大概與普通之翻砂廠相同,無庸贅述,惟有自動翻砂機一具 (Automatic Foundry Plant), 則非尋常廠家所有,其工作共分四部,一.篩砂,二.製模,三.澆鐵,四.出貨,翻砂所用之砂塊先經磨砂機磨細,再經 200 Mesh 之絲網篩過,乃運至製模處,有氣壓器 (Pneumatic Tools)壓成砂模,然後送達澆鐵處,將鎔鐵澆入,迨至出貨處時,已可將鑄件取出,而砂塊則回至磨砂機,可以循環應用,出貨

自　動　翻　砂　機

不息,如此以三班人日夜工作,每日可出貨至三千件之夥,惟此機祇供大量出品之小件貨物,故於澆鐵後可以無需久待,即將鑄件取出也。

二.變壓器製造廠　變壓器製造廠,爲法廠之精華,彼從事於此項出品者,已五十餘年矣,工作情形,共分三部,一.繞線圈,二.裝集鐵心,三.加製外殼。繞線部份之設備,有包紮機 (Tape Machine), 用紗帶將銅絲或銅帶包紮,然後有繞線機繞成線圈。線圈可分兩種,在高壓應用者爲單線餅形 (Single Circuit Pancake Form), 係各個繞成而用電銲聯接者,在低壓應用者,爲複線桶形 (Multiple Circuit Cylindrical Form), 則係一氣繞成者,惟於繞至一半時,須調換上下層 (Transposition) 以求各路長短之一律。線圈繞成後,置眞空箱 (Vacuum Tank) 內烘乾,再浸以絕緣油漆,再行烘乾,即可應用。第二部製集鐵心的工作,有鉄床將磁鐵片裁切成形,然後用螺絲鐵條等將磁鐵片連組成變壓器之鐵心,於是放置高低壓線圈,內部各件,即於此時完備,其次即須加裝外殼,外殼之鋼片鋼管等,俱用電銲法銲接,其冷水銅管等,皆經過漏水試驗 (Water Leakage Test), 而其散熱器之鋼片,則用Spot Welding法銲接,工作甚爲迅速。

在製造之程序中,各部線圈之銲接,實爲最重要之工作,是以有專員察驗各個銲接處,必須十二分堅密强固,驗察員察驗之時,使用一種Gage,將銲接處一一精密檢驗,其責任頗爲重大也。

三.電度表製造廠 電度表(Watt-hour Meter)之製造,完全採用大量生產制(Mass Production),其各部製配工作之地位,聯接形成一長桌,各種零件如磁鐵底殼寶石承軸轉盤齒輪等,俱依次逐一加入,故空殼自桌之一端進去,迨自彼端出來,巳是一具完全之電度表矣。製造各個零件,各用特別的機器,或Mould,其繞線機上,每機可繞十二個線圈,裁切鐵片,則用自動銑床(Automatic Punch Machine),底殼上之一切孔眼,亦祗用一步手續,一氣鑽成,蓋無不求其工作迅速也。

Ferranti Summation Metering Equipment

電度表裝配完竣後,均送集試驗室中,以待校驗,校驗時將數十具排成一列,互相聯接,而以轉針式標準表(Rotating Standard)校測各表之準確度.此種轉針式標準表自身之準確度,則用西門子天秤式電表(Simens Balance Type)校測之,蓋此種天秤式電表,即該廠之Primary Standard也,至於三相電度表,則分兩步校驗,第一步將各相個別校驗第二步將各相聯接校驗,其詳細情形,因與普通廠家所用者無大差別,茲限於篇幅,不復贅述。

四.特種電表之製造 特種電表,另有專廠製造,其中工作,多極精細,故雇用技藝優越之工人爲之,其出品除電壓表電流表等

減輕變壓器管管擊之試驗

外，有各種繼電器(Relays)等，附圖所示之 Summation Meter，所以將電廠中各部用電發電配電或購電各個紀錄之外，又復集中紀錄，應加者相加，應減者相減，將總數在表上記出，並亦記其最高負荷(Maximum Demand)，此種電表在英國高壓電網(British Grid)上用之甚多。

結論 就予觀察所及，其分配工作之方法視出品之不同而各異，在變壓器製造廠內，雇用有技術經驗之男工，而工作方法，係多人集製一件者，凡巨型之變壓器，每須由十餘人同時裝配之，至於電度表製造廠，則用大量生產制，分工異常精細，是以工人之技術訓練，可以略遜，大多雇用女工，其他特種電表 Maximum Demand Meter，Summation Meter 等，則另用專廠製造，須要最專門之技師矣。

大概法廠之特點，在於精造少數種類之出品，得以達到較佳之成績，其研究之方法遂不流於廣泛，而日趨精深，對於變壓器方面，續添不少附件，如電壓調整器(Moving Coil Voltage Regulator)，及 Surge absorber等，附圖示研究減輕變壓器上營營之聲之一種試驗，可見其研究方法之一斑。

總之出品種類減少，有以下各種利益，一.節省資本，二.管理集中，三.經驗集中，而其結果，則每得以較廉之成本，達較佳之成績，Ferranti 變壓器之優良，爲吾人在滬時所熟知，今參觀其製造廠，而遂知其所以然也。

本校一年來大事記

民國二十三年九月

一日　開學。

十日　晚七時校長召集新生舉行茶話會。

十八日　上海本部第五次教務會議。

十月

十日　上午十時舉行國慶紀念慶祝典禮請駐意大使劉文島氏演講。

十一月

十六日　第六次教務會議。

第七次事務會議。

十八日　清潔運動檢查。

廿三日　唐前校長等發起添建書庫,本日起開始募捐。

民國二十四年一月

一日　上午舉行慶祝典禮,一二年級學生在大操場會操,並在體育館開茶話會。

十八日　第七次教務會議。

第八次事務會議。

二月

四日 第二學期開始。

廿一日 舉行廿三年度第一學期全校教務會議。

五月

八日 國際問題研究會成立。

十一日 本校舉行運動會。

黎校長北上參加唐院第廿週紀念,並視察唐平二院。

十二日 總理逝世紀念舉行植樹典禮,

十七日 舉行國文會考。

廿四日 舉行英文會考。

六月

三日 大四級畢業考試開始, 部派京滬滬杭甬鐵路管理局副局長吳紹曾氏監試。

八日 校長召集大四級畢業同學訓話。

十日 一二三年級學生大考開始。

十二日 第九次教務會議。

第十次事務會議。

WHAT PREVENTS SOCIAL PROGRESS?

BY DR. DWIGHT SANDERSON

Professor of Rural Social Organization, Cornell Univ.

(From "Scientific Monthly", April, 1935)

I. SCIENCE AND INVENTION

As they contemplate the muddle of human affairs in the world to-day, a chief question in the minds of all thinking people is—"Why, with such wonderful inventions as science has made possible, have we not been able to utilize science in bettering our human relations? Why can not science produce social as well as material progress?" Obviously, we have made considerable advance in the art of living together, in spite of the feudal domination of our large cities by gunmen and racketeers. Our grandfathers abolished human slavery, the present generation has largely stopped child labor, hours of industrial workers have been shortened, a rapid increase has occurred in high-school education, play and recreation have increased, and there has been rapid improvement in medical care and health facilities. But with a superabundance of goods thousands of able-bodied, self-respecting people are cold and hungry, and life is chaotic. If science can invent machines and processes which make it possible to produce all the goods necessary in a much shorter work-day, as the engineers assure us is now possible, why can not science also show us how to adjust our human relations so that we can all have a chance to enjoy the advantages which it has made available?

I have no panaceas, but I believe that by analysis we may secure a better understanding of what is involved in social progress and how it may be achieved. Nor shall I attempt to define the term "social progress," which I shall use in a common-sense manner. If we think of the advantages we have in the use of electricity, radio, automobiles and the multitudes of modern inventions as social progress, it is obvious that science has done much to lighten labor and make life easier and more enjoyable. But when we study the present economic cataclysm of the world, we wonder whether all these things have really contributed essentially to progress in our human relations.

Even before the technologists forced it upon our attention, it was apparent to most of us that science and invention have created a new world with such rapidity that mankind has not been able to adjust its methods of living so as to advance and preserve the general welfare. Science and invention—including discovery—are, therefore, chiefly responsible for our present situation. It is unnecessary to recount how recent inventions have revolutionized our environment in the present century, for that is known by every child. These new inventions tend to dominate our mode of life and to set the standard of our values. Instead of a home or children, many prefer a better automobile. On the other hand, in many ways we have not adjusted our old habits to modern inventions. Rural people go twenty miles to see moving pictures by means of the automobile, without a thought; but these same cling to the open country church and the one-room schoolhouse. Inventions have made our cities possible and city life has brought many changes in the mode of living, but most of the customs and attitudes of the average city person have been largely determined by the rural environment from which he came. Inventions in many ways determine and dominate human relations, but they also create new values which change our social attitudes. Thus railroads created the cities, but automobiles are now taking people into the country and are giving them a new appreciation of nature. Cities and modern methods of communication made advertising profitable, but city people who wish to see the beauty of the country resent the interference of huge billboards and are commencing to demand legislation which will do away with them. On the other hand, we have not learned how to prevent the slaughter of the innocents by automobile accidents, which cause more deaths and injuries every year than our troops incurred in the world war.

Why, then, if science has been able to give us such marvelous material inventions and discoveries, so that we live in a material environment beyond the dreams of Jules Verne and Edward Bellamy, can not science give us social inventions which will enable us to solve the relations of capital and labor, the difficulties of the farmer in his efforts to maintain a worthy rural civilization, the money and banking problems, and to enjoy international peace instead of spending most of our national budgets in the insanity of war?

If you will but think for a moment how the methods of science have created the material inventions which we now enjoy, it will be apparent why science has not made equal progress in social inventions. In the first place, the inventions and discoveries of scientists are not mere creations of the brilliant imagination of some individual genius. Every major invention or discovery is but the recombination of facts which hundreds and thousands of workers in the physical and biological sciences have laboriously brought together into a systematic body of knowledge during the past centuries. In the report on "Recent Social Trends," Professor W. F. Ogburn says: "An invention cannot be made unless the elements which form its base are in existence. The Greeks with all their intellectual powers could not invent the airplane, because they did not have the gas engine and their supporting devices. The larger the number of elements in a culture, the more numerous the inventions. Their growth seems to be somewhat like compound interest; the bigger the principal, the larger the interest." Recently the possibilities of scientific discovery have been so apparent that large corporations and private institutions support huge laboratories with large staffs of trained scientists who are wholly engaged in research.

On the other hand, the social sciences, economics, political science, sociology, anthropology and psychology, were born only at the close of the past century, although many of their ideas go back to thinkers of ancient Greece. There have been no such facilities for research in the social sciences as in the physical and biological sciences, for we have not become convinced that science can aid us in solving our social problems. A generation ago the older type of manufacturer was running his business largely by rule of thumb and made little use of science. To-day he can not compete without the aid of scientific experts.

More important, however, than the lack of scientific research and a consequent body of scientific knowledge with regard to human relations comparable to that which has been created in the physical and biological sciences, is the fact that inventions and discoveries of the physical sciences may be manufactured by individuals and corporations for profit. Social inventions and discoveries, on the other hand, yield no immediate profit to any particular individual, but are created for the common good. There is no pecuniary reward for the social scientist, and no immediate profit to any one in the use of his discoveries. On the contrary, social inventions which may ensure the general welfare usually are in opposition to the profits which some particular class or group of men have been making. They naturally oppose any change in the existing organization of society and persuade the masses of the people that the discoveries of the social scientist are mere vagaries and academic theories, or they seek to arouse antipathy by branding them "pink". Many of you can remember, as I can, when intelligent people actively debated whether the microbe theory was true. It was an academic theory. But to-day our whole system of sanitation and medical science is largely due to the discoveries of bacteriologists.

Not only is there no immediate profit to the individual in the discoveries of social science, and frequently an opposition to vested interests, but there is an emotional attachment to our habitual ways of human association which makes it difficult for us to change them and which makes us exceedingly conservative with regard to discoveries in social science. We can see the advantages of an automobile; we can try it out, and if we like it, we buy one and it is nobody's business, so long as we do not have an accident. But we have an attachment for the church, the school, the family, our local government, our way of doing business, which is not so easily overcome as changing from a buggy to an automobile. Furthermore, in these forms of human relations and social organization many other individuals are involved and we can not as individuals adopt a new social invention.

II. The Opposition to Social Inventions

It is evident, therefore, that the adoption of social inventions or the discoveries of social science must await a process of education until the people concerned are convinced of their value.

This principle has been so clearly stated by my colleagues, Professors G. F. Warren and Frank A. Pearson, in the preface to their recent book on "Prices," that it may well be quoted as an illustration. "One reason," they say, "why progress in production is more rapid than monetary progress (and please remember that money is a social invention) is that production is subject to individual experimentation. The individual who has a new idea tries it out, even though he is ridiculed by the public. If the idea works, the successful demonstration hastens general adoption. Monetary progress can come only by legislation. It can proceed only as fast as popular education and vested interests that would be temporarily inconvenienced allow it to go."

By this time I hear some reader asking, Just what does he mean by social invention? We know such inventions as the telephone and the radio, the gas engine and the airplane, but what are social inventions? Social inventions are those which are used by society or groups of people rather than by individual persons. They are not material things, but are new ways of human association whereby definite services and functions can be performed which were not possible under the previous forms of social organization. The corporation is an excellent example and has so revolutionized our economic life that to-day we live in the age of the corporation, just as the people of medieval Europe lived in the Feudal Age. The corporation is a legal institution, but it is primarily a social invention. We are just commencing to get over the hate of corporations which was the common attitude in the days of our grandfathers, for this new creature of the law was able to do many things which individuals could not and it was felt that it put the individual at a disadvantage. That there was warrant for this feeling is confirmed by the history of the growth of corporations. A recent book by Professors Berle and Means of Columbia University on "The Modern Corporation and Private Property" informs us that the 200 largest corporations in this country have assets of $81,000,000,000, or 22 per cent. of the total wealth of the United States. Obviously, we have some very real problems in *the control of corporations* so that they may best serve the general welfare rather than merely make profits for their stockholders, but no one would advocate doing away with them, for they have shown their ability to perform many services which we could not have had without their invention.

In quite a *different field of human activity* the Sunday School when it was first established in the beginning of the nineteenth century was certainly a social invention, as was its contemporary the public day school. Both of these new institutions were violently opposed by the conservative people of those days as being entirely unnecessary and as being inimical to the general welfare. The public school was declared to be a most dangerous socialistic institution, and the Sunday School ran counter to the current theology of those days and has ever been an institution of the laity rather than of the clergy.

Cooperative societies of all sorts are another type of social invention, differing from the corporation in that the profits or savings are divided among those participating in the business rather than by the stockholders. Consumers' cooperation has never achieved the success in this country that it has in Great Britain and Europe, but in Great Britain it has the same position in the retail trade as our largest systems of chain stores. Commencing in 1844 with the Rochdale Equitable Pioneers' Society, this movement has grown until in 1929 the cooperative retail stores in Great Britain did a business of over one billion dollars, and produced their own goods through manufacturing or agriculture to the value of over $300,000,000. In the United States cooperative associations for marketing farm products have made a rapid growth in the present century and in some years their business has amounted to as much as $2,500,000,000 or not far from one quarter of the annual sales of farm produce. Both cooperative consumers and cooperative marketing associations were violently opposed by private dealers and corporate business concerns, and only recently in this country have they won the recognition and support of the government.

Other social inventions which may be mentioned as illustrations are community chests for the support of social welfare organizations, juvenile or children's courts, the direct primary, 4-H Clubs, clinics of all sorts, mothers' pensions, workmen's compensation, the visiting teacher, social settlements, group insurance and the Federal Reserve System. All these, and a host of others, embody essentially new combinations of old forms of human association, and are just as truly inventions as any of those produced in factories.

All these social inventions have been welcomed by progressive and public-spirited individuals, but in most cases a few of those who saw the advantages of the new invention worked for years against the strongest opposition until they were able to convince the majority that it should be given a trial. What a contrast to the marketing of an invention like the radio, for which there was such an immediate demand from individuals that manufacturers were unable to keep up with their orders. Physical inventions may be adopted by individuals, but social inventions must be accepted collectively.

However, after they have once been adopted and become established social inventions become social institutions and a certain sanctity is attributed to them which arises both from use and from the fear that any change would endanger the established rights and relationships. Money is a good example of how a social invention has become sacrosanct. In an address before the American Farm Bureau Federation Dr. G. F. Warren expressed this when he said: "The 'money illusion' is as thoroughly dominant in this generation as was the illusion of the flat earth about which the sun revolved in the time of Galileo. It is almost as dangerous for an economist to challenge the money illusion as it was for Galileo to threaten the foundations of civilization by saying that the earth revolved."

It is this emotional attachment to old ways and fear of experimenting with new ones, and the fact that social inventions must be adopted by the many rather than by individuals, which makes it impossible for social inventions, however rational or worthy, to be adopted suddenly. Many a seemingly good law has been unenforced or has been repealed because the mass of the citizens were not as ready for it as the progressive and intelligent leaders who sponsored it. The acceptance of social inventions involves new social attitudes and really new ideas, both of which are painful. Social inventions may be for the general welfare, but the average individual is usually more concerned with his own welfare and that of his family, and only occasionally or under dire pressure, such as occurs in times of war and such crises as the present economic situation, is he forced to see that his own welfare is bound up with that of others.

It is evident, therefore, that social inventions will find a welcome only when the old ways have become outworn and fail to meet the existing situation, and when the individual finds that his personal welfare can be obtained only through new methods which will reestablish the general welfare.

III. Individualism vs. Social Welfare

In commercial language, the "sales resistance" to social inventions is very great and is more difficult to overcome with a group than with an individual. Only occasionally do crises arise in which one finds that his own welfare can be obtained only through changes which ensure the general welfare.

Thus arises the paradox of what seems to be a conflict between the welfare of the individual and the welfare of society, which in one form or another is as old as the human race. Social progress depends upon some resolution of this conflict of the interests of the individual and the welfare of society.

The last century and a half has been an era which glorified individualism. The American and French Revolutions were not merely political. Their slogans of "Liberty and Equality" were aimed not only at tyrannical governments but expressed the desire of the common man to be able to carve out his own destiny, freed from the social and economic restrictions of aristocracy and the privileged classes. In America these ideas literally had a fertile soil in which to flourish, for free land made it possible for the people to act upon them in securing a new economic independence. Both the political ideals and the conditions of life of the pioneer bred independence and an emphasis upon rights rather than upon duties. The latter developed only as joint action became increasingly necessary with a denser population. The whole philosophy of the times was one of individualism and *laissez faire*, which very naturally took root in the dispersed settlements with an abundance of free land beyond them. Not only free land, but abundant natural resources for exploitation and the numerous scientific inventions which made possible the manufacture of new goods encouraged and rewarded individual initiative, and there seemed to be no bounds to individual achievement.

To-day the situation is entirely changed and although we still cherish and admire a worthy individualism, we are compelled to admit that it does not have the opportunity that it had a century ago. To-day the average individual is no longer free to carve out his own destiny as could the pioneers in agriculture and industry.

Due to the rapid growth of cities and better means of communication and transportation, the complexities of modern civilization have brought about an interdependence of our whole economic life, which forces us to consider how the needs and interests of the individual may be satisfied by social inventions which will better ensure the common welfare upon which he is dependent. Free land will no longer give the farmer a living, for he is dependent upon markets and better means of marketing in order to secure the goods which his present higher standard of living demands. The workman can no longer choose his job, but is dependent upon the policies of large corporations and he must belong to an organization by means of which he can bargain with them if he is to maintain his right to a reasonable wage. Even technical or professional skill is no guarantee of a living; witness the thousands of highly skilled professional musicians who are unemployed because of the mechanical production of music by the moving picture.

To-day individualism may still be an ideal, but it does not enable the individual to meet his needs or satisfy his desires as it did a century ago. The farmer is compelled to join cooperative marketing associations if he is to market his produce to advantage. He no longer raises merely what he needs for his own consumption, but he grows what the market demands and the kinds of crops which his neighbors grow so that there may be a sufficient volume of product and that it may be so standardized, packed and processed as to make it marketable to the best advantage. The industrial workman must belong to a trade union if he is to have any protection with regard to wages or working conditions. The local merchant must associate himself with others in buying pools so as to compete with the chain store, and even the manufacturer is forced to join trade associations and agreements in order to protect his interests.

Not only this, but with the increasing interdependence of commerce and industry we have become painfully aware that anything which affects one class, the city or the open farming country, affects the other, and that the welfare of the individual is increasingly dependent upon the common welfare.

Does this mean that we must abandon individualism and that there is no merit in the individual initiative which has been so extolled as the basis of American progress? By no means. Without individualism life would lose interest, society would be reduced to a dead level, and there would be little chance for invention or progress, either material or social. But there is a difference between the individualism which is self-centered and which seeks only its own immediate interests and the individualism which finds its achievement and satisfaction in serving the common welfare. The welfare of the individual and of society are not necessarily conflicting, and social progress has never been and never will be obtained except through the devotion of individuals who see that a satisfactory individualism is possible only under a social order which ensures true freedom and justice to all. In the past we have emphasized the rights of the individual. In the future if those rights are to be secured, we shall have to give more emphasis to the duties of the individual. This has been well expressed by Miss Mary Follett in her book "The New State," where she says: "The history of democracy has been the history of the steady growth toward individualism. The hope of democracy rests on the individual. It is all one whether we say that democracy is the development of individualism; until we have become in some degree socially conscious we shall not realize the value of the individual".

"Yes," you say, "we agree with your platitudes, but granting all that, and although social progress is probably desirable, just how will it get us out of our present difficulties?" The answer is that any adequate or even partial solution of our present economic and social problems will be a step in social progress. It will depend first upon our being willing to abandon some of our old concepts of self-centered individualism and our ability to see that only through sacrificing what we have conceived to be the inalienable rights of the few will we be able to secure the rights and opportunities of the many. The present economic and social disorganization forces us to take such an attitude, whether we will or not, just as we are forced to place the common welfare first in a time of war. But this is not enough. How to win a war or how to conquer economic disorganization is a technical problem and can not be solved by any amount of human devotion and good will. We face new issues concerning which the wisest and most devoted of our leaders can do no more than utilize the best knowledge available. But even if their solutions be correct, the answer will involve new social inventions, new ways of economic and social organization, the success of which will largely depend upon whether the rank and file of us common citizens understand them and are willing to wholeheartedly and fairly try out the experiment; for the determination of the value of any social invention is always an experiment. So we come to the conclusion that under a democratic form of government, unless we are to abandon our ideals of democracy, if new social inventions which are necessary for the general welfare are to be utilized, their success will largely depend upon an adequate understanding of what is involved and why the interests of each individual citizen, and hence the good of all, will be obtained through them. We are forced then to the conclusion that social inventions will succeed only as the people concerned in them are educated to understand the various factors involved and the nature of the advantages which they will secure. True social progress can go no faster than the general education of the people concerned. One reason that social progress can no longer be stopped is the rapid increase in high-school education in this country during the present century. One of the cardinal tenets of our American belief in democracy has been that it must rest upon the education of the people. The theory is sound, but the mere education of the children and youth in the use of intellectual tools is not sufficient for the preservation of democracy to-day. We have come to a time when the schooling which we received in our youth, based on the experience of previous generations, is no longer adequate to solve the problems of a new and ever-changing environment. We need a new type of individualism which sees its opportunity in the common welfare, but to succeed in this aim, men must be ever re-educating themselves to understand new problems as they arise.

IV. Education Versus Democracy

So we come to the problem of "Education versus Democracy." Not that we disbelieve in education for democracy, or that there is a real antithesis between them, but that democracy without education is impotent and may defeat its own desires.

In the nineteenth century we seemed to have a native faith in a sort of Jacksonian democracy; that universal suffrage would ensure right decisions and prove the merits of political equality. Although probably few of us would vote to abandon universal suffrage, yet we have become disillusioned as to its efficacy for good government. Science has confirmed human experience that men are not equal by nature or training, and that, lacking knowledge of the issues, the number of votes cast does not ensure a wise decision. Nor are we so sure that political equality gives us democracy, for we find that democracy involves equality of opportunity, and that there is no equality of opportunity without economic democracy; business may manipulate politics.

It is not necessary that we attempt any exact definition of democracy, although it may be useful to gain some notion of what we mean by the term, for it undoubtedly forms one of our criteria of social progress. Harold Laski says that the essence of democracy is in "a demand that the system of power be erected upon the similarities and not the differences of men." Fifteen years ago Dr. Liberty Hyde Bailey wrote a little book entitled "What Is Democracy?" in which he gives us the spirit of democracy so clearly that I quote a few paragraphs:

Democracy (he says) is primarily a sentiment—a sentiment of personality. It is the expression of the feeling that every person, whatever his birth or occupation, shall develop the ability and have the opportunity to take part. Its motive is individualism on the one hand and voluntary public service on the other—the welfare and development of the individual and of all individuals.

If the person is to be placed in the most advantageous conditions and environment, so will he desire a similar privilege for his neighbor and voluntarily assume the responsibility of which I speak. The yielding of advantage to another, the giving up of granted "rights," that another may have a larger life, are in the very essence of the democratic state.

Responsibility, not freedom, is the key in democracy—responsibility for one's self, for the good of the neighbor, for the welfare of the Demos. Until every citizen feels this responsibility as an inescapable personal obligation, there is no complete democracy.....

I find the root of democracy in spiritual religion rather than in political freedom or organized industrial efficiency. Democracy is a spiritual power or product of a people.

Laski's phrase "a system of power" probably can be achieved upon a democratic basis without the attitude of personal responsibility which Bailey describes. However our ideas of just what is democracy may vary, we hold to it as one of our basic ideals and as a large factor in social progress.

Half a century ago there was a general assumption that universal education was essential for democracy and that education would ensure a wise choice of officials and decisions of public policy. Although there has been a gain in this direction, the results have by no means fulfilled the hope of the political effect of the public school system. There are several reasons for this. First, education was too narrowly conceived as being a training which would give the individual intellectual tools for making a living; it tended to be individualistic. Secondly, although the idea of education for citizenship has been current for some years, for the most part it assumed that an intellectual understanding of certain facts of government would ensure the desired behavior. Only recently have educators learned that behavior is governed by feelings and attitudes more than by intelligence, and that these are developed through experience more than by rational thought. But even if education for citizenship in our public schools had been all that might be desired, it would not have enabled the present generation to deal with the problems of public policy with which it is now confronted. The fact is that changes in our environment occur so rapidly that it is impossible for education to anticipate the social and economic problems which will arise within the life of one generation. How can education anticipate the effects of such an invention as radio?

To-day the education of children and youth for life is not enough, for life is changing all the time. The educative process must go on through life. If parents are to be of any help in the educational process of their children to-day, they can not rely on what they learned in school or college, but they must be informed on the latest knowledge. Obviously we can not go to school all our lives, but it is possible to devise a system of adult education which will enable men and women to study current problems of all sorts so that they may gain accurate knowledge concerning them and form their own opinions, or that they may become convinced that some of these problems are subjects which can be solved only by experts.

Nor need this process of adult education be chiefly an affair of the schools or of the formal educational system. Much of the best work that is now being done in adult education is by extension work in agriculture and home economics through the farm and home bureaus, through university extension groups, through parent teacher associations, child study clubs, granges, and similar groups. In the next generation we shall have to have a very considerable increase of agencies qualified to give expert assistance in the promotion and guidance of such more or less informal study groups. Through such a system we might continue our education so that we could know whether to accept or reject new social inventions, and if we accept them, to participate in them in such a way as to make possible their success. Democracy and social progress can develop no faster than the education of the people, and to-day their education for the immediate problems before them can not be anticipated in the schools or colleges. Who could have foreseen before the world war that we should become a creditor instead of a debtor nation and that the collection of war debts would involve us in the present international situation? Yet having the situation, what means are there for effectively educating our adult population concerning these matters, which are not controlled as political propaganda?

Nor is this principle that education is essential for social progress peculiar to matters related to government. It applies equally to non-governmental organizations. For instance, the social invention which has meant most to agriculture is the cooperative marketing association. Where the membership has been educated as to the facts and principles of the business matters involved, powerful and sound organizations have been built up; but where the membership has been secured by emotional pressure and the members have been ignorant of the methods of their organizations and the technical issues involved, the organizations have been short-lived.

There is no magical formula for creating social progress any more than for building automobiles. The automobile is the product of vast amounts of scientific research and technical efficiency, by people who know. Social inventions which will ensure a larger degree of social welfare likewise depend upon the scientific research of the inventor and the technical efficiency of the operator, but the parts of the new organization are human beings in a new social relationship, and if these elements of the new invention are ignorant of the role which they must play in order that it may function, it is doomed to failure unless they can be educated to give intelligent participation.

As Laski has indicated, the achievement of Democracy depends upon the control of power and is indeed merely a form for the social control of power. Power may be generated and controlled with beneficient effect, as in the electric current which lights our homes, or it may burst forth malevolently, as does the bolt of lightning which carries destruction. Uncontrolled power results in social disorganization, whether it be by the anarchist's bomb or by the manufacturer throwing thousands of men out of work because it is more profitable for his stockholders to do so. The democratic form of power resides in an intelligent public opinion, in an understanding of social problems as a result of education and in an attitude of finding personal welfare in the common good rather than at its expense.

Certain types of social progress which depend upon the power of authority are possible under absolutism, fascism or communism; but social progress under a democracy is dependent upon education.

V. Planning Social Progress

In addition to all these factors, a chief reason why social progress lags behind material progress is that the latter is planned, whereas social progress is largely a product of social reform, an effort to correct social maladjustments rather than to prevent them by foresight. To-day, there is a peculiar need for social planning because material progress changes the social situation and disrupts our established human relations so rapidly that human relations tend to drift in its wake.

After ably analyzing the causes of the disorganization of our national life and culture and pointing out that "the spiritual values of life are among the most profound of those affected by developments in technology and organization," the President's Committee on Social Trends concludes its summary report with a convincing plea for the necessity of social planning:

> The alternative to constructive social initiative may conceivably be a prolongation of the policy of drift and some readjustment as time goes on. More definite alternatives, however, are urged by dictatorial systems in which the factors of force and violence loom large. In such cases the basic decisions are frankly imposed by power groups, and violence may subordinate technical intelligence in social guidance.

> Unless there can be a more impressive integration of social skills and fusing of social purposes than is revealed by recent trends, there can be no assurance that these alternatives with their accompaniments of violent revolution, dark periods of serious repression of libertarian and democratic forms, the proscription and loss of many useful elements of the present productive system, can be averted.

Finally, it concludes:

> Fully realizing its mission, the Committee does not wish to assume an attitude of alarmist irresponsibility, but on the other hand it would be highly negligent to gloss over the stark and bitter realities of the social situation, and to ignore the imminent perils in further advance of our heavy technical machinery over crumbling roads and shaking bridges. There are times when silence is not neutrality, but assent.

These are courageous words not of radical agitators but of a committee of six of our most eminent social scientists appointed by President Hoover who form their conclusion from the studies of hundreds of the best social scientists in the country. Evidently there is immediate need of planning if we are to have social progress rather than social chaos.

What, then, should be the procedure in planning for social progress? I can but briefly outline the essential steps.

First, we must have the facts. This involves research in social science comparable to that now made in the physical and biological sciences. As yet we have but a few bureaus of municipal research and various research bureaus of state and federal governments, all of which are considerably hampered by political considerations. As such research in social science is for the benefit of all rather than for the few, it will need to be supported by public taxation or by private endowment, for one of the essentials of any valid social research is that it must be free. It is difficult to twist the facts of chemistry, for they can be verified by laboratory experiments, but the findings of social science are not so readily verifiable and are always subject to the social pressure of interested parties.

Secondly, we shall require social inventions based upon the discoveries of social science. The difficulty and importance of social invention has already been discussed.

Thirdly, we shall need a new process of adult education which will inform the people of the facts, which will enable them to make wise decisions in the choice of social inventions and which will make the success of these social inventions possible through the intelligent participation of those concerned in them.

Fourthly, we shall need a new definition of our objectives, a new conception of what is involved in such terms as "Democracy" and "Social Welfare," and a beginning at the resolution of the conflicting interests involved.

Finally will come a definite process of social planning which will seek to relate physical and social inventions to our probable future needs, carried on by groups of technical experts and by representatives of the various interests involved and of the general public. There is, as yet, no formula for social planning. The most important immediate step is to come to the conviction that social planning is necessary and to recognize that although mistakes will undoubtedly be made, it is possible to learn how to plan for social progress as well as for the improvement of our physical environment.

Social planning has already become an increasingly important phase of city and regional planning. Recent examples of planning are the land utilization survey of the State of New York as a basis for its reforestation policy, and President Roosevelt's Tennessee Valley Project, both of which involve social planning.

How far shall we go in planning for social progress? What shall be planned? Will social planning involve all phases of life? These are questions which can not be answered dogmatically. Wisdom would indicate a pragmatic procedure rather than following doctrinaire theories. We do not want to excessive regimentation of life involved when all life is planned, as under communism, but we must plan how to meet those maladjustments which now threaten social chaos. Such problems as unemployment, money, banking, agricultural marketing and the control of agricultural production, adequate health and medical care, a broader system of education for all ages and international relations are forcing us to social planning, whether we will or no. To what extent our planning will result in social progress will depend upon whether we utilize the best technical ability available and whether we are willing to pay the price involved in our own education so that we may give intelligent support to the plans which we will be called upon to approve.

There is no magical formula which will ensure social progress. The old adage, "If wishes were horses, all men would ride," is still true. Our wishes may be worthy ones, but we must have the horses. We must implement our desires, by making the same use of social science for social planning as we have used the engineer and the chemist in subduing a continent and creating modern industries. The age of pioneering is not past and there is more need than ever for a new type of individualism and personal initiative devoted to the common welfare. To-day's pioneering is in the field of social discovery and social planning, which will be as difficult and will require as much moral fortitude and heroism as was ever shown in conquering the primeval wilderness. Planning for social progress offers a challenge to our keenest intelligence, to our belief in human integrity and to our true patriotism. That the challenge will be met is indicated by the response which the American people are giving to competent leadership in the attempt to secure social progress through planning, through intelligence and good will rather than through the domination of power.

本刊廣告價目表

等級	地位	全頁價目	半頁價目
甲	底封面外頁	伍拾元	
乙	底面裏頁及封面裏頁	三十五元	二十元
丙	封面裏頁底面裏頁之對面	二十五元	十五元
丁	普通	二十元	十二元

一、乙丙丁四分之一頁按照半頁價目六折計算
二、廣告概用白紙黑字如用彩印色紙價目另議
三、廣告如用銅鋅版由本刊代辦照收製版費
四、連登多期價目從廉請逕函本校出版處經理組接洽

交大季刊投稿簡章

一、投稿不拘文言白話凡中英德法文均所歡迎
二、論說新聞雜俎均以科學經濟管理工程學問爲範圍
三、投寄之稿如係翻譯請附寄原本否則須將原文題目著者姓名出版日期及地點詳細開示
四、投寄之稿務望繕寫清楚並加新式標點凡外國文稿件並請打印之如有插圖附表必須製版者請用墨色
五、來稿請註明姓名住址以便通訊并加蓋印章俾於發給稿費時核對之
六、投寄之稿無論登載與否概不退還但預有聲明並備足回寄郵資者不在此限
七、投寄之稿經本刊揭載後每篇酌致酬金若本刊尚未揭載已先在他處發表者恕不致酬
八、投寄之稿經本刊揭載後版權即爲本校出版委員會所有但有另行約定者不在此限
九、投寄之稿本院委員會有酌量增删之權如投稿人不願有何增删則應於投稿時聲明
十、投寄之稿應逕寄上海徐家滙交通大學出版處

中華民國二十四年六月出版

交大季刊

第十六期

編輯者　胡端行
發行者　國立交通大學出版委員會（上海徐家滙）
印刷者　上海中國科學公司
代售處　上海　世界出版社　上海雜誌公司　作者書社　現代書局　黎明書局　蘇新書社
南京　正中書局　天津　志恆書店　漢口　光華書局　安慶　世界書局　武昌　學生書店　廣州　廣州圖書消費合作社　雲南　雲南文化書店　大公報社代辦部　新光書店

本刊價目

每册大洋三角　全年四册一元
郵費國內不加　國外每册二角

國立交通大學出版委員會

THE CHIAO-TUNG UNIVERSITY QUARTERLY

Volume 4 *Number 4*

Shanghai, China
June, 1935

交大季刊

第十七期

要目

中華民國二十四年九月　上海國立交通大學編行

中華郵政特准掛號認爲新聞紙類　內政部登記證警字第一七五三號

總理遺像

革命尚未成功

同志仍須努力

總理遺囑

余致力國民革命凡四十年其目的在求中國之自由平等積四十年之經驗深知欲達到此目的必須喚起民衆及聯合世界上以平等待我之民族共同奮鬥

現在革命尚未成功凡我同志務須依照余所著建國方略建國大綱三民主義及第一次全國代表大會宣言繼續努力以求貫澈最近主張開國民會議及廢除不平等條約尤須於最短期間促其實現是所至囑

前漢時代陸路交通考

(續第十六期)

鄭師許

4. 康居　康居在前漢西域交通史上地位之重要,與月氏,大宛,大夏諸國相同。月氏,大宛,大夏諸國西通安息;康居則西北通奄蔡。奄蔡安息皆漢時西亞古國也,希臘,伊蘭兩系文化於此入中國焉。惟康居則東鄰匈奴,於漢尤重。史記大宛列傳云:

> 康居在大宛西北,可二千里。……與大宛隣國。國小,南羈事月氏,東羈事匈奴。

漢代以滅胡為志,使張騫西通西域,已如前述。今者康居介於匈奴,月氏之間,月氏夙與匈奴有郤,常怨仇匈奴,然則康居之強弱盛衰,及其附漢與否當影響於前漢邊事者最鉅,此搜求前漢時代西域交通史者之所急當講明者也。

康居之原音,日人藤田豐八謂爲即西藏所傳與 *Gu-Zan* 王被連稱之 *Kanika* 王之 *Kanika* 一字,詳見氏著西域研究五。莎車與 *Ga-hjag* 一文中。三宅米吉謂波斯古史所載,有王都名 *Kang* 者,康居之音爲 *Kang* 或 *Kangkn* 歟。歐洲學者又以爲卽北史之粟特 *Sogdi* 惟其證據及解釋殊不詳確,均不足置信。而日人白鳥庫吉則謂爲 *Kangar* 之音譯,殊足令人注意也。白鳥氏粟特國考論康居與 *Sogdiana* 之異同云:

> 今泰西學者,多但見漢史有康居,輒不問其屬何時代,直信以爲 *Sogdiana* 而不疑。畢竟由於對隋唐二書之類,出於後世之編纂者,不加批評,遽爾信從,而於康居實際存在時所成之史

記,漢書之文,轉不深考而謬也。……Sogdiana 者,漢書所稱奄蔡國,乃營農作商業之 Iran 人也,康居則史記明言其爲行國,逐水草之游牧民族也。康居冬夏易其住居之地漢書明言之;此正與今日游牧於 Kirghiz 曠野之 Kasak Kirghiz 人習俗一致。……民族之風俗習慣,往往以所住地之境遇而發生。故據於 Kirghiz 曠野之康居,縱其習俗正同今日之 Kasak 人,亦未容遽斷其即爲亦同 Kasak 之屬於土耳其族。然此外若有事實可舉,足以證康居之屬土耳其種者,余此推定,當不爲無謀之臆測。決定民族種類之一有力證據爲語言。……請先舉突厥碑文中所見 Kängåres 一部落名稱。據 Vämbéry 氏云:居俄屬 Trans-Kankasus 州之土耳其種部落有名 Kenger 者,中央亞細亞之 Tekle Turkman 部族中有曰 Köngör 者,又 Kokčai Kuba 管區內, Teheran 州內,有名 Kengerbu 之土耳其種部落云。(Das Turkenvolk, pp. 572,576)。讀 Ibn Choretadhbih 之文, Saihum 河自 Čac 國境之處稱 Kankar (Marquart : Die Chronodogie der altturkisehen Inschriftcn p. 5) 卽謂今之 Syr 河,自今 Taŝkend 城以下,稱 Kankan 河也。此河之所以得 Kankar 之名者,甯非其流域有稱此名之民族住居故歟?……讀東羅馬皇帝 Constantin Porphurogenetus 所編著之 De Adminiotrando Jmperio 一書:中有 Peceneg 族所奉爲首長之三部落稱 Kangar(或 Kankar)云。Marquet 氏研究此 Kangar-Peceneg 部族之遷移史,考定此部族當八世紀時,尙據 Taxartes 河(今 Syr 河)之下流以至 Aral 海沿岸(Die Chronologie, p. 10)。……則所謂此民族三部落之 Kangar 者,斷爲康居無疑;而康居之爲土耳其種,可斷言矣。(據錢稻孫譯本。)

白鳥氏論康居之非 Sogdi, 其言允矣。至疑康居爲土耳其種族則非也。案康居初爲伊蘭人建國,在前漢之世。其後在後漢之末併兼 Sogdi, 遂有其他。至八世紀以後,始有土耳其之三部落移來,冒其舊名。在白鳥氏所引諸家之文,可以知之。惟白鳥氏欲完成其土耳其種族之說,不惜將康居最初建國之地域推廣,而又將其服屬Sogdiana 地方提前,因而不能令人置信耳。桑原隲藏張騫西征考注八六云:

白鳥博士原以康居國主在Syr Darya之北方,與其南隔 Kizil Kum 沙漠之大月氏相望,並考定大月氏係佔領 Zarafshan 流域者(明治三十四年二月之史學雜誌二頁)。惟最近變更此說,以康居之五翖候國據新唐書之記載,考定多半在Sogdiana地方,則自然的結果,擬定大月氏爲南方,即鐵門關以南(明治四十四年十月之東洋學報上所載西域史上之新研究三四〇至三四二頁)。張騫前往中央亞細亞時,由大宛經康居而至大月氏,在史記大宛傳亦明記『(大宛)爲發導驛(譯)抵康居,康居傳致大月氏』之句。以大宛與大月氏間之距離遙遠,在其中 Sogdiana 地方,設置康居之屬地時,或爲說明此記載之便利耳。然果如是,則康居之勢力範圍,失之過廣。康居如白鳥博士所考定,與烏孫分國境在吹郭勒Chu Gol之上游地方認西邊至少亦及於Aral海之東岸,其領土更包括南 Sogdiana, 則康居實爲大國,而與史記大宛傳:『(康居)國小,南羈事月氏,東羈事匈奴』相矛盾。(據楊鍊譯本)

是白鳥氏之說,亦有然有不然也。羽溪了諦西域之佛教康居國之佛教一節云:

白鳥氏又謂康居之名稱,當爲西元第八世紀之頃,鹹海(Aral)沿岸及西耳河下流之康格耳(Kangar)——Cagatai 語爲勇健之義——種族之名,又或爲西元第十三世紀之初,烏拉河(Ural) 以東與熱海(Issik-kul)間之遊牧種族,名康格里(Kangli)——Cagatai 語爲車之義——然此兩種族之名,考西史上所記之年代,則甯以康格耳爲康居,似較穩當。(參閱東洋學報第一卷三四五頁及三三〇頁)(據賀昌羣譯本)。

*Kangar*一字疑卽隋唐間『康國』一語之阿拉伯語音譯,其後土耳其人沿用之。茲者重譯,誤爲康格耳耳。漢書補注王先謙曰:

> 逸周書王會解有康民,孔晁注康亦西戎之別名也。後魏西域傳:康國者康居之後也。隋,唐書同。是前後皆有康國之稱。魏志,晉書,仍爲康居。又後魏有者舌國,云故康居國。又有悉萬斤國,唐書以爲卽康居。蓋後分裂國名,唐書康國傳:康一名薩末鞬,亦曰颯秣建。西域圖考云:今爲哈薩克右部地。

是康居一國在隋唐間固明爲康國也。隋唐間西域人來居吾國者衆,因而遂爲*Cagatai*語之通用語歟!

至其種族,白鳥氏以爲屬土耳其種族,謂其語言亦爲土耳其語。三宅米吉博士以爲卽希臘人所謂西徐亞人之一支,見氏所著古代歐亞大陸交通考中。以吾觀之,皆未當也。惟藤田以隋書西域傳康國條有:『都於薩寶水上阿祿迪城』一語,『薩寶』爲伊蘭語祆教教長之稱,推定康居爲伊蘭民族。伯希和亦曰:『康者今之撒馬兒汗(*Samarkand*),古之康居(*Sogdiana*)之簡稱也,其人屬伊蘭種。』國張星烺亦主張伊蘭人種之說,在其所著中國人種中印度日耳曼種分子一文中曰:

> 葱嶺以西,大宛,康居,安息諸國,今代人種學家皆以爲卽伊蘭人種(*Iranian*)。

又曰:

> 康居國在撒馬兒罕(*Samarkand*)附近柴拉夫香河(*Zarfshan Valley*)流域。希臘人稱其國曰索格多(*Sogdo*)或索格的亞(*Sogdia*)。其人爲伊蘭人種之一枝。漢武帝時已通中國。……東漢末,其國人移居中國者甚多。……由上方記載觀之,康居國諸僧多有世居中國,產生此邦。者使吾人不得不疑今代漢土之康氏祖先,多來自康居,爲印度日耳曼種中之伊蘭人苗裔也。

其言最爲可信。惟所云:索格多,索格的亞,則爲康居之屬地,不足以統稱之耳。

至其建國情形,史記僅稱爲行國,其言簡略。漢書則言之頗詳,西域傳曰:

康居國王冬治樂越匿地,到卑闐城。去長安萬二千三百里,不屬都護。至越匿地,馬行七日,至王夏所居蕃內。九千一百四里。戶十二萬,口六十萬,勝兵十二萬人。東至都護治所,五千五百五十里。

史記稱爲行國,疑其始爲西方一大游牧民族,無一定土地,史記大宛列傳又稱其國小,疑張騫自大宛到月氏時,經過康居,康居所占領之地域尙小。其後歷宣帝,元帝,成帝以後,匈奴多難,康居漸由行國改爲居國,逐漸擴充,乃至有此泱泱大國耳。

近世史家稱其根據地卽今之撒馬兒汗,若其言可信,則隋書所謂薩寶水者,當卽今之柴拉夫香河無疑。其史蹟疊見後漢書北魏書,高僧傳諸書中,是其國歷漢魏南北朝未滅,則隋書所謂阿祿迪城,亦猶是漢代故都云耳。漢書西域傳又云:

康居有小王五:一曰蘇巔王,治蘇巔城,去都護五千七百七十六里,去陽關八千二十五里;二曰附墨王,治附墨城,去都護五千七百六十七里。去陽關八千二十五里,三曰窳匿王治窳匿城,去都護五千五百六十六里,去陽關七千五百二十五里,四曰罽王,治罽城,去都護六千二百九十六里,去陽關八千五百五十五里;五曰奧鞬王,治奧鞬城,去都護六千九百六里,去陽關八千三百五十五里。凡五王屬康居。

漢書此文爲史記所未載,是則張騫去西域以後,以至前漢末年,康居國境屢有擴充,兼五小國而有之,足可知矣。關於此事,及五小國在今何地,漢書補注,引徐松考證頗精。惟日人羽溪了諦在西域之佛教第三章論之最詳,其言曰:

今據西域傳補注略究此諸小王城之地域。第一蘇巔域卽玄奘所謂羯霜那國 (*Kasanna*), 與今之 *Kesh* 相當。第二附墨城,卽玄奘所謂屈霜儞迦國(*Nusannika*)在今 *Karmirah* 附近。第三窣堵城,玄奘所謂赭時國(*Tyash*),今 *Tashend* 地方。第四𨤲城,玄奘所謂捕喝國(*Bokh*),卽今之 *Bokhara*。第五奧鞬城,玄奘所謂貨利習彌伽國(*Khorismika*),卽今之 *Khiva*。總之,此五小王國者,蓋包括今 *Tashkend* 及阿母河間粟弋(*Sogdiana*)——白鳥庫吉氏考證後漢書西域傳所謂康居之屬國粟弋之字音爲 *Zoku-Yoku*,南京音爲 *Suk-dok*,故 *Sugdak* 卽 *Sogdiana* 之對音,卽魏書之粟特也。——之地與基華(*Khiva*)之地。然則,康居在張騫使西域以後至前漢末期,其勢力已發展於南方明也。然白鳥氏則極力主張張騫使西域時,至大宛,時大宛西方領有 *Ura Tube*,大宛聞騫言漢饒貨財,遣騫爲發驛通抵康居,康居始傳致大月氏;時粟特與覩貨羅之間,有鐵門之險,兩國天然之地勢,爲之斷絕,其在覩貨羅勢力範圍中之 *Zar Afshan* 河流域及領有 *Tashkend* 與土耳其斯坦等地之國家,若欲發命令於此地,恐非容易,蓋地勢上殊多困難也,白鳥氏並反駁托馬奇克(*Tomaschek*)及福蘭克諸人以粟特原爲大月氏領土之說,而後爲康居所奪得者,白鳥氏謂康居自武帝已領有粟特之地矣。(參閱東洋學報第一卷三四〇——四二頁。)但白鳥氏卻主張大月氏自史記之時代已征服大夏而領有其地,此雖有所證明,然强以粟弋之地爲康居之領域,則未免過也。白鳥氏雖於張騫使月氏之行程有所提示,足以爲其主張有力之證券,然考其時張騫與大宛王會見之際,騫必曾赴大宛之都貴山城卽 *Kasan* 無疑由此而赴大月氏之根據地——媯水北方之王庭,則不得不迂迴而過康居南方之領域卽今 *Tashkend* 地方。若照漢書西域傳康居國條記康居王冬期至卑闐城,——據白鳥氏考證,此城當在今土耳其斯坦至 *Chimkend* 一帶之地,——然則,自 *Chimkhnd* 之南而至西耳河以北之地,當時必在康居國之勢力範圍中,蓋當於今之拉馬干(*Namangan*)西北之 *Kasan* 再由康居之領域今*Tashkend*,而至大月氏之根據地,蓋爲當然之順路。今姑置地理的關係不論,須知大宛遣張騫出康居轉放大月氏,吾人可以想見此事亦爲外交上之可能,而白鳥氏僅據地勢的考察卽下論斷,恐未爲確論。更有進者,粟弋與覩貨羅之間,雖有鐵門之險礙,然當時猶具有游牧的風俗,勇悍善戰之大月氏民族,詎其不能越鐵門之險而監領粟戈之地,吾人殊不敢言。要之,白鳥氏僅據其論證所示而謂自前漢武帝時粟弋已爲康居之屬國,尙未爲確論。且史記與漢書所記康居國之事明有差異,史記以康居爲小國,羈事月氏及匈奴,而漢書則僅言康居役屬匈奴,而未言羈事月氏之語,加之,漢書之時代,康居之兵額已有二三萬之增加,其人口亦約增加二十萬——史記雖未明言康居之人口,而漢書所記其兵數與人口之比例,自可適用於史記所記其兵數推算——則張騫去西域之後,至前漢末之時,康居之國勢猶見發展,可無疑義。再史記大宛傳月氏條文云:『始月氏居敦煌,祁連間,及爲匈奴所破,乃遠去過宛,西擊大夏而臣之遂有嬀水北爲王庭』則大月氏民族明明通過大宛卽 *Ferghana* 之地,而先據粟弋,踰鐵門,然後征服大夏也。而當時月氏設王庭於阿母河以北之地,似已脫去漢書時代之游牧的風俗更移其根據地於阿母河以南,故康居遂乘粟弋防禦之薄弱而奪據之,國勢驟增,何能有羈事月氏之事乎?據此考察,當時之眞相,自可得而明瞭矣。

羽溪之言是也。白鳥氏爲學成見最深,其論據每流於薄弱,羽溪所辯,實爲有識。惟謂大宛之都貴山城卽今 *Kasan* 無疑一語,未免爲白鳥氏謬言所誤耳。羽溪亦自知西北地理非其專長,故又云姑置地理不論,足見其虛心之處。要其所考證五小王國在今何處,可信也。同時三宅博士在古代歐亞大陸交通考一文中,於五小王國亦極注意據隋,唐兩書所載,並證以後世阿剌伯人之記錄,推論漢世地城，其結論亦與羽溪相同。是則彌足珍矣。

惟張騫至時則國甚小弱，控弦者僅八九萬人，史記大宛傳所記，述是也。宣帝時匈奴乖亂，五單于並爭，漢擁立呼韓邪單于，而郅支單于怨望，殺漢使者，西阻康居。其後元帝建昭三年（公元前三十六年）都護甘延壽副校尉陳湯，發戊己校尉西域諸國兵至康居，誅滅郅支單于。康居乃乘緣時會，得以坐大。漢書陳湯傳云：

> 先是宣帝時，匈奴乖亂，五單于爭立。呼韓邪單于與郅支單于俱遣子入侍，漢兩受之。後呼韓邪單于身入稱臣朝見。郅支以爲呼韓邪破弱降漢，不能自還，即西收右地。會漢發兵送呼韓邪單于，郅支由是遂西破呼偈、堅昆、丁令，兼三國而都之，怨漢擁護呼韓邪而不助己，困辱漢使者江迺始等。初元四年，遣使奉獻，因求侍子，願爲內附。漢議遣衛司馬谷吉送之。……既至，郅支單于怒竟殺吉等。自知負漢，又聞呼韓邪益彊，遂西奔康居。康居王以女妻郅支，郅支亦以女予康居王。康居甚尊敬郅支，欲倚其威以脅諸國。郅支數借兵擊烏孫，深入至赤谷城，殺略民人，敺畜產。烏孫不敢追。西邊空虛不居者，且千里。郅支單于自以大國，威名尊重，又乘勝驕，不爲康居王禮，怒殺康居王女及貴人，人民數百，或支解投都賴水中。發民作城日作五百人，二歲迺已。又遣使責闔蘇大宛諸國歲遺，不敢不予。漢遣使三輩至康居求谷吉等死，郅支困辱使者，不肯奉詔，而因都護上書，言居困厄，願歸計彊漢，遣子入侍。其驕嫚如此。建昭三年，湯與延壽出西域。湯爲人沈勇有大慮，多策謀，喜奇功，每過城邑山川，常登望。既領外國，與延壽謀曰：『夷狄畏服大種，其天性也。西域本屬匈奴，今郅支單于威名遠聞，侵陵烏孫、大宛，常爲康居畫計，欲降服之。如得此二國，北擊伊列，西取安息，南排月氏、山離烏弋，數年之間，城郭諸國危矣。且其人剽悍，好戰伐，數取勝，久畜之必爲西域患。郅支單于雖所在絕遠，蠻夷無金城強弩之守，如發屯田吏士，敺從烏孫衆兵，直指其城下，彼亡

則無所之,守則不足自保。千載之功,可一朝而成也。延壽亦以爲然。欲奏請之。湯曰:『國家與公卿議大策非凡所見事必不從』。延壽猶與不聽,會其久病,湯獨矯制,發城郭諸國兵,車師戊巳校尉,屯田吏士。延壽聞之驚起,欲止焉。湯怒,按劍叱延壽曰:『大衆已集會,豎子欲沮衆邪?』延壽遂從之。部勒行陳。益置揚威白虎合騎之校。漢兵胡兵合四萬餘人。延壽,湯上疏自劾奏,矯制陳言狀。兵卽日引。軍分行,別爲六校,其三校從南道,踰葱嶺,經大宛。其三校都護自將,發溫宿國,從北道入赤谷,過烏孫,涉康居界。至闐池西,而康居副王抱闐將數千騎,寇赤谷城東,殺略大昆彌千餘人,毆畜產甚多。從後,與漢軍相及。頗寇盜後重,湯縱胡兵擊之,殺四百六十人,得其所略民四百七十人,還付大昆彌,其馬牛羊以給軍食。又補得抱闐貴人伊奴毒。入康居東界,令軍不得爲寇。閒呼其貴人屠墨見之,諭以威信,與飲盟遣去。徑引行。未至單于城可六十里止營。復捕得康居貴人貝色子,男開牟以爲導。貝色子卽屠墨母之弟,皆怨單于,由是具知郅支情。明日引行,未至城三十里止營。單于遣使問漢兵何以來。應曰,單于上書,言居困阨,願歸計彊漢,身入朝見;天子哀閔單于,棄大國,屈意康居,故使都護將軍來迎單于妻子,恐左右驚動,故未敢至城下。使數往來相答報。延壽,湯因讓之,『我爲單于遠來,而至今無名王大人見將軍受事者何?單于忽大計,失客主之禮也。兵來道遠,人畜罷極,食度且盡,恐無以自還。願單于與大臣審計策。明日前至郅支城都賴水上。離城三里止營,傅陳。望見單于城上去五乘幡織,數百人披甲乘城,又出百餘騎往來馳城下,步兵百餘人,夾門魚鱗陳,講習用兵。城上人更招漢軍曰鬥來,百餘騎馳赴營,營皆張弩持滿指之,騎引却。頗遣吏士射城門騎步兵,騎步兵皆入。延壽,湯令軍聞鼓音皆薄城下。四面圍城,各有所守,穿塹塞門戶,鹵楯爲前,戟弩爲後,仰射城中樓上人,樓上人下走。土城外有重木城,從木城中射,頗殺傷外人,外人發薪燒木城。夜,數百騎欲出外,迎射殺之。初,單于聞漢兵至欲去。疑康居怨已爲漢內應。又聞烏孫諸國兵皆發。自以無所之,郅支已出,復還,曰:『不如堅守,漢兵遠來,不能久攻』。單于乃被甲在樓上,諸閼氏夫人數十,皆以弓射外人。人射中單于鼻,諸夫人頗死。單于下騎,傳戰大內。夜過半,木城穿,中人却入土城。乘城呼。時康居兵萬餘騎,分爲十餘處,四面環城,亦與相應和。夜數犇營,不利輒却。平明,四面火起。吏士喜,大呼乘之,鉦鼓聲動地。康居兵引却。漢兵四面推鹵楯,並入土城中。單于男女百餘人,走入大內。漢兵縱火,吏士爭入。單于被創死。軍候假丞杜勳斬單于首,得漢使節二,及谷吉等所齎帛書。諸鹵獲以畀得者。凡斬閼氏太子名王以下千五百一十八級,生虜百四十五人,降虜千餘人。賦予城郭諸國,所發十五王。

據陳湯傳所載,此爲漢宣元時大戰,而康居實爲戰爭中主角之一,與漢,匈奴鼎立而三,有舉足重輕之勢,是康居此時已漸强盛也明矣。傳云:『疑康居已爲漢內應』,『由是具知郅支情』,『康居兵萬餘騎,分爲十餘處』,『康居兵引卻』,等語,則康居又不獨參與戰事,且於其中操縱焉。匈奴勝則附匈奴,漢勝則去之,情活如見。自此戰後,匈奴由是而衰,康居由是而大。郅支亡後,康居遂進佔都賴水諸地。桑原隲藏於張騫西征考附注中亦謂前漢末葉康居國勢力之發展,爲無可疑之事實。是也。其後亦漸驕嫚,雖漢家亦祇得優容之而已。漢書西域傳云:

至成帝時,康居遣子侍漢貢獻。然自以絕遠,獨驕嫚,不肯與諸國相望。都護郭舜數上言:『本匈奴盛時,非以兼有烏孫康居故也。及其稱臣妾非以失二國也。漢雖皆受其質子,然三國內相輸遺,交通如故,亦相候伺,見便則發。合不能相親信,離不能相臣役。以今言之,結配烏孫竟未有益,反爲中國生事。然烏孫既結在前,今與匈奴俱稱臣,義不可距。而康居驕黠,訖不肯拜使者。都護吏至,其國坐之烏孫諸使下,王及貴人先飲食已,乃飲啗都護吏。故爲無所省,以夸旁國。以此度之,何故遣子入侍?其欲賈市爲好,辭之詐也。匈奴百蠻大國,今事漢甚備,聞康居不拜,且使單于有自下之意。宜歸其侍子,絕勿復使,以章漢家不通無禮之國。敦煌,酒泉小郡,及南道八國,給使者往來人,馬,驢,橐駝,食,皆苦之。空罷耗,所過送迎驕黠絕遠之國,非至計也。』漢爲其新通,重致遠人,終羈縻而未絕。

案漢書補注引徐松曰:『舜爲都護,當在永始中』,其人以廉平見稱,而所言如此,則康居當日自恃強大不肯一心一意以服事漢室可知。而漢終羈縻不絕,亦可見其維持兩國和平之苦衷矣。

後漢書班超傳稱康居遣精兵救疏勒王忠,又曰:

是時月氏新與康居婚相親,超乃使使多齎錦帛遺月氏王,令曉示康居王,康居王乃罷兵,執忠,以歸其國。

由此記事以推,當前漢末年,康居旣失於漢。乃力自結於強鄰月氏,以爲與國。故公元前後月氏與康居異常親密,漢家至多遺錦帛於月氏使得曉示康居。

漢書西域傳云:

疏勒國……西當大月氏,大宛,康居道也。

疏勒居葱嶺東麓,爲西踰葱嶺之孔道,不得疏勒,無以通葱嶺北道之西;而康居與之爲鄰,不得康居,亦無以服屬疏勒。此前漢末世所以不得不羈縻之之意歟!

最近據法人伯希和(*Paul Pelliot*)之報告,及斯坦因(*A. Stein*)於羅布泊,至敦煌之古道廢堡所掘得公元前第一世紀時以粟特語所書之商業上之文件,及其他爲斯氏發掘之古文書中,知第七世紀初期,唐國民族曾於羅布泊之南,土耳其斯坦南道之交叉地建一殖民地,其後百餘年間,猶保有其自治體之組織(見日本藝文雜誌第三年第八號一四,五頁)。則其民族活動力之大可以想見。伯希和沙州都督府圖經及蒲昌海之康居聚落云:

中亞康居僑民之所在,吾人已知吐魯番地方有之,阿爾泰山久已有之;而哈喇巴爾迦遜(*Kara-balgsun*)之九姓回鶻可汗碑文,爲漢文突厥文康居文之刻物,又可證康居語之流行外蒙古。茲據前引之康人寫本,又發見一新康居聚落。

此雖爲後日之事,與前漢無關,然康居一族在吾國西北已往之史蹟,足以助吾人理解前漢時代康居人之政治力及經濟力者甚多,此不得不一爲述之也。

於此更有一義焉,則康居之風俗如何是也。杜佑通典一卷百九十三馬端臨文獻通考卷三百三十八均引韋節西蕃記云:

康國人並善賈,男年至五歲,則令學書,少解則遣學賈,以得利多爲善。其人好音聲以六月一日爲歲首。……俗事天神,崇敬甚重,云神兒七日死失骸骨,事神之人,每至其月,俱着黑疊衣,徒跣撫胸號哭,涕淚交流,丈夫婦女三五百人散在草野,求天兒骸骨,七日便止。國城外別有二百餘戶,專知喪事。別築一院,其院內養狗,每有人死者,卽往取尸,置此院內,令狗食之。由是盡收骸骨。殯無棺槨。

據其所記,雖鄙陋可笑,然吾意文化較低之國。而欲求其永久團結焉,則必有與衆不同之習俗宗教以相維繫。是又不可不知也。

5. 烏孫 烏孫據康居,大宛之東,於匈奴爲近。史記大宛列傳曰:

烏孫在大宛東北可二千里。行國,隨畜。與匈奴同俗。控弦者數萬,敢戰。故服匈奴,及盛,取其羈屬,不肯往朝會焉。

烏孫亦爲行國,史記已有明言。又云:『隨畜』,當卽游牧民族逐水草而居之意。故關於烏孫故地,近世史家各有所考證,迄無定說。前在論月氏故地時,已略有說及白鳥氏至發憤爲烏孫考一文以論定之。吾謂欲尋究此事,當先求之史記,漢書本文。史記大宛列傳敍張騫說漢武帝言曰:

臣居匈奴中,聞烏孫王號昆莫,昆莫之父,匈奴西邊小國也。匈奴攻殺其父,而昆莫生棄於野,烏嗛肉蜚其上,狼往乳之。單于怪以爲神，而收長之。及壯，使將兵，數有功。單于復以其父之民予昆莫，令長守於西城。昆莫收善其民，攻旁小邑。控弦數萬，習攻戰。單于死，昆莫乃率其衆遠徙，中立，不肯朝會匈奴，匈奴遣奇兵擊，不勝，以爲神而遠之，因羈屬之，不大攻。今單于新困於漢，而故渾邪地空無人。蠻夷俗貪漢財物。誠以此時，今而厚幣賂烏孫，招以益東，居故渾邪之地，與漢結昆弟，其勢宜聽。聽則是斷匈奴右臂也。……

史記又敍張騫說昆莫之言：

烏孫能東居渾邪地，則漢遣翁主，爲昆莫夫人。

但漢書張騫傳，均敍爲張騫說武帝之言，曰：

臣居匈奴中，聞烏孫王號昆莫，昆莫父難兜靡，本與大月氏，俱在祁連，敦煌間，小國也。大月氏攻殺難兜靡，奪其地，人民亡走匈奴。子昆莫新生，傅父布就翎候，抱亡置草中，爲求食，還見狼乳之；又鳥銜肉翔其旁，以爲神，遂持歸匈奴，單于愛養之。及壯以其父民衆與昆莫，使將兵，數有功。時月氏已爲匈奴所破，西擊塞王，塞王南走遠徙，月氏居其地。昆莫既健，自請單于，報父怨。遂西攻破大月氏。大月氏復西走，徙大夏地，昆莫略其衆，因留居。兵稍彊。會單于死，不肯復朝事匈奴，匈奴遣兵擊之，不勝，益以爲神而遠之。今單于新困於漢，而昆莫地空，蠻夷戀故地，又貪漢物，誠以此時，厚賂烏孫，招以東居故地，漢遣公主爲夫人，結昆弟，其勢宜聽，則是斷匈奴右臂也。

又漢書西域傳云：

始張騫言，烏孫本與大月氏共在敦煌間，今烏孫雖彊大，可厚賂招令東居故地，妻以公主，與爲昆弟，以制匈奴，語在張騫傳。

又敍張騫說昆莫之言曰：

烏孫能東居故地，則漢遣公主爲夫人，結爲昆弟，共距匈奴，不足破也。

史記與漢書所載同一事實，而史記曰『故渾邪地空無人』曰『招以益東,居故渾邪之地"曰『烏孫能東居渾邪地,』漢書則曰『昆莫地空』曰『招以東居故地』.曰『令東居故地』,又曰『烏孫能東居故地』;然則烏孫故地,非卽渾邪之故地耶?惟渾邪故地,在今何處?據漢書地理志下張掖郡註『云故匈奴昆邪王地』,如其說可信,則烏孫故地,明是漢時之張掖,卽今之甘州也。日人桑原隲藏所論如此。藤田氏於此說頗致疑問。在其月氏烏孫故地考文中云:

漢書明言『昆莫地空』,故以史記之渾邪故地,爲昆莫故地,宜若可信。惟漢書云:『烏孫王號昆莫,昆莫父難兜靡本與大月氏俱在祁連,敦煌,間小國也』云云,是與大月氏(月氏)同居祁連,敦煌間者爲昆莫之父難兜靡而非昆莫也明矣。故昆莫所居之地,與其父難兜靡所居之地同一與否,無從證明。因而烏孫與月氏俱居祁連,敦煌間,其時實居月氏之東一事,亦不可斷定。此予輩對於桑原博士所說,不得不引起非常疑問之一點也。

如上文所述,史記大宛傳之證據,是敍烏孫昆莫生長以後之事,所以有『及壯,使將兵,數有功,單于復以其父之民予昆莫,令長守於西城』一語。此『西城』二字,王念孫等以爲是『西域』二字之譌,然此不獨與事實不合,且王充論衡吉驗篇有『烏孫王號昆莫,匈奴攻殺其父,而昆莫生棄於野,烏啣肉往食之,單于怪之,以爲神而收長,及壯使將兵,數有功,單于乃復以其父之民予昆莫,命令長守於西城』之文,明是採自史記者,然與史記均作『西城』關於此『西城』者,在史記大宛傳敍元狩二年(公前一二一年)霍去病攻祁連山有云:『是歲,漢遣驃騎,破匈奴西城,數萬人,至祁連山』。而漢書張騫傳則云:『是歲,驃騎將軍破匈奴西邊,殺數萬人,至祁連山』;改『西城』爲『西邊』。『數萬人』之上,史記明脫『殺』字。此字疊見史記漢書之匈奴傳,霍去病傳及漢書武帝紀,其路徑爲出隴西,過居延海 *Gashiun nor*, 『遂臻小月氏,攻祁連山』(用霍去病傳語)。蓋史記之所謂西城(卽漢書所謂西邊),

未爲一定之城名,而爲張掖郎額濟鈉河流域地方相去不遠。若果如此,則昆莫生長之後,匈奴單于所謂長守之『西城』,自不得不在此等地方也。又張騫說武帝昆夷西移以前之故事,乃第一次西使之時,在匈奴中聞之,此自不得不爲元朔三年(公前一二六年)郎張騫第一次從西使歸朝之年上溯若干年以前之事。而如上文所舉,據漢書張騫傳云:『及壯,以及父民衆與昆莫,使將兵,數有功,時月氏巳爲匈奴所破,西擊塞王,塞王南走遠徙,月氏居其地』,史記大宛傳則云:『及壯使將兵,數有功,單于復以其父之民予昆莫,令長守於西城,昆莫收養其民,攻旁小邑,控弦數萬,習攻戰;是則昆莫居西城郎張掖地方,在月氏爲匈奴所驅逐之後可知。而渾邪王殺休屠王降漢,則爲霍去病元狩二年加以打擊之結果,在此年以前,則渾邪王據張掖地方而居又可知。蓋昆莫居張掖地方在月氏而移之後,渾邪王據此等地方而居,又在昆莫西移之後可知;昆莫之故地,與渾邪之故地,爲同一地方可知,昆莫與月氏非同時居祁連,敦煌間又可知。要之:烏孫與月氏俱居祁連,敦煌間者爲昆莫之父難兜靡時之事,而昆莫故地,與渾邪故地,均爲張掖地方,所以烏孫與月氏俱居祁連敦煌間之相互所在,亦可以决定矣。

此外關於匈奴之西城一語,史記霍去病傳中有之,漢書霍去病傳中有之,在武帝嘉奬霍去病之功之言辭中,云『西域王渾邪王』。此所謂『西域王』殆郎『西城王』之譌,此譌字之『西城王』,實爲渾邪故地郎張掖地方被稱爲『西城』者愈可以明矣。

以吾意斷之,藤田氏之說宜甚辯,然亦不過桑原氏說之補充而已,非得全然推翻其『烏孫故地爲漢之張掖』一說也。

其後國勢漸强,定爲居國,未幾改號大昆彌焉。漢書西域傳下烏孫條云:

烏孫國,大昆彌,治赤治城,去長安八千九百里,戶十二萬,口六十三萬,勝兵十八萬八千八百人。相大祿,左右大將二人,侯三人,大將都尉各一人,大監二人大吏一人,舍中大吏二人,騎君一人。東至都護治所千七百二十一里,西至康居蕃內地五千里。……最爲强國。故服匈奴,後盛大取羈屬,不肯往朝會。東與匈奴,西北與康居,西與大宛,南與城郭諸國相接。

按城郭諸國,謂卽漢化最高之國,有城郭可居守者也,徐松以爲姑墨,溫宿,龜兹,焉耆是也。如其所言,烏孫在張騫西使歸朝以後,儼然一有政治組織之大國也。赤谷城見陳湯傳中,謂『郅支擊烏孫深入至赤谷城』。疑卽今伊犂南境阿克蘇 *Agsu* 城北,鹽山,土色純赤者也。後漢書無考,僅云:『班勇擊降焉耆於是龜茲等十七國服從,而烏孫葱嶺已西,遂絕』云云。惟後魏書云:『其國數爲蠕蠕所侵,西徙葱嶺』;是前漢以後,烏孫始西徙,西域圖考云:

在今阿克蘇北境木素爾嶺之北,伊犂南境特克斯河之南。

是也。近世日人佐藤囘山爲一探險家,又爲一研究東洋歷史學者,在日俄戰爭時,爲俄人所捕,流放中亞西部,其後又歷探伊犂,居留三年,出入中亞諸邦,前後凡二十年。其遺著伊犂見聞錄,亦主伊犂爲前漢烏孫故地之說。瑞典人斯文赫定 (*Suen Hedin*) 爲世界有數之地理學者兼中亞著名探險家,十年之中到我新疆考察者前後四次最近撰黑城探險記 (*The Black City of the Gobi Desert*), 亦謂在額濟納河流域發見不少漢朝文化,是則可信也。其言曰:

在已往兩年中,我們考察團中的古物學家貝格滿博士 (*Dr. Folk Bergman*) 曾經集中他的研究工作在額濟納河 (*Etsingol*) 流域。……貝格滿也掘出了兩千年前古代中國的廢墟和荒蕪的沙州以及這帶草原域上備禦蠻夷的邊防。當他們在額濟納河上長期的逗留期間,……他所發現的漢代紀元前二百年至紀元後二百年)鈔本的數目,繼長增高,到現在爲止,其數目已經超過一萬件了。這些東西的出土處是在大戈壁沙漠中——特別是沿額濟納河兩岸。額濟納河從祁連山——

卽南山 (*Richthofen mountains —— Nan Shanregion*) 一帶發源，北流注入嘎順諾爾(*Gashonor*, 按卽居延海)索果諾爾(*Sogonor*)二鹹水湖。一個叫作毛目 (*Moumu*) 的圍牆頹敗的小城，坐落在離額濟納河口一百七十哩的地方。在附近差不多一整列的邊陲堡塞——一種附有礮樓的邊牆建築——被發現了。這邊牆與斯坦因(*Sir Aurel Stein*)所發現的同屬一條。在戈壁的中央，額濟納河的邊陲的古老的文化地帶上，又發現了一帶城堡一類的建築，與萬里長城是極相像的。……並且在漢朝被利用過作衞戍的重地。——在這一些廢墟之北沿着額濟納河的方向，又有三十八處其他的廢墟，就中有三十二處是屬於漢朝的。

然則以額濟納河流域直至其發源地祁連山爲前漢烏孫故地，已有考古學上之證明，其地漢化如此之深，非烏孫而何？此 *Richthofen* 氏之所以斷定其在額濟納河流域者也(見氏著 *China* 第一卷四四七頁及附圖第三)。

至其種族何屬？學者之間，迄無定說。*De Guigens* 氏認爲韃靼族。*Neuman* 氏則指爲芬種族。而 *Klaproth* 氏根據漢書西域傳之顏師古註之記載，所謂烏孫種族之容貌爲青眼赤鬚，遂考定其爲印度日耳曼種族之一派。*Klaproth* 氏之說，一時頗爲有力。惟至近年俄國學者，多傾向突厥種族之說。*Aristow* 或 *Radloff* 俱斷定烏孫爲西突厥種族，而 *Grigorieff* 或 *Petrowski* 則指爲吉利吉思種族。至白鳥桒原兩氏亦均採用突厥說。總而言之，在今日似以突厥說爲最有力，換言之，卽土耳其種族也。惟漢書西域傳云：

> (烏孫)本塞地也。大月氏西破走塞王，塞王南越縣度，大月氏居其地。後烏孫昆莫擊破大月氏，大月氏從西臣大夏，而烏孫昆莫居之。故烏孫民有塞種大月氏種云。

塞種梵文稱 *Sakah*，今稱西徐亞 (*Seythians*)。大月氏希臘古稱 *Tochari*，今稱 *Indoscythes* 是其種族殊複雜也。

漢書西域傳又云：

地莽平，多雨寒，山多松樠，不田作種樹，隨畜逐水草，與匈奴同俗。國多馬，富人至四五千匹。民剛惡貪狼無信，多寇盜。

是其習俗也。意者北方游牧之民逐水草遷徙，其富者馬多至四五千匹，其貧者則以刦掠爲生歟！

惟其與漢關係至深，漢常寵異之以合禦匈奴，漢書西域傳曰：

始張騫言烏孫……雖强大，可厚賂招令東居故地，妻以公主，與爲昆弟，以制匈奴，語在張騫傳。武帝卽位令騫齎金幣往。昆莫見騫如單于禮，騫大慙，謂曰『天子致賜，王不拜，則還賜』。昆莫起拜，其它如故。初，昆莫有十餘子，中子大祿强，善將，將衆萬餘騎別居。大祿兄太子，太子有子曰岑陬，太子蚤死，謂昆莫曰：『必以岑陬爲太子』。昆莫哀許之。大祿怒，迺收其昆弟，將衆畔，謀攻岑陬，昆莫與岑陬萬餘騎，令別居，昆莫亦自有萬騎以自備。國分爲三，大總羈屬昆莫。騫既致賜諭指曰：『烏孫能東居故地，則漢遣公主爲夫人，結爲昆弟，共距匈奴，不足破也』。烏孫遠漢，未知其大小，又近匈奴，服屬日久，其大臣皆不欲徙；昆莫年老，國分，不能專制，迺發使送騫，因獻馬數十匹報謝。其使見漢人衆富厚，歸其國，其國迺益重漢。匈奴聞其與漢通，怒，欲擊之。又漢使烏孫迺出其南，抵大宛月氏，相屬不絕。烏孫於是恐。使使獻馬，願得尙公主爲昆弟。天子問羣臣，議許。曰：『必先內聘然後遣女』。烏孫以馬千匹聘。漢元封中，遣江都王建女細君爲公主以妻焉。賜乘輿服御物，爲備官屬，宦官侍御數百人贈送甚盛。

是漢通烏孫，在騫往時，未有結果。及烏孫爲匈奴所迫，有求於漢，而和親之議，遂得實現焉。及後公主至烏孫，語言不通，而昆莫又年老，因作歌以抒其悲愁，天子雖聞而憐之，亦祇間歲遣使遺送不絕耳。則漢之羈縻烏孫者至矣。西域傳又曰：

昆莫年老，欲使其孫岑陬尙公主，公主不聽，上書言狀。天子報曰:『從其國俗!欲與烏孫共滅胡』。岑陬遂妻公主。

夫烏孫與漢,禮俗不同,公主上書言狀,所以遵漢家禮法也。而天子竟報曰:『從其國俗』!則漢之寵異烏孫可知。所以然者,蓋欲與烏孫共滅胡也。此前漢通使西域之目的也。此騫之志也。然則漢與烏孫之關係不綦重哉!不特此也,西域傳下文又曰:

岑陬尚江都公主,生一女少夫,公主死。漢復以楚王戊之孫解憂爲公主,妻岑陬。

則漢之於烏孫,體貼入微,異於其他諸國矣。其後岑陬死,傳國者爲其季父大祿子,亦照例尚公主。西域傳云:

岑陬胡婦子泥靡尚小,岑陬且死,以國與季父大祿子翁歸靡,曰:『泥靡大,以國歸之』!翁歸靡既立,號肥王,復尚楚主解憂,生三男兩女。長男曰元貴靡。次曰萬年,爲莎車王。次曰大樂,爲左大將。長女弟史,爲龜茲王降賓妻。小女素光,爲若呼翎侯妻。

自是以後,漢與烏孫及西域諸國間,已作成一大親戚之網,可謂和親政策極大成功,胡人不敢南下牧馬矣。匈奴亦自知之,乃與車師併力攻烏孫,漢與匈奴遂不得不以兵戎相見。西域傳下文云:

昭帝時,公主(解憂)上書,言匈奴發騎田車師車師與匈奴爲一,共侵烏孫。唯天子幸救之! 漢養士馬,議欲擊匈奴。會昭帝崩,宣帝初卽位,公主及昆彌皆遣使上書,言:『匈奴復連發大兵侵烏孫,取車延,惡師地,收人民去,使使謂烏孫,「趣持公主來」!欲隔絕漢。昆彌願發國半精兵自給,人馬五萬騎,盡力擊匈奴。唯天子出兵以救公主,昆彌!』漢兵大發十五萬騎五將軍分道並出,語在匈奴傳。遣校尉常惠,持使節護烏孫兵。昆彌自將翎侯以下五萬騎,從西方入,至右谷蠡王庭獲單于父行,及嫂居次,名王犂汚,都尉千長騎將以下四萬級,馬牛羊驢橐駝七十餘萬頭。烏孫皆自取所虜獲。還,封惠爲長羅侯。是歲本始三年也。漢遣惠持金幣賜烏孫貴人有功者。

案本始三年爲公元前七十一年,上距張騫始通西域之年漢武帝建元三年即公元前一百三十八年,已六十七年,歷武,昭,宣二世,然後滅胡之事,始得少遂其志。苟非烏孫誠意與漢合作,其能至於此乎?此一大戰,實爲前漢西域交通史上之一大奇蹟也。西域自此常通,漢化自此廣布。自此以後,漢與烏孫歷世和親不絕。雖其間變故疊出,而漢帝優容之。西域傳歷記其事曰:

元康二年烏孫昆彌因惠上書,願以漢外孫元貴靡爲嗣,得令復尚漢公主,結婚重親,畔絕匈奴,願聘馬驘各千匹。詔下公卿議。大鴻臚蕭望之,以爲烏孫絕域,變故難保,不可許。上美烏孫新立大功,又重絕故業,遣使者至烏孫,先迎取聘。昆彌及太子,左右大將都尉,皆遣使,凡三百餘人入漢,迎取少主。上迺以烏孫主解憂弟子相夫爲公主,置官屬侍御百餘人,舍上林中,學烏孫言,天子自臨平樂觀。會匈奴使者,外國君長,大角抵設樂而遣之。使長盧侯光祿大夫惠爲副,凡持節者四人,送少主至敦煌。未出塞,聞烏孫昆彌翁歸靡死烏孫貴人共從本約,立岑陬子泥靡代爲昆彌,號狂王。惠上書,願留少主敦煌惠馳至烏孫,責讓不立元貴靡爲昆彌,還迎少主。事下公卿,望之復以爲烏孫持兩端,難約結,前公主在烏孫四十餘年,恩愛不親密,邊竟未得安,此事之驗也;今少主以元貴靡不立而還,信無負於夷狄,中國之福也;少主不止,繇役將興,其原起此。天子從之,徵還少主。狂王復尚楚主解憂,生一男鴟靡,不與主和,又暴惡失衆,漢使衞司馬魏和意,副侯任昌,送侍子。公主言狂王爲烏孫所患若,易誅也。遂謀置酒會罷,使士拔劍擊之劍旁下。狂王傷,上馬馳去。其子細沈瘦會兵圍和意,昌及公主於赤谷城。數月,都護鄭吉,發諸國兵救之,迺解去漢遣中郎將張遵,持醫藥治狂王,賜金二十斤,采繒。因收和意,昌,係瑣,從尉犂檻車至長安,斬之。車騎將軍長史張翁,留驗公主與使者謀殺狂王狀,主不服,叩頭謝張翁捽主頭罵詈。主上書,翁還坐死。副使季都,別將醫養視狂王,狂王從十餘騎送之。都還,坐知狂王當誅,見便不發,下蠶室。初肥王翁歸靡胡婦子烏就屠,狂王傷時,驚與諸翎侯俱去,居北山中,揚言母家匈奴兵來,故衆歸之。後遂襲殺狂王,自立爲昆彌。漢遣破羌將軍辛武賢,將兵萬五千人,至敦煌,遣使者案行,表,穿卑鞮侯井以西,欲通渠轉穀,積居廬倉以討之。初,楚主侍者馮嫽,能史書習事,嘗持漢節爲公主使,行賞賜於城郭諸國,敬信之號曰馮夫人,爲烏孫右大將妻。右大將與烏就屠相愛。都護鄭吉,使馮夫人說烏就屠,以漢兵方出,必見滅,不如降。烏就屠恐,曰願得小號。宣帝徵馮夫人自問狀,遣謁者竺次,期門甘延壽爲副,送馮夫人。馮夫人錦車持節,詔烏龍屠詣長羅侯赤谷城。立元貴靡爲大昆彌,烏就屠爲小昆彌,皆賜印綬。破羌將軍不出塞還。後烏就屠不盡歸諸翎侯民衆,漢復遣長羅侯惠將三校屯,赤谷因爲分別其人民地界。大昆彌戶六萬餘,小昆彌戶四萬餘然衆心皆附小昆彌。元貴靡,鴟靡皆病死。公主上書,言年老土思,願得歸骸骨葬漢地。天子閔而迎之。公主與孫男女三人,俱來至京師,是歲甘露三年也。時年且七十,賜以公主田宅奴婢奉養甚厚,朝見儀比公主,後二歲卒,三孫因留守墳墓云:

考楚主解憂死時爲宣帝黃龍三年,卽公元前四十九年,自是漢朝和親政策遂絕。而烏孫自大小昆彌分治以後,禍亂常不絕,不統於一,不足以爲漢用。漢書西域傳稱:『烏孫分立兩昆彌後,漢用憂勞,且無甯歲;是也。此漢與烏孫關係之始末也。

此外有近世關於烏孫考古足以證明漢與烏孫交涉者,卽民國十九年西北科學考察團黃文弼在新疆發掘一事。據稱在庫車附近得有一『常公之印』。漢印銅質,出庫車西沙磧中,爲龜茲至烏孫大道,現尙有古道可稽。所謂常公者,疑卽常惠也。然則常惠往來兩國,中道遺失者歟!噫亦足多矣!

6. 扜罙　扜罙在于闐之東,爲漢通西域南道必經之地。史記大宛傳敘張騫具告天子論大宛曰:

東則扜罙,于闐。

扜罙與于窴間居大宛之東。集解徐廣引漢紀曰:

拘彌國去于窴三百里。

索隱曰:

扜罙,國名也。音汙彌二音。……拘音俱,彌卽罙也。則拘彌與扜罙,是一也。

是扜罙去于窴三百里也。大宛傳下文記張騫再使西域,至烏孫時曰:

騫因分遣副使使,大宛,康居,大月氏,大夏,安息,身毒,于窴,扜罙及諸旁國。

是扜罙於張騫遠征程途中,其地位與大宛,康居,大月氏,大夏,安息,身毒,于窴諸國相同。可知也。

考漢書西域傳曰:

扜彌國,王治扜彌城,去長安九千二百八十里。戶三千三百四十,口二萬四十,勝兵三千五百四十人。輔國侯,左右將,左右都尉,左右騎君,各一人;譯長二人。東北至都護治所,三千五百五十三里。南與渠勒,東北與龜茲,西北與姑墨接,西通于闐,三百九十里。今名甯彌。

又曰:

精絕國,——西通扜彌四百六十里。

是其國之四至頗易明也。惟因當時屢屢受于闐之侵略,依賴漢人支持,僅得保存其命脈,國勢頗衰,至三國時代,遂爲于闐屬國之一,見三國志魏志所引魏略中。然欲考定爲卽今何地則頗不易也。

魏略以後,以宋雲行記爲最古,大唐西域記次之。北魏楊衒之洛陽伽藍記,卷五引宋雲行記謂,從左末(且末)城西行一千二百七十五里至末城,從末城西行二十二里至捍麼城,從捍麼城西行八百七十八里至于闐國。據大唐西域記卷十二,則謂從于闐東行三百餘里至戰地,從戰地東行三十餘里至媲摩城,從此渡媲摩川,東入沙磧，行二百餘里至尼壤城。然則宋雲行記之里數一見難以置信可知。祇其謂在捍麼城南十五里有丈六佛像傳說『人有患，以金箔帖象，所患處卽得陰愈』，與西域記在媲摩城有彫檀立佛像，傳說『凡有疾病，隨其痛處，金薄帖像，卽時痊復』相同，故通常學者遂以行記之捍麼城爲卽西域記之媲摩地也。

又次，新唐書卷四三下地理志抄錄貞元宰相賈耽所記云：

> 于闐東三百里，有坎城鎭；東六百里，有蘭城鎭；南六百里，有胡弩鎭；西二百里，有固城鎭；西三百九十里，有吉良鎭。

又述從且末至于闐之行程云：

> 又西經悉利支井，祆井，勿遮水，五百里于闐東蘭城守捉，又西經移杜堡，彭懷堡，坎城守捉三百里至于闐。

守捉卽與鎭字同義。所謂坎城守捉，卽坎城鎭也。西至于闐里數爲三百里，兩文對照，坎城守捉之坎字，明爲坎字之譌。而其坎城鎭對於于闐之方位及里數，通常學者以之爲卽西域記之媲摩，從而卽與宋雲行記之捍麼爲同地可知。故沙畹 *Chavannes* 教授以爲漢代之扜彌拘彌，就其大體上之位置言之，考定爲西域記之媲摩，新唐書之坎城鎭；多數學者從之也。

今者從 *Niya oasis* 沿 *Niya* 河床，在其北方約七十五英里之處所謂 *Niyasite* 者，以爲卽漢時之精絕國。是說也，*Grenard* 氏先唱之，其後 *Herrman* 氏和之及至一九〇一年斯坦因氏（*Stein*）試在此地再度發掘；發見大量遺物及文書，其說略爲確定。今西域記之媲摩 *Bhima*，新唐書之坎城鎭，實際上如斯坦因氏所言，在現在 *Chira casis* 之北端約十二英里之處 *Uzun-Tati* (*the distant Tati*) 或其附近。(關於此點 *Hunting* 氏頗持異議)。而見於 *Mahmud Karam Kabuli* 之傳說中之 *Kenhan* 城，殆卽此也。新唐書之坎城，疑卽此 *Kenhan* 之對音。至漢代之扜栄，扜彌，拘彌，與唐代之媲摩，坎城爲同地與否，頗不得不疑。又抄錄於新唐書地理志中之賈耽所記，關於引用坎城鎭（坎城守捉）之外，又云：

有甯彌故城，一曰達德力城，曰汗彌國，曰拘彌城于闐東二百九十里，有建德力河，東七百，有精絕國。

與右文相類似者同書西域傳卷二二一上又云：

于闐東三百里有建德力河，七百里有精絕國。河之東有汙彌，居達德力城，亦曰拘彌城即甯彌故城，皆小國也。

此殆本之賈耽所傳。若果然者，則三百里，不過三百九十里之略數歟雖然，如汗彌．拘彌．甯彌等，固為漢代國名，而實際上此等地名在唐時尚存與否，頗屬疑問。但當時所謂達德力城賈耽將何所根據，視之為漢時之扜彌．拘彌．甯彌乎？賈耽兩次舉于闐東之坎城鎮次城守捉，而另又舉所謂達德力城，以此點觀之，蓋直不視之為坎城鎮也。然所謂達德力城在今何處，吾以為即一九〇一年斯坦因氏所發掘獲有大量之遺物及文書之 Dandan-Uilik 者非歟？從而漢時之扜彌．拘彌．甯彌者即為此地，為當時之孔道，較之唐代，遠在北方；非歟？

Dandan-Uilik 者，依此地之方言，即 *Turki* 謂 *the houses with ivory* 之義。然此地以佛寺起名（其廢址依斯坦因氏所發掘，視 *danda* 為 *ivory*，因而與 *Sanskrit* 之 *danda* 同義；*Dandan-Uilik* 者殆 *Sanskrit* 之 *Dantaloka* 之訛。在 *Sanskrit* 以 *loka* 為『家』之義。例如 *Deva loka* 在中國則譯為『天宮』等。

Dandan-Uilih 考證為 *Sanskrit* 之 *Dantaloka*，如上文所述，然在健馱邏（*Gandhara*）國，則此為山名。大唐西域記卷二云：

跋虜沙 *Palusha* 城東北二十餘里，至殫多落迦 *Dantaloka* 山，嶺上有窣堵波，無憂王所建，蘇達拏 *Sudana* 太子，於此棲隱。

據此想必借健馱邏地方之山名，以為此地之專名。又西域記所傳于闐東三百三，四十里之媲摩城及媲摩川之媲摩，亦必從健馱邏地方借來者也。西域記卷二云：

跋虜沙 *Purushapura* 城東北五十餘里至崇山，山有青石大自在天婦象，毗摩天女也。

此毗摩與彼媲摩,均爲 *Bhima* 之對音。

蓋 *Dandan-uilik* 者 *Sanskrit* 之 *Dantaloka* 之訛,據 *Cunningham* 氏謂健馱邏之 *Dantaloka* 山者,*Justin*之 *Montes Doedali* 也。*Cunningham* 氏之說明,於實用口語 *danta* 字一語之鼻音,與次字同化,重疊書之,有齒木之義,如 *datton* 是也。吾人以 *Dantaloka* 在 *Khotanese* 語言,其言爲何,雖無所知,然在 *Sanskrit*, 則 *danta* 云 *dat*, 在 *Prakrit* 則專以之云 *dat*。蓋與新唐書所傳達德力城之名稱益益相近也。

又從其與他國相距之關係言之,漢代之扜彌,拘彌,甯彌,與唐代之媲摩,兩者頗相差異。據漢書,扜彌國東距精絕四百六十里,西通于闐三百九十里。(依漢紀則爲三百里)。而據西域記,從于闐東至戰地三百餘里,從戰地東至媲摩三十餘里。蓋從于闐至媲摩距離約三百四十里,所以從于闐至扜彌三百九十里,相差不大。然依西域記則從媲摩東至尼壤爲二百餘里之距離,較之扜彌與精絕距離四百六十里者,不到一半。若以精絕爲 *Niya site*, 扜彌爲 *Dandan-Uilik*, 則其間之距離,從 *Dandan-Uilik* 至于闐略略相等,與漢書所傳不大相差。

又依據斯坦因氏發掘 *Dandan-Uilik* 所得之公文書中有所謂『傑謝』者。其一附有大曆三年三月二十三日字樣又其一附有大曆十六年二月六日字樣。大曆者唐代宗之年號也。傑字在今日中國字書中不經見,*Hoernle* 氏讀爲傑字,沙畹氏則採愼重態度,俟於中國文獻中發見此地名時始得明之,依列字之音,當呼之爲 *Li-sie* (*Li-hsieh*) 云。又伯希和 (*Pelliot*) 氏於敦煌千佛洞所發見沙州都督府圖經之廢驛條中有王孝傑之名,其文云:

> 又奉今年(證聖元年)二月廿七日敕,第五道中物置十驛,擬供客使等食,付王孝傑,並瓜州沙州,審更檢閱。

據唐書卷一一一王孝傑傳云:『證聖初,復爲朔方道總管,與吐蕃戰不利,免』。又同書卷四本紀云王孝傑爲朔方行軍總管,證聖元年(公元六九五年正月爲擊突厥;又同年七月爲肅邊道行軍大總管,歸吐蕃。次年(萬歲通天元年)二月,與吐蕃戰,敗績云云。蓋圖經中之王孝傑者王孝傑也。傑字爲傑字之誤書。傑字之偏旁夕作歹,亦有其例,羅振玉碑別字補卷五隋龍山公墓誌傑作傑也。又圖經中作寸,寸作刂者,亦有其例,碑別字補卷一唐魏公先廟記冠作冠也。蓋傑字者可書作傑或作傑也。

此傑字爲傑字之別字,傑謝者爲 *kil-sie* 或其近音之對譯。周書卷五十異域傳于闐國條云:

> 城東二十里有大水北流,號樹枝水,即黃河也。城西十五里亦有大水,名達利水,與樹枝俱北流,同會於計戊。

此計戊在北史(北魏書)共作計式,通典作計戍,計首。戍,式,戍者字形相似,不知孰爲僞誤。總之,通典又舉其一名謂爲計首,由此觀之,此河之名,於聲音之上,近於傑謝(傑謝)無疑也。蓋此鎮名者即採自此河之名者非歟?藤田豐八氏之考證蓋如此。近人馮承鈞以爲其地在今于闐縣策勒村北沙中。吾之意則以爲藤田氏之考證彌臻翔實也。

(未完)

综合卷(第六册) 交大季刊 第十七期(1935)

陶藝淺說

楊耀文

利用砂土爲原料，摩塑成形，分別安置窰中，經過相當之火候，而造成各種器皿者，是曰陶藝。我國古者陶冶並稱，自虞舜陶於河濱，其後虞閼父爲周陶正，周官分職，陶正因列爲百官之一，其所由來者尙矣。惜夫當世士大夫視爲末藝，不與樂道，世無專書以詳述其製造方法，卽有記載，亦無非描寫成品之如何古香古色，比之商彝周鼎，名貴不凡，徒供收藏家之考據，賞鑒家之珍玩而已；對於重要部分，最堪注意各點；若原料成分，製造手續，都缺焉不講；以我國開化之先，創造有人，改良不繼，坐令數千年來素有之工藝，一任業此者師承受授，習慣相傳，故步自封，迭爲消長，時有失傳之虞，遑論刷新改進，影響所及，且有輕巧舶來代用品充斥市場之勢；列子御風而行，曇花一現，良可惜也！環顧歐美各國，提倡生產，不遺餘力，就原有窰製方法擴而充之，先後創造玻璃水泥瓷磚等出品，均大有造於建築工程，以視我國各種工藝，陳陳相因，墨守成法，不克與世界工商互相頡頏者，相去不可以道里計矣。

我國創造陶器，歷史悠遠，其可考者，周書載神農氏作瓦器，老子謂埏埴以爲器，湯有銘盤，周有古瓿，瓴甒瓶甗之屬，罍罄盆罃之分，見諸經傳，不一而足；降至戰國，秦趙澠池之會，藺相如刼秦王擊缶，秦終不敢無禮於趙；是缶之爲器，不特施諸實用，且爲當時邦交史上之紀念品焉。然則自神農以迄戰國，各種陶器，均已略具端象，不過技術未精，良工尠見，所製者粗品居多；秦漢而下，一仍舊貫；迨至有明中葉,宜興陶器始著稱於世,於是有于華山,有獻尊氏,然其所製,以茗壺爲多,其他若瓶鼎盆爐,盤尊盃碗,以及各式玩具飾品,殆十不及一焉。各家記載大抵偏重於已成諸器,或輕巧玲瓏,或渾樸古茂,莫不式度精緻,神化逼眞;至所傳技術家,僅亦贊美其手術靈敏,造意天然,刻鏤精細入微,體態方圓中矩;邇時專仗手工以技鳴一世者,於配色塑形兩端,固別具匠心,多所造詣,然終限於精緻小品,不及缸甏罎罐等日用器皿,於整個陶藝,未免忽視,而製造方法,更無論矣。

最近期間,時人始注意及此,對於宜興陶業,方有概要之記載;若周榕仙氏宜興製陶記略,見自然界第一卷第一號,羅宗善氏宜興陶業近況,見上海總商會月報第五卷第十期,周幽東氏宜興陶業概況,見滬商業雜誌第四卷第五號,王璡氏宜興陶料之化學觀,見科學十六卷第二期,與宜興蜀山陶業公會刊行之宜興陶器概要,於陶業上需要之產陶製陶情形,均三致意焉。不佞管見所及,不揣自陋,就諸氏記載各點,敢爲之述要詮次。

江蘇宜興一邑,爲我國產陶特區,亦卽世界唯一製陶場所,歐洲人士且有仿製之者,號稱紅瓷,但未嘗積極進行,考厥原因,實其所產原料特點有以致之;宜興產陶區域,在太湖西岸,蜀山鼎山潛洛白宕蠡墅湯渡四村鎮白泥場等處,面積約佔二十平方里,田畝之中,諸山之麓,就地取料,俯拾卽是,惟間有必須採自山腹者;當地居民,大都業陶,或與陶有關係之營業;所產陶土,各色具備,以色采區分之,爲紅黃綠紫灰褐黑白八種,然不可據以爲標準,因雜色相間居多;又有青泥綠泥大紅泥白泥甲泥嫩泥紅假土烏假土黃假土介中泥瓦窰泥紫砂泥潭砂泥等各種俗呼名稱,或以產地名,或以色澤著,或一種數名,或沿襲舊號,本無意義所指;其中除黃泥一種,間可採自江陰黃泥港無錫假山外,其餘均爲宜興特產;雖安徽壽縣山東博山廣東潮縣產有類似之紫砂泥,然性質不同,取以製陶,終不若宜興產之適用;近經中央研究院將宜興陶料,配合之坯料,及應敷之釉料,加以精密分析,而得知其成分之大概;由是推知陶器色澤之由來,陶料耐火度之高下,而於科學上應行注意各點,裨益良多;至各項原料每年採量若干,則一視產品銷路為轉移,原無統計。

陶土產地,既限於宜興一隅,苟逐年採掘,不闢新源,一旦寶藏告傾,將何以為繼;若紅陶土一項,原料已甚為稀少,純粹紅陶土之製品,近日已不可多得,業陶者有將此土加水,調為泥漿,以塗飾於紫陶土製品之表面者,稱之為粉紅泥,物以少為貴,贋鼎亂眞,不無可慮;經年累月,旦旦伐之,紅陶土然,他陶土莫不皆然;以我國土地之大,泥土遍地皆是,或山陵藪澤之間,尙有未發現之相當陶土,如果悉心搜索,將各處泥土,不憚分析,依其成分配製,使適合陶土之應用,天產者,人造者,原料既富裕,則取之不盡,用之無窮,開闢陶土新源,發展製陶區域,以挽回我固有利源,並於試行之初,探討研究,不厭其詳,配合理想上之相當成分,以增加其耐火度,因而求得堅實之製品,陶業前途,庶有改良希望;理想為事實之母,凡百事業,端在人為;各國種種新發現,巧奪天工,有不可思議之成就者;豈我國數千年來固有之技術,獨不可推陳出新,以應世界潮流之趨勢,相將促成其進化乎?

採取陶料,可分明採暗採兩種;明採方法,手續簡單,自地表隨處下掘,即可採得充分風化之陶土;色灰黑,質堅細,成粉末狀態,如黑陶土俗稱烏假土是;其在山麓外表者,亦可用同樣手續採掘,大部亦已風化,其質硬色褐,組織不勻,雜白色紋脈者,實為石類未全變態之質料,俗呼甲泥即褐陶土是;黃陶土俗呼黃泥,亦稱黃假土,色灰黃,質堅硬,其有土塊赭白相間,粉末呈赭黃色者,亦稱紅假土,皆採自山麓居多;故紅假土種類紛繁,色澤不一,隨產地而有差別,凡土之略呈赭色者均屬之;灰陶土亦產於山麓,色灰黑,所製器色白微灰故云;產於西山者曰西山嫩泥,產於瓦窰者曰瓦窰嫩泥,西山嫩泥之呈暗赤色或黃赭相間者,亦稱紅假土;凡陶土之生存山腹內部者,必須利用暗採方法,事倍功半,手續較簡,先自山腹破石掘坑,俾得土脈,深入坑中,暗中掘取;其取得之土呈暗赤色者,即紅陶土。俗亦呼嫩泥或大紅泥,產量不多,所製品稱爲上乘;紫陶土亦須暗中掘取,質堅細,色紫黑,亦爲石類未全變態之質料,構造不匀,俗亦稱甲泥或紫砂泥,因產於青龍山,故又稱青泥,其產在介中村者稱介中泥;白陶土亦產於山腹中,故亦以暗採方法取之,質較柔,色灰白,故俗呼白泥,產地爲白泥場,地以物著也;至綠陶土則由紫陶土中選出,因略帶翠黑色故名,亦稱潭砂泥,其品質實較紫陶土爲上,不用於單獨製品,爲塗飾紫陶土製品之用,將紫綠二陶土,以八與二之比例相互配合者,稱爲潭泥;採料工作,係屬專業,陶業中稱爲山戶,專以採取陶料爲生活,取得之原料總名生泥,販售於淘泥之家。

淘練泥料之場所,名曰泥坊,亦屬專業,淘泥家購備山泥原料,從事加工提練,有粉碎水簸擊練諸手續,無非提選均匀極細之粉末,調以清水,使成黏軔兼備之壤土而後已;粉碎須用器具,或須附以裝置,可分三種,依質料之硬度而分別施用之;其全憑人力以搗碎者,有堅石琢成之杵臼;將圓柱形之重石,中貫以軸,利用牲口往復牽拽,迭經重力以榨碎者,謂之石滾;依水流設車轉輪爲舂者,謂之水碓;此種工具,均頗簡單,壓力不大,以至生產遲鈍,出品需時;如果代以機械,改進工具,施以重大壓力,則粉碎較易,爲時迅速,其粉末之細微程度,終可達於極點,且易令一致;即後步塑形燒窰諸手續,亦可因此變更往日情形,而出品較爲滿意,亦未可知;西人製瓷,其粉碎原料之法,或用碾磨機,或用連列圓輥,運機轉動,擠搓瓷土,以啓發其可塑性;陶瓷業務相近,當可取法,製造水泥,粉碎工作,至爲重要,所用機械,亦未始不可參仿。至水簸之法,所以提分細泥,將粉碎之泥料,入水池中,用鐵扒不絕攪拌,使粗粒下沉,細泥浮懸於水中,成混泥漿,於是注漿他器,分去其一部,再行加水攪拌,隨注隨分,往復數次,可以提分細泥至最大限度;然後將所分泥漿,靜置無動,使之自行沉澱而去其水;其有陶土已極風化,而採掘所得頗形匀細者,每省却粉碎,直接即行水簸;利用水簸方法以提分細泥,其結果頗稱圓滿,惟沉澱需時,出品遲緩;是否可代以標準簸篩,使之提分迅速,其所得結果如何,須有待乎試行研究。

淘泥家提取細泥既竣,乃依其性質顏色之不同,擇宜配合,以製坯料,將來所成器皿,堅實美觀,胥賴於是;宜興陶器之大別,可分紫砂粗砂二類;而其在產地,則分為細貨黃貨粗貨砂貨黑貨溪貨六種;紫砂一類,僅細貨一種,其餘五種,均屬粗砂;各泥配合之成分,因所製出品之等級而有不同;細貨或稱青泥貨,品質細密堅緻,製作精雅,價值昂貴,所製品有茗壺杯碟花瓶盆盂等類,多為精緻小品,需用青泥紅泥潭泥為坯料,製坯之時,每用一泥,而以青泥為最,紅泥因原料出產甚少,專為塗飾之用,潭泥為青泥綠泥配合之名稱,原料產於青龍山朝莊山銀墅山,窰座設蜀山潛洛上岸;黃貨專用黃泥製坯,貨件名稱頗多,約有二十餘種,係日用品,色帶赭黃故名,原料採自楚山及江陰黃泥港無錫偃山,窰座設蠡墅蜀山;粗貨砂貨黑貨皆以甲泥嫩泥黃假土紅假土烏假土等分別配合製坯,粗貨製品為巨大之各式缸罎,外施白綠均青烏紅等釉,原料產於黃龍山東山朝莊山尾窰山銀墅山,窰座設丁山白宕蠡墅潘家潭橋南邊莊西山前等處;砂貨多屬廚房用具,表面顯露砂狀,價格最為低廉,原料產地多與粗貨同,窰座設潛洛蜀山;黑貨製品大部與砂貨相似,惟兼製粗貨一部份器皿,略具黑色,敷飾之釉亦較為深暗,原料產地多數與粗砂貨相同,窰座設高家橋小橋南等處;溪貨在湯渡設窰燒製,所用原料多與粗砂黑三者相同,出品亦多類似,因湯渡古名畫溪故名,其中有白泥製成之鍋罐,色淡赭灰,內敷烏紅釉者是;至於全年產額,總計約百二十餘萬元,中以粗貨最為暢銷,年達六十萬元,幾佔全業之半,其餘每種產額,自十萬元至十餘萬元不等。

凝練坯料,實為製陶重要問題,器皿之堅實細密,色澤之光潤古瓶,乃與坯料成分有密切之關係,各種泥料,熔點不同,耐火度因亦隨其成分而爲之高下,故配合坯料,頗有研究之價值;然在宜興所通行者,其配合之法,先將各種泥料,各依相當成分,攙合攪匀,傾入石池或泥潭之中,調以清水,用器淘攪,去其渣滓,悉取凝鍊者製造坯件;其須精細練製者,泥料攙合攪匀後,曬乾成塊,傾入石磨粉碎之,用絹篩篩出細末,調以清水,即可應用,或須再行傾入水池,搗匀成漿,待泥沉澱,排去浮水,一俟稍乾,劃作方塊,以塊計價而出售;其須從事擊練者,調合泥料至乾濕適度,乃用方木桿頻以拍擊,練成黏韌如膠,方能適用;所有各種練製之坯料,陶業中稱爲熟泥,專屬泥坊爲之;惟各項練製手續,悉依成法,其成分之多寡,黏度之强弱,可塑性之難易,淘泥家均憑藉歷來經驗,知其當然而不知其所以然,適可而止,不問其他;如果製坯工作,試行改進,加減原來成分,代用他種相當泥料,攙合攪匀,用備有輪翼之攪拌槽,粉碎代以球磨與圓輥,過篩代以濾壓機,擊練亦運用機械,其出品之成績,或更有可觀,亦未可知;間嘗參觀練製油漆,其粉碎調合凝練,或用球磨,或用輥擠,不必過篩,而自然細微均匀黏韌,適合相當程度;練泥主要即在此點,雖油漆顏料硬度不大,而陶土硬度並不一致,苟取用堅硬鋼質球輥,則經過一步運機轉動手續,配合凝練,一舉兩得,機械未始不可代與手工;惜夫業此者均不諳科學方法,沿襲相承,狃於習慣,以至不能發展固有之企業。

練製坯料蕆事之後,其次步手續爲塑形成器,製造之家曰坯戶;坯戶向泥坊購得熟泥,施以相當手工,塑成各種器皿,是爲成坯;方圓異制,花素殊法,手術靈敏,工具繁多,業此者男女老幼,均操之成熟,各奏所長;有片塑堆塑模塑印塑捏塑諸法,亦屬專業,且有專攻一藝而不諳他藝者;近年來名手不多,無特殊出品,惟塑像一門,頗有進步,然非日用品,故不多覯;各種塑形之法,以片塑最爲普通,其法先將練泥擊成扁片,依器皿之形狀大小一一片圈成,而以木板內外夾擊,使之式樣合度,另將練泥擊就底蓋,用毛刷蘸水相接配合,因以塑成器皿全部,所製品爲圓茶壺蒸罐等屬;堆塑所以製造粗大缸坯,先於木盤之上,將練泥擊就底部,繼用兩塊木板夾取練泥,逐漸堆塑加高,終憑石砵木杵內外夾擊成器;模塑係用木製模型,將練泥覆被於外,須俟全部圍遍,加以拍擊而令厚薄適宜,取去模型,便成缸類等坯件;印塑須備燒煆堅實之土製陰型,將練泥塡入其中,稍加撲塑,使其厚薄均勻,然後將型輕拍數下,型內器皿便離型脫落而出,此法最爲簡便,大都令初學者爲之,所製以盤碟印色盒等小品爲多;揑塑完全憑手指按揑練泥成形,初學至爲艱難,一俟熟能生巧,則得心應手,不拘何物,皆能形像逼眞,玲瓏精絕,所製多精緻之美術器,宜興前代著名陶藝家均屬此;以上諸塑法,可否完全代以機械,尙屬疑問,西人製瓷,每用石膏模型擠壓成器,間須裝置機械使用轉動模型塑器者,或須增加水份,使黏土之流動性,足以傾注模型之內,因以鑄造成器者,全視品物之種類而分別施之,我國製瓷有轆轤塑一法,係用木製轆轤盤,尖底平面,置坯其上,隨手旋轉,摩塑成器,此皆與製陶塑形頗有關係;况塑形工作,至爲重要,凡器皿之形式精妍,觀瞻動目,全賴塑手工巧,方顯優異;宜興陶器,品類頗多,粗貨中缸甏等器,欹斜不一,即屬同一種類,亦龐雜錯綜,不能一致;業此者爲生計所限,固無暇與語研究,然借鏡滋多,苟因勢而利導之,未始不可巧力兼施,以引起改進之觀念也。

塑坯既成,除上等紫砂陶器,間有不必敷釉者外,凡粗砂貨品,必須敷飾各種色釉,若製瓷者然,一以示美觀,一以防滲漏;其細貨紫砂製各品,完全用塑就原坯,一次燒成,光潤自然,細密堅緻,絕無孔隙,盛以液體,不患滲漏者,謂之素燒器,實爲宜陶特性,有非他種陶產所可比擬者,紫砂製茗壺實爲之代表;盆鼎杯盤,瓶盒碗碟,間須敷釉於內部或外表之一面者,均屬精售器具,爲增加雅趣起見,敷釉而外,可施各種相當藝術,若雕刻堆花貼花繪畫諸法,依各種器物而設施之;雕刻須用鐵刀,先行摹寫書畫其上,然後依樣奏刀,雕刻成品,所製係屬陰文而陷入;堆花利用竹篦子,蘸取練泥,堆塑於坯形外表,所成品係屬凸飾,恰與雕刻相反;上二法均施諸上等紫砂器,專仗手工,刻畫入微,堆壘工巧,每成一器,頗費時間,故價值昂貴;此項工作,或可利用雕就陰陽模型,於塑坯時即行壓印,待乾燥後略加修飾,即可得同樣之點綴,則所成器工省價廉;貼花之法,施諸黃貨爲多,係蘸用白泥漿塗飾坯面,使成各種花形,外敷紅釉,燒煅後花形隱約,頗類瓷器之釉下繪;繪畫之法,係用相當礦質顏料,研細成粉,調之以水,施繪各種形像於坯面,外塗白釉,入窰燒煅溶化後,即成白地及各式彩畫;上二法或可代以印花工具,蘸色移印,於焉求同樣結果。

敷釉法分三種,釉料亦不一,依陶器之種類而分別施之;其一爲塗澤法,如花盆外表,杯碟內部,僅須內外一面敷釉之品,將調和釉料,用毛筆蘸取,塗澤坯上;其二爲浸漬法,若鉢盂等屬,必須全部敷釉者,將坯件放入釉中,使之完全浸漬;其三爲澆灌法,凡龐大之缸罎等坯,不便浸漬者,每將調成釉料澆灌其上;調製釉料,亦屬專業,名彩釉業,原料或採自附近,或購之他處,所製爲五彩類搪釉類二種,其施用於青泥渾泥各種細貨者,爲鉛粉玻璃紅砒硝石白砂五種,入爐煅煉,搗細成粉而出售之,爐座形似獅子,因名獅子爐,建築於室中,以煤炭爲燃料;施用之時,將塑坯先行燒煅成器,然後取釉粉和水調敷,其色純白,因耐火度低,僅適宜敷飾素燒器之用,素燒器敷釉後,須再入炭爐,燒煅十二小時,乃成各種器皿,爐形八角,名曰八卦爐,惟第二度燒煅細貨用之;其特異處爲所敷釉收縮性大,坯件已經一度燃燒,故燒煅之結果,收縮不能一致,敷釉之表面,反顯露碎片形狀,齊整細密,別饒藝術興趣,不期然而然者也;如釉粉之中,和以他種物質,若氧化銅則色綠,氧化錳則色黑,氧化鈷則色藍,均可隨意設施之;其施用於白泥黃泥等器皿者,爲土骨白石白假土三種,將原料和合研細,便可調水敷用,稱烏紅釉,敷於白泥,色呈紅褐,敷於黃泥,色呈豬褐,此釉原料價值低廉,配製簡易,色澤亦頗光潤,可直接敷飾於坯件,故用途至廣;其施用於烏假土甲泥嫩泥等器皿者,爲窰汗玻璃白石泥漿鉛粉五種,和合研細成粉,即可調水敷用,其色純白,如將鉛粉代以氧化銅則色綠,代以氧化鈷則色深藍,故有白釉綠釉均青釉之分,亦直接敷飾於坯件;總之爲紅釉白釉綠釉均青釉四者,均適用於粗砂器;塑坯敷釉後,即便燒煅,不必經二度燃燒也;但宜與各窰戶,對於敷釉方法,全憑歷來習慣,取用原料,並不注意選擇,含雜質頗多,其目的不過使陶器不現滲漏與略具光澤而已,至耐火經久程度,光澤美麗與否,皆忽視之,即此數端,改良之處頗爲重要,瓷釉原料,或可擇宜採用之。

製陶最後手續,是爲裝窰燒窰,此項技工亦屬專業,買坯僱工燒窰之家曰窰戶,間有規模較大資本充裕者,則設廠購泥,僱用塑手以自製坯件,故整個陶業中,窰戶實爲巨擘;窰座多依山坡建築,順勢傾斜,蜿蜒綿亘,計其長短之度而分爲大中小三等,亦有由平地疊石成礅而造就窰座者,窰式正面半圓,側面長形,窰門在下,窰尾在上,並無烟突,內腔用耐火磚砌成,再以厚層砂石裹築於外,旁側亦有窰門,專爲裝窰出貨之用,脊上有孔二排,是爲鱗眼,兩孔相對,稱爲一節,每節距離約三四尺,大窰延長故節數多,每用以裝燒細貨黃貨,小窰則大都裝燒砂貨,然可通用,並無一定限制,其餘各貨,則大中小均有裝燒;裝窰步驟,係將各色曬乾坯件,由上而下,逐節排列,細貨青泥製各品,須盛以匣鉢,然後裝窰,此外各貨,每將小品坯件,裝入粗大器中,復覆以缸甕之屬,待至全窰裝竣,除窰門及最近兩鱗眼外,其餘上節鱗眼並兩旁側門皆完全用土封閉,外塗以泥,乃開始於窰門發火,晝夜燒灼,意在使窰內坯件,逐漸乾燥固結,並從最近鱗眼中,隨時窺察,如認爲火候已到,即行封閉窰門,隨啓次節鱗眼,納柴於前節鱗眼之中,再行燒灼,待其火候已至相當程度,即封閉前節鱗眼,而啓其上節鱗眼,再行納柴於次節鱗眼之中,如法燒灼,依此逐節上燒,以所有鱗眼次第燒遍爲止,乃封閉待冷,然後開窰出貨;需用燃料爲煤硬柴松柴茅柴四種,煤所用有限,硬柴亦不多,大抵小窰多用松柴,大窰多用茅柴;至燒窰一次,包括裝坯燒灼冷却開窰出貨諸手續,至少二日,至多五日,大窰需時多,小窰需時少,因窰座愈長,燒灼愈久也;燒窰工作,火候相當與否,亦全憑經驗,並不計及溫度高下,然宜興各種陶器,耐火度均不甚高,此原料使然,如果改用他種適宜原料,其熔點高者,燒灼溫度亦須相當加高,出品或較現時為優異,一旦試行之,可以求得其結果。

原陶器燒煉之後,其改造作用,係物理變化與化學變化連續發生,陶土之主要成分為石英礬土二種,即氧化硅與氧化鋁是,而其他各種氧化金屬攙入焉,陶器之有色澤,即因含氧化金屬故其成分多寡不同,於是色澤不能一致,宜陶色澤,幾完全為氧化鐵所表現,瓷器色白者,以原料高嶺土為純粹氧化鋁,少含其他氧化金屬也;玻璃水泥二者,亦經火燒煉而成,其不同者所含成分耳,玻璃富含石英,為酸性作物,水泥富含石灰,為鹼性作物,陶瓷介乎二者之間,所含石英不逭玻璃,所含石灰不逭水泥,而含有礬土均較二者為多,故所得結果亦有特異之點;凡屬窰產物品,可分三大類,其有細孔,易於滲漏而不敷釉者,是為瓦器,有細孔而敷釉以防止滲漏者,是為土器,細密堅緻,並無細孔,敷釉以增加光澤,依所成品物顆粒之粗細者,又分為石器粗瓷細瓷三種;宜陶之精細者,堅實無孔,確類似石器,因其光潤天然,可以不必敷釉而得同樣之用途,但其粗貨,則不免略有孔隙,須敷釉方能適用,故又近似土器,此宜陶之大概情形也;至陶器構成之原理,實與瓷器大致相同,燒灼至相當溫度,則純粹石英漸行熔化,各種陶土亦漸行分解,於是與礬土互相化合,組成硅礬土,或為無定形,或為針狀結晶體,耐火度之高下,與結晶體之多寡每成正比,因石英之熔解程度,本與溫度俱進,同時塑坯逐漸收縮,其表面細孔亦漸趨減少,綜全體結構之中,含有未變化陶土,無定形硅礬土,結晶形硅礬土,與未熔化石英礬土等顆粒,密集團聚,為熔化石英與氧化金屬產生之玻璃性物質,流入孔中,於以充溢四週,將全部顆粒包被結合,終造成堅實無滲漏性之物體。

今以我國製陶而論,純屬手工事業,企業發展,似全在技工靈巧,然應用藝術之處頗多,苟以科學眼光觀之,亦頗有研究之價值,因陶土主要性質,爲黏韌可塑性,而可塑性物質每易於水化,造成含水膠質化合物,一經灼熱,水份被驅,收縮必甚,欲求其富於可塑性而少顯收縮性,二者不可得而兼焉.故陶類坯件過窰燒灼後,每易失却原來形狀;氧化鎂和水後,頗著可塑性,然收縮性亦大,凡稍含氧化鎂之水泥石灰等屬,其建築物耐力必較純粹者爲低,卽爲明證;細瓷頗稱難塑,但製品則精緻絕倫,每可保持原塑形態,以原料少含氧化鎂故;耐火度全憑硅礬土熔點爲準則,品質純則熔點高,宜與陶土,品質龐雜,含氧化金屬頗多,而不免顯有色澤之氧化鐵氧化錳二者,氧化鐵本身熔點並不甚高,於以引起硅礬土等之可熔性,而全部坯件耐火度爲之低下,然陶器之色澤,確因氧化鐵而表現,則相反適所以相成;設法改進,於各種陶土膠質之節制及其黏韌可塑性,熔解及耐火程度,釉料之玻璃性質,燒窰之溫度影響及其調節,與應需各種燃料諸問題,不無均有探討推求之必要焉。

鼠籠式交流感應電動機之現勢

褚應璜

內容概述

本文先論鼠籠式交流感應電動機之特性,利點與用途;次詳論其唯一缺點——起動惡劣——並補救之法,若用離心力原理之機械耦合,高電阻轉動子,及其他改進起動特性之轉動導體;最後論複鼠籠式電動機成效之優異卓絕,爲鼠籠式電動機進步上最大之成功。

引言

鼠籠式感應電動機(Squirrel Cage Induction Motor)爲1890年Dolivo Dobrowolski氏所發明。其構造上特點,在乎轉動鐵心(Rotor)半封閉之槽內,貫以紫銅或合金之長條。兩端以端環(End Ring)焊接,條環合成鼠籠狀之綫捲,機以形名,構造簡單,堅固耐用,成本至爲低廉。關于此式電動機已有四十餘年之歷史,其間進步改良,層出不窮,各種製造工廠,相率賴以爲原動機器,故在工業上用途之廣,無與倫比,構造此式電機之要點有二。

(一)維持極小極均匀之氣隙(Air gap)距離,以減小儞磁電流,提高電力因數(Power factor)。

(二)條環焊接處接觸電阻(Contact Resistance)必須免除,以減小轉動子之銅耗(Copper Loss)防免滑率(Slip)增加,轉速與效率之低降。

自鋼軸承與轉子軸承Ball & Roller Bearing)相繼發明以還,袖式軸承與潤滑油環,漸歸淘汰,而電動機氣隙距離,得以充分減小,仍不失其平衡,電力因數與效率俱增。鼠籠焊接問題,隨弧光電焊機與焊接技術日新月異,更兼鑄鋁(Aluminum Die Casting)之法美滿解决,而轉動子亦愈呈堅固,速度調整,益見平均。其他製作上改良之點,與時俱進,因地而異,實難縷指計焉。故應用之廣,尤倍蓰於前。

電動機之選擇

選擇電動機之標準有三:曰效率,曰運用上之可靠,曰價格之低廉也。效率愈高,則同一馬力所需之電力愈省,價格愈低廉,則設置費用亦愈少,彰彰甚明,至若運用可靠,「障礙減小,工作無停頓之虞」對于全廠之影響如何,當視實際情形而變易。工廠愈大,部分愈多,備貨充足,則一機之障礙,致此部分工作停頓者,不過數小時,影響於全廠出貨亦至微;設工廠規模狹小,備貨不足,動力集中於少數之電動機,則一機停頓,全廠將蒙其大患,甚至全部出貨,從而停滯。是故選擇原動機器,不可不慎之於始也。電動機之用途,可大別為二端——

(一)變速範圍廣大——直流電動機屬之。

(二)速度不變(二級或二級以上之定速)——鼠籠式電動機與直流分捲電動機屬之。

變速度電動機之用途遠不若定速之廣,輓近製造工業,若紡紗,織布,麵粉,製糖,水泥,捲烟等廠之機器,追莫不以定速而運轉也。本文于鼠籠式電動機,特反覆推證,以明示其功用之凌駕一切。定速拖動,又分下列三大類。

(甲)電動機在少量負荷下起動,開出後負荷始逐漸增加者,如長地軸(Line Shaft)之類屬之。

(乙)電動機起動後,負荷隨轉速而增加者,若打風機之類屬之。

(丙)間歇使用之電動機,開動之負荷極重,需要高度之脫出轉力(Pull Out Torgue),若起重機之類屬之。

鼠籠式電動機

(一)效率之優越,——鼠籠式感應電動機之磁場安匝(Ampere Turns)隨轉動子安匝之增減,而自動調節,故彇磁之損耗極小,效率遞增.直流分捲電動機與同期電動機則不然,其磁場之安匝,必須維持最大過量負荷之數值而不能有變動,故其定值損耗(Constant Loss),較感應電動機爲大,效率自低。第一表示馬力相等重量相當之各式電動機效率之比較。

第 表

定額	機式	無負荷損耗	效率		
			全負荷	重負荷	至負荷
10 匹.960. r.p.m.	三相鼠籠式感應電動機	0.45kW.	88%	88%	86%
——	直流分捲電動機	0.58kW.	84%	84%	82.5%
500匹.480 r.p.m.	鼠籠式電動機	14 〃	93.5%	93%	91.5%
500 r.p.m.	凸極式同期電動機	16 〃	94%	93%	90.5%

鼠籠式感應電動機較滑圈式感應電動機之效率與電力因數均爲高超,其故有二:

(甲)鼠籠式轉動子,以同容積之槽溝,可較滑圈式 (Slipring or Wound Rotor Type)容納多量之導體,故電阻較低,銅耗較省,效率乃高。

(乙)鼠籠式電動機固定子與轉動子間之互鏈洩漏磁束較滑圈式者大爲減少,間接提高其短絡電流,與最大負荷量(Maximum capacity),故電力因數亦從而提高。

(二)運用之可靠 — 鼠籠式感應電動機之最大利點,爲運用上極端可靠。1922年英國機器,鍋爐,電機保險公司,對於電氣機器之障礙紀錄,有第二表之報告:

第 二 表

障礙之部位	百分比
交直流電機之轉動子(Rotor)	38.3
勵磁線圈與固定子(Stator)	18.1
整流環,電刷及附件,滑圈。	12.1
其他	11.4
開動器	20.1
綜計	100

觀乎上表,可見轉動子,整流環,滑圈與電刷附件之障礙,占電機全部障礙之百分之六十三$\left(\frac{38.3+12.1}{38.3+18.1+12.1}=63\%\right)$鼠籠式電動機既無滑圈電刷整流環附件等設備,其轉動鐵心又整接牢固,故其「障礙之可能度」遂極度減小矣。

(三)價格之低廉—— 鼠籠式電動機價格之低廉可自第三表得之,表中比較,以 20 匹馬力 1000 r.p.m. 之電動機爲標準

第 三 表

直流分捲電動機及面板式開動器	100%
滑圈式感應電動機及面板式開動器	105%
鼠籠式感應電動機及單捲變壓開動器	80%
鼠籠式應電動機及Y一△開動器	65%
鼠籠式感應電動器及直接開動器	65%

鼠籠式電動機,對於上列三點標準。悉占最優越之地位,頗曰最理想之原動機器,當無疑義。然其爲用,仍時受電力廠之限制何也,起動之特性不良,有以致之也。起動之特性包括起動電流與起動之旋力(Starting Torque),鼠籠式電動機之直接起動旋力,約當全負荷旋力(Full Load Torque)之 100%-250%,祇要時間不長,電機不致過熱,自可勝任愉快,但其起動電流,爲全負荷電流之 $3\frac{1}{2}$—$7\frac{1}{2}$ 倍,饋電線路,因一時受巨量電流之通過而電壓遽急降低,引起重大之騷擾,如附近燈光之驟暗,影響甚巨,鼠籠式電動機多方受限制者,癥結卽在於此。設法改善,要爲當務之急,蓋起動電流,一旦妥謀解决,則鼠籠式電動機白璧無瑕,將取一切電動機而代之矣。欲求改善,必先分別探討其任務:——

(甲)電動機在少量負荷下起動,迨滿速既達,負荷始逐漸增加者—— 工廠動力藉長地軸拖動者,或個別拖動之車床機器,皆屬之,其起動拖力,約當全負荷時拖力百分之三十一六十。設起動拖力,僅需百分之四十,則普通鼠籠式電動機,

配以星形三角起動器,即克勝任。然一般機器之起動拖力,鮮有在40%以下者。故為安計全,電動機起動拖力,當以$\frac{70}{100}$為最適當。

(乙)電動機以全負荷起動,或負荷隨轉速而增加者——電動機以全負荷起動,故可用直接起動或機械耦合(Clutch)之法。但負荷隨轉速而增加者,若打風機之類,則電動機在任何一瞬間所生之旋力,必須超過風扇之阻力也。單捲變壓開動器以$\frac{75}{100}$ Tapping起動者,其起動旋力適當全負荷旋力百分之七十,俟轉速加增,迄乎$\frac{80}{100}$—$\frac{90}{100}$同期速度之間,電動機旋力亦逐漸增高至全負荷旋力百分之一百四十,故其開動風扇之負荷,綽有餘裕也。

(甲),(乙)兩類,既具同一起動拖力之需要,故可以同一之起動方式解決之。單捲變壓開動器(Auto Transformer Starter)備有$\frac{75}{100}$之Tapping者,能得$\frac{70}{100}$之起動旋力,蓋起動旋力與電壓之平方成正比也。

(甲)(乙)類電動機之起動方式

(1)機械耦合——鼠籠式電動機,以重負荷起動者,可藉機械耦合之法以解決起動之困難。起動之際,耦合脫離,迨速度達某一定量,因離心力作用使耦合接觸,起動負荷,故電動機實起動於無負荷之下,而能以强力帶動重荷也。耦合動作之特性,可大別為三類。

(一)耦合純粹依離心力使重量於某一速度下飛出,絕無控制之設備,故耦合在低速度即行接觸。

(二)耦合藉離心力飛出者,由彈簧以控制之,轉速達到某一程度時,離心力適超過彈簧之拉力,而耦合接觸,故電動機帶動重荷之際,速度已甚高。

下圖示本式耦合之一種。

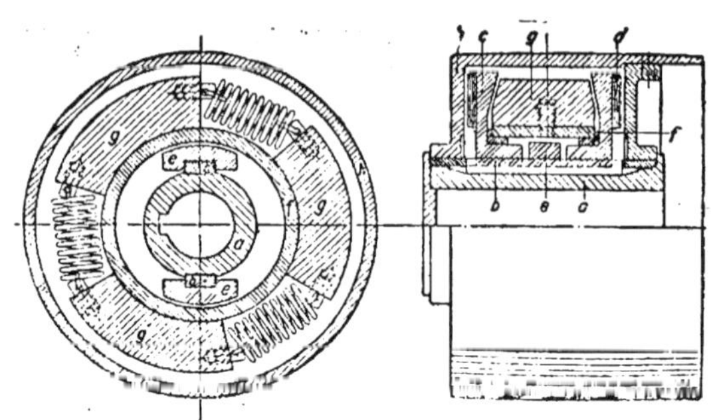

c——制動器,可沿地軸向左右移動。

d——制動接觸面。

a——軸轂(hub)與c相連。

g——重量藉離心力可向外飛出者,有彈簧連繫之。

e——小重量,轉動時,藉離心力飛出而與f相接觸者。

f——一旋轉體介於兩個制動器(c)之間,而與重量(g)藉螺釘相連。

h——爲皮帶盤,連於軸轂(a之上

電動機起動後,e首先藉離心力飛出,與f相接觸,因而帶動f與g同時旋轉,當離心力超過彈簧之拉力時,g即向外飛出而與c相接觸,c乃前後移動而緊壓h之內周。

(三)耦合藉離心力脫出之際,適當電動機星形起動完畢,而變換至三角聯接之一瞬間,故電動機加速期內,絕無負載,直至速度充分增高(約當同期速度93%)始帶動重負者。此式動作控制,異常巧妙,蓋利用連接變換極短之過渡期間,電流中止,電動機旋力與轉速,作瞬息之遲滯,因而脫解耦合之控制器,俾耦合得離心力作用而接觸者。利用機械耦合之電動機,均藉星形三角開動,故起動之電流甚小,而起載毫無困難,當爲糾正鼠籠式電動機起動缺劣之絕大進步也。至於耦合構造方式繁多,本文篇幅有限,不及詳載,殊途同歸,原理不外上述,本式優異卓絕,堪為模範也。

(2) 高電阻轉動子——一般鼠籠式電動機之起動旋力,相當全負荷旋力之$\frac{100}{100}-\frac{250}{100}$,起動電流為$3\frac{1}{2}$ $7\frac{1}{2}$倍,已如上述。電動機之起動拖力,視轉動子電阻之數值而定,亦即與轉動子內銅耗成正比,高度起動力必賴高電阻之轉動子也。電阻愈高,損耗愈大,則運轉之效率愈低,故高效率電動機,又必賴低電阻之轉動子也。普通機械之起動拖力,類皆在全負荷時拖力百分之五十以上,此非一般鼠籠式電動機附以Y一△開動器所克勝任者也。(一般鼠籠式電動機之起動旋力,約當全負荷旋力百分之一百二十左右,用Y一△開運器後,僅及其三分之一,即百分之四十)單捲變壓開動器,具有$\frac{75}{100}$之Tapping者,可獲$\frac{70}{100}$之起動旋力,起動電流,為全負荷電流之兩倍半至三倍間,電動機附以此式配備,對於起動問題,當無瑕可擊,然其成本價格,固遠不若用Y一△開動器之低廉簡便也。觀乎(甲)(乙)兩類拖動條件,則電動機附以Y一△開動器,必須具下列三項之特性——

(一)星形聯接時起動旋力,當在全負荷旋力百分之七十以上,

(二)起動後加速期間之旋力,不得跌至全負荷旋力百分之五十五以下。

(三)電動機以星形聯接開動後,當變換至三角聯接之一瞬間,電流即浪起而一躍增高,此增高之數量,不得超過起動電流。

解決上項特性之法甚多,增加轉動子電阻其一端也。電阻增加一倍,直接開動之旋力可增至 2,1 倍。二十四馬力之電動機原來效率90%,滑率4%,轉動子電阻增加一倍後,效率減至87,5%,滑率增至 6%,起動困難,固已相當解決,而每年$2\frac{1}{2}$%之電費損失,無法補償,難期用戶之滿意也。

(3) Wall氏導體及其他轉動子導體之改進法——改進轉動子導體之目的,不外開動之時,增高其電阻,俾旋力高超,轉動時使電阻,

自動減小,俾效率無傷。其法有四,狹長之深槽,與狹長之導體一也,Hobart氏鐵質導體二也,Thomson氏鐵套銅心導體三也,Wall氏複式導體四也。要皆利用周率之變化,與洩漏磁束之增減產生皮膚效應(Skin Effect),提高起動時之有效電阻而於轉動時回復常態而已,然則法雖殊途,實同歸於一理也。

(一)狹長之深槽與導體——槽形狹長,則槽下層之洩漏磁束,鏈繞該部分之導體者,必較上層導體為多。起動之瞬息,轉子周率與線路周率同,導體下層部之自感量與電抗(Reactance)均較上層為高,故電流被迫而羣趨于導體之上部,電阻乃因有效截面積之縮小而增高,迨轉速加增,轉子周率漸減,自感阻塞作用,逐漸泯滅,迄乎滿速,導體內電流分佈,恢復常態,銅損滑率,絕無增加之虞也。然其缺點有二——

(甲)槽形過深且狹,轉動子洩漏電抗(Leakage Reactance)將激增,電動機短絡電流減小,電力因數,亦從而減低,

(乙)導體過薄,構造上難期堅固,與銅圈焊接上尤感困難。

(二)Hobart氏鐵質導體——利用鐵質導體磁導率之高以增進皮膚效應,俾起動之際,電流因上述阻塞作用而被迫行于導體之上層部。轉動加速,電流復歸常態。然鐵質導體,將使轉動子洩漏電抗,較(一)式為尤大,起動電流與電力因數將銳減,而起動旋力仍無些微之增加也。

(三)鐵套銅心導體——亦恃起動時轉子內周率之高,產生洩漏磁束,羣集鐵管,鏈繞銅心,皮膚作用,愈呈顯殊,電流既迫而匯流於外表,起動之有效電阻自增。此種構造,對於轉子洩漏電抗,易於控制,較之(二)法,理同而有利也。惟銅心鐵管,在導體之端部,殊難得完美之「電氣的接觸」,則構造上有困難也。

(四)Wall博士複式導體——係銅心外套鋼管,再包銅質一層於其外,內外銅體,焊接牢固,電動機起動之際,銅心之自感量,因大量洩漏磁束,為鋼管所吸收,而鏈繞於其外,增高倍蓰,電流

被阻,外層銅套,電阻雖高,自感量較小,電流通過較易,故起動旋力大,迨轉速加增,電流復循常規如前狀。此式轉動子內部之洩漏電抗,較(三)法更易控制,加之構造方面,一掃上法之困難,則複式導體,宜乎爲四法之冠也。

複式導體之原理,又可視作兩個並列之電路,一則電抗高而電阻低,銅心屬之,一則電抗小而電阻高,外層銅套屬之,鐵套內之洩漏磁束,爲造成銅心自感量之要素,而銅套外之雙鏈洩漏磁束,又爲銅心銅套兩者互感量(Mutual Inductance)之主因也。互感量足以增加轉動子之電抗,減低電動機短絡電流與最大旋力,爲害殊巨,Wall氏複式無術以避免之也。

(4)複鼠籠式電動機——爲Boucherot與Dolivo Dobrowolsky兩氏所發明,逐步演進,已臻完美,其轉動部之槽形構造特異,可以容納兩

上下層複鼠籠式之槽形

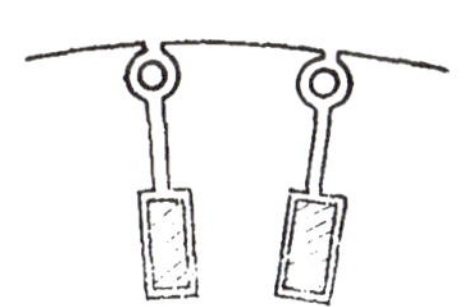

第一圖

層之導體(銅或鋁)形成兩個獨立之鼠籠。上下槽間,有狹長之溝相連通,(第一圖)上層曰起動籠,導體截面積小,電阻高而自感量小,故電抗小,下層曰行動籠,導體截面積大,電阻小但因有狹長之溝在,易生多量之洩漏磁束,鏈繞其外,故自感量高。此內外兩籠之電阻電抗四數値,可以列成無限數之組合,即從而得無限數之〔轉速/旋力曲線〕也。當起動之瞬間,電動機轉動子內週率爲線路週率,下層籠以電抗甚高,阻塞電流之通過,電流乃向高電阻之上層籠奪路奔流,電阻高則起動旋力大,電流小,起動之電力因數亦高,迨轉速漸增,轉子周率漸減,下層籠內阻塞作用,

亦徐徐消滅，迄乎電動機正式運轉之際，大部分電流羣趨內層，轉動子具低電阻之特性矣。是故高度起動力與優越之效率，一

單鼠籠與複鼠籠式電動機之旋力/速度曲線比較

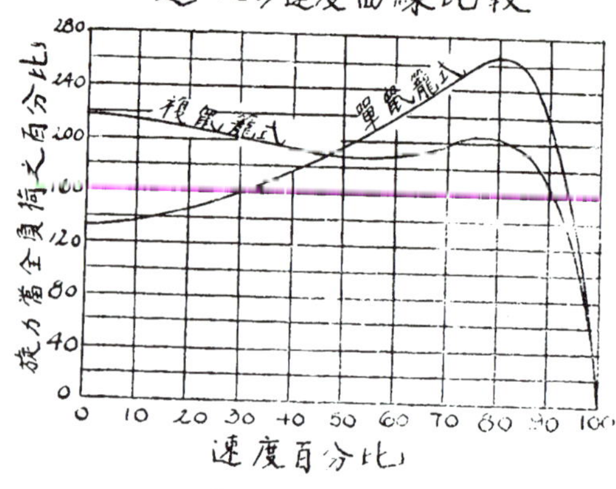

第二圖

機兼而有之。第二圖示單鼠籠式與複鼠籠式電動機「旋力/速度曲線」之比較，第三圖示兩式「電流/速度曲綫」之比較也。

單鼠籠與複鼠籠式電動機之電流/速度曲線比較圖

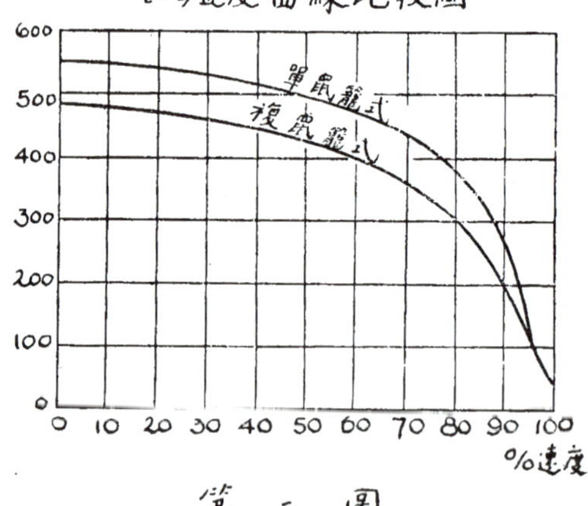

第三圖

複鼠籠式電動機本身之構造成本，較單鼠籠式略高（約爲5—10%）然複鼠籠式電動機之起動設備——Y—△開動器較之單捲變壓開動器，價格低廉，控制便捷，衡之全部設備，兩者幾無差別。複鼠籠式電動機之起動設計，與整個轉動子之電阻無關，故

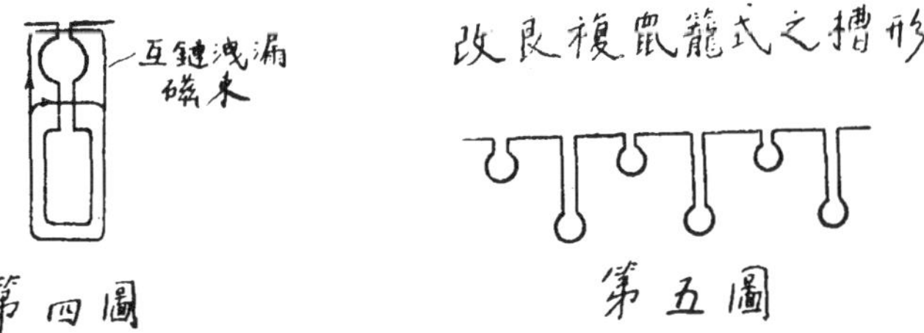

第四圖　第五圖

行動籠之電阻，可以減至極小，仍無損於起動之旋力，效率亦可提高，駕乎單鼠籠式之上也。複鼠籠式電動機之效率與電力因數，均較滑圈式者爲高，起動特性，堪與媲美，（見第四表）而價格之低廉，控制之簡便，附件之簡單，運用之可靠，遠出後者之上，用以替代滑圈式電動機，綽有餘裕。關於提高電力因數問題，槽形作第一圖式者（第四圖），其下層之洩漏磁束，一部分同時鏈繞上層，形成互鏈磁束，產生互感量，上層之電抗乃相當增加，電力因數，遂爾低減，改善之策，見第

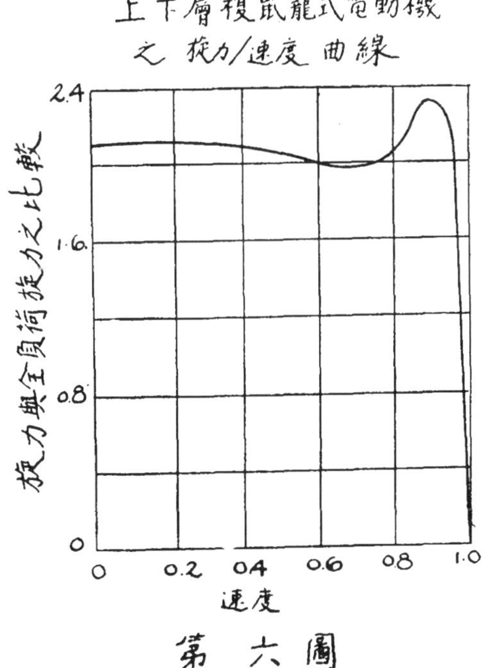

第六圖

五圖，此式互鏈磁束，數量銳減，運轉特性，異常滿意，其與滑圈式，單鼠籠式，及啞鈴狀複鼠籠式之比較，詳列第四表中，俾讀者有所參考焉。第六第七兩圖，示兩式複鼠籠〔旋力／速度曲綫〕比較。

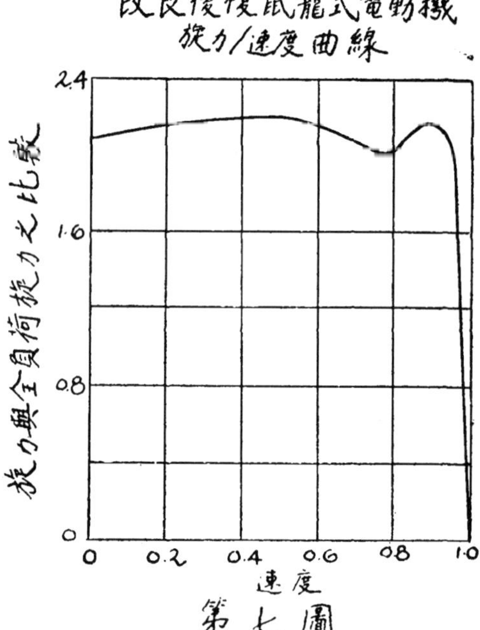

第七圖

第四表

運轉特性	單鼠籠式	滑圈式	複鼠籠式（槽形如第一圖）	複鼠籠式（槽形如第五圖）
效率：——				
全負荷	90%	88%	90 %	90 %
3/4負荷	90%	88%	89.5%	90.3%
1/2負荷	89%	88%	87.5%	89 %
電力因數：——				
全負調	0.92	0.85	0.80	0.88
3/4負荷	0.90	0.79	0.83	0.875
1/2負荷	0.82	0.67	0.76	0.82
全負荷滑度	2.8%	4.0%	2.1 %	2.2%

起動電流：——				
「直接開動」	6.0 全負荷電流	——	5.6 全負荷電流	5.5 全負荷電流
「Y—△開動」	2.0 全員荷電流	——	1.9 全負荷電流	1.83全負荷電流
起動旋力：——				
「直接開動」	1.3 全負荷旋力	——	2.1 全負荷旋力	2.1 全負荷旋力
「Y—△開動」	0.43全負荷旋力	——	0.70全負荷旋力	0.70全負荷旋力

結論

鼠籠式感應電動機構造簡單,控制便捷,價格低廉,堅固可靠,加之效率高超,電力因數,優越異常,迴非滑圈式電動機所可比擬,當爲最理想之原動機器。各國電機工廠,莫不竭盡心力,設法改善其起動之特性,與製作方法。年來理論研究,演進既如上述而製造方法,亦相輔疾進。原來轉動子導體,悉皆以銅爲之,然銅條與端環連接之處,仍不免焊接之勞,美國(G.E.)電機廠,首先用鑄鋁之法(Aluminum diecasting),以高溫度將鋁質熔成液體,藉高壓力(約八十倍大氣壓力)鑄入轉動子,俾導體端環與風葉,鑄合成爲一體接觸電阻問題,全部解決,而出貨速率,較前法增加十倍以上。嗣後各國工廠,相率效尤,成本輕減,出品整齊迅速,迄乎今日而臻於極矣。他若絕緣油漆與絕緣材料之改良,足以經受甚高之熱度而不壞。鍊鋼技術之進步,鐵耗可以減至極小而磁導率增高。單紗漆包銅綫之問世與鋼珠軸承,轉子軸承之發明,在在足以增進製作之便利與出品之精良,至若管理之簡單,運用之可靠與夫價格之低廉,嘉惠用者,尤非淺鮮。我國製造工業,正風起雲湧,接踵興起,小規模之工廠與家庭工業,亦復蓬勃疾進,原動機器,需用日增,電動機進口量年達二百萬元以上,依據調查所得,感應電動機實占最大多數(百分之九十五以上)。下表示1933,1934年海關記錄,以見數量之鉅。

電動機及其零件之進口量(單位關金)*

	1933	1934
	1,101,679 G.U.	1,080,002 G.U.
	(2,148,357元)	(2,121,866元)
主要出口商		
(1) 德國	339.143(G.U.)	306,056(G.U.)
(2) 英國	256.345	257,985
(3) 瑞典	152.470	129,691
(4) 美國	104.238	139,769
(5) 日本	85.358	145,430

* 1 G.U.＝1.95 元

國內電器製造家,有鑒於此,業巳創立工廠,自行製造,華成電器製造廠與建設委員會電機製造廠.均能引用最新原理與製造方法,出品成績優良巳有兩千只左右分佈國內,與外貨抗衡,可為我國電機製造前途慶。統計歐美各廠之電動機行銷國內者,達二十家以上,傾消競爭,異常激烈,每多偷工減料以賤價迎合國人心理。欺我國人之缺乏電氣常識也,遂致劣貨充溢,良用痛心,今我國產工廠,可以最安全之設計,最低廉之價格與最周密之服務為國人效勞,誠值得提倡扶助也。關於電動機製造詳情,與國產電動機運轉之成績,當再為文報告。

無空氣注射狄思爾內燃引擎之燃燒方法

(*Verbrennungssysteme Kompressorloser Dieselmaschinen*)

張 有 生

自德人狄思爾(Ruddf Diesel)在一八九三年與錳亞錳機械廠(Maschinenfabrik-Augsburg-Nürnberg,簡稱M.A.N)合作發明狄思爾內燃引擎(第一圖)後,其進步一日千里,幾與蒸汽引擎電動機及汽油引擎等並駕齊驅。繼幾經各廠家之努力,先則改良燃燒方法,後則以打油器,代替壓縮空氣器,使燃油直接射入燃燒室內,並改進機械能力及旋轉速度之可變性,以適合於汽車飛機及其他一切交通機關之需要後,狄思爾內燃引擎,殆為現在最完善之發動機,舉凡海陸空三者,莫不適用之!此項狄思爾內燃引擎之射油及其燃燒方法,得分下列二種:

第一圖

世界第一座狄思爾發動機現存德國明興(München)博物院

(一) 唯一燃燒室與直接噴散燃油燃燒法。

(二) 分離燃燒室與間接噴散燃油燃燒法。

茲將以上二法,分述如下:

(一) 唯一燃燒室與直接噴散燃油燃燒法

此法利用打油器極高之壓力(自150氣壓至350氣壓,一氣壓等於每平方公分一公斤之壓力,1 Kg/cm^2),將油通過極小之圓管,經數微孔,而直接噴入燃燒室內,使成霧點狀態。

此法之首倡者,即爲錳亞錳機械廠,其法用一頭上多孔之細管,裝置於氣缸中心線之頂點,然後將燃燒油經打油器,在一百五十氣壓壓力之下,直接噴散於圓狀之燃燒室內。此燃燒室,位在氣缸之頂端,四周係被頂蓋,氣缸壁及活塞凹下之頂底包圍而成。此處氣缸壁之部份,愈少愈妙,以防油點與熱壁接觸之患,（參考第二圖及第五圖）

第二圖　錳亞錳之燃燒房

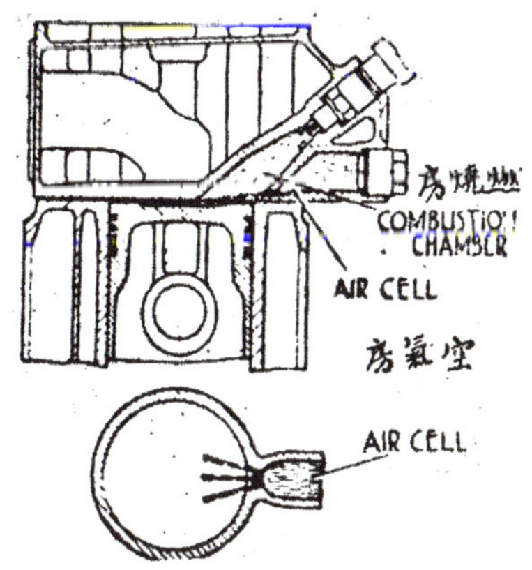

第三圖 錳亞錳連空氣房之燃燒房

若因構造上之困難,有時噴射管不能置於氣缸中心線之頂點時,則燃燒室可由在頂蓋上所設之斜孔(如錳亞錳之連空氣室者,參考第三圖及第六圖)或由氣缸旁所設之孔房〔如海耳克耳司法 Hercules 是,見第七圖〕組合而成。

錳亞錳之連空氣室者,有下列優點:在燃燒開始之時——卽當活塞下降之時——其在空氣

第四圖 得世界第一獎之錳亞錳連空氣房狄思爾發動機

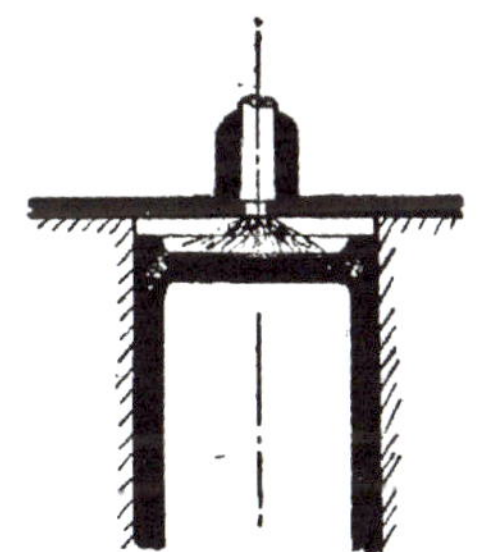
第五圖 錳亞錳(MAN)發動機之燃燒室

室內預先被壓之空氣,突然在一尖孔狀之小管內,橫行衝入燃燒室內,使燃燒混合物發生一種漩渦作用,同時並供給新鮮空氣,以達到充分燃燒之目的。(其機身全形,如第四圖所示,在蘇俄試驗結果,得世界第一獎云)。

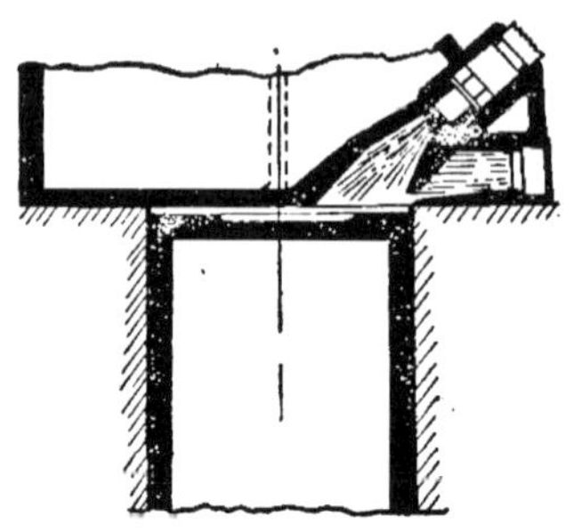

第六圖 錳亞錳連空氣室式燃燒室

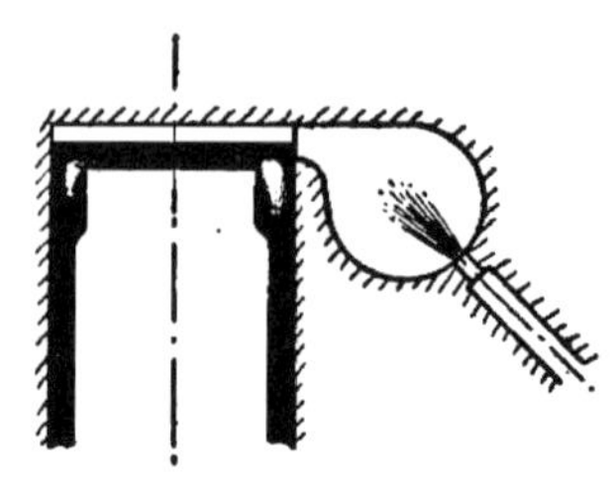

第七圖 海耳克耳司(Hercules)發動機燃燒室

在氣缸旁設一孔房——即海耳克耳司法——可得一理想之圓形燃燒室,同時此圓形燃燒室與氣缸旁之微隙孔房,當活塞上壓及下降時,構成一種圓形漩渦作用,能使燃油及空氣得一良好之混合結果。

若將活塞之頂上,中間使之凹下,成一半圓形狀,則亦可得一良好之燃燒室。德意志工廠(Deutz)即利用此項頂上成半圓形狀之活塞。如此活塞頂點與噴射管端之距離較遠(第八圖),可免油點凝結於活塞頂端之患。英國來浪(Leyland)工廠亦利用此理,在活塞上頂,作一杯狀孔間,使燃油由斜置之噴射管直接噴入其內,待過杯底之頂端,即發生一種漩渦作用,遂與空氣得一適度之混合(第九圖)。

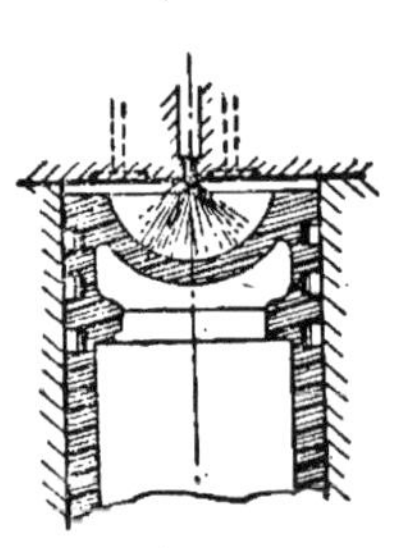

第八圖 德意志(Deutz)發動機之燃燒室

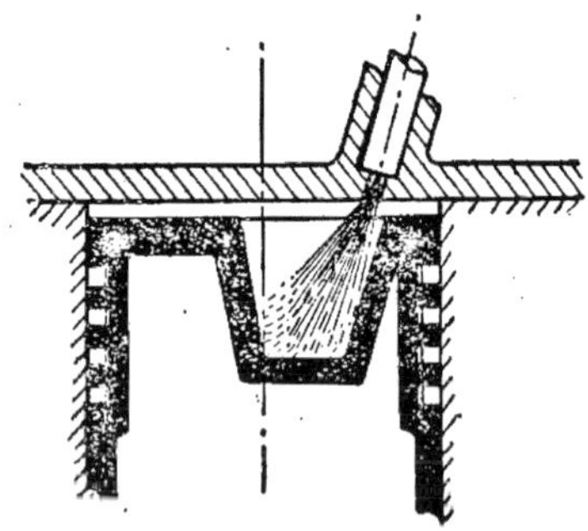

第九圖 來浪(Leyland)發動機之燃燒室

德國普通電氣公司(AEG)及克羅伯工廠Krupp)同時注意

燃燒室之形狀,苟其愈像噴油線之形狀,則燃燒結果愈好。故普通電氣公司所製海賽爾門發動機(Hesselmann motoren)之活塞,中高外凹,成一噴油線狀之圓錐形,同時進氣門邊,裝有一半圓之屏風,如此當空氣衝進時,卽發生一種漩渦作用,以便與燃油射入時,有一均勻之混合。至克羅伯工廠則用一菌狀活塞。其法在活塞上端,裝一菌狀底面,使合噴油線之形狀。因此菌狀底面,不與活塞其他各部成爲一體,故此處溫度特高,可助燃燒燃油之用。此法祇在不易燃着之燃油用之,普通柴油無需此項裝置(第十圖及第十一圖)。

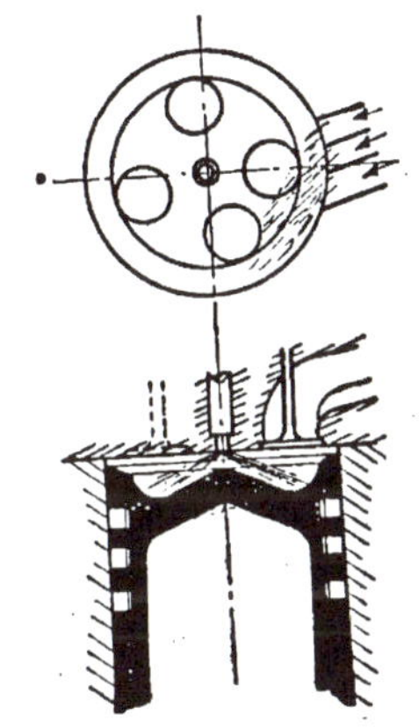

第十圖 德國普通電氣公司(AEG)發動機之燃燒室

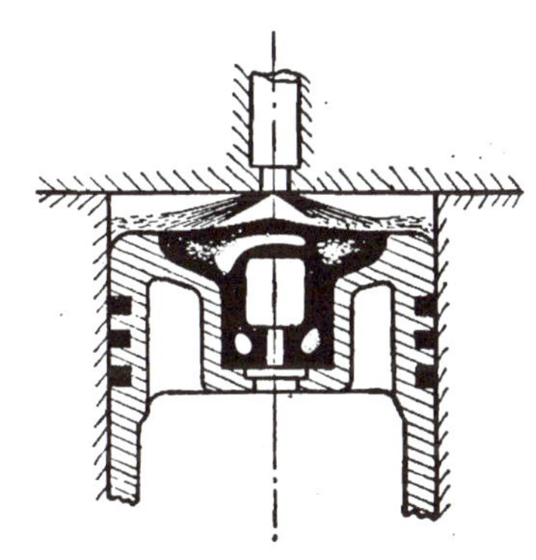

第十一圖 克羅伯(Krupp)發動機之燃燒室

相對活塞引擎亦利用此項唯一燒燃室與直接噴散燃油燃燒法。相對活塞引擎之最著名者,卽爲熙克司(Junkers)之相對活塞引擎(第十二圖)。此機計有二活塞,同在一氣缸內,作方向相反之運動。其下方活塞,直接由連桿與主軸相連接,其上方活塞,用二連桿,中以一橫軸相連,再與主軸相連而成。待此二活塞至上止點時,卽互相與缸壁組成一燃燒室。同時此二活塞,又作進氣,冲掃及出氣之管理機關。當活塞至上止點時,燃油卽約在三百五十氣壓壓力之下,由四個射油管同時噴進。又因此處之冲掃孔,與缸壁成斜線,空氣進入時已有一種漩渦作用,故當燃油噴進時,卽與空氣混合甚匀。

美國汽車工業之首創者司帝斯氏(Stearns),亦創一相對活塞引擎,惟其組織與熊克司不同,兩活塞不在一直線上,而成一中間一百三十度之角度(第十三圖)。此相對活塞引擎,需用二動軸,再用矢狀齒輪互相連合而成。當活塞至內止點時,即組成一尖劈狀之燃燒室。此時燃油即由燃燒室旁之噴射管衝進,使有一適當之混合作用。

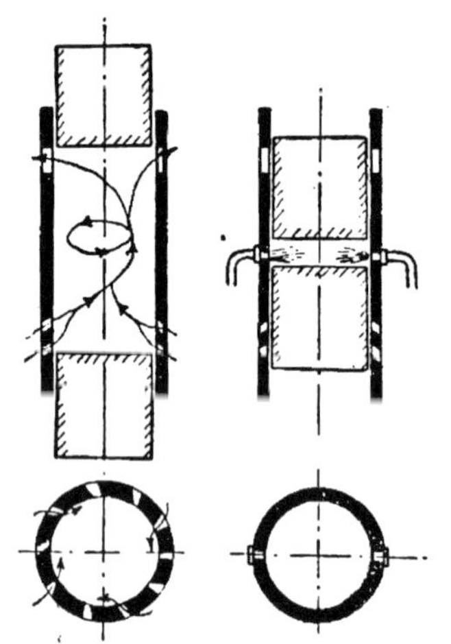

第十二圖 熊克司(Junkers)發動機之燃燒室

熊克司及司帝斯之相對活塞引擎,均係用二活塞組合而成,茲米斯耳(Michel)引擎,則用三活塞成星狀式組合而成。活塞A及B管

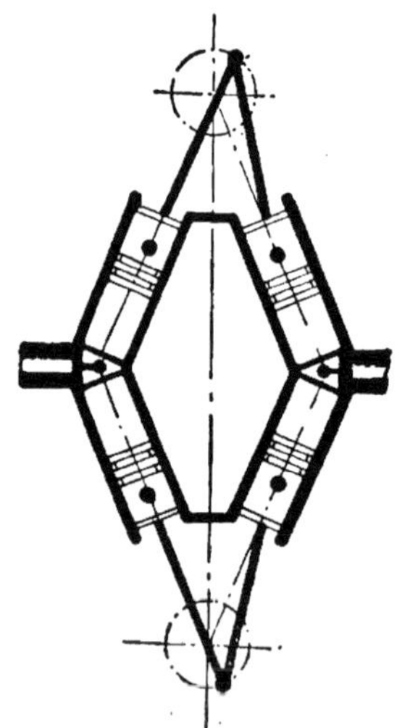

第十三圖 司帝斯氏(Stearns)發動機

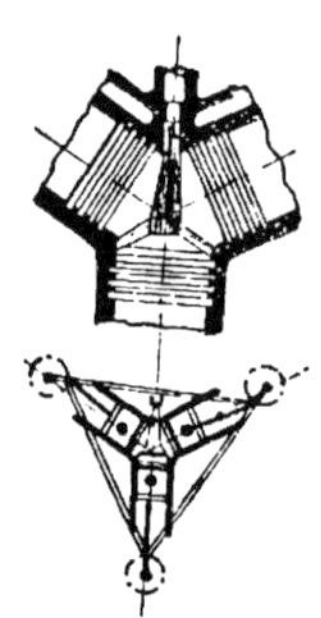

第十四圖 米斯耳(Michel)發動機

理冲掃孔,活塞C管理出氣孔(第十四圖),在C活塞之對面,裝有

噴油管,如此當燃油噴進時,即與空氣混合,遇C之熱頂點,而開始燃燒矣。

以上所述者,除錳亞錳之連空氣室及相對活塞引擎外,所有一切直接噴散燃油燃燒法,祇適用慢速度及較大之狄思爾內燃引擎。因此法雖有各種優點,例如燃燒室組織簡單,活塞易於製造,燃料較爲節省等等,但在能力變更性及加速性方面,均甚惡劣,且其高壓噴油方法,對於機械之壽命,影響甚大,此所以較小之發動機不得不另覓其他途徑也。

(二) 分離燃燒室與間接噴散燃油燃燒法:

此法利用較低之壓力(自70氣壓至100氣壓),將燃油間接,即在達進主要燃燒室之前,先噴射於一漩渦室,或前室之內,或儲藏室之外,

漩渦室方法與直接噴散方法略同,祇易一多孔噴射管爲一單孔噴射管,而注射壓力較低而已。此法雖有相當之混合作用,但尙須設法使燃油與空氣發生漩渦作用,以達良好燃燒之目的。

伯利司(Price)試驗結果,在一雙圓錐形合成之燃燒室內,用二燃油噴射管相對射入(第十五圖—11)。如此將燃油互衝,分裂成細點狀,而與空氣互相混合。但此法有一缺點:即當此二油線互相射於圓錐形之底面時,易於使此部之空氣,多含油份,以致燃燒不能均勻。

希德伯郎(Hildebrand)即將此弊減少:其法亦用二噴射管,但不互相對射,而成互相平行之勢(第十五圖—12),如此可使發生漩渦作用,而免某處過飽之患。此法之燃燒誠善,但在活塞頂上兩凹處間之突出部份,常有發生太熱及破裂之現象,因此處之溫度太高,而無適當方法使之下涼也。

因有上述各弊,故此二法,在快速度狄思爾發動機上,均不採用之。在快速度狄思爾發動機上,服馬漩渦房(Vomag第十五圖—13)方法應用甚廣。此房位在氣缸頭部之側,中間儲有一圓殼狀之熱

體。此熱體在工作時,溫度甚高,因之能使燃油得良好之燃燒。此房用一流線型管與氣缸連接,當活塞在上壓之末端時,燃油卽在最高處之噴射管內,逆流衝出,與進來之空氣相混合,如此空氣與燃油卽得一良好之混合,而大部份卽在漩渦房內高溫度之下開始燃燒矣,

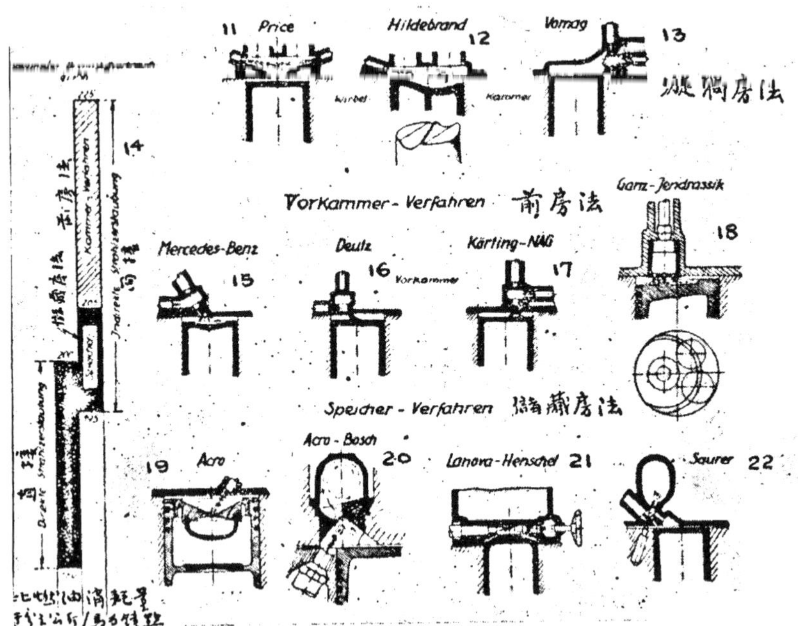

分離燃燒房與間接噴散燃油燃燒法

第十五圖 無壓縮空氣器狄思爾發動機之燃燒方法一覽表

除此法外,前房方法,流行更廣。其法將油先注射於一與主要燃燒房遠離之前房內。在此前房內,燃油卽與預先被壓之空氣開始燃燒,因此其壓力卽開始增高,待較主要燃燒房內之壓力略高時,前房內已開始燃燒之混合物卽行衝入主要燃燒房內,復在此處燃燒,使其壓力與前房內者相等,待活塞下降,壓力略降低時,前房之燃油,復行衝出,重行燃燒,如此在一周之內,得有數次之燃燒。此種數次之燃燒,確係有益!但因其燃燒路線太長,及缸壁之傳熱

面較大,故其熱率大不如直接噴散法者爲佳。此可由此燃油消耗量上見之,其消耗量約多自百分之十至十五之多(第十五圖—14)。

雖然,前房方法之採用者獨多。其最先發展者卽爲梅爾賽德司朋紫公司(Mercedes-Benz):其法用噴射管之延長者斜於氣缸之旁,作爲前房,中間儲一溫度調節器,如此在各種不同能力之下,卽有一相同之燃燒點溫度,同時當燃油從前房內衝至主要燃燒房內時,得一傘形狀之油霧,以免分散不均之患(第十五圖—15)。

德意志工廠(Deutz)及愛亞克(NAG)工廠亦均採用此法,其不同者卽梅爾賽德司朋紫之前房較偏於氣缸之旁,而其輸出管與氣缸頂成四十五度而已(比較第十五圖—15,16,17)。

另有一種朋紫方法,經波達配司脫(Budapest)之鋼此也脫來司其(Ganz Jendrassik)工廠復行改良,其前房與噴射管位在氣缸中心線之旁,此處前房經數孔與主要燃燒房相連絡,在前房孔之下,有一彈性平面,其半周由一新月形之活塞邊包括而成。其工作情形,與朋紫方法相同,惟多一彈性平面,可使燃油相撞後成輻射形向四方分散,其過新月形邊之混合物,則復被撞回,可使其餘空氣之未盡混合者,再有混合之機會。故其燃燒結果,頗爲良好(第十五圖—18)。

尙有儲藏房法或普通稱爲空氣儲藏房法者,亦屬於間接燃燒法之內。惟空氣儲藏房法一名,確係誤用者,因眞眞之空氣儲藏房法,祇有錳亞錳之空氣房,方得稱之,因此處確祇有空氣,並無燃油部份衝入,而在此處所謂之儲藏房法者則不然,其中有一部份之燃油,在主要燃燒房內,每經氣流帶入儲藏房內,故與錳亞錳之空氣房不同也。此處之儲藏房,可在活塞之上端,如亞克羅法是(Acro第十五圖—19);可在氣缸蓋之邊上直立者,如亞克羅伯許法是(Acro Bosch第十五圖—20);或平置者,如獵傘伐漢顯耳法是(Lanova Henschel 第十五圖—2)。在此房內,卽發生部份之燃燒。如此燃燒之氣體,卽發生一種向後衝動之能力,由儲藏房衝入主要燃燒房內，此處卽與射進來之油線相遇。此噴射管按裝之方向，或可斜置如亞克羅及亞克羅伯許法是，或最有効者，得逆氣流之方向按裝者，如獵拿伐漢顯耳及燒來耳〔(Saurer)第十五圖—22〕法是。

當在前房法內，所有全部燃油，均係噴射於前房之內，然後再與燃燒之氣體，衝入主要燃燒房內，而在此儲藏房法內，則燃油係直接射入主要燃燒房內，其中一部分，經氣流之衝動，卽被帶入儲藏房內，在此卽開始燃燒，復行衝出，而使發生主要燃燒。此處宜注意者，卽獵拿伐漢顯耳法之儲藏房分有前儲房及主儲房二部，而其主要燃燒房則成心狀式，如此可得更良好之混合結果。

所有漩渦房，前房及儲藏房各法，除獵拿伐漢顯耳法，外，均有一缺點：卽必需有一開車機關也，獵拿伐漢顯耳法，無需此項設備，因彼可用一儲藏房閥使主儲藏房隔絕，以增加其壓力，而開始也。

從上所述可得下列結論：

凡速度及負担不甚變動之狄思爾發動機，宜採用唯一燃燒房與直接噴散燃油燃燒法。

凡快速度之狄思爾發動機，如用於車輛及飛機等處，其能力需時時變動者，則宜採用分離燃燒房與間接噴散燃油燃燒法。因其燃燒時間，較爲長久，能使行駛時得良好之結果也。以後抑前房法，或儲藏房法，二者孰爲最宜，現尚未能決定，須視以後之成績如何也。現據各廠家試驗之結果：儲藏房法之比燃油消耗量，較前房法爲佳，約介在直接噴散與間接噴散二法之間(第十五圖—14)。

二四，五，八，於德國德蘭詩頓。

道路材料試驗撮要

（續第十六期）

周 明 瀫

瀝青路面材料試驗

（一）瀝青料比重之試驗

（a）排液法

目的——在求得固體瀝青料在某溫度下之比重。

用具——化驗溫度表一，刻度由$-10°C$至$110°C$，攝氏$25°$清水一杯；

分析天秤一，承重一百克，準確至十分之一毫；

木架一；容量一百五十立方之廣口杯一；絲線一。

器械說明——（從略）

試驗方法——一切瀝青料，凡在常溫下堅硬易碎便於搏弄者，用本法最爲簡利，法用瀝青一小塊，（約一立方）懸於秤之左鈎上，用適度之絲線，使距盤約$1\frac{1}{2}$吋，衡之得重量A，然後置廣口玻杯於木架上，移至天秤之左鈎下，半充以水，浸瀝青於其中，再稱之得重B。乃由下式算得瀝青之比重

$$比重=\frac{A}{A-B}(25°C)$$

在 $X°C$下，比重變爲： 比重$(X°C)$=比重$(25°C)\cdot X/25°$

此法可用以求得瀝青塊或柏油路面之比重，不必過於準確（至有效數字第三位卽得）因瀝青料於試驗時每多吸水，故最好求其似比重如次：

此法先秤得樣品在空氣中之重(a)，浸入水中二十四小時後，

取出拭乾稱之得(b),乃懸於水中稱之得(c),則本樣品之似比重卽可由下式算出:

$$\text{似比重}=\frac{a}{b-c}$$

附註: 各種瀝青料之比重,大略如下:

瀝青料種類	比重
天然瀝青	1.04～1.40
地瀝青膠灰	0.96～1.06
天然石油	0.73～0.98
天然柏油	1.00～1.22
水氣柏油	1.00～1.10
煤柏油	1.10～1.22

(b) 浮秤法

目的—— 在求得液態瀝青料在某溫度下之比重。

用具—— 浮秤玻桶一,高約35公分,直徑為5公分(如圖a),無縫錫杯一(如圖b);磁盤一,約5公分深,23公分直徑(如圖c);化驗溫度表一,刻度由攝氏一10度至110度如(圖d); 浮秤一組,在15.5°C溫度下,製成刻度兩種,一為保梅表度數,其一則可直接讀出液體比重,精確至小數下三位數字。大概一浮秤之比重刻度為0.800至0.900,另一浮秤由0.900至1.000,再一浮秤由1.000至1.200,末一浮秤由1.200至1.400,只此已足夠試驗矣。

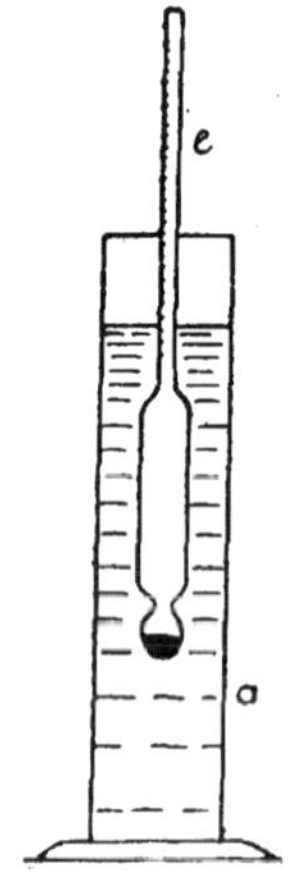

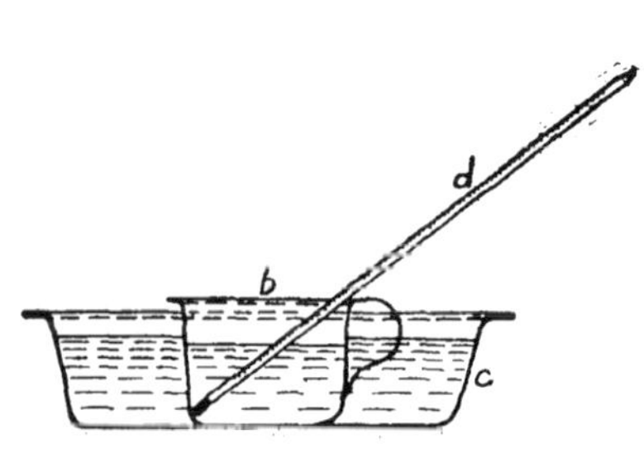

器械說明——大略如前。

試驗方法——此法用於多量之薄液瀝青試料,最為敏確,普通比重輕於水之試料,多用保梅表刻度標出,反之多直接讀出比重,其單有一種刻度者,可用下列公式算出其他一度數:

$$比重 = \frac{140}{130 + B}(在15.5°C時)$$

或

$$B(保梅度) = \frac{140}{比重} - 120(在15.5°C時)$$

由本式可以看出,比重大之液質,其保梅度反小也。

測驗之先,將適度之試液,傾入上述錫杯中,將此錫杯浸入滿貯溫水之磁盤內,用寒暑表翻攪試液,殆達攝氏表25度時,立即傾入浮秤玻桶中,置入適當之浮秤而直接量出其度數。倘浮秤下沉頗慢,斯乃由於此瀝青料膠黏之故,應靜待片刻,使達靜止而讀之。苟欲檢驗此示度之確否,可先提上此浮秤,待其沉定後再讀;更壓之使下,待其浮定後乃讀之。所讀之數,苟經常時期猶未能相合,是乃由於試液之黏度過大,宜改用派怒表法以求得之。

普通浮秤刻度,均根據1.55°C(液)/15.5°C(水)制。倘試液之溫度為25°C,則省去浮秤本身之膨脹實際比較時應根據25.0°/15.5°C但實際上均變此為25°/25°C,即乘所得示度以水之膨漲率,1.002。倘試驗時液溫甚高,則水與液以及浮秤本身之膨漲均應計及。

另有外氏非爾浮秤法,原理與此略同,茲從略。

(c) 各種瀝青質細粒等公路材料之似比重試驗

目的——在求得一切瀝青質細粒公路材料之似比重。

用具——(1) 勒夏特里亞比重試驗瓶一具;石油或重於保梅氏六十二度之石油精一瓶;溫度表一具;天平一架;玻璃棒一枝;水一盆。

(2) 甲克生比重試驗器一架;天平一架;溫度表一具;石油一瓶;

催乾爐一具。

器械說明——(1)勒夏特里亞試驗器。——請參看第一圖自明。

(2)甲克生比重試驗器——參看第二圖。

試驗方法——(1)勒夏特里亞試驗。

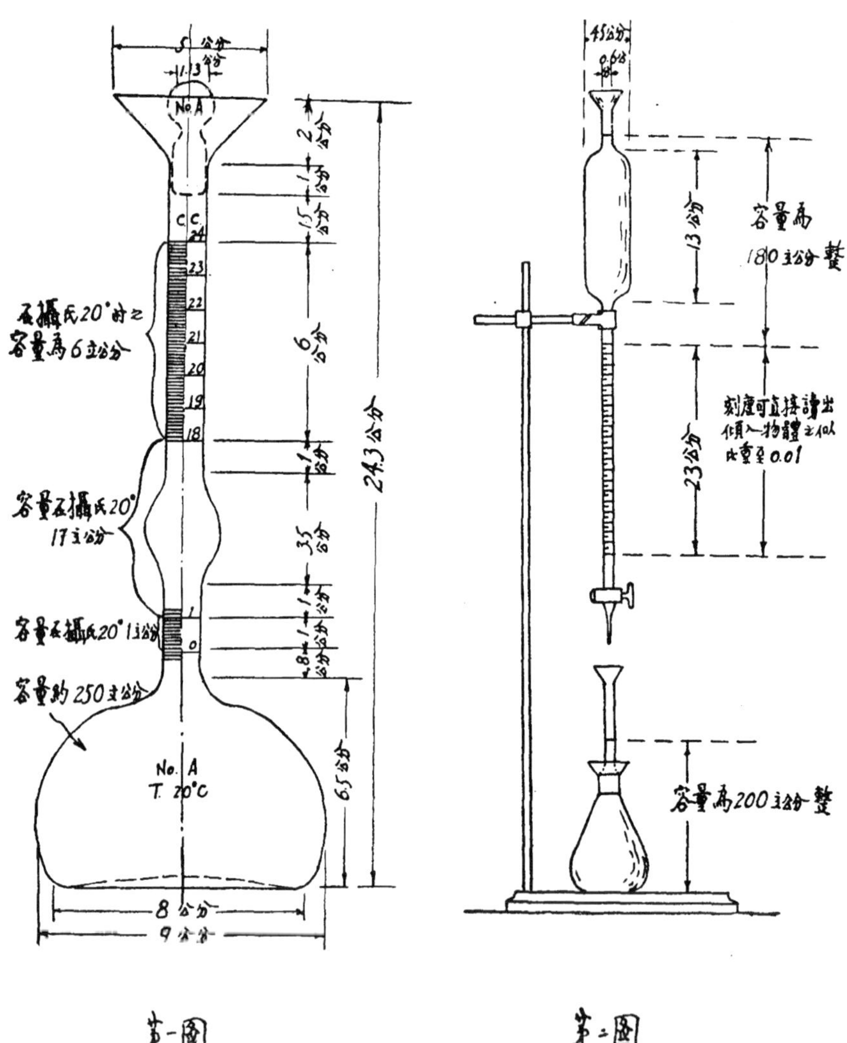

第一圖　第二圖

甲.試驗之前,須將各項用具及材料,在同溫下靜置十二至二十四小時,使保有同等之溫度。

乙.將石油或石油精傾入該試驗瓶中,至零與一立糎間爲度,記其精確度數。

丙.在實行下列試驗時該瓶浸入常溫下(約攝氏表二十一度)之水內。試驗時溫度之變更,不得超過攝氏表半度以上。

丁.就作者經驗,試瓶不浸水中,較少麻煩,且室溫變更非驟,不易引出巨大之錯誤,但用手持瓶,實宜設法避免耳。

戊.精確的秤出六十四克試料,緩緩引入瓶內,佐以玻棒,使不膠於瓶壁,時時傾側旋搖,以去氣泡。當所有試料,均經引入,乃細察液面升高度數,由此六十四克試料所占之體積,卽可求出。

$$比重=\frac{物體之重量(克)}{排擠之體積(立糎)}$$

巳.試驗既畢,應立將試瓶洗淨(但不用水),倘有物膠黏瓶壁,可熱之於攝氏表一百度之爐中,然後去之。

(2) 甲克生試驗

甲.秤出五十五克試料,用低於攝氏表 110 度之熱烘之,至重量不變。乃於其中精確的秤出五十克以待用(精確至0.1克已足)

乙.將未蓋之試瓶洗淨烘乾,然後傾入該五十克乾淨試料。

丙.充石油於分水管及球內,插入溫度表以計其溫度,待溫度表取出,乃將石油細加,使適至頸部之標誌。

丁.先將球內液體之半放入試瓶中,並注意去其氣泡,繼乃陸續開放,同時冲下膠於瓶頸之試料,待其溢至瓶頸,乃停止開放。

戊.取空心瓶塞蓋上,旋之使緊,乃緩緩將石油滴入,使適至200立糎之標誌,同時注意逐去氣泡,以免差誤。

巳.直接由刻度上讀出試料之比重;又量得試瓶中石油之溫

度而求其先後溫度之差。

庚.由該儀器公司所備之圖表上,檢取比重之溫度校正,苟石油之溫度增加,則將該數加入,反是爲減.

(d) 半流態瀝青料之比重試驗

目的——在求得一切半流態瀝青料之比重試驗。

用具——金屬大匙一隻;鋼括或小刀一具;本生燈及橡皮管各一;250 立方公分容積之廣口杯一隻;溫度表一;示度由−10°C至110 °C; 分析天秤一架;辟克鬧比重瓶一具。

器械說明——辟克鬧比重瓶(Pycnometer)爲一厚重直壁之玻瓶,高 7 公分,直徑2.2公分,細磨其口端,使確與特製之玻蓋密合玻蓋中心,鑽1.6公厘之孔,以便放出多餘之水及空氣。蓋之下部,略略凹進。俾氣泡集中,由孔洩出,凹進深度,中心達4.8公厘蓋密之瓶,容積約24立方公分,淨重達28克。此器之優點在:(1)任何分量,均可倒入試驗,不致膠黏管壁;(2)易於清理;(3)因蓋上有1.6公厘之孔,故較普通瓶蓋容易塞進。

試驗方法——先取乾淨辟克鬧瓶,稱之,得重"a"。滿貯以攝氏表25度之清水,再稱之,得重"b"。取少量瀝青,緩緩融化,勿使火力過高,以免蒸發減量。液化之後,傾入彼乾淨之試瓶中,同時避免其膠黏管壁,加入分量,約達瓶高之半,乃將其靜置待冷,然後稱之,得重"c"。更加入攝氏25度之清水使滿,冷之使久持此溫度,再稱之,得重"d"(每次重量,均連瓶蓋在內)。由是得試料之比重如下:

$$\text{半流態試料比重}(25°C/25°C)=\frac{c-a}{(b-a)-(d-c)}$$

倘該試料爲液態,則可滿充瓶內,求重量"e"即得:

$$\text{液態試料比重}(25°C/25°C)=\frac{e-a}{b-a}$$

本器用過後,可置電爐中熱化之,然後倒出,再用CS_2清理之,惟使用CS_2,須待冷後,庶免着火耳。

(二)結度試驗

(a)瀝青料黏度之試驗

目的——在求得液態瀝青料於某定溫下之黏度。

用具——安格勒黏度計一架,附帶溫度表,燈,與橡皮管等裝置;一百立公分之量桶一,計時馬表一。

器械說明——

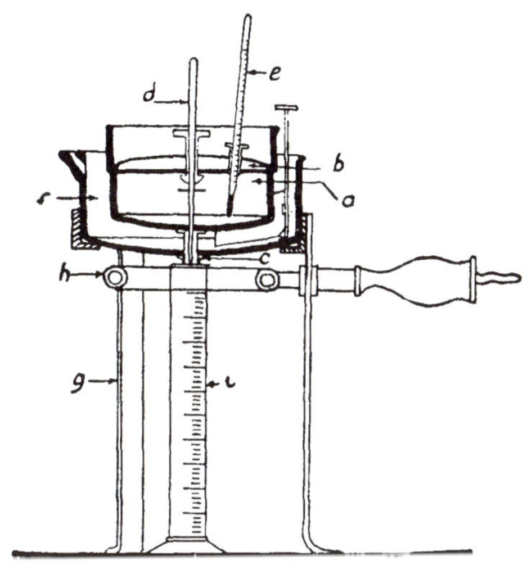

如圖所示,a為一銅皿,以承試料。用蓋 b 以防障礙,其圓錐形底部與圓錐管 c 相吻合,以為試液下流之道。此管上粗(2.9公厘)下細(2.8公厘),其長確為 2 公分,其啓閉乃由一尖頭之硬木棒 d) 主宰.於 a 皿中,設三數距底等高之金屬尖頂,以示傾入試液之量(240 立竕).溫度計 e 為决定試液溫度之用。銅皿之四週,圍以銅套 f, 中儲熱液,以為保溫之用,其溫度視所需而定。另有三脚架 g, 一面為架此儀器之用;他方則附有一煤氣燈 h, 可用以燒熱銅套 f 中之儲液,因而增加試液之溫度。一百立竕之量桶 i, 靜置於下流管口,以承試液。

試驗方法——

通常檢定黏度,多以攝氏表25°之水爲準,故在試驗瀝青料之先,先宜核準此器以爲備。法將四底及管,先行清理至淨,塞以尖棒,加入25°C之水至金屬尖端處。拔開尖棒,任此水流入其下之量桶內,用馬錶分記50立粉與100立粉流下所需之時間,大概流下50立粉之水,需時約11秒鐘,100立粉需時則在22.8秒鐘左右。瀝青試液可用同一方法試驗,但有數點需注意。即:

(1)試液溫度,頗受銅套內熱水之支配,故試驗之前,先須將試液熱至所需之溫度,在銅皿中至少保持此溫度至三分鐘之久。乃可試驗。

(2)量桶須正置下流管口之下,庶幾試液流下,不致附於桶壁,引起麻煩。

(3)稀薄之試液,可在25°C時試驗流下50立粉與100立粉所需之時間,比較黏厚之試液,可先熱至40°C至50°C然後舉行,過於膠黏之試液,則需熱至100°C以上,或且祇可試出50立粉所需之時間。

(4)試驗前加減溫度等手續以簡捷爲妙,蓋恐時間過久,與空氣作用而形成硬粒也。

所得之結果,代入下式,可得試液之比較黏度(對25°C之水而言:)

$$\text{比較黏度}(d^\circ C)=\frac{d^\circ C\text{之試液,流出某定量所需之時間}}{25^\circ C\text{時之水,流出同一定量所需之時間}}$$

所得之數,僅係比較性質,蓋其中固未計及比重等數量也。在d°C之黏度雖已求得,而在25°C之黏度,仍難用任何簡式算出,故本法固尚未盡臻完善也。

(b) 瀝青料之浮標試驗

目的——在求得瀝青料於某定溫下之抵制流動能力。

用具——鋁質漂碟一(如圖a);圓錐形銅環三,上有螺絲,與碟底適巧相合(如圖a);容量二升之錫杯二;化驗溫度表二,示度由$-10°C$至$110°C$;鐵質三脚架一;本生燈及橡皮管各一;滴管夾

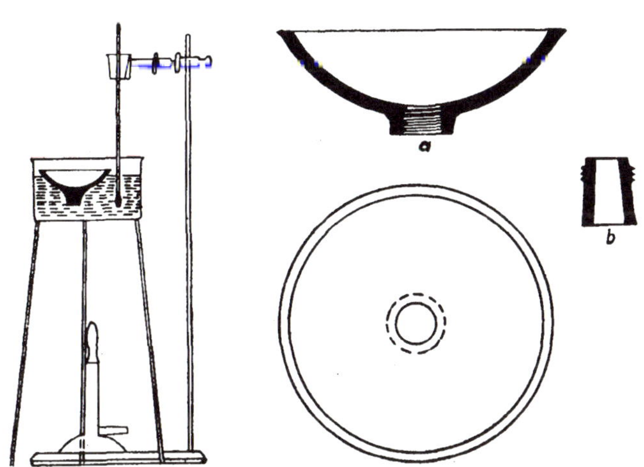

制架一(如C);金屬大匙一;小刀一;銅板一,約6吋見方,$\frac{1}{8}$吋厚;馬錶一。

器械說明——從略。

試驗方法——先仰置銅環於銅板上(小端向下),塗以冲淡氯化錸溶液,使其表面汞和,乃熔試料一小塊於大匙中,使成流質,同時應注意避免瀝青之氧化,並使無氣泡存在,然後緩傾此熔液於環中,俾稍高出環頂,待其漸次冷却後,用灼熱之小刀,修使平均,轉置入一錫杯之$5°C$冰水中,約15分鐘之久,同時在另一錫杯中加水過半,置三脚上熱之,至一所需之溫度,乃注意保持此溫度,勿任升降超過$\frac{1}{2}°C$。斯時將冷環取出其一,旋連漂碟,輕泊水中,同時撳動馬錶,待此瀝青塞漸次熱化,被壓上凸,漸致稍有漏隙,而水乘機冲上,睹此現象,立停馬錶,如此所記時間,為檢驗試料結度之一法。

漂碟試驗,最好在$50°C$時舉行。較軟之質,可在$32°C$時行之,蓋

恐時間過短,不易準確也;苟在 50°C 時需時在五分以上,則可加至 65°C 行之;致於熔點較高之試料,亦有升至100°C外而試驗者矣。

本法用於半流體試料最為相宜。

(c)瀝青料貫入度之試驗

目的——在求得一切固態瀝青料貫入之度數;轉而驗其結度。

用具——穿貫表全付,附有節拍計或時計一具;錫盒一,直徑約5.5𠮹,高約3.5𠮹;金屬大匙一;鋼括或刀一;璃玻碟一,約10𠮹直徑,6𠮹高;磁盤一,約9吋徑,3吋深;化驗溫度表一,示度由一10°C至110°C。

器械說明——本校所用之儀器,屬於杜氏式,其大略如次圖。a為

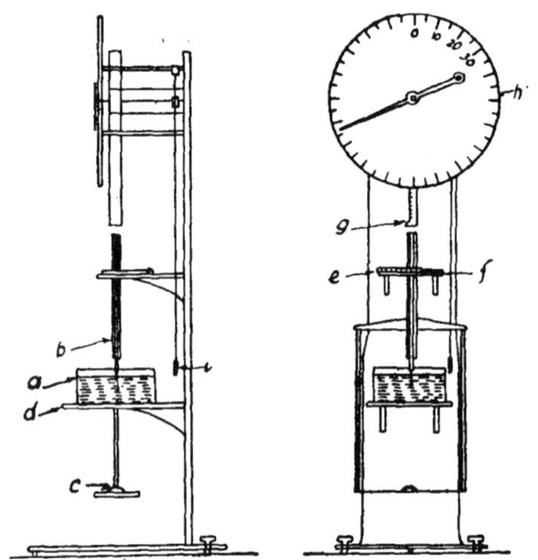

標準針,長約 2 吋,直徑為0.040吋整,插於一短鋼棒中,轉而旋接於鋁棒 b 之上。鋁棒於不用時夾之架上,用時垂直下貫,初無妨礙。此架也,棒也,針也,合彼下垂之重 C 共得一百克,去 C 則僅五十克矣。d 處為擱板;e 為一簧夾,以為夾架鋁棒之用;f 為一紐扣,一撳壓而簧夾鬆脫,再數轉而簧夾常開,待轉放

後乃回復緊夾之原狀耳。本器指示貫入度數者爲齒棒g與晷面h。牽動齒棒,則上連之小齒輪亦隨之轉動,因而轉及指針。大凡齒棒移動0.01公分,指針卽轉過一度。齒棒之上下,可用衡墜,i,駕御之,擱板上有玻璃杯,中儲水以保溫,水中置小錫盒k,內盛瀝青料,所以備吾人試驗者也。其他式樣繁多,茲不贅。

試驗方法——先將試料熔化,傾入錫盒中幾滿,乃靜置室中約一小時,再移至玻杯中,用暖水繼續保定某溫度,又經一小時之久,始取置擱板d處。同時按上銅棒與標準針於b棒內,旋之使緊,緩鬆b棒,俾針端與料面相接,通常用返光鏡以助目力所不及。針位既定,乃輕下齒棒之脚,使與鋁棒上端相接,讀出晷面上指針所示度數。然後揿壓紐扣f以鬆簧夾,至五分鐘之久,復緊夾之如原狀。拉下齒棒再讀出指針之示度。二示度之差,卽標準針貫入之度數矣。

(d) 熔融點試驗(Melting point Test)

本試驗嚴格而言,亦屬於稠度試驗中之一,爲識別材料種類之有效方法。就一般瀝青料而言,大都熔融點上昇,從而硬性與脆性亦增加。然用于築路,認爲適當土瀝青要者爲:不過硬過脆;而熔融點則頗高。

測定融點之方法頗多,今就球環法(Ball and Ring Method)述之如次:

球環法

目的——在求得瀝青水之熔融點。

用具——鐵製三角架一;本生燈及皮管各一;十公分見方,中加石棉之鐵絲網一具;容積六百立竕之廣口杯一;銅環二,附金屬架上;小鋼球二,能穿過銅環而有餘;軟木塞一;化驗溫度表一,示度由0°至250°C; 6吋×6吋×$\frac{1}{8}$吋之銅板一;金屬大匙一;鋼括一。

器械說明——

所製瀝靑之模,爲一銅環。其直徑爲 5/8 吋,厚 1/4 吋,深 3/32 吋,固結於豎立之銅線上。一小鋼球,直徑 3/8 吋,重約 3.5克,亦爲本試所必需。試驗時按置如圖,銅環距杯底約一吋,將杯中貯水約400立𥉂,取置三脚架上,以備加熱。

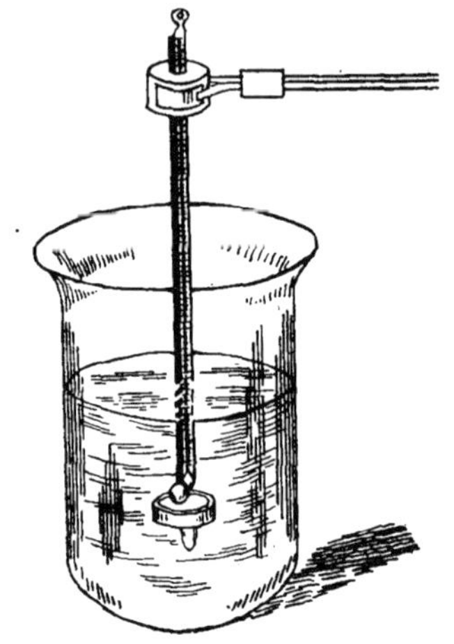

試驗方法——先將試料熔於大匙中,緩緩加熱,俾免昇化。待其熱極而流,乃取傾銅環中。環承於汞和過之銅板上,故不下漏。此熱液須稍高於環,以防冷縮。冷凝後用鋼括括平之。乃置鋼球於試料平面之中心,下之於水,同時插一溫度計於水杯中,距底約 1/2 吋。此時用本生燈緩緩加熱,使其平均每分鐘昇高 5°C 記其初溫及每分鐘後之水溫,以備參考。待試液漸融,鋼球漸陷,下沉至底,記其溫度,卽得此試料之熔融點矣。同法試驗數次,溫度相差,須不過 3°C 其融點高出 95°C 者,應去水而改用甘油。

(e) 延伸度 (Ductility) 試驗

目的——在求得固態瀝靑料之延伸度,以測定其結度。

用具——延度機一具;錠形模三個;金屬大匙一;鋼括刀一;6 吋 × 6 吋 × $\frac{1}{8}$ 吋銅板一;化驗溫度表一,示度由 −10°C 至 110°C;氯化汞溶液一瓶;棉花溫水各足量。

器械說明——延度機大略如下圖,用馬達之力以伸試料,有長方水槽一,另有活動塊一方,上連指針,接於螺式齒輪上,因齒輪轉動,而向右遷移。

錠形模如右圖所示。模爲銅質,由四部組合而成:a, a' 爲兩邊限制部;b, b' 爲兩端扼持部。當四部合組,所成之錠形試塊,其

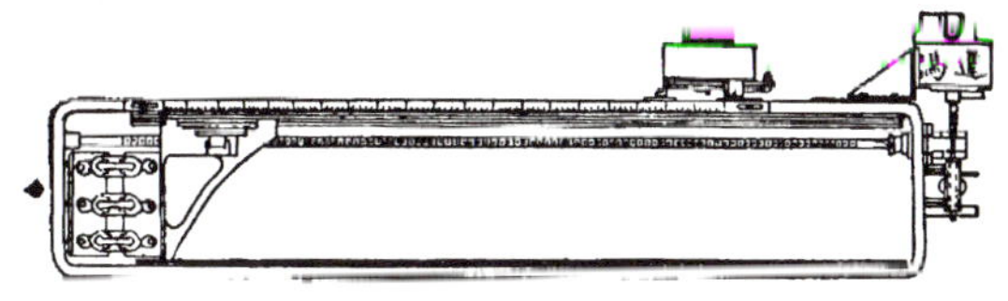

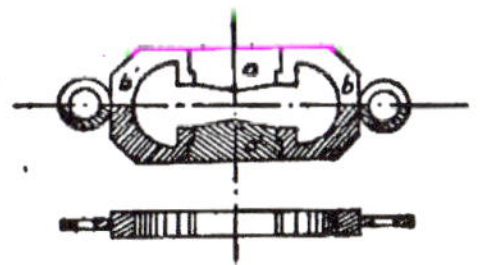

厚可1粉,長爲3粉,兩端寬度2粉,中央寬1粉。中心斷面最小,尺寸最當準確。

試驗時試料溫度爲25°C,螺旋齒之速率爲5粉一分鐘。

試驗方法——未試之先,須將銅模內面塗以氯化鋉,俾不致與試料膠黏,取置同樣鋉和過之銅板上而密組之。熱試料于大匙中,靜待流動,但勿過急,庶幾氧化較少也。試料既熔,則緩緩澆入模中,至稍凸出,置待凝冷,括去過量。於是取去邊塊a a',連同扼持塊浸入25°C之水中,約三十分鐘之久,乃移置延度機內,同時機槽內之水,亦保持在25°C.扼持物一端固着於靜止部,他端環帶於活動部。對準指針在零點,接上電源,轉動馬達,待試料拉斷,讀出指針所示之距離,即得此料之延伸度。倘過度拉長,猶未能斷,則此瀝青料之延性必佳。

(三)加熱試驗(Heat test)

(a)發火點及着火點試驗 (Flash Point & Fire Point test)

目的——在求得試料發火及燃燒之溫度。

用具——(開蓋式, Open-Cup Method)

黃銅承料杯一隻;本生燈數盞;溫度表一,刻度由攝氏0°至400°;6公厘內徑之玻璃管一,一端拉成1公厘之小孔,他端接於煤氣管上以爲引火之物。

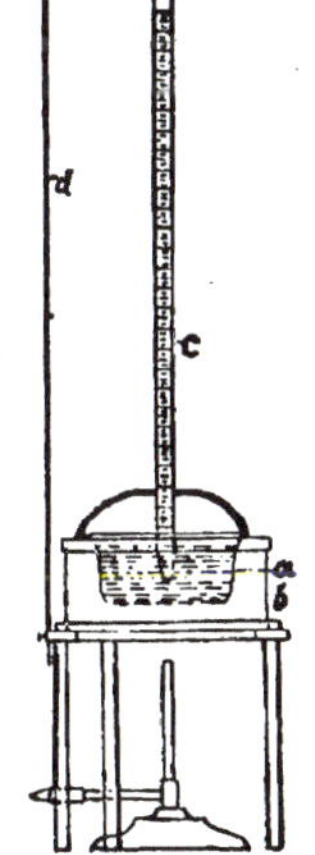

器械說明——本實驗裝置如圖,其中黃銅承料杯,a,容積約 100 立方公分。包其外者爲空氣套,b,所以調整溫度者。溫度表,c,懸於架,d,之上,確當杯頂,表之水銀球浸於液中,但不與杯底相接。用以引火之試焰,長度約爲 5 公厘,由拉尖之玻管射出。

試驗方法——先裝試料於容器中,距杯口約 5 公厘之處爲止;然後徐徐加熱,使熱度升高,每分鐘達攝氏 5 度。引火之試焰,須時時取近料面,惟須一觸即離,不可久置。俟料面得認識明瞭之光閃,此際之溫度,卽爲該試料之發火點。由此點而上,繼續試驗,待試料一觸火焰,卽能持續燃燒 5 秒鐘之久,此時溫度,即爲試料之着火點。

(b) 蒸化試驗(Volatilization Test)

目的——爲求出瀝青料在 163°(攝)下 5 小時後所減輕之量。163° 者,使用瀝青料時,最高限度之溫度;昔用此溫度煉製瀝青膠者也。

用具——定溫電爐一,中有旋轉圓盤;化驗溫度表一,刻度至攝氏 250°鉛皮小圓盒二,直徑爲 5.5公分;深 3.5公分;分析天平一,準確至 0.001 克。

器械說明——本定溫電爐,略如圖示,外形長方,內部容積,規定如下:

高不能小於 40.64 公分,或 16 吋;

寬及深不能小于 5.08 公分,或 2 吋,並不能大於旋轉圓盤之直徑,內部須裝置適當,使空氣十分流通。

前方開一門,門上有玻窗。從窗外可由內角一電燈光,視察內部試料之情況,門頂備有電鑰及節溫器,內部之溫度,可由此器控節之。溫度由電過電圈而生,最高為 108°(攝),所有溫度,均可由飾儡器上讀出之也。爐之中下部,有旋轉圓盤一具,用以調勻各部溫度,盤之速率,每分鐘約五至六轉。

試驗方法 —— 取 50 克之試料,得其精確重量,入鉛皮小圓盒中,關置電爐內,在 163°(攝)溫度之下,繼續加熱五小時,取出靜置,待冷後再稱之,先後重量之差,卽為所求之蒸化減重。

(c) 蒸溜試驗 (Distillation Test)

目的 —— 本試驗專用於試驗柏油。蒸溜溫度,較行蒸化試驗者為低。蒸溜後尚可藉此測定殘滓(Pitch)之融點及結度。

用具 —— 八英兩密蓋蒸溜器一;化驗溫度表一,示度由−5°(攝)至 400°(攝);凝汽管一;容量 25 立方公分之玻璃筒六;竪鐵架二;軟木管夾二;鐵環平架一;防風鉛板一;本生燈及橡皮管全付;粗製天平一,承重量一公斤,準確至 0.1克;精細天平一,承重量 100 克,準確至 .0001 克。

器械說明 ——

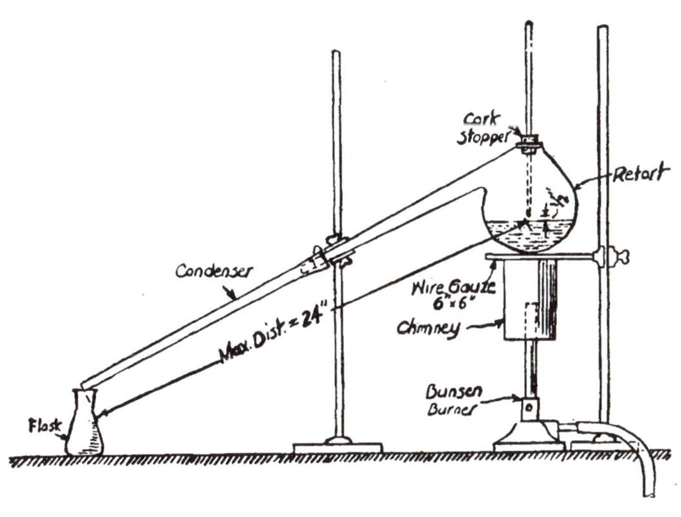

蒸溜器外形略如上圖,將出汽口與器底置成一平面時,其容

積直至灣道處，當爲八英兩。所用溫度表之管內，須充以淡氣，並刻好度數（攝氏），其尺寸大略如下：

總長，375 公厘；相差量，10 公厘。

球長，14 公厘；相差量，1 公厘。

球底至零點處，30 公厘；相差量，5 公厘。

零度至 400 度長，295 公厘；相差量，5 公厘。

管徑，7 公厘；相差量，1 公厘。

徑球，6 公厘；相差量，1 公厘。

試驗方法——先將蒸溜器重量秤出，將試料去水，液化，和勻，秤出 100 克整，入蒸溜器中，蓋上瓶塞，插入溫度表，俾表與油之間，相去約半吋。然後裝上凝汽管，（如圖）管端與球底間之距離，至少 20 吋，至多 24 吋。

乃加熱蒸溜，出液速率，每秒鐘約一二滴，所得溜液，用秤過之玻筒承之。凝汽管於必要時宜持火熱之，俾逐出凝固之蒸溜物。當溫度表上度數逾過下列各溫度時，應即移換另一承液筒，各筒在相當溫度中所得之試液，再分別秤出之：

由室內溫度至攝氏 170°

由 170°(C) 至攝氏 200°

由 200°(C) 至攝氏 210°

由 210°(C) 至攝氏 235°

由 235°(C) 至攝氏 270°

由 270°(C) 至攝氏 315°

由 315°(C) 至攝氏 355°

至攝氏 355° 時，將最後一承液器立即移開，停止加熱，將所得各部蒸溜物之重，化成總重之百分數，另行繕列如次：

由室溫直至 200°(C) 之蒸溜物。

由 200°(C) 至 210°(C) 之蒸溜物。

由 235°(C) 至 315°(C) 之蒸溜物。

高過 315°(C) 時　之蒸溜物。

(d) 固定炭量試驗(Fixed Carbon Test)

固定炭素之量,與後項所述之不溶解於石腦油中之瀝青量有同一之結果。凡具有相當固定炭素之瀝青料,必有相當之結度;且有相當之機械安定度,為良好之路材。

目的——在求得一切瀝青料之固定炭素之分量。

用具——鐵製環形架一(環徑約7.5公分);石英三角架一;本生燈與皮管各一;鉑質坩鍋一,上有緊蓋,總重約25克;乾貯器一,中儲氯化鈣多量;分析天平一,載量一百克,準確至0.1瓱;坩鍋鉗一。

器械說明——從略。

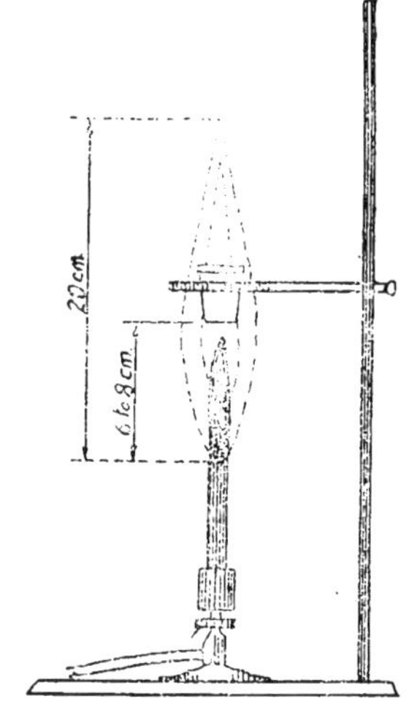

試驗方法——取1克瀝青料,入於鉑質坩鍋中,密蓋之,熱於本生燈焰內約七分鐘。坩鍋架於石英三角上,距燈口約6至8公分。燈焰全長須達20公分,當熱於無風之處。高熱之後,取置乾貯器中靜待冷却,置天秤上稱之,得餘重'a'克。乃揭去鍋蓋,斜置燈焰上而灼熱之,至重量不再減輕,靜冷後再稱之得僅餘礦灰之重'b'。於是固定碳量,即由下式計算出之:

$$固定碳量=\frac{a-b}{1.000-b}\%$$

倘灼熱後尚有可疑,可加入炭酸錏數滴,用100°C之溫度蒸乾之,然後改用低溫數分鐘,靜冷後更稱之。此法最為準確可靠。

(四)溶度試驗(Solubility Test)

上海交通大学百年报刊集成·第一辑（1896—1949）·学术学科·综合卷

目的——在求得:

(1)溶解於二硫化碳之瀝青量——一般所稱之瀝青(Bitumen),幾能全溶於 CS_2,其不溶解者,則為遊離碳或其他礦物性雜質。

(2)溶解於四氯化碳之瀝青量——溶解於二硫化碳,而不溶於四氯化碳之瀝青,稱為"Carbenes"。天然瀝青中尤以Grahamite含此獨多;又當精製石油系瀝青,溫度過高,或氧化過度時,亦常產出。此種瀝青,於築路不甚相宜。

(3)溶解於石腦油(Paraffin Naphtha)之瀝青量——溶解於88°(攝)之石腦油之瀝青,稱為"Malthenes"不溶解者,名曰"Asphaltenes"普通瀝青製品愈堅,而溶解於石腦油之量愈少,結度亦增。不溶解物質,(對溶解於石腦油而言),在4%以下之油,除供鎮塵劑用外,於築路工事上不甚相宜。

用具——容積一百立方公分之Erlenmeyer瓶一隻;容積五百立方公分之小口瓶一隻,頸旁有小管,為接於抽氣機上幫助過濾之用;空心橡皮塞一隻;過濾管一隻,內徑為3.9公分;鉑或瓷坩堝一隻;無縫橡皮管一條,三公分徑,三公分長;長纖維角閃石石棉五十克;洗瓶二,一用於溶劑,一用於水;本生燈及橡皮管全付;耐火三角架一隻;鐵製三足架一隻;烘爐一具;乾貯器一,中充氯化鈣;溫度表一,示度由-10°至110°(攝);輕度唧筒一,電線等俱全;分析天平一—載量100克,準確至.0001克。

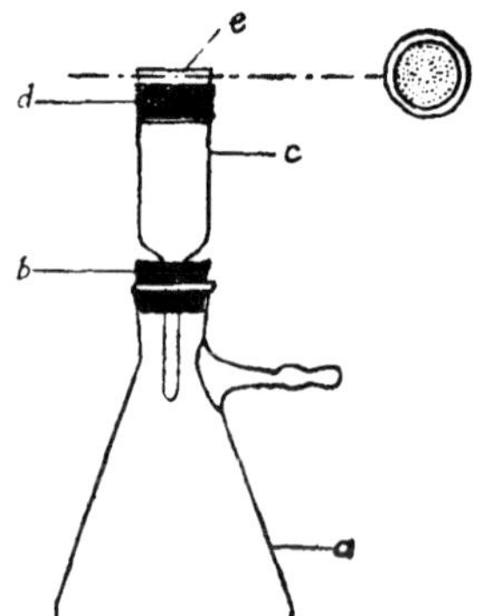

器械說明——

本試驗裝置大略如圖,"a"為一過濾瓶,"b"為橡孔塞,"c"為過濾管,"d"為橡皮管之斷面為緊貼坩堝"e"之用。石棉須切碎,長度不得過一公分,佈於坩堝上,加水輕吸,自能與堝底密接,其分量以不甚透光爲度,再用清水洗之數遍,入電爐內烘乾之。然後置焰上燃燒俄傾,入乾貯器中待冷,乃秤得其淨重。

試驗方法——置一至二克之試料於重量巳知之 Erlenmeyer 瓶中,求其精確重量,乃緩緩加入純潔之二硫化碳液 100 立方公分,同時不斷攪動,直至整塊試料完全不見,乃靜置於旁約15分鐘。

重量巳知之坩堝,卽於此時裝上抽氣之小口瓶口(如圖),將所得溶液,傾入坩堝中濾之,濾過之後,再用少量之清純二硫化碳冲洗之至濾出之液,不復顯色,更加入純淨之二硫化碳,開動唧筒,再三抽吸,待溶解旣畢,乃取出烘乾秤之。得不溶性之有機及無機物總重。再加强火燒去有機物,得不溶性無機物之總份。然後將結果化成總重之百分數如下:

總共瀝青量(溶解於 CS_2 之物質)……………%

不溶性有機物或遊離碳等)……………%

不溶性無機物(或灰份等)……………%

總量……………100.00%

用同法試得 $C\,Cl_4$ 及石腦油所溶解之瀝青量。

擬議鍋爐場電焊規章草案

柳　新　民

銲接工程,爲歐戰後新興工程學術中最重要者之一,尤以近數年來,世界經濟恐慌期間,百業不振,惟銲接工業,獨有一日千里之勢,英國工程界乃有「工程師近漸具有銲接意識」("Engineers becoming Welding-minded")之語。實因近代銲接應用之廣,幾於無一工程不需之矣,在鐵路及橋樑工程上,利用焊接之處,尤與日俱增。環顧我國國內各工廠,施用銲接者亦日衆,惟關於此項工作之著述及指導,尚不多靚。本廠(津浦鐵路濟南機廠)陳廠長(贊清)有鑑於此,爰囑民試擬此項規程。茲乃根據"Loco. & Boiler Inspector's Handbook" By A. J. O'neil, "Electric Arc Welding" By Wanamaker Pennington", "The Welding Engineer" Jan. & Mar. 1935,並參酌本廠實施情形,先擬就「鍋爐電銲規程」一份,將來再行漸次補充,俾全廠各項銲接工作,皆有所依據,草創伊始,遺誤實多,尚希　高明賜教。

柳新民試擬

通　則

A 屬於鍋爐匠者

1. 鍋身無螺撐部份,概不得電焊。

2. 螺撐之頂端及其周圍皆不准電焊,絲丁(Stud)亦不准電焊。

3. 工場中備有電焊機者,所有火箱之焊接工作,均應用電焊法。

4. 鋼鈑焊接縫之每邊須鑿成30°(最大不得過45°)之斜口拚合之後,適成V形,但橫縫下半壁之鈑邊,鑿成20°之斜口即

可用(見第一圖)

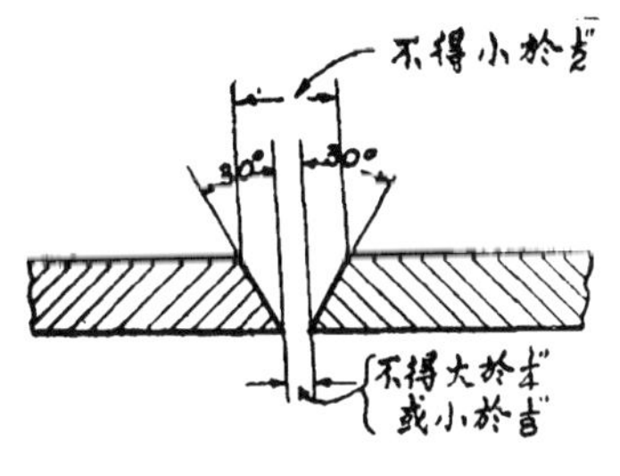

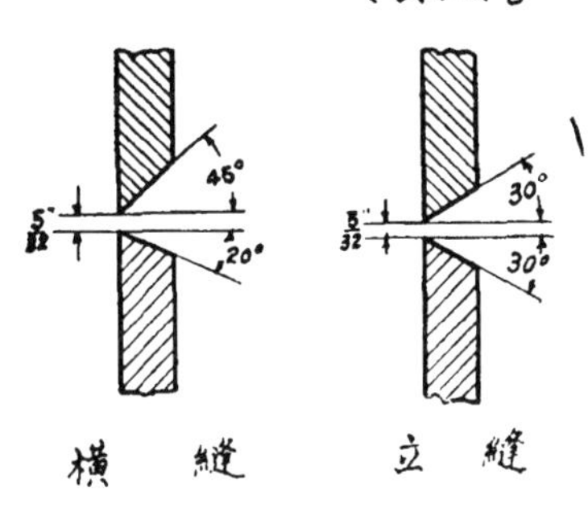

第一圖 接縫斜口之標準

5. V形縫口之間隔,上面不得小於1/2",下面不得大於1/4",或小於1/8"(此種間隔,以略大於所用焊條之直徑爲準繩)——第一圖。

6. 縫口兩旁1"(至少1/2")以內必須鏟銼光潔,絕對無油汙及銹垢之附集。

7. 火箱鈑補釘之最小面積,須有四排螺撐見方,如第三圖所示。

8. 內火箱横補釘之高度最狹須有兩排螺撐之間隔。

9. 除轉邊部份外,不得配製直拉之焊接縫。

10. 補釘之式樣,須成斜方形,四端圓角之半徑,不得小於3"——第二圖。

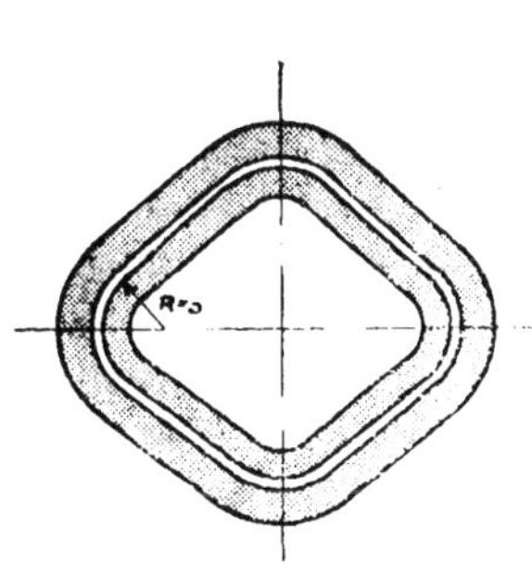

一切補錠,皆須成圓角 圓之半徑,至少3"

第二圖 標準補錠之式樣

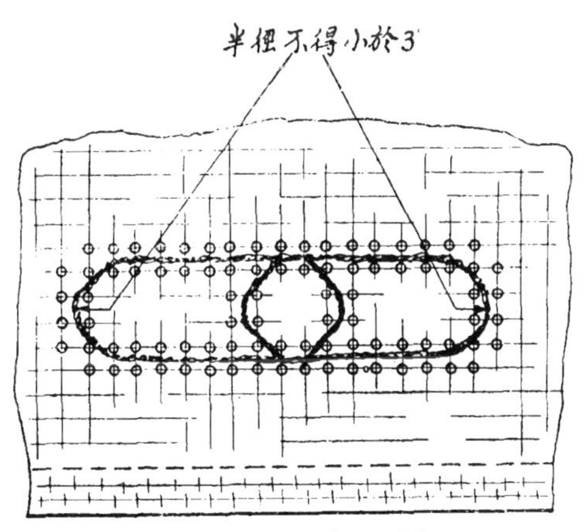

第三圖 側鈑補錠之形式

11. 上下縫橫行之長補釘,兩端須成45°之斜角,尖端半徑,不得小於3″——第三圖。
12. 除轉角部份之補釘不計外,門鈑及左右側鈑上,同時不得有兩塊補釘。
13. 已有補釘而又須重補者,則拆去舊補釘,而配製一較大之新補釘,不得於舊補釘之上重疊焊補。
14. 鍋爐內完全受應張力之部份,如焰管,拱磚管及一切樑柱之類,若有斷裂,皆不得用電焊焊修。
15. 配製補釘,新舊鈑之厚薄須相等,設有參差,則裝置時,應使鈑之外面(V形縫口之下面相平。
16. 配製焊接縫口,應避免接縫穿過一切孔眼,如螺撐眼,焰管眼,及鉚釘眼之類不得已時尊將,接縫改彎以避之。

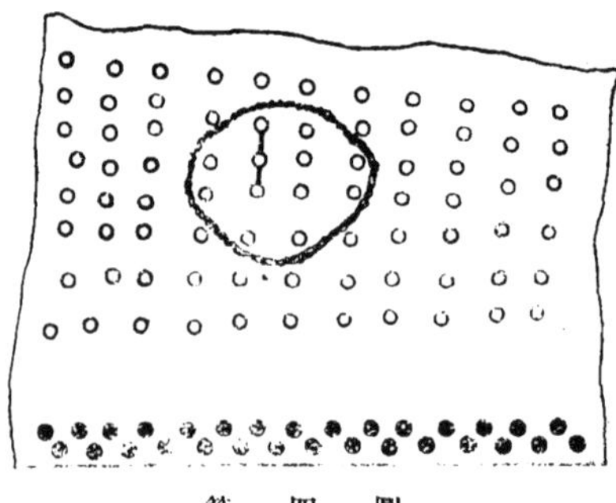

第 四 圖

17. 螺撐及鉚釘,皆應於補釘焊接完畢後,方可裝置。
18. 直立裂紋超過三排螺撐之長者,即應施以斜方形之補釘,達三排螺撐之長或短於此者,雖可鑿縫焊修以應急用,但仍以焊一斜方形補釘爲妥,——第四圖。

B 關於電焊匠者

1. 每一火箱之焊縫工作,應由最少數之電焊匠完成之。
2. 焊接工作,不得在風前施行,寒季尤須注意。
3. 焊接工作,宜將焊件佈置成半固定之情形,如用重壓法或點焊法 Fuck Welding (此乃指輕巧之焊件而言,若笨重之物,其自身之重量,已足使其固定而有餘)點焊之長約2″;其間隔約在12″左右。

4. 在可能範圍內採用最粗(指直徑大而言)之焊條及最强之電流(以不致使焊條全體烊化為度)——附表以便參考。

鈑厚	焊條直徑	電流	
1/4″	1/8″	100	110 安培
3/8″	5/32″	120	130 ,,
1/2″	,,	130	140 ,,
3/4″	,,	140	150 ,,
1″ 以上	,,	150	,,

5. 在可能範圍內,須避免兩端固定之焊接情形,換言之,即焊接物須能有些微之伸縮餘地也。

6. 頂上焊接(Overhead welding),宜儘量設法避免,(譬如焊接

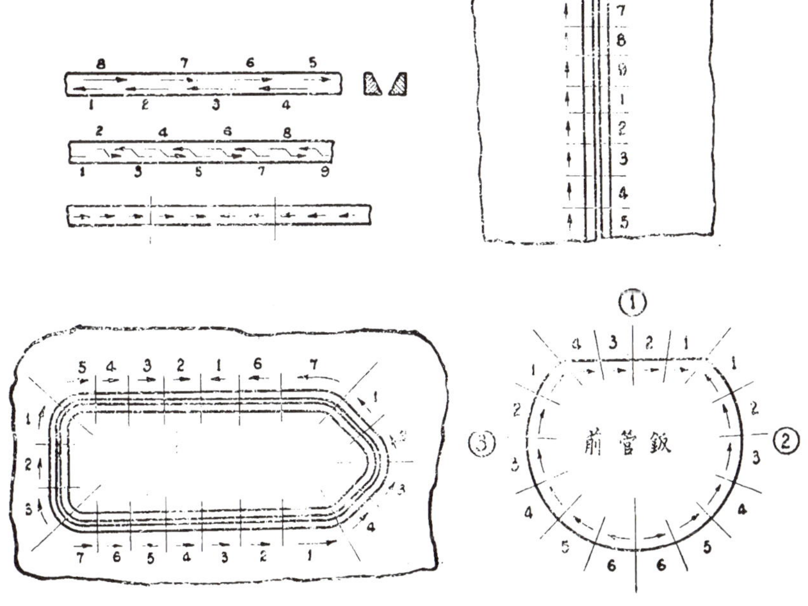

數字表明焊接之次序
箭頭表明焊接之動向

第五圖　回程焊接法舉例

火箱頂鈑縫時,可將火箱側臥放置,於是頂上焊接變為立縫焊接矣)。

7. 儘量採用「回程焊接法」(Step back Welding),但須於每一程焊完之後,方能再焊另一程,——詳見第五圖。

8. 回程焊接法每程之長,不得大於 15″,較短之接縫尙應酌量縮短之。

9. 焊接工作,應由縫之中部起始,分別向其兩端焊接,如用回程法則第一程宜較短(約 3″)

10. 焊接縫口,絕不得由縫之兩端起向中央焊接。

11. 焊接立縫,應由下端起,向上焊去,回程焊接法,亦同此理——第五圖。

12. 每次焊集於縫口之鎔金,宜厚不宜薄,以免縫口尙未能平均受熱時,而焊集金已冷過紅熱之狀態。

13. 每一縫口,在未焊滿之前,不得中途停止,任其有長時間之變冷。

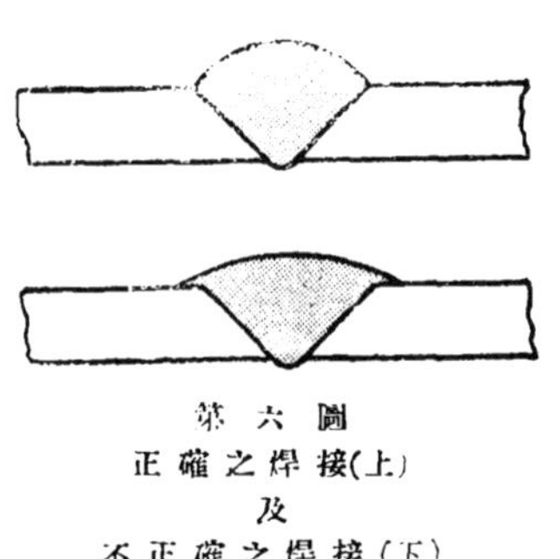

第六圖
正確之焊接(上)
及
不正確之焊接(下)

14. 用最少而夠量之焊集金。

15. V形接口正面之焊金,佔集於縫口兩傍之部份,不得太闊,縫口之中央,須成弧形,突出鈑外,弧之半徑,均等於V″形之斜邊——第六圖。

16. 頂上焊接及外火箱各縫之焊接,皆須於接水之一面,約略加焊之。

17. 舊焊破裂或滲漏之時,應先將舊焊鏟去,整治清潔,照章焊修,不得於舊焊之上加焊之。

細　則

A 內火箱

(I) 門鈑

1. 焊修門鈑應於裝置螺撑前完成之。

2. 爐口補釘之面積,至小須掩有環爐口兩匝之螺撑,且不得有直立之接縫與尖角 — 第七圖。

3. 爐口補釘之任一端,如距離轉邊不足兩排螺撑時,則當加長補釘,使伸展至邊緣與側鈑相接。

(II)管鈑

1. 後管鈑轉邊部份有裂紋時,最好就接水之一面,照章鑿製斜口而焊接之,然後再將接火之一面加焊之 —— 第八圖 ——(此法亦屬應急性質仍以加補釘爲妥)

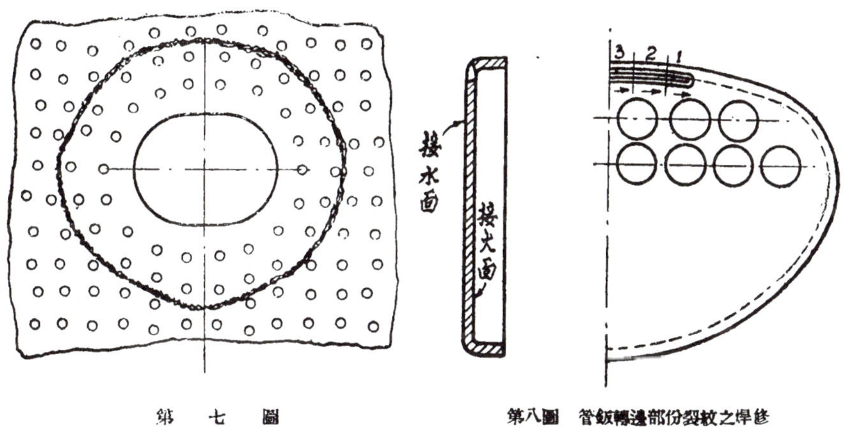

第七圖　　第八圖 管鈑轉邊部份裂紋之焊修

2. 管眼間如有少數裂紋可照章焊修,並將接水之一面加焊之,但裂紋過多,則應換一新管鈑,或僅將裝管部份換新。

3. 拱磚管口之焊接補釘,其最小之面積,須能包括管週一圈之螺撑,補釘之邊緣,須距轉邊有兩排螺撑之間隔,否則加長之,以與側鈑相接。

4. 管鈑各部之焊補,應在未裝螺撑之前完成之。

(III)側鈑

上海交通大学百年报刊集成·第一辑(1896—1949)·学术学科·综合卷

1. 側鈑之水圈部份完好者,則自水圈而上,至頂鈑頂點12″以下,皆可依法配製新鈑,而焊補之。

2. 橫行之長補釘,如其兩端距轉邊不足兩排螺撐時,則須將該端伸展至邊緣,而與鄰鈑相接。

(IV)頂鈑

1. 頂鈑上不得有焊接之補釘。

2. 頂鈑與側鈑之焊接縫,不得在頂鈑頂點下 12″ 以內。

(V) 火箱底角

1. 火箱底角補釘兩旁之接縫,須成45°之斜邊,並不得穿過螺撐眼及水圈鉚釘眼 ——第九圖。

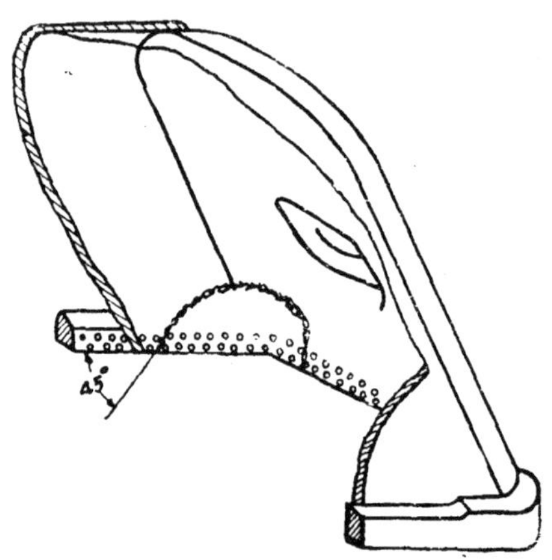

第九圖 火箱底角補錠之方式

2. 水圈鉚釘之後,其四角於內外火箱鈑之接縫,應於捻緊之後,加銲之。加焊之長,以距水圈角12″為合度,直立接縫加銲之長,須高過爐條架,(在本路情形約10″已夠) ——第十圖——(爐條架之高約8″)

3. 此種加焊工作,須於水壓試驗前完成之。

B 外火箱

1. 位於司機蓬內之鍋爐部份,應儘量避免焊修,否則必須於

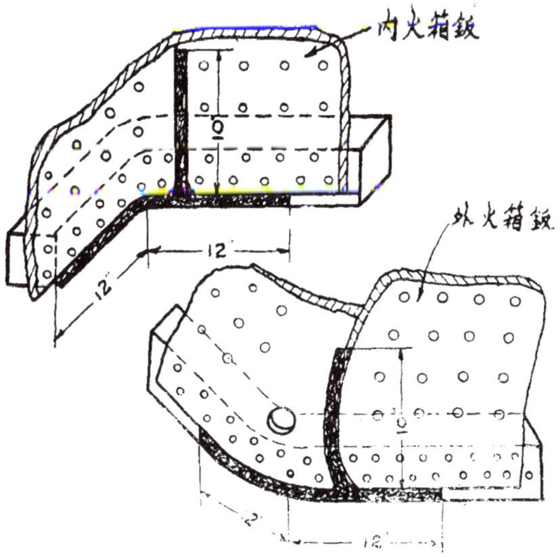

第十圖 火箱底角之加焊標準

焊修部份用鉚釘或絲釘接縫之補釘掩護之。

2. 門鈑上不得有爐口補釘。

3. 橫行之長補釘,最狹亦須有三排螺撐之間隔。

4. 頂鈑與側鈑之焊接縫,不得高於內火箱頂點下 12",且須避免與內火箱之同樣焊接縫在同一水平面上。

5. 側鈑補釘之上邊及左右兩邊,皆須距其鄰近接縫有四排螺撐之間隔,如不足此種規定,則將該邊伸展至邊緣,而與其鄰鈑相接;其下邊如不能在底排螺撐之上者,則應展至底邊,與水圈相鉚接。

6. 所有外火箱之焊接縫,皆應於水之一面加焊之,如當時不能加焊者,則將來遇有機會時,即應加焊之。

C 焰管

1. 銅墊圈須位於管鈑接火面之後 1/16"——第十一圖。

2. 管口須伸出鈑面 1/4"。

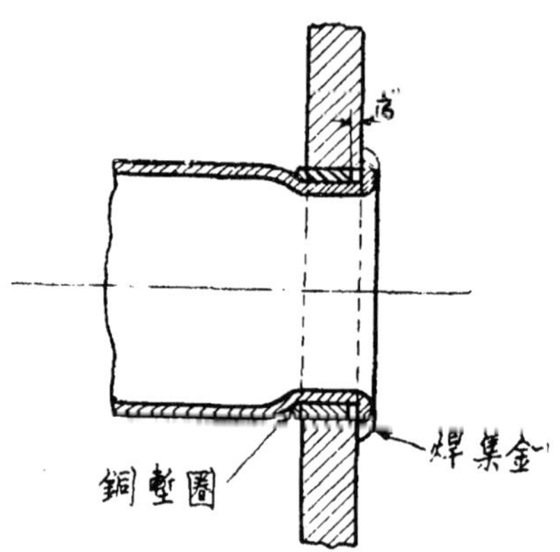

第十一圖 電焊焰管口之標準式樣

3. 使用漲管器等工具時,以肥皂水代油。

4. 未焊之前,管口四週須整治光潔,絕無油汗銹垢。

5. 2″口徑之焰管,用1/8″焊條,5″口徑者,用5/32″焊條。

6. 電焊時之步驟,應從管之下面起,分別沿管口之兩邊,向上焊去;起點及於終點,皆須重疊焊接(約1/2″卽可)第十二圖。

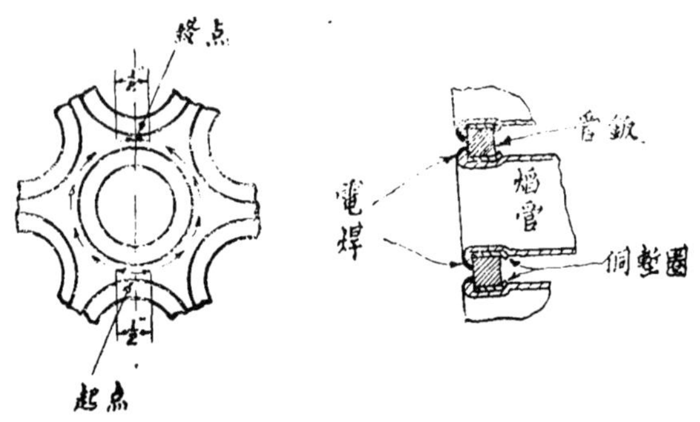

第十二圖 加焊焰管口之步驟

7. 電焊管口時,絕不得由管之頂點向下面焊接。

8. 焊接次序,應由最上排之管口焊起,依次向下一排焊去,上一排未全體焊完時,不得焊其下一排——第十三圖。

9.焊集金須與管口相平不得高出，[illegible]第十[illegible]圖。

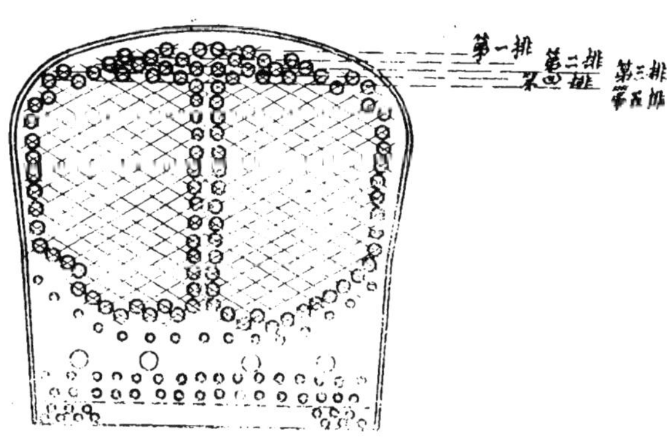

第十三圖 加焊焰管口之次序

10.已焊之管口，不得再行施用漲管器或捲邊器等工具。

研究所化學組油漆試驗報告

目　錄

(待　續)

研究所化學組本年度經過概況

徐名材

本校研究所化學組，自民國十九年開始工作，即籌畫設立油漆試驗室，冀致力學術上之研究，對工業界有所貢獻。一方面復得化學系諸同仁之協助，出其餘力，從事分析檢驗等項工作，亦幸獲各界之信任。一年以來，進行無間，茲撮述概況，藉作報告：

(一)**代辦事項** 本年度接受外界委託事項，計有檢驗分析工作三十餘件，包含樣品百餘種。以性質言之，有鋼，鐵，銅，鉛，水，煤油，石灰，白泥，鐵礦，磷石，石膏，紅丹，油墨，油漆等類。以委託人言之，有機關，工廠，商號，個人之分。茲列表於左，以見梗概。

號數	品物	委託人	樣品數目	樣品來源
1	鋼	京滬滬杭甬路局	2	不詳
2	鋼	膠濟鐵路局	4	不詳
3	鋼	中國製釘公司	15	德國
4	鋼	中國窰業公司	2	不詳
5	鐵	正太鐵路局	2	陽泉保晉鐵廠
6	鐵	隴海鐵路局	1	不詳
7	銅	隴海鐵路局	3	新順泰信義泰源各商號
8	銅	隴海鐵路局	2	不詳
9	紫銅	隴海鐵路局	1	不詳
10	合金	隴海鐵路局	3	華豐巨豐信義
11	鉛	郝復儉君	1	萬泰洋行

12	水	南潯鐵路局	8	南昌九江涂家埠
13	水	中國棉業貿易公司	4	磁縣靈寶彰德齊東
14	煤	隴海鐵路局	2	怡立煤礦
15	煤	正太鐵路局	1	太原西山
16	煤	正太鐵路局	1	鳳山
17	煤	中國輪機員聯合總會	1	大同
18	煤	新通貿易公司	2	博山
19	煤	中國工業煉氣公司	1	不詳
20	煤	薛迪彝君	1	山東
21	滑油	航空委員會	2	不詳
22	石灰	中國工業煉氣公司	1	不詳
23	白泥	中國窰業工司	2	柳江
24	鐵礦	張　萌君	1	銅山
25	磷石	隴海鐵路局	1	不詳
26	石膏	王鵠程君	1	
27	紅丹	亞浦耳電器廠	2	不詳
28	紅丹	亞浦耳電器廠	1	不詳
29	紅丹	大華紅丹公司	2	大華
30	紅丹	大華紅丹公司	2	大華
31	油墨	康元印刷製罐廠	16	謙信德孚
32	油漆	京滬滬杭甬路局	15	元豐永固

此外另有研究問題二件:一爲湖州大華工場之乾溜栗木工場設計,一爲常州大成紡織染公司之解除井水硬度計畫。

(二)研究問題　本組研究工作注重油漆問題:關於實用方面者,有防銹漆之研究,普通漆之比較試驗等題。關於學理方面者,有假漆之比較,漆膜透水性彈性及其耐久度之關係等題。關於利用國產者,有桐子焙法之改良,蓖麻油製成乾性油等題。關於探求新製者,有桐油酸製合成油,多元醇與多價酸製油溶性樹脂等題。試驗結果，詳見研究報告中。

（三）**添置設備** 油漆試驗設備，昔年已經購置，專用檢定儀器，多數尚付缺如。近年來限於經費，未能添補，本年度購置者，只有黏度表，容量計，及蓋力檢定器各一具。化學系本年購備儀器，可供本組檢驗應用者，有恩格氏及薩波氏黏度器，以及紙張拉力，滑油阻力，汽油色度，漆膜硬度等檢定器；可供研究應用者，有分餾器(Stokes Fractionating Column）浮分器，（Laboratory Flotation Machine）及複效眞空蒸沸器等(Multiple Effect Vacuum Evaporator)。

（四）**工作人員** 本組工作人員，多由化學系同人兼任；本年度担任工作者，有丁嗣賢，馬紹援，楊耀文，袁積誠，蔡默，周祖訓，吳興生，陳兆畦諸君。油漆試驗，仍由沈慈輝君担任指導，韋鏡權，王祖舜，孫令銜三君分任研究。今年夏間王孫二君因赴英美留學，先後離所，現由任通寳，梁榮光二君繼任。

本組昔年試驗結果，曾于去夏刊印報告，求正明哲。玆復就年來研究所得，益以公暇撰述，彙集一編，付諸剞劂。同人等學識譾陋，能力有限；設備尚缺，仿製未能；課餘努力，所獲無幾，東鱗西爪，鮮關宏旨。徒以敝帚自珍，勉效千慮一得之愚；更望南針遙錫，期收拋磚引玉之功。尚祈海內賢達時賜指教，同人幸甚，交大幸甚。

油漆試驗室下年度工作計劃

沈 慈 輝

本年度研究工作,仍擬注重油漆問題;一方面就原有各題作進一步之探求,一方面選取其他急要問題開始研究,茲將擬定計劃撮述如左:

(一)防銹漆擴大試驗

上年度將防銹之應用原料及其成份,逐一研究,已有相當結果,本學期仍擬繼續擴大試驗。茲因以前所用原料製成之漆,密度過高,價格亦昂,與實際距離太遠,所以擬再酌加填料,作比較試驗;然後送交鐵路當局實地試驗,視其結果如何,再圖改良。

(二)人造樹脂之研究

上學期之研究結果,已作成「自多元醇與多價酸製成之油溶性樹脂」一文,見於報告中。本學期之研究,仍繼續此方針;一方探究其中之化學變化之程序,爲學理上之探討,一方則改換所用之材料,冀能得性質更爲佳良之樹脂。共分兩部進行,預擬之步驟,略述於下:

一.製造中之化學變化之探討

1. 複作上學期之試驗及分析,而增高其最後加熱之溫度至二百二十度或二百五十度,以觀樹脂性質之變化,以爲佐證。

2. 先將蓖麻油於二氧化碳氣中熱至二百五十度,經相當時間後,乃用之以製造樹脂,藉以觀樹脂之性質有無變化,而資佐證。

3. 乾餾蓖麻油,取所得之醛與酸,分別施行實驗,冀於造成樹脂之化學變化,求得明確之證明。

二.用他種原料以製油溶性樹脂,而探求其最相宜之方法。

1. 用桐油苯二酸及戊四醇製樹脂。

2. 用蓖麻油施行乾餾,取其酸與甘油及苯二酸製樹脂。

3. 將蓖麻油施行真空蒸餾,取其餾出部份,與苯二酸戊四醇製樹脂。

(三)蓖麻子油製成乾性油之研究

蓖麻子油有製成乾性油之可能性,前由王君試驗,已有結果,見上年報告中,茲爲研究該油變化時之經歷情形,及其化學上之組織等,仍擬繼續試驗,先將該油鹼化,提取油脂酸,另將蓖麻油酸(Ricinoleic acid)特別提出,再行脂化;然後在低壓度真空經幾度之乾蒸餾之變化,如有相當作用,或能增加碘價,嗣後再進行化學組織上之研究。

(四)靈膏之試製

前曾於電爐中試製,因不易控制熱度等種種困難,未得良好結果,現擬改用管式電爐繼續試驗,使種種情形具能明瞭後,再行擴大,成半工業化之試驗。

(五)豆乳酪試製水粉漆之研究

豆乳酪取自豆餅,其性質與牛乳酪相似;提取方法,本校化學系試驗,已得相當結果,油漆工業上採用牛乳酪製造水粉漆,爲數甚鉅,苟能取豆乳酪以代之則成本較廉,而原料自給問題,亦能解決矣。擬定工作略述如下:

(甲)豆乳酪性質之試驗。

(子)色澤　　經陽光而不致變色,乃爲上品。

(丑)溶解性　　乾後不易溶解。

(寅)黏性　　須富有黏性。

(卯)引火性　　不致燃燒。

(乙)腐化性(子)品質之純度與腐化之關係,(丑)防腐劑之應用。

(丙)水粉漆之試製及試驗。

(六)從酒精製造之仕醇油中提煉硝綿漆溶劑之研究

硝綿漆之製造,已有年數,而中國工業上則尙爲創始時期,所有原料,皆仰給於國外。但近來國內酒精工廠,已見增設,其餘剩之殘液,因無相當銷路,尙未顧及。本題因謀副產品之發展,及供應油漆工業上之急需,擬先提製高沸點之醇,然後試製各種溶液。該項原料價值低廉,而成品則昂貴,或可供給試驗室一部份之用途也。

(七)生漆之研究

生漆有堅韌耐久之特長,苟能使之增進乾燥速率,與油融合,則應用尤廣。本題擬定研究工作,根據此二點進行,以冀與油漆同一效用。

(八)多元醇與桐油酸化成乾性油之研究

從多元醇與桐油酸化合製成乾性油之可能,曾由孫令銜君試驗,其結果巳見本年度報告。惟該油之對於應用方面,成績如何,因時間關係未及試驗。是以本學期仍擬進行研究。其工作計劃,計分三步:第一步係覆核以前工作並加以精密準確之分析化驗。第二步爲應用試驗,試製熟油假漆油漆等,再與普通同類之漆或油作耐久之比較。第三步試製其他多元醇化合之乾性油,如五元醇六元醇等是也。

A SHORT DESCRIPTION OF THE SPECIAL EQUIPMENT AVAILABLE IN THE PAINT AND VARNISH LABORATORY OF THE RESEARCH INSTITUTE, CHIAO-TUNG UNIVERSITY

孫令銜 (SUN LING-HSIEN)

In an errand to apprehend the oil and its allied industries in China, and to find thereby the basic problems of their improvement and extension before furthering his studies in other countries, the writer had a chance to stay for not too short a period in the Paint and Varnish Research Laboratory of Chiao-tung University, and during that period he had been granted the privilege of freely using all the facilities in that laboratory for the preliminary experimentation of certain research problem. To his greatest satisfaction above all was the complete set of equipment and systematic testing apparatus of paint and varnish materials. Such absolutely objective methods of testing and observation are becoming more and more keenly needed by both the producers and consumers in view of the increasing market in China, and also of the increasing multiformity of these materials. The testing will free itself of all subjective characteristics, and will thus help to determine definitely the suitability of a particular paint or varnish for the purposes in question. Thus the up-to-date equipments of this research laboratory will surely meet and satisfy that need. It is the purpose of this article to describe in some detail the most outstanding pieces of apparatus in this laboratory which will be most serviceable to the manufacturers and persons related to the industry.

The Pfund Cryptometer:—This is an instrument for the determination of the covering power of a paint. The covering power is defined as that quantity of a paint that must be applied to a given area of an impervious background so as to obliterate beyond recognition the blackness of the background. In the construction of the cryptometer it is to find the least thickness that will hide a given background as completely as an "infinitely" thick layer. It consists of a black plate with optically flat upper surface, in which a transverse groove is cut, and a millimeter scale is etched. Resting upon this plate is another transparent plate with optically lower surface. To one end of the latter is attached a strip of this steel, so that the space between these plates is wedge-shaped. The wedge terminates abruptly at the edge of the groove; and when the covering effect of any white paint forming the film is not complete, the edge is visible from above. By advancing the upper plate toward one side, the thickness of the film along the edge can be made to increase. Finally a critical thickness can be determined at which the edge is completely obliterated when slightly moving the plate toward one side, and suddenly visible when moving toward the other side. The average deviation from the mean of ten pairs of the readings will usually not be over 5%. From the mean thickness it is easy to calculate the covering power of a paint; i.e., the area covered by unit volume (or weight) of the paint.

Lovibond Tintometer:—This instrument measures the color, according to Lovibond color system, of liquids such as varnishes, oils, etc. It consists of a viewing box, in one side of which is placed the sample to be tested, and in the other, standardized colored glasses. A complete set of color glasses consists of three colors, Crimson, Yellowgreen, and Blue. Each color consists of glasses with varying thickness from 0.1 to 20 tint units. By the combination of three glasses out of one color, any color tint of the testing liquid can be matched; and with the three color tints, a color is completely defined.

Gardner-Holdt Bubble Viscometer:—This is a set of closed tubes with standardized internal dimensions, filled with different liquids of known absolute viscosity to such a fullness that a small air bubble is left. When the tubes are inverted, the bubbles will rise at a speed inversely proportional to the absolute viscosity. In determining the viscosity of a sample, an empty standardized tube is filled with it in the same manner as the standard tubes, and is allowed to come to the same temperature. The tubes are inverted, and the rates of rise of the air bubbles are compared. That standard tube, in which the air bubble rises with the same speed as that in the testing sample, indicates the absolute viscosity of the sample.

Gardner-Parks Mobilometer:—The instrument together with the above mentioned Viscometer is built mainly for the paint and varnish industry in which they are extensively used. It consists of a cylinder and a plunger upon which different weights can be added. The cylinder is nearly filled with the material to be tested, and the plunger is inserted to the bottom. A mark is made on the rod of the plunger at the top of the bracket. Another mark 20 cm. below the first is also made. The plunger is raised to the second mark, and after making sure that the disc of the plunger is covered with the paint it is allowed to free falling. The time required by the plunger to drop to the first mark is measured with a stop watch. The time required is directly proportional to the absolute viscosity of the liquids, provided that they do not undergo plastic flow. By multiplying this proportional factor into the time readings, the absolute viscosity can be calculated.

Hickson Penetrometer:—In determining the consistency of paste paints, Hickson penetration method is used. It is to measure the distance penetrated by a pointed cone bearing definite weights within certain period of time. The paint at 25° is transferred into the brass cup container to the edge. The cone is a double taper one, consisting of a 30 degree steel point and the upper part of a 90 degree hollow aluminum cone. Together with the aluminum plunger the total moving weight is fifty grams. The cone is brought down so that the tip just makes contact with the surface of the paste. This adjustment is with the aid of a mirror. The plunger is released suddenly by pushing back the indicator arm and after five seconds it is again hold by that arm. The distance penetrated into the paste is recorded by a pointer on a dial, the scale of which being in tenths of a millimeter. The penetration method of consistency measurement is believed to be of considerable value in relating different lots of the same type of material. From the penetration determination different types of paste paint can be apparently grouped according to their stiffness.

Atlas Weatherometer:—Research work on paint and varnish will be much handicapped in case there is no means to tell, within a time period of hours, days, or at most weeks, the relative "weather-resistance" of coatings and materials. It is to meet this demand that the Research Laboratory has installed this indispensable Weatherometer of type BWM-C. It is particularly preferred for the industrial research laboratory. It is described as follows:

The floor space required for the type BWM-C Weatherometer Cabinet is 45×45 inches. The chamber for exposure to light and moisture consists of a rotating cylinder made of No. 20 aluminum, 76 cm. in diameter, 38 cm. high, open at both ends, with the light source suspended in the center. The exposure cylinder is provided with two water sprays, so that it is possible to expose the panels in succession to intense light and to a variety of moisture conditions. A pan containing water, placed about 2 cm. below the bottom of the cylinder, serves to keep the temperature down to about 52° C. next to the panels, as well as to humidify the air. A separate cabinet for exposure to freezing can be provided.

The samples rotate continuously, completing one cycle in 24 hours. They are subjected to the elements of sun, rain, and freeze in the following relationship:

Sunlight and rain	17 hours.
Shower	3 ,,
Ice freezing	1 ,,
Examination	3 ,,
Adjustment	5 min.

The violet flaming carbon arc is the lamp used in this instrument, due to the fact that its spectrum resembles so closely that of sunlight and is the nearest reproduction of sunlight in the out-of-doors. The big advantage of the carbon arc lamp is that it is not easily breakable, nor does it change in its constancy of ultra-violet rays as the lamp is used.

With this scientific instrument the weathering period of on-the-roof tests can be shortened from 2 or 3 years to 2 or 3 weeks.

Besides those apparatus mentioned above there are others in common use as 325 mesh sieve for particle size determination, Ford cup viscometer for industrial testing and drying test apparatus. Those which are under construction or acquiring from makers are hardness test apparatus, bending test apparatus, colorimeter, and photomicrographic camera.

防銹漆研究

周祖訓

試驗之宗旨

普通工業中最有用之金屬,爲鐵銅錫鉛與鋅五種。此五種之中,尤以鐵爲最有用。大自橋樑建築,小至另星機械,無不與鋼鐵有密切之關係,但其化學活性頗大,因之甚易損壞。與水或空氣接觸,即被腐蝕而鋼鐵之本性全失。數十年前世人對此尚少注意,時至今日,乃成爲工程界中極大問題,蓋鋼鐵之來源有限,而腐蝕之消耗無窮。據什誌所載,每年因腐蝕而修造之屋面,鐵網,水管,火車等約在用鐵全量百分之二,乃以美國一國而論,在一九二四年時用鐵約在四萬五千噸,其腐蝕之數量已可驚人,何況世界各國用鐵年有增加乎。益以鐵之提鍊,煤爲首要,從理論方面說,即使鐵銹再可轉爐重鍊,而煤礦早已盡矣。鐵之腐蝕其關係既如前說,其活性又非人力所能更變,吾人必須用鐵,而其腐蝕程度又欲減至最小,則保護之法尚矣。保護之法甚多,其最易舉而有效者,莫若油漆。蓋鋼鐵表面一旦塗以油漆,即與空氣或水份隔離,腐蝕作用即行停止。但漆膜之抵抗性,亦頗有强弱,彼歐美各國先進之油漆專家,早有是項研究,何者爲優,何者爲劣,已有相當結果公告於世。但對我國情形每多出入。或則成本過鉅,或則產量太稀,或則氣候不同。本題之目的即欲研究現代中國社會狀况之下,謀得適當之防銹原料,以待各工廠及各專家之採用也。

試驗之方法及程序

1. 先向國內外各有名漆廠,搜集各種防銹漆樣,逐一加以物理的及化學的檢定,再施以天然與人工曝露試驗。但此次搜集之樣品,有因不善取樣,而使漆樣幾如油樣,其試驗價值當遠遜於願望,除加以選擇分別檢定外,擇其尤者以作試驗。

2. 用同樣之顏料與不同之油,磨成各種不同之漆樣,施以天然與人工曝露試驗,由此試驗中可知何種油樣,對於防銹較爲有效。然後再用此種油樣與不同之顏料,磨成各種不同之漆樣,再施以同樣之手續視其最好者,即可作爲防銹漆製造之參考。（應用油料參閱沈慈輝篇）

試驗結果:

1. 防銹漆化驗結果

	比重	每介倫磅重	乾燥時間	乾燥之溫度	顏料成份	油之碘价
A	1.310	10.9	Within 17 hrs	19°C.	33.63%	135
B	1.185	9.9	,, 17 ,,	19°C.	35.17%	132
C	1.385	10.6	,, 17 ,,	19°C.	44.50%	144
D	1.140	9.5	,, 17 ,,	19°C.	35.48%	136
E	1.208	10.8	,, 17 ,,	19°C.	17.12%	142
K	1.590	13.2	,, 17 ,,	19°C.	46.14%	155
L	1.68	13.8	,, 17 ,,	19°C.	54.39%	146
M	1.548	12.9	,, 41 ,,	19°C.	56.97%	136
N	2.00	16.66	,, 17 ,,	19°C.	61.80%	132
O	1.56	13.00	,, 24 ,,	17°C.	59.64%	141
J	1.073	8.90	,, 17 ,,	17°C.	22.16%	154

上列各樣均於民廿二年十一月廿九日開始曝露

2. 實驗室配製之防銹漆化驗結果

	比重	每介倫磅重	乾燥時間	乾燥時之溫度
1	1.40	11.70	41	17°C.
2	1.30	10.80	41	,,
3	1.45	12.1	41	,,
4	——	——	二期星	,,

5	——	——	17	,,
6	1.90	15.8	17	,,
7	2.00	16.66	17	,,
8	2.10	17.49	17	,,
9	——	——	17	,,
10	——	——	17	,,
11	2.50	20.80	17	,,
12	——	——	17	,,
13	1.40	11.66	17	,,

上列各樣均於廿三年一月十五日開始曝露

曝露機試驗結果

No. of Days	A	B	C	D	E	J	K	L
1	Gloss fade	Gloss fade	Gloss fade	Gloss fade	Gloss fade	Gloss fade	Gloss fade	Gloss fade
2	,,	Water spot	,,	Water spot	,,	,,	,,	,,
3	,,	,,	,,	,,	,,	,,	,,	,,
4	Water spot	,,	Water spot	,,	Water spot	,,	Water spot	Water spot
5	,,	,,	,,	,,	,,	,,	,,	,,
6	,,	,,	,,	,,	,,	,,	,,	,,
7	Spotting a little	,,	Spotting a little	,,	,,	,,	,,	,,
8	,,	,,	,,	,,	,,	,,	,,	,,
9	,,	,,	,,	,,	,,	,,	,,	,,
10	,,	,,	,,	,,	,,	,,	,,	,,
11	,,	,,	,,	,,	,,	,,	,,	,,
12	,,	,,	,,	,,	,,	,,	,,	,,
13	,,	,,	,,	,,	,,	,,	,,	,,
14	,,	,,	,,	,,	,,	,,	,,	,,
15	,,	,,	,,	,,	,,	,,	,,	,,
16	,,	,,	,,	,,	,,	,,	,,	,,
17	,,	,,	,,	,,	,,	,,	,,	,,

18	,,	,,	,,	,,	,,	,,	,,	,,
19	,,	,,	,,	,,	,,	,,	,,	,,
20	,,	,,	,,	,,	,,	,,	,,	,,
21	,,	,,	,,	,,	,,	,,	,,	,,
22	,,	,,	,,	,,	,,	,,	,,	,,
23	,,	,,	Cracking	,,	,,	,,	,,	,,
24	,,	,,	,,	,,	,,	,,	,,	,,
25	,,	,,	,,	,,	,,	,,	,,	,,
26	,,	,,	,,	,,	,,	,,	,,	,,
27	,,	,,	,,	,,	,,	,,	,,	,,
28	,,	,,	,,	,,	,,	,,	,,	,,
29	,,	,,	,,	,,	,,	,,	,,	,,
30	,,	,,	,,	,,	,,	,,	,,	,,
31	,,	,,	Wide Cracking	,,	,,	,,	,,	,,
32	,,	,,	,,	,,	,,	,,	,,	,,
33	,,	,,	,,	,,	,,	,,	,,	,,
34	,,	,,	disintegrated	,,	,,	,,	,,	,,
35	,,	,,	,,	,,	,,	,,	,,	,,
36	,,	,,	,,	,,	,,	,,	,,	,,
37	,,	,,	,,	,,	,,	,,	,,	,,
38	,,	,,	,,	,,	,,	,,	,,	,,
39	,,	,,	,,	,,	,,	,,	,,	,,
40	,,	,,	,,	,,	,,	,,	,,	,,
41	,,	,,	,,	,,	,,	,,	,,	,,
42	,,	,,	,,	,,	,,	,,	,,	,,
43	,,	,,	,,	,,	,,	,,	,,	,,
44	,,	,,	,,	,,	,,	,,	,,	,,
45	,,	,,	,,	,,	,,	,,	,,	,,

46	,,	,,	,,	,,	,,	,,	,,	,,
47	,,	,,	,,	,,	,,	,,	,,	,,
48	,,	,,	,,	,,	,,	,,	,,	,,
49	,,	,,	,,	,,	,,	,,	,,	,,
50	,,	,,	,,	,,	,,	,,	,,	,,
51	,,	,,	,,	,,	,,	,,	,,	,,
52	,,	,,	,,	,,	,,	,,	,,	,,
53	Checking start	,,	,,	,	,,	Checking start	,,	,,
54	more	,,	,,	,,	,,	more	,,	,,
55	,,	,,	,,	Checking start	,,	,,	,,	,,
56	,,	,,	,,	Slightly	,,	,,	,,	,,
57	,,	,,	,,	,,	,,	,,	,,	,,
58	,,	,,	,,	,,	,,	,,	,,	,,
59	,,	Checking start	,,	,,	,,	,,	,,	,,
60	,,	Slightly	,,	,,	,,	,,	,,	,,
61	,,	spot	,,	,,	,,	,,	,,	,,
62	,,	Showing rust	,,	,,	,,	,,	,,	,,
63	heavy	,,	,,	,,	,,	heavy	,,	,,
64	,,	,,	,,	,,	,,	,,	,,	,,
65	,,	,,	,,	,,	,,	,,	,,	,,
66	,,	,,	,,	rust heavily	a few rust spots	good gloss	good	chalking

曝露機試驗結果（續）

	M	N	O	1	2	3	4	5
1	Gloss fade	Gloss fade	Gloss fade	Gloss fade	Gloss fade	Gloss fade	Gloss fade	Gloss fade
2	,,	,,	,,	,,	,,	Water spot	,,	,,
3	,,	,,	,,	,,	,,	,,	,,	,,
4	,,	Water spot	,,	,,	Water spot	,,	Water spot	,,

5	,,	,,	,,	Water spot	,,	,,	,,	,,
6	,,	,,	,,	,,	,,	,,	,,	,,
7	,,	,,	,,	,,	,,	,,	,,	,,
8	,,	,,	,,	,,	,,	,,	,,	,,
9	,,	,,	,,	,,	,,	,,	,,	,,
10	,,	,,	,,	,,	,,	,,	,,	,,
11	,,	,,	,,	,,	,,	,,	,,	,,
12	,,	,,	,,	,,	,,	,,	,,	,,
13	,,	,,	,,	,,	,,	,,	,,	,,
14	,,	,,	,,	,,	,,	,,	,,	,,
15	,,	,,	,,	,,	,,	,,	,,	,,
16	,,	,,	,,	,,	,,	,,	,,	,,
17	,,	,,	,,	,,	,,	,,	,,	,,
18	,,	,,	,,	,,	,,	,,	,,	,,
19	,,	,,	,,	,,	,,	,,	,,	,,
20	,,	,,	,,	,,	,,	,,	,,	,,
21	,,	,,	,,	,,	,,	,,	,,	,,
22	,,	,,	,,	,,	,,	,,	,,	,,
23	,,	,,	,,	,,	,,	,,	,,	,,
24	,,	,,	,,	,,	,,	,,	,,	,,
25	,,	,,	,,	,,	,,	,,	,,	,,
26	,,	,,	,,	,,	,,	,,	,,	,,
27	,,	,,	,,	,,	,,	,,	,,	,,
28	,,	,,	,,	,,	,,	,,	,,	,,
29	,,	,,	,,	,,	,,	,,	,,	,,
30	,,	,,	,,	,,	,,	,,	,,	,,
31	,,	,,	,,	,,	,,	,,	,,	,,
32	,,	,,	,,	,,	,,	,,	,,	,,

33	,,	,,	,,	,,	,,	,,	,,	,,
34	,,	,,	,,	,,	,,	,,	,,	,,
35	,,	,,	,,	,,	,,	,,	,,	,,
36	,,	,,	,,	,,	,,	,,	,,	,,
37	,,	,,	,,	,,	,,	,,	,,	,,
38	,,	,,	,,	,,	,,	,,	,,	,,
39	,,	,,	,,	,,	,,	,,	,,	,,
40	,,	,,	,,	,,	,,	,,	,,	,,
41	,,	,,	,,	,,	,,	,,	,,	,,
42	,,	,,	,,	,,	,,	,,	,,	,,
43	,,	,,	,,	,,	,,	,,	,,	,,
44	,,	,,	,,	,,	,,	,,	,,	,,
45	,,	,,	,,	,,	,,	,,	,,	,,
46	,,	,,	,,	,,	,,	,,	,,	,,
47	,,	,,	,,	,,	,,	,,	,,	,,
48	,,	,,	,,	,,	,,	,,	,,	,,
49	,,	,,	,,	,,	,,	,,	,,	,,
50	,,	,,	,,	,,	,,	,,	,,	,,
51	,,	,,	,,	,,	,,	,,	,,	,,
52	,,	,,	,,	,,	,,	,,	,,	,,
53	,,	,,	,,	,,	,,	,,	,,	,,
54	,,	,,	,,	,,	,,	,,	,,	,,
55	,,	,,	,,	,,	,,	,,	,,	,,
56	,,	,,	,,	Checking start	,,	,,	,,	,,
57	,,	,,	,,	,,	,,	,,	,,	,,
58	,,	,,	,,	,,	scaling rusting	,,	,,	,,
59	,,	,,	,,	,,	,,	,,	,,	,,
60	,,	checking start	,,	,,	,,	,,	,,	,,

61	,,	,,	,,	,,	,,	,,	,,	,,
62	,,	,,	,,	,,	,,	,,	,,	,,
63	,,	,,	,,	,,	,,	,,	scaling rusting	,,
64	,,	,,	,,	,,	,,	,,	,,	,,
65	,,	,,	,,	,,	,,	,,	,,	,,
66	chalking heavily	good	chalking	,,	,,	a few rust spots	,,	a few rust spots

曝露機試驗結果(續)

	7	8	9	10	12	13
1	Gloss fade	Gloss fade	Gloss fade	Gloss fade	Gloss fade	Gloss fade
2	,,	,,	,,	,,	,,	,,
3	,,	,,	,,	,,	,,	,,
4	,,	,,	,,	,,	Water spot	Water spot
5	,,	,,	,,	,,	,,	,,
6	,,	,,	,,	,,	,,	,,
7	,,	,,	,,	,,	,,	,,
8	,,	,,	,,	,,	,,	,,
9	,,	,,	,,	,,	,,	,,
10	,,	,,	,,	,,	,,	,,
11	,,	,,	,,	,,	,,	,,
12	,,	,,	,,	,,	,,	,,
13	,,	,,	,,	,,	,,	,,
14	,,	,,	,,	,,	,,	,,
15	,,	,,	,,	,,	,,	,,
16	,,	,,	,,	,,	,,	,,
17	,,	,,	,,	,,	,,	,,
18	,,	,,	,,	,,	,,	,,
19	,,	,,	,,	,,	,,	,,

20	,,	,,	,,	,,	,,	,,
21	,,	,,	,,	,,	,,	,,
22	,,	,,	,,	,,	,,	,,
23	,,	,,	,,	,,	,,	,,
24	,,	,,	,,	,,	,,	,,
25	,,	,,	,,	,,	,,	,,
26	,,	,,	,,	,,	,,	,,
27	,,	,,	,,	,,	,,	,,
28	,,	,,	,,	,,	,,	,,
29	,,	,,	,,	,,	,,	,,
30	,,	,,	,,	,,	,,	,,
31	,,	,,	,,	,,	,,	,,
32	,,	,,	,,	,,	,,	,,
33	,,	,,	,,	,,	,,	,,
34	,,	,,	,,	,,	,,	,,
35	,,	,,	,,	,,	,,	,,
36	,,	,,	,,	,,	,,	,,
37	,,	,,	,,	,,	,,	,,
38	,,	,,	,,	,,	,,	,,
39	,,	,,	,,	,,	,,	,,
40	,,	,,	,,	,,	,,	,,
41	,,	,,	,,	,,	,,	,,
42	,,	,,	,,	,,	,,	,,
43	,,	,,	,,	,,	,,	,,
44	,,	,,	,,	,,	,,	,,
45	,,	,,	,,	,,	,,	,,
46	,,	,,	,,	,,	,,	,,
47	,,	,,	,,	,,	,,	,,

48	,,	,,	,,	,,	,,	,,
49	,,	,,	,,	,,	,,	,,
50	,,	,,	,,	,,	,,	,,
51	,,	,,	,,	,,	,,	,,
52	,,	,,	,,	,,	,,	,,
53	,,	,,	,,	,,	,,	,,
54	,,	,,	,,	,,	,,	,,
55	,,	,,	,,	,,	,,	,,
56	,,	,,	,,	chalking	,,	,,
57	,,	,,	,,	,,	,,	chalking
58	,,	,,	,,	,,	,,	,,
59	,,	,,	,,	,,	,,	,,
60	,,	,,	,,	,,	,,	,,
61	,,	,,	,,	,,	,,	,,
62	,,	,,	,,	,,	,,	,,
63	,,	,,	,,	,,	,,	,,
64	,,	,,	,,	,,	,,	,,
65	,,	,,	,,	,,	,,	,,
66	good	good	fair	good	no rust	no rust

屋頂曝露結果單

Panel NO.	Date of Inspection 1.May 31.1934					
	Report of Inspection					
	Chalking	Checking	General Conditions	Hiding Power	Color	Remarks
A	Slight	Absent	Fair	Fair	Med.	
B	,,	,,	,,	,	,,	
C	Consid.	Slight	Poor	Poor	Poor	
D	Slight	Absent	Fair	Fair	Med.	
E	,,	,,	,,	,,	,,	
J	,,	Consid.	Poor	,,	Good	
K	,,	Absent	Good	,,	Med.	
L	,,	,,	Fair	,,	,,	

M	,,	,,	,,	,,	,,
N	,,	,,	Good	,,	Good
O	,,	,,	Good	,,	,,

從上試驗,知防銹漆所用之油以No.2(閱沈慈輝報告)較爲良好,今再用同一油樣而以不同顏料磨之成漆,如法再試,以測各種顏料之防銹性,兹將試驗結果列表如下.

I. 防銹顏料:

a. Sublimed lead sulfate

b. Chrome yellow

c. Chrome green

d. Prussium blue

e. Iron oxide

f. Red lead

g. Zinc dust

II. 磨成漆樣之成份以百分比計算:

	顏料	油	稀薄劑
a.	50.4	41.8	7.8
b.	47.6	44.4	8
c.	10.8	40.2	10
d.	51.5	40.0	8.5
e.	52.5	40.0	7.5
f.	60.9	32.1	7
g.	56.5	35.5	8

III. 乾燥性（室溫 23°C)

a.	48 hrs
b.	48 ,,
c.	60 ,,
d.	48 ,,

e. 48 ,,

f, 48 ,,

g. 48 ,,

IV. 曝露機試驗結果:

	a.	b.	c.	d.	e.	f.	g.
1 st day	fading slightly	fading slightly	fading slightly	fading slightly	fading slightly	fading slightly	fading slightly
2	,,	,,	,,	,,	,,	,,	,,
3	water spots	,,	water spots	water spots	,,	,,	,,
4	,,	,,	,,	,,	water spots	,,	,,
5	,,	water spots	,,	,,	,,	water spots	water spots
6	,,	,,	,,	,,	,,	,,	,,
7	,,	,,	,,	,,	,,	,,	,,
8	,,	,,	,,	,,	,,	,,	,,
9	,,	,,	,,	,,	,,	,,	,,
10	,,	,,	,,	,,	,,	,,	,,
11	,,	,,	,,	,,	,,	,,	,,
12	,,	,,	,,	,,	,,	,,	,,
13	,,	,,	,,	,,	,,	,,	,,
14	,,	,,	,,	,,	,,	,,	,,
15	,,	,,	,,	,,	,,	,,	,,
16	,,	,,	,,	,,	,,	,,	,,
17	,,	,,	,,	,,	,,	,,	,,
18	,,	,,	,,	,,	,,	,,	,,
19	,,	,,	,,	,,	,,	,,	,,
20	,,	,,	,,	,,	,,	,,	,,
21	,,	,,	,,	,,	,,	,,	,,
22	,,	,,	,,	,,	,,	,,	,,
23	,,	,,	,,	,,	,,	,,	,,

24	,,	,,	,,	,,	,,	,,	,,
25	,,	,,	,,	,,	,,	,,	,,
26	,,	,,	,,	,,	,,	,,	,,
27	,,	,,	,,	,,	,,	,,	,,
28	,,	,,	,,	,,	,,	,,	,,
29	,,	,,	,,	,,	,,	,,	,,
30	,,	,,	,,	,,	,,	,,	,,
31	,,	,,	,,	,,	,,	,,	,,
32	,,	,,	,,	,,	,,	,,	,,
33	,,	,,	,,	,,	,,	,,	,,
34	,,	,,	,,	,,	,,	,,	,,
35	,,	,,	,,	,,	,,	,,	,,
36	,,	,,	,,	,,	,,	,,	,,
37	,,	,,	,,	,,	,,	,,	,,
38	,,	,,	,,	,,	,,	,,	,,
39	,,	,,	,,	,,	,,	,,	,,
40	,,	,,	,,	,,	,,	,,	,,
41	,,	,,	,,	,,	,,	,,	,,
42	,,	,,	,	,,	,,	,,	,,
43	,,	,,	,,	,,	,,	,,	,,
44	,,	,,	,,	,,	,,	,,	,,
45	,,	,,	,,	,,	,,	,,	,,
46	,,	,,	,,	,,	,,	,,	,,
47	,,	,,	,,	,,	,,	,,	,,
48	,,	,,	,,	,,	,,	,,	,,
49	,,	,,	,,	,,	,,	,,	,,
50	,,	,,	,,	,,	,,	,,	,,
51	,,	,,	,,	,,	,,	,,	,,

52	,,	,,	,,	,,	,,	,,	,,
53	,,	,,	,,	,,	,,	,,	,,
54	,,	,,	,,	,,	,,	,,	,,
55	,,	,,	,,	,,	,,	,,	,,
56	,,	,,	,,	,,	,,	,,	,,
57	,,	,,	,,	,,	,,	,,	,,
58	,,	,,	,,	,,	,,	,,	,,
59	checking start	,,	,,	,,	,,	,,	,,
60	slightly	,,	checking start	checking start	,,	,,	,,
61	,,	,,	,,	,,	,,	,,	,,
62	,,	,,	,,	,,	checking start	,,	,,
63	,,	,,	,,	,,	,,	,,	,,
64	,,	,,	,,	,,	,,	,,	,,
65	,,	,,	,,	,,	,,	,,	,,
66	,,	,,	,,	,,	,,	,,	,,
67	,,	,,	,,	,,	,,	,,	,,
68	,,	,,	,,	,,	,,	,,	,,
69	,,	Checking start	,,	,,	,,	,,	,,
70	,,	,,	,,	,,	,,	,,	,,
71	,,	,,	,,	,,	,,	,,	,,
72	,,	,,	,,	,,	,,	,,	,,
73	,,	,,	,,	,,	,,	,,	,,
74	,,	,,	,,	,,	,,	,,	,,
75	,,	,,	,,	,,	,,	,,	,,
76	,,	,,	,,	,,	,,	,,	,,
77	,,	,,	,,	,,	,,	,,	,,
78	,,	,,	,,	,,	,,	,,	,,
79	,,	,,	,,	,,	,,	,,	,,

80	,,	,,	,,	,,	,,	,,	,,
81	,,	,,	,,	,,	,,	,,	,,
82	,,	,,	,,	,,	,,	,,	,,
83	,,	,,	,,	,,	,,	,,	,,
84	,,	,,	,,	,,	,,	,,	,,
85	,,	,,	,,	,,	,,	,,	,,
86	,,	,,	,,	,,	,,	,,	,,
87	,,	,,	,,	,,	,,	,,	,,
88	,,	,,	,,	,,	,,	,,	,,
89	,,	,,	,,	,,	,,	,,	,,
90	,,	,,	,,	,,	,,	,,	,,
91	,,	,,	,,	,,	,,	,,	,,
92	,,	,,	,,	,,	,,	,,	,,
93	,,	,,	,,	,,	,,	,,	,,
94	,,	,,	,,	,,	,,	,,	,,
95	,,	,,	,,	,,	,,	,,	,,
96	,,	,,	,,	,,	,,	,,	,,
97	,,	,,	,,	,,	,,	,,	,,
93	,,	,,	,,	,,	,,	,,	,,
99	,,	,,	,,	,,	,,	,,	,,
100	fair	fair	fair	fair	fair	good	good

由此可知防銹漆所用之顏料,以鋅粉及紅丹爲佳。

結論

按試驗結果,天然與人工曝露,頗稱脗合,其中以K與N二樣,成績爲最佳,在人工曝露機中,雖經二月,仍能不變,比之其餘數樣遠勝實多,至於試驗室自製之漆樣,則七,八與f, g.四種較優。K與N爲現成商品,其化驗結果已列入上表,七,八爲沈慈輝製品,其原料成份等可參閱該報告。f, g爲祖訓製品,原料成份已列上表。

鐵路用漆曝露機試驗結果

吳興生

本所於去年九月間接到京滬路送來油漆顏料等樣品三十七種。查顏料係配合油漆之原料,祇須加以化驗,想該路局發給機務處化驗所分析,已有報告,來函中既指定曝露試驗,本所暫以調合油漆一種爲比較試驗。計有永固出品十一種暨元豐出品四種。其試驗法略述如下:

來樣數種各有不同,依照名稱及用途逐一分別試驗,防銹漆塗於鐵板,假漆等塗於木板,未塗以前,鐵板等均以砂紙擦光,並爲比較準確起見,每種油漆製樣板三份,一份置曝露機,一份置工程館屋頂上,一份存樣,以資比較,試驗程序爲紫外光下曝晒十六小時,每二十分鐘間噴水一次,繼則加以更强之水力猛噴四小時,然後取出檢驗,如是者逐日試驗至劣蹟顯露後爲止,大概磁漆之類,二三星期中卽能判明優劣,試驗時期,較其他油漆爲短,美國政府設立之油漆研究所,曾以各種假漆加以天然與人工曝露之比較,其結果爲十與一之比,在平時須七八個月壞裂者,約與人工曝露機中三星期之成績相等,是以美國政府購信箱磁漆之標準,祇須經歷曝露機中試驗兩星期而無變化者卽爲合格,若調合油漆之類富於韌性歷時較久,天然與人工曝露比較之結果約爲二與一或三與一之比,現在本所試驗之來樣,歷時已一百三十五日,因曝露於屋頂者尚未見有退色,故無從區別,至於在曝露機中試驗之樣板,則已能分明優劣,玆將結果列表於后。

K. 編號		種 類
1.	No. M-1	Anticorrosive Grey Paint
2.	No. L	Liquid Red Lead
3.	No. M-2	Special Anticorrosive Red Paint
4.	No. E-1w	White Enamel
5.	No. 600	White Ready Mixed Paint
6.	No. 518	Grey Ready Mixed Paint
7.	No. SR-1	Signal Red Paint
8.	No. 239	Red Ready Mixed Paint
9.	No. XT	Ready Mixed Black Paint
10.		Spar Varnish
11.		Body Varnish

F. 編號	種 類
1.	Anticorrosive Grey Paint
2.	Anticorrosive White Paint
3.	Anticorrosive Red Paint
4.	Ningpo Lac. Mohogany Stain

日期 \ 編號	1	2	3	4	5	6	7	8	9	10	11	1	2	3	4
1	O.K.	O.K.	O.K.	O.K.	O.K.	O.K.	O.K.	O.K.	O.K.	O.K.	O.K.	O.K.	O.K.	O.K.	O.K.
2	,,	,,	,,	,,	,,	,,	,,	,,	,,	,,	,,	,,	,,	,,	,,
3	,,	,,	,,	,,	,,	L.G.	,,	,,	,,	,,	,,	,,	,,	F.	,,
4	,,	,,	,,	,,	,,	,,	,,	,,	,,	,,	,,	,,	,,	,,	,,
5	,,	,,	,,	,,	,,	,,	,,	,,	,,	,,	,,	,,	,,	L.G.	,,
6	,,	,,	,,	,,	,,	,,	,,	,,	,,	,,	,,	,,	,,	,,	,,
7	,,	,,	,,	,,	,,	,,	,,	,,	,,	,,	,,	,,	,,	,,	,,
8	,,	,,	,,	,,	,,	,,	,,	,,	,,	,,	,,	,,	,,	,,	,,
9	,,	,,	,,	,,	,,	,,	,,	,,	,,	,,	,,	,,	,,	,,	,,
10	L.G.	L.G.	L.G.	C.	L.G. cha.	L.G.	L.G.	L.G.	,,	,,	,,	L.G.	L.G.	L.G.	L.G.

11	,,	,,	,,	,,	,,	,,	,,	,,	,,	,,	,,	,,	,,	,,	,,
12	,,	,,	,,	,,	,,	,,	,,	,,	,,	,,	,,	,,	,,	,,	,,
13	,,	,,	,,	,,	,,	,,	,,	,,	,,	,,	,,	,,	,,	,,	,,
14	,,	,,	,,	,,	,,	,,	,,	,,	,,	,,	,,	,,	,,	,,	,,
15	,,	,,	,,	,,	,,	,,	,,	,,	,,	,,	,,	,,	,,	,,	,,
16	,,	,,	,,	,,	,,	,,	,,	,,	,,	,,	,,	,,	,,	,,	,,
17	,,	,,	,,	,,	,,	,,	,,	,,	,,	,,	,,	,,	,,	,,	,,
18	,,	,,	,,	,,	,,	,,	,,	,,	,,	,,	,,	,,	,,	,,	,,
19	,,	,,	,,	,,	,,	,,	,,	,,	,,	,,	,,	,,	,,	,,	,,
20	,,	,,	,,	,,	,,	,,	,,	,,	,,	,,	,,	,,	,,	,,	,,
21	,,	,,	,,	,,	Y.	,,	,,	,,	L.G.	,,	,,	,,	,,	W.S.	F.
22	,,	,,	,,	,,	,,	,,	,,	,,	,,	,,	,,	,,	,,	,,	,,
23	,,	,,	,,	,,	,,	,,	,,	,,	,,	,,	,,	,,	,,	,,	,,
24	,,	,,	,,	,,	,,	,,	,,	,,	,,	,,	,,	,,	,,	,,	,,
25	,,	,,	,,	,,	,,	,,	,,	,,	,,	,,	,,	,,	,,	,,	,,
26	,,	,,	,,	,,	,,	,,	,,	,,	,,	,,	,,	,,	,,	,,	,,
27	,,	,,	,,	,,	,,	,,	,,	,,	,,	,,	,,	,,	,,	,,	,,
28	,,	,,	,,	,,	,,	,,	,,	,,	,,	,,	,,	,,	,,	,,	,,
29	,,	,,	,,	Y. P.	Y. cha.	,,	,,	,,	,,	,,	,,	,,	,,	,,	D.
30	,,	,,	,,	試	試	,,	,,	,,	,,	,,	,,	,,	,,	,,	試
31	,,	,,	,,	驗	驗	,,	,,	,,	,,	,,	,,	,,	,,	,,	驗
32	,,	,,	,,	終	終	,,	,,	,,	,,	,,	,,	,,	,,	,,	終
33	,,	,,	,,	止	止	,,	,,	,,	,,	,,	,,	,,	,,	,,	止
34	,,	,,	,,	（	（	,,	,,	,,	,,	,,	,,	,,	,,	,,	（
35	,,	,,	,,	二	二	F.	,,	,,	,,	,,	,,	,,	,,	N.G.	二
36	,,	,,	,,	十	十	,,	,,	,,	,,	,,	,,	,,	,,	,,	十
37	,,	,,	,,	九	九	,,	,,	,,	,,	,,	,,	,,	,,	,,	九
38	,,	,,	,,	天）	天）	,,	,,	,,	,,	,,	,,	,,	,,	,,	天）

39	,,	,,	,,	,,	,,	,,	,,	,,	,,	,,	,,	,,
40	,,	,,	,,	,,	,,	,,	,,	,,	,,	,,	,,	,,
41	,,	,,	,,	,,	,,	,,	,,	,,	,,	,,	,,	,,
42	,,	,,	,,	,,	,,	,,	,,	,,	,,	,,	,,	,,
43	,,	,,	,,	,,	,,	,,	,,	,,	,,	,,	,,	,,
44	,,	,,	,,	,,	,,	,,	,,	,,	,,	,,	,,	,,
45	,,	,,	,,	,,	,,	,,	,,	,,	,,	,,	,,	,,
46	,,	,,	,,	,,	,,	,,	,,	,,	,,	,,	,,	,,
47	,,	,,	,,	,,	,,	,,	,,	,,	,,	,,	,,	,,
48	,,	,,	,,	,,	,,	,,	,,	,,	,,	,,	,,	,,
49	,,	,,	,,	,,	,,	,,	,,	,,	,,	,,	,,	,,
50	,,	,,	,,	,,	,,	,,	,,	,,	,,	,,	,,	,,
51	,,	,,	,,	,,	,,	,,	,,	,,	,,	,,	,,	,,
52	,,	,,	,,	,,	,,	,,	,,	,,	,,	,,	,,	,,
53	,,	,,	,,	,,	,,	,,	,,	,,	,,	,,	,,	,,
54	,,	,,	,,	,,	,,	,,	,,	,,	,,	,,	,,	,,
55	,,	,,	,,	,,	,,	,,	,,	,,	,,	,,	,,	,,
56	,,	,,	,,	,,	,,	,,	,,	,,	,,	,,	,,	,,
57	,,	,,	,,	,,	,,	,,	,,	,,	,,	,,	,,	,,
58	,,	,,	,,	,,	,,	,,	,,	,,	cha.	,,	,,	C.
59	,,	,,	,,	,,	,,	,,	,,	,,	試	,,	,,	試
60	,,	,,	,,	,,	,,	,,	,,	,,	驗	,,	,,	驗
61	,,	,,	,,	,,	,,	,,	,,	,,	終	,,	,,	終
62	,,	,,	,,	,,	,,	,,	,,	,,	止	,,	,,	止
63	,,	,,	,,	,,	,,	,,	,,	,,	︵	,,	,,	︵
64	,,	,,	,,	,,	,,	,,	,,	,,	五	,,	,,	五
65	,,	,,	,,	,,	,,	,,	,,	,,	十	,,	,,	十
66	,,	,,	,,	,,	,,	,,	,,	,,	八	,,	,,	八

67	,,	,,	,,	,,	,,	,,	,,	,,	天	,,	,,	天
68	,,	,,	,,	,,	,,	,,	,,	,,	︶			︶
69	,,	,,	,,	,,	,,	,,	,,	,,		,,	,,	
70	,,	,,	,,	,,	,,	,,	,,	,,		,,	,,	
71	,,	,,	,,	,,	,,	,,	,,	,,		,,	,,	
72	,,	,,	,,	,,	,,	,,	,,	,,		,,	,,	
73	,,	,,	,,	,,	,,	,,	,,	,,		,,	,,	
74	,,	,,	,,	,,	,,	,,	,,	,,		,,	,,	
75	,,	,,	,,	cha.	,,	,,	,,	,,		,,	C.	
76	,,	,,	,,	試	,,	,,	,,	,,		,,	,,	
77	,,	,,	,,	驗	,,	,,	,,	,,		,,	,,	
78	,,	,,	,,	終	,,	,,	,,	,,		,,	,,	
79	,,	,,	,,	止	,,	,,	,,	,,		,,	,,	
80	,,	,,	,,	︵	,,	,,	,,	,,		,,	,,	
81	,,	,,	,,	七	,,	,,	,,	,,		,,	,,	
82	,,	,,	,,	十	,,	,,	,,	,,		,,	,,	
83	,,	,,	,,	五	,,	,,	,,	,,		,,	,,	
84	,,	,,	,,	天	,,	,,	,,	,,		,,	,,	
85	,,	,,	,,	︶	,,	,,	,,	,,		,,	,,	
86	,,	,,	,,		,,	,,	,,	,,		,,	,,	
87	,,	,,	,,		,,	,,	,,	,,		,,	,,	
88	,,	,,	,,		,,	,,	C.	C.		,,	,,	
89	,,	,,	,,		,,	,,	試	試		,,	,,	
90	,,	,,	,,		,,	,,	驗	驗		,,	,,	
91	,,	,,	,,		,,	,,	終	終		,,	,,	
92	,,	,,	,,		,,	,,	止	止		,,	,,	
93	,,	,,	,,		,,	,,	︵	︵		,,	,,	
94	,,	,,	,,		,,	,,	八	八		,,	,,	

95	,,	,,	,,	,,	,,	十	十	R.P.	C.Cha.
96	,,	,,	,,	,,	,,	八	八	,,	,,
97	,,	,,	,,	,,	,,	天	天	,,	,,
98	,,	,,	,,	,,	,,	）	）	,,	,,
99	,,	,,	,,	,,	,,			,,	,,
100	,,	,,	,,	,,	,,			,,	,,
101	,,	,,	,,	,,	,,			,,	,,
102	,,	,,	,,	,,	,,			,,	,,
103	,,	,,	,,	,,	,,			,,	,,
104	,,	,,	,,	,,	,,			,,	,,
105	,,	,,	,,	,,	,,			,,	,,
106	,,	,,	,,	,,	,,			,,	,,
107	,,	,,	,,	,,	,,			,,	,,
108	,,	,,	,,	,,	,,			,,	,,
109	,,	,,	,,	,,	,,			,,	,,
110	,,	,,	,,	,,	,,			,,	,,
111	,,	,,	,,	,,	,,			,,	,,
112	,,	C.	,,	,,	C.			,,	,,
113	,,	,,	,,	,,	,,			,,	,,
114	,,	,,	,,	,,	,,			,,	,,
115	,,	,,	,,	,,	,,			,,	,,
116	,,	,,	,,	,,	,,			,,	,,
117	,,	,,	,,	,,	,,			,,	,,
118	,,	,,	,,	,,	,,			,,	,,
119	,,	,,	,,	,,	,,			,,	,,
120	,,	,,	,,	,,	,,			,,	,,
121	,,	,,	,,	,,	,,			,,	,,
122	,,	,,	,,	,,	,,			,,	,,

123	,,	,,	,,	,,	,,	,,	,,
124	,,	,,	,,	,,	,,	,,	,,
125	,,	,,	,,	,,	,,	,,	,,
126	,,	,,	,,	,,	,,	,,	,,
127	,,	,,	,,	,,	,,	,,	,,
128	,,	,,	,,	,,	,,	,,	,,
129	,,	,,	,,	,,	,,	,,	,,
130	S.R.	,,	,,	,,	,,	,,	,,
131	,,	,,	,,	,,	,,	,,	,,
132	,,	,,	,,	,,	,,	,,	,,
133	,,	,,	,,	,,	,,	,,	,,
134	,,	,,	,,	,,	,,	,,	,,
135	,,	,,	Cha.	D.	,,	,,	,,

L.G. – Loss of Gloss 失色

F. – Fading 退色

C. – Checking 裂紋

Cha. – Chalking 變粉質

Y. – Yellowing 變黃

W.S – Water Stain 水漬

P. – Peeling 脫皮

D. – Film Destroyed 漆面全脫

N.G. – Gloss Completely Disappeared 漆光全失

R.P. – Rusting Points 銹點

D. – Color Darkening 微變深色

試驗結果撮要

K 編號

1. M-1 Anticorrosive grey paint 十日光澤退去,一百三十日後面層粗糙,

\# 2. No. L Liquid red lead 十日後光澤退去,一百十二日後有細微裂紋。

\# 3. No.M-2 Special anticorrosive red paint 十日後光澤退去,一百三十五日粉質脫落。

\# 4. No. E.-1W White enamal 十日後有細紋,二十九日後漆面變黃脫落。

\# 5. No. 600 White ready mixed paint 十日後光澤退去,二十九日後漆面變黃,面有粉質脫落。

\# 6. No. 518 Grey ready mixed paint 三日後光澤退去,七日後粉質脫落。

\# 7. No. SR-1 Signal red paint 十日後光澤退去,一百三十五日微變深色。

\# 8. No. 239 Red ready mixed paint 十日後光澤退去,一百十二日有細微裂紋。

\# 9. No. XT. Ready mixed black paint 二十一日光澤退去,八十八日後有裂紋。

\#10. Spar varnish 八十八日後有裂紋。

\#11. Body varnish 五十八日後有粉質脫落。

F編號

\# 1. Anticorrosive grey paint 十日後光澤退去,九十五日後有銹點。

\# 2. Anticorrosive white paint 十日後光澤退去,九十五日後有微紋,並粉質脫落。

\# 3. Anticorrosive red paint 三日後退色,五十八日有裂紋。

\# 4. Ningpo lac. mohogany stain 十日後光澤退去,二十九日後漆面脫落。

Report on R. R. Paint Testing

(Samples are submitted by Nanking Shanghai Railway Administration)

A set of fifteen samples is tested under the weatherometer, another set is exposed to the open air and the third set is reserved for check. 135 days of out-of-door test do not show striking differences of defects. The results from the weatherometer test within 135 days may be summarized as follows:

	Samples	Loss of Gloss	Other Defects
1.	M-1 Anticorrosive grey paint	in 10 days	Surface rough in 130 days.
2.	No. L Liquid red lead	in 10 days	Checking in 112 days.
3.	No. M-2 Special anticorrosive red paint	in 10 days	Chalking in 135 days.
4.	No. E-1W White enamel	— —	Checking in 10 days, Yellowing and chalking in 29 days.
5.	No. 600 White ready mixed paint	in 10 days	Yellowing & chalking in 29 days.
6.	No. 518 Grey ready mixed paint	in 3 days	Chalking in 7 days.
7.	No. SR-1 Signal red paint ..	in 10 days	Color darkening in 135 days.
8.	No. 239 Red ready mixed paint	in 10 days	Checking in 112 days.
9.	No. XT Ready mixed black paint	in 21 days	Checking in 88 days.
10.	Spar varnish		Checking in 88 days.
11.	Body varnish		Chalking in 58 days.

	Samples		
1.	Anticorrosive grey paint	in 10 days	Rusting spots in 95

days.

2. Anticorrosive white paint ... in 10 days Checking & chalking in 95 days.

3. Anticorrosive red paint ..... in 3 days Tocky & checking in 58 days.

4. Ningpo lac. mohogany stain.. in 10 days Peeling in 29 days.

改良桐子焙法之研究

孫 令 銜

桐籽於磨粉壓榨之前,例有烘烤一番手續。烤乾後桐籽脆而易輾成粉粒。且在高溫下,所有含氮物質亦可凝結;免在壓榨時和入桐油中流出。惟我國舊法,烘烤常在鐵盤上行之;不免有燒焦之弊。以致產油常帶深棕色,不作淺黃色也。本實驗之目的,即在研求桐籽含水分多寡與產油性質之關係,與烘烤桐籽至低水分時之適當溫度與時間。

每次用桐籽約 500 克。用兩個馬口鐵扁匣盛之。匣上無蓋,以便趕走水分。烘烤用普通電爐。溫度可以調節自 60°C 至 150°C。桐籽失去之重即作爲趕去水分之重。從完全烘乾之桐籽,可以計算桐籽中剩餘之水分。桐籽烘烤後,用滾軸磨將其輾成粉末。水蒸一小時成糊狀物,入水壓機榨油。壓力最後增至每方吋一萬磅至一萬二千磅。產量在百分之二十五以上。壓出之油常含雜質。加油重十分之一之富刺氏漂土(Fuller's Earth),煮熱至 100-110°C 約半小時。時時攪動。用熱水溜斗過濾。所得各種桐油,測定其折光率與碘價,而比較其高下。兩者之數價愈高則油愈純粹,乾性愈強。顏色以淡黃爲上;桐籽若不使烤焦,自不致變成棕色也。

實驗結果

I. 烘烤溫度爲 100-105°C,時間有久暫。

表 I.

			桐油		
油樣	時間	剩餘水分	*折光率	*碘值	顏色

1	(未烘)	6.1%	1.5164	165.1	淺黄
2	2:10'	1.7%	1.5174	166.1	淺黄
3	3:0'	0	1.5162	161.5	棕色(烤焦)

*標準桐油: 折光率 1.5165-1.5200; 碘值 163-168.

桐籽貯藏,已歷四五月,故含水分僅百分之六;但性猶太韌,不易輾碎。烤兩小時後,乾脆易碎。觀上列結果,可知烘烤事屬必需。但烘烤過久反使油質變劣。

II.烘烤 2 小時。 溫度有高下。

表 II.

油樣	溫度 C°	剩餘水分 %	桐油 折光率	桐油 碘值	桐油 顏色
4	60°-65°	5.4	1.5170	159.5	淺黄
5	80°-85°	4.0	1.5173	164.0	淺黄
*2	100°-105°	1.7	1.5174	166.1	淺黄
6	135°-140°	0	1.5166	158.3	棕色(烤焦)

(*油樣 2, 參看表 I.)

上表所示,水分低者,性質爲佳。水分在 2 % 左右最爲適宜,過此常至烤焦。但溫度是否同時有關尙未能遽下斷語,故又作下列實驗。

III. 剩餘水分相同(2 %) 溫度時間互異。

表 III.

油樣	溫度	時間	桐油 折光率	桐油 碘值	桐油 顏色
7	80°-85°C	2:40'	1.5170	165.7	淺黄
2*	100°-105°C	2:10'	1.5174	166.1	淺黄
8	120-125 C	1:10'	1.5168	165.3	淺黄
9	140-145°C	45'	1.5170	165.5	淺黄(微深)

(*油樣 2, 參看表 I.)

此實驗結果,明白表示烘烤溫度在 145° 之下,則與油之性質無甚關係。如從時間經濟着想,則 140°-145° 最爲相宜總之烘烤溫度,不宜太高以免焦灼之弊。

自多元醇與多價酸製成之油溶性樹脂

韋鏡權

亞爾基樹脂 (Alkyd resins)，爲各種多元之酸與醇化合，再經複合作用而成。其單純者，不能溶於油質之溶劑中，性質亦多缺陷，因之不爲人所重視，應用不廣，其製成品亦遂少見於市場，故知之者亦少。此類樹脂，爲數雖多，其中較堪重視者，祇爲由苯二元酸（Phthalic acid）與甘油所成，於其單純之樹脂中，如能加入脂肪酸，使其性質變易，補其缺而增其長，使能溶於油中，可用以製造假漆，則亦頗有價值，堪予重視。唯油類之性質不同，有乾性，半乾性，不乾性之別，用其脂肪酸以加入樹脂，製造時之方法，與滲溶時之狀況等，皆足影響其性質。是則樹脂雖可變爲油溶性，而乾性，半乾性，不乾性之區別，亦必隨之而發生，是固理所必然矣。

試自理論方面觀之，若每分子之苯二元酸，連綴二分子之甘油，其酸根與醇根，亦化合而成酯，是則甘油中尙有醇元，堪與四分子之脂肪酸，化合而成酯。推此義而廣之，則每二分子之苯二元酸，其酸根與三分子之甘油之醇根化合，苯二元酸之根，與甘油之根，交互連綴，成爲長鍊，甘油中之其他醇元，尙可與五分子之脂肪酸化合。如此而成之樹脂，其鍊之長，可隨分子之數而加，其在油中之溶度，亦隨其所含脂肪酸根之多少而定，樹脂之性質與結構，保全無損，溶解於油中之性質，則大爲增加，實爲理想中之製漆良材。唯實際之情形何如，對於某種油與對於某種溶劑，其溶合之性狀何似，則有待於探討者也。

實驗之部

第一法

此法用於進行研究之初,所以試探油溶性樹脂,有無製成之可能。所用原料,計有蓖麻油皂(Castor oil soap)及二氯丙醇(Dichloro propanol, CH_2Cl CHCl CH_2OH)二種。

原料之製備 (1 蓖麻油皂 用80g之NaOH,溶於200cc之水中,將200g之蓖麻子油,加入其中,使受鹼化。於水鍋上加熱二小時,俟其作用完成,卽將下層之液體棄去,殘留於皂中之NaOH,用水洗除之。所得之蓖麻油皂,先於空氣中風乾之,再於100°C之溫度烘乾之,磨成細粉,用80孔之篩,以除去其粗粒。

(2)二氯丙醇 用200g之無水甘油,及160g之冰形醋酸,混和之,通入乾燥之HCl氣體,時時搖盪之,使HCl達於飽和。並保持於HCl氣氛中,經廿四小時,乃於水鍋上加熱,經六小時,乃使之冷下。再通入HCl,使之飽和,幷加熱,手續與前次同。然後將液體蒸餾之,集取其在145°C至220°C間餾出之部,而再蒸餾之。取其在175°C至177°C間餾出之部以供試驗。

實驗程序 取20g之二氯丙醇,及50g之蓖麻油皂粉,混和之。於燒瓶上,綴一迴凝器(Reflux),於油鍋上加熱,油鍋之溫度以180° C爲限。不久卽起作用,初起時,其勢殊猛,宜稍冷之,不久卽趨緩和,迨作用旣竟,則見油狀物存於瓶中,固體之鹽,沉至瓶底。冷後卽加入醚,以溶攝所成之油,而用水洗去剩餘之皂,與所生之鹽,嗣後卽餾去醚,而加入10g之苯二元酸,使與油狀物發生作用。於200°-2102'0° C之油鍋中加熱,經三小時,則油狀物變厚,成爲稠厚之樹脂狀物,此則能溶於油中之油溶性樹脂也,加植物油於其中,無論多少,皆能溶和。

第二法

此法較上法爲簡便,所用材料亦廉,而產品之顏色,亦較自上法所得者爲淺。

實驗程序 用蓖麻子油 550 份,無水甘油 101 份,氫氧化鈉 1.8 份混和之,納於器內,器上綴以迴凝器;此器須能使沸點較高之液體凝集,而水則能逸出。於品內通入乾燥之二氧化碳,以排除空氣,以後繼續緩緩通入之,以運出瓶中之水蒸汽。加熱之器,用油鍋或沙盆均可,溫度須保持於250°C至260°C之間,時時攪和之。此中所用之氫氧化鈉,係屬觸媒劑,能使蓖麻子油,分解為甘油與脂肪酸,又能使脂肪酸與甘油化合,但每一甘油分子,只與一或二脂肪酸化合而已。加熱三小時後,即冷之,冷至140°C時,即加入 226 份之苯二元酸,仍如前通入二氧化碳,并繼續通入。加熱至 180° C,即攪和之,使全部勻一,乃將溫度升至200°-210°C之間,經三小時,則液體之稠度加增,殊為黏厚,而顏色則反較甫加苯二元酸時為淡。

樹脂之物理與化學特性

自第二法製成之樹脂,業經檢試,所得之結果如下:

1. 比重 1.0827 (23°C)

2. 顏色 540(係以 1mg 之 $K_2Cr_2O_7$,溶於 100 cc 濃硫酸所成之色為單位)

3. 碘價 60.30

4. 酸價 14.01

5. 鹼化價 332.94

6. 酯價 318.93

7. 醇元價(acetyl value) 244.90

8. 乾性 甚遲緩,但能乾,

9. 黏滯性 極不易流動,在通常溫度,凝然有如固體。

10. 溶解性 於松節油,丙酮,乙醚,甲苯,哥羅仿,及苯與乙醇之混合體中,均能溶解。於桐油亞麻子油中,亦能溶解,唯須加熱以促進之;如此溶成之混合體,於210°C之溫度加熱,至三小時以上,則此混合體亦能溶於自石油製成之溶劑中;曾有用等量之樹脂與亞麻子油之混合體,縱加以八倍量之石油溶劑,亦無變濁之象。

結論

1. 此種油溶性樹脂,可利用二氯丙醇,蓖麻油皂及苯二元酸間之反應製成之,以供嘗試。

2. 若利用氫氧化鈉之醇化(alcoholysis)與酯化(Esteritication)作用,使蓖麻子油,甘油,苯二元酸互相作用,卽可從事大量製造。

3. 如此製成之樹脂,爲油溶性,可使用於各種假漆中。

4. 如用油之屬於乾性者,如亞麻子油之類,則可得屬於乾性之油溶性樹脂。

用馬口鐵殘片煉製純錫之研究

韋鏡權

我國近年製罐工業漸趨發達,製罐剩餘之殘片,全國每年達五千噸以上,爲量殊鉅。如何利用此項廢材,實爲工業界與化學界所應注意之事,良以馬口鐵有錫附於鐵上,鐵既不堪重入冶爐,鍾煉成材,致錫亦不能利用。故欲利用馬口鐵,首須解決此分離鐵與錫之問題。舊法有氧化法,氯化法,鹼液法,氯化錫溶液法等,俱各有短長,須加揀選,以便實用。氯化錫溶液法,雖較適用,但工作之詳情要點,文獻多不詳載,是則須加以研討者。

第一部　總論

甲. 馬口鐵含錫之量

我國工廠所用之馬口鐵,以英美德三國出品爲最多,但各廠不僅用一種之馬口鐵,而一地亦不僅銷售一國之貨,故各地之馬口鐵殘片,其種類殊不一致。今將自各處收集之馬口鐵殘片,分別化驗(實驗一),所得之結果如下:

(一) 製食物罐頭所用之馬口鐵三種,其含錫之平均量如次:

(1)　2.04 %

(2)　1.56 %

(3)　2.13 %

(二) 製汽油火油罐之馬口鐵含錫之平均量如下:

(1)　3.09 %

(三) 製造香烟罐所用之馬口鐵三種,其含錫之平均量如下:

(1) 2.07 %

(2) 1.03 %

(3) 1.41 %

(四) 食物及香烟罐頭封口之馬口鐵薄皮,其含錫之量,四種各別之平均數如下:

(1) 4.20 %

(2) 6.25 %

(3) 4.95 %

(4) 5.26 %

(五) 製造玩具之馬口鐵含錫之量如下:

(1) 1.63 %

自上列之結果觀之,每種所含之錫,雖有多少之分,但可歸納得一概括之結論:即盛液體或含水物之罐,其馬口鐵含錫之量常較多,而盛乾物者,則含錫較少是也。封口用之鐵皮,因質地甚薄,錫對鐵之比例增高,故其含錫之量亦最多。

罐頭與馬口鐵殘片,均出自同一之鐵皮,故上述結果,尚可用之以估計廢罐馬口皮所含之錫,以爲設計利用之張本。

乙. 自馬口鐵溶錫之溶劑

自馬口鐵溶解其錫,宜用何種溶劑,須視所欲得之產品,及製造上之便利,以爲選擇之標準。我國化學工業尚未發達,錫化合物之需要不般,無須從事大量製造,故只能以煉製純錫爲目的。溶錫之劑雖多,俱能與錫作用而令其溶下,但各有其特長,如欲利用各種廢棄空罐,因表面附有油漆印墨及垢膩油污,則以用鹼液溶劑爲佳,但國內尚無利用此法之機會,故不便採用。當以用氯化錫溶液爲溶劑,爲最相宜,其詳細情形,已經實驗探討者如下:

(一) 溶劑濃度之最低限度 以四氯化錫溶液爲溶劑,浸馬口鐵於其中,則一分子之錫,與一分子之四氯化錫作用。

$$Sn + SnCl_4 \longrightarrow 2\,SnCl_2$$

成爲二分子之二氯化錫，溶於水中，錫卽與鐵分離。四氯化錫與鐵無甚作用，故溶液中除錫之外，無其他金屬。將來製成之錫，極爲純粹，是其特優之點。但亦有須另求補救之點在。

溶液中旣含四氯化錫及二氯化錫，能發生沈澱，使錫自溶液中分出，是爲用此種溶液之困難，故須使之永存於溶液中，以便使用。

(1) 四氯化錫在水中之溶度頗大，無顯著之解離作用，其濃溶液，在通常溫度，殊少發生水解之可能。唯在溶錫之後，四價之錫原子減少，變爲二價之錫離子，故四氯化錫之濃度，可減少至若何程度，仍不致有沈澱發生，爲須加探討之事。據多次實驗（實驗二）之結果，若 Su Cl_4 之濃度，不降至 0.5N 以下，卽不易發生加水分解，縱與空氣久相觸接，亦無沈澱發生，溶液常保透明，毫無渾濁之象。

(2) 二氯化錫有還元性，在發溶液中之解離度亦大，常易被空氣氧化而生沈澱。如未被氧化，雖濃度低至 0.09 N，亦無沈澱發生（實驗四）。若已被氧化，則溶液雖濃，亦生沈澱。如在日光直射之處，或近日光之處，則沈澱之發生尤速。濃度大者，沈澱亦多（實驗三）。故防制沈澱之發生，殊不能利用濃度以爲抵制。蓋二氯化錫在溶液中之量，常隨工作之步驟而變，多寡殊難一定，實難利用濃度，致增工作上之困難，須另用他法，以謀補救。

(二) 防止沈澱之發生 防止溶液發生沈澱之方法，據實驗之結果，以加入鹽酸(HCl)（實驗五）或加入氯化銨(NH_4Cl)（實驗六）爲最有效。

(1) 如鹽酸之濃度，在 0.06N 以下，二氯化錫之溶液，無論濃淡，均易生變化，成爲渾濁之狀，或生沈澱。爲求安全計，鹽酸之濃度須在 0.08N 以上。但溶液中含有鹽酸，難免與鐵作用，使溶液中有氯化鐵，日久日多，致溶液不堪久用，殊爲美中不足。

(2) 因氯化銨在水中之解離度不大，不能供給多量之氯離子，故氯化銨之濃度，須較鹽酸爲大，乃能有同等之效能，其最低之濃度,爲0.1N,所幸氯化銨與鐵無顯著之作用,故濃度即較0.1N爲大,亦不致有困難發生。

(三) 溶錫之效能

(1) 四氯化錫溶液　以同量之錫,分別浸於濃度不同之各四氯化錫溶液中,經相等之時間後,測定所溶之錫,(實驗七)則每一立方公分(cc)溶液所溶之錫,以圖解表示,則有下列之關係。

溶液號數	1	2	3	4	5
$SnCl_4$ 濃度(N)	$\frac{1}{2}$	1	2	3	4
錫增加之量(g/cc)	0.0002	0.006	0.013	0.020	0.027

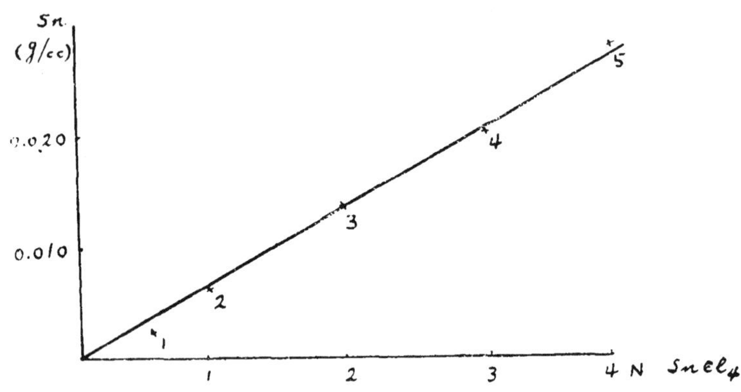

可知四氯化錫溶液能溶之錫與其濃度約爲正比例。

(2) 氯化銨與四氯化錫之溶液　若用氯化銨加入四氯化錫之溶液,使各液中之四氯化錫之溶度相等,而氯化銨之濃度,則有等差,各浸入同量之錫,經相等之時間後,測定所溶之錫,(實驗八)結果如下。

溶液號數	1	2	3	4
四氯化錫濃度(N)	2	2	2	2
氯化銨濃度(N)	0	$\frac{1}{2}$	1	2
錫增多之量(g/cc)	0.0066	0.0086	0.0108	0.0142
增多之錫與四氯化錫所含之錫之比(%)	11.18	14.56	18.21	23.91

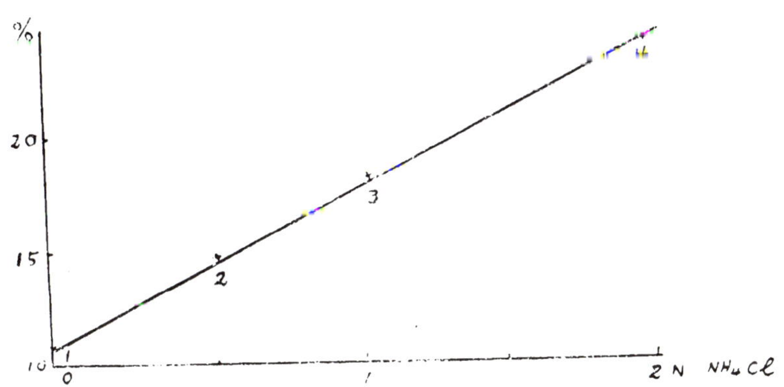

可知四氯化錫溶錫之量,因溶液中含有氯化銨之故而增加,並與氯化銨之濃度成正比例。是因二氯化錫與氯化銨,成爲溶度頗大之複鹽(NH_4SnCl_3及$(NH_4)_2SnCl_4$),將溶液中之錫離子減少,故錫溶解之速度加快,溶錫之量亦加大。

(四) 四氯化錫溶液所能溶錫之量,與鐵片上不溶之錫。

以四氯化錫溶液,溶解馬口鐵上之錫,其速度與溫度有關係。至其溶錫之最大量,則與溶液有無氯化銨存在,殊有大關係。以同濃度之四氯化錫溶液溶錫,其無氯化銨者,所溶之錫,與四氯化錫所含之錫之比,如已達24%,即不易再溶溶解之速度,則變爲極緩。其有氯化銨者,卽使所溶之錫,與四氯化錫所含之錫之比,已達24,尙能繼續再溶多量之錫,卽達60%,亦能迅速溶下,故氯化銨之影響殊大。

馬口鐵上之錫,其能溶於四氯化錫溶液中者,爲量較多,溶解亦易。其不能溶者,經多次之化驗(實驗九),其量約爲鐵之0.31%至0.45%之間。此一部份之錫,雖用未曾溶錫之四氯化錫溶液,及有氯化銨之溶液浸之,亦不易溶,即久浸之,亦無顯著之進步。似鐵已與錫結合成合金,在通常溫度,不易與四氯化錫發生作用矣。

丙、用電解法分出溶液中之錫

用電解法分出溶液所溶得之錫,以鐵片爲陰極,碳精爲陽極,

並時時攪和溶液,使濃度一致,則二氯化錫之錫,分離而出,成為純錫。其在陰陽兩極之變化,

陰極 $SnCl_2+2\ominus \longrightarrow Sn+2Cl^-$

陽極 $SnCl_2+2\oplus+2Cl^- \longrightarrow SnCl$

故溶液中之二氯化錫,其一半被還元而成錫,一半被氧化而成四氯化錫。是以溶液中之四重化錫,恢復其在溶錫前之量。

電解之電流效率(Current efficiency),與電壓力之大小,有密切關係,在多次之實驗中,有時電壓之升降只一單位之什一,而電流效率之差異,常達百分之二三十,故須有適宜之電壓,乃能有較高之電流效率。電壓在何限度,乃最為合宜,遂為首要之問題。

電解所需之電壓,其大小須視兩極之電位差而定。特此種電位差之發生,除由溶液與電極相接處之電位差外,其餘如電極自身之電阻,及連接導線處之電阻,以及在兩極間之溶液之電阻,亦有關係。按溶液與電極相接處之電位差,為元素與其在溶液中之離子之電位差,與其離子之濃度互為比例,在電解中,離子之濃度有變化,則溶液與電極相接觸處之電位差,亦隨之而變。至於在兩極間之溶液之電阻,亦與離子之濃度有直接關係,電解中離子之濃度有變化,則溶液之電阻,卽隨之而變,是以兩極間之電位差,在電解之過程中,其差異亦大,故須用若干單位之電壓,乃能達最高之電流效率,隨實際情形而異,難作簡單而固定之說詞矣。

就歷次實驗(實驗十及十一)之結果,總括述之如下:

(一)電壓須在三伏特(Volt)以下,庶不致使陽極附近發生泡沫,致溶液發生沈澱,又使電流效率低微。

(二)電壓亦不可低於二伏特,否則電流效率固低,而錫之分出亦緩,且分出之錫,集成樹枝狀,向陽極伸延,易生意外。

(三)電壓如在2.2至2.8伏特之間,並隨時斟酌實際情形加以校正,則電流效率最低者,亦可達30%,欲達90%以上,亦非難事。

電壓之大小,如能按上列之標準,而二氯化錫之濃度,能在6N

以下,四氯化錫之溶液濃度,亦在1N以下,溫度在15°至30°之間,則分離而出之錫,全爲結晶,附於陰極,如苔如簇,結果極爲滿意。

第二部 實驗

(一)化驗馬口鐵殘片含錫之量

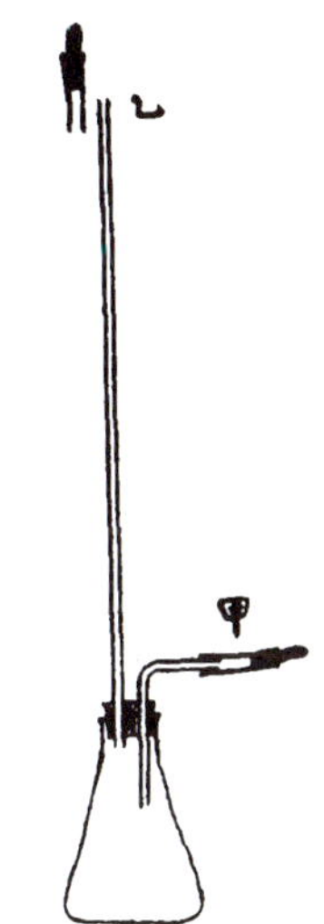

取馬口鐵片二至三公分,納於錐形燒瓶中,其裝置如附圖。加入6N鹽酸,30至40 cc。通入二氧化碳,以排除瓶內之空氣。緩緩加熱,至有氣泡發生即止。如作用過烈,致(乙)處有烟霧噴出,卽使之稍冷。至鐵將溶盡時,卽將(乙)處閉塞,而將(甲)連接於二氧化碳發生器,使瓶內不致吸入空氣。並稍加熱,以促鐵全溶。至鐵溶完後,卽用水使瓶速冷,候瓶中溶液完全冷後,乃將二氧化碳發生器摘去。隨卽加入澱粉液,以作指示劑,而用碘液滴定其中之二氯化錫。此項化驗工作,每次約需二小時有半,其間須嚴防空氣侵入瓶中,致二氯化錫被其氧化。

1. 製造食物罐頭所用之馬口鐵三種

	馬口鐵之重量	碘溶液之量	鐵片中之錫	錫之百分比
	(g)	(cc)	(g)	(%)
(1)	2·5460	8.1	0.0500	1.96
	2.6414	9.3	0.0575	2.17
	2.9178	9.4	0.0581	1.99
				2.04 %
(2)	3.0554	8.0	0.0493	1.61
	3.4606	8.5	0.0524	1.51
	3.4084	8.7	0.0537	1.55
				1.56 %
(3)	2.8190	8.0	0.0614	2.11

	3.5670	9.7	0.0745	2.15
	3.4258	9.5	0.0729	2.13
				2.13 %
2. 製造汽油火油罐之馬口鐵一種				
(1)	2.8710	14.2	0.0877	3.05
	2.5448	12.9	0.0796	3.13
				3.09 %
3. 製造香烟罐之馬口鐵三種				
(1)	3.6732	12.6	0.0768	2.12
	3.3146	10.7	0.0661	2.01
				2.07 %
(2)	3.4696	5.8	0.0358	1.03
	3.3790	5.7	0.0352	1.03
				1.03 %
(3)	2.9500	6.7	0.0414	1.40
	3.1684	7.3	0.0451	1.42
				1.41 %
4. 食物及香煙罐封口用之馬口鐵薄皮四種				
(1)	1.9176	10.1	0.0776	4.2
				4.2 %
(2)	2.3630	22.9	0.1414	5.98
	2.2016	23.3	0.1439	6.53
				6.26 %
(3)	1.1480	9.2	0.0568	4.95
				4.95 %
(4)	2.5624	23.0	0.1391	5.43
	2.4194	19.7	0.1216	5.02
	2.3154	19.9	0.1229	5.23

5.23 %

5. 製造玩具之馬口鐵一種

(1)	4.8450	13.6	0.0838	1.64
	4.9090	12.8	0.0790	1.61
				1.63 %

(二)四氯化錫溶液發生渾濁之濃度

以純淨之四氯化錫結晶（$SnCl_4 \cdot 5H_2O$），配成3 N濃度之溶液，再加水以配成各種濃度較低之溶液，靜置兩晝夜。

溶液號數	1	2	3	4	5	6
$SnCl_4$ 濃度(N)	3.0	2.4	1.8	1.2	0.6	0.15
結果	清澈					渾濁

又以濃度爲3 N之四氯化錫溶液，配成濃度低於0.6 N之溶液，仍靜置一晝夜。

溶液號數	7	8	9	10	11	12
$SnCl_4$ 濃度(N)	0.60	0.50	0.45	0.40	0.30	0.10
結果	清澈		渾濁			清澈

(三)二氯化錫溶液發生渾濁之濃度

以純淨之二氯化錫結晶($SnCl_2$ $2H_2O$)配6N之溶液(只用蒸餾水)，再加水，配成濃度較小之溶液，靜置一夜，其結果如下。

溶液號數	1	2	3	4	5	6	7
$SnCl_2$ 濃度(N)	6.0	5.6	5.2	4.8	4.4	4.0	3.6
結果	(各液俱生渾濁)						

仍如上法，另配溶液，分別置於有日光及近日光之處，則不及一小時，卽生渾濁而沈澱。

(四)二氯化錫溶液之另一實驗

實驗三所用之二氯化錫，雖係純粹者，但因二氯化錫易被氧化之故，開瓶已久者，實驗之結果固不佳，卽新開瓶者，亦有已被氧化之嫌疑，因之結果亦不能完全正確，不得不另用他法，以求得正確之結果。

以濃度爲5N之四氯化錫溶液溶錫,則所生之二氯化錫,在短時間內,卽無被氧化之可能。溶錫後,用分析法測定所溶之錫,卽得二氯化錫之濃度,計爲1.05N。四氯化錫之濃度,降至4.5N。乃加1N之四氯化錫溶液,使二氯化錫之濃度,減至其原有濃度之$\frac{2}{3}$,$\frac{1}{2}$,$\frac{1}{3}$,$\frac{1}{10}$,$\frac{1}{20}$,靜置一晝夜,以觀察其結果。四氯化錫之濃度,因俱在1N以上,故無發生沈澱之可能。

又以濃度爲4N四氯化錫溶液溶錫,所成之二氯化錫,其濃度經測定爲0.88N。亦用濃度爲1N之四氯化錫溶液,使二氯化錫之濃度,減至其原有濃度之$\frac{3}{4}$,$\frac{1}{2}$,$\frac{1}{4}$,$\frac{1}{10}$,$\frac{1}{20}$,靜置一晝夜,以觀察其結果。

溶液號數	1	2	3	4	5	6	7	8	9	10	11	12
$SnCl_2$濃度(N)	1.05	0.88	0.70	0.66	0.53	0.44	0.35	0.22	0.15	0.88	0.05	0.044
結果						清澈						微濁

(五)鹽酸與二氯化錫之濃度對於發生渾濁之影響

用純粹之二氯化錫結晶($SnCl_2 \cdot 2H_2O$)配成之溶液,加鹽酸,靜置一夜,其結果如下:

溶液號數	1	2	3	4	5	6	7	8	9	10	11	12
$SnCl_2$濃度(N)	0.2	0.2	0.2	0.2	0.4	0.4	0.4	0.4	0.6	0.6	0.6	0.2
HCl濃度(N)	0.02	0.1	0.2	0.4	0.04	0.2	0.4	0.4	0.06	0.3	0.6	0.08
結果	渾濁		清澈		渾濁		清澈		渾濁		清澈	

(六)氯化銨與二氯化錫之濃度對於發生渾濁之影響

用純粹之二氯化錫結晶($SnCl_2 \cdot 2H_2O$)之溶液,與氯化銨溶液配成各種濃度之溶液,經一夜後,其結果如下

溶液號數	1	2	3	4	5	6	7	8	9	10	11	12
$SnCl_2$濃度(N)	0.2	0.2	0.2	0.2	0.4	0.4	0.4	0.4	0.6	0.6	0.6	0.8
NH_4Cl濃度(N)	0.02	0.1	0.2	0.4	0.04	0.2	0.4	0.8	0.6	0.3	0.6	0.08
結果	渾濁		清澈		渾濁		清澈		渾濁	清澈		渾濁

（七）四氯化錫溶液溶錫之效能

用同量之錫浸於濃度不同之四氯化錫溶液中，經一夜之後，用碘溶液滴定所成之二氯化錫，以求得二氯化錫中之錫之量，此量之半，即爲溶得之錫之量。下表所列之結果，係溶液每一立方公分(cc)所含之量。

溶液號數	1	2	3	4	5
$SnCl_4$ 之濃度(N)	$\frac{1}{2}$	1	2	3	4
$SnCl_4$ 之錫(g/cc)	0.0034	0.0115	0.0252	0.0403	0.0540
錫增加之量(g/cc)	0.0017	0.0058	0.0126	0.0201	0.0270

（八）氯化錏與四氯化錫溶液溶錫之效能

於四氯化錫之溶液中，加氯化錏，使各液中四氯化錫之濃度一致，而氯化錏之濃度，則有差別。於各液中，浸同量之錫，經一夜之後，用碘溶液滴定所成之二氯化錫，其餘工作，均與實驗七相同。

溶液號數	1	2	3	4
$SnCl_4$ 濃度(N)	2	2	2	2
NH_4Cl 濃度(N)	0	$\frac{1}{2}$	1	2
$SnCl_2$ 之錫(g/cc)	0.0132	0.0173	0.0216	0.0284
錫增加之量(g/cc)	0.0066	0.0086	0.0108	0.0142
溶得之錫與 $SnCl_4$ 之錫之百分比(%)	11.18	14.56	18.21	23.91

（九）馬口鐵上之錫不溶於四氯化錫之溶液量

化驗方法，與實驗一同。所用之馬口鐵，係製食物罐頭者其含錫量爲2.13%。

1. 浸於未曾溶錫之四氯化錫溶液之馬口鐵。

馬口鐵之重量 (g)	碘溶液之量 (cc)	鐵片中之錫 (g)	錫之百分比 (%)
3.1660	1.8	0.0138	0.44
3.1720	1.9	0.0146	0.46
			0.45%

2. 浸於巳溶有錫之四氯化錫溶液之馬口鐵

(1)	3.7840	1.9	0.0146	0.39
	3.8022	2.0	0.0154	0.43
				0.41 %
(2)	2.6688	1.1	0.0085	0.30
	2.5270	1.0	0.0077	0.32
				0.31 %

3. 先將馬口鐵於溶有錫之四氯化錫及氯化銨溶液中浸之,再於未溶錫之溶液中浸之。

2.9842	1.3	0.0100	0.33
2.6310	1.2	0.0092	0.34
			0.34 %

(十)電解實驗之一

在電解之前後,均須將溶液中所含錫之總量化驗測定。每次取溶液 2 cc,加水 15 cc,又 6N 之鹽酸 2 cc,此外復加純鋁之細條一公分,仍用實驗一所用之裝置。通入二氧化碳,以排除空氣。鋁將錫還元,成黑灰色之疏鬆固體,始則附屬於鋁上,繼乃浮游於液中。以後按時加鹽酸,每次 5 cc,共兩次。至鋁將完時,用水淋燒瓶,使瓶內之液冷下,乃加濃鹽酸 15 cc。通入二氧化碳,以排盡空氣。用微火加熱,以促錫溶解,至錫將盡時,仍須如溶鐵時之手續,連接於二氧化碳發生器,以免空氣侵入瓶內。冷後即用碘溶液,滴定其中之錫。

電解時以鐵片爲陰極,以碳條爲陽極,電壓之高低,須隨時加以校正,使達所欲之限度。此項裝置,與常用者同,故不贅述。

電解記錄

電解前溶液含錫之量(g/cc)	0.08484
溶液之總量(cc)	194
電解所經之時間(min.)	130
電流(ampere)	0.6–0.9

電壓(volt)	0.0 0.6
兩電極之距離(cm)	3
陰極在溶液中之面積(cm^2)	12
電解後溶液含錫之量(g/cc)	0.07140
電解後溶液之總量(cc)	190

結果

溶液減少之錫之總量＝2.6131 公分(g)

＝0.0435 當量(equivalent)

過通之電流總量 ＝5920 庫侖(coulomb)

＝0.061 法拉第(faraday)

電流效率 ＝71%

(十一)電解實驗之二

此次電解之手續與前一實驗相同只所用之電壓不同。

電解記錄

電解前溶液含錫之量(g/cc)	0.08484
溶液之總量(cc)	188
電解所經之時間(min.)	60
電流(ampere)	0.9-1.4
電壓(volt)	3
兩電極之距離(cm)	3
陰極在溶液中之面積(cm^2)	12
電解後溶液含錫之量(g/cc)	0.07620
電解後溶液之總量(cc)	186

結果

溶液減少之錫之總量＝0.6728公分(g)

＝0.0115 當量(equivalent)

過通之電流總量 ＝4396 庫侖(coulomb)

＝0.0455 法拉第(faraday)

電流效率 $=\frac{0.0115}{0.0455}$

$=25\%$

第三部 結論

一. 用四氯化錫與氯化銨之溶液爲溶劑,四氯化錫之濃度,又大於 $\frac{1}{2}$N 雖久與空氣接觸,亦無渾濁之象,爲溶錫之優良溶劑。

二. 馬口鐵平均含錫2.8%,其中有0.31—0.45%,非四氯化錫所能溶解。

三. 電解之電流效率,隨電壓而變,以在2.2至2.8伏特之間爲宜。

四. 馬口鐵中之鐵,爲優良之煆鐵,爲煉鋼之最好原料。

參考文獻

1. *Mentell: Tin.*
2. *Rawdon: Protective metallic coatings.*
3. *Evens: Metals and metallic compounds, vol. 4.*
4. *Mellor: Comprehensive treatise on inorganic and theoritical chemistry, vol. 7.*
5. *Allmand and Ellingham: Applied electro-chemistry.*
6. *Thompson: Theoritical and applied electro-chemistry.*
7. *Koller: The utilization of waste products.*
8. *Kershaw: The recovery and use of industrial waste.*
9. *Watt's dictionary of chemistry, vol. 4.*
10. *International critical tables, vol. 6.*
11. *Detinning of scrap tin-plate (Ind. & Eng. chem., 1930).*
12. *The electro-deposition of tin (Tras. Amer. electro-chemistry, vol. 23).*

待焚文稿自序

陳　柱

柱年十五六,好昭明文選,由是而泛濫於漢魏六朝百三家,以至唐之四傑,王右丞陸宣公李義山溫飛卿等,皆嗜之,已而好姚王氏古文辭類纂,用力於所謂桐城義法者,後乃耽太史公書,班孟堅漢書,以爲不獨馬班之文,兩漢文之工者亦悉在於是,而尤好司馬相如揚雄之爲,既而讀韓昌黎集,乃喟然嘆曰,嗟乎,昌黎之師,其在揚雄乎,自漢以來,文人之作,大抵相沿摹擬,自昭明之選,以經子諸史畫於文之外,更無復知六經諸子之爲文者矣,唯漢之揚雄氏,以太玄擬易,法言擬論語,方言擬爾雅,人固病其太似,然其解謿之篇,古來共偉之,皆知擬東方朔,而不知其高處乃得力於韓非,其他諸文皆以經子爲骨,以相如爲貌者也,故揚雄之文,昌黎亟稱之,於是取昌黎之文,一一證諸經子,而皆得其淵源之所自,蓋昌黎之文,又以經子爲骨,而以揚雄爲貌者也,嗚呼,豈不諦哉。於是又好六經諸子之文,蓋自二十二三以至三十之年,其治經子亦莫非以爲文者也,然納蘭氏通志堂,阮氏學海堂之書,已博覽無遺矣。於是並好佛典,嘗購大藏經,於華嚴法華三論尤所研誦,既而棄去,專治考證,十餘年間。成易學尚書學,公羊家哲學周禮通論中庸通義字論老子合訓老學八篇墨子間詁補正墨學十論等,都數百萬言,合以詩文雜著等共百餘種蓋千餘萬言,番禺徐固卿紹楨先生見而歎曰,自古以來,經生著述之多,未有如君者也,故平生爲文,不主一家,不專一體,其爲文之宗恉,則已見於集中諸文,茲不復論,今以所爲日多,懼有散失,故敍而存之,有以事存者,有以人存者,不能盡以文論也。回憶弱冠之年,未嘗不有志於事功,頗從事於革命,民國元年,政黨初興。時共和黨與國民黨對峙,聲勢尤大,大總統黎元洪爲理事長,章炳麟副之,各省參議員如江蘇張謇,唐蔚芝先生,浙江湯壽潛,湖南熊希齡,廣東鄧實等,皆一時人傑,而杜亦濫厠其間,參與國家大議,且請政府下令婦女剪髮禁早婚,採用歐文標點,時賢多笑之,已而自以所學未成,且袁氏專政,共和黨改爲統一黨,遂脫籍,尋以南社社友多加入國民黨,遂爲國民黨員。既而黨爭日烈,內戰以起,遂不復問聞,年二十五,長廣西省立梧州中學校,銳志整飭,始則革去學生八九十人,全省譁然。省議會且將彈劾。已而學生說服,德學遠邁,兀然冠一省,而文學尤彬彬日盛,凡羣經諸子說文文選諸書,諸生皆能誦之,以軍法部勒學生,整齊劃一,自衣履以至頭髮長短,無敢有異狀,而食飲譚笑則親如父兄子弟,禁早婚,興圖書館,造學校林,歲植樹數十萬株,令學生課餘爲竹木籐器,凡校中器具次弟以學生製品代之,皆先試於一校,而後白於省府,冀次弟推行於一省,故當時雖爲一校之長,而隱穩欲轉移全省教育矣。凡入訓於校,出詔於衆,皆諄諄以孔孟荀卿爲師法,相與講學之士,若湖南陳天倪,譚戒甫,劉柏雲,安徽程演生,江蘇朱東潤,及同邑馮振心,皆卓然積學能文之士,今皆爲上庠教授主任者也,志氣既修,聲應益盛,以故省中大吏,多敬重之,長校六年,政府屢易,而杜得以從容設施,然名日高而忌亦日衆矣,會陳炯明軍攻克廣州,桂軍退肇慶,梧州震動。忌者乃讒於鎮守使韋榮昌曰,陳柱孫陳黨也,必爲亂,早誅之,不者,且後悔,署名請者數十人,遂下令,柱既至營,榮昌曰,人多告君將爲亂,柱曰,有據乎,曰,人謂君故使學生逃散,以動搖軍民,而君陰爲之應,柱曰,今退走之軍士以萬計,搖動人心,莫此爲甚,而以責學生乎。帶甲數萬,利器在身,尚復潰退,而欲責學生不退乎。以無拳無勇之中學校長,而可以在數十萬大軍雲集之梧州爲亂,公毋乃太重視書生乎。榮昌語塞,曰,雖然,人告君。已而參謀某君諫曰,陳某一省之望,公宜惜之，昔曹操殺禰衡，而假手於黃祖，時論非之，公亦宜自愛也，遂得釋。而志氣益橫厲，孤行己志益切，居梧六年，不與官吏士紳交接，不宴客，不赴讌，凡不學之人，雖達官，奴僕視之，雖對坐，不發一言，故益有狂名。民國十年，粵軍攻桂，劉震寰軍與之合，克梧州。劉震寰者桂軍第某路司令，自駐平樂，慷慨好士，九年春，桂率諸生游桂林，道平樂，劉君列隊迎，回亦列隊送，嘗於席間時時諷以急練兵待時，遂訂交。及粵攻桂急，調劉軍東下，至梧，桂屏左右言曰，陸譚據兩粵，將十年，民不堪命，近益昏憒，逆行倒施，君其圖之。故劉軍入梧城，午夜馳桂所，然桂已先一日離梧矣。至家，劉君求之益急，桂乃謝曰，當今天下滔滔，擁兵割據，孰能有用書生迂闊之謀者哉，遂應錫山唐蔚芝師之聘，曰，爲我謝劉將軍，吾方有江南之游，未皇軍旅之事也。自是以後，遂不復有用世之志矣。今每念前事，已忽忽如隔世。唯此數卷之文，嬉笑怒駡，尙仿佛當年，雖於世無用，而吾以往之生命，尙悉賴是以存，又未嘗不歎無用之爲用誠大也。嗟乎，嘗謂平生有三幸，三不幸。家君壽不得至七十以上，一不幸也，舍弟早亡，二不幸也，不能以孔孟之志，行商韓之法，以匡時弊，三不幸也，得以文受知於錫山唐蔚芝師，一幸也，得以詩受知於侯官陳石遺師，二幸也，得淪落於江南，與海內通人，上下其論議，三幸也。夜深酒醒，慘復記之。民國二十二年六月敍於上海交通大學

漫遊記自序

唐慶詒

余少喜遊,曾兩度遊美,兩度遊歐,惟足跡所經,見聞所及,記載盖尠。今夏於篋中檢得舊日遊記四種,皆一時抒寫襟懷之作,聊堪自嬉,爰彙集成帙,名曰漫遊記,倩武進張君耆孫校閱一過,付諸鉛槧。其中第一記,紀二十年前余與美國同學開塞爾君遊歷美國南部之事,維時余等少年意氣甚豪,每日步行康德基省青草區七八十里,某宵行曠野中,忽遇無數酗酒黑人,乘大木車風馳而來,誤以余等為盜,舉鎗轟擊,火光迸射,子彈颼颼然自頭上掠過,余等亟伏匿深草叢中,幸免於厄,亦漫遊中一紀念也。瑞士有世界公園之稱,其山水雄奇幽秀,無美不臻,第二記所載,不過滄海之勺耳。雁蕩為浙東名山,其景幽靈清勝,千巒萬嶂,峭拔巉巖,昔人以之擬飛仙俠客,良非虛譽,聞近年來雁蕩山設備頗周,迥異第三記中所述行旅艱苦情形,蓋名山勝地之點綴,與小民之流離困苦俱增矣。第四記載余與內子慶棠同往歐洲之經歷,遊香港三環,聞新加坡南天酒家簫鼓,往孟買觀靜塔,弔印度古宮,登哥崙布峯,采佛國貝葉,聽海潮音,渡印度洋紅海蘇彝士運河,經埃及境,空遊思古之情,而時已改,登歐洲大陸,雅爾高峯,萊茵秋水,供我經營,惜余目疾方劇,途中閱歷,有如莊子所謂以神遇而不以目視者矣。國步日蹙,江河滿地,回首清遊,不勝今昔之感。數日前得馬君公愚來書,謂已在雁蕩山購地數畝,作他年休憩之所,會當相訪於靈峯雁湖之間,風日交柯,一樽座對,龍湫飛瀑,恍奏鈞天,人間世盛衰升沉寵辱得失之故,豈足復道哉,民國二十四年七月唐慶詒序於無錫西溪。

墨子閒詁補正跋

蔣庭曜

吾師守玄先生治六藝經傳之外,於諸子百家之學,無不深究,而尤善於墨。蓋自漢汰百家以後,而墨學寖微,墨之書破壞至幾不可讀,清畢秋帆張臯文之徒,始稍稍補綴,至孫仲頌爲墨子閒詁,集當時墨學之大成,而墨之書始可讀,墨學始盛。五十年間,治墨學者,無慮數百家,益以科學昌明,墨經有言幾何算學以及光學力學重學者,無不闡發殫盡,而仲頌之書未有也,先生於是發憤爲閒詁補正若干卷,一以補仲頌之缺漏;一以正仲頌之謬誤,抉幽闡微,精確詳明,洵乎發前人之所未發,集近今墨學之大成,雖使仲頌復生,亦當爲之歎服不止矣!先生之於墨,不亦有勞哉!

嘗考墨子於古爲顯學,故當時學者以孔墨儒墨並稱,則其尊可知。孔子弟子三千,身通六藝者七十二人,而墨子弟子服役者百八十人,皆可使赴火蹈刃,死不旋踵,則其化可知。蓋墨子之學,本出自孔子,與儒未嘗大異,特墨子備世之急,而爲之太過耳。固不可以與爲我之楊子,同日而論也。是以楊之學,及身則已,天下後世未聞有稱道之者,墨之學雖見闢於孟子,而其兼愛之旨,節用之道,爲人羣謀福利之心,終爲天下後世之人所稱道不衰,何者,以其言之有當於人心也。故以退之之推崇孟子,而亦言孔子必用墨子,墨子必用孔子,孔墨不相用,不足爲孔墨。此誠持平之論,能深知墨子者矣!余讀墨子兼愛篇,其言天下之亂,起於不相愛,子自愛不愛父,故虧父而自利;弟自愛不愛兄,故虧兄而自利;諸侯各愛其國不愛異國,故攻異國以利其國;未嘗不歎其說之痛且切也!今天下之亂亟矣,父子相賊,兄弟相殺,列國相侵凌,誰復知有所謂相愛哉?相愛則天下之亂息矣!夫人類之所以可貴,在於能相愛;而人類之所以能生存,亦在於能相愛,不相愛則亂無已時,而人之類不幾絕耶?此墨子所以倡兼愛,而先生之所以爲是書,亦欲藉以救世亂者歟?

且也墨子言國家昏亂,則語之尚賢尚同;國家貧則語之節用節葬;國家熹音湛湎,則語之非樂非命;國家淫僻無禮,則語之尊天事鬼;國家務奪侵凌,則語之兼愛非攻;今我國則果昏亂否乎?貧否乎?熹音湛湎否乎?淫僻無禮否乎?務奪侵凌否乎?蓋有甚於墨子之時矣!則墨子之說,誠可務擇而從事者也。不特此也,墨子處宋弱小之國,而倡弭兵非戰之說,然於自衞之道,則講之至精,觀其備城門諸篇,言守禦之術甚詳,故能卒却强楚,是非後之空言和平,一任人之殘殺蹂躪而不顧者所可比儗也。則是書之成,吾知先生盱衡世變,必有低徊欷歔而不能自已者矣!

是書於遼亡之歲,殺青於滬上,出書已有日,適淞滬變起,悉燬於火,嗚呼!無備而抗强敵,與夫不戰而長冦氛,此皆非墨子之教也。墨而有靈,能不抱無涯之痛哉!其後二歲,先生出其幸存之副本,重爲理董,命庭曜再任校役,儗復付梓,庭曜深歎墨學之難明,用感先生之意,既畢而謹志其顛末於後,亦使世之讀是書,而知先生之心也,噫!民國二十四年九月弟子蔣庭曜謹跋

中國要早日實行工業化

鐵道公報第一千二百三十六期

馬寅初演講

經濟學專家馬寅初博士,於七月二十九日下午七時,應本部第四屆全國鐵路沿線出產貨品展覽會之請,在青島市民衆教育館廣播演講,闡明中國要早日實行工業化,茲紀其演詞如下:

諸位先生,今天鐵展會叫兄弟演講,演講的題目是:「中國要早日實行工業化」。兄弟以爲鐵展會陳列各種貨品,促進工商業的效力很大,因爲大家對於各種物品,必須先認識而後有興趣,有了興趣,自然能研究,能製造。我們中國所用的物品,多半從外國輸入,所受經濟上的損失甚大,所以從前我們要喊出抵制外貨的口號來;但是抵制外貨,在國際關係上是說不通的,現在我們要把口號改爲提倡國貨,其實無論那一國,都要提倡國貨。如:美國要提倡美國貨英國德國也要提倡英國貨德國貨。我國農產,鑛產,都很豐富而製造品不見進步,要想提倡國貨,必須在工業上找到立場,現在我講的工業化,是要先提倡輕工業,因爲各種重工業,需要資本很大,並須有很精良的專門技術,如果是樣樣都要舉辦,以中國的力量,實一時不易辦到,所以我主張,除了關於國防需要的重工業,必須舉辦外,要從輕工業先行辦起。至應該舉辦那幾種輕工業,我可以列出幾個原則來。第一:所辦的輕工業,必須與農村有密切關係,譬如中國產棉最多,而棉織品又需要最大,則設立紗廠,實爲與農村最關重要的工業;但是中國的紗廠,已經衰落到這地步,我們爲甚麼還要提倡紗廠呢?諸位要知道中國紗廠的失敗,並不是紗廠本身根本上站不住，其所以失敗的原因很多，如稅捐太重，不能與外人競爭，也是失敗的原因之一，現在財政部已實行取銷苛捐雜稅，實業部亦力籌產銷合作的方法，爲各種產業謀出路，還有一個最大的原因，就是管理不善，各紗廠在頂發達的時候，賺錢很多，當時不能把公積金，妥爲保存，隨便分紅，動輒四五分息以上，在金融方面，不能周密計劃以爲活動之準備，而用人方面，則引用自己親戚朋友，不管他有無才能，如上海有一家最大的紗廠，也不必說出他的名來，因爲廠主有了年紀，叫他的兒子去管理紗廠，他的兒子終日在外嫖賭，不到廠辦事廠裏的錢，自己隨便濫用，所有重要位置，都叫他的親戚把持，外人叫他們爲黃馬掛，很有勢力，所以棉商都向黃馬掛納賄賂，把攙水的棉花賣給廠內，所以這個紗廠失敗的不可收拾了。由此看來，中國的紗廠，並不是因爲本身根本上站不住的，中國的棉花本來是最靠的住，人工又便宜，如能將管理技術，加以改進，將來是很可發達的。紗廠以外，還有麵粉廠，這些工業，原料出產很富，用途又廣，提倡起來，一定有很大的利益。還有絲廠，也是與鄉農有關係的，祇因爲中國的絲，繅練不好，粗細不勻，不能與外貨競爭，現在已由商品檢驗局實行，檢驗，以免劣貨出口，再就是絲的成分壞，無有分別標準，現在經濟委員會正在設法舉行試驗，將來逐步改良，定能推廣銷路。幷且現在政府（全國經濟委員會）與廠家擬合辦一模範絲廠，購得最新式的繅絲機器，將來做出來的絲，一定甚好的。第二：對於吾國固有技術的輕工業，應該提倡。江西磁器爲我國固有的技術，實爲外國所不及，也要再求精進，力謀發達。第三：提倡輕工業，要注重用資本少，用人工多的，先行舉辦。因爲中國經濟很薄弱，而失業的貧民又多，如舉辦各種輕工業，需用資本十餘萬或數十萬，即可用工人很多，實於貧民生計，不無小補。第四：輕工業的出品，須普遍適用，且爲農民購買力所能担負的，以便推廣。如普通用的紙傘襪子毛巾等，從前都是購買外貨，現在杭州都能自己製造，並且很好，自然就無人去買外貨了。這些工業，都不用大資本,不用大機器,也不至與外國資本家衝突。還有一點,就是中上階級的人,消費是較大,購買力亦大,所有他們日常應用的東西,也要提倡自己製造,如電燈泡及婦女所用脂粉之類,免得購用外貨,不但有利於農民,同時中上階級的人,也得到便利,這種工業,自然就容易推廣了。此外還有幾點,應該提倡的。一開採煤鑛,中國的煤鑛蘊藏最富,又比較開採他種鑛產,甚爲容易,無論工業,農業,均有直接需要,必須提倡開採,以裕富源。二,便利交通,鐵路輪船爲交通利器,均與實業關係甚大,現在鐵道部正在竭力籌劃修築各路,以期完成中國鐵路網。我國船業,向爲外人所操縱,現在招商局,民生公司等,正在力謀擴充,將來很有希望。三設立電廠現在水力磨電爲發生原動力最好之方法,如江蘇戚墅堰地方有一電廠,利用水力磨電,去年各地水已乾涸,該電廠能用電力將低窪的水抽上高地,故該處竟未感水荒。但是電廠必須中國自辦,萬不能假手外人去辦;假如外人在租界設立電廠,祇須一根電線,即可通入內地,操縱之力太大。再外人主辦之電廠,供給電力,價値可隨意高低,則中國的工廠必受外人的挾制,所以電廠是必須自辦的。還有興辦水利,也是我國最重要的工作,兄弟以爲就中國現在的情勢而言,不必唱興水利的高調,要先想法去除水害,現在長江,黃河到處決口,損失不可計算,如能每年以五千萬元之款防禦水患,積至十年,也不過五萬萬之數,則數年內所免去的損失,也就不止多於所費之欵數倍了。最後要請大家的注意的一點,就是要利用外資,不爲外資所利用。如美國與印度,均是賴外資以開發富源,印度雖已亡國,其國內各種事業,甚爲發達,我國以前借用外款,都是爲外資利用而非利用外資。所以最後要特別提出中國舉辦工業,要利用外資,不爲外資利用。至於如何始爲利用外資,則係另一問題,非今日題內之言——容後有機會再說,今日所說,即止於此,完了。

RECENT ADVANCES IN INDUSTRIAL ELECTRO-CHEMISTRY

By Professor COLIN G. FINK
Division of Electrochemistry, Columbia University.

(From "Scientific Monthly", August, 1935)

At the time of the harnessing of part of the vast power resources at Niagara Falls forty years ago, "industrial electrochemistry" was born. Before that time the consumption of electricity in electrochemical processes was relatively insignificant. To-day the total installed electric power for electrochemical industries in the United States alone amounts to over 3,000,000 kw, a very significant figure—enough power to light a good-sized tungsten lamp in every home in the whole country. About one half of the power is required by two of the electrochemical products: aluminum metal and calcium carbide.

For many years the major electro-chemical plants were segregated at Niagara Falls. To-day there are half a dozen important electro-chemical centers, besides a score of smaller installations, scattered throughout the United States. Charleston, West Virginia, boasts of the largest electrolytic alkali plant of the world; at Tacoma, Washington, is one of the large copper refineries, besides two important electrolytic alkali-chlorine plants; another center is Keokuk, Iowa, with its large dam across the Mississippi; then in Montana, at Anaconda and Great Falls, there are large electrolytic zinc and copper plants, and at Massena, N.Y., the major plant of one of the aluminum companies. In most of these plants hydroelectric power is used, but steam power is competing successfully in several localities, notably in Tennessee and in California, where rates are as low as 3 mills per kwhr. Nevertheless, a number of new hydro power centers are again offering inducements to manufacturers of electrochemical products: at the new Boulder Dam, where 500,000 kw will soon be available; at Norris Dam in Tennessee; and at Coulee Dam in the State of Washington.

How are we to account for the remarkable development of the electro-chemical industry within the past forty years? Why has the electrical method become the preferred one? The answer is not hard to find. The electrolytic cell turns out products such as aluminum, magnesium, beryllium and sodium that can not be produced cheaply in any other way. The electric furnace has given birth to a long series of new products previously unknown: Acheson graphite, Carborundum (silicon carbide), Alundum, calcium carbide, tungsten metal, stainless steel, "18-8" chrome-nickel steel, ferro-nickel alloys with valuable magnetic and low expansion properties, new malleable cast irons, etc. Finally, there are a number of chemical and metallurgical products that are made better, more cheaply and of more uniform quality than by the older, straight chemical methods: Thus, for example, all the copper used in the electrical industries is electrolytic copper—of uniform purity and conductivity. Then there is electrolytic zinc 99.95 per cent. pure; phosphorus made in the electric furnace; and electric carbon bisulfide, an important reagent for rayon manufacture.

NEW PRODUCTS AND NEW PROCESSES

If we confine ourselves to the last three or four years, we again record many valuable additions to the long list of products and processes of the electrochemical industry. In the electric furnace field a new furnace for the production of steel direct from ore has been developed. The upper part of the furnace resembles a small shaft furnace. Reducing gases (largely CO) pass upward through this heated shaft and finely divided iron ore particles pass downward. The particles are thus reduced to metal, which drops into the electric furnace, forming the base of the shaft. Here, with the aid of the electric arc, the metal droplets are converted into high-grade steel.

The rare metal columbium is now being used in electric furnace practice as an addition to the "18-8" chrome-nickel steel to render it more easily workable.

An essential reagent used in the manufacture of artificial silk, rayon, is carbon bisulfide. E. R. Taylor's electric shaft furnace, first set up at Penn Yan, New York, forty years ago, has been improved upon. The inlet ports for sulfur vapor are located at or above the level of the electrodes and means are provided for counteracting any tendency on the part of the hot reaction zone to shift, a cause of considerable disturbance in the older types of furnace. The fundamental chemical reaction is relatively simple: Hot charcoal reacts with sulfur vapor to form carbon bisulfide: $C+2S=CS_2$.

Another recent development of particular interest to electrical engineers is the introduction of the high frequency furnace into the steel plant. Many tons of the finest alloy steels are now made in the high frequency furnace in direct competition with the arc furnace.

In the ceramic industries the firing of the ware is still being carried out in the old-fashioned fuel-fired kiln. However, large-scale tests are now under way substituting the much more efficient electrical means of heating. Here in this country R. E. Gould, of Knoxville, Tennessee, is in charge of these tests forming part of the program of the Tennessee Valley Authority.

One of the large chemical companies has recently been largely responsible for the creation of an entirely new chemical industry. The raw materials are coke and limestone. These are fed into a large box-type electric furnace, three-phase and with three electrodes each over three feet in diameter. In the zone of the smothered arc liquid, calcium carbide is formed. After tapping this out of the furnace and allowing it to cool and solidify, it is brought into reaction with water to form the well-known acetylene gas used in welding and cutting. From this point on, the new industry develops: With the aid of catalysts, acetylene is interacted with hydrogen to form ethylene and then from this a vast variety of products—alcohols, solvents, gums, etc.—never before equaled in the history of chemistry. The new synthetic "resin" has been trade-named "vinylite." It has been made up into water tumblers, wall panels, phonograph records, floor tiles, translucent light fixtures, door knobs, denture castings, automobile steering wheels, etc.

A relatively small, yet important, new electric furnace product is cemented tungsten carbide originating in Germany but developed on an extensive scale in the United States. This carbide is used as a cutting tool and is, next to diamond, the hardest material available to industry. Practically all the oil well boring is now carried out by means of tungsten carbide in place of diamond. Furthermore, tungsten carbide tools have found world-wide application in the machine shops. It will cut the hardest steels.

FUSED ELECTROLYTES

The typical product of the fused electrolyte cell is aluminum metal; others of industrial importance are magnesium metal, sodium metal and calcium metal. Recent additions to the commercial list are beryllium and lithium. Beryllium metal has found its chief application among the alloys. About 2½ per cent. beryllium added to copper produces an alloy that is highly corrosion-resistant, relatively hard—like tempered spring steel—non-magnetic and non-sparking. This last property is particularly important in plants where inflammable vapors occur and where the spark of an ordinary steel tools has often caused a serious explosion. All kinds of beryllium-copper tools, chisels, scrapers, pry bars, hammers, etc., are now on the market and many thousands of beryllium-copper springs are in service to-day giving a remarkable, low-fatigue performance. Contact clips, pins and plugs for electrical appliances constitute another important application of this beryllium-copper alloy. In comparison with the older bronzes, the life of these clips and plugs has been increased tenfold.

In nature beryllium occurs widely distributed in the earth's crust. Beryl, a beryllium aluminum silicate, is the chief mineral. A relatively simple method of separating the beryllium from the other constituents of the ore has lately been worked out and is giving very satisfactory results.

Lithium metal, the other new fused salt cell product, has likewise found its chief application in the alloy field. A few tenths of 1 per cent. of lithium, together with small percentages of other elements, develops steel-like properties in aluminum. The lithium-calcium alloy is a valuable scavenger. Upon adding it to molten steel or other metal it will combine with practically all undesirable impurities.

Aluminum metal has decked itself in a new coat. Anodically-treated aluminum has resulted in a wide variety of new products, many of which are highly colored and look very attractive, especially to the modern housewife. Aluminum mirrors have replaced silver mirrors for telescopes and have been found to be superior to these—an epochal event.

The electrical engineer has become very much interested within the last two or three years in one of the older products of the fused salt cell, namely, sodium metal. This is used in the new highway or sodium arc lamp, in itself a pretty illustration of applied electrochemistry. Sodium arc lamps have been made before, thirty years ago, but they would not start automatically as the new ones do. The present development has incorporated the hot cathode of the radio tube and the gas of the neon sign. Upon closing the circuit of the new sodium arc lamp the neon gas is ionized, becomes conductive and hot, causing the sodium metal to be vaporized and ionized, and thereupon the sodium arc is established. This three-step starting of the arc results in the familiar "sun rise" effect in these new, highly efficient lamps.

Another new application of sodium metal of interest to engineers is based on its high thermal conductivity. Hollow steel sections are filled with sodium metal and used for various machine parts. Thus the valves of aeroplane motors are "sodium" cooled.

Barium metal, which has been made by the fused salt process for many years, has also found important, if not the most important, application in the electrical field. The valuable function of barium as an electron emitter and getter in vacuum tubes is well known to most readers. A spark plug company has recently reported on a nickel-barium alloy used as spark terminal. A uniform and quietly operating spark is obtained. It has been found that the introduction of barium compounds into the electric furnace arc results in a much more uniform and smoother performance of the arc.

AQUEOUS ELECTROLYTES

Of greatest scientific importance was the discovery of heavy hydrogen, or "deuterium," by Dr. H. C. Urey and associates at Columbia University. This newcomer is a product of the electrolysis of water between nickel electrodes.

In the electrolytic alkali-chlorine industry an epoch-making application of chlorine gas is charging it into sea water and liberating 10 tons of bromine per day—an important reagent in photography and in the antiknock gasoline. The large bromine plant is situated at Cape Fear, North Carolina.

In the electrolytic copper industry a noteworthy new product is the paper-thin copper sheet produced in endless lengths on a large revolving lead drum that serves as cathode. Very recently the thin copper sheet has been applied to paper and serves as an attractive wrapper for a wide variety of products.

For years the industry has been looking for a metal coating which would be resistant to the strongest of acids, muriatic, and at the same time easily applied. A short time ago we tackled this problem at Columbia University, and now with the assistance of Mr. Deren we have been able to locate and develop the desired metal coating. We have found that we can electrodeposit rhenium metal on copper, brass and steel, and in that way protect them against muriatic acid attack. Aside from industrial applications rhenium plate is of special interest to jewelry manufacturers. Wrist bands which are rhenium-plated resist the attack of the acids in perspiration. Chromium, rhodium and even silver are attacked by perspiration, whereas rhenium is not. Rhenium plate is remarkably free from pinholes, does not tarnish nor smudge. The present source of rhenium metal are the slimes of one of the large electrolytic copper refineries. These copper cell slimes have given rise to a number of industries. Thus selenium, an essential metal is many of our modern photoelectric devices, is extracted from these slimes. Selenium and its sister metal, tellurium, are now being regularly recovered at electrolytic copper and electrolytic nickel plants. Tellurium is an important reagent in the electrolytic zinc industry.

Several laboratories have devoted considerable effort to the electrodeposition of alloys. The Bell Laboratories have electrodeposited magnetic alloys composed of iron, nickel and cobalt. At the University of Minnesota Messrs. C. L. Faust and G. H. Montillon have developed a process for the deposition of nickel brasses. Brass as such has been commercially deposited on steel for the last fifteen years. At Columbia University we have been depositing a silver-white corrosion resistant alloy of cobalt and nickel; also a highly acid-resistant alloy of silver and lead, and another of tungsten and palladium. This field is a most fascinating one and offers great possibilities. The mechanical preparation of thin alloy sheets is often very difficult and tedious, whereas the electro-deposition of such sheets is usually relatively simple.

ELECTROCHEMISTRY OF GASES

Of all branches of electrochemistry that concerned with the discharge of electricity through gases is the most fascinating. However, due to the greater ease in handling solids and solutions, investigators usually avoid this branch of the science. From a practical point of view a number of circumstances have in recent years contributed toward a better acquaintance on the part of the engineer with gas reactions, gas transportation, gas recovery and generation, etc. Thus the use of gases in welding and cutting, gases in warfare, neon and other gases in electric signs, ozone generators, Cottrell precipitators, gas arcs, etc., have all helped to bring about a decided change in attitude on the part of the engineer. From an industrial point of view the recent developments in the sodium vapor and high-pressure mercury vapor arcs deserve special mention. Important, too, are the researches of Dr. S. C. Lind at the University of Minnesota on various gas reactions initiated by radium emanations; and the researches of the Fixed Nitrogen Research Laboratory at Washington, D.C., under the direction of Dr. F. G. Cottrell on electrical methods of synthesizing nitric oxide. Electrical engineers will recall that in the corona discharge nitrogen is more readily ionized than oxygen—quite contrary to our early suppositions.

MANY UNSOLVED PROBLEMS IN ELECTROCHEMISTRY

Young students desirous of taking up a research problem often feel that "everything has been solved." This is far from the truth. Every new product or new process gives rise to a dozen new problems. The discovery of high frequency induction melting of steel and the appreciation of its commercial possibilities happened years before the first large furnace was in successful operation in the steel plant, and the delay was largely due to the many problems that had to be solved before the basic discovery was adaptable commercially.

Opportunities are greater than ever before and the possible new discoveries are unlimited in every branch of electrochemistry. We need an electric furnace that will easily and efficiently convert ores into finished metal products; we need a new process for the production of aluminum metal, one that is much simpler and cheaper than the present one; we must further develop the photovoltaic cell so that it will readily convert large blocks of sun power into electric power; we need strong, low-density alloys that have a fatigue resistance equal to that of steel; we must find a simple means of electrically controlling and directing rainfall—keeping it out of the cities; we need, most urgently, a simple but efficient method of protecting steel products and steel structures against corrosion and thus save many millions of dollars now lost; we must find an electric source of illumination suitable to our eyes that will operate at 90 per cent. and better in efficiency instead of less than 10 per cent., as at present; we are trying to find an electric heating unit that will operate a thousand hours or more in air at temperatures of 2,000°C. (3,600°F.) or above; we must find a simple process of producing large ingots of malleable titanium metal, one of the most prevalent constituents of the earth's crust (6,000 times as abundant as lead); we should systematically investigate the application of electric currents in the stimulation of the growth of living cells and the formation of many important organic compounds; we must find and develop dielectrics free from the short-comings of the many in use today; we need hundreds of new products difficult or impossible to discover during the countless ages of the past with mechanical skill alone, but today readily possible through the combined power of electricity and chemistry. Truly the young electrical engineer looking for "worlds to conquer" will do well to survey the vast but little explored domains of electro-chemistry.

本刊廣告價目表

等級	地位	全頁價目	半頁價目
甲	底封面外頁	伍拾元	
乙	底面裏頁及封面裏頁	三十五元	二十元
丙	封面裏頁底面裏頁之對面	二十五元	十五元
丁	普通	二十元	十二元

一、乙丙丁四分之一頁按照半頁價目六折計算
二、廣告概用白紙黑字如用彩印色紙價目另議
三、廣告如用銅鋅版由本刊代辦照收製版費
四、連登多期價目從廉請逕函本校出版處經理組接洽

交大季刊投稿簡章

一、投稿不拘文言白話凡中英德法文均所歡迎
二、論說新聞雜俎均以科學經濟管理工程學問爲範圍
三、投寄之稿如係翻譯請附寄原本否則須將原文題目著者姓名出版日期及地點詳細開示
四、投寄之稿務望繕寫清楚並加新式標點凡外國文稿件並請打印之如有插圖附表必須製版者請用墨色
五、來稿請註明姓名住址以便通訊并加蓋印章俾於發給稿費時核對之
六、投寄之稿無論登載與否概不退還但預有聲明並備足回寄郵資者不在此限
七、投寄之稿經本刊揭載後每篇酌致酬金若本刊尚未揭載已先在他處發表者恕不致酬
八、投寄之稿經本刊揭載後版權即爲本校出版委員會所有但有另行約定者不在此限
九、投寄之稿本院委員會有酌量增删之權如投稿人不願有何增删則應於投稿時聲明
十、投寄之稿應逕寄上海徐家滙交通大學出版處

中華民國二十四年九月出版

交大季刊 第十七期

編輯者 胡端行

發行者 國立交通大學出版委員會 上海徐家滙

印刷者 上海中國科學公司

代售處
上海 世界出版社 上海雜誌公司 作者書社 現代書局 黎明書局 蘇新書社
南京 正中書局 大公報社代辦部
天津 志恆書店
漢口 光華書局 新光書店
安慶 世界書局
武昌 學生書店
廣州 廣州圖書消費合作社
雲南 雲南文化書店

本刊價目

每冊大洋三角 全年四冊一元

郵費國內不加 國外每冊二角

THE CHIAO-TUNG UNIVERSITY QUARTERLY

Volume 5 *Number 1*

Shanghai, China
September, 1935

交大季刊

第十八期

要目

中華民國二十四年十二月 上海國立交通大學編行
中華郵政特准掛號認爲新聞紙類 內政部登記證警字第一七五三號

國立交通大學研究所

本所成立以來設置（一）工業研究部分設設計材料機械電氣物理化學等組（二）經濟研究部分設社會經濟實業經濟交通管理會計統計等組除按照所訂計畫進行研究外歷承各路局各機關（如中國工程師學會上海市公用局義興公司等）託辦各項研究及試驗工作溝有貢獻關於上列諸組事項如蒙各界垂詢請惠臨上海徐家匯本所面洽或函商可也此布

溝渠工程學

是書爲本大學土木工程學教授顧康樂所著。係參考中西工程書籍雜誌，採擇各書之精粹而成。書凡十四章，詳述溝渠設計，建築與養護之原理及方法。舉凡污水量，暴雨水量，溝渠水力學，溝渠系統設計，溝渠附屬品，污水抽升，管閘設計，開掘填覆，列板撐檔以及施工之實際進行，無不條分縷析，詳爲解釋。至於插圖之豐富，文字之簡明，尚其餘事。

▲商務印書館出版，定價一元八角。

總理遺像

同志仍須努力

革命尚未成功

總理遺囑

余致力國民革命凡四十年其目的在求中國之自由平等積四十年之經驗深知欲達到此目的必須喚起民衆及聯合世界上以平等待我之民族共同奮鬥

現在革命尚未成功凡我同志務須依照余所著建國方略建國大綱三民主義及第一次全國代表大會宣言繼續努力以求貫澈最近主張開國民會議及廢除不平等條約尤須於最短期間促其實現是所至囑

前漢時代陸路交通考

（續第十七期）

鄭 師 許

7. 于闐　至於于闐則近來東西學者研究頗多，最著者有英人斯坦因氏(*A. Stein*)古于闐史"*Ancient Khotan*"，日人堀謙德氏解說西域記，藤田封八氏西域研究，白井長助氏上代于闐國都之位置等。近人紀彬曰：『于闐在西域諸國中，為與中國本部關係最密之國家。其地當東西交通之孔道，夙由印度，伊蘭及中國吸收三種不同系統之文化，咀嚼融合，而形成一種新文明；蔚為西域文化之中心，且為東西文化溝通之關卡。北印度之佛教，一度流入於于闐，即形成為其向外發展之總樞紐；由此而普及於西域諸國，更傳入中國本部及東方各民族。現行般若華嚴等大乘經典之梵本，多為得自于闐者。故東西學者關於研究于闐之著作特多。』其言是也。惟斯坦因氏之書，僅就考古學上所發見之古物言之，大概以其所發見之第三世紀佉樓文字之古籍為主。堀謙德則以我國古籍如大唐西域記之類及漢譯經典為根據。皆詳於前漢以後之事。白井長助氏雖通於上下古今，究於前漢所言較少。藤田氏所言雖精，但嫌尚未充暢。茲者更據史記，漢書本文，鈎稽成說，參以諸家所考訂，以明張騫鑿通西域時之于闐焉。

于闐之名，歷代無異。據西藏傳所記，其音為 *U-then*，為表都與河之義'(*Rockill; Lifeof the Buddha*, *P*. 233)。惟近世學者意見紛紜，多謂其淵源所自，實出玄奘所謂瞿薩旦那（*Kustana*），謂為梵語音韻之轉化(見 *Watters; on Yuan Chwang, II,P*. 299 及藝文第三年四號荻原雲來之說,及解說西域記九九三頁。)然玄奘所記,又有謂于闐俗稱,渙那,(Khun-na)匈奴稱于遁(Khu-ton,Gu-ton),諸胡稱豁旦(Kh'a-tan),印度人稱屈丹(K'u-tan Gu-tan)者,疑皆土音訛轉。此外又有主于闐爲玉石之義,如布錫爾(Bushell)白鳥庫吉諸氏等。日人羽溪了諦則從多數人之說,吾亦以爲然也。

史記大宛列傳張騫亡歸漢時具告天子之言曰:

> 大宛在匈奴西南,………其東則扜罙,于闐。于闐之西,則水皆西流,注西海;其東,水東流,注鹽澤。鹽澤潛行地下,其南則河源出焉。多玉石。河注中國。

蓋騫至大宛時所傳聞其旁大國五,六,所知者如此。大宛傳下文云:

> 騫因分遣副使使大宛,康居,大月氏,大夏,安息,身毒,于闐,扜罙及諸旁國。

是騫二次往時,雖未暇親至其國,固已分遣副使使之矣。其下文又云:

> ……宛東姑師,扜罙,蘇薤之屬,皆隨漢使獻見天子,天子大悅。而漢使窮河源,河源出于闐,其山多玉石,采來,天子案古圖書,名河所出山曰崑崙云。

此爲漢使東歸所述其親見于闐產玉石之狀,皆言而有徵者也。漢書西域傳亦云:

> 河有兩源:一出葱嶺,一出于闐山。

故白井長助氏以爲于闐國上代都城之位置,宜以河水爲問題之中心。宋夾漈鄭氏曰:『州縣之設,有時而更,山川之秀,千古不易。故禹貢分州,必以山川定疆界,兗州可移,而濟河之兗州不可移;梁州可遷,而華陽黑水之梁州不可遷。』今以鄭氏之言推之,雖于闐之國勢,歷代盈虛消長或有不同,而漢時河源,固應與後世無異也。

惟史記漢書僅云于闐之水多玉石,而未記載其水名,學者憾焉。至梁書卷五十四諸夷傳于闐國條始云:

> 有水出玉,名曰玉河。

周書卷五十下異域傳于闐國條,其說乃詳,曰:

城東二十里,有大水北流,號樹枝水,卽黃河也。城西十五里亦有大水,名達利水,與樹枝俱北流,同會於計戍。

可爲于闐國都推定之根據。但北魏書卷一〇二西域傳于闐國條有:

于闐城東三十里有首拔河,中出玉石。

之說,並云:

城東二十里,有大水北流,號樹枝水,卽黃河也,一名計式水。城西五十五里,亦有大水,名達利水;與樹枝水會,俱北流。

於樹枝水之外,復見首拔河,與周書所言稍異。據藤田氏所揣測,以爲北魏書採自北史,而北史則撮諸史之文以成;故不暇計及既言城東三十里有首拔河,更言城東二十里有樹枝水,不知其爲同一之河,而並舉其異名耳。實則于闐之東相隔僅十里,決不能有二水也。北史卷九十七西域傳于闐條於「城西十五里」,作「城西五十五里」,亦是傳鈔之誤。考于闐城東二十里之河,諸書槪作樹枝水,今作首拔河,拔字實爲枝字之誤,樹,首一音之對轉耳。通典卷一九二于闐條『河源出焉』句註云:

名首拔河,亦名樹枝河,或云,卽黃河也。北流七百里,入計戍水,一名計首水,卽葱嶺南河,同入鹽澤。

據此,則上文所云,可以置信矣。北史(北魏書)有首拔河中出玉石一語,蓋卽梁書所謂玉河。其河見於新五代史卷七十四四夷傳于闐國條所附錄高居誨行記中之白玉河,卽今玉隴哈什 *Yurung Kash* 河是也。*Yurung Kash* 者 *Turk* 語白玉河之義。從而首拔,樹拔等名,不爲因『玉』字而生語義之語可知矣。

玄應一切經音義卷二解釋大般涅槃經卷一之頗梨云:

西國寶名也,梵言『塞頗胝迦』,亦言『頗胝』,此云水玉或曰白珠。大論云:此寶出山石窟中,過千年,冰化爲頗梨珠,此或有也。案西域暑熱無冰,仍多饒此寶,非冰所化也,但石之類耳。胝音竹

尸反。(又見同書卷六,及妙法蓮華經卷一)

『塞頗胝迦』者Sanskrit之sphatika之對音也。略稱爲『婆致迦』或『頗胝』或『頗梨』,卽rock-crystal,佛家七寶sapta ratna之第四品也。吾人得以首拔,樹拔su-pat,爲此sphatika之對音。不特高居誨之所謂白玉河,與今之所謂玉隴哈什河相合,而西藏所傳其國之歷史稱爲U-then-gyi shel-tchab者,殆卽此河也。shel-tchab者從文字學言之,crystal之義也。西藏語shel,蒙古語shil,均rock crystal之義。

次云于闐王城西五十五里(北史作十五里,殆脫去五字)有達利河。據高居誨行記有:

> 東曰白玉河,西曰綠玉河,又西曰烏玉河,三河皆有玉而色異,每歲秋水涸,國王撈玉於河,然後國人得撈玉。

然其文非高居誨行記之文,據文獻通考卷二四于闐國條,宋建隆二年李聖天遣使者之言,曰:

> 國城東有白玉河,西有綠玉河,次西有烏玉河,源出於崑崙山,去國城千三百里,每歲秋水小之後,國人取玉於河,謂之撈玉,官取之後,方許私取。

蓋新五代史之編者,並載使者之言,於高居誨行記中。而烏玉河自其名稱上言之,與今之喀喇哈什Kara Kash河爲同一。此外則所謂綠玉河者,自不得不爲玉隴哈什與喀喇哈什間之河也。但是現從實際言之,綠玉及烏玉比較的多自喀喇哈什河中採出,從此推之,自不能稱之爲綠玉河或烏玉河也。然則以今之喀喇哈什河爲周書,北史北魏書之達利水宜矣。總之,達利水在于闐國城之西,亦爲綠玉河,亦去國城不遠。達利水殆卽綠玉河,所謂達利者不緣綠玉得名。吾人以其名當與『塞頗胝迦』相同,均爲佛家七寶之一,疑卽Vaidurya之略譯。玄應一切經音義卷二三注攝大乘論卷十瑠璃條云:

> 吠瑠璃也,亦云毗瑠璃,又言鞞頭梨,從山爲名,謂遠山寶。遠山卽須彌山也。此寶青色,一切寶皆不可壞,亦非煙焰所能鎔鑄,

唯鬼神有通力者能破之爲物,或云:是金翅鳥卵殼,此寶鬼神破之,以寶與人也。

此鞞頭梨之鞞字若略去,則爲『頭梨』,其字極與『達利』相類似。現在稱爲瑠璃,亦略去鞞(毗)字之形,然已通用於後世矣。

Vaidurya 者 *Prakrit* 呼之爲 *Veluriya*,馬來語呼之爲 *baiduri* 及 *biduri*,希臘語呼之爲 *Bjpuaaog*,拉丁語呼之爲 *beryllos*,英法語呼之爲 *beryl* 皆一音之轉訛也。其物產於南印度,在公元一世紀前後,在羅馬盛行,與金幣交易。我中國於漢武帝遣使南海時實得此寶。此物不聞產於于闐,而如一切經音義所云,佛教傳說中,稱之爲遠山寶,遠山卽須彌山,因附會爲發源於崑崙山之于闐河中綠玉之物歟!

若以上所考證者不誤,則今日玉隴哈什河與喀喇哈什河兩水之間,爲前漢時代于闐王城無疑矣。周書異域傳又謂兩水同會於計戍。計戍爲扜罙國之傑謝(傑謝),於上文已考證明白,則史記大宛傳所云『其東則扜罙于闐』,兩國同居大宛之東,更可信矣。

至其地理形勢,日人堀謙德解說西域記言之甚詳,其文云:

和闐南負崑崙,北鄰沙漠,然有二水自崑崙發源,越境北流,兩岸均爲沃野;故隨河所向而形成一南北延長之耕地區。此二河者,東曰玉隴哈什河 *Yurung Kash Darya*(白玉河);西曰哈喇哈什河 *Kara Kash Darya*(黑玉河);至和闐東北八十哩,合流而稱 *Khotan Darya*(和闐河)。白玉河與黑玉河之距離,雖僅十三哩,然以此爲中心,灌漑南北狹長之農場,而構成一廣大沃土。塔里木河流域諸國,均前面沙漠,皆依東西綿亙之山脉,故在地勢上僅能爲東西延長之農場。且沙漠與山脉之距離,在南道本甚狹小,故南道諸國之於農業均有特多之困難。惟有和闐受二河之賜,獨能開拓南北長之農場。此卽古代于闐國所以能有長期繁榮之歷史也。斯坦因氏曾由現代和闐西北十六哩之地,向北行,發掘古蹟多處。因以推知:古代于闐之首府,蓋頗有較今日和闐遠爲廣大之面積也。

此以今事證古史也。惟山脈河流歷代不易，而又有考古學上爲之發明，則其可信之程度更高耳。于闐爲印度，伊蘭，中國三系文化之總樞紐，其殆以此歟！

雖然，當張騫使大月氏時，既已有于闐其國，其人種爲何？其建國時代，始於何時乎？自不得不爲之考證矣。所幸關於此問題之傳說，西藏傳及玄奘西域記均有所記載，茲先錄兩傳本文如下：

> 昔者此國虛曠無人，毘沙門天於此棲止。無憂王太子在呾叉始羅國，被抉目已，無憂王怒，譴輔佐，遷其豪族，出雪山北，居荒谷間，遷人逐物。至此西界，推舉酋豪，尊立爲王。當是時也，東土帝子蒙譴，流徙居此東界，羣下勸進，又自稱王，歲月已積，風教不通，各因田獵，遇會荒澤，更問宗緒，因而爭長，忿形辭語，便欲交兵。或有諫曰，今何遽乎？因獵決戰，未盡兵鋒，宜歸治兵，期而後集。於是回駕而返，各歸其國，校習戎馬，督勵士卒。至期兵會，旍鼓相望，旦日會戰，西主不利，因而逐北，遂斬其首，東主乘勝，撫集亡國，遷都中地，方建城郭，憂其無土，恐難成功，宣告遠近，誰識地理。時有塗灰外道，負大瓠盛滿水，自進曰：我知地理。遂以其水屈曲遺流，周而復始，因即疾驅，忽而不見。依彼水迹，峙其基堵，遂得興功，即斯國治，今王所都城也。城北崇墟，攻擊難克，自古以來，未能有勝。其王遷都，作邑，建國安人，功績已成，齒老云暮，未有胤嗣，恐絕宗緒，乃往毘沙門天神所，祈禱請嗣，神像額上，剖出嬰孩，捧以回駕，國人稱慶，既不飲乳，恐其不壽，尋詣神祠，重請育養，神前之地忽焉隆起，其狀如乳，神童飲吮，遂至成立，勇智光前，風教遐被，遂營神祠，宗先祖也。自茲已降，弈世相承，傳國君臨，不失其緒，故今神廟多諸珍寶拜祠享祭，無替於時，地乳所育，因爲國號。（西域地卷二十）。
>
> 達磨阿輸迦（*Lharmasska*）之治世第十三年，其皇后一男，占者多以爲此兒有偉大之相，其父王在生時，此兒亦當爲王。王慮此兒將奪其王位，遂下命棄之。而母后恐此兒不棄，王將殺之，

勉從其命。然王子被棄之時，地上出生一乳房，以乳養之，得不死。由是呼此兒爲瞿薩旦那(*Kustana*)，卽地乳之義也。

當此之時，適有大菩薩——中國(*Rgya*)之王者住於此。彼有子九百九十九人，欲得一子以滿千人之數，乃祈願於毘沙門天(*Vaicravana*)。毗沙門天轉眼望四方，知此被棄之小兒瞿薩旦那爲將來有望之人物，故攜之來爲此中國王者之子，王遂養育之。一日王之衆子與瞿薩旦那相爭，衆子告彼非王之子，此兒大悶，遂請於王，欲出尋本國。王告以彼確爲其子，願無他慮。瞿薩旦那轉求王願自得一王國之地，乃率一萬人赴西方，來至和闐(*Li-yul*)之 *Me-skar*。

當時，印度達摩阿輸迦王之宰相耶舍(*Yaca*)，大擴張其家族之勢力，王深恨之，耶舍遂率領七千人去國，東西尋求安身之地，來至于闐(*U-then*)河之下流。

當時，瞿薩旦那之從者中，有二商人，著拖鞋逃出 *Me-skar*，道出 *To-la*。二人仍著拖鞋(*babeu*)步行，以故此地得名 *Ba-beu hbran gs-pai-sa* 或 *Hbruso-lo-nya*。彼等見此大好去處，杳無人煙，不禁大喜，自思此堪爲瞿薩旦那王子之領地。其後，彼等於南方訪見宰相耶舍之幕帳。耶舍已知瞿薩旦那爲彼等之王，乃遣使至 *Me-skar*，曰『汝爲皇族，余爲貴族，吾等何不協同建國於于闐之地。汝可爲王，余爲宰相』。於是瞿薩旦那乃率其從者，來至于闐河南 *Hang-gu-jo* 地方與耶舍會見。

而王子與宰相於領地之分劃，意見未能一致，兩方遂動干戈。於是毘沙門天與吉祥天(*Crimahadevi*)於彼等之前出現，彼等乃各於其地建立祠寺各供奉一神，爾後兩神遂尊爲護國神。於是瞿薩旦那與耶舍始相和睦，前者爲王，後者爲宰相。瞿薩旦那之中國從者則居於于闐河下流及 *Mdo Me-skar* 與 *skams hed* 之上部，宰相耶舍之印度從者，則居於于闐河之上流與 *Rgya* 及 *Kong-dzeny* 之下部。於彼等所居之兩地間，則中國人與印度人雜居,無有區別。其後,乃共築一城。(*Rockhill;Life of the Buddha P.P. 2346*)

以上兩種傳說,姑置其怪誕不經者及其矛盾衝突者不問,其對于闐建國始於阿育王(*Asoka*)時代,則二者全然一致,其言似可信也。兩傳說中均有涉及毘沙門天(*Vaisravana*)之處,西藏傳謂Dgyu之王子與阿育王之宰相耶舍戰於于闐之時,有為此國所崇拜之護國神毘沙門天者出現,毘沙門天,原為印度古代婆羅門教之福神俱乞羅(*Kuvera*),其後為北方之守護神,夜义(*Yakasa*)之王。据玄奘所記,當時于闐毘沙門天之神廟,尚多諸珍寶,拜祠享祭,無替於時。據此,可以想見此國對於毘沙門天之崇拜,必甚古遠也。

然此等傳說,在我國正史全無記載。西域記所謂東土之帝子,羽溪了諦以為若是中國人,疑為與阿育王同時代之周赧王及惠公之世,有皇子被譴之事;霍甯氏以為卽土耳其族之畏兀兒(*Uighurs*)(參閱*Antiquities from Central Aria P.12.*)。然前說不見我國正史中,後說則不為一般學者所置信,其然否迄未能明也。又慧立慈恩傳卷五云:

王之先祖卽無憂王太子,在怛叉始羅國,彼被譴出雪山,養牧逐水草,至此建都。久而無子,因禱毘沙門天廟,廟神額上剖出一男,復於廟前地,生奇味,甘香如乳,取而養子,遂至成長。王崩後嗣立,威德遐被,力幷諸國,今王卽其後也。

其所記於玄奘所記,與西藏傳所言之外,另成一說,益使人眩惑。此等考證本甚困難,惟謂其中絕不可信,則又不然。善夫羽溪了諦之言曰:

西域記謂于闐國王之祖先,自毘沙門天神像額上剖出以來,弈世相承,傳國君臨,不失其緒;而後漢書西域傳記建武之末(公元五五年)莎車王賢强盛,攻幷于闐,徙其王俞林為驪歸王;明帝永平十六年(公元七三年),于闐將休莫霸反莎車,自立為于闐王,休莫霸死,其兄之子廣德立為于闐王,是則所謂于闐國古來王統連綿不絕之語,未必可靠。……

再者,如下文所舉,不知是否尤爲附會。卽西藏傳中所記之總人數,若與漢書所示于闐人口之數相較,似不能謂爲偶合之事,亦多少可與此傳說加幾分論證。西藏傳中謂阿育王之子*Kustana*,率領壹萬支那人,而阿育王之宰相*Yacas*,亦率有七千人移住於此,其總數當共一萬七千人。而漢書西域傳于闐條云:『戶二千三百,口一萬七千三百人,勝兵二千四百人』。此爲公元第一世紀時,于闐人口殆爲二萬人,然若在阿育王時代,于闐建國之時,其移來者一萬七千人,蓋爲極自然的增加率,其間實無矛盾也。

由此諸點考察,吾人對於此傳說中之種種,似不能謂爲無稽之談,其骨子所謂東西移民於此地發生衝突之事,不無幾分可靠之成分。

……要之,關於于闐建國之傳說,枝葉叢雜,吾人雖不能完全確信,但其根本之部分,卽當時于闐建國之際,其間所傳,必含有若干眞確之事實,蓋可斷言。(賀昌羣譯西域之佛教第四章)。

吾人究研至此,似可假定于闐建國,始於阿育王之世,與我國周秦興替同時,其後在後漢建武,永平之時,兩度滅國,至南北朝時,爲吐谷渾所滅,王被殺戮,寺院被焚毀,死者甚衆,其人入唐爲尉遲氏,或譯作伏闍氏。此其建國之始末也。

至其人種之考證,則說者頗多。格耳士(*Giles*)曾根據斯坦因所提供之研究資料,於一九〇三年在人類學會雜誌(*Journal of the Anthropological Institute*)發表其研究之結果,大意謂和闐民族,大部分屬於所謂阿利安血統,而亦混雜土耳其及西藏種族之血統,尤以西藏血統爲最多。斯坦因曾於尼雅發見最古之佉樓虱底(*Kharasthi*)文之紀錄,謂爲確非印度語,亦非伊蘭語亦非土耳其語,其中所用稱號名詞等,蓋多出於西藏語。又斯氏於鄧曇烏利(*Dandan Ui-*

liq)及思塔爾(Endere)等地所發掘之古文書,初以爲『不可知的語言』,後據亞俐氏研究之結果,乃證明其爲土耳其語及蒙古語而成之單音綴的西藏語。(Ancient Khotan,P. 149—50)然此就後世言之耳。又如魏書西域傳于闐條云:

> 自高昌以西,諸國人等深目高鼻,唯此一國不甚胡,頗類華。

此謂于闐之住民,非如其他諸國人深目高鼻之胡顏,是公元六世紀之于闐國人,非阿利安人具有深目高鼻之特徵可知矣。若再推而上之,其原住民究爲中國人或印度人乎?除西域記與西藏傳兩傳說有暗示外,斯坦因就尼雅城(Niya)所獲之發掘物,可以證明,其言曰:

> 公元第三世紀中期有一種極類似北西印度之古Prakrit地方語言,嘗通行於和闐一帶,爲日常行政上所使用者,即在尼雅(Niya)墟地所發見之佉樓虱底文書是也。自此項文書觀之,皆爲關於現實生活及社會組織各方面之事情,故可揣知此種語言,非但於此區域內流行甚廣,且恐普遍知之,由此種印度語言之通用而所得到之結論,則此佉樓虱底書之文件甚與有力焉,蓋吾人知在印度境內,此種書體爲公元前後數世紀間歷史上及文化上爲中心地之塔克息拉(Taxila)及犍陀羅(Gandhara)所特有者。此等文書之言語及書體,舍佛教傳播之理由而外,別無滿意之解釋也。佛教之入中亞,在傳道上惟使用梵語,而書法則用婆羅門(Brahmi)體,此可確實證明者也。然吾人若認玄奘所記于闐之古傳說,卽由古代塔克息拉遷來之印度移民,曾占有于闐之一部,其骨子眞有歷史事實,則Prakrit語及佉樓虱底書法之流行,可不言而明也。(Ancient Khotan P.163)

斯氏又於約干(Yotkan)墟地掘得赤色陶色像,鄧曇烏利廢寺得若干彩色區額及壁畫,又於刺瓦克伽藍(Rawak Vihara)所見之浮雕品等,皆準似蒙古人面顏,斯氏論之云:

吾人若思及和闐佛教美術，自始至終，皆受印度型範優越勢力之影響，故如其顏骨之高，眼瞼之暗，而鼻之短平等特殊面容，以其製作年代之古遠，吾人若不承認其所代表者確爲本地之住民，則必無說明之道也。固然，亦不能謂爲係摹倣中國之型範，蓋中國自身，關於佛教藝術之事物，大多轉乞於印度及和闐。除此事實而外，今吾人所論之此等遺像，不得不歸之在尤爲古遠之時代，由中國方面，所反射而來之趨向也。(*Ancient Khotan P.* 166.)

羽溪了諦甚贊同斯氏之說，以爲斯氏根據和闐之發掘物，其所下推論，實不能不認爲允當之見解。鄙意亦與之相同。大抵當前漢之世，于闐居民爲大部分印度之阿利安民族混合少數之中國民族，語言，文字，宗教，文化等全類印度，而風俗則類中國耳。至六世紀則成爲不甚胡而頗類華之人。及吐谷渾侵入後，則西藏血統之成分較多。如是而已。或謂在太古時或有西藏人移住，此則未免過於空想也。

至於于闐之四至及人口，則漢書西藏傳所言最詳，茲特節錄之，以明張騫時代之于闐國勢焉。其言曰：

于闐國，王治西城。去長安九千六百七十里。戶三千三百，口萬九千三百，勝兵二千四百人。輔國侯，左右將，左右騎君，東西城長，譯長各一人。東北至都護治所三千九百四十七里。南與婼羌接，北與姑墨接……西通皮山三百八十里。（下期續完）

江西公路處之營運概況與改進

熊大惠

甲 緒言

邇年我國各省公路建設,突飛猛晉,據全國經濟委員會公路處統計,民國二十一年通車公路,僅七〇八九六公里,二十二年計七六四七三公里,二十三年計八四八〇九公里,迄本年三月止,約增至八七三五九公里,以與十年前全國公路不及一萬公里較,奚啻霄壤,尤在茲國運鼎沸,經濟衰落之秋,有此統計上之成績,其非朝野人士之努力建設,曷克臻此!

江西之建築公路也,發軔於遜清末葉,其時有地方修築之九江至蓮花洞十三公里公路,洎至民國十四年十月間,省道局刱辦,十五年十二月間,公路處正式成立,統轄全省公路事宜,但以經濟支絀,兼之中途幾經改組,故進行迂緩,十七年所築公路,約一四·四〇公里,十八年七三·八〇公里,十九年二四·九〇公里,二十年一五九公里,二十一年一〇二二·一二公里,二十二年九三二·七一公里,二十三年二三三二·三九公里,本年一月至八月九五七·八一公里,合計五五二九·九三公里,約合一萬餘華里,此種與年俱增之統計,不可謂非贛省在艱澀之環境下,一最難能之建設事業也!

雖然,公路之建築,不過一種手段而已,運輸乃其鵠的也,年來我國各省公路之建築,固有顯著之長進,而其利用程度,實微乎其微,尤以江西公路爲甚,溯自[illegible]禍贛,生靈塗炭,狡黠者挺而走險,老弱者轉乎溝壑,顛沛流離,困憊殊甚!迺者,匪氛雖告敉平,但農村經濟破產,人民購買力薄弱,本處汽車營業,遂有一落千丈之勢,是則關於經匪患後之本處營運事業概況,與夫今後之改進計劃,諒爲關懷我國各省公路建設者所樂聞歟!

(乙) 本處運營現狀

(子)營運組織　本處現行組織,設總務,車務,機務,工務四科,暨會計主任室,總工程師室,購料委員會等,本年七月間,復添設營運專員室,專司設計營運業務之發展,以言營運上之組織,則處內車務機務二科之遞嬗甚遲,車務科於十七年剏辦,機務科於本年二月始告成立,車務科設營業計核管理三股,機務科亦設設計稽核考工三股,至於處外營運組織,則有車務段十段,車站二百十四站,代辦站十六站,車場十八所,機械修理廠一所,內外營運工作人員,合約有二千八百餘人。

(丑)營業里程　本省已成公路,共長五五二九·九三公里,本處管理營業路綫,迄本年九月止,計三五四五·九〇公里,約合七千餘華里。

(寅)汽車輛數　迄本年十月止,本處有客車三百另三輛,貨車一百十三輛,篷車八輛,轎車九輛,合計四百三十三輛。

(卯)運輸數量　本處最近旅客運輸,平均每月約十餘萬人,貨運平均每月約九百餘噸。

(辰)營運收支　本處營運收支,收入方面,旺月(每年八月至翌年一月)約三十萬元左右,淡月(二月至七月)約二十四五萬元左右,至於支出,則平均每月約二十五六萬元之譜。

(巳)業務概況　關於最近營運業務上一切措施,可賅述如下:

(一)整飭行車秩序　訂定『快車聯運車對號入座辦法』(I)車票之外,加發一種座位證,上載座位號碼,以購票先後爲序,(II)每車所售票數,絕對不准超過車上座位數,(III)車輛起程站,用電話通知前途停車之站,報告空座號數,或無空座,以免臨時發生有客無座之缺憾!且座位確定,旅客對號入座,既不致爭先恐後,而座號全憑購票之先後,則亦無畸重畸輕之弊!此於行車秩序之整飭,裨助匪鮮!

(二)嘉惠行旅客商　修正『汽車載客章程』:(I)行李包裹,改每五公斤爲遞進單位(本定二十五公斤)行李運價,較昔低二成,改訂運價爲每五公斤每一公里銀元二厘,(II)計時包車車費,較昔減低四成,以前小篷車每小時五元,今減爲三元,十六座車每小時本定十元,今改爲六元。

(三)配置行車時間　四月至九月爲日長時期,快車大抵在七時前後啓行,十月至次年三月爲日短時期,快車約在上午八時前後開行,短途區間車,則自上午八時至下午三時之間,陸續行駛。

(四)修訂運貨章程　爲便利貨商及減輕貨商之負担起見,修訂『汽車運貨章程』如下:(A)增加等級,貨品仍分三等(本省降低一等),運價改爲六等(原有運價爲五等),(B)改小超過重量,按五公斤遞進一單位(原定超過重量按二十五公斤遞進)(C)減低寄存費,並變更計費方法,原定按件計算者,均改爲按每五公斤或按每一公噸計算,界限較爲明顯,費用減輕一半,裝卸費計算方法亦同。

(五)增加營業車輛　訂定一種『招商墊款購車辦法』,吸收商資購車,以運費作抵,其於墊款商人之利益,約有二端:(I)優先運輸,該墊款商託運貨物,得享運輸優先權,(II)優待運費,對該商託運貨物之運價,予以若干折扣,以示優惠,一等品八五折,二等品九折,三等品九五折,但規定上列權利授予期間以運費足以抵償墊款之銀額爲限。

(六)籌設膳憩處所　此項膳憩所,亦係招商承辦者,設於車站附近,辦理乘車旅客中途休憩膳食茶水住宿等主要業務,此外經本處許可,並得兼作販賣旅行食用物品書報雜誌以及當地著名土產兌換錢鈔等營業。

（七）增辦各路聯運　京黔幹綫南昌長沙段聯運業務，與湘南公路啣接，滬桂幹綫之東端，與浙江公路啣接，西端與湖南公路啣接，汴粵幹綫之南端，與廣東公路相啣接。

（八）管理通行車輛　改訂『本省管理汽車及司機章程』，凡乘人不收費運貨非營利之汽車，可照章登記檢驗，具領號牌執照，繳納車捐，通行本省各地及本處各公路，至於外省汽車入境辦法，自加入『蘇浙皖京滬五省市交通委員會』後，凡係五省市與贛省之自用汽車，均得互通，但照本省原定捐率，征收百分之十之互通附捐，至營業汽車，則暫緩互通。

（九）修理各牌舊料　本處機械修理廠，對於各牌舊料，均設法予以修理，俾化無用者爲有用，計自本年二月至六月，該廠修理大蒙天配件，約值五五五三・八〇元，雪佛蘭配件，值一一〇三二・一六元，福特配件值三〇七七・六九元，工具值六七・四三元，車身值九二九四・一五元，車胎二一三五・一五元，其他值一一一七七・二五元，合約值五〇三三八・六三元。

（十）自製配件材料　修理廠除修理各牌舊料外，並自製各項配件材料，成績頗佳，計自本年二月份迄六月份止，該廠自製大蒙天配件，約值二一七四六・八二元，雪佛蘭配件值九九八二四・四八元，福特配件值一六五五・三四元，工具值四九五・二六元，車身值六三二二・〇七元，其他值二六九八・五九元，合約值四二七四二・五六元。

（十一）增添客車車票　本處於十月起，加開農工車，發售農工減價票，並增設限期來回票，十一月起，復添售溫湯來回遊覽票，農工減價票，適用於普通班車，其票價係照普通班車票價，核減三分之一發售，孩童乘坐農工班車時，合於半價之例者，票價亦減半核收，至於軍警搭乘農工班車時，合於減價之例者,雖仍照普通班車票價核減,但不得援用農工減價例,再行核減,又限期來回票,僅適用於特别快車,其票價乃照特别快車票價二份八折核收,但有一定之有效期限,逾期失效,再此種限期來回票,無論軍警孩童,概不發售半價。至於溫湯來回遊覽票,乃便利南昌人士赴臨川縣屬之溫湯溫泉沐浴而設,分專車與班車二種,其票價按普通客票雙程八折核收。

(十二)獎勵招攬貨運 此係對於努力招攬貨運之站務人員,給與一種獎勵,其辦法,係以本月份與上月份貨運收入總額相較之超出額,按百分之五核給獎金,其算式如次:

貨運獎金＝(本月份貨運收入現金總額－上月份貨運收入現金總額)×0.05 但此項貨運收入總額,包括運費,裝卸費,及其他因貨運發生之雜費等。

(十三)行駛煤氣汽車 本年二月間機務科成立後,即由設計股悉心研究煤氣代替汽油行車辦法,試驗成績頗佳,其短距離行駛效率,足以與汽油相埒,原料(木炭)既可取諸省內,價格又極低廉,故班車均設法行駛此項煤氣車,以節行車消耗。

(十四)訓練營運員工 設「站務訓練班」,及「高級機械訓練班」,造就營運專門人才,復隨時抽調段長,站長,車場管理員,司機,機匠等,實施短期訓練,俾謀營運工作效率之增進。

(丙) 今後改進計劃

本處本年自入春以來,以災祲洊至,致營運事業,極度衰落,八九兩月,本係旺月,但卒以農村凋敝,人民胼手胼足,本處營業,仍鮮起色,益以浙贛鐵路玉南段通車在即,本處營業,將更遭影響,故在斯困厄之局面下,誠應亟籌亡羊補牢未雨綢繆之計,改進本處營運業務,藉資挽回,而圖發展!

(子)關於組織者 嘗以營運管理之得失,繫於組織之完善與否,苟組織不健全,則管理不便,必難收指臂之效,是故本處今後營

運組織,擬予改善如下:

(一)運輸與營業分開 嘗查美國鐵路之組織,運輸與營業分開,故其組織完善,責任分明,運輸部份,專司行車修理等工作,營業部份,則司客貨運業務之招攬,運價之釐訂,沿綫經濟營運調查,及辦理廣告宣傳等工作,故本處有鑒於此,擬倣鐵路成例,將運輸與營業二部份分開,俾各盡厥職,工作專一。

(二)車機工警務合併爲運輸科 良以車務機務工務三方面,恆有密切之關係,苟各自獨立,則一旦有事發生,必致互相推諉責任,反言之,倘車機工而能合併爲運輸科,則一切糾紛,既可避免,而管理統一,益使車機工三部份關聯績密,又警務原屬總務方面,但以警務可以維持行車車站秩序,(浙贛鐵路各車站由警察司收驗客票,看護貨物等事宜,頗有成效。)於運輸上大有密切關係,故警務最好亦屬於運輸科,既便管理,且易奏合作之效。

(三)處科與外段成一貫的系統 處內營運組織,設運輸營業二科,處外設若干總段,該段組織,卽係根據處科之組織,而縮小其範圍,亦設運輸營業二股,司理該段營運事宜,如此內外一貫,同心協力,營運業務之進展,庶其有豸!

(四)添設統計室 辦理營運部份各項統計,並司研究發展營運業務之設施,管理,改進,暨著述等工作。

(丑)關於管理者 本處範圍廣大,一切營運上人事材料等管理,頗非周章,今後擬更圖改善,藉增管理效率。

(一)統制人事管理 根據「因事設缺因缺擇人」及「提高工作效率(以適當之人才應適當之工作)」二大原則,力使營運工作人員,各守職責,而無廢弛,關於統制方法,擬具如下:(I)釐定選擇員工標準(考試及甄別),(II)訓練員工(採用巡迴訓練制辦法),(III)編製工作效率等人事統計,(IV)規訂員工獎懲保障等辦法,(V)提高下級員待遇,(VI)增加員工智識能力,

(VII)添辦員工福利設施,(VIII)舉行人事效率比賽等。

(二)統制材料管理　材料爲營運上之大宗支出,故其管理得當與否,影響營運開支之經濟殊鉅!故在大規模之事業機關,對於材料管理,實有加以統制之必要,請茲即將本處今後統制材料方法,條舉如下:(I)釐訂材料管理整個統一制度,(II)規訂購買保管考驗材料等詳細章則,(III)訂定購買材料及消耗之標準,(IV)實行材料預算制度,(V)擬訂材料統計制度,(VI)厲行按月材料清查辦法,(VII)組織材料估價委員會,(VIII)統一材料名稱號碼單位,(IX)增設材料核實委員會,(X)舉行節約比賽等。

(三)實施統計管理　本處原有營運上之統計,不下百餘種,今後擬再事增編,以爲管理及改進業務之參考:(I)統計表——(1)運務方面:(A)客貨車運行成績統計表,(B)客貨車平均作業時間統計表,(C)車輛延誤原因統計表。(2)業務方面:(A)貨車容積利用程度統計表,(B)各段營業情況分析統計表,(C)各號車輛營業狀況統計表,(D)各站快班車上下旅客人數統計表,(E)各站客貨運比較統計表,(F)各等貨物進款統計表,(G)特種統計表如:(a)瓷運統計表,(b)茶運統計表,(c)鹽運統計表,(d)鎢砂運統計表。(II)統計圖——(1)各等貨物進款比例圖(2)各站快班車上下旅客比例圖,(3)各段業務成績比較圖等。

(寅)關於業務者　本處今後營運之方針,擬本「業務商業化」政策,努力設法啓發,俾與組織管理之改善,兼籌並進,而圖整個營運事業之發展。

(一)招攬客運　招攬客運方案如下:(1)籌辦營業所,(2)添設站台票定期票,星期來回票,學生假期回籍減價票,各省公路週遊票等,(3)整理沿綫名勝古蹟,(4)提倡探花賞月游艇登高等旅行事業,(5)用招貼小册子指南地圖明信片等宣傳方法,引起人民之旅行興趣,(6)設立導遊局,(7)創設標準客車,(8)增設問事處,(9)設置申訴箱,(10)興辦公路旅館,(11)注意行車準點,(12)維持客車清潔衛生,(13)興辦南昌九江等地市內公共汽車,暨准許長途中間乘車辦法,(14)街巷張貼宣傳品,(15)設小商店及兌換處,(16)添設公共便所,(17)增設行李儲存所,(18)增闢食堂及添售飯盒,(19)利用留聲報告及電影宣傳等。

(二)招攬貨運　其次關於貨運之招攬方案,亦可臚列如下:(1)舉行路商運輸會議,(2)組織路商聯歡社,(3)組織產運銷合作委員會,(4)舉行沿綫出產品展覽會,(5)參加國內外博覽會,(6)設立貨棧,(7)自設轉運棧,(8)試行代收貨價,(9)厲行負責運輸,(10)舉辦敏捷貨運,(11)改用統一標準磅秤,(12)改良貨運手續,如廢除過尺制等,(13)增辦貨運特殊業務,如中途製木,集合,積穀,整裝另卸,另担貨物接送等業務,(14)舉辦貨物押匯,(15)舉辦農產品巡迴車,(16)籌設各車站出產品標本陳列櫥,(17)組織貨運宣傳隊,(18)舉辦貨運講習班,(19)添辦貨運代辦所,(20)設法水陸聯運業務,(21)與銀行合作,(22)與農村合作委員會,農業院,農村服務區等合作,改良沿綫農業等。

(三)修訂運價　良以運價之臧否,營運業務之盛衰繫之,故擬修訂現行運價,俾爲發展營運之張本:(1)厘訂運價原理——(A)平衡各地供需,(B)着重負担能力,(2)厘訂運價方式——(A)基本運價,各段不同,按各該段之運輸成本,負担能力,他種運輸工具競爭等爲準則,(B)貨物分等,擴充至六等,(3)實施遞遠遞減辦法,減輕客貨負担,(4)增訂特價與專價,(5)改用非里程運價制等。

(四)舉辦調查　夫營運事業之整理,有賴於調查頗多,欲冀客貨運業務之發展,尤非注重調查工作不爲功。關於調查範圍,畧要言之:(1)沿綫客貨運及經濟之調查——編擬「營運狀況調查表」,「貨物產銷狀況調查表」,「地理調查表」,「人口調查表」,「農產調查表」,「畜產調查表」,「林產調查表」,「鑛區及鑛產調查表」,「工藝品調查表」,「農產播種及收穫調查表」,「農民生活狀況調查表」,「工廠調查表」,「家庭工業調查表」「商業調查表」「銀行錢莊調查表」,「輸出入貨品調查表」,「貨物捐稅調查表」,「河流調查表」,「輪船公司調查表」,「民船調查表」,「其他陸運工具調查表」,「汽車公司調查表」,「地價調查表」,暨「運輸測量調查表」等,分發各段站,限期縝密調查呈報,俾爲本處輔助沿綫經濟發達及發展營運之張本。(2)外段站場務工作管理之調查——除頒發「工作處理手續報告表」,「車站設備及管理概況調查表」,暨「車站人員生活狀況調查表」等,令各段站塲詳細填報外,並時派員赴各段站塲親詣視察,俾明外勤詳情,而免隔閡。(3)南昌市各業貨運調查——刋訂「南昌市×業貨運調查表」,分發南昌市各業詳細塡報,藉爲繁榮南昌市經濟,及改進本處貨運之準則。(4)本省特產產運銷三方面詳細概况之調查——派員調查本省特產之產運銷三方詳細概况,如景德鎮之瓷器,建甯,甯都,河口,貴溪,鉛山,篠田等地之紙張,上高萬載等地之夏布爆竹,樟樹之藥材,吉安,南城,廣昌,臨川等地之土布,米穀,贛縣,瑞金二地之皮包皮箱皮枕,修木,武甯二地之茶葉等,(印就「江西××產運銷狀況調查表」)藉爲發展本處貨運業務之參考。(5)他省公路運輸業務之調查——派員赴各省公路實地調查,並用通訊辦法,函請他省公路機關,報告最近運輸業務管理上之新設施,俾作改善本處營運事業之借鏡。

滬杭甬綫列車車輛調度概况

吴祿增

第一章　沿革

滬杭甬綫集中管理車輛之議,始於民國十二年。其後因時更張,執掌範圍,由支配車輛而兼及列車調度。其經過情形,可分四時期述之。

(一)車輛科時代(自民國十二年三月起至民國十八年四月止)

自京滬路(舊稱滬甯)於民國十一年九月創設車輛集中調度制後,滬杭甬綫亦卽於民國十二年三月,開始籌設車輛科,以管理上海閘口段間(簡稱滬段,以與甬段區別)車輛事宜,同年九月,規模粗具。設辦事處於上海南站,直隸於車務處;並設調車主任一人,調車員二人,辦事員三人,以辦理逐日調度事項。其時因限於經費,所有調度用電話,並未另行掛綫,僅就原有之舊話綫,卽現稱爲車綫電話者,略事整理,權宜應用。話綫之外,又以電報爲輔。科中設備,亦較簡單。工作範圍,限於車輛之支配,尙未能兼顧行車也。其時工作中之最主要者,爲客貨車輛之支配,客貨列車及專車之組合,旅客列車週轉表之制定,軍用車輛及專車之調度,貨物列車停靠車站之增減,以及客貨車輛册之修訂等等。所備紀錄,計有客貨列車車輛紀錄,車輛使用成績紀錄,兩路租用車輛紀錄,車輛修理紀錄,客貨列車到着時刻紀錄,及逐日軍用車輛紀錄等。

上述組織及工作,連續實行計六年。初,車務處爲便利調度工作計,曾於民國十二年夏呈請購裝行車專用電話,因限於預算,未果。

(二)調車分股時期(自民國十八年五月起至十九年十二月止)

民國十八年五月,京滬滬杭甬兩路車務處奉令改組。內勤設文牘,調度及商務三課。調度課執掌兩路車輛及行車事宜;其下分調車,行車,及行車統計三股。京滬綫之調度所(時通行英文,簡稱爲T.M.T.C.即「車務處長之調度員」之意)。改稱調度股,滬杭甬綫之車輛科,改稱調車分股,皆直隸於調度課,對課長負責。是時滬杭綫因行車專用話線,尙未掛設,一時未能遷歸課內,仍留上海南站辦事,惟內部工作,已於可能範圍內,使與京滬一致,組織方面,則尙未有顯著更變焉。

滬閘段間裝設行車專用電話一案,自民國十三年創設未果以後,訖未積極進行。民國十八年,兩路車務處改組後,舊事重提。十九年春,鐵道部購料委員會與中國電氣公司訂立調度電話購裝合同。是年秋動工,冬完成,十二月廿三日移交車務處應用。

先是,在調度電話未裝竣前,調度課對於滬杭調車股內部之組織,早有計劃。當卽調集資歷較深之站長車長等數人,連同調車分股原有人員,指定正調度員四人,副調度員四人,替班調度員一人,車輛紀錄員三人,及課員一人,由主任調度員負責督率,於民國十九年十二月二十五日由上南站遷至北站調度課內辦事。

(三)滬杭調車股時期(自民國二十年一月起至廿一年九月止)

民國二十年元旦,滬杭調度電話,正式開始應用,調車分股,改稱滬杭調度股,一切悉與京滬路相同。設客貨車輛牌板,及車輛紀錄卡櫃等,正式辦理車輛之支配,調劑,紀錄,稽核,列車之編配增減,行車時刻之紀錄稽核,列車交會之指示等等工作。關於列車人員之管理,則設行車事務員二人以主持之。所有該項人員之假替及調度,悉由該事務員等負責辦理,與調度員分功合作,直接對課長負責,不受主任調度員節制。

一二八之役,北站被燬,滬杭調車股,暫移嘉興站辦公,因陋就簡,維持後方列車車輛調度事宜。同年六月停戰協定告成,乃復遷回上北辦事,恢復已往工作,直至民國廿二年九月,調度股再度改組止。

(四)調度股滬杭組時期(自民國廿二年十月起至現在)

民國廿二年十月起,兩路車務處奉令改組,設總務,運輸及營業三課。運輸課設文事,行車及調度三股,各設主任一人主其事。調度股又分京滬滬杭兩組,每組設主任調度員一人。系統與昔略有不同,惟辦事人員,各仍舊貫,工作方面,亦仍雙方劃分各不相混。

民國廿三年四月,車務處又奉局令更變外段組織,京滬綫,分京丹,丹蘇及蘇淞三段;滬杭甬綫分滬嘉,嘉閘及曹甬三段。所有行車人員之調度,劃歸各關係段長,就近管轄,原屬調度股之行車事務員,即派駐各段辦公。調度股工作,遂祇限於列車及車輛之調度,而不復及於行車人員之調度焉。

第二章　組織

(一)系統

調度股直隸於運輸課,秉承課長之命,行使調度列車與車輛之職權。設主任一人以統率之。復以京滬滬杭甬兩綫車務複雜,情形不同,合併辦事,勢有不能,乃於股下分爲兩組:其管理京滬全綫列車與車輛之調度者,曰甲組;其管理滬杭甬綫滬閘段內列車與車輛之行駛者,曰乙組。內部組織,以及工作種類,完全相同。惟辦事人員數目,依事務繁簡,略有參差。本篇所述者,祇限於滬杭綫方面。

車務處組織系統表

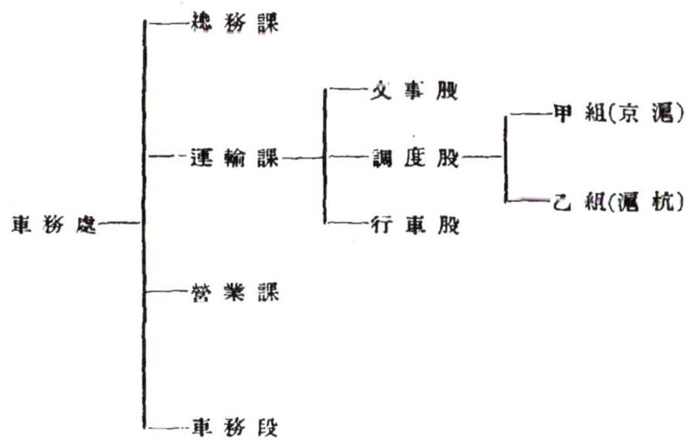

(二)職權

運輸課所刊列車與車輛調度規章第一章總則第三條對於該課調度職權,規定如下:

「列車車輛調度制之重要職務如左:

(一)維持規定之各列車行駛時刻之準確。

(二)支配開駛各項專車事宜。

(三)配掛各列車,期得最高之載重。

(四)調度客貨車輛,期收最經濟而迅速之功效。

(五)參酌各站車塲之容量,及路線之運輸能力,以調節各站貨運」。

此項規定,不過述其大綱而已。至調度股實際上之職權,應包括下列各項:

(甲)關於支配車輛者:

1. 編配客貨列車及客貨專車。

2. 支配並調劑全路客貨車輛。

3.組織貨物列車,使達機車最高牽引力。

4.調度軍運及公運車輛,並佈置開駛專車事宜。

5.調度聯運車輛。

6.調劑全路機車。

7.計算並調節客列車座位及載重量。

8.審核各站進出及存站車輛之種類數目及待運噸位。

9.更動客貨車輛牌板,顯示並稽核客貨機車分佈情形。

10.其他關於支配車輛事項。

(乙)關於列車運行者:

11.紀錄列車行駛時刻。

12.稽核列車行駛延誤,並設法減少延誤時間。

13.指示各站列車交會及行車事宜。

14.移動車輛號牌,顯示列車運行狀況。

15.斟酌貨運情形,增減貨物列車次數。

16.斟酌客運情形,建議增減規定旅客列車次數。

17.設法減少沿途搗車次數及空車里程。

18.加速貨列車週轉時間及減少停站延誤。

19.疏通大小車站車輛擁塞。

20.行車救險佈置,及一切行車事變之調度。

(丙)關於車輛紀錄者:

21.紀錄客貨機車之行動。

22.紀錄各站貨車進出及存站情形。

23.紀錄聯運車輛交換情形。

24.紀錄並稽核車輛延擱情形。

(丁)其他:

25.秉承課長或處長之命,督察全路逐日行車情形,並隨時將不規則事項報告核辦。

26.究正各站調度不合事宜。

27.建議改進行車設備,行車時刻,及車輛狀況等項事宜。

28.管理行車專用電話,並查驗其損壞,限制其濫用。

29.編造各項調度報告。

30.處理關於調度上之一切文書事項。

(三)員司

(甲)員司種類:

辦理滬杭列車與車輛調度工作者,除主任外,計有三種人員:一曰調度員,共四人;另設副調度員四人輔之。正副調度員之外,又設替班調度員一人。二曰車輛紀錄員,每班一人,計四人,隨同調度員辦事。另設替班一人。三曰課員,計一人。一二兩項人員,分班輪值;第三項人員,依照普通辦公時間到值。

(乙)服務班次:

調度員分早中夜三班輪值,每班正副各一人,工作實足八小時。每三日一調班。早中夜連續工作九日後,得休息三天,依次輪值,週而復始。無所謂日夜,更無所謂星期與休假。因是股中每日常有調度員六人辦事,餘二人爲休息。

調度員服務班次,一經排定,除特准者外,終年不得更動。故某日某時間內某項工作係何人經辦,事後查究,一查調度員值班表便知,責任頗易確定。復因調度員工作比較繁複專門,遇因事或因病告假,不能隨以外間生疏人員接替,則設替班調度員一人,以濟其不足。替班調度員當無人請假時,應依公事房辦公時間,逐日到股助理調度一切。遇同時有兩調度員請假;或替班調度員本人請假,而另有調度員一人因病或因事告假時,則可商請日班調度員兼任雙班;或休息調度員暫停休息;均由主任隨時佈置,務以調度工作不受影響爲旨。

車輛紀錄員隨同調度員工作,每班一人,其輪值及假替辦法,一如調度員。

調度員及車輛紀錄員服務班次表

(格式樣子)

滬 杭 甬 綫

調度員及車輛紀錄員服務班次表

中華民國二十四年

一月	二月	三月	四月	五月	六月	早班	中班	夜班	休息	職別	七月
1 13 25	6 18	2 14 26	7 19			吳〇〇	陸〇〇	金〇〇	段〇〇	調度員	
2 14 26	7 19	3 15 27	8 20			姚〇〇	陸〇〇	董〇〇	吳〇〇	副調度員	
3 15 27	8 20	4 16 28	9 21			戎〇〇	趙〇〇	周〇〇	陳〇〇	車輛紀錄員	
4 16 28	9 21	5 17 29	10			段〇〇	吳〇〇	陸〇〇	金〇〇	調度員	
5 17 29	10 22	6 18 30	11(餘類推)			吳〇〇	姚〇〇	陸〇〇	董〇〇	副調度員	
6 18 30	11 23	7 19 31	12			陳〇〇	戎〇〇	趙〇〇	周〇〇	車輛紀錄員	
7 19 31	12 24	8 20	1 13			金〇〇	段〇〇	吳〇〇	陸〇〇	調度員	
8 20	1 13 25	9 21	2 14			董〇〇	吳〇〇	姚〇〇	陸〇〇	副調度員	
9 21	2 14 26	10 22	3 15			周〇〇	陳〇〇	戎〇〇	趙〇〇	車輛紀錄員	
10 22	3 15 27	11 23	4 16			陸〇〇	金〇〇	段〇〇	吳〇〇	調度員	
11 23	4 16 28	12 24	5 17			陸〇〇	董〇〇	吳〇〇	姚〇〇	副調度員	
12 24	5 17	1 13 25	6 18			趙〇〇	周〇〇	陳〇〇	戎〇〇	車輛紀錄員	

(丙)分工情形:

調度股各員司之工作,除主任外,概由主任負責分配,並隨時予以調劑,各對主任負責;主任對課長負責。茲分別擇要說明之:

(1)主任調度員　主任調度員,督率全股員司,主持列車與車輛一切調度事宜。每日除審核本股出入公文暨報告外,復須隨時查察各站行車及車輛狀况。遇綫路上發生行車事變時,不論晝夜,隨時到股調度一切。

(2)調度員(正及副)　調度員爲辦理日常調度事務員司中之主要份子。其工作,包括管理行車及支配車輛兩大類,故事務極爲繁複。擇其大者言之:除管理行車專用電話及隨時禁阻其濫用外,計有(1)調度及計劃各站車輛之配掛,(2)編配各項客貨列車并計算其載重量,(3)指示各站列車之交會及各項行車事宜,(4)隨時紀錄行車時刻,稽核行車延誤,及計擬減少或補救處置,(5)調劑全路機車,儘量利用其機力,(6)斟酌需要情形,調配開行客,貨,軍,料等專車,

(7)處理行車事變時一切應急調度。(8)稽核各站出入及存站車輛,空重情形,及聯運車輛之種類與數目,及(9)全路車輛號牌之顯示,移動及核對等等。此外,調度員在休息時間,應時時前赴各站視察行車設備及車輛調度情形。如查見任何不合情事,應隨時予以糾正,倘有可以增進行車或改良或添換車輛之處,亦應隨時建議,以備研究採擇。至於平日工作時,應刻刻注意行車費用之節省,以及車輛週轉之迅速,空車里程之減少,停站時間之縮短等等,則尤爲調度員重要之職責,不容忽視者。

(3)車輛紀錄員　車輛紀錄員隨同調度員班次服務,紀錄客,貨,機車之運行及分佈狀況,登記出入及存留各站貨車之數目及種類,查核車輛延擱情形,及助理更動客貨車輛號牌等等。

(4)課員　課員處理股內文書報告等事項,如編造逐日調度車輛狀況表,逐日行車狀況報告及呈局呈部各種車務報告,計核互通車輛之車租及延期費,擬繕本股文稿,及助理登記客車機車等運行狀況等。

(四)對外關係

調度股辦理列車車輛調度時,爲免除延誤起見,凡事之有章則可據者,不論本路各處,署,課,段或本路以外各界,均可先行接洽辦理,然後呈報。惟事之規定應行經過各處課主管人員,或各段站長接洽者,不在此限。大概言之:在平日,調度股與機車房接洽之事最多;以機車運用,機車損壞,機車調劑,及開駛專車等等,均須時時雙方接洽辦理也。其次關係較切者,爲車務段;如客貨運輸之調劑,客貨車輛之增減(指規定列車上掛車數目言),行車時刻之修訂,站線設備之改善,及行車人員之調度等等,皆其事之著者也。再次,爲工務材料等處,則多係修理軌線及運輸材料事項,類皆先有計劃,預經主管長官接洽(電話或公函或電報)。此外,本路其他各部之與調度股發生直接關係者,機會甚少。至外界(包括軍,政,商,學各界)直接與調度股接洽之事,實際上極少發生。蓋外界所接洽者,幾

上海交通大学百年报刊集成·第一辑（1896—1949）·学术学科·综合卷

全為客貨車輛及專車事項,例應先與車務處長,車務段長或關係站長接洽辦理也。

以上就平時工作言。若遇發生重大行車事變時,則調度股得因時制宜,逕與鐵道部運輸課,本路局長副局長,車工機警各處署長,以及鐵路醫院院長等,隨時報告情形,請示機宜,並接洽救險事項。此則情形特殊,偶而有之,固未可以常規等視之也。

第三章　設備

調度股之設備,得分動用器具與參考圖籍二大類述之。

(一)動用器具

動用器具,包括電話,電報,牌板,櫃桌等等。

(一)電訊器具

(甲)行車專用電話　行車專用電話,俗稱調度電話,係專為調度列車車輛而設。凡各站間普通行車事項之接洽,除特准者外,概不得經由本綫通話,所以維持其清靜及便利調度也。

本項電話,係選擇式 (Selecting Type),分總站及外站兩大部份。其裝於調度股(即總站)內者,計有選擇機件箱(Selector Apparatus Case)一具,六十門選鍵總機 (No.60-D Selector Key Case) 一座,聽筒話筒(兩者連在一起)兩套,揚聲筒一具 (此筒現已不用),插銷及電池電鈴避雷機等,一應俱全。其裝於外站者,每站有選擇箱 (Way Station Selector Apparatus)一具,聽筒話筒(Way Station Telephone Apparatus)一副,另附電池電鈴避雷機等裝置。

本路現已裝設行車專用電話地點,計有下列四十一處:

車務處處長室	上北機車房	上海西站	日暉港貨站	新橋站
運輸課課長室	上北電話試驗間	徐家滙站	龍華站	松江站
上海北站	麥根路旅站	上海南站	新龍華站	石湖蕩站
上北車場間	麥根路貨站	上南機車房	莘莊站	楓涇站

嘉善站	王店站	許村站	拱宸橋站	南星橋站
七星橋站	硤石站	臨平站	杭州站	閘口站
嘉興站	斜橋站	筧橋站	杭州電話試驗間	閘口貨站 閘口車場間
嘉興機車房	長安站	艮山門站	嘉閘車務段室長	閘口機車房

復為便利查驗電話障礙或損壞計,在下列各站,又另裝試驗開關(Double Pole Cut Out Switch)若干具,計

麥根路旅站	一
上海西站	一
新龍華站	三具(一具上南新龍華間,一具上北新龍華間,又一具新龍華閘口間)
松江站	二具
楓涇站	一具
嘉興站	二具
硤石站	一具
長安站	二具
臨平站	一具
艮山門站	一具
杭州電話試驗室	二具

(乙)車線電話　調度電話,有時因綫路損壞,或總機窒礙,不能立時修復,則調度工作,卽發生全部或局部停頓。為預防此項缺憾並減少延誤公務計,於行車專用電話之外,復裝設普通車線電話機一具,與上北站,上北機車房及上南站聯絡;並可由上南站轉接松江,嘉興,硤石,長安及杭州等站,遇必要時,復可轉輾接通全線其他小站;惟接通全線各小站一節,手續繁緩,聲音嘈雜,實際上除萬不得已外,使用之時極少。

(丙)華洋電話(卽地方電話)　本路各部份間及對外有所接洽時,另裝華洋電話分機一具,可以互相接通。又各高級職員住宅,如局長,副局長,車工機警等處長,署長,副處長,副署長,醫院院長,運輸課課長等等,亦均賴華洋電話接通,以便行車事變或其他重要事

故發生時,報告並請示一切。

(丁)電報　調度股發出公務電報,以辦公室接近北站電報房,故一切電報,均交由該報房代發,不另裝設電報機。

(二)車輛牌板及車號牌　本路現用車輛牌板,計有兩種:(甲)客車牌板,用以顯示客列車掛車情形,及存站客車,修理客車交換客

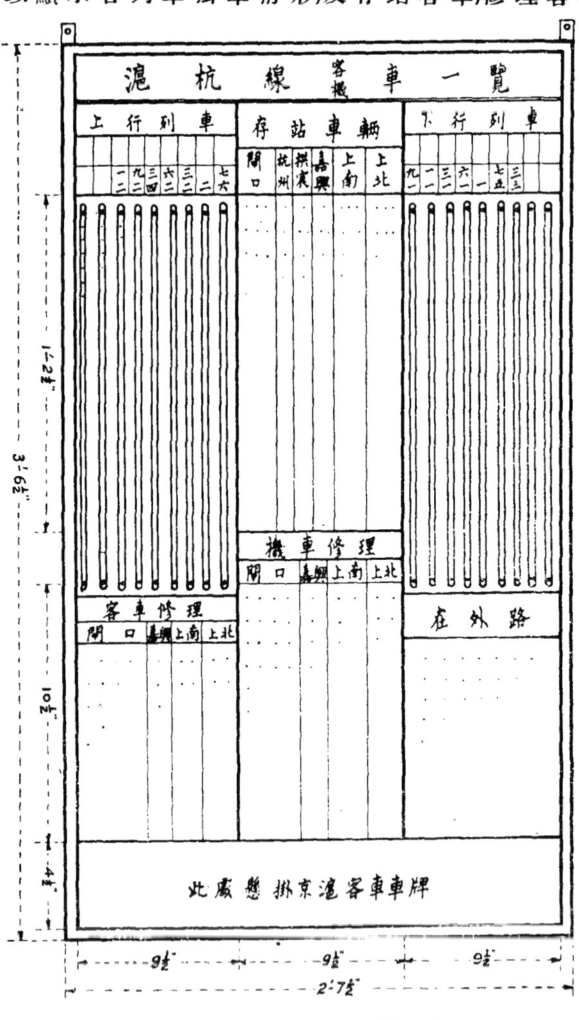

客車牌板圖　　(附圖一)

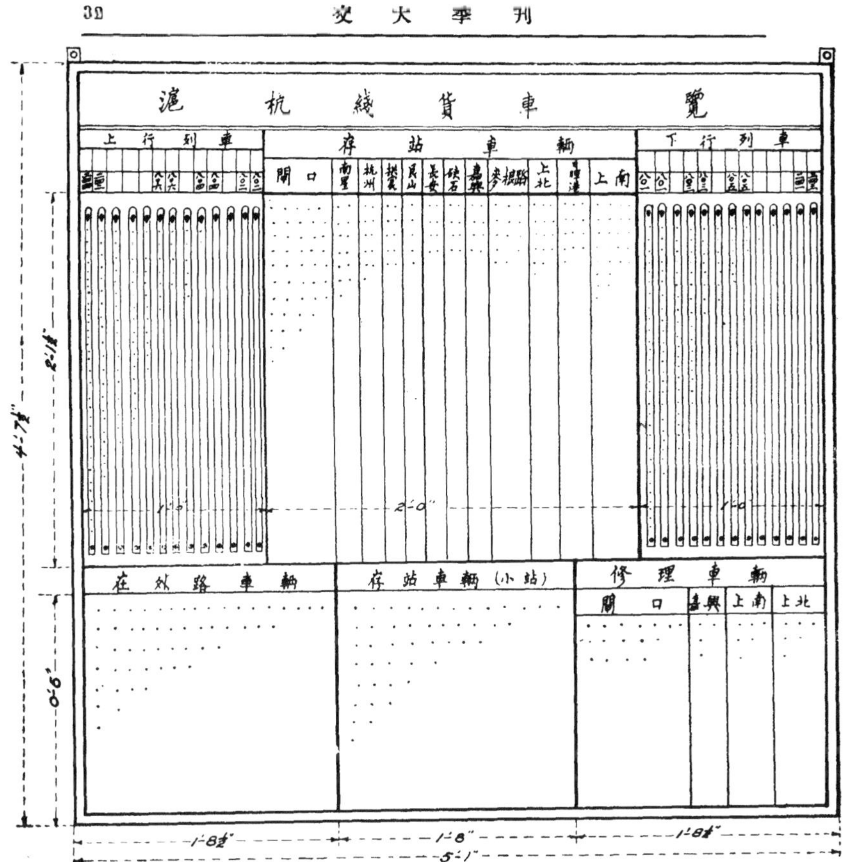

貨車牌板圖　　(附圖二)

車等分佈狀況。本牌內又包括機車一項，因本路滬閘段內，機車數目不多(總共三十四輛)，另設牌板，殊嫌空費，故權宜併入客車牌內顯示之。客車牌板，實際上乃一機車及客車牌板，今從習慣以客車牌板稱之。(乙)貨車牌板，用以顯示貨列車掛車情形，及存站貨車，修理貨車，交換貨車等狀況。

附圖三 車輛號牌

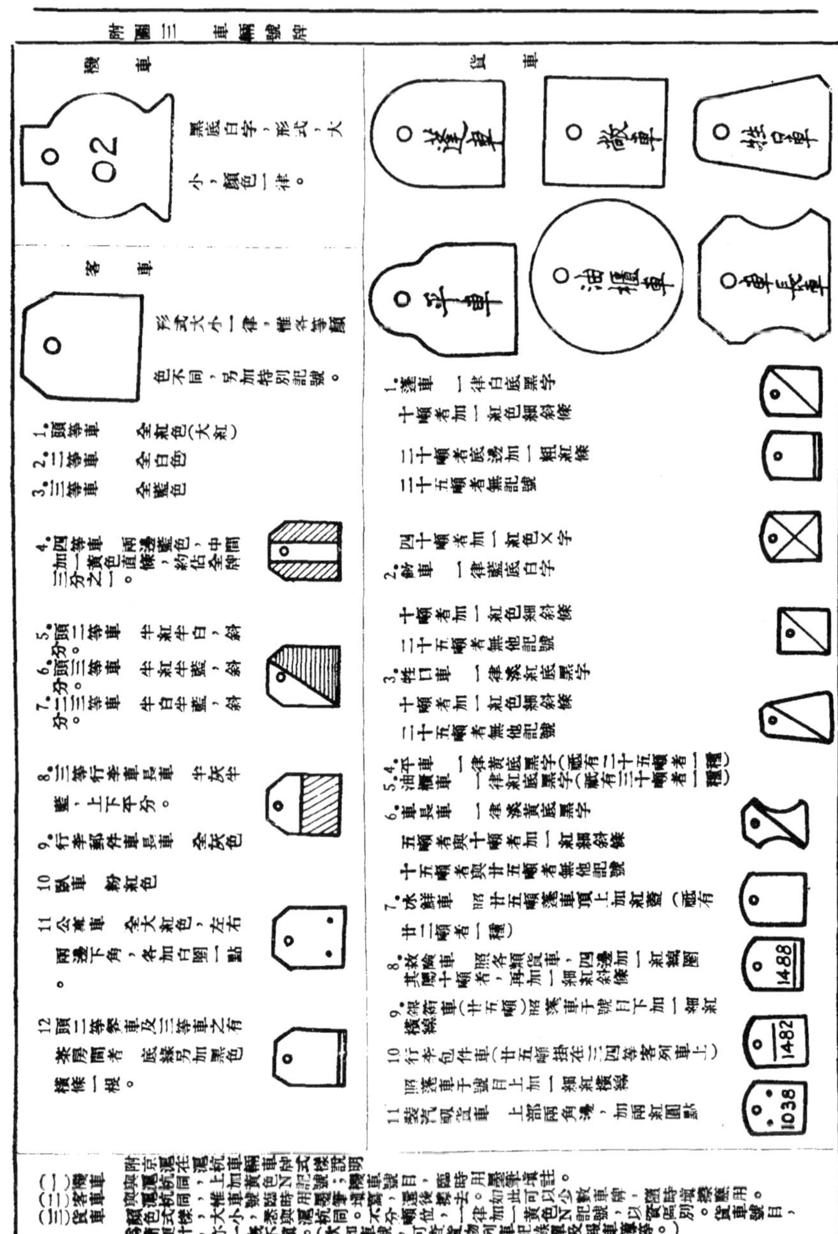

機車
02
黑底白字，形式，大小，顏色一律。
客車
形式大小一律，惟各等顏色不同，另加特別記號。
1.頭等車 全紅色(大紅)
2.二等車 全白色
3.三等車 全藍色
4.四等車 兩邊藍色，中間三分之一黃色。直條約佔全牌三分之一。
5.頭二等車 半紅半白，斜分。
6.頭三等車 半紅半藍，斜分。
7.二三等車 半白半藍，斜分。
8.三等行李車員車 半灰半藍，上下平分。
9.行李郵件車員車 全灰色
10 臥車 粉紅色
11 公事車 全大紅色，左右兩邊下角，各加白圓一點。
12 頭二等餐車及三等車之有茶房間者 底線另加黑色橫條一根。
貨車
蓬車
敞車
牲口車
平車
油櫃車
車長車
1.蓬車 一律白底黑字
十噸者加一紅色細斜條
二十噸者底邊加一粗紅條
二十五噸者無記號
四十噸者加一紅色×字
2.敞車 一律藍底白字
十噸者加一紅色細斜條
二十五噸者無他記號
3.牲口車 一律淡紅底黑字
十噸者加一紅色細斜條
二十五噸者無他記號
4.平車 一律黃底黑字(祇有二十五噸者一種)
5.油櫃車 一律紅底黑字(祇有三十噸者一種)
6.車長車 一律淡黃底黑字
五噸者與十噸者加一紅細斜條
十五噸者與廿五噸者無他記號
7.冰鮮車 照廿五噸蓬車頂上加紅蓋(祇有廿二噸者一種)
8.救險車 照各類貨車，四邊加一紅細圈
9.鐵路材料車(廿五噸)照蓬車于號目下加一細紅
10 行李包件車(廿五噸掛在三四等客列車上)照蓬車于號目上加一細紅橫綫
11 裝汽車 上部兩角邊，加兩紅圓點
1488
1482
1038
(一)機車
(二)客車
(三)貨車

本路現用車號牌,分機車,客車及貨車三大類。機車號牌,最爲簡單,不分形式,亦不分顏色。客車號牌,大小與形式一律,惟各等用不同顏色區別。貨車號牌,大小,形式與顏色,各不相同,其噸位及裝置,用特別記號表示之(見附圖三)。

(三)貨車紀錄卡櫃　此櫃係供置放貨車紀錄卡用。木製坡形,俾貨車卡放入後,其上邊之車號,依次顯露,可一覽無餘。每具可置放紀錄卡五百餘片,照本路滬閘段內現有貨車數目,及通常外路在滬杭交換車輛數目合計,兩具已敷應用。卡櫃下部,裝有抽屜,以備置放新舊卡片之用。

因貨車紀錄卡係紙製,故每卡用白鐵襯殼一枚襯插,以免折損。白鐵襯殼數目,以能適合應用爲限。

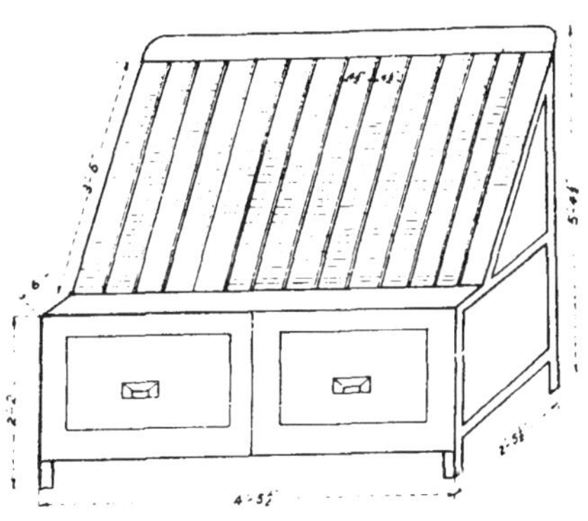

貨車卡櫃圖

(附圖四)

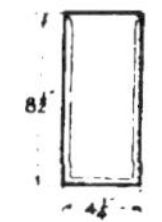

貨車紀錄卡白鐵襯

(附圖五)

貨車紀錄卡置放於櫃內時,其分佈辦法,略如貨車牌板,卽:修理貨車。外路貨車及在列車上之貨車等,各置放一起;另以木板一片,上標車次及性質,接插其上顯示之。至存在各站之貨車,則不復另行分別插置,僅依貨車種類與噸位,按照車號,依次順列,以便檢取。

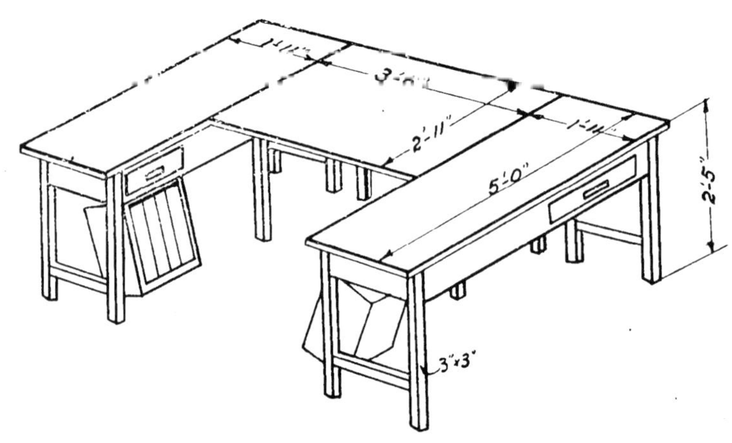

調度員用公事桌圖

(附圖六)

(四)調度案桌　調度員所司工作,至爲繁復,每日應用簿册,表格及參考表件,各在一二十種以上,故其所用辦公案桌,係特別計劃,形式如附圖六。

此桌三面統蓋玻璃板面,板下置放站線略圖,機車圖,里程表,車輛表以及其他有關調度事項之表格。桌之中部,置放行車專用電話電鍵總機。總機前面地位,適足平置行車時刻紀錄表一張。桌之左右兩面,各裝抽屜兩口,其位於調度員坐椅兩旁者之下,又各裝斜形木匣一具,均分爲若干格,備置放應用簿册及參考圖表之用。

(五)標準時鐘 調度股稽核全路行車時刻,故其所用時鐘,比較最爲準確。各站時由電話詢問時刻,校對各該站時鐘之快慢,故該鐘幾處於全綫標準鐘之地位。

(六)文卷櫥等 除以上各項特種用具外,調度股又置有普通文卷櫥二扣,備置放表册之用。此外辦事上應有用具,亦一應俱全,並可隨時斟酌需要情形增減之。

(二)參考圖籍

調度員辦理調度工作時,不僅專持動用器具之設備爲已足盡其能事,尤須備有充分參考之圖表章則,庶可隨時參證,免除謬誤。如(1)站綫藍圖之得以查知軌線設備,灣道,坡度,橋樑,道房等情形;(2)機車藍圖之得以查知機車之構造,及其配件之名稱與地位;(3)車輛及行車設備册之得以查知關於車輛及行車設備等之一切詳細情形(包括客,貨機車車號種類等詳細情形,列車組合,車輛支配,列車運轉,機車牽引力,客貨車輛調整噸位,車次編號,列車裝運郵件容量,行車設備,橋樑道房,私有岔道,車工機警各段負責人員駐在站等等);(4)里程表之得以查知本路及聯運各路各站間之距離;(5)時刻表之得以查知本路及聯運各路各列車行車時刻之狀况,及其啣接情形;(6)本路高級職員住址表之得以便利傳達重要消息,並報告行車事變狀况,及請示機宜;(7)各項章程,通告,週報,日刊等之得以隨時參閱,以免歧誤。……凡此種種,皆係必須參考之圖籍,其完備與否,正與動用器具之完備與否,同一重要。至若旁搜他路或國外有關調度之章程書籍,裨調度人員,得於公暇參閱,廣證其見識,則於調度效能上,間接不無裨益也。

(待續)

無窮級數之理論及應用

Knopp氏原著　　顧澄逹指

小　引

實數論爲高等解析之基礎。凡微積分及其相關諸數學之基礎，如欲作嚴格之討論，必須自實數論出發；甚至如求方根及求對數之類亦是如此。蓋實數論先造成原料，算術及解析卽可由此構成而其所討論者亦幾乎專在於此。

但實數論之此種需要，以前不常實現。當微積初創，其創造者 Leibniz, Newton[1] 兩氏及其繼起諸名人（其中以Euler[2] 氏爲巨擘）方沈醉於此新學之大潮，太盡力於其方法之進展，無暇注意其基礎之討論〔實數論之需要，遂未爲所重視〕。蓋彼等以爲由此新法所得諸結果，已顯足證明其基礎之穩固也。迨此潮初退，批評解析始敢冒險進探其基本之觀念。至十八稘末，此種努力，日進月盛；考厥原因，要在受 Gauss[3] 氏偉大之影響。然其最重要之基本問題，亦幾經百年之久，始能視作徹底清楚耳。

今則基本數觀之必須嚴密，已在任何數學之討論中爲無上之要品，自十九稘末數十年，所謂此事之最後一語已經說出之後（Weierstrass[4] 在 1960 年說出，

---

1. Gottfried Wilhelm Leibniz,1648 生於 Leipzig, 1716 卒於 Hanover。Isaac Newton 1642 生於Woolsthorpe,1727卒於 London 此兩人皆各自獨立發見微積之基礎者。

2. Leonhard Euler 1707 生於 Basle, 1787 卒於 Petersburg。

3. Karl Friedrich Gauss 1777 生於 Braunschweig, 1855 卒於 Gottingen。

4. Karl Weierstrass, 1815 生於 Ostenfeld, 1897 卒於 Berlin，其實數論之第一篇嚴密論文自 1860 在其講義說明後，近始爲其學生 G. Mittag-Leffler 所發表，見其論文 Die Zahl Einleitung Zur Theorie der analytischen Funktionen, The Tôhoku Mathematical Journal, Vol. 17 pp. 157-209. 1920。

Cantor[5] 及 Dedekind[6] 在1872年說出），且討論高等解析之基礎部分之著述，苟非自實數之精密數觀出發，已無一能望其眞確矣。

自是以來，實數論之著作已極多，討論之法亦極衆[7]，本書專為曾讀微積者說法，似無須另作詳細之說明。惟級數論實以實數系為惟一之基礎，若此基不固則其所有理論必盡落空（此事入後自能明白）。故欲使級數論所根據之假設無絲毫不確，必須將以後所需之觀念與論據來自實數論方面者在以下各頁之中先行討論。惟此非擬將實數論作一簡短而完備之陳述；不過將就其主要觀念，最要問題及其答案，盡力說明，使能異常清楚耳。故以下關於後者之陳述，務求十分詳盡無所缺略；惟於次要之節目及關於實數系之完全性與惟一性等問題（不在本書計畫之內者），則但作簡短之說明而已。

5。 Georg Cantor，1845 生於 St. Petersburg，1918 死於 Halle，參觀 Mathem Annalen. Vol. 5，p.123.1872。

6。 Richard Dedekind，1831 生於 Braunschweig，1916 死於本處，參觀其所著之 Stetigkeit und irrationale Zahlen, Braunschweig 1872。

7。 此種論文易讀而含一切要義者為 H.V. Mangoldt 之 Einführung in die höhere Mathematik, Vol. I，2nd. edition，Leipzig 1919—G, Kowalewski 之討論見其 Grundzug der differential—und Integeralrechnung. Leipzig 1909 者既精且簡，惟因此亦不便於初學，——實數系之嚴密構造其理論十分精密者，為A. Loewy之Lehurbuch der Algebra, Part I,Leipzig,1915及A.Pringsheim之 Vorlesungen über Zahlen—und Funktinoenleher, Vol.I, Part I. Leipzig 1916（再參考H. Hahn 對此後者之批評，見 Gött. gel. Anzeigen 1919 pp321—47）：

第　一　部

實數及敍列

第　一　編

實數論之原理

一章　有理數系及其空隙　所謂「已知某數」，「設有某數」，「計算某數」之類，究是何意？如有人言「彼知$\sqrt{2}$或π之值」，或「彼能計算$\sqrt{5}$」其意云何？$\sqrt{2}$是何物？如何知之？如何算之？此類問題，皆問比答易。如云$\sqrt{2}=1\cdot414$，其爲謬誤，顯而易見；試將$1\cdot414\times1\cdot414$實行乘出，所得結果並不是2，即使十分審愼，而云$\sqrt{2}=1\cdot4142135\cdots$（…卽照此前進之意），則試問所謂照此前進，究竟如何進法；倘無更進之說明，此語根據完全落空，此種答案仍無意義。縱再進求小數至于百位，其情形亦復如前，並不較勝；因一則其平方並不是2，二則其百位後之小數仍說不出，位數雖多，其不能代表$\sqrt{2}$則一。故在上所云云之下，可謂無人能知$\sqrt{2}$之全體，（亦卽所謂無人能將$\sqrt{2}$完全處分）；必如$\sqrt{9}=3$，或$35\div7=5$等語，始覺語意完全無所不合。至如π，對數，正弦，餘弦之類，但以表（例如對數表等）上之數作爲其値，其情形亦正與以$1\cdot4142$爲$\sqrt{2}$無異，並不較好。惟吾人終覺$\sqrt{2}$，π，$\log5$之類，確有定値，甚至自覺此類之値確已知道。不過此印象之全體或內容，究爲何物，其淸晰之概念吾人尙未獲得而已。今試盡力形成此種思想於下。

上舉之「已知$\sqrt{2}$」等語，其根據旣生疑義。則爲一致起見，甚至「已知$-\frac{23}{7}$」或「設有$\frac{9}{4}$（在特種計算時）」等語，亦須進考其所言之根據究已正當至何種程度。不但如此，即「已知97」，或「對於某某計算，設$a=2$及$b=5$」等語，亦須加以考察。因此，自然數1，2，5……之全體之觀念，亦有詳細審查之必要。

此末一問題，頗足令人驚異，在此可置勿論，蓋此已越數學之範圍，而屬於另一類之觀念，離本書所應討論者相去甚遠也。

各種科學無一能全建於其本身之上；其最後之基礎各借力於其上層或下層。所謂上層或下層卽經驗，知識論，邏輯，最高哲學…之類。蓋各種科學必先承認某某事爲已知，然後能據以進建其本體。至其基礎之設立，應如何取材方能適當，如何構造方合邏輯之惟一問題，實爲何種事物應先假定爲已知；詳言之，卽其先決問題爲須有何種「最少之開始假設」始足爲其進展之基礎。

至現所討論之「構造實數系」問題，此類基本研究頗有煩難之處，且至今尙未達到圓滿之結論，(此層必須自認)；如欲於本題現在之地位對此作適當之研究，勢必遠出預期工作之範圍。故於此只能不負「規定最少數假設以爲基礎」之責，而但提出「一羣論據」先認爲已知，再憑以構造實數系而已；此羣論據卽由正及負之整數分數及 0 所成之有理數系；其能由較小之一組假設推出，已爲人所習知之事，故儘可以之爲已知之論據。詳言之，若但以「自然數 1,2,3… 之有序敍列及將其合併之加乘二法」爲較小之一組巳知假設，則有理數系卽可據以構成；巳成一種普通知識，不必再加討論。蓋人巳盡知如何因乘法反求上之需要而生分數，如何由加法反求上之需要而生負數及 0 也。[1]〔譯者按構造實數系，須先有「假定爲已知之基礎」。今著者不規定「一組最少假設」爲此項基礎，而但以「有理數系及其間性質(作爲已知)，」爲此項基礎。本節云云，著者說明其此種辦法之理由耳。〕

凡正及負之整數分數及o，其全體謂之有理數系；其中各數至多用兩自然數及一分數線，或再加一負號，卽可將其寫出。故凡有理數系中之數各可作爲巳知，各可完全寫出，各可以文字表之；爲簡便計，凡有理數以小體字母$a,b,\cdots x,y,\cdots$ 表之。此系之基本性質如下：

(1)　有理數系成一有序集合(ordered aggregate)；卽在任意兩有理數a,b間，必有(及只有)下三關係之一：

$$a<b,\qquad a=b,\qquad a>b。[2]$$

---

1. 此種「構造形式」之詳細記載，見 Loewy 及 Pringsheim之著作卽引論附註中所提及者，又見 O. Hölder, Die Arithmetik in strenger Begründung, Leibzig, 1914 及 O. Stolz and J. A. Gmeiner, Theoretische Arithmetik 3rd edition 1911。

2. $a>b$及$b<a$不過同一關係之兩種不同表示法，故嚴密言之，有一記號＜已足。

有理數間之「次序上諸關係」合於一組極簡單之定律；此組定律作爲已知，其最基本者如下：

次序基本律 (Fundamental Laws of Order) 1

1. $a=a$[3]。

2. $a=b$， 則 $b=a$。

3. $a=b$， $b=c$， 則 $a=c$。

4. $a\leqq b$， $b<c$，(或$a<b$，$b\leqq c$) 則 $a<c$[4]。

(2) 任意兩有理數，可以不同之四法合併之；此四法卽加，減，乘，除，四運算。實行此類運算，皆各能得一確定之結果；惟除以 0（卽 0 爲除數之除法）則爲例外，因此種除法應視爲一種完全不可能（或無意義）之運算也。又此四運算服從「一組簡單定律及由此定律推出之一切規則(rule)」，此組定律謂之**算術基本律**(Fundamental Laws of Arithmetic)。

此定律及規則皆作爲已知，今但將**算術基本律**簡述於下：至其餘一切規則，皆可從此定律用純粹形式規則（卽純粹邏輯律）推出。 2

I 加法

1. 凡兩數a及b必有（且只有）一第三數c[†]爲其和，以 $a+b$ 表之。

2. $a=a'$， $b=b'$ 則 $a+b=a'+b'$。

3. $a+b=b+a$。 （交換律）

4. $(a+b)+c=a+(b+c)$。 （結合律）

5. $a<b$， 則 $a+c<b+c$。 （單調律）

II 減法 凡兩數a及b，必有（且只有）一合於 $a+c=b$ 之第三數c。

---

3. 此定律在此處似乎無足輕重卑不足道，但須參觀本編下註21。

4. 在$a<b$，$a=b$或$a>b$三種次序關係中表示其一種不成立之法，依次爲：$a\geqq b$（大于或等于，至少等于，不小于），$a\neq b$（不等于，相異），或$a\leqq b$。此各爲「在三種次序關係中已確知其一種不成立，其餘二種孰爲成立尚未斷定」之語。例如$a\leqq b$但表示a不小于b而已；至于是否等于b或是否大于b，則尚屬未定，且儘可不管。

† 附註。 原文如此，惟兩數爲a，0則c仍爲第一數a，而並非爲a，0外之第三數，此種情形著者豈有不知，不過此種情形不必細言而已，讀者幸勿以辭害意。下III，1中b爲1，亦c仍爲a；IV中之a爲1，則c仍爲b。

III **乘法**

1. 凡兩數a及b，必有（且只有）一第三數c爲其積，以ab表之。

2. $a=a'$， $b=b'$， 則 $ab=a'b'$。

3. $ab=ba$。 （交換律）。

4. $(ab)c=a(bc)$。 （結合律）。

5. $(a+b)c=ac+bc$。 （分配律）。

6. $a<b$，則c爲正時必 $ac<bc$。 （單調律）。

Ⅳ **除法** 凡兩數a及b（其第一數a不爲o）必有（且只有）一合於 $ac=b$ 之第三數c。

前已說及凡算術著名規則，皆可從此少數定律，專靠純粹邏輯律的幫助，將其推出；因此，凡數學上之結果亦無不如此。此類純粹邏輯律中，有一條因其原具數學性質而與衆不同者，即

V 所謂**歸納定律**(Law of Induction)；此律，亦如自然數之基本定律，可以歸入算術基本律中。今說明如下：

若一種陳述中含有一自然數n（例如，「若$n\geqq10$，則$2^n>n^3$」爲一種陳述，其中含有n），又若

(a) 此陳述在 $n=p$ 時爲眞，

及

(b) 此陳述在$n=p,p+1,\cdots k$（此k爲$\geqq p$之任意自然數）爲眞時，在 $n=k+1$ 時亦眞；則此陳述對於「$\geqq p$之一切自然數」爲眞。（在應用時，往往p爲1；又令$p=0$，亦往往頗覺便利。但如上舉之例，p當然不能爲1或0）。

尙有一定理，在有理數範圍內極易證明；但撤去此範圍後立即變爲一種公理，*此定理即

VI **Eudoxus氏定理** 若a及b爲任意兩正有理數，則必有一自然數n能使$nb>a$。(5)

以加，減，乘，除四法之一將任意兩有理數合併時，其結果必爲他一有理數；簡言之，即合併任意兩有理數之四法必各生一他有理數。在此種意義之下，謂之「有理數系成一閉集合(Closed aggregate)」，「一切自然數之集合或一切正負整數之集合」皆無「此種關於四法能成閉集合之性質」。（例如 5÷3之結果即不在自然數內）。此

即所謂「一切自然數之集合或一切正負整數之集合」太疎散,不能滿足四法之需要。此一切有理數之閉集合,及在其中有效之一切定律,皆作為已經知道已經成立。

應用不等式及絕對值之討論方式,讀者或未盡悉。茲將其最重要之規則,不加證明,略舉於次,以備後用: 3

I. 不等式 此皆可從次序律及單調律推得,其最要者如下:

(1) 單調律皆可適用,例如 $a+c<b+c$ 則 $a<b$; 又 $c>o$ 時,若 $ac<bc$ 則 $a<b$。

(2) $a<b$, $c<d$ 則 $a+c<b+d$。

(3) b及c為正時,若 $a<b$, $c<d$, 則 $ac<bd$。

(4) $a<b$ 則 $-b<-a$; 又若a為正,則 $\frac{1}{b}<\frac{1}{a}$。

此諸定理,亦如次序律及單調律,以適宜之≦,>,≤,及≠代其<時,仍為為真確〔≠不適于(2),(3)〕。

II. 絕對值 定義 設 $a\neq o$, 則兩數$+a$及$-a$中為正之一數以$|a|$表之,謂之a之絕對值,若$a=o$則其絕對值為o。(故$|o|=o$;及$a\neq o$則$|a|>o$)。

以下諸定理皆為為真確(但舉其最要者,餘從略):

(1) $|a|=|-a|$。

(2) $|ab|=|a|\cdot|b|$。

(3) 設$a\neq o$,則$\left|\frac{1}{a}\right|=\frac{1}{|a|}$, $\left|\frac{b}{a}\right|=\frac{|b|}{|a|}$。

(4) $|a+b|\leqq|a|+|b|$; $|a+b|\geqq|a|-|b|$; $|a+b|\geqq||a|-|b||$。

(5) $|a|<\gamma$ 及 $-\gamma<a<\gamma$ 兩關係式完全相等(即形雖不一,實則相同),又$|x-a|<\gamma$及$a-\gamma<x<a+\gamma$ 亦是如此。

(6) 以直綫上點表數時(見下),$|a-b|$為兩點 a及b 之距離。

凡有理數間之關係,皆可以直線上點間之關係解釋之;此種以點釋數之法,亦

---

*譯者按此語頗有可疑處,因 Eudoxus氏定理在實數系中亦易證明如下:

今但就兩正無理數α,β證之,餘可類推。

設$\alpha<\beta$。則在實數之次序定義及四法定義既下之後,必有兩有理數a,b能合於

$$a<\alpha \quad 及 \quad b>\beta。$$

如此,則必有一n能使$na>b$(因 Eudoxus 氏定理在有理數系中成立)。由是,則

$$na<n\alpha, \quad b>\beta。$$

故

$$n\alpha>na>b>\beta, \quad 即 \quad n\alpha>\beta。$$

此處雖不應論無理數,然此語既屬可疑則不能不加以一註,讀者讀完本編3章後,再閱此證可也,

3. 此定理尋常皆歸於Archimedes氏,實則已見於 Euclid, Elements Book V, Def. 4。

†附註 此名在集合論中別有意義,此從原文故未改譯。

假定讀者皆已知。在一直線上作不同之任意兩點o及u，以o爲原點，u爲單位點(即令ou之長爲一單位)；如是，則o點表數o，u點表數1；此直線稱爲數軸 Number-axis)。設有一數 $a=\frac{p}{q}(q>o,\ p\gtrless o$，皆爲整數)，則表$a$之點可照下法作之。先用初等幾何之法求得$ou$之$q$分之一；如$p>o$，則在數軸上從$o$起依$ou$之方向連作$p$個「$ou$之$q$分之1」，其終點即爲表$a$之點；如 $p<o$，則從o起依ou之反向連作 $|p|$ 個「ou之q分之1」，其終點即表a之點。此表a之點簡稱點a、凡照此法與一切有理數相應之點皆謂之有理點。其全體謂之此軸上之有理點組。表此軸之直線常作爲由左至右，而u在o右擇定之。在此種情形之下，所謂正及負與所謂「在o之右」及「在o之左」依次相等；再推廣此義，$a>b$即「a在b右」或「b在a左」之意。此種以點表數之法，常能藉以說明諸數間之抽象關係。

爲鞏固實數論而設的先决基礎，此已完成其圖案。此類基礎之敍述，可視作描寫**數觀**(即數之觀念 concept of numbers)之特性(即**1**,**2**爲數所特具之性質，凡物之有此性質者皆可謂之數)；換句話說，凡意想上可以分別清楚之一系事物，若就其本質而論，可以運算有理數之法運算之(目前爲簡便計，故如此說法)，則此系事物亦可謂之數系(Number system)，其中原素亦可謂之數。

上節末一語，不甚精密，今再詳細說明於次：

4 設有一組可以分別清楚之事物，以記號 $\alpha,\beta,\cdots$表之；並簡稱此組事物爲S系，若此$\alpha,\beta,\cdots$，於皆可以有理數下其定義(推其極，亦即可以自然數下其定義)[6]之外，並能滿足下之四條件，則此 S 系亦可謂之數系，其中各原素亦可謂之數：

1． S 中任意兩原素α，β間必有(及只有)下三關係之一：

$$\alpha<\beta,\qquad \alpha=\beta,\qquad \alpha>\beta^{(7)}$$

(此可簡稱曰S爲有序系，或更略之曰S爲序系)；又 S 中諸原素間之次序關係(relations of order)，皆如有理數系，能服從基本律 **1.**[8]

6． 在3，5兩章中，有此實例。現在可就十進小數着想，或就由有理數作成之同類記號着想。

7． 參觀注2及4。

8． 此處並不含有此類關係在實用上應作何解；即此處並不規定此類關係之實用上意義。如＜，尋常皆作「小於」解，但未嘗不可作「前於」，「在左」，「高於」，「低於」，「次於」等用；實則儘可以之表任何次序上之關係(「大於」亦在其內)。此類應用之意義，只須將其定得不生歧義不生矛盾可耳。

2. 規定合併S中任意兩原素之四種不同方法，分別下其定義，謂之加減乘除四法後，除一個例外（下3中說明之）之外，此四法之實施常各能得一確定之結果，并能服從基本律 **2** I-IV，其服從之法與有理數系相類[9]。

3. 對於每一有理數可以S中一原素（及與之相等之一切他原素）照下之(a)，(b)二法與之相應：若a及b表兩有理數，及S中與之相應之兩原素以α,β表之，則

(a) 「α及β間所成立之次序關係 **1**」與「a及b間所成立之次序關係」同式。〔例如$a<b$則$\alpha<\beta$；$a>b$則$\alpha>\beta$〕

(b) 「合併α及β所得之原素」與「以同法合併a及b所得之有理數」相應（卽$\alpha+\beta$，$\alpha-\beta$，$\alpha\cdot\beta$，$\alpha\div\beta$依次與$a+b$，$a-b$，$a\cdot\beta$，$a\div b$相應）。

〔爲簡便計，此可謂之S系中含一「與有理數系**相似及同質**（Similar and isomorphous）之子系S'」。此種子系，由S中與有理數相應之諸原素所組成；卽凡S中之原素照上法與有理數相應者組成此子系〕[10]

在此種相應中，S中與有理數o相應之一原素及凡與此原素相等之諸原素，皆可簡稱爲S系中之零。2中所言之例外卽「除以o[11]」。

4. 設S中任意兩原素α及β皆在S中具>零之關係，則必有一個自然數n能合$n\beta>\alpha$。此$n\beta$表n個β之和$\beta+\beta+\cdots+\beta$。（Eudoxus 氏假設，參觀 **2**, VI）

對於數觀所含之抽象特性，附一注意[12]如下：若S中原素，除照3中列舉之法與

9. 須注意此四法在此處，亦如前之<及=，並未規定其實用上之意義。又須注意減法旣以加法之名詞（Term）下其定義，除法旣以乘法之名詞下其定義，則以合宜之辭出之，所應假定爲已知者，僅合併原素之兩法耳。

10. 設有A,B兩序系，若能以A系中各原素與B系中各原素相應，使**4**,1中三關係之一爲A系任兩原素間所有者，亦爲B系中相應兩原素間所有，則此A，B兩系爲「相似」；又若「A系中任意兩原素，用一任意合併法，併成之結果原素」能與「B中相應兩原素，用同此之合併法，併成之結果原素」相應，則此A，B兩系爲「關於合併兩系原素之四法爲「同質」」。

11. 此表示數觀特性之第三條規約，實已含於第一第二兩條規約之中，卽此第三條實爲第一第二兩條應有之結果。就現在之目的言，此雖無關於要素；但就有統系之見地言，此實具重要之意義；今略示其證明於下：從**4**,2知必有合於$\alpha+\zeta=\alpha$之ζ。從基本律**2**,1知對於各α，S中有一相同之原素ζ能合於$\alpha+\zeta=\alpha$，此ζ（及與之相等之一切原素）謂之S中關於加法之空（Neutral）原素，或簡稱爲S中之零。若α不爲零，則S中必有一原素ε合於$\varepsilon\alpha=\alpha$，且α爲S中任意他原素時，此ε亦仍能合於$\varepsilon\alpha=\alpha$，此ε（及與之相等之一切原素）謂之S中關於乘法之空原素。或簡稱爲S中之單位。凡S中原素由以此單位重複加（或減）若干次所得者（及與之相等之一切原素）謂之S中之整原素；由是凡S中之他原素（及與之相等之一切原素）由施除法於此類整原素而得者，共成一「S之子系S'」，而此S'與有理數系相似及同質；此理從作成S'之法可知。由是可知僅可斷言從**4**中1，2，4三條已可決定吾人之數觀。

有理數相應者外，再無其他原素，則此S系與有理數系在本質上絕無何種分別，所異者不過在純屬外表之原素名稱(即其記號之名稱)上，或純屬應用之記號解釋上，有所不同而已。此種外表名稱或應用解釋上之不同，論其底蘊，無足輕重；此猶記數之字，有時寫作阿刺伯數字，有時寫作羅馬數字，有時寫作中國數字，或此則以之表溫度彼則以之表速率，雖百變其外表與解釋而其本體則一。將此種記號上之外表及應用上之解釋除去後，儘可視此S系與有理數系完全相等(identical)(此係極有理由之事)，而令 $a=\alpha,\quad b=\beta,\cdots\cdots$

但若S中，於「上言與有理數相應(照3法)之原素」外，尚有他種原素，則謂之S包含有理數系，及S爲有理數系之推廣。此種較大之系，究竟是否存在，雖仍爲目前之問題；但即將進論之實數系，即「此種較大之系」之一例。

開始假定共需若干，既經規定，則此項討論可以終止，而再研究「何謂已知$\sqrt{2}$(或π或與之相類之物)?」之問題。

在有理數系中，無一數之平方能等於 2(即數之其平方爲2者不在有理數系中)——以幾何上之語明之，即在數軸上取一點A，使oA之距離等於「ou爲邊之平方之對角線」，則無一有理點能與此A相合——此事初覩，頗覺奇突，而實則確屬有據[13]；蓋有理數雖有稠密(dense)性——即在任意兩有理數(不相同者)間能有任意多之他有理數(因若$a<b$則$\nu=1,2,\cdots n$時$a+\nu\dfrac{b-a}{n+1}$所表之n有理數皆勻列于a,b之間，且皆與a,b不同並互相不同；又此n可任意大更屬顯然之事)——但密得不夠，不足以代表一切可以想像之點。要之，一切有理數之集合，空隙太多[14]不足供

12. 上已列舉數觀中之一組性質，下數觀之定義。構造算術基礎之討論(此雖遠出本書範圍內問題之外，但亦不妨提及)應有「此類性質是否互相獨立」之嚴密研究；即對於「此類性質之一能否從其餘推出，而將其作爲可以證明之事實」應作嚴密之研究是也。又「此類基本規約，無一與其他矛盾」應有說明；此外尚有應行研究之事，此種詳細研究，可參考 A. Loewy l.c. 今舉一有味之例如下。加法之交換律可從其他基本律推出，因此加法交換律可視作一能證之命題也(此見 Hilbert Jahresber d. Dtsch Math Ver., Vol.8 p. 180, 1900)。因此，在基本律中除去𝔄1,3後；算術之最後建築並不因此而變。

13. 凡有理數之平方皆不能等於2之證明：因$1^2=1$及其他整數之平方皆$\geqq 4$，自然數之平方皆不等於 2，已極顯明。再考$\sqrt{2}$能否以正分數$\dfrac{p}{q}$表之，此q可作爲$\geqq 2$(因否則此分數變爲整數)，並作爲與p爲互素，(即此分數爲約盡分數)。但$\dfrac{p}{q}$爲約盡分數則$\left(\dfrac{p}{q}\right)^2=\dfrac{p\cdot p}{q\cdot q}$，此自然不能化爲整數 2。再以稍異之法證之；$\left(\dfrac{p}{q}\right)^2=2$，則$p^2=2q^2$；因此，$p$應爲偶數，設$p=2r$。但如是則$p^2=4r^2=2q^2$，而得$q^2=2r^2$；因此$q$亦應爲偶數；此與原假設「$p$與$q$爲互素」相背，故決不能$\left(\dfrac{p}{q}\right)^2=2$。Pythagoras 已知及此(參觀M. Cantor Gesch. d. Mathem. Vol. I, 2nd. ed., pp. 142及169, 1894)

給求根法需要；其情形正如一切整數之集合，過於疎散，不足供給算術四法之需要。但終覺必有一十分確定之數值屬於點A，因此亦必屬於記號$\sqrt{2}$。在此種感覺之下，其眞確事實究屬如何？

吾人始則確知*以1.4或1.41或1.414…代$\sqrt{2}$皆不精確，實則此類有理數之平方皆<2，故以此類有理數代$\sqrt{2}$皆嫌太小；從同理，以1.5或1.42或1.415…代$\sqrt{2}$又皆嫌太大。繼則知吾人所欲得之值必在太大及太小之各對相應值之間。因此覺得雖上舉諸數以之為$\sqrt{2}$皆不精確，而$\sqrt{2}$之本值已經握住，實堪自信，〔因$\sqrt{2}$之值既比嫌小者皆大，比嫌大者皆小，則其地位所在已可想像〕。至此種自信之根源僅為：在吾人支配之下，已有一法能使上舉諸數繼續前進，惟吾所欲；卽已有一法可作成小數位數為1，2，……之許多對小數，每對之中一數嫌大一數嫌小，且其相差僅為末位中之一單位。〔卽小數位數為n時，此差為$\left(\frac{1}{10}\right)^n$〕。小數之位數$n$愈增，則此差亦愈小，故此差可照吾人之意要其小至如何地位卽小至如何地位（因欲令此差小至某地位，只須使n大至某程度）；因此，可用上言之法，將所覓之值緊圍於互相接近之兩數之間，且此兩數可照吾人之意要其如何接近卽如何接近。故至此已可用比喻之法，放胆云：經過上述之法後，$\sqrt{2}$已自呈其本身，——因此，$\sqrt{2}$為已知——從此，$\sqrt{2}$為可算。

如π，log2，sin10°，…之類，凡不能以一有理數確實表明其值者，其情形皆與此相同。凡謂「此類之數為已知」時，其實不過已知某種方法（有時為極難之法），能將所求之值緊而又緊的圍於兩有理數之間；其詳細情形正與處分$\sqrt{2}$之方法相類；此兩有理數可照吾人之意使其接近至任何地位。

因欲對此類事實作更普遍更精確之說明，先插入有理數之敍列之研究，其性質雖僅備臨時之應用，其重要實與以後所論者皆有根本上之關係。

14.　一個點組，具上所說明之稠密性者，既已作之於數軸上而仍不能包含此直綫上之一切點；此實一種奇論(paradox)，幾乎無任何直接之法說明之，其情形或可喻之如下：整數先將直綫粗分為若干部分，有理數正如以細沙嵌入其各部分中，但細察之仍不免有空隙，如何嵌滿此種空隙之問題卽是以下討論之問題。譯者按此不過一種比喻而已，讀者勿認為眞理。因兩有理數間有無窮他有理數，兩細沙間不能有無窮他細沙，因沙雖小尚有量也。

*附註，本書凡1.414之類皆謂之小數。

二萁　有理數之敘列[1]

在上述計算$\sqrt{2}$之方法中，曾作成陸續前進之一列有理數；此列有理數以小數形式表之，在說明之中，頗爲重要；今暫離去此種小數形式，先從下之敍列講起。

定義* 設有一任意適宜之法，可從之依次作成第一，第二，第三，……數（有理）幷設對於每一正數n，必有（及只有）一如此定出之數（有理）x_n 與之相應，則謂

$$x_1,\ x_2,\ x_3,\cdots,\ x_n,\cdots$$

（此列次序與整數 1，2，3，…，n，…之自然次序相應）成一敍列（Sequence）爲簡便計，

---

1 本章中，凡字母所表之數皆爲有理數。

*附註。此定義改爲如下，似較簡明。

凡旣合某種定律又按自然數之次序依次前進之一列有理數

$$x_1,\ x_2,\ x_3,\cdots\ x_n,\cdots$$

謂之敍列，以(x_n)或$(x_1,x_2,\cdots)$表之（照原定義此$x_1,x_2,x_3,\cdots$須能照定律一一作出）。

照此定義，（一）凡不合於此定律之有理數自然不在(x_n)之內，合此定律之有理數自然皆在(x_n)之內。（二）旣按自然數之次序前進，自必每一正整數n必有（乃只有）一x_n與之相應。此（二）之要點爲(x_n)中之每一數必有一顯明後繼之數；卽其中第n數後必有一顯明確定之第$n+1$數。例如「從0起其值依次前進之諸有理數」卽不成敍列；因0爲第1數則第2數卽指不出，又如$\frac{1}{2}$亦指不出其後繼之數（此因無論如接近之兩有理數必尙有他有理數）也。此例中「其值依次前進」六字爲本例之定律其不成敍列在此。若改爲按分母子（但分母子須爲互素）之和之次序排列「0及一切正有理數」爲

$$0,\frac{1}{1},\ \frac{2}{1},\ \frac{1}{2},\ \frac{3}{1},\ \frac{1}{3},\ \frac{4}{1},\ \frac{3}{2},\ \frac{2}{3},\ \frac{1}{4},\ \cdots$$

卽

$$0,\ 1,\ 2,\frac{1}{2},\ 3,\frac{1}{3},\ 4,\frac{3}{2},\ \frac{2}{3},\ \frac{1}{4},\ \cdots$$

則「0及一切正有理數」卽成敍列矣。

小附註。「每」字之用法如下。例如有十人於此，而云對每人送一杯酒，則此十人中人人得酒無一遺漏；且十人分別各得一杯，並非籠統共得十杯，故「每」字實兼全分兩義（人人皆得卽無人不得爲全，各人各得卽分別各得爲分）。又「每人」卽是「每一人」。「一」字儘可除去而有時仍用之者，使各別之意稍醒目耳。以後本書中凡「每」及「每一」皆意義相同。至於「每二」，「每三」，之類自然與「每」不同。本書有時爲句法明顯或特有注重計，以「各」，「凡」，「任意」，「無論何」等代此每字。因在習慣上「各人得一杯」，「凡人得一杯」，「任意人得一杯」，「無論何人得一杯」與「每人得一杯」意皆相同。但須注意其上下文耳。

上海交通大学百年报刊集成·第一辑（1896—1949）·学术学科·综合卷

以(x_n)或$(x_1,x_2,\cdots)$表之。

〔敘列中各數謂之各項，x_1為第一項，x_2為第二項，…x_n為第n項〕

例

1. $x_n=\frac{1}{n}$；卽敘列$\left(\frac{1}{n}\right)$，卽 $1,\frac{1}{2},\frac{1}{3},\cdots,\frac{1}{n},\cdots$ 6

2. $x_n=2^n$；卽敘列$2,4,8,16,\cdots$

3. $x_n=a^n$；卽敘列$a,a^2,a^3,\cdots$此中a為已知數。

4. $x_n=\frac{1}{2}\{1-(-1)^n\}$；卽敘列$1,0,1,0,1,0,\cdots$

5. $x_n=$表$\sqrt{2}$之小數至第n位小數止。

6. $x_n=\frac{(-1)^{n-1}}{n}$；卽敘列 $1,-\frac{1}{2},+\frac{1}{3},-\frac{1}{4},\cdots$

7. 設 $x_1=1$，$x_2=1$，$x_3=x_1+x_2=2$；及凡 $n\geqq3$ 時，皆 $x_n=x_{n-1}+x_{n-2}$。由是得一敘列 $1,1,2,3,5,8,13,21,\cdots$此常稱為 Fibonacci 氏敘列。

8. $1,2,\frac{1}{2},-2,-\frac{1}{2},3,\frac{1}{3},-3,-\frac{1}{3},\cdots$

9. $2,\frac{3}{2},\frac{4}{3},\frac{5}{4},\cdots;\frac{n+1}{n},\cdots$

10. $0,\frac{1}{2},\frac{2}{3},\frac{3}{4},\frac{4}{5},\cdots,\frac{n-1}{n},\cdots$

11. $x_n=$第n素數，卽敘列$2,3,5,7,11,13,\cdots$

12. 敘列 $1,\frac{3}{2},\frac{11}{6},\frac{25}{12},\frac{137}{60},\cdots$此中 $x_n=\left(1+\frac{1}{2}+\cdots+\frac{1}{n}\right)$。

注意 7

1. 敘列之作成律，儘可任意定之；其特例，甚至不必有一公式，可從一已知之n直接算出 x_n（此所謂公式，卽 $x_n=\frac{1}{n}$ 之類）；如例6，5，7，11，皆顯無此種公式可以立卽寫出。若敘列之各項各為已知，則在其各項之間無須有顯明之作成律*（例如6，5，12），在其依次各項間亦不必有何規則可以看出（例如6，11）。

---

*附註 此謂各項已知，如 6，12 之 $1,\frac{3}{2},\frac{11}{6}\cdots$之類，無須在其各項上看得出其作成律耳，非謂各項已知不必有作成律也。讀者幸勿誤會。須知各項如何能已知，必有知之之道，此道亦卽可謂之作成律；例如 6，12之$x_n=\left(1+\frac{1}{2}+\cdots+\frac{1}{n}\right)$ 亦卽憑之作成此敘列之定律，不過無顯明簡易之公式可以一知n卽能求出x_n之值耳。

敘列之項數無窮，苟不預定其作成律，縱在有理數中擇定一數作為其一萬項，（卽已知其一萬項），然其第一萬零一項仍不知其為何數，如云可再擇定一數作為第一萬零一項，則試問如何擇法，一言擇法則擇法卽是作成律矣。

又如6，11，各素數間雖無顯明之規則。但「$x_n=$第n素數」仍無異作成律，不過不必有求得第n素數之公式。

2. 有時敍列之開始，以從第0項x_0起爲便。甚而有時以從第－1項x_{-1}或第－2項x_{-2}起爲便。但仍有下標n之項爲第n項。例如6,2,3,及4以－第0項爲其首項，并不發生何種困難，即以第－1或第－2項爲其首項亦是如此，故敍列之第1項不必定爲其首項。因此，敍列之記號，苟非從何項算起已極明白（或絕無關係）及可用簡號(x_n)之際，宜各視其情形之如何而用$(x_0, x_1, \cdots)$，或$(x_{-1}, x_0, \cdots)$，或…

3. 因敍列之各項前進不已，常以無窮二字明其特性，謂之無窮敍列。所謂無窮，不過因其每項之後必繼有他項，欲借無窮二字使人注意此種事實而已。此種事實亦謂之有無窮數項或項數無窮。更普言之，凡物之數可以確定之整數表之者，謂之有窮數物或物數有窮；否則謂之無窮數物或物數無窮。又須注意者，以後無窮二字之他種用法不過爲一種確定情形之簡號（此種情形常極簡單易明，入後自知）。〔要之凡，「無窮」，「無窮數」，「其數無窮」，「無窮大」，「無窮多」，「無窮小」之類皆不過表示一種確定之情形，并非表示一種確定之數〕。

4. 若一敍列中各項之值皆同爲c，則謂之此敍列恆等於c，以記號$(x_n)\equiv c$表之；更普言之，若兩敍列(x_n)及(x'_n)項項相同，即對於各n皆$x_n = x'_n$，則可寫作$(x_n)\equiv(x'_n)$。

5. 敍列之圖表法，往往於研究上頗有便利之處，此法爲於數軸上照敍列之各項各作一點，或想像其已經如此作成。如此則得一點敍列（即諸點所成之敍列）。但作此圖表法時，須注意敍列中往往一數層見疊出，甚至層見不已至於無窮次（例如6，4）；其相應之點亦應各就敍列之原狀作若干次或無窮次計算。（即其數在原敍列中重見幾次，則其相應之點亦應作爲在此點敍列中重見幾次）。

6. 敍列之圖表法亦可如下。先作直交兩軸，再作坐標爲(n, x_n)之諸點（即就$n=1,2,3,\cdots$作此各點），再以直線連此諸點。如此作成之折線即是敍列之圖象（或謂之圖解）。

從各種極不同之見地討論此處所言之敍列，爲以下各編之主要目的。敍列之一切項或在其某定項後之一切項[2]所公有（或假定爲公有）之性質頗有趣味，以後之研究於此爲特多。其關於某定項後之一切項者，有時謂之「有窮數項置之不問特種研究仍爲有效」，或謂之但論敍列之最後狀況。此下諸定義即此類研究開始之實例。

8 **定義 I** 設(x_n)爲一敍列，若有一正數K能使其各項x_n皆滿足不等式

$$|x_n|\leqq K \quad 即 \quad -K\leqq x_n\leqq K,$$

則謂此敍列爲有界[3] (bounded) 或謂此敍列爲有界敍列，此數K謂之此敍列之界(bound)。

---

2. 例如6,9之項皆>1。6,2之第6項後之項皆>100（以簡語表之，$n>6$則$x_n>100$）。

3. 此種術語，似 C. Jordan 所紹介，Cours d'anlyse, Vol. 1, p. 22. Paris 1898。

注意及例

1. 在定義8中，$\leqq K$或照原文或改爲$<K$，於實際應用，二者相同，絕無出入。此因若$|x_n|\leqq K$常能成立（卽對于各n皆能成立），則亦必能覓得一K'使$|x_n|<K'$常能成立（凡比K大之K'皆能合用，理極顯然）。其逆，若$|x_n|<K$常能成立，則$|x_n|\leqq K$常能成立，自屬必然之事。至在特種情形之下，此種不同，遇須分別時，自有分別之必要。

2. 從此1.可知(x_n)之界K可代以較大之數。

3. 6，1，4，5，6，9，10諸敍列皆顯爲有界；若$|\alpha|\leqq 1$，6，3亦爲有界。6，2，7，8，11諸敍列皆顯非有界。至6，3是否對於各$|\alpha|<1$爲有界，或6，12是否有界皆不能立卽明白之事（卽須研究之後方能明白）。

4. 若但知有一常數K_1能使$x_n<K_1$對於各n皆成立。則謂此敍列爲右有界或上有界（bounded on the right or above）而此K_1謂之此敍列之上界或右界。（a bound above or a right hand bound）。

若但知有一常數K_2能使$x_n>K_2$常成立，則謂(x_n)爲左有界或下有界（bounded on the left or below），而此K_2謂之敍列之下界或左界（a bound below or a left hand bound）。

此K_1及K_2不必爲正。

5. 有時一已知敍列雖爲右有界，而其各數中仍無一爲最大（卽其一切項中無最大之一項）。例如6，10爲右有界，但其各項皆爲以下一切項所超過（卽x_n下之項皆比x_n大），卽此可知其無最大項[4]。又左有界之敍列不必有最小之項（例如6，1及9），此事初觀似屬奇論，實有至理，初學宜習熟之。

在有窮個値內自必常有最大値及最小値；此所謂最大値指他値皆不能比其大之値，最小値指他値皆不能比其小之値。（但亦許有若干値皆等於此最大或最小之値）。

II　設(x_n)爲一敍列，若對於每*n皆 9

$$x_n\leqq x_{n+1},$$

則謂此敍列爲單調升或單調增（Monotone ascending or increasing）。若對於每*n皆

$$x_n\geqq x_{n+1},$$

則謂此敍列爲單調降或單調減（Monotone descending or decreasing）。

注意及例

---

4. 關於此類情形常聞人云：n爲無窮大，則$x_n=1$，故1爲此敍列之最大數。凡此種說法，極無意義。初學宜十分注意，勿犯此誤（參觀7，3）。蓋此敍列之項$0,\frac{1}{2},\frac{2}{3},\frac{3}{4},\cdots$無一等於1，且皆小於1，而適與上所云相反。至於「無窮大n」更無此物（卽無「無窮大之數」）。

*附註。此「每」卽「每一」，注意上定義之附註。此語亦可改爲「若無論n爲正整數中之何數皆$x_n\leq x_{n+1}$」。

1. 且敘列自不必皆爲單調升或單調降;例如6,1,(,8。但單調敘列爲常見之敘列，且較非單調者易於區分，故特與專名爲便。

2. 就意義明顯及確切言,「單調升」不如謂之「不降」,「單調降」不如謂之「不升」。惟「不降」,「不升」尚未通用成習,故仍之。凡其特例之除去等號者,即對各 n 皆 $x_n<x_{n+1}$ 或 $x_n>x_{n+1}$ 者則謂之嚴格單調(升或降)。

3. 6,2,5,7,10,11,12皆爲單調升敘列,6,1,9 皆爲單調降敘列。若 $0\leqq a\leqq 1$ 則6,3 爲單調降敘列;若 $a\geqq 1$,則6,3,爲單調升敘列;若 $a<0$,則6,3爲非單調敘列。

4. 單調之名稱係 C.Neuman 所首用(Uber die nach Kreis-kugel-und Zylindorfuntionen forts chreitenden Entwickelungen, pp. 26, 27, Leipzig 1881)。

下定義讀者應十分注意,未能全明其含義時,萬勿省力,草草讀過。

10 III. 凡敘列 (x_n) 之有下性質者謂之空敘列或簡稱空列(Null Sequence):凡 ε 爲一任意正數時,(x_n) 之一切項—或在其中除去若干項後所餘之一切項(若干二字所表之數爲有窮)—皆能合於不等式

$$|x_n|<\varepsilon.$$

換言之,若先任意擇定一正數 ε,必能覓得一與之相應之 n_0,使

$$\text{對于每—}n>n_0,\ \text{皆}\ |x_n|<\varepsilon.$$

則 (x_n) 爲空列。更換一種說明,卽對於各正數 ε,必有一相應之 n_0 能使凡 $n>n_0$ 時 $|x_n|$ 皆 $<\varepsilon$;則 (x_n) 爲空列。

注 意 及 例

1. 若一敘列對於特設之 ε 已能滿足此種條件,則對於較大之 ε 自必亦能滿足此條件;但對於較小之 ε 則未必能如此。(例如6,10 之敘列對於 $\varepsilon=1$ 能滿足此條件,對於比1大之 ε 自然更滿足此條件,此二者皆 $n_0=0$。但對於 $\varepsilon=\frac{1}{2}$ 卽不能滿足此條件;卽 $\varepsilon=\frac{1}{2}$ 則無法覓得合此條件之 n_0。此敘列因此不是空敘列)。至於空敘列則須對於各正數 ε 皆能滿足此條件(卽對於無論 ε 爲何種正數,須皆能滿足此條件),旣云各正數則凡極小之 $\varepsilon>0$ 亦必包括在此語之中,自須對於甚小之各 $\varepsilon>0$ 皆能滿足此條件。因此甚小之各 ε,須特加注意,故此定義常改爲:若對於無論如何小之各 $\varepsilon>0$ 必有一相應之 n_0 能使

$$\text{對於各}n>n_0,\ \text{皆}\ |x_n|<\varepsilon,$$

則 (x_n) 爲空敘列。

2. 6,1,之敘列顯爲空列;因無論 ε 爲何種正數,

$$\text{只要}\ n>\frac{1}{\varepsilon},\qquad \text{則}\quad |x_n|<\varepsilon,$$

故取 $n_0=\frac{1}{\varepsilon}$,則空列之條件卽能滿足。

3. 一數列中第n項後之一切項皆絕對值$<\varepsilon$時，此第n項之n常隨ε之值而變；詳言之，即所設之ε更小則此第n項之位置更右(即n_0之值更大)。此n_0與ε之關係常重言以明之：「對於每一所設之ε，必有一數$n_0=n_0(\varepsilon)$與之相應，能使$n>n_0$時$|x_n|<\varepsilon$。

4. n_0不必爲整數。

5. 因$|-x_n|=|x_n|$，故此二者必皆$<\varepsilon$或皆$\nless\varepsilon$；因此，x_n之符號於本定義無關。例如 6,6 亦爲空列。

6. 空列之各項，儘可皆不等于0；惟其下標甚大則其絕對值必甚小。因若令 $\varepsilon=10^{-6}$，則應有一n_0能使凡$n>n_0$時$|x_n|$必$<10^{-6}$。令$\varepsilon=10^{-10}$時亦有類此之情形，凡令ε爲他種甚意小之數亦復如是。

7. 若$|a|<1$，則6,3之(a^n)爲空列。

證 若$a=o$，則(a^n)爲空列甚明；此種論斷無關重要。因$\varepsilon>o$無論爲何數，$|x_n|<\varepsilon$對於各n皆能成立，乃顯然之事也。

若$o<|a|<1$，則從 3,I,4知$\frac{1}{|a|}>1$。故設

$$\frac{1}{|a|}=1+p,\qquad 則\qquad p>o。$$

今$p>o$時，對於每一$n\geqq2$，必有下之關係：

$$(a)\qquad (1+p)^n>1+np。$$

此因$n=2$，則$(1+p)^2=1+2p+p^2>1+2p$；由是(a)在$n=2$時爲有效。又若凡$n=k\geqq2$時，能

$$(1+p)^k>1+kp,$$

則從2,III,6知

$$(1+p)^{k+1}>(1+kp)(1+p)=1+(k+1)p+kp^2>1+(k+1)p。$$

由是，假定$n=k$時(a)爲眞確，則$n=k+1$時(a)亦爲眞確。故從2,V知凡$n\geqq2$時此(a)定爲眞確[5]。

從上可知

$$|x_n|=|a^n|=\frac{1}{(1+p)^n}<\frac{1}{1+np}<\frac{1}{np},$$

故無論$\varepsilon>o$如何小，必

$$對于每一\ n>\frac{1}{p\varepsilon},\quad 皆\quad |x_n|=|a^n|<\varepsilon。$$

8. 其特例，除2中所言$\left(\frac{1}{n}\right)$外，$\left(\frac{1}{2^n}\right)$，$\left(\frac{1}{3^n}\right)$，$\left(\frac{1}{10^n}\right)$，$\left(\left(\frac{4}{5}\right)^n\right)$，……皆爲空列。

9. 此定義10可附一與8,1相類之注意：以定義10中之$<\varepsilon$改爲$\leqq\varepsilon$時，不因此而生要素上之變更。其理如下：若對於每一$n>n_0$皆$|x_n|<\varepsilon$，則自然$|x_n|\leqq\varepsilon$。其逆，若凡設一$\varepsilon>o$，必能覓定一n_0，使凡$n>n_0$

---

5. 從此證明，可知：只要$1+p>o$(即$p>-1$而$\neq o$)，此(a)在$n\geqq2$時成立。因$p=o$則(a)變爲等式，n=1時亦然；故有上設之限制。此(a)式謂之 Bernoulli 不等式 (James Bernoulli, Prop. arithm. de Seriebus, 1689. Prop. 4)。

時$|x_n| \leqq \varepsilon$；則任意取一正數$\varepsilon_1 < \varepsilon$時，必有一$n_1$能使「凡$n > n_1$時$|x_n| \leqq \varepsilon_1$」；因此

$$對於每一n > n_1, \quad 皆 \quad |x_n| < \varepsilon,$$

而仍與定義中原有之條件相合。定義10中之「$n > n_0$」亦可與「$n \geqq n_0$」相換，其理與上相類。

但在任一單獨情形下，此種區別亦須計及。

10. 敍列之各項雖各有定値，各有其本身之地位，且與其前後項間皆無須必有任何特種之關係；但在其敍列中所能由前至後際知之特性，在習慣上常歸之於「諸項x_n」或「公項(general term) x_n」。例如於6,1可云其諸項逐漸消減(diminish)；於6,2可云其諸項逐漸漲大；於6,4或6,6可云其諸項前後消長(oscilate)；於6,11可云其公項不能以一公式表之；…，在此種意義之下，空列之特狀可謂之其諸項變爲任意小(arbitrarily small)，或無窮小[6]。此種云云，與定義10中之含義(卽對於無論如何小之各$\varepsilon > o$，其諸項終能變成絕對値小於ε)無異。此括弧中「終能變成」四字之意，卽「對於凡$n >$一適當數n_0時」或「n至某n_0後，或n超過某n_0後」之意。詳言之，此括弧中下半語「其諸…小於ε」之意，卽「對於凡$n >$一適當數n_0時$|x_n| > \varepsilon$」，或「從n至某x_0後，$|x_n| < \varepsilon$」，或「從n超過某n_0後，$|x_n| < \varepsilon$」之意，[7]。

11. 空列自必爲有界。因若令$\varepsilon = 1$，則必有一n_1能使凡$n > n_1$時$|x_n| < 1$。又在其有窮個數$|x_1|$，$|x_2|$，… $|x_{n-1}|$中必有一最大之數例如M(參觀8,5)。於是令$K = M + 1$，則$|x_n|$必常$< K$，事極顯然。

12. 欲證明一敍列爲空列，必須證明「對於一預定之$\varepsilon > o$，確能覓定其相應之n_0」。其逆，若一敍列已假定爲空列，則同時已假定「對於每一ε，必能確定其相應之n_0」。又讀者應深知何謂一敍列不是空列。所謂「不是空列」，卽「對於每正數ε，$|x_n|$在超過某點之後常$< \varepsilon$」之事爲不確；卽必能舉出一正數ε_0，使n超過任意n_0時$|x_n|$終不能常$< \varepsilon$。卽在每一n_0之後，必有一較大之下標n能使$|x_n| \geqq \varepsilon_0$(旣每一$n_0$之後皆如此，則此種下指標$n$必有無窮多)。〔此處之$\varepsilon_0$非表任意數，乃承上文而言，謂必能舉出一如是之$\varepsilon_0$耳。例如6,10，令$\varepsilon = 2$雖無論$n$爲何數，$|x_n|$皆$< 2$；但令$\varepsilon = \frac{1}{2}$則$|x_n|$卽不能$< \frac{1}{2}$，此$\frac{1}{2}$卽$\varepsilon_0$〕。

13. 空列之特性可以幾何法釋明之如下：

用7,5之圖表法可知：若一敍列之各項終至($n > n_0$)皆在節[8] $-\varepsilon \cdots +\varepsilon$中，則此敍列爲空列。此種節

---

6. 此種說法爲 L. Cauchy 所用者(Anal. alg, pp. 4及26)。

7. 敍列爲單調，此處當然無問題，其非單調者，凡下指標$n \leqq n_0$之諸$|x_n|$中，往往已經有若干個$> \varepsilon$；但n_0取得向右些(卽其値取得大些)，單調敍列亦有類之情形。故無論敍列爲單調與否，皆可如此處云云。因$n \leqq n_0$之$|x_n|$(其個數爲有窮)其是否$< \varepsilon$，可以不管；只要$n > n_0$時$|x_n|$皆$< \varepsilon$可耳。

8. 此「節(interval)」字，指數軸上之一部分，而此部分爲在其兩定點之間者。此兩定點算入此節中時，此節謂之閉(closed)節，否則謂之開(opend)節。〔詳言之，此兩定點有一不算入此節之中，此節卽應稱爲開節。此乃通行之稱法，因不如是將發生種種不便也〕。本書以後所稱之節皆爲閉節，其爲開節者臨時說明之。從10,9可知10,13中之節爲閉爲開均無不可。設一節之左端點爲a，右端點爲b，則此節可簡寫爲$a \cdots b$。

簡稱謂原點之 ε 鄰(ε-neighbourhood),則可云: 若原點之每一ε鄰(無論如何小)中能含有「敍列(x_n)中至多除去有窮個項後之一切項」,則此(x_n)爲空列。〔又若一敍列中除去有窮個項後之一切項(卽$n>n_0$時之一切x_n)簡稱爲n_0尾,則可云:設有一敍列,若原點之每一ε鄰(無論如何小) 中含有其 n_0 尾,則此敍列爲空列。此n_0與ε相應之情形見**10**,3〕。

又若用**7**,6 之圖表法,可云: 若一敍列(x_n)之圖象,至多除去其開始一部分外,皆在夾x軸之每一ε帶(ε-strip)中,則此敍列爲空列(經過兩點(o;±ε)作平行x軸之兩直線,此兩直線所夾之地方謂之ε帶)。

空列之觀念及「任意小之所設正數ε」(以下常需援引及此,且儘可云「解析之上層建築之全體」實以此爲其主要支持品)似1655年J. Wallis (V. Opera I.p.382/3)首用之。但就其實質而論,Euclid 幾何原本第五論中已經有此觀念矣。

$\sqrt{2}$或π或log5之意義,經 1 章末之研究, 其內容已較易明白。今仍以$\sqrt{2}$爲例,先作下列諸數

$$x_1=1.4;\quad x_2=1.41;\quad x_3=1.414;\quad x_4=1.4142;\cdots$$

再作下列諸數

$$y_1=1.5;\quad y_2=1.42;\quad y_3=1.415;\quad y_5=1.4143;\cdots$$

於是作成兩有理數之敍列(x_n)及(y_n), 其作法皆按一定之手續 (此類作法往往頗煩)。此兩敍列皆爲單調,(x_n)爲單調升,(y_n)爲單調降。且對於每n皆$x_n<y_n$; 而其諸差,卽

$$y_n-x_n=d_n$$

爲一空列;此因 $d_n=\frac{1}{10^n}$,從**10**,8可知其必爲空列。

就此類事實而論, 雖於$\sqrt{2}$之值,仍如前言,尙無人能見其全體; 然既有此類事實,究能憑之使吾人自信「已知$\sqrt{2}$」,「已能計算$\sqrt{2}$」,… 再就數軸表示法觀察,則此更明顯。蓋一觀3章之圖象,卽可知: 兩點x 及y_1決定一節J_1, 其長爲 d_1;兩點x_2及y_2決定一節 J_2 其長爲J_2。因

$$x_1\leqq x_2<y_2\leqq y_1,$$

此第二節J_2全在第一節J_1中。同理,兩點x_3及y_3決定一節J_3,其長爲d_3,而此J_3全在 J_2中。照此類推,凡兩點x_n及y_n所決定之一節J_n皆全在其前一節J_{n-1}中。此一類節$J_1,J_2,J_3,\cdots$之長$d_1,d_2,d_3,\cdots$ 成一空列, 於是可猜測此一類節常包圍一定數而漸縮, 以至縮成一點。

現在所須攷察者,此種猜測已與「眞實」接近至何種程度? 爲作此種考察計,先

推廣由$\sqrt{2}$發生之(x_n)，(y_n)而述一普遍之定義於下：

11 **定義** 設有一單調升敍列(x_n)及一單調降敍列(y_n)；並設對于每一n，此兩敍列之項皆能滿足

$$x_n \leqq y_n$$

之條件，且同時其差

$$d_n = y_n - x_n$$

成一空列；則爲簡便計，謂之此兩敍列成一節套*(nest of intervals)（即凡有合於以上云云之兩敍列時，可簡稱爲有一節套）。節套者，諸節所成之套，其第n節爲從x_n至y_n之節，此節之長爲d_n。此套可以(J_n)或$(x_n|y_n)$表之，節套可簡稱爲套。

上言之猜測，今得其第一種證實如下：

12 **定理** 設有一節套，則至多只有一（有理）點s能在其一切節中；即至多只有一s（有理數）能對於任意n皆滿足下之不等式

$$x_n \leqq s \leqq y_n。^{\dagger}$$

證：設在s之外，尚有一與s不同之s'亦能對于任意n皆滿足此不等式 即

$$x_n \leqq s' \leqq y_n，$$

則對于任意n，皆在

$$x_n \leqq s \leqq y_n$$

之外，尚可得（從3，I，4）

$$-y_n \leqq -s' \leqq -x_n；$$

從3，I，2及3，II，5，則不等式

$$-d_n \leqq s-s' \leqq d_n \quad 即 \quad |s-s'| \leqq d_n$$

將對於任意n皆能成立。設$\varepsilon = |s-s'|$，則d_n將決不能$<\varepsilon$。（自然不能有一某n_0能使凡$n>n_0$時$d_n<\varepsilon$）。此與d_n爲空列之假設相衝突。故「假定有兩不同點在此一切節中」爲不能允許之事[9]；亦即決不能有不同兩點在此一切節中。已證完。

*設一組相似之物，其較小者皆圍在較大者之內，則通常亦謂此組之物成一套，此處所謂之套乃於通常所謂之套再加一性質，即其中各物之大須逐漸縮小以至於0也。以後凡套字不含此所加之意而作通常用法時，當隨時特加說明，以防相混。其說明之法。如「各物圍在其前一物內」之類。

† 此定理中諸數爲任意實數時，此定理仍成立。今特說明於此，以備將來之參考。

9. 就圖象上之見地言，此證所表示者爲：若s及s'皆在此套之一切節中，則各節之長至少須等於s及s'之距離$|s-s'|$（參觀3，II，6）；由是此諸節之長不能成一空列，而與假設背矣。

注意及例

1. 設 $x_n=\frac{n-1}{n}$, $y_n=\frac{n+1}{n}$；即設 $J_n=\frac{n-1}{n}\cdots\frac{n+1}{n}$, $d_n=\frac{2}{n}$ 。則立可驗明(J_n)爲節套如下：因對于每 n，皆$x_n<x_{n+1}<y_{n+1}<y_n$；又因無論$\varepsilon>0$如何取法，凡 $n>\frac{2}{\varepsilon}$ 時皆$d<\varepsilon$。故此(J_n)合於定義**11**。

因對于每 n，皆$\frac{n-1}{n}<1<\frac{n+1}{n}$，故$s=1$必在一切$J_n$中。除1之外，再無他數能此一切節中。

2. 設J_n之定義如下：J_0[10] 爲節$0\cdots1$；J_1爲J_0之左半節；J_2爲J_1之右半節，J_3爲 J_2之左半節；以下類推。此諸節皆各在其前一節中，且 J_n 之長爲 $d_n=\frac{1}{2^n}$ 而此諸長成一空列，故(J_n)爲一套。稍加計算，可知諸x_n所成之敍列中有

$$0,\frac{1}{4},\ \frac{1}{4}+\frac{1}{16}=\frac{5}{16},\ \frac{1}{4}+\frac{1}{16}+\frac{1}{64}=\frac{21}{64},\cdots$$

諸數，且其中各數各重見一次兩兩前進（即$0,0,\frac{1}{4},\frac{1}{4},\frac{5}{16},\frac{5}{16},\cdots$）；諸$y_n$所成之敍列由1起，以下有

$$1-\frac{1}{2}=\frac{1}{2},\quad 1-\frac{1}{2}-\frac{1}{8}=\frac{3}{8},\quad 1-\frac{1}{2}-\frac{1}{8}-\frac{1}{32}=\frac{11}{32},\cdots$$

諸數，其中各數亦各重見一次兩兩前進。今

$$\frac{1}{4}+\frac{1}{16}+\frac{1}{64}+\cdots+\frac{1}{4^k}=\frac{1}{3}\left(1-\frac{1}{4^k}\right)<\frac{1}{3}$$

及

$$1-\frac{1}{2}-\frac{1}{8}-\cdots-\frac{1}{2\cdot4^{k-1}}=\frac{1}{3}\left(1+\frac{2}{4^k}\right)>\frac{1}{3}$$ [11]

故對于每n，皆$x_n<\frac{1}{3}<y_n$；由是只有一數$s=\frac{1}{3}$能在此一切節中。故此處(J_n)定出或決定此數 $\frac{1}{3}$，或可謂之(J_n)縮至此數$\frac{1}{3}$。

3. 設有一套(J_n)及有在一切J_n中之數s，則從定理 **12**，s爲(J_n)惟一決定（惟一決定者，不但 s 爲(J_n)所決定，並且(J_n)所決定者惟此 s 也。惟一即有一無二之意）。故重言之，可云 (J_n) 定出此數 s，或(J_n)圍住此數s（定出者，即言以(J_n)爲此s之定義也）。此s亦謂之此一切節J_n之內點(innermost point)。

4. 設s爲任意一有理數，並合$n=1,2,\cdots$，$x_n=s-\frac{1}{n}$及 $y_n=s+\frac{1}{n}$，則$(x_n|y_n)$顯爲決定s之節套。但若對於各n皆令$x_n=s$及$y_n=s$，則此$(x_n|y_n)$必仍爲決定s之節套。由是可知定出一已知數之節套可以許多方法作成之；亦即凡一已知數可以許多節套爲其定義。

但上述之印象，此定理只能證實其一半。即若一數 s 在一套之一切節中，則再

---

10. 此處令下標從 0 起（參觀**7**,2）。

11. 設a及b爲任意兩數，k爲任意整數，則公式

$$a^k-b^k=(a-b)(a^{k-1}+a^{k-2}b+\cdots+ab^{k-2}+b^{k-1})$$

爲有效，其特例，若$a\neq1$，則公式

$$1+a+\cdots+a^{k-1}=\frac{1-a^k}{1-a}\ 及\ a+a^2+\cdots+a^k=\frac{1-a^k}{1-a}a$$

爲有效。

無他數亦能具此性質（即再無他數亦能在此套之一切節中），而s遂爲此套所惟一決定。

此印象之又一半，即以爲凡有一套必有一有理數在其一切節中，則屬錯誤。且此正爲吾人推廣有理數之導引。

再簡言之，即先有一有理數s，則必有一套能將其惟一決定；此從**12**之4可知。至於先有一套，則尙不能因上舉諸例而遽云此套必能決定一有理數。有理數系之推廣，實可以此後者爲引導。

今以例明之如下：

如前令$x_1=1.4$；$x_2=1.41$；…… 及$y_1=1.5$；$y_2=1.42$；…… 則無一有理數s能對於各n皆合於$x_n\leqq s\leqq y_n$。此因若令

$$x'_n=x^2_n,\quad y'_n=y^2_n$$

則諸節$J'_n=x'_n\cdots y'_n$亦成一套[12]。但對於各n，皆$x'_n=x^2_n<2$，及對於各n，皆$y'_n=y^2_n>2$（此二者，從x_n,y_n之取法可知）；即對於各n皆$x'_n<2<y'_n$。今若對於各n，有合於$x_n\leqq s\leqq y_n$之有理數s；則平方之，必對於一切n皆能$x'_n\leqq s^2\leqq y'_n$（從**3**，*I*，3知可以如此）。從定理**12**，應得$s^2=2$。但此乃不可能之事（見1章附註13）。由此可知決無有理數能在此一切節J_n中。

以下各章所討論者，即對於此種情形應作何處理。

三章 無理數

有理數中，既無一數其平方能適爲2（此事前已證實）。可知有理數系太有缺點太不完備太多空隙（gap），以至方程式$x^2=2$之解尙不足以供給。此不過無數*方程式之一，有理數已不足供其解，則有理數之內容缺乏不敷應用已是顯而易見。凡習慣上以$\sqrt[n]{n}$，$\log n$，$\sin\alpha$，$\tan\alpha$，…… 等所表之數值，有理數系中幾乎全無；至於如何

---

12. 此因x_n及y_n所表之數皆爲正，及$x_n\leqq x_{n+1}\leqq y_{n+1}\leqq y_n$故平方之（從**3**，I，3），得$x'_n\leqq x'_{n+1}\leqq y'_{n+1}\leqq y'_n$。又因$y'_n-x'_n=(y_n+x_n)(y_n-x_n)$，及$x_n$，$y_n$皆$<2$；故對於各$n$，皆$y'_n-x'_n<\frac{4}{10^n}$。設取定一$n_0$使$\frac{1}{10^{n_0}}<\frac{\varepsilon}{4}$則凡$n>n_0$時，$y'_n-x'_n<\varepsilon$（此從**10**，8可知）。

*附註 「無數」即萬萬千千多至不可計算之意。至於代數方程式，其數多至何種地步，在超有限基數論中自有說明，不在本書範圍之內。此不過說明「無數」二字之意義耳。讀者幸勿誤會。

求得之，或決定之，或以數字說明之，其困難情形並不稍遜於$\sqrt{2}$。故就此種精密之目的而論，以有理數系爲材料殊覺太粗。

以前各章所舉之研究，曾指出一種可以供給適宜材料之法。此可就兩方面言。其第一方面，以前說明如何知道$\sqrt{2}$時，其背景實不過有一方法可從之得一完全確定之節套；而從此節套之組織，自可得方程式$x^2=2$之解[13]。其第二方面，設有一能完全寫出之數s（所謂能完全寫出，卽指此s仍爲有理之意；因惟有理數能完全寫出也），若有一套(J_n)能將其圍住，則此數s卽爲此套(J_n)惟一決定，亦卽此(J_n)可爲此s之定義；至於此數s，將其直接寫出，或代以此套(J_n)，二者實毫無抵觸，儘可隨意爲之決不至因此而發生歧義。此所謂代以(J_n)，寓有「卽以(J_n)爲其所圍住（或所決定）之s」**之意。故此兩論據(data)（卽此兩記號s及(J_n)）在此種意義之下爲相等，且至某種一定範圍竟可視爲相同，而寫作

$$(J_n)=s \quad 或 \quad (x_n|y_n)=s。$$

由是，不但可云「(J_n)爲s之定義」，并以云「(J_n)爲s之別一記號」爲較宜。且竟可謂(J_n)卽是此數s。此正與「視$0.333\cdots$爲$\frac{1}{3}$之別一記號」相同；亦與「逕以$0.333\cdots$爲$\frac{1}{3}$之本身」相同。

時至現在，凡節套之不含有理數者，試對之作類此之解釋，已覺極合於自然。例如以前欲求$x^2=2$之解而作之諸數，以x_n, y_n表之；今因有理數系中無平方爲2之數，且覺$\sqrt{2}$之眞值雖不能以有理數之記號表示其全體，而此套已能將其圍住而無歧

13. 此項組織法之要旨如下：先察知$1^2<2, 2^2>2$，於是令$x_0=1, y_0=2$。再以節$J_0=x_0\cdots y_n$分爲10等分，及由$k=0,1,2\cdots 9,10$而取定諸分點$1+\frac{k}{10}$，并用試驗法察知此諸分點之平方誰<2誰>2。由是知$k=0,1,2,3,4$時此分點之平方皆比2小，而$k=5,6,\cdots 10$時此分點之平方皆比2大；因此令$x_1=1.4, y=1.5$。再以此節$J_1=x_1\cdots y_1$分爲10等分，以同法察其諸分點之平方誰<2誰>2而定$J_2=x_2\cdots y_2$；以下類推。尋常求2之平方根之方法，其要點卽以此種逐次試驗法做成機械的方法耳。

處分方程式$10^n=2$之此種方法（卽決定2之尋常對數之法）卽作成下之節套：因$10^0<2, 10^1>2$，令$x_0=0$，$y_0=1$；并以$J_0=x_0\cdots y_0$分成10等分。試驗其諸分點而察$10^{\frac{k}{10}}$是<2或>2，此卽察10^k是$<2^{10}$或$>2^{10}$。從此試驗，知應令$x_1=0.3$，$y_1=0.4$。再以此節$J_1=x_1\cdots y_1$分爲10等分，照上法試驗其諸分點$\frac{3}{10}+\frac{k}{100}$，於是知應令$x_2=0.30$，$y_2=0.31$，以下類推。此種方法，在實際計算上，自屬太費事；但在理論上，則頗重要。

**附註。(J_n)旣能圍住s，決定s及爲s之定義，則自可以之爲s。

義；遂斷言此套$(x_n|y_n)$決定此$\sqrt{2}$之眞値，且因而竟謂此套爲此數新設之記號，或更簡稱此套爲此數之本身。如此云云，既似無不可，則不妨推廣此意，凡一切類此之節套皆作如是之解釋；即若$(J_n)=(x_n|y_n)$爲一任意意節套，而無一有理數能在其一切節內，則吾人最後之解決或可如下所云云：此套圍住一完全確定之値（此値雖不能以有理數之記號直接表示其全體，但仍爲完全確定之値），此套決定一完全確定之數（此數雖不幸而不在有理數系中，但仍爲完全確定之數），此套爲此數新設之記號，或更簡稱此套即此數之本身；且因此數與有理數不一致，應謂之無理數。

以上云云縱無不合，下諸問題仍可發生：無進一步之根據，上所云云是否即能成立？是否已屬允當？名此新號，即節套$(x_n|y_n)$，爲數，是否不生困難？下諸研究即欲說明此類問題之解答，藉示「名套爲數」之後進行之間毫無障礙耳。

先將此類事實在數軸上作簡單之圖象（如一圖），即可顯出此諸解答之根據。設在數軸上；用任何作法，作一點P（例如在O右作一點P，使OP之長與「OU爲一邊之正方形之對角線」相等），即可以種種方法定出圍住此P之節套。定此節套之法可多至無數，今但舉其一例如下。先設想凡$\gtreqless 0$之整數，皆已在此軸上作其相應之點，於是此軸上必恰有一點p，能使P適在p至$p+1$之節中；此p作爲在此節上，$p+1$作爲不在此節上。

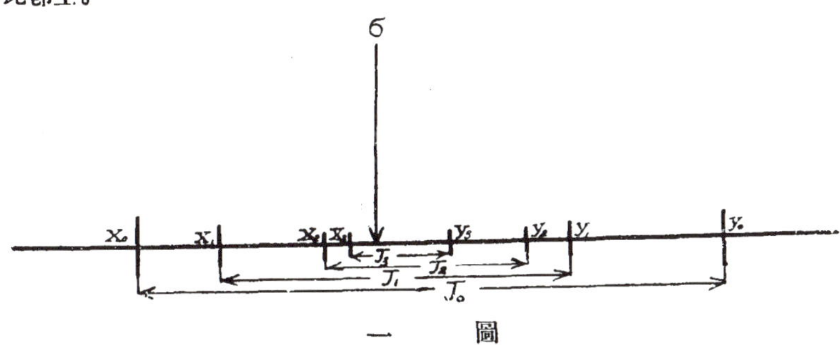

一 圖

於是令$x_0=p$，$y_0=p+1$，再將$J_0=x_0\cdots y_0$分爲10等分[14]，其分點爲$p+\frac{k}{10}$ $(k=0,1,2,\cdots 10)$。在此諸分點中，又必恰有一點$p+\frac{k_1}{10}$能使P在從$x_1=p+\frac{k_1}{10}$至$y_1=p+\frac{k_1+1}{10}$之節中；此$p+\frac{k_1}{10}$作爲在此節上，$p+\frac{k_1+1}{10}$作爲不在此節

14. 10等分可代以他種等分，即凡$\geqq 2$之他整數皆可以之代此10。其詳可參觀5章。

上。再將$J_1=p+\frac{k_1}{10}\cdots p+\frac{k_1+1}{10}$分爲10等分，照前進行，作$J_2, J_3, \cdots$；今若設想照此作法進行不已，卽可得一完全確定之節套(J_n)，而其一切節J_n中皆含有此點P。此P之外再無他點P'能含在一切節J_n中。因否則，此一切節J_n之中將皆含有由P至P'之節PP'；此乃不可能之事，蓋諸節之長（J_n之長爲$\frac{1}{10^n}$）須成一空列也。

凡數軸上之任意一點P，必有但含此P而不含他點之此類節套與之相應（此類節套可有無數乃極顯然之事）。就本例而論（即就此數軸上之圖示而論），其逆似乎十分合理；卽若就任意一套研究。似乎常有一點在其一切節中（且從上之研究，此點之外再無他點可在其一切節中），而此點遂爲此套所決定。無論如何，果吾人承認直線之連續觀念或直線之無隙觀念[15]，卽可深信此事可由此觀念推得（此事卽凡一節套必能決定一點）。

由是，從此幾何上之表示，可得一交互之事理；卽每一點必爲一套所緊圍，而每一套必能緊圍一點及只緊圍一點。

但所謂直線之連續，意頗含糊，無法下其精確之定義。故在解析建築之中，不能以之爲最下基礎之一部（他種意想由直覺圖示得到者皆是如此），至多只能藉以指導「構造最下基礎」之方向而已。故此「由幾何上研究所得之結果」不能將其譯成一滿意之定理，不過吾人「視套爲數」之根據，可從之得高度之自信而已。今再將「視套爲數」作一較密之定義†如下：

定義 每一節套(J_n)卽$(x_n|y_n)$定出一確定之數；爲簡便計，逕可云每一節 13

15. 明白假定「直線之連續」之命題謂之 Cantor-Dedekind 公設。此直線之連續謂之假定者，因無法將其證明之故；蓋此實一種吾人直覺觀念之形式上敘述而已。

†附註。視套爲數之法，旣凡幾何上之研究如一圖所示者不能譯成解析之方面之定理，則「視套爲數」只能作爲定義而不能作爲定理。故名13爲定義而不名13爲定理，此本書謹嚴處。讀者於本節云云，宜細細玩味，不可滑過。或云13旣是定義而非定理，則儘可隨意規定，何必再作一圖之研究，此亦太過。因「視套爲數」究與規定一種事物之名稱有別，可否視套爲數，終須有些根據，一圖之研究，藉示其根據所在，明非任意亂下定義。再於13之後，詳言一切節套所成之「套系」，能合於4中諸條件（合於數觀），亦以示「視套爲數」確有正當根據，並非任意胡爲。倘根據不當，亂下定義，則人所盡能，有何價值。（彼好爲高論，創諸定義，另立新說，未嘗不能震動一時，而旋卽衰歇者；皆由於根據不善終難持久耳。以 Cantor之天才與學邃卓然一代大師，爲舉世所崇仰；然其所創之 content尙轉瞬消滅，不能與其別種創作同炳於世，他可知矣）。惟凡所云云藉示其根據爲正當者，皆只能作爲「視套爲數」之根據，而不能作爲「視套爲數」之證明，要不可別耳。

套爲一確定之數，此數卽以表此節套之記號表之；惟在用簡號之際 可以一小希臘字母代此套之記號，例如

$$(J_n) \text{ 卽 } (x_n|y_n)=\sigma,$$ [16]

凡上所云，不問其是否適當，終覺此是一種極隨意之步驟；下諸問題，顯然仍有。無進一步之根據，是否卽可如此過去？此定義中所言之節套純爲理想之物且其所圍或所定者亦仍是極可致疑之品，試問此類理想之物，能否逕可謂之數？此種數能否與有理數具相同之意義？此所謂意義，詳言之卽 **4** 中諸條件所定數觀之意義，（此末一問題，簡言之，卽此種數是否合於前舉之數觀？）。

此諸問題之答案，只能從「考察此類新記號之全體是否爲合於 **4** [17]中諸條件之一系事物」入手；此類新記號指一切可以想像之節套，亦卽指一切記號 (J_n) 或 $(x_n|y_n)$ 或表此二者之 σ。此所謂合於 **4** 中諸條件之一系事物，再略言之，卽一系事物之具下列性質者：其中原素皆由有理數導出，並(1)能有次序，(2)能以四種方法將其合併，而同時能服從 **1** 及 **2**，I－IV 之諸基本律，(3)含有與有理數系相似及同質之子系，(4)合於 Eudoxus 之公設。

若考察之結果，十分圓滿，竟能斷定此組新記號與 **4** 中諸條件盡能適合；則此組新記號能具數之特性已經顯明，而儘可謂之數，其全體亦因此可謂之實數系。

此種考察與斷定，絕無難處；故但就其節目略作說明於次。

節套，卽新記號，$(x_n|y_n)$，皆專由有理數之記號所構成，已極明確；所須討論者僅 **4** 中1－4諸要點。解決此事，可以如下。凡節套之定出一有理數者，[18]其合併之意義及方式均已前定（此種節套旣能代表有理數，自必合於1章 **1**，**2** 諸定律）。例如就兩有理節套 $(x_n|y_n)=s$ 及 $(x'_n|y'_n)=s'$ 言之。從此兩有理數記號 s 及 s'，逕可分別此 s 是否 $<$，$=$，或 $>s'$，並能以算術四法將其合併。要之所需工作，爲「就表 s 及 s' 之兩套之本身，先認識其次序，再實行算術之四法；於是將所得結果推廣於一切節套」。每一關於有理節套之可證命題 (A)，可照其內容作一相應之定義 (B)。爲簡明計，將此

16. 卽 σ 爲節套 $(x_n|y_n)$ 或 (J_n) 之略號。

17. 讀者至此應將此諸條件再細讀一遍。

18. 此種節套以下簡稱爲有理節套，或更簡爲有理套。

互相對應之命題（A）及定義(B)兩兩分述於次，以資對照[19]。〔譯者按，此節云云，恐讀者難明，略附數語於次。例如有理節套$(x_n|y_n)=4$，$(x'_n|y'_n)=5$。此4及5既在有理數中，已知$4<5$卽可知$(x_n|y_n)<(x'_n|y'_n)$。於是考察其x_n, y_n, x'_n, y'_n間有如何之關係，察得

(1)　對於各n皆$x_n\leqq y'_n$，而不能對於各n皆$x'_n\leqq y_n$。

再察知凡$(x_n|y_n)=s$及$(x'_n|y'_n)=s'$之s及s'爲有理數時，若$s<s'$則(1)之關係必能成立；及(1)之關係成立則$s<s'$。於是得一定理如**15**之(A)。既有**15**之定理(A)，則凡有理節套卽可不問其所表者何數，逕可憑此定理(A)辨別其大小矣。

但無理節套$(x_n|y_n)=\sigma$，$(x'_n|y'_n)=\sigma'$所表者卽是其本身，σ及σ'實僅爲其簡號，無從就σ及σ'先分別其大小，而後憑以察x_n, y_n, x'_n, y'_n間之關係，如有理節套然。故只能推廣**15**之定理（A）而下**15**之定義(B)，既有此定義(B)卽可憑以辨別一切無理節套之大小。

讀者或疑無理節套如$(x_n|y_n)=\sqrt{2}$，$(x'_n|y'_n)=\sqrt{3}$之類，既$\sqrt{2}<\sqrt{3}$，則亦可據以先斷$(x_n|y_n)<(x_n|y_n)$，殊不知未有表$\sqrt{2}$及$\sqrt{3}$之節套前，$\sqrt{2}$及$\sqrt{3}$爲何數尙未確知，更何從分別其大小，於未有表$\sqrt{2}$及$\sqrt{3}$之節套前，所謂$\sqrt{2}<\sqrt{3}$，乃一種粗疏不正確之主觀見解，不足以反對上說，否則一切實數論(重在無理數之研究)皆可不作矣〕。

相等：A.**定理**　設$(x_n|y_n)=s$及$(x'_n|y'_n)=s'$爲兩有理節套。若(惟)*在　**14**

$$x_n\leqq y_n \text{ 及 } x'_n\leqq y'_n$$

之外，對於各n皆能

$$x'_n\leqq y_n \text{ 及 } x_n\leqq y'_n,$$

則　$s=s'$[20]。

19. 此類命題及定義可各就數軸解釋之。

*附註　此若字旁加(惟)，則字旁加(方)之意如下：此定理詳言之，應爲：「若在$x_n\leqq y_n$及$x'_n\leqq y'_n$之外，對於各n皆能$x'_n\leqq y_n$及$x_n\leqq y'_n$，則$s=s'$」及「惟在$x_n\leqq y_n$及$x'_n\leqq y'_n$之外；對於各n皆能$x'_n\leqq y_n$及$x_n\leqq y'_n$方$s=s'$」。今爲省文計以兩語併爲一語；用惟，方二字及外加括弧，以明一句作兩句用耳。以後凡此種句法讀者須注意「若…則」及「惟…方」兩層之意。又「若(惟)」後至「則(方)」前云云爲$s=s'$之充分及必要條件；「若…則」表此條件爲充分，「惟…方」表此條件爲必要。

根據此定理，作下之定義：

D.**定義** 設 $\sigma=(x_n \mid y_n)$，$\sigma'=(x'_n \mid y'_n)$ 爲任意兩節套，若（惟）對於各 n 皆能

$$x_n \leqq y'_n \text{ 及 } x'_n \leqq y_n,$$

則謂之此 σ 及 σ' 相等。

注 意 及 例

1. 此 x_n 及 x'_n 間無任何必須之關係；y_n 及 y'_n 間亦然。此不足異。正如有理數 $\frac{3}{8}$，$\frac{21}{56}$ 及 0.375，其形狀雖極不同，而仍可認爲相等。所謂「相等」，實無一定之天性，祇須以某種形式之定義定之而已；至純乎外表上之不相似乃與「相等」絕不衝突者也。

2. $\left(\frac{n-1}{3n} \,\middle|\, \frac{n+1}{3n}\right)$ 及 **12**，2 兩節套，照此定義爲相等。

3. 從 **14**，下之等式儘可寫出：$\left(s-\frac{1}{n} \,\middle|\, s+\frac{1}{n}\right)=s=(s \mid s)$。此 $(s \mid s)$ 表一節套，其各節之左右兩端點皆爲 s。其特例 $\left(-\frac{1}{n} \,\middle|\, \frac{1}{n}\right)=(o \mid o)=o$。

4. 以下諸理，仍須證明。但其證頗易，儘可略去（參觀註20）。從上之定義，知 (*a*) $\sigma=\sigma$[21]；(*b*) $\sigma=\sigma'$ 則 $\sigma'=\sigma$；(*c*) $\sigma=\sigma'$ 及 $\sigma'=\sigma''$ 則 $\sigma=\sigma''$。

15 **不等**：*A*.**定理**. 設 $(x_n \mid y_n)=s$ 及 $(x'_n \mid s'_n)=s'$ 爲兩有理節套，若（惟）對於各 n 皆能

$$x_n \leqq y_n',$$

---

20. 照小引末所言之理由，此 **14** 至 **19** 諸命題（Proposition）不加證明，讀者熟知第二編內容之後，自知此種證明毫無困難。但在此處，讀者或以爲新奇；果爾，則視爲第二編之習題可也。茲爲舉例示範起見，作 **14** 之證明如下：

(*a*) 若 $s=s'$，則得 $x_n \leqq s \leqq y_n$，$x'_n \leqq s \leqq y'_n$；故對於各 n，皆能 $x_n \leqq y'_n$ 及 $x'_n \leqq y_n$。

(*b*) 其逆，若對於各 n，皆能 $x_n \leqq y'_n$，則必 $s \leqq s'$。蓋倘不如是而竟 $s>s'$，即 $s-s'>o$，則因 (y_n-x_n) 爲空列，必能擇定一下標 p，使

$$y_p-x_p<s-s'。$$

因 s 必不能 $>y_p$。可從此式知 $x_p-s'>o$。故可再進擇一下標 r，使

$$y'_r-x'_r<x_p-s'。$$

又因 $x'_r \leqq s'$，可從此式知 $y'_r<x_p$。於是再擇定一超過 p 及 r 之下標 m，則因 x_n，y_n，x'_n，y'_n 皆爲單調增或單調減，而自可得 $y'_m<x_m$。此與假設「對於各 n 皆能 $x_n \leqq y'_n$」相背。故必 $s \leqq s'$。

在上證中凡有上角有 ′ 之字母皆改爲無 ′ 之字母；無 ′ 之字母皆改爲有 ′ 之字母。即可照同法證明：若對於各 n，皆能 $x'_n \leqq y_n$，則 $s' \leqq s$。由是，若對於各 n，兩式 $x_n \leqq y'_n$ 及 $x_n \leqq y'_n$ 能同時成立；則非 $s=s'$ 不可。

21. 至此可知此項定律顯非卑不足道。以下云云須經證明：從此相等之定義，凡節套必與其本身相等；即以同一節套爲互相比較之兩節套時，此定義之條件皆能滿足也。

而不對於各n皆能

$$x'_n \leqq y_n,$$

即至少必有一m能合于$y_m < x'_m$，則(方)$s < s'$[(22)]。

B.**定義**　設$\sigma = (x_n \mid y_n)$及$\sigma' = (x'_n \mid y'_n)$爲任意兩節套，若(惟)對於各$n$，皆能

$$x_n \leqq y'_n,$$

而不對於各n皆能

$$x'_n \leqq y_n$$

即至少有一m，能合於$y_m < x'_m$，則謂之$\sigma < \sigma'$。

注 意 及 例

1. 從14及15，凡可以想像之節套，皆已顯然有序。蓋若σ及σ'爲其中任意兩套，則必有下列三種情形之一：(1)兩套相等；(2)至少有一p能合於$y_p < x'_p$，如是則$\sigma < \sigma'$；(3)至少有一 r 能合於 $y'_r < x_r$，如是則$\sigma' < \sigma$。此(2)，(3)兩種情形不能同時發生。因倘能同時發生，則將有一大於r及p之m能合於$y'_m < x'_m$。此乃不可能之事。故σ及σ'間必有(及只有)下列三關係之一：

$$\sigma < \sigma', \quad \sigma = \sigma', \quad \sigma > \sigma',$$

而此類新記號之全體已爲14及15列成次序矣。

2. 相等及不相等之定義，採用14及15之後，凡1中之次序定律仍能繼續有效，必須經過詳細之證明，方能確信無疑。惟以定理14下註中證法爲模範，可知此種證明，無甚困難，不必深論。今但說明此類次序定律仍一律有效可耳。

3. 從14及15之結果得：對於各n皆能

$$x_n \leqq \sigma \leqq y_n。$$

此是何意?就此式之左言，即照14及15，有理數x_n中之數無一能大於節套$\sigma = (x_n \mid y_n)$是也，亦即：設在諸數x_n中任取一數x_p討論之，及爲簡便計，以x表此x_p，則可寫作(參觀14下注意3)

$$(x_p =) \qquad x = \left(x - \frac{1}{n} \;\middle|\; x + \frac{1}{n}\right) \text{或} = (x \mid x),$$

而上所言者即

$$(x \mid x) \leqq (x_n \mid y_n)。$$

此可證明如下：倘此不等式非眞確，則至少有一r，能使

$$y_r < x \quad \text{即} \quad y_r < x_p,$$

故若m大於r及p自必

$$y_m < x_m,$$

22　尚有一關於$s > s'$即$s' < s$之同類定理。〔以本定理中之 $x_n \leqq y'_n$，$x'_n \leqq y_n$，$y_m < x'_m$ 依次改爲 $x'_n \leqq y_n$，$x_n \leqq y'_n$，$y'_m < x_m$即得此$s > s'$之定理〕。

此乃不可能之事。故上必眞確。從同法，可知$\sigma \leqq y_n$。故對於各n皆可視σ爲在x_n及y_n之中間，簡言之即σ含在J_n之中。

至於σ外決無他數亦能含在J_n中間，今已極易證明，倘有第二節套$\sigma'=(x'_n \mid y'_n)$。而對於每一確定下標p，亦能$x_p \leqq \sigma' \leqq y_p$，則此不等式之左邊顯爲$(x_p \mid x_p) \leqq (x'_n \mid y'_n)$之意(參觀3)，而從**14**及**15**得：對於各n皆能$x_p \leqq y'_n$。因此在$n=p$時亦必眞確，故對於各p必皆$x_p \leqq y'_p$。而從**14**及**15**得$\sigma \leqq \sigma'$。同法，從$x_p \leqq \sigma' \leqq y_p$之右邊，得$\sigma' \leqq \sigma$。如是，則不能不$\sigma=\sigma'$，此即所欲有證明之事也。

4. 從**15**，若(惟)$\sigma=(x_n \mid y_n)>(o \mid o)$，則(方)$\sigma>o$，即$\sigma$爲正；此即若有某下標$p$能使$x_p>o$，則$\sigma$爲正。因$x_n$隨$n$增而亦增，故在此第二假設之下，自必對於各$n>p$皆$x_p>o$。故可云：若(惟)從某一確定下標起，所有端點$x_n$及$y_n$皆爲正，則(方)$\sigma=(x_n \mid y_n)$爲正。至關於$\sigma<o$方面之情形，可照此類推。

5 如上所言，凡遇$\sigma>o$及對於各$n \geqq p$皆$x_n>o$時，可另作一新套$(x'_n \mid y'_n)=\sigma'$，其作法爲合$x'_1=x'_2=\cdots=x'_{p-1}$皆等於$x_p$，而令其餘$x'_n$及$y'_n$皆與$x_n$及$y_n$相等。於是從**14**，可知$\sigma=\sigma'$，而可云：若$\sigma$爲正，則必常有一「節端點皆爲正之節套」與之相等。$\sigma<o$時，亦有類此情形。

節套既可將其列成次序，則至此已可云：凡數之次序方面之特性，已全爲此類節套所具有。至就合併方面言，亦不難作相類之斷語。今先述其合併四法之定義如下：

16 **加法**：*A*.**定理** 若$(x_n \mid y_n)$及$(x'_n \mid y'_n)$爲任意兩節套，則$(x_n+x'_n \mid y_n+y'_n)$亦爲節套；又若此前兩套皆爲有理而依次等於s及s'，則此後一套亦爲有理，而其決定之數爲$s+s'$[23]。

B.**定義** 若$(x_n \mid y_n)=\sigma$及$(x'_n \mid y'_n)=\sigma'$爲任意兩節套，及由此兩套作成之套$(x_n+x'_n \mid y_n+y'_n)$以σ''表之，則令

$$\sigma''=\sigma+\sigma',$$

而謂σ''爲σ及σ'之和。

17 **減法**：*A*.**定理** 若$(x_n \mid y_n)$爲任意一節套，則$(-y_n \mid -x_n)$亦爲節套；又若此前一套爲有理而等於s，則此後一套亦爲有理而其決定之數爲$-s$。

B.**定義** 若$\sigma=(x_n \mid y_n)$爲任意一節套，及以σ'表節套$(-y_n \mid -x_n)$，則令

$$\sigma'=-\sigma,$$

而謂σ'爲σ之**反數**(oppsite of σ)。所謂兩節套之**差**，即第一套及「第二套之反數」之和。

23. 不加證明之故，可參觀註20。

乘法:A.**定理** 設$(x_n|y_n)$及$(x'_n|y'_n)$爲任意兩正節套.一遇必要時.可照 **18**
15,5之法,將其改爲節端點皆爲正(或至少爲不負)之兩新套(此兩新套自須等於原兩套)—則$(x_nx'_n|y_ny'_n)$亦爲節套;又若此前兩套皆爲有理而依次等於s及s',則此後一套亦爲有理而其所定之數爲ss'。

B.**定義** 若$(x_n|y_n)=\sigma$及$(x'_n|y'_n)=\sigma'$爲任意兩正節套其節端點皆爲正(從**15**,5,知此與無限制等).及由此兩套作成之$(x_nx'_n|y_ny'_n)$以σ''表之,則令

$$\sigma''=\sigma\sigma'$$

而謂σ''爲σ及σ'之積。

若σ及σ'皆爲負(或0)或其中之一爲負(或0),則此定義尙略須修正;但此非難事,可由讀者自爲之。故任意兩節套之積以後均作爲有定義。

除法:A.**定理** 若$(x_n|y_n)$爲任意正節套,其節端點皆爲正(參觀**15**,5),則 **19**
$\left(\frac{1}{y_n}\middle|\frac{1}{x_n}\right)$亦爲節套;又若此前一套爲有理而等於$s$,則此後一套亦爲有理而其所定之數爲$\frac{1}{s}$。

B.**定義** 若$(x_n|y_n)=\sigma$爲任意正節套,其節端點皆爲正.及以σ'表節套$\left(\frac{1}{y_n}\middle|\frac{1}{x_n}\right)$,則令

$$\sigma'=\frac{1}{\sigma}$$

而謂σ'爲σ之倒數(reciprocal).所謂第一節套除以第二正節套之商卽此第一套乘以「此第二正套之倒數」之積。

若此定義第一句中之σ爲負,或第二句中之第二節套不爲正而爲負,則此定義尙略須修正;但此非難事,可由讀者自爲之。故凡兩節套之第二節套不爲o者,其商以後皆作爲有定義。

從上所云云,得下之結果:從**14**至**19**之定義,一切節套所成之節套系已可照**4**,1之意義將其列成次序。並可照**4**,2之意義以四法合併其原素。又從**14**至**19**諸定理可知此系有一子系(卽有理套之全體),而此子系照,**4**,3之意義與有理數系爲相似及同質。所尙須說明者爲此節套系亦能滿足 Eudoxus 氏公設。蓋設$(x_n|y_n)=\sigma$及$(x'_n|y'_n)=\sigma'$爲兩任意正節套,其節端點皆爲正(參觀15,5),又設x_m及y'_m爲其中某一對確定端點;則 Eudoxus 氏定理可保證必有一p能使$px_m>y'_m$,而從**15**,可

知$p\sigma$卽$(px_m \mid py_m)$必$>\sigma'$。*

其次應詳細證實者爲：**16**至**19**所定合併節套之四法亦能合於**2**中諸基本律。但此種證明，無甚困難[24]；爲節省篇幅計，概置不論，而但作一說明如下：算術基本律（及由之而生之一切計算法在有理數系中有效者）在此新系（卽節套系）中仍全有效。

由是，就**4**之意義所謂之數而論，已由各種方面證明一切節套皆可爲數。故一切節套所成之節套系爲一數系[25]，而各節套之本身則皆爲數[26]。 （待續）

*附註。 旣是如此，益可見以前謂「Eudoxus 定理在撤去有理數範圍後立卽變爲公設」之語不妥矣。據譯者私意，Eudoxus 定理至多在自然數範圍內爲公設。在有理數系內卽可證明，在實數系內亦然。嚴格言之，卽以自然數系論，在次序定義及四法定義旣下之後，Eudoxs定理亦已可證明，而非公設。現在數學書中常稱爲公設，大約習慣使然，未嘗細究耳，此事關於數理哲學，非此處所宜詳論，故但略附數語於此，以質高明。

24. 以加法爲例，作此種證明如下：

(*a*) 加法常能實施（此從加法之定義可知）。

(*b*) 加法之結果有一無二；卽$\sigma=\sigma'$及$\tau=\tau'$（照14之意義），則$\sigma+\tau=\sigma'+\tau'$；若照**16**作此兩和，及照**14**審明其相等，卽可證明此等式成立。

再照同類之法可證明下列三條：

(*c*) $\sigma+\tau=\tau+\sigma$ 常能成立。

(*d*) $(P+\sigma)+\tau=P+(\sigma+\tau)$ 常能成立。

(*e*) $\sigma<\sigma'$則$\sigma+\tau<\sigma'+\tau$ 常能成立。

關於他三合併法者，可照此類推。

25. **4**中所舉規定數觀之法，自非惟一之法。凡若干事物，於**4**中所舉諸條件有一二條不合，而其他條件則皆相合者，往往仍名之爲數。例如「所論事物須由有理數作成」之一條，儘可放棄；如是，則凡物（如點，距離……）之能合於**4**，1–4諸條件者，卽可視之爲數；簡言之，凡物之與方才設立之系爲相似及同質者皆可視作數。此種數觀（可悉以視一切同質之系在抽象意義上必全相等者）在數學見解上固可視爲極有理由，但在知識論方面必起反對。以後論複素數時，數觀將有他種修改法，入後自知。

26. 如上所言，或以節套之本身爲數；或設想有屬於一切節J_n之假定物（參觀**15**，3）而途以此物爲節套所緊圍之一種具特義之數，於是此物卽爲一切相等節套公有之原素；此二者之不同純屬因人而異之嗜好問題，在要素上實無分別。故此後凡等式$\sigma=(x_n \mid y_n)$或視作「σ爲節套之簡號（**13**註16）」或視作「σ爲節套所定之數」均無不可。

Peg Method 簡易法

（較正經緯儀及水平儀之水平管用。原文載1934年二月ENR雜誌。著者R. Bennett.）

馮時行譯

用下述方法,較正經緯儀或水平儀之水平管。結果頗爲正確。而較諸常法,節省時間甚多,其有專司較正儀器之責者。倘於事前預將所需木椿打好,平日妥加保護,則以後用時,打椿一步手續亦可免去,如此做一Peg Method, 不過費數分鐘卽了矣。

此法共須設立四木椿,卽下圖之A,B,C,D四處,四者須在一直綫上,相互之距離BC=CD, 而AB=BD。下圖所示尺數,最爲適當,至B, D二椿椿頂,須成水平,故宜擇地面高度約略相等之處。

先將儀器放在C點,用水平螺絲將儀器較平,量正距離,在B處打一椿,(此時椿頂高度可隨意),將水平尺放在椿頂,此時讀出之數爲a。次將儀器轉過180°。再度較正儀器水平管,量正距離,打

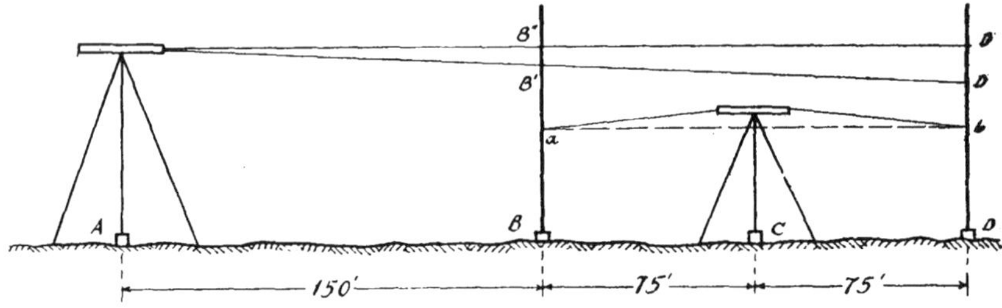

D處之椿。此椿須慢慢打下,留心水平尺讀出之數b, 至恰與a相等爲止。觀圖可知倘a與b相等,則B,D二椿頂爲同高,此時儀器水平管卽有錯誤,亦無關也。

然後移儀器至A點,倘此儀器在完好之情形中,則視綫與水平管之軸相平行,而此時讀出之B″與D″二數必相等,倘其視綫係向下傾斜,有如圖中所示,則D′必大於B′。二數不相等,卽知儀器有錯誤矣。

由讀出之D′與B′二數,可以求得B″及D″之值,其式如下:

$$B''=D''=B'+(B'-D')=\text{儀器高}$$

此後可再觀測B,D二處之水平尺,同時旋動儀器之水平螺絲,使二尺均讀得B″或D″之數爲止。如此儀器視綫,方眞成水平,但此時水平管之水平泡,又必走向管之一端,可卽將水平管較正之,使水平泡重復居中,如此視綫與水平泡之軸綫互相平行,而儀器之較正完成矣。

研究所化學組油漆試驗報告

目 錄

(續)

(完)

A COMPARATIVE STUDY OF VARNISHES MADE FROM DIFFERENT DRYING OILS

沈慈輝 (T. H. SHEN)

The properties of various drying oils, as we know, are different from each other, so these drying oils when incorporated into varnishes give different properties with respect to durability and elasticity. In this particular subject of investigation a number of samples of drying oils are chosen, for instance china wood oil, linseed oil, perilla oil and stillingia oil, to make into varnishes according to the following formulae and procedure:

1. 200 g.. Beckacite resin
   80 g. Perilla stand oil
   120 g. China wood oil
   1.6 g. Litharge
   .4 g. Manganese dioxide
   300 g. Thinner
   10 g. Cobalt drier
2. 200 g. Beckacite resin
   200 g. Stand oil (50% stillingia and 50% wood oil)
   1.6 g. Litharge
   .4 g. Manganese dioxide
   300 g. Thinner
   10 g. Cobalt drier
3. 200 g. Beckacite resin
   200 g. Stand oil (50% linseed oil and 50% wood oil)
   1.6 g. Litharge
   .4 g. Manganese dioxide
   300 g. Thinner
   10 g. Cobalt drier
4. 200 g. Beckacite resin
   200 g. Stand oil (100% stillingia oil)
   1.6 g. Litharge
   .4 g. Manganese dioxide
   300 g. Thinner
   10 g. Cobalt drier

5. 200 g. Beckacite resin
   80 g. Linseed stand oil
   120 g. Wood oil
   1.6 g. Litharge
   .4 g. Manganese dioxide
   300 g. Thinner
   10 g. Cobalt drier

6. 200 g. Beckacite resin
   80 g. Stillingia stand oil
   120 g. Wood oil
   1.6 g. Litharge
   .4 g. Manganese dioxide
   300 g. Thinner
   10 g. Cobalt drier

The Beckacite resin is heated together with the wood oil up to 280-290°C when the stand oil is added. Then the kettle containing the mixture is cooled down gradually and litharge and manganese dioxide are added and heating is continued at 230-240°C until the driers are dissolved and clear. Cooling to 180°C thinning down process begins and cobalt drier is finally added. The varnishes made according to the above formulae have the following properties:

1.	Time of drying	
	Surface drying	10 hrs
	Complete drying	14 hrs
2.	Color	Pale
3.	Viscosity	B–C (Gardner-Holdt Viscometer) =.65 poise
4.	Elasticity	O. K.
5.	Lustre	Glossy

The varnishes are brushed on steel panels which have previously been primed with a coat of enamel. The panels are then thoroughly air dried before putting to test. One set is exposed on roof for comparison while the other set is inserted in weatherometer for accelerating weather test.

Results

Up to the time of inspection of these panels those on roof have covered a period of two and half months while those in weatherometer have elapsed four weeks. The results of these tests are tabulated as follows:

Formula	*Roof Test*	*Weatherometer Test*
1.	Fine checking all over	Fine checking
2.	Checking badly	Cracking
3.	Checking badly	Fine checking
4.	Generally good	Generally good, slightly checking at centre
5.	Generally good	Generally good, few spots shown
6.	Peeling badly	Cracking

Rating these panels No. 5 stands up the weathering most and No. 4 comes the second, while the rest do not stand as good as the other two. In conclusion this type of varnish which is hard, glossy and of medium length is suitable for furniture and interior decoration. It can be made easily from linseed stand oil, wood oil and synthetic resin. For the substitution of linseed oil and wood oil in No. 5, straight stillingia stand oil will serve the purpose.

A STUDY OF RELATIONS BETWEEN PERMEABILITY AND ELASTICITY TESTS OF PAINT FILMS AND DURABILITY OF PAINTS BY WEATHERING TEST

沈慈輝 (T. H. SHEN)

It is generally recognised that the law of minimum voids and the law of flat arch are the fundamental principles in paint technology, therefore the durability of paint depends much in the strength of film which has two factors, elasticity and permeability. The durability of paint is usually tested by its resistance to weathering actions. It must be exposed to weathering actions of all climatic conditions for months and years before any information can be expected. Just within the last 6-7 years testing device has been improved through the use of artificial weathering in a cabinet. Altho this method can reproduce the actual weathering in a shorter period, it still requires at least 4-5 weeks to get the result on average house paints besides tremendous amount of electricity, water, ice, etc. used for the experiment. If it's possible to determine the durability in terms of other physical or chemical properties by some other means in a short time in the laboratory, it would be certainly a great saving in experimental and research effort and expenses. It is the idea of this work to correlate the laboratory methods with accelerating weather test. By laboratory method it is meant to determine the permeability and elasticity of paint films.

Permeability is determined by the relative amount of moisture absorbed by conc. H_2SO_4 or $CaCl_2$ through the paint film, or the relative amount of CO_2 absorbed by lime water through the same film.

Elasticity is determined by using extensometer to get elongation and tensile strength figures. The same paints are put in weatherometer for accelerating test. The results obtained from weathering test are compared with the data on permeability and elasticity.

Experiment

In order to get the first hand information of the durability of paints, the vehicles which will be used for making paints are studied separately. A series of oils is prepared by heat treatment and oil films are made by painting on specially prepared sized paper when the oil films are dried, they are made wet and stripped off paper in water and dried.

The drying oils used in experiments are:

Sample No. 1. Wood oil boiled at 240°C. for 10 min.

" " 2. " " " " " " 20 "

" " 3. " " " " " " 30 " (too heavy for brushing)

" " 4. Linseed oil boiled at 280°C. for 2 hrs. (too soft to make films)

" " 5. Wood oil No. 2 80% Treated linseed 20%

" " 6. " " " " 60% " " 40%

" " 7. " " " " 40% " " 60%

" " 8. Stillingia oil boiled at 280°C for 1 hr.

" " 9. Wood oil No. 2 80% Treated stillingia oil 20%

" " 10. " " " " 60% " " " 40%

" " 11. " " " " 40% " " " 60%

" " 12. Castor oil treated (made in 1933) Not dry.

" " 13. Castor oil varnish

" " 14. C. H. Varnish

For the purpose of practical test these prepared oils are made into same viscosity which is considered to be most suitable for brushing. Those heavily bodied oils are thus reduced by mineral turpentine to .75 poises and they are all between B & C on Gardner & Holdt Viscometer. Equal amount of liquid drier is added to every sample to hasten the drying. Three coats of oil are put on sized paper leaving 24 hours to dry between each coat. They all dried well in 24 hours with the exception of No. 4 & 12.

The stripped films are then sealed with varnish over the 2 oz. wide mouth bottles filled with $CaCl_2$. The bottles are weighed and put in desiccator which contains some water at bottom. As the atmosphere in desiccator is saturated with moisture, water is absorbed by $CaCl_2$ through the oil films. Then the increase in weight of each sample is taken at intervals of 5-10 days. The results are tabulated as follows:

No. Sample	*Amt. of water absorbed* 5 days	11 days	21 days	32 days	*Thickness of film*
1	.0850g.	.1778g.	.3700g.	.5878g.	10/100 mm.
2	.1080	.2228	.4488	.7092	8/100 mm.
3	.1782	.3870	.8132	1.2936	—
4	—	—	—	—	—
5	.0957	.1927	.3899	.6085	8/100 mm.
6	.1618	.3454	.7082	1.1130	8/100 mm.
7	.1505	.2905	.5835	.9153	10/100 mm.
8	.2894	.6284	1.2740	2.0082	10/100 mm.
9	.1040	.2206	.4594	.7282	9/100 mm.
10	.3410	.7414	1.4968	2.3116	10/100 mm.
11	.0828	.1798	.3668	.5790	9/100 mm.
12	—	—	—	—	—
13	.0556	.1162	.2371	.3904	7/100 mm.
14	.0675	.1449	.3009	.4749	7/100 mm.

From the result above tabulated one can easily see that the thickness of oil film has little relation with the absorption of moisture. It is the thinnest ones that absorb the least moisture. Therefore it is evident that the very nature of the oil film has great influence on the absorption of moisture and the durability of a paint. The samples 13 and 14 are clear varnishes. Owing to their property of being lack of elasticity, their value as a protective vehicle in this class is much lowered. Samples 11, 1, 5, 2 and 9 are treated wood oils and treated wood oils incorporated with certain percentages of linseed oil and stillingia oils. It is noted from above data that great domination of wood oil in the vehicle has very high degree of water resisting property being disregard of other properties.

Based on the foregoing data a number of oil samples was prepared and pigments were added to make up paints. Red lead and red oxide of iron were used, as they are generally known as the rust inhibitive pigments.

The paints prepared in laboratory are as follows:

	Pigment	*gms*	*Oil*	*cc*	*Thinner*	*cc*
No. 1	Red Oxide	450	Boiled oil No. 1	250	mineral turp.	125
			Raw Linseed	225		
2	„ „	450	Boiled oil No. 2	250	„ „	150
			Raw linseed	200		

3	,, ,,	450	Boiled oil No. 3 Raw linseed	250 200	,,	,,	100
4	,, ,,	450	Boiled oil No. 4	500	,,	,,	100
5	,, ,,	450	Boiled oil No. 5	450	,,	,,	220
6	Red Lead	150	Boiled oil No. 1 Raw linseed	50 10	,,	,,	30
7	,, ,,	150	Boiled oil No. 2 Raw linseed	50 10	,,	,,	30
8	,, ,,	150	Boiled oil No. 3	50	,,	,,	20
9	,, ,,	150	Boiled oil No. 4 Raw linseed	50 10	,,	,,	20
10	,, ,,	150	Boiled oil No. 5 Raw linseed	50 10	,,	,,	25
11	,, ,,	150	Boiled Castor Oil	55			
12	Red Oxide	450	,, ,, ,,	350			

Besides these samples a number of anti-corrosive paints were secured from reputable firms in Shanghai.

The films of each sample were prepared as before and the moisture absorption tests were run accordingly. Film thickness was measured in film gauge and tensile strength and elasticity were determined by the extensometer.

Discussion

It is easy to see at a glance through the table in the following page that the films which absorbed least moisture within a period of forty two days are K, M, N, J, 5, 7 & 8. As permeability of a film to moisture is not the only factor which determines the durability of a paint, its tensible strength and elongation figures are likewise compared. It is very interesting to note that those films which show remarkably low moisture absorption property have also high tensile strength, so the higher is the tensile strength of the film, more moisture resisting is the film. The tensile strength is expressed in terms of pounds per square inch.

Those films which listed above 11/32 lbs per sq. in. are K, m, N, O, J, 7, 8, & 10, but the mere consideration of tensible strength and moisture resisting properties of films without considering their elasticity will be hardly possible to judge the durability and quality of paints. For this reason the corresponding figures of elongation are checked. A wide range of variations in elasticity is noticed being from 2—15%. If we discard those films which fall below 6.5%, we have then samples

The experimental data is shown below:

Sample	*Amount of moisture absorbed thru the film* 7 days	17 days	42 days	*Thickness of film* in mm	*Tensile Strength* lb/sq. in.	*Elongation* inch	%	*Accelerating Weather Test* 66 days	*Roof Test* 6 months
A	.1473	.3557	1.0243	1.25/10	3/32	18/32	8%	checking heavily in 53 days	Fair
B	—	—	—	—	—	—	—	showing rust spots in 59 days	Fair
C	.2340	.5948	1.5950	1.2/10	8/32	20/32	9	cracking in 23 days	Poor
D	.2523	.5659	1.4993	1.25/10	2/32	15/32	6.5		Fair
								rusting in 5 days heavily	
K	.0628	.1657	.4705	2.2/10	11/32	15/32	6.5	good	Good
L	.1260	.3228	.9248	1.35/10	3/32	6/32	3	checking no glass	Fair
M	.0944	.2400	.6722	2.1/10	12/32	7/32	3	chalking no gloss	Fair
N	.0697	.1657	.4655	2.35/10	13/32	36/32	15	good	Good
O	.2000	.5352	1.6092	1.6/10	12/32	4/32	2	chalking no gloss	Good
J	.1011	.2659	.7652	1.0/10	29/32	12/32	5	checking in 53 days	
								good gloss	Poor
1	.2284	.5540	1.5960	1.3/10	10/32	3/32	1.5	checking in 56 days	—
2	.1092	.2968	.9242	1.9/10	10/32	6/32	3	rusting in 58 days	—
3	.1567	.4086	1.2147	1.45/10	8/32	6/32	3	a few rust spots in 60 days	—
4	.1262	.3450	1.0770	1.5/10	4/32	5/32	2.5	rusting in 64 days	—
5	.0813	.2164	.6338	1.8/10	8/32	12/32	5	a few rust spots in 56 days	—
7	.0870	.2240	.6442	1.7/10	16/32	22/32	10	good	—
8	.1020	.2528	.7012	1.55/10	14/32	30/32	13	good	—
9	.1176	.3136	.9252	1.5/10	3/32	10/32	4	chalking in 60 days	—
								rough surface	—
10	.1911	.4461	1.2397	1.8/10	16/32	17/32	7.5	fair	—
12	.2140	.5887	1.7368	1.1/10	10/32	9/32	3.5	chalking in 56 days	—
13	.1604	.4386	1.3280	1.35/10	5/32	6/32	3	chalking in 57 days	—

K, N, 7, 8 & 10. From such a reduction we are able to pick out those films which have the all round properties of low moisture absorption, high tensile strength and elasticity. Those are K, N, 7 & 8.

Now this experiment is conducted in collaboration with the accelerating weather test on some anticorrosive paints listed above, which was run through the first part of this year by Mr. Chow of this laboratory. The result of his experiment was written in a separate article. It shows in the result that for a period of two months those which stands best in accelerating test are also K, N, 7 & 8.

Comparing the results from accelerating weather test with the present experiment, it will be surprised to note that concordant results can be obtained through the moisture absorption, tensile strength and elasticity tests.

Summary

1. Results from moisture absorption, tensile strength and elasticity are comparable with accelerating weather tests.
2. Durability of paint can be judged by its moisture absorption, tensile strength and elasticity properties.
3. A good durable paint should possess the properties of low moisture absorption, high tensile strength and elasticity.
4. A three coat oil paint should have a min. thickness of 2/10 mm. The max. moisture absorption in 7 days should be not more than 0.1 grams with a round surface of 2.5 cm in diameter. The min. tensile strength and elongation should be 11/32 lbs per sq. in. and 6.5% respectively.

PROPERTY CHANGES OF CASTOR OIL ON BLOWING WITH CO_2 AT HIGH TEMPERATURE UNDER PRESSURE

王祖舜 (T. H. WANG)

I. Introduction

The possibility of making drying oil from castor oil was given in the first report.† The experimental method used before was to blow air through the purified oil under certain favorable conditions. The defect of this process is due to the darkening of oil and the bleaching process is rather tedious. Its iodine value shows decreasing in prolonged cooking. It has been supposed that the trouble is due to its charred and decomposed products. To overcome this trouble, experiment to cook oil in autoclave under a high pressure of inert atmosphere has been suggested. As carbon dioxide is an inert gas, it is expected that there will be no reaction between gas and oil so that the oil may not be oxidized and the decomposed matter due to oxidation may be prevented. Again the decomposed matters are not allowed to accumulate in oil but let them be vaporized and passed out of oil. For such purposes, temperature, pressure, and time must be well regulated in order to find out the most favorable conditions.

II. Procedure

The raw oil is purified by heating up to 100° C for one hour, with 5% of 10%-caustic soda solution and the impurities are allowed to settle and removed. The oil is then washed free from soap with hot water. It is again decolorized with 2% of fullers earth and filtered with hot filter jacket. The purified oil is pale in color and its constants are determined by the usual methods.

The apparatus for experiment are arranged as the following diagrams.

CO_2 cylinder is connected with a reducing value so that the amount of gas flowing out can be easily controlled. The autoclave is connected with a thermometer and a pressure gauge. It is well packed with a rubber packing. The inlet of CO_2 pipe and outlet of fume pipe are connected with valves in order to control the pressure. About 200 cc. of

†*Report on Paint and Varnish Testing, Chiao-Tung University, 1934 p. 5-11.*

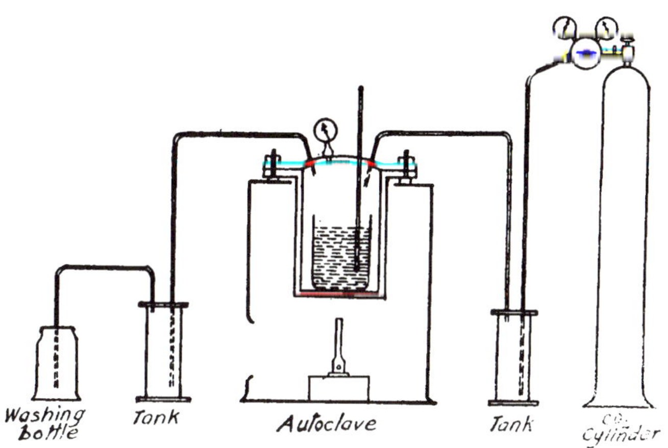

purified castor oil is put in a beaker for the tests. The beaker is then covered with a covering glass and put into the autoclave which contains raw castor as oil bath. The apparatus is now closed up tightly and the air in autoclave is displaced by carbon dioxide gas. After the pressure is regulated, the burner is lighted. When a definite temperature is reached the fire is so adjusted that a constant temperature is always maintained. The pressure is kept constant by passing in CO_2 gas on the one hand and let oil fumes out on the other hand. When the required time has been reached, the fire is stopped. After cooling, the oil is taken out for analysis. With the variations of temperature, pressure, and time, a series of boiled oils under different conditions is obtained. By comparing their physical appearances and chemical constants from these experiments, the exact conditions for producing an oil suitable for the purpose can be achieved.

III. Results

In the beginning, the oils for cooking were not covered, so the decomposed oil and condensed fumes dripped back into the container, the color of oils was therefore contaminated so they were discarded without determining their constants, but their physical appearance may be summarized as follows:—

1. The viscosity of oil is increased with time and temperature. One of them is even jellied as Tung Oil.

2. They are very dark and cloudy.

3. They can be dried to form a solid film on exposure to air either with or without the addition of drier.

A. Variation of Duration of Heating

Pressure	original	30 lb	30 lb	30 lb	30	30	30	30	30
Temperature	oil	340°C	340	340	340	340	340	340	340
Time		1 hr	1½	2	2½	2½	3	3	3½
Viscosity		increases	jellied	high					
Colour	pale	pale	pale	pale	pale	pale	pale	pale	dark
I_2-value	79.6	89.4	109.5	139.6	139.5	140.1	139.7	—	140.0
Sap. value	178.2	183.8	185.9	187.0	186.2	187.4	187.8	—	189.1
Acid value	1.3	3.3	4.8	4.8	6.9	7.1	8.2	—	8.2
R. index	1.4803	1.4879	1.4898	1.4959	1.4920	1.4991	1.4919	—	1.4925

B. Variation of Temperature of Heating

Pressure	30 lb	30	30	30
Temperature	390°C	440	390	390
Time	1 hr.	1 hr.	1½	2
Viscosity	high	high	high	high
Colour	light brown	dark	dark	dark
I_2-value	134.5	—	—	—
Sap. value	186.4	187.0	187.2	186.8
Acid value	—	—	—	—
R. index	1.4960	1.4982	1.4986	1.5075

4. The variation of pressure has very little effect on castor oil.

An improved method to cover the oil with glass cover and to blow out oil fumes continuously without being accumulated in autoclave is carried out. The results are tabulated as follows:—

The oil made under 30 lb pressure at 340°C, for 2 hrs can be dried to form a hard film either with or without the addition of drier. Mixed with 5% of liquid drier with this oil, it can be dried within 24 hrs.

IV. Discussion of Results

Castor oil will be decomposed under high temperature. This decomposed products remaining in oil will cause oil to be dark in color. To overcome this trouble, fumes are allowed to pass out instead of being accumulated in autoclave. Again, the oil must be covered so that the condensed fumes can not drip back into the oil. Oils cooked with such precautions are pale in color.

The conversion of castor oil to drying oil is possibly due to polymerization on the one hand and spliting of glyceride of recinoleic acid into a glyceride of linolic acid and water on the other hand

$$C_{18}H_{34}O_3 \longrightarrow C_{18}H_{32}O_2 + H_2O$$

(Recinoleic acid) (Linolic acid)

Two samples are polymerized in the jelly form. Since the jellied substance has very limited application in paint and varnish industry, it is not necessary to carry out any further investigation.

Tracing from the data given above, the most appropriate conditions will be under 30 lb pressure, at 340°C, and 2-2½ hrs. Under such conditions, the oil will not be jellied and an oil of high iodine value can be obtained.

V. Recommendation for further research

It is very interesting if the chemical changes of castor oil under such treatment can be understood. The study of its constitution and molecular rearrangement would certainly open up a new field for research. It is the suggestion of this laboratory to follow up this line to gain more insight of the subject.

SYNTHETIC OILS FROM TUNG-OIL ACID

孫介衡

I. PENTAERYTHEITOL ELAEOSTEARATE.

Interest has been aroused by the appearance of Bekolin Synthetic Oil on the market. From the statement of Dr. Krumbhaar[1], Bekolin is a chemically uniform compound of fatty acids combined to a high molecular weight structure by means of glycerine and phthalic anhydride or di-reactive molecules. Meanwhile a Du Pont patent in U.S.A.[2] brought forward the preparation of penta-erythrityl esters of drying acids. Both events stimulated us to search after some "synthetic oils", for the purpose of producing some better paint and varnish vehicles than the natural glycerides now in use.

Having the tung oil industry in mind we first turned our attention to the α-elaeostearic acid and its esters. In the said patent of pentaerythrityl esters, tung oil acids were also covered up. But the mention was so brief, that when we tried to check it, we found various necessary improvements and details. After several unfruitful attempts we finally developed a complete procedure of the preparation of pure pentaerythrityl α-elaeostearate which will give an excellent lacquer like film with very high gloss and hardness. The cost of the product seems to be not prohibitively high, and possibly it can be commercialized at a slightly higher price than natural oil.

Preparation of Raw Materials.

(1) *α-Elaeostearic acid.*

A recent paper by Wang and Yang[3] on the study of this acid gave the method of preparation and the properties of the pure acid from tung oil. The acid is readily oxidized by air and therefore has to be used as fresh as possible.

---

1. *Practical and Theoretical Viewpoints on Synthetics; Dr. Krumbhaar, Jan., 1935, issue of the Official Digest of the Federation of Paint and Production Clubs.*

2. *E. P. 405, 828. Paint Manufacture, Index to Volume IV, 1934, p. 166.*

3. 王祖蔭 楊立藩: 固體桐油酸之研究. 國立山東大學化學系試驗室報告第三四期, 九至十八頁, 民國二十三年十二月.

200 grams of commercial good-grade tung oil is added to 400cc. of 95% alcohol, and a solution of 42 grams of potassium hydroxide in 50cc. of water is mixed. The mixture is gently refluxed for an hour. The clear solution is then poured into 1500cc. of 3% aqueous sulfuric solution. On cooling, α-elaeostearic acid will separate out as crystals floating above the aqueous layer which may be drawn off. The acid is washed with some 500cc water, filtered and sucked dry. It is then recrystallized from 95% ethyl alcohol, saturated at 35°-40°C. The pure white rhombic plate crystals are filtered and sucked dry. It is kept in a vacuum dessicator. This is pure α-elaeostearic acid free from oleic acid. It is to be used promptly on the next morning.

(2) Pentaerythritol.

This is prepared according to the procedure in Organic Synthesis.[4] To a mixture of 1 l. H_2O, 560gm. formalin and 63g. acetaldehyde is added with stirring 47.5gm. of pure lime freshly hydrated. Steam is passing into the mixture to keep the temperature at 60-65°C for two hours. It is cooled, and then 170 gr. of cold 50% sulfuric acid is added. Precipitated calcium sulfate is filtered, and a saturated aqueous solution of oxalic acid is cautiously added to the hot filtrate, until a filtered sample gives no test for calcium salts. The liquor is decolorized by active charcoal, and is concentrated under reduced pressure to 350-400cc. Crystals are separated on cooling; washed with cold alcohol, and recystallized from water. Yield: 90gm. m.p. 250-252°C.

(3) Litharge is used as a mild basic catalyst in the reaction.

(4) Carbon dioxide gas from a compressed cylinder is used. We have tried Kipp's generator; it seemed that a trace of acid in the gas catalizes the polymerization of the fatty acid and spoils the experiment.

Procedure.

Four tenths mol (111gm.) of fresh α-elaeostearic acid and one tenths mol (13.6gm.) of pure pentaerythritol are mixed in a 250cc. round-bottom flask. 0.05-0.06gm. of litharge is added. The flask is provided with a cork bearing a 300°C thermometer and a CO_2 inlet glass-tubing, both leading to the bottom. A slit in the cork serves as the outlet of Co_2gas. The flask is immersed to the neck in a deep oil bath. The content is heated to 180°-185° for four hours, kept stirring by a gentle current of Co_2 gas.

4. *Organic Synthesis: Vol. 4, pp. 53-56.*

The product should be a clear oil. If it is cloudy, a hot filtration is easily carried out and will make the oil clear. In rare case extraction with petroleum ether and the subsequent distillation in a current of Co_2 is necessary.

Discussion of the Procedure—In the said patent, the reaction is carried out at a temperature of 250°C for four hours. Not only the fatty acid or its ester will polymerize under this condition, but also pentaerythritol will, as we found, sublime above 200°C. before it has any chance to react. In order to keep pentaerythritol in solution the reaction temperature has to be kept at a temperature lower than 200°C.

We have tried lower temperature like 150°-160°C. But the reaction rate is too slow, and the free fatty acid gelatinizes with ease. In one case we got, after 4 hours at 150-160°C, a waxy mass insoluble in benzene or mineral turpentine but somewhat soluble in aqueous NaOH solution giving an acid number of 60.

Finally we found 180°C and four hours are the optimum conditions. During the four hours of heating the acid number is steadily decreasing.

Time	*Acid number*
beginning	127.5
1 hr.	68
2 hr.	25
3 h.	15
4 h.	6.3

It is unnecessary to carry on the reaction further, as the resulting product will be too viscous, or sometimes becomes gelatinized.

The properties of the oil are listed in the following page with those of glyceryl eleostearate and of raw and boiled tung oil so that the comparison is clear.

II. Glyceryl Eleostearate.

Tung oil is the glyceryl ester of a mixture of about 80% eleostearic acid and 20% oleic acid. It is valuable to observe the difference in properties of this natural oil and a sample of pure glyceryl eleostearate. At the same time by the comparison between the glyceryl and pentaerythrityl esters we can have an important information with regard to the role of the polyhydroxy alcohols in the oils.

Procedure

The same procedure as for pentaerythrityl eleostearate is followed for the synthesis of glyceryl ester with some modifications. Three tenth mol (83.4 gr.) of fresh crystalline eleostearic acid and one tenth mol (9.2 gr.) of pure dry glycerol are allowed to react in the presence of 0.05 gr. of litharge at 180°C for five hours. The acid number drops to about 8.

Properties of the Oils

	Pentaerythrityl eleostearate	*Glyceryl eleostearate*	*Tung Oil raw*	*Tung Oil boiled*
Specific Gravity (20°)	0.9697	0.9534	0.9420	0.9482
Viscosity (Gardner-Holdt)	X	T	G	P
(poises)	12.9	5.50	1.65	4.00
Refractive index (23°)	1.5195	1.5154	1.5184	1.5142
Color (gr. $K_2Cr_2O_7$ in 100cc. H_2SO_4)	0.05	0.05	0.025	0.05
Acid Number (mg. NaOH per gr. oil)	6.3	7.8	(max. 8)	—
Iodine Value (Wij's)	147.7	132.5	160.5	151.4
theoretical	(171.6)	(173.8)		
Brown's Test	10′45″	14′:30″	12′:30″	10′:30″
*Drying Rate (hrs.) (*soligen drier)*	18	24	50	36
Film gloss	lacquor-like high gloss	less gloss	less	less
Film Hardness	very hard, no finger nail scratch.	soft	very soft	soft

*(*The liquid drier is prepared by dissolving 0.5 gr. of soligen drier in 5cc. turpentine. 5 drops of this solution is added to 5 gr. of each oil. Thus there is about 0.0075% each of Co and Mn, and 0.16% of Pb in the Oil.)*

REMOVAL OF VEGETABLE FAT FROM STILLINGIA OIL

黄允中

Introduction

General Consideration of Stillingia Oil and the aim of this work.

Stillingia Oil is a special product of China and very little known to the foreign market. It is a very good drying oil and has properties approaching very nearly that of linseed oil and even better in some respects. It is observed that when a small amount of drier is incorporated into the oil as catalytic agent, the oil has a remarkable drying property surpassing that of linseed oil and the dried film produced is tough and glossy. On account of its cheapness as well as of its drying property it has been widely used to adulterate China Wood Oil. Just recently it has been brought into attention of paint and varnish manufacturers in China. The dearth of market on linseed oil has made Chinese paint manufacturers to look for linseed oil substites and therefore to regard stillingia oil as the most promising oil. Varnish made of stillingia oil is much better than that made of linseed oil. The former dries **in 6** hours with glossy film, full and hard, while the latter is slowly drying. So it may be expected that stillingia oil can be substituted for linseed oil. Unless the price of linseed oil comes to an attractive price, stillingia oil will become more popular in the paint and varnish trade in the future. Unfortunately there is a defect occured that stillingia oil contains a little solid fat probably due to the incomplete separation of vegetable tallow in the manufacturing process which is in liquid form at ordinary temperature but solidifies and separates out on standing at low temperature. This may be observed by standing the oil in winter season for a few days. The paint made of such crude oil is not smooth and glossy. As it is a low melting fat suspending lightly in the viscous oil, it is rather difficult to separate it from oil by simple process of decantation or filtration. Previous workers have encountered difficulties by repeated filtration at low temperatures. Refining of the oil by caustic soda followed by filtration at extraordinary low temperature has yielded also unfruitful results. So an attempt is made to avoid such a trouble in order to increase the value of stillingia oil. Again, the solid fat removed as a by-product may be used in candle and soap making. From these it may be seen the importance of this problem both from economical and industrial points of view.

Experimental.

80 cc of NaOH solution having a sp. gr. of 1.2 (215 g per liter of H_2O) are mixed with 1 liter of the crude oil with thorough stirring. The whole mixture is heated between 60-70°C for 33 minutes with constant stirring. Cool and stand it to allow the solid particles settling down. The clear oil is filtered through a piece of cloth. Add both separately into H_2O, boil for a few moment to break the emulsion and to extract the oil out. Pour them while hot into separating funnels, the crudy oil is carefully separated from H_2O. Repeat the process of boiling and separation until the washing water is fairly clear and colorless when a few drops of phenolphthalein are added to it. It is then dehydrated by heating on a water bath with vigorous stirring.

Extraction and removal of fat from oil by acetone treatment.

The method of removal of solid components from fatty oils by extraction with acetone, discovered by a Japanese, Teikichi Yamada, was published on Paint and Varnish Production Manager, Vol. XII. p. 22, March, 1935. The method is simply to mix 100 g. of oil and 100 cc. of acetone, cool at −20°C for a short while, after the insoluble portion has deposited, the upper clear solution was decanted into another container, another 100 cc of acetone then being added to the soluble portion in the original container. Repeat the process until the insoluble portion contains no soluble portion. The author had tried with soyabean oil and cottonseed oil and separated the unsaturated acids from linseed oil and perilla oil with good results.

Based on such an information, the writer starts to treat 500 cc refined oil with 500 cc of acetone, cool it between −22° to −23°C. Keep in ice box for 4—5 hours. At the end of the period, the temperature of ice mixture is around −20°C. The thin clear oil is siphoned immediately. Extract 5 times in the same manner. There was only ½cc of oil left in last extraction, so the solid fat may be regarded as free from oil. One thing the writer should mention is that the mixture of acetone and oil does not freeze even to −20°c. The lowering of viscosity of oil for allowing the separation of fat is the chief function of using acetone. To make sure whether the first extracted oil contains fat or not, cool it again under the same condition as indicated above, there is small amount of fat left. It may be due to the change of temperature when the container of ice mixture is taken to the siphon place, or some fat has been siphoned over with the oil. Because the mixture of oil and acetone is much more fluid than oil alone, filter it through a funnel, the stem of which is passed out through the bottom of a galvanized iron container containing ice mixture at −20°C around the funnel. The lower end of stem of funnel is connected to a suction bottle. When the temperature of ice mixture surrounding the funnel increases, drain out the water by using siphon and feed with new ice mixture. By applying suction, oil is rapidly filtered out. The oil now shows no turbidity at all on cooling at −20°C.

Physical and Chemical Characteristics of Raw and Refined Oils.

	Raw oil	Raw oil after extraction	Raw oil after extraction and refining	Refined Oil			Fat
				First extraction	Second extraction	Third extraction	
(At 15.5°C) *Specific gravity*	0.9266	0.9276	0.9296	0.9290	0.9294	0.9296	At 15°C 0.9358
(At 25°C) *Refractive index*	1.4816	1.4810	1.4824	1.4837	1.4841	1.4846	At 15°C 1.4918
Iodine number	176.0	180.8	183.2	181.7	179.4	177.7	124.9
.	232.4	224.7	229.6	237.0	229.5	239.1	247.4
Acid number	6.491	6.240	1.076	1.611	1.977	2.013	5.464

Actual tests of drying properties of raw oil, raw oil after extraction, and raw oil after extraction and refining.

Dissolve 0.1 gram of compound drier (Pb—Co—Mn naphthenate) in 5 cc of mineral turpentine. Add 10 drops of it in each of the following oils with vigorous stirring:

1. 10 cc raw oil.
2. 10 cc raw oil after extraction.
3. 10 cc raw oil after extraction and refining.

Apply these oils respectively on glass plates and set aside to dry. The drying-time of each is about 24 hours.

	Flowing Property	*Appearance*	*Drying rate*
Raw oil	Crawling in streaks or droplets	Dark red color. Leaving spots consisting of waxy substances, surface coarse and dull.	Slow
Raw oil after extraction	Uniform flow	Dark red color. Hard, smooth, and transparent.	Quicker
Raw oil after extraction and refining	Uniform flow	Faintly yellowish color. Hard, smooth, and much transparent due to complete absence of impurities.	Fast

Summary and Discussion

The solid fat is completely removed from stillingia oil by extraction with acetone at −20°C. The fact has been confirmed by cooling the clear oil in presence of acetone at −20°C for 5 hours without turbidity. The acetone treatment has the following advantages:

(1) Decreasing the viscosity of oil at low temperature by addition of acetone. Ordinarily the oil solidifies on cooling to −12°C, fat is occluded and cannot settle down. By treating with acetone the viscosity of oil is much reduced and fat is allowed to settle down completely.

(2) Shortening the time for settling of fat.

(3) Increase of iodine number of stillingia oil by acetone treatment and further increase in iodine value of it by refining with alkali,

Kinds of oils	*Iodine Value*
Raw oil	176.0
Raw oil after extraction	180.8
Raw oil after extraction and refining	183.2

(4) Improvement of drying properties of stillingia oil.

The increase of iodine number means increasing in degree of unsaturation or increasing in absorption power of oil for oxygen, and therefore it exhibits the improvement of drying qualities of oil. As the experiment on cottonseed oil performed by Teikichi Yamada, a small increase in iodine value from 119.3 to 125.5 improves fairly the drying properties of cottonseed oil.

EFFECTS OF DRIERS ON BLOWN CASTOR OIL

陸錦標 (C. P. Lu)

During the last decade science has made tremendous progress in the paint and varnish industry. The great demand for drying oils has attracted attention of chemists to derive them from other sources. Just a few years ago success has been met in the conversion of nondrying oils into drying oils which has remarkable good characteristics of drying oils like linseed and tung oils. For reasons of trade secret the actual process of converting castor oil into drying oil is not made public. The research laboratory of this university, however, has experimented for some time and succeeded in getting a drying oil from castor oil by blowing at high temperature and pressure. (Re. T. H. Wang's paper on Castor Oil in this issue)

Since the drying of oils are accelerated by catalysts and the effect is also governed by the quantity of particular individual drier, it is the purpose of this experiment to compare the action of different driers on the treated castor oil.

The chemical characteristics of original, blown, and other drying oils are shown in the following table:[1]

	Original Castor Oil	Blown Castor Oil		Tung Oil	Linseed Oil
		I.	II.		
Iodine-no.	79.6	139.4	139.1	160–180	170–185
Sap. value	178.2	187.2	186.2	191–196	190–195
Acid value	1.3	7.3	7.0	—	—
Refractive index.	1.4803/15°C	1.4987/15°C	1.4938/15°C	1.529/15°C	1.484/15°C

(1) Journal: Report on Paint and Varnish Testing, Chiao-Tung University, 1934, p. 5-11.

From the above data the iodine-no. of castor oil is increased after blowing, being closer to that of tung oil.

Theories on Drying of Oils and Action of Driers

Drying of Oils[2]

A drying oil during its drying process increases in weight. It is assumed that this is due to absorption of oxygen by which it is employed as a means for the measurement of degree of oxidation.

Action of Driers[3]

There has been a great deal of investigation and many explanations offered for the effect of metallic driers on oils. Since the early investigators thought that the drying of oils was merely an oxidation of the liquid oil to solid products, the explanation is that the driers accelerate the oxidation of the oils. It was also noted that solidification of an oil film containing driers occurred at a lower % absorption of oxygen than when there was no drier present, and that the true oxygen absorption of an oil containing no drier is appreciably higher than when drier is present. In studying the drying of oil films, Gardners, Fahrion, Coffey and others have observed that there is an initial period during which practically no change in weight, in viscosity, in refractive index, or in oxygen absorption occurs. This has been called the induction period. They observed that metallic driers markedly shorten and in some cases practically eliminate this period.

The explanation of the action of drier is the key to the building up of correct idea of the drying mechanism. Many theories have been advanced and readers may run across here and there in the books of drying oils. During the oxidation of drying oils Genthe showed the driers remove the induction period and shorten the drying time. They may act directly as catalyst, taking up oxygen and passing it to the oil with the formation of glyceryl peroxide or stabilize the presence of autocatalytic peroxide and exert a pseudo-catalytic function.

The mechanism of drying expressed by Ingle is as follows:

$$C_3H_5-(OL)_3 + 2PbO \longrightarrow C_3H_5(OL)O.OPb + Pb(OL)_2$$

(2) *Journal: "Paint Manufacture" 1933.*

(3) *Journal: "Paint Manufacture" 1933.*

$$(1)\quad C_3H_5\begin{matrix}OL \\ O \\ O\end{matrix}Pb + O_2 + \begin{matrix}C-H \\ \| \\ -C-H\end{matrix} \longrightarrow \overset{(1)}{\begin{matrix}O-CH- \\ | \quad | \\ O-CH-\end{matrix}} + \overset{(2)}{C_3H_5\begin{matrix}OL \\ O \\ O\end{matrix}Pb.}$$

$$2)\quad \begin{matrix}OL \\ OL\end{matrix}\!\!>Pb + O_2 \longrightarrow \begin{matrix}OL \\ OL\end{matrix}\!\!>PbO_2 + Oil \longrightarrow \begin{matrix}O-CH- \\ | \quad | \\ O-CH-\end{matrix} + \begin{matrix}OL \\ OL\end{matrix}\!\!>Pb.$$

J. S. Long seemed to have different idea and gave a theory based on a more modern conception of the drying of oils. He suggests that the normal mechanism of the setting or drying of oils involves the building up of oil molecules to form nuclei or micells which coagulate or gelatinize into solid film and proposes that the colloidally dispersed metallic driers, which possess distinctly more polar characteristics, have greater tendencies toward definite orientation than the glyceride micells.

Therefore the following conclusion may be stated:—

(1) Metallic driers shorten the induction period.

(2) Metallic driers accelerate the oxidation of the oil by taking an active part in the chemical reaction.

(3) Metallic driers accelerate the polymerization, association and gelatinization of oil.

Relative Importance of Particular Drier Toward the Drying Oil

Driers in common use are Co, Pb and Mn in powder form or in the form of soap as resinates, tungates and linoleates or in the form of salts as acetates. Recently organic acid has been used to a certain extent. As the function of each drier has definite action on certain oils, it is also absolutely necessary to use particular metal in certain form. Again, the question of using driers in oils is a delicate problem. The more the drier is added to the oil, the faster the drying of oil, but the addition is limited to a certain amount beyond which it has no effective value or even does harm to the oil due to excessive oxidation. Rogers and Taylor found that the addition of drier above a maximum does not further accelerate drying of oils. On the contrary, insufficient addition of drier will render the difficulty of unnecessarily slow drying. Therefore, drying of oil can only be accelerated by a definite quantity of drier.

In view of this importance, the particular drier and its appropriate amount used in the blown castor oil have been specially taken care of in the work of this problem.

Experimental

Preparation of Oils and Driers

The oils are prepared following Wang's procedure. (Re. Wang's article of this issue).

In the preparation of driers, driers of lead, manganese and cobalt are to be used. All are prepared in the forms of resinates, tungate and naphthenates. The resinates and tungates are freshly prepared while naphthenates are Soligen driers.

It is necessary to know the exact quantity of metals contained in driers, before they are added to the oil; otherwise the effect of driers can not be compared with one another. The naphthenates are all compound driers. The % of metallic content is given in the booklet supplied by the manufacturer. The following data gives the percentage of each metal in the driers:—[5]

Driers / Matals	Naphthenate 1	Naphthenate 2	Naphthenate 3
Manganese	9.5%—10%		1.5%
Cobalt	1.6%— 2%	2.5%— 3%	1.5%
Lead		25%—26%	24%—25%

Metallic tungates and resinates are analyzed by usual chemical methods.

The results of these analysis are tabulated as follows:—

(5) *Booklet on Soligen Driers, I. G.*

Drier / Metals	Tungates	Resinates
Lead	21.39%	21.85%
Manganese	6.94%	9.53%
Cobalt	7.461%	8.784%

Preparation of Liquid Driers

Heat the given blown oil to 160°C and add gradually the calculated prepared drier. Keep the temperature at 160°C until all drier is dissolved. Cool the mixture to 120°C and add mineral turpentine accordingly. The resulting solution is a liquid drier.*

The composition of various liquid driers are tabulated as follows:—

Liquid driers	% of metals	Grams of blown castor oil	Grams of driers (dry)	Grams of turpentine
Pb-resinate	5	50	11.44	40
Pb-tungate	5	50	11.69	40
Mn-resinate	3	50	15.73	150
Mn-tungate	2	50	14.39	150
Co-resinate	3	50	17.08	140
Mn, Co Naphthenate	Mn-0.6/2 Co-0.06	20	3.00	40
Co, Pb Naphthenate	Co-0.072 Pb-0.6	20	2.40	40
Mn, Co, Pb Naphthenate	Mn-0.045 Co-0.045 Pb-0.75	20	3.00	40

*(*Co-tungate has polymerized during drying in oven, so the use of co-tungate is ommitted in the tests.)*

Testing

Sampling

Dilute the blown castor oil with equal amount of mineral turpentine. To each 30 grams mixture of blown castor oil and mineral turpentine add liquid driers* according to the following tables:—

Simple Driers

Mn	Co	Pb
0.1%	0.1%	0.2%
0.3%	0.3%	0.4%
0.5%	0.5%	0.6%

Compound driers

	Co	Mn	Pb
Resinate	0.05%	0.25%	—
Naphthenate	0.05%	0.25%	—
Resinate	0.05%	—	0.4%
Naphthenate	0.05%	—	0.4%
Resinate	—	0.25%	0.4%
Tungate	—	0.25%	0.4%
Resinate	0.03%	0.5%	0.03%
Naphthenate	0.03%	0.5%	0.03%

There are altogether twenty three samples. For comparative study of the effect of driers on blown castor oil and linseed oil, resinates in simple and combined forms are used.

Testing Methods

1. *Touching Method.* The samples are tested for drying by gently touching with a finger at intervals of every 12 hours. If it is free from tackiness, it is said to be dry.

2. *Sand Method.* The 1″×7″ tin strips are labelled and cleaned with alcohol. When dry, a thin layer of each prepared oil sample is applied to them by means of a brush. The strips are then set in place where no dust can be collected. For the comparison of drying properties of different oils, the painted strips are tested each day by placing the panel under a cone shaped wooden hopper with one inch hole at bottom thru which the fine sands are dropped from above into the panel. If the oil is thoroughly dried, no sand will adhere to the surface and the sand will be completely removed by gentle brushing or inverting the surface. In order to keep the uniform force of falling sand, a 200 mesh

(**Liquid driers are added carefully by means of droppers.*)

sieve containing fine sands is placed on the hopper. Upon moving the sieve back and forth a few times, the sands are dropped down at the same height.

The wooden hopper is specially designed for this method.

3. *Weighing Method.* The 1″×2½″ tin strips are treated as in the preceeding sand method. When dry, it is weighed accurately and weights recorded. Then a layer of each prepared oil is applied to the weight strip with a brush and weighed again. The difference in the weight is the amount of oil applied. After all the samples have been applied to the strips, they are set in place where no dust can be deposited. The next procedure is to weigh the strips each day to note the changes in weight, after a number of days.

To determine the induction period of blown castor oil, the oil containing no drier and mineral turpentine is tested in the same way. The tests for boiled linseed oil is not attempted in this method.

As the oils, during drying, absorb oxygen in the air more or less on one hand and give up turpentine on other hand. Therefore the oils behave differently with different driers, the increase in weight and rate of drying are different with different samples.

Results

Going through the experiment, it is noted that function of each simple drier acting as catalyst varies differently with different driers.

With the range of 0.1%—0.6% of metals added to the oil, the more drier is added to the oil, the faster the oil will dry.

The catalytic effects of cobalt and manganese driers are stronger than that of lead. Cobalt and manganese driers used as simple driers can accelerate the blown castor oil to dry within 4—5 days, while lead requires 6 days.

As to the form of driers, the resinates are more active than tungates. For instance, when same percentage of drier—say 0.5% is used, the blown castor oil with manganese resinate drier increases weight to 14.3% at end of 4 days; while manganese tungate only increases 7.1%.

When compound driers are used, lead and manganese tungate driers seem to be most active from the knowledge of the increase in the weight of oil during drying. Resinates of cobalt, lead and manganese come the next and then they are followed by resinates of manganese and lead.

According to the experimental data tabulated in tables I & II, when, cobalt resinate (0.1% Co) is used, the drying time of blown castor oil is over 8 days, and manganese resinate is used, it requires 5 days. When those two metals are combined and used in the form of naphthenate, the drying time of blown castor oil is only 4 days. When other compound driers are used, the oil usually dries in a longer period.

In conclusion, among the simple driers, cobalt resinate and manganese resinate both carrying 0.5% metals are considered as the best driers for blown castor oil. In the combined form, naphthenate of manganese (0.25% Mn) and cobalt (0.05% Co) is the most suitable drier.

Blown Castor Oil

Table I

		Metals	Percentages	Drying rate in days
Simple driers	Tungates	Mn	0.1	4–6
			0.3	4–5
			0.5	4–5
		Pb	0.2	6–8
			0.4	6–7
			0.6	5–6
	Resinates	Mn	0.1	8
			0.3	5–6
			0.5	4–5
		Co	0.1	6–10
			0.3	6–7
			0.5	5–6
		Pb	0.2	6–7
			0.4	5–7
			0.6	5–6
Combined driers	Tungates	Pb	0.4	4–6
		Mn	0.25	
	Resinates	Mn	0.25	5–6
		Pb	0.4	
		Co	0.05	4–6
		Mn	0.25	
		Co	0.05	4–6
		Pb	0.4	
		Co	0.03	5–7
		Pb	0.03	
		Mn	0.5	
	Naphthenates	Co	0.05	4–6
		Mn	0.25	
		Co	0.05	4–6
		Pb	0.4	
		Co	0.03	5–6
		Pb	0.03	
		Mn	0.5	

Table II % Gain in Weight during Drying

Blown Castor Oil	Tungates	Resinates	Resinates	Resinates	Resinates	Naphthenates	Naphthenates	Naphthenates	Remarks
Metals	Pb, Mn	Pb, Mn	Co, Mn	Co, Pb	Co, Pb, Mn	Co, Mn	Co, Pb	Co, Pb, Mn	
% of Metals / Exposure in days	0.4, 0.25	0.4, 0.25	0.05, 0.25	0.05, 0.4	0.03, 0.03, 0.5	0.05, 0.25	0.05, 0.4	0.03, 0.03, 0.5	
2	2.21	0.00	0.79	4.44	6.50	-3.78	5.10	2.76	
3	10.20	5.02	0.79	1.11	5.85	4.60	3.53	3.81	
4	13.26	5.02	2.68	6.67	8.55	7.27	7.06	6.67	Rainy day
5	13.70	1.51	1.93	6.67	5.20	-2.58	3.93	3.46	
6	21.60	3.02	1.93	2.59	5.85	8.72	10.20	10.00	
7	23.90	17.10	2.30	11.84	6.50	7.85	10.20	9.00	
8	19.50	5.64	4.60	0.00	11.02	-0.29	9.02	7.27	Rainy day
9	18.10	1.51	2.68	6.67	5.20	4.65	5.10	6.67	
10	15.50	17.10	3.06	6.30	7.80	6.40	5.48	5.52	
11	15.50	16.78	2.85	6.13	7.45	6.21	5.36	5.25	
12	15.50	16.10	0.79	5.18	3.90	4.36	4.71	5.19	
13	15.50	2.01	0.53	5.06	3.53	4.06	4.53	3.46	
14	15.50	1.83	1.12	4.85	3.13	3.85	4.21	3.21	
15	14.30	2.33	2.31	4.52	2.84	3.36	4.04	3.06	

Discussion

The touching method is not accurate enough to determine the drying time, so sand and weighing methods are also employed to check with one another.

Looking through the data, it is noted that the functions of driers as catalysts vary differently with different driers among which manganese and cobalt driers are more active than lead driers. As to the form of driers, the resinates are more effective than tungates. Oil prepared from manganese and cobalt driers oxidize much faster and have better drying property. During standing and exposing in the air for 1—6 days there is a decrease in weight and after 5—6 days the weights are increased slowly. This is due to the fact that the oil during the first part of drying period loses weight on account of the evaporation of turpentine in the oil and gains weight from the absorption of oxygen in the air. The increase in weight is attributed to the appreciable gain in oxygen absorption over the loss of turpentine.

In general, the catalytic power of lead as drier is lower than that of manganese and cobalt. It slowly takes up oxygen and reaches climax at the end of 7—9 days.

Blown castor oil without drier and turpentine dries very slowly and has an induction period of about 5 days.

The amount of driers to be added to blown castor oil depends on the activity of this particular catalyst. For instance, when same percentage of drier is used, oil with manganese resinate dries very much faster than others. Within the range of 0.1%—0.6% of metals added to the oil, the more drier is added to the oil, the faster the oil will dry.

Since the characteristics of each drier is different, the manner of drying of oils is also different. Lead drier for example acts as catalytic agent, throughout the oil layer, while managanese and cobalt driers only catalyses the oil at the surface which forms a film preventing the oxygen from penetrating into the lower layer and thereby the oil underneath has little chance to oxidize and dry. For the uniform drying of the oil film, the combined driers are used.

According to the experimental data in table the best compound drier is naphthenate of cobalt and manganese. It reaches climax after 5 days with total metallic content of 0.3%.

COMPARATIVE TESTS ON SOME OIL PAINTS ENAMELS AND VARNISHES

馬 玉 銘

Paints and enamels, as we all know, are made of pigments, resins, oils and volatile thinners. They appear to be same in the cans and people being lack of judgement would often take an inferior quality for a good one.

It is indeed a most difficult task to judge a paint by chemical analysis without resorting to other physical and practical tests as weathering test, etc. It is true that some imported paints are certified with percentages of ingredients on the labels, but how true would it be, when it is put on as 100% pure paint or genuine paints. Moreover, on storing, the property of paint will change by its chemical and physical actions in the container with length of time, thus rendering it unsuitable for painting purposes or off quality. Now, in our Chinese market there are so many brands from different countries of the world besides our own native products. It would be greatly confused if you were on the market for some paint, not to say those people with incompetent knowledge of paint. With the idea of rendering some service to the general public this Institute has initiated to run a comparative test of all paints, enamels and varnishes on the market.

Therefore on September, 1933, letters were sent out to six reputable firms—three native manufacturers and three foreign representatives in Shanghai—namely Chen Hua, 振華, Yung Koo, 永固, Yuen Foon, 元豐, Sherwin Williams of U.S.A., Wilkinson, Heywood & Clark of England, and General Paint Corporation of U.S.A. Of the six firms named above all have sent in their samples except 振華 and 元豐. By end of November 1933 we had altogether 38 samples of paint of different colors besides 11 samples of enamels and 9 samples of varnishes.

Experimental

Paint samples were first put to analysis and in the meantime panels were made both for actual exposure test and Weather-o-meter test. The exposure rack is now placed on the roof of Engineering Bldg. facing south with a 45° inclination. The weatherometer test was not started until middle of April as the installation was still in progress. With regard to analysis, it has been carried all way through for nearly three months and the analytical data shown as follows:

Note:

The samples supplied by Sherwin Williams and Wilkinson Heywood & Clark are not of original tins. They are sampled from large tins, so several samples on opening for examination are found to be too thin for painting application. Undoubtedly they are not carefully sampled and we have chosen only samples of near representatives for analysis and tests. The samples are listed in following order.

1. *Outside Paint, white*
2. *" " green*
3. *" " yellow*
4. *" " blue*
5. *" " red*
6. *" " black*
7. *Cygnite white*
8. *mid chrome yellow*
9. *Lemon chrome yellow*
10. *Dark Royal Blue*
11. *fadeless signal red*
12. *red 1921*
13. *black*
14. *white*
15. *gloss white*
16. *Stucco and Concreted white*
17. *" " " cream*
18. *Cream 462*
19. *Ivory 496*
20. *Stucco and Concrete sea green*
21. *Willow green*
22. *Common wealth dark green*
23. *" " toy green*
24. *French crown green*
25. *Apple green*
26. *Common wealth orange yellow*
27. *Stucco and concrete canary yellow*
28. *Stucco and concrete paint tan*
29. *Stucco and concrete terra cotta*
30. *Common wealth red*
31. *Common wealth brown*
32. *Common wealth gray*
33. *Stucco and concrete gray*
34. *Stucco and concrete cream gray*
35. *Pearl gray*
36. *Common wealth black*
37. *Signal red paint*
38. *7153 Bitumin stack and boiler paint*

Sample No.	sp. gr.	Pound per gallon	Drying time in Hrs.	Covering Power	Pigment	Oil	Volatile Thinners
	Physical Tests				Chemical Tests		
1	1.82	15.16	19	Fair	48.60%	33.07%	18.33%
2	1.40	11.66	28	,,	55.49%	21.09%	23.42%
3	1.57	13.09	15	,,	46.36	48.04	5.60
4	1.39	11.58	15	,,	44.43	33.28	25.29
5	1.06	8.83	15	,,	7.69	53.99	38.32
6	1.00	8.33	14	,,	13.25	51.62	35.13
7	2.104	17.53	20	,,	56.88	32.51	10.61
8	2.293	19.10	14	,,	26.84	49.69	23.47
9	2.373	19.88	1	,,	60.05	32.76	7.19
10	2.312	19.26	1	,,	65.53	25.14	9.33
11	1.650	13.75	1	,,	56.04	38.69	5.27
12	1.999	16.65	1	,,	7.26	51.81	40.93
13	1.513	12.60	2	,,	48.28	36.59	15.13
14	1.433	11.93	1	,,	49.79	39.59	10.62
15	1.975	16.45	1	,,	51.78	12.58	35.64
16	1.644	13.69		Poor	66.59	16.59	16.82
17	1.646	13.71		,,	65.77	19.19	15.04
18	1.232	10.26	2	Fair	78.86	18.54	2.60
19	1.349	11.23	1	,,	70.49	11.81	17.50
20	1.694	14.11	1	,,	67.59	18.96	11.45
21	1.399	11.63	1	,,	44.27	48.25	7.48
22	1.278	10.65	1	,,	39.13	47.14	13.73
23	1.123	9.35	2	,,	30.96	33.37	35.67
24	1.343	11.19	1	,,	41.86	52.87	5.27
25	1.464	12.19	21	,,	54.26	27.02	18.72

Sample No.	*sp. gr.*	*Pound per gallon*	*Drying time in Hrs.*	*Covering Power*	*Pigment*	*Oil*	*Volatile Thinners*
26	1.118	9.31	15	,,	31.48	47.36	21.16
27	1.816	15.13	13	,,	59.79	22.78	17.43
28	1.797	14.97	16	,,	60.53	26.30	13.17
29	1.583	13.19	18	,,	44.01	33.66	22.27
30	.997	8.31	18	,,	69.51	17.74	12.75
31	1.119	9.32	19	,,	57.53	21.39	21.08
32	1.443	12.03	7	Poor	46.23	43.32	10.45
33	2.008	16.73	22	Fair	72.77	18.34	8.89
34	1.471	12.25	22	,,	42.63	44.98	12.39
35	1.773	14.78	22	,,	56.22	37.05	6.73
36	.872	7.22	18	,,	9.16	60.09	30.75
37	1.694	14.10	15	,,	57.89	27.37	17.36
38	.872	7.22	4	,,	Black varnish		

Analysis of Pigments from Paints

Sample No.	*Sp. gr.*	*Insoluble Subs. %*	*Pb* CO_3 *%*	X_2O_3% *X=al, Fe, Cr.*	*Zn O %*	*Ca*	*Mg*	*Silicate*	*Sulphate*	*Carbonate*
1	4.79	38	14.71	6.5	3.898	Present	—	—	—	Present
7	—	3	19.01	.2	23.03	,,	—	Present	—	,,
14	—	21	13.39	.9	3.738	,,	—	—	—	,,
15	—	30.6	11.51	8.0	29.10	,,	—	,,	Present	,,
16	—	20.2	44.8 X	68	1.068	—	Present	,,	—	—
17	—	22.0	46.4 X	Trace	—	—	—	—	—	,,
18	—	10.06	57.6 X	,,	—	,,	—	—	—	—
19	—	.76	56. X	21.6	—					
2	—	78.00	—	22	—	,,	—	,,	—	—
20	—	31.2	—	23	—	—	—	—	—	Present
21	2.65	66.0	—	25	33.86	Present	—	—	Present	,,
22	4.11	58.0	—	24	2.40	,,	—	—	,,	,,
23	—	65.6	—	12	28.57	—	—	—	—	—
24	—	72	—	17	—	—	—	—	—	Present
25	—	4	—	18	33.54	—	—	—	—	,,
—	—	20	—	54	—	—	—	—	—	—
—	—	.02	—	31	30.44					
9	—	15.6	—	31	34.71	—	Present	Present	—	—
26	—	36.1	—	37	—	—	—	—	—	—
27	—	13	—	—	35.78	—	—	—	—	—
28	—	10.4	—	29.4	30.97	—	—	—	—	—
4	2.4	53	—	—	—	—	—	—	—	Present
10	2.32	42	—	—	—	Present	—	Present	—	,,
5	2.43	56	6	38	24.19	—	—	—	—	,,
11	3.52	74.5	39	29.5	—	Present	Present	—	—	,,

Sample No.	*Sp. gr.*	*Insoluble Subs. %*	$Pb\,CO_3\%$	$X_2\,O_3\%$ $X=al, Fe, Cr.$	*Zn O %*	*Ca*	*Mg*	*Silicate*	*Sulphate*	*Carbonate*
12	—	65.0	15	68	—	Present	—	Present	—	Present
29	—	43.0	27.4	34	—	”	Present	”	—	”
30	—	17.6	17.5	—	—	”	”	”	—	”
31	—	54	37.4	39.5	—	”	”	—	Present	”
37	—	87	10	15.5	—					
32	—	33.6	—	17	22.96	Present	Present	—	—	—
33	6.86	42	—	8	47.79	”	”	—	—	—
34	—	4	—	22	26.70	—	”	—	—	—
35	—	21.6	—	22	34.18	—	”	—	—	—
6	—	58.4	Carbon 42	19.8	2.97	—	”	Present	—	Present
13	2.42	4	77.6	—	—	Present	—	—	—	”
36	—	59.6	46.7	2.46	—					

X = % white lead

Analysis of Oil from Paints

Sample No.	Sp. Gr.	Acid Number	Iodine Number
2	.75	10	199
5	.959	9	118
10	.932	9	191
11	.811	18	146
17			79
18	.9396	4	
19	.9625	7	
21	.821	20	133
22	.99	13	169
23	.829	10	109
24	.988	8	
25	.9596	11	
26	.916	8	
34	.931	10	48
35	.645	42	

It has been six months since the panels were put on roof for exposure test. They were taken in for inspection on June 1st., 1934. The second inspection was made on July fifth. The results tabulated were based on first inspection. Although it has not been exposed long enough to tell any wide difference, it is possible to notice the defects on certain paints. As to the weatherometer test the writer has only had chance to run for two weeks, yet the results are quite close to what is obtained thru the actual exposure test. The exposure test record is shown below:

Exposure Test Record

Location of Exposure Rack 1. Roof 2. Weatherometer

Date of Inspection 1. June first, 1934 (for 6 months) (checked) July fifth, 1934 (rechecked)

Report of Inspection

Panel No.	Name	Gloss	Chalking		Checking		General Conditions		Hiding Power		Color	
		2	1	2	1	2	1	2	1	2	1	2
1	White outside paint		slight	slt.	abs	abs	fair	good	fair	fair	medium	med
7	101 cygnite white		cos	slt	abs	abs	good	good	fair	good	good	good
14	Common wealth white		very heavy	ab-sent	abs	abs	poor	good	very poor	fair	med	med
2	Green outside paint			abs		abs	fair+	good	fair	fair	good	med
20	Stucco & concrete sea green			slt		abs	poor	good	poor	fair	med	med
27	Willow green			abs		abs	fair—	good	fair	fair	med	med
22	Common wealth dark grren			abs		abs	fair—	good	fair	fair	med	med
28	Common wealth toy green			abs		abs	poor	not good	poor	poor	med	med
24	French crown green			abs		abs	poor	good	poor	good	med	med
3	Yellow outside paint	Consider-able	cons	abs		abs	poor	good	poor	fair	very poor	good
8	118 mid chrome yellow		cons	abs		abs	poor	good	poor	good	poor	med
9	B.A.T. lemon chrome yellow		slt	abs		abs	good	good	fair	good	good	med

*These with + signs have been exposed for 6 weeks and those with — signs have been exposed for 9 weeks.

Exposure Test Record

Location of Exposure Rack 1. Roof 2. Weatherometer

Date of Inspection 1. June first, 1934 (for 6 months) (checked) July fifth, 1934 (rechecked)

Report of Inspection

Panel No.	*Name*	*Gloss* 1	*Gloss* 2	*Chalking* 1	*Chalking* 2	*Checking* 1	*Checking* 2	*General Conditions* 1	*General Conditions* 2	*Hiding Power* 1	*Hiding Power* 2	*Color* 1	*Color* 2
26	Common wealth orange yellow			cons	abs			poor	good	poor	poor	poor	med
27	Stucco and concrete canvoy yellow			slt	abs		abs	fair	good	fair	fair	fair	med
28	Stucco and concrete tan			slt	abs		abs	fair	good	fair	fair	fair	med
4	Blue outside paint			cons	abs		abs	fair+	good	good	good	poor	poor
10	123 dark royal blue			cons	cons		abs	poor+	not good	good	good	very poor	poor
5	Red outside paint	cons	good	abs	abs		abs	good+	good	very good	very good	med	very good
11	346 fadeless signal red			cons	abs		abs	poor+	good	good	good	poor	good
12	Pylax red 1921	cons	cons	abs	abs		abs	good+	good	very good	very good	good	very good
29	Stucco and concrete terracotta			slt	abs		abs	poor+	not good	fair	fair	fair	med
31	Common wealth brown			cons	abs		abs	fair+	not good	poor	fair	fair	med
37	G.P.C. signal red paint			cons	abs		abs	poor	not good	fair	fair	poor	med

*Those with + signs have been exposed for 6 weeks,

Erposlre Test Record

Location of Exposure Rack 1. Roof
2. Weatherometer

Date of Inspection 1. June first, 1934 (for 6 months) (checked)
July fifth, 1934 (rechecked)

Report of Inspection

Panel No.	*Name*	*Gloss* 1	*Gloss* 2	*Chalking* 1	*Chalking* 2	*Checking* 1	*Checking* 2	*General Conditions* 1	*General Conditions* 2	*Hiding Power* 1	*Hiding Power* 2	*Color* 1	*Color* 2
6	Black outside paint			cons	abs		abs	poor	not good	poor	poor	fair	med
13	104 black			cons	abs		abs	fair	good	fair	fair	very poor	med
36	Common wealth black		cons	cons	abs		abs	poor	good	poor	faih	fair	good
38	G.P.C. 715 biturine stock and boiler paint			cons	abs		abs	very poor	not good	very poor	poor	very poor	med
32	Common wealth gray			slt	abs		abs	fair	good	poor	fair	fair	good
33	Stucco and concrete gray			cons	abs		abs	very poor	good	very poor	poor	very poor	med
34	Stucco and concrete cream gray			cons	abs		abs	fair	not good	fair	poor	fair	med
35	Stucco and concrete pearl gray			cons	abs		abs	poor	good	poor	poor	poor	med

In conclusion it is easy to distinguish some paints which are worth while continuing the test and some paints to be discarded. For white paints 1 and 7 are still in fair condition; for green paints 2, 21 and 28; for yellow paints 9, and 27; for blue 4 and 10; for red paints 5 and 12; and for black paints 13 and 36. It is suggested that those above mentioned samples to be put back on roof for test and inspected after another six months.

Comparative Tests on Enamels

Samples

No. 48—white enamel

49 green ,,

50 yellow ,,

51 blue ,,

52 red ,,

53 black ,,

54—white ,,

55 Permanent green enamel

56 blue enamel

57 signal red enamel

58 finishing black enamel

Comparative Tests on Enamels

Sample No.	*Sp. gr.*	*lbs/gal*	*Drying time*	*Spreading power*	*Pigment*	*Percentage of Varnish*	*Volatile*
48	1.318	10.98	7 hrs	466	39.61	36.01	27.08
54	1.329	11.08	9	493	22.37	51.40	26.23
49	1.232	9.07	5.5	499	11.20	51.37	37.43
55	1.089	9.81	3	940	19.40	49.18	31.42
50	1.302	10.85	5	311	34.97	40.52	24.51
51	1.217	10.14	4.5	667	31.73	44.02	24.25
56	1.169	9.75	7	747	7.98	34.53	57.49
52	1.242	10.35	4	538	36.01	30.49	33.50
57	1.0999	9.16	7	765	32.27	54.28	13.45
53	.9795	8.16	7	510	10.69	78.17	11.14
58	.941	7.83	25	573	.634	74.19	25.18

Analysis of Pigments

Sample No.	*Sp. Gr.*	*Residue over 325 mesh*	*Insol. subs.*	*white lead*	X_2O_3 X=al, Fe, Cr	*Zn O*	*Ca*	*Mg*	*Silicate*	CO_2
48			80 %	17.6%	Trace	2.136	,,	,,	,,	,,
54		54.61%	.4	16.0	2%	14.3			,,	
49			24.1		10.2		,,	,,		,,
55			53.5		14.7		,,	,,		
50	3.872		29.2	lead sul-phate 7%	25.8		,,			,,
51	2.386		98.5		11	.543	,,			,,
56			84.4	8	25.6				,,	,,
52		49.24	81					,,		,,
57	4.83		69	42.2	18.1		,,	,,	,,	,,
53			61.3		Trace				,,	,,
58										

Analysis of Pigments

Sample No.	*Sp. Gr.*	*Residue over 325 mesh*	*Insol. subs.*	*white lead*	$X_2\ O_3$ $X=al,\ Fe,\ Cr$	*Zn O*	*Ca*	*Mg*	*Silicate*	CO_3
48		.	80 %	17.6%	Trace	2.136	,,	,,	,,	,,
54		54.61%	.4	16.0	2%	14.3			,,	
49			24.1		10.2		,,	,,		,,
55			53.5		14.7		,,	,,		
50	3.872		29.2	lead sul-phate 7 %	25.8		,,			,,
51	2.386		98.5		11	.543	,,			,,
56			84.4	8	25.6				,,	,,
52		49.24	81					,,		,,
57	4.83		69	42.2	81		,,	,,		,,
53			61.3		Trace				,,	,,
58										

Exposure Test Record

Location of Exposure Rack 1. Roof 2. Weatherometer *Date of Inspection* 1. 2. June 26, 1934 (for 2 weeks) 3.

Report of Inspection

Panel No.	*Name*	*Gloss*		*Chalking*		*Checking*		*General Conditions*		*Hiding Power*		*Color*		*Remarks*	
48	White	1	2	1	2	1	2	1	2	1	2	1	2	1	2
54	White	slt	slt	abs	abs	abs	pres	good	fair	good		yellowish			
					pres		abs		ok		poor		good		
49	Green	ok	abs	abs	abs	pres	abs	good	good	good	good	good	fair		
55	Green	ok	abs	abs	abs	abs	abs	good	good	good	good	good	fair		
50	Yellow	ok	ok	abs	abs	pres	pres	fair	fair	good	good	good	fair		
51	Blue					pres	pres		poor						
56	Blue					abs	abs	fair	fair						
52	Red	ok	ok	abs	abs	abs	abs	good	good	good	good	good	med.		
57	Red	good	fair	abs	abs	abs	abs	good	good	good	good	good	good		
53	Black	good	good	abs	abs	abs	abs	good	good	good	good	good	good		
58	Black	good	good	abs	abs	abs	abs	good	good	good	good	good	good		

Those enamel sample panels were put out for exposure test on roof and also in Weatherometer. At the end of two weeks the panels are removed for inspection. It is found that the panels No. 48, 49, 50, and 51 failed in test. The checks presented on panels were very predominant and those which failed in Weatherometer test were also failet in actual exposure test. The panels which remain in good condition are to be tested again for better information.

Comparative Tests on Varnishes

A. Oil Varnishes

	39	40	41	42
1. Appearance and Odor	Slightly turbid	clear	clear	clear
2. Specific gravity	.92	.8665	.9307	.8945
3. Pounds per gallon	7.66	7.22	7.75	7.46
4. Spreading power sq. ft/gal.	755	600	850	750
5. Flash point °F.	75	64	80	85
6. Volatile thinner %	37.21	49.24	31.95	43.35
7. Fixed oil and gum %	62.79	50.76	69.05	56.65
8. Acid number	10	4	12	8
9. Examination of Films on glass				
a. set to touch	105 min	45	125	88
b. dry hard	8 hrs	4	13	8
c. film	good	good	good	good
d. cold water test	6 hrs to change back	No change	3 hrs to change back	No change
e. hot water test	yellow	dull	yellow	dull
10. Practical test on wood panel	good	good	good	good
11. Tanghness	pass	pass	pass	pass

39 and 41 are clear oil varnishes

40 and 42 are black varnishes

B. Insulating Varnishes

	43	44	45	46	47
1. Alcohol	absent	absent	absent	absent	absent
2. Residue @ 100°C	none	none	none	none	none
3. Solvent % by wt.	28.65	37.24	30.35	30.29	40.23
4. Drying Time					
a. set firmly	35 min.	35			35
b. free from tacky	4 hrs.	2½			23
5. Flexibility					
a. air drying	pass	pass			pass
b. baking			pass	pass	
6. Oil resistance	4 hrs.	15 min.	4 hrs.	30 min.	1 hr.

No. 43—Y. K. insulating varnish

44—W. H. C. air drying black insulating varnish

45— ,, clear baking insulating varnish

46— ,, black baking insulating varnish

47—G. P. C. oil proof insulating varnish

As far as physical and chemical tests are concerned 42 and 43 meet the specification according to Griffin's. The writer has not yet tried out the practical test as di-electric strength, etc.

油漆工業一年來之進步狀況

沈 慈 輝

漆之採用固早,但油漆工業之發展,實不及五十年耳;比之其他化學工業,皆爲幼稚,然而近數年來,學理闡明,技術日精。新穎學說與發明,日有所聞。尤其以最近一年來之進步可觀。玆據要述其概況如下。

乾性植物油爲油漆工業之主要原料,除桐油及胡蔴子油等外,其餘皆係半乾性與不乾性油,對於油漆工業,不甚適用,乃全世界乾性油之生產有限,大量需用,已供不應求,以致油價漸趨昂貴,且油質成分複什,難以控制,研究科學者,遂由幻想而漸入實踐之途徑,根據化學學理,以半乾性或不乾性油。製成乾性油,是卽人造乾性油之起原,據本年三月二日蒲賽氏在Farben Zeitung上發表一文,半乾性與不乾性油有適用於油漆工業之可能性者有四端、

(一) 在平常溫度,用氯化或鋅末方法,使油酸之結構,形成毗連之兩重價標。(double bond)則其乾燥性及複化性亦因之增加。

(二) 半乾性油酸與多氫氧基(polyhydric)醇之酯化方法,猶如加植物油以及改良之人造樹膠。(Glycerol-Phthalic resin)現在市售已多,不必贅述。

(三) 油酸與過氧化錳氧化後,在眞空及高熱度時蒸溜之,以除水份,再以甘油酯化之。

(四) 製成單脂 Monoglycerides 後,以極不飽和之油酸混合而酯化之。

此外多氫氧基(polyhydric)醇之少有應用者,如五個四價之醇pentaerythritol(acetaldehyde與formaldehyde化合而成)六價之醇Sorbitol（葡萄糖氫化而成）將來採用爲製油原料,或亦有極大希望,再者高分子之醇,如澱粉纖維等,亦能與胡麻油酸酯化而成極佳之乾性油(六小時能乾)惟在短時期內,製成工業品之可能性,尙難實現也。

就上數法而言,均係根據化學方法製成,但於分子結構上之變化,亦不得忽視也。據化學家之研究,兩重價標位置之重要,對於油性之乾燥,實不亞於兩重價標之數量。觀胡麻油之結構,含有分離之兩重價標,例如linolenic acid $CH_3 \cdot CH_2 \cdot CH: CHCH_2 CH:CHCH_2CH_2:CH (CH_2)_7COOH$（Octadecatriene 9,12,15 acid1)Lenolic acid $CH_3(CH_2)_4CH:CHCH_2CH:CH(CH_2)_7COOH$（Octadecadiene 9,12 acid 1)桐油之結構(elea-ostearic acid)含有聯絡之兩重價標,(octadecatriene 9,11,13 acid 1)$CH_3(CH_2)_3CH:CHCH:CHCH:CH(CH_2)_7COOH$

因有此聯絡之兩重價標,所以易於複化,結成膠質狀態。亦即油膜結成之原理也。至於氧氣之作用,乃係一種觸媒之功用,在胡蔴油之結膜時藉氧氣以組成活動分子。再由氧化作用而觸成複化作用,否則具有分離之兩重價標者,必無複化之可能,亦必不易乾燥也。但桐油之複化性,過於活潑,所以易有結成不透明及起縐紋之弊,雖然有減去活動性之方法,但如煮成厚桐油後,分子複什,亦有不勻之弊,聯絡之兩重價標,其複化性之功用既如此,遂有製造octadecadiene 9,11, acid 1以代替三個聯絡兩重價標之桐油。是即蓖蔴油經高熱度煨煉而成之乾性油,酷似桐油,而質有過之。自有人造油之學說,孜孜研究,以至今日,乃數月之間,竟有人造乾性油問世矣。本室已於今春接得油樣,色淡質厚,無酸性,且易乾燥,結膜亦堅,至於耐久與否,須經長時間之試驗,方能知其短長,惟售價過昂,尙難普及,此外氯化與脫氯化石油能增加兩重價標,變成乾性油,其他如電石氣化合物之製成不飽和乾性油,成功之希望當不遠矣。總之自今以後,乾性油之製造,可以隨心配合,以適用途。囘念吾國桐油爲油漆工業之主要物,近年外銷亦居首位,苟不亟圖改進,數年之後,或將與絲茶同歸淘汰也。

人造樹膠未有以前,油漆工業之主要品,皆採用天然樹膠,乃蘊藏有限,豈能取之無窮,所以樹膠之類,如 Congo, Zanzibar 等琥珀已爲不可多得之珍品,貨價奇昂,無有過於今日者,所以人造代替品,漸見發達,計自 1909 年 Backeland 發明人造膠以至今日,採用各種原料,施用各種方法,製成各種人造膠,不可計數,其可以分類者舉列如下。

1. Ester gum
2 Cumarone-Indene resins
3 Phenolic resins
   (a) 100 %
   (b) Reduced
4. Polyhydric-polybasic resins
   (a) air drying
   (b) Baking
5. Vinylt styrene resins
6. Amide Formaldehyde resins
7. Chlorinated-diphenyl resins
8. Petroleum-hydrocarbon resins
9. Rubber-derivative resins

苟以各類之結構方式比較之,則皆係大同小異,例如

```
                 O              O          O
                 ‖              ‖          ‖
(1) HOOC−R−C−O−R'−O−C ····  R−C−O−R'−OH
```

Fusible alkyd type (heat non hardenable)

```
      AC       AC       AC       AC
      |        |        |        |
      O    H   O    H   O    H   O
(2) −C  − C  −C  −C  − C  −C − C−
      H    H   H    H   H    H   H
```

Vinyl type

```
                 O            O      O
                 ‖            ‖      ‖
(3) HOOC—R—C—O—R'—O—C…  R—C—O—R'—OH
                    |                  |
                   OH                 OH
```

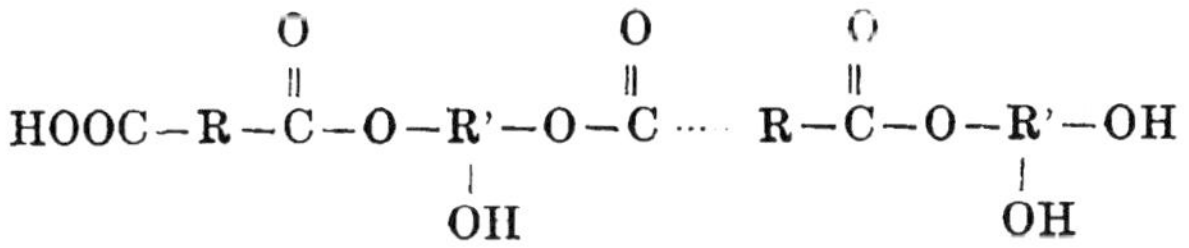

Infusible alkyd type(heat hardenable)

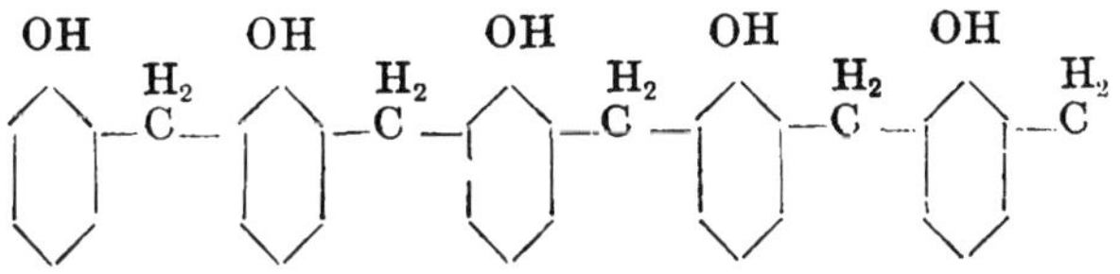

```
     OH       OH        OH        OH        OH
        H2        H2        H2        H2        H2
 (4) ⌬—C—  ⌬—C—  ⌬—C—  ⌬—C—  ⌬—C
```

Phenal formaldehyde type

```
        NH2        NH2       NH2
         |          |         |
      O=C          C=O       C=O
         |          |         |
(5)   —N—CH2—N—CH2—N—CH2—
```

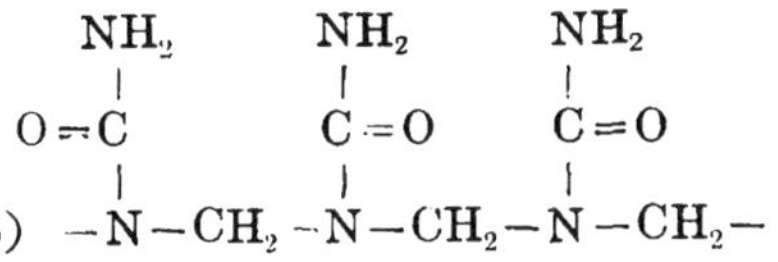

Urea type

以上五種皆係長練之結構連續者,(1)爲—C O—C—而無cross linkage (2)爲—C—C—而無cross linkage (3)爲 —C—O—C— 而有Cross linkage之可能(4)爲 —C—C—而有Cross linkage之可能(5)爲—C—N—C—而有Cross linkage之可能,就其性質上言,無Cross linkage者,高熱度可以融化,而有Cross linkage者,則不能融化,(Infusible)且—C—C—連絡者,其結合力似覺較强於—C—O C—與—C—N—C—,觀其禦水性,可以知之。

上述各種膠體,僅能溶於幾種有機溶液,至於植物油類,絕對不能溶解。是以應用之處,亦覺有限,自經Albert與Turkington等之改良,始有能溶於植物油之一種,於是能製各種假漆,應用漸廣。近年來最占重要地位者,當推Phenal-formaldehyde與Glyenal Phthalic二種,而尤以Phthalic resin爲最有希望,現在各國實驗室中,研究是項問題者,不知凡幾新出品則層見疊出,不勝枚舉,總之有機物之環式而含有OH者,及醛之類者,均有結成膠體之可能。世界各國科學家,正悉心探討,以冀精益求精,吾願有志者,亦繼起奮鬥,當有無窮之希望也。

催乾劑之爲用已久，種類雖多，但僅限於氧化金屬物，及植物油脂所化成之金屬皂而已，沿習數十載，無所發展。近幾年來，始有採用其他有機物而化合者，其功效之大，遠過從前出品，現在已經採用者，卽 Naphthenic acid 化合之金屬皂是也。Naphthenic acid 在六十年前，已經發現於石油中，但因提煉困難，未見發展，自經俄國化學家之悉心研究，始知其結構爲 $CnHn_{-2}O_2$，1864 年 Aschan 證明爲 $C_7H_{13}COOH$，1899 年 Mar Kownikon 由 1 Methyl 2 Amino pentamethylene 之發現，始知爲環式之結構。

```
          CH3
           |
           CH
          /  \
      CH2      CH-COOH
       |        |
      CH2 ---- CH2
```

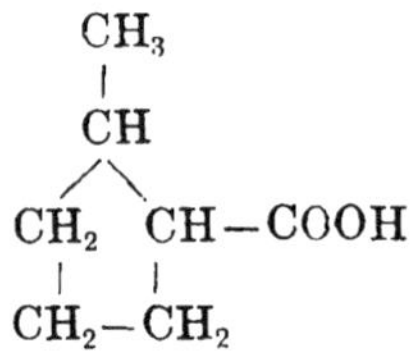

待 1911 年 Zelinsky 證明爲 (Cyclopentane Carboxylic acid) 而非 hexane derivative後，乃事實大明，現在提取Naphthenic acid之法，先以化成皂，再以硫酸化成 Nāphthenic Acid。Naph Acid 製成之金屬皂，有促燥乾性油之功用，以其有極大之溶解性及含有多量之金屬物，故功效有過於其他催乾劑也。然而有機物之能化成其他化合物，而具有觸媒性者，非僅此一種，所以近年來化學家又盡其實驗室之技能，千變萬化，製成各種化合物，現在試驗之較有成效者當爲

1. A'iphatic Keto-Acids〔$R-CO-(CH_2)_4-COOH$ where R is Alkyl〕
2. Aromatic Keto-Acids 〔$R-CO-R'$-COOH, whdere R' is an Aromatic Neucleus & R an aliphatic, aromatic, or hydroaromatic graup〕
3. Alkylated & Arylated aromatic acids (R-COOH where R is alkylated or arylated aromatic group)
4. Aromatic, aliphatic & hydroaromtic ether acids〔$R-O-(CH_2)nCOOH$〕

上述數類之化合物性質各有異別舉其尤者略述如下：

1. 金屬物與有機酸之含有數個 COOH 者化合成醺其金屬物

則皆與COOH化合,此種化合物不能溶化於石油,但能溶於熱油,蓋因經熱度而分解,再與油酸化合而成金屬皂(linoleate)。

2. 與一個 COOH 化合之醯其金屬含量,溶化性,色澤等均較前者為佳。

3. 醯與油之溶化性 alkylated aryl oxyacetic acid 勝於 aryl oxyacetic acids 而不及 alkylated hydroaromatic oxyacetic acids。

4. 芳香族之醯以alkylated beuzoyl-o-beuzoic acids 為最著。

5. 醚類之加入油酸分子能改低醯之黏度。

6. 芳香族,脂肪族及羥基芳香族分子之有側鏈者其醯與油之溶化性勝於長鏈者。

7. 醯與油之溶化性芳香族次於羥基芳香族。

8. 游離酚無阻止醯之催乾性。

9. 單基酸之附有脂肪族與芳香族者,其醯之溶化性勝於無脂肪族者,其碳之數量曾屬同等。

依據催乾劑功用之學說,及有機物溶解性之原理,此學術之新發展,當無止境,其有實現之可能者,卽如製造油漆漆油之類,將乾燥劑完全去除,以免儲存時乾燥之弊,施用時祇須酌加定量成份,使於規定時間內,準時乾燥,則措置自如矣。

稀薄劑向來採自松木松脂及石油之蒸溜部份,自從硝綿漆工業擴大之後,稀薄劑之用途漸廣,因溶化性及沸點等種種關係,都舍石油等而取自煤油及釀酒工業之副產物。近年來石油工業又見發展,富有溶化性之稀薄劑,近又採自石油矣,按製造低燃點輕質石油之乾蒸溜法,以燈油(Kerosene)經氫化而得富有溶化性之稀薄劑,頗能適用於油漆與硝綿漆工業,製造芳香族之工業化,一時雖難實現,但因石油工業副產品之充足,與價值之低廉,加之製造方法之改良,大量生產,不久亦將成為事實也。此外如乾蒸溜石油而製成 alcohols, polyalcohols, esters, 及 Ketones 之類亦巳實現,乃係長鏈之氫炭化合物,在絕無氫氣之空氣中,分解而成較短之不飽和化合物,尤以(olefines)占其多數,若經水化(hydration)olefine之後,由間接方法可得各種醇類。例如

$$CH_3\cdot CH{:}CH_2+SO_2(OH)_2=CH_3\cdot CH(O\cdot SO_2\cdot OH)\cdot CH_3$$

(prophylene) (isopropyl hydrogen sulphate)

$$CH_3CH(\cdot O\cdot SO_2\cdot OH)\cdot CH_3+H_2O=CH_3CH(OH)\cdot CH_3+H_2SO_4$$

(isopropyl alcohol)

依照上法 isopropyl, secondary butyl 及 secondary amyl alcohols 已由工業化,而得大量生產。再由脫氫法,可製成各種酮類,卽 acetone methyl ethyl Ketone 及 methyl propyl ketone 是也。酯之製造,係由氣體酯化法,或鈣化有機物之酯與 alkyl hydrogen sulphate 化合而成,所得之酯,皆較他法製成者爲純淨而價廉,實爲釀酒工業之一大勁敵,上述之酮,溶化力大過乙基酯一倍餘,所以製造硝綿漆者,時有以此代之。

顏料粉之種類繁多,經逐漸改良,彩色之持久與品質之細膩已遠勝往年。惟製成油漆,粉質仍有脫落。尙感美中不足,亟須改進者也。近來最足引人注意者,爲發光漆,塗刷之後,暗中發光,時計針等,早有採用,乃價昂而不能持久,不足以供大量需要,其所用粉料,皆係發光物質,如鋤,鋰,鰓,鈣,鉍,及放射性元素等,經積極研究,結果已較以前爲佳,其他稀土類金屬,如鈷,硒等或亦有工業化之可能。往者之視爲稀貴者,今已成偉大工業,蓋礦產之發現日多,價亦自然低落,硫化鎘與養化鈦卽其先例,稀貴之鈾,現亦漸見採用矣。

橡膠漆於近數月間,漸見發達,氯化橡膠,已成適用之品,惟黏度過高,含量不多,據云近有法人以 paraphenol sulphonic acid 將橡膠變成異性體後溶化於萘,而得低黏度之溶液。倘與硬橡皮混合,塗於鐵器,具有抵禦酸性物質之功效,其他專論及祕方。已屢見不鮮,想不久將成發展油漆工業之另一新途徑也。

綜觀油漆工業之趨向,是舍天然產品而就人造,蓋科學日進,依據學理而製成之品,自較漫無標準之天然品爲佳,樹膠已由人

造，油亦如是，其他人造附屬品，時有發現，數年之後，將無一而非人造品，雖曰無稽，吾固拭目視之。

鋅粉在防銹漆中之價值

周祖訓譯

鋼鐵在工業上至爲重要,而其腐蝕損耗亦極可驚,世界各國從事是項研究者頗不乏人,總各方之結果,大概可分下列三大類。

（一）合金法:如和合少量之銅于鋼或鐵,則鋼鐵之腐蝕率大爲減少。

（二）金屬膜法:如鋼鐵之表面塗以薄層之鋅,則成白鐵;塗錫,則成馬口鐵;使不與空氣及水直接接觸。

（三）漆膜法:金屬之表塗以油漆,乾後成膜,可使與水及空氣隔離。

按第一法可使其腐蝕減少,但不能絕對制止之;第二法與第三法設或使用得當,則可完全避免腐蝕作用;但第二法僅適合於大量製造材料,不適用於既成建築或另星傢具;至第三法則隨處皆宜,施工簡單,本題即述鋅粉漆之防銹性。防銹漆之主要條件爲:

(a) *sticking quality* 黏性　　(b) *rust prevention* 防銹力

(c) *distensibility* 韌性　　(d) *hiding power* 遮蓋力

(e) *spreading rate* 舖張力　　(f) *durability* 持久性

(g) *good appear.ncc* 外觀

鋅粉漆盡皆適合玆將各項逐一論之。

(a) 鋅粉漆附着金屬面甚爲堅固,有人曾作精密試驗,雖經數年之久,其漆膜仍完好如初,故用之作爲底漆頗佳。

b) 鋅粉漆漆膜設或偶有破損,則因鋅之化學活性較鐵爲高,必先自腐而爲氧化鋅之新保護膜,此爲鋅粉漆僅有之特性。

(c 鋅粉漆之伸縮力極大,雖在露天之屋頂金屬板上,溫度變遷無定,經數年之久,其漆膜仍舊不破。

(*d*) 鋅粉對普通光線爲完全不透明體,雖在黑色之表面上,施以極薄之漆膜,卽可完全被蓋。

(*e*) 鋅粉漆每加倫可蓋700—800平方呎,高出他種漆類遠甚。

(*f*) 鋅粉漆雖在腐蝕性極重環境之中,如廠房橋樑之屬,經四年至八年之曝露試驗,其漆膜仍完好無損。

(*g*) 鋅粉漆係灰色,光澤均勻,塵灰不染,永保美觀。

油漆工業之未來觀

吳與生譯

好奇與幻想(*curiosity and imagination*)和有創造與組織性的輔助乃是一種新進展的基礎。他能夠創製新的工業,他也能夠推廣舊的事業,他眞是一國財源之出發點。也可以說是個人收入上的增加,審美,奢侈與舒適的慾望之進展,以及消費的增進。澎大的市場,就此會創造出來。在美國最需要的東西裏,有色塗料也算其間一種,他能夠保護物品,能夠改良物品的外觀,又能夠幫助維持衞生。新的油漆發展開來,舊的油漆改良起來,如果能夠使他們都變爲極普通的東西,那末就可以激動家庭間裝飾上的廣用風雲,這更是我們油漆工業發達時代了。所以幻想的效用,確有射影到將來實際上的可能性,因此我們可以料想到試驗管中可以得到更有價值的結果,這種結果就是更適於裝璜與更有永久保護性的進展。

煤

煤在美國是原料中產得最多的一種,不過,在有幾種應用上,已被石油來代替了,譬如室內取熱之類,就採用油類。有人對於煤的發展。以爲無足輕重,但是他所供獻出來的,還是有益的。所以在不久的將來,我們可以使他產生大綜的化學藥品來供給我們應用。譬如在今日製造漆與假漆中所用最有價值的人造樹脂,就要靠煤來製造。因爲製造人造樹脂的駢困就是從煤裏製出的。駢困經過氧化變成苯酐(*phthalic anhydride*),苯酐便是製造烷質樹脂(*alkyd resins*)的原始物。同樣煤的副產物中還可產有燴與木油精(*cresols*),

煤裏的炭原質與氫气或者氧气化合就成人造甲醇,(*methanol*).甲醇可以變成蟻醛,有了蟻醛與煘質,就有了煘質樹脂（*phenolic resins*）的製造原料,煘質樹脂亦是假漆裏所廣用的。所以這些東西都是從煤裏來的啦。如若各種人造樹脂的用途能像今日的情形一樣增加,那末將來煤之用於製造塑料與油漆之工業的數量,再要大增而特增。還有從煤的副產物裏還可得着油質的或者樹脂質的東西,將來甚至於我們需要藥品之應用或與今日之需要其作燃料一樣重要。

熱衷的人以為在幾年內天然樹脂在工業上之應用將要完全絕路,而其地位要被化學工廠所巧製的人造樹脂代替。現在有幾種情形之下,因為天然樹脂價廉,許多人造樹脂固然還是依靠天然樹脂被應用着,不過在他種情形之下,某種人造樹脂可以完全獨立應用,他們的用處一年增加一年,來日的希望且將更勝於今日。

石油

現在油漆裏所用的乾性油是憑藉於植物,將來呢,或者要採從粗製的石油裏。例如拿有機化學裏的作用來講,一個直鍊炭氫化合物（*Hgdrocarbon*）經過一次氯化作用後,再行一次去氯作用（在氫氧化鉀醇溶液中）就可生出不飽和的雙鍊（*double bond*）化合物,這種雙鍊化合物在一兩小時內就能乾固。這個化學作用,已是成功的事實了,不過在此地應用起來,石油必須精鍊,將油內所含微量之膠狀炭粒除盡方可。因為這種炭粒能夠使油着色並且生有柔韌性質,缺少脊力(*tensibility*)。用乙烯(*acetylene*)化合物來製造乾性油,在不久的將來也是極有成功的希望。

濕氣

這是一定有的事實,在將來室內的溫度可以常常維持在華氏七十度左右,不論在冬夏的季候,也不論地方在寒帶或熱帶,只要將室內的空氣用溼氣來調節便可。不過這種氣溫調節機件之金屬部分,在如此的情形之下,其金屬部分就易受腐蝕作用,除非他們採用油漆來保護着。還有這座建築之內如若裝有氣溫調節的設備的,則其建築之外部必有許多凝結的溼氣。建築牆壁如若又是用木材構造的,那末溼氣必向木材部分通過,於是建築內部所塗的油漆就能生成汽泡(*blistering*)以及其他種種之弊病,而將漆面損壞了。然而我們相信這個毛病,將來可以避免的,只要我們的油漆具有一種活塞性 (*valve like action*), 內部的溼氣可以放出,而外面的不准人內。這種結果早有人說這是可以做到的,只要在施用的顏料上,使他們能夠聚集起來俱有殊奪的形狀。

顏料與着色素

論及房屋用的顏料,其比較堅牢的色素,將來一定會發展的。例如有種粉質脫落 (*chalking*) 的油漆顏料,以此調成淺的色澤,拿來粉在房屋上面,經過不同的試驗與一個相當時期後,極少數還是不變的。顏料一有粉質脫落的弊病,則不論漆膜如何堅牢,就會使得漆面也有顯著的變動。所以現在已經做了許多試驗,來用顏料的面層處理後,使他外殼堅硬 (*case-harden*) 能夠抵抗天然的褪色與粉質脫落的性質。

新的顏料將來可以從舊的顏料裏製造出來。例如黑炭有一天一定可以製成同質異量(*isotope*)的東西,或者可以製出不同原子數目組成的分子來,因此他們的顏色可以有紅有綠有藍,不一定是黑的了。從物理組織的改變,可以使他們的光系吸收與光系反射也可有明顯的改變。將來還有一種趨向,就是他們的粒子可以極度的減少,詹力可以增加以及其展開的性質可以更好。

發光顏料在將來可有極大的應用。放射鐳錠之廉價,來源的發展與夫豐富貯藏之 *meso thoruem* 的開採,都可以用來做發光顏料,例如戶外標誌油漆,公路上的標誌以及普通行路地上所畫的標誌物質。

鐠,在以前也算稀有原質的,現在呢,已是廣用於油漆工業了。

因爲有許多礦物在今日看來是稀少與價昂,可是有時能夠發見其極大的貴藏的,因此可以意料有許多稀有原質將來一定可以入於應用之場的。鋯(*zirconium*)與硒(*selenium*)等原質應用於油漆裏,是極有希望的東西。

黴菌

防止發黴,至今還是問題。近年來已用數百種防黴物質做過試驗,有許多是有殺虫效力的,不過同時對於其他方面也有不合之處,例如對於人是毒性的。對於油漆是有反氧化作用的。將來的油漆要製造得他的顏色不被黴菌變色,或者要靠顏料面層上吸收一種毒素。

色素之鳥瞰

色素學將來必定還有更深的了解的,不獨對於油漆工業家是如此,就是對於油漆工人也是必然的,所以色素在實用上的數字條款(*specification*)要可以寫得出來,用了這種數字條款就可應用到油漆上。油漆的光亮度(*gloss*)將來也可確切的測量出來,因此只要建築家或者房主規定油漆匠一個光亮度成分後,就可以漆到他們所希望的目的。在將來,房主也可以依照四季時節常常來改變室內油漆的色澤,好像更換他們不同顏色的衣裳一樣。還可以教他們研究淺色的光線反射,來使得室內有充分的,均一的反射光線。更可以使他熟悉各種色素對於生理上之影響,因此每一個房間,可以漆得色深或者漆得色淺以適合於每個房間的使用。

絕緣

有人以爲將來的建築上採用木材的範圍一定要縮小了。不過,話雖如此講,不論房屋式樣的外表如何,而木材總是一種便宜的絕緣材料,拿他做成木板也可,壓成堅實的木屑也可,或者製成海棉狀也可,他都有極高的絕緣數值的。還有建築上如過採用這種木材,對於油漆更是頂好的防溼材料。

鋼鐵建築

猜想到將來的房子,一定要先在鋼鐵廠裏造成一片一節的式樣,送出來經過幾天的裝配就可完成一座建築的。這種建築大都要保護物去防護其腐蝕作用,所以建築家想到在面層上用一種光亮的搪磁。但是大多數還是要靠油漆,或者這種鋼鐵建築至少在廠裏就要有一層底層塗料(*primer*)用以保護磨擦與增加其極度的堅牢。等到建築成功之後,他也和木材建築一樣,不單需要油漆來保護,並且需要各種顏色來裝飾,因爲僅僅幾種單調的顏色是太寂寞啦。房子的住戶因之也計算到修補一事,也如木材房屋一樣時時去重行髹漆,用以保護腐蝕與維持其裝飾上之美觀。

木材

無論如何,木材之用於建築,總不會給鋼鐵或別種材料來完全代替的。木材眞是建築上之好友呢。他不像磁磚或金屬那樣冷淡。在美觀的建築上,他種材料所不能勝任的地方,可以用木材來承造,還有値得注意之點,是他能適合於重造(*remolding*)與擴大(*enlargement*)的工作。因此我們不必幻想得過分,想製出一種纖維的防溼物來代替木材,或者來製成羊皮紙樣的或者絲光紗樣的面層,使得更加理想的適合於塗刷護膜。經過如此處理的面層,油漆起來固然可以更加塗得滿意,他不會有一片一片的剝落,他也不會有一粒一粒的氣孔,這種毛病,在木材經過完全乾燥而後油漆的,也是會常常發現的。現在木材工業在市面上,已經走入廠製的趨向了,這就是說在廠裏時,就將木材的四週都用有色的底層塗料塗好。或者用透明的護膜塗起來,如此則更便於在採用之前得以檢查與標明其木質之優劣,或者更可以顯明其防濕的程度,防火的性質以及其他的物理性質。遠大的前程,正待於此等新奇事物之發展呢。

合金

應用油漆而能得着頂大的利益的,要算用於保護鋼鐵之腐蝕了,現在冶金學方向,固然趨重於製造在平常情形之下不銹的合金,但是這種合金的價值還是很貴,所以普通建築用的鋼鐵還是不能被其瓜代。還有,許多輕質合金中總合有鋁鎂諸物,他們為大氣侵蝕就先成白色氧化物,與塵埃混合,就變為灰色物質,堆積於銹壞的面層之上。有種合金,如過沒有護膜的保護,則易銹而變脆。這是多麽顯明,油漆家應該繼續努力,來遏止那給予工業上至大的損失——一個腐蝕問題。

鋼鐵或者別種建築材料上的底層漆(*primer*),將來不必像平常用法,可以趁他們從機器上做出來熱的時候就敷上去。這樣塗上的底層漆,就變得好像鋼鐵的一部分樣子了。因此用不到顧慮黏着,軟弱與磨擦抗力這許多問題。用金屬粉與有抗力的顏料浸塗到熱的鐵面上去是可能的事實。至少有許多種鋼鐵的浸塗要在比較熱的溫度裏的。看那些人用油漆在鐵板上做記號的就知道熱的溫度時較冷的溫度時能夠附着牢得多。因為一薄層溼氣附着在冷的鋼鐵上或者是易銹的原因。

到了鐵路發展時期,有人說火車當造得愈輕愈好,用不銹鋼或者用鋁質鎂質的合金來造都可以。這種火車當然比現在的要小。他們所用的燃料當然也省得多。因此他們五輛的重量好當現在的一輛之重,而速度呢,譬如來往於紐約與華盛頓之間,今日需要一小時的,他們只要十分鐘了。然而他們所需用油漆的面積從防止輕合金之腐蝕與裝璜上之美觀看起來,並不會比現在用得少些。對於飛機,也有同樣的進展,因飛機之於今日是有長足的進步,鋁與鎂的合金將來一定大為廣用.因此油漆也一定有同一的廣用,要不然,便有一部分的合金曝露於大氣之中,就會腐蝕並且脆起來的。

油漆這種特製的合金,必定要先用有機溶液來洗過,或者用磷酸根溶液亦可,然後再用重鉻酸物,重鉻酸與磷酸混合物,或者別種能夠使此合金變成不活性(*passivity*)的溶液來處理。經過如此處理之後,合金面層就得着一層化學的或者機械的侵蝕結果,或者竟得蓋上一層不溶解的或者不可見的一層薄膜了,這種薄膜對於塗上的油漆能夠吸得更加堅牢,使此合金比較更加耐用。塗上去的油漆必定要混合着適量的顏料,顏料的性質還要中和或者對於下層的鋁鎂合金能夠防銹的,如斯之後,卽使油膜有所損壞,則顏料還有抗力的

塑料(*plaster*)

在這十年裏,對於室內石膏牆壁的塗料已經做了不少研究,成功已有端倪了。不過在某種牆壁裏因有溼氣流行着,或者有水份常常從墻外侵入,油漆仍舊得不到好結果。因爲溼氣的緣故,再加石膏塗料的極硬而有玻璃似的性質的緣故,改良現在的塑料是急不容緩的了,這種塑料,大概須要對於空氣可以經過,而對於溼氣更加抗拒的。無光油漆(*Flat wall paint*)當然是一種廣用的外層塑料,這種油漆是大都含有高量的揮發劑,因爲揮發劑可以幫助生產無光護膜的。用水或者別種溶液來代替松節油做稀薄劑,也曾做過許多研究,不過至今還未有十分滿意的結果。不過用極厚的膠質液體或者可以有助於此題之解決。譬如橡膠樹汁現在可以蒸濃到含有百分之七十之橡膠,其餘部分是水與安定藥劑,似乎很可應用,假使用粗橡膠來溶解於溶劑裏,則僅能含百分之八至十。

水溶劑

經過了許多試驗,想製出低黏度的乳化乳酪(*casein emulsion*)來比擬硝棉漆(*lacquer*)用的低黏度硝化棉。這事是可能的,不過他將來對於油漆上不會有何驚人之處,因爲水與油乳化着的密度(*consistency*)是一個高大數值。

硝棉漆(*lacquers*)

快乾護膜裏,逐漸要採用硝化棉,這種傾向是可預知的。在近今幾種試驗裏已指示出他的有機溶劑有可用水來代替的可能。如若能夠攙水爲稀薄劑,則其固體含量可以比較增加,硝棉漆的

一大難題就此解决。攙水還有一種新的便利,就是拿他漆在溼的物面上,不會有不黏的弊病,乳化硝棉漆對於安全方面尤爲有益,因爲他的氣體壓力(*vapor pressure*)減低,着火點也因之增高了。採用蛋白質物質來乳化或者幾種新製的柔韌劑(*plasticizer*)來乳化,對於製造乳化硝棉漆都有益助。還有幾種新製的纖維化合物將來必定也可以廣用於快乾護膜的。某種新製的纖維醯與纖維以脫,無疑的,單用或合用有極大用處。他們之中有幾種更有極大的溶解度,所以能用比較價廉的稀薄劑且無毒性。

假漆(*varnish*)

製造假漆須得極低的黏度,這是必然的,因爲要使他的成分裹含有百之九十或八十的黏着物(*binding materials*),其餘的當爲揮發物了。所以有一位有名的假漆製造家說,"一個顧客買了五桶去,倒有三桶成爲氣體從窗戶裏走出去,而只有兩桶確確實實敷在物體上。"如若要想假漆裏含的大部分是不揮發物,那末這種假漆該當有乾性和好的操作性(*working properties*)

比現在還要快乾的假漆將來一定會製出來的。我們該還記得在十年前,大多的戶外用假漆是需要十二時或十八時方乾的但是至於引用人造脂與新法煎熬以來四五小時內就乾了。如此驚人的發展將要指示將來假漆的乾燥不難同水泥一樣,能於一刻或廿分鐘內就乾固的,並且還能備有必需的物理與堅牢度呢。這種出品如若能夠製出,驚人的市場,一定實現。

橡膠

橡膠在油漆裏未曾廣用過,因爲他在紫外光線之下會很快的碎裂的。但是因爲東印度地方生產如此大量的橡膠,而且價錢又是十二分便宜,於是都相信在將來時期橡膠一定在各種油漆裏當作重要原料的。例如氯化橡膠與分化疊合的橡膠(*depolymerized rubber*)近來已經發展了,他們都能溶解很高的分量於揮發劑裏,並且生成極大的防鹼與防酸性質之護膜。這種東西現在固然還是價格很高與缺少黏性,不過加了一些適合物質進去之後,這種弊端可以除去大部分。還有在實驗室裏試以油類與樹脂加入,或者以他種物質加入之後,可以製出一種非常適合的新塗料了。

護膜片(*Situ films*)

透明的或者有顏色的纖維護膜像玻璃紙(*cellophane*)或者醋酸纖維之類,可以製成一卷一卷的像蜡光紙樣來供給漆匠應用。他們再用一些黏着劑就可將這種防水的護膜黏上物面,成功一種更新奇的裝飾,或者竟能爲防止大氣侵蝕的工具。如若拿這東西再和防銹物質或含毒顏料混和起來塗刷船身,則更可爲防虫與防水的護膜。

使用

將來油漆如果能用噴射槍來塗刷,必信其應用大可推廣,但其發展的傾向,當注意於低壓力噴射,那末他的應用則較經濟與有效。譬如有一罐油漆,在罐內就有壓力,我們要塗刷時,最好將活塞一開便可噴刷那末刷子與噴槍都用不着了。我們可以多看見些家庭間的小規模打掃或油漆事情.比用毛氈,或者一方一方穿結起來的毛氈繫在長的柄上,用快乾漆油漆地板,其工程與時間要節省不少了。中國猪毛與俄國猪毛都用不着了。因此改良的人造絲絹造的漆帚亦用不到了。

農業

我們聽着農學家說,他們能夠培植出一種樹,在一棵樹上能得生出十四種至廿種菓子來的。那末這種事實,就可以引起我們的幻想,就是把椰子樹,松樹與桐樹三者用接木培植起來後,則將來一棵樹上豈不可生出許多菓子,菓子裏就可流出許多的假漆來直接應用麽。這是農業家何等偉大與榮耀的將來事業呢,這要有一點白彭克的幻想就是了,我們不要輕看幻想,現在的幻想往往是將來的事實。例如昔年福羅來達省對於桐樹的苦心研究就是前車,因爲*fordii*桐樹是撮形狀多結果子,而*montana*桐樹是生長得快結果少,於是將*fordii*接上*montana*之後,*fordii*桐樹居然可以生長得與*montana*一樣了。

結論

奇特的幻想來預言如許將來的事物,各方的事情總可以推想到幾件,但這幾件事情或者更是夢想勝過於事實也未可知。不過,已經說過"做研究工作的人與有利物質之製造者是沙漠中之探討者,他們並不力求一時之酬報。他們眞正的目的是求工業上的新工具,更好的出品與更大的效用"。

現在美國至少有三百個良好設備的實驗室,在這許多實驗裏有有訓練的化學家與物理家不息的在工作工業問題上之研究,並且還有一二千個工業專家雇用在這許多問題上研究。所以在幾年之內,的的確確我們可以看到許多新的產物創造出來與發展起來,這種物品創造與發展,研究油漆的人是該注意的。

註:本篇譯自 *American Paint Journal Vol. 19. No. 22.*

Dr H. A. Gardner:—"Looking into the Future".

BRIEF MOMENT IN MESSRS. DORMAN, LONG & CO. LTD., MIDDLESBROUGH, ENGLAND.

BY MR. WU CHING-YUAN (吳慶源)

PART I—BRITANNIA WORKS

(1) BLAST FURNACE DEPARTMENT.

There are four blast furnaces, each of which is 90 feet in height and 30 feet in diameter. The materials charged into the blast furnace are:—

Iron ore—Phosphoric content is greater than .03%,
Non-Phosphoric content is less than .03%,

Lime stone,

Iron scraps,

Cinder (FeO),

Mill Scale (FeO),

Basic slag—It contains iron, phosphorus and lime,

The ores used are Swedish, North African and the Cleveland iron stones, the latter is carbonate of iron found in Lias. The Cleveland iron stone is calcined before it is charged into blast furnace. Calcining is the process of heat treatment for iron stone of poor quality by which the Carbonic Acid is driven off and the percentage of iron content in the form of Ferrous Oxide (FeO) is converted into Ferric Oxide (Fe_2O_3).

In the blast furnace, coke is used. The coal is pulverised first, and then is fed into the Regenerative By-Product Coke Battery, which is gas heated. The Coke Battery is divided into 120 oven compartments, each of them has front and back doors. When the coke is ready, the back door is lifted, and a mechanical ram is used to push coke out of the compartment through the front door. The coke, which is red hot, is cooled by water as soon as it is pushed out.

The pulverised coal is charged into the coke battery through two charging doors on the top of the above mentioned compartment. After filling up the compartment, the charging doors are sealed up so that no air will get into compartment and the top of the coal is levelled by a mechanical leveller working on the same. When the coal is baked, certain amount of gases are evolved. These gases are led through pipes, and then are cooled, washed and treated. By the treatments, we recover the following by products:—

Tar,

Naphtha,

Benzole (also called Benzine),

Ammonium Sulphate,

Crude oil (as creosote oil etc.)

The gas, after being treated, passes along and is used for various heating purposes as follows:—

Heating the coke battery,
Heating the steam boilers,
Heating the soaking pit in the rolling mill shop,
Heating the hearth.

If the gas is more than the demand of the works, it is sold to the gas corporation.

There are also certain amount of gases evolved from blast furnace during the operation. These gases first pass through the Dust Catchers, where heavy dust deposits and then are washed to remove light dusts. After washing the gas is also used to heat the steam boilers and drive gas engines for generating electricity.

There are several blowers which are driven by steam engines and supply air blast into the blast furnace. The air is preheated to 1600 deg. F. in Regenerative Stoves before it enters the blast furnace.

The blast furnace can last quite a long time. Its lining needs an overhaul about every five years provided the proper care is taken. Regarding the size of the coke used in the blast furnace, it is important to be uniform and not too small. For this reason, the coke is passed through a *screening machine,* and the small pieces are sold to outside people for domestic use, etc.. Every blast furnace has one or two *gas relief pipes* through which the surplus gas can escape (such relief pipes are sometimes called "candles").

When the blast furnace is tapped, samples of the pig iron are cast in the sand as well as in the iron mould to form the chilled casting. These samples are afterwards analysed by the chemical laboratory attached to the blast furnace department. This laboratory also analyses the coal, etc. The slag coming out from the blast furnace is crushed into small sizes. The small pieces of slag mixed with tar are used in making tar-macadam road surface. Lime stone is generally used in the blast furnace as a flux and together with the impurities, forms the slag. The weekly production of the pig iron in this department is said to be 2,000 tons per furnace.

(2) THE STEEL PLANT.

The molten pig iron from the blast furnace is taken to the steel plant, and is poured into the *Mixer*, in which the silicon and sulphur contents in the iron are eliminated to a certain extent. The steel scraps, iron ore and lime stone are also put into the Mixer to give the molten iron the preliminary treatment. Usually, the limestone is the first thing to be charged into mixer, then steel scraps, iron ore with lime stone mixed, and the molten iron from the blast furnace is poured into the mixer last. The same operation is repeated when another addition of the molten iron is made. The iron ore is added to eliminate the silicon, carbon and phosphorus; and the lime stone is added to form the slag which carries away the silica, sulphur and phosphoric acid. The slag from the Mixer contains a great deal of silica, and is used for making road surfaces; while the slag from the steel hearth contains a great deal of phosphorus as phosphate of lime and is sold as fertilizer after it has been ground into powder.

The Basic Open Hearth Steel Furnace consists of a large oval-shaped shallow bath from 2 to 3 ft. deep which contains the metal and slag during the steel making process. The side walls and roof are placed above this, and at both ends of the furnace are regenerators for air and gas entering the furnace. These regenerators are heated by waste gases which have already done duty in the furnace and leave it about 1500 deg. cent. Every half hour, by a central valve, the current of air and gas is changed; the cold gas and air pass through the regenerators previously heated as above stated whilst the outlet gases now go to heat again the regenerators which have been cooled down somewhat during the passage of gas and air in the previous half hour. It is only by this regenerative system, properly applied, that the steel furnace bath can be made hot enough for making steel under the best conditions. The gas and air meet at the entrance of the furnace and burst into flame which traverses about half the length of the furnace. The roof and sides of the Basic Open Hearth Steel Furnace are lined with silica bricks which do not come into contact with the molten metal. Beside silica bricks it is lined on the bottom with the magnesite bricks and burnt dolomite which are in contact with the molten metal. Between the silica and the magnesite bricks, the neutral (usual the chrome) bricks serve as lining. The bottom of the hearth is made by burning or fusing in on top of the magnesite bricks layers of burnt dolomite mixed with a little basic slag, the upper layers burnt dolomite only. Both the slag and the dolomite arc melted onto the bottom. Sometimes, the bottom is covered by a mixture of ground dolomite and hot tar, which are rammed hard with red-hot rammer. The result of such a bottom is not as good as the former one.

The lime stone, iron ore, etc. are charged into the hearth by mechanical charge machine, and the molten metal from the Mixer is poured into the hearth by means of ladle. After the metal has been boiling in the hearth for some time, a sample is taken to be analysed. From this analysis, we determine how much of the iron ore, lime stone, flourspar, mill scale (iron oxide), etc. are to be charged into the hearth so that it can yield the steel required. The oxygen contained in the mill scale, etc. will remove the carbon and enable the slag to absorb phosphorous and sulphur. Another sample is taken and analysed after a certain time, and so on until the steel has acquired the required property. Now it is the time for tapping, and the metal in the hearth is boiling gently.

When the molten steel is ready for tapping, the furnace is tilted over to let molten steel run out into the ladle, which is held in position by crane. Sometimes anthracite coal (in fine powder form) is thrown into the ladle before all the molten steel has run down into it to increase the carbon content in the steel if it is required. Similarly the ferro manganese or the ferro silicon is thrown into the ladle to give steel the required contents. These will also quieten the molten steel in the ladle, help to make sound steel ingot, and give steel the required amount of manganese and silicon. A few shovels of ashes are thrown into the ladle when it is filled up in order to stop the excessive boiling and frothing of the slag in the casting ladle.

Next, the furnace is tilted back, and the ladle, which holds 75 tons of steel, is taken to the moulding side. The steel is poured into the mould through a hole (1″ in diameter) at the bottom. This hole is opened and closed by means of special lever made of iron bar surrounded by the fire clay sleeves. When the molten steel fills up the mould, small pieces of aluminium are thrown into it. The purpose is to eliminate the blow holes in the steel ingot. Just before the molten steel runs into the mould, ¼ pint of coal tar is poured into the mould first. The coal tar will be set on fire at once when the molten steel begins to run down into the mould, and it will provide an oily film inside the mould. This oily film will give the ingot a better surface, and makes it easier to be taken out from the mould.

The mould for casting the ingot should not be too hot nor too cold. It is desirable to be about 100 deg. C. Some ingots are cast in the mould with larger end on the top, and others are cast in the mould with smaller end on the top. Usually, the important ingots (for engine axles, etc.) are cast in the mould with the larger end on the top.

While the steel is pouring into moulds a small ingot test sample is cast. When this ingot is taken out of the mould, it is forged flat and drillings are taken and tested in the laboratory to ascertain its carbon content. The drillings are burnt in an electrically heated tube in pure oxygen. When the drillings are burnt, CO_2 is formed. The volume of the CO_2 and oxygen is measured and noted. Next the CO_2 and oxygen are passed through Caustic Potash, which dissolves CO_2 gas and leaves the Oxygen alone. By comparing the two volumes, we know the volume of CO_2 at once. Finally from the weight of the drillings used and the weight of CO_2 gas formed, the carbon content can be ascertained in about 10 minutes time (the electrically heated tube is a porcelain tube).

The ladle holding the molten steel is lined with fire bricks which should be dried perfectly. The fire clay sleeves surrounding the iron lever for opening and closing the hole at the bottom of ladle should be used once only for safety.

The steel plant also has four gas producers. The coal is burnt in the producer with a limited amount of air so that CO is formed instead of CO_2. At the same time, steam is blown over the burning coal, and is decomposed to form more CO gas which with the hydrogen will give the gas a greater caloric value.

(3) MILL SHOP.

When the steel ingots are taken out from the mould, they are sent to the mill shop. First, they are put into soaking pit, which is a brick lined chamber built in the ground. When the ingot is well soaked, and heated till red hot, it is taken out to be rolled in the mill. It usually passed through the *cogging mill*, the *roughing mill* and then the *finishing mill*.

The mills are driven by the steam engine or electric motor. The horse power of the engine or the motor may be 12,000 to 16,000 H.P. The mill rolls are made of forged steel or cast iron, the former is suitable for rolling large sections and the latter for small sections. In order to give the article rolled a very smooth surface, we usually use the chilled cast iron roll on the finishing mill. The articles after being rolled are straightened by hydraulic press or by *mangling machine* as the case may be. In this mill shop, they can roll steel angle of 12″×12″×1¼″ from a bloom of 14″ square. It passes through 11 different rolling stages. This is supposed to be the largest steel angle to be rolled to-day.

This shop has a boiler room, which supplies steam for the steam engine and the turbo-generator. This shop also has a machine shop where all the rolls are turned, and designed. The design of the mill roll is not easy and requires long experience. Next to this shop there is a cooling bank where the rolled articles are air cooled before they are straightened.

The following sketch shows roughly the flexible coupling which enables the top roll to be moved up and down and to be driven by the engine or the motor by means of the pinion at various positions.

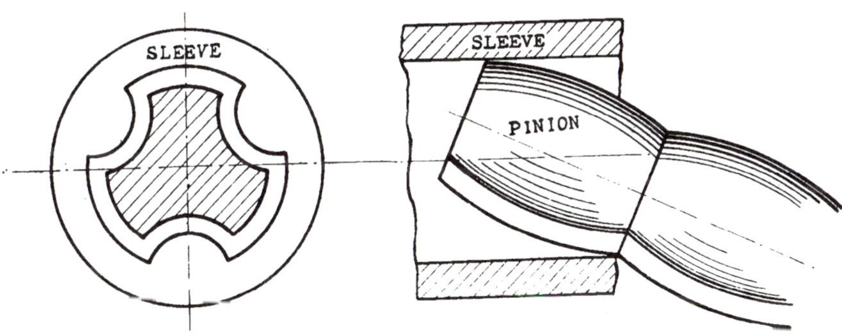

(4) SHEET WORKS:

The steel sheet bars made in the Mill shop are rolled into sheets. The sheet rolling mills are driven by a large common shaft which carries a very big flywheel. This flywheel has a diameter of 30 ft. and a weight of 150 tons. It has a normal speed of 30 R. P. M. and has a stored energy of 5,000 ft.-tons. An 1,800 H. P. electric motor drives this flywheel by means of ropes.

The sheet mill roll rotates in one direction, and does not reverse as the rail or bar mill rolls do. First cut the sheet bar to a certain length, then the bar is heated, cleaned by brushing with a bloom wetted in water and finally put between the rolls. They usually roll two bars at one time but separately. When the bar is rolled out, they put two bars, each of which is in sheet form, together (one above the other) and roll them again. The two sheets will become bigger and bigger, then they are separated again, and with the two outside surfaces together they are folded up to form four layers. These four layers of steel sheets are heated and rolled in the mill again until the required width and thickness are reached.

The top roll is not driven at all, only the bottom one is driven. The top one can be lifted or lowered by gear to give various gaps for various thicknesses for the sheet. It is interesting to note that the roll diameter is a little smaller in the middle, and this allowance in the diameter is put on the roll by the grinding machine. During the rolling, the rolls are in touch with the red hot steel, and the temperature of the roll will be hottest in the middle, and therefore it will expand more than it will at the two ends. With the above mentioned allowance, the roll will have the same diameter in its whole length when heated and thus the even thickness of the steel sheet can be obtained.

The rolls are of close grain cast iron. One roll costs about £150. When I was in this shop, a top roll, which has been in service for 150 hours, broke into two. The motor was stopped, and another top roll replaced, and then the motor was started again. As several rolling machines are driven from a common shaft, the breakage of one roll, say the bottom roll, will upset all the other mills. Sometimes, the breakage is so bad that it requires to reset all the rolling mills before we can start the rolling again.

The sheet, after being trimmed on the shearing machine, is annealed. The sheet is put into an iron vessel, which is sealed afterwards, and placed on a moving track. This moving track carries the vessel along slowly through a long furnace. This vessel remains in the furnace about 24 hours, and then is taken out to be air cooled. Usually, 24 hours are allowed for the air cooling, after that the sheets are taken out.

Next, the sheets are straightened by the *hydraulic "Patent Flattening" machine*. On this machine, 6 or 8 sheets together are held tightly at two ends. Then the sheets are stretched by the machine. By doing this it will lengthen the sheets a little, and make them straight. If the sheets are still not straight, they are straightened by going through the rolling mill but they are not heated in this case.

If the sheets are to be galvanised, they are pickled first in the HCL solution. Then they are washed in water and passed through molten zinc with salammoniac as the flux. The zinc coated sheets pass through water again to be cooled, and then pass along over the coke fired bed to be dried. After drying, the galvanised sheets are ready for sale. The galvanised sheets can be easily corrugated by male and female dies of various designs.

(5) WIRE MILL.

1. The Mill:—The wire is made of steel billets, which are 2″ square and 30 ft. long. The billets are first heated in a gas fixed furnace. Care should be taken that the gas fire should not touch the billets directly as it may alter the chemical quality of the billets. They are taken out one by one when red hot, and fed into the mill through a guide. There are 17 pairs of rolls, 8 pairs on one side and 9 on the other. When the billet passes the first pair of rolls, it enters another guide, which twists the billet a little, and then into the second pair of rolls. It then passes into another guide, which again twists the billet, and then into a third pair of rolls and so on until it leaves the 8th pair. At this time, the billet is led to a steel plate, and rounded over a pulley, and then is put into another guide and then the 9th pair of the rolls and so on until it leaves the 17th pair. When the billet leaves the 17th pair, it runs into the *wire winding machine*, which is driven in such a way that it will take the red hot wire as it leaves the last pair of rolls.

The billet becomes longer and longer after passing each pair of rolls, therefore the first pair of rolls revolve at a speed of 30 R.P.M. while the 17th at 900 R.P.M. The wire at the finishing end travels at a speed of 28 miles an hour. The finishing wire at this stage may be 3/16 in. square or 3/16 in. round.

The rolls are kept cool by water, and the top and bottom rolls are brought close or apart by means of wedge adjusted by the screw lever. When the rolls are turned on the lathe, the top one is turned and cut first, and then the bottom one is turned and cut with the top one as guide. Each roll has 37 grooves. When one groove is worn out, we simply shift the guide and use another groove. Each groove can be used for about a week.

The motor which drives wire mill has 1200 H.P. In case the billet gets jammed in the rolls, the billet is automatically cut in front of the first pair of rolls and thus prevents any possible danger and wasting of the material.

2. Watering the rolled wire:—In the old time, it was accidentally found that the wire can be drawn out much easier through a hole in a

steel plate if the wire, which is in crude form, has a coat of rust due to moisture.

When the wire is taken out from the *wire winding machine* in the mill, it is already in coils. These wire coils are sprayed all over with cold water. Keep on watering now and then to keep the wire coils wet until it forms a kind of "*chocolate* colour" coat all over the wire. The longer the wire is to be drawn, the deeper is the colour of the coat.

When the wire coils attain the proper coat, they are dipped into HCL solution (about 20% concentration), which is kept in a tank built of big stone slabs. After they have been in the solution for about 15 minutes, they are dipped in a lime water tank. Before dipping in lime water they should be washed by water from a hose for a few seconds. The lime water will neutralize the acid which may remain on the wire coils, and also prevent the wire from rusting afterwards.

Next, the wire coils are dried in a hot room. This room is provided with hot air.

3. Drawing:—The dried wire coils are sent to the wire drawing room. Before drawing, the end of the wire is ground to a sharp point. Pass the sharp end of the wire through the drawing plate hole and then it is held tightly by the drawing disc. As the drawing disc rotates, the wire is drawn through the hole and wound round and round on the cylindrical drum of the drawing machine. Each drawing plate has about 18 holes. When one hole is worn out the other hole is used. The soap is used as a lubricant for the drawing plate hole. The wire is drawn through different drawing plates with holes of different sizes until the wire reaches the required gauge.

4. Testing of wire:—When the wire is drawn to the finishing size, it is then tested according to the British Standard Specifications.

5. Galvanising of wire:— The wire to be galvanised should contain comparatively low percentage of carbon. It is first heated in a lead bath. The surface is covered with charcoal to keep the bath as hot as possible. From the lead bath, it passes into another bath of $NaCo_3$, Sodium Cynide and common salt. Then it passes into a tank of boiling water to be washed and kept hot. Next, it passes into HCL tank, boiling water tank, and finally into a bath of molten zinc. This zinc bath is also covered with charcoal dust to keep hot. The wire is pulled out from this zinc bath by a motor driven pulley. The galvanised wire is cleaned before being wound on the pulley by passing through a handful of wool which is held in position at the edge of the zinc bath tank.

6. Testing of the galvanising:— The galvanising is tested according to B.S.S. by dipping the wire in the copper sulphate solution at 60 deg. F.

7. Black varnished wire:— The wire is heated first in a tube which is heated to red heat in a furnace. The idea of heating the wire in the tube is to get an even heat. Then it passes into a bath of coal tar and *anthracine oil*. This oil is a quick drying agent. The varnished wire is also cleaned by means of wool as above mentioned.

8. Wire to be patented:— The wire which is required to stand great strength and is made of high carbon steel up to 0.8% or 0.9% carbon should be patented before it is dried and drawn. The "patenting" means heating the wire in a red hot tube as in the case of black varnished wire. In this process, the temperature is very particular. It is heated in such a way that the scale is peeling off from the wire. The wire is afterwards air cooled very slowly.

9. Welding rod:— The welding rod is also made here. The wire is rolled, drawn, straightened, and cut into various lengths.

10. Wrapping machine:— The wire in coils is wrapped up by machine. It is wrapped with coarse cloth and water proof paper to protect the wire from getting wet and rusting. Before it is wrapped, the beginning and end part of the wire is carefully tested. Usually the worst part of the wire is at the two ends.

11. Staple and barbed wire making machinery:— In this wire mill, there are several staples and barbed wire machines. The barbed wire machine is very interesting. It is a German machine. Messrs. Edward Brand, 49, Adam Street, London, is the sole agent of this machine in England.

12. Wire drawing speed:—The speed is as follows:

Low	carbon	steel	wire,	thin	gauge	....	240	ft. per	minute.
,,	,,	,,	,, ,	thick	,,	....	550	,, ,,	,,
High	,,	,,	,, ,	thin	,,	....	120	,, ,,	,,
,,	,,	,,	,, ,	thick	,,	....	240	,, ,,	,,

PART II—CLEVELAND WORKS

1. Moulding the Ingots:—

The steel when it is "wild" contains occluded gases which render it unsuitable for castings, and it is necessary to "kill" it. At one time this was done by keeping it at the casting temperature for a long period, which might be as much as 1½ hour. By using small quantities of aluminium, ferro-silicon, and ferro-manganese we can reduce the time necessary to not more than ½ an hour, even 10 minutes being found sufficient under some circumstances.

When we pour the steel into the ingot mould, lumps of aluminium are thrown into the mould to "kill" the metal so that the occluded gases can escape and better ingot is formed. Such ingot is called the "killed ingot".

When we cast the ingots for sheet making, it is not necessary to "kill" it as the sheet usually requires smooth surface not strength. This kind of ingot is called "rimmed ingot".

2. Gas Producers:—

Gas producers are used for making the gas to melt the steel in furnaces. The flue gas leaving the steel furnaces is utilised to heat the boilers before it goes up the chimney.

3. Ascertain The Carbon Content of The Steel:—

When the steel is ready to be tapped, a sample is taken out, cooled, and drillings are taken. The drillings are sent to the Chemical laboratory through the pneumatic tube. It is preferred to have the laboratory situated away from the Steel Plant in order to avoid dust and vibrations.

The Carbon content is ascertained in two ways so that they check each other.

(1) Steel drillings are burnt in Oxygen, the Carbon in the steel forms CO_2, which passes along in a U-tube together with certain amount of unconsumed Oxygen. Later, they are forced into Caustic Potash solution, which dissolves CO_2 but not Oxygen. By taking readings of the gas before and after CO_2 is dissolved, we know how much CO_2 was formed. The weight of the steel drillings is known, and now the weight of CO_2 can be calculated, therefore we can find the percentage of Carbon.
(2) Steel drillings are burnt in the Oxygen, the CO_2 is formed as before. The CO_2 is absorbed by the asbestos which has been soaked in Caustic Soda and is placed in a bottle. The bottle is weighed before and after CO_2 is absorbed. From this difference of weight (weight of CO_2) we ascertain the percentage of Carbon.

4. Manganese Steel Slab For Breaking Coke & Other Hard Samples:—

The slab used in the laboratory for breaking coke and other hard samples is made of steel containing high percentage of Manganese so that it can stand the blow without breaking the slab surface to be mixed up with the sample.

5. New Blast Furnace:—

The Hearth, bosh, and part of the body of the new blast furnace are all water cooled. This improved cooling system lengthens the life of the furnace lining. I also saw a blast furnace, which is cooled by water pipes, having small holes and surrounding the whole furnace, because the furnace lining has become so thin that the blast furnace body would be red hot if not cooled like this. This furnace requires the new lining badly.

6. Spare Carriage For The Rolling Mill:—

When a certain section is rolled another set of rolls for another kind of section can be set in a spare carriage, which can be placed in position as soon as the former section has been finished. This saves much time.

PART III—REDCAR IRON & STEEL WORKS

1. Steel Plant:—

There are 400-ton Tilting Mixer, 75-ton Stationary Openhearth Furnace, and 80-ton Tilting Furnace. When I visited there, the Stationary Furnaces were in action. The bottom of the furnace is lined with magnesite bricks, then neutral bricks and then silica bricks in the upper part and roof of the furnace. Silica bricks are cheaper and can stand the heat better. They also use a certain amount of steel tubes filled with magnesite cement among the silica bricks. They find that these tubes greatly strengthen the furnace lining.

2. Cogging Mill:—

The steel ingot is heated in a *regenerative soaking pit.* It is then rolled to slab in the Cogging Mill, and it is finally sheared into the required length. The shearing machine is hydraulically operated. The hydraulic pressure is 2 tons per sq. in. (using steam intensifier valve).

3. Plate Mill:—

These slabs are heated in a gas fired furnace. After heating they are rolled into plate. There are roughing and finishing *plate mills.*

During the rolling in the roughing mill the plate can be turned horizontally by a hydraulic manipulator so that the plate is rolled both longitudinally and cross-ways. The rolls are water cooled.

The scale on the rolled plate is cleaned by the water from a hose pipe. Then salt is thrown onto the rolled plate, which is still red hot. An explosion occurs, which blows away the scale formed on the plate. Finally the plate is mechanically shifted to the finishing mill to be rolled to the finishing thickness.

A 6000 b.h.p. motor is used to drive these two plate mills. The maximum capacity of this motor is 20,500 b.h.p. at 1500 volts and 40 r.p.m.

4. STRAIGHTENING:

After leaving the mill, all plates are put through a heavy *mangling machine*, which straightens the plates and gives a remarkably good finish.

5. MARKING OFF:

After plates are straightened, they are placed on the cooling bank, and are marked on the edges for cutting into the required dimensions by *Shearing machine*. The cranes carrying magnetic lifters are used to move the plates anywhere as desired.

6. UNIVERSAL MILL:

This *Universal Mill* is built by Messrs. John Musgrave and Sons Ltd. Bolton. There are two vertical rolls on each side of the horizontal ones. It produces universal plates from 12″ to 45″ wide and up to 90 ft. in length, and from ¼″ to 2″ thick. The plates have perfectly square edges, and after putting through the mangling machine and the *Universal hot-edge straightening machine*, they are ready for use. The vertical rollers can be taken off to enable plates up to 6 feet wide to be rolled when required.

This Universal mill is motor-driven. The continuous capacity of the motor is 4000 b.h.p. at 50 R.P.M. Its maximum capacity is 11,000 b.h.p.

7. THE PLATE ROLLS:

The rolls are made of cast iron and forged steel. The cast iron rolls are chilled to get better surface and are used for the finishing rolling.

8. THE MICROSCOPIC PHOTOGRAPH:

Focus the camera lens through a microscope. A light proof sleeve is fixed over the camera lens and the top of the microscope. There is a small hole in the lower part of the microscope, through which the electric light is focussed and then is deflected on the object by means of a prism. With a strong light on the object, the exposure time only needs about 15 seconds.

The microscopic photograph is very useful. We study the various physical conditions of the steel by its help.

PART IV—NORTH SKELTON MINE

Messrs. Dorman Long and Co. own several iron stone mines in the middlesbrough district. I visited their North Skelton Mine, which is 720 ft. below the ground level.

The iron seams can be found at small and also at very great depth. In this mine, they work right into the seam until the seam finishes. When they reach the end of the seam, then they work backwards towards the main shaft. When they work backwards then they will take all the iron stone in the seam.

The explosives are used to break the stone, which is then broken up into small pieces, which are loaded in wagons to be taken up. The explosives are inserted into holes which are drilled by hand or pneumatic drill. It is interesting to note that the pneumatic drill is hexagonal, and there is a hole running inside of it. During drilling, air is blown into this hole to force the stone dust out of the hole drilled in the stone. The idea of having a hexagonal drill is to provide the space for the stone dust to be forced out.

Boiler Room:

Marine type boilers are used. The coal dust from the company's coal mines is used as fuel. There are troughs underneath the grate, and in these troughs steam jets are fixed. By turning the steam through these jets, the draft is increased and better combustion is obtained. They told me that their boilers steam very well. The feed water is preheated by the exhaust of the steam engine, and then heated in the economiser before it is fed into the boiler. This, of course, is a great saving in fuel.

Steam Engine:

This engine is used to hoist the cages up and down the main shaft. A "dead man's" control is fitted so that it will automatically stop if the driver should faint or any other accident should happen.

Forge shop:

This shop does all the forging and repairing work for the mine.

Timber columns:

The wooden columns are used in the mine to support the opening. The vertical wooden pillars have the bottom ends tapered as shown in the sketch.

Experiment shows that by tapering the end, less wooden pillars (which usually break in the middle) are broken. This means saving a great deal of money.

Stables:

There are several stables in the mine. They are kept very clean, and white washed every three months.

The iron stone seam:

In the iron ore seam, it is about 9 ft. in height therefore it is more comfortable to work than in the coal mine. The naked acetylene lamp can be used in the iron stone mine.

Tracks:

Tracks are laid down in the mine for transporting the iron stone. They are pulled over the highest point by rope and then run down to the main shaft by its own gravity.

Pumping Station:

The water in the mine is collected in a reservoir and then is pumped out in the night, because electricity is cheaper during the night. I saw they were erecting new electric motor of 50 cycles, which is the standard fixed by the Board of Trade. This shows how important the standardisation is, and we, in China, should have such standardisation as soon as possible to avoid the expense of such alterations.

Workmen's Wages:

The piece work system is adopted. Every truck of stone coming up is weighed by staff and checked by the workmen's representative, who is paid by the workmen's union. This will ensure satisfaction on both parties.

(By courtesy of Messrs. Dorman, Long & Co. Ltd.)

Fig. 1. This shows 4 blast furnaces with the calcining furnaces at the back. In the front, it also shows the special wagons for conveying the slag and Molten iron from the blast furnaces.

(By courtesy of Messrs. Dorman, Long & Co. Ltd.)

Fig. 3. This shows the discharging side of the Coke Oven Battery.

(By courtesy of Messrs. Dorman, Long & Co. Ltd.)

Fig. 2. This shows the Regenerative By-Product Coke Battery with high chimney at each end.

(By courtesy of Messrs. Dorman, Long & Co. Ltd.)

Fig. 4. This shows the tapping of the blast furnace.

(By courtesy of Messrs. Dorman, Long & Co. Ltd.)

Fig. 5. This shows the general view of the platform in the steel plant with the mechanical charge machine on the right and open hearth steel furnaces on the left.

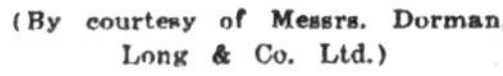

(By courtesy of Messrs. Dorman, Long & Co. Ltd.)

Fig. 6. This shows the tapping side of the open hearth steel furnaces.

(By courtesy of Messrs. Dorman, Long & Co. Ltd.)

Fig. 7. This shows tapping of steel furnace.

(By courtesy of Messrs. Dorman, Long & Co. Ltd.)

Fig. 8. This shows pouring steel into the ingot mould.

(By courtesy of Messrs. Dorman, Long & Co. Ltd.)

Fig. 10. This shows an ingot being taken out from soaking pit to the roughing mill to be rolled.

(By courtesy of Messrs. Dorman, Long & Co. Ltd.)

Fig. 9. This shows the ingots being stripped in the Stripping Shed (ingots).

(By courtesy of Messrs. Dorman, Long & Co. Ltd.)

Fig. 11. This shows the cogging mill, where the ingot is rolled first.

(By courtesy of Messrs. Dorman, Long & Co. Ltd.)

Fig. 13. This shows the Cooling Bank next to the Rolling Mill Shop.

(By courtesy of Messrs. Dorman, Long & Co. Ltd.)

Fig. 12. This shows the roughing and finishing mills.

(By courtesy of Messrs. Dorman, Long & Co. Ltd.)

Fig. 14. This shows the steel rail being straightened.

(By courtesy of Messrs. Dorman, Long & Co. Ltd.)

Fig. 15. This shows the steel rail being cut into required length by the Hot Saw when it goes through the rolling mill.

(By courtesy of Messrs. Dorman, Long & Co. Ltd.)

Fig. 17. This shows the big flywheel in the Steel Sheet Rolling Mill Shop together with the Rolling Mills, Heating Furnaces etc.

(By courtesy of Messrs. Dorman, Long & Co. Ltd.)

Fig. 16. This shows the steel rail ending machine.

(By courtesy of Messrs. Dorman, Long & Co. Ltd.)

Fig. 18. This shows the Steel Sheet Annealing Furnace.

(By courtesy of Messrs. Dorman, Long & Co. Ltd.)

Fig. 19. This shows the Steel Sheet Galvanizing Plant.

(By courtesy of Messrs. Dorman, Long & Co. Ltd.)

Fig. 21. This shows Wire Drawing Benches.

(By courtesy of Messrs. Dorman, Long & Co. Ltd.)

Fig. 20. This shows the steel sheets being corrugated.

(By courtesy of Messrs. Dorman, Long & Co. Ltd.)

Fig. 22. This shows the Wire Black Varnishing Plant.

(By courtesy of Messrs. Dorman, Long & Co. Ltd.)

Fig. 23. This shows the New Blast Furnace in Cleveland Work. It also shows the Dust Catcher situated on the left side of the Blast Furnace.

(By courtesy of Messrs. Dorman, Long & Co. Ltd.)

Fig. 24. This shows the steel rail undergoing the drop test.

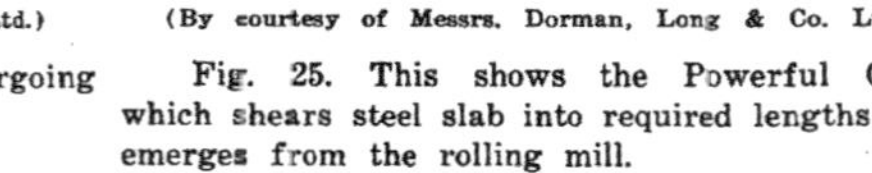

(By courtesy of Messrs. Dorman, Long & Co. Ltd.)

Fig. 25. This shows the Powerful Cutter which shears steel slab into required lengths as it emerges from the rolling mill.

(By courtesy of Messrs. Dorman, Long & Co. Ltd.)

Fig. 26. This shows the Reheating Furnace for slabs.

(By courtesy of Messrs. Dorman, Long & Co. Ltd.)

Fig. 28. This shows the Castor Shears for shearing the steel plates.

(By courtesy of Messrs. Dorman, Long & Co. Ltd.)

Fig. 27. This shows the Cogging Mill for the steel plate.

(By courtesy of Messrs. Dorman, Long & Co. Ltd.)

Fig. 29. This shows the Magnet Crane for lifting steel plates.

(By courtesy of Messrs. Dorman, Long & Co. Ltd.)

Fig. 30. This shows the Universal Mill.

(By courtesy of Messrs. Dorman, Long & Co. Ltd.)

Fig. 31. This shows Universal Hot-Edge Straightening Machine.

(By courtesy of Messrs. Dorman, Long & Co. Ltd.)

Fig. 32. This shows the Edge Planing Machine. When particular edge is required, the plate edge is planed by this machine.

記桂林之游

陳 柱

自蒼梧解纜，帆腹方孕，櫓聲亂雁，青山夾岸，綠髮長眉，臨水作鏡，翩翩自憐。凡二日，抵馬江，地如半島，居戶星稀，炊烟數條，因風斷續，信宿而去。層松亂竹，被嶺塡壑，青翠上流，雜以紅葉，益見玲瓏，倚枕看山，久不知倦。俄而水聲澇湃，舟人哀號，手足忙亂，如臨大敵，孤舟飄搖，坐不得定，知是上灘也。舟人告予曰；是爲羊灘。行三日，抵昭平，再行上松陵峽，箭流雷激，石浪雲飛，舟子氣竭，咫尺不弃，水小於海而險於海，石猛於虎而餓於虎，纜愈東牽，船益西向，稍一不支，便膏石齒，諺所以有拚命上松陵，妻子嫁別人之言也。自此以上，所經有稱鉤，竹港，下桂花，上桂花，怒，飯，勞力，象棊，大黃牛，小黃牛，大弓，金雞，白馬，上標，小貝，大貝，七里，大峽，小峽諸灘，每上一灘，叫呼之聲，如萬馬同嘶，和以鄰舟數十，又如秦人阬趙長平之卒，哭聲震天地，令人神凜骨驚。忽而齊聲曼唱，又如樂作，則灘盡出險矣。又閱二日，抵平樂，恭城河與灕水合流處頗似蒼梧灕江與西江合流處也。又三日，抵陽朔，經留公塘，凡前所經，川流皆峽，至此河面忽擴，局勢頓開，有如湖然，故以塘名。陟岡登寺，無數遠峯，咸集眼底，高者如人，或老或少，或男或女，靡不肖焉，橫者如獸，或如羣羊出牧，爭走後先，或如老馬伏櫪，志在千里，玲瓏者如玉，叢集者如筆，遠樹疑人，山樵似狖，水則百尺見底，彌望無波，白石搖搖，如在水面，遊鱗上下，如在空行，愛不忍舍，衮回數圜，忽以黃昏，維舟山下，酤酒山邨，釣魚曲渚，二三詩徒，陶然使醉。清夢才就，淒然又醒，徹聞灘聲，遙和鶴叫，愛其清冷，倚檣而吟。漁鐙三兩，如星隱現，山疲欲睡，月寒依人，團團白露，催我二毛，歸戶就寢，逾時欲旦。白日未出，先之以霞，羣峯冠之，如芙蓉萬朶，卓立天池，不知何處，更能得此偉麗，雖萬西湖，豈能易哉。行未遠，抵馬山，一名畫山，千丈縣崖，如家壁立，舟人云，有馬十二匹，人愈貴者見馬愈多，岑春萱能見十匹，予言能見十一匹，舟人不信，曰，先生豈能貴於岑春萱，予曰，岑所貴在官，我所貴在我，舟人不能解也。二日，抵桂林，山勢更偉，氣象萬千，逸不及留公塘，雄乃過之。千峯萬嶂，爭長追高，直欲雄據青天，自爲邦國，飲漢吞日，以爲生活，豈止千巖競秀，萬壑爭流。留公塘如綽約處子，桂林如燕趙悲歌慷慨之士，留公塘如晉宋人，桂林如秦楚之際人，留公塘如讀李長吉詩，桂林如讀孟東野詩，留公塘如讀世說新語，桂林如讀項羽本紀，留公塘如二王墨妙，桂林如北碑。

登獨秀峰，金廣詩所謂峨峨玉筍班，獨秀如卓筆，其高六十尋而衰五之一者也。山在王城內，孤標特立，氣欲干雲，遠望諸峰，環拱而朝。山下有讀書巖，顏延之讀書處也。有石刻黃山谷書五君詠，顏詩險澀，黃書聳拔，亦足以況桂林諸山。西麓有太平巖，俗名劉海洞，又有雪洞，在山之西壁，石乳下垂如雪。

伏波山，兀立江濱，高可千丈，與獨秀峰可稱南天雙柱，遙相顧盼。上有伏波將軍祠，下有還珠洞。洞下臨淵，其深百尺，水齧山根，波搖山影，山之綠與水之綠相加，其和如萬丈碧玉，平鋪江面，紅日卓午，金光煥發。吾嘗登山巔，得句云，孤峯敲白日，墜水作琉璨，後竟不能續也。還珠洞，去水面不深，非舟不達，廣十餘丈，夏夜飲酒，涼氣滌人，雖一石亦不醉也。

七星山，七峯位如北斗七星，故名。山下有巖曰棲霞洞，初抵山前，萬樹迎人，風吹綠動，作招手狀，巖口函然，如人張口，內高廣可數十丈，石皆作駭濤形，窗日斜窺，又作雲霞色，疑女媧氏時天卽似此也。上有巨鰲，負天而飛，巨口長尾，或曰此古代鰲魚化石也，理或然矣。束柴作鐙，魚貫進洞，洞口甚小，低者蛇行，高者猨攀，每過一小口，則穹然洞開，如阿房長揚，大者或數倍，奇石無算，皆石乳所成，盡作龍鱗形，有由下而上者，有自上而下者，有上承下指如張齒者，有上下相連如柱者，其形有如刀者，如劍者，如俎豆者，如牀几者，如硯者，如筆者，有如鐘鼓者，伐以巨石，此鳴彼應，聲回回如春雷然，有如鳥者，有如獸者，有長而蜒蜿如游龍者，有高而落落如長松者，翼然起者如飛鸞，毿然旋者如舞鶴，幽思者如征婦懷人，怒髮者如壯士去國，有靜如佛者，有玄如道士者，有如公孫大娘舞劍器者，有如王景略捫蝨而談者，有如農人耕田者，有如漁父張網者，凡長人封狐，雕題黑齒。雄虺九首，以及鬼夜哭，馬生角，雞三足，臧三耳，卵有毛，丁子有尾，鉤有鬚，昔以爲誣，今皆實有。下有澄潭，潛流千里，或云通湘之九疑也。其深不測，墜以石，則隆隆之聲，數十擊而後息，蓋每墜一石級，擊石一響，愈深則響愈微矣。委折凡數十迴，如經數十天地。雕刻衆形，出造化意外。微光一點，遠望如星。行抵石橋，忽穿山背，其水清冷，觸之如冰，飲之者有夷齊之志矣。禹潦不滿，湯熯不枯。出洞登峰，七淩其五，倦雲屢墜，驚石欲飛。

桂山在城內東北隅，古多桂樹，故名，桂林之得名，當亦以此。山有三峰，或曰，前峰昂昂如獅首，中峰宛轉如獅身，後峰巃嵸如獅尾，然則何不一名獅山乎。巨石片片，如役萬夫所疊，故又名曰疊綵山。山上有洞，曰風洞，一穴噫氣，雖夏猶寒，何必萬竅怒號哉。穿洞而望，則堯山隱天，孤高自賞，灕江如帶，繚山成圍。

鬥雞山在灕江邊，抗敵之意，令人肅然，是在遠觀耳。

象鼻山，亦名灕山，在城南二里，何來香象，獨立江中，掀鼻成巖，空明如月。舟逕其內，如游月宮，嗟乎，天月如水，水月如天，如此人間，何必天上。

茹經堂畫記

陳柱

震澤自神禹底定,實爲東南之奥區,吐吞七十二峯,黿蚪之都,禽獸所京,容涵淵停,于何不有,神明之氣蓋與天地通流矣。其東有五里湖,五里湖之西,有寶界山,實爲明時王仲山先生父子隱居讀書之處。歲在閼逢,吾師唐蔚芝先生七十縣弧之辰,門弟子張廷金胡端行傅煥光等,建言於衆曰,吾師以孔孟之教,教國中數十年,弟子遍天下,多能守吾師之教,以道德文章工業聞於時,吾師之教在人心,吾師之功在國家,當茲覽揆之朝,其可以無紀。僉曰,然。於是相地茲山,勼工亼材,不陋不奢,高閣飛甍,出入雲烟,朱門崇垣,玲瓏湖干,足以隆道尊師,足以紀綱人倫,工既終功,名曰茹經堂,仍吾師舊名也。春夏之交,雨時風和,萬物並育,山木扶疏,大明在天,炎熊混茫,湖光萬射,搖人目光,同登斯堂,怳見聖人之和。一葉驚秋,萬竅怒號,四山無聲,廓然雲霄,湖水千尋,欲見其底,鱗鱗秋波,與天爲際,同登斯堂,怳見聖人之清。霜雪既降,朔風如戟,波猋浪沒,萬怪惶惑,碩果既濳,飛龍遯穴,天地癝烈,陰極陽動,含章待發,同登斯堂,怳見聖人之任。若夫天地之精,湖山之靈,消息虛盈,與時降升,魚以之躍,鳶以之飛,如見聖人之時,尤斯堂之大觀哉。東望九龍,崇山制天,西望黿頭,拔浪汲淵,南望蠡園,又南爲仙蠡墩,則春秋時教越王句踐十年生聚,十年教訓以覇國讎拯國難,功成身退,放浪湖山,自號鴟夷子皮者之遺跡也,吾師之門儻亦有聞風興起者乎?語畢,相與揖拜獻爵,以爲吾師壽。吾師斂然辭讓曰,鄙人何足以當之;雖然,宜聖講學,後有況軻,不挫秦燔,終興漢劉,宋有程朱,明則陽明,武功於時,成興將來,鄙人老矣,惟諸君是望。於時落成,四方觀者,接踵摩肩,黃山黃賓虹先生吾師老友也,繪事爲當代第一,來歌斯堂,爲吾師繪斯圖,人與湖山,俱壽萬年,歲在柔兆孟陬之月弟子北流陳柱謹記。

工程——怎樣研究與選擇

（出版周刊特許轉載）

趙曾珏

從前美國教授有一句話:「吾希望每個國民均能先受工程師的訓練,然後再學別的科學!」這句話眞有至理;因爲我們的食,衣,住,行,都需要工程知識去解決。食要靠農作物,農作物所需要的肥料,就是化學工程問題。農田的灌漑,就是水利工程問題。「衣」先要有紡織,紡織就是機械工程問題。「住」要規劃市鎭建築房屋,這就逃不了土木工程問題。至「交通」即「行」,如需要鐵道,公路,航運,及電信等等建設,更無疑的是工程問題。簡括一句:「民生問題」大部分是一個「工程問題」;不但民生問題如此,「民族問題」也須賴工程去解決。將來國際戰爭發生,一切防禦工作,鎗炮製造,無一不是工程問題。現代新式的戰爭,是立體的戰爭,未來的第二次世界大戰,恐怕在海陸軍沒有接觸以前,雙方勝負,先在空中及毒氣中求解決。空中設備的改進,與毒氣(War Gas)之製造,都是工程問題。現在且分四層討論:一.工程的歷史,二.工程的定義,三.研究工程應有的準備,四.怎樣選擇要學的工程。

一　工程的歷史

「工程」實在不是一樣新發明,我們可以說自有人類以來,卽有工程。我國自上古時代,因提紀之十一主有巢氏:「見夫人民之無得安居也,而敎民構巢」,可謂建築工程之鼻祖。黃帝時代,各種工程大備,如「命共鼓,化狐,刳木爲舟,剡木爲楫,以濟不通。邑夷作車,以行四方」,蔚然爲交通工程之開始。至於嫘祖之養蠶製絲,開紡織工程之先河。其他如「揮作弓,夷牟作矢」,實爲防禦工程嚆矢!所以古代工程,可簡分爲「軍事工程」及「民事工程」兩種。大禹治水能順水之性,在外十三年,完成偉大的治河工作,實爲世界最早的水利工程專家。其他例如我國秦代建築長城,隋朝開掘運河都是亙古少見的偉大工程。又如泰西埃及的金字塔,也是古代有數的工程。但在十八世紀以前的工程,大都偏重於土木方面,祇限於築路,造橋,治河工程等。工業方面,也祇限於手工藝。所有機件質料,無非鑄鐵供用。這時代可稱爲非動力工程時代。十八世紀末葉,工程界發現一個極大的變化,就是瓦特(James Watt)發明蒸汽機和高德(Cort)發明掏法鍊鋼。十九世紀開始,司梯芬生發明蒸汽火車頭,拿瓦特的蒸汽機應用到交通上去,實開工程界之新紀元。自此而後,動力(Power)一字,引起工程界的注意,而工程界的範圍,也因之擴大。又因建築鐵路,而有鐵路工程師。同時機械工程也從土木工程中分出一支。所謂機械工程,包含動力的發生,動力的傳至皮帶,和動力的應用於其他機械等等。因爲無論何種現代工業都需用動力和機械的緣故,所以我們可以說從這個時期起爲「動力工程助長時代」。在這個時期裏面,各都市工業發達,一般人民都湊集在都市中謀生活,因而土木工程又添兩支:卽一爲市政工程,專規劃建設街道及市區其他一切建設;一爲衛生工程,解決市民的衛生和供應問題,如給水排洩污物及公衆衛生設備等等。同時因化學及冶金科學的改進,又有鑛冶工程的成立。

上面所講的動力,祇限於蒸汽機或水輪所發動力,用於就地或限於局部而言。「動力」既不能傳佈較遠,應用自不能普偏。但自十九世紀中葉以來,因馬克斯威爾(J.C. Maxwell)電磁論之發明,法拉第(Michael Faraday)之實驗,加以歐美多數學者之殫心研究,發明發電機(卽俗稱馬達)。十九世紀之末,世人纔明白利用熱力或水力以發生大量便宜的電力,再將電力傳輸至遠近各處。甲地所發動力,可以用於乙地,其傳輸遠者,可在三五百英里以外,打破空間之限制,工程界又闢一新紀元。故自二十世紀起,我人可稱之謂「動力工程漸趨完成時期」。電氣之應用愈廣,電機工程亦於斯時由機械工程中分出。今日之電機工程,又可分爲若干專門:最要者大約可分爲「强電工程」(卽電力)與「弱電工程」(卽電訊)兩門。總之科學愈演進,工程之範圍亦愈廣大,而其分類愈衆多,研究亦愈專精。最近化學之製造,愈形發達,而化學工程,又自成一系。現代工程師對於構結學之研究,使橋樑等建築,有完全之把握。因而結構工程(Structural Engineering)又自成一系。內燃機之發明,使機械工程闢一新紀元,現代之汽車及飛機得以完成,而「汽車工程」及「飛機工程」又爲工程界之最新產兒。

二 工程的定義

「工程」二字,昔人每稱之爲「技術」,其實不盡然。因技術注意在「做」或「行」。例如駕駛汽車,可稱爲技術,但駕駛術精之汽車夫,未必能知汽車工程之原理與夫內燃機之構造,故絕非工程師。工程師不但自己會「做」,和指揮他人去「做」,并須具有更緊要的條件就是「知」,要知其所以然。故工程師須知之而行之。孫中山先生曾說:「知難行易」。而工程師的準備工作,大部份都在求知上。「行」是技術,「知」便是科學。因爲科學是一種有系統的求知或使人知的學問。自從十八世紀以來,便有不少學者,概定「工程」二字之定義,但都不甚妥當。最近美國哈佛大學教授史璜(G. F. Swain)氏規定「工程」之定義爲「工程者乃以經濟之方法,利用自然界之定律能力與材料供人類享用之科學與技術也」。換言之。工程師應具「格物致知的精神」與「利用厚生」的技術。闢論甚爲透澈。吾國秦代建築萬里長城,徭役人民四十餘萬。埃及在西曆紀元前二千九百年建築金字塔,據我人估計,每座金字塔之建造,用工人二十六萬,尙需時二十年。人工之浩大,可想而知。此項古代建築,與其稱之謂「工程」,不如稱之爲「奇蹟」。因其中不知浪費若干資財,犧牲若干生命,虛耗若干年月!而對於人類是否需要,係一大問題。現代工程須講求經濟。所謂「經濟」兩字,乃以最少之資財,最短之時間,完成一可靠而有益人羣之事物。

三　研究工程應有的準備

工程之定義,既如上述。吾人自不難想像研究工程者應有之條件,即其所需要之修養與準備。修養方面最要者須有强健之體魄與毅力,本篇暫不討論。茲專述研究工程者應有之學術準備。

工程師既須應用自然定律,能力與物質,以經濟方法爲人羣謀福利,則凡欲研究工程學者,須具下述基本科學的準備:(一)對於自然科學,必須有相當之深刻研究,俾對於自然界之定律與能力得充分的瞭解與運用。此層包括物理學,數學,力學,化學,及邏輯之研究。凡此皆爲工程師應有最基本之科學。換言之,世上一切工程,均建築於此數種科學之上。工程師非數學家,當然不必如數學家殫精研究數理。但如算術,幾何,代數,解析幾何,微積分,及運算微積等,均應有相當之造就,以便分析其所研究之工程問題。至於理論力學實爲電磁學及應用力學之基礎,工程師隨處講「力」,對於「力學」不可不有深入淺出之研究。(二)不論何項工程,逃不了材料或原料之選擇與運用。故關於工程有用之材料,必須詳悉其性質。以最適宜之材料,用於最適合之地點,然後可以獲到最高之效率。例如飛機上之木材,須用引伸力與密度之比最高之材料,如美國之檜木,吾人現已搜求而獲得之。其他如高速度之鋼則有鎢鋼,鎗炮及高速機件上均運用之吾人須知工程上有不少失敗均由應用材料之不當。(三)學工程者應有經濟常識與商業常識。工程與純粹科學不同。後者爲探求眞理,不必注重經濟。工程須求經濟與實惠。優良的工程,必合於經濟的原則;換言之,工程師必能以一塊錢完成常人所需二塊錢的事。此話似不甚合理,但事實是如此。因爲工程師建造任何工程,必須研究成本所費若干,維持費所需若干,兩項推算起來,久而久之,相差若干?多費成本抑多費維持費更合理化?凡此種種,工程師均應用其經濟常識,精細考核,務以實惠經濟為歸。例如造橋,工程師於運用其技巧及結構學識之前,先決問題,即須研究此橋有否經濟上或商業上之需要,在何時建築最適合環境之需要,在何地建造最為便利最有發展。吾人要知如橋址之選擇不妥,不但不能供人羣之應用,且虛擲金錢,反有妨一地之繁榮。抑又有進者,工程師不但須知應用天然材料,並應儲藏自然界之各種材料,以防將來匱乏。故優良之工程師,决不浪費任何材料,此種經濟常識,凡學工程者,均應準備而具有之。

四 怎樣選擇要學的工程

工程的種類已於第一節大概說明,如要仔細的分析,不下數十百種,此地不便一一枚舉。我們所要知的是國內最需要的工程和國內各大學及高工所有的幾種工科,與國內現有的工程人才,做一個有系統的研究,作為吾國青年選擇工程學科的參考。

現在國內各大學所設的工科約可分為五大類,即(甲)土木工程,(乙)機械工程,(丙)電機工程,(丁)化學工程,及(戊)鑛冶工程。這五種也可說對於吾國是最需要的。土木工程範圍最廣,包括水利,建築,道路,市政,衛生,結構工程等。機械工程範圍亦甚廣,包括機車,造船,航空,汽車,紡織工程等。電機工程包括電力,電訊等工程。化學工程包括製糖,陶瓷,油漆,造鹼,製紙,釀酒,水泥,硫酸,製革,染色等工程。鑛冶工程大別為採礦與冶金,但各種鑛產與冶煉各個不同,又可分為若干門。以上各種工程,以科學的立場去研究,均各有其興趣。而研究者如性之所近,當更有特殊的趣味!

據清華大學莊前鼎教授之統計,吾國現有大學畢業之各項專門工程人才約五千名,其中土木工程約二千名,機械工程約一千三百名,電機工程約一千名,化學工程約五百名,鑛冶工程三百名,復據莊君將中國工程師學會會員之專長與所執之職業作系統之分析。土木工程人才約有百分之四十八係負直接土木工程之職務(其中四分之一在水利工程負責工作),其他百分之五十左右係在中央或各省市負工程行政及工程教育之職務,即間接負工程職務。失業與改變職業者爲數甚少。可見國內需要之切,機械工程人才有百分之四十四。負直接機械工程職務,其需要與土木工程人才相等。電機工程人才有百分之三十六係負直接電機工程職務,其他一部份人才從事於教育。化工範圍甚廣,人才甚夥,而大部份現尙從事教育,直接負責化工職務者祇占百分之三十左右。表示國內化學工業尙屬幼稚,係新興事業,將來當有希望。鑛冶工程吾國目前最不發達,祇容納人才百分之十八。

以上統計當然不能十分精確,但工程人才需要之趨勢,吾人不難想像。土木及機械人才因其範圍之廣,且實爲各種工程之基本工程,需要實最殷切。現在土木及機械人才大半均由各鐵路所吸收。以吾國幅員之遼寬,鐵路當繼續興築,此兩項人才,當繼續需要,且較前更殷。所以土木與機械工程人才希望能大量的增加!吾國需興辦之水利工程及利用水力發電之處甚夥,水利工程人員實尙嫌不足。其他如航空工程及化學工程因國防上之關係亦需專門之技術人才。機電之設計及製造工程人才國內亦不多覯,亦有頗切之需要。鑛冶工程實甚重要,因一切製造原料,大都係由鑛冶而來。煤鐵爲國家之生命,吾國煤鑛鐵鑛甚夥,惟因無運輸上之聯絡,鋼鐵事業尙未發軔。但中央現已決計舉辦,煉鋼專家吾國確爲需要。其他如吾國占全世界第一位之鎢鑛,而尙未能自行提鍊。吾人亦不得不希望鍊鎢鑛冶專家。

吾國除大學供給工程學課之外,尙有高工亦有工程之訓練,大概大學的訓練趨於高深的學理,以備學生於脫離學校之後,還能作高深之研究。高工所授課程趨重於實際,可以接受到實地所需要的智識。至於工程的職業學校,吾國目前尙很少,其實這種中級幹部的工程人才,我們很需要。

凡欲研究工程之吾國同志,如能衡以個人之興趣及參照以上討論各項工程之需要情形,當不難選擇其所需之工程!

歐遊追憶錄

費福燾

(一)遊瑞士薩萊父山

朝食既畢,雇車自萊蒙湖濱出發。抵山麓,乘鐵鏈齒軌電車上山。時方細雨霏霏,車載三十餘人,均殊方口音。車行絕遲,以山勢陡峻也。至半山,雲霧撲面,相對不辨何物,但聞遊客談話聲,與驚嘆之音相雜。司機者屏息而駛,行極穩。復上數十仞,天光忽開朗,眉宇爲爽。山鳥三五,廻翔而過,彷彿迎迓遊客。俯視下界,則軟白綿綿,日內瓦城已爲籠罩,蓋此身已在白雲之上矣。車抵絕頂,從容而降。閒步至一古堡,內設餐樓,樓懸法蘭西幟。友人告予曰,山巔已越日內瓦界,而入法境矣。相率登樓,當爐者爲一法國麗姝,軟語款人,清圓悅耳。遂飲葡萄美酒,白饅饅,殿以烤雞。山野風味,殊快朵頤。閒眺景物,則愛爾潑斯山,綿亙無涯,直上意大利境。山巔積雪,若垂天鸞鶴,張翅而臥,氣象萬千。或云,此爲水力電之蘊藏,即歐語所謂雪煤也。夕陽銜山,與禽鳥同歸。山草叢叢,均呈異狀,如銛刀,如禿筆。山花怒放,野紅咤紫,拾一株,佩諸襟上。欣然自得。不啻與造化同參。臨別長嘯。與山靈爲禮。重期他日之約。

(二)瑞士趣裏喜湖上

瑞士有名湖七,而趣裏喜爲巨擘。是地有居民二十萬,爲工商幅輳之區。春秋佳日,放乎中流,款乃之聲,與士女情話聲相唱和。環湖則高山危坐,如朝士正笏,如枯僧入定。沿岸佳木葱籠,與奇葩名卉爭妍,堤上仕女攜杖緩步,意甚閒適。海鷗三五,掠翅而過,啄舟中人掌上食粒,渾忘心機。余與友人聶子光墀,誦東坡之詩,歌卿雲爛兮,樂甚。忽有笑於後者,驚奇却顧,則一綠鬟女子,手握影匣,機括輕扭,海客已入鏡中。嫣然一笑,媚態橫生,兩艇並列。遙伸玉手,饋糖爲酬。把臂笑別,各自西東。俄而漫天層烏,風起雲湧,波浪沫濺,一片龍鱗。撫舟近岸,敗興而返。

(三)瑞士葛嶺菩瑞爾山頂

瑞士以彈丸小邦,地廣僅浙江省之半。而風俗敦厚爲理想之共和國。其地多叢山峻嶺,而物產不豐,尤乏煤礦。求自存於物質文明之歐陸,遂利用水力發電,以振興工業。葛嶺菩瑞爲水力電發源之高山。屬犂加倫州,春服既成,與卜朗比廠西友三五人,驅車往遊。嶺道寬廣,整潔無纖塵。汽車紆迴盤旋而上,平坦無夷。道旁山民,舉手爲禮。村姑牧童,載行載歌。相涵煦於此大塊之中。無怪羨煞美利堅人,有漫遊瑞士方是仙之語。余等經涵洞數,均炸機所鑿成。長二三里不等。無何,抵山巔。則桓桓工士,方築巨偉之壩,鑿人工之池,爲電力之蓄源。壩長數百尺,寬廣可馳車。水閘之開闔,以三百匹馬力電動機司之。山高七千尺,運輸用架空鐵索,承以方斗,石料運自他山,得機之力,故人不勞。此山潛蓄水力,可發電十萬匹。廠址設在山麓,用鐵管運水,斜過至山巔。余與友人,登絕頂。舉首東望,則遠山帽雪,爲陽光所照,閃爍呈異彩。極宇宙之大觀,俯視下界,則山道迴環,如飛蛇之交舞,此時有國際飛行機,翱翔而過。山頂人與機中人舉帕歡呼,隱約可辨。於是樂甚,出囊中黃柑啖之,復吸土耳其捲烟,絪氳成圈,自口中出,彌增登臨之趣。是夜宿山巔旅社。開窗而臥,夢至酣適。忽寒風襲人,披衣驚起。已朝霞射窗,光明可餐。探首窗外,則半山淡日半山陰,晝分爲二。於是呼侍者,飫吾以牛酪,及鷄子數事。果腹而下,與名山揖別。歸而思之,不知眞幻。實人生史之一頁,距今六載,含毫追憶。渺渺予懷。追念昔游。不可復得。

(四)擺頓溫泉

擺頓爲古羅馬地,後屬奥國。其後因不勝奥之苛稅暴斂而獨立,入瑞士聯邦。其地操德語,顧土音甚著。以溫泉馳名。擺頓二字之音聲,卽德文入浴之謂。春秋佳日,四方來遊者綦衆。白髮黃童,蹀躞於小巷,或觀魚於水濱。壯偉丈夫。則試馬郊外。沿崖飛瀑流泉,幽絕人間。白晝則男女皆之工廠,無遊手好閒之士。故淸靜無喧,爲養壽之士所樂居。溫泉爲硫質,發自遠山,而自地下湧出。試步溫泉之區,則潺潺之聲,不舍晝夜。業此者,導泉注於磁池。入浴者,納瑞幣一法郎,進浴室。室內有溫度表,及計時管。管爲玻璃質,中納漏砂,砂盡則浴時畢。當解衣就浴溫泉潤身。如醍醐灌頂。健者得增强肌膚。有疾者藉作自然之痊療。嘆天予以人之厚焉。

(五)巴塞爾林中

巴塞爾爲瑞士旁境位萊茵河上。密邇法德强鄰,以瑞士之政治修明,視作官如敝蓰,且通國皆志願受軍事教育,故法德不敢窺。邊界之上,僅設二警士,司賦稅。老聃所謂至治之世,鄰國相望,鷄犬之聲相聞。不圖數千載後,遊歐陸一小國見之。予與澳人馬根,印人某君。因參觀鋼廠,與水銀變流機站,而入山甚深。林木叢密。忽大聲發自林中,如怒虎吼於山谷間,如波濤之澎湃。余與友人皆驚懼,旋悟風生林木,相與大笑,信步閒行,忘路之遠近。暮色蒼茫,山霧忽發,不辨西東。心驚目眩。遂餐霧而馳,冀達車站。遙見燈光芒然,如獲明珠。行漸近,方辨爲一小屋,叩門問訊,一白髮老嫗扶杖出應。夜色已褐,老人和藹留宿。殺鷄豕,烹萊茵河魚爲饗。感快之餘,渾忘疲勞。是夕焉與印澳友人啜苦茗,吸淡巴菰。抵掌縱談世界事,以消此長夜。其樂陶陶。覺無適而不安。無所而不樂。

(六)瑞士偉奇太湖

是行焉,同遊者有俄波英瑞布那丹諸友,不啻一國際旅行團。偉奇太爲著名之滑雪區,山平坦無夷。隆冬舖雪如厚氈,眞白銀世界也。滑雪其上,一瀉無阻。超躍可遠騰數十丈。泠泠然,飄飄然,雖列子御風之樂,殆不是過。余儕經一斷流之河,厥名死河。仰而望之,危岡千仞。曩時拿坡崙翁曾帶甲數十萬,自俄國慘敗過此。緬懷雄風,百年一瞬耳。越死河，卽爲偉奇太湖。此湖屬趣裏喜湖之尾。一片晶𤨏，如寶石，如垂天之鏡。帆舡飛馳，如羽化而登仙。裸兒三五，持竿垂釣，得細鱗魚數尾，活躍可玩，照陽光呈金色。旣而兒復放魚入湖中，深潛不見。蓋羣兒以是爲樂，而無口腹之欲也。此時遠寺鐘聲，與廣野牛鳴相應。不禁動鄉關之思。東望故國。方人海喧騰。干戈擾攘。爲之於邑。擁皋比者，盍解甲一游瑞士。可憬然悟矣。

本刊廣告價目表

等級	地位	全頁價目	半頁價目
甲	底封面外頁	伍拾元	
乙	底面裏頁及封面裏頁	三十五元	二十元
丙	封面裏頁底面裏頁之對面	二十五元	十五元
丁	普通	二十元	十二元

一、乙丙丁四分之一頁按照半頁價目六折計算
二、廣告概用白紙黑字如用彩印色紙價目另議
三、廣告如用銅鋅版由本刊代辦照收製版費
四、連登多期價目從廉請逕函本校出版處經理組接洽

交大季刊投稿簡章

一、投稿不拘文言白話凡中英德法文均所歡迎
二、論說新聞雜俎均以科學經濟管理工程學問爲範圍
三、投寄之稿如係翻譯請附寄原本否則須將原文題目著者姓名出版日期及地點詳細開示
四、投寄之稿務望繕寫清楚並加新式標點凡外國文稿件並請打印之如有插圖附表必須製版者請用墨色
五、來稿請註明姓名住址以便通訊幷加蓋印章俾於發給稿費時核對之
六、投寄之稿無論登載與否概不退還但預有聲明並備足回寄郵資者不在此限
七、投寄之稿經本刊揭載後每篇酌致酬金若本刊尚未揭載已先在他處發表者恕不致酬
八、投寄之稿經本刊揭載後版權卽爲本校出版委員會所有但有另行約定者不在此限
九、投寄之稿本院委員會有酌量增删之權如投稿人不願有何增删則應於投稿時聲明
十、投寄之稿應逕寄上海徐家滙交通大學出版處

中華民國二十四年十二月出版
交大季刊
第十八期

編輯者 胡端行
發行者 交通大學出版處 上海家滙
印刷者 上海中國科學公司
代售處
上海 世界出版社 作者書社 蘇新書社 上海雜誌公司 黎明書局
南京 正中書局
天津 志恆書店 大公報社代辦部
漢口 光華書局
安慶 世界書局
武昌 學生書店 新光書店
廣州 廣州圖書消費合作社
雲南 雲南文化書店

本刊價目

每册大洋三角 全年四册一元
郵費國內不加 國外每册二角